广东统计年鉴

GUANGDONG STATISTICAL YEARBOOK

2017

（总第33期 No.33）

广　东　省　统　计　局
国家统计局广东调查总队　编

Compiled by
Statistics Bureau of Guangdong Province
Guangdong Survey Office of National Bureau of Statistics

图书在版编目（CIP）数据

广东统计年鉴. 2017：汉英对照 / 广东省统计局，国家统计局广东调查总队编.
-- 北京 ：中国统计出版社, 2017.8
ISBN 978-7-5037-8256-5

Ⅰ. ①广…
Ⅱ. ①广… ②国…
Ⅲ. ①统计资料－广东－2017－年鉴－汉、英
Ⅳ. ①C832.65-54

中国版本图书馆 CIP 数据核字(2017)第 184723 号

广东统计年鉴-2017

作　　者/ 广东省统计局　国家统计局广东调查总队
责任编辑/ 佘竞雄　李潇潇
责任校对/ 彭惜君　马彦君　国剑敏
装帧设计/ 广州九禾教育信息咨询有限公司
出版发行/ 中国统计出版社
地　　址/ 北京市丰台区西三环南路甲 6 号
邮政编码/ 100073
电　　话/ 邮购（010）63376909　书店（010）68783171
网　　址/ http://www.zgtjcbs.com
印　　刷/ 广州星河印刷有限公司
经　　销/ 新华书店
开　　本/ 890mm×1240mm　1/16
字　　数/ 1500 千字
印　　张/ 45
版　　别/ 2017 年 8 月第 1 版
版　　次/ 2017 年 8 月第 1 次印刷
定　　价/ 460.00 元　Price:460.00(RMB)

本书附同版本 CD-ROM 一张，光盘内容以书面文字为准。
如有印装差错，由本社发行部调换。

2017

编者说明

一、《广东统计年鉴－2017》(下简称《年鉴》)系统收录了全省及各市、县（区）2016年经济、社会各方面的统计数据，以及1978年以来各个主要时期全省主要统计数据，是一部全面反映广东国民经济和社会发展情况的资料性年刊。

二、本《年鉴》正文内容分为22个篇章，即：1.综合；2.国民经济核算；3.人口；4.就业和工资；5.固定资产投资；6.对外经济贸易；7.能源、资源和环境；8.财政、银行和保险；9.价格；10.人民生活；11.农业；12.工业；13.建筑业；14.规模以上服务业；15.运输和邮电；16.批发零售业；17.住宿餐饮业和旅游；18.教育和科技；19.文化和体育；20.卫生、社会福利、社会保障和其他；21.区域经济主要指标；22.县（市、区）主要经济指标。同时，附录有4个篇章：1.全国31个省(市)主要统计指标；2.中国香港特别行政区和中国澳门特别行政区主要统计资料；3.中国台湾省主要统计指标；4.部分国家和地区主要统计资料。为方便读者使用，各篇章前设有《简要说明》，对本篇章的主要内容、资料来源、统计范围、统计方法以及历史变动情况予以简要概述，篇末附有《主要统计指标解释》。

三、本《年鉴》资料主要来自政府各级统计局、国家统计局调查总队的各种定期统计报表和抽样调查资料；部分资料来自中央部属单位和省直有关部门。附录资料根据国家统计局有关资料整理。

四、本年鉴涉及珠江三角洲、东翼、西翼和山区的具体划分为：

珠江三角洲包括：广州、深圳、珠海、佛山、江门、东莞、中山、惠州和肇庆。

东翼指汕头、汕尾、潮州和揭阳。

西翼指湛江、茂名和阳江。

山区指韶关、河源、梅州、清远和云浮。

五、资料中所使用的度量衡单位，除灌溉、播种面积照顾我国使用习惯继续用“亩”为单位外，其余均采用国际统一标准计量单位。

六、本年鉴中涉及到的历史数据，均以最新出版的本年鉴数据为准;本年鉴中部分数据合计数或相对数由于单位取舍不同而产生的计算误差，均未做机械调整。

七、本《年鉴》统计表中的符号使用说明：

“…”表示数据不足本表最小单位数；

“#”表示其中主要项；

“空格”表示该项统计指标数据不详或无该项数据；

“①”表示本表下有注解。

八、与2016年版《广东统计年鉴》相比较，本《年鉴》在内容上主要做了如下修订：“核算”、“能源”增加了核算和能源主要指标表；“对外贸易”增加了对外投资分行业和国别情况表；“价格指数”中居民消费价格指数分类指数采用新的分类,分行业工业生产者出厂价格指数表采用2011年版的行业分类标准；“人民生活”增加了住户一体化分区域数据；“工业”增加了部分新产品产量数据；“教育和科技”增加了分市全社会研发经费投入情况表；“县（市、区）主要经济指标”增加了分市辖区数据；根据新的部门报表制度对个别专业内容及相关统计指标进行了调整。

本《年鉴》在整理编辑过程中，得到省直有关部门和单位的大力支持，在此表示感谢!

EDITOR' S NOTES

Ⅰ. Guangdong Statistical Yearbook 2017 (hereinafter referred to as the Yearbook) is an annual statistical publication, which reflects comprehensively the economic and social development of Guangdong Province. It covers data for 2016 and key statistical data in some historically important years since 1978 at the provincial level and the local levels of city, county and district.

Ⅱ. The Yearbook contains twenty-two chapters: 1. General Survey; 2. National Accounts; 3. Population; 4. Employment and Wages; 5. Investment in Fixed Assets; 6. Foreign Trade and Economic Cooperation ; 7. Energy, Resources and Environment ; 8. Government Finance, Banking and Insurance; 9. Prices; 10. People′s Living Conditions; 11. Agriculture; 12. Industry; 13. Service Enterprises Above Designated Size; 14.Construction; 15. Transport, Postal and Telecommunication Services; 16. Wholesale , Retail Trades and Tourism; 17. Hotels, Catering Services and Tourism; 18. Education, Science and Technology; 19 Culture and Sports. 20.Public Health, Social Welfare, Social Insurance and Others; 21. Main Economic Indicators of Economic Regions; 22. Main Economic Indicators of Counties (County-level Cities) and Districts. Meanwhile, four chapters are listed as appendices: 1. Main Statistical Indicators of 31 Provinces and Municipalities; 2. Main Statistics of Hong Kong and Macao Special Administrative Regions; 3. Main Statistical Indicators of Taiwan Province; 4. Main Statistics of Some Countries and Territories. To facilitate readers, the Brief Introduction at the beginning of each chapter provides a summary of the main contents of the chapter, data sources, statistical scope, statistical methods and historical changes. At the end of each chapter, Explanatory Notes on Main Statistical Indicators are included.

Ⅲ. The data in the Yearbook are mainly obtained from regular statistical reports and sample surveys conducted by the statistical bureaus of all levels of government and the Survey Office of the National Bureau of Statistics in Guangdong. Some data are collected from the departments of the central government and the provincial government. Data in the appendices are compiled from statistical publications published by the National Bureau of Statistics and other sources.

Ⅳ. The pearl river delta, east wing, west wing and mountainous areas in the Yearbook are divided as following:

The pearl river delta include Guangzhou, Shenzhen, Zhuhai, Foshan, Jiangmen, Dongguan, Zhongshan, Huizhou and Zhaoqing.

The east wing includes Shantou, Shanwei, Chaozhou and Jieyang.

The west wing includes Zhanjiang, Maoming and Yangjiang.

The mountainous areas include Shaoguan, Heyuan, Meizhou, Qingyuan and Yunfu.

Ⅴ. The units of measurement used in the Yearbook are internationally standard measurement units, except that the unit of cultivated land and sown areas uses "mu" with regard to the Chinese tradition.

Ⅵ. Please refer to the newly published version of the Yearbook for updated historical data.Statistical discrepancies on totals and relative figures due to rounding are not adjusted in the Yearbook.

Ⅶ. Notations used in the Yearbook:

" … " indicates that the figure is not large enough to be measured with the smallest unit in the table;

" # " indicates a major breakdown of the total;

" blank space " indicates that the data are unknown or are not available;

" ① " indicates footnotes at the end of the table.

Ⅷ. In comparison with Guangdong Statistical Yearbook 2016, following revisions have been made in this new version in terms of the statistical contents and in editing: Of the chapter of "National Economic Account" and "Energy" , main indicators of Gross Domestic Product and Energy are added. Of the chapter of "Foreign Trade and Economic Cooperation" , data of foreign investment by industry and country are added. Of the chapter of "Prices" , Consumer Price Indices by category adopts the new category, and Produce Price Indices for Industrial Products by sector is by the industrial classification standard of 2011′s version. Of the chapter of "People′s Living Condition" , data of income and expenditure by pearl river delta, east wing, west wing and mountainous areas are added. Of the chapter of " Industry" , some new products are added. Of the chapter of " Education and Technology" , data of R&D expenditure by city. Of the chapter of " Main Economic Indicators of Counties (County-level Cities and Districts)" , data of districts are added. According to the new departmental reporting system, some professional contents and indicators have been adjusted.

Acknowledgements: our gratitude goes to relevant departments and units under the provincial government, from which we have received tremendous support when compiling the Yearbook.

《广东统计年鉴—2017》编委会和编辑出版人员

Guangdong Statistical Yearbook - 2017
EDITORIAL BOARD AND STAFF

目　　录
CONTENTS

一、综合
General Survey

二、国民经济核算
National Economic Accounts

三、人口
Population

五、固定资产投资

Investment in Fixed Assets

六、对外经济

Foreign Economy

七、能源、资源和环境
Energy, Resources and Environment

八、财政、银行和保险
Government Finance, Banking and Insurance

九、价格
Price

十、人民生活
People's Living Conditions

十一、农业
Agriculture

十二、工业
Industry

十三、建筑业
Construction

十六、批发零售业

Wholesale and Retail Trades

十八、教育和科技
Education and Technology

十九、文化与体育
Culture and Sports

二十一、区域主要经济指标
Major Economic Regions

二十二、县（市、区）主要经济指标
Counties and Districts Under City Administration

附录

Appendix

一、综合

GENERAL SURVEY

一　综合

简要说明

一、本篇资料反映广东行政区划、国民经济和社会发展综合资料，并收录了基本单位统计情况。

二、本篇资料分别由省民政厅、省统计局各专业处、综合处、政法处、普查中心和国家统计局广东调查总队整理提供。

三、综合统计资料是根据广东省统计局各专业统计年报资料以及国家统计局、广东省有关部门提供的统计资料加工整理而成。

四、基本单位资料中的产业活动单位按“在地”原则，国民经济行业分类标准（GB/T 4754-2011)汇总。

1 General Survey

Brief Introduction

Ⅰ.The summary data in this chapter reflect the divisions of administrative areas, summary data on the national economy and social development, and related indications on.

Ⅱ.The data are prepared and provided by the Civil Affairs Department of Guangdong Province., the Division of Professional Statistics, the Division of Comprehensive Statistics, the Division of Law, the Census Center of Statistics Bureau of Guangdong Province, and the Survey Office in Guangdong of National Bureau of Statistics respectively.

Ⅲ.The summary data are processed and prepared on the basis of the annual reports of various specialized fields provided by Statistics Bureau of Guangdong Province and the statistics provided by the National Bureau of Statistics and some related departments of Guangdong Province.

Ⅳ. The data on “Units of Industrial Establishments” of the basic industrial units are prepared on the principle of location and the standard of Industrial Classification of the National Economy(GB/T 4754-2011).

1-1 行政区划（2016年）

Divisions of Administrative Areas (2016)

单位：个 (unit)

市 别	City	地级市 Number of Cities at Prefecture Level	县级市 Number of Cities at County Level	县 Number of Counties	自治县 Number of Autonomous Counties	市辖区 Number of Districts under the Jurisdiction of Cities	市辖镇 Number of Towns under the Jurisdiction of Cities	乡 Number of Townships	#民族乡 Ethnic Townships	街道 Number of Street Communities
全省合计	**Provincial Total**	**21**	**20**	**34**	**3**	**64**	**1128**	**11**	**7**	**461**
广 州	Guangzhou	1				11	34			136
深 圳	Shenzhen	1				8				74
珠 海	Zhuhai	1				3	15			9
汕 头	Shantou	1		1		6	32			37
佛 山	Foshan	1				5	21			11
#顺 德	Shunde					1	6			4
韶 关	Shaoguan	1	2	4	1	3	93	1	1	10
河 源	Heyuan	1		5		1	94	1	1	5
梅 州	Meizhou	1	1	5		2	104			6
惠 州	Huizhou	1		3		2	52	1	1	18
汕 尾	Shanwei	1	1	2		1	44			10
东 莞	Dongguan	1					28			4
中 山	Zhongshan	1					18			6
江 门	Jiangmen	1	4			3	61			12
阳 江	Yangjiang	1	1	1		2	38			10
湛 江	Zhanjiang	1	3	2		4	82	2		37
茂 名	Maoming	1	3			2	87			22
肇 庆	Zhaoqing	1	1	4		3	91	1	1	12
清 远	Qingyuan	1	2	2	2	2	77	3	3	5
潮 州	Chaozhou	1		1		2	41			9
揭 阳	Jieyang	1	1	2		2	61	2		20
云 浮	Yunfu	1	1	2		2	55			8

注：本行政区划截止2016年底。
Note: The divisions of administrative areas reflect the status at the end of 2016.

1-2 国民经济和社会发展总量与速度指标

指　　标	Item	1978	1990	2000
人口与就业	**Population and Employment**			
人口 （万人）	**Population (10000 persons)**			
年末户籍总人口	Population with Residence Registration at the Year-end	5064.15	6246.32	7498.54
年末常住人口	Permanent Population at the Year-end	5064.15	6347.19	8650.03
男性人口	Male	2586.68	3249.76	4402.87
女性人口	Female	2477.47	3097.43	4247.16
城镇人口	Urban Population			4757.52
乡村人口	Rural Population			3892.51
就业 （万人）	**Employment (10000 persons)**			
年末就业人员人数	Employed Persons at the Year-end	2275.95	3118.10	3989.32
城镇登记失业人数	Number of Registered Unemployed Persons in Urban Areas			
宏观经济	**Macro Economy**			
国民经济核算 （亿元）	**National Accounting (100 million yuan)**			
地区生产总值	Gross Domestic Product	185.85	1559.03	10741.25
第一产业	Primary Industry	55.31	384.59	986.32
第二产业	Secondary Industry	86.62	615.86	4999.51
第三产业	Tertiary Industry	43.92	558.58	4755.42
人均地区生产总值 （元）	Per Capita Gross Domestic Product (yuan)	370	2484	12736
支出法地区生产总值（亿元）	Gross Domestic Product by Expenditure Approach(100 million yuan)	194.14	1541.99	10741.25
最终消费支出	Final Consumption Expenditures	130.02	938.48	5714.46
居民消费	Household Consumption Expenditures	111.46	807.84	4474.11
政府消费	Government Consumption Expenditures	18.56	130.64	1240.35
资本形成总额	Gross Capital Formation	54.79	502.90	3850.81
固定资本形成总额	Gross Fixed Capital Formation	37.93	336.61	3093.82
存货增加	Changes in Inventories	16.86	166.29	756.99
货物和服务净流出	Net Exports of Goods and Services	9.33	100.61	1175.99
固定资产投资 （亿元）	**Investment in Fixed Assets (100 million yuan)**			
固定资产投资总额	Investment in Fixed Assets	27.23	381.47	3233.70
#房地产开发	Real Estate Development		32.70	858.61
施工房屋建筑面积(万平方米)	Floor Space of Buildings under Construction (10 000 sq.m)			23520.91
竣工房屋建筑面积(万平方米)	Floor Space of Buildings Completed (10 000 sq.m)			13492.94
消费 （亿元）	**Domestic Trade (100 million yuan)**			
社会消费品零售总额	Total Retail Sales of Consumer Goods	79.86	667.36	4379.81
对外贸易 （亿美元）	**Foreign Trade (USD 100 million)**			
货物进出口总额	Total Exports and Imports		418.98	1701.06
进口额	Imports		196.77	781.87
出口额	Exports		222.21	919.19
利用外资 （亿美元）	**Foreign Capital Utilized (USD 100 million)**			
实际利用外商直接投资	Foreign Direct Investment Actually Utilized		14.60	122.37
财政 （亿元）	**Government Finance (100 million yuan)**			
地方一般公共预算收入	Local Public Budgetary Revenue	41.82	131.02	910.56
地方一般公共预算支出	Local Public Budgetary Expenditure	28.70	150.69	1069.86
价格指数 （上年=100）	**Price Indices (preceding year=100)**			
商品零售价格指数	Retail Price Index	100.4	95.6	99.9
居民消费价格指数	Consumer Price Index		97.5	101.4
工业生产者出厂价格指数	Producer Price Index for Manufactured Goods			103.4
固定资产投资价格指数	Investment in Fixed Assets Price Indices			
能源生产与消费 （万吨标准煤）	**Production and Consumption of Energy (10000 tons of SCE)**			
能源生产总量	Total Energy Production		1006.24	3711.69
能源消费总量	Total Energy Consumption		4044.28	9447.70

Principal Aggregate Indicators on National Economic and Social Development and Growth Rates

2010	2015	2016	速度指标(%) Indices and Growth Rates (%)								
			指数(2016为以下各年) Index (2016 as percentage of the following years)					平均增长速度 Average Annual Growth Rate			
			1978	1990	2000	2010	2015	1979–2016	1991–2016	2001–2016	2011–2016
8521.55	9008.38	9164.90	181.0	146.7	122.2	107.5	101.7	1.6	1.5	1.3	1.2
10440.94	10849.00	10999.00	217.2	173.3	127.2	105.3	101.4	2.1	2.1	1.5	0.9
5439.73	5672.94	5763.48	222.8	177.4	130.9	106.0	101.6	2.1	2.2	1.7	1.0
5001.21	5176.06	5235.52	211.3	169.0	123.3	104.7	101.1	2.0	2.0	1.3	0.8
6908.77	7454.35	7611.31			159.8	110.0	102.0			3.0	1.6
3532.17	3394.65	3387.69			87.0	95.9	99.8			-0.9	-0.7
5870.48	6219.31	6279.22	275.9	201.4	157.4	107.0	101.0	2.7	2.7	2.9	1.1
39.23	36.97	37.99				96.8	102.8				-0.5
46036.25	72812.55	79512.05	9401.2	2229.9	542.1	161.5	107.5	12.7	12.7	11.1	8.3
2286.98	3345.54	3694.37	661.1	267.2	177.9	121.9	103.1	5.1	3.9	3.7	3.4
22821.77	32613.54	34001.31	18585.9	3649.0	614.5	155.8	106.2	14.7	14.8	12.0	7.7
20927.50	36853.47	41816.37	12340.5	2091.2	541.3	171.8	109.2	13.5	12.4	11.1	9.4
44758	67503	72787	4326.3	1281.1	418.5	152.1	106.2	10.4	10.3	9.4	7.2
46036.25	72812.55	79512.05									
22480.91	37211.27	40926.54									
17702.35	28438.58	31127.58									
4778.56	8772.69	9798.96									
17706.61	30374.17	33263.60									
16515.11	29250.44	31896.16									
1191.50	1123.73	1367.44									
5848.74	5227.11	5321.91									
16113.19	30031.20	33008.86	121222.4	8653.1	1020.8	204.9	110.0	20.5	18.7	15.6	15.5
3659.69	8538.47	10307.80		31522.3	1200.5	281.7	120.7		24.8	16.8	18.8
57221.79	84133.98	84623.21			359.8	147.9	100.6			8.3	6.7
20420.60	15303.96	14042.25			104.1	68.8	91.8			0.2	-6.1
17458.44	31517.56	34739.00	43499.9	5205.4	793.2	199.0	110.2	17.3	16.4	13.8	12.2
7848.96	10227.96	9552.86		2280.0	561.6	121.7	93.4		12.8	11.4	3.3
3317.05	3793.28	3567.21		1812.9	456.2	107.5	94.0		11.8	10.0	1.2
4531.91	6434.68	5985.64		2693.7	651.2	132.1	93.0		13.5	12.4	4.7
202.61	268.75	233.49		1599.2	190.8	115.2	86.9		11.3	4.1	2.4
4517.04	9366.78	10390.35	24845.4	7930.4	1141.1	230.0	110.3	15.6	18.3	16.4	14.9
5421.54	12827.80	13446.09	46850.5	8923.0	1256.8	248.0	104.8	17.6	18.9	17.1	16.3
103.3	99.6	100.8									
103.1	101.5	102.3									
103.2	96.8	99.4									
103.0	99.0	100.3									
4858.07	6862.51	7137.95		709.4	192.3	146.9	104.0		7.8	4.2	6.6
25445.22	30145.49	31240.75		772.5	330.7	122.8	103.6		8.2	7.8	3.5

1-2 续表 1

指 标	Item	1978	1990	2000
产业	**Industry**			
农业	**Agriculture**			
农林牧渔业总产值 (亿元)	Gross Output Value of Farming, Forestry, Animal Husbandry and Fishery (100 million yuan)	85.94	600.71	1701.18
主要农产品产量 (万吨)	Output of Major Farm Products (10000 tons)			
粮食	Grain	1509.51	1896.29	1822.33
油料	Oil-bearing Crops	36.04	58.93	78.78
糖蔗	Sugarcane	835.42	2093.46	1137.59
茶叶	Tea	0.90	2.59	4.21
水果	Fruits	29.40	328.58	643.52
肉类	Meat	48.45	202.45	324.48
水产品	Aquatic Products	65.50	207.66	593.19
工业	**Industry**			
主要工业产品产量	Output of Major Industrial Products			
布 (亿米)	Cloth (100 million m)	2.27	4.59	16.99
机制纸及纸板 (万吨)	Machine-made Paper and Paperboard (10000 tons)	27.47	104.13	260.30
成品糖 (万吨)	Sugar (10000 tons)	96.15	184.50	91.30
家用电冰箱 (万台)	Household Refrigerators (10000 sets)		105.75	320.70
家用洗衣机 (万台)	Household Washing Machines (10000 sets)		143.01	244.18
彩色电视机 (万台)	Color Television Sets (10000 sets)		262.37	1531.53
照相机 (万架)	Cameras (10000 sets)		99.30	3545.88
原油 (万吨)	Crude Oil (10000 tons)	10.22	49.05	1393.17
发电量 (亿千瓦时)	Electricity (100 million kwh)	92.32	343.98	1292.69
粗钢 (万吨)	Raw Steel (10000 tons)	35.84	116.96	286.99
钢材 (万吨)	Steel Products (10000 tons)	43.67	133.74	406.28
水泥 (万吨)	Cement (10000 tons)	369.08	2070.91	5872.00
汽车 (万辆)	Motor Vehicles (10000 units)			3.94
规模以上工业企业主要指标	Main Indicators of Industrial Enterprises above Designated Size			
工业增加值 (亿元)	Value-added of Industry (101 million yuan)			3422.60
资产总计 (亿元)	Total Assets (100 million yuan)			14370.57
主营业务收入 (亿元)	Main Business Revenue (100 million yuan)		1287.91	12380.65
利税总额 (亿元)	Pre-tax Profits (100 million yuan)	32.91	121.50	1042.77
建筑业	**Construction**			
建筑业企业年末就业人员 (万人)	Number of Employed Persons in Construction Enterprises at the Year-end (10000 persons)	14.78	67.22	141.46
建筑业总产值(当年价) (亿元)	Gross Output Value (at current prices) (100 million yuan)	5.47	113.40	944.61
交通运输业	**Transportation**			
客运量 (万人)	Passenger Traffic (10000 persons)	15906	78046	164791
铁路	Railways	2410	4467	12165
公路	Highways	10897	70681	148945
水运	Civil Aviation	2546	2428	2363
民航	Civil Aviation	53	470	1318
货运量 (万吨)	Freight Traffic (10000 tons)	15204	85809	119216
铁路	Railways	3206	4803	15172
公路	Highways	3967	63709	75365
水运	Waterways	7887	16198	25696
管道	Pipelines	143	1091	2952
民航	Civil Aviation	1	8	31
港口货物吞吐量 (万吨)	Volume of Freight Handled at Ports (10000 tons)	7133	11904	31649

1-2 1 continued

2010	2015	2016	速度指标(%) Indices and Growth Rates (%)								
			指数(2016为以下各年) Index (2016 as Percentage of the Following Years)					平均增长速度 Average Annual Growth Rate			
			1978	1990	2000	2010	2015	1979–2016	1991–2016	2001–2016	2011–2016
3754.86	5520.03	6078.43	705.6	308.3	181.3	120.3	102.9	5.3	4.4	3.8	3.1
1316.50	1358.13	1360.22	90.1	71.7	74.6	103.3	100.2	-0.3	-1.3	-1.8	0.5
88.16	110.34	113.29	314.4	192.2	143.8	128.5	102.7	3.1	2.5	2.3	4.3
1134.35	1250.93	1271.69	152.2	60.7	111.8	112.1	101.7	1.1	-1.9	0.7	1.9
5.33	7.93	8.68	964.4	335.1	206.2	162.8	109.5	6.1	4.8	4.6	8.5
1128.73	1519.89	1580.96	5377.4	481.1	245.7	140.1	104.0	11.1	6.2	5.8	5.8
441.10	424.25	415.49	857.6	205.2	128.0	94.2	97.9	5.8	2.8	1.6	-1.0
729.03	857.23	873.79	1334.0	420.8	147.3	119.9	101.9	7.1	5.7	2.5	3.1
28.27	28.65	27.10				93.7	92.5				-1.1
1434.68	2078.29	2127.52				145.8	100.6				6.5
91.66	128.93	116.12				126.9	90.2				4.1
1457.76	2195.94	2135.51				163.1	108.3				8.5
467.83	747.42	762.32				163	102.0				8.5
4494.78	7003.58	8106.36				182.9	117.4				10.6
3798.93	889.44	641.94				16.6	71.0				-25.9
1287.15	1572.61	1556.29				120.9	99.0				3.2
3101.28	3900.21	4081.97				131.6	104.7				4.7
1239.34	1761.74	2283.19				178	125.2				10.1
2918.89	3271.01	4113.34				137	122.2				5.4
11536.67	14489.66	15078.64				127.7	101.7				4.2
156.29	242.23	280.25				179.2	115.6				10.2
20338.34	29446.21	31330.24			974.4	164.5	106.7			15.3	8.6
62626.90	95411.22	105604.17			719.8	173.1	110.6			13.1	9.6
84114.85	119157.86	129151.31			1020.4	163.8	107.3			15.6	8.6
9418.42	12375.00	13150.85			1365.4	175	106.8			17.7	9.8
196.32	185.50	246.17	1665.6	366.2	174.0	125.4	132.7	7.7	5.1	3.5	3.8
4742.09	8984.86	9805.00	179250.5	8646.4	1038.0	206.8	109.1	21.8	18.7	15.7	12.9
467049	207345	144262	882.0	656.5	318.1	169.6	105.0	5.9	7.5	7.5	9.2
14956	26536	28954	1129.9	626.2	331.1	193.6	109.1	6.6	7.3	7.8	11.6
442224	168028	102094	1092.7	667.5	316.7	166.9	104.1	6.5	7.6	7.5	8.9
2241	2728	2648	31.3	142.2	146.1	127.6	97.1	-3.0	1.4	2.4	4.1
7628	10054	10566	19996.6	2247.7	801.5	138.5	105.1	15.0	12.7	13.9	5.6
205034	376434	377645	1345.5	575.3	438.1	181.6	108.0	7.1	7.0	9.7	10.5
12170	10072	10135	299.0	175.4	97.5	83.3	100.6	2.9	2.2	-0.2	-3.0
142389	279983	272826	1221.8	658.3	556.5	190.5	106.6	6.8	7.5	11.3	11.3
43092	78093	85633	797.3	545.3	343.7	188.4	113.4	5.6	6.7	8.0	11.1
7267	8137	8891	5969.4	782.4	289.2	122.4	109.3	11.4	8.2	6.9	3.4
116	149	160	16468.8	1998.6	515.8	138.2	107.6	14.4	12.2	10.8	5.5
122258	171109	179924	2522.4	1511.5	568.5	147.2	105.2	8.9	11.0	11.5	6.7

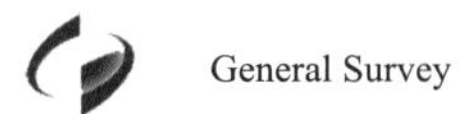

1-2 续表 2

指标	Item	1978	1990	2000
邮电通信业	**Postal and Telecommunication Services**			
邮电业务总量 (亿元)	Total Business Volume (100 million yuan)	0.90	26.30	757.22
函件 (亿件)	Number of Letters Delivered (100 million pieces)		4.72	10.66
报刊累计数 (亿份)	Accumulated Number of Newspapers and Magazines Distributed (100 million copies)		11.63	10.78
本地电话用户 (万户)	Number of Subscribers of Local Telephones (10000 accounts)		113.00	1414.94
移动电话用户 (万户)	Number of Subscribers of Mobile Telephones (10000 accounts)		1.11	1357.26
互联网宽带接入用户 (万户)	Broadband Subscribers of Internet (10000 accounts)			216.41
国际旅游	**International Tourism**			
入境旅游人数 (万人次)	Number of Overseas Visitor Arrivals (10000 person-times)	169.91	2527.54	6729.18
国际旅游外汇收入 (亿美元)	Foreign Exchange Earnings from International Tourism (USD 100 million)		7.17	41.12
金融保险	**Banking and Insurance**			
金融机构存款余额 (亿元)	Deposits of Financial Institutions (100 million yuan)			19083.64
金融机构贷款余额 (亿元)	Loans in in Financial Institutions (100 million yuan)			13227.62
保费收入 (亿元)	Premium Income (100 million yuan)		18.05	191.88
教育、科技、文化	**Education, Science and Technology and Culture**			
教育	**Education**			
专任教师数 (万人)	Full-time Teachers (10000 persons)			
普通高等学校	Institutions of Higher Education	0.90	1.57	2.04
中等学校	Secondary Schools	15.93	16.33	27.24
小学	Primary Schools	26.09	27.73	36.41
在校学生数 (万人)	Students Enrollment (10000 persons)			
普通高等学校	Institutions of Higher Education	3.07	9.59	29.95
中等学校	Secondary Schools	316.96	284.52	541.72
小学	Primary Schools	743.02	747.29	929.93
财政教育支出 (亿元)	Government Expenditures on Education (100 million yuan)		21.34	144.39
科技	**Science and Technology**			
研究与试验发展(R&D)活动人员 (万人)	Number of R&D Personnel (10000 persons)			
研究与试验发展(R&D)经费内部支出 (亿元)	Internal Expenditure on R&D (100 million yuan)			
研究与试验发展(R&D)活动课题(项目)数 (个)	Number of R&D Programs/Projects (item)			
文化	**Culture**			
出版数量	Number of Publications			
图书 (亿册)	Number of Books Published (100 million copies)	1.72	2.81	2.70
杂志 (万册)	Number of Magazines Issued (10000 copies)	1519	11325	26299
报纸 (亿份)	Number of Newspapers Issued (100 million copies)	3.19	13.81	34.63

1-2 2 continued

2010	2015	2016	速度指标(%) Indices and Growth Rates (%)								
			指数(2016为以下各年) Index (2016 as percentage of the following years)					平均增长速度 Average Annual Growth Rate			
			1978	1990	2000	2010	2015	1979–2016	1991–2016	2001–2016	2011–2016
4832.94	4397.09	6892.41	1690345.2	86031.0	2988.1	371.9	156.7	29.2	29.7	23.7	24.5
7.62	6.45	7.04		149.2	66.1	92.4	109.1		1.6	-2.6	-1.3
8.79	9.12	8.34		71.7	77.4	94.9	91.5		-1.3	-1.6	-0.9
3169.14	2807.11	2609.71		2309.5	184.4	82.3	93.0		12.8	3.9	-3.2
9710.09	15009.75	14348.96		1292698.9	1057.2	147.8	95.6		43.9	15.9	6.7
1523.22	2285.19	2850.60			1317.2	187.1	124.7			17.5	11.0
10485.82	10512.91										
124.32	178.85	185.77		2590.9	451.8	149.4	103.9		13.3	9.9	6.9
82019.40	160388.22	179829.19			942.3	219.3	112.1			15.1	14.0
51799.30	95661.12	110928.41			838.6	214.2	116.0			14.2	13.5
1421.68	2814.37	3820.51		21166.3	1991.1	268.7	135.8		22.9	20.6	17.9
7.86	9.89	10.12	1124.4	644.6	496.1	128.8	102.3	6.6	7.4	10.5	4.3
45.48	49.27	49.38	310.0	302.4	181.3	108.6	100.2	3.0	4.3	3.8	1.4
43.07	46.86	48.66	186.5	175.5	133.6	113.0	103.8	1.7	2.2	1.8	2.1
142.66	185.64	189.29	6165.8	1973.8	632.0	132.7	102.0	11.5	12.2	12.2	4.8
939.39	736.79	705.05	222.4	247.8	130.2	75.1	95.7	2.1	3.6	1.7	-4.7
848.55	868.88	905.22	121.8	121.1	97.3	106.7	104.2	0.5	0.7	0.2	1.1
921.48	2040.65	2318.47		10864.4	1605.7	251.6	113.6		19.8	18.9	16.6
44.66	68.02	73.52				164.6	108.1				8.7
808.75	1798.17	2035.14				251.6	113.2				16.6
72747	112680	135652				186.5	120.4				10.9
2.31	3.13	3.12	181.4	111.0	115.5	135.0	99.7	1.6	0.4	0.9	5.1
21201	14458	12270	807.8	108.3	46.7	57.9	84.9	5.7	0.3	-4.7	-8.7
45.59	32.77	29.88	936.7	216.4	86.3	65.5	91.2	6.1	3.0	-0.9	-6.8

1-2 续表 3

指　　标	Item	1978	1990	2000
家庭、生活、环境	**Family, People's Livelihood and Environment**			
家庭	**Family**			
城镇常住居民平均每户家庭人口 (人)	Average Permanent Household Size in Urban Areas (person)	4.84	3.85	3.57
农村常住居民平均每户家庭人口 (人)	Average Permanent Household Size in Rural Areas (person)	5.99	5.65	5.15
婚姻	**Marriages and Divorces**			
结婚登记总数 (万对)	Registered Number of Marriages (10000 couples)		50.66	56.21
离婚数 (万对)	Number of Divorces (10000 couples)		2.58	4.75
居住	**Residence**			
城镇常住居民人均住房建筑面积(平方米)	Per Capita Floor Space of Urban Permanent Residents (sq.m)	5.47	15.77	24.60
农村常住居民人均居住面积 (平方米)	Per Capita Floor Space of Rural Permanent Residents (sq.m)	8.73	17.39	22.42
生活	**People's Livelihood**			
全体常住居民人均可支配收入 (元)	Per Capita Disposable Income of Permanent Residents (yuan)			
城镇常住居民人均可支配收入 (元)	Per Capita Disposable Income of Urban Permanent Residents(yuan)	412.13	2303.15	9761.57
农村常住居民人均可支配收入 (元)	Per Capita Disposable Income of Rural Permanent Residents(yuan)	193.25	1043.03	3654.48
人民币住户存款 (亿元)	Savings Deposits by Househoulds in Renminbi (100 million yuan)	17.56	752.16	8667.29
工资	**Wages**			
城镇单位就业人员工资总额 (亿元)	Earnings of Employed Persons in Urban Areas (100 million yuan)	30.59	223.29	1057.57
城镇单位就业人员平均工资 (元)	Average Earnings of Employed Persons in Urban Areas (yuan)	615	2929	13859
卫生	**Health Care**			
医院、卫生院 (个)	Number of Hospitals (unit)	1968	1885	2426
执业(助理)医师 (万人)	Number of Doctors (10000 persons)	4.79	8.11	11.12
医院、卫生院床位数 (万张)	Number of Hospital Beds (10000 units)	8.41	11.41	15.72
环境、灾害	**Environment and Disaster**			
废水中化学需氧量排放量 (万吨)	Volume of COD Discharged from Waste Water (10000 tuns)			95.10
废气中二氧化硫排放总量 (万吨)	Total Volume of Industrial Sulfur Dioxide Emission (1000 tuns)			90.5
火灾发生数 (起)	Number of Fire Disasters (time)		1725	8622
火灾损失 (万元)	Fire Loss (10000 yuan)		9102	10065
交通事故发生数 (起)	Number of Traffic Accidents (time)		25909	66072
交通事故损失 (万元)	Loss of Traffic Accidents (10000 yuan)		5044	27526

注：1. 2006—2009年年末常住人口根据2010年第六次全国人口普查快速汇总数据进行平滑调整。
2. 2003年起，职工改为单位从业人员，2000年数据作了相应调整。
3. 农业、工业总产值绝对数按当年价格计算，增长速度按可比价计算。
4. 工业指标统计范围为规模以上工业企业(即年主营业务收入500万元以上的法人工业企业，2000—2006年为全部国有工业企业及年主营业务收入500万元以上的非国有工业企业，2011年起，调整为年主营业务收入2000万元及以上的法人工业企业)。
5. 2000年起，粮食产量为抽样调查数据。
6. 1994年起，财政收入按税改新口径统计(即不含中央返还部分)。
7. 邮电业务总量2000年以前按1990年不变价计算，2000年至2010年按2000年不变价计算，2011年起按2010年不变价计算。
8. 1986年以前中等学校不含成人中专数据。
9. 城镇居民人均住房建筑面积1995、2000年为使用面积， 2005年以后为建筑面积。
10. 2011年起，固定资产投资项目统计起点由50万元提高至500万元，且不包含农村农户投资；2010年以前为全社会固定资产投资。
11. 自2015年起，地方公共财政预算收入和地方公共财政预算支出统一更名为地方一般公共预算收入和地方一般公共预算支出。
12. 2013年起，居民人均可支配收入为城乡一体化住户收支与生活状况调查数据，与此前分城镇和农村住户调查的统计口径不可比，2013年以前农村居民收入为纯收入。
13. 2016年公路和水路客货运输量使用2015年专项调查结果推算，造成客运量和旅客周转量、货运量和货物周转量与往年数据不可比。增长速度按可比口径计算。

1-2 3 continued

2010	2015	2016	速度指标(%) Indices and Growth Rates (%)								
			指数(2016为以下各年) Index (2016 as Percentage of the Following Years)					平均增长速度 Average Annual Growth Rate			
			1978	1990	2000	2010	2015	1979–2016	1991–2016	2001–2016	2011–2016
3.21	2.77	2.83	58.5	73.5	79.3	88.2	102.2	-1.4	-1.2	-1.4	-2.1
4.95	3.60	3.69	61.6	65.3	71.7	74.5	102.5	-1.3	-1.6	-2.1	-4.8
85.71	84.04	78.61		155.2	139.9	91.7	93.5		1.7	2.1	-1.4
12.70	19.34	21.19		821.2	446.0	166.8	109.6		8.4	9.8	8.9
34.13	32.25	32.74	598.5	207.6	133.1	95.9	101.5	4.8	2.8	1.8	-0.7
29.23	42.14	43.92	503.1	252.6	195.9	150.3	104.2	4.3	3.6	4.3	7.0
	27858.86	30295.80				182.7	108.7				10.6
23897.80	34757.16	37684.25				176.7	108.4				10.0
7890.25	13360.44	14512.15				193.9	108.6				11.7
36318.66	54238.30	58618.89	333820.5	7793.4	676.3	161.4	108.1	23.8	18.2	12.7	8.3
4484.29	12918.81	14156.81	46279.2	6340.1	1338.6	315.7	109.6	17.5	17.3	17.6	21.1
40432	65788	72326	11760.3	2469.3	521.9	178.9	109.9	13.4	13.1	10.9	10.2
2444	2539	2581	131.1	136.9	106.4	105.6	101.7	0.7	1.2	0.4	0.9
16.85	22.94	24.41	509.7	301.0	219.5	144.9	106.4	4.4	4.3	5.0	6.4
27.71	40.07	42.84	509.4	375.5	272.5	154.6	106.9	4.4	5.2	6.5	7.5
85.84	160.69	96.40									
105.5	67.8	35.4									
6065	17992	16923		981.0	196.3	279.0	94.1		9.2	4.3	18.7
17500	37857	40838		448.7	405.7	233.4	107.9		5.9	9.1	15.2
30480	24672	24876		96.0	37.6	81.6	100.8		-0.2	-5.9	-3.3
8051	6784	7414		147.0	26.9	92.1	109.3		1.5	-7.9	-1.4

Notes: a) Figures of permanent population at the year-end from 2006 to 2009 have been adjusted in accordance with the flash sums of the 6th National Population Cencus in 2010.

b)The number of staff and workers has been recoded as employed persons in units since 2003.The data of 2000 have been adjusted accordingly

c)Figures in value terms on gross output value of agriculture and industry are calculated at current prices , whereas their growth rates are calculated at constant prices.

d)The statistical coverage of the industrial indicators refers to the industrial enterprises above designated size, i.e.legal person industrial enterprises with annual main business revenue over 5 million yuan.The industrial indicators from 2000 to 2006 covered all state-owned industrial enterprises and non-state-owned industrial enterprises with annual main business revenue over 5 million yuan. Since 2011, it refers to legal person industrial enterprises with annual principal business revenue of over 20 million yuan.

e) Figures of output of grain have been obtained from sample surveys since 2000.

f) Figures of government revenues since 1994 are calculated according to new standards stipulated in the tax reform (excluding revenues refunded by the central government).

g)The total business volume of postal and telecommunication services are at 1990 constant prices before 2000 and at 2000 constant prices from 2000 to 2010,and at 2010 constant price since 2010.

h) Before 1986, the figures of secondary schools excluded those of specialized secondary schools for adults.

i) The per capital floor space of urban residents of 1995 and 2000 are useable area, and that since 2005 are building area.

j) Since 2011, the cut-off point of investment statistics is changed from a minimum of 500,000 yuan to a minimum of 5,000,000 yuan, and the data do not include the investment made by rural households. Data before 2010 refer to total investment in fixed assets.

k) From 2015, the name of local government budgetary revenue and local government budgetary expenditure have been changed to local public budgetary revenue and local public budgetary expenditure.

l) The NBS started and integrated households income and expenditure survey in 2013,including both urban and rural households. The coverage methodology and definitions used in the survey are different from those used for the separate urban and rural household surveys prior ot 2013

m)The survey method of highway and waterway has been adjusted in 2015, the data of transportation are not comparable with those of the previous years. Increase rates are caculated by comparable coverage .

1-3 国民经济和社会发展结构指标
Composition Indicators of National Economic and Social Development

单位：% (%)

指　标	Item	2000	2005	2010	2015	2016
人口与就业	**Population and Employment**					
人口	**Population**					
城乡结构(常住人口)	Urban and Rural Composition(by permanent population)					
城镇	Urban	55.0	60.7	66.2	68.7	69.2
乡村	Rural	45.0	39.3	33.8	31.3	30.8
性别结构(户籍人口)	Sexual Composition(by residential population)					
男	Male	51.6	51.7	51.5	52.3	51.5
女	Female	48.4	48.3	48.5	47.7	48.5
就业	**Employment**					
产业结构	Industrial Structure					
第一产业	Primary Industry	40.0	32.1	24.4	22.1	21.7
第二产业	Secondary Industry	27.9	38.1	42.4	41.0	40.5
第三产业	Tertiary Industry	32.1	29.8	33.2	36.9	37.8
按登记注册类型分组	Grouped by Status of Registration					
国有单位	State-owned Units	11.8	7.6	6.7	6.3	6.2
集体单位	Collective-owned Units	59.4	40.6	31.6	25.3	24.9
股份合作单位	Share-holding Cooperative Units	0.3	0.4	0.4	0.4	0.4
联营单位	Joint Ownership Units	0.2	0.3	0.3	0.1	0.1
有限责任公司	Limited Liability Corporations	1.0	4.1	5.2	9.5	9.8
股份有限公司	Share-holding Corporations Ltd.	0.7	1.0	1.5	2.7	3.0
外商投资单位	Units with Foreign Investment	1.1	4.3	4.9	5.5	5.0
港澳台投资单位	Units with Investment from Hong Kong，Macao and Taiwan	2.6	12.0	12.5	9.9	9.8
私营企业	Private Enterprises	5.5	13.3	17.7	20.8	21.2
个体经济	Individual Economy	7.7	14.6	17.8	18.1	18.2
宏观经济	**Macro Economy**					
国民经济核算	**National Accounts**					
地区生产总值产业结构	Industrial Structure of Gross Domestic Product					
第一产业	Primary Industry	9.2	6.3	5.0	4.6	4.6
第二产业	Secondary Industry	46.5	50.4	49.6	44.8	42.8
第三产业	Tertiary Industry	44.3	43.3	45.4	50.6	52.6
支出法地区生产总值结构	Domestic Expenditure Structure					
最终消费	Final Consumption	53.2	50.8	48.8	51.1	51.5
居民消费	Household Consumption	41.7	39.8	38.5	39.1	39.1
农村居民	Rural Households	12.6	6.2	4.9	6.3	6.3
城镇居民	Urban Households	29.1	33.5	33.5	32.8	32.8
政府消费	Government Consumption	11.5	11.0	10.4	12.0	12.3
资本形成总额	Gross Capital Formation	35.9	36.5	38.5	41.7	41.8
固定资本形成总额	Gross Fixed Capital Formation	28.8	32.9	35.9	40.2	40.1
存货增加	Changes in Inventories	7.0	3.6	2.6	1.5	1.7
净流出	Net Exports	10.9	12.7	12.7	7.2	6.7
固定资产投资	**Investment**					
按登记注册类型分	Grouped by Status of Registration					
内资	Domestic-funded	81.2	74.9	85.4	88.4	87.8
国有	State-owned	37.7	25.9	32.0	21.2	18.7
集体	Collective-owned	12.2	4.6	4.6	4.3	3.0
股份合作	Cooperative	0.6	0.9	0.3	0.4	0.2
联营	Joint ownership	1.5	0.8	0.1	…	0.1
其他有限责任公司	Limited Liability	11.3	17.1	21.1	30.7	34.5
股份有限公司	Share-holding	4.7	5.3	5.4	4.2	3.1
私营	Private	6.4	15.5	13.7	22.6	23.3
个体	Induvidual	7.7	4.1	5.6	1.1	1.3
其他	Others	0.6	0.8	2.6	3.9	3.6
港澳台投资	Investment from Hong Kong, Macao & Taiwan	12.9	15.1	9.2	6.9	7.5
外商投资	Foreign investment	4.4	10.0	5.4	4.7	4.7

1-3 续表 1 continued

单位：% (%)

指 标	Item	2000	2005	2010	2015	2016
资金来源结构	Structure of Sources of Funds					
国家预算资金	State Budgetary Appropriation	1.7	0.9	2.2	4.9	4.8
国内贷款	Domestic Loans	17.2	17.2	16.8	12.5	12.6
利用外资	Foreign Investment	10.5	9.9	3.3	0.6	0.7
自筹投资	Fundraising	42.9	54.1	56.6	57.9	52.6
其他投资	Others	27.7	17.9	21.1	24.2	29.3
对外贸易	**Foreign Trade**					
出口按贸易方式分	Exports by Customs Regime					
一般贸易	Ordinary Trade	19.0	22.4	32.9	42.9	43.6
加工贸易	Processing Trade	78.1	73.5	60.8	43.7	39.9
其他	Others	2.9	4.1	6.3	13.4	16.5
进口按贸易方式分	Imports by Customs Regime					
一般贸易	Ordinary Trade	26.7	25.5	36.0	40.9	43.6
加工贸易	Processing Trade	63.1	61.7	51.4	41.9	37.0
其他	Others	10.2	12.8	12.6	17.2	19.5
利用外资	**Utilization of Foreign Capital**					
实际利用外资结构	Structure of Foreign Capital Actually Utilized					
外商直接投资	Foreign Direct Investment	84.0	81.5	96.4	99.4	99.8
外商其他投资	Other Foreign Investment	11.2	18.5	3.6	0.6	0.2
国内贸易	**Domestic Trade**					
社会消费品零售总额结构	Structure of Total Retail Sales of Consumer Goods					
城镇	Urban Areas	75.1	75.4	85.3	87.6	87.6
乡村	Rural Areas	24.9	24.6	14.7	12.4	12.4
能源生产与消费	**Production and Consumption of Energy**					
能源生产总量结构	Structure of Total Energy Production					
原煤	Coal	8.0	7.2			
原油	Crude Oil	53.6	44.1	37.8	32.8	30.7
电力	Electricity	27.1	36.2	40.7	48.5	54.5
天然气	Natural Gas	11.3	12.5	21.5	18.7	14.8
一次能源消费总量结构	Structure of Total Primary Energy Consumption					
原煤	Coal	52.2	52.8	45.2	42.3	39.7
原油	Crude Oil	35.0	26.1	29.0	27.3	26.6
电力	Electricity	12.6	20.8	20.1	24.0	25.6
天然气	Natural Gas	0.2	0.3	5.7	6.4	8.1
其他	Others					
农业	**Agriculture**					
农林牧渔业产值结构	Structure of Gross Output Value of Farming, Forestry, Animal Husbandry and Fishery					
农业	Farming	47.5	45.3	46.9	50.6	51.6
林业	Forestry	3.5	2.7	4.7	5.4	5.2
牧业	Animal Husbandry	26.5	26.1	25.2	20.2	20.1
渔业	Fishery	22.5	21.4	19.7	20.2	19.7
农林牧渔服务业	Services for Farming, Forestry, Animal Husbandry and Fishery	…	4.5	3.5	3.5	3.5
工业	**Industry**					
年主营业务收入2000万元以上工业产值结构	Structure of Gross Industrial Output Value of Non-state-owned Enterprises with Main Business Revenue over 20 Million Yuan					
按轻重工业分	Grouped by Light and Heavy Industry					
轻工业	Light Industry	52.9	40.4	38.3	38.2	37.6
重工业	Heavy Industry	47.1	59.6	61.7	61.8	62.4
按经济类型分	Grouped by Ownership					
国有工业	State-owned Industry	11.6	5.8	5.4	0.5	0.5
集体工业	Collective-owned Industry	9.6	1.3	0.9	0.4	0.3
股份合作工业	Share-holding Cooperative Industry	0.9	0.3	0.2	0.1	0.1
股份制工业	Share-holding Industry	14.3	25.8	35.7	53.8	56.6
外商投资工业	Industry with Foreign Investment	20.2	31.1	25.4	20.8	19.4
港澳台商投资工业	Industry with Investment from Hong Kong, Macao and Taiwan	38.0	32.6	27.6	22.3	21.1

1–3 续表 2 continued

单位：% (%)

指 标	Item	2000	2005	2013	2015	2016
按企业规模分	Grouped by Size of Enterprise					
大型企业	Large	36.2	34.9	43.2	44.4	45.0
中型企业	Medium-sized	11.4	33.0	26.5	26.6	25.8
小微型企业	Small and Micro	52.3	32.1	30.3	29.0	29.2
建筑业	**Construction**					
按登记注册类型分	Grouped by Status of Registration					
内资	Domestic-funded	97.6	98.3	97.5	97.4	97.5
国有	State-owned	38.8	25.4	11.3	9.8	7.9
集体	Collective-owned	33.2	10.5	4.3	4.5	4.3
股份合作	Cooperative	0.8	0.5	0.1	0.1	0.1
联营	Joint ownership	1.2	1.1	0.2	0.1	0.1
有限责任公司	Limited Liability	13.9	37.8	51.8	53.7	54.3
股份有限公司	Share-holding	5.2	5.4	10.3	9.7	10.3
私营	Private	4.4	17.5	19.4	19.6	20.5
其他	Others	…	0.1	…	…	…
港澳台投资	Investment from Hong Kong, Macao & Taiwan	1.6	1.2	0.8	0.8	0.9
外商投资	Foreign investment	0.8	0.5	1.6	1.7	1.6
交通运输和旅游	**Transportation and Tourism**					
客运量结构	Structure of Passenger Traffic					
铁路	Railways	7.4	10.0	11.7	12.8	20.1
公路	Highways	90.4	86.2	81.9	81.0	70.8
水运	Waterways	1.4	1.3	1.2	1.3	1.8
民用航空	Civil Aviation	0.8	2.5	5.1	4.8	7.3
货运量结构	Structure of Freight Traffic					
铁路	Railways	12.7	13.9	3.9	2.7	2.7
公路	Highways	63.2	63.3	71.2	74.4	72.2
水运	Waterways	21.6	19.7	22.4	20.7	22.7
民用航空	Civil Aviation	…	0.1	…	…	…
管道输油(气)	Pipelines	2.5	3.0	2.5	2.2	2.4
入境旅游人数结构	Composition of Tourists Visiting China					
外国人	Foreigners	4.2	5.6	7.4	6.2	
港澳同胞	Compatriots from Hong Kong and Macao	92.9	92.1	90.7	92.0	
台湾同胞	Compatriots from Taiwan	2.8	2.2	1.9	1.8	
教育与科技	**Education and Technology**					
教育	**Education**					
在校学生结构	Structure of Enrolled Students					
大学生	Colleges and Universities	2.1	5.0	10.7	11.5	11.5
中学生	Regular Secondary Schools	32.4	34.6	39.0	34.7	32.1
小学生	Primary Schools	65.5	60.4	50.4	53.8	55.2

1-3 续表 3 continued

单位：% (%)

指标	Item	2000	2005	2010	2015	2016
专任教师结构	Structure of Full-time Teachers					
大学	Colleges and Universities	3.3	7.1	8.7	10.0	10.0
中学	Secondary Schools	37.3	40.1	43.5	42.9	42.1
小学	Primary Schools	59.4	52.8	47.8	47.1	47.9
科技	**Science and Technology**					
研究与试验发展(R&D)经费内部支出机构	Structure of Internal Expenditure on R&D					
科学研究与技术开发机构	Scientific Research and Technological Development Institutions			2.6	3.6	1.4
全日制普通高等学校	Full-time Regular Institutions of Higher Education			3.5	3.5	7.8
工业企业	Industrial Enterprises			87.0	84.6	82.7
其他	Others			6.8	8.4	8.1
生活、卫生、环境	**People's Livelihood，Health Care and Environment**					
生活	**People's Livelihood**					
城镇居民消费结构	Composition of Consumption Expenditure					
食品烟酒	Food,Tobacco and Liquor	38.6	36.1	36.5	33.2	32.9
衣着	Clothing	4.6	5.7	6.7	5.7	5.5
居住	Living	13.7	10.0	10.4	22.3	22.4
生活用品及服务	Daily Necessities and Services	7.5	5.1	6.5	5.9	6.0
交通通信	Transportation and Telecommunication	13.4	19.8	18.5	15.2	14.7
教育文化娱乐	Education,Culture and Entertainment	11.5	14.1	12.9	10.4	10.9
医疗保健	Health Service	4.3	6.0	5.0	4.3	4.6
其他用品和服务	Other Necessities and Services	6.4	3.2	3.5	3.0	3.0
农村居民消费结构	Composition of Consumption Expenditure					
食品烟酒	Food,Tobacco and Liquor	49.8	48.3	47.7	40.6	40.4
衣着	Clothing	3.9	3.9	3.9	3.3	3.3
居住	Living	14.3	14.3	17.9	22.5	22.2
生活用品及服务	Daily Necessities and Services	4.7	4.1	4.3	5.9	5.8
交通通信	Transportation and Telecommunication	7.8	11.1	11.6	10.5	11.0
教育文化娱乐	Education,Culture and Entertainment	11.8	9.7	5.9	8.6	8.5
医疗保健	Health Service	3.9	5.5	5.6	6.5	6.5
其他用品和服务	Other Necessities and Services	3.8	3.1	3.1	2.2	2.3
卫生	**Health Care**					
卫生技术人员结构	Structure of Medical Technical Personnel					
#医生	Doctors	42.0	39.7	37.7	36.4	36.6
注册护士	Nurses	31.4	33.2	37.1	41.3	42.6
床位结构	Structure of Hospital Beds					
#医院	Hospitals	71.4	73.2	74.7	79.2	79.9
环境、灾害	**Environment and Disaster**					
工业污染源治理投资结构	Investment Structure of Treatment of Industrial Pollution Sources					
治理废水	Treatment of Waste Water		29.0	56.8	31.9	21.4
治理废气	Treatment of Waste Gas		47.4	20.5	39.3	63.7
治理固体废物	Treatment of Waste Solid Wastes		3.4	1.7	11.3	2.9
治理噪声	Treatment of Noise		0.6	0.1	4.2	1.6
治理其它	Treatment of Others		19.6	20.9	13.3	10.4
火灾事故损失额结构	Structure of Fire Losses Converted into Cash					
特大或重大	Extraordinarily Serious Fires					
较大	Serious Fires			0.2	0.8	0.4
一般	Ordinary Fires			99.8	99.2	99.6
交通事故损失额结构	Structure of Losses from Traffic Accidents Converted into Cash					
机动车道	Roads for Motored Vehicles			81.5	83.9	85.5
非机动车道	Roads for Nonmotored Vehicles			1.4	1.4	0.9
混合道	Mixed Roads			12.8	11.8	10.8
其他道	Others			4.3	3.0	3.0

注：1. 由于数据计算进位的原因，部分结构总和不等于100。
2. 2014年起工业污染源治理投资结构进行了调整，治理其他包括绿化和生态环保投资。

Note: a) Owing to the rounding-off of figures, some totals in this table are not equal to 100.
b) The investment structure of treatment of industrial pollution sources in 2007 has been modified. Treatment of others include greening and inverstment in environmental protection

1-4 国民经济和社会发展主要指标占全国比重

Percentage of National Total of Main Indicators of Economic and Social Development of Guangdong

指　　标	Item	2015 广东 Guang-dong	2015 全国 National Total	2015 广东占全国(%) As Percentage of National Total	2016 广东 Guang-dong	2016 全国 National Total	2016 广东占全国(%) As Percentage of National Total
人口	**Population**						
年末常住人口数 (万人)	Permanent Population at the Year-end (10000 persons)	10849	137462	7.9	10999	138271	8.0
土地面积 (万平方公里)	**Land Area (10000 sp.km)**	**17.97**	**960**	**1.9**	**17.97**	**960**	**1.9**
国内(地区)生产总值(亿元)	**Gross Domestic Product (100 million yuan)**	**72812.55**	**689052.1**	**10.1**	**79512.05**	**744127.2**	**10.3**
第一产业	Primary Industry	3345.54	60862.1	5.5	3694.37	63670.7	5.8
第二产业	Secondary Industry	32613.54	282040.3	10.2	34001.31	296236.0	10.4
第三产业	Tertiary Industry	36853.47	346149.7	10.8	41816.37	384220.5	11.0
人均国内(地区)生产总值 (元)	**Per Capita Gross Domestic Product (yuan)**	**67503**	**50251**		**72787**	**53980**	
主要工农业产品产量	**Output of Major Farm Products and Industrial Products**						
粮食 (万吨)	Grain (10000 tons)	1358.13	62144.0	2.2	1360.20	61625.0	2.2
油料 (万吨)	Oil-bearing Crops (10000 tons)	110.34	3537.0	3.1	113.29	3629.5	3.1
肉类 (万吨)	Meat (10000 tons)	424.25	8625.0	4.9	415.50	8537.8	4.9
水产品 (万吨)	Aquatic Products (10000 tons)	857.23	6699.6	12.8	873.79	6901.3	12.7
水果 (万吨)	Fruits (10000 tons)	1648.50	27375.0	6.0	1717.00	28351.1	6.1
茶叶 (万吨)	Tea (10000 tons)	7.93	224.9	3.5	8.68	240.5	3.6
农用化肥 (万吨)	Chemical Fertilizer (10000 tons)	71.47	7432.0	1.0	68.62	7128.6	1.0
发电量 (亿千瓦时)	Electricity (100 million kwh)	3900.21	58145.7	6.7	4081.97	61424.9	6.6
水泥 (万吨)	Cement (10000 tons)	14489.66	235918.8	6.1	15078.64	241352.6	6.2
布 (亿米)	Cloth (100 million m)	28.65	892.6	3.2	27.10	906.8	3.0
机制纸及纸板 (万吨)	Machine-made Paper and Paperboard (10000 tons)	2078.29	11742.8	17.7	2127.52	12319.2	17.3
成品钢材 (万吨)	Steel (10000 tons)	3271.01	112349.6	2.9	4113.34	113801.2	3.6
成品糖 (万吨)	Sugar (10000 tons)	128.93	1474.1	8.7	116.12	1433.3	8.1
平板玻璃 (万重量箱)	Flat Glass (10000 wt.cases)	7061.90	78651.6	9.0	9048.44	77402.8	11.7
家用电冰箱 (万台)	Household Refrigerators(10000 units)	2195.94	7992.8	27.5	2135.51	8481.6	25.2
家用洗衣机 (万台)	Household Washing Machines (10000 units)	747.42	7274.5	10.3	762.32	7620.9	10.0
彩色电视机 (万台)	Color Television Sets (10000 sets)	7003.58	14475.7	48.4	8106.36	15769.6	51.4
家用房间空气调节器 (万台)	Room Air Conditioners (10000 sets)	6227.86	14200.4	43.9	5641.96	14342.4	39.3
汽车 (万辆)	Vehicles	242.23	2450.4	9.9	280.25	2811.9	9.9
微型计算机设备 (万台)	Microcomputers (10000 units)	3241.72	31418.7	10.3	3344.93	29008.5	11.5
固定资产投资	**Investment in Fixed Assets**						
固定资产投资额 (亿元)	Investment in Fixed Assets (100 million yuan)	30031.20	551590.0	5.4	33008.86	596500.8	5.5
#房地产开发	Real Estate Development	8538.47	95978.8	8.9	10307.80	102580.6	10.0

注：广东地区生产总值未含研发新增增加值。

Note: The data of GDP of Guangdong Province does not include new added value of R&D .

1-4 续表 continued

指 标	Item	2015 广东 Guang-dong	2015 全国 National Total	2015 广东占全国(%) As Percentage of National Total	2016 广东 Guang-dong	2016 全国 National Total	2016 广东占全国(%) As Percentage of National Total
运输、邮电	**Transport, Postal and Telecommunication Services**						
货物周转量 (亿吨公里)	Freight Traffic (100 million ton-kilometers)	15130.59	178356	8.5	22032.27	186629	12.2
旅客周转量 (亿人公里)	Passenger Traffic (100 million personkilometers)	4335.79	30059	14.4	3842.58	31258	12.3
港口货物吞吐量 (万吨)	Volume of Freight Handled at Major Coastal Ports (10000 tons)	171109	1275000	13.4	179924	1320100	13.6
邮电业务总量 (亿元)	Total Business Volume of Postal and Telecommunication Services (100 million yuan)	4397.09	28425.0	15.6	6892.41	43345.5	15.9
财政金融	**Government Finance and Banking**						
地方一般公共预算收入 (亿元)	Local Public Budgetary Revenue (100 million yuan)	9366.78	83002.0	11.3	10390.35	87194.8	11.9
地方一般公共预算支出 (亿元)	Local Public Budgetary Expenditure (100 million yuan)	12827.80	150335.6	8.5	13446.09	160437.1	8.4
人民币住户存款 (亿元)	Savings Deposits by Residents in Renminbi (100 million yuan)	54238.30	546078.0	9.9	58618.89	597751.0	9.8
外经旅游	**Foreign Trade and International Tourism**						
进口总额 (亿美元)	Total Imports (USD 100 million)	3793.28	16795.6	22.6	3567.21	15874.2	22.5
出口总额 (亿美元)	Total Exports (USD 100 million)	6434.68	22734.7	28.3	5985.64	20981.5	28.5
实际外商直接投资(亿美元)	Foreign Direct Investment(USD 100 million)	268.75	1262.7	21.3	233.49	1260.0	18.5
国际旅游外汇收入(亿美元)	Total Foreign Exchange Earnings from International Tourism (USD 100 million)	178.85	1136.5	15.7	185.77	1200.0	15.5
国内贸易和物价	**Domestic Trade and Prices**						
社会消费品零售总额 (亿元)	Total Amount of Retail Sales of Consumer Goods (100 million yuan)	31517.56	300930.8	10.5	34739.00	332316.3	10.5
商品零售价格指数 (%)	General Retail Price Index (%)	99.6	100.1		100.8	100.7	
居民消费价格指数 (%)	General Consumer Price Index (%)	101.5	101.4		102.3	102.0	
人民生活	**People's Livelihood**						
城镇单位就业人员工资总额 (亿元)	Earnings of Urban Employed Persons (100 million yuan)	12918.81	112007.8	11.5	14156.81	120074.80	11.8
全体常住居民人均可支配收入 (元)	Per Capita Disposable Incom Permanent Households (yuan)	27858.86	21966.2		30295.80	23821.0	
城镇常住居民人均可支配收入 (元)	Per Capita Disposable Income of Permanent Urban Households (yuan)	34757.16	31194.8		37684.25	33616.2	
农村常住居民人均可支配收入 (元)	Per Capita Net Income of Permanent Rural Households (yuan)	13360.44	11421.7		14512.15	12363.4	
教育、科技、卫生	**Education, Science and Technology and Health Care**						
普通本专科学校在校学生数 (万人)	Students Enrolled in Colleges and Universities (10000 persons)	185.64	2625.3	7.1	189.28	2695.8	7.0
研究与试验发展(R&D)经费内部支出 (亿元)	Internal Expenditure on R&D (100 million yuan)	1798.17	14170	12.6	2035.14	15500	13.1
医疗卫生机构床位数(万张)	Number of Hospital Beds (10000 units)	43.57	701.5	6.2	46.52	741.0	6.3
专业卫生技术人员 (万人)	Number of Medical Technical Personnel (10000 persons)	62.00	800.8	7.7	66.75	845.4	7.9

注：1. 本表水果产量含瓜果产量。
2. 全国2016年数为快报数并来自中国统计摘要。

Note: a) The output of fruits includes melons in this table
b) The 2016 data of the whole nation are based on flash reports and from China Statistical Abstract.

1-5 各部门机构数

Grassroots Units in Various Sectors

部门	Sector	2005	2010	2015	2016
农村基层组织 （个）	**Rural Grassroots Units (unit)**				
镇政府	Town Governments	1145	1134	1128	1128
乡政府	Township Governments	11	11	11	11
村民委员会	Villagers' Committees	21825	22140	19632	19731
工业企业 （个）	**Industrial Enterprises (unit)**	**162081**	**250853**	**379804**	**455545**
规模以上工业	Industrial Enterprises above Designated Size	35157	53418	42134	42709
#国有工业	State-owned	1033	567	200	201
集体工业	Collective-owned	1272	872	212	185
建筑业企业 （个）	**Construction Enterprises (unit)**	**10093**	**20195**	**36124**	**47290**
#国有企业	State-owned	741	648	482	483
批发零售和住宿餐饮企业法人单位数 （万个）	**Number of Corporate Units in Wholesale and Retail Trades, Accommodations and Catering Services (10000 units)**	**11.52**	**22.18**	**41.58**	**52.39**
医疗卫生机构数 （个）	**Health Care (unit)**	**16318**	**16541**	**21189**	49124
#医院、卫生院	Hospitals and Health Centers	2428	2444	2539	2581
提供住宿的社会服务机构	Social Welfare Institutions	2070	2514	1588	1643
教育事业	**Education**				
普通高等学校 （所）	Regular Institutions of Higher Education (unit)	111	131	143	149
中等学校 （所）	Secondary Schools (unit)	5115	5146	5078	5144
#普通中学	Regular Secondary Schools	4282	4334	4434	4510
小学 （万所）	Primary Schools (10000 units)	2.12	1.68	1.01	1.02
幼儿园 （所）	Kindergartens (unit)	10359	11161	16368	17288
艺术表演团体 （个）	Art Performance Troupes (unit)	139	133	72	72
文化事业 （个）	Cultural Institutions (unit)	2132	2384	2275	2283
文物事业 （个）	Cultural Relic Establishments (unit)	209	208	260	258
广播电视 （座）	**Radio and Television (unit)**				
广播电台	Radio Stations	22	22	22	22
电视台	Television Stations	24	24	24	24
县、市广播电视台	Radio and Television Stations in Counties and County-level Cities	78	79	79	79
研究机构数 （个）	**Number of R&D Institutions (units)**		**4452**	**8164**	**14311**
科学研究与技术开发机构	Scientific Research and Technological Development Institutions		186	189	202
全日制普通高等学校	Full-time Regular Institutions of Higher Education		450	850	1123
工业企业	Industrial Enterprises		3309	6553	11834
其他	Others		507	572	1152

1-6 法人和产业活动单位数

Number of Corporate Units and Industrial Establishments

单位：个 (unit)

项 目	Item	2015		2016	
		法人单位数 Corporate Units	产业单位数 Industrial Establishments	法人单位数 Corporate Units	产业单位数 Industrial Establishments
总 计	**Total**	**1397020**	**1612269**	**1671255**	**1890136**
按行业分	By Sector				
农、林、牧、渔业	Farming,Forestry,Anima lHusbandry and Fishery	37250	38754	42163	43690
采矿业	Mining	3980	4171	4096	4301
制造业	Manufacture	365811	373402	440630	448291
电力、燃气及水的生产和供应业	Production and Supply of Electric Power, Gas and Water	10013	12843	10819	13694
建筑业	Construction	36124	42757	47290	54246
批发和零售业	Wholesale and Retail Trades	391399	454724	495492	559646
交通运输、仓储和邮政业	Transport, Storage and Postal Services	35068	47513	41597	54377
住宿和餐饮业	Hotels and Catering Services	24390	31491	28393	35768
信息传输、软件和信息技术服务业	Information Transmission, Computer Services and Software	38168	45543	47640	55112
金融业	Finance	9547	30766	11234	32819
房地产业	Real Estate	54716	67634	60511	73918
租赁和商务服务业	Leasing and Business Services	165240	181175	187062	203367
科学研究和技术服务业	Scientific Research, Technical Services	46376	51824	63521	69152
水利、环境和公共设施管理业	Management of Water Conservancy, Environment and Public Facilities	7237	8516	7983	9271
居民服务、修理和其他服务业	Services to Households,Repair and Other Services	23892	26944	27018	30168
教育	Education	40628	49872	42387	51688
卫生和社会工作	Health and Social Service	11399	24081	11847	24572
文化、体育和娱乐业	Culture, Sports and Entertainment	18220	21143	21645	24591
公共管理、社会保障和社会组织	Public Administration,Social Security and Social Organizations	77562	99116	79927	101465
按注册类型分	By Status of Registration				
内资	Domestic-funded	1339331	1537972	1608963	1811244
国有	State-owned	65463	115861	65937	116313
集体	Collective-owned	30875	45709	30819	45401
股份合作企业	Share-holding Cooperative Enterprises	8853	13406	8759	13284
联营企业	Joint-operation Enterprises	5475	6945	5387	6849
有限责任公司	Limited Liability Corporations	260533	295430	425356	461405
股份有限公司	Share-holding Corporations Ltd.	15961	33125	18451	35738
私营企业	Private Enterprises	777783	831108	870459	925934
其他	Other	174388	196388	183795	206320
港、澳、台商投资企业	Enterprises with Investment from Hong Kong,Macao and Taiwan	41080	49384	43370	51610
合资经营企业(港或澳、台资)	Joint Ventures	4830	6704	5102	6969
合作经营企业(港或澳、台资)	Cooperative Enterprises	1828	2229	1828	2231
港、澳、台商独资经营企业	Sole Investment Enterprises	32200	37646	34092	39476
港、澳、台商投资股份有限公司	Share-holding Corporations Ltd.	905	1293	1051	1444
其他港、澳、台商投资	Other Enterprises	1317	1512	1297	1490
外商投资企业	Enterprises with Foreign Investment	16609	24913	18922	27282
中外合资经营企业	Sino-foreign Joint Ventures	3159	5408	3401	5658
中外合作经营企业	Sino-foreign Cooperative Enterprises	727	1105	714	1081
外资企业	Foreign-funded Enterprises	11140	16180	12005	17067
外商投资股份有限公司	Share-holding Corporations Ltd.	551	934	1657	2059
其他外商投资	Other Enterprises	1032	1286	1145	1417

注：产业单位数包含法人单位数。
Note:The number of the industrial establishments include the number of the coporate units.

1-7 各市法人和产业活动单位数

Number of Corporate Units and Industrial Establishments by City

单位：个 (unit)

市别	City	2015 法人单位数 Corporate Units	2015 产业单位数 Industrial Establishments	2016 法人单位数 Corporate Units	2016 产业单位数 Industrial Establishments
总计	**Total**	**1397020**	**1612269**	**1671255**	**1890136**
广州	Guangzhou	253122	291140	309786	345347
深圳	Shenzhen	296782	331128	317980	354981
珠海	Zhuhai	47932	54955	65727	72788
汕头	Shantou	43053	49711	47089	53874
佛山	Foshan	127911	142275	164406	179133
#顺德	Shunde	53293	59643	59919	66366
韶关	Shaoguan	22398	29499	25296	32663
河源	Heyuan	22967	29388	24438	30859
梅州	Meizhou	29559	39737	34315	44759
惠州	Huizhou	56515	67174	71888	83106
汕尾	Shanwei	9942	12087	10527	12685
东莞	Dongguan	144460	160272	210871	226892
中山	Zhongshan	77450	86083	93845	103078
江门	Jiangmen	54870	61143	60516	66845
阳江	Yangjiang	21134	25990	23180	28476
湛江	Zhanjiang	45294	56229	50295	61000
茂名	Maoming	35732	41319	39897	45516
肇庆	Zhaoqing	28969	36409	31520	39070
清远	Qingyuan	24461	33122	28852	37879
潮州	Chaozhou	18807	20766	20756	22813
揭阳	Jieyang	20660	24287	23201	26834
云浮	Yunfu	15002	19555	16870	21538
按经济区域分	By Region				
珠三角	Pearl River Delta	1088011	1230579	1326539	1471240
东翼	Eastern Region	92462	106851	101573	116206
西翼	Western Region	102160	123538	113372	134992
山区	Mountainous Region	114387	151301	129771	167698

1-8 按行业和登记注册类型分组的法人单位数（2016年）
Number of Corporate Units by Sector and by Status of Registration (2016)

单位：个 (unit)

项 目	Item	总 计 Total	内资 Domestic-funded	国有 State-owned	集体 Collective-owned	股份合作企业 Share-holding Cooperative Enterprises
总 计	**Total**	**1671255**	**1608963**	**65937**	**30819**	**8759**
农、林、牧、渔业	Farming,Forestry,Anima lHusbandry and Fishery	42163	41688	821	713	100
采矿业	Mining	4096	4044	41	84	40
制造业	Manufacture	440630	403764	989	2672	1793
电力、燃气及水的生产和供应业	Production and Supply of Electric Power, Gas and Water	10819	10535	565	1219	129
建筑业	Construction	47290	46985	483	696	176
批发和零售业	Wholesale and Retail Trades	495492	484971	2997	4636	2754
交通运输、仓储和邮政业	Transport, Storage and Postal Services	41597	40047	1172	534	214
住宿和餐饮业	Hotels and Catering Services	28393	27121	440	356	352
信息传输、软件和信息技术服务业	Information Transmission, Computer Services and Software	47640	45942	408	77	139
金融业	Finance	11234	10692	298	73	176
房地产业	Real Estate	60511	58012	1204	2386	775
租赁和商务服务业	Leasing and Business Services	187062	183430	3166	11503	1145
科学研究和技术服务业	Scientific Research, Technical Services	63521	61853	3512	518	228
水利、环境和公共设施管理业	Management of Water Conservancy, Environment and Public Facilities	7983	7864	2273	274	28
居民服务、修理和其他服务业	Services to Households,Repair and Other Services	27018	26713	521	401	333
教育	Education	42387	42276	16043	1499	146
卫生和社会工作	Health and Social Service	11847	11804	3896	1087	53
文化、体育和娱乐业	Culture, Sports and Entertainment	21645	21350	1948	266	153
公共管理、社会保障和社会组织	Public Administration,Social Security and Social Organizations	79927	79872	25160	1825	25

1-8 续表 1　continued

单位：个 (unit)

项　目	Item	联营企业 Joint-operation Enterprises	有限责任公司 Limited Liability Corporations	股份有限公司 Share-holding Corporations Ltd.	私营企业 Private Enterprises	其他 Other
总　计	**Total**	**5387**	**425356**	**18451**	**870459**	**183795**
农、林、牧、渔业	Farming,Forestry,Anima lHusbandry and Fishery	123	4098	320	8806	26707
采矿业	Mining	20	848	103	2565	343
制造业	Manufacture	1167	123314	4704	255521	13604
电力、燃气及水的生产和供应业	Production and Supply of Electric Power, Gas and Water	121	1648	167	5819	867
建筑业	Construction	137	15949	638	27362	1544
批发和零售业	Wholesale and Retail Trades	1786	150793	4831	296960	20214
交通运输、仓储和邮政业	Transport, Storage and Postal Services	182	11723	580	24162	1480
住宿和餐饮业	Hotels and Catering Services	76	5548	340	18545	1464
信息传输、软件和信息技术服务业	Information Transmission, Computer Services and Software	149	12415	789	30534	1431
金融业	Finance	34	2517	1348	5764	482
房地产业	Real Estate	233	20483	1063	29422	2446
租赁和商务服务业	Leasing and Business Services	638	40105	1927	90919	34027
科学研究和技术服务业	Scientific Research, Technical Services	172	22702	816	30696	3209
水利、环境和公共设施管理业	Management of Water Conservancy, Environment and Public Facilities	32	1826	84	2693	654
居民服务、修理和其他服务业	Services to Households,Repair and Other Services	120	5338	272	17320	2408
教育	Education	134	1547	181	8676	14050
卫生和社会工作	Health and Social Service	61	372	34	2162	4139
文化、体育和娱乐业	Culture, Sports and Entertainment	95	3952	228	12193	2515
公共管理、社会保障和社会组织	Public Administration,Social Security and Social Organizations	107	178	26	340	52211

1-8 续表 2 continued

单位：个 (unit)

项 目	Item	港、澳、台商投资企业 Enterprises with Investment from Hong Kong, Macao and Taiwan	合资经营企业(港或澳、台资) Joint Ventures	合作经营企业(港或澳、台资) Cooperative Enterprises	港、澳、台商独资经营企业 Sole Investment Enterprises	港、澳、台商投资股份有限公司 Share-holding Corporations Ltd.	其他港、澳、台商投资 Other Enterprises
总 计	**Total**	**43370**	**5102**	**1828**	**34092**	**1051**	**1297**
农、林、牧、渔业	Farming,Forestry,Anima lHusbandry and Fishery	396	60	15	266	32	23
采矿业	Mining	36	8	4	24		
制造业	Manufacture	27330	2947	930	22524	538	391
电力、燃气及水的生产和供应业	Production and Supply of Electric Power,Gas and Water	172	84	15	66	5	2
建筑业	Construction	239	61	20	106	8	44
批发和零售业	Wholesale and Retail Trades	6486	571	88	5315	212	300
交通运输、仓储和邮政业	Transport, Storage and Postal Services	1049	166	252	542	35	54
住宿和餐饮业	Hotels and Catering Services	700	144	63	440	38	15
信息传输、软件和信息技术服务业	Information Transmission, Computer Services and Software	1058	115	19	834	41	49
金融业	Finance	241	71	2	149	7	12
房地产业	Real Estate	1877	366	297	1125	41	48
租赁和商务服务业	Leasing and Business Services	2214	263	45	1648	51	207
科学研究和技术服务业	Scientific Research, Technical Services	1017	116	18	752	24	107
水利、环境和公共设施管理业	Management of Water Conservancy, Environment and Public Facilities	74	17	8	41	5	3
居民服务、修理和其他服务业	Services to Households,Repair and Other Services	185	26	10	124	6	19
教育	Education	60	10	9	31	1	9
卫生和社会工作	Health and Social Service	31	10	1	17		3
文化、体育和娱乐业	Culture, Sports and Entertainment	183	64	30	74	6	9
公共管理、社会保障和社会组织	Public Administration,Social Security and Social Organizations	22	3	2	14	1	2

1-8 续表 3 continued

单位：个 (unit)

项　目	Item	外商投资企业 Enterprises with Foreign Investment	中外合资经营企业 Sino-foreign Joint Ventures	中外合作经营企业 Sino-foreign Cooperative Enterprises	外资企业 Foreign-funded Enterprises	外商投资股份有限公司 Share-holding Corporations Ltd.	其他外商投资 Other Enter-prises
总　计	**Total**	**18922**	**3401**	**714**	**12005**	**1657**	**1145**
农、林、牧、渔业	Farming,Forestry,Anima lHusbandry and Fishery	79	18	6	25	17	13
采矿业	Mining	16	6	3	2	3	2
制造业	Manufacture	9536	1778	306	6788	368	296
电力、燃气及水的生产和供应业	Production and Supply of Electric Power,Gas and Water	112	46	13	35	12	6
建筑业	Construction	66	18	5	25	10	8
批发和零售业	Wholesale and Retail Trades	4035	497	41	2559	607	331
交通运输、仓储和邮政业	Transport, Storage and Postal Services	501	140	125	162	46	28
住宿和餐饮业	Hotels and Catering Services	572	97	35	221	196	23
信息传输、软件和信息技术服务业	Information Transmission, Computer Services and Software	640	111	6	437	43	43
金融业	Finance	301	115	4	91	74	17
房地产业	Real Estate	622	156	84	290	56	36
租赁和商务服务业	Leasing and Business Services	1418	184	24	815	153	242
科学研究和技术服务业	Scientific Research, Technical Services	651	161	16	401	33	40
水利、环境和公共设施管理业	Management of Water Conservancy, Environment and Public Facilities	45	5	15	19	1	5
居民服务、修理和其他服务业	Services to Households,Repair and Other Services	120	22	10	65	8	15
教育	Education	51	7	6	17	5	16
卫生和社会工作	Health and Social Service	12	6		2		4
文化、体育和娱乐业	Culture, Sports and Entertainment	112	28	15	33	24	12
公共管理、社会保障和社会组织	Public Administration,Social Security and Social Organizations	33	6		18	1	8

1–9 各市按机构类型分法人单位数（2016年）

Number of Corporate Units by Type by City (2016)

单位：个 (unit)

市 别	city	法人单位 Corporate Units	企业 Enterprises	事业单位 Institutions	机关 Government Agencies	社会团体 Social Organizations	民办非企业 Non-enterprise Units Run by l NGO	其他组织机构 Other Organizations
总 计	**Total**	**1671255**	**1474380**	**46466**	**11991**	**24848**	**20761**	**92809**
广 州	Guangzhou	309786	285440	5429	1127	3383	2867	11540
深 圳	Shenzhen	317980	309126	1859	569	2236	2541	1649
珠 海	Zhuhai	65727	61702	1000	412	844	821	948
汕 头	Shantou	47089	38939	2230	558	1345	1127	2890
佛 山	Foshan	164406	153101	1970	451	1498	1680	5706
#顺 德	Shunde	59919	56901	720	73	310	751	1164
韶 关	Shaoguan	25296	15330	1890	764	3805	600	2907
河 源	Heyuan	24438	17275	2241	524	476	591	3331
梅 州	Meizhou	34315	25156	2274	769	888	638	4590
惠 州	Huizhou	71888	57264	2290	584	788	1003	9959
汕 尾	Shanwei	10527	6538	1487	475	310	264	1453
东 莞	Dongguan	210871	201741	1704	392	838	1806	4390
中 山	Zhongshan	93845	88418	958	176	537	1357	2399
江 门	Jiangmen	60516	50104	1995	635	1837	772	5173
阳 江	Yangjiang	23180	18730	1476	420	573	486	1495
湛 江	Zhanjiang	50295	30511	4076	866	623	933	13286
茂 名	Maoming	39897	27774	4055	640	1411	843	5174
肇 庆	Zhaoqing	31520	21570	2282	719	802	660	5487
清 远	Qingyuan	28852	21203	1679	614	1234	617	3505
潮 州	Chaozhou	20756	16079	1760	305	469	369	1774
揭 阳	Jieyang	23201	16163	2322	546	460	505	3205
云 浮	Yunfu	16870	12216	1489	445	491	281	1948
按经济区域分	By Region							
珠 三 角	Pearl River Delta	1326539	1228466	19487	5065	12763	13507	47251
东 翼	Eastern Region	101573	77719	7799	1884	2584	2265	9322
西 翼	Western Region	113372	77015	9607	1926	2607	2262	19955
山 区	Mountainous Region	129771	91180	9573	3116	6894	2727	16281

1-10 各市按行业分法人单位数（2016年）
Number of Corporate Units by Sector by City (2016)

单位：个 (unit)

市别	city	总计 Total	农、林、牧、渔业 Farming, Forestry, Animal Husbandry and Fishery	采矿业 Mining	制造业 Manufacture	电力、燃气及水的生产和供应业 Production and Supply of Electric Power, Gas and Water
全省	**Provincial Total**	**1671255**	**42163**	**4096**	**440630**	**10819**
广州	Guangzhou	309786	1623	38	49425	326
深圳	Shenzhen	317980	168	39	71842	185
珠海	Zhuhai	65727	577	18	8019	88
汕头	Shantou	47089	978	53	14516	130
佛山	Foshan	164406	925	31	58130	255
#顺德	Shunde	59919	149	1	22433	42
韶关	Shaoguan	25296	2123	306	2361	1225
河源	Heyuan	24438	3513	463	2685	867
梅州	Meizhou	34315	5148	527	4076	1557
惠州	Huizhou	71888	1934	199	16569	421
汕尾	Shanwei	10527	936	30	1756	244
东莞	Dongguan	210871	377	23	99174	304
中山	Zhongshan	93845	787	8	44522	121
江门	Jiangmen	60516	1561	140	21020	303
阳江	Yangjiang	23180	1402	193	4945	524
湛江	Zhanjiang	50295	11212	232	5783	213
茂名	Maoming	39897	995	506	5384	807
肇庆	Zhaoqing	31520	1433	415	6030	769
清远	Qingyuan	28852	3813	671	3619	1493
潮州	Chaozhou	20756	1234	30	9241	259
揭阳	Jieyang	23201	718	45	7747	301
云浮	Yunfu	16870	706	129	3786	427
按经济区域分	By Region					
珠三角	Pearl River Delta	1326539	9385	911	374731	2772
东翼	Eastern Region	101573	3866	158	33260	934
西翼	Western Region	113372	13609	931	16112	1544
山区	Mountainous Region	129771	15303	2096	16527	5569

1-10 续表 1 continued

单位：个 (unit)

市 别	city	建筑业 Construction	批发和零售业 Wholesale and Retail Trades	交通运输、仓储和邮政业 Transport, Storage and Postal Services	住宿和餐饮业 Hotels and Catering Services	信息传输、软件和信息技术服务业 Information Transmission, Computer Services and Software
全 省	**Provincial Total**	**47290**	**495492**	**41597**	**28393**	**47640**
广 州	Guangzhou	9177	108475	9687	6861	14568
深 圳	Shenzhen	5779	118571	11939	4917	15942
珠 海	Zhuhai	4258	22304	1726	1377	2907
汕 头	Shantou	937	12926	1373	814	963
佛 山	Foshan	3167	54450	3165	2918	2656
#顺 德	Shunde	923	20414	1215	723	889
韶 关	Shaoguan	503	5057	436	485	264
河 源	Heyuan	861	4744	378	429	374
梅 州	Meizhou	1427	7298	563	517	596
惠 州	Huizhou	4407	15648	1155	1126	1216
汕 尾	Shanwei	191	1825	200	291	138
东 莞	Dongguan	6193	57221	3690	2448	2660
中 山	Zhongshan	3338	20875	1543	1893	1385
江 门	Jiangmen	1743	13292	1084	917	807
阳 江	Yangjiang	781	5721	429	515	427
湛 江	Zhanjiang	1204	11874	1202	834	731
茂 名	Maoming	855	12014	682	544	543
肇 庆	Zhaoqing	844	5913	636	440	461
清 远	Qingyuan	706	5545	690	303	432
潮 州	Chaozhou	269	2859	353	287	195
揭 阳	Jieyang	293	4724	341	261	163
云 浮	Yunfu	357	4156	325	216	212
按经济区域分	By Region					
珠 三 角	Pearl River Delta	38906	416749	34625	22897	42602
东 翼	Eastern Region	1690	22334	2267	1653	1459
西 翼	Western Region	2840	29609	2313	1893	1701
山 区	Mountainous Region	3854	26800	2392	1950	1878

1-10 续表 2 continued

单位：个 (unit)

市别	city	金融业 Finance	房地产业 Real Estate	租赁和商务服务业 Leasing and Business Services	科学研究和技术服务业 Scientific Research, Technical Services and Geological Prospecting	水利、环境和公共设施管理业 Management of Water Conservancy, Environment and Public Facilities
全　省	**Provincial Total**	**11234**	**60511**	**187062**	**63521**	**7983**
广　州	Guangzhou	1535	14368	44627	21457	1245
深　圳	Shenzhen	4513	8992	41308	15032	640
珠　海	Zhuhai	779	3414	9688	3788	315
汕　头	Shantou	369	1297	3279	929	223
佛　山	Foshan	593	4851	14930	6290	724
#顺　德	Shunde	187	1654	4790	2633	336
韶　关	Shaoguan	159	923	1859	589	292
河　源	Heyuan	217	1144	1568	677	251
梅　州	Meizhou	193	1000	2670	703	405
惠　州	Huizhou	308	5740	13597	1439	517
汕　尾	Shanwei	76	387	520	185	94
东　莞	Dongguan	524	4894	17260	4257	578
中　山	Zhongshan	258	2795	7975	1291	264
江　门	Jiangmen	344	2352	7177	1179	544
阳　江	Yangjiang	115	1098	1895	685	200
湛　江	Zhanjiang	273	1517	4100	1216	271
茂　名	Maoming	211	1205	5008	1022	284
肇　庆	Zhaoqing	197	1564	3468	890	357
清　远	Qingyuan	173	1724	2588	743	328
潮　州	Chaozhou	110	282	801	370	167
揭　阳	Jieyang	173	347	1610	293	124
云　浮	Yunfu	114	617	1134	486	160
按经济区域分	By Region					
珠 三 角	Pearl River Delta	9051	48970	160030	55623	5184
东　翼	Eastern Region	728	2313	6210	1777	608
西　翼	Western Region	599	3820	11003	2923	755
山　区	Mountainous Region	856	5408	9819	3198	1436

1-10 续表 3 continued

单位：个 (unit)

市 别	city	居民服务、修理和其他服务业 Services to Households and Other Services	教育 Education	卫生和社会工作 Health Care, Social Security and Social Welfare	文化、体育和娱乐业 Culture, Sports and Recreation	公共管理、社会保障和社会组织 Public Administration and Social Organizations
全 省	**Provincial Total**	**27018**	**42387**	**11847**	**21645**	**79927**
广 州	Guangzhou	5801	5118	1893	4775	8787
深 圳	Shenzhen	5192	4492	1158	2874	4397
珠 海	Zhuhai	1427	1186	517	1402	1937
汕 头	Shantou	941	2270	478	723	3890
佛 山	Foshan	2763	2470	860	1758	3470
#顺 德	Shunde	897	887	476	591	679
韶 关	Shaoguan	303	1010	425	427	6549
河 源	Heyuan	367	1727	324	369	3480
梅 州	Meizhou	392	1128	689	526	4900
惠 州	Huizhou	884	1890	447	920	3471
汕 尾	Shanwei	125	1081	160	225	2063
东 莞	Dongguan	2963	2392	1024	2320	2569
中 山	Zhongshan	2272	1704	404	1129	1281
江 门	Jiangmen	703	1449	474	717	4710
阳 江	Yangjiang	413	1113	225	327	2172
湛 江	Zhanjiang	645	3389	619	768	4212
茂 名	Maoming	468	3218	749	528	4874
肇 庆	Zhaoqing	365	1501	375	482	5380
清 远	Qingyuan	359	1185	324	488	3668
潮 州	Chaozhou	213	1165	211	385	2325
揭 阳	Jieyang	193	2047	247	248	3326
云 浮	Yunfu	229	852	244	254	2466
按经济区域分	By Region					
珠 三 角	Pearl River Delta	22370	22202	7152	16377	36002
东 翼	Eastern Region	1472	6563	1096	1581	11604
西 翼	Western Region	1526	7720	1593	1623	11258
山 区	Mountainous Region	1650	5902	2006	2064	21063

1-11　各市按注册类型分法人单位数（2016年）

Number of Corporate Units by Status of Registration by City (2016)

单位：个 (unit)

市　别	city	总计 Total	内资 Domestic-funded	国有 State-owned	集体 Collective-owned	股份合作企业 Share-holding Cooperative Enterprises
全　省	**Provincial Total**	**1671255**	**1608963**	**65937**	**30819**	**8759**
广　州	Guangzhou	309786	298704	8644	8520	3004
深　圳	Shenzhen	317980	302505	2937	414	1562
珠　海	Zhuhai	65727	62101	1908	892	228
汕　头	Shantou	47089	46230	3773	1935	702
佛　山	Foshan	164406	160421	2058	2051	757
#顺　德	Shunde	59919	58306	457	557	128
韶　关	Shaoguan	25296	24830	3207	1441	144
河　源	Heyuan	24438	23811	3136	455	100
梅　州	Meizhou	34315	33743	3383	669	220
惠　州	Huizhou	71888	68154	3439	1461	186
汕　尾	Shanwei	10527	10238	2219	430	72
东　莞	Dongguan	210871	198455	1788	2425	622
中　山	Zhongshan	93845	90825	895	2204	97
江　门	Jiangmen	60516	57939	2657	1727	143
阳　江	Yangjiang	23180	22950	2072	255	30
湛　江	Zhanjiang	50295	49983	5494	1220	157
茂　名	Maoming	39897	39567	5108	1562	247
肇　庆	Zhaoqing	31520	30600	3361	981	105
清　远	Qingyuan	28852	28188	2441	494	149
潮　州	Chaozhou	20756	20262	2235	576	148
揭　阳	Jieyang	23201	22831	3076	603	44
云　浮	Yunfu	16870	16626	2106	504	42
按经济区域分	By Region					
珠三角	Pearl River Delta	1326539	1269704	27687	20675	6704
东　翼	Eastern Region	101573	99561	11303	3544	966
西　翼	Western Region	113372	112500	12674	3037	434
山　区	Mountainous Region	129771	127198	14273	3563	655

1-11 续表 1 continued

单位：个 (unit)

市 别	city	联营企业 Joint-operation Enterprises	有限责任公司 Limited Liability Corporations	股份有限公司 Share-holding Corporations Ltd.	私营企业 Private Enterprises	其他 Other
全 省	**Provincial Total**	**5387**	**425356**	**18451**	**870459**	**183795**
广 州	Guangzhou	652	68282	2900	188235	18467
深 圳	Shenzhen	1754	25789	3360	255143	11546
珠 海	Zhuhai	183	37400	616	15572	5302
汕 头	Shantou	155	14728	829	17318	6790
佛 山	Foshan	371	59476	1681	80738	13289
#顺 德	Shunde	143	23687	496	28697	4141
韶 关	Shaoguan	91	6281	379	5957	7330
河 源	Heyuan	88	5660	668	6394	7310
梅 州	Meizhou	129	5651	543	14013	9135
惠 州	Huizhou	190	15958	794	32474	13652
汕 尾	Shanwei	47	1208	192	3605	2465
东 莞	Dongguan	294	92712	2341	86407	11866
中 山	Zhongshan	176	26554	252	56502	4145
江 门	Jiangmen	225	13478	601	27473	11635
阳 江	Yangjiang	62	6615	188	9066	4662
湛 江	Zhanjiang	352	6292	647	18376	17445
茂 名	Maoming	175	11136	649	9757	10933
肇 庆	Zhaoqing	160	7656	458	9677	8202
清 远	Qingyuan	107	7328	577	10324	6768
潮 州	Chaozhou	50	2781	261	10405	3806
揭 阳	Jieyang	79	5962	330	7046	5691
云 浮	Yunfu	47	4409	185	5977	3356
按经济区域分	By Region					
珠 三 角	Pearl River Delta	4005	347305	13003	752221	98104
东 翼	Eastern Region	331	24679	1612	38374	18752
西 翼	Western Region	589	24043	1484	37199	33040
山 区	Mountainous Region	462	29329	2352	42665	33899

1−11 续表 2 continued

单位：个 (unit)

市 别	city	港、澳、台商投资企业 Enterprises with Investment from Hong Kong, Macao and Taiwan	合资经营企业（港或澳、台资） Joint Ventures	合作经营企业（港或澳、台资） Cooperative Enterprises	港、澳、台商独资经营企业 Sole Investment Enterprises	港、澳、台商投资股份有限公司 Share-holding Corporations Ltd.	其他港、澳、台商投资 Other Enterprises
全 省	**Provincial Total**	**43370**	**5102**	**1828**	**34092**	**1051**	**1297**
广 州	Guangzhou	6819	890	478	4625	214	612
深 圳	Shenzhen	11365	1086	200	9751	162	166
珠 海	Zhuhai	2581	394	102	2018	41	26
汕 头	Shantou	594	105	68	393	17	11
佛 山	Foshan	2421	728	81	1541	44	27
#顺 德	Shunde	1132	402	32	662	19	17
韶 关	Shaoguan	369	53	30	246	26	14
河 源	Heyuan	517	47	11	336	79	44
梅 州	Meizhou	458	88	50	307	8	5
惠 州	Huizhou	2945	300	109	2410	87	39
汕 尾	Shanwei	240	24	13	189	14	
东 莞	Dongguan	8635	425	222	7570	203	215
中 山	Zhongshan	2019	220	30	1720	30	19
江 门	Jiangmen	1900	307	83	1414	50	46
阳 江	Yangjiang	165	42	36	73	10	4
湛 江	Zhanjiang	159	55	30	62	9	3
茂 名	Maoming	245	57	19	143	10	16
肇 庆	Zhaoqing	645	109	35	468	22	11
清 远	Qingyuan	497	55	35	381	9	17
潮 州	Chaozhou	355	56	140	136	8	15
揭 阳	Jieyang	250	32	41	171	4	2
云 浮	Yunfu	191	29	15	138	4	5
按经济区域分	By Region						
珠 三 角	Pearl River Delta	39330	4459	1340	31517	853	1161
东 翼	Eastern Region	1439	217	262	889	43	28
西 翼	Western Region	569	154	85	278	29	23
山 区	Mountainous Region	2032	272	141	1408	126	85

1-11 续表 3 continued

单位：个 (unit)

市别	city	外商投资企业 Enterprises with Foreign Investment	中外合资经营企业 Sino-foreign Joint Ventures	中外合作经营企业 Sino-foreign Cooperative Enterprises	外资企业 Foreign-funded Enterprises	外商投资股份有限公司 Share-holding Corporations Ltd.	其他外商投资 Other Enterprises
全　省	**Provincial Total**	**18922**	**3401**	**714**	**12005**	**1657**	**1145**
广　州	Guangzhou	4263	895	162	2717	292	197
深　圳	Shenzhen	4110	736	71	2725	104	474
珠　海	Zhuhai	1045	206	31	658	116	34
汕　头	Shantou	265	67	35	119	34	10
佛　山	Foshan	1564	404	59	806	240	55
#顺　德	Shunde	481	152	21	264	20	24
韶　关	Shaoguan	97	26	13	37	16	5
河　源	Heyuan	110	12	12	48	24	14
梅　州	Meizhou	114	33	19	38	17	7
惠　州	Huizhou	789	138	33	480	107	31
汕　尾	Shanwei	49	10	5	19	10	5
东　莞	Dongguan	3781	332	65	2833	393	158
中　山	Zhongshan	1001	161	13	700	81	46
江　门	Jiangmen	677	140	29	416	60	32
阳　江	Yangjiang	65	13	9	28	8	7
湛　江	Zhanjiang	153	41	7	38	51	16
茂　名	Maoming	85	28	4	31	11	11
肇　庆	Zhaoqing	275	64	17	148	25	21
清　远	Qingyuan	167	31	36	70	27	3
潮　州	Chaozhou	139	20	59	37	17	6
揭　阳	Jieyang	120	26	28	35	19	12
云　浮	Yunfu	53	18	7	22	5	1
按经济区域分	By Region						
珠三角	Pearl River Delta	17505	3076	480	11483	1418	1048
东　翼	Eastern Region	573	123	127	210	80	33
西　翼	Western Region	303	82	20	97	70	34
山　区	Mountainous Region	541	120	87	215	89	30

1-12 民营经济主要指标
Main Indicators on Private Economy

指 标	Indicator	2002	2010	2014	2015	2016	2016比2015增长(%) Growth Rate in 2016 over 2015 (%)
单位个数 （万个）	**Number of Units (10000 units)**	**210.39**	**438.66**	**657.44**	**756.78**	**872.54**	**15.3**
#私营	Private	25.86	94.82	194.83	248.12	317.17	27.8
个体	Individual	175.31	334.63	446.59	492.99	541.17	9.8
就业人数 （万人）	**Number of Employed Persons (10000 persons)**	**1002.45**	**2616.21**	**3117.13**	**3297.38**	**3364.50**	**2.0**
#私营	Private	422.35	953.44	1204.02	1279.55	1329.49	3.9
个体	Individual	430.82	978.41	1105.94	1133.39	1152.13	1.7
地区生产总值（亿元）	**Gross Domestic Product (100 million yuan)**	**5265.20**	**22865.32**	**36114.83**	**38854.68**	**42689.14**	**8.0**
第一产业	Primary Industry	438.48	2184.07	3110.32	3288.66	3631.78	3.1
第二产业	Secondary Industry	2129.35	10075.26	14970.60	15969.96	17121.54	9.2
工业	Industry	1857.07	9169.01	13709.51	14624.76	15710.57	9.6
建筑业	Construction	272.28	906.24	1291.94	1378.11	1443.32	4.3
第三产业	Tertiary Industry	2697.36	10605.99	18033.91	19596.06	21935.82	7.8
批发零售贸易业	Wholesale and Retail Trades	1054.80	3245.98	5824.50	5724.46	6138.28	4.4
交通运输仓储和邮政业	Transport, Storage and Postal Services	287.09	852.11	1428.57	1596.94	1745.46	9.3
住宿和餐饮业	Hotels and Catering Services	280.41	914.44	1143.49	1238.52	1338.78	5.1
金融业	Finance	36.25	629.51	1321.60	1685.30	1816.17	7.7
房地产业	Real Estate	552.50	1954.45	3120.97	3633.87	4221.81	7.7
其他服务业	Other Services	486.30	3009.51	5089.54	5607.68	6560.06	11.7
固定资产投资（亿元）	**Investment in Fixed Assets (100 million yuan)**	**1501.71**	**7325.07**	**15065.02**	**18052.95**	**20504.39**	**13.5**
进出口总额（亿美元）	**Total Value of Imports and Exports (USD 100 million)**	**85.61**	**1688.86**	**3735.46**	**3994.22**	**4144.70**	**3.9**
出口总额	Exports	41.48	1002.44	2399.82	2604.42	2644.23	1.7
进口总额	Imports	44.13	686.42	1335.64	1389.80	1500.47	8.0
运输邮电业	**Transportation, Postal and Telecommunication Services**						
营业收入 （亿元）	Business Revenue (100 million yuan)	122.10	313.78	601.28	662.17	680.30	11.2
批发零售贸易餐饮业（亿元）	**Wholesale and Retail Trades and Catering Services (100 million yuan)**						
批发贸易业销售额	Sales Value of Wholesale Trade	8821.17	30264.58	73947.16	86971.83	93806.985	7.2
批发贸易业零售额	Retail Sales of Wholesale Trade	3455.13	12098.52	20947.32	22704.49	25483.163	10.4
餐饮业零售额	Retail Sales of Catering Services	618.01	1766.28	2622.72	2831.70	3090.46	8.8
税金 （亿元）	**Taxes (100 million yuan)**	**535.71**	**4163.26**	**7838.15**	**8612.13**	**9455.09**	**9.8**
#私营	Private	141.72	763.64	1360.08	1576.32	1563.02	-0.8
个体	Individual	139.46	418.47	797.12	768.13	826.35	7.6

注：1.民营经济统计范围调整为集体企业、股份合作企业、集体联营企业、其他联营企业、私营企业、其他企业、个体工商户，以及国有与集体联营企业、其他有限责任公司、股份有限公司、“三资”企业中的集体控股、私人控股、其他控股部分。
2.2010年就业人数、固定资产投资数据根据统计口径变化作了相应调整。
3.地区生产总值采用年报数。

Note: a)The statistical coverage of private economy in this table refers to collective enterprises,private enterprises,share-holding cooperative enterprises other joint-operation enterprises, other corporations and individual economy.
b)The numbers of employed persons and investment in fixed assets in 2010 have been adjusted in accordance with change of statistical system data are not comparable to the previous years.
c)Data of Gross Domestic Product are based on annual report.

1-13 全省商品、服务类电子商务交易情况

E-commerce transactions in commodities and services of Guangdong

单位：亿元 (100 million yuan)

指 标	Item	2016	2016年比2015年增长(%) Growth Rate in 2016 over 2015(%)
广东商品、服务类电子商务交易额	E-commerce transactions in commodities and services of Guangdong	30086.26	13.5
按交易平台分	According to the Transaction Platform		
广东在本地平台实现的电子商务交易额	E-commerce Transaction Volume of Guangdong on the Local Platform	15224.38	10.2
广东在省外平台实现的电子商务交易额	E-commerce Transaction Volume of Guangdong not on the Local Platform	14861.88	17.1
按交易对象分	According to the Transaction Object		
B2B+B2G	B2B+B2G	16234.32	5.7
B2C+C2C	B2C+C2C	13851.94	24.3
按交易内容分	According to the Transaction Content		
商品	Commodity	25860.98	11.7
服务	Service	4225.28	26.2

注：1.统计范围：辖区内规模以上工业、有资质的建筑业、限额以上批发和零售业、限额以上住宿和餐饮业、房地产开发经营业、规模以上服务业法人单位拥有的商品、服务类电子商务交易平台，辖区内规模以下法人单位拥有的且电子商务年交易额2000万元以上的商品、服务类电子商务交易平台。

2.电子商务交易额=在本地平台实现的电子商务交易额+在省外平台实现的电子商务交易额。

3.2016年国家统计局仅反馈商品、服务类电子商务交易分地区数据，合约类电子商务交易数据不分地区反馈。

Note: a)Statistical scope: within the jurisdiction of the industrial enterprises above Designated Size, qualified construction enterprises, the enterprises above designated size in wholesale and retail industry, enterprises above designated size of hotels and catering services,real estate enterprises, the services enterprises above designated size have e-commerce trading platform,within the jurisdiction of the enterprises below the designated size have e-commerce trading platform with e-commerce transaction volume of more than 2000 million yuan.

b)E-commerce transaction volume=E-commerce transaction volume of Guangdong on the local platform+E-commerce transaction volume not on the local platform.

c)since 2016, the National Bureau of statistics only feedback the data of commodity and service e-commerce transactions regard of region, but the data of contract e-commerce transaction data regardless of region.

主要统计指标解释

行政区划 指国家对行政区域的划分。根据有关法规规定，我国的行政区域划分如下: (1)全国分为省、自治区、直辖市;(2)省、自治区分为自治州、县、自治县、市; (3)自治州分为县、自治县、市; (4)县、自治县分为乡、民族乡、镇; (5)直辖市和较大的市分为区、县; (6)国家在必要时设立的特别行政区。

发展速度 用以反映社会经济发展程度的相对指标，根据两个不同时期发展水平的对比而得。由于比较的标准时期不同，发展速度可分为定期发展速度和环比发展速度两种。

增长速度 发展速度－1（或100%）就是增长速度。即增长速度＝发展速度－1（或100%）。

平均每年增长速度 我国计算平均增长速度有两种方法，一种是习惯上经常使用的“水平法”，又称几何平均法，是以间隔最后一年的水平同基期水平对比来计算平均每年增长（或下降）的速度；另一种是“累计法”又称代数平均法或方程法，是以间隔年内各年水平的总和同基期水平对比来计算平均每年增长（或下降）的速度。具体计算方法，可参照中国财经出版社出版的《平均增长速度查对表》。

在一般正常情况下，两种方法计算的平均每年增长速度比较接近，但在经济发展不平衡出现大起大落时，两种方法计算的结果差别较大。

本《年鉴》内所列的平均每年增长速度都是用水平法计算的。从某年到某年平均增长速度的年份，均不包基期年在内。如1981－2010年平均每年增长速度，是以1980年为基期，2010年为报告期，年份从1981年算起，共30年。

当年价格 是报告期的实际价格，如工厂的出厂价格、农产品的收购价格、商品的零售价格等。按当年价格计算，是指一些以货币表现的物量指标，如工业总产值、国内生产总值等，按照当年的实际价格来计算总量。按当年价格计算的价值指标，在不同年份之间进行对比时，因为包含有各年间价格变动的因素，不能确切地反映实物量的增减变动。因此，在计算增长速度时都使用按可比价格计算的数字。

电子商务交易平台 指在电子商务活动中为交易双方或多方提供交易撮合及相关服务的信息网络系统总合。

Explanatory Notes on Main Statistical Indicators

Divisions of Administrative Areas refer to the divisions of administrative areas by the state. Relevant laws of the People' s Republic of China stipulate the following principles for the divisions of administrative areas: 1)The whole country is divided into provinces, autonomous regions and municipalities directly under the central government; 2) Provinces and autonomous regions are divided into autonomous prefectures, counties, autonomous counties and cities; 3) Autonomous prefectures are divided into counties, autonomous counties and cities; 4) Counties and autonomous counties are divided into townships, ethnic townships and towns, 5) Municipalities under the central government and large cities are divided into districts and counties; 6) The state will, when necessary, establish special administrative regions.

Development Rate is a relative indicator of the degree of social and economic development calculated through the comparison of two different periods in the degree of development. Development rate can take the form of either fixed-base development rate or chain base development rate.

Growth Rate is equal to development rate minus one (or 100%), i.e. growth rate = development rate －1 (or 100%)

Average Annual Growth Rate Two methods for calculating average annual growth rate are applied in China, one is the more commonly-used "level approach" or the method of calculating geometric average, which is derived by comparing the level of the last year of the interval to that of the base year; the other is called "accumulative approach" or algebraic average or equation method, which is derived by comparing the summation of the actual figure of each year in the interval to the figure in the base year. The detailed calculating methods can be found by reference to the Check Table of Average Growth Rate published by China Financial Publishing House.

Under normal conditions the results calculated by the two methods are fairly close, but they differed sharply when uneven economic development occurred with striking fluctuations in growth.

The average annual growth rates listed in this statistical yearbook are calculated by level approach. The base years are not included when the years are listed for average annual growth rates. For instance, the average annual growth rate of 30 years since 1981 is listed as average annual growth rate of 1981-2010, among which 1980 is the base year and 2010 is the reference year.

Current Price refers to the actual price in the reference period, such as ex-factory price, purchasing price of agricultural products, retail price of commodities, etc. Total values of some quantum indicators in value terms at current prices, such as gross industrial output value and gross domestic product, are calculated in accordance with actual prices of the current year. When comparing indicators of value over time at current prices, they cannot accurately reflect the changes in real term due to price fluctuations of each year. That is why growth rates are calculated at constant prices.

E-commerce Trading Platform refers to the total information network system which provide the dealmaking and related service for the transaction parties in e-commerce activities.

二、国民经济核算

NATIONAL ECONOMIC ACCOUNTS

二 国民经济核算

简要说明

一、本篇资料反映广东国民经济核算情况。

二、国民经济核算资料主要包括地区生产总值及其有关资料。地区生产总值是根据不同产业部门、不同支出构成的特点和资料来源情况而采用不同方法计算的。

三、本年鉴公布的国民经济核算资料为最终核实数。如果在开展全国经济普查，发现对地区生产总值数据有较大影响的新的基础资料，或核算方法及分类标准发生变化后，也要对年度地区生产总值历史数据进行修订。1996 年，根据第一次第三产业普查结果，对 1992 年以前全省生产总值的历史数据作了修订；2005 年，根据全国第一次经济普查结果， 对 1993-2004 年的全省生产总值历史数据作了修订；2008 年，根据全国第二次经济普查结果，对 2005-2008 年全省生产总值进行了修订。2013 年，根据全国第三次经济普查结果，对 2009-2013 年全省生产总值进行了修订。本年鉴数据是修订后的数据。

四、国民经济核算数据绝对数按当年价格计算，速度和指数按不变价格计算。

五、分市的国民经济核算数据由各市统计局提供，由于采取分级核算，各市数据相加不等于全省总计。

六、本篇资料由广东省统计局国民经济核算处整理提供。

2 National Economic Accounts

Brief Introduction

Ⅰ.The data in this chapter reflect the national accounts of Guangdong Province.

Ⅱ. The data on national accounts mainly include gross domestic product (GDP) and related data. Data on GDP are calculated with various approaches in accordance with the features of various industrial sectors, various expenditure structures and the data resources.

Ⅲ. The national economic accounting data published in this yearbook is the final verification number. During the national economic census, It is also necessary to revise the historical data of annual gross domestic product (GDP) after the discovery of new basic data, or changes in accounting methods and classification standards, which have a greater impact on the regional gross domestic product data.In 1996, the GDP figures of years prior to 1992 were adjusted in accordance with the result of the first tertiary industry census. In 2005, the GDP figures from 1993 to 2004 were adjusted in accordance with the result of the first national economic census. GDP data from 2005 to 2008 were adjusted in accordance with the result of the second national economic census in 2008. Data published in this yearbook are adjusted data. GDP data from 2009 to 2013 were adjusted in accordance with the result of the third national economic census in 2013. Data published in this yearbook are adjusted data.

Ⅳ. The data on national accounts are calculated at current prices, and the growth rates and the index are calculated at constant prices.

Ⅴ. The data on national accounts by city are provided by the statistical bureaus of various cities. The sum of the city data is not equal to the provincial total due to the decentralized accounting approach.

Ⅵ. The data in this chapter are prepared and provided by the Division of National Accounts of Statistics Bureau of Guangdong Province.

2-1 国民经济核算主要指标

Main Indicators of Gross Domestic Product

指　　标	Item	2000	2010	2015	2016
地区生产总值（亿元）	Gross Domestic Product (100 million yuan)	10741.25	46036.25	72812.55	79512.05
第一产业	Primary Industry	986.32	2286.98	3345.54	3694.37
第二产业	Secondary Industry	4999.51	22821.77	32613.54	34001.31
第三产业	Tertiary Industry	4755.42	20927.50	36853.47	41816.37
地区生产总值指数（上年=100）	Indices of Gross Domestic Product (preceding year=100)	111.5	112.4	108.0	107.5
第一产业	Primary Industry	102.3	104.5	103.3	103.1
第二产业	Secondary Industry	112.0	114.4	107.0	106.2
第三产业	Tertiary Industry	113.2	110.9	109.5	109.2
地区生产总值构成（%）	Composition of Grosss Domestic Product (%)	100.0	100.0	100.0	100.0
第一产业	Primary Industry	9.2	5.0	4.6	4.6
第二产业	Secondary Industry	46.5	49.6	44.8	42.8
第三产业	Tertiary Industry	44.3	45.4	50.6	52.6
地区生产总值贡献率（%）	Share of the Contribution of the Three Strata of Industry	100.0	100.0	100.0	100.0
第一产业	Primary Industry	2.0	1.7	1.7	1.9
第二产业	Secondary Industry	59.7	60.8	42.5	36.7
第三产业	Tertiary Industry	38.3	37.5	55.9	61.4
地区生产总值拉动率（%）	Contribution of the Three Strata of Industry to GDP Growth	11.5	12.4	8.0	7.5
第一产业	Primary Industry	0.2	0.2	0.1	0.1
第二产业	Secondary Industry	6.9	7.6	3.4	2.8
第三产业	Tertiary Industry	4.4	4.6	4.5	4.6
人均地区生产总值（元）	Per Capita Gross Domestic Product (yuan)	12736	44758	67503	72787
人均地区生产总值指数（上年=100）	Indices of Per Capita Gross Domestic Product (preceding year=100)	107.1	109.5	107.0	106.2
支出法地区生产总值（亿元）	Gross Domestic Product by Expenditure Approach (100 million yuan)	10741.25	46036.25	72812.55	79512.05
最终消费支出	Final Consumption Expenditures	5714.46	22480.91	37211.27	40926.54
资本形成总额	Gross Capital Formation	3850.81	17706.61	30374.17	33263.60
货物和服务净流出	Net Exports of Goods and Services	1175.99	5848.74	5227.11	5321.91
支出法地区生产总值构成（%）	Composition of Gross Domestic Product by Expenditure Approach (%)	100.0	100.0	100.0	100.0
最终消费支出	Final Consumption Expenditures	53.2	48.8	51.1	51.5
资本形成总额	Gross Capital Formation	35.9	38.5	41.7	41.8
货物和服务净流出	Net Exports of Goods and Services	10.9	12.7	7.2	6.7
支出法地区生产总值贡献率(%)	Share of the Contribution of Gross Domestic Product by Expenditure Approach (%)	100.0	100.0	100.0	100.0
最终消费支出	Final Consumption Expenditures	33.8	53.5	48.5	50.6
资本形成总额	Gross Capital Formation	25.5	46.2	47.8	47.7
货物和服务净流出	Net Exports of Goods and Services	40.7	0.3	3.7	1.7
生产性服务业增加值（亿元）	Value-added of Productive Service Industry(100 million yuan)			19551.98	21719.60

2-2 地区生产总值

Gross Domestic Product

单位：亿元 (100 million yuan)

年份 Year	地区生产总值 Gross Domestic Product	第一产业 Primary Industry	第二产业 Secondary Industry	第三产业 Tertiary Industry	#工业 Industry	#建筑业 Construction	#批发和零售业 Wholesale and Retail Trades	#交通运输、仓储和邮政业 Transport, Storage, and Post	#金融业 Financial Interme-diation	#房地产业 Real Estate
1978	185.85	55.31	86.62	43.92	76.12	10.49	19.39	10.05	4.53	1.42
1979	209.34	66.62	91.65	51.06	82.36	9.29	23.52	11.26	4.74	1.62
1980	249.65	82.97	102.53	64.14	89.87	12.66	29.53	13.72	6.10	2.13
1981	290.36	94.30	120.34	75.71	103.60	16.74	33.57	16.71	6.76	2.79
1982	339.92	118.17	135.37	86.39	113.13	22.24	38.07	18.34	7.98	3.39
1983	368.75	121.24	152.27	95.24	125.82	26.45	41.42	19.47	8.94	4.09
1984	458.74	145.25	187.55	125.93	154.33	33.22	54.41	25.68	11.76	5.09
1985	577.38	171.87	229.82	175.69	185.81	44.01	79.86	35.91	12.74	6.16
1986	667.53	188.37	255.88	223.28	208.46	47.42	89.78	40.18	20.84	11.69
1987	846.69	232.14	330.35	284.20	273.77	56.58	104.17	53.20	34.25	16.44
1988	1155.37	306.50	460.17	388.70	386.35	73.82	145.89	65.22	46.80	22.84
1989	1381.39	351.73	554.13	475.53	464.06	90.07	136.65	79.02	72.70	41.36
1990	1559.03	384.59	615.86	558.58	523.42	92.45	152.90	101.61	82.46	42.87
1991	1893.30	416.00	782.67	694.63	675.55	107.12	185.77	138.54	94.83	54.09
1992	2447.54	465.83	1100.32	881.39	899.28	201.04	236.59	174.28	122.79	81.74
1993	3469.28	558.70	1704.88	1205.70	1386.83	318.05	340.49	233.15	149.29	126.25
1994	4619.02	692.25	2253.25	1673.52	1865.44	387.80	486.46	336.95	199.84	171.11
1995	5933.05	864.49	2900.22	2168.34	2448.82	451.40	647.77	433.10	229.27	230.75
1996	6834.97	935.24	3307.51	2592.22	2842.85	464.66	798.55	505.91	264.86	283.92
1997	7774.53	978.32	3704.39	3091.81	3235.42	468.97	944.61	642.37	302.87	342.54
1998	8530.88	994.55	4067.12	3469.21	3564.25	502.87	1073.36	705.98	306.39	419.76
1999	9250.68	1009.01	4359.00	3882.66	3832.44	526.56	1174.76	766.84	331.10	505.74
2000	10741.25	986.32	4999.51	4755.42	4463.06	536.45	1371.49	938.74	443.69	626.10
2001	12039.25	988.84	5506.06	5544.35	4941.20	564.86	1543.83	1114.18	450.81	696.41
2002	13502.42	1015.08	6143.40	6343.94	5548.41	594.99	1761.27	1206.20	454.65	808.16
2003	15844.64	1072.91	7592.78	7178.94	6886.97	705.81	2009.33	1263.39	534.28	955.66
2004	18864.62	1219.84	9280.73	8364.05	8485.85	794.88	2321.59	1419.78	602.68	1103.75
2005	22557.37	1428.27	11356.60	9772.50	10489.73	866.87	2250.66	1031.93	661.81	1430.37
2006	26587.76	1532.17	13469.77	11585.82	12518.59	951.18	2606.79	1208.82	899.91	1722.07
2007	31777.01	1695.57	16004.61	14076.83	14942.91	1061.70	2912.30	1418.57	1705.08	2029.77
2008	36796.71	1973.05	18502.20	16321.46	17304.79	1197.41	3476.44	1634.45	1972.40	2057.45
2009	39492.52	2010.27	19338.28	18143.97	18010.14	1328.14	3953.35	1581.46	2335.08	2453.64
2010	46036.25	2286.98	22821.77	20927.50	21269.96	1551.81	4760.11	1793.66	2780.73	2775.38
2011	53246.18	2665.20	26116.05	24464.93	24318.27	1797.78	5881.51	2036.25	3119.08	3253.27
2012	57147.75	2847.26	27239.44	27061.04	25348.54	1890.90	6622.92	2286.11	3469.67	3544.67
2013	62474.79	2977.13	28994.22	30503.44	26894.54	2161.10	7323.55	2450.51	4122.81	4207.46
2014	67809.85	3166.82	31419.75	33223.28	29144.15	2341.18	7778.82	2740.76	4447.43	4486.92
2015	72812.55	3345.54	32613.54	36853.47	30259.49	2441.85	7625.98	2928.90	5757.08	5117.95
2016	79512.05	3694.37	34001.31	41816.37	31539.56	2551.82	8382.48	3208.35	6127.05	6229.50

注：1．2004年及以前年份第一产业不包括农林牧渔服务业，交通运输仓储和邮政业包括电信业，但不包括城市公共交通业，批发与零售业包括餐饮业（以下相关表同）。

2．2013年起，三次产业分类依据国家统计局2012年制定的《三次产业划分规定》执行(以下相关表同)。

Notes: a)In 2004 and prior to it, the primary industry did not include service activities for farming, forestry, animal husbandry and fishery;transport, storage,and postal services included telecommunication services,but excluded urban public transport; and wholesale and retail trades included catering services. The same applies to the following tables.

b)Since 2013, three industry classification are divided according to the deputy of three industry classification which is developed by NBS in 2012(the same applied to the following table).

2-3 地区生产总值指数

Indices of Gross Domestic Product

上年=100 (preceding year=100)

年份 Year	地区生产总值 Gross Domestic Product	第一产业 Primary Industry	第二产业 Secondary Industry	第三产业 Tertiary Industry	#工业 Industry	#建筑业 Construction	#批发和零售业 Wholesale and Retail Trades	#交通运输、仓储和邮政业 Transport, Storage, and Post	#金融业 Financial Intermediation	#房地产业 Real Estate
1978	101.0	104.3	97.1	101.2						
1979	108.5	106.1	104.3	117.6	107.6	89.5	123.1	112.7	103.1	115.2
1980	116.6	112.7	116.9	122.1	113.2	136.6	119.6	119.5	126.4	136.0
1981	109.0	105.1	112.9	110.0	110.8	122.0	106.8	107.5	106.4	129.5
1982	112.0	111.9	111.5	112.5	108.1	124.9	108.0	117.4	110.0	121.0
1983	107.3	103.6	110.1	108.9	109.6	111.6	106.9	105.0	110.0	117.9
1984	115.6	112.5	118.8	115.7	120.5	113.0	116.6	105.7	116.8	109.3
1985	118.0	106.2	120.7	128.7	120.9	120.1	127.6	123.1	130.0	148.3
1986	112.7	105.6	108.1	124.7	108.8	105.4	117.9	120.9	130.2	161.1
1987	119.6	109.6	127.5	120.6	131.6	112.1	116.5	122.2	140.3	132.2
1988	115.8	106.6	124.9	113.7	128.0	111.4	108.3	121.8	115.0	127.6
1989	107.2	107.2	108.6	105.7	110.8	97.1	80.1	118.2	133.0	141.4
1990	111.6	107.3	112.7	113.4	114.4	102.7	112.2	106.8	117.3	97.6
1991	117.7	105.4	123.6	119.4	123.0	127.5	119.6	128.3	107.2	114.3
1992	122.1	105.6	133.4	119.0	130.8	149.8	119.4	120.9	121.2	146.2
1993	123.0	102.5	136.3	116.7	139.8	117.0	122.0	124.9	102.5	129.0
1994	119.7	103.1	125.7	118.4	127.2	116.2	119.4	127.6	107.4	127.4
1995	115.6	105.4	118.7	114.6	119.6	112.8	115.9	117.3	101.8	122.2
1996	111.3	104.9	112.6	111.5	113.9	102.6	114.2	109.4	107.5	115.8
1997	111.2	104.7	112.9	110.7	114.4	100.0	113.6	109.1	109.6	111.6
1998	110.8	103.8	112.4	110.4	112.9	107.6	115.0	106.7	103.1	110.6
1999	110.1	103.9	110.6	111.2	110.9	107.5	110.4	105.7	110.8	119.3
2000	111.5	102.3	112.0	113.2	113.3	99.1	109.4	117.3	122.7	115.4
2001	110.5	102.2	110.7	112.0	111.2	106.1	111.6	114.0	101.7	108.7
2002	112.4	104.3	113.7	112.5	114.9	103.5	113.3	106.3	100.6	111.9
2003	114.8	102.2	120.3	111.3	121.0	113.1	111.6	106.1	110.6	115.3
2004	114.8	104.1	118.8	112.0	120.3	102.9	109.8	112.1	106.9	108.2
2005	114.1	104.9	115.2	114.3	115.9	106.6	111.1	118.8	107.7	121.2
2006	114.8	104.2	117.0	113.8	117.7	109.0	113.0	116.3	124.7	112.8
2007	114.9	103.2	117.1	113.8	117.8	107.5	108.0	111.0	141.8	113.1
2008	110.4	103.9	111.6	109.8	112.3	100.5	112.6	108.4	109.0	93.5
2009	109.7	104.9	108.8	111.3	108.4	115.4	117.0	105.4	117.9	120.5
2010	112.4	104.5	114.4	110.9	114.6	112.0	114.9	111.4	113.4	104.4
2011	110.0	104.2	110.3	110.3	110.5	107.3	113.8	112.0	105.6	105.5
2012	108.2	103.8	107.1	109.8	107.4	103.2	110.1	112.8	110.0	108.6
2013	108.5	102.4	107.6	109.9	107.9	103.9	110.2	108.6	115.7	113.0
2014	107.8	103.2	107.9	108.0	108.0	106.2	107.2	110.8	108.3	102.6
2015	108.0	103.3	107.0	109.5	107.0	106.0	106.6	105.5	119.0	109.1
2016	107.5	103.1	106.2	109.2	106.3	104.1	107.0	109.5	106.3	110.2

2-4 地区生产总值指数

Indices of Gross Domestic Product

1978年=100 (1978=100)

年份 Year	地区生产总值 Gross Domestic Product	第一产业 Primary Industry	第二产业 Secondary Industry	第三产业 Tertiary Industry	#工业 Industry	#建筑业 Construction	#批发和零售业 Wholesale and Retail Trades	#交通运输、仓储和邮政业 Transport, Storage, and Post	#金融业 Financial Intermediation	#房地产业 Real Estate
1978	100.0	100.0	100.0	100.0	100.0	100.0	100.0	100.0	100.0	100.0
1979	108.5	106.1	104.3	117.6	107.6	89.5	123.1	112.7	103.1	115.2
1980	126.5	119.6	121.9	143.5	121.8	122.2	147.3	134.6	130.4	156.6
1981	137.9	125.8	137.6	157.8	135.0	149.1	157.2	144.8	138.6	202.8
1982	154.4	140.8	153.4	177.5	145.9	186.4	169.7	170.0	152.6	245.3
1983	165.6	145.9	168.8	193.3	159.9	208.0	181.5	178.6	167.8	289.1
1984	191.4	164.1	200.6	223.7	192.7	235.1	211.7	188.8	196.0	316.0
1985	225.7	174.2	242.1	287.9	233.0	282.4	270.1	232.5	254.7	468.8
1986	254.5	184.0	261.6	359.0	253.4	297.5	318.5	281.0	331.7	755.1
1987	304.5	201.7	333.4	433.0	333.4	333.5	370.9	343.4	465.3	998.5
1988	352.6	215.0	416.5	492.6	426.7	371.4	401.6	418.2	535.1	1273.9
1989	377.9	230.6	452.1	520.5	472.8	360.6	321.8	494.3	711.7	1801.5
1990	421.6	247.4	509.3	590.1	540.9	370.4	361.1	527.8	834.5	1758.4
1991	496.1	260.9	629.7	704.6	665.4	472.2	431.9	677.2	894.5	2009.4
1992	605.8	275.4	840.2	838.6	870.4	707.4	515.7	818.6	1084.5	2938.0
1993	745.1	282.4	1145.2	979.1	1217.2	827.9	629.1	1022.1	1111.4	3788.9
1994	891.9	291.2	1439.6	1159.6	1547.9	962.4	751.2	1304.3	1193.3	4828.9
1995	1030.6	306.9	1709.0	1329.3	1850.6	1085.2	870.7	1529.5	1214.2	5898.5
1996	1146.8	321.9	1924.2	1482.0	2108.2	1113.5	994.7	1673.6	1305.1	6832.5
1997	1275.1	336.9	2172.0	1640.1	2412.2	1113.7	1129.7	1826.4	1429.9	7621.7
1998	1412.9	349.6	2441.7	1810.5	2723.9	1198.7	1299.0	1948.7	1474.6	8430.9
1999	1555.9	363.3	2700.6	2013.9	3021.1	1288.3	1434.6	2060.5	1634.4	10060.7
2000	1734.3	371.7	3024.8	2279.9	3421.5	1276.9	1570.1	2416.0	2004.6	11611.0
2001	1916.2	379.9	3347.4	2554.0	3805.4	1354.2	1751.8	2753.1	2039.4	12625.5
2002	2153.3	396.3	3806.6	2873.3	4372.0	1401.6	1984.9	2926.6	2052.4	14124.3
2003	2473.0	405.1	4579.4	3198.8	5292.0	1585.6	2215.4	3105.3	2269.9	16289.3
2004	2838.7	421.8	5438.5	3582.9	6365.6	1631.6	2433.5	3480.8	2427.3	17629.0
2005	3239.7	442.5	6264.8	4093.5	7378.1	1739.4	2704.2	4134.5	2614.1	21371.6
2006	3719.4	461.1	7332.9	4656.3	8685.2	1895.3	3055.7	4808.1	3260.9	24097.0
2007	4272.3	475.9	8586.9	5296.7	10234.0	2038.1	3301.6	5335.4	4625.3	27255.5
2008	4718.1	494.5	9579.9	5817.7	11496.4	2048.6	3718.0	5781.0	5043.4	25488.8
2009	5175.8	518.9	10425.8	6477.2	12464.3	2364.4	4349.6	6095.9	5945.3	30718.6
2010	5820.0	542.5	11931.2	7181.2	14284.6	2646.9	4997.5	6793.5	6740.4	32077.8
2011	6402.0	565.1	13157.6	7923.3	15784.3	2839.3	5689.6	7611.8	7121.0	33855.8
2012	6925.7	586.9	14091.2	8700.4	16947.6	2930.7	6265.6	8587.8	7830.0	36759.0
2013	7511.7	601.2	15164.1	9564.0	18282.8	3045.0	6904.9	9329.5	9057.2	41539.1
2014	8094.9	620.6	16366.9	10328.3	19753.1	3234.0	7401.7	10341.6	9809.4	42638.4
2015	8742.1	641.1	17505.4	11305.9	21144.6	3427.9	7888.3	10915.1	11677.4	46533.9
2016	9401.2	661.1	18585.9	12340.5	22484.2	3568.0	8441.8	11953.8	12417.8	51278.9

2-5 地区生产总值产业构成
Composition of Gross Domestic Product by Industry

单位：% (%)

年份 Year	地区生产总值 Gross Domestic Product	第一产业 Primary Industry	第二产业 Secondary Industry	第三产业 Tertiary Industry	#工业 Industry
1978	100.0	29.8	46.6	23.6	41.0
1979	100.0	31.8	43.8	24.4	39.3
1980	100.0	33.2	41.1	25.7	36.0
1981	100.0	32.5	41.4	26.1	35.7
1982	100.0	34.8	39.8	25.4	33.3
1983	100.0	32.9	41.3	25.8	34.1
1984	100.0	31.7	40.9	27.4	33.6
1985	100.0	29.8	39.8	30.4	32.2
1986	100.0	28.2	38.3	33.5	31.2
1987	100.0	27.4	39.0	33.6	32.3
1988	100.0	26.5	39.8	33.7	33.4
1989	100.0	25.5	40.1	34.4	33.6
1990	100.0	24.7	39.5	35.8	33.6
1991	100.0	22.0	41.3	36.7	35.7
1992	100.0	19.0	45.0	36.0	36.7
1993	100.0	16.1	49.1	34.8	40.0
1994	100.0	15.0	48.8	36.2	40.4
1995	100.0	14.6	48.9	36.5	41.3
1996	100.0	13.7	48.4	37.9	41.6
1997	100.0	12.6	47.6	39.8	41.6
1998	100.0	11.7	47.7	40.6	41.8
1999	100.0	10.9	47.1	42.0	41.4
2000	100.0	9.2	46.5	44.3	41.6
2001	100.0	8.2	45.7	46.1	41.0
2002	100.0	7.5	45.5	47.0	41.1
2003	100.0	6.8	47.9	45.3	43.5
2004	100.0	6.5	49.2	44.3	45.0
2005	100.0	6.3	50.4	43.3	46.5
2006	100.0	5.8	50.6	43.6	47.1
2007	100.0	5.3	50.4	44.3	47.0
2008	100.0	5.4	50.3	44.3	47.0
2009	100.0	5.1	49.0	45.9	45.6
2010	100.0	5.0	49.6	45.4	46.2
2011	100.0	5.0	49.1	45.9	45.7
2012	100.0	5.0	47.7	47.3	44.4
2013	100.0	4.8	46.4	48.8	43.0
2014	100.0	4.7	46.3	49.0	43.0
2015	100.0	4.6	44.8	50.6	41.6
2016	100.0	4.6	42.8	52.6	39.7

2-6 三次产业贡献率

Share of the Contributions of the Three Strata of Industry

单位：% (%)

年份 Year	地区生产总值 Gross Domestic Product	第一产业 Primary Industry	第二产业 Secondary Industry	第三产业 Tertiary Industry	#工 业 Industry
1979	100.0	30.0	16.6	53.4	24.2
1980	100.0	31.0	32.1	36.9	21.0
1981	100.0	22.4	45.4	32.2	31.0
1982	100.0	37.8	31.5	30.7	17.8
1983	100.0	18.7	45.1	36.2	33.4
1984	100.0	29.2	40.5	30.3	34.1
1985	100.0	12.2	39.8	48.0	31.4
1986	100.0	14.1	22.3	63.6	19.1
1987	100.0	14.7	47.3	38.0	42.9
1988	100.0	11.4	56.8	31.8	52.0
1989	100.0	25.5	46.2	28.3	48.8
1990	100.0	16.0	43.1	40.9	41.7
1991	100.0	7.5	53.1	39.4	44.8
1992	100.0	5.5	63.1	31.4	50.1
1993	100.0	2.1	72.0	25.9	66.8
1994	100.0	2.5	65.9	31.6	60.4
1995	100.0	4.7	63.9	31.4	58.5
1996	100.0	5.3	60.9	33.8	59.4
1997	100.0	4.9	63.5	31.6	63.5
1998	100.0	3.8	64.4	31.8	60.6
1999	100.0	4.0	59.5	36.5	55.7
2000	100.0	2.0	59.7	38.3	60.1
2001	100.0	2.0	47.3	50.7	44.4
2002	100.0	3.0	51.7	45.3	50.3
2003	100.0	1.2	64.5	34.3	60.6
2004	100.0	1.9	62.7	35.4	61.8
2005	100.0	2.3	55.0	42.7	53.2
2006	100.0	1.8	58.0	40.2	55.6
2007	100.0	1.2	59.1	39.7	57.2
2008	100.0	1.9	58.0	40.1	57.8
2009	100.0	2.5	48.1	49.4	43.2
2010	100.0	1.7	60.8	37.5	57.7
2011	100.0	2.1	50.9	47.0	48.5
2012	100.0	2.2	43.1	54.7	41.8
2013	100.0	1.3	44.2	54.5	42.9
2014	100.0	1.7	49.8	48.5	47.5
2015	100.0	1.7	42.5	55.9	40.5
2016	100.0	1.9	36.7	61.4	34.9

注：三次产业贡献率指各产业增加值增量与GDP增量之比。

Notes: Industrial contribution rate refers to the proportion of the increment of every industrial value added to the increment of GDP.

2-7 三次产业对地区生产总值增长的拉动

Contribution of the Three Strata of Industry to GDP Growth

单位：百分点 (percentage points)

年份 Year	地区生产总值 Gross Domestic Product	第一产业 Primary Industry	第二产业 Secondary Industry	第三产业 Tertiary Industry	#工 业 Industry
1979	8.5	2.6	1.4	4.5	2.0
1980	16.6	5.2	5.3	6.1	3.5
1981	9.0	2.0	4.1	2.9	2.8
1982	12.0	4.5	3.8	3.7	2.1
1983	7.3	1.4	3.3	2.6	2.4
1984	15.6	4.6	6.3	4.7	5.3
1985	18.0	2.2	7.2	8.6	5.6
1986	12.7	1.8	2.8	8.1	2.4
1987	19.6	2.9	9.3	7.4	8.4
1988	15.8	1.8	9.0	5.0	8.2
1989	7.2	1.8	3.3	2.1	3.5
1990	11.6	1.9	5.0	4.7	4.8
1991	17.7	1.3	9.4	7.0	7.9
1992	22.1	1.2	14.0	6.9	11.1
1993	23.0	0.5	16.5	6.0	15.3
1994	19.7	0.5	13.0	6.2	11.9
1995	15.6	0.8	9.9	4.9	9.1
1996	11.3	0.6	6.9	3.8	6.7
1997	11.2	0.6	7.1	3.5	7.1
1998	10.8	0.4	7.0	3.4	6.5
1999	10.1	0.4	6.0	3.7	5.6
2000	11.5	0.2	6.9	4.4	6.9
2001	10.5	0.2	5.0	5.3	4.7
2002	12.4	0.4	6.4	5.6	6.2
2003	14.8	0.2	9.5	5.1	9.0
2004	14.8	0.3	9.3	5.2	9.1
2005	14.1	0.3	7.8	6.0	7.5
2006	14.8	0.3	8.6	5.9	8.2
2007	14.9	0.2	8.8	5.9	8.5
2008	10.4	0.2	6.0	4.2	6.0
2009	9.7	0.2	4.7	4.8	4.2
2010	12.4	0.2	7.6	4.6	7.2
2011	10.0	0.2	5.1	4.7	4.9
2012	8.2	0.2	3.5	4.5	3.4
2013	8.5	0.1	3.8	4.6	3.6
2014	7.8	0.1	3.9	3.8	3.7
2015	8.0	0.1	3.4	4.5	3.2
2016	7.5	0.1	2.8	4.6	2.6

注：三次产业拉动指GDP增长速度与各产业贡献率之乘积。
Notes: Industrial pulling rate is the growth rate of GDP multiplying industrial contribution rate.

2-8 地区生产总值项目结构
Components of Gross Domestic Product

单位：亿元 (100 million yuan)

年份 Year	地区生产总值 Gross Domestic Product	劳动者报酬 Compensation of Employees	生产税净额 Net Taxes on Production	固定资产折旧 Depreciation of Fixed Assets	营业盈余 Operating Surplus
1978	185.85	112.58	25.13	21.07	27.07
1979	209.34	126.64	28.07	23.67	30.96
1980	249.65	151.09	32.62	28.25	37.69
1981	290.36	175.16	38.66	33.28	43.26
1982	339.92	207.09	43.58	38.11	51.14
1983	368.75	222.02	48.33	41.82	56.58
1984	458.74	274.33	59.74	52.06	72.61
1985	577.38	343.38	74.24	65.66	94.10
1986	667.53	393.11	84.86	77.99	111.57
1987	846.69	486.39	108.63	99.73	151.94
1988	1155.37	662.14	149.93	135.89	207.41
1989	1381.39	769.17	176.84	169.99	265.39
1990	1559.03	864.69	197.92	192.05	304.37
1991	1893.30	1031.46	248.47	240.20	373.17
1992	2447.54	1287.81	352.00	328.48	479.25
1993	3469.28	1822.72	478.22	450.06	718.29
1994	4619.02	2451.06	630.43	635.37	902.15
1995	5933.05	3077.86	827.17	904.23	1123.79
1996	6834.97	3584.34	985.78	1076.00	1188.84
1997	7774.53	4053.33	1111.15	1209.40	1400.66
1998	8530.88	4858.94	1268.93	1369.14	1033.86
1999	9250.68	5109.07	1375.14	1592.07	1174.40
2000	10741.25	5600.63	1759.12	1853.60	1527.91
2001	12039.25	6104.83	1939.52	1988.27	2006.62
2002	13502.42	7116.01	1988.13	2162.42	2235.87
2003	15844.64	7941.03	2303.35	2471.85	3128.41
2004	18864.62	9016.48	2659.30	2843.99	4344.85
2005	22557.37	10618.90	3177.03	3622.78	5138.66
2006	26587.76	12075.99	4038.50	4275.66	6197.61
2007	31777.01	14212.84	4947.40	4740.53	7876.24
2008	36796.71	16658.38	5796.13	5231.17	9111.03
2009	39492.52	17894.47	5996.57	5500.73	10100.75
2010	46036.25	20472.88	6769.63	6073.85	12719.90
2011	53246.18	24332.90	8453.19	6878.78	13581.31
2012	57147.75	27296.10	8860.93	7389.92	13600.80
2013	62474.79	29809.60	9623.38	7763.87	15277.94
2014	67809.85	32361.55	10669.94	8930.36	15848.00
2015	72812.55	35775.58	10204.88	9644.88	17187.21
2016	79512.05	39116.40	10977.35	10367.73	19050.57

2–9 各行业增加值构成项目（2016年）
Components of Value Added by Sector (2016)

单位：亿元 (100 million yuan)

行 业	Sector	地区生产总值 Gross Domestic Product	劳动者报酬 Conpensation of Employees	生产税净额 Net Taxes on Production	固定资产折旧 Depreciation of Fixed Assets	营业盈余 Operating Surplus
地区生产总值	**Gross Domestic Product**	**79512.05**	**39116.40**	**10977.35**	**10367.73**	**19050.57**
农、林、牧、渔业	Farming, Forestry, Animal Husbandry and Fishery	3781.83	3743.72	1.55	36.56	
工业	Industry	31539.56	13682.48	4985.47	4457.84	8413.77
建筑业	Construction	2551.82	1482.55	404.99	113.09	551.19
批发和零售业	Wholesale and Retail Trade	8382.48	4028.21	2289.43	228.59	1836.25
交通运输、仓储和邮政业	Transport, Storage and Postal Services	3208.35	1625.58	203.43	778.62	600.72
住宿和餐饮业	Hotels and Catering Services	1569.37	1121.93	133.51	162.35	151.58
信息传输、软件和信息技术服务业	Information Transmission, Computer Services and Software	2877.08	1034.10	212.13	432.57	1198.28
金融业	Finance	6127.05	1746.30	767.19	80.40	3533.16
房地产业	Real Estate	6229.50	953.31	1400.97	2389.02	1486.20
租赁和商务服务业	Leasing and Business Services	2967.18	1570.11	292.00	684.12	420.95
科学研究和技术服务业	Scientific Research and Technical Services	1167.51	693.00	104.42	86.18	283.91
水利、环境和公共设施管理业	Water Conservancy, Environment and Public Facilities Management	534.75	234.87	35.57	171.86	92.45
居民服务、修理和其他服务业	Resident Services and Other Services	1313.73	1090.36	58.33	47.42	117.62
教育	Education	2442.14	2083.14	22.69	248.02	88.29
卫生和社会工作	Health Care and Social Work	1635.07	1260.46	19.30	115.39	239.92
文化、体育和娱乐业	Culture, Sports and Recreation	395.30	224.78	34.77	100.20	35.55
公共管理、社会保障和社会组织	Public Administration and Social Organizations	2789.33	2541.50	11.60	235.50	0.73
第一产业	Primary Industry	3694.37	3657.10	1.55	35.72	
第二产业	Secondary Industry	34001.31	15110.11	5384.28	4562.46	8944.46
第三产业	Tertiary Industry	41816.37	20349.19	5591.52	5769.55	10106.11

2-10 支出法地区生产总值

Gross Domestic Product by Expenditure Approach

年份 Year	支出法地区生产总值(亿元) Gross Domestic Product by Expenditure Approach (100 million yuan)	最终消费支出 Final Consumption Expenditure	资本形成总额 Gross Capital Formation	货物和服务净流出 Net Exports of Goods and Services	最终消费率(消费率)(%) Final Consumption Rate (%)	资本形成率(投资率)(%) Capital Formation Rate (%)
1978	194.14	130.02	54.79	9.33	67.0	28.2
1979	215.43	147.11	55.86	12.46	68.3	25.9
1980	259.32	180.93	71.37	7.02	69.8	27.5
1981	305.22	201.43	96.74	7.05	66.0	31.7
1982	349.13	233.21	112.35	3.57	66.8	32.2
1983	367.36	252.07	113.49	1.80	68.6	30.9
1984	446.06	288.26	150.07	7.72	64.6	33.6
1985	568.98	347.18	238.58	-16.78	61.0	41.9
1986	650.99	415.91	256.75	-21.67	63.9	39.4
1987	815.05	516.02	312.33	-13.29	63.3	38.3
1988	1129.64	667.03	462.07	0.54	59.0	40.9
1989	1348.54	857.33	472.75	18.46	63.6	35.1
1990	1541.99	938.48	502.90	100.61	60.9	32.6
1991	1847.99	1081.39	610.18	156.42	58.5	33.0
1992	2440.58	1359.08	987.96	93.54	55.7	40.5
1993	3465.31	1852.06	1554.46	58.79	53.4	44.9
1994	4618.25	2598.57	1930.86	88.82	56.3	41.8
1995	5933.05	3363.38	2394.79	174.89	56.7	40.4
1996	6834.97	3859.32	2782.89	192.75	56.5	40.7
1997	7774.53	4245.18	2974.45	554.90	54.6	38.3
1998	8530.88	4582.16	3331.11	617.60	53.7	39.0
1999	9250.68	5083.60	3511.30	655.78	55.0	38.0
2000	10741.25	5714.46	3850.81	1175.99	53.2	35.9
2001	12039.25	6255.92	4392.51	1390.82	52.0	36.5
2002	13502.42	7286.63	4762.90	1452.89	54.0	35.3
2003	15844.64	8643.44	5911.97	1289.23	54.6	37.3
2004	18864.62	10162.04	7214.70	1487.89	53.9	38.2
2005	22557.37	11450.96	8239.73	2866.68	50.8	36.5
2006	26587.76	12635.59	9307.90	4644.28	47.5	35.0
2007	31777.01	14842.85	10701.48	6232.69	46.7	33.7
2008	36796.71	17202.13	12257.94	7336.63	46.7	33.3
2009	39492.52	19179.39	14951.42	5361.71	48.6	37.9
2010	46036.25	22480.91	17706.61	5848.74	48.8	38.5
2011	53246.18	26074.76	21003.62	6167.80	49.0	39.4
2012	57147.75	29264.26	22871.85	5011.64	51.2	40.0
2013	62474.79	30437.61	26050.75	5986.43	48.7	41.7
2014	67809.85	33920.56	28759.81	5129.48	50.0	42.4
2015	72812.55	37211.27	30374.17	5227.11	51.1	41.7
2016	79512.05	40926.54	33263.60	5321.91	51.5	41.8

注：2013年起，国家统计局推行城乡住户调查一体化改革，支出法地区生产总值数据与以前年份不可比(以下相关表同)。

Notes: Since 2013,the data of gross domestic product by expenditure approach are not comparable to year before 2013 due to the integrated household reform conducted by the NBS(the same applied to the related table).

2-11 资本形成总额及构成

Gross Capital Formation and Its Composition

年份 Year	资本形成总额 (亿元) Gross Capital Formation (100 million yuan)	固定资本形成总额 Gross Fixed Capital Formation	存货变动 Change in Inventories	比重(资本形成总额=100) Proportion (gross capital formation=100) 固定资本形成总额 Gross Fixed Capital Formation	存货变动 Change in Inventories
1978	54.79	37.93	16.86	69.2	30.8
1979	55.86	41.81	14.05	74.8	25.2
1980	71.37	57.15	14.23	80.1	19.9
1981	96.74	73.39	23.34	75.9	24.1
1982	112.35	94.64	17.71	84.2	15.8
1983	113.49	96.80	16.69	85.3	14.7
1984	150.07	133.04	17.03	88.7	11.3
1985	238.58	163.84	74.74	68.7	31.3
1986	256.75	182.15	74.59	70.9	29.1
1987	312.33	197.01	115.32	63.1	36.9
1988	462.07	286.00	176.07	61.9	38.1
1989	472.75	266.68	206.07	56.4	43.6
1990	502.90	336.61	166.29	66.9	33.1
1991	610.18	396.49	213.70	65.0	35.0
1992	987.96	683.66	304.30	69.2	30.8
1993	1554.46	1110.69	443.77	71.5	28.5
1994	1930.86	1375.09	555.76	71.2	28.8
1995	2394.79	1819.17	575.62	76.0	24.0
1996	2782.89	1919.41	863.48	69.0	31.0
1997	2974.45	2079.15	895.30	69.9	30.1
1998	3331.11	2473.82	857.30	74.3	25.7
1999	3511.30	2870.40	640.89	81.7	18.3
2000	3850.81	3093.82	756.99	80.3	19.7
2001	4392.51	3447.52	944.99	78.5	21.5
2002	4762.90	4023.73	739.17	84.5	15.5
2003	5911.97	4986.53	925.44	84.3	15.7
2004	7214.70	5957.86	1256.83	82.6	17.4
2005	8239.73	7418.23	821.50	90.0	10.0
2006	9307.90	8489.71	818.19	91.2	8.8
2007	10701.48	9964.01	737.47	93.1	6.9
2008	12257.94	11471.36	786.58	93.6	6.4
2009	14951.42	14025.08	926.33	93.8	6.2
2010	17706.61	16515.11	1191.50	93.3	6.7
2011	21003.62	19432.79	1570.83	92.5	7.5
2012	22871.85	22033.82	838.03	96.3	3.7
2013	26050.75	24997.73	1053.02	96.0	4.0
2014	28759.81	27930.81	829.00	97.1	2.9
2015	30374.17	29250.44	1123.73	96.3	3.7
2016	33263.60	31896.16	1367.44	95.9	4.1

2-12 最终消费及构成

Final Consumption Expenditure and Its Composition

年份 Year	最终消费支出(亿元) Final Consumption Expenditure (100 million yuan)	居民消费支出 Household Consumption	农村居民 Rural Households	城镇居民 Urban Households	政府消费支出 Government Consumption	比重 Proportion: 最终消费支出=100 Final Consumption Expenditure=100: 居民消费支出 Household Consumption	政府消费支出 Government Consumption	居民消费支出=100 Household Consumption=100: 农村居民 Rural Households	城镇居民 Urban Households
1978	130.02	111.46	71.34	40.12	18.56	85.7	14.3	64.0	36.0
1979	147.11	128.48	81.91	46.57	18.63	87.3	12.7	63.8	36.2
1980	180.93	156.51	95.95	60.55	24.42	86.5	13.5	61.3	38.7
1981	201.43	175.12	110.62	64.50	26.31	86.9	13.1	63.2	36.8
1982	233.21	202.70	127.93	74.76	30.51	86.9	13.1	63.1	36.9
1983	252.07	220.14	134.45	85.69	31.93	87.3	12.7	61.1	38.9
1984	288.26	250.92	145.05	105.87	37.34	87.0	13.0	57.8	42.2
1985	347.18	298.00	160.16	137.84	49.17	85.8	14.2	53.7	46.3
1986	415.91	349.52	185.03	164.49	66.39	84.0	16.0	52.9	47.1
1987	516.02	442.20	218.69	223.51	73.82	85.7	14.3	49.5	50.5
1988	667.03	566.25	282.86	283.39	100.77	84.9	15.1	50.0	50.0
1989	857.33	743.90	366.82	377.08	113.42	86.8	13.2	49.3	50.7
1990	938.48	807.84	401.62	406.22	130.64	86.1	13.9	49.7	50.3
1991	1081.39	923.37	412.36	511.00	158.02	85.4	14.6	44.7	55.3
1992	1359.08	1118.52	470.01	648.51	240.55	82.3	17.7	42.0	58.0
1993	1852.06	1574.61	617.45	957.16	277.45	85.0	15.0	39.2	60.8
1994	2598.57	2287.69	845.03	1442.66	310.88	88.0	12.0	36.9	63.1
1995	3363.38	2912.58	1021.83	1890.75	450.80	86.6	13.4	35.1	64.9
1996	3859.32	3343.01	1188.44	2154.56	516.32	86.6	13.4	35.6	64.4
1997	4245.18	3539.62	1222.48	2317.15	705.56	83.4	16.6	34.5	65.5
1998	4582.16	3781.21	1281.92	2499.29	800.95	82.5	17.5	33.9	66.1
1999	5083.60	4072.05	1297.91	2774.14	1011.55	80.1	19.9	31.9	68.1
2000	5714.46	4474.11	1348.67	3125.44	1240.35	78.3	21.7	30.1	69.9
2001	6255.92	4733.53	1415.25	3318.28	1522.40	75.7	24.3	29.9	70.1
2002	7286.63	5449.58	1424.04	4025.54	1837.05	74.8	25.2	26.1	73.9
2003	8643.44	6537.53	1263.84	5273.69	2105.91	75.6	24.4	19.3	80.7
2004	10162.04	7953.60	1224.22	6729.38	2208.44	78.3	21.7	15.4	84.6
2005	11450.96	8968.54	1408.30	7560.24	2482.42	78.3	21.7	15.7	84.3
2006	12635.59	9895.13	1425.11	8470.02	2740.46	78.3	21.7	14.4	85.6
2007	14842.85	11781.66	1552.25	10229.41	3061.19	79.4	20.6	13.2	86.8
2008	17202.13	13599.73	1787.13	11812.60	3602.40	79.1	20.9	13.1	86.9
2009	19179.39	15261.28	2028.28	13233.01	3918.11	79.6	20.4	13.3	86.7
2010	22480.91	17702.35	2263.93	15438.42	4778.56	78.7	21.3	12.8	87.2
2011	26074.76	20504.11	2768.58	17735.53	5570.65	78.6	21.4	13.5	86.5
2012	29264.26	23022.47	3123.49	19898.98	6241.79	78.7	21.3	13.6	86.4
2013	30437.61	23449.85	3758.12	19691.73	6987.76	77.0	23.0	16.0	84.0
2014	33920.56	26263.14	4349.29	21913.85	7657.42	77.4	22.6	16.6	83.4
2015	37211.27	28438.58	4554.46	23884.12	8772.69	76.4	23.6	16.0	84.0
2016	40926.54	31127.58	5013.64	26113.94	9798.96	76.1	23.9	16.1	83.9

2-13 三大需求对地区生产总值增长的贡献率和拉动

Contribution Share and Contribution of the Three Components of GDP to GDP Growth

年份 Year	最终消费支出 Final Consumption Expenditure		资本形成总额 Gross Capital Formation		货物和服务净流出 Net Exports of Goods and Services	
	贡献率(%) Contribution Share (%)	拉动(百分点) Contribution (percentage points)	贡献率(%) Contribution Share (%)	拉动(百分点) Contribution (percentage points)	贡献率(%) Contribution Share (%)	拉动(百分点) Contribution (percentage points)
1979	95.7	5.3	-13.8	-0.8	18.2	1.0
1980	71.3	13.0	33.5	6.1	-4.8	-0.9
1981	50.5	6.3	56.4	7.1	-6.9	-0.9
1982	72.7	8.3	40.6	4.6	-13.2	-1.5
1983	124.4	5.6	-12.9	-0.6	-11.5	-0.5
1984	56.5	8.5	42.2	6.3	1.3	0.2
1985	32.0	6.9	80.6	17.4	-12.6	-2.7
1986	83.6	8.8	15.5	1.6	0.8	0.1
1987	38.6	4.9	34.9	4.4	26.4	3.3
1988	-2.8	-0.3	60.1	7.4	42.8	5.2
1989	110.8	9.4	-35.6	-3.0	24.8	2.1
1990	60.9	7.2	9.5	1.1	29.6	3.5
1991	39.9	7.1	35.1	6.3	25.0	4.5
1992	56.0	12.4	65.2	14.5	-21.1	-4.7
1993	50.2	11.6	60.1	13.9	-10.3	-2.4
1994	53.8	10.4	36.1	7.0	10.1	1.9
1995	50.2	8.0	40.2	6.4	9.6	1.5
1996	45.3	5.1	52.0	5.9	2.7	0.3
1997	21.8	2.4	6.9	0.8	71.3	8.0
1998	39.8	4.3	43.7	4.7	16.5	1.8
1999	55.5	5.6	21.2	2.2	23.2	2.3
2000	33.8	3.9	25.5	2.9	40.7	4.7
2001	46.2	4.8	48.5	5.1	5.3	0.6
2002	68.5	8.5	22.8	2.8	8.8	1.1
2003	63.6	9.4	50.2	7.5	-13.8	-2.0
2004	50.5	7.5	37.2	5.5	12.3	1.8
2005	43.0	6.1	30.2	4.3	26.8	3.8
2006	31.5	4.7	28.5	4.2	40.0	5.9
2007	45.5	6.8	22.8	3.4	31.7	4.7
2008	45.9	4.8	34.4	3.6	19.6	2.0
2009	64.5	6.3	80.0	7.8	-44.5	-4.3
2010	53.5	6.7	46.2	5.8	0.3	0.0
2011	49.1	4.9	48.8	4.9	2.0	0.2
2012	54.2	4.4	43.6	3.6	2.2	0.2
2013	44.3	3.8	69.2	5.9	-13.5	-1.1
2014	50.4	3.9	49.3	3.8	0.3	0.0
2015	48.5	3.9	47.8	3.8	3.7	0.3
2016	50.6	3.8	47.7	3.6	1.7	0.1

注：1．三大需求指支出法地区生产总值的三大构成项目，即最终消费支出、资本形成总额、货物和服务净流出；
2．贡献率指三大需求增量与地区支出法生产总值增量之比。
3．拉动指地区生产总值增长速度与三大需求贡献率的乘积。

Notes: a) Three major demands refer to three major components of gross domestic product by expenditure approach,i.e.final consumption expenditure, gross capital formation, and net exports of goods and services.
b) Contribution rate refers to the proportion of the increment of three major demands to the increment of gross domestic product by expenditure approach.
c) Pulling rate is the growth rate of gross regional product multiplying the contribution rates of three major demands.

2-14 人均地区生产总值及人均消费水平

Per Capita Gross Domestic Product and Consumption

年份 Year	人均地区生产总值 Per Capita Gross Domestic Product		人均消费水平 Per Capita Consumption					
			全体居民 Households		农村居民 Rural Households		城镇居民 Urban Households	
	绝对数 (元) Absolute Figure (yuan)	增长速度 (%) Growth Rate (%)	绝对数 (元) Absolute Figure (yuan)	增长速度 (%) Growth Rate (%)	绝对数 (元) Absolute Figure (yuan)	增长速度 (%) Growth Rate (%)	绝对数 (元) Absolute Figure (yuan)	增长速度 (%) Growth Rate (%)
1978	370		222		171		466	
1979	410	6.9	252	8.3	196	9.8	507	2.6
1980	481	14.8	302	14.9	228	14.1	620	12.7
1981	550	7.1	332	7.9	260	13.3	627	-1.9
1982	633	10.0	377	10.3	298	10.4	696	8.3
1983	675	5.6	403	7.2	310	5.1	764	8.5
1984	827	13.8	453	10.3	334	7.8	878	9.7
1985	1026	16.2	529	5.7	372	-2.6	1038	10.2
1986	1164	10.6	609	9.5	430	6.3	1146	8.4
1987	1443	17.0	754	6.4	515	4.9	1382	1.1
1988	1926	13.2	944	-3.5	651	0.5	1716	-6.8
1989	2251	4.8	1212	19.7	831	23.1	2188	15.0
1990	2484	9.1	1287	9.3	896	12.9	2263	4.7
1991	2941	14.7	1434	8.3	906	0.2	2712	14.8
1992	3699	18.8	1690	14.7	1023	9.7	3210	15.7
1993	5085	19.3	2308	20.5	1347	17.6	4280	17.0
1994	6530	15.5	3234	17.8	1831	14.3	5870	15.7
1995	8129	12.0	3991	10.1	2206	8.4	7091	7.6
1996	9139	8.6	4470	6.9	2547	11.6	7660	2.3
1997	10130	8.4	4612	-2.1	2597	-0.4	7807	-4.8
1998	10819	7.9	4796	4.2	2681	5.8	8054	2.2
1999	11415	7.1	5025	4.5	2661	0.8	8598	5.9
2000	12736	7.1	5305	0.2	2680	-1.3	9189	0.2
2001	13852	7.2	5445	1.9	2759	3.0	9312	0.3
2002	15365	11.1	6199	13.2	2904	5.7	10358	10.2
2003	17798	13.4	7342	17.0	3032	3.4	11136	6.4
2004	20876	13.1	8800	15.9	3386	8.2	12409	7.9
2005	24647	12.7	9799	10.0	3915	13.2	13609	8.5
2006	28534	12.8	10619	7.4	4009	2.2	14695	6.9
2007	33272	12.1	12336	12.9	4401	5.0	16982	12.6
2008	37638	7.9	13911	7.1	4975	5.6	19101	7.1
2009	39446	7.1	15243	10.9	5533	6.9	20852	11.3
2010	44758	9.5	17211	9.3	6255	9.4	23159	7.5
2011	50842	8.0	19578	7.9	7854	14.1	25527	5.3
2012	54171	7.4	21823	8.3	8898	7.7	28269	7.9
2013	58833	7.8	22083	6.4	10841	8.0	27531	5.5
2014	63469	7.1	24582	8.3	12674	13.4	30216	6.9
2015	67503	7.0	26365	6.8	13344	7.5	32393	6.2
2016	72787	6.2	28495	5.7	14784	7.0	34667	4.9

注：2006—2009年根据2010年全国人口普查快速汇总数据进行平滑调整，本表人均地区生产总值是人口平滑后的数据，以下相关表同。

Note: Figures of permanent population at the year-end from 2006 to 2009 have been adjusted in accordance with the flash sums of the 6th National Population Cescus in 2010. Per capita gross domestic product in this table are caculated with the adjustments of population. The same applied to the following tables.

2-15 人均地区生产总值及人均消费水平指数

Indices of Per Capita Gross Domestic Product and Consumption

年份 Year	人均地区生产总值 Per Capita Gross Domestic Product		人均消费水平 Per Capita Consumption					
			全体居民 Households		农村居民 Rural Households		城镇居民 Urban Households	
	绝对数（元） Absolute Figure (yuan)	1978年为100 (%) 1978=100 (%)	绝对数（元） Absolute Figure (yuan)	1978年为100 (%) 1978=100 (%)	绝对数（元） Absolute Figure (yuan)	1978年为100 (%) 1978=100 (%)	绝对数（元） Absolute Figure (yuan)	1978年为100 (%) 1978=100 (%)
1978	370	100.0	222	100.0	171	100.0	466	100.0
1979	410	106.9	252	108.3	196	109.8	507	102.6
1980	481	122.6	302	124.4	228	125.2	620	115.6
1981	550	131.3	332	134.2	260	141.9	627	113.4
1982	633	144.4	377	148.1	298	156.7	696	122.8
1983	675	152.5	403	158.7	310	164.8	764	133.3
1984	827	173.5	453	175.0	334	177.6	878	146.3
1985	1026	201.6	529	184.9	372	172.9	1038	161.2
1986	1164	223.1	609	202.5	430	183.7	1146	174.7
1987	1443	260.9	754	215.6	515	192.6	1382	176.6
1988	1926	295.4	944	208.1	651	193.6	1716	164.6
1989	2251	309.6	1212	249.0	831	238.2	2188	189.3
1990	2484	337.7	1287	272.1	896	269.0	2263	198.2
1991	2941	387.5	1434	294.7	906	269.5	2712	227.5
1992	3699	460.3	1690	338.1	1023	295.7	3210	263.2
1993	5085	549.0	2308	407.5	1347	347.8	4280	308.1
1994	6530	633.9	3234	480.2	1831	397.6	5870	356.5
1995	8129	709.8	3991	528.9	2206	430.8	7091	383.5
1996	9139	770.8	4470	565.4	2547	480.6	7660	392.3
1997	10130	835.2	4612	553.4	2597	478.6	7807	373.5
1998	10819	900.8	4796	576.9	2681	506.5	8054	381.6
1999	11415	965.1	5025	602.6	2661	510.6	8598	404.2
2000	12736	1033.7	5305	603.5	2680	503.8	9189	405.0
2001	13852	1108.3	5445	615.2	2759	519.0	9312	406.3
2002	15365	1231.8	6199	696.1	2904	548.8	10358	447.6
2003	17798	1396.4	7342	814.5	3032	567.2	11136	476.2
2004	20876	1579.1	8800	944.4	3386	613.6	12409	513.8
2005	24647	1779.5	9799	1039.1	3915	694.6	13609	557.5
2006	28534	2006.6	10619	1116.3	4009	709.7	14695	596.4
2007	33272	2248.7	12336	1260.1	4401	745.0	16982	671.4
2008	37638	2426.0	13911	1349.9	4975	787.0	19101	719.2
2009	39446	2598.8	15243	1496.7	5533	841.1	20852	800.4
2010	44758	2844.5	17211	1636.2	6255	920.4	23159	860.3
2011	50842	3073.0	19578	1765.5	7854	1050.1	25527	905.9
2012	54171	3300.2	21823	1912.0	8898	1131.7	28269	977.2
2013	58833	3556.0	22083	2035.0	10841	1222.4	27531	1031.0
2014	63469	3808.8	24582	2204.7	12674	1385.7	30216	1102.4
2015	67503	4074.2	26365	2354.6	13344	1489.7	32393	1170.8
2016	72787	4326.3	28495	2487.7	14784	1594.1	34667	1227.7

2-16 各市地区生产总值
Gross Domestic Product by City

单位：亿元 (100 million yuan)

市 别	City	2000	2005	2010	2011	2012	2013	2014	2015	2016
广 州	Guangzhou	2492.74	5154.23	10748.28	12423.44	13551.21	15497.23	16706.87	18100.41	19547.44
深 圳	Shenzhen	2187.45	4950.91	9773.31	11515.86	12971.47	14572.67	16001.82	17502.86	19492.60
珠 海	Zhuhai	332.35	635.45	1210.79	1410.34	1509.24	1679.00	1867.21	2025.41	2226.37
汕 头	Shantou	450.16	635.88	1132.23	1279.08	1430.72	1573.73	1716.51	1868.03	2080.97
佛 山	Foshan	1050.38	2429.38	5622.63	6179.68	6579.18	7010.68	7441.60	8003.92	8630.00
#顺 德	Shunde	364.59	825.12	1790.86	1941.94	2112.39	2326.61	2419.68	2586.69	2793.23
韶 关	Shaoguan	192.72	337.03	683.10	816.81	906.48	1015.12	1113.49	1149.98	1218.39
河 源	Heyuan	87.22	204.81	454.47	533.45	609.51	690.29	768.95	810.08	898.72
梅 州	Meizhou	180.50	314.61	608.36	695.75	750.72	806.02	885.84	959.78	1045.57
惠 州	Huizhou	439.19	803.92	1729.97	2094.94	2379.49	2705.13	3000.37	3140.03	3412.17
汕 尾	Shanwei	128.49	205.75	454.56	538.14	609.46	671.75	716.99	762.06	828.49
东 莞	Dongguan	820.25	2183.20	4278.21	4771.93	5039.21	5517.47	5881.32	6275.07	6827.69
中 山	Zhongshan	345.44	885.72	1853.45	2194.73	2446.30	2651.93	2823.01	3010.03	3202.78
江 门	Jiangmen	504.66	801.70	1570.42	1830.64	1880.39	2000.18	2082.76	2240.02	2418.78
阳 江	Yangjiang	160.20	294.40	636.23	767.24	888.71	1049.63	1168.55	1250.01	1270.76
湛 江	Zhanjiang	373.81	680.97	1401.47	1717.88	1872.12	2070.01	2258.99	2380.02	2584.43
茂 名	Maoming	417.36	738.35	1472.10	1721.25	1916.41	2170.97	2349.03	2445.63	2636.74
肇 庆	Zhaoqing	249.78	435.05	1088.39	1328.83	1467.68	1673.37	1845.06	1970.01	2084.02
清 远	Qingyuan	157.92	323.28	873.35	1009.09	1033.17	1103.97	1197.74	1277.86	1387.71
潮 州	Chaozhou	177.87	282.39	560.00	648.38	707.85	784.24	850.22	910.11	976.83
揭 阳	Jieyang	311.09	414.00	1005.24	1223.88	1393.02	1605.35	1780.44	1890.01	2006.90
云 浮	Yunfu	137.70	201.84	401.09	480.70	532.24	608.30	664.00	713.14	778.31
按经济区域分	By Region									
珠 三 角	Pearl River Delta	8422.24	18279.55	37875.45	43750.39	47824.18	53307.67	57650.02	62267.78	67841.85
东 翼	Eastern Region	1067.61	1538.02	3152.03	3689.48	4141.05	4635.09	5064.17	5430.21	5893.19
西 翼	Western Region	951.37	1713.72	3509.79	4206.37	4677.24	5290.61	5776.57	6075.66	6491.93
山 区	Mountainous Region	756.06	1381.57	3020.37	3535.80	3832.12	4223.70	4630.02	4910.84	5328.69

2−17 各市地区生产总值指数

Indices of Gross Domestic Product by City

上年=100 (preceding year=100)

市　别	City	2000	2005	2010	2011	2012	2013	2014	2015	2016
广　州	Guangzhou	113.3	112.9	113.2	111.3	110.5	111.6	108.6	108.4	108.2
深　圳	Shenzhen	115.7	115.1	112.4	110.0	110.0	110.5	108.8	108.9	109.0
珠　海	Zhuhai	112.0	113.1	112.9	111.3	107.3	110.8	110.4	110.0	108.5
汕　头	Shantou	107.0	111.3	110.4	110.0	109.5	110.0	109.0	108.4	108.7
佛　山	Foshan	112.5	119.4	114.1	111.3	108.0	109.8	108.3	108.5	108.3
#顺　德	Shunde	114.5	118.9	107.5	112.3	111.4	110.2	107.9	108.5	108.4
韶　关	Shaoguan	111.3	110.1	112.5	112.1	110.0	112.2	109.5	106.2	106.3
河　源	Heyuan	110.7	122.9	112.7	112.8	111.7	112.1	110.9	108.1	108.6
梅　州	Meizhou	108.2	107.8	114.1	113.6	110.1	111.1	108.5	108.6	107.5
惠　州	Huizhou	111.3	115.9	118.0	114.7	112.7	113.8	110.0	109.0	108.2
汕　尾	Shanwei	111.5	116.0	117.0	113.7	113.3	112.2	108.9	108.1	107.0
东　莞	Dongguan	119.7	119.5	110.3	108.0	106.1	109.8	107.8	108.0	108.1
中　山	Zhongshan	112.4	120.9	114.0	113.1	111.3	110.0	108.0	108.4	107.8
江　门	Jiangmen	110.2	112.6	114.5	113.0	108.1	109.8	107.8	108.4	107.4
阳　江	Yangjiang	109.6	113.9	116.4	114.9	112.8	115.3	110.5	108.5	106.7
湛　江	Zhanjiang	107.1	113.3	114.2	112.8	109.6	112.0	110.0	108.5	107.9
茂　名	Maoming	111.2	114.1	114.1	110.8	110.6	113.2	110.4	108.0	107.1
肇　庆	Zhaoqing	110.6	115.7	117.1	114.7	111.0	111.5	110.0	108.2	105.0
清　远	Qingyuan	108.3	127.8	112.9	108.3	105.1	108.2	107.9	108.2	107.9
潮　州	Chaozhou	105.6	111.4	114.1	112.9	110.6	111.1	108.2	108.3	107.1
揭　阳	Jieyang	105.4	111.3	119.6	114.6	111.3	114.5	110.7	108.0	106.3
云　浮	Yunfu	105.3	113.4	113.9	114.1	113.0	113.3	110.3	108.5	107.9
按经济区域分	By Region									
珠三角	Pearl River Delta	113.7	115.7	112.2	109.9	108.1	109.3	107.8	108.6	108.3
东　翼	Eastern Region	106.7	111.9	114.1	111.5	110.1	110.5	109.2	108.2	107.3
西　翼	Western Region	109.4	113.8	114.1	111.1	110.0	112.0	110.0	108.3	107.3
山　区	Mountainous Region	108.7	115.7	113.0	110.4	108.7	108.4	108.9	107.9	107.5

注：2009年—2014年区域生产总值增速由广东省统计局统一调整核算，其它年份增速由分市汇总计算。

Note: The GDP growth rates of 2009 are calculated by Statistics Bureau of Guangdong Province, and those of the previous years are calculated by each city.

2-18 各市第三产业增加值

Value-added of the Tertiary Industry by City

单位：亿元 (100 million yuan)

市别	City	2000	2005	2010	2011	2012	2013	2014	2015	2016
广州	Guangzhou	1376.75	2978.79	6557.45	7641.92	8616.79	10026.26	10897.20	12147.49	13556.57
深圳	Shenzhen	1085.80	2298.64	5246.33	6170.20	7239.98	8280.11	9184.22	10288.28	11704.97
珠海	Zhuhai	145.14	273.58	516.43	609.38	693.86	792.36	884.57	973.00	1102.96
汕头	Shantou	193.39	264.83	467.95	552.53	614.05	663.85	721.07	809.62	922.72
佛山	Foshan	435.03	876.52	1995.43	2223.72	2383.28	2632.03	2705.68	3028.00	3338.68
#顺德	Shunde	138.89	309.32	641.83	730.26	839.35	914.28	936.56	1035.10	1144.12
韶关	Shaoguan	73.00	138.05	304.79	366.45	413.10	465.25	521.37	567.23	604.38
河源	Heyuan	35.87	81.93	175.68	209.65	250.81	288.54	319.33	345.75	406.49
梅州	Meizhou	61.30	112.56	234.47	277.34	315.12	343.41	380.64	419.46	469.43
惠州	Huizhou	121.70	273.09	613.36	764.75	892.10	1041.36	1162.27	1262.35	1402.98
汕尾	Shanwei	44.48	76.53	174.32	201.23	225.84	252.22	273.95	295.33	330.05
东莞	Dongguan	343.64	934.78	2069.86	2336.52	2575.85	2875.25	3066.55	3332.00	3630.25
中山	Zhongshan	141.09	315.59	727.55	911.24	1027.83	1117.65	1195.26	1310.85	1457.26
江门	Jiangmen	200.73	303.66	581.35	695.30	770.43	838.48	893.12	980.80	1079.05
阳江	Yangjiang	50.21	103.32	230.19	278.80	321.28	379.30	414.30	480.59	530.90
湛江	Zhanjiang	133.24	222.75	544.09	680.73	787.29	854.64	935.46	1017.29	1100.97
茂名	Maoming	143.73	311.83	616.18	721.71	807.37	948.15	1010.10	1058.08	1142.12
肇庆	Zhaoqing	104.93	200.36	440.60	513.46	557.16	588.25	651.26	691.49	767.52
清远	Qingyuan	55.77	124.83	355.39	421.28	463.82	503.95	529.10	600.53	665.75
潮州	Chaozhou	62.59	99.08	210.32	249.48	269.67	312.30	323.29	361.56	403.64
揭阳	Jieyang	98.11	146.66	320.46	369.94	408.70	459.73	525.29	595.82	700.00
云浮	Yunfu	42.90	65.34	138.52	162.59	194.75	221.26	230.82	260.54	299.36
按经济区域分	By Region									
珠三角	Pearl River Delta	3954.80	8455.01	18748.36	21866.51	24757.29	28191.76	30640.14	34014.26	38040.23
东翼	Eastern Region	398.57	587.10	1173.06	1373.18	1518.25	1688.10	1843.60	2062.32	2356.41
西翼	Western Region	327.18	637.90	1390.45	1681.24	1915.93	2182.09	2359.86	2555.96	2773.99
山区	Mountainous Region	268.84	522.71	1208.85	1437.31	1637.60	1822.42	1981.26	2193.50	2445.39

2-19 各市第三产业增加值指数

Indices of Value-added of the Tertiary Industry by City

上年=100 (preceding year=100)

市别	City	2000	2005	2010	2011	2012	2013	2014	2015	2016
广州	Guangzhou	116.3	113.3	113.6	111.3	112.0	112.0	109.4	109.4	109.6
深圳	Shenzhen	113.3	112.2	110.6	108.5	112.5	111.3	109.7	110.1	109.8
珠海	Zhuhai	108.9	109.1	107.2	111.8	112.7	109.8	108.8	110.2	110.0
汕头	Shantou	106.9	109.9	111.5	113.7	107.4	107.3	108.6	110.5	109.0
佛山	Foshan	113.6	112.3	113.1	110.8	106.4	108.6	107.3	110.7	109.7
#顺德	Shunde	116.1	115.6	105.7	112.0	115.4	107.7	107.9	110.6	109.6
韶关	Shaoguan	110.9	113.9	113.8	112.6	110.2	112.6	109.7	109.3	109.0
河源	Heyuan	112.4	117.1	113.6	112.8	110.5	110.9	106.9	109.2	110.5
梅州	Meizhou	112.6	110.9	113.2	114.8	109.7	109.3	108.2	110.6	109.7
惠州	Huizhou	108.6	117.4	110.6	116.7	111.6	112.9	107.5	108.6	108.8
汕尾	Shanwei	112.0	117.1	114.3	109.1	109.0	108.2	109.0	110.8	109.7
东莞	Dongguan	120.0	119.3	103.7	108.7	106.2	107.7	106.3	110.2	107.6
中山	Zhongshan	110.0	126.0	112.0	113.0	107.6	109.0	107.9	110.2	109.9
江门	Jiangmen	110.2	104.0	111.9	109.9	112.2	109.4	106.8	108.9	108.7
阳江	Yangjiang	111.1	120.5	116.9	113.3	111.6	110.9	106.8	107.4	110.7
湛江	Zhanjiang	110.4	114.2	116.1	117.4	111.4	114.2	107.4	109.2	110.3
茂名	Maoming	114.4	120.5	117.5	111.8	108.3	115.4	108.9	108.7	107.8
肇庆	Zhaoqing	112.2	120.2	110.5	111.4	105.2	104.2	110.2	107.8	107.5
清远	Qingyuan	120.0	118.2	117.6	112.7	106.4	108.4	104.1	111.2	109.6
潮州	Chaozhou	107.8	110.2	114.0	113.7	111.0	108.2	107.9	111.5	109.0
揭阳	Jieyang	107.2	112.0	113.0	108.9	105.8	109.1	112.0	111.3	114.4
云浮	Yunfu	104.7	111.0	112.1	110.7	115.3	110.3	108.3	113.8	111.7
按经济区域分	By Region									
珠三角	Pearl River Delta	113.9	113.7	110.4	109.7	109.7	111.2	108.2	109.8	109.4
东翼	Eastern Region	107.7	111.4	112.1	110.9	107.8	108.0	109.4	110.9	110.7
西翼	Western Region	112.3	118.2	116.7	112.9	110.0	113.6	107.9	108.7	109.3
山区	Mountainous Region	111.9	114.4	113.7	111.9	109.6	109.5	107.4	110.6	109.8

2-20 各市地区生产总值（2016年）

Gross Domestic Product by City (2016)

单位：亿元 (100 million yuan)

市别	City	地区生产总值 Gross Domestic Product	第一产业 Primary Industry	第二产业 Secondary Industry	第三产业 Tertiary Industry	#农、林、牧、渔业 Farming, Forestry, Animal Husbandry and Fishery	#工业 Industry
广州	Guangzhou	19547.44	239.28	5751.59	13556.57	259.71	5215.72
深圳	Shenzhen	19492.60	7.17	7780.45	11704.97	7.50	7268.93
珠海	Zhuhai	2226.37	43.53	1079.89	1102.96	47.09	960.84
汕头	Shantou	2080.97	107.23	1051.03	922.72	109.20	957.02
佛山	Foshan	8630.00	145.31	5146.02	3338.68	152.00	4967.25
#顺德	Shunde	2793.23	43.34	1605.77	1144.12	45.37	1550.15
韶关	Shaoguan	1218.39	167.61	446.40	604.38	169.33	387.64
河源	Heyuan	898.72	100.81	391.42	406.49	103.24	350.37
梅州	Meizhou	1045.57	207.01	369.13	469.43	210.51	300.96
惠州	Huizhou	3412.17	171.66	1837.53	1402.98	173.77	1733.70
汕尾	Shanwei	828.49	129.75	368.69	330.05	133.93	338.67
东莞	Dongguan	6827.69	24.20	3173.24	3630.25	24.62	3089.26
中山	Zhongshan	3202.78	68.26	1677.26	1457.26	68.85	1608.25
江门	Jiangmen	2418.78	188.97	1150.77	1079.05	191.41	1085.15
阳江	Yangjiang	1270.76	219.02	520.84	530.90	227.73	485.59
湛江	Zhanjiang	2584.43	497.58	985.88	1100.97	505.56	862.25
茂名	Maoming	2636.74	435.94	1058.68	1142.12	446.42	948.22
肇庆	Zhaoqing	2084.02	317.07	999.43	767.52	319.14	940.93
清远	Qingyuan	1387.71	213.67	508.30	665.75	216.92	466.14
潮州	Chaozhou	976.83	70.41	502.78	403.64	72.73	471.69
揭阳	Jieyang	2006.90	188.51	1118.39	700.00	192.63	1050.11
云浮	Yunfu	778.31	156.87	322.08	299.36	159.42	281.71
按经济区域分	By Region						
珠三角	Pearl River Delta	67841.85	1205.45	28596.17	38040.23	1244.10	26870.03
东翼	Eastern Region	5893.19	495.90	3040.88	2356.41	508.49	2817.49
西翼	Western Region	6491.93	1152.55	2565.40	2773.99	1179.72	2296.06
山区	Mountainous Region	5328.69	845.98	2037.32	2445.39	859.43	1786.82

2-20 续表 continued

单位：亿元 (100 million yuan)

市别	City	#建筑业 Construction	#批发和零售业 Wholesale and Retail Trades	#交通运输、仓储和邮政业 Transport, Storage and Post	#住宿和餐饮业 Hotels and Catering Services	#金融业 Financial Interme-diation	#房地产业 Real Estate
广州	Guangzhou	568.74	2938.36	1364.64	427.11	1809.37	1620.54
深圳	Shenzhen	526.57	2175.07	626.32	358.82	2810.73	1777.57
珠海	Zhuhai	126.86	227.59	46.29	48.16	166.76	199.38
汕头	Shantou	95.38	324.01	54.26	47.61	61.19	105.48
佛山	Foshan	178.77	620.13	289.63	77.53	378.82	706.73
#顺德	Shunde	55.62	191.22	93.30	24.40	120.14	245.76
韶关	Shaoguan	59.75	118.88	88.76	32.57	53.78	59.53
河源	Heyuan	41.26	91.55	24.50	28.29	47.18	73.95
梅州	Meizhou	69.35	101.35	27.56	21.05	47.53	62.42
惠州	Huizhou	104.65	350.88	82.32	88.58	152.92	250.45
汕尾	Shanwei	30.65	79.94	32.32	13.30	22.69	53.34
东莞	Dongguan	91.37	854.14	210.46	151.12	441.77	488.91
中山	Zhongshan	69.27	294.97	78.24	43.56	180.20	215.51
江门	Jiangmen	65.97	197.30	92.14	35.74	128.91	154.80
阳江	Yangjiang	35.55	120.51	81.36	24.03	37.12	78.78
湛江	Zhanjiang	127.72	217.35	123.87	42.52	73.16	132.70
茂名	Maoming	111.09	273.48	82.84	30.84	70.61	162.60
肇庆	Zhaoqing	59.70	180.44	67.74	51.71	64.29	65.79
清远	Qingyuan	43.33	117.20	91.15	22.86	64.70	92.77
潮州	Chaozhou	32.31	108.82	24.36	9.35	43.40	63.60
揭阳	Jieyang	72.93	371.01	25.41	26.78	27.55	49.01
云浮	Yunfu	40.60	58.34	30.84	9.63	36.88	38.34
按经济区域分	By Region						
珠三角	Pearl River Delta	1791.90	7838.87	2857.77	1282.32	6133.76	5479.69
东翼	Eastern Region	231.28	883.77	136.36	97.04	154.83	271.43
西翼	Western Region	274.35	611.34	288.07	97.39	180.89	374.09
山区	Mountainous Region	254.29	487.32	262.81	114.40	250.06	327.00

2-21 各市地区生产总值增长速度（2016年）

Growth Rates of Gross Domestic Product by City (2016)

单位：% (%)

市 别	City	地区生产总值 Gross Domestic Product	第一产业 Primary Industry	第二产业 Secondary Industry	第三产业 Tertiary Industry	#农、林、牧、渔业 Farming, Forestry, Animal Husbandry and Fishery	#工 业 Industry
广 州	Guangzhou	108.2	100.4	105.5	109.6	100.8	106.0
深 圳	Shenzhen	109.0	99.4	108.0	109.8	100.1	107.9
珠 海	Zhuhai	108.5	93.4	107.8	110.0	94.1	108.1
汕 头	Shantou	108.7	102.6	109.0	109.0	102.8	108.9
佛 山	Foshan	108.3	102.2	107.6	109.7	102.2	107.6
#顺 德	Shunde	108.4	102.8	107.8	109.6	102.7	107.8
韶 关	Shaoguan	106.3	104.1	103.5	109.0	104.1	107.5
河 源	Heyuan	108.6	102.4	108.4	110.5	102.5	107.7
梅 州	Meizhou	107.5	103.0	107.2	109.7	103.1	107.1
惠 州	Huizhou	108.2	104.8	108.1	108.8	104.9	108.5
汕 尾	Shanwei	107.0	102.4	106.3	109.7	102.7	106.4
东 莞	Dongguan	108.1	105.6	108.7	107.6	105.5	108.9
中 山	Zhongshan	107.8	98.7	106.4	109.9	98.8	106.5
江 门	Jiangmen	107.4	103.3	106.8	108.7	103.4	106.9
阳 江	Yangjiang	106.7	101.0	105.3	110.7	101.1	109.5
湛 江	Zhanjiang	107.9	102.8	107.6	110.3	102.9	107.2
茂 名	Maoming	107.1	104.0	107.6	107.8	104.2	107.3
肇 庆	Zhaoqing	105.0	103.6	103.7	107.5	103.7	104.1
清 远	Qingyuan	107.9	104.5	107.1	109.6	104.6	109.0
潮 州	Chaozhou	107.1	103.5	106.1	109.0	103.6	106.0
揭 阳	Jieyang	106.3	103.9	102.3	114.4	104.1	102.1
云 浮	Yunfu	107.9	102.3	107.3	111.7	102.4	106.7
按经济区域分	By Region						
珠 三 角	Pearl River Delta	108.3	102.2	107.2	109.4	102.3	107.3
东 翼	Eastern Region	107.3	103.2	105.6	110.7	103.4	105.4
西 翼	Western Region	107.3	102.9	107.1	109.3	103.0	107.8
山 区	Mountainous Region	107.5	103.4	106.6	109.8	103.5	107.7

2-21 续表 continued

单位：% (%)

市别	City	#建筑业 Construction	#批发和零售业 Wholesale and Retail Trades	#交通运输、仓储和邮政业 Transport, Storage and Post	#住宿和餐饮业 Hotels and Catering Services	#金融业 Financial Interme-diation	#房地产业 Real Estate
广州	Guangzhou	104.0	105.1	113.7	101.4	111.7	106.4
深圳	Shenzhen	109.2	105.9	110.9	102.8	111.7	99.3
珠海	Zhuhai	105.8	107.7	100.5	111.2	112.6	112.8
汕头	Shantou	109.7	106.9	111.1	100.8	104.7	117.0
佛山	Foshan	107.0	107.9	106.8	104.2	107.8	117.2
#顺德	Shunde	107.0	107.5	111.1	104.9	107.2	116.9
韶关	Shaoguan	83.4	109.6	106.8	107.1	105.2	106.4
河源	Heyuan	115.0	106.9	109.5	104.4	106.3	107.0
梅州	Meizhou	107.5	108.4	110.9	106.8	111.4	111.2
惠州	Huizhou	102.2	105.3	96.4	109.0	125.2	111.1
汕尾	Shanwei	105.7	104.5	120.1	106.0	108.1	106.9
东莞	Dongguan	102.1	111.6	104.8	95.8	108.2	86.8
中山	Zhongshan	104.8	102.9	103.0	102.5	111.6	106.4
江门	Jiangmen	106.0	103.8	110.7	111.0	100.9	111.3
阳江	Yangjiang	66.0	112.3	106.2	105.6	106.7	107.6
湛江	Zhanjiang	109.9	111.5	101.6	109.5	101.0	110.9
茂名	Maoming	110.7	100.9	105.0	89.4	112.8	137.2
肇庆	Zhaoqing	98.5	117.0	116.3	110.4	116.2	104.7
清远	Qingyuan	89.8	107.1	103.9	103.9	105.6	110.4
潮州	Chaozhou	107.3	110.9	124.8	108.9	107.9	107.0
揭阳	Jieyang	105.8	116.3	128.6	88.4	109.0	112.5
云浮	Yunfu	111.6	108.6	135.3	103.6	103.8	104.8
按经济区域分	By Region						
珠三角	Pearl River Delta	105.6	106.5	110.6	102.8	111.3	103.9
东翼	Eastern Region	107.6	110.9	119.1	98.7	107.0	111.8
西翼	Western Region	101.3	106.8	103.9	102.0	106.4	120.2
山区	Mountainous Region	99.2	108.1	109.1	105.5	106.4	108.4

2-22 各市地区生产总值产业构成（2016年）

Composition of Gross Domestic Product by Industry by City (2016)

单位：% (%)

市　别	City	地区生产总值 Gross Domestic Product	第一产业 Primary Industry	第二产业 Secondary Industry	第三产业 Tertiary Industry	#工业 Industry
广　州	Guangzhou	100.0	1.2	29.4	69.4	26.7
深　圳	Shenzhen	100.0	0.0	39.9	60.1	37.3
珠　海	Zhuhai	100.0	2.0	48.5	49.5	43.2
汕　头	Shantou	100.0	5.2	50.5	44.3	46.0
佛　山	Foshan	100.0	1.7	59.6	38.7	57.6
#顺　德	Shunde	100.0	1.5	57.5	41.0	55.5
韶　关	Shaoguan	100.0	13.8	36.6	49.6	31.8
河　源	Heyuan	100.0	11.2	43.6	45.2	39.0
梅　州	Meizhou	100.0	19.8	35.3	44.9	28.8
惠　州	Huizhou	100.0	5.0	53.9	41.1	50.8
汕　尾	Shanwei	100.0	15.7	44.5	39.8	40.9
东　莞	Dongguan	100.0	0.3	46.5	53.2	45.2
中　山	Zhongshan	100.0	2.1	52.4	45.5	50.2
江　门	Jiangmen	100.0	7.8	47.6	44.6	44.9
阳　江	Yangjiang	100.0	17.2	41.0	41.8	38.2
湛　江	Zhanjiang	100.0	19.3	38.1	42.6	33.4
茂　名	Maoming	100.0	16.5	40.2	43.3	36.0
肇　庆	Zhaoqing	100.0	15.2	48.0	36.8	45.1
清　远	Qingyuan	100.0	15.4	36.6	48.0	33.6
潮　州	Chaozhou	100.0	7.2	51.5	41.3	48.3
揭　阳	Jieyang	100.0	9.4	55.7	34.9	52.3
云　浮	Yunfu	100.0	20.1	41.4	38.5	36.2
按经济区域分	By Region					
珠三角	Pearl River Delta	100.0	1.8	42.1	56.1	39.6
东　翼	Eastern Region	100.0	8.4	51.6	40.0	47.8
西　翼	Western Region	100.0	17.8	39.5	42.7	35.4
山　区	Mountainous Region	100.0	15.9	38.2	45.9	33.5

2-23 各市支出法地区生产总值（2016年）

Gross Domestic Product by Expenditure Approach by City (2016)

市别	City	支出法地区生产总值(亿元) Gross Domestic Product by Expenditure Approach (100 million yuan)	最终消费支出 Final Consumption Expenditure	资本形成总额 Gross Capital Formation	货物和服务净流出 Net Export of Goods and Services	最终消费率(消费率)(%) Final Consumption Rate (%)	资本形成率(投资率)(%) Capital Formation Rate (%)
广州	Guangzhou	19547.44	10111.88	7014.61	2420.95	51.7	35.9
深圳	Shenzhen	19492.60	8328.25	6317.46	4846.89	42.7	32.4
珠海	Zhuhai	2226.37	945.62	1730.89	-450.14	42.5	77.7
汕头	Shantou	2080.97	1266.88	779.58	34.52	60.9	37.5
佛山	Foshan	8630.00	3543.02	3385.33	1701.65	41.1	39.2
韶关	Shaoguan	1218.39	739.34	619.94	-140.89	60.7	50.9
河源	Heyuan	898.72	619.86	732.86	-454.00	69.0	81.5
梅州	Meizhou	1045.57	805.50	442.12	-202.05	77.0	42.3
惠州	Huizhou	3412.17	1738.77	1783.62	-110.22	51.0	52.3
汕尾	Shanwei	828.49	511.58	547.51	-230.60	61.7	66.1
东莞	Dongguan	6827.69	3838.00	2310.23	679.46	56.2	33.8
中山	Zhongshan	3202.78	1550.27	1275.84	376.67	48.4	39.8
江门	Jiangmen	2418.78	1197.18	1126.56	95.04	49.5	46.6
阳江	Yangjiang	1270.76	564.68	684.86	21.21	44.4	53.9
湛江	Zhanjiang	2584.43	1668.47	1139.49	-223.53	64.6	44.1
茂名	Maoming	2636.74	1178.60	885.25	572.90	44.7	33.6
肇庆	Zhaoqing	2084.02	1029.51	964.90	89.61	49.4	46.3
清远	Qingyuan	1387.71	938.30	693.80	-244.39	67.6	50.0
潮州	Chaozhou	976.83	645.68	317.50	13.65	66.1	32.5
揭阳	Jieyang	2006.90	1082.73	822.83	101.34	54.0	41.0
云浮	Yunfu	778.31	501.21	473.47	-196.38	64.4	60.8
按经济区域分	By Region						
珠三角	Pearl River Delta	67841.85	32282.50	25909.44	9649.90	47.6	38.2
东翼	Eastern Region	5893.19	3506.87	2467.41	-81.09	59.5	41.9
西翼	Western Region	6491.93	3411.75	2709.60	370.58	52.6	41.7
山区	Mountainous Region	5328.69	3604.20	2962.19	-1237.71	67.6	55.6

2-24 各市资本形成总额及构成（2016年）

Gross Capital Formation and Its Composition by City (2016)

市别	City	资本形成总额（亿元）Gross Capital Formation (100 million yuan)	固定资本形成总额 Gross Fixed Capital Formation	存货增加 Change in Inventories	比重（资本形成总额=100）Proportion (gross capital formation=100) 固定资本形成总额 Gross Fixed Capital Formation	存货增加 Change in Inventories
广州	Guangzhou	7014.61	6647.94	366.67	94.8	5.2
深圳	Shenzhen	6317.46	5675.00	642.47	89.8	10.2
珠海	Zhuhai	1730.89	1611.32	119.57	93.1	6.9
汕头	Shantou	779.58	729.95	49.63	93.6	6.4
佛山	Foshan	3385.33	3160.92	224.42	93.4	6.6
韶关	Shaoguan	619.94	603.10	16.84	97.3	2.7
河源	Heyuan	732.86	705.51	27.35	96.3	3.7
梅州	Meizhou	442.12	426.92	15.20	96.6	3.4
惠州	Huizhou	1783.62	1678.68	104.94	94.1	5.9
汕尾	Shanwei	547.51	535.94	11.57	97.9	2.1
东莞	Dongguan	2310.23	1792.26	517.97	77.6	22.4
中山	Zhongshan	1275.84	1198.73	77.10	94.0	6.0
江门	Jiangmen	1126.56	1000.60	125.96	88.8	11.2
阳江	Yangjiang	684.86	656.35	28.51	95.8	4.2
湛江	Zhanjiang	1139.49	1088.77	50.72	95.5	4.5
茂名	Maoming	885.25	619.27	265.97	70.0	30.0
肇庆	Zhaoqing	964.90	903.15	61.75	93.6	6.4
清远	Qingyuan	693.80	672.84	20.97	97.0	3.0
潮州	Chaozhou	317.50	305.92	11.59	96.4	3.6
揭阳	Jieyang	822.83	747.05	75.78	90.8	9.2
云浮	Yunfu	473.47	462.56	10.92	97.7	2.3
按经济区域分	By Region					
珠三角	Pearl River Delta	25909.44	23668.60	2240.85	91.4	8.6
东翼	Eastern Region	2467.41	2318.85	148.56	94.0	6.0
西翼	Western Region	2709.60	2364.40	345.20	87.3	12.7
山区	Mountainous Region	2962.19	2870.92	91.27	96.9	3.1

2-25 各市最终消费及构成（2016年）

Final Consumption Expenditure and Its Composition by City (2016)

市别	City	最终消费（亿元）Final Consumption Expenditure (100 million yuan)	居民消费 Household Consumption	农村居民 Rural Households	城镇居民 Urban Households	政府消费 Government Consumption	比重 Proportion 最终消费=100 Final Consumption Expenditure=100 居民消费 Household Consumption	政府消费 Government Consumption	居民消费=100 Household Consumption=100 农村居民 Rural Households	城镇居民 Urban Households
广州	Guangzhou	10111.88	7551.68	619.36	6932.32	2560.21	74.7	25.3	8.2	91.8
深圳	Shenzhen	8328.25	6665.66	0.00	6665.66	1662.59	80.0	20.0	0.0	100.0
珠海	Zhuhai	945.62	689.54	41.27	648.27	256.08	72.9	27.1	6.0	94.0
汕头	Shantou	1266.88	1061.11	136.31	924.80	205.76	83.8	16.2	12.8	87.2
佛山	Foshan	3543.02	2790.50	105.28	2685.22	752.52	78.8	21.2	3.8	96.2
韶关	Shaoguan	739.34	519.50	132.64	386.86	219.84	70.3	29.7	25.5	74.5
河源	Heyuan	619.86	440.84	184.56	256.27	179.02	71.1	28.9	41.9	58.1
梅州	Meizhou	805.50	592.75	231.62	361.13	212.75	73.6	26.4	39.1	60.9
惠州	Huizhou	1738.77	1316.12	271.66	1044.46	422.65	75.7	24.3	20.6	79.4
汕尾	Shanwei	511.58	426.19	142.33	283.86	85.39	83.3	16.7	33.4	66.6
东莞	Dongguan	3838.00	3133.37	315.33	2818.04	704.63	81.6	18.4	10.1	89.9
中山	Zhongshan	1550.27	1338.10	87.34	1250.76	212.17	86.3	13.7	6.5	93.5
江门	Jiangmen	1197.18	979.64	201.89	777.75	217.54	81.8	18.2	20.6	79.4
阳江	Yangjiang	564.68	404.92	143.63	261.29	159.75	71.7	28.3	35.5	64.5
湛江	Zhanjiang	1668.47	1325.07	555.91	769.16	343.40	79.4	20.6	42.0	58.0
茂名	Maoming	1178.60	885.72	367.21	518.51	292.88	75.2	24.8	41.5	58.5
肇庆	Zhaoqing	1029.51	736.10	264.99	471.10	293.41	71.5	28.5	36.0	64.0
清远	Qingyuan	938.30	744.69	231.00	513.68	193.61	79.4	20.6	31.0	69.0
潮州	Chaozhou	645.68	558.96	117.62	441.34	86.72	86.6	13.4	21.0	79.0
揭阳	Jieyang	1082.73	921.64	312.52	609.11	161.09	85.1	14.9	33.9	66.1
云浮	Yunfu	501.21	374.02	124.55	249.48	127.18	74.6	25.4	33.3	66.7
按经济区域分	By Region									
珠三角	Pearl River Delta	32282.50	25200.70	1907.13	23293.57	7081.80	78.1	21.9	7.6	92.4
东翼	Eastern Region	3506.87	2967.91	708.79	2259.12	538.96	84.6	15.4	23.9	76.1
西翼	Western Region	3411.75	2615.72	1066.75	1548.97	796.03	76.7	23.3	40.8	59.2
山区	Mountainous Region	3604.20	2671.80	904.37	1767.43	932.40	74.1	25.9	33.8	66.2

2-26 各市人均地区生产总值

Per Capita Gross Domestic Product by City

单位：元 (yuan)

市 别	City	2000	2005	2010	2011	2012	2013	2014	2015	2016
广 州	Guangzhou	25626	53809	87458	97588	105909	120294	128478	136188	141933
深 圳	Shenzhen	32800	60801	96184	110520	123451	137632	149495	157985	167411
珠 海	Zhuhai	27770	45320	78030	90140	95819	105834	116537	124706	134548
汕 头	Shantou	9741	12883	21330	23658	26336	28804	31201	33732	37390
佛 山	Foshan	20231	42066	79902	85650	90792	96317	101617	108299	115891
#顺 德	Shunde	22213	42382	74475	78677	85225	93491	96722	102538	109972
韶 关	Shaoguan	7028	11608	24050	28760	31702	35239	38386	39380	41388
河 源	Heyuan	3826	7483	15592	17961	20344	22828	25208	26401	29205
梅 州	Meizhou	4728	7670	14447	16346	17536	18742	20529	22155	24032
惠 州	Huizhou	13877	21909	38650	45371	51130	57716	63657	66231	71605
汕 尾	Shanwei	5262	7419	15487	18261	20576	22560	23928	25283	27351
东 莞	Dongguan	13679	33287	53193	57913	60907	66440	70605	75616	82682
中 山	Zhongshan	15077	36435	60888	70063	77694	83804	88682	94030	99471
江 门	Jiangmen	12851	19546	35622	41063	42028	44546	46237	49608	53374
阳 江	Yangjiang	7377	12717	26525	31508	36164	42413	46938	49894	50431
湛 江	Zhanjiang	6231	10243	20110	24414	26408	28999	31420	32933	35612
茂 名	Maoming	7981	12729	25154	29400	32344	36243	38951	40324	43211
肇 庆	Zhaoqing	7422	11890	28052	33754	36999	41811	45795	48670	51178
清 远	Qingyuan	5003	9079	23665	27119	27537	29217	31477	33392	36136
潮 州	Chaozhou	7444	11215	21136	24212	26296	28981	31301	33954	36956
揭 阳	Jieyang	6001	7417	17191	20746	23469	26867	29600	31255	33027
云 浮	Yunfu	6399	8664	17079	20274	22197	25111	27252	29078	31502
按经济区域分	By Region									
珠 三 角	Pearl River Delta	20280	40336	69002	77689	84434	93548	100448	107011	114281
东 翼	Eastern Region	7294	9729	18829	21792	24327	27070	29393	31426	34036
西 翼	Western Region	7099	11608	23060	27446	30231	33908	36770	38461	40884
山 区	Mountainous Region	5344	8838	18872	21882	23530	25745	28047	29583	31941

注：2009年—2014年区域人均生产总值增速由广东省统计局统一调整核算，其他年份增速由分市汇总计算。

Note: The growth rates after per capital GDP after 2009 are calculated by Statistics Bureau of Guangdong Province, and those of the previous years are calculated by each city.

2-27　各市人均地区生产总值指数

Indices of Per Capita Gross Domestic Product by City

上年=100　　(preceding year=100)

市　别	City	2000	2005	2010	2011	2012	2013	2014	2015	2016
广　州	Guangzhou	108.3	114.3	106.1	107.5	110.0	110.8	107.6	106.0	104.4
深　圳	Shenzhen	105.2	111.6	107.8	107.3	109.1	109.7	107.6	105.2	103.7
珠　海	Zhuhai	104.9	110.3	111.1	110.4	106.6	110.1	109.3	108.6	106.5
汕　头	Shantou	104.5	110.3	107.8	108.0	108.9	109.3	108.3	107.7	108.2
佛　山	Foshan	106.3	117.8	109.0	108.5	107.6	109.3	107.7	107.5	107.5
#顺　德	Shunde	108.0	116.4	102.4	109.4	111.0	109.7	107.4	107.6	107.7
韶　关	Shaoguan	111.8	108.7	113.2	112.1	109.3	111.3	108.8	105.5	105.4
河　源	Heyuan	111.9	118.3	110.7	110.7	110.7	111.1	109.9	107.4	108.3
梅　州	Meizhou	108.9	106.4	112.9	112.4	109.5	110.6	108.2	108.2	107.0
惠　州	Huizhou	107.7	113.0	112.5	111.2	111.8	113.0	109.4	108.4	107.7
汕　尾	Shanwei	110.2	113.3	116.6	113.3	112.8	111.6	108.3	107.4	106.5
东　莞	Dongguan	106.6	119.4	105.4	105.4	105.7	109.4	107.4	108.4	108.6
中　山	Zhongshan	105.4	120.6	108.3	109.9	110.7	109.4	107.4	107.8	107.1
江　门	Jiangmen	108.8	112.1	112.4	111.7	107.7	109.4	107.5	108.1	107.0
阳　江	Yangjiang	109.6	112.7	114.9	113.2	111.8	114.5	109.9	107.8	106.0
湛　江	Zhanjiang	106.0	111.3	113.5	111.7	108.8	111.2	109.2	108.0	107.4
茂　名	Maoming	110.5	112.0	115.1	110.8	109.3	111.9	109.7	107.4	106.4
肇　庆	Zhaoqing	109.9	114.1	115.3	113.0	110.2	110.5	109.3	107.7	104.4
清　远	Qingyuan	108.8	124.8	112.3	107.4	104.2	107.5	107.1	107.6	107.5
潮　州	Chaozhou	104.3	110.7	112.5	111.7	110.0	110.5	107.8	109.8	108.6
揭　阳	Jieyang	103.0	110.2	118.5	113.6	110.6	113.8	109.9	107.5	105.8
云　浮	Yunfu	105.1	111.9	113.3	113.0	111.7	112.2	109.6	107.8	107.1
按经济区域分	By Region									
珠三角	Pearl River Delta	107.2	114.6	107.3	107.1	107.4	108.6	107.0	107.1	106.1
东　翼	Eastern Region	104.7	110.6	112.6	110.3	109.5	109.9	108.5	107.9	107.1
西　翼	Western Region	108.6	111.8	113.9	110.4	109.0	111.0	109.3	107.7	106.8
山　区	Mountainous Region	109.2	113.4	112.3	109.4	107.8	107.6	108.2	107.3	107.0

2-28 各市人均地区生产总值指数

Indices of Per Capita Gross Domestic Product by City

2000年=100 (2000=100)

市别	City	2000	2005	2010	2011	2012	2013	2014	2015	2016
广州	Guangzhou	100.0	194.0	285.1	306.4	336.9	373.4	401.8	426.0	444.8
深圳	Shenzhen	100.0	174.5	261.4	280.4	305.9	335.6	361.2	379.9	394.1
珠海	Zhuhai	100.0	163.0	262.9	290.3	309.3	340.4	372.2	404.1	430.5
汕头	Shantou	100.0	130.5	203.3	219.5	239.2	261.5	283.1	305.0	329.9
佛山	Foshan	100.0	191.4	332.3	360.7	387.9	424.2	456.8	491.0	527.8
#顺德	Shunde	100.0	189.1	294.9	322.6	357.9	392.8	421.8	454.0	488.9
韶关	Shaoguan	100.0	155.9	289.6	324.6	354.8	395.0	429.7	453.5	478.2
河源	Heyuan	100.0	179.3	361.6	400.2	443.1	492.1	541.0	581.2	629.4
梅州	Meizhou	100.0	147.9	245.6	276.0	302.1	334.0	361.2	390.8	418.2
惠州	Huizhou	100.0	156.7	262.6	292.0	326.4	368.8	403.5	437.3	470.9
汕尾	Shanwei	100.0	158.1	318.8	361.2	407.2	454.6	492.1	528.7	563.0
东莞	Dongguan	100.0	230.2	350.5	369.4	390.4	427.1	458.9	497.5	540.3
中山	Zhongshan	100.0	228.6	348.6	383.2	424.2	464.2	498.5	537.4	575.7
江门	Jiangmen	100.0	153.4	263.2	294.0	316.7	346.3	372.3	402.5	430.7
阳江	Yangjiang	100.0	163.5	304.5	344.6	385.2	441.2	484.7	522.4	554.0
湛江	Zhanjiang	100.0	146.8	258.6	288.8	314.3	349.6	381.6	412.1	442.6
茂名	Maoming	100.0	158.9	280.2	310.5	339.4	379.9	416.6	447.4	476.3
肇庆	Zhaoqing	100.0	160.3	319.1	360.7	397.4	439.2	480.0	517.0	539.8
清远	Qingyuan	100.0	181.2	394.2	423.4	441.1	474.0	507.9	546.4	587.4
潮州	Chaozhou	100.0	151.6	267.0	298.3	328.3	362.8	391.1	429.2	466.0
揭阳	Jieyang	100.0	125.8	261.8	297.5	328.9	374.2	411.3	442.1	467.5
云浮	Yunfu	100.0	139.9	254.8	288.0	321.7	360.9	395.7	426.5	456.7
按经济区域分	By Region									
珠三角	Pearl River Delta	100.0	187.6	291.1	311.8	335.0	363.7	389.4	416.9	442.5
东翼	Eastern Region	100.0	135.3	239.4	264.1	289.1	317.7	344.8	372.1	398.6
西翼	Western Region	100.0	154.9	273.3	301.6	328.6	364.8	398.7	429.4	458.4
山区	Mountainous Region	100.0	158.5	299.7	327.8	353.5	380.5	411.7	441.6	472.5

2-29 全省生产性服务业增加值

Value-added of Productive Service Industry

单位：亿元 (100 million yuan)

分行业	By Sector	增加值 Value-added			指数(上年=100) Indices(Preceding Year=100)		
		2014	2015	2016	2014	2015	2016
合　计	**Total**	**17621.58**	**19551.98**	**21719.60**	**109.0**	**110.1**	**106.5**
研发设计与其他技术服务	Scientific Research Services	894.20	1052.63	1105.97	114.4	116.9	103.9
货物运输、仓储和邮政快递服务	Transport, Storage and Postal Services	1890.52	2058.44	2162.35	111.5	105.3	105.0
信息服务	Information Services	1968.84	2289.07	2871.41	108.3	109.8	119.4
金融服务	Finance Services	3046.39	4556.38	4772.26	108.9	124.5	95.9
节能与环保服务	Energy Conservation and Environment Protection Services	319.86	392.67	413.95	107.4	123.7	103.1
生产性租赁服务	Productive Leasing Services	118.85	136.78	155.55	107.1	112.0	106.5
商务服务	Business Services	2217.67	2182.59	2487.18	111.5	107.6	110.0
人力资源管理与培训服务	Human Resource Services	647.93	767.23	913.06	108.5	117.7	115.8
批发经纪代理服务	Wholesale Services	4345.85	3798.43	4225.13	107.4	101.8	106.8
生产性支持服务	Productive Support Services	2171.47	2317.75	2612.75	107.2	106.6	111.1

注：考虑到可操作性，表中数据计算范围相对宽泛，生产性服务业所涉及的国民经济行业小类除货币银行服务外，其他全部计入生产性服务业。

Note: In consideration of operability, the data scope in this table are relatively broad. All of the small class of national economic industry classification relative to productive service industry are Included in the calculation excluding the industry of money and banking.

主要统计指标解释

国内（地区）生产总值　指按市场价格计算的一个国家（或地区）所有常住单位在一定时期内生产活动的最终成果。国内（地区）生产总值有三种计算方法，即生产法、收入法和支出法。三种方法分别从不同的方面反映国内生产总值及其构成。

三次产业　三次产业的划分是世界上较为常用的产业结构分类，但各国的划分不尽一致。根据《国民经济行业分类》（GB/T 4754—2011），我国的三产产业划分是：

第一产业是指农、林、牧、渔业（不含农、林、牧、渔服务业）。

第二产业是指采矿业（不含开采辅助活动），制造业（不含金属制品、机械和设备修理业），电力、热力、燃气及水生产和供应业，建筑业。

第三产业即服务业，是指除第一产业、第二产业以外的其他行业。

劳动者报酬　指劳动者从事生产活动所获得的全部报酬。包括劳动者获得的各种形式的工资、奖金和津贴，既有货币形式的，也有实物形式的，还包括劳动者所享受的公费医疗和医药卫生费、上下班交通补贴、单位支出的社会保险费、住房公积金等。

生产税净额　指生产税减生产补贴后的余额。生产税指政府对生产单位从事生产、销售和经营活动以及因从事生产活动使用某些生产要素（如固定资产、土地、劳动力）所征收的各种税、附加费和规费。生产补贴与生产税相反，指政府对生产单位的单方面转移支付，因此视为负生产税，包括政策性亏损补贴、价格补贴等。

固定资产折旧　指一定时期内为弥补固定资产损耗按照规定的固定资产折旧率提取的固定资产折旧，或按国民经济核算统一规定的折旧率虚拟计算的固定资产折旧。它反映了固定资产在当期生产中的转移价值。各类企业和企业化管理的事业单位的固定资产折旧是指实际计提的折旧费；不计提折旧的政府机关、非企业化管理的事业单位和居民住房的固定资产折旧是按照统一规定的折旧率和固定资产原值计算的虚拟折旧。原则上，固定资产折旧应按固定资产的重置价值计算，但是目前我国尚不具备对全社会固定资产进行重估价的基础，所以暂时还不能采用上述办法。

营业盈余　指常住单位创造的增加值扣除劳动者报酬、生产税净额和固定资产折旧后的余额。它相当于企业的营业利润加上生产税补贴，但要扣除从利润中开支的工资和福利等。

支出法国内（地区）生产总值　是从最终使用的角度反映一个国家（或地区）一定时期内生产活动最终成果的一种方法，包括最终消费支出、资本形成总额及货物和服务净出口三部分。计算公式为：

支出法国内（地区）生产总值=最终消费支出+资本形成总额+货物和服务净出口

最终消费支出　指常住单位为满足物质、文化和精神生活的需要，从本国经济领土和国外购买的货物和服务的支出。不包括非常住单位在本国经济领土内的消费支出。最终消费支出分为居民消费支出和政府消费支出。

居民消费支出　指常住住户在一定时期内对于货物和服务的全部最终消费支出。居民消费支出除了直接以货币形式购买的货物和服务的消费之外，还包括以其他方式获得的货物和服务的消费，即所谓的虚拟消费支出。居民虚拟消费支出包括如下几种类型：单位以实物报酬及实物转移的形式提供给劳动者的货物和服务；住户生产并由本住户消费发的货物和服务，其中的服务仅指住户的自有住房服务和付酬的家庭雇员提供的家庭和个人服务；金融机构提供的金融媒介服务等。

政府消费支出　指政府部门为全社会提供公共服务的消费支出和免费或以较低价格向住户提供的货物和服务的净支出。前者等于政府服务的产出价值减去政府单位所获得的经营收入后的价值，后者等于政府部门免费或以较低价格向住户提供的货物和服务的市场价值减去向住户收取的价值。

资本形成总额 指常住单位在一定时期内获得的减去处置的固定资产和存货的净额，包括固定资本形成总额和存货变动两部分。

固定资本形成总额 指生产者在一定时期内获得的固定资产减处置的固定资产的价值总额。固定资产是通过生产活动生产出来的，且其使用年限在一年以上、单位价值在规定标准以上的资产，不包括自然资产。可分为有形固定资本形成总额和无形固定资本形成总额。有形固定资本形成总额包括一定时期内完成的建筑工程、安装工程、设备工器具购置（减处置）价值，以及土地改良、新增役、种、奶、毛、娱乐用牲畜和新增经济林木价值。无形固定资本形成总额包括矿藏的勘探、计算机软件等获得减处置的价值。

存货变动 指常住单位存货实物量变动的市场价值，即期末价值减期初价值的差额，再扣除当期由于价格变动而产生的持有收益。存货增加可以是正值，也可以是负值；正值表示存货上升，负值表示存货下降。存货包括生产单位购进的原材料、燃料和储备物资等存货，以及生产单位生产的产成品、在制品和半成品等存货。

货物和服务净流出 指货物和服务流出减货物和服务流入的差额。流出包括常住单位向非常住单位出售或无偿转让的各种货物和服务的价值；流入包括常住单位从非常住单位购买或无偿得到的各种货物和服务价值。由于服务活动的提供与使用同时发生，一般把常住单位从非常住单位得到的服务作为流入，非常住单位从常住单位得到的服务作为流出。货物的流出和流入都按离岸价格计算。

生产性服务业 是指为生产活动提供的研发设计与其他技术服务、货物运输仓储和邮政快递服务、信息服务、金融服务、节能与环保服务、生产性租赁服务、商务服务、人力资源管理与培训服务、批发经纪代理服务、生产性支持服务。分类执行国家统计局《生产性服务业分类（2015）》标准。

Explanatory Notes on Main Statistical Indicators

Gross Domestic (Regional) Product refers to the final products at market prices produced by all resident units in a country (or a region) during a certain period of time. It is calculated with three approaches, i.e. production approach, income approach and expenditure approach, which reflect gross domestic product and its composition from different aspects.

Three Strata of Industry Classification of economic activities into three strata of industry is a common practice in the world, although the grouping varies to some extent from country to country. In China, according to Industrial classification for National Economic Activities (GB/T 4754—2011), economic activities are categorized into the following three strata of industry:Primary industry refers to agriculture, forestry, animal husbandry and fishery and services in support of these industries.

Secondary industry refers to mining and quarrying(not including support activities for mining), manufacturing(not including repair service of metal products, machinery and equipment), production and supply of electricity, heat, gas and water, and construction.

Tertiary industry refers to all other economic activities not included in the primary or secondary industries.

Compensation of Employees refers to the total payment of various forms to employees for the productive activities they are engaged in. It includes wages, bonuses and allowances, which the employees earn in cash or in kind. It also includes the free medical services provided to the employees and the medicine expenses, transport subsidies and social insurance, and housing fund paid by the employers.

Net Taxes on Production refers to the residual of the taxes on production minus the subsidies on production. The taxes on production refers to the various taxes, extra charges and fees levied on the production units on their production, sale and business activities as well as on some factors of production, such as fixed assets, land and labor force, used in the production activities they are engaged in. In contrast to the taxes on production, the subsidies on production refer to the unilateral transfer of part of the government' s revenue to the production units and are therefore regarded as negative taxes on production. They include subsidies on the loss due to implementation of government policies and price subsidies, etc.

Depreciation of Fixed Assets refers to the depreciation of fixed assets of a given period, drawn in accordance with the stipulated depreciation rate for the purpose of compensating the wear loss of the fixed assets or the depreciation of fixed assets calculated in a fictitious way in accordance with the stipulated unified depreciation rate in the national economic accounting system. It reflects the value of transfer of the fixed assets in the production of the current period. The depreciation of fixed assets in various enterprises and institutions managed as enterprises refers to the depreciation expenses actually drawn and calculated as part of the cost. In government agencies and institutions not managed as enterprises which do not draw the depreciation expenses, as well as for the houses of residents, the depreciation of fixed assets is the imputed depreciation, which is calculated in accordance with the stipulated unified depreciation rate and the original value of the fixed assets. In principle, the depreciation of fixed assets should be calculated on the basis of the repurchase value of the fixed assets. However, there is no actual condition to reevaluate all the fixed assets in China. Therefore, the above-mentioned methods are temporarily adopted at present.

Operating Surplus refers to the balance of the value-added created by the resident units deducting the laborers' remuneration, net taxes on production and the depreciation of fixed assets. It is equivalent to the business profit of the enterprises plus subsidies on production, but the wages and welfare expenses paid from the profits should be deducted.

Gross Domestic (Regional) Product Calculated by Expenditure Approach refers to the method of measuring the final results of production activities of a country (region) during a given period from the perspective of final uses. It includes final consumption expenditure, gross capital formation and net export of goods and services. The formula for computation is:

GDP by expenditure approach = final consumption expenditure + gross capital formation + net export of goods and services

Final Consumption Expenditure refers to the total expenditure of resident units for purchases of goods and services from both the domestic economic territory and abroad to meet the needs of material, cultural and spiritual life. It does not include the expenditure of non-resident units on consumption in the economic territory of the country. The final consumption expenditure is broken down into household consumption expenditure and government consumption expenditure.

Household Consumption Expenditure refers to the total expenditure of resident households on the final consumption of goods and services. In addition to the consumption of goods and services bought by the households directly with money, the household consumption expenditure also includes expenditure on goods and services obtained by the households in other ways, i.e. the so-called imputed consumption expenditure, which includes the following: (a) the goods and services provided to households by employers in the form of payment in kind and transfer in kind; (b) goods and services produced and consumed by the households themselves, in which the services refer to the owner-occupied housing and services offered by paid family employees; (c) financial intermediate services provided by financial institution.

Government Consumption Expenditure refers to the consumption expenditure spent for the provision of public services provided by the government to the whole country and the net expenditure on the goods and services provided by the government to households free of charge or at reduced prices. The former equals to the output value of the government services minus the value of operating income obtained by the government departments. The latter equals to the market value of the goods and services provided by the government free of charge or at reduced prices to the households minus the value received by the government from the households.

Gross Capital Formation refers to the fixed assets acquired less disposals and the net value of inventory, thus including gross fixed capital formation and changes in inventories.

Gross Fixed Capital Formation refers to the value of acquisitions less those disposals of fixed assets during a given period. Fixed assets are the assets produced through production activities with unit value above a specified amount and which could be used for over one year. Natural assets are not included. Gross fixed capital formation can be categorized into total tangible fixed capital formation and total intangible fixed capital formation. Total tangible fixed capital formation includes the value of the construction projects and installation projects completed and the equipment, apparatus and instruments purchased (less those disposed) as well as the value of land improved, the value of draught animals, breeding stock and animals for milk, for wool and for recreational purposes and the newly increased forest with economic value. Total intangible fixed capital formation includes the prospecting of minerals and the acquisition of computer software minus the disposal of them.

Changes in Inventories refers to the market value of the change in the physical volume of inventory of resident units during a given period, i.e. the difference between the values at the beginning and at the end of the period minus the gains due to the change in prices. The changes in inventories can have a positive or a negative value. A positive value indicates an increase in inventory while a negative value indicates a decrease in inventory. The inventory includes raw materials, fuels and reserve materials purchased by the production units as well as theinventory of finished products, semi-finished products and work-in-progress.

Net Export of Goods and Services refers to the exports of goods and services subtracting the imports of goods and services. Exports include the value of various goods and services sold or gratuitously transferred by resident units to non-resident units. Imports include the value of various goods and services purchased or gratuitously acquired resident units from non-resident units. Because the provision of services and the use of them happen simultaneously, the acquisition of services by resident units from abroad is usually treated as import while the acquisition of services by non-resident units in this country is usually treated as export. The exports and imports of goods are calculated at FOB.

Productive Service Industry refers to the production activities to provide R&D design and other technical services, transport, storage and postal services, information services, financial services, energy saving and environmental protection services, production of leasing services, business services, human resource management and training services, wholesale brokerage services, production support services. The classification implemented the Production Service Industry Classification (2015) developed by NBS.

三、人口

POPULATION

三 人口

简要说明

一、本篇资料反映广东人口发展变化基本情况，主要内容包括：

1. 年末常住人口、性别比例、年龄比例、城镇人口比例以及人口出生率、人口死亡率和人口自然增长率。数据由广东省统计局根据人口普查、1%人口抽样调查或年度人口变动情况抽样调查推算所得。

2. 1990-2009 年年末常住人口数、出生率、死亡率以及自然增长率，除人口普查和 1%人口抽样调查年份直接推算外，其余年份数据均已按人口普查和 1%人口抽样调查结果作平滑调整。

3. 户籍总人口、按性别分以及迁移人口等，数据来源于广东省公安厅人口统计年报。

二、本资料由广东省统计局人口和就业统计处整理提供。

3 Population

Brief Introduction

Ⅰ. The data in this chapter show the basic conditions of development and changes of population in Guangdong, including mainly:

（1）Permanent population at the year-end, proportion of population by sex, proportion of population by age, proportion of urban population, birth rate, death rate and natural growth rate of population. The data are estimated by Guangdong Provincial Bureau of Statistics on the basis of population censuses, the one percent sample survey on population，or annual sample surveys on population changes.

（2）Permanent population at the year-end, birth rate, death rate and natural growth rate of population from 1990 to 2009 result from smooth adjustment on population census and national one-percent sample survey on population with the exceptions of 1990 and 2000 data, which are direct estimates from the result of population censuses and 1996.

（3）The total population with residence registration, population by sex, by agricultural and non-agricultural population, and migrant population are obtained from the annual reports of population of Guangdong Provincial Department of Public Security.

Ⅱ. The date in this chapter are prepared and provided by the Division of Population and Employment Statistics of Statistics Bureau of Guangdong Province.

3-1 人口主要指标
Main Population Indicators

项　目	Item	2000	2010	2013	2014	2015	2016
年末常住人口　（万人）	**Permanent Population at the Year-end (10000 persons)**	**8650.03**	**10440.94**	**10644.00**	**10724.00**	**10849.00**	**10999.00**
男性比例　（%）	Proportion of Male Population (%)	50.90	52.10	52.10	52.93	52.29	52.40
女性比例　（%）	Proportion of Female Population (%)	49.10	47.85	47.90	47.07	47.71	47.60
0-14岁人口比例　（%）	Proportion of Population Aged 0-14 (%)	24.17	16.90	14.64	15.38	17.37	17.23
15-64岁人口比例　（%）	Proportion of Population Aged 15-64 (%)	69.78	76.30	77.19	76.35	74.15	74.22
65岁及以上人口比例(%)	Proportion of Population Aged 65 And Over (%)	6.05	6.80	8.17	8.27	8.48	8.55
城镇人口比例　（%）	Proportion of Urban Population (%)	55.00	66.17	67.76	68.00	68.71	69.20
人口密度（人/平方公里）	Population Density (person/sq.km.)	486	581	592	597	604	612
户籍人口	**Population with Residence Registration**						
年末总户数　（万户）	Total Households at the Year-end (10000 households)	1901.91	2296.61	2360.29	2388.47	2415.90	2452.26
年末总人口　（万人）	Total Population at the Year-end(10000 persons)	7498.54	8521.55	8759.46	8886.88	9008.38	9164.90
性别比　（女=100）	Sex Ratio (female=100)	106.70	106.20	106.30	106.20	106.08	106.06
人口变动情况　（‰）	**Status of Population Changes (‰)**						
出生率	Birth Rate	12.91	11.18	10.71	10.80	11.12	11.85
死亡率	Death Rate	4.77	4.21	4.69	4.70	4.32	4.41
自然增长率	Natural Growth Rate	8.14	6.97	6.02	6.10	6.80	7.44
迁入率	Immigration Rate	16.59	12.07	11.25	10.60	8.34	9.72
迁出率	Emigration Rate	12.94	8.35	8.94	7.74	7.45	8.13
总迁移率	Total Migration Rate	29.53	20.42	20.19	18.34	15.79	17.84
净迁移率	Net Migration Rate	3.65	3.72	2.32	2.85	0.89	1.59
跨省净迁移率	Net Cross-Provincial Migration Rate	1.01	2.52	2.14	2.12	0.80	2.14

3-2 年末户籍总人口

Total Population with Residence Registration at the Year-end

单位：万人、%　　　　(10000 persons，%)

年份 Year	总人口 Total Population	按性别分 By Sex 男 Male 人口数 Total Population	比例 Proportion	女 Female 人口数 Total Population	比例 Proportion	人口密度（人/平方公里）Population Density (person/sq.km.)
1978	5064.15	2586.68	51.08	2477.47	48.92	285
1980	5227.67	2671.28	51.10	2556.39	48.90	294
1982	5415.35	2771.86	51.19	2643.49	48.81	304
1983	5494.12	2818.92	51.31	2675.20	48.69	309
1984	5576.62	2865.90	51.39	2710.72	48.61	313
1985	5655.60	2909.52	51.44	2746.08	48.56	318
1986	5740.70	2955.68	51.49	2785.02	48.51	323
1987	5832.15	3003.09	51.49	2829.06	48.51	328
1988	5928.31	3053.50	51.51	2874.81	48.49	333
1989	6024.98	3106.37	51.56	2918.61	48.44	338
1990	6246.32	3213.20	51.44	3033.12	48.56	353
1991	6348.95	3266.26	51.45	3082.69	48.55	363
1992	6463.17	3327.67	51.49	3135.50	48.51	373
1993	6581.60	3390.37	51.51	3191.23	48.49	386
1994	6691.46	3450.68	51.57	3240.78	48.43	401
1995	6788.74	3501.19	51.57	3287.55	48.43	411
1996	6896.77	3559.54	51.61	3337.23	48.39	421
1997	7013.73	3620.32	51.62	3393.41	48.38	433
1998	7115.65	3676.95	51.67	3438.70	48.33	444
1999	7298.88	3769.70	51.65	3529.18	48.35	457
2000	7498.54	3871.13	51.63	3627.41	48.37	486
2001	7565.33	3905.28	51.62	3660.05	48.38	486
2002	7649.29	3948.25	51.62	3701.04	48.38	492
2003	7723.42	3989.24	51.65	3734.18	48.35	499
2004	7804.75	4025.87	51.58	3778.88	48.42	507
2005	7899.64	4080.74	51.66	3818.90	48.34	511
2006	8048.71	4154.03	51.61	3894.68	48.39	525
2007	8156.05	4204.47	51.55	3951.58	48.45	537
2008	8267.09	4263.24	51.57	4003.85	48.43	550
2009	8365.98	4309.11	51.51	4056.87	48.49	563
2010	8521.55	4388.61	51.50	4132.94	48.50	581
2011	8637.19	4445.48	51.47	4191.71	48.53	584
2012	8635.89	4448.45	51.51	4187.44	48.49	590
2013	8759.46	4513.51	51.53	4245.95	48.47	592
2014	8886.88	4577.10	51.50	4309.78	48.50	597
2015	9008.38	4637.13	51.48	4371.25	48.52	604
2016	9164.90	4717.29	51.47	4447.61	48.50	612

注：1．人口密度数为常住人口。
2．2006—2009年年末常住人口根据2010年第六次全国人口普查快速汇总数据进行平滑调整，人口密度也作相应调整。

Note: a) The population density refers to that of the permant population.
b) Figures of permanent population at the year-end from 2006 to 2009 have been adjusted in accordance with the flash sums of the 6th National Population Cescus in 2010. Figures of population density have been adjusted accordingly.

3-3 人口自然变动情况
Status of Natural Population Changes

单位：万人、‰ (10000 persons, ‰)

年 份 Year	常住人口	出 生 Birth		死 亡 Death		自然增长 Natural Growth	
		出生人数 Number of Birth	出生率 Birth Rate	死亡人数 Number of Death	死亡率 Death Rate	自然增长人数 Number of Natural Growth	自然增长率 Rate of Natural Growth
1978	5064.15	111.23	22.14	27.35	5.44	83.88	16.70
1980	5230.00	118.31	22.82	28.40	5.48	89.91	17.34
1982	5419.35	123.98	23.09	31.79	5.92	92.19	17.17
1983	5501.85	114.55	21.00	34.47	6.32	80.08	14.68
1984	5585.61	114.86	20.75	34.37	6.21	80.49	14.54
1985	5670.65	115.70	20.60	35.53	6.33	80.17	14.27
1986	5799.75	126.23	22.15	32.48	5.70	93.75	16.45
1987	5931.79	128.00	22.12	32.98	5.70	95.02	16.42
1988	6066.84	122.90	20.90	29.81	5.07	93.09	15.83
1989	6204.96	121.15	20.27	34.25	5.73	86.90	14.54
1990	6347.19	140.11	22.26	36.25	5.76	103.86	16.50
1991	6527.01	131.31	20.40	38.04	5.91	93.27	14.49
1992	6706.45	125.17	18.92	40.00	6.05	85.17	12.87
1993	6936.69	120.00	17.59	38.00	5.57	82.00	12.02
1994	7209.58	121.00	17.11	38.00	5.37	83.00	11.74
1995	7387.49	123.54	16.93	38.91	5.33	84.63	11.60
1996	7569.78	124.80	16.69	42.11	5.63	82.69	11.06
1997	7779.69	118.40	15.43	37.83	4.93	80.57	10.50
1998	7990.03	117.00	14.84	40.00	5.07	77.00	9.77
1999	8217.91	110.00	13.57	39.00	4.81	71.00	8.76
2000	8650.03	108.85	12.91	40.21	4.77	68.64	8.14
2001	8733.18	107.99	12.42	39.63	4.56	68.36	7.86
2002	8842.08	103.94	11.82	39.73	4.52	64.21	7.30
2003	8962.69	108.00	12.13	41.98	4.71	66.02	7.42
2004	9110.66	106.73	11.81	41.62	4.60	65.11	7.21
2005	9194.00	107.11	11.70	42.24	4.68	64.87	7.02
2006	9442.07	108.96	11.69	41.53	4.46	67.43	7.24
2007	9659.52	112.00	11.73	44.00	4.61	68.00	7.12
2008	9893.48	112.00	11.46	43.00	4.40	69.00	7.06
2009	10130.19	113.00	11.29	43.00	4.29	70.00	6.99
2010	10440.94	115.00	11.18	43.27	4.21	71.73	6.97
2011	10505.00	109.44	10.45	45.56	4.35	63.88	6.10
2012	10594.00	122.37	11.60	49.06	4.65	73.31	6.95
2013	10644.00	113.73	10.71	49.80	4.69	63.93	6.02
2014	10724.00	115.39	10.80	50.21	4.70	65.18	6.10
2015	10849.00	119.95	11.12	46.60	4.32	73.35	6.80
2016	10999.00	129.45	11.85	48.17	4.41	81.28	7.44

注：2006—2009年年末常住人口根据2010年第六次全国人口普查快速汇总数据进行平滑调整，出生率、死亡率、自然增长率也作了相应的调整。

Note: Figures of permanent population at the year-end from 2006 to 2009 have been adjusted in accordance with the flash sums of the 6th National Population Census in 2010. Figures of birth rate, death rate, natural growth rate have been adjusted accordingly.

3-4 户籍人口迁移变动情况

Status of Migrant Changes

单位：万人、‰ (10000 persons, ‰)

年份 Year	迁入 Immigration		迁出 Emigration		总迁移 Total Migration		净迁移 Net Migration	
	迁入人数 Number of Immigration	迁入率 Immigration Rate	迁出人数 Number of Emigration	迁出率 Emigration Rate	总迁人数 Total Number of Migration	总迁移率 Total Migration Rate	净迁移人数 Net Number of Migration	净迁移率 Net Migration Rate
1978	81.83	16.29	75.58	15.04	157.41	31.33	6.25	1.25
1980	91.45	17.64	82.09	15.83	173.54	33.47	9.36	1.81
1982	71.63	13.34	65.06	12.11	136.69	25.45	6.57	1.23
1983	66.26	12.14	59.35	10.88	125.61	23.02	6.91	1.26
1984	92.30	16.67	83.31	15.05	175.61	31.72	8.99	1.62
1985	100.10	17.82	84.90	15.12	185.00	32.94	15.20	2.70
1986	85.61	15.02	70.83	12.43	156.44	27.45	14.78	2.59
1987	92.89	16.05	73.26	12.66	166.15	28.71	19.63	3.39
1988	93.82	15.96	73.46	12.49	167.28	28.45	20.36	3.47
1989	95.26	15.94	73.87	12.36	169.13	28.30	21.39	3.58
1990	94.39	15.38	77.07	12.56	171.46	27.94	17.32	2.82
1991	97.23	15.44	83.74	13.30	180.97	28.74	13.49	2.14
1992	135.89	21.21	108.39	16.92	244.28	38.13	27.50	4.29
1993	158.20	24.25	128.06	19.63	286.26	43.88	30.14	4.62
1994	140.93	21.24	115.72	17.44	256.65	38.68	25.21	3.80
1995	108.09	16.04	89.74	13.31	197.83	29.35	18.35	2.73
1996	113.47	16.58	88.88	12.99	202.35	29.57	24.59	3.59
1997	130.94	18.83	98.90	14.22	229.84	33.05	32.04	4.61
1998	117.93	16.69	94.18	13.33	212.11	30.02	23.75	3.36
1999	107.68	14.94	89.13	12.37	196.81	27.31	18.55	2.57
2000	122.72	16.59	95.76	12.94	218.48	29.53	26.96	3.65
2001	109.88	14.59	92.34	12.26	202.22	26.85	17.54	2.33
2002	102.26	13.44	81.95	10.77	184.21	24.21	20.31	2.67
2003	105.27	13.70	83.22	10.83	188.49	24.53	22.05	2.87
2004	133.91	17.25	104.26	13.43	238.17	30.68	29.65	3.82
2005	107.21	13.65	70.45	8.97	177.66	22.62	36.76	4.68
2006	145.49	18.25	80.56	10.10	226.05	28.35	64.93	8.14
2007	119.95	14.80	71.67	8.85	191.62	23.65	48.28	5.96
2008	110.56	13.46	79.47	9.68	190.03	23.14	31.09	3.79
2009	96.80	11.64	64.93	7.81	161.73	19.45	31.87	3.83
2010	101.90	12.07	70.48	8.35	172.38	20.42	31.43	3.72
2011	94.47	11.01	65.37	7.62	159.84	18.63	29.10	3.39
2012	97.91	11.34	112.62	13.04	210.53	24.38	-14.70	-1.70
2013	97.86	11.25	77.72	8.94	175.58	20.19	20.14	2.32
2014	93.48	10.60	68.29	7.74	161.78	18.34	25.19	2.85
2015	74.65	8.34	66.67	7.45	141.32	15.79	7.98	0.89
2016	88.31	9.72	73.84	8.13	162.15	17.84	14.47	1.59

3-5 各市年末常住人口数

Permanent Population at the Year-end by City

单位：万人 (10000 persons)

市 别	City	2000	2005	2010	2011	2012	2013	2014	2015	2016
全 省	**Provincial Total**	**8650.03**	**9194.00**	**10440.94**	**10505.00**	**10594.00**	**10644.00**	**10724.00**	**10849.00**	**10999.00**
广 州	Guangzhou	994.80	949.68	1270.96	1275.14	1283.89	1292.68	1308.05	1350.11	1404.35
深 圳	Shenzhen	701.24	827.75	1037.20	1046.74	1054.74	1062.89	1077.89	1137.87	1190.84
珠 海	Zhuhai	123.65	141.57	156.16	156.76	158.26	159.03	161.42	163.41	167.53
汕 头	Shantou	467.78	494.45	539.62	541.71	544.81	547.91	552.37	555.21	557.92
佛 山	Foshan	534.05	580.03	719.91	723.10	726.18	729.57	735.06	743.06	746.27
#顺 德	Shunde	169.42	195.53	246.31	247.34	248.38	249.34	251.00	253.53	254.46
韶 关	Shaoguan	273.65	292.26	283.02	285.00	286.87	289.27	290.89	293.15	295.61
河 源	Heyuan	226.78	278.24	295.82	298.18	301.01	303.76	306.32	307.35	308.10
梅 州	Meizhou	380.52	411.84	424.46	426.81	429.41	430.70	432.33	434.08	436.08
惠 州	Huizhou	321.80	370.69	460.11	463.36	467.40	470.00	472.66	475.55	477.50
汕 尾	Shanwei	245.71	279.87	293.90	295.50	296.90	298.62	300.66	302.16	303.66
东 莞	Dongguan	644.84	656.07	822.48	825.48	829.23	831.66	834.31	825.41	826.14
中 山	Zhongshan	236.47	243.46	312.27	314.23	315.50	317.39	319.27	320.96	323.00
江 门	Jiangmen	395.24	410.29	445.08	446.55	448.27	449.76	451.14	451.95	454.40
阳 江	Yangjiang	217.20	232.14	242.53	244.49	247.00	247.96	249.95	251.12	252.84
湛 江	Zhanjiang	603.43	668.95	700.38	706.92	710.92	716.71	721.24	724.14	727.30
茂 名	Maoming	524.82	584.04	582.64	588.26	596.76	601.25	604.90	608.08	612.32
肇 庆	Zhaoqing	337.69	367.60	392.22	395.14	398.23	402.21	403.58	405.96	408.46
清 远	Qingyuan	314.98	359.37	370.38	373.80	376.60	379.11	381.91	383.45	384.60
潮 州	Chaozhou	240.44	252.01	267.21	268.37	270.00	271.21	272.04	264.05	264.60
揭 阳	Jieyang	524.61	559.69	588.30	591.54	595.59	599.47	603.54	605.89	609.40
云 浮	Yunfu	215.49	233.99	236.29	237.92	241.65	242.84	244.46	246.05	248.08
按经济区域分	By Region									
珠 三 角	Pearl River Delta	4289.78	4547.14	5616.39	5646.51	5689.64	5715.19	5763.38	5874.27	5998.49
东 翼	Eastern Region	1478.54	1586.02	1689.03	1697.12	1709.69	1717.21	1728.61	1727.31	1735.58
西 翼	Western Region	1345.45	1485.13	1525.55	1539.67	1556.85	1565.92	1576.09	1583.35	1592.46
山 区	Mountainous Region	1411.42	1575.7	1609.97	1621.70	1637.82	1645.68	1655.91	1664.07	1672.47

注：1.2000年全省数据含根据普查误差率推算的漏登人口。
2.2006—2009年年末常住人口根据2010年第六次全国人口普查快速汇总数据进行平滑调整。
3.2012年各市年末常住人口与全省差额14.78万人，为难以确定的常住地人口。

Note: a) Figures of permanent population of 2000 include the data of leakage population according to Population Cencus error rate.
b) Figures of permanent population from 2006 to 2009 have been adjusted in accordance with the flash sums of the 6th National Population Cencus
c) There are fourteen and forty seven thousand and eight hundred population balance between permanent population by city and provincial permanent population which are difficult to define the resident population in 2012.

3-6 各市城镇人口占常住人口的比例

Proportion of Urban Population to Permanent Population by City

单位：% (%)

市别	City	2000	2005	2010	2011	2012	2013	2014	2015	2016
全省	**Provincial Total**	**55.00**	**60.68**	**66.17**	**66.50**	**67.40**	**67.76**	**68.00**	**68.71**	**69.20**
广州	Guangzhou	83.79	91.51	83.78	84.13	85.02	85.27	85.43	85.53	86.06
深圳	Shenzhen	92.46	100.00	100.00	100.00	100.00	100.00	100.00	100.00	100.00
珠海	Zhuhai	85.48	87.90	87.65	87.80	87.82	87.85	87.87	88.07	88.80
汕头	Shantou	67.00	72.34	68.46	69.34	69.50	69.79	69.85	70.22	70.30
佛山	Foshan	75.06	78.39	94.09	94.86	94.87	94.88	94.89	94.94	94.95
#顺德	Shunde	69.38	72.64	97.74	98.49	98.50	98.51	98.53	98.57	98.58
韶关	Shaoguan	51.13	49.76	52.53	52.77	53.30	53.73	53.80	54.29	54.79
河源	Heyuan	26.53	32.47	40.04	40.18	40.46	40.65	41.26	42.15	43.04
梅州	Meizhou	37.21	41.63	43.01	43.27	43.57	46.00	46.90	47.79	48.59
惠州	Huizhou	51.66	55.01	61.84	62.19	63.90	66.00	67.00	68.15	69.05
汕尾	Shanwei	52.58	51.88	54.18	54.55	54.60	54.70	54.70	55.03	55.08
东莞	Dongguan	60.04	73.02	88.46	88.60	88.67	88.75	88.81	88.82	89.14
中山	Zhongshan	60.67	74.29	87.82	87.87	87.92	88.00	88.07	88.12	88.20
江门	Jiangmen	47.08	56.78	62.30	62.80	63.20	64.10	64.20	64.84	65.06
阳江	Yangjiang	41.92	44.09	46.81	46.97	48.00	48.80	49.05	49.91	50.81
湛江	Zhanjiang	38.47	39.71	36.68	37.26	38.30	39.10	39.81	40.74	41.44
茂名	Maoming	37.45	39.30	35.06	35.92	37.43	38.33	39.01	40.02	40.80
肇庆	Zhaoqing	32.52	38.99	42.39	42.45	42.62	43.82	44.01	45.16	46.08
清远	Qingyuan	32.60	38.46	47.54	47.65	47.93	48.00	48.30	49.07	50.00
潮州	Chaozhou	43.41	53.62	62.75	63.15	63.15	63.15	63.41	63.80	64.00
揭阳	Jieyang	37.91	41.15	47.31	47.60	49.00	50.03	50.53	50.89	51.00
云浮	Yunfu	35.86	37.26	36.96	37.17	39.10	39.34	39.47	40.23	40.95
按经济区域分	By Region									
珠三角	Pearl River Delta	71.59	77.32	82.72	83.01	83.84	84.03	84.12	84.59	84.85
东翼	Eastern Region	50.45	54.75	57.71	58.21	59.05	59.38	59.55	59.93	60.02
西翼	Western Region	38.64	40.23	37.67	38.29	39.72	40.45	41.03	42.01	42.68
山区	Mountainous Region	36.96	40.16	44.29	44.49	45.30	45.98	46.37	47.17	47.85

注：1. 本表2000年、2005年数据按国家统计局1999年发布的《关于统计上划分城乡的规定(试行)》计算；2006年起数据按国家统计局2006年颁布的《关于统计上划分城乡的暂行规定》计算。

2. 2006—2009年年末常住人口根据2010年第六次全国人口普查快速汇总数据进行平滑调整，城镇人口占常住人口比重也作相应调整。

Note: a)The 2000 and 2005 data in this table are calculated according to Interim Regulations on Statistical Classification of Urban and Rural Populationissued by National Bureau of Statistics in 1999. The 2006 data are calculated according to Provisional Regulations on Statistical Classification of Urban and Rural Population issued by National Bureau of Statistics in 2006.

b)Figures of permanent population at the year-end from 2006 to 2009 have been adjusted in accordance with the flash sums of the 6th National Population Cescus in 2010 and the proportion of urban population to permanent population is also adjusted.

3-7 各市年末户籍人口数（2016年）

Total Population with Residence Registration at the Year-end by City (2016)

单位：万人、%　　　　(10000 persons，%)

市别	City	总人口 Total Population	按性别分 By Sex			
			男 Male		女 Female	
			人口数 Total Population	比例 Proportion	人口数 Total Population	比例 Proportion
全　省	**Provincial Total**	**9164.90**	**4717.29**	**51.47**	**4447.61**	**48.53**
广　州	Guangzhou	870.49	436.67	50.16	433.82	49.84
深　圳	Shenzhen	400.47	204.79	51.14	195.68	48.86
珠　海	Zhuhai	114.78	58.34	50.83	56.44	49.17
汕　头	Shantou	559.31	281.00	50.24	278.31	49.76
佛　山	Foshan	400.18	198.14	49.51	202.04	50.49
#顺　德	Shunde	132.12	65.36	49.47	66.76	50.53
韶　关	Shaoguan	334.39	172.46	51.58	161.92	48.42
河　源	Heyuan	373.32	190.67	51.07	182.65	48.93
梅　州	Meizhou	551.40	283.88	51.48	267.52	48.52
惠　州	Huizhou	364.31	184.28	50.58	180.03	49.42
汕　尾	Shanwei	361.89	188.82	52.18	173.07	47.82
东　莞	Dongguan	200.94	101.47	50.50	99.47	49.50
中　山	Zhongshan	161.25	79.74	49.45	81.50	50.55
江　门	Jiangmen	393.93	198.27	50.33	195.67	49.67
阳　江	Yangjiang	296.06	157.25	53.11	138.81	46.89
湛　江	Zhanjiang	834.81	444.42	53.24	390.39	46.76
茂　名	Maoming	798.85	427.34	53.49	371.51	46.51
肇　庆	Zhaoqing	444.17	230.58	51.91	213.59	48.09
清　远	Qingyuan	432.09	224.28	51.91	207.81	48.09
潮　州	Chaozhou	273.98	138.66	50.61	135.32	49.39
揭　阳	Jieyang	697.05	358.28	51.40	338.77	48.60
云　浮	Yunfu	301.23	157.94	52.43	143.29	47.57
按经济区域分	By Region					
珠三角	Pearl River Delta	3350.52	1692.28	50.51	1658.24	49.49
东　翼	Eastern Region	1892.23	966.76	51.09	925.47	48.91
西　翼	Western Region	1929.72	1029.01	53.32	900.70	46.68
山　区	Mountainous Region	1992.43	1029.24	51.66	963.19	48.34

3-8 各市年末户籍迁移人口数（2016年）

Number of Migrant Population at the Year-end by City (2016)

单位：人 (person)

市别	City	迁入 Immigration		迁出 Emigration		净迁移 Net Migration	
		省内迁入 Within Guangdong	省外迁入 Outside Guangdong	迁往省内 Within Guangdong	迁往省外 Outside Guangdong	省内 Within Guangdong	省外 Outside Guangdong
全　省	**Provincial Total**	**480048**	**403040**	**529733**	**208683**	**-49685**	**194357**
广　州	Guangzhou	56285	62368	21172	24988	35113	37380
深　圳	Shenzhen	74087	145998	3943	14685	70144	131313
珠　海	Zhuhai	6955	11214	3608	5958	3347	5256
汕　头	Shantou	6728	3618	19319	4372	-12591	-754
佛　山	Foshan	46454	37456	4857	5482	41597	31974
#顺　德	Shunde	13132	14763	1394	2534	14526	17297
韶　关	Shaoguan	12952	8237	29583	7997	-16631	240
河　源	Heyuan	11477	3759	25463	8243	-13986	-4484
梅　州	Meizhou	13896	6083	37578	6624	-23682	-541
惠　州	Huizhou	38752	24674	33481	8985	5271	15689
汕　尾	Shanwei	16094	4167	23980	7287	-7886	-3120
东　莞	Dongguan	16126	27612	3062	3568	13064	24044
中　山	Zhongshan	7744	10156	2349	3724	5395	6432
江　门	Jiangmen	11548	8607	15021	9169	-3473	-562
阳　江	Yangjiang	6526	2372	12069	1842	-5543	530
湛　江	Zhanjiang	11074	7586	30598	11067	-19524	-3481
茂　名	Maoming	31783	9703	46001	13351	-14218	-3648
肇　庆	Zhaoqing	19993	4951	28243	5679	-8250	-728
清　远	Qingyuan	27526	10342	24760	4048	2766	6294
潮　州	Chaozhou	3242	1740	9583	8303	-6341	-6563
揭　阳	Jieyang	47919	8728	136760	47623	-88841	-38895
云　浮	Yunfu	12887	3669	18303	5688	-5416	-2019
按经济区域分	By Region						
珠三角	Pearl River Delta	277944	333036	115736	82238	162208	250798
东　翼	Eastern Region	73983	18253	189642	67585	-115659	-49332
西　翼	Western Region	49383	19661	88668	26260	-39285	-6599
山　区	Mountainous Region	78738	32090	135687	32600	-56949	-510

主要统计指标解释

总人口 指一定时点、一定地区范围内有生命的个人的总和。按不同的统计范围可分为常住人口和户籍人口；统计时点通常为每年 12 月 31 日 24 时。

0-14 岁人口比例 （少年儿童人口系数或少年儿童人口比例） 指 0-14 岁的少年儿童人口与同期总人口之比，反映人口的年龄结构特征。通常以百分比表示。

15-64 岁人口比例 （成年人口系数或成年人口比例） 指 15-64 岁的成年人口与同期总人口之比，反映人口的年龄结构特征。通常以百分比表示。

65 岁及以上人口比例 （老年人口系数或老年人口比例） 指 65 岁及以上的老年人口与同期总人口之比，反映人口的老龄化程度。通常以百分比表示。

城镇人口比例 指城镇人口与同期总人口之比，反映该区域人口的城镇化水平。通常以百分比表示。

人口密度 指某一时点单位土地面积上居住的人口数。通常以每平方公里常住的人口数表示。

性别比 总人口（或分年龄人口）中男性人数与女性人数之比。通常以每 100 个女性人口相应有多少男性人口表示。

其计算公式为：性别比=男性人口数/女性人口数×100

出生率 也称粗出生率。指某一人口在一定时期（通常为一年）内活产婴儿数与同期总人口的生存人口数（或同期平均总人口、年中人口数）之比。通常以千分比表示。

死亡率 也称粗死亡率。指一定时期（通常为一年）内全部死亡人数与同期平均总人口之比，反映该时期人口的死亡强度。通常以千分比表示。

自然增长率 指一定时期（通常为一年）内人口自然增加数（出生人口减死亡人口）与同期平均总人口之比。通常以千分比表示。

迁入率（迁出率） 指一定时期（通常为一年）内迁入（迁出）人数与同期平均总人口之比。通常以千分比表示。

总迁移率 指一定时期（通常为一年）内人口迁移总量（迁入人口加迁出人口）与同期平均总人口之比。通常以千分比表示。

净迁移率 指一定时期（通常为一年）内人口迁入迁出相抵后（迁入人口减迁出人口）与同期平均总人口之比。通常以千分比表示。

跨省净迁移率 指一定时期（通常为一年）内省外迁入人口和迁往省外（含出国）人口之差与同期平均总人口之比。通常以千分比表示。

Explanatory Notes on Main Statistical Indicators

Total Population refers to the total number of people alive within a given area at a certain point of time. It can be divided into the permanent population and the population with residence registration according to different statistical coverage. The reference time of the statistics on total population is usually taken at midnight of December 31.

Proportion of Population Aged 0-14 (coefficient of child population or proportion of child population) refers to the proportion of population aged 0-14 in the total population during the same period of time. It is an indicator of age structure, usually expressed in percentage.

Proportion of Population Aged 15-64 (coefficient of adult population or proportion of adult population) refers to the proportion of population aged 15-64 in the total population during the same period of time. It is an indicator of age structure, usually expressed in percentage.

Proportion of Population Aged 65 and Over (coefficient of aged population or proportion of aged population) refers to the proportion of population aged 65 and over in the total population during the same period of time. It is an indicator of population ageing, usually expressed in percentage.

Proportion of Urban Population refers to the proportion of urban population in the total population during the same period of time. It is an indicator of population urbanization in a certain region, usually expressed in percentage.

Population Density refers to the number of people located in a given land area at a certain point of time, usually expressed in the number of permanent population per square kilometer.

Sex Ratio refers to the ratio of the male population to the female population among the total population (or population grouped by age), usually expressed in the number of males per 100 females.

The following formula is used:

Sex Ration = Number of Male Population / Number of Female Population ×100

Birth Rate (or Crude Birth Rate) refers to the ratio of live births to the total number of population alive (or average population, mid-year population) during a certain period of time (usually one year), expressed in ‰.

Death Rate (or Crude Death Rate) refers to the ratio of deaths to the average population during a certain period of time (usually one year), expressed in ‰. Death rate reflects the death intensity of the population during the same period of time.

Natural Growth Rate refers to the ratio of natural increase in population (number of births minus number of deaths) during a certain period of time (usually one year) to the average population of the same period, expressed in ‰.

Immigration Rate (Emigration Rate) refers to the ratio of the number of immigration (emigration) to the average population during a certain period of time (usually one year), expressed in ‰.

Total Migration Rate refers to the ratio of the total number of migration (number of immigration plus number of emigration) to the average population during a certain period of time (usually one year),expressed in ‰.

Net Migration Rate refers to the ratio of the net number of migration (number of immigration minus number of emigration) to the average population during a certain period of time (usually one year), expressed in ‰

Net Migration Rate across Province refers to the ratio of the number of immigration from outside the province minus the number of emigration to outside the province (including those going abroad) to the average population during a certain period of time (usually one year), expressed in ‰.

四、就业和工资

EMPLOYMENT AND WAGES

四　就业和工资

简要说明

一、本篇资料反映广东劳动就业与工资的基本情况。主要内容包括全社会就业人员数、城镇单位在岗职工人数、城镇私营企业和个体工商业就业人数、在岗职工工资总额、平均工资和城镇登记失业率等。

二、本篇资料由广东省统计局人口和就业处整理提供。

三、本篇资料主要根据国家统计调查制度搜集汇总，部分由省人力资源和社会保障厅提供并加工整理。

四、本篇资料中的城镇单位就业人员、在岗职工及其工资统计范围只包括城镇国有、集体及其他经济类型单位，不包括私营企业和个体劳动者。根据国家劳动统计报表制度的统一规定，从 2013 年年报起，将原属于乡镇企业且符合城镇非私营单位条件的“四上”企业（即规模以上工业企业、有资质的建筑业及全部房地产开发经营企业、限额以上批发和零售业、限额以上住宿和餐饮业、部分规模以上服务业企业）纳入城镇单位就业人员及工资统计的范围。本篇“城镇单位”均指“城镇非私营单位”。

五、1998 年，劳动统计年报中对全部调查单位改按企业登记注册类型分组。即国有单位中不再包括国有联营和有限责任公司中的国有独资公司；城镇集体单位中不再包括集体联营和股份合作企业；其他单位则包括国有联营和有限责任公司中的国有独资公司，集体联营和股份合作企业。

4 Employment and Wages

Brief Introduction

Ⅰ. The data in this chapter show the basic conditions of labor employment and wages of Guangdong Province, mainly including the number of all employed persons, number of fully employed staff and workers in units in urban areas, number of the persons employed in urban private enterprises and self-employed persons in industry and commerce, total wages and average wage of fully employed staff and workers and registered urban unemployment rate, etc.

Ⅱ. The data in this chapter are prepared and provided by the Division of Population and Employment Statistics of Statistics Bureau of Guangdong Province.

Ⅲ. The data in this chapter are collected and tabulated mainly in accordance with the statistical survey scheme of the National Bureau of Statistics, part of which are processed and prepared from figures provided by Guangdong Provincial Department of Human Resources and Social Security.

Ⅳ. The statistical coverage of urban unit employed persons, fully employed staff and workers, staff and workers and wages in this chapter only includes state-owned units, collective-owned units and other types of ownership in urban areas, but excludes private enterprises and self-employed individuals. According to the The National Reporting Form System on Labour Wage Statistics, from the 2013 annual report.,the four enterprises original part of township enterprise and urban corporate unit excluding private units those are industrial enterprises above designated size,quality of the construction industry and real estate development enterprises,wholesale and retail trade enterprises above designated size, hotels and catering service enterprises above designated size and part of the service industry above designated size, are brought into the scope of statistics on employed person in urban areas and total wage bills. In this chapter, urban corporate units refers to urban corporate unit excluding private units.

Ⅴ. In annual labor reports since 1998, survey units are categorized by registration status. As a result, exclusively state-invested companies in state-owned joint ownership units and limited liability companies are no longer entered as state-owned units, and collective-owned joint ownership units and cooperative units are no longer entered as urban collective-owned units. These units excluded from the categories of state-owned joint ownership units and urban collective-owned units are now categorized as units of other types of ownership.

4-1 就业人员主要指标

Main Indicators of Employed Persons

指　标	Item	2000	2010	2013	2014	2015	2016
就业人员人数（万人）	**Number of Employed Persons (10000 persons)**	**3989.32**	**5870.48**	**6117.68**	**6183.23**	**6219.31**	**6279.22**
第一产业	Primary Industry	1593.68	1435.17	1405.06	1382.41	1375.15	1365.43
第二产业	Secondary Industry	1114.86	2487.25	2563.50	2560.65	2546.57	2543.07
第三产业	Tertiary Industry	1280.78	1948.06	2149.12	2240.16	2297.58	2370.72
#城镇单位就业人员	Urban Employed Persons	759.21	1118.52	1966.98	1973.28	1948.04	1957.57
国有单位	State-owned Units	425.52	400.65	402.75	396.20	388.81	387.75
城镇集体单位	Urban Collective-owned Units	105.97	57.66	58.52	56.69	50.34	47.83
其他各种单位	Units of Other Types of Ownership	227.73	660.21	1505.71	1520.39	1508.89	1521.99
#城镇私营企业就业人员	Employed Persons in Urban Private Enterprises	161.73	896.69	935.31	1112.98	1161.03	1178.64
#城镇个体就业人员	Self-employed Individuals in Urban Areas	278.40	429.99	493.06	734.53	751.05	756.92
失业人员实现再就业人数	Re-employment of Unemployment Persons	52.65	65.2	67.70	68.70	67.20	62.47
城镇单位就业人员工资总额（亿元）	**Earnings of Urban Employed Persons (100 million yuan)**	**1057.57**	**4484.29**	**10467.44**	**11764.82**	**12918.81**	**14156.81**
国有单位	State-owned Units	612.17	1951.16	2473.02	2714.28	2975.96	3314.72
城镇集体单位	Urban Collective-owned Units	93.04	129.01	205.38	229.52	227.71	234.59
其他各种单位	Units of Other Types of Ownership	352.37	2404.12	7789.04	8821.02	9715.14	10607.49
城镇单位就业人员平均工资（元）	**Average Labor Remuneration of Urban Employed Persons (yuan)**	**13859**	**40432**	**53318**	**59481**	**65788**	**72326**
国有单位	State-owned Units	14296	49027	62653	68803	76870	86159
城镇集体单位	Urban Collective-owned Units	8605	22453	35650	40509	45027	49357
其他各种单位	Units of Other Types of Ownership	15538	36779	51553	57777	63664	69552

注：2003年起城镇职工改为城镇就业人员，2000年的数据作了相应调整。2006–2010年就业人员人数，根据“六普”资料作了相应调整。2014–2015年根据第三次经济普查结果对城镇个体就业人员数据进行推算。

Note: Since 2003, the urban staff and workers have been referred to as the urban employed persons. The figures in 2000 are adjusted correspondingly. Figures of “Number of Employed Persons” from 2006 to 2010 have been adjusted in accordance with the results of the 6th population census. The data on self-employed individuals from 2014 to 2015 have been adjusted in accordance with the result of the third national economic census.

4-2 就业人员年末人数

Number of Employed Persons at the Year-end

单位：万人 (10000 persons)

年份 Year	就业人员年末人数 Number of Employed Persons at the Year-end	#城镇单位就业人员 Urban Employed Persons	国有单位 State-owned Units	城镇集体单位 Urban Collective-owned Units	其他单位 Units of Other Types of Ownership	#城镇私营企业从业人员年末人数 Employed Persons in Urban Private Enterprises	#城镇个体就业人员年末人数 Self-employed Individuals in Urban Areas
1978	2275.95	515.85	369.04	146.81			
1979	2304.95	535.37	378.57	156.80			
1980	2367.78	563.62	400.19	163.43			
1981	2423.79	587.34	422.03	165.31			
1982	2521.38	608.12	443.43	164.69			
1983	2569.70	612.65	446.51	166.14			
1984	2637.49	631.77	429.65	197.89	4.23		
1985	2731.11	660.82	449.40	203.32	8.10		
1986	2811.92	686.20	465.59	208.85	11.76		
1987	2910.99	720.34	485.59	216.16	18.59		
1988	2994.72	747.67	503.20	216.96	27.51		
1989	3041.27	762.61	511.88	212.50	38.23		
1990	3118.10	785.49	528.13	207.62	49.74		
1991	3259.20	827.58	544.55	216.86	66.17	19.58	121.63
1992	3367.21	858.12	559.71	216.57	81.84	26.21	146.75
1993	3433.91	877.16	563.63	199.99	113.54	39.51	191.30
1994	3493.15	901.57	568.80	202.86	129.91	58.22	209.90
1995	3551.20	931.58	565.48	204.12	161.98	76.00	168.90
1996	3641.30	920.55	565.68	193.24	161.63	89.40	241.76
1997	3701.90	912.74	556.56	181.44	174.74	105.80	250.71
1998	3783.87	897.98	521.34	161.50	215.13	126.42	265.08
1999	3796.32	793.54	449.87	122.70	220.97	132.95	268.00
2000	3989.32	759.21	425.52	105.97	227.73	161.73	278.40
2001	4058.63	737.12	400.12	91.33	245.67	182.09	280.71
2002	4134.37	751.23	382.91	82.81	285.51	303.07	295.68
2003	4395.93	781.14	376.56	78.47	326.11	443.70	346.56
2004	4681.89	830.72	374.34	72.28	384.10	541.21	365.38
2005	5022.97	904.27	380.19	68.70	455.38	660.05	369.17
2006	5177.02	954.44	384.78	67.25	502.41	666.04	324.98
2007	5341.50	1001.46	381.00	65.49	554.97	733.14	371.53
2008	5471.72	1007.87	385.14	60.64	562.09	761.43	375.79
2009	5688.62	1055.03	389.17	58.33	607.53	834.06	433.40
2010	5870.48	1118.52	400.65	57.66	660.21	896.69	429.99
2011	5960.74	1238.22	423.88	62.83	751.51	899.46	433.18
2012	5965.95	1303.98	430.33	55.28	818.38	907.42	441.15
2013	6117.68	1966.98	402.75	58.52	1505.71	935.31	493.06
2014	6183.23	1973.28	396.20	56.69	1520.39	1112.98	734.53
2015	6219.31	1948.04	388.81	50.34	1508.89	1161.03	751.05
2016	6279.22	1957.57	387.75	47.83	1521.99	1178.64	756.92

注：2006—2010年就业人员人数，根据“六普”资料作了相应调整。2014—2015年根据第三次经济普查结果对城镇个体就业人员数据进行推算。1993年及以前“城镇单位就业人员”为“城镇单位职工人数”。

Note: Figures of “Number of Employed Persons” from 2006 to 2010 have been adjusted in accordance with the results of the 6th population census. The data on self-employed individuals from 2014 to 2015 have been adjusted in accordance with the result of the third national economic census. Data of urban employed persons before 1993 are data of urban employed staff and workers.

4-3 按三次产业分就业人员年末人数

Number of Employed Persons at Year-end by Three strata of Industry

年 份 Year	就业人数（万人）Total Employed Persons (10000 persons)	第一产业 Primary Industry	第二产业 Secondary Industry	第三产业 Tertiary Industry	构成（%）Composition in Percentage(%) 第一产业 Primary Industry	第二产业 Secondary Industry	第三产业 Tertiary Industry
1978	2275.95	1677.01	312.94	286.00	73.7	13.7	12.6
1979	2304.95	1659.01	381.11	264.83	72.0	16.5	11.5
1980	2367.78	1673.57	404.80	289.41	70.7	17.1	12.2
1981	2423.79	1699.85	409.93	314.01	70.1	16.9	13.0
1982	2521.38	1723.46	447.18	350.74	68.4	17.7	13.9
1983	2569.70	1729.47	458.80	381.43	67.3	17.9	14.8
1984	2637.49	1679.46	498.09	459.94	63.7	18.9	17.4
1985	2731.11	1646.82	614.52	469.77	60.3	22.5	17.2
1986	2811.92	1624.15	637.76	550.01	57.8	22.6	19.6
1987	2910.99	1605.10	704.24	601.65	55.1	24.2	20.7
1988	2994.72	1607.11	743.91	643.70	53.7	24.8	21.5
1989	3041.27	1632.36	747.78	661.13	53.7	24.6	21.7
1990	3118.10	1651.71	848.37	618.02	53.0	27.2	19.8
1991	3259.20	1645.25	932.76	681.19	50.5	28.6	20.9
1992	3367.21	1594.32	1024.98	747.91	47.3	30.5	22.2
1993	3433.91	1512.88	1115.42	805.61	44.1	32.4	23.5
1994	3493.15	1478.37	1172.84	841.94	42.3	33.6	24.1
1995	3551.20	1473.60	1199.00	878.60	41.5	33.8	24.7
1996	3641.30	1481.40	1218.00	941.90	40.7	33.4	25.9
1997	3701.90	1511.38	1217.25	973.27	40.8	32.9	26.3
1998	3783.87	1554.33	1214.96	1014.58	41.1	32.1	26.8
1999	3796.32	1574.25	1181.58	1040.49	41.5	31.1	27.4
2000	3989.32	1593.68	1114.86	1280.78	39.9	28.0	32.1
2001	4058.63	1587.48	1131.96	1339.19	39.1	27.9	33.0
2002	4134.37	1572.92	1202.92	1358.53	38.0	29.1	32.9
2003	4395.93	1617.69	1557.19	1221.05	36.8	35.4	27.8
2004	4681.89	1622.50	1727.86	1331.53	34.7	36.9	28.4
2005	5022.97	1609.89	1916.16	1496.92	32.1	38.1	29.8
2006	5177.02	1562.17	2015.88	1598.97	30.2	38.9	30.9
2007	5341.50	1562.19	2102.28	1677.04	29.2	39.4	31.4
2008	5471.72	1526.66	2172.93	1772.13	27.9	39.7	32.4
2009	5688.62	1514.04	2292.05	1882.53	26.6	40.3	33.1
2010	5870.48	1435.17	2487.25	1948.06	24.4	42.4	33.2
2011	5960.74	1427.34	2526.48	2006.92	23.9	42.4	33.7
2012	5965.95	1418.38	2509.69	2037.88	23.8	42.0	34.2
2013	6117.68	1405.06	2563.50	2149.12	23.0	41.9	35.1
2014	6183.23	1382.41	2560.65	2240.16	22.4	41.4	36.2
2015	6219.31	1375.15	2546.57	2297.58	22.1	41.0	36.9
2016	6279.22	1365.43	2543.07	2370.72	21.7	40.5	37.8

4-4 按各种分组的就业人员年末人数

Number of Employed Persons at the Year-end by Grouping

单位：万人 (10000 persons)

项　目	Item	2005	2010	2014	2015	2016
就业人员总数	**Total Number of Employed Persons**	**5022.97**	**5870.48**	**6183.23**	**6219.31**	**6279.22**
按登记注册类型分组	Grouped by Status of Registration					
#国有单位	State-owned Units	380.19	392.84	394.98	393.12	391.26
集体单位	Collective-owned Units	2037.35	1856.34	1580.25	1572.62	1565.95
股份合作单位	Cooperative Units	20.19	25.51	22.60	22.36	22.59
联营单位	Joint Ownership	16.53	15.99	9.58	8.95	9.04
有限责任公司	Limited Liability Corporations	205.69	307.64	563.47	593.00	615.02
股份有限公司	Share-holding Corporations Ltd.	52.33	87.29	162.31	168.18	186.28
外商投资单位	Foreign Funded Units	216.68	289.61	349.40	340.58	311.61
港澳台投资单位	Units Funded by Entrepreneurs from Hong Kong, Macao and Taiwan	602.72	732.06	631.56	613.39	615.29
私营企业	Private Enterprises	666.20	1039.69	1252.54	1291.43	1329.03
个体经济	Individuals	732.92	1044.11	1120.28	1126.47	1144.78
按国民经济行业分组	Grouped by Economic Sector					
农、林、牧、渔业	Farming, Forestry, Animal Husbandry and Fishery	1609.89	1435.17	1385.75	1376.37	1367.94
采矿业	Mining and Quarrying	15.92	12.48	13.46	13.30	13.65
制造业	Manufacture	1666.23	2214.67	2247.81	2236.33	2230.35
电力、热力、燃气及水生产和供应业	Production and Supply of Electric Power,Gas and Water	24.27	31.94	33.41	32.97	33.93
建筑业	Construction	209.74	228.17	267.71	265.74	269.41
批发和零售业	Wholesale and Retail Trade	562.18	763.92	807.77	819.69	844.28
交通运输、仓储和邮政业	Transport, Storage and Postal Services	117.65	160.53	181.71	184.87	186.80
住宿和餐饮业	Hotels and Catering Services	166.67	201.71	221.19	227.92	235.30
信息传输、软件和信息技术服务业	Information Transmission, Computer Services and Software	36.72	53.94	81.17	86.62	94.96
金融业	Finance	29.83	55.28	53.02	55.40	58.12
房地产业	Real Estate	44.31	69.58	99.85	104.47	108.28
租赁和商务服务业	Leasing and Business Services	61.11	90.21	145.64	158.26	164.31
科学研究、技术服务业	Scientific Research and Technical Services	16.35	26.41	51.82	55.16	58.35
水利、环境和公共设施管理业	Water Conservancy, Environment and Public Facilities Management	15.42	19.88	25.85	25.93	26.32
居民服务、修理和其他服务业	Resident Services and Other Services	179.84	159.15	167.98	172.88	175.17
教育	Education	113.18	131.55	155.98	157.92	161.31
卫生和社会工作	Health Care and Social Work	44.01	57.57	69.82	70.69	73.06
文化、体育和娱乐业	Culture, Sports and Recreation	17.03	25.63	28.58	28.76	29.95
公共管理、社会保障和社会组织	Public Administration and Social Organizations	92.61	132.71	144.71	146.03	147.73

注：2006-2010年就业人员人数，根据“六普”资料作了相应调整。

Note: Figures of “Number of Employed Persons” from 2006 to 2010 have been adjusted in accordance with the results of the 6th population census.

4-5 各市就业人员年末人数
Number of Employed Persons at the Year-end by City

单位：万人 (10000 persons)

市别	City	2000	2005	2010	2012	2013	2014	2015	2016
全省	**Provincial Total**	**3989.32**	**5022.97**	**5870.48**	**5965.95**	**6117.68**	**6183.23**	**6219.31**	**6279.22**
广州	Guangzhou	503.69	574.46	711.07	751.30	759.93	784.84	810.99	835.26
深圳	Shenzhen	308.50	576.26	758.14	771.20	899.20	899.66	906.14	926.38
珠海	Zhuhai	78.90	94.01	103.02	104.93	106.32	108.79	108.92	109.55
汕头	Shantou	207.13	179.81	237.91	239.05	239.67	238.26	238.50	239.24
佛山	Foshan	193.50	348.69	443.46	437.25	437.29	438.09	438.41	438.81
#顺德	Shunde	42.99	90.31	159.07	155.71	156.36	152.67	151.64	151.72
韶关	Shaoguan	142.20	138.44	142.51	143.10	143.78	144.13	144.17	144.48
河源	Heyuan	151.05	118.20	133.15	136.59	135.19	134.63	136.52	138.42
梅州	Meizhou	207.23	211.98	208.07	211.00	211.93	213.01	213.52	214.34
惠州	Huizhou	186.70	222.62	260.14	270.04	277.27	280.62	281.51	285.57
汕尾	Shanwei	136.01	117.78	119.15	119.45	119.68	119.36	119.86	121.10
东莞	Dongguan	97.88	388.13	626.25	631.40	633.25	660.46	653.41	653.97
中山	Zhongshan	122.45	188.85	207.34	208.84	210.30	211.76	210.51	213.01
江门	Jiangmen	208.68	214.53	249.55	248.34	244.30	243.24	242.92	244.07
阳江	Yangjiang	129.57	146.63	131.34	131.98	128.97	128.35	128.79	129.02
湛江	Zhanjiang	314.87	305.00	319.78	331.64	336.37	340.76	340.85	343.75
茂名	Maoming	279.31	287.36	273.18	278.30	280.54	281.00	281.78	282.52
肇庆	Zhaoqing	202.63	215.05	213.05	215.55	216.22	217.79	218.44	220.31
清远	Qingyuan	178.76	195.95	196.07	197.68	200.14	203.98	210.67	205.75
潮州	Chaozhou	121.00	129.18	138.48	134.98	131.02	127.68	124.94	124.55
揭阳	Jieyang	253.79	253.70	270.26	271.94	273.64	274.16	275.07	274.97
云浮	Yunfu	131.20	114.30	128.57	131.41	132.66	132.67	133.37	134.15
按经济区域分	By Region								
珠三角	Pearl River Delta	1902.93	2822.60	3572.01	3638.83	3784.09	3845.25	3871.26	3926.93
东翼	Eastern Region	717.93	680.47	765.79	765.42	764.01	759.46	758.37	759.87
西翼	Western Region	723.75	738.99	724.30	741.92	745.88	750.10	751.42	755.29
山区	Mountainous Region	810.44	778.87	808.37	819.78	823.70	828.42	838.26	837.13

注：2003年起就业人员数采用新的报表制度进行统计，部分市的数据有较大的波动。2006—2010年就业人员人数，根据“六普”资料作了相应调整。

Note: Since 2003, the number of employed persons is calculated according to the new reporting system, which leads to relatively big changes in the data of some cities. Figures of"Number of Employed Persons"from 2006 to 2010 have been adjusted in accordance with the results of the 6th population census.

4-6 各市按三次产业分就业人员年末人数

Number of Employed Persons at the Year-end by Strata of Industry by City

单位：万人 (10000 persons)

市别	City	2015 合计 Total	2015 第一产业 Primary Industry	2015 第二产业 Secondary Industry	2015 第三产业 Tertiary Industry	2016 合计 Total	2016 第一产业 Primary Industry	2016 第二产业 Secondary Industry	2016 第三产业 Tertiary Industry
全省	**Provincial Total**	**6219.31**	**1375.15**	**2546.57**	**2297.58**	**6279.22**	**1365.43**	**2543.07**	**2370.72**
广州	Guangzhou	810.99	62.87	286.90	461.22	835.26	62.09	288.09	485.09
深圳	Shenzhen	906.14	0.13	422.58	483.43	926.38	0.11	418.45	507.82
珠海	Zhuhai	108.92	7.33	54.73	46.87	109.55	6.15	54.71	48.69
汕头	Shantou	238.50	64.47	108.69	65.34	239.24	62.71	109.25	67.29
佛山	Foshan	438.41	21.63	253.23	163.55	438.81	22.06	252.06	164.70
#顺德	Shunde	151.64	5.32	95.53	50.80	151.72	5.08	95.41	51.23
韶关	Shaoguan	144.17	58.59	32.21	53.38	144.48	58.67	32.14	53.67
河源	Heyuan	136.52	70.29	27.39	38.85	138.42	71.07	27.18	40.17
梅州	Meizhou	213.52	78.07	62.47	72.99	214.34	78.16	63.33	72.84
惠州	Huizhou	281.51	50.11	139.82	91.58	285.57	49.37	142.71	93.48
汕尾	Shanwei	119.86	51.59	33.06	35.21	121.10	51.93	33.94	35.23
东莞	Dongguan	653.41	6.08	445.81	201.52	653.97	5.89	446.32	201.76
中山	Zhongshan	210.51	9.80	140.00	60.71	213.01	10.00	140.76	62.26
江门	Jiangmen	242.92	79.04	95.86	68.02	244.07	79.41	95.95	68.71
阳江	Yangjiang	128.79	47.31	42.90	38.58	129.02	47.25	42.89	38.88
湛江	Zhanjiang	340.85	203.75	51.52	85.59	343.75	204.82	51.82	87.11
茂名	Maoming	281.78	142.04	61.70	78.04	282.52	141.54	62.30	78.69
肇庆	Zhaoqing	218.44	112.16	54.81	51.47	220.31	106.48	56.82	57.00
清远	Qingyuan	210.67	102.93	47.42	60.32	205.75	103.21	41.91	60.63
潮州	Chaozhou	124.94	38.81	56.95	29.19	124.55	39.22	56.47	28.87
揭阳	Jieyang	275.07	91.72	98.89	84.45	274.97	88.46	96.14	90.38
云浮	Yunfu	133.37	76.46	29.64	27.27	134.15	76.83	29.84	27.48
按经济区域分	By Region								
珠三角	Pearl River Delta	3871.26	349.15	1893.74	1628.37	3926.93	341.56	1895.86	1689.50
东翼	Eastern Region	758.37	246.58	297.59	214.19	759.87	242.32	295.80	221.76
西翼	Western Region	751.42	393.10	156.12	202.20	755.29	393.61	157.01	204.68
山区	Mountainous Region	838.26	386.32	199.12	252.81	837.13	387.94	194.40	254.79

4-7 城镇单位就业人员年末人数（2016年）

Number of Employed Persons in Urban Units at the Year-end (2016)

单位：万人 (10000 persons)

项目	Item	就业人员 Employed Persons	国有单位 State-owned Units	城镇集体单位 Urban Collecti-veowned Units	其他单位 Other Types of Ownership
合　计	**Total**	**1957.57**	**387.75**	**47.83**	**1521.99**
按企业、事业和机关分	Grouped by Enterprises,Institutions and Agencies				
企业	Enterprises	1636.81	85.64	42.20	1508.97
事业	Institutions	210.79	201.48	4.44	4.86
机关	Organ	98.09	98.01	0.03	0.05
民营非盈利组织	Private Non-profit Organizations	3.60	0.10	0.15	3.34
其他	Others	8.29	2.51	1.01	4.77
按国民经济行业分	Grouped by Economic Sector				
农、林、牧、渔业	Farming, Forestry, Animal Husbandry and Fishery	4.77	4.52	0.03	0.22
采矿业	Mining and Quarrying	2.79	0.40	0.08	2.31
制造业	Manufacture	959.70	4.27	8.54	946.88
电力、热力、燃气及水生产和供应业	Production and Supply of Electric Power, Gas and Water	31.27	9.92	0.97	20.38
建筑业	Construction	143.26	15.81	16.28	111.17
批发和零售业	Wholesale and Retail Trade	102.78	5.01	2.76	95.01
交通运输、仓储和邮政业	Transport, Storage and Postal Services	81.13	12.69	0.80	67.65
住宿和餐饮业	Hotels and Catering Services	37.05	2.24	0.49	34.31
信息传输、软件和信息技术服务业	Information Transmission, Computer Services and Software	43.51	3.05	0.07	40.39
金融业	Finance	51.82	10.78	4.11	36.93
房地产业	Real Estate	61.83	4.14	1.45	56.24
租赁和商务服务业	Leasing and Business Services	71.18	13.57	6.38	51.23
科学研究、技术服务业	Scientific Research and Technical Services	32.27	9.70	0.30	22.27
水利、环境和公共设施管理业	Water Conservancy, Environment and Public Facilities Management	16.86	10.98	0.98	4.90
居民服务、修理和其他服务业	Resident Services and Other Services	7.75	1.34	0.26	6.14
教育	Education	125.60	108.49	1.95	15.15
卫生和社会工作	Health Care and Social Work	63.48	55.96	2.04	5.48
文化、体育和娱乐业	Culture, Sports and Recreation	11.79	6.56	0.27	4.97
公共管理、社会保障和社会组织	Public Administration and Social Organizations	108.73	108.33	0.06	0.33
按产业分	Grouped by Industry				
第一产业	Primary Industry	4.77	4.52	0.03	0.22
第二产业	Secondary Industry	1137.02	30.40	25.87	1080.75
第三产业	Tertiary Industry	815.77	352.83	21.92	441.02

4-7 续表 continued

单位：万人 (10000 persons)

项 目	Item	在岗职工 Fully Employed Staff and Workers	国有单位 State-owned Units	城镇集体单位 Urban Collecti-veowned Units	其他单位 Other Types of Ownership
合 计	**Total**	**1892.09**	**374.83**	**45.37**	**1471.89**
按企业、事业和机关分	Grouped by Enterprises,Institutions and Agencies				
企业	Enterprises	1579.99	80.63	39.89	1459.47
事业	Institutions	204.69	195.69	4.35	4.65
机关	Organ	96.03	95.96	0.03	0.04
民营非盈利组织	Private Non-profit Organizations	3.45	0.10	0.15	3.20
其他	Others	7.92	2.44	0.95	4.52
按国民经济行业分	Grouped by Economic Sector				
农、林、牧、渔业	Farming, Forestry, Animal Husbandry and Fishery	4.70	4.45	0.03	0.21
采矿业	Mining and Quarrying	2.71	0.38	0.08	2.24
制造业	Manufacture	950.14	4.19	8.34	937.61
电力、热力、燃气及水生产和供应业	Production and Supply of Electric Power, Gas and Water	31.08	9.86	0.96	20.26
建筑业	Construction	124.19	13.76	14.81	95.62
批发和零售业	Wholesale and Retail Trade	99.52	4.85	2.66	92.00
交通运输、仓储和邮政业	Transport, Storage and Postal Services	77.84	12.25	0.74	64.85
住宿和餐饮业	Hotels and Catering Services	35.19	2.15	0.48	32.56
信息传输、软件和信息技术服务业	Information Transmission, Computer Services and Software	42.65	2.94	0.07	39.64
金融业	Finance	39.30	9.05	4.09	26.16
房地产业	Real Estate	60.40	4.11	1.30	54.99
租赁和商务服务业	Leasing and Business Services	68.14	13.39	6.07	48.68
科学研究、技术服务业	Scientific Research and Technical Services	31.41	9.38	0.29	21.74
水利、环境和公共设施管理业	Water Conservancy, Environment and Public Facilities Management	16.00	10.40	0.95	4.64
居民服务、修理和其他服务业	Resident Services and Other Services	7.60	1.30	0.25	6.04
教育	Education	122.21	105.77	1.92	14.51
卫生和社会工作	Health Care and Social Work	61.68	54.29	1.99	5.40
文化、体育和娱乐业	Culture, Sports and Recreation	10.93	6.25	0.26	4.42
公共管理、社会保障和社会组织	Public Administration and Social Organizations	106.41	106.04	0.06	0.30
按产业分	Grouped by Industry				
第一产业	Primary Industry	4.70	4.45	0.03	0.21
第二产业	Secondary Industry	1108.12	28.20	24.19	1055.73
第三产业	Tertiary Industry	779.27	342.18	21.14	415.95

4-8 各市城镇单位就业人员和在岗职工（2016年）

Number of Employed Persons and of Fully Employed Staff and Workers in Urban Units by City (2016)

单位：万人 (10000 persons)

市 别	City	就业人员 Employed Persons				在岗职工 Fully Employed Staff and Workers			
		合计 Total	国有单位 State-owned Units	城镇集体单位 Urban Collective-owned Units	其他单位 Other Types of Ownership	合计 Total	国有单位 State-owned Units	城镇集体单位 Urban Collective-owned Units	其他单位 Other Types of Ownership
年末人数	**Year-end Number**								
全 省	**Provincial Total**	1957.57	387.75	47.83	1521.99	1892.09	374.83	45.37	1471.89
广 州	Guangzhou	325.23	71.40	8.00	245.84	311.48	69.72	7.54	234.22
深 圳	Shenzhen	456.23	42.49	2.35	411.39	442.55	41.84	2.35	398.36
珠 海	Zhuhai	73.12	10.09	0.75	62.28	69.85	9.78	0.71	59.36
汕 头	Shantou	57.45	18.96	4.37	34.12	55.07	18.06	4.21	32.79
佛 山	Foshan	171.72	19.58	3.90	148.25	169.32	19.13	3.85	146.34
#顺 德	Shunde	73.07	5.54	0.24	67.29	72.39	5.51	0.24	66.64
韶 关	Shaoguan	33.52	14.29	2.24	16.98	32.13	13.62	2.11	16.40
河 源	Heyuan	27.90	11.15	0.76	15.98	27.14	11.13	0.75	15.26
梅 州	Meizhou	28.92	16.02	1.40	11.50	27.84	15.62	1.36	10.87
惠 州	Huizhou	96.09	18.15	1.14	76.81	92.74	17.66	1.10	73.98
汕 尾	Shanwei	23.76	8.44	2.88	12.44	23.15	8.21	2.63	12.31
东 莞	Dongguan	231.24	14.53	3.35	213.36	226.94	13.94	3.19	209.81
中 山	Zhongshan	80.95	7.94	1.38	71.63	78.32	7.28	1.37	69.67
江 门	Jiangmen	59.54	14.24	1.63	43.67	56.21	13.08	1.42	41.70
阳 江	Yangjiang	24.25	10.42	2.08	11.75	23.08	10.18	2.01	10.89
湛 江	Zhanjiang	52.32	29.35	2.18	20.79	48.46	27.81	1.95	18.69
茂 名	Maoming	46.46	20.90	2.88	22.69	44.26	20.42	2.77	21.08
肇 庆	Zhaoqing	42.35	15.51	1.00	25.84	40.77	14.45	0.98	25.34
清 远	Qingyuan	32.55	12.90	0.48	19.18	31.59	12.61	0.47	18.51
潮 州	Chaozhou	20.17	7.77	1.54	10.85	19.14	7.33	1.18	10.63
揭 阳	Jieyang	41.34	15.01	2.87	23.46	40.21	14.61	2.76	22.84
云 浮	Yunfu	21.81	8.61	0.67	12.53	21.19	8.33	0.67	12.19
年平均人数	**Annual Aver-age Number**								
全 省	**Provincial Total**	1957.36	384.72	47.53	1525.11	1892.99	372.14	44.61	1476.25
广 州	Guangzhou	323.79	71.02	7.94	244.84	310.94	69.38	7.47	234.09
深 圳	Shenzhen	458.70	41.52	2.36	414.83	444.98	40.87	2.36	401.76
珠 海	Zhuhai	72.79	10.02	0.74	62.03	69.75	9.71	0.70	59.34
汕 头	Shantou	56.89	18.80	4.26	33.84	54.60	17.90	4.14	32.56
佛 山	Foshan	172.25	19.56	3.61	149.07	169.73	19.12	3.57	147.05
#顺 德	Shunde	73.41	5.56	0.25	67.61	72.65	5.52	0.24	66.88
韶 关	Shaoguan	33.20	14.14	2.11	16.95	31.87	13.49	1.99	16.40
河 源	Heyuan	27.97	11.11	0.78	16.08	27.32	11.09	0.76	15.46
梅 州	Meizhou	28.62	15.94	1.33	11.36	27.57	15.54	1.29	10.75
惠 州	Huizhou	95.79	17.94	1.11	76.73	92.49	17.47	1.07	73.94
汕 尾	Shanwei	23.40	8.43	2.92	12.05	22.66	8.21	2.55	11.90
东 莞	Dongguan	232.99	14.36	3.40	215.23	228.29	13.79	3.23	211.26
中 山	Zhongshan	82.09	7.86	1.53	72.70	79.53	7.20	1.52	70.81
江 门	Jiangmen	58.82	14.09	1.61	43.13	55.63	12.98	1.41	41.24
阳 江	Yangjiang	23.51	10.33	1.95	11.22	22.43	10.14	1.83	10.46
湛 江	Zhanjiang	52.07	29.41	2.16	20.50	48.37	27.94	1.94	18.49
茂 名	Maoming	45.48	20.66	2.79	22.03	43.37	20.19	2.69	20.50
肇 庆	Zhaoqing	42.36	15.57	0.97	25.83	40.74	14.46	0.95	25.33
清 远	Qingyuan	32.19	12.76	0.49	18.94	31.31	12.48	0.49	18.34
潮 州	Chaozhou	20.75	7.78	1.98	10.99	19.40	7.36	1.27	10.76
揭 阳	Jieyang	41.43	14.94	2.87	23.62	40.35	14.58	2.76	23.01
云 浮	Yunfu	21.64	8.49	0.64	12.50	21.02	8.22	0.64	12.16

4-9 各市城镇单位各行业在岗职工年末人数（2016年）

Number of Fully Employed Staff and Workers in Urban Units at the Year-end by Sector and by City (2016)

单位：万人 (10000 persons)

市别	City	合计 Total	农、林、牧、渔业 Farming, Forestry, Animal Husbandry and Fishery	采矿业 Mining and Quarrying	制造业 Manufacture	电力、热力、燃气及水的生产和供应业 Production and Supply of Electric Power,Gas and Water	建筑业 Construction	批发和零售业 Wholesale and Retail Trade
全省	**Provincial Total**	**1892.09**	**4.70**	**2.71**	**950.14**	**31.08**	**124.19**	**99.52**
广州	Guangzhou	311.48	0.14		81.17	2.95	20.95	27.26
深圳	Shenzhen	442.55	0.05	0.39	231.63	1.73	27.21	27.90
珠海	Zhuhai	69.85	0.68	0.03	36.80	0.58	4.46	3.74
汕头	Shantou	55.07	0.06	0.07	18.72	0.87	12.41	2.97
佛山	Foshan	169.32	0.02	0.04	119.46	1.30	4.23	5.95
#顺德	Shunde	72.39			55.01	0.31	1.48	2.63
韶关	Shaoguan	32.13	0.17	0.58	9.25	1.13	5.64	1.07
河源	Heyuan	27.14	0.09	0.07	11.50	0.58	1.35	0.73
梅州	Meizhou	27.84	0.07	0.10	6.52	1.09	2.91	1.01
惠州	Huizhou	92.74	0.09	0.04	64.39	0.96	1.49	2.52
汕尾	Shanwei	23.15	0.10	0.03	12.89	0.40	0.63	0.72
东莞	Dongguan	226.94	0.03	0.00	182.12	0.89	4.11	5.90
中山	Zhongshan	78.32			56.78	0.98	2.02	3.21
江门	Jiangmen	56.21	0.05	0.01	29.70	0.78	3.89	2.66
阳江	Yangjiang	23.08	0.38	0.01	6.05	0.59	3.93	1.04
湛江	Zhanjiang	48.46	1.52	0.59	6.88	1.02	9.23	2.69
茂名	Maoming	44.26	0.78	0.27	7.97	1.07	9.91	2.48
肇庆	Zhaoqing	40.77	0.08	0.14	19.10	1.05	1.85	2.08
清远	Qingyuan	31.59	0.14	0.04	12.19	0.83	2.47	1.08
潮州	Chaozhou	19.14	0.01	0.00	8.97	0.87	1.11	0.57
揭阳	Jieyang	40.21	0.20		18.99	0.90	3.35	2.39
云浮	Yunfu	21.19	0.06	0.29	8.54	0.38	1.05	1.53
按经济区域分	By Region							
珠三角	Pearl River Delta	1498.82	1.12	0.66	821.68	21.35	70.21	81.23
东翼	Eastern Region	137.57	0.37	0.10	59.57	3.04	17.50	6.65
西翼	Western Region	115.80	2.68	0.87	20.90	2.68	23.07	6.21
山区	Mountainous Region	139.89	0.53	1.08	47.99	4.01	13.41	5.43

 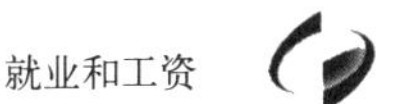

4-9 续表 1 continued

单位：万人 (10000 persons)

市别	City	交通运输、仓储和邮政业 Transport, Storage and Postal Services	住宿和餐饮业 Hotels and Catering Services	信息传输、软件和信息技术服务业 Information Transmission, Computer Services and Software	金融业 Finance	房地产业 Real Estate	租赁和商务服务业 Leasing and Business Services	科学研究、技术服务业 Scientific Research and Technical Services
全　省	**Provincial Total**	**77.84**	**35.19**	**42.65**	**39.30**	**60.40**	**68.14**	**31.41**
广　州	Guangzhou	29.08	9.67	12.92	8.21	18.64	21.65	13.30
深　圳	Shenzhen	23.09	10.17	17.93	9.83	20.31	28.51	9.24
珠　海	Zhuhai	2.36	2.32	2.28	1.34	3.06	2.04	1.13
汕　头	Shantou	1.50	0.64	0.61	1.23	0.83	1.80	0.38
佛　山	Foshan	3.78	1.83	1.18	2.78	3.71	2.52	1.65
#顺　德	Shunde	0.97	0.63	0.19	0.87	1.46	1.46	1.03
韶　关	Shaoguan	0.77	0.47	0.30	0.72	0.68	0.50	0.33
河　源	Heyuan	0.71	0.35	0.30	0.60	0.76	0.35	0.19
梅　州	Meizhou	0.80	0.23	0.46	0.81	0.33	0.17	0.32
惠　州	Huizhou	1.94	0.81	0.72	1.42	1.75	0.80	0.52
汕　尾	Shanwei	0.42	0.20	0.38	0.37	0.14	0.25	0.07
东　莞	Dongguan	2.84	2.62	1.11	2.38	2.63	4.74	1.30
中　山	Zhongshan	1.43	1.24	0.62	1.37	2.01	0.96	0.36
江　门	Jiangmen	1.70	0.93	0.66	1.74	1.02	0.69	0.45
阳　江	Yangjiang	0.80	0.28	0.25	0.64	0.38	0.23	0.19
湛　江	Zhanjiang	2.44	0.88	0.72	1.19	0.91	1.26	0.61
茂　名	Maoming	1.18	0.48	0.41	1.09	0.82	0.54	0.43
肇　庆	Zhaoqing	1.05	0.53	0.40	1.04	0.67	0.34	0.31
清　远	Qingyuan	0.60	0.63	0.34	0.86	0.93	0.27	0.21
潮　州	Chaozhou	0.37	0.16	0.28	0.51	0.25	0.14	0.15
揭　阳	Jieyang	0.52	0.43	0.54	0.70	0.29	0.25	0.14
云　浮	Yunfu	0.46	0.31	0.25	0.48	0.29	0.13	0.12
按经济区域分	By Region							
珠三角	Pearl River Delta	67.27	30.12	37.82	30.10	53.80	62.25	28.26
东　翼	Eastern Region	2.81	1.43	1.80	2.82	1.50	2.44	0.75
西　翼	Western Region	4.43	1.65	1.37	2.93	2.11	2.04	1.23
山　区	Mountainous Region	3.34	1.99	1.65	3.46	2.99	1.41	1.18

4-9 续表 2 continued

单位：万人 (10000 persons)

市 别	City	水利、环境和公共设施管理业 Management of Water Conservancy, Environment and Public Facilities	居民服务、修理和其他服务业 Resident Services and Other Services	教育 Education	卫生和社会工作 Health and Social Service	文化、体育和娱乐业 Culture, Sports and Entertainment	公共管理、社会保障和社会组织 Public Management, Social Security and Social Organizations
全 省	**Provincial Total**	**16.00**	**7.60**	**122.21**	**61.68**	**10.93**	**106.41**
广 州	Guangzhou	4.92	2.76	23.38	12.75	3.80	17.91
深 圳	Shenzhen	1.19	1.99	9.75	5.99	2.43	13.21
珠 海	Zhuhai	0.85	0.25	2.81	1.50	0.26	3.35
汕 头	Shantou	0.48	0.04	6.03	2.41	0.31	3.72
佛 山	Foshan	1.16	0.43	8.11	4.59	0.57	6.02
#顺 德	Shunde	0.64	0.21	2.39	1.43	0.12	1.58
韶 关	Shaoguan	0.59	0.06	3.80	1.95	0.17	3.96
河 源	Heyuan	0.29	0.15	3.79	1.48	0.18	3.68
梅 州	Meizhou	0.69	0.03	5.52	2.22	0.18	4.39
惠 州	Huizhou	0.67	0.06	5.28	2.79	0.37	6.13
汕 尾	Shanwei	0.16	0.01	2.96	0.88	0.12	2.41
东 莞	Dongguan	0.41	1.23	3.78	4.63	0.66	5.55
中 山	Zhongshan	0.29	0.04	2.45	1.91	0.23	2.43
江 门	Jiangmen	0.57	0.14	4.03	2.53	0.24	4.42
阳 江	Yangjiang	0.39	0.03	3.04	1.39	0.11	3.33
湛 江	Zhanjiang	1.20	0.10	8.73	3.38	0.27	4.84
茂 名	Maoming	0.55	0.04	8.73	2.95	0.22	4.34
肇 庆	Zhaoqing	0.45	0.05	4.59	2.56	0.19	4.29
清 远	Qingyuan	0.38	0.10	3.71	1.98	0.19	4.66
潮 州	Chaozhou	0.25	0.02	2.69	1.01	0.16	1.60
揭 阳	Jieyang	0.31	0.06	5.95	1.58	0.17	3.47
云 浮	Yunfu	0.19	0.01	3.07	1.22	0.09	2.70
按经济区域分	By Region						
珠 三 角	Pearl River Delta	10.51	6.94	64.18	39.24	8.75	63.32
东 翼	Eastern Region	1.20	0.13	17.63	5.88	0.76	11.19
西 翼	Western Region	2.14	0.18	20.50	7.72	0.60	12.51
山 区	Mountainous Region	2.14	0.35	19.89	8.84	0.82	19.39

4-10 城镇单位女性就业人员年末人数（2016年）
Number of Females Employed in Urban Units at the Year-end (2016)

单位：万人 (10000 persons)

行　业	Sector	合计 Total	国有单位 State-owned Units	城镇集体单位 Urban Collective-owned Units	其他单位 Other Types of Ownership
合　计	**Total**	**788.99**	**166.13**	**15.89**	**606.97**
农、林、牧、渔业	Farming, Forestry, Animal Husbandry and Fishery	1.81	1.72	0.01	0.08
采矿业	Mining and Quarrying	0.58	0.08	0.01	0.49
制造业	Manufacture	413.03	1.27	5.14	406.63
电力、热力、燃气及水生产和供应业	Production and Supply of Electric Power, Gas and Water	7.27	2.42	0.26	4.58
建筑业	Construction	16.52	1.78	1.98	12.77
批发和零售业	Wholesale and Retail Trade	49.35	1.74	1.05	46.57
交通运输、仓储和邮政业	Transport, Storage and Postal Services	21.53	4.01	0.19	17.33
住宿和餐饮业	Hotels and Catering Services	18.90	1.13	0.24	17.53
信息传输、软件和信息技术服务业	Information Transmission, Computer Services and Software	16.02	1.03	0.02	14.97
金融业	Finance	27.14	5.22	1.66	20.26
房地产业	Real Estate	20.91	1.38	0.40	19.13
租赁和商务服务业	Leasing and Business Services	22.72	2.69	1.34	18.69
科学研究、技术服务业	Scientific Research and Technical Services	10.42	3.07	0.09	7.27
水利、环境和公共设施管理业	Management of Water Conservancy, Environment and Public Facilities	7.01	4.38	0.41	2.21
居民服务、修理和其他服务业	Resident Services and Other Services	3.41	0.45	0.09	2.87
教育	Education	73.55	62.34	1.53	9.68
卫生和社会工作	Health Care and Social Service	41.40	36.39	1.35	3.66
文化、体育和娱乐业	Culture, Sports and Entertainment	4.91	2.69	0.09	2.13
公共管理、社会保障和社会组织	PublicManagement, Social Security and Organizations	32.49	32.35	0.02	0.12

4-11 城镇单位职工工资总额与年平均工资
Total Wages Bill and Average Wage of Staff and Workers in Urban Units

年份 Year	工资总额（亿元） Total Wages Bill (100 million yuan)				平均工资（元） Average Wage (yuan)			
	合计 Total	国有单位 State-owned Units	城镇集体单位 Urban Collective-owned Units	其他单位 Other Types of Ownership	合计 Total	国有单位 State-owned Units	城镇集体单位 Urban Collective-owned Units	其他单位 Other Types of Ownership
1978	30.59	22.67	7.92		615	638	558	
1979	35.56	26.37	9.19		685	718	605	
1980	42.83	32.00	10.83		789	828	691	
1981	49.40	37.01	12.39		873	912	774	
1982	56.69	43.03	13.66		961	1000	856	
1983	60.85	46.25	14.60		1021	1061	907	
1984	72.82	52.66	19.59	0.57	1187	1261	1017	1697
1985	88.91	63.42	23.85	1.64	1393	1458	1216	2209
1986	102.13	73.10	26.69	2.34	1541	1619	1330	2198
1987	121.10	84.99	31.99	4.12	1743	1805	1544	2469
1988	162.76	113.60	41.23	7.93	2250	2320	1979	3134
1989	200.39	139.38	47.74	13.27	2678	2763	2302	3641
1990	223.29	154.96	50.06	18.27	2929	3000	2508	3972
1991	268.19	179.81	60.15	28.23	3358	3383	2931	4558
1992	334.61	222.27	72.06	40.28	4027	4059	3510	5157
1993	455.33	300.91	83.79	70.63	5327	5431	4388	6435
1994	612.73	401.80	107.03	103.90	7117	7410	5565	8216
1995	734.14	458.86	124.32	150.96	8250	8540	6395	9546
1996	803.50	512.22	124.35	166.93	9127	9494	6799	10569
1997	858.35	539.95	120.36	198.04	9698	10032	6814	11635
1998	899.68	530.11	105.59	263.98	10233	10432	6671	12410
1999	970.70	567.54	101.72	301.44	11309	11579	7025	13492
2000	1038.38	604.59	91.81	341.98	13823	14387	8615	15240
2001	1146.11	663.85	82.67	399.59	15682	16779	9040	16392
2002	1306.32	737.63	80.26	488.43	17814	19696	9881	17597
2003	1515.58	841.02	83.52	591.05	19986	22944	10836	18782
2004	1771.05	942.39	84.73	743.94	22116	25979	11937	20267
2005	2085.64	1058.97	88.63	938.04	23959	28835	13240	21500
2006	2413.63	1165.88	94.91	1152.84	26186	31352	14520	23794
2007	2854.99	1343.92	104.01	1407.06	29443	36396	16328	26215
2008	3294.17	1520.88	110.28	1663.02	33110	40775	18461	29580
2009	3698.34	1687.96	114.71	1895.66	36355	44964	20347	32377
2010	4363.82	1913.19	125.99	2324.64	40358	49610	22470	36347
2011	5444.34	2235.58	149.68	3059.08	45152	54739	25679	41390
2012	6397.01	2508.29	165.71	3723.02	50577	60116	31219	46860
2013	10213.35	2434.53	196.96	7581.85	53611	63390	35812	51717
2014	11471.24	2667.14	221.64	8582.47	59827	69694	40850	57972
2015	12596.61	2927.11	220.22	9449.28	66296	78058	45436	63994
2016	13790.07	3255.53	223.74	10310.80	72848	87482	50159	69844

注：从2000年起统计口径为在岗职工。
Note: Since 2000, statistical coverage refers to the fully employed staff and workers.

 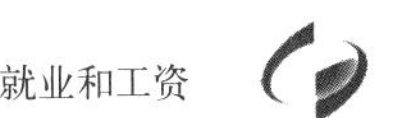

4-12 各市城镇单位就业人员工资总额和在岗职工年平均工资（2016年）

Earnings of Employed Persons and Wages of Fully Employed Staff and Workers in Urban Units by City (2016)

市 别	City	就业人员工资 Earnings of Employed Persons				在岗职工工资 Wages of Fully Employed Staff and Workers			
		合计 Total	国有单位 State-owned Units	城镇集体单位 Urban Collective-owned Units	其他单位 Other Types of Ownership	合计 Total	国有单位 State-owned Units	城镇集体单位 Urban Collective-owned Units	其他单位 Other Types of Ownership
总额(亿元)	Total(100 million yuan)								
全 省	**Provincial Total**	**14156.81**	**3314.72**	**234.59**	**10607.49**	**13790.07**	**3255.53**	**223.74**	**10310.80**
广 州	Guangzhou	2853.80	756.01	37.37	2060.43	2770.31	745.77	35.77	1988.77
深 圳	Shenzhen	4104.53	517.75	13.38	3573.40	3994.05	510.55	13.35	3470.14
珠 海	Zhuhai	541.87	100.63	6.05	435.20	522.62	98.94	5.90	417.78
汕 头	Shantou	313.64	133.70	16.52	163.41	305.04	129.80	16.18	159.07
佛 山	Foshan	1155.11	168.84	25.56	960.71	1140.40	165.82	25.39	949.18
#顺 德	Shunde	506.76	36.63	1.37	468.75	501.03	36.47	1.34	463.23
韶 关	Shaoguan	200.59	105.80	9.33	85.45	195.91	103.68	8.90	83.33
河 源	Heyuan	156.12	75.45	3.58	77.09	154.39	75.38	3.50	75.50
梅 州	Meizhou	169.69	113.67	5.23	50.79	165.97	112.23	5.10	48.64
惠 州	Huizhou	614.81	158.22	4.94	451.66	599.00	156.38	4.75	437.87
汕 尾	Shanwei	126.33	47.40	13.98	64.95	123.33	46.82	12.17	64.35
东 莞	Dongguan	1340.54	154.20	24.23	1162.10	1316.05	151.12	23.55	1141.38
中 山	Zhongshan	531.07	86.07	8.48	436.51	515.29	83.03	8.44	423.82
江 门	Jiangmen	354.25	111.52	9.12	233.61	341.39	106.46	8.43	226.50
阳 江	Yangjiang	125.74	62.15	7.50	56.08	121.68	61.52	7.04	53.13
湛 江	Zhanjiang	283.53	172.05	7.63	103.85	268.77	166.14	7.08	95.54
茂 名	Maoming	253.96	127.41	13.62	112.93	247.48	126.27	13.32	107.90
肇 庆	Zhaoqing	249.25	114.67	4.15	130.44	242.78	110.77	4.10	127.90
清 远	Qingyuan	212.48	118.62	3.57	90.30	208.66	117.57	3.56	87.53
潮 州	Chaozhou	109.36	52.30	7.86	49.20	104.63	51.16	5.13	48.34
揭 阳	Jieyang	199.74	80.24	10.20	109.30	194.29	79.19	9.79	105.31
云 浮	Yunfu	117.46	58.03	2.29	57.15	115.16	56.93	2.28	55.95
平均工资(元)	Average Wage (yuan)								
全 省	**Provincial Total**	**72326**	**86159**	**49357**	**69552**	**72848**	**87482**	**50159**	**69844**
广 州	Guangzhou	88136	106450	47076	84155	89096	107490	47908	84958
深 圳	Shenzhen	89481	124712	56732	86141	89757	124927	56682	86374
珠 海	Zhuhai	74440	100400	81975	70156	74931	101892	84581	70406
汕 头	Shantou	55129	71127	38810	48295	55867	72492	39105	48855
佛 山	Foshan	67061	86312	70764	64445	67187	86731	71192	64549
#顺 德	Shunde	69033	65939	55682	69336	68968	66041	55382	69259
韶 关	Shaoguan	60426	74850	44286	50406	61465	76840	44830	50826
河 源	Heyuan	55818	67894	46132	47940	56513	67949	46052	48824
梅 州	Meizhou	59286	71332	39325	44722	60191	72234	39565	45254
惠 州	Huizhou	64185	88189	44300	58861	64766	89502	44251	59219
汕 尾	Shanwei	53995	56217	47916	53913	54425	57057	47637	54068
东 莞	Dongguan	57537	107408	71341	53993	57649	109565	72895	54026
中 山	Zhongshan	64697	109556	55547	60041	64790	115288	55724	59849
江 门	Jiangmen	60226	79154	56845	54169	61366	82025	59785	54919
阳 江	Yangjiang	53489	60152	38387	49984	54245	60648	38498	50788
湛 江	Zhanjiang	54452	58492	35364	50664	55565	59455	36528	51682
茂 名	Maoming	55846	61677	48847	51264	57059	62546	49515	52645
肇 庆	Zhaoqing	58838	73646	42955	50504	59591	76587	43316	50494
清 远	Qingyuan	66013	92980	72090	47686	66648	94210	72642	47731
潮 州	Chaozhou	52699	67216	39745	44753	53940	69494	40329	44911
揭 阳	Jieyang	48209	53704	35527	46275	48156	54314	35499	45770
云 浮	Yunfu	54294	68325	35595	45723	54780	69275	35600	45996

4-13 城镇单位就业人员工资总额（2016年）

Earnings of Employed Persons in Urban Units (2016)

单位：亿元 (100 million yuan)

项目	Item	合计 Total	国有单位 State-owned Units	城镇集体单位 Urban Collective-owned Units	其他单位 Other Types of Ownership
合计	**Total**	**14156.81**	**3314.72**	**234.59**	**10607.49**
按企业、事业和机关分	Grouped by Enterprises, Institutions and Organ				
企业	Enterprises	11397.00	673.84	201.78	10521.38
事业	Institutions	1809.28	1743.24	26.57	39.46
机关	Organ	873.37	872.79	0.12	0.46
民营非盈利组织	Private Non-profit Organizations	18.54	0.78	0.68	17.07
其他	Others	58.63	24.06	5.45	29.12
按国民经济行业分	Grouped by Economic Sector				
农、林、牧、渔业	Farming, Forestry, Animal Husbandry and Fishery	17.54	16.40	0.13	1.02
采矿业	Mining and Quarrying	26.02	3.82	0.31	21.89
制造业	Manufacture	6055.78	30.83	42.33	5982.62
电力、热力、燃气及水生产和供应业	Production and Supply of Electric Power, Gas and Water	344.92	95.23	7.35	242.33
建筑业	Construction	764.15	90.28	61.31	612.57
批发和零售业	Wholesale and Retail Trade	698.05	32.94	7.95	657.16
交通运输、仓储和邮政业	Transport, Storage and Postal Services	683.63	97.62	3.65	582.37
住宿和餐饮业	Hotels and Catering Services	171.01	12.11	2.81	156.09
信息传输、软件和信息技术服务业	Information Transmission, Computer Services and Software	582.18	27.45	0.45	554.28
金融业	Finance	680.18	147.33	36.52	496.33
房地产业	Real Estate	453.07	24.47	6.65	421.95
租赁和商务服务业	Leasing and Business Services	486.58	78.89	29.65	378.05
科学研究、技术服务业	Scientific Research and Technical Services	355.68	104.71	2.38	248.60
水利、环境和公共设施管理业	Management of Water Conservancy, Environment and Public Facilities	90.19	58.75	4.59	26.85
居民服务、修理和其他服务业	Resident Services and Other Services	38.23	9.03	1.14	28.07
教育	Education	1038.79	925.42	9.92	103.45
卫生和社会工作	Health Care and Social Service	592.40	532.44	15.03	44.93
文化、体育和娱乐业	Culture, Sports and Entertainment	111.04	62.00	2.07	46.97
公共管理、社会保障和社会组织	PublicManagement, Social Security and Organizations	967.36	964.99	0.38	1.99
按产业分	Grouped by Industry				
第一产业	Primary Industry	17.54	16.40	0.13	1.02
第二产业	Secondary Industry	7190.87	220.17	111.30	6859.40
第三产业	Tertiary Industry	6948.39	3078.15	123.17	3747.07

4-14 城镇单位在岗职工工资总额（2016年）

Total Wages Bill of Fully Employed Staff and Workers in Urban Units (2016)

单位：亿元 (100 million yuan)

项目	Item	合计 Total	国有单位 State-owned Units	城镇集体单位 Urban Collectiveowned Units	其他单位 Other Types of Ownership
合计	**Total**	**13790.07**	**3255.53**	**223.74**	**10310.80**
按企业、事业和机关分	Grouped by Enterprises, Institutions and Organ				
企业	Enterprises	11069.21	650.01	191.61	10227.58
事业	Institutions	1781.90	1717.31	26.19	38.40
机关	Organ	864.66	864.10	0.12	0.43
民营非盈利组织	Private Non-profit Organizations	17.90	0.77	0.67	16.46
其他	Others	56.40	23.34	5.14	27.92
按国民经济行业分	Grouped by Economic Sector				
农、林、牧、渔业	Farming, Forestry, Animal Husbandry and Fishery	17.37	16.25	0.13	1.00
采矿业	Mining and Quarrying	25.66	3.77	0.31	21.58
制造业	Manufacture	5973.04	30.54	40.71	5901.79
电力、热力、燃气及水生产和供应业	Production and Supply of Electric Power, Gas and Water	343.87	94.95	7.33	241.59
建筑业	Construction	664.13	81.16	54.97	528.00
批发和零售业	Wholesale and Retail Trade	684.12	32.33	7.71	644.08
交通运输、仓储和邮政业	Transport, Storage and Postal Services	663.06	94.93	3.47	564.66
住宿和餐饮业	Hotels and Catering Services	165.73	11.51	2.70	151.52
信息传输、软件和信息技术服务业	Information Transmission, Computer Services and Software	573.20	27.03	0.44	545.73
金融业	Finance	627.57	139.32	36.45	451.81
房地产业	Real Estate	445.89	24.23	6.13	415.53
租赁和商务服务业	Leasing and Business Services	470.90	78.23	28.68	363.99
科学研究、技术服务业	Scientific Research and Technical Services	348.50	102.39	2.24	243.87
水利、环境和公共设施管理业	Management of Water Conservancy, Environment and Public Facilities	87.41	57.04	4.44	25.94
居民服务、修理和其他服务业	Resident Services and Other Services	37.41	8.80	1.09	27.52
教育	Education	1022.32	914.25	9.78	98.28
卫生和社会工作	Health Care and Social Service	581.51	522.47	14.73	44.32
文化、体育和娱乐业	Culture, Sports and Entertainment	100.88	61.06	2.06	37.76
公共管理、社会保障和社会组织	PublicManagement, Social Security and Organizations	957.51	955.28	0.38	1.85
按产业分	Grouped by Industry				
第一产业	Primary Industry	17.37	16.25	0.13	1.00
第二产业	Secondary Industry	7006.70	210.42	103.31	6692.96
第三产业	Tertiary Industry	6766.00	3028.86	120.29	3616.84

4-15 城镇单位就业人员年平均工资（2016年）
Average Earning of Employed Persons in Urban Units (2016)

单位：元 (yuan)

项　目	Item	合计 Total	国有单位 State-owned Units	城镇集体单位 Urban Collectiveo-wned Units	其他单位 Other Types of Ownership
合　计	**Total**	**72326**	**86159**	**49357**	**69552**
按企业、事业和机关分	Grouped by Enterprises, Institutions and Organ				
企业	Enterprises	69536	79810	47786	69570
事业	Institutions	86494	87049	64372	82364
机关	Organ	89539	89551	45845	89468
民营非盈利组织	Private Non-profit Organizations	53193	76570	45572	52809
其他	Others	71831	97602	54382	62023
按国民经济行业分	Grouped by Economic Sector				
农、林、牧、渔业	Farming, Forestry, Animal Husbandry and Fishery	36431	35914	38337	47041
采矿业	Mining and Quarrying	91276	92067	37911	92972
制造业	Manufacture	62383	72623	47736	62473
电力、热力、燃气及水生产和供应业	Production and Supply of Electric Power, Gas and Water	110242	95854	75666	118905
建筑业	Construction	55263	59135	38386	57229
批发和零售业	Wholesale and Retail Trade	67451	65614	28657	68671
交通运输、仓储和邮政业	Transport, Storage and Postal Services	84444	77031	46276	86282
住宿和餐饮业	Hotels and Catering Services	46149	53517	55687	45523
信息传输、软件和信息技术服务业	Information Transmission, Computer Services and Software	135859	90388	63184	139462
金融业	Finance	135412	139638	88771	139554
房地产业	Real Estate	74014	61001	45941	75678
租赁和商务服务业	Leasing and Business Services	69755	59644	46781	75321
科学研究、技术服务业	Scientific Research and Technical Services	111233	108873	74338	112798
水利、环境和公共设施管理业	Management of Water Conservancy, Environment and Public Facilities	53716	53546	47087	55433
居民服务、修理和其他服务业	Resident Services and Other Services	49297	67914	43335	45534
教育	Education	83234	85572	58808	69100
卫生和社会工作	Health Care and Social Service	94663	96468	75329	83342
文化、体育和娱乐业	Culture, Sports and Entertainment	93300	94589	77646	92459
公共管理、社会保障和社会组织	PublicManagement, Social Security and Organizations	89550	89602	58194	76043
按产业分	Grouped by Industry				
第一产业	Primary Industry	36431	35914	38337	47041
第二产业	Secondary Industry	62903	73727	42986	63080
第三产业	Tertiary Industry	85848	87874	57008	85650

4–16 城镇单位在岗职工年平均工资（2016年）
Annual Average Wage of Fully Employed Staff and Workers in Urban Units (2016)

单位：元 (yuan)

项　　目	Item	合计 Total	国有单位 State-owned Units	城镇集体单位 Urban Collectiveo-wned Units	其他单位 Other Types of Ownership
合　计	**Total**	**72848**	**87482**	**50159**	**69844**
按企业、事业和机关分	Grouped by Enterprises, Institutions and Organ				
企业	Enterprises	69916	81569	48561	69857
事业	Institutions	87705	88274	65018	83491
机关	Organ	90563	90569	45845	103868
民营非盈利组织	Private Non-profit Organizations	53658	79101	45654	53242
其他	Others	72359	97246	54356	62760
按国民经济行业分	Grouped by Economic Sector				
农、林、牧、渔业	Farming, Forestry, Animal Husbandry and Fishery	36592	35995	39940	49464
采矿业	Mining and Quarrying	92687	95184	37911	94192
制造业	Manufacture	62179	73261	47627	62261
电力、热力、燃气及水生产和供应业	Production and Supply of Electric Power, Gas and Water	110633	96258	76120	119274
建筑业	Construction	55460	60918	38747	57242
批发和零售业	Wholesale and Retail Trade	68268	66566	28890	69491
交通运输、仓储和邮政业	Transport, Storage and Postal Services	85573	77592	46592	87537
住宿和餐饮业	Hotels and Catering Services	47129	53396	54657	46599
信息传输、软件和信息技术服务业	Information Transmission, Computer Services and Software	137109	92174	63260	140639
金融业	Finance	161066	154584	89138	174697
房地产业	Real Estate	74593	61065	47041	76237
租赁和商务服务业	Leasing and Business Services	70257	59919	47622	75915
科学研究、技术服务业	Scientific Research and Technical Services	111944	109882	76398	113320
水利、环境和公共设施管理业	Water Conservancy, Environment and Public Facilities Management	54898	54911	47145	56458
居民服务、修理和其他服务业	Resident Services and Other Services	49211	68205	43045	45423
教育	Education	84220	86716	59196	68714
卫生和社会工作	Health Care and Social Work	95654	97575	76050	83442
文化、体育和娱乐业	Culture, Sports and Recreation	91161	97084	78829	83625
公共管理、社会保障和社会组织	Public Administration and Social Organizations	90597	90639	58714	80187
按产业分	Grouped by Industry				
第一产业	Primary Industry	36592	35995	39940	49464
第二产业	Secondary Industry	62884	75823	43449	62981
第三产业	Tertiary Industry	87414	89118	57847	87500

4-17 各市年末城镇登记失业人数

Number of Registered Unemployed Persons in Urban Area at the Year-end by City

单位：人 (person)

市别	City	2005	2010	2014	2015	2016
合计	**Total**	**344904**	**392274**	**368318**	**369667**	**379866**
广州	Guangzhou	54162	76485	57597	53090	53602
深圳	Shenzhen	26746	35302	38752	41697	42583
珠海	Zhuhai	11453	12501	11077	11095	11188
汕头	Shantou	17731	16127	15475	14778	17816
佛山	Foshan	26062	19628	21917	22389	22926
韶关	Shaoguan	18831	16928	13641	13031	13098
河源	Heyuan	14096	13951	8992	9504	9251
梅州	Meizhou	14510	14200	13955	14013	14029
惠州	Huizhou	14001	15696	18772	19705	21468
汕尾	Shanwei	9436	11314	12281	12621	12856
东莞	Dongguan	4437	8655	12026	12893	13822
中山	Zhongshan	6593	9246	9444	9276	10672
江门	Jiangmen	19639	21380	24833	24972	24839
阳江	Yangjiang	14608	15012	12302	12506	12832
湛江	Zhanjiang	22835	23882	20700	20885	21185
茂名	Maoming	22203	30504	26396	27832	28164
肇庆	Zhaoqing	10668	11662	12585	12543	12440
清远	Qingyuan	9796	14257	13550	13621	13773
潮州	Chaozhou	8142	8362	9246	8483	8555
揭阳	Jieyang	10350	11357	9173	9008	8968
云浮	Yunfu	8605	5825	5604	5725	5799
按经济区域分	By Region					
珠三角	Pearl River Delta	173761	210555	207003	207660	213540
东翼	Eastern Region	45659	47160	46175	44890	48195
西翼	Western Region	59646	69398	59398	61223	62181
山区	Mountainous Region	65838	65161	55742	55894	55950

主要统计指标解释

就业人员　指在16周岁及以上，从事一定社会劳动并取得劳动报酬或经营收入的人员。这一指标反映了一定时期内全部劳动力资源的实际利用情况，是研究我国基本国情国力的重要指标。

单位就业人员　指报告期末最后一日24时在本单位中工作，并取得工资或其他形式劳动报酬的人员数。该指标为时点指标，不包括最后一日当天及以前已经与单位解除劳动合同关系的人员，是在岗职工、劳务派遣人员及其他就业人员之和。就业人员不包括：

(1)离开本单位仍保留劳动关系，并定期领取生活费的人员；

(2)利用课余时间打工的学生及在本单位实习的各类在校学生；

(3)本单位因劳务外包而使用的人员。

城镇私营和个体就业人员　城镇私营就业人员指在工商管理部门注册登记，其经营地址设在县城关镇(含县城关镇)以上的私营企业就业人员，包括私营企业投资者和雇工。城镇个体就业人员指在工商管理部门注册登记，并持有城镇户口或在城镇长期居住，经批准从事个体工商经营的就业人员，包括个体经营者和在个体工商户劳动的家庭帮工和雇工。

在岗职工　指在本单位工作且与本单位签订劳动合同，并由单位支付各项工资和社会保险、住房公积金的人员，以及上述人员中由于学习、病伤、产假等原因暂未工作仍由单位支付工资的人员。在岗职工还包括：

(1)应订立劳动合同而未订立劳动合同人员(如使用的农村户籍人员)；

(2)处于试用期人员；

(3)编制外招用的人员；

(4)派往外单位工作，但工资仍由本单位发放的人员(如挂职锻炼、外派工作等情况)。

工资总额　指根据《关于工资总额组成的规定》(1990年1月1日国家统计局发布的一号令)进行修订，在报告期内(季度或年度)直接支付给本单位全部就业人员的劳动报酬总额。包括计时工资、计件工资、奖金、津贴和补贴、加班加点工资、特殊情况下支付的工资，是在岗职工工资总额、劳务派遣人员工资总额和其他就业人员工资总额之和。

工资总额是税前工资，包括单位从个人工资中直接为其代扣或代缴的房费、水费、电费、住房公积金和社会保险基金个人缴纳部分等。

工资总额不论是计入成本的还是不计入成本的，不论是以货币形式支付的还是以实物形式支付的，均应列入工资总额的计算范围。

平均工资　是指在报告期内单位发放工资的人均水平。计算公式为：

$$\text{平均工资} = \frac{\text{报告期工资总额}}{\text{报告期平均人数}}$$

城镇登记失业人员　指有非农业户口，在一定的劳动年龄内(16周岁至退休年龄)，有劳动能力，无业而要求就业，并在当地劳动保障部门进行失业登记的人员。

Explanatory Notes on Main Statistical Indicators

Employed Persons refer to persons aged 16 and over who are engaged in gainful employment and thus receive remuneration payment or earn business income. This indicator reflects the actual utilization of total labour force during a certain period of time and is often used for the research on China's economic situation and national power.

Persons Employed in Various Units refer to the total number of employees who work at his unit and obtain wages or other forms of payment at the end of the reporting period. This indicator is a kind of time point index and it equals to the sum of the number of employed staff and workers, labor dispatch personnel and other employed persons. Employed persons do not include:

1)persons who have left their working units while keeping their labour contract (employment relation) unchanged and receiving regular alimony;

2)students who do part-time jobs in spare time and all kinds of enrolled students who do internship in various units;

3)persons employed due to labor outsourcing;

4)persons who dissolve labor contracts with their units on the last day of reporting period or before.

Persons Employed in Private Enterprises and Self-Employed Individuals in Urban Areas Persons employed in private enterprises refer to the persons employed in the private enterprises which have been registered at the departments of industrial and commercial administration for which the business operation are situated at a county town (i.e. a town where the county government is located), or at urban areas with administrative hierarchy higher than a county town. The self-employed individuals in urban areas refer to persons who hold the certificates of residence in urban areas or have resided in the urban areas for a long time and have been registered at the departments of industrial and commercial administration and approved to be engaged in individual industrial or commercial business, including self-employed persons as well as helpers and hired laborers who work in individual households.

Employed Staff and Workers refer to persons who signed labor contracts with working units and working units would pay wages, social insurance and housing funds for them. Persons who have their work posts but are temporarily absent from work for reasons of study or on sick, injury or maternal leave and still receive wages from their working units are also included. Employed staff and workers also include:

1)Persons who should have signed the labor contracts but not (like people with rural household registration);

2)Employees on probation;

3)Employees beyond the staffing quota;

4)Employees who are sent to other working units but still obtain wages from their original units (situations like on-the-job placement, expatriated assignment, etc.)

Total Wage Bill It is revised according to the "Provision of Composition of Total Wages" (Order No.1 by National Bureau of Statistics on January, 1st, ,1990), total wage bill refers to the total remuneration payment to all employed persons in various units during the reporting period (by quarter or by year), including hourly-paid wages, piece-rate wages, bonuses, allowance and subsidies, overtime wages and wages paid under special circumstances. It equals to the sum of total wages of employed staff and workers, dispatch labors and other employed persons.

Total wage bill is pre-tax wages, including the room charges, utility bills, housing funds and social insurance paid or withheld by employee's units.

Total wage bill, whether or not included in cost, whether or not paid in money or in kind, shall be included in the calculation of total wage.

Average Wage refers to the average per capita wage in money terms during a certain period of time for employed persons. It shows the general level of wage income of staff and worker during a certain period of time, one major indicator to reflect the wage level. It is calculated as follows:

$$\text{Average Wage} = \frac{\text{Total Wage Bill of Employed Persons at Reference Time}}{\text{Average Number of Persons Employed at Reference Time}}$$

Registered Unemployed Persons in Urban Areas refer to the persons with non-agricultural household registration at certain working ages (16 years old to retirement age), who are capable of working, unemployed and willing to work, and have been registered at the local employment service agencies to apply for a job.

五、固定资产投资

INVESTMENT IN FIXED ASSETS

五 固定资产投资

简要说明

一、本篇资料反映广东省固定资产投资的基本情况，主要包括：固定资产投资，房地产开发、国有单位固定资产投资情况以及各市固定资产投资的主要指标数据。

二、本篇资料由广东省统计局固定资产投资统计处整理提供。

三、固定资产投资统计的资料来源主要为全面统计报表。按照现行的固定资产投资统计报表制度，固定资产投资按登记注册类型可分为：国有、集体、股份合作、联营、其他有限责任公司、股份有限公司、私营、个体、其他、港澳台投资、外商投资。

四、2011 年起，固定资产投资项目统计起点由 50 万元提高到 500 万元，且不包含农户投资；2010 年以前为全社会固定资产投资。

五、2011 年报起，原国家预算内资金改为国家预算资金。

六、2014 年定报起，固定资产投资取消城乡分组。

5 Investment in Fixed Assets

Brief Introduction

Ⅰ.The data in this chapter reflect the basic conditions of investment in fixed assets of Guangdong Province, mainly including investment in fixed assets in the whole province, investment in fixed assets in the real estate development, and main indicators on investment in fixed assets by city.

Ⅱ.The data in this chapter are prepared and provided by the Division of Investment and Construction Statistics of Statistics Bureau of Guangdong Province.

Ⅲ.The data sources for the statistics of investment in fixed assets mainly come from complete statistical report forms. According to the present regulations on the statistics of investment in fixed assets, the investment in fixed assets is classified by the following status of registration: state-owned units, collective-owned units, Cooperative Units joint ownership units, other Limited liability units, share-holding corporations, units with funds from Hong Kong, Macao and Taiwan, foreign-funded units, private, self-employed individuals and others.

Ⅳ.Since 2011, the cut-off point of investment statistics is changed from a minimum of 500,000 yuan to a minimum of 5,000,000 yuan, and the data do not include the investment made by rural households. Data before 2010 refer to total investment in fixed assets.

Ⅴ.Since 2011, state budget is changed to state and local budget.

VI.Since 2014, investment by urban is canceled.

5-1 固定资产投资主要指标

Main Indicators of Investment in Fixed Assets

项　　目	Item	2000	2010	2013	2014	2015	2016
投资完成额　　（亿元）	**Investment　(100 million yuan)**	**3233.70**	**16113.19**	**22828.65**	**25928.09**	**30031.20**	**33008.86**
#房地产开发	Real Estate Development	858.61	3659.69	6489.59	7638.45	8538.47	10307.80
按登记注册类型分	Grouped by Status of Registration						
内资	Domestic	2676.65	13759.62	19869.06	22782.88	26552.22	28971.90
国有	State-owned	1219.19	5152.60	5393.84	5824.56	6363.86	6181.63
集体	Collective-owned	393.23	735.49	1133.36	1105.34	1281.87	984.79
股份合作	Cooperative	19.43	49.91	145.26	128.09	108.25	70.28
联营	Joint	47.78	15.05	20.71	18.99	14.99	35.34
有限责任公司	Limited Liability	366.63	3393.58	6082.64	7510.90	9228.26	11394.03
股份有限公司	Share-holding	153.58	869.46	1286.29	1239.60	1261.28	1017.75
私营	Private	207.67	2212.44	4749.81	5764.43	6772.59	7700.36
个体	Self-employed Individual	248.51	909.02	287.38	271.85	344.79	415.89
其他	Others	20.63	422.07	769.77	919.11	1176.33	1171.84
港澳台投资	Funds from Hong Kong, Macao and Taiwan	416.34	1489.78	1636.73	1819.51	2080.99	2470.68
外商投资	Foreign Funded	140.71	863.78	1322.86	1325.70	1398.00	1566.28
按构成分	Grouped by Use of Funds						
建筑安装工程	Construction and Installation	2103.78	10396.22	15262.61	17486.27	20083.47	21463.77
设备工具器具购置	Purchase of Equipments and Instruments	597.29	2966.13	3982.71	4265.61	5336.57	5806.33
其他费用	Others	532.63	2750.84	3583.33	4176.21	4611.16	5738.75
按三次产业分	Grouped by Three Strata of Industry						
第一产业	Primary Industry	23.40	181.83	354.13	275.70	420.38	445.11
第二产业	Secondary Industry	768.82	5241.53	7423.12	8428.21	10184.51	11088.49
第三产业	Tertiary Industry	2441.48	10689.83	15051.40	17224.18	19426.31	21475.25
按财务拨贷款合计	**Grouped by Source of Funds**	**3396.79**	**18864.04**	**27561.74**	**30138.60**	**36352.25**	**39510.62**
国家预算资金	State and Local Budget	56.80	411.16	1173.87	1418.73	1764.42	1911.77
国内贷款	Domestic Loans	584.34	3171.76	4147.42	4350.88	4546.87	4993.53
利用外资	Foreign Investment	357.05	630.48	683.35	405.01	204.11	263.73
自筹资金	Self-raising Funds	1456.24	10668.57	15019.94	17696.16	21056.20	20769.67
其他资金	Others	942.35	3982.07	6537.15	6267.82	8780.65	11571.92
房屋建筑面积（万平方米）	**Floor Space of Buildings　(10000 sq.m)**						
施工面积	Floor Space under Construction	23520.91	57221.79	74295.64	81692.25	84133.98	84623.21
竣工面积	Floor Space Completed	13492.94	20420.60	16199.46	17294.71	15303.96	14042.25
#住宅	Residential Buildings	8888.66	12267.54	5667.31	6304.28	4998.12	5091.61
商品房屋销售面积（万平方米）	**Floor Space of Commercial Buildings (10000 sq.m)**	**2259.95**	**7321.76**	**9836.39**	**9315.76**	**11681.01**	**14611.60**
#住宅	Residential Buildings	2009.34	6552.81	8830.95	8163.56	10497.62	13021.97

注：1．2011年起固定资产投资项目统计起点由50万元提高至500万元，且不包含农村农户投资；2010年以前为全社会固定资产投资，下表同。

2．2011年报起，原国家预算内资金改为国家预算资金，下表同。

Note: a)Since 2011,the cut-off point of investment statistics is changed from a minimum of 500,000 yuan to a minimum of 5,000,000 yuan, and the data do not include the investment made by rural households. Data before 2010 refer to total investment in fixed assets. The same applies to all tables following.

b) Since 2011, state budget is changed to state and local budget.The same applies to all tables following.

5-2 固定资产投资总额

Investment in Fixed Assets

单位：亿元 (100 million yuan)

年份 Year	投资总额 Total Investment	#房地产开发 Real Estate Development	按产业分 Grouped by Three Strata of Industry 第一产业 Primary Industry	第二产业 Secondary Industry	第三产业 Tertiary Industry
1978	27.23		5.52	9.71	12.00
1979	28.29		3.29	16.98	8.02
1980	38.29		3.29	22.64	12.36
1981	60.40		3.66	27.46	29.28
1982	84.73		4.05	36.76	43.92
1983	88.71		3.52	37.22	47.97
1984	130.37		3.68	50.16	76.53
1985	184.59		4.90	95.99	83.70
1986	216.50	10.00	4.49	142.10	69.91
1987	251.01	16.29	4.19	168.28	78.54
1988	353.59	21.96	4.72	240.34	108.53
1989	347.34	48.15	4.99	127.90	214.45
1990	381.47	32.70	5.66	160.02	215.79
1991	478.20	49.75	9.11	174.64	294.45
1992	921.75	125.57	7.49	273.75	640.51
1993	1629.87	316.53	9.43	524.69	1095.75
1994	2141.15	404.13	10.63	714.97	1415.55
1995	2327.22	563.89	14.27	682.40	1630.55
1996	2327.64	528.85	19.41	665.68	1642.55
1997	2298.14	528.31	16.45	603.94	1677.75
1998	2668.13	602.72	19.46	660.64	1988.03
1999	3027.56	710.20	21.05	734.14	2272.37
2000	3233.70	858.61	23.40	768.82	2441.48
2001	3536.41	972.34	23.38	891.87	2621.16
2002	3970.69	1115.25	24.09	1217.29	2729.31
2003	5030.57	1233.52	14.56	1366.10	3649.91
2004	6025.53	1355.84	24.49	2153.67	3847.37
2005	7164.11	1591.90	28.72	2868.45	4266.94
2006	8132.37	1843.51	49.19	3247.29	4835.89
2007	9596.95	2519.13	69.92	3512.12	6014.91
2008	11165.06	2932.34	109.54	3936.80	7118.72
2009	13353.15	2961.32	130.25	4458.17	8764.73
2010	16113.19	3659.69	181.83	5241.53	10689.83
2011	16843.83	4809.91	213.58	5561.01	11069.23
2012	19307.53	5352.79	274.28	6544.31	12488.93
2013	22828.65	6489.59	354.13	7423.12	15051.40
2014	25928.09	7638.45	275.70	8428.21	17224.18
2015	30031.20	8538.47	420.38	10184.51	19426.31
2016	33008.86	10307.80	445.11	11088.49	21475.25

注：1993年以前房地产开发投资主要是商品房建设投资。

Notes: Prior to 1993, investment in real estate development focused mainly on the construction of commercial buildings.

5-3 按资金来源和构成分固定资产投资
Investment in Fixed Assets by Source of Funds and Structure of Investment

年 份 Year	按财务拨贷款资金来源分 By Source of Funds				按构成分 By Structure of Investment		
	国家预算资金 State Budget Funds	国内贷款 Domestic Loans	利用外资 Foreign Investment	自筹和其他资金 Fundraising and Others	建筑安装工程 Construction and Installation	设备工具器具购置 Purchase of Equipment and Instruments	其他费用 Others
投资额(亿元)Investment (100 million yuan)							
1985	15.02	45.70	19.00	104.87	138.31	32.71	13.57
1990	12.92	73.92	61.07	261.60	246.56	103.97	30.94
1995	26.98	376.11	465.13	1641.16	1507.92	464.75	354.55
1996	22.52	347.75	494.70	1573.54	1507.04	498.79	321.81
1997	21.75	296.54	477.70	1605.60	1511.58	464.55	322.01
1998	46.53	414.58	394.44	1971.60	1688.14	546.06	433.93
1999	60.95	549.97	323.63	2167.05	1960.22	588.35	478.99
2000	56.80	584.34	357.05	2398.59	2103.78	597.29	532.63
2001	58.10	592.65	361.09	2680.24	2293.93	698.49	543.99
2002	73.58	749.21	439.31	3040.07	2548.91	783.70	638.08
2003	90.23	950.98	568.95	3996.32	3201.16	977.70	851.71
2004	72.39	1132.08	655.75	4864.42	3784.12	1247.82	993.59
2005	69.13	1366.09	786.05	5726.75	4520.62	1593.83	1049.67
2006	105.55	1659.26	865.58	6662.41	5221.87	1796.20	1114.29
2007	179.42	1755.86	984.01	8494.11	6088.11	1979.44	1529.39
2008	253.16	1877.90	779.48	9293.86	7140.54	2264.31	1760.21
2009	379.74	2695.36	682.36	12131.70	8800.83	2467.73	2084.60
2010	411.16	3171.76	630.48	14650.64	10396.22	2966.13	2750.84
2011	412.55	2827.15	574.03	15797.27	11019.16	3022.94	2801.72
2012	1002.17	3255.23	599.17	17799.55	12794.53	3366.14	3146.85
2013	1173.87	4147.42	683.35	21557.09	15262.61	3982.71	3583.33
2014	1418.73	4350.88	405.01	23963.98	17486.27	4265.61	4176.21
2015	1764.42	4546.87	204.11	29836.85	20083.47	5336.57	4611.16
2016	1911.77	4993.53	263.73	32341.59	21463.77	5806.33	5738.75
构成(%) Percentage (%)							
1985	8.1	24.8	10.3	56.8	74.9	17.7	7.4
1990	3.2	18.1	14.9	63.9	64.6	27.3	8.1
1995	1.1	15.0	18.5	65.4	64.8	20.0	15.2
1996	0.9	14.3	20.3	64.5	64.7	21.4	13.8
1997	0.9	12.3	19.9	66.9	65.8	20.2	14.0
1998	1.6	14.7	14.0	69.7	63.3	20.5	16.3
1999	2.0	17.7	10.4	69.9	64.7	19.4	15.8
2000	1.7	17.2	10.5	70.6	65.1	18.5	16.5
2001	1.6	16.1	9.8	72.6	64.9	19.8	15.4
2002	1.7	17.4	10.2	70.7	64.2	19.7	16.1
2003	1.6	17.0	10.1	71.3	63.6	19.4	16.9
2004	1.1	16.8	9.8	72.3	62.8	20.7	16.5
2005	0.9	17.2	9.9	72.1	63.1	22.2	14.7
2006	1.1	17.9	9.3	71.7	64.2	22.1	13.7
2007	1.6	15.4	8.6	74.4	63.4	20.6	15.9
2008	2.1	15.4	6.4	76.1	64.0	20.3	15.7
2009	2.4	16.9	4.3	76.4	65.9	18.5	15.6
2010	2.2	16.8	3.3	77.7	64.5	18.4	17.1
2011	2.1	14.4	2.9	80.6	65.4	17.9	16.6
2012	4.4	14.4	2.6	78.6	66.3	17.4	16.3
2013	4.3	15.0	2.5	78.2	66.9	17.4	15.7
2014	4.7	14.4	1.3	79.5	67.4	16.5	16.1
2015	4.9	12.5	0.6	82.1	66.9	17.8	15.4
2016	4.8	12.6	0.7	81.9	65.0	17.6	17.4

注：1986年及以后的资金来源为财务拨贷款数，各项相加不等于投资总额。
Note: The source of funds since 1986 refers to financial appropriations, which do not add up to total investment.

5-4 按构成分固定资产投资

Investment in Fixed Assets by Structure of Investment

项目	Item	2015 合计 Total	2015 项目投资 Project	2015 房地产开发 Real Estate Devel-opmewt	2016 合计 Total	2016 项目投资 Project	2016 房地产开发 Real Estate Devel-opmewt
建设项目个数 （个）	**Number of Projects (unit)**	**38740**	**38740**		**44652**	**44652**	
其中：本年新开工	Newly-commenced Projects	28314	28314		32059	32059	
全部建成投产项目	Projects Completed and Put into Use	27410	27410		31493	31493	
计划总投资 （亿元）	**Total Planned Investment (100 million yuan)**	**110176.52**	**59882.91**	**50293.61**	**126902.21**	**69281.77**	**57620.45**
自开始建设累计完成投资	Investment Completed Since the Beginning of Construction	75670.18	38451.41	37218.78	85181.36	40936.97	44244.39
本年投资总额 （亿元）	**Total Investment in this year (100 million yuan)**	**30031.20**	**21492.74**	**8538.47**	**33008.86**	**22701.07**	**10307.80**
#住宅	Residential Buildings	6168.82	278.31	5890.51	7147.15	169.49	6977.66
按隶属关系分	Investment by Jurisdiction of Management						
中央	Central Investment	1590.89	1372.20	218.70	1762.59	1557.12	205.47
地方	Local Invesement	28440.31	20120.54	8319.77	31246.27	21143.95	10102.32
按构成分	Grouped by Structure						
建筑安装工程	Construction and Installation	20083.47	14035.08	6048.40	21463.77	14138.97	7324.80
设备工具器具购置	Purchase of Equipment and Instruments	5336.57	5237.36	99.21	5806.33	5707.21	99.12
其他费用	Others	4611.16	2220.30	2390.86	5738.75	2854.88	2883.87
财务拨贷款合计 （亿元）	**Total Financial Appropriations (100 million yuan)**	**36352.25**	**22187.95**	**14164.30**	**39510.62**	**21844.58**	**17666.05**
国家预算资金	State and Local Budget	1764.42	1764.42		1911.77	1911.77	
国内贷款	Domestic Loans	4546.87	1969.06	2577.81	4993.53	2434.39	2559.13
利用外资	Foreign Investment	204.11	177.47	26.64	263.73	233.50	30.23
自筹资金	Self-raising Funds	21056.20	17122.79	3933.41	20769.67	15925.67	4844.00
其他资金	Others	8780.65	1154.21	7626.44	11571.92	1339.24	10232.68
新增固定资产 （亿元）	**Newly Increased Fixed Assets (100 million yuan)**	**18466.39**	**15551.60**	**2914.79**	**16834.10**	**13620.84**	**3213.26**
房屋建筑面积（万平方米）	**Floor Space of Buildings (10000 sq.m)**						
施工面积	Floor Space under Construction	84133.98	26192.12	57941.86	84623.21	20389.41	64233.80
竣工面积	Floor Space Completed	15303.96	9259.53	6044.43	14042.25	7448.51	6593.75
#住宅	Residential Buildings	4998.12	562.71	4435.41	5091.61	318.58	4773.04

注：施工项目个数不含房地产开发。

Note: The total number projects under construction excludes the projects of real estate development.

5-5 各市固定资产投资额

Investment in Fixed Assets by City

单位：亿元 (100 million yuan)

市别	City	2000	2005	2010	2011	2012	2013	2014	2015	2016
全省总计	**Provincial Total**	**3233.70**	**7164.11**	**16113.19**	**16843.83**	**19307.53**	**22828.65**	**25928.09**	**30031.20**	**33008.86**
广　州	Guangzhou	923.67	1514.01	3263.57	3412.20	3758.39	4447.30	4889.50	5405.95	5703.59
深　圳	Shenzhen	677.12	1182.32	1944.70	2060.92	2314.43	2490.20	2717.42	3298.31	4078.16
珠　海	Zhuhai	95.08	218.23	501.55	637.39	787.62	960.89	1135.05	1305.14	1389.75
汕　头	Shantou	112.48	154.14	361.68	438.15	611.92	780.90	1002.73	1274.32	1579.53
佛　山	Foshan	198.96	741.43	1719.63	1933.96	2128.33	2375.60	2612.45	3035.52	3512.04
#顺　德	Shunde	64.11	185.04	392.75	416.11	449.88	499.24	550.38	643.09	764.85
韶　关	Shaoguan	56.82	139.75	433.73	472.20	548.48	664.52	746.74	701.67	702.09
河　源	Heyuan	26.54	111.10	242.74	237.34	278.59	342.73	453.29	564.14	652.29
梅　州	Meizhou	44.45	97.66	195.52	197.65	230.14	280.50	407.51	568.06	650.36
惠　州	Huizhou	77.41	352.37	894.02	1024.21	1208.68	1401.30	1606.71	1863.93	2039.71
汕　尾	Shanwei	36.21	101.86	366.99	329.65	391.56	462.09	500.97	585.20	652.45
东　莞	Dongguan	102.89	592.20	1114.98	1079.31	1180.35	1383.94	1427.11	1446.52	1557.46
中　山	Zhongshan	109.95	320.92	660.37	766.95	893.43	962.93	903.66	1055.41	1149.01
江　门	Jiangmen	104.34	228.87	631.77	741.79	850.41	1000.84	1111.65	1307.87	1517.77
阳　江	Yangjiang	33.23	82.25	329.20	400.66	483.67	598.66	662.01	691.13	503.92
湛　江	Zhanjiang	68.94	168.00	526.57	490.76	572.28	795.58	1020.76	1313.69	1531.60
茂　名	Maoming	73.57	147.72	244.54	214.51	427.37	660.53	850.55	1115.50	1262.76
肇　庆	Zhaoqing	75.29	178.01	625.21	710.03	852.60	1007.78	1138.73	1330.03	1373.74
清　远	Qingyuan	48.37	222.42	996.92	486.07	437.95	505.97	596.35	620.63	620.95
潮　州	Chaozhou	30.70	97.59	182.78	198.94	224.16	253.63	313.01	391.95	454.62
揭　阳	Jieyang	68.43	115.16	564.07	658.08	663.51	829.39	1093.80	1362.10	1485.54
云　浮	Yunfu	32.98	103.44	312.66	353.08	463.66	623.38	738.09	794.15	591.51
按经济区域分	By Region									
珠三角	Pearl River Delta	2364.71	5328.37	11355.80	12366.76	13974.24	16030.78	17542.28	20048.69	22321.24
东　翼	Eastern Region	247.82	468.75	1475.51	1624.81	1891.15	2326.01	2910.51	3613.56	4172.14
西　翼	Western Region	175.74	397.97	1100.32	1105.92	1483.32	2054.77	2533.33	3120.31	3298.27
山　区	Mountainous Region	209.16	674.38	2181.56	1746.34	1958.82	2417.10	2941.98	3248.64	3217.21

注：2008年前全省总计中含不分区部分。
Note: Provincial total prior to 2008 includes investment unclassified by region.

5-6 各市按项目和房地产开发分固定资产投资
Investment in Fixed Assets By Project and Real Estate Development and by City

单位：亿元 (100 million yuan)

市 别	City	2015 投资 Total	2015 项目投资 Project	2015 房地产开发 Real Estate Development	2016 投资 Total	2016 项目投资 Project	2016 房地产开发 Real Estate Development
全省总计	**Provincial Total**	**30031.20**	**21492.74**	**8538.47**	**33008.86**	**22701.07**	**10307.80**
广 州	Guangzhou	5405.95	3268.36	2137.59	5703.59	3162.73	2540.85
深 圳	Shenzhen	3298.31	1967.27	1331.03	4078.16	2321.64	1756.52
珠 海	Zhuhai	1305.14	781.02	524.12	1389.75	748.72	641.03
汕 头	Shantou	1274.32	1028.81	245.51	1579.53	1273.14	306.38
佛 山	Foshan	3035.52	2090.15	945.37	3512.04	2282.07	1229.97
#顺 德	Shunde	643.09	381.65	261.44	764.85	453.30	311.55
韶 关	Shaoguan	701.67	569.78	131.89	702.09	555.26	146.84
河 源	Heyuan	564.14	435.54	128.59	652.29	476.57	175.72
梅 州	Meizhou	568.06	399.67	168.40	650.36	477.83	172.53
惠 州	Huizhou	1863.93	1253.48	610.45	2039.71	1292.07	747.63
汕 尾	Shanwei	585.20	559.10	26.10	652.45	595.68	56.77
东 莞	Dongguan	1446.52	871.30	575.21	1557.46	914.70	642.76
中 山	Zhongshan	1055.41	574.40	481.01	1149.01	605.43	543.59
江 门	Jiangmen	1307.87	996.86	311.01	1517.77	1164.16	353.62
阳 江	Yangjiang	691.13	586.26	104.86	503.92	402.53	101.38
湛 江	Zhanjiang	1313.69	1134.63	179.05	1531.60	1308.39	223.21
茂 名	Maoming	1115.50	1012.83	102.67	1262.76	1152.92	109.84
肇 庆	Zhaoqing	1330.03	1170.27	159.77	1373.74	1228.55	145.20
清 远	Qingyuan	620.63	407.05	213.58	620.95	393.43	227.52
潮 州	Chaozhou	391.95	341.14	50.80	454.62	392.88	61.75
揭 阳	Jieyang	1362.10	1313.43	48.67	1485.54	1432.04	53.51
云 浮	Yunfu	794.15	731.38	62.77	591.51	520.33	71.18
按经济区域分	By Region						
珠 三 角	Pearl River Delta	20048.69	12973.12	7075.57	22321.24	13720.07	8601.16
东 翼	Eastern Region	3613.56	3242.47	371.09	4172.14	3693.74	478.40
西 翼	Western Region	3120.31	2733.73	386.58	3298.27	2863.84	434.43
山 区	Mountainous Region	3248.64	2543.42	705.23	3217.21	2423.41	793.80

5-7 各市按登记注册类型分固定资产投资（2016年）
Investment in Fixed Assets by Status of Registration and City (2016)

单位：亿元 (100 million yuan)

市别	City	总计 Total	内资 Domestic	国有 State-owned	集体 Collective-owned	股份合作 Cooperative	联营 Joint
全省总计	**Provincial Total**	**33008.86**	**28971.90**	**6181.63**	**984.79**	**70.28**	**35.34**
广　州	Guangzhou	5703.59	4589.44	1310.97	139.38	3.92	
深　圳	Shenzhen	4078.16	3385.83	931.74	0.19	16.96	2.40
珠　海	Zhuhai	1389.75	1160.91	342.96	7.35	9.11	
汕　头	Shantou	1579.53	1538.14	163.48	151.97	5.38	0.41
佛　山	Foshan	3512.04	2962.37	343.40	105.28	2.08	6.75
#顺　德	Shunde	764.85	635.41	84.06	39.85	0.39	0.34
韶　关	Shaoguan	702.09	653.86	210.71	3.95	0.40	
河　源	Heyuan	652.29	610.50	172.32	0.82		0.80
梅　州	Meizhou	650.36	635.95	131.75	0.42	4.09	
惠　州	Huizhou	2039.71	1853.60	417.91	48.69	3.01	0.48
汕　尾	Shanwei	652.45	610.27	122.12	32.63	0.66	
东　莞	Dongguan	1557.46	1264.32	120.66	75.16	0.18	16.75
中　山	Zhongshan	1149.01	971.97	124.40	36.44	0.57	0.74
江　门	Jiangmen	1517.77	1275.88	306.69	49.53	5.11	2.43
阳　江	Yangjiang	503.92	465.44	88.31	1.40		
湛　江	Zhanjiang	1531.60	1463.76	311.30	150.03	3.17	0.27
茂　名	Maoming	1262.76	1243.40	230.72	35.19	2.81	1.09
肇　庆	Zhaoqing	1373.74	1239.26	277.30	31.41	1.28	
清　远	Qingyuan	620.95	575.86	188.82	3.89	0.13	0.40
潮　州	Chaozhou	454.62	447.50	81.88	4.40	2.29	
揭　阳	Jieyang	1485.54	1447.97	166.67	98.96	7.87	2.81
云　浮	Yunfu	591.51	575.68	137.53	7.70	1.27	
按经济区域分	By Region						
珠三角	Pearl River Delta	22321.24	18703.58	4176.03	493.43	42.23	29.54
东　翼	Eastern Region	4172.14	4043.88	534.14	287.96	16.19	3.23
西　翼	Western Region	3298.27	3172.59	630.32	186.63	5.98	1.37
山　区	Mountainous Region	3217.21	3051.85	841.14	16.78	5.88	1.20

5-7 续表 Continued

单位：亿元 (100 million yuan)

市别	City	有限责任公司 Limited Liability	股份有限公司 Share-holding	私营 Private	个体 Self-employed Indicuvual	其他 Others	港、澳台商投资 Funds from Hong Kong Macao and Twaiwan	外商投资 Foreign Funded
全省总计	**Provincial Total**	**11394.03**	**1017.75**	**7700.36**	**415.89**	**1171.84**	**2470.68**	**1566.28**
广州	Guangzhou	1958.50	266.42	845.73	0.26	64.25	622.37	491.78
深圳	Shenzhen	1201.05	198.17	1002.45		32.87	475.70	216.64
珠海	Zhuhai	560.57	37.29	182.45	1.06	20.12	128.52	100.32
汕头	Shantou	899.53	34.82	246.16	4.54	31.84	29.67	11.71
佛山	Foshan	1445.98	106.25	834.45	15.78	102.40	256.93	292.74
#顺德	Shunde	328.38	20.22	116.57	14.95	30.65	78.34	51.10
韶关	Shaoguan	306.66	23.59	90.24	3.65	14.66	26.66	21.57
河源	Heyuan	204.30	26.67	194.83		10.75	30.51	11.29
梅州	Meizhou	238.81	41.45	209.94	0.89	8.61	6.41	8.01
惠州	Huizhou	541.63	52.17	654.84	15.10	119.78	120.93	65.18
汕尾	Shanwei	96.60	8.67	104.61	86.92	158.06	34.38	7.80
东莞	Dongguan	570.38	28.29	412.13	5.10	35.66	185.17	107.97
中山	Zhongshan	454.70	29.62	286.47	19.62	19.42	109.45	67.59
江门	Jiangmen	447.80	27.98	384.43	15.01	36.90	175.53	66.36
阳江	Yangjiang	216.50	9.81	139.64	0.81	8.98	32.71	5.77
湛江	Zhanjiang	382.88	35.85	421.62	10.94	147.69	49.49	18.35
茂名	Maoming	442.28	28.98	437.35	15.72	49.25	15.77	3.59
肇庆	Zhaoqing	365.59	16.33	407.47	66.59	73.30	91.75	42.73
清远	Qingyuan	258.12	3.49	118.16	1.25	1.61	33.60	11.48
潮州	Chaozhou	115.60	14.38	190.86	1.55	36.55	5.05	2.06
揭阳	Jieyang	410.42	19.46	407.22	143.90	190.66	27.20	10.37
云浮	Yunfu	276.14	8.06	129.31	7.18	8.48	12.86	2.98
按经济区域分	By Region							
珠三角	Pearl River Delta	7546.20	762.51	5010.41	138.52	504.71	2166.36	1451.29
东翼	Eastern Region	1522.14	77.34	948.86	236.92	417.11	96.30	31.95
西翼	Western Region	1041.66	74.64	998.61	27.48	205.91	97.98	27.71
山区	Mountainous Region	1284.04	103.26	742.48	12.97	44.10	110.03	55.33

5-8 各市按主要行业分固定资产投资（2016年）
Investment in Fixed Assets by Sector and by City (2016)

单位：亿元 (100 million yuan)

市 别	City	合计 Total	农、林、牧、渔业 Agriculture, Forestry, Animal Husbandry and Fishery	采矿业 Mining	制造业 Manufa-cturing	电力热力燃气及水的生产和供应业 Production and Supply of Electricity, Gas and Water	建筑业 Construction	批发和零售业 Wholesale and Retail Trades
全省总计	**Provincial Total**	**33008.86**	**518.70**	**163.62**	**9594.01**	**1294.06**	**49.02**	**793.09**
广 州	Guangzhou	5703.59	23.13		553.56	160.36	19.20	180.49
深 圳	Shenzhen	4078.16	0.26	0.11	617.30	74.16	4.59	22.94
珠 海	Zhuhai	1389.75	3.77	13.48	241.28	32.71		12.69
汕 头	Shantou	1579.53	13.49	1.62	814.16	31.67	3.46	57.45
佛 山	Foshan	3512.04	19.53		1417.71	45.88	3.44	54.04
#顺 德	Shunde	764.85	6.46		233.84	5.55	2.96	9.82
韶 关	Shaoguan	702.09	40.13	13.51	157.02	79.76		13.63
河 源	Heyuan	652.29	14.94	6.12	228.60	17.95		9.71
梅 州	Meizhou	650.36	3.51	0.78	173.42	33.36		12.53
惠 州	Huizhou	2039.71	18.19	4.59	752.72	56.24		25.34
汕 尾	Shanwei	652.45	27.93		142.74	60.69	2.58	40.47
东 莞	Dongguan	1557.46	1.33		503.74	61.70	1.00	17.89
中 山	Zhongshan	1149.01	0.42		300.80	28.69	1.12	23.90
江 门	Jiangmen	1517.77	17.14	3.55	572.86	117.85		30.69
阳 江	Yangjiang	503.92	12.74	2.61	146.79	134.58		6.50
湛 江	Zhanjiang	1531.60	123.31	34.32	409.09	123.04	1.28	62.66
茂 名	Maoming	1262.76	41.90	50.86	603.59	69.88	5.92	49.00
肇 庆	Zhaoqing	1373.74	93.31	18.00	650.44	48.78	5.01	48.36
清 远	Qingyuan	620.95	4.33	6.41	120.76	36.74	0.01	2.49
潮 州	Chaozhou	454.62	17.97	0.05	166.63	17.71	0.74	21.24
揭 阳	Jieyang	1485.54	26.43	0.65	741.50	41.04	0.41	83.98
云 浮	Yunfu	591.51	14.93	6.96	279.31	21.27	0.25	17.09
按经济区域分	By Region							
珠 三 角	Pearl River Delta	22321.24	177.08	39.73	5610.41	626.37	34.36	416.32
东 翼	Eastern Region	4172.14	85.82	2.31	1865.03	151.12	7.20	203.15
西 翼	Western Region	3298.27	177.95	87.80	1159.47	327.50	7.20	118.16
山 区	Mountainous Region	3217.21	77.85	33.77	959.09	189.07	0.26	55.46

5-8 续表 1 Continued 1

单位：亿元 (100 million yuan)

市 别	City	交通运输、仓储和邮政业 Transport, Storage and Post	住宿和餐饮业 Hotels and Catering Services	信息传输、软件和信息技术服务业 Information Transmission, Software and Information Technology Services	金融业 Financial Intermediation	房地产业 Real Estate	租赁和商务服务业 Leasing and Business Services	科学研究和技术服务 Scientific Research, Technical Service
全省总计	**Provincial Total**	**3087.13**	**350.64**	**505.74**	**94.07**	**11759.76**	**441.70**	**225.01**
广 州	Guangzhou	807.04	35.37	176.53	4.26	2763.31	209.13	65.79
深 圳	Shenzhen	447.19	6.91	100.20	73.83	2095.75	73.57	65.09
珠 海	Zhuhai	123.21	9.31	8.75		691.80	38.87	7.12
汕 头	Shantou	46.81	16.77	12.79	1.08	357.53	5.31	0.97
佛 山	Foshan	194.32	14.79	28.37	0.10	1345.97	32.67	5.01
#顺 德	Shunde	47.08	1.27	1.40		344.18	22.01	0.99
韶 关	Shaoguan	91.64	27.54	6.81		167.76	2.25	0.84
河 源	Heyuan	63.23	11.38	3.24		186.82	3.47	0.65
梅 州	Meizhou	98.08	10.24	5.26		213.41	4.57	0.35
惠 州	Huizhou	104.74	41.57	13.88		819.17	4.19	3.12
汕 尾	Shanwei	58.45	17.02	13.92	0.10	154.74	9.17	4.60
东 莞	Dongguan	133.38	2.80	17.28	5.59	709.23	2.13	17.31
中 山	Zhongshan	62.61	5.20	17.83	0.88	603.74	9.09	12.13
江 门	Jiangmen	157.17	29.54	19.05	1.30	381.26	11.30	20.08
阳 江	Yangjiang	61.20	4.27	5.51		102.08	4.80	0.69
湛 江	Zhanjiang	130.04	27.04	13.79	2.76	255.37	3.37	5.24
茂 名	Maoming	123.13	23.90	10.42	0.41	114.68	4.18	3.13
肇 庆	Zhaoqing	132.34	9.22	20.43	2.74	157.44	11.89	3.06
清 远	Qingyuan	79.32	6.81	5.08	0.06	247.34	0.92	1.46
潮 州	Chaozhou	70.15	12.51	10.20		71.47	1.77	2.67
揭 阳	Jieyang	50.58	28.56	5.28	0.95	230.37	6.56	1.82
云 浮	Yunfu	52.52	9.88	11.11		90.53	2.49	3.90
按经济区域分	By Region							
珠 三 角	Pearl River Delta	2161.99	154.72	402.33	88.70	9567.66	392.84	198.71
东 翼	Eastern Region	226.00	74.86	42.19	2.13	814.11	22.81	10.05
西 翼	Western Region	314.36	55.22	29.73	3.18	472.12	12.35	9.06
山 区	Mountainous Region	384.78	65.85	31.50	0.06	905.86	13.69	7.19

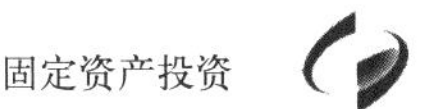

5-8 续表 2 Continued 2

单位：亿元 (100 million yuan)

市 别	City	水利、环境和公共设施管理业 Management of Water Conservancy, Environment and Public Facilities	居民、修理服务和其他服务业 Services to Households and Other Services	教育 Education	卫生和社会工作 Health and Social Service	文化、体育和娱乐业 Culture, Sports and Entert-ainment	公共管理、社会保障和社会组织 Public Management, Social Security and Social Organization
全省总计	**Provincial Total**	**2832.61**	**41.14**	**513.46**	**215.28**	**318.34**	**211.48**
广 州	Guangzhou	452.75	2.90	119.43	46.87	59.28	24.18
深 圳	Shenzhen	336.78	3.26	71.24	38.13	34.12	12.72
珠 海	Zhuhai	112.29	1.66	18.65	2.08	18.61	53.46
汕 头	Shantou	153.57	6.37	21.85	5.61	21.01	8.02
佛 山	Foshan	294.26	0.96	23.69	9.99	12.61	8.72
#顺 德	Shunde	61.37		9.52	5.19	10.98	2.22
韶 关	Shaoguan	77.84	0.83	9.37	4.10	7.80	1.28
河 源	Heyuan	85.22	0.81	4.38	4.01	2.45	9.32
梅 州	Meizhou	70.87		3.40	3.09	14.04	3.47
惠 州	Huizhou	152.59	3.89	18.06	11.55	7.52	2.37
汕 尾	Shanwei	83.58	3.93	18.10	2.16	5.70	6.56
东 莞	Dongguan	45.33	0.51	25.14	6.55	3.74	2.80
中 山	Zhongshan	66.31	0.53	6.09	7.99	1.66	0.02
江 门	Jiangmen	108.05	0.34	7.87	10.72	22.95	6.07
阳 江	Yangjiang	18.92		1.28	1.25	0.05	0.64
湛 江	Zhanjiang	209.65	3.95	57.51	21.58	31.88	15.70
茂 名	Maoming	93.34	2.50	30.99	6.27	8.13	20.52
肇 庆	Zhaoqing	126.81	1.55	13.68	9.03	14.91	6.74
清 远	Qingyuan	84.22	0.02	9.94	5.07	8.28	1.71
潮 州	Chaozhou	37.79	1.44	5.81	4.04	4.83	7.58
揭 阳	Jieyang	162.27	4.55	35.15	13.43	34.46	17.55
云 浮	Yunfu	60.17	1.17	11.83	1.75	4.31	2.03
按经济区域分	By Region						
珠 三 角	Pearl River Delta	1695.16	15.59	303.85	142.92	175.39	117.08
东 翼	Eastern Region	437.21	16.29	80.92	25.24	66.00	39.71
西 翼	Western Region	321.92	6.45	89.78	29.09	40.06	36.86
山 区	Mountainous Region	378.32	2.82	38.91	18.02	36.88	17.82

5-9 国有经济固定资产投资主要指标

Main Indicators of Investment in Fixed Assets of State-owned Economy

项　目	Item	2000	2010	2013	2014	2015	2016
建设项目个数 （个）	**Number of Projects (unit)**						
施工项目	Projects under Construction	8934	8669	8933	9219	9997	10267
全部建成投产项目	Projects Completed and Put into Use	4070	4659	4683	5220	5863	5360
投资总额 （亿元）	**Total Investment (100 million yuan)**	**1286.91**	**5152.60**	**5393.84**	**5824.56**	**6363.86**	**6181.63**
#住宅	Residential Buildings	185.38	171.36	272.30	181.56	184.86	126.35
按构成分	Grouped by Structure of Investment						
建筑安装工程	Construction and Installation	835.63	3558.70	3841.22	4343.61	4747.02	4589.08
设备工具器具购置	Purchase of Equipment and Instruments	222.31	741.84	719.06	700.78	777.93	643.88
其他费用	Others	228.97	852.06	833.57	780.16	838.91	948.67
按建设性质分	Grouped by Type of Construction						
#新建	New Construction	635.88	3291.99	4033.18	4283.19	4588.39	4833.83
扩建	Expansion	280.76	684.71	506.06	644.90	865.39	634.87
改建	Reconstruction	128.62	844.39	684.30	683.52	718.42	529.53
按资金来源分	Grouped by Source of Funds						
国家预算资金	State and Local Budget	48.77	366.85	1055.21	1213.39	1591.75	1658.74
国内贷款	Domestic Loans	275.53	1111.67	1093.32	1048.29	906.61	1129.78
利用外资	Foreign Investment	55.08	35.97	48.24	24.64	1.62	11.30
自筹资金	Self-raising Funds	743.32	3303.88	3022.67	3176.16	3576.48	2438.12
其他资金	Others	164.21	533.65	521.56	432.73	668.40	630.22
新增固定资产 （亿元）	**Newly Increased Fixed Assets (100 million yuan)**	**1022.34**	**3305.85**	**4101.68**	**4551.30**	**3901.13**	**2530.71**
房屋建筑面积（万平方米）	**Floor Space of Buildings (10000 sq.m)**						
施工面积	Floor Space under Construction	5010.21	5043.04	6777.11	5946.25	5241.35	4098.01
竣工面积	Floor Space Completed	2062.14	1261.43	1590.57	1158.37	1078.40	842.23
#住宅	Residential Buildings	1024.44	231.48	276.14	226.66	139.32	145.18

注：建设项目个数、投资总额按建设性质分不含房地产开发部分。

Note: Number of projects and total investment by type of construction exclude real estate development.

5–10 基础产业和基础设施完成投资额

Completed Investment in Basic Industries and Infrastructure

单位：亿元 (100 million yuan)

年份 Year	基础产业 Basic Industries	基础设施 Infrastructure	电力、燃气及水的生产和供应业 Production and Supply of Electric Power, Gas and Water	交通运输和邮政业 Transport and Postal Services	信息传输、互联网和相关服务业 Information Transmission, Internet and Related Services	水利、环境和公共设施管理业 Management of Water Conservancy, Environment and Public Facilities
1990	139.95	132.62	24.73	46.77	28.75	32.37
1995	779.53	738.70	137.77	260.49	160.13	180.31
2000	1159.40	1098.68	204.91	387.43	238.16	268.18
2001	1187.24	1049.32	225.93	340.61	247.38	235.40
2002	1237.56	1127.94	300.13	348.87	242.34	236.60
2003	1655.29	1426.24	338.85	473.57	264.35	349.47
2004	2221.66	1858.46	548.32	627.93	267.91	414.30
2005	2612.47	2154.45	691.16	675.40	241.07	546.82
2006	2800.36	2392.07	714.76	820.49	218.37	638.45
2007	2989.95	2462.09	636.07	891.56	214.35	720.11
2008	3559.61	2935.03	749.57	1106.76	242.05	836.65
2009	5151.98	4488.32	1222.37	1664.65	278.46	1322.84
2010	5981.47	5394.68	1332.84	1908.64	239.17	1914.02
2011	5314.74	4544.10	934.31	1657.06	343.39	1609.34
2012	5642.85	4693.66	1063.32	1700.77	298.32	1631.25
2013	6578.24	5477.03	1133.46	2243.47	268.04	1832.06
2014	7392.42	5984.42	1099.42	2528.29	330.82	2025.89
2015	8558.98	6976.83	1206.47	2929.05	397.89	2443.42
2016	8904.91	7376.79	1294.06	2883.31	366.82	2832.61

5-11 按行业分固定资产投资主要指标（2016年）

Main Indicators of Investment by Sector (2016)

行 业	Sector	投资额（亿元） Investment (100 million yuan)	施工项目个数（个） Number of Projects under Construction (unit)	全部建成投产项目个数（个） Number of Projects Completed and Put into Use (unit)	新增固定资产（亿元） Newly Increased Fixed Assets (100 million yuan)
全省总计	**Provincial Total**	**33008.86**	**44652**	**32059**	**16834.10**
农、林、牧、渔业	**Farming, Forestry, Animal Husbandry and Fishery**	**518.70**	**1977**	**1565**	**452.69**
农业	Farming	239.68	919	754	207.84
林业	Forestry	41.33	160	129	33.21
畜牧业	Animal Husbandry	91.20	325	245	76.01
渔业	Fishery	72.90	254	211	62.74
农、林、牧、渔服务业	Service Activities for Farming, Forestry, Animal Husbandry and Fishery	73.59	319	226	72.89
采矿业	**Mining**	**163.62**	**351**	**255**	**112.53**
煤炭开采和洗选业	Mining and Washing of Coal	0.34	2	2	0.25
石油和天然气开采业	Extraction of Petroleum and Natural Gas	42.48	3		13.36
黑色金属矿采选业	Mining and Dressing of Ferrous Metal Ores	9.24	24	23	7.21
有色金属矿采选业	Mining and Dressing of Non-Ferrous Metal Ores	19.68	33	20	5.77
非金属矿采选业	Mining and Dressing of Nonmetal Ores	86.77	271	194	81.27
开采辅助活动	Auxiliary Minning Operations	2.53	9	8	2.53
其他采矿业	Mining of Other Ores	2.59	9	8	2.15
制造业	**Manufacture**	**9594.01**	**20013**	**15108**	**6769.85**
农副食品加工业	Processing of Farm and Sideline Food	254.00	694	530	198.26
食品制造业	Manufacture of Food	253.29	654	484	190.13
酒、饮料和精制茶制造业	Manufacture of Wine, Beverage and Refined Tea	119.56	235	171	92.10
烟草制品业	Tobacco Products	14.14	17	12	5.66
纺织业	Textile Industry	411.30	1046	955	373.13
纺织服装、服饰业	Manufacture of Textile Garments, Apparel	411.41	1058	888	363.93
皮革、毛皮、羽毛及其制品和制鞋业	Leather, Fur, Feather and Related Products, and Footwear	205.84	624	518	168.70
木材加工及木、竹、藤、棕、草制品业	Timber Processing, Bamboo, Cane, Palm Fiber & Straw Products	147.95	439	364	130.82
家具制造业	Manufacture of Furniture	261.15	616	403	213.68
造纸和纸制品业	Papermaking and Paper Products	223.84	409	316	143.07
印刷业和记录媒介复制业	Printing and Record Medium Reproduction	146.03	424	351	137.17
文教、工美、体育和娱乐用品制造业	Manufacture of Culture, Arts, Sports and Entertainment Articles	249.50	628	507	221.28
石油加工、炼焦及核燃料加工业	Petroleum Refining, Coking and Nuclear Fuel Processing	269.73	158	114	53.24
化学原料及化学制品制造业	Manufacture of Raw Chemical Materials and Chemical Products	464.94	1022	765	348.22
医药制造业	Manufacture of Medicines	184.30	393	252	119.03
化学纤维制造业	Manufacture of Chemical Fibers	23.67	22	19	15.83
橡胶和塑料制品业	Manufacture of Rubber and Plastic Products	501.02	1242	998	395.51
非金属矿物制品业	Nonmetal Mineral Products	870.21	2017	1542	690.16
黑色金属冶炼及压延加工业	Smelting and Pressing of Ferrous Metals	159.07	195	149	71.33
有色金属冶炼及压延加工业	Smelting and Pressing of Nonferrous Metals	123.64	239	172	76.50
金属制品业	Metal Products	738.17	1810	1363	589.03
通用设备制造业	Manufacture of General-purpose Machinery	359.44	839	603	275.31
专用设备制造业	Manufacture of Special-purpose Machinery	492.02	984	716	332.10
汽车制造业	Manufacture of Automobile	488.23	417	268	230.79

注：施工项目个数不含房地产开发。

Note: The number of projects under construction does not include those of real estate development.

5-11 续表 1 continued 1

行 业	Sector	投资额（亿元）Investment (100 million yuan)	施工项目个数（个）Number of Projects under Construction (unit)	全部建成投产项目个数（个）Number of Projects Completed and Put into Use (unit)	新增固定资产（亿元）Newly Increased Fixed Assets (100 million yuan)
铁路、船舶、航空航天和其他运输设备制造业	Manufacture of Railway, Slip, Aeronautics and Other Transport Equipment	118.47	160	99	47.57
电气机械及器材制造业	Manufacture of Electrical Machinery and Equipment	760.79	1598	1125	483.51
计算机、通信和其他电子设备制造业	Manufacture of Computers, Communication Equipment and Other Electronic Equipment	1096.56	1556	1058	644.24
仪器仪表制造业	Manufacture of Instrments and Meters	97.85	180	111	58.21
其他制造业	Other Manufactures	41.74	110	87	31.09
废弃资源综合利用业	Comprehensive Utilization of Waste	96.47	196	149	61.57
金属制品、机械和设备修理业	Manufacture of Metal Products, Machinery and Equipment Maintenance	9.68	31	19	8.66
电力、热力、燃气及水生产和供应业	**Production and Supply of Electric Power, Heat Power, Gas and Water**	**1294.06**	**2172**	**1300**	**753.12**
电力、热力生产和供应业	Production and Supply of Electric Power and Heat Power	964.76	1309	749	583.94
燃气生产和供应业	Production and Supply of Gas	71.99	116	55	23.06
水的生产和供应业	Production and Supply of Water	257.30	747	496	146.12
建筑业	**Construction**	**49.02**	**130**	**103**	**43.73**
房屋建筑业	Housing Construciton	5.41	20	15	4.08
土木工程建筑业	Civil Engineering Construction	30.47	68	56	30.67
建筑安装业	Construction and Installation	4.63	13	11	1.71
建筑装饰和其他建筑业	Architectural Decoration and Other Construction	8.51	29	21	7.27
批发和零售业	**Wholesale and Retail Trades**	**793.09**	**2106**	**1616**	**562.97**
批发业	Wholesale	323.20	873	670	248.45
零售业	Retail Trade	469.89	1233	946	314.52
交通运输、仓储和邮政业	**Transport, Storage and Postal Services**	**3087.13**	**2139**	**1209**	**1030.37**
铁路运输业	Railway Transport	382.68	50	15	4.48
道路运输业	Road Transport	1928.67	1582	949	647.51
水上运输业	Waterway Transport	251.36	138	54	87.73
航空运输业	Air Transport	259.38	25	6	156.93
管道运输业	Pipeline Transport	4.08	5	4	0.23
装卸搬运和运输代理业	Transportation and Handling	45.01	64	37	25.44
仓储业	Storage	203.82	248	125	100.23
邮政业	Postal Services	12.13	27	19	7.82
住宿和餐饮业	**Hotels and Catering Services**	**350.64**	**857**	**616**	**231.62**
住宿业	Hotels	271.99	550	366	167.45
餐饮业	Catering Services	78.66	307	250	64.18
信息传输、软件和信息技术服务业	**Information Transmission, Software and Information Technology Services**	**505.74**	**834**	**579**	**165.69**
电信、广播电视和卫星传输服务	Telecommunications, Broadcasting Television and Satellite Transmission Services	315.54	613	454	95.91
互联网和相关服务	Internet and Related Services	51.28	75	55	15.39
软件和信息技术服务业	Software and Information Technology Services	138.93	146	70	54.39
金融业	**Finance**	**94.07**	**66**	**36**	**14.64**
货币金融服务	Monetary and Financial Services	27.53	36	23	5.95

5-11 续表 2 continued 2

行 业	Sector	投资额(亿元) Investment (100 million yuan)	施工项目个数(个) Number of Projects under Construction	全部建成投产项目个数(个) Number of Projects Completed and Put into Use	新增固定资产(亿元) Newly Increased Fixed Assets (100 million yuan)
资本市场服务	Capital Market Services	23.47	12	4	1.83
保险业	Insurance	26.41	8	3	3.95
其他金融活动	Other Financial Activities	16.66	10	6	2.92
房地产业	**Real Estate**	**11759.76**	**2397**	**1731**	**4011.89**
房地产业	Real Estate	11759.76	2397	1731	4011.89
租赁和商务服务业	**Leasing and Business Services**	**441.70**	**314**	**206**	**247.62**
租赁业	Leasing	192.95	25	20	161.31
商务服务业	Business Services	248.75	289	186	86.31
科学研究、技术服务业	**Scientific Research, Technological Services**	**225.01**	**363**	**213**	**76.29**
研究与试验发展	Research and Experimental Development	131.54	112	46	21.24
专业技术服务业	Professional Technical Services	48.62	129	75	32.48
科技推广和应用服务业	Science and Technology Popularization and Application Services	44.85	122	92	22.57
水利、环境和公共设施管理业	**Management of Water Conservancy, Environment and Public Facilities**	**2832.61**	**7537**	**5143**	**1622.30**
水利管理业	Management of Water Conservancy	408.49	1354	907	239.17
生态保护和环境治理业	Ecological Protection and Environmental Treatment	76.90	228	150	50.99
公共设施管理业	Management of Public Facilities	2347.22	5955	4086	1332.13
居民服务、修理和其他服务业	**Households' service, Repair and Other Services**	**41.14**	**167**	**133**	**38.39**
居民服务业	Services to Households	21.76	84	69	17.51
机动车、电子产品和日用产品修理业	Motor Vehicle, Electronic Products and Consumer Products Repair	14.97	65	55	14.11
其他服务业	Other Services	4.41	18	9	6.78
教育	**Education**	**513.46**	**1405**	**960**	**308.24**
教育	Education	513.46	1405	960	308.24
卫生和社会工作	**Health and Social Work**	**215.28**	**491**	**300**	**118.77**
卫生	Health	185.03	388	232	98.33
社会工作	Social Work	30.25	103	68	20.43
文化、体育和娱乐业	**Culture, Sports and Recreation**	**318.34**	**770**	**570**	**171.45**
新闻出版业	Publication	4.35	7	3	0.51
广播、电视、电影和影视录音制作业	Production of Radio, Television, Film and Video Recording	37.11	43	31	7.45
文化艺术业	Culture and Arts	152.51	419	292	87.54
体育	Sports	69.38	188	152	35.49
娱乐业	Recreation	54.98	113	92	40.45
公共管理、社会保障和社会组织	**Public Administration, Social Security and Social Organizations**	**211.48**	**563**	**416**	**101.94**
中国共产党机关	Organs of Communist Party of China	0.38	3	2	
国家机构	Government Agencies	157.31	325	219	57.08
人民政协、民主党派	Chinese Peoples Political Consultative Conference, Democratic Parties				
社会保障	Social Security	0.37	2	2	
群众社团、社会团体和其他成员组织	Mass Organizations, Social Organizations and Other Member Organizations	32.34	111	86	24.22
基层群众自治组织	Self-governing Mass Organizations at the Grass-roots Level	21.09	122	107	20.64

5-12 各行业财务拨贷款资金来源主要指标(2016年)

Main Indicators on Sources of Funds and Loans for Investment by Sector (2016)

单位：亿元 (100 million yuan)

项目	Item	本年资金来源合计 Sources of Funds	国家预算资金 State and Local Budget	国内贷款 Domestic Loans	利用外资 Foreign Investment	自筹资金 Self-raising Fund	其他资金 Others
全省总计	**Provincial Total**	**39510.62**	**1911.77**	**4993.53**	**263.73**	**20769.67**	**11571.92**
农、林、牧、渔业	**Farming, Forestry, Animal Husbandry and Fishery**	**522.37**	**21.90**	**5.91**	**0.26**	**434.42**	**59.88**
农业	Farming	240.21	7.21	1.14	0.26	212.88	18.72
林业	Forestry	41.61	4.61	0.22		28.72	8.05
畜牧业	Animal Husbandry	93.34	0.35	0.91		77.38	14.70
渔业	Fishery	72.38	0.15	2.02		61.44	8.76
农、林、牧、渔服务业	Service Activities for Farming, Forestry, Animal Husbandry and Fishery	74.83	9.58	1.61		53.99	9.65
采矿业	**Mining**	**163.11**	**0.45**	**3.59**	**0.40**	**156.28**	**2.40**
煤炭开采和洗选业	Mining and Washing of Coal	0.34				0.34	
石油和天然气开采业	Extraction of Petroleum and Natural Gas	42.67				42.67	
黑色金属矿采选业	Mining and Dressing of Ferrous Metal Ores	9.24		0.11		9.13	
有色金属矿采选业	Mining and Dressing of Non-Ferrous Metal Ores	18.26		0.46	0.40	16.97	0.43
非金属矿采选业	Mining and Dressing of Nonmetal Ores	87.49	0.45	3.02		82.05	1.97
开采辅助活动	Auxiliary Minning Operations	2.53				2.53	
其他采矿业	Mining of Other Ores	2.59				2.59	
制造业	**Manufacture**	**9279.02**	**17.94**	**598.93**	**172.10**	**8251.95**	**238.10**
农副食品加工业	Processing of Farm and Sideline Food	247.54	0.09	5.79	1.01	229.58	11.07
食品制造业	Manufacture of Food	251.03	0.16	8.45	1.23	235.85	5.34
酒、饮料和精制茶制造业	Manufacture of Wine,Beverage and refined tea	123.65	0.01	2.44	0.43	109.77	11.00
烟草制品业	Tobacco Products	14.92				14.72	0.19
纺织业	Textile Industry	410.32		10.16	4.05	392.52	3.59
纺织服装、服饰业	Manufacture of Textile Garments, Apparel	409.80	0.01	2.67	2.41	402.21	2.51
皮革、毛皮、羽毛及其制品和制鞋业	Leather, Fur, Feather and Related Products, and Footwear	208.78		6.08	2.71	187.10	12.88
木材加工及木、竹、藤、棕、草制品业	Timber Processing, Bamboo, Cane, Palm Fiber & Straw Products	150.88	0.70	2.65	0.38	141.02	6.14
家具制造业	Manufacture of Furniture	273.82	0.76	8.68	1.98	253.58	8.82
造纸和纸制品业	Papermaking and Paper Products	230.55		12.94	16.60	197.33	3.68
印刷业和记录媒介复制业	Printing and Record Medium Reproduction	143.11		4.20	1.06	136.75	1.11
文教、工美、体育和娱乐用品制造业	Manufacture of Culture, Arts, Sports and Entertainment Articles	251.37	0.26	6.18	2.22	236.65	6.06
石油加工、炼焦及核燃料加工业	Petroleum Refining, Coking and Nuclear Fuel Processing	259.82		181.24		74.98	3.60
化学原料及化学制品制造业	Manufacture of Raw Chemical Materials and Chemical Products	463.74	0.61	21.39	13.27	419.78	8.69
医药制造业	Manufacture of Medicines	179.27	0.05	7.59	0.10	168.13	3.40
化学纤维制造业	Manufacture of Chemical Fibers	20.19		0.90		19.04	0.25
橡胶和塑料制品业	Manufacture of Rubber and Plastic Products	492.13	0.10	31.24	12.87	429.51	18.41
非金属矿物制品业	Nonmetal Mineral Products	845.08	2.33	35.22	1.51	784.89	21.13
黑色金属冶炼及压延加工业	Smelting and Pressing of Ferrous Metals	151.01		39.76	0.25	110.31	0.70
有色金属冶炼及压延加工业	Smelting and Pressing of Nonferrous Metals	121.17		15.24	4.41	98.36	3.15
金属制品业	Metal Products	706.74	0.80	23.67	4.49	664.76	13.02
通用设备制造业	Manufacture of General-purpose Machinery	346.63	0.68	21.25	4.37	304.37	15.95
专用设备制造业	Manufacture of Special-purpose Machinery	461.28	2.09	22.11	34.31	387.64	15.14
汽车制造业	Manufacture of Automobile	447.98	0.44	7.60	6.18	421.86	11.90

5-12 续表 1 Contunued 1

单位：亿元 (100 million yuan)

项　　目	Item	本年资金来源合计 Sources of Funds	国家预算内资金 State Budget	国内贷款 Domestic Loans	利用外资 Foreign Inves-tment	自筹资金 Self-raising Fund	其他资金 Others
铁路、船舶、航空航天和其他运输设备制造业	Manufacture of Railway, Slip, Aeronautics and Other Transport Equipment	115.34	2.67	7.22		89.17	16.28
电气机械及器材制造业	Manufacture of Electrical Machinery and Equipment	681.80	0.83	27.57	13.70	629.47	10.23
计算机、通信和其他电子设备制造业	Manufacture of Computers, Communication Equipment and Other Electronic Equipment	1036.04	3.13	42.81	35.41	937.51	17.17
仪器仪表制造业	Manufacture of Instrments and Meters	96.41	1.58	8.09	6.77	78.99	0.99
其他制造业	Other Manufactures	40.27		1.94	0.22	35.89	2.22
废弃资源综合利用业	Comprehensive Utilization of Waste	91.00	0.55	33.83	0.17	52.98	3.47
金属制品、机械和设备修理业	Manufacture of Metal Products, Machinery and Equipment Maintenance	7.35	0.08	0.03		7.24	
电力、热力、燃气及水生产和供应业	**Production and Supply of Electric Power, Heat Power, Gas and Water**	**1187.39**	**63.48**	**279.19**	**0.34**	**762.00**	**82.38**
电力、热力生产和供应业	Production and Supply of Electric Power and Heat Power	875.97	29.10	249.80		552.45	44.62
燃气生产和供应业	Production and Supply of Gas	62.18	1.68	10.47	0.05	40.16	9.81
水的生产和供应业	Production and Supply of Water	249.25	32.70	18.92	0.29	169.39	27.95
建筑业	**Construction**	**52.06**	**3.67**	**0.49**		**46.82**	**1.08**
房屋建筑业	Housing Construciton	5.77	0.31			5.46	
土木工程建筑业	Civil Engineering Construction	33.19	3.37	0.09		28.66	1.07
建筑安装业	Construction and Installation	4.57				4.57	
建筑装饰和其他建筑业	Architectural Decoration and Other Construction	8.53		0.40		8.12	0.01
批发和零售业	**Wholesale and Retail Trades**	**805.56**	**4.05**	**28.14**	**11.46**	**716.67**	**45.26**
批发业	Wholesale	337.47	2.24	12.10	0.23	309.27	13.64
零售业	Retail Trade	468.09	1.81	16.04	11.23	407.39	31.62
交通运输、仓储和邮政业	**Transport, Storage and Postal Services**	**2895.68**	**677.40**	**1028.72**	**24.25**	**910.71**	**254.59**
铁路运输业	Railway Transport	308.73	119.26	62.74		93.32	33.41
道路运输业	Road Transport	1822.77	509.79	646.53	11.37	492.95	162.14
水上运输业	Waterway Transport	237.83	22.87	20.15	0.55	148.75	45.52
航空运输业	Air Transport	268.81	0.14	245.91		20.90	1.87
管道运输业	Pipeline Transport	3.27	3.11			0.16	
装卸搬运和运输代理业	Transportation and Handling	39.07		11.21	2.28	24.82	0.76
仓储业	Storage	204.51	22.24	42.18	10.06	119.13	10.90
邮政业	Postal Services	10.69				10.69	
住宿和餐饮业	**Hotels and Catering Services**	**345.31**	**0.81**	**14.84**	**7.67**	**297.64**	**24.34**
住宿业	Hotels	266.85	0.55	14.56	5.13	227.57	19.05
餐饮业	Catering Services	78.46	0.26	0.29	2.55	70.07	5.29
信息传输、软件和信息技术服务业	**Information Transmission, Software and Information Technology Services**	**564.77**	**3.09**	**45.71**	**0.79**	**505.75**	**9.43**
电信、广播电视和卫星传输服务	Telecommunications, Broadcasting Television and Satellite Transmission Services	314.34	1.38	0.79		308.55	3.63
互联网和相关服务	Internet and Related Services	77.53	0.30	0.51	0.23	76.36	0.13
软件和信息技术服务业	Software and Information Technology Services	172.90	1.41	44.42	0.56	120.84	5.67
金融业	**Finance**	**82.05**	**5.38**			**67.86**	**8.80**
货币金融服务	Monetary and Financial Services	15.34	0.38			14.00	0.95

5−12 续表 2 Continued 2

单位：亿元 (100 million yuan)

项　　目	Item	本年资金来源合计 Sources of Funds	国家预算内资金 State Budget	国内贷款 Domestic loans	利用外资 Foreign Inves-tment	自筹资金 Self-raising Fund	其他资金 Others
资本市场服务	Capital Market Services	36.17	5.00			23.43	7.75
保险业	Insurance	27.51				27.51	
其他金融活动	Other Financial Activities	3.02				2.92	0.10
房地产业	**Real Estate**	**19127.52**	**103.37**	**2657.82**	**33.76**	**6021.70**	**10310.87**
房地产业	Real Estate	19127.52	103.37	2657.82	33.76	6021.70	10310.87
租赁和商务服务业	**Leasing and Business Services**	**443.06**	**16.31**	**132.83**	**0.12**	**276.36**	**17.43**
租赁业	Leasing	179.67		119.84		59.83	
商务服务业	Business Services	263.38	16.31	12.99	0.12	216.54	17.43
科学研究、技术服务业	**Scientific Research, Technological Services**	**215.79**	**19.45**	**17.57**	**6.14**	**167.10**	**5.52**
研究与试验发展	Research and Experimental Development	125.68	8.96	7.79	5.50	99.02	4.41
专业技术服务业	Professional Technical Services	46.11	7.91	1.93	0.00	35.54	0.73
科技推广和应用服务业	Science and Technology Popularization and Application Services	44.00	2.58	7.85	0.64	32.54	0.38
水利、环境和公共设施管理业	**Management of Water Conservancy, Environment and Public Facilities**	**2598.51**	**636.38**	**144.99**	**0.67**	**1444.49**	**371.98**
水利管理业	Management of Water Conservancy	399.97	123.36	15.86	0.65	154.18	105.92
生态保护和环境治理业	Ecological Protection and Environmental Treatment	79.41	15.05	2.86		55.80	5.70
公共设施管理业	Management of Public Facilities	2119.14	497.96	126.27	0.02	1234.51	260.37
居民服务、修理和其他服务业	**Households'service,Repair and Other Services**	**42.28**	**2.31**	**0.03**		**37.71**	**2.23**
居民服务业	Services to Households	20.73	2.31			17.21	1.21
机动车、电子产品和日用产品修理业	Motor Vehicle, Electronic Products and Consumer Products repair	15.96		0.03		15.04	0.90
其他服务业	Other Services	5.58				5.46	0.12
教育	**Education**	**497.19**	**189.02**	**9.68**		**262.58**	**35.90**
教育	Education	497.19	189.02	9.68		262.58	35.90
卫生和社会工作	**Health and Social Work**	**201.81**	**56.12**	**8.80**		**117.76**	**19.14**
卫生	Health	175.97	51.43	6.66		99.78	18.10
社会工作	Social Work	25.84	4.69	2.14		17.97	1.04
文化、体育和娱乐业	**Culture, Sports and Recreation**	**306.37**	**33.03**	**14.60**	**5.66**	**202.31**	**50.77**
新闻出版业	Publication	4.36	0.06			4.30	0.01
广播、电视、电影和影视录音制作业	Production of Radio, Television, Film and Video Recording	35.41	1.00	0.88		33.21	0.32
文化艺术业	Culture and Arts	143.69	26.15	7.89		88.49	21.15
体育	Sports	68.03	5.35	2.83	4.57	29.38	25.90
娱乐业	Recreation	54.88	0.47	3.00	1.09	46.93	3.39
公共管理、社会保障和社会组织	**Public Administration, Social Security and Social Organizations**	**180.78**	**57.59**	**1.70**	**0.11**	**89.56**	**31.83**
中国共产党机关	Organs of Communist Party of China	0.38	0.35			0.03	
国家机构	Government Agencies	125.50	55.61	0.05	0.11	54.74	14.99
人民政协、民主党派	Chinese Peoples Political Consultative Conference, Democratic Parties						
社会保障	Social Security	0.37	0.28			0.09	
群众社团、社会团体和其他成员组织	Mass Organizations, Social Organizations and Other Member Organizations	32.74		0.22		21.51	11.02
基层群众自治组织	Self-governing Mass Organizations at the Grass-roots Level	21.80	1.36	1.43		13.19	5.83

5-13 各市财务拨贷款资金来源主要指标（2016年）

Main Indicators on Sources of Funds and Loans for Investment by City (2016)

单位：亿元 (100 million yuan)

市别	City	本年资金来源合计 Sources of Funds	国家预算资金 State and Local Budget	国内贷款 Domestic Loans	利用外资 Foreign Investment	自筹资金 Self-raising Fund	其他资金 Others
全省总计	**Provincial Total**	**39510.62**	**1911.77**	**4993.53**	**263.73**	**20769.67**	**11571.92**
广州	Guangzhou	6593.58	657.06	1073.53	37.01	2839.06	1986.92
深圳	Shenzhen	5645.16	452.38	1158.97	1.18	2397.10	1635.52
珠海	Zhuhai	2278.04	59.17	266.45	54.03	635.45	1262.94
汕头	Shantou	1577.14	35.76	49.07	0.48	1394.54	97.29
佛山	Foshan	4371.78	27.44	607.58	46.04	2324.45	1366.28
#顺德	Shunde	982.20	5.86	108.21	2.35	516.13	349.65
韶关	Shaoguan	687.31	19.40	37.22	0.33	472.56	157.81
河源	Heyuan	620.73	46.27	92.71	2.58	376.33	102.84
梅州	Meizhou	635.79	51.18	73.85	1.55	392.94	116.28
惠州	Huizhou	2428.60	66.41	277.35	30.29	1154.64	899.92
汕尾	Shanwei	675.50	5.49	69.19		453.96	146.86
东莞	Dongguan	2293.02	32.21	247.95	62.44	881.96	1068.47
中山	Zhongshan	1766.63	39.26	111.53	4.73	697.28	913.83
江门	Jiangmen	1551.19	32.60	245.62	19.40	883.45	370.12
阳江	Yangjiang	574.73	12.14	56.39	0.08	356.86	149.26
湛江	Zhanjiang	1600.20	61.90	147.23		1045.67	345.40
茂名	Maoming	1456.53	117.54	91.59	0.53	1050.14	196.72
肇庆	Zhaoqing	1419.15	63.81	161.02	0.30	1006.44	187.58
清远	Qingyuan	762.76	55.30	92.76		308.71	306.01
潮州	Chaozhou	444.20	45.67	27.43	0.19	339.14	31.78
揭阳	Jieyang	1511.56	20.04	38.21	2.57	1309.11	141.62
云浮	Yunfu	617.00	10.77	67.86		449.89	88.49
按经济区域分	By Region						
珠三角	Pearl River Delta	28347.16	1430.32	4150.02	255.42	12819.84	9691.57
东翼	Eastern Region	4208.41	106.96	183.91	3.24	3496.75	417.55
西翼	Western Region	3631.46	191.58	295.21	0.61	2452.68	691.38
山区	Mountainous Region	3323.59	182.91	364.40	4.46	2000.41	771.42

5-14 各市按构成和建设性质分固定资产投资（2016年）

Investment in Fixed Assets in Urban Area by Composition of Funds,Type of Construction and City (2016)

单位：亿元 (100 million yuan)

市别	City	投资额 Total Investment	按构成分 By Composition of Funds			按建设性质分 By Type of Construction		
			建筑安装工程 Construction and Installion	设备、工具器具购置 Purchase of Equipment and Instruments	其他费用 Others	#新建 New Construction	#扩建 Expansion	#改建和技术改造 Recons-truction and Technological Transformation
全省总计	**Provincial Total**	**33008.86**	**21463.77**	**5806.33**	**5738.75**	**24860.74**	**3298.72**	**3305.23**
广州	Guangzhou	5703.59	3276.11	929.72	1497.76	4455.19	186.34	497.88
深圳	Shenzhen	4078.16	2550.14	488.36	1039.66	3557.04	112.54	321.10
珠海	Zhuhai	1389.75	863.81	98.00	427.95	1223.54	65.21	70.82
汕头	Shantou	1579.53	764.91	587.80	226.81	650.01	842.93	73.39
佛山	Foshan	3512.04	2447.43	582.23	482.38	2738.34	154.14	517.81
#顺德	Shunde	764.85	527.65	112.99	124.21	570.48	36.34	126.67
韶关	Shaoguan	702.09	524.30	111.63	66.17	561.21	70.61	66.51
河源	Heyuan	652.29	457.32	118.16	76.81	551.51	19.24	61.18
梅州	Meizhou	650.36	479.05	88.24	83.06	566.40	26.04	56.41
惠州	Huizhou	2039.71	1451.04	388.93	199.74	1573.51	262.07	116.71
汕尾	Shanwei	652.45	439.13	105.72	107.60	420.40	101.82	121.42
东莞	Dongguan	1557.46	969.23	353.27	234.96	1163.57	51.13	145.64
中山	Zhongshan	1149.01	817.57	136.42	195.03	921.45	41.11	125.83
江门	Jiangmen	1517.77	1045.47	253.25	219.05	1137.95	202.44	128.68
阳江	Yangjiang	503.92	334.78	115.21	53.92	430.77	24.86	43.89
湛江	Zhanjiang	1531.60	1185.66	225.09	120.84	1019.39	300.90	140.87
茂名	Maoming	1262.76	860.27	304.86	97.63	854.86	158.08	236.89
肇庆	Zhaoqing	1373.74	732.18	415.39	226.18	684.40	299.09	234.53
清远	Qingyuan	620.95	452.28	81.34	87.34	525.95	37.70	49.45
潮州	Chaozhou	454.62	316.13	63.57	74.92	355.56	29.89	53.41
揭阳	Jieyang	1485.54	1054.13	239.78	191.63	1072.28	252.44	143.92
云浮	Yunfu	591.51	442.83	119.36	29.33	397.39	60.17	98.87
按经济区域分	By Region							
珠三角	Pearl River Delta	22321.24	14152.98	3645.56	4522.70	17454.99	1374.06	2159.01
东翼	Eastern Region	4172.14	2574.30	996.88	600.96	2498.25	1227.07	392.15
西翼	Western Region	3298.27	2380.72	645.16	272.39	2305.02	483.84	421.66
山区	Mountainous Region	3217.21	2355.77	518.73	342.71	2602.47	213.75	332.42

5-15 各市农业、能源、原材料、运输邮电业投资和比重（2016年）

Volume and Proportion of Investment in Capital Construction of Agriculture, Energy, Raw Materials, Transport, Post and Telecommunications (2016)

市别	City	投资额(亿元) Volume of Investment (100 million yuan)				比重(以投资总额为100) Proportion (total investment=100)			
		农、林、牧、渔业 Farming, Forestry, Animal Husbandry and Fishery	能源 Energy	原材料 Raw Materials	交通运输、仓储和邮政业 Transport, Storage and Postal Services	农、林、牧、渔业 Farming, Forestry, Animal Husbandry and Fishery	能源 Energy	原材料 Raw Materials	交通运输、仓储和邮政业 Transport, Storage and Postal Services
全省总计	**Provincial Total**	**518.70**	**1349.30**	**1668.08**	**3087.13**	**1.6**	**4.1**	**5.1**	**9.4**
广州	Guangzhou	23.13	104.53	33.36	807.04	0.4	1.8	0.6	14.1
深圳	Shenzhen	0.26	66.19	11.72	447.19		1.6	0.3	11.0
珠海	Zhuhai	3.77	54.61	21.46	123.21	0.3	3.9	1.5	8.9
汕头	Shantou	13.49	15.91	48.79	46.81	0.9	1.0	3.1	3.0
佛山	Foshan	19.53	29.28	270.87	194.32	0.6	0.8	7.7	5.5
#顺德	Shunde	6.46	0.54	16.71	47.08	0.8	0.1	2.2	6.2
韶关	Shaoguan	40.13	72.07	77.16	91.64	5.7	10.3	11.0	13.1
河源	Heyuan	14.94	11.23	43.04	63.23	2.3	1.7	6.6	9.7
梅州	Meizhou	3.51	28.56	29.72	98.08	0.5	4.4	4.6	15.1
惠州	Huizhou	18.19	217.72	71.99	104.74	0.9	10.7	3.5	5.1
汕尾	Shanwei	27.93	56.56	14.14	58.45	4.3	8.7	2.2	9.0
东莞	Dongguan	1.33	52.20	22.03	133.38	0.1	3.4	1.4	8.6
中山	Zhongshan	0.42	24.92	18.46	62.61		2.2	1.6	5.4
江门	Jiangmen	17.14	110.37	92.10	157.17	1.1	7.3	6.1	10.4
阳江	Yangjiang	12.74	131.76	33.75	61.20	2.5	26.1	6.7	12.1
湛江	Zhanjiang	123.31	139.75	147.44	130.04	8.1	9.1	9.6	8.5
茂名	Maoming	41.90	104.27	214.01	123.13	3.3	8.3	16.9	9.8
肇庆	Zhaoqing	93.31	34.17	194.56	132.34	6.8	2.5	14.2	9.6
清远	Qingyuan	4.33	33.80	49.71	79.32	0.7	5.4	8.0	12.8
潮州	Chaozhou	17.97	14.21	16.57	70.15	4.0	3.1	3.6	15.4
揭阳	Jieyang	26.43	34.22	111.56	50.58	1.8	2.3	7.5	3.4
云浮	Yunfu	14.93	12.99	145.65	52.52	2.5	2.2	24.6	8.9
按经济区域分	By Region								
珠三角	Pearl River Delta	177.08	693.98	736.54	2161.99	0.8	3.1	3.3	9.7
东翼	Eastern Region	85.82	120.90	191.07	226.00	2.1	2.9	4.6	5.4
西翼	Western Region	177.95	375.78	395.19	314.36	5.4	11.4	12.0	9.5
山区	Mountainous Region	77.85	158.65	345.28	384.78	2.4	4.9	10.7	12.0

 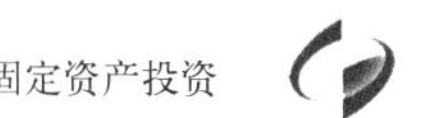

5-16 各市工业投资和比重（2016年）
Investment in Industry and Proportion by City (2016)

单位：亿元　　(100 million yuan)

市别	City	投资额（亿元） Volume of Investment (100 million yuan)				比重（以投资总额为100） Proportion (total investment=100)			
		工业合计 Total	采矿业 Mining	制造业 Manufacturing	电力热力燃气及水的生产和供应业 Production and Supply of Electricity,Gas and Water	合计 Total	采矿业 Mining	制造业 Manufacturing	电力、燃气及水的生产和供应业 Production and Supply of Electricity,Gas and Water
全省总计	**Provincial Total**	**11051.68**	**163.62**	**9594.01**	**1294.06**	**33.5**	**0.5**	**29.1**	**3.9**
广州	Guangzhou	713.92		553.56	160.36	12.5		9.7	2.8
深圳	Shenzhen	691.57	0.11	617.30	74.16	17.0	…	15.1	1.8
珠海	Zhuhai	287.47	13.48	241.28	32.71	20.7	1.0	17.4	2.4
汕头	Shantou	847.45	1.62	814.16	31.67	53.7	0.1	51.5	2.0
佛山	Foshan	1463.59		1417.71	45.88	41.7		40.4	1.3
#顺德	Shunde	239.39		233.84	5.55	31.3		30.6	0.7
韶关	Shaoguan	250.28	13.51	157.02	79.76	35.6	1.9	22.4	11.4
河源	Heyuan	252.67	6.12	228.60	17.95	38.7	0.9	35.0	2.8
梅州	Meizhou	207.55	0.78	173.42	33.36	31.9	0.1	26.7	5.1
惠州	Huizhou	813.55	4.59	752.72	56.24	39.9	0.2	36.9	2.8
汕尾	Shanwei	203.43		142.74	60.69	31.2		21.9	9.3
东莞	Dongguan	565.44		503.74	61.70	36.3		32.3	4.0
中山	Zhongshan	329.50		300.80	28.69	28.7		26.2	2.5
江门	Jiangmen	694.25	3.55	572.86	117.85	45.7	0.2	37.7	7.8
阳江	Yangjiang	283.98	2.61	146.79	134.58	56.4	0.5	29.1	26.7
湛江	Zhanjiang	566.46	34.32	409.09	123.04	37.0	2.2	26.7	8.0
茂名	Maoming	724.34	50.86	603.59	69.88	57.4	4.0	47.8	5.5
肇庆	Zhaoqing	717.22	18.00	650.44	48.78	52.2	1.3	47.3	3.6
清远	Qingyuan	163.90	6.41	120.76	36.74	26.4	1.0	19.4	5.9
潮州	Chaozhou	184.39	0.05	166.63	17.71	40.6	…	36.7	3.9
揭阳	Jieyang	783.19	0.65	741.50	41.04	52.7	…	49.9	2.8
云浮	Yunfu	307.53	6.96	279.31	21.27	52.0	1.2	47.2	3.6
按经济区域分	By Region								
珠三角	Pearl River Delta	6276.51	39.73	5610.41	626.37	28.1	0.2	25.1	2.8
东翼	Eastern Region	2018.46	2.31	1865.03	151.12	48.4	0.1	44.7	3.6
西翼	Western Region	1574.78	87.80	1159.47	327.50	47.7	2.7	35.2	9.9
山区	Mountainous Region	1181.93	33.77	959.09	189.07	36.7	1.0	29.8	5.9

5-17 投资效益指标

Indicators on Investment Efficiency

项目	Item	2005	2010	2013	2014	2015	2016
固定资产交付使用率	**Rate of Fixed Assets Put into Use**						
本年完成投资（亿元）	Investment Completed in Current Year (100 million yuan)	7164.11	16113.19	22828.65	25928.09	30031.20	33008.86
本年新增固定资产（亿元）	Newly Increased Fixed Assets in Current Year (100 million yuan)	4668.97	10744.63	14976.47	18090.89	18466.39	16834.10
固定资产交付使用率（%）	Rate of Fixed Assets Put into Use (%)	65.2	66.7	65.6	69.8	61.5	51.0
建成项目投产率	**Rate of Projects Completed and Put into Use**						
本年施工项目（个）	Number of Projects under Construction (unit)	23472	50626	31082	33416	38740	44652
本年建成投产项目(个)	Projects Completed and Put into Use (unit)	10680	36926	19896	22767	27410	32059
建成项目投产率（%）	Rate of Projects Completed and Put into Use(%)	45.5	72.9	64.0	68.1	70.8	71.8
房屋建筑面积	**Floor Space of Buildings Completed**						
本年房屋施工面积（万平方米）	Floor Space of Buildings under Construction (10000 sq.m)	38351.76	57221.79	74295.64	81692.25	84133.98	84623.21
本年房屋竣工面积（万平方米）	Floor Space of Buildings Completed (10000 sq.m)	17053.80	20420.60	16199.46	17294.71	15303.96	14042.25
房屋面积竣工率（%）	Rate of Floor Space of Buildings Completed(%)	44.5	35.7	21.8	21.2	18.2	16.6
建设周期	**Period to Complete Total Planned Investment**						
计划总投资（亿元）	Total Planned Investment (100 million yuan)	26335.04	62193.20	91060.73	101000.17	110176.52	126902.21
本年完成投资（亿元）	Investment Completed in Current Year (100 million yuan)	7164.11	16113.19	22828.65	25928.09	30031.20	33008.86
建设周期（年/月）	Period to Complete Total Planned Investment (year/month)	3/8	3/10	4/0	3/11	3/8	3/10

5-18 新增主要生产能力或效益

Newly Increased Production Capacity or Efficiency

指 标	Item	2005	2010	2014	2015	2016
石油加工：	Petroleum Refining:					
蒸馏设备能力 (处理万吨/年)	Distillation Equipment Capacity (10000 tons/year)	300		17	20	5
裂化设备能力 (处理万吨/年)	Cracking Equipment Capacity (10000 tons/year)	10	102	24	17	10
加氢精制设备能力 (处理万吨/年)	Hydro-refining Equipment Capacity (10000 tons/year)	120	200			
钢材：	Steels:			197.60	512.85	561.20
热轧钢材 (万吨/年)	Hot-roll (10000 tons/year)	280.35	103.60			
冷轧(拔)钢材 (万吨/年)	Non-hot-roll (10000 tons/year)	377.55	75.45			
铜冶炼 (吨/年)	Copper Smelting (tons/year)	25477	155000	15350	3200	
铝加工材 (吨/年)	Aluminum Processing (tons/year)	119780	184230	846000	397572	83589
铜加工材 (吨/年)	Copper Material (tons/year)			90982	15030	2000
发电机组装机容量 (万千瓦)	Capacity of Generating Sets (10000 kw)	526.93	763.96	628.01	770.20	382.27
#水力发电 (万千瓦)	Hydropower (10000 kw)	37.32	108.39	11.28	7.26	20.84
火力发电 (万千瓦)	Thermal Power (10000 kw)	433.57	580.00	345.00	559.20	181.50
输电线路(11万伏及以上) (公里)	Transmission Lines(≥110000kv) (km)	4066.05	6996.95	5534.52	3171.11	2252.35
水泥 (万吨/年)	Cement (10000 tons/year)	1792	1751	635	638	450
塑料树脂及共聚物 (吨/年)	Plastic Resin and Copolymer (ton/year)	32999	340713	685115	204103	267409
内燃机 (台/年)	Internal Combustion Engine (set/year)			360000		120000
(万千瓦/年)	(10000 kw/year)			3852		1152
轿车制造 (万辆/年)	Manufacture of Car (10000 units/year)			23	28	51
电视机 (万部/年)	Television (10000 units/year)			250		150
新建公路 (公里)	Newly Constructed Highways (km)	1860.61	3028.90	3128.64	2441.95	1658.79
#高速公路 (公里)	Express Highways (km)	187.86	508.70	723.35	751.01	532.01
改建公路 (公里)	Reconstructed Highways (km)	5379.79	4253.65	2560.31	2664.16	2160.70
#一级公路 (公里)	First Class Highways (km)	309.70	237.85	169.82	197.76	366.80
新建独立公路桥梁 (延长米)	Length of Newly Constructed Highway Bridges (m)	13032	22739	14602	14080	9914
(座)	Number of Newly Constructed Highway Bridges(unit)	118	48	32	22	12
新(扩)建港口码头 (年吞吐量：万吨)	Annual Handling Capacity of Newly Constructed or Expanded Ports (10000 tons)	3158	3516	222	704	1227
(泊位：个)	Number of Berths in Newly Constructed or Expanded Ports (unit)	13	28	11	14	5
新(扩)建客、货运站 (个)	Number of Newly Constructed or Expanded Passenger and Freight Stations (unit)	29	22	8	10	5
(平方米)	Area of Newly Constructed or Expanded Passenger and Freight Stations (sq.m)	90564	221957	97085	107349	30145
程控交换机(指安装能力)(万线/年)	Program-controlled Switchboards (10 000 lines/year)	82				
飞机购置 (架)	Aircraft Purchase (unit)			29	33	36
城市自来水供水能力 (万吨/日)	Capacity of City Tap Water Supply (10000 tons/day)	359.41	62.77	20.10	0.50	30.15
城市污水处理能力 (万吨/日)	Disposal Capacity of City Sewage (10000 tons/day)	124.46	506.88	52.00	17.68	29.65

5-19 各市施工和竣工面积(2016年)
Floor Space Under Construction and Floor Space Completed(2016)

市 别	City	施工建筑面积(万平方米) Floor Space under Construction (10000 sq.m)	#住宅 Residential Buildings	竣工建筑面积(万平方米) Floor Space Completed (10000 sq.m)	#住宅 Residential Buildings
总 计	**Provincial Total**	**84623.21**	**45076.14**	**14042.25**	**5091.61**
广 州	Guangzhou	11563.90	6228.81	1642.25	832.98
深 圳	Shenzhen	6677.50	3195.56	587.81	302.26
珠 海	Zhuhai	3082.62	1744.58	410.76	320.13
汕 头	Shantou	3490.57	1674.26	866.35	293.77
佛 山	Foshan	9459.37	4946.54	1067.52	386.35
#顺 德	Shunde	2995.35	1506.13	379.24	54.18
韶 关	Shaoguan	2030.99	1223.86	332.09	168.40
河 源	Heyuan	1516.66	907.26	264.90	165.21
梅 州	Meizhou	1894.69	1008.81	255.74	154.94
惠 州	Huizhou	8286.52	5318.95	1172.23	509.97
汕 尾	Shanwei	1182.80	423.77	396.94	45.83
东 莞	Dongguan	5700.37	3206.07	320.55	174.27
中 山	Zhongshan	5937.06	3448.02	843.78	361.81
江 门	Jiangmen	4219.26	2058.67	686.14	234.14
阳 江	Yangjiang	1784.21	1136.46	203.43	89.75
湛 江	Zhanjiang	2891.65	1482.46	655.39	132.25
茂 名	Maoming	2266.49	1306.88	424.97	112.10
肇 庆	Zhaoqing	2773.21	1698.21	457.30	219.08
清 远	Qingyuan	3338.56	2424.41	397.52	279.51
潮 州	Chaozhou	595.19	347.80	64.04	40.98
揭 阳	Jieyang	4525.55	538.31	2856.08	191.55
云 浮	Yunfu	1406.05	756.44	136.47	76.34

5-20　房地产开发主要指标

Main Indicators on Real Estate Development

项　　目	Item	2000	2010	2014	2015	2016
土地开发及购置（万平方米）	**Land Development and Purchases (10000 sq.m)**					
本年土地购置面积	Land Space Purchased in Current Year	1942.30	1726.31	1956.99	1478.80	1750.32
本年完成投资额（亿元）	**Investment Completed in Current Year (100 million yuan)**	**858.61**	**3659.69**	**7638.45**	**8538.47**	**10307.80**
#住宅	Residential Buildings	593.74	2539.03	5187.32	5890.51	6977.66
资金来源小计（亿元）	**Source of Funds (100 million yuan)**	**1064.51**	**7426.13**	**11326.60**	**14164.30**	**17666.05**
#国内贷款	Domestic Loans	228.53	1256.11	2432.61	2577.81	2559.13
利用外资	Foreign Investment	39.16	90.85	63.65	26.65	30.23
自筹资金	Self-raising Funds	287.71	1582.94	3705.57	3933.40	4844.00
其他资金	Others	509.11	4496.22	5124.77	7626.44	10232.68
房屋建筑面积（万平方米）	**Floor Space of Buildings (10000 sq.m)**					
施工面积	Floor Space under Construction	9922.12	29301.36	53977.47	57941.86	64233.80
#住宅	Residential Buildings	7400.38	22253.76	38290.06	40388.82	44171.00
竣工面积	Floor Space Completed	3161.39	5659.10	7327.99	6044.43	6593.75
#住宅	Residential Buildings	2598.52	4589.22	5442.49	4435.40	4773.04
竣工房屋价值（亿元）	**Value of Buildings Completed(100 million yuan)**	**511.46**	**1587.46**	**2634.41**	**2256.69**	**2493.40**
#住宅	Residential Buildings	415.94	1276.09	1936.15	1639.45	1776.33
商品房屋销售额（亿元）	**Total Sales (100 million yuan)**	**729.50**	**5480.77**	**8461.84**	**11442.80**	**16214.61**
#住宅	Residential Buildings	597.36	4589.82	6960.26	9967.32	14240.33
商品房屋销售面积(万平方米)	**Floor Space of Commerdal Buildings Sold (10000 sq.m)**	**2259.95**	**7321.76**	**9315.76**	**11681.01**	**14611.60**
#住宅	Residential Buildings	2009.34	6552.81	8163.56	10497.62	13021.97

5-21 房地产开发投资情况
Investment in Real Estate Development

单位：亿元 (100 million yuan)

按登记注册类型分组	By Registration Status	2015 完成投资额 Investment Completed	2015 #住宅 Residential Buildings	2016 完成投资额 Investment Completed	2016 #住宅 Residential Buildings
全省总计	**Provincial Total**	**8538.47**	**5890.51**	**10307.80**	**6977.66**
内资	Domestic	7202.59	5010.05	8868.10	6085.04
国有	State-owned	159.89	97.77	166.95	92.61
集体	Collective-owned	72.20	52.93	63.85	48.34
股份合作	Cooperative	7.05	6.14	24.02	20.11
联营	Joint			0.26	0.14
其他有限责任公司	Other Limited Liability	4358.05	3037.02	5497.62	3784.69
股份有限公司	Share-holding	272.09	197.43	233.21	168.62
私营	Private	2284.95	1584.33	2856.60	1954.42
其他	Others	48.36	34.43	25.59	16.11
港澳台商投资	Funds from Hong Kong, Macao and Taiwan	961.90	636.33	1002.20	613.44
外商投资	Foreign Funded	373.98	244.13	437.49	279.18

5-22 房地产开发房屋建筑面积及价值（2016年）
Floor Space and Value of Buildings in Real Estate Development (2016)

按登记注册类型分组	By Registration Status	房屋建筑面积(万平方米) Floor Space of Buildings(10000 sq.m) 施工面积 Floor Space of Buildings under Construction	竣工面积 Floor Space of Buildings Completed	#住宅 Residential Buildings	竣工房屋价值（亿元） Value of Buildings Completed (100 million yuan)	#住宅 Residential Buildings
全省总计	**Provincial Total**	**64233.80**	**6593.75**	**4773.04**	**2493.40**	**1776.33**
内资	Domestic-funded Economy	56081.22	5630.31	4068.46	2043.06	1451.49
国有	State-owned	1377.57	131.99	104.79	90.23	83.60
集体	Collective-owned	494.38	108.58	93.26	28.71	24.83
股份合作	Cooperative	80.01				
联营	Joint	7.12				
有限责任公司	Limited Liability	33982.73	3410.58	2432.65	1192.96	848.75
股份有限公司	Share-holding	1521.63	108.78	53.32	71.99	25.59
私营	Private	18508.27	1870.36	1384.46	659.17	468.73
其他	Others	109.51				
港澳台商投资	Funds from Hong Kong, Macao and Taiwan	5689.49	534.56	357.33	255.67	159.28
外商投资	Foreign Funded	2463.10	428.88	347.25	194.68	165.56

5-23 各市房地产开发投资情况（2016年）
Investment in Real Estate Development by City (2016)

单位：亿元 (100 million yuan)

市别	City	完成投资额 Investment Completed	#住宅 Residential Buildings	#别墅、高档公寓 Villas,High-grade Apartments	办公楼 Office Buildings	商业营业用房 Houses for Business Use	其他 Others
全省总计	**Provincial Total**	**10307.80**	**6977.66**	**461.12**	**852.06**	**1390.28**	**1087.79**
广州	Guangzhou	2540.85	1594.44	70.73	304.15	375.94	266.33
深圳	Shenzhen	1756.52	1044.54	98.56	310.44	246.45	155.09
珠海	Zhuhai	641.03	449.50	43.20	50.62	61.12	79.79
汕头	Shantou	306.38	211.17	3.89	7.20	29.47	58.54
佛山	Foshan	1229.97	863.21	44.15	64.52	170.40	131.84
#顺德	Shunde	311.55	215.35	21.56	14.38	47.82	33.99
韶关	Shaoguan	146.84	106.59	3.87	1.06	22.90	16.28
河源	Heyuan	175.72	129.93	1.18	4.60	32.14	9.06
梅州	Meizhou	172.53	116.56	5.15	2.19	31.76	22.02
惠州	Huizhou	747.63	597.34	44.91	9.05	73.87	67.37
汕尾	Shanwei	56.77	45.52	1.92	0.17	5.26	5.83
东莞	Dongguan	642.76	439.13	74.36	53.89	78.94	70.80
中山	Zhongshan	543.59	377.78	8.54	9.68	93.18	62.95
江门	Jiangmen	353.62	270.49	12.26	2.14	39.13	41.85
阳江	Yangjiang	101.38	83.55	9.74	1.08	12.79	3.96
湛江	Zhanjiang	223.21	138.17	9.63	18.76	36.16	30.12
茂名	Maoming	109.84	84.28	5.31	2.43	11.47	11.67
肇庆	Zhaoqing	145.20	113.16	8.71	4.65	13.48	13.92
清远	Qingyuan	227.52	175.79	12.07	3.95	29.55	18.24
潮州	Chaozhou	61.75	45.73		0.43	5.59	10.00
揭阳	Jieyang	53.51	42.40		0.26	2.67	8.18
云浮	Yunfu	71.18	48.39	2.92	0.81	18.02	3.96
按经济区域分	By Region						
珠三角	Pearl River Delta	8601.16	5749.58	405.42	809.14	1152.50	889.94
东翼	Eastern Region	478.40	344.81	5.81	8.05	43.00	82.54
西翼	Western Region	434.43	306.00	24.67	22.27	60.42	45.75
山区	Mountainous Region	793.80	577.26	25.21	12.61	134.37	69.56

5-24 各市房地产开发房屋建筑面积及价值（2016年）

Floor Space and Value of Buildings in Real Estate Development by City (2016)

市别	City	房屋建筑面积(万平方米) Floor Spaceof Buildings(10000 sq.m)			竣工房屋价值(亿元) Value of Buildings Completed (100 million yuan)	
		施工面积 Floor Space of Buildings under Construction	竣工面积 Floor Space of Buildings Completed	#住宅 Residential Buildings		#住宅 Residential Buildings
全省总计	**Provincial Total**	**64233.80**	**6593.75**	**4773.04**	**2493.40**	**1776.33**
广州	Guangzhou	10061.92	1202.24	818.43	434.52	270.20
深圳	Shenzhen	5173.99	490.03	280.64	362.00	219.62
珠海	Zhuhai	2643.88	360.93	309.50	225.67	203.51
汕头	Shantou	2432.71	406.95	289.45	127.27	97.33
佛山	Foshan	7746.22	566.68	382.63	263.30	174.98
#顺德	Shunde	2302.02	79.37	54.18	34.01	23.27
韶关	Shaoguan	1578.03	191.88	163.93	38.90	32.87
河源	Heyuan	1179.89	241.01	163.59	64.20	45.65
梅州	Meizhou	1339.00	213.60	152.54	52.76	37.12
惠州	Huizhou	6839.15	555.50	449.48	186.78	153.43
汕尾	Shanwei	476.00	22.17	19.95	5.16	4.32
东莞	Dongguan	4408.65	232.68	169.62	118.70	84.19
中山	Zhongshan	4874.21	499.31	353.40	151.23	103.79
江门	Jiangmen	2882.13	285.47	228.35	76.92	62.26
阳江	Yangjiang	1508.43	113.74	87.63	23.24	19.61
湛江	Zhanjiang	2091.83	158.59	121.11	68.89	51.91
茂名	Maoming	1596.97	104.64	84.01	23.68	18.77
肇庆	Zhaoqing	2324.02	314.35	211.55	95.31	62.55
清远	Qingyuan	3096.88	330.24	264.01	91.86	74.13
潮州	Chaozhou	444.37	46.95	38.04	13.24	10.49
揭阳	Jieyang	522.13	122.53	108.82	36.15	31.34
云浮	Yunfu	1013.39	134.23	76.34	33.61	18.28
按经济区域分	By Region					
珠三角	Pearl River Delta	46954.19	4507.20	3203.60	1914.43	1334.51
东翼	Eastern Region	3875.20	598.60	456.27	181.82	143.47
西翼	Western Region	5197.23	376.98	292.75	115.82	90.29
山区	Mountainous Region	8207.19	1110.97	820.42	281.33	208.06

 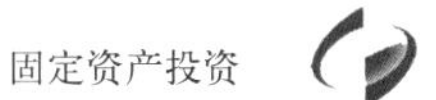

5-25 按用途分商品房屋销售面积(2016年)

Floor Space of Commercialized Buildings Sold by Use(2016)

单位：万平方米 (10 000 sq.m)

按登记注册类型分组	By Registration Status	商品房销售面积合计 Floor Space of Commercialized Buildings Sold	按用途分 By use				
			住宅 Residential Buildings	#别墅、高档公寓 Villas, Highgrade Apartments	办公楼 Office Buildings	商业营业用房 Houses for Business Use	其他 Others
全省总计	**Provincial Total**	**14611.60**	**13021.97**	**534.57**	**399.15**	**677.93**	**512.55**
内资	Domestic-funded Economy	12860.37	11492.01	458.75	346.44	594.82	427.09
国有	State-owned	181.51	141.57	1.61	21.30	11.64	7.00
集体	Collective-owned	161.88	146.72	5.44	0.41	4.40	10.36
股份合作	Cooperative	21.50	20.95			0.54	
联营	Joint	1.26	0.97			0.29	
有限责任公司	Limited Liability	7741.00	6819.38	305.75	244.56	380.33	296.73
股份有限公司	Share-holding	347.60	325.72	2.70	8.29	11.88	1.71
私营	Private	4377.77	4011.47	142.46	71.77	183.34	111.19
其他	Others	27.86	25.22	0.79	0.12	2.40	0.11
港澳台商投资	Funds from Hong Kong, Macao and Taiwan	1130.34	983.51	54.52	40.13	52.90	53.80
外商投资	Foreign Funded	620.90	546.46	21.29	12.59	30.20	31.66

5-26 按用途分商品房屋销售额(2016年)

Sales Volume of Commercialized Buildings Sold by Use(2016)

单位：亿元 (100 million yuan)

按登记注册类型分组	By Registration Status	商品房销售额合计 Floor Space of Commercialized Buildings Sold	按用途分 By use				
			住宅 Residential Buildings	#别墅、高档公寓 Villas, Highgrade Apartments	办公楼 Office Buildings	商业营业用房 Houses for Business Use	其他 Others
全省总计	**Provincial Total**	**16214.61**	**14240.33**	**850.35**	**731.56**	**896.03**	**346.70**
内资	Domestic-funded Economy	13656.90	12008.36	694.36	605.85	756.96	285.74
国有	State-owned	284.29	186.62	12.72	84.25	10.38	3.05
集体	Collective-owned	140.01	127.90	7.00	0.24	5.92	5.95
股份合作	Cooperative	29.33	27.93			1.41	
联营	Joint	0.88	0.67			0.21	
有限责任公司	Limited Liability	8172.91	7071.80	448.58	401.34	499.11	200.66
股份有限公司	Share-holding	692.01	668.45	8.72	7.86	13.84	1.86
私营	Private	4301.83	3892.56	215.86	112.03	223.09	74.15
其他	Others	35.63	32.44	1.48	0.13	3.00	0.06
港澳台商投资	Funds from Hong Kong, Macao and Taiwan	1601.07	1370.71	93.08	103.04	90.25	37.07
外商投资	Foreign Funded	956.64	861.26	62.91	22.67	48.82	23.89

5-27 各市商品房屋销售情况（2016年）

Sales of Commercial Buildings by City (2016)

市别	City	商品房销售面积（万平方米）Floor Space of Buildings Commerdal Actually Sold (10000 sq.m)	#住宅 Residential Buildings	商品房销售额（亿元）Sales Volume of Buildings Commerdal Actually Sold (100 million yuan)	#住宅 Residential Buildings
全省总计	**Provincial Total**	**14611.60**	**13021.97**	**16214.61**	**14240.33**
广州	Guangzhou	1949.10	1624.01	3193.33	2654.56
深圳	Shenzhen	736.19	660.08	3323.64	3003.22
珠海	Zhuhai	653.15	596.61	1215.60	1096.96
汕头	Shantou	353.45	322.74	279.35	243.86
佛山	Foshan	2221.51	1856.95	2117.23	1794.18
#顺德	Shunde	678.65	560.40	607.77	502.18
韶关	Shaoguan	368.70	333.39	166.28	136.41
河源	Heyuan	342.94	325.60	151.87	140.66
梅州	Meizhou	386.63	337.76	188.94	156.92
惠州	Huizhou	1771.91	1700.22	1415.00	1337.17
汕尾	Shanwei	194.73	182.52	93.87	85.45
东莞	Dongguan	1024.25	887.01	1418.17	1222.31
中山	Zhongshan	1158.23	1015.33	844.81	737.47
江门	Jiangmen	679.78	621.89	410.23	373.10
阳江	Yangjiang	311.21	300.60	144.55	135.80
湛江	Zhanjiang	405.23	379.78	245.40	226.16
茂名	Maoming	321.26	303.14	169.82	155.93
肇庆	Zhaoqing	499.96	443.96	239.33	205.16
清远	Qingyuan	770.26	733.78	375.07	350.92
潮州	Chaozhou	100.91	95.58	55.29	52.68
揭阳	Jieyang	133.45	124.69	65.60	59.47
云浮	Yunfu	228.79	176.33	101.24	71.93
按经济区域分	By Region				
珠三角	Pearl River Delta	10694.06	9406.07	14177.35	12424.14
东翼	Eastern Region	782.53	725.52	494.10	441.45
西翼	Western Region	1037.70	983.52	559.77	517.89
山区	Mountainous Region	2097.31	1906.85	983.40	856.84

主要统计指标解释

固定资产投资额 是以货币形式表现的在一定时期内建造和购置固定资产的工作量以及与此有关的费用的总称。它是反映固定资产投资规模、结构和发展速度的综合性指标，又是观察工程进度和考核投资效果的重要依据。

房地产开发投资 各种登记注册类型的房地产开发公司 、商品房建设公司及其他房地产开发单位统一开发的包括统代建、拆迁还建的住宅、厂房、仓库、饭店、宾馆、度假村、写字楼、办公楼等房屋建筑物和配套的服务设施、土地开发工程，如道路、给水、排水、供电 、供热、通讯、平整场地等基础设施工程的投资。包括实际从事房地产开发或经营活动的附营房地产开发单位。不包括单纯的土地交易活动。

固定资产投资的资金来源 根据固定资产投资的资金来源不同，分为国家预算资金、国内贷款、债券、利用外资、自筹资金和其他资金来源。

(1)国家预算资金 自 2011 年起，按照全国人大和国务院的要求，各级财政的所有资金，包括税收和非税收入，均必须纳入预算管理，我国已不存在预算外资金的概念，因此各级政府用于固定资产投资的财政资金均为预算资金。由于已经没有预算外资金，因此名称改为国家预算资金，包括中央预算资金和地方预算资金，旧的国家预算内资金的内容和现中央预算资金的内容基本一致。

国家预算包括一般预算、政府性基金预算、国有资本经营预算和社保基金预算。各类预算中用于固定资产投资的资金全部作为国家预算资金填报，其中一般预算中用于固定资产投资的部分包括基建投资、车购税、灾后恢复重建基金和其他财政投资。各级政府债券也应归入国家预算资金。

(2)国内贷款 指报告期固定资产投资单位向银行及非银行金融机构借入的用于固定资产投资的各种国内借款，包括银行利用自有资金及吸收存款发放的贷款、上级主管部门拨入的国内贷款、国家专项贷款（包括煤代油贷款、劳改煤矿专项贷款等），地方财政专项资金安排的贷款、国内储备贷款、周转贷款等。

(3)债券 是企业（公司）或金融机构通过发行各种债券筹集到的用于固定资产投资的资金，包括由银行代理发行的重点企业债券和重点建设债券。

(4)利用外资 指报告期内收到的用于固定资产建造和购置的国外资金（包括设备、材料、技术）。包括对外借款、外商直接投资、外商其他投资。不包括我国自有外汇资金。

(5)自筹资金 指固定资产投资单位报告期内收到的，由各地区、各部门及企事业单位筹集用于固定资产投资的预算外资金，包括中央各部门、各级地方和企事业单位的自筹资金。

(6)其他资金来源 指报告期收到的除以上各种资金之外其他用于固定资产投资的资金。包括集资、个人资金、无偿捐赠的资金及其他单位拨入的资金。

新增生产能力（或工程效益） 指通过固定资产投资活动而增加的设计能力（或工程效益），是以实物形态表示的固定资产投资成果的指标，也是考核投资经济效果的重要依据之一。

房屋建筑面积 是房屋建筑物勒脚以上外墙外围的水平截面面积，包括房屋建筑物的有效面积和结构面积。房屋建筑面积统计指标是建设规模和建设成果的重要指标之一，也是检查工程形象进度、计算工程造价、分析投资效果、研究施工任务和建筑材料之间平衡情况的重要依据。

住宅 指供人们居住的房屋，包括职工家属宿舍、集体宿舍（包括职工单身宿舍和学生宿舍）及供居住的各种公寓等。住宅建筑面积中不包括作为人防用、不住人的地下室面积和供办公用的公寓。

房屋施工面积 指在报告期内施工的全部房屋建筑面积。包括本期新开工的面积和上期开工跨入本期继续施工的面积，以及上期已停建在本期恢复施工的房屋面积。本期竣工和本期施工后又停缓建的房屋，其建筑面积仍计入本期房屋施工面积中。

房屋竣工面积 指在报告期内房屋建筑按照设计要求已经全部完工，达到住人和使用条件，经验收鉴定合格（或达到竣工验收标准），正式移交使用的各栋房屋建筑面积的总和。

房屋建筑面积竣工率 是指一定时期内房屋竣工面积与施工面积的比率。它是从房屋建筑施工速度的角度反映投资效果的指标。

新增固定资产 指已经完成建造和购置过程，并已交付生产或使用单位的固定资产的价值。它是表示固定资产投资成果的价值指标，也是反映建设进度，计算固定资产投资效果的重要依据。

固定资产交付使用率 指一定时期新增固定资产与同期完成投资额的比率。它是反映各个时期固定资产动用速度，衡量建设过程中投资效果的一个综合性指标。

建设项目投产率 是建设周期的逆指标，是指一定时期内全部建成投产项目个数与同期施工项目个数的比率。它是从建设速度的角度反映投资效果的指标。

基础设施 基础设施投资指在电力、热水的生产和供应业，燃气生产和供应业，水的生产和供应业，铁路运输业，道路运输业，水上运输业，航空运输业，管道运输业，装卸搬运和运输代理业，邮政业，电信、广播电视和卫星传输服务，互联网和相关服务，水利管理业，生态保护和环境治理业和公共设施管理业等行业方面的固定资产投资。

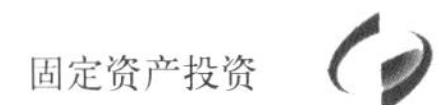

Explanatory Notes on Main Statistical Indicators

Amount of Investment in Fixed Assets refers to the sum in monetary terms of the volume of activities in the construction and purchase of fixed assets as well as related expenses. It is not only a comprehensive indicator of the size, proportional relations and developmental pace of investment in fixed assets, but also an important basis to follow the progress of projects and check the result of investment on. By status of registration, investment in fixed assets consists state-owned, collectively-owned, cooperative, joint, limited-liability, share-holding,, private, self-employed individual, funds from Hong Kong, Macao and Taiwan, foreign funded, and others.

Investment in Real Estate Development refers to investment by real estate development companies, commercialized buildings construction companies and other real estate development units of various types of ownership in the construction of buildings, such as residential buildings, factory buildings, warehouses, hotels, guesthouses, holiday villages, office buildings, and the complementary service facilities and land development projects, such as roads, water supply, water drainage, power supply, heating supply, telecommunications, land leveling and other infrastructural projects. It does not include activities in pure land transactions.

Sources of Funds for Investment in Fixed Assets are categorized as funds from the State budget, domestic loans, foreign investment, self-raised funds, and others, depending on the sources of investment.

(1)State Budgetary Funds Since 2011, in accordance with the requirements of the National People's Congress and the State Council, budgetary funds at all levels, including tax and non-tax revenues, must be included into budgetary management. As a result, the concept of "extra-budgetary funds" no longer exist. Therefore, all the fiscal funds used in fixed asset investment by governments at all levels are state budgetary funds. Without extra-budgetary funds, the name is changed into State Budgetary Funds. It includes central budgetary funds and local budgetary funds. The contents of the previously named "Fund from the State budget" is basically the same as the content of the central budgetary funds.

State budget includes general budget, government fund budget, state-owned capital operation budget and social insurance fund budget. Of all the budgets, the funds used in fixed asset investment are recorded as state budgetary funds. In general budget, the funds used in fixed asset investment include investment in infrastructure, vehicle purchase tax, post-disaster reconstruction fund and other fiscal investments. Government bonds at all levels shall also be included in state budgetary funds.

(2) Domestic loans refer to loans of various forms borrowed by investing units from banks and non-bank financial institutions during the reference period for the purpose of investment in fixed assets, including loans issued by banks from their self-owned funds and deposit, loans appropriated by higher authorities, special loans by government, loans arranged by local government from special funds, domestic reserve loan, and working loan.

(3) Bonds refer to funds raised by enterprises (companies) and financial institutions through issuing various bonds for the purpose of investment in fixed assets, including key enterprise bonds and key construction bonds issued through the agency of banks.

(4) Foreign investment refers to foreign funds received during the reference period for the purpose of construction and purchase of fixed assets (including equipment, materials and technologies). It includes foreign loans, foreign direct investment and other foreign investment, but excludes self-owned foreign exchanges of China.

(5) Fundraising refers to extra-budgetary funds received and raised by enterprises and institutions at all levels during the reference period for the purpose of investment in fixed assets, including funds raised by various departments under the central government, government departments of various levels, enterprises and institutions.

(6) Other funds refer to funds received during the reference period for the purpose of investment in fixed assets which are not included in the above-mentioned sources, including mass financing, individual funds, donations and funds from other units.

Newly Increased Production Capacity (or Project Efficiency) refers to the increase of designed capacity or project efficiency through investment in fixed assets, which is not only an indicator of the accomplishment in kind of investment in fixed assets but also an important basis to check the economic result of investment on..

Floor Space of Buildings refers to level cross-section floor space in each story of buildings calculated from the outside line of building walls above the plinth, including the effective space and structural space occupied by constructions. It is one of the important indicators of construction size and results, as well as an important foundation for checking the progress of projects, calculating the value of project, analyzing the investment result and studying the balance between building materials.

Residential Buildings refer to buildings used as residence by people, including dormitories for families of staff and workers, mass dormitories like those for single workers and students, and various apartments. The floor space of residential buildings excludes the floor space of basement used for air-raid shelters and other purposes than residence and apartments used as offices.

Floor Space under Construction refers to total floor space of all buildings under construction during the reference period, including floor space of newly started buildings during the reference period, floor space of construction extended from the previous period to the current period, and floor space of construction suspended during the previous period but resumed in the current period. Floor space of construction completed in the current period and floor space of construction started and then suspended in the current period are also included in floor space under construction.

Floor Space of Buildings Completed refers to total floor space of all buildings completed in the reference period, which have come up to the designed standards with proper conditions of residence and use, and have been examined and accepted (or met the standards for completion), and put into use.

Completion Rate of Floor Space of Buildings refers to the ratio of the floor space of buildings completed in a certain period of time to the floor space of buildings under construction in the same period, which reflects the investment result of the construction industry from the perspective of the speed of project construction.

Newly Increased Fixed Assets refer to the value of fixed assets which have been completed and transferred to production units or users. It is a value indicator of the achievements of investment in fixed assets as well as an important basis to evaluate the result of investment in fixed assets on.

Rate of Projects of Fixed Assets Completed and Put into Use refers to the ratio of newly increased fixed assets to total investment made in the same period. It is a comprehensive indicator of the speed of the deployment of fixed assets and investment efficiency.

Rate of Construction Projects Completed and Put into Use is the inverse indicator of construction period, referring to the ratio of the number of construction projects completed and put into use in certain period of time to the number of projects under construction in the same period. This reflects the investment efficiency from the perspective of the speed of project construction.

Infrastructure Investment Infrastructure investment refers to the fixed assets investments in the industry of electric power, hot water production and supply industry, gas production and supply industry, water production and supply industry, railway transport, road transport, water transport, air transport industry, pipeline transportation, handling and transportation agent industry, postal services, telecommunications, radio, television and satellite transmission service, Internet and related services, water management industry, ecological protection and environmental governance industry and public facilities management.

六、对外经济

FOREIGN ECONOMY

六　对外经济

简要说明

一、本篇资料综合反映广东对外贸易、利用外资、对外承包工程和劳务合作以及“三资”企业工商登记等历年概况和近年发展的详细情况。

二、本篇资料由广东省统计局贸易外经处负责整理、编辑。

三、资料来源和统计范围：

1．人民币对美元、日元、港元的年平均汇价资料来源于外汇管理部门，是根据当年国家外汇管理局提供的每日汇价进行加权平均计算而得出的。

2．进出口贸易规模、结构情况资料，来源于海关总署广东分署，统计范围为在广东境内经海关报关注册登记的经营单位（包括有进出口经营权和无进出口经营权的经营单位）。进出口商品价值，出口按离岸价（FOB）、进口按到岸价（CIF）统计；进出口商品分类按海关合作理事会制定的《商品名称及编码协调制度》（HS）目录进行分类统计。

3. 利用外资规模、结构、对外直接投资和广东对外承包工程和劳务合作状况资料来源于广东省商务厅。

4. 外商投资企业注册登记情况资料来源于广东省工商行政管理局。

5. 对外开放使用口岸分布状况资料来源于广东省商务厅。

6　Foreign Economy

Brief Introduction

Ⅰ. The data in this chapter show the development of Guangdong's foreign trade, utilization of foreign capital, contracted projects and labor services cooperation with foreign countries or regions, and registration status of enterprises with foreign investment over the years.

Ⅱ. The data in this chapter are prepared and edited by the Division of Trade and External Economic Relations Statistics of Statistics Bureau of Guangdong Province.

Ⅲ. Data sources and statistical coverage:

(1) The data on the average exchange rates of RMB yuan to US dollar, Japanese yen and Hong Kong dollar over the years come from the State Administration of Foreign Exchange. The annual average exchange rate is calculated as the weighted mean of the daily exchange rates provided by the State Administration of Foreign Exchange in current year.

(2) The data on the size and composition of Guangdong's imports and exports come from Guangdong Customs Office. The statistics cover the operating units (with or without the right to handle imports and exports) which have a declaration and register at customs within the boundary of Guangdong. The values of export commodities are calculated on an FOB basis, while the values of import commodities are calculated on a CIF basis. The Harmonized Commodity Description and Coding System (HS) stipulated by the Customs Cooperation Council is used in the classification of import and export commodities.

(3) The data on the scale and composition of the utilization of foreign capital,overseas direct invest ment and the conditions of contracted projects and labor cooperation with foreign countries or territories in Guangdong come from the Department of Commerce of Guangdong Province.

(4) The data on registration status of enterprises with foreign investment come from the Administration of Industry and Commerce of Guangdong Province.

(5) The data on the distribution of ports opening to the outside world come from the Department of Commerce of Guangdong Province.

6-1 对外经济主要指标

Main Indicators of Foreign Trade and Economic Cooperation

指标	Item	2000	2010	2013	2014	2015	2016
进出口总额（亿元）	Total Value of Imports and Exports (100 million)			67806.10	66137.28	63559.70	63099.68
出口总额	Total Exports			39513.95	39693.38	39983.10	39520.54
进口总额	Total Imports			28292.14	26443.90	23576.60	23579.14
进出口总额（亿美元）	Total Value of Imports and Exports (USD 100 million)	1701.06	7848.96	10918.22	10765.84	10227.96	9552.86
出口总额	Total Exports	919.19	4531.91	6363.64	6460.87	6434.68	5985.64
#农产品	Farm Produce		56.71	81.31	84.32	86.45	91.99
机电产品	Machanical and Electrical Products	499.75	3156.48	4395.69	4285.59	4380.34	4064.84
高新技术产品	High and New-tech Products	170.20	1753.39	2564.07	2310.17	2325.47	2135.92
进口总额	Total Imports	781.87	3317.05	4554.58	4304.97	3793.28	3567.21
#农产品	Farm Produce		97.93	148.82	168.19	178.48	176.61
机电产品	Machanical and Electrical Products	358.34	2055.00	2836.64	2543.12	2489.04	2411.23
高新技术产品	High and New-tech Products	183.15	1489.79	2186.64	1932.83	1932.84	1897.10
签订利用外资协议(合同)项目（个）	Number of Projects with Contracted Foreign Capital (unit)	16879	6022	5740	6175	7033	8078
#外商直接投资	Foreign Direct Investment	4245	5641	5520	6016	7029	8078
签订利用外资协议(合同)金额（亿美元）	Amount of Contracted Foreign Capital (USD 100 million)	110.86	251.70	366.63	433.94	561.46	867.34
#外商直接投资	Foreign Direct Investment	86.84	246.01	363.13	430.59	561.10	866.75
实际利用外资额(亿美元)	Amount of Foreign Capital Actually Utilized (USD 100 million)	145.75	210.26	253.27	272.78	270.25	234.07
#外商直接投资	Foreign Direct Investment	122.37	202.61	249.52	268.71	268.75	233.49
外商投资企业年底工商登记数（户）	Number of Registered Enterprises with Foreign Investment at the Year-end (unit)	49865	71525	100639	104555	111169	119688
投资总额（亿美元）	Total Investment (USD 100 million)	2165.09	4212.60	5126.40	5620.63	6443.10	7815.71
注册资本（亿美元）	Registered Capital (USD 100 million)	1280.86	2494.93	3037.15	3377.37	3906.14	5085.88
对外承包工程合同数(份)	Number of Contracted Projects with Foreign Countries and Territories (unit)	86	605	617	1139	1937	1503
合同金额（亿美元）	Contracted Value (USD 100 million)	3.66	98.67	236.65	152.49	207.24	219.87
完成营业额（亿美元）	Value of Turnover Fulfilled(USD 100 million)	3.45	82.08	228.65	124.11	198.78	181.64
对外劳务人员合同工资总额（亿美元）	Contracted Value (USD 100 million)	1.29	7.66	5.39	13.88	13.97	6.55
对外劳务人员实际工资总额（亿美元）	Value of Turnover Fulfilled(USD 100 million)	1.08	5.84	4.47	6.62	11.78	8.92

6–2 人民币对主要外币年平均汇价

Annual Average Exchange Rates of RMB Yuan against Main Convertible Currencies

单位：人民币，元 (RMB/yuan)

年份 Year	100美元 100 US Dollars	100日元 100 Japanese Yen	100港元 100 Hong Kong Dollars	100欧元 100 Euros
1987	372.21	2.5799	47.74	
1988	372.21	2.9082	47.70	
1989	376.59	2.7360	48.28	
1990	478.38	3.3233	61.39	
1991	532.27	3.9602	68.45	
1992	551.49	4.3608	71.24	
1993	576.19	5.2020	74.41	
1994	861.87	8.4370	111.53	
1995	835.07	8.9225	107.96	
1996	830.57	7.6238	107.40	
1997	828.97	6.8623	107.09	
1998	827.90	6.3487	106.88	
1999	827.83	7.2913	106.66	
2000	827.84	7.6950	106.17	
2001	827.71	6.8098	106.07	
2002	827.70	6.6651	106.08	801.45
2003	827.70	7.1347	106.24	937.77
2004	827.70	7.6552	106.23	1029.00
2005	819.17	7.4484	105.00	1019.53
2006	797.18	6.8570	102.62	1001.90
2007	760.40	6.4632	97.46	1041.75
2008	694.51	6.7427	89.19	1022.27
2009	683.10	7.2986	88.12	952.70
2010	676.95	7.7279	87.13	897.25
2011	645.88	8.1050	82.97	900.11
2012	631.25	7.9029	81.04	810.78
2013	619.36	6.3354	79.85	821.95
2014	614.28	5.8196	79.22	816.51
2015	622.84	5.1543	80.34	691.41
2016	664.23	6.1243	85.58	734.26

6-3 进出口总额

Total Value of Imports and Exports

单位：亿美元 (USD 100 million)

年份 Year	进出口总额 Total Imports and Exports	出口 Exports	进口 Imports	差额 Balance
1987	210.37	101.40	108.97	-7.57
1988	310.19	148.17	162.02	-13.85
1989	355.78	181.13	174.65	6.48
1990	418.98	222.21	196.77	25.44
1991	525.21	270.73	254.48	16.25
1992	657.48	334.58	322.90	11.68
1993	783.44	373.94	409.50	-35.56
1994	966.63	502.11	464.52	37.59
1995	1039.72	565.92	473.80	92.12
1996	1099.60	593.46	506.14	87.32
1997	1301.20	745.64	555.56	190.08
1998	1297.98	756.18	541.80	214.38
1999	1403.68	777.05	626.63	150.42
2000	1701.06	919.19	781.87	137.32
2001	1764.87	954.21	810.66	143.55
2002	2210.92	1184.58	1026.34	158.24
2003	2835.22	1528.48	1306.74	221.74
2004	3571.29	1915.69	1655.60	260.09
2005	4280.02	2381.71	1898.31	483.40
2006	5272.07	3019.48	2252.59	766.89
2007	6340.35	3692.39	2647.96	1044.43
2008	6834.92	4041.88	2793.04	1248.83
2009	6111.18	3589.56	2521.62	1067.93
2010	7848.96	4531.91	3317.05	1214.86
2011	9133.34	5317.93	3815.41	1502.52
2012	9839.47	5740.59	4098.88	1641.71
2013	10918.22	6363.64	4554.58	1809.06
2014	10765.84	6460.87	4304.97	2155.90
2015	10227.96	6434.68	3793.28	2641.41
2016	9552.86	5985.64	3567.21	2418.43

注：进出口差额负数为入超。

Note: A negative balance indicates trade deficit. That is, imports surpassing exports.

6-4 按贸易方式和经济类型分的进出口额

Total Value of Imports and Exports by Customs Regime and Ownership Type

单位：亿美元 (USD 100 million)

项　目	Item	2000		2005		2010	
		出口 Exports	进口 Imports	出口 Exports	进口 Imports	出口 Exports	进口 Imports
总　计	**Total**	**919.19**	**781.87**	**2381.71**	**1898.31**	**4531.91**	**3317.05**
按贸易方式分	By Customs Regime						
一般贸易	Ordinary Trade	174.36	208.55	533.21	485.00	1492.16	1192.60
来料加工	Processing and Assembling with Customer's Materials	265.80	179.09	402.71	286.27	513.93	331.39
补偿贸易	Compensation Trade	0.08		0.01		…	
进料加工	Processing and Assembling with Import Materials	452.00	314.62	1347.97	884.13	2241.82	1375.22
加工设备	Processing Equipments		15.24		24.49		7.48
外资设备	Foreign-funded Equipments		34.53		64.44		31.16
保税仓库	Bonded Warehouse	24.04	23.36	97.54	142.07	280.61	364.80
捐赠	Donation	0.02	0.19	0.04	0.09	…	0.17
其他	Others	2.89	6.29	0.21	11.81	3.38	14.23
按经济类型分	By Type of Ownership						
国有经济	State-owned Economy	389.65	317.51	445.63	396.43	545.07	471.22
集体经济	Collective-owned Economy	25.31	25.64	88.66	47.70	163.86	68.82
私营经济	Private Economy	6.14	5.54	299.48	209.35	998.97	686.25
外商投资经济	Foreign-funded Economy	495.09	425.27	1546.77	1240.07	2818.47	2026.45
其他经济	Others	3.00	7.91	1.17	4.76	5.55	64.32

6-4 续表 continued

项　目	Item	2014		2015		2016	
		出口 Exports	进口 Imports	出口 Exports	进口 Imports	出口 Exports	进口 Imports
总　计	**Total**	**6460.87**	**4304.97**	**6434.68**	**3793.28**	**5985.64**	**3567.21**
按贸易方式分	By Customs Regime						
一般贸易	Ordinary Trade	2498.65	1657.55	2760.71	1550.87	2608.58	1554.23
来料加工	Processing and Assembling with Customer's Materials	349.82	255.83	312.29	231.39	248.32	180.79
补偿贸易	Compensation Trade						
进料加工	Processing and Assembling with Import Materials	2856.07	1740.90	2499.81	1359.82	2138.69	1138.01
加工设备	Processing Equipments		20.92		3.03		
外资设备	Foreign-funded Equipments		22.22		7.45		
保税仓库	Bonded Warehouse	643.82	601.50	623.95	613.27	563.90	667.78
捐赠	Donation			0.23	0.03	0.15	0.01
其他	Others	112.51	6.06	237.70	27.43	426.00	26.41
按经济类型分	By Type of Ownership						
国有经济	State-owned Economy	497.69	380.57	496.31	302.58	439.13	251.36
集体经济	Collective-owned Economy	173.08	50.81	185.48	51.53	175.26	61.51
私营经济	Private Economy	2222.75	1284.68	2181.77	1336.91	2476.45	1435.48
外商投资经济	Foreign-funded Economy	3560.75	2327.71	3329.59	2097.16	2886.80	1815.63
其他经济	Others	6.59	261.20	241.54	5.09	8.00	3.23

6-5 按产品类型分的进出口额

Total Value of Imports and Exports by Product Type

单位：亿美元 (USD 100 million)

项 目	Item	2000	2010	2013	2014	2015	2016
出口总额	**Total Exports**	**919.19**	**4531.91**	**6363.64**	**6460.87**	**6434.68**	**5985.64**
#农产品	Farm Produce		56.71	81.31	84.32	86.45	91.99
机电产品	Machanical and Electrical Products	499.75	3156.84	4395.69	4285.59	4380.34	4064.84
金属制品	Metal Products	15.45	133.67	156.94	188.62	218.97	195.76
机械及设备	Machinery and Equipments	133.33	867.14	1002.39	994.44	940.56	883.76
电器及电子产品	Electric and Electronic Products	228.00	1704.46	2600.31	2424.96	2508.05	2327.88
运输工具	Transport Equipments	14.87	112.87	130.48	153.07	160.07	144.57
仪器仪表	Instruments and Meters	28.77	172.15	273.87	253.26	251.05	235.89
其他	Others	79.38	166.56	231.69	271.23	301.65	276.98
高新技术产品	High and New-tech Products	170.20	1753.39	2564.07	2310.17	2325.47	2135.92
生物技术	Biotechnology	0.09	0.07	0.15	0.13	0.28	0.26
生命科学技术	Life Sciences Technology	2.12	13.26	18.06	20.20	21.30	22.74
光电技术	Photoelectric Technology	6.01	102.20	158.74	135.48	134.47	124.50
计算机与通信技术	Computer and Communication Technology	141.54	1448.96	1775.66	1820.42	1792.00	1629.49
电子技术	Electronic Technology	17.54	162.74	571.60	280.27	320.19	302.16
计算机集成制造技术	Computer Integrated Manufacturing Technology	1.46	14.86	22.77	26.57	28.81	29.97
材料技术	Material Technology	0.26	7.39	13.12	11.24	11.17	9.45
航空航天技术	Aerospace Technology	0.14	3.05	2.91	14.86	16.28	16.19
其他	Others	1.04	0.86	1.06	1.00	0.97	1.17
进口总额	**Total Imports**	**781.87**	**3317.05**	**4554.58**	**4304.97**	**3793.28**	**3567.21**
#农产品	Farm Produce		97.93	148.82	168.19	178.48	176.61
机电产品	Machinery and Electrical Products	358.34	2055.00	2836.64	2543.12	2489.04	2411.23
金属制品	Metal Products	3.19	26.38	29.86	34.77	30.00	25.71
机械及设备	Machinery and Equipments	105.39	407.40	425.79	444.18	379.90	354.46
电器及电子产品	Electric and Electronic Products	204.74	1256.87	1938.66	1656.69	1706.94	1712.49
运输工具	Transport Equipments	8.63	77.20	68.94	76.98	74.52	53.90
仪器仪表	Instruments and Meters	21.64	270.26	346.60	309.46	277.07	247.08
其他	Others	14.75	16.89	26.79	21.04	20.62	17.59
高新技术产品	High and New-tech Products	183.15	1489.79	2186.64	1932.83	1932.84	1897.10
生物技术	Biotechnology	0.10	0.50	1.00	0.74	0.77	0.69
生命科学技术	Life Sciences Technology	2.86	14.43	23.01	27.76	27.79	29.46
光电技术	Photoelectric Technology	2.55	183.90	246.18	208.11	181.80	157.59
计算机与通信技术	Computer and Communication Technology	64.65	384.11	577.68	532.64	511.68	469.27
电子技术	Electronic Technology	90.48	790.21	1228.49	1015.15	1079.60	1131.61
计算机集成制造技术	Computer Integrated Manufacturing Technology	16.12	59.04	46.60	71.21	59.07	57.99
材料技术	Material Technology	1.46	19.08	24.70	23.87	17.32	13.96
航空航天技术	Aerospace Technology	1.81	37.34	37.89	52.67	54.39	35.76
其他	Others	3.12	1.18	1.10	0.68	0.43	0.67

6-6 广东同主要国家(地区)进出口额

Total Value of Imports and Exports with Main Countries and Regions

单位：亿美元 (USD 100 million)

国别（地区）	Country (Region)	2015 进出口 Total	2015 出口 Exports	2015 进口 Imports	2016 进出口 Total	2016 出口 Exports	2016 进口 Imports
合计	**Total**	**10227.96**	**6434.68**	**3793.28**	**9552.86**	**5985.64**	**3567.21**
亚洲	**Asia**	**6646.23**	**3690.98**	**2955.25**	**6259.16**	**3426.73**	**2832.43**
#中国香港	Hong Kong, China	2097.80	2051.55	46.24	1856.82	1814.56	42.26
中国澳门	Macao, China	23.24	21.63	1.61	20.59	19.43	1.16
中国台湾	Taiwan, China	606.19	73.87	532.32	597.50	71.11	526.39
日本	Japan	622.59	242.84	379.75	605.66	236.11	369.56
韩国	Republic of Korea	649.49	237.84	411.65	617.00	205.43	411.57
菲律宾	Philippines	133.29	64.58	68.70	139.41	72.78	66.63
泰国	Thailand	219.12	86.68	132.44	229.45	83.05	146.40
马来西亚	Malaysia	283.07	114.19	168.88	284.20	107.87	176.33
新加坡	Singapore	195.97	127.41	68.56	197.34	128.76	68.58
印度尼西亚	Indonesia	109.37	67.62	41.75	110.89	72.85	38.03
印度	India	144.14	118.14	25.99	172.62	148.66	23.96
沙特阿拉伯	Saudi Arabia	75.38	59.99	15.38	69.23	56.48	12.75
阿联酋	United Arab Emirates	114.84	91.77	23.07	98.30	78.46	19.84
东盟	Association of Southeast Asian Nations	1133.83	579.10	554.72	1157.14	584.03	573.11
非洲	**Africa**	**432.37**	**267.13**	**165.24**	**361.46**	**253.65**	**107.82**
#埃及	Egypt	27.17	26.58	0.59	25.08	24.49	0.59
南非	South Africa	176.79	34.89	141.89	121.69	29.99	91.69
欧洲	**Europe**	**1210.95**	**918.02**	**292.92**	**1155.03**	**887.05**	**267.98**
#比利时	Belgium	49.90	40.79	9.10	44.76	34.73	10.03
丹麦	Denmark	20.99	13.61	7.38	17.71	11.02	6.69
英国	United Kingdom	186.50	166.71	19.80	175.63	157.51	18.11
德国	Germany	232.36	157.32	75.04	219.28	144.82	74.45
法国	France	108.56	71.94	36.62	97.92	66.61	31.31
意大利	Italy	89.34	61.64	27.70	89.57	61.86	27.71
荷兰	Netherlands	137.01	122.81	14.20	132.17	116.24	15.94
西班牙	Spain	60.72	53.40	7.32	58.75	51.28	7.47
奥地利	Austria	11.81	5.33	6.48	12.15	5.47	6.67
芬兰	Finland	10.62	6.32	4.30	10.04	5.62	4.42
瑞士	Switzerland	54.70	7.74	46.96	37.57	7.68	29.89
波兰	Poland	36.67	34.56	2.11	41.62	39.35	2.27
俄罗斯	Russia	58.72	52.22	6.50	56.39	52.19	4.20
欧盟	European Union	1071.59	841.63	229.96	1038.63	809.22	229.42
拉丁美洲	**Latin America**	**385.72**	**303.37**	**82.35**	**336.57**	**254.45**	**82.12**
#阿根廷	Argentina	25.47	20.55	4.92	19.93	15.41	4.52
巴西	Brazil	82.83	54.46	28.38	72.69	43.28	29.41
智利	Chile	40.74	23.49	17.25	42.56	23.96	18.60
墨西哥	Mexico	104.86	86.59	18.27	108.16	87.89	20.27
北美洲	**North America**	**1380.70**	**1151.00**	**229.70**	**1271.34**	**1060.20**	**211.13**
#加拿大	Canada	95.04	71.22	23.82	87.25	65.47	21.77
美国	United States of America	1283.92	1078.09	205.83	1182.66	993.31	189.35
大洋洲及其他	**Oceania and others**	**172.00**	**104.18**	**67.82**	**169.30**	**103.57**	**65.74**
#澳大利亚	Australia	144.26	88.26	56.00	140.06	84.79	55.28
新西兰	New Zealand	20.32	11.09	9.23	19.94	11.33	8.60

注：本表数字按产销国别原则统计。
Note:The data in the table are calculated on the basis of production and consumption courtries.

6-7 进出口市场结构

Market Structure of Imports and Exports

单位：亿美元 (USD 100 million)

地 区	Region	2000		2005		2010	
		金额 Amount	比重(%) Percentage (%)	金额 Amount	比重(%) Percentage (%)	金额 Amount	比重(%) Percentage (%)
出口总额	**Total Value of Exports**	**919.19**	**100.0**	**2381.71**	**100.0**	**4531.91**	**100.0**
亚洲	Asia	491.57	53.5	1269.40	53.3	2504.24	55.3
#港澳地区	Hong Kong and Macao	321.05	34.9	850.10	35.7	1542.96	34.0
中国台湾	Taiwan, China	17.51	1.9	35.38	1.5	57.72	1.3
日本	Japan	77.47	8.4	138.41	5.8	216.39	4.8
东盟	Association of Southeast Asian Nations	42.41	4.6	115.79	4.9	313.30	6.9
中东十七国	The Seventeen Countries of the Middle East			59.87	2.5	171.89	3.8
非洲	Africa	9.70	1.1	36.91	1.5	120.58	2.7
欧洲	Europe	137.14	14.9	385.00	16.2	741.72	16.4
#欧盟	European Union	125.79	13.7	333.12	14.0	667.32	14.7
俄罗斯	Russia	1.43	0.2	15.93	0.7	45.58	1.0
拉丁美洲	Latin America	21.21	2.3	58.33	2.4	203.46	4.5
北美洲	North America	247.14	26.9	600.59	25.2	894.62	19.7
#美国	United States of America	236.27	25.7	571.07	24.0	838.53	18.5
大洋洲及其他	Oceania and others	12.43	1.4	31.47	1.3	67.29	1.5
进口总额	**Total Value of Imports**	**781.87**	**100.0**	**1898.31**	**100.0**	**3317.05**	**100.0**
亚洲	Asia	602.64	77.1	1542.61	81.3	2610.49	78.7
#港澳地区	Hong Kong and Macao	53.35	6.8	64.26	3.4	60.84	1.8
中国台湾	Taiwan, China	151.28	19.3	308.64	16.3	438.43	13.2
日本	Japan	140.13	17.9	302.52	15.9	465.92	14.0
东盟	Association of Southeast Asian Nations	91.25	11.7	253.22	13.3	492.97	14.9
中东十七国	The Seventeen Countries of the Middle East			67.56	3.6	108.79	3.3
非洲	Africa	7.61	1.0	19.01	1.0	61.52	1.9
欧洲	Europe	84.64	10.8	165.93	8.7	300.21	9.1
#欧盟	European Union	70.03	9.0	134.60	7.1	262.20	7.9
俄罗斯	Russia	6.22	0.8	12.34	0.7	15.17	0.5
拉丁美洲	Latin America	8.52	1.1	40.83	2.2	95.29	2.9
北美洲	North America	60.26	7.7	101.15	5.3	169.96	5.1
#美国	United States of America	53.05	6.8	89.19	4.7	144.97	4.4
大洋洲及其他	Oceania and others	18.21	2.3	28.78	1.5	79.59	2.4

6-7 续表 continued

单位：亿美元 (USD 100 million)

地 区	Region	2014 金额 Amount	2014 比重(%) Percentage (%)	2015 金额 Amount	2015 比重(%) Percentage (%)	2016 金额 Amount	2016 比重(%) Percentage (%)
出口总额	**Total Value of Exports**	**6460.87**	**100.0**	**6434.68**	**100.0**	**5985.64**	**100.0**
亚洲	Asia	3887.16	60.2	3690.98	57.4	3426.73	57.2
#港澳地区	Hong Kong and Macao	2314.32	35.8	2073.19	32.2	1833.99	30.6
中国台湾	Taiwan, China	78.28	1.2	73.87	1.1	71.11	1.2
日本	Japan	259.39	4.0	242.84	3.8	236.11	3.9
东盟	Association of Southeast Asian Nations	512.87	7.9	579.10	9.0	584.03	9.8
中东十七国	The Seventeen Countries of the Middle East	319.20	4.9	313.86	4.9	289.13	4.8
非洲	Africa	217.21	3.4	267.13	4.2	253.65	4.2
欧洲	Europe	903.49	14.0	918.02	14.3	887.05	14.8
#欧盟	European Union	803.89	12.4	841.63	13.1	809.22	13.5
俄罗斯	Russia	72.92	1.1	52.22	0.8	52.19	0.9
拉丁美洲	Latin America	286.57	4.4	303.37	4.7	254.45	4.3
北美洲	North America	1068.56	16.5	1151.00	17.9	1060.20	17.7
#美国	United States of America	998.83	15.5	1078.09	16.8	993.31	16.6
大洋洲及其他	Oceania and others	97.86	1.5	104.18	1.6	103.57	1.7
进口总额	**Total Value of Imports**	**4304.97**	**100.0**	**3793.28**	**100.0**	**3567.21**	**100.0**
亚洲	Asia	3249.21	75.5	2955.25	77.9	2832.43	79.4
#港澳地区	Hong Kong and Macao	60.44	1.4	47.86	1.3	43.42	0.7
中国台湾	Taiwan, China	560.26	13.0	532.32	14.0	526.39	8.8
日本	Japan	419.78	9.8	379.75	10.0	369.56	6.2
东盟	Association of Southeast Asian Nations	609.99	14.2	554.72	14.6	573.11	9.6
中东十七国	The Seventeen Countries of the Middle East	179.13	4.2	105.30	2.8	77.84	1.3
非洲	Africa	276.09	6.4	165.24	4.4	107.82	1.8
欧洲	Europe	346.56	8.1	292.92	7.7	267.98	4.5
#欧盟	European Union	252.42	5.9	229.96	6.1	229.42	3.8
俄罗斯	Russia	7.38	0.2	6.50	0.2	4.20	0.1
拉丁美洲	Latin America	103.45	2.4	82.35	2.2	82.12	1.4
北美洲	North America	246.47	5.7	229.70	6.1	211.13	3.5
#美国	United States of America	218.93	5.1	205.83	5.4	189.35	3.2
大洋洲及其他	Oceania and others	81.05	1.9	67.82	1.8	65.74	1.1

6-8 进出口商品分类金额

Total Value of Imports and Exports by Category of Commodities

单位：万美元 (USD 10000)

商品类别	Category of Commodities	2015		2016	
		出口 Exports	进口 Imports	出口 Exports	进口 Imports
总　计	**Total Value**	**64346836**	**37932769**	**59856435**	**35672146**
第一类 活动物；动物产品	**Live Animals and Animal Products**	**219363**	**266927**	**221873**	**404921**
活动物	Live Animals	22803	2493	23534	822
肉及食用杂碎	Meat and Edible Haslets	32940	136795	32134	285319
水产品	Aquatic Products	149026	69875	151207	60955
乳品、蛋品、天然蜂蜜、其他食用动物产品	Dairy Products, Eggs, Natural Honey and Other Edible Animal Products	7162	50237	8243	49466
其他动物产品	Other Animal Products	7433	7527	6755	8359
第二类 植物产品	**Plant Products**	**100825**	**803169**	**112741**	**730730**
树苗及花草	Saplings, Flowers and Herbs	4834	3224	5100	2217
蔬菜	Edible Vegetables	24175	4464	33554	3404
水果及坚果	Fruits and Nuts	16874	258647	15123	266161
咖啡、茶叶及调味香料	Coffee, Tea and Spices	15861	5932	18928	6823
谷物	Cereals	292	223965	580	180210
制粉工业产品	Flour, Starch and Related Products	11299	19214	11105	15279
植物油籽及果实、种子、药材及饲料	Oil Seeds and Kernels, Seeds, Medical Materials and Forage	15746	278040	17203	249662
虫胶、树胶、树脂	Shellac, Gum, Resin	6214	3545	6111	3269
编结植物材料、其他植物产品	Stuff of Knitting Plant, Other Plants and Related Products	5529	6139	5038	3706
第三类 动、植物油脂及蜡	**Animal Fat, Vegetable Oil and Wax**	**12583**	**139546**	**13741**	**82011**
动、植物油脂及蜡	Animal Fat, Vegetable Oil and Wax	12583	139546	13741	82011
第四类 食品、烟草及制品	**Food, Tobacco and Related Products**	**514103**	**489139**	**555199**	**492250**
动物产品制品	Animal Products	155179	2330	165016	2719
糖及糖食	Sugar and Sugar Products	63747	38969	67149	29724
可可及可可制品	Cocoa and Cocoa Products	17338	15288	16365	14201
粮食及乳制品、糕饼点心	Foodstuff, Dairy Products and Pastry Products	51136	129302	53146	138222
蔬菜、水果等植物制品	Products of Vegetables and Fruits	38929	18121	47224	20550
杂项制品	Miscellaneous Edible Products	51185	50348	54563	63330
饮料、酒及醋	Beverages, Liquor and Vinegar	118143	138737	131277	140751
食品的残渣、动物饲料	Dreg of Food, Animal Forage	8499	69178	11578	57563
烟草及烟草制品	Tobacco and Related Products	9948	26865	8881	25190
第五类 矿产品	**Minerals**	**457202**	**1613961**	**405161**	**1399121**
盐、硫磺、建筑材料	Salt, Sulphur, Building Materials	61910	47295	54695	43931
矿砂、矿渣及矿灰	Ore, Slag and Mortar	4103	203779	3092	234850
矿物燃料、矿物油及产品	Mineral Fuels, Mineral Oils and Related Products	391189	1362887	347373	1120340
第六类 化工产品	**Chemicals**	**824835**	**1319361**	**810661**	**1273416**
无机化学品	Inorganic Chemicals	110105	81370	103681	67636
有机化学品	Organic Chemicals	129074	296802	135958	301767
药品	Medicinal and Pharmaceutical Products	70449	228208	74001	226974
肥料	Fertilizer	21472	18592	12622	10193
鞣料、染料浸膏、染料、颜料、油漆、油墨	Tanning Materials, Dyeing Extracts, Dyestuff, Colourant, Paint and Printing Ink	64236	102592	63056	100191

6-8 续表 1 continued

单位：万美元 (USD 10000)

商品类别	Category of Commodities	2015 出口 Exports	2015 进口 Imports	2016 出口 Exports	2016 进口 Imports
化妆品及其原料、芳香料制品	Cosmetics and Cosmetic Raw Materials, Perfume Products	151503	66934	143988	73118
洗涤用品	Detergents	58381	74787	64092	71298
蛋白类物质、改性淀粉、胶、酶	Protein Materials, Modified Starch, Gum and Enzyme	55493	101626	53522	99729
炸药、烟火制品、易燃材料制品	Explosive, Pyrotechnic Products, Inflammable Material Products	6466	576	5370	28
照相及电影用品	Photographic and Film Products	25985	61427	21720	60052
杂项化学产品	Miscellaneous Chemical Products	131672	286447	132651	262431
第七类 塑料、橡胶及其制品	**Plastics, Rubber and Related Products**	**1840314**	**2252378**	**1742438**	**2024753**
塑料及其制品	Plastics and Related Products	1698193	2082277	1608503	1870493
橡胶及其制品	Rubber and Related Products	142121	170101	133936	154260
第八类 皮革、毛皮及其制品、旅行用品、手提包	**Leather, Furs and Related Products, Travel Articles, Handbags**	**1178392**	**303936**	**1301721**	**577611**
生皮及皮革	Raw Hides and Leather	25244	244050	27937	186342
皮革制品、旅行用品及手提包	Leather Products, Travel Articles and Handbags	1122817	21388	1084825	26953
毛皮、人造毛皮及制品	Furs, Artificial Furs and Related Products	30331	38498	7197	18156
第九类 木及木制品、草柳编结品	**Wood and Wooden Products, Straw and Wicker Knitting Products**	**203155**	**322608**	**181763**	**346161**
木及木制品、木炭	Wood and Wooden Products, Charcoal	171729	321964	153503	345503
软木及软木制品	Cork and Related Products	325	252	265	175
草柳编结品	Straw and Wicker Knitting Products	31101	392	27995	484
第十类 木浆、纸、纸板及制品	**Wood Pulp, Paper, Paperboard and Related Products**	**721823**	**465319**	**701254**	**432196**
木浆及其他纤维素浆、废碎纸板	Wood Pulp and Cellulose Pulp, Waste Paper and Paperboard	271	303028	321	271744
纸及纸板、纸浆、纸制品	Paper, Paperboard, Paper Pulp, Paper Products	475945	111390	475984	101782
书籍、印刷品、设计图纸	Books, Printed Matter, Design Blueprint	245607	50901	224949	58670
第十一类 纺织原料及纺织制品	**Textile Materials and Products**	**5045013**	**749805**	**4805327**	**622181**
蚕丝	Natural Silk	9896	3033	8303	2500
羊毛、动物毛、毛纱线及制品	Wool, Animal Hair, Woolen Yarn and Woven Fabrics	12805	24630	9007	17680
棉花	Cotton	205971	261287	191231	206346
其他纺织纤维、纸纱线及机织物	Other Textile Fibers, Yarn and Related Woven Fabrics	27336	13311	8742	10801
化学纤维长丝	Chemical Fiber, Continuous Filament	64834	97242	67264	83872
化学纤维短丝	Chemical Fiber, Staple Fiber	41406	54575	49892	48418
絮胎、毡尼及无纺物、特种纱线、线绳索缆	Wadding, Felt and Adhesive-bond Fabrics, Special Yarn, Threads, Ropes, Cables	75567	37748	70135	38671
地毯及纺织铺地制品	Carpets and Related Woven Products	27933	1051	23317	1257
特种机织物、纺织装饰品、刺绣品	Special Woven Fabrics, Woven Ornaments, Embroidery	100898	22934	99490	20470
浸渍、涂布、包覆或层压的纺织物	Impregnated, Coated, Covered or Laminated Textile Products	94418	51244	91981	48633
针织物及钩编织物	Knit Wear and Crocheted Fabrics	342871	81082	306879	69890
针织或钩编的服装及衣着附件	Knitted or Crocheted Garments and Clothing Accessories	1751783	37097	1628997	32410
非针织或非钩编的服装及衣着附件	Garments Not Knitted or Not Crocheted and Clothing Accessories	2029385	55819	2009157	32836
其他纺织制成品、成套物品	Other Textile Products	259910	8752	240934	8396
第十二类 鞋帽伞杖、加工羽毛、人造花、人发制品	**Footwear, Headgear, Umbrellas, Canes, Processed Feather, Artificial Flowers, Wigs**	**1825181**	**29956**	**1640612**	**38525**
鞋类及零件	Footwear and Accessories	1599050	27190	1442685	35850
帽类及零件	Headgear and Accessories	84275	1029	78132	1099

6-8 续表 2 continued

单位：万美元 (USD 10000)

商品类别	Category of Commodities	2015		2016	
		出口 Exports	进口 Imports	出口 Exports	进口 Imports
伞、杖、鞭及零件	Umbrellas, Canes, Whips and Accessories	35491	434	31037	450
加工羽毛、羽绒及制品、人造花、人发制品	Processed Feathers, Down and Related Products, Artificial Flowers, Wigs	106365	1303	88757	1125
第十三类 石材制品、陶瓷产品、玻璃及其制品	**Stone Products, Ceramics, Glass and Glassware**	**1466848**	**310778**	**1281354**	**325669**
矿物材料的制品	Stone and Related Products	224875	34271	190027	32818
陶瓷产品	Ceramics	874154	9088	714414	11456
玻璃及其制品	Glass and Glassware	367819	267419	376913	281394
第十四类 珠宝首饰、硬币	**Jewellery, Coins**	**1930577**	**826263**	**1498525**	**874389**
珠宝首饰	Jewellery	1930577	826263	1498525	874389
第十五类 贱金属及其制品	**Base Metals and Related Products**	**2947577**	**1806921**	**2629350**	**2629350**
钢铁	Iron and Steel	281443	370149	274402	336122
钢铁制品	Iron and Steel Products	1103530	165049	942485	132475
铜及其制品	Copper and Related Products	100387	736601	82697	678161
镍及其制品	Nickel and Related Products	807	38930	1712	31810
铝及其制品	Aluminum and Related Products	507056	328855	454723	265191
铅及其制品	Lead and Related Products	353	810	353	530
锌及其制品	Zinc and Related Products	12524	32105	6527	26458
锡及其制品	Tin and Related Products	1047	14314	775	10109
其他贱金属金属陶瓷及其制品	Other Base Metals, Metallic Ceramics and Related Products	51470	35152	48152	31993
贱金属工具器具利口器餐具及零件	Base Metal Tools, Utensils, Sharp Tools, Dinner-sets and Accessories	308838	47960	281427	44552
贱金属杂项制品	Miscellaneous Base Metal Products	580121	36997	536096	33439
第十六类 机械、电气设备、电视机及音响设备	**Machinery, Electric Equipment, TV Sets, Sound Appliances**	**34477443**	**20867915**	**32116368**	**20669533**
核反应堆、锅炉、机械设备及零件	Nuclear Reactor, Boilers, Mechanic Equipment and Accessories	9402742	3798780	8837552	3544626
机电、电气设备、电视机及音响设备	Machinery, Electric Equipment, TV Sets and Sound Appliances	25074700	17069136	23278816	17124907
第十七类 车辆、航空器、船舶及有关运输设备	**Vehicles, Aircraft, Ships and Related Transport Equipment**	**1599820**	**745392**	**1445728**	**538963**
铁道及电车机车、车辆及零件	Rail Locomotives, Tramcars and Accessories	161260	3550	69806	3600
车辆及零附件	Vehicles and Related Parts and Accessories	1007269	281852	987037	316170
航空器、航天器及零件	Aircraft, Spacecraft and Related Parts and Accessories	72766	431226	103361	206369
船舶及浮动结构体	Ships and Related Products	358525	28764	285524	12823
第十八类 仪器、医疗器械、钟表及乐器	**Instruments, Medical Instruments and Equipm-ent,Clocks and Watches, Musical Instruments**	**2930972**	**2934747**	**2731893**	**2596924**
光学、照相电影、计量检验、医疗仪器设备	Optical, Photographic, Film, Measuring and Checking, Medical Instruments and Equipment	2510061	2771115	2358932	2470782
钟表及零件	Clocks, Watches and Parts	374494	159817	326028	122048
乐器及零附件	Musical Instruments and Parts	46418	3816	46932	4094
第十九类杂项制品	**Miscellaneous Manufactured Articles**	**6012350**	**168031**	**5713947**	**160634**
家具、床上用品、照明装置、发光标志	Furniture, Bed Articles, Lighting Apparatus, Radiate Marks	3582990	46995	3495798	51933
玩具、游戏、运动用品及零附件	Toys, Game Goods, Sports Articles and Related Parts and Accessories	2139660	70106	1926316	58512
杂项制品	Miscellaneous Manufactured Articles	289700	50930	291833	50190
第二十类 艺术品、收藏品及古物	**Works of Art, Collection Pieces and Antiques**	**6446**	**1174**	**3820**	**334**
第二十一类 特殊交易品及未分类商品	**Special Trading Goods and Unclassified Goods**	**2386**	**1515032**	**124722**	**123335**

6-9 出口主要商品数量和金额

Main Export Commodities in Volume and Value

单位：万美元 (USD 10000)

商品名称	Item	2015 数量 Volume	2015 金额 Value	2016 数量 Volume	2016 金额 Value
活猪 (吨)	Live Hogs (ton)	70671	18664	64077	18941
活家禽 (吨)	Live Poultry (ton)	4793	1357	4559	1352
鲜、冻猪肉 (吨)	Fresh and Frozen Pork (ton)	12602	5366	11416	5763
冻鸡 (吨)	Frozen Chicken (ton)	3089	1022	3009	893
水产品 (吨)	Aquatic Products (ton)	480741	280756	503909	293281
#活鱼 (吨)	Live Fish (ton)	59155	23947	52382	21320
鲜冻对虾 (吨)	Fresh and Frozen Prawn (ton)	3311	3461	4587	5295
谷物 (吨)	Cereals (ton)	106117	6793	99529	6007
#大米 (吨)	Rice (ton)	4410	196	6637	501
蔬菜 (吨)	Vegetables (ton)	639335	31281	695260	42808
#鲜蔬菜 (吨)	Fresh Vegetables (ton)	585874	17680	638193	27586
鲜、干果类 (吨)	Fresh and Dried Fruit (ton)	111989	16635	111011	14734
#柑桔橙 (吨)	Mandarins and Oranges (ton)	21449	2734	18718	2034
食用油籽 (吨)	Edible Oil Seeds (ton)	1528	216	2233	278
食用植物油 (吨)	Edible Vegetable Oil (ton)	21670	3726	28595	4389
食糖 (吨)	Sugar (ton)	67672	4018	98133	5443
茶叶 (吨)	Tea (ton)	5076	4073	6025	7311
猪肉罐头 (吨)	Canned Pork (ton)	22	8	26	8
蘑菇罐头 (吨)	Canned Mushroom (ton)	7170	1389	4092	848
羽毛、羽绒 (吨)	Feather and Down (ton)	3802	4673	3165	4016
药材 (吨)	Medicinal Materials (ton)	22333	15663	24375	16981
纸烟	Cigarettes		2064		1601
生丝 (吨)	Raw Silk (ton)	644	2960	579	2526
成品油 (吨)	Finished Petroleum Products (ton)	2794370	130086	3066847	95192
合成有机染料 (吨)	Synthetic Organic Dyestuff (ton)	4601	2170	6084	2479
医药品 (吨)	Medicinal and Pharmaceutical Products (ton)	65694	108052	89126	114269
#抗菌素 (吨)	Antibiotics (ton)	8201	31336	12472	34859
烟花爆竹 (吨)	Fireworks and Firecrackers (ton)	21750	5982	19892	5130
松香、树脂 (吨)	Rosin, Resin (ton)	20200	4035	14418	2505
轮胎	Rubber Tire		57045		51766
纸及纸板 (吨)	Paper and Paperboard (ton)	831452	95289	999702	127974
纺织品	Textiles		1258733		1162168
#棉纱线 (吨)	Cotton Yarn (ton)	80925	42011	59708	30759
丝绸	Silk		7570		5730
棉布	Cotton Cloth		168822		165549
麻纺布 (万米)	Linen Cloth (10000 m)	5971	24183	1994	6121
混纺布 (万米)	Blended Cloth (10000 m)	3123	4013	6146	9539
玻璃制品	Glass Products		140686		124821
家用陶瓷	Porcelain and Pottery Wares for Household Use		382697		303725
家用或装饰用木制品 (吨)	Wood Articles for Household or Decoration Use (ton)	101529	36747	91065	34493
珍珠、宝石	Pearls and Precious Stones		126304		112500

6-9 续表 continued

单位：万美元 (USD 10000)

商品名称	Item	2015 数量 Volume	2015 金额 Value	2016 数量 Volume	2016 金额 Value
贵金属及首饰	Precious Metal and Jewelry		1542947		1242885
钢材 (吨)	Steel Products (ton)	4129760	375052	4032452	348913
铝材 (吨)	Aluminum Products (ton)	719365	219200	633839	177617
铜材 (吨)	Copper Products (ton)	113382	78676	102081	64375
工具	Tools		140853		136614
微波炉 (万个)	Microwave Ovens (10000 units)	4313	196143	4609	195836
电扇 (万台)	Electric Fans (10000 sets)	35507	291468	38353	307265
普通缝纫机 (万台)	Sewing Machines (10000 sets)	247	10520	235	8210
金属加工机床 (台)	Machine Tools (set)	365724	42838	330271	41329
电子计算器 (万台)	Electric Calculators (10000 sets)	10694	28735	9755	25460
数据处理设备 (万台)	Data Processing Equipment (10000 sets)	92685	4169423	84327	3769594
电动、发电机 (万台)	Electric Motors and Generators (10000 sets)	191104	378877	184051	361238
静止式变流器 (万个)	Static Converters (10000 units)	244159	1148854	244616	1049896
原电池 (万个)	Primary Cells and Batteries (10000 units)	1462476	90150	1411079	82524
蓄电池 (万个)	Electric Accumulators (10000 units)	136807	508144	132594	470715
有线电话 (万台)	Landline Telephone Sets (10000 sets)	8293	137407	7406	114880
手持或车载无线电话(万台)	Hand-held or Vehicle-mounted Cordless Telephone (10000 sets)	81021	4974279	76087	4285904
扬声器 (万个)	Loudspeakers (10000 units)	94527	487189	91802	450000
收录机、组合音响 (万台)	Radio Recorders and Audio Systems(10000 sets)	16784	359432	16187	342772
彩电(整套散件) (万台)	Colour TV Sets (Complete Sets of Spare Parts) (10000 sets)	4218	674285	5043	699968
集成电路、微电子件(万个)	Integrated Circuit and Parts of Electronic Compoments (10000 units)	3181308	1251870	3031231	1216006
集装箱 (个)	Containers (unit)	513318	154728	240690	66198
自行车 (万辆)	Bicycles (10000 units)	754	68063	684	55117
船舶	Ships		323979		274846
照相机 (万架)	Cameras (10000 sets)	3086	160573	2301	136384
手表 (万只)	Wrist Watches (10000 units)	40741	201859	38000	178190
#电子手表 (万只)	Electronic Watches (10000 units)	40250	191712	37358	169175
日用钟 (万只)	Clocks (10000 units)	7221	30027	6573	26813
家具	Furniture		2071092		1995225
床垫、卧具用品	Mattress and Bedding Articles		92308		96081
灯具、照明用品	Lights and Lighting Apparatus		1372896		1357901
箱包、旅行用品	Boxes and Bags, Travel Goods		1043634		1001158
服装、衣着附件	Garments and Clothing Accessories		3962660		3797232
#织物服装	Textile Garments		3463217		3329616
皮革服装 (万件)	Leather Garments (10000 pcs)	103	6232	84	5456
皮革手套	Leather Gloves		33937		28600
帽类 (万个)	Headgear (10000 units)	135462	81748	123227	74762
鞋	Footwear		1522551		1442685
#橡胶、塑料鞋	Rubber and Plastic Shoes		339294		626200
皮鞋	Leather Shoes		479774		394062
塑料制品	Plastic Articles		1137680		1082907
玩具	Toys		1072605		1140596
体育用品及设备	Sports Articles and Facilities		338195		264861

6-10 进口主要商品数量和金额

Volume and Value of Main Import Commodities

单位：万美元 (USD 10000)

商品名称		Item		2015		2016	
				数量 Volume	金额 Value	数量 Volume	金额 Value
谷物	(吨)	Cereals	(ton)	7305866	225101	6377767	181535
#小麦	(吨)	Wheat	(ton)	450829	13924	383426	9625
稻谷和大米	(吨)	Paddy and Rice	(ton)	1657097	72334	1931570	87139
大豆	(吨)	Soybean	(ton)	5228442	221056	5097618	210276
鲜、干果类	(吨)	Fresh and Dried Fruit	(ton)	1200222	256026	1172607	263232
#香蕉	(吨)	Mandarins and Oranges	(ton)	30527	2868	15474	1469
食用植物油	(吨)	Edible Vegetable Oil	(ton)	1589614	101900	820353	54925
#棕榈油	(吨)	Palm Oil	(ton)	1543434	95391	785040	49097
食糖	(吨)	Sugar	(ton)	819070	28834	493633	19501
饲料	(吨)	Forage	(ton)	189145	32695	176040	27129
纸烟	(万条)	Cigarettes	(carton)		14763		14644
天然橡胶	(吨)	Natural Rubber	(ton)	127180	18002	113764	14446
合成橡胶	(吨)	Synthetic Rubber	(ton)	218187	54021	227696	50267
原木	(立方米)	Logs	(cu.m)	2120286	91142	2178614	78431
锯材	(立方米)	Sawn Timber	(cu.m)	3819832	202178	4996082	233538
纸浆	(吨)	Paper Pulp	(ton)	1628261	102447	1664228	91049
羊毛	(吨)	Wool	(ton)	3366	1664	5648	1672
原棉	(吨)	Raw Cotton	(ton)	47425	8285	19100	3239
合成纤维	(吨)	Synthetic Fiber	(ton)	37410	9675	39878	9297
#聚酯纤维	(吨)	Polyester Fiber	(ton)	29249	4070	32150	4059
聚丙烯晴纤维	(吨)	Polyacrylonitrile Fibre	(ton)	4400	1288	4016	921
人造纤维	(吨)	Artificial Fiber	(ton)	4334	1276	2213	549
铁矿砂	(吨)	Iron Ore	(ton)	17007520	98894	25345609	151509
氧化铝	(吨)	Aluminum Oxide	(ton)	580064	20824	162194	5080
原油	(万吨)	Crude Oil	(10000 tons)	1406	555994	937	265593
成品油	(万吨)	Finished Petroleum Products	(10000 tons)	277	129822	258	104933
液化石油气	(万吨)	LPG	(10000 tons)	839	299138	510	116771
乙二醇	(吨)	Glycol	(ton)	191824	15364	149683	9944
对苯二甲酸	(吨)	Terephthalic Acid	(ton)	205759	13071	240934	14425
己内酰胺	(吨)	Caprolactam	(ton)	36749	6079	22786	2983
医药品	(吨)	Medicinal and Pharmaceutical Products	(ton)	34640	233586	44679	232167
#抗菌素	(吨)	Antibiotics	(ton)	37	3151	44	2380
肥料	(吨)	Fertilizer	(ton)	575118	18622	391239	10191
#氯化钾	(吨)	Potassium Chloride	(ton)	568249	18303	371831	9226
合成有机染料	(吨)	Synthetic Organic Dyestuff	(ton)	7215	7143	6368	6223
初级型状聚乙烯	(吨)	Polyethylene in Primary Form	(ton)	1300666	166409	1179906	139465
初级型状聚丙烯	(吨)	Polypropylene in Primary Form	(ton)	1505071	201312	1305916	158303
初级型状聚苯乙烯	(吨)	Polystyrene in Primary Form	(ton)	1514422	267355	1495214	239825
#ABS树脂	(吨)	ABS Copolymer Resin	(ton)	917571	171094	950623	157091
初级型状聚氯乙烯	(吨)	Polyvinyl Chloride in Primary Form	(ton)	430654	42448	394564	37660
初级型状聚酯	(吨)	Polyester in Primary Form	(ton)	839798	250376	799556	232091
农药	(吨)	Pesticides	(ton)	6600	4579	6210	4385
牛皮革、马皮革	(吨)	Cattlehide and Horsehide	(ton)	368507	182245	323900	142245

6-10 续表 continued

单位：万美元 (USD 10000)

商品名称		Item		2015 数量 Volume	2015 金额 Value	2016 数量 Volume	2016 金额 Value
胶合板	(立方米)	Plywood	(cu.m)		3810		3992
纸及纸板	(吨)	Paper and Paperboard	(ton)	796348	87469	762400	80972
#牛皮纸	(吨)	Kraft-paper	(ton)	173549	13202	157053	11511
毛纱线	(吨)	Wool and Cotton Thread	(ton)	12513	17248	8668	11521
棉纱线	(吨)	Cotton Yarn	(ton)	643646	195498	544466	158729
合成纤维纱线	(吨)	Synthetic Fiber,Continuous Filament and Yarn	(ton)	134175	72116	119999	62195
丝绸		Silk			2939		2419
棉布		Cotton Cloth			56911		43150
化纤布	(万米)	Chemical Fibre Cloth	(10000 m)	30785	43294	25043	35387
钢材	(吨)	Steel Products	(ton)	3824861	354387	3920302	316965
#钢铁板材	(吨)	Iron & Steel Plate	(ton)	3374103	281565	3459650	252877
铜材	(吨)	Copper Products	(ton)	319833	267269	301247	242223
铝材	(吨)	Aluminium Products	(ton)	133902	69000	81408	46753
制冷压缩机	(台)	Refrigeration Compressors	(set)	4119219	25685	3976237	24623
空调	(台)	Air Conditioners	(set)	4104	1882	2605	635
制冷设备		Refrigerating Equipments			3113		3218
机械装卸设备		Mechanical Handling Equipments			61227		43865
建筑采矿设备		Building and Mining Equipments			44500		49502
食品机械		Food-processing Machinery			5860		3226
造纸、纸品机械		Paper and Pulp Mill Machinery			9632		16563
印刷机械		Printing Machinery			412947		344520
纺织机械		Textile Machinery			31163		37486
工业缝纫机	(台)	Industrial Sewing Machines	(set)	4048	1349	1910	851
机床	(台)	Machine Tools	(set)	21887	140966	15262	105873
橡、塑加工机械		Rubber and Plastic Processing Machinery			43437		33521
数据处理设备		Data Processing Equipments			1096380		1090638
电动、发电机	(万台)	Electric Motors and Generators	(10000 sets)	82453	102224	73525	88846
发电机组、变流机	(台)	Generating Sets and Converters	(set)	2461	15707	1811	12537
电视机	(台)	TV Sets	(set)	5085	111	20901	755
#彩色电视机	(台)	Colour TV Sets	(set)	5085	111	20901	755
半导体器件	(万个)	Parts of Semi-conductor Devices	(10000 units)	26145060	1209823	23800354	1126486
电路保护装置		Circuit Protection Devices			766790		738986
显像管		Kinescopes			31		
集成电路、电子件	(万个)	Integrated Circuits and Parts of Electronic Components	(10000 units)	12013507	8653083	13054792	9350801
电线、电缆	(吨)	Electric Wires and Cables	(ton)	90161	206115	75920	166632
汽车及底盘	(辆)	Motor Vehicles and Chassis	(unit)	4461	28941	6607	25138
#小轿车	(辆)	Sedan Cars	(unit)	125	927	237	1140
旅行车	(辆)	Station Wagons	(unit)	431	3048		
船舶	(艘)	Ships	(unit)	369	24143	464	8496
塑料制品		Plastic Products			107828		99146
印刷品	(吨)	Presswork	(ton)	38763	50901	31214	58670

6-11 各市出口总额
Total Value of Exports by City

单位：亿美元 (USD 100 million)

市 别	City	2000	2005	2010	2011	2012	2013	2014	2015	2016
全省合计	**Provincial Total**	**919.19**	**2381.71**	**4531.91**	**5317.93**	**5740.59**	**6363.64**	**6460.87**	**6434.68**	**5985.64**
广 州	Guangzhou	117.90	266.68	483.79	564.68	589.15	628.07	727.07	811.70	781.77
深 圳	Shenzhen	345.64	1015.22	2041.80	2453.99	2713.56	3057.02	2843.62	2640.40	2373.39
珠 海	Zhuhai	36.46	107.68	208.62	239.77	216.37	265.81	290.15	288.11	273.29
汕 头	Shantou	25.95	31.82	49.35	59.53	61.63	66.02	69.66	67.55	64.26
佛 山	Foshan	57.36	170.80	330.38	390.91	401.50	425.23	467.17	482.05	469.80
#顺 德	Shunde	25.94	85.55	144.30	169.27	171.47	186.77	206.41	206.90	205.90
韶 关	Shaoguan	1.32	3.40	6.59	7.22	8.70	9.20	12.20	14.25	13.43
河 源	Heyuan	0.93	2.96	17.15	19.16	19.53	22.47	26.49	28.33	28.52
梅 州	Meizhou	2.97	3.10	9.51	10.94	12.70	15.44	18.87	22.72	21.13
惠 州	Huizhou	44.97	106.55	202.32	231.22	292.04	333.20	363.31	347.75	298.78
汕 尾	Shanwei	3.64	6.42	11.12	12.77	14.69	19.51	18.32	15.78	13.92
东 莞	Dongguan	171.42	409.29	696.03	783.26	850.53	908.61	970.67	1036.10	990.14
中 山	Zhongshan	36.77	122.54	225.04	245.46	246.44	264.75	278.78	280.07	266.61
江 门	Jiangmen	29.85	60.25	104.09	122.52	129.70	139.99	150.87	153.72	150.31
阳 江	Yangjiang	5.43	9.13	16.06	19.19	19.64	20.92	23.21	24.04	17.40
湛 江	Zhanjiang	3.78	9.57	16.84	20.95	22.09	26.23	29.41	28.07	29.47
茂 名	Maoming	10.03	2.39	5.59	5.99	6.29	8.06	9.76	10.99	11.42
肇 庆	Zhaoqing	7.40	14.16	25.97	33.08	37.81	48.26	46.05	47.66	46.80
清 远	Qingyuan	2.41	9.32	19.33	23.43	23.82	22.50	23.91	27.09	26.32
潮 州	Chaozhou	6.94	14.80	23.41	27.09	26.96	27.83	28.50	27.64	26.31
揭 阳	Jieyang	5.98	11.32	30.80	37.92	38.10	43.80	50.81	67.04	67.80
云 浮	Yunfu	2.03	4.31	8.13	8.84	9.34	10.72	12.04	13.62	14.80
按经济区域分	By Region									
珠 三 角	Pearl River Delta	847.77	2273.18	4318.02	5064.89	5477.09	6070.93	6137.68	6087.57	5650.87
东 翼	Eastern Region	42.51	64.36	114.68	137.30	141.38	157.17	167.29	178.02	172.28
西 翼	Western Region	19.24	21.09	38.49	46.13	48.02	55.21	62.38	63.10	58.29
山 区	Mountainous Region	9.67	23.08	60.72	69.61	74.09	80.33	93.52	106.00	104.20

6-12 各市进口总额

Total Value of Imports by City

单位：亿美元 (USD 100 million)

市别	City	2000	2005	2010	2011	2012	2013	2014	2015	2016
全省合计	**Provincial Total**	**781.87**	**1898.31**	**3317.05**	**3815.41**	**4098.88**	**4554.58**	**4304.97**	**3793.28**	**3567.21**
广州	Guangzhou	115.60	268.08	553.83	596.94	582.52	560.89	578.69	526.92	511.32
深圳	Shenzhen	293.80	812.69	1425.83	1685.76	1954.47	2317.73	2033.79	1784.15	1610.97
珠海	Zhuhai	55.19	149.58	226.21	276.53	240.44	277.07	259.44	188.26	144.02
汕头	Shantou	16.17	17.78	24.31	28.35	26.39	26.33	25.86	25.29	21.01
佛山	Foshan	45.91	86.31	186.21	217.98	209.08	214.17	220.91	175.07	152.04
#顺德	Shunde	21.48	40.55	42.28	51.50	48.72	56.65	58.68	50.80	48.18
韶关	Shaoguan	1.36	5.80	9.16	10.57	11.73	14.02	11.34	9.65	10.29
河源	Heyuan	0.67	2.32	10.01	8.77	9.73	9.85	13.06	11.98	10.85
梅州	Meizhou	0.52	0.52	2.21	2.71	2.33	2.19	2.95	1.82	2.10
惠州	Huizhou	37.12	83.66	140.03	156.91	202.90	240.70	230.81	195.81	162.67
汕尾	Shanwei	2.44	5.66	9.39	12.27	13.74	22.23	21.16	16.24	18.32
东莞	Dongguan	148.82	334.39	519.63	569.07	594.64	622.09	654.30	639.33	734.82
中山	Zhongshan	24.12	64.97	86.08	96.39	88.78	91.48	90.81	75.94	71.88
江门	Jiangmen	18.48	30.29	39.25	54.37	58.02	57.34	52.87	44.59	40.59
阳江	Yangjiang	0.77	1.12	1.97	2.31	2.59	2.88	3.67	4.51	3.53
湛江	Zhanjiang	7.89	8.70	18.59	23.10	24.91	28.90	33.75	23.39	16.57
茂名	Maoming	2.56	1.28	2.43	3.25	4.11	4.17	3.98	5.36	4.42
肇庆	Zhaoqing	4.11	7.60	17.94	24.04	25.71	21.91	32.25	34.42	22.58
清远	Qingyuan	1.98	7.82	18.35	21.97	21.55	21.08	20.09	17.87	17.79
潮州	Chaozhou	1.27	4.12	14.82	14.72	15.35	11.34	5.72	3.77	4.00
揭阳	Jieyang	1.84	2.60	5.47	4.32	4.65	3.12	3.81	3.40	2.93
云浮	Yunfu	1.24	3.02	5.34	5.05	5.23	5.10	5.74	5.50	4.53
按经济区域分	By Region									
珠三角	Pearl River Delta	743.15	1837.57	3195.01	3678.00	3956.56	4403.38	4153.86	3664.49	3450.88
东翼	Eastern Region	21.72	30.16	53.98	59.67	60.13	63.01	56.54	48.70	46.26
西翼	Western Region	11.22	11.10	22.99	28.66	31.62	35.95	41.39	33.26	24.52
山区	Mountainous Region	5.78	19.48	45.07	49.08	50.57	52.24	53.18	46.83	45.56

6-13 各市外商投资企业出口总额

Total Value of Exports of Enterprises with Foreign Investment by City

单位：亿美元 (USD 100 million)

市 别	City	2000	2005	2010	2011	2012	2013	2014	2015	2016
全省合计	**Provincial Total**	**495.09**	**1546.77**	**2818.47**	**3247.63**	**3405.23**	**3572.93**	**3560.75**	**3329.98**	**2886.80**
广 州	Guangzhou	60.29	167.64	285.26	322.61	339.31	329.87	344.16	342.86	306.34
深 圳	Shenzhen	194.97	675.85	1207.70	1384.31	1401.59	1458.41	1414.10	1291.43	1065.18
珠 海	Zhuhai	26.24	89.05	166.03	186.36	160.13	168.36	157.64	150.19	125.74
汕 头	Shantou	7.10	15.33	20.74	22.83	23.16	23.10	20.38	15.17	13.40
佛 山	Foshan	36.21	109.33	188.74	218.09	216.78	212.18	217.87	199.35	178.30
#顺 德	Shunde	18.22	66.65	107.10	124.17	122.89	130.27	137.53	128.13	114.92
韶 关	Shaoguan	0.64	1.38	4.16	4.76	5.75	6.14	6.43	7.05	6.79
河 源	Heyuan	0.63	2.46	14.04	15.82	16.32	18.91	23.36	22.45	21.35
梅 州	Meizhou	0.78	0.72	5.13	5.58	6.28	6.63	6.92	7.23	6.24
惠 州	Huizhou	31.56	92.11	176.15	198.48	261.51	305.69	332.63	312.87	261.28
汕 尾	Shanwei	0.85	5.35	8.98	9.98	11.75	14.76	14.47	12.89	11.56
东 莞	Dongguan	83.51	235.32	442.62	542.80	633.64	683.56	670.88	636.96	591.91
中 山	Zhongshan	20.16	75.70	150.74	166.44	165.20	175.57	176.50	164.11	148.23
江 门	Jiangmen	15.15	37.13	65.71	78.54	80.29	84.95	88.79	83.45	74.54
阳 江	Yangjiang	1.27	2.42	4.22	3.83	3.18	2.79	2.46	2.37	2.13
湛 江	Zhanjiang	1.36	4.43	8.98	10.77	10.01	11.29	11.05	9.46	8.92
茂 名	Maoming	2.92	1.13	2.34	2.62	2.18	2.38	2.11	1.97	2.51
肇 庆	Zhaoqing	4.16	8.00	18.15	19.83	18.57	20.61	22.11	23.64	21.15
清 远	Qingyuan	1.18	6.44	17.73	20.60	20.36	19.79	20.66	19.89	20.11
潮 州	Chaozhou	3.14	7.36	10.40	11.22	9.11	7.79	7.28	5.92	4.67
揭 阳	Jieyang	1.65	6.08	13.84	14.99	13.76	14.27	13.58	14.00	10.82
云 浮	Yunfu	1.31	3.54	6.81	7.18	6.35	5.87	7.38	6.71	5.63
按经济区域分	By Region									
珠 三 角	Pearl River Delta	472.26	1490.13	2701.10	3117.46	3277.01	3439.19	3424.68	3204.86	2772.68
东 翼	Eastern Region	12.75	34.12	53.96	59.02	57.78	59.93	55.71	47.98	40.45
西 翼	Western Region	5.54	7.98	15.54	17.21	15.37	16.46	15.62	13.81	13.56
山 区	Mountainous Region	4.54	14.54	47.87	53.93	55.06	57.34	64.74	63.34	60.12

6-14 各市外商投资企业进口总额
Total Value of Imports of Enterprises with Foreign Investment by City

单位：亿美元 (USD 100 million)

市别	City	2000	2005	2010	2011	2012	2013	2014	2015	2016
全省合计	**Provincial Total**	**425.27**	**1240.07**	**2026.45**	**2250.96**	**2306.43**	**2347.78**	**2327.71**	**2097.49**	**1815.63**
广州	Guangzhou	57.91	154.97	308.54	336.84	326.89	314.39	333.78	301.99	293.18
深圳	Shenzhen	162.17	565.67	907.10	961.33	945.24	944.01	955.93	877.09	737.76
珠海	Zhuhai	25.19	87.45	126.75	146.43	118.16	117.35	88.83	90.77	68.45
汕头	Shantou	7.20	11.35	11.11	11.48	9.84	9.75	8.61	8.40	7.42
佛山	Foshan	34.02	62.50	96.17	102.20	102.62	93.13	88.86	85.17	76.62
#顺德	Shunde		32.76	30.62	31.49	27.98	27.54	28.93	34.69	33.51
韶关	Shaoguan	0.93	1.30	1.24	2.08	1.52	1.91	1.70	1.73	1.61
河源	Heyuan	0.46	2.17	9.02	7.76	7.25	8.95	10.39	9.04	7.94
梅州	Meizhou	0.47	0.40	1.62	1.59	1.68	1.51	1.65	1.46	1.23
惠州	Huizhou	24.37	68.30	118.95	140.70	185.41	224.43	211.43	173.48	142.80
汕尾	Shanwei	0.61	4.82	7.48	9.67	11.18	18.15	17.77	13.92	16.67
东莞	Dongguan	70.59	188.21	302.97	365.15	434.17	454.63	444.62	391.34	343.93
中山	Zhongshan	15.61	48.98	66.98	75.14	70.57	72.65	70.50	63.24	57.90
江门	Jiangmen	12.09	18.99	25.64	39.28	40.57	39.39	36.09	29.83	27.57
阳江	Yangjiang	0.21	0.18	0.65	0.69	0.28	1.28	2.91	3.74	2.48
湛江	Zhanjiang	6.60	6.86	9.61	13.94	17.34	16.17	21.63	10.41	2.01
茂名	Maoming	0.29	0.39	0.34	0.34	0.68	0.41	0.60	0.86	0.57
肇庆	Zhaoqing	2.97	5.52	12.89	15.32	12.94	12.04	14.49	18.21	13.64
清远	Qingyuan	1.12	5.56	12.02	13.71	12.71	11.82	10.46	10.05	8.39
潮州	Chaozhou	0.55	2.71	2.68	2.54	3.30	2.28	2.94	1.90	1.85
揭阳	Jieyang	0.89	1.61	1.44	1.50	1.48	1.19	1.03	1.10	0.92
云浮	Yunfu	1.02	2.13	3.24	3.28	2.61	2.36	3.49	3.77	2.69
按经济区域分	By Region									
珠三角	Pearl River Delta	404.92	1200.59	1965.99	2182.39	2236.56	2272.02	2244.53	2031.12	1761.86
东翼	Eastern Region	9.25	20.49	22.72	25.18	25.80	31.36	30.35	25.32	26.86
西翼	Western Region	7.09	7.43	10.60	14.97	18.30	17.85	25.14	15.01	5.06
山区	Mountainous Region	4.00	11.56	27.14	28.42	25.78	26.55	27.69	26.04	21.85

6-15 外商投资企业进出口主要指标

Main Indicators on Imports and Exports of Enterprises with Foreign Investment

单位：亿美元 (USD 100 million)

项　目	Item	2005		2010		2015		2016	
		出口 Exports	进口 Imports	出口 Exports	进口 Imports	出口 Exports	进口 Imports	出口 Exports	进口 Imports
总　计	**Total**	**1546.77**	**1240.07**	**2818.47**	**2026.45**	**3329.98**	**2097.49**	**2886.80**	**1815.63**
按贸易方式分	By Customs Regime								
一般贸易	Ordinary Trade	133.38	146.51	410.06	422.79	645.54	495.00	609.59	457.83
来料加工	Processing and Assembling with Customer's Materials	61.54	48.60	170.21	92.69	181.24	137.14	144.77	105.05
进料加工	Processing and Assembling with Import Materials	1301.35	863.11	2108.57	1277.01	2285.61	1216.69	1926.80	1014.01
加工设备	Processing Equipments		7.67		3.80		2.51		1.87
外资设备	Foreign-funded Equipments		64.44		31.08		7.47		9.91
保税仓库	Bonded Warehouse	50.50	109.34	129.64	194.82	216.86	236.40	204.89	224.31
其他	Others		0.40		4.26	0.73	2.28	0.74	2.65
按经济类型分	By Type of Ownership								
合作经营企业	Joint Ventures	99.02	61.19	102.88	31.49	64.12	19.55	54.78	9.26
合资经营企业	Cooperative Enterprises	355.07	286.71	547.47	400.27	712.34	447.95	604.37	405.23
外资(独资)企业	Enterprises with Sole Foreign Investment	1092.68	892.17	2168.18	1593.78	2553.51	1629.99	2227.65	1401.14
按产品类型分	By Type of Product								
#机电产品	Machanical and Electrical Products	1181.08	830.47	2193.11	1410.55	2548.43	1451.50	2195.57	1255.35
#机械及设备	Machinery and Equipments	423.96	185.02	698.87	292.57	643.07	223.23	583.39	202.22
电器及电子产品	Electric and Electronic Products	525.14	526.56	1147.05	861.46	1419.96	984.14	1205.98	848.77
高新技术产品	High and New-tech Products	666.60	532.70	1319.76	1013.65	1433.23	1079.62	1210.11	931.87
#计算机与通信技术	Computer and Communication Technology	581.19	166.53	1078.35	282.89	1105.20	315.55	897.82	257.49
电子技术	Electronic Technology	52.88	323.14	141.33	524.26	196.40	569.60	188.13	505.44
按主要国家(地区)分	By Main Country (Region)								
亚洲	**Asia**	**862.45**	**1045.16**	**1633.98**	**1702.51**	**2014.47**	**1723.35**	**1712.07**	**1494.22**
中国香港	Hong Kong, China	607.66	29.49	1126.75	20.32	1271.20	12.76	1057.07	11.53
中国澳门	Macao, China	7.83	1.30	7.33	0.42	8.15	0.55	6.76	0.46
中国台湾	Taiwan, China	23.88	223.12	40.67	309.90	49.55	304.43	39.87	265.44
日本	Japan	95.05	210.14	151.99	323.34	186.08	265.26	171.08	246.16
韩国	Republic of Korea	33.61	112.10	74.05	210.60	189.00	264.46	151.01	221.86
东盟	Association of Southeast Asian Nations	66.47	169.02	145.72	281.30	197.97	293.27	184.11	271.88
中东十七国	The Seventeen Countries of the Middle East	19.27	17.56	52.12	30.75	74.18	32.39	62.08	28.39
非洲	**Africa**	**8.14**	**9.79**	**26.80**	**18.55**	**33.38**	**77.04**	**27.80**	**54.56**
欧洲	**Europe**	**235.13**	**85.50**	**419.16**	**139.20**	**440.82**	**133.37**	**398.69**	**122.23**
欧盟	European Union	219.15	73.19	388.63	125.03	413.45	116.81	374.31	111.48
#英国	United Kingdom	37.99	7.33	64.93	9.81	76.33	9.69	69.07	9.00
德国	Germany	45.19	22.74	83.00	45.76	84.04	39.13	75.68	37.57
法国	France	17.73	9.16	36.52	13.14	36.27	15.39	31.20	14.25
意大利	Italy	13.43	9.01	29.20	12.20	26.42	17.23	23.31	16.08
荷兰	Netherlands	49.55	3.79	67.51	7.65	73.77	7.29	65.94	7.82
芬兰	Finland	2.67	2.18	4.57	3.03	2.21	1.81	1.61	2.00
瑞士	Switzerland	4.95	7.15	4.68	7.38	4.96	9.75	4.53	7.83
俄罗斯	Russia	7.11	3.32	18.85	4.98	17.78	3.37	15.33	1.43
拉丁美洲	**Latin America**	**26.07**	**25.63**	**94.11**	**51.30**	**126.63**	**35.18**	**100.33**	**26.15**
北美洲	**North America**	**397.71**	**60.22**	**608.83**	**92.91**	**670.39**	**105.73**	**609.65**	**96.66**
加拿大	Canada	16.90	7.30	31.26	11.74	35.26	9.64	30.55	6.78
美国	United States of America	380.81	52.95	577.56	81.15	633.51	96.09	579.08	89.88
大洋洲	**Oceania**	**17.27**	**13.77**	**35.64**	**21.06**	**44.28**	**21.69**	**38.27**	**21.26**
澳大利亚	Australia	15.54	12.64	32.20	18.95	38.39	17.40	33.55	17.46
新西兰	New Zealand	1.57	1.08	2.94	2.08	4.19	4.18	3.70	3.47

6-16 外商投资企业出口主要商品数量和金额

Volume and Value of Main Export Commodities of Enterprises with Foreign Investment

单位：万美元 (USD 10000)

商品名称		Item		2015 数量 Volume	2015 金额 Value	2016 数量 Volume	2016 金额 Value
活猪	(吨)	Live Hogs	(ton)	2471	673	2388	747
活家禽	(吨)	Live Poultry	(ton)				
冻鸡	(吨)	Frozen Chicken	(ton)	292	111	181	73
水产品	(吨)	Aquatic Products	(ton)	103870	76636	114278	83755
#活鱼	(吨)	Live Fish	(ton)	1096	382	3882	1464
鲜冻对虾	(吨)	Fresh and Frozen Prawn	(ton)	911	830	585	569
谷物	(吨)	Cereals	(ton)	91037	5934	85483	5007
蔬菜	(吨)	Vegetables	(ton)	39779	7294	50948	8090
#鲜蔬菜	(吨)	Fresh Vegetables	(ton)	26103	1133	38286	2052
鲜、干果类	(吨)	Fresh and Dried Fruit	(ton)	8319	1288	10294	1776
#柑桔橙	(吨)	Mandarins and Oranges	(ton)	648	82	2378	435
食用植物油	(吨)	Edible Vegetable Oil	(ton)	16981	2955	20539	3375
食糖	(吨)	Sugar	(ton)	6743	378	4999	249
茶叶	(吨)	Tea	(ton)	454	477	1359	1594
烤鳗鱼	(吨)	Daked Eel	(ton)	2045	4934	1922	3867
蘑菇罐头	(吨)	Canned Mushroom	(ton)	2782	608	1046	236
羽毛、羽绒	(吨)	Feather and Down	(ton)	1960	3202	1637	2946
药材	(吨)	Medicinal Materials	(ton)	3928	7027	3883	5722
成品油	(吨)	Finished Petroleum Products	(ton)	1114615	62788	1454313	57722
合成有机染料	(吨)	Synthetic Organic Dyestuff	(ton)	662	338	603	262
医药品	(吨)	Medicinal and Pharmaceutical Products	(ton)	39361	38722	51162	25580
#抗菌素	(吨)	Antibiotics	(ton)	4654	14387	1030	2781
美容护肤用品	(吨)	Cosmetic and Skin Care Products	(ton)	40640	47042	38843	43945
口腔清洁剂	(吨)	Dental Cleanser	(ton)	109558	21134	114075	21620
轮胎		Rubber Tire			39337		31455
纸及纸板	(吨)	Paper and Paperboard	(ton)	494287	37556	526648	38867
纺织品		Textiles			591393		516262
#棉纱线	(吨)	Cotton Yarn	(ton)	53152	26411	30942	15896
丝绸		Silk			305		242
棉布		Cotton Cloth			53740		45882
麻纺布	(万米)	Linen Cloth	(10000 m)	210	854	94	398
混纺布	(万米)	Blended Cloth	(10000 m)	266	362	388	493
玻璃制品		Glass Products			20843		21948
家用陶瓷		Porcelain and Pottery Wares for Household Use			52100		44481
家用或装饰用木制品	(吨)	Wood Articles for Household or Decoration Use	(ton)	40049	12253	35723	11331
珍珠、宝石		Pearls and Gems			125667		110224
贵金属及首饰		Precious Metal and Jewelry			707582		512577
钢材	(吨)	Steel Products	(ton)	1069132	129734	853809	94880
铝材	(吨)	Aluminum Products	(ton)	183925	64065	144035	43719
铜材	(吨)	Copper Products	(ton)	86709	56281	78640	45927
工具		Tools			68196		67348
微波炉	(万个)	Microwave Ovens	(10000 units)	4172	190434	3663	164244
电扇	(万台)	Electric Fans	(10000 sets)	21775	145850	20684	138443
普通缝纫机	(万台)	Sewing Machines	(10000 sets)	110	8802	73	6413

6-16 续表 continued

单位：万美元 (USD 10000)

商品名称		Item		2015		2016	
				数量 Volume	金额 Value	数量 Volume	金额 Value
金属加工机床	(台)	Machine Tools	(set)	182692	7321	155651	6699
电子计算器	(万台)	Electronic Calculators	(10000 sets)	6595	23670	5659	20003
数据处理设备	(万台)	Data Processing Equipment	(10000 sets)	40744	3017380	35431	2709012
#显示器	(万台)	Displays	(10000 sets)	227	23757	97	9423
电动、发电机	(万台)	Electric Motors and Generators	(10000 sets)	119112	238355	106944	219424
静止式变流器	(万个)	Static Converters	(10000 units)	112193	616901	97577	568321
原电池	(万个)	Primary Cells and Batteries	(10000 units)	504522	40435	502399	39413
蓄电池	(万个)	Electric Accumulators	(10000 units)	47674	147533	37027	117114
有线电话	(万台)	Landline Telephone Sets	(10000 sets)	5631	94013	4685	73080
手持或车载无线电话	(万台)	Hand-held or Vehicle-mounted Cordless Telephones	(10000 units)	28832	2959231	18453	1870625
扬声器	(万个)	Loudspeakers	(10000 sets)	37318	215648	34534	208252
收录机、组合音响	(万台)	Radio Recorders and Audio Systems	(10000 sets)	3732	113757	3340	106178
彩电(整套散件)	(万台)	Colour TV Sets (Complete Sets of Spare Parts)	(10000 sets)	2049	339941	2501	347660
电路保护装置		Circuit Protection Devices			562250		541465
半导体器件	(万个)	Parts of Semi-conductor Devices	(10000 units)	10944414	364196	10933279	379474
集成电路、微电子件	(万个)	Integrated Circuits and Parts of Electronic Components	(10000 units)	2198478	625714	2197224	626833
电线、电缆		Electric Wires and Cables			465374		408711
集装箱	(个)	Containers	(unit)	488415	152487	223855	65514
自行车	(万辆)	Bicycles	(10000 units)	255	33524	169	22029
船舶		Ships			193369		55215
照相机	(万架)	Cameras	(10000 sets)	2458	130308	1902	121040
手表	(万只)	Wrist Watches	(10000 units)	23250	148151	18719	130240
#电子手表	(万只)	Electronic Watches	(10000 units)	22928	142111	18424	123941
日用钟	(万只)	Clocks	(10000 units)	3418	16033	2985	14207
家具		Furniture			577240		526170
床垫、卧具用品		Mattresses and Bedding Articles			32974		33782
灯具、照明用品		Lights and Lighting Apparatus			392992		364161
箱包、旅行用品		Boxes, Bags and Travel Goods			351725		298770
服装、衣着附件		Garments and Clothing Accessories			1093406		933650
#织物服装		Textile Garments			860094		727289
皮革服装	(万件)	Leather Garments	(10000 units)	43	3510	32	2474
裘皮服装		Fur Garments			3337		2664
皮革手套		Leather Gloves			14665		11570
帽类	(万个)	Headgear	(10000 units)	59574	41936	56597	38961
鞋		Footwear			617329		520576
#橡胶、塑料鞋		Rubber and Plastic Shoes			176129		133614
皮鞋		Leather Shoes			270883		199707
塑料制品		Plastic Articles			500174		455546
圣诞用品		Articles for Christmas			51547		49800
玩具		Toys			556025		552103
体育用品及设备		Sports Articles and Facilities			208461		168630

6-17 外商投资企业进口主要商品数量和金额

Volume and Value of Main Import Commodities by Enterprises with Foreign Investment

单位：万美元 (USD 10000)

商品名称		Item		2015 数量 Volume	2015 金额 Value	2016 数量 Volume	2016 金额 Value
谷物	(吨)	Cereals	(ton)	1649493	46563	1004040	25390
#小麦	(吨)	Wheat	(ton)	265085	8082	270461	6794
面粉	(吨)	Flour	(ton)	4280	192	3999	180
大豆	(吨)	Soya Bean	(ton)	2189730	91689	1398413	56295
食用植物油	(吨)	Edible Vegetable Oil	(ton)	525694	34995	328785	23487
#棕榈油	(吨)	Palm Oil	(ton)	494140	30538	300415	19223
食糖	(吨)	Sugar	(ton)	100548	4027	21295	1153
饲料	(吨)	Forage	(ton)	39430	6540	30361	4789
天然橡胶	(吨)	Natural Rubber	(ton)	53333	8700	45216	6614
合成橡胶	(吨)	Synthetic Rubber	(ton)	128716	35103	114536	29676
原木	(立方米)	Logs	(cu.m)	198789	4375	146989	3713
纸浆	(吨)	Paper Pulp	(ton)	1086886	70393	1054654	59216
羊毛	(吨)	Wool	(ton)	2161	1483	1849	1215
原棉	(吨)	Raw Cotton	(ton)	33933	5944	11753	2044
合成纤维	(吨)	Synthetic Fiber	(ton)	18773	6718	16497	5891
#聚酯纤维	(吨)	Polyester Fiber	(ton)	13187	2082	11955	1818
聚丙烯睛纤维	(吨)	Polyacrylonitrile Fibre	(ton)	2551	820	1836	444
人造纤维	(吨)	Artificial Fiber	(ton)	3918	1194	2086	526
铁矿砂	(吨)	Iron Ore	(ton)	3837071	23480	4882348	29697
氧化铝	(吨)	Aluminium Oxide	(ton)	2900	541	3093	627
原油	(吨)	Crude Oil	(ton)	2091356	88361	133000	3331
成品油	(吨)	Finished Petroleum Products	(ton)	676751	43808	577164	34028
苯乙烯	(吨)	Styrene	(ton)	168098	17446	91705	9464
乙二醇	(吨)	Glycol	(ton)	181258	14547	121164	8030
对苯二甲酸	(吨)	Terephthalic Acid	(ton)	184352	11703	227088	13575
己内酰胺	(吨)	Caprolactam	(ton)	34759	5726	22706	2976
医药品	(吨)	Medicinal and Pharmaceutical Products	(ton)	14492	143332	22819	152961
肥料	(吨)	Fertilizer	(ton)	572709	18572	320129	8178
#氯化钾	(吨)	Potassium Chloride	(ton)	568249	18303	313131	7801
复合肥料	(吨)	Compound Fertilizer	(ton)	0	0	0.8	0.2
合成有机染料	(吨)	Synthetic Organic Dyestuff	(ton)	5664	5451	4483	4424
初级形状聚乙烯	(吨)	Polyethylene in Primary Form	(ton)	658245	84506	620169	73408
初级形状聚丙烯	(吨)	Polypropylene in Primary Form	(ton)	911859	126363	839785	102931
初级形状聚苯乙烯	(吨)	Polystyrene in Primary Form	(ton)	1053608	191479	987210	164052
#ABS树脂	(吨)	ABS Copolymer Resin	(ton)	640872	122776	627594	107487
初级形状聚氯乙烯	(吨)	Polyvinyl Chloride in Primary Form	(ton)	366120	35196	334798	31072
初级形状聚酯	(吨)	Polyester in Primary Form	(ton)	609555	188196	594155	176597
农药	(吨)	Pesticides	(ton)	2252	1627	1970	1645
牛皮革、马皮革	(吨)	Cattlehide and Horsehide	(ton)	180621	130486	135711	102846
胶合板	(立方米)	Plywood	(cu.m)	12770	1347	15981	1673
纸及纸板	(吨)	Paper and Paperboard	(ton)	576392	60633	532543	54107
#牛皮纸	(吨)	Kraft-paper	(ton)	99324	7099	94886	6609

6−17 续表 continued

单位：万美元 (USD 10000)

商品名称		Item		2015		2016	
				数量 Volume	金额 Value	数量 Volume	金额 Value
毛纱线	(吨)	Wool and Cotton Thread	(ton)	9952	13346	7064	9375
棉纱线	(吨)	Cotton Yarn	(ton)	376012	129663	291799	100105
合成纤维纱线	(吨)	Synthetic Fiber, Continuous Filament and Yarn	(ton)	120739	66255	107629	56929
丝绸		Silk			2605		2072
棉布		Cotton Cloth			47636		34864
化纤布	(万米)	Chemical Fibre Cloth	(10000 m)	110	493	80	387
钻石	(千克拉)	Diamond	(1000 carats)	4853	283524	4812	295565
钢材	(吨)	Steel Products	(ton)	3236123	290110	3380335	264507
#钢铁板材	(吨)	Iron & Steel Plate	(ton)	2919536	234487	3065639	216083
铜材	(吨)	Copper Products	(ton)	278556	227831	260223	202575
铝材	(吨)	Aluminium Products	(ton)	111369	55518	60923	33593
制冷压缩机	(台)	Refrigeration Compressors	(set)	2910634	14659	2981287	15432
空调	(台)	Air Conditioners	(set)	1414	517	1577	308
制冷设备		Refrigeration Equipments			1690		1849
机械装卸设备		Mechanical Handling Equipments			42582		28261
建筑采矿设备		Building and Mining Equipments			12435		5108
食品机械		Food-processing Machinery			4084		2200
造纸、纸品机械		Paper and Pulp Mill Machinery			5783		11341
印刷机械		Printing Machinery			324776		268525
纺织机械		Textile Machinery			19969		24581
工业缝纫机	(台)	Industrial Sewing Machines	(set)	3174	1061	1296	559
机床	(台)	Machine Tools	(set)	8882	69726	6085	52925
橡、塑加工机械		Rubber and Plastic Processing Machinery			27453	728	20345
数据处理设备	(万台)	Data Processing Equipment	(10000 sets)	13247	464209	11196	465385
电动、发电机	(万台)	Electric Motors and Generators	(10000 sets)	70104	87965	62745	73438
发电机组、变流机	(台)	Generating Sets and Converters	(set)	632	8784	434	6625
电视摄像机	(万台)	Pickup Cameras	(10000 sets)	17074	131919	8551	66476
电视机	(台)	Colour TV Sets	(set)	4693	65	2900	156
半导体器件	(万个)	Parts of Semi-conductor Devices	(10000 units)	11802476	609285	11171670	581661
电路保护装置		Circuit Protection Devices			542049		486301
显像管	(万只)	Kinescopes	(10000 units)		20		
集成电路、电子件	(万个)	Integrated Circuits and Parts of Electronic Components	(10000 units)	6200103	4394679	5952277	3875922
电线、电缆	(吨)	Electric Wires and Cables	(ton)	72345	166400	62726	136984
汽车及底盘	(辆)	Motor Vehicles and Chassis	(unit)	120	1450	529	2216
#小轿车	(辆)	Sedan Cars	(unit)	51	565	14	241
货车	(辆)	Trucks	(unit)				
船舶	(艘)	Ships	(unit)	73	1919	163	1225
塑料制品	(吨)	Plastic Products	(ton)	80911	84010	71801	74500
印刷品	(吨)	Presswork	(ton)	28161	11436	21539	13790

6-18 私营企业进出口主要指标

Main Indicators on Imports and Exports of Private Enterprises

单位：亿美元 (USD 100 million)

项目	Item	2000		2005		2010	
		出口 Exports	进口 Imports	出口 Exports	进口 Imports	出口 Exports	进口 Imports
总 计	**Total**	**6.14**	**5.54**	**299.48**	**209.35**	**998.97**	**686.25**
按贸易方式分	By Customs Regime						
一般贸易	Ordinary Trade	5.72	4.27	216.69	137.75	763.62	466.50
来料加工	Processing and Assembling with Customer's Materials	0.09	0.07	57.06	45.63	96.67	65.93
进料加工	Processing and Assembling with Import Materials	0.28	0.16	19.40	11.35	98.21	49.02
加工设备	Processing Equipments				0.94		1.18
保税仓库	Bonded Warehouse	0.04	1.03	6.27	13.64	38.85	102.74
其他	Others			0.06	0.04	1.62	0.88
按产品类型分	By Type of Product						
#机电产品	Machanical and Electrical Products	2.24	2.50	133.91	95.56	482.54	330.47
#机械及设备	Machinery and Equipments	0.23	1.07	25.82	26.73	83.08	69.15
电器及电子产品	Electric and Electronic Products	0.81	0.61	61.36	51.40	261.44	211.93
高新技术产品	High and New-tech Products	0.28	1.22	35.67	49.92	182.03	249.02
#计算机与通信技术	Computer and Communication Technology	0.20	0.72	30.04	15.38	153.63	56.05
电子技术	Electronic Technology	0.02	0.20	1.58	28.96	10.83	146.52
按主要国家(地区)分	By Main Country (Region)						
亚洲	**Asia**	**3.21**	**3.75**	**156.90**	**146.87**	**526.28**	**469.85**
中国香港	Hong Kong, China	1.66	0.24	87.26	13.38	235.66	18.49
中国澳门	Macao, China	0.15	0.01	2.09	0.61	3.59	0.53
中国台湾	Taiwan, China	0.08	0.72	3.44	26.27	11.16	76.31
日本	Japan	0.25	1.04	9.61	26.19	32.28	64.90
韩国	Republic of Korea	0.08	0.68	4.74	14.97	16.55	59.91
东盟	Association of Southeast Asian Nations	0.52	0.91	24.68	30.23	108.28	120.28
中东十七国	The Seventeen Countries of the Middle East	0.33	0.03	20.16	5.12	84.28	14.09
非洲	**Africa**	**0.16**	**0.02**	**11.60**	**3.12**	**52.67**	**13.49**
欧洲	**Europe**	**0.85**	**1.01**	**50.91**	**32.99**	**182.97**	**94.17**
欧盟	European Union	0.74	0.82	41.84	27.23	156.68	81.29
#英国	United Kingdom	0.14	0.08	7.33	2.40	24.01	5.35
德国	Germany	0.13	0.36	8.31	11.00	31.10	23.77
法国	France	0.06	0.04	4.00	1.87	18.70	8.52
意大利	Italy	0.11	0.12	4.41	2.86	16.04	6.04
荷兰	Netherlands	0.12	0.02	5.72	0.69	15.45	3.13
俄罗斯	Russia	0.01	0.01	3.96	3.52	15.68	8.00
拉丁美洲	**Latin America**	**0.29**	**0.08**	**14.08**	**5.39**	**65.99**	**25.84**
北美洲	**North America**	**1.50**	**0.56**	**60.48**	**14.44**	**153.33**	**46.34**
加拿大	Canada	0.09	0.06	5.14	1.64	13.98	10.76
美国	United States of America	1.42	0.49	55.34	12.80	139.34	35.58
大洋洲及其他	**Oceania and others**	**0.12**	**0.12**	**5.51**	**6.54**	**17.74**	**32.34**
澳大利亚	Australia	0.10	0.10	4.80	5.30	15.49	29.62
新西兰	New Zealand	0.01	0.02	0.59	1.20	1.86	2.65

6−18 续表 continued

单位：亿美元 (USD 100 million)

项 目	Item	2014		2015		2016	
		出口 Exports	进口 Imports	出口 Exports	进口 Imports	出口 Exports	进口 Imports
总 计	**Total**	**2222.75**	**1284.68**	**2411.52**	**1337.42**	**2476.45**	**1435.48**
按贸易方式分	By Customs Regime						
一般贸易	Ordinary Trade	1463.04	778.40	1675.06	799.15	1613.92	845.48
来料加工	Processing and Assembling with Customer's Materials	85.16	46.26	81.15	67.71	65.50	55.78
进料加工	Processing and Assembling with Import Materials	327.07	156.86	176.07	123.74	170.27	110.12
加工设备	Processing Equipments		1.09		0.26		0.13
保税仓库	Bonded Warehouse	236.69	301.31	246.24	344.65	210.25	418.63
其他	Others	110.79	0.77	233.00	1.91	416.51	5.34
按产品类型分	By Type of Product						
#机电产品	Machanical and Electrical Products	1149.60	776.00	1354.04	843.72	1428.57	978.03
#机械及设备	Machinery and Equipments	175.06	125.99	204.42	117.04	206.72	111.94
电器及电子产品	Electric and Electronic Products	679.73	554.27	778.44	626.36	851.59	757.28
高新技术产品	High and New-tech Products	523.59	619.34	623.33	703.23	683.00	828.47
#计算机与通信技术	Computer and Communication Technology	389.66	151.92	456.46	167.81	523.01	182.05
电子技术	Electronic Technology	88.47	373.33	110.03	442.05	101.68	545.62
按主要国家(地区)分	By Main Country (Region)						
亚洲	**Asia**	**1353.71**	**993.20**	**1349.82**	**992.84**	**1423.73**	**1116.07**
中国香港	Hong Kong, China	743.95	29.45	652.82	28.84	655.66	25.63
中国澳门	Macao, China	7.39	1.05	6.82	0.93	6.92	0.61
中国台湾	Taiwan, China	17.19	192.89	20.29	200.50	27.12	233.65
日本	Japan	38.14	77.26	41.25	85.66	49.50	94.41
韩国	Republic of Korea	36.11	146.23	41.03	127.86	44.92	168.74
东盟	Association of Southeast Asian Nations	247.24	219.18	307.67	197.39	328.58	233.58
中东十七国	The Seventeen Countries of the Middle East	191.15	25.97	185.91	22.23	184.20	19.83
非洲	**Africa**	**138.43**	**45.29**	**183.05**	**78.40**	**188.87**	**47.30**
欧洲	**Europe**	**310.59**	**89.53**	**350.37**	**116.30**	**362.84**	**108.08**
欧盟	European Union	265.35	79.48	315.37	75.60	323.74	84.50
#英国	United Kingdom	52.00	7.97	69.83	6.64	70.82	5.90
德国	Germany	47.95	25.83	57.34	25.47	52.87	28.46
法国	France	25.59	7.96	27.43	10.87	27.94	10.51
意大利	Italy	23.64	8.97	28.34	8.19	30.85	9.10
荷兰	Netherlands	31.85	3.75	35.34	4.04	38.80	4.63
俄罗斯	Russia	34.18	4.29	25.38	1.77	27.89	1.20
拉丁美洲	**Latin America**	**113.54**	**38.16**	**121.58**	**38.09**	**112.09**	**44.66**
北美洲	**North America**	**270.41**	**87.26**	**364.03**	**78.98**	**343.23**	**91.83**
加拿大	Canada	21.37	14.27	25.32	12.28	24.96	12.50
美国	United States of America	249.03	72.98	338.71	66.65	318.27	79.33
大洋洲及其他	**Oceania and others**	**36.07**	**31.14**	**42.68**	**32.17**	**45.69**	**27.30**
澳大利亚	Australia	36.07	22.23	35.93	27.19	38.24	22.26
新西兰	New Zealand	4.24	8.50	5.21	4.41	5.51	4.53

6-19 利用外资情况
Utilization of Foreign Capital

年份 Year	签订项目（个） Number of Signed Projects (unit)	#外商直接投资 Foreign Direct Investment	合同外资额（万美元） Amount of Contracted Foreign Capital (USD 10000)	#外商直接投资 Foreign Direct Investment	实际利用外资（万美元） Amount of Foreign Capital Actually Utilized (USD 10000)	#外商直接投资 Foreign Direct Investment
1979	1642	70	22889	14616	9143	3074
1980	5048	188	138920	120046	21419	12320
1981	6803	236	167507	156206	28837	17326
1982	8171	151	155916	147698	28103	17123
1983	11318	412	72660	61552	40685	24523
1984	17452	1105	144489	116958	64379	54163
1985	13621	1640	256521	200073	91910	51529
1986	9417	774	183480	85902	142829	64392
1987	6999	1186	201750	124647	121671	59396
1988	7662	2741	382748	224196	243965	91906
1989	6636	2438	362311	243813	239915	115644
1990	7196	3042	316751	268958	202347	145984
1991	8507	4554	580152	490530	258250	182286
1992	12916	9769	1986673	1885764	486147	355150
1993	19012	16768	3489660	3314887	965225	749805
1994	11956	10558	2638753	2382441	1144664	939708
1995	9345	8177	2610480	2483244	1210037	1018028
1996	5955	4608	1744639	1554584	1389943	1162362
1997	17737	3744	964527	769202	1420519	1171083
1998	15459	4349	1237802	916180	1509945	1202005
1999	14824	3013	871592	617451	1447383	1220300
2000	16879	4245	1108598	868393	1457466	1223720
2001	13198	5317	1580386	1343463	1575526	1297240
2002	11706	6613	1890108	1617119	1658946	1311071
2003	11472	7306	2446711	2178926	1894081	1557779
2004	10530	8322	2217800	1936046	1289900	1001158
2005	11786	8384	2675695	2374365	1517358	1236391
2006	11276	8452	2838923	2456820	1780780	1451065
2007	11705	9506	3646583	3393817	1961771	1712603
2008	8980	6999	3071447	2863991	2126657	1916703
2009	5693	4346	1824109	1755834	2028688	1953460
2010	6022	5641	2516987	2460075	2102646	2026098
2011	7289	7035	3485492	3469238	2232847	2179836
2012	6263	6043	3544579	3499424	2410578	2354911
2013	5740	5520	3666273	3631343	2532719	2495210
2014	6175	6016	4339446	4305905	2727751	2687144
2015	7033	7029	5614566	5611000	2702512	2687546
2016	8078	8078	8673350	8667477	2340689	2334921

注：1．2002年起外商直接投资统计口径调整，企业投资总额内的境外借款只包括外方股东贷款。
2．2004年实际利用外商直接投资统计口径作了调整，与2003年以前的年份不可比。
3．2004年起签订项目数、合同外资额、实际利用外资不包含对外借款。

Notes:a)Since 2002, the foreign direct investment statistic has been adjusted, of which the overseas borrowings in total investment of enterprises only include loans by foreign shareholders.
b)The foreign direct investment actually utilized of 2004 is adjusted, incomparable to values of preceding years.
c)Since2004,the number of signed projects,amount of contracted foreign capital and foreign capital actually utilized exclude foreign borrowings.

6-20 分方式利用外资（2016年）

Utilization of Foreign Capital by Type (2016)

指 标	Item	签订项目（个）Number of Signed Projects (unit)	合同利用金额（万美元）Amount of Contracted Foreign Capital (USD 10000)	实际使用金额（万美元）Amount of Foreign Capital Actually Utilized (USD 10000)
总 计	**Total**	**8078**	**8673350**	**2340689**
外商直接投资	**Foreign Direct Investment**	**8078**	**8667477**	**2334921**
合资经营企业	Joint Ventures	1373	1144934	447232
合作经营企业	Cooperative Enterprises	17	40328	15901
外资(独资)企业	Enterprises with Sole Foreign Investment	6671	6833648	1575495
外商投资股份制	Foreign Share-holding Corporations Ltd.	17	648567	296293
合作开发	Cooperative Development			
其他	Others			
外商其它投资	**Other Foreign Investment**		**5873**	**5768**
加工装配	Processing and Assembly		5873	5768

6-21 分行业外商直接投资（2016年）

Foreign Direct Investment by Sector (2016)

指 标	Item	签订项目（个）Number of Signed Projects (unit)	合同利用金额（万美元）Amount of Contracted Foreign Capital (USD 10000)	实际使用金额（万美元）Amount of Foreign Capital Actually Utilized (USD 10000)
总 计	**Total**	**8078**	**8667477**	**2334921**
农、林、牧、渔业	Farming, Forestry, Animal Husbandry and Fishery	78	88783	11135
采矿业	Mining	4	61787	1255
制造业	Manufacture	804	1049935	577628
电力、燃气及水的生产和供应业	Production and Supply of Electric Power, Gas and Water	24	294615	82146
建筑业	Construction	61	82989	53941
交通运输、仓储和邮政业	Transport, Storage and Postal Services	116	83959	52667
信息传输、计算机服务和软件业	Information Transmission, Computer Services and Software	466	526377	341084
批发和零售业	Wholesale and Retail Trades	2967	619097	185361
住宿和餐饮业	Hotels and Catering Services	129	65279	6388
金融业	Finance	1297	4197851	196424
房地产业	Real Estate	138	354918	362282
租赁和商务服务业	Leasing and Business Services	1304	910846	404981
科学研究、技术服务和地质勘查业	Scientific Research, Technical Servicesand Geologic Prospecting	488	226812	42830
水利、环境和公共设施管理业	Management of Water Conservancy, Environment and Public Facilities	9	612	5612
居民服务和其他服务业	Services to Households and Other Services	80	-2352	2994
教育	Education	24	3787	1416
卫生、社会保障和社会福利业	Health, Social Security and Social Welfare	16	38666	187
文化、体育和娱乐业	Culture, Sports and Recreation	73	63516	6590
公共管理和社会组织	Public Administration and Social Organizations			

6-22 分国别(地区)外商直接投资

Foreign Direct Investment by Country (Region)

指 标	Item	1979-2016	2000	2010	2014	2015	2016
签订协议(合同)数(个)	**Number of Agreements (Contracts) Signed (unit)**	**194375**	**4245**	**5641**	**6016**	**7029**	**8078**
亚洲	**Asia**	**168034**	**3482**	**4991**	**5462**	**6312**	**7239**
#中国香港	Hong Kong, China	139957	2474	4051	4414	4855	5365
中国澳门	Macao, China	10114	304	133	288	476	589
中国台湾	Taiwan, China	12362	482	326	276	376	385
韩国	Republic of Korea	2263	52	97	160	189	166
新加坡	Singapore	2620	76	72	100	104	117
马来西亚	Malaysia	983	14	47	37	57	90
也门	Yemen	212		9	6	12	82
伊朗	Iran	212		16	6	15	78
印度	India	229		18	22	27	47
巴基斯坦	Pakistan	115		6	7	13	39
日本	Japan	2439	51	108	40	51	37
叙利亚	Syrian	133		13	7	10	33
土耳其	Turkey	132		8	8	17	30
非洲	**Africa**	**1434**	**14**	**120**	**99**	**147**	**230**
#马里	Mali	63		6	1	2	50
塞舌尔	Seychelles	480		73	51	64	43
埃及	Egypt	97	1	2	10	22	23
欧洲	**Europe**	**3196**	**81**	**115**	**131**	**190**	**212**
#英国	United Kingdom	798	18	14	26	31	40
德国	Germany	502	11	19	20	35	29
法国	France	392	7	17	9	18	20
俄罗斯	Russia	117	2	5	9	15	19
意大利	Italy	402	8	16	14	32	14
西班牙	Spain	144	4	7	6	4	12
荷兰	Netherlands	225	14	9	9	11	11
瑞典	Sweden	72	2	1	3	5	10
瑞士	Switzerland	144	3	5	6	3	7
丹麦	Denmark	65	1	4	4	3	5
阿塞拜疆	Azerbaidzhan	16				3	5
乌克兰	Ukraine	20			5	4	5
奥地利	Austria	42		2	1	1	4
比利时	Belgium	63		1	4	4	3
拉丁美洲	**Latin America**	**6588**	**428**	**158**	**121**	**123**	**96**
#维尔京群岛	Virgin Islands	5674	380	138	97	77	45
开曼群岛	Cayman Islands	401	388	26	5	12	16
哥伦比亚	Columbia	22				6	9
巴西	Brazil	39		2	3	5	8
巴拿马	Panama	96	3	1	1	2	3
伯利兹	Belize	70	9	5	1	3	3
北美洲	**North America**	**6088**	**229**	**139**	**131**	**192**	**219**
#美国	United States of America	5046	193	110	94	142	164
加拿大	Canada	1139	32	28	35	48	53
百慕大	Bermuda	49	3	1	2	1	2
大洋洲	**Oceania**	**3327**	**96**	**154**	**105**	**123**	**119**
#萨摩亚	Samoa	2223	52	114	72	65	62
澳大利亚	Australia	1001	31	30	25	48	48
新西兰	New Zealand	146	4	5	5	10	7
马绍尔群岛	Marshall Islands	33	1	3	3		1
其它	**Others**	**775**	**2**	**31**	**35**	**34**	**79**
投资性公司投资	Investment Companies	369		31	32	33	60

6-22 续表 1 continued

指　标	Item	1979-2016	2000	2010	2014	2015	2016
协议利用外资额（万美元）	**Amount of Utilization of Foreign Capital through Signed Agreements(USD 10000)**	**56164779**	**868393**	**2460075**	**4305905**	**5611000**	**8667477**
亚洲	**Asia**	**56164779**	**548646**	**2065786**	**3682923**	**4938547**	**7936677**
#中国香港	Hong Kong, China	48660226	412219	1853437	3217530	4530090	7366508
中国澳门	Macao, China	1811726	12863	44138	107875	171068	321186
新加坡	Singapore	1567786	46516	37456	159427	57345	75620
中国台湾	Taiwan, China	1457982	48354	29271	49285	81894	59789
日本	Japan	1362336	19608	37066	67556	39835	35540
韩国	Republic of Korea	571049	8143	30011	62986	172	26277
伊朗	Iran	27447		191	48	230	25434
马来西亚	Malaysia	184271	4006	3508	5927	30110	13480
叙利亚	Syrian	7672		248	107	170	3194
文莱	Brunei	133893		8679	3390		2202
也门	Yemen	3180		97	86	198	1627
印度	India	18170		818	6622	1963	864
泰国	Thailand	171431		7000	3269	20342	775
非洲	**Africa**	**410119**	**4397**	**17872**	**19391**	**25965**	**29760**
#毛里求斯	Mauritius	287374	4275	10292	5970	8676	12436
塞舌尔	Seychelles	83913		7401	9173	15722	9950
南非	South Africa	4469	30		7	16	3600
欧洲	**Europe**	**2101988**	**28033**	**37902**	**97094**	**148081**	**228414**
#英国	United Kingdom	615625	7158		6581	80601	99556
荷兰	Netherlands	527691	5948	7537	38810	17332	76126
德国	Germany	286346	2461	4971	17093	22321	12569
瑞士	Switzerland	77963	619	244	322	1349	8430
瑞典	Sweden	19485	333	31	272	979	6287
卢森堡	Luxembourg	24667	1962	6364	5555		5290
意大利	Italy	64814	411	1315	2626	2543	5209
比利时	Belgium	14289	187		2524	72	4120
丹麦	Eire	24749	765	3646		305	3706
西班牙	Spain	36874	858	3945	1236	395	2028
法国	France	303949	5670	5187	20676	16138	1760
奥地利	Austria	15391		2884	813	42	949
俄罗斯	Russia	5798	24	55	170	296	618
拉丁美洲	**Latin America**	**5872196**	**208680**	**155430**	**298428**	**233811**	**196319**
#维尔京群岛	Virgin Islands	5127580	181692	137874	244456	164486	147297
开曼群岛	Cayman Islands	567278	20578	8907	49590	53313	45773
圣其茨-尼维斯	StKitts-Nevis	6250		360	123		1480
巴拿马	Panama	34780	1793	921	1580	125	643
伯利兹	Belize	19928	1690	875	319	222	593
巴西	Brazil	5320		20	3	30	249
哥伦比亚	Columbia	1994			32	67	102
墨西哥	Mexico	666		6		20	87
北美洲	**North America**	**1626778**	**48580**	**34076**	**55968**	**44928**	**59097**
#美国	United States of America	1237698	44389	28995	21969	32507	37130
加拿大	Canada	221564	3126	927	4491	13147	20186
百慕大	Bermuda	166944	1039	4154	29608		1781
大洋洲	**Oceania**	**1048015**	**26715**	**72007**	**40264**	**48307**	**35121**
#萨摩亚	Samoa	833920	16151	70040	34970	46587	29139
澳大利亚	Australia	148716	7507	281	4630	352	3382
其它太平洋岛屿	Other Pacific Islands	3631					1671
马绍尔群岛	Marshall Islands	23091	1073	1196	598	188	885
新西兰	New Zealand	14693	108	284	117	95	112
其它	**Others**	**1388071**	**3342**	**76972**	**111832**	**171128**	**182089**
投资性公司投资	Investment Companies	1113346		76806	109692	172325	144778

6-22 续表 2 continued

指　　标	Item	1979-2016	2000	2010	2014	2015	2016
实际利用外资(万美元)	**Foreign Capital Actually Utilized (USD 10000)**	**40084963**	**1223720**	**2026098**	**2687144**	**2687546**	**2334921**
亚洲	**Asia**	**30532246**	**927071**	**1486723**	**2084743**	**2268764**	**1899631**
#中国香港	Hong Kong, China	25592747	744826	1291738	1713978	2047856	1741924
中国澳门	Macao, China	818342	26137	30189	36989	73718	64434
日本	Japan	1360272	30852	51044	85179	45514	42953
新加坡	Singapore	1108492	49115	46482	127119	47343	33506
韩国	Republic of Korea	433963	13671	20658	87577	34770	7206
中国台湾	Taiwan, China	863526	49746	24543	22927	10525	6882
文莱	Brunei	95966		8825	3748	3133	932
马来西亚	Malaysia	86310	4993	5133	1452	4541	790
泰国	Thailand	63448	2895	998	626	822	385
印度	India	5003	964	69	125	148	168
也门	Yemen	2229		75	44		108
土耳其	Turkey	1565	89	27	45	264	81
沙特阿拉伯	Saudi Arabia	318		8	36	19	74
非洲	**Africa**	**244975**	**4272**	**16972**	**15895**	**12060**	**18891**
#毛里求斯	Mauritius	201134	4576	14738	8512	7327	14160
塞舌尔	Seychelles	34811		1772	6918	4635	4289
欧洲	**Europe**	**1503650**	**38643**	**78713**	**145539**	**83864**	**94148**
#英国	United Kingdom	353252	8258	1859	17353	13139	52900
荷兰	Netherlands	353414	7886	9646	38015	7246	12645
法国	France	272407	4551	52008	25058	21078	7657
瑞士	Switzerland	66603	3349	2839	4369	1191	7059
德国	Germany	242167	10057	3657	35841	33898	5778
瑞典	Sweden	18059	360	500	349	647	5711
比利时	Belgium	9200	499	60	2928	129	824
卢森堡	Luxembourg	20863	90	660	5262	860	810
意大利	Italy	54372		1736	2240	1344	411
西班牙	Spain	29866	44	2089	1318	444	126
匈牙利	Hungary	974		96			107
罗马尼亚	Romania	37					37
俄罗斯	Russia	1686	14	112	34	9	31
奥地利	Austria	16735	101	1000	1427		25
拉丁美洲	**Latin America**	**4959707**	**161983**	**303059**	**264845**	**142932**	**151629**
#维尔京群岛	Virgin Islands	4370930	149200	270979	222940	123429	128386
开曼群岛	Cayman Islands	442594	6694	24644	39212	16671	16939
巴哈马	Bahamas	51314	3543	1649	88	1019	4266
圣其茨-尼维斯	StKitts-Nevis	4238		4	50	14	1235
伯利兹	Belize	12379	423	263	277	784	489
北美洲	**North America**	**1107182**	**74453**	**40816**	**31702**	**35221**	**24128**
#美国	United States of America	850661	66972	25388	12446	19049	23298
百慕大	Bermuda	155477	2320	13341	18398	15808	557
加拿大	Canada	99156	5161	2087	858	364	273
大洋洲	**Oceania**	**804773**	**14510**	**53171**	**36247**	**57284**	**20628**
#萨摩亚	Samoa	685824	8942	49714	34475	54362	18804
马绍尔群岛	Marshall Islands	9590	680	183	507	384	808
澳大利亚	Australia	85620	4697	2869	1118	2538	227
新西兰	New Zealand	7271	86	181	127		224
其它	**Others**	**932185**		**46644**	**108073**	**87276**	**125866**
投资性公司投资	Investment Companies	704962		35196	102318	87119	125866
创业投资公司投资	Resuccess Investments Limited	2177			496	157	

6-23 各市外商直接投资

Foreign Direct Investment by City

市别	City	2015 签订项目(个) Number of Signed Projects (unit)	2015 合同利用金额(万美元) Amount of Contracted Foreign Capital (USD 10000)	2015 实际使用金额(万美元) Amount of Foreign Capital Actually Utilized (USD 10000)	2016 签订项目(个) Number of Signed Projects (unit)	2016 合同利用金额(万美元) Amount of Contracted Foreign Capital (USD 10000)	2016 实际使用金额(万美元) Amount of Foreign Capital Actually Utilized (USD 10000)
全省合计	**Provincial Total**	**7029**	**5611000**	**2687546**	**8078**	**8667477**	**2334921**
广　州	Guangzhou	1429	836327	541635	1757	990123	570121
深　圳	Shenzhen	3359	2558852	649731	4132	5219268	673221
珠　海	Zhuhai	649	361435	217787	803	905590	229465
汕　头	Shantou	22	41557	21767	21	26937	9086
佛　山	Foshan	238	289848	237726	229	222794	147166
#顺　德	Shunde	102	64590	93034	81	69399	44096
韶　关	Shaoguan	21	13532	4807	14	19635	5062
河　源	Heyuan	26	34329	14425	35	36449	9500
梅　州	Meizhou	31	36720	7130	37	38213	5711
惠　州	Huizhou	234	204521	110499	154	213412	114251
汕　尾	Shanwei	10	19130	9958	16	12916	4442
东　莞	Dongguan	439	505854	531982	444	473173	392617
中　山	Zhongshan	192	103127	45683	133	106269	47447
江　门	Jiangmen	141	96327	87940	123	107661	47634
阳　江	Yangjiang	27	20655	8497	15	28318	6990
湛　江	Zhanjiang	4	8072	15717	12	27267	6133
茂　名	Maoming	44	31910	17190	57	30084	7547
肇　庆	Zhaoqing	98	348511	139447	42	135134	37049
清　远	Qingyuan	17	24207	14201	16	31702	10717
潮　州	Chaozhou	7	10091	2044	4	5319	3430
揭　阳	Jieyang	14	28520	3929	10	3917	3071
云　浮	Yunfu	27	37475	5451	24	33296	4261
按经济区域分	By Region						
珠三角	Pearl River Delta	6779	5304802	2562430	7817	8373424	2258971
东　翼	Eastern Region	53	99298	37698	51	49089	20029
西　翼	Western Region	75	60637	41404	84	85669	20670
山　区	Mountainous Region	122	146263	46014	126	159295	35251

6-24 对外经济技术合作情况

Economic and Technical Cooperation with Foreign Countries and Regions

年份 Year	对外承包工程 Contracted Projects				对外劳务合作 Labor Services		
	签订合同数（宗） Number of Contracts Signed (unint)	合同金额（万美元） Contracted Value (USD 10000)	营业金额（万美元） Value of Turnover (USD 10000)	年末在外人数（人） Number of Persons Abroad at the Year-end (person)	劳务人员合同工资总额（万美元） Total Wages of Contract Workers (USD 10000)	劳务人员实际收入总额（万美元） Actual Total Income of Contract Workers (USD 10000)	年末在外人数（人） Number of Persons Abroad at the Year-end (person)
1985	28	1897	2491	305	424	433	1197
1990	23	5953	7586	688	6055	3189	8045
1995	29	19183	10924	850	20593	17775	33263
1996	37	14823	9474	1680	11784	19365	23319
1997	67	22435	10940	354	17356	14743	22857
1998	28	13331	17526	566	12925	14464	20816
1999	63	52961	21857	603	9327	13230	19128
2000	86	36555	34515	634	12941	10777	19564
2001	250	53924	26192	641	13271	11752	30695
2002	165	64827	58986	643	19114	17059	18922
2003	193	97055	86898	730	23132	21926	21738
2004	810	168338	161287	856	27392	28315	17043
2005	2061	326752	247189	606	32762	30878	20469
2006	1625	458442	344170	752	41898	37030	27024
2007	757	597733	546069	946	80824	62927	27880
2008	331	844352	686045	886	68209	58420	33691
2009	556	814859	758799	2105	45718	59469	33124
2010	605	986740	820815	4554	76575	58428	33901
2011	528	1343526	1134158	4017	46578	46445	38621
2012	517	1905053	1605342	3863	46643	38600	44301
2013	617	2366492	2286507	3243	53917	44689	54272
2014	1139	1524873	1241121	3405	138820	66218	72788
2015	1937	2072350	1987790	3633	139705	117787	81600
2016	1503	2198726	1816382	4350	65540	89185	80468

注：1. 2009年以后，“对外承包工程”包含“对外设计咨询”。
2. 2011年对外劳务合作统计口径调整。

Note: a) Since 2009, foreign design cousultation is inclued in foreign contracted projects.
b) The statistics coverage of foreign labor service has been adjusted in 2011.

6–25 分行业外商投资企业工商注册登记情况（2016年末）
Registration Status of Enterprises with Foreign Investment by Sector (Year-end of 2016)

行业	Sector	企业数（户）Number of Registered Enterprises (unit)	投资总额（亿美元）Total Investment (USD 100 million)	注册资本（亿美元）Registered Capital (USD 100 million)	
					#外方 Capital Invested by Foreign Partners
总计	**Total**	**119688**	**7815.71**	**5085.88**	**3728.02**
农、林、牧、渔业	Farming, Forestry, Animal Husbandry and Fishery	1732	63.25	43.7	40.43
采矿业	Mining	68	5.26	2.75	2.12
制造业	Manufacture	46557	3211.99	1949.21	1597.68
电力、燃气及水的生产和供应业	Production and Supply of Electric Power, Gas and Water	723	488.16	218.42	86.13
建筑业	Construction	969	136.28	61.2	41.56
交通运输、仓储和邮政业	Transport, Storage and Postal Services	28131	560.26	306.85	250.99
信息传输、计算机服务和软件业	Information Transmission, Computer Services and Software	3212	248.02	126.88	79.67
批发和零售业	Wholesale and Retail Trades	5313	67.16	44	36.66
住宿和餐饮业	Hotels and Catering Services	6705	275.94	190.97	138.92
金融业	Finance	3111	825.19	824.78	448.36
房地产业	Real Estate	4916	845.73	509.01	432.54
租赁和商务服务业	Leasing and Business Services	10913	662.43	544.46	385.73
科学研究、技术服务和地质勘查业	Scientific Research, Technical Services and Geological Prospecting	4881	285.68	165.86	117.18
水利、环境和公共设施管理业	Management of Water Conservancy, Environment and Public Facilities	165	19.45	11.22	9.3
居民服务和其他服务业	Households and Other Servies	1365	47.03	34.39	28.22
教育	Education	127	2.21	1.79	1.53
卫生、社会保障和社会福利业	Health Care, Social Security and Social Welfare	53	8.77	4.15	2.4
文化、体育和娱乐业	Culture, Sports and Recreation	668	60.86	44.7	27.28
其他	Others	79	2.06	1.55	1.31

6-26 各市外商投资企业工商注册登记情况（2016年末）

Registration Status of Enterprises with Foreign Investment by City(Year-end of 2016)

市 别	City	企业数(户) Number of Registered Enterprises(unit)	投资总额 (亿美元) Total Investment (USD 100 million)	注册资本 (亿美元) Registered Capital (USD 100 million)	#外 方 Capital Invested by Foreign Partners
全省合计	**Provincial Total**	**119688**	**7815.71**	**5085.88**	**3728.02**
广 州	Guangzhou	22833	1637.38	865.26	632.26
深 圳	Shenzhen	42621	2630.15	1984.17	1188.84
珠 海	Zhuhai	6655	517.74	338.58	286.23
汕 头	Shantou	1397	73.35	48.84	38.37
佛 山	Foshan	6112	427.49	266.78	226.38
#顺 德	Shunde	2186	145.52	97.55	80.1
韶 关	Shaoguan	742	35.93	23.73	20.92
河 源	Heyuan	1330	57.43	40.35	37.37
梅 州	Meizhou	1251	35.7	22.44	20.19
惠 州	Huizhou	7127	459.46	264.58	227.29
汕 尾	Shanwei	556	41.06	27.63	26.85
东 莞	Dongguan	12614	687.7	473.02	446.2
中 山	Zhongshan	3903	237.67	138.52	123.04
江 门	Jiangmen	4968	343.99	185.7	142.81
阳 江	Yangjiang	553	41.22	25.34	21.41
湛 江	Zhanjiang	585	58.9	29.51	15.62
茂 名	Maoming	712	26.34	19.12	16.26
肇 庆	Zhaoqing	1948	189.59	125.94	118.99
清 远	Qingyuan	863	91.48	56.25	45.03
潮 州	Chaozhou	597	16.23	11.63	8.96
揭 阳	Jieyang	672	24.44	18.84	16.54
云 浮	Yunfu	404	19.83	11.89	10.28
局 本 部	Unclassified by Region	1245	162.62	107.77	58.19

6-27 一类口岸开放使用情况（2016年末）

Opening and Operating Status of Category-1 Ports (Year-end of 2016)

市别	City	个数 Number	口岸类型 Name of Ports 水运	Water Transport	陆运	Land Transport	空运 Air Transport
合计	Total	58	39		14		5
广州	Guangzhou	6	广州港口岸	Guangzhou Port	天河铁路客运	Tianhe Railway Station for Passenger Service	白云机场 Baiyun Airport
			广州南沙港口岸	Nansha Port			
			广州莲花山港口岸	Lianhuashan Port			
			增城新塘港客运口岸	Xintang Port			
深圳	Shenzhen	17	蛇口码头	Shekou Port	罗湖	Luohu	深圳机场 Shenzhen Airport
			赤湾码头	Chiwan Port	文锦渡	Wenjindu	
			梅沙旅游专用口岸	Meisha Port	沙头角	Shatoujiao	
			东角头码头	Dongjiaotou Port	皇岗	Huanggang	
			妈湾码头	Mawan Port	深圳湾	Shenzhen Bay	
			盐田码头	Yiantian Port	福田	Futian	
			大亚湾核电站专用码头	Dayawan Port			
			西冲旅游专用口岸	Xichong Port			
			大铲湾港区	Dachan Bay Port			
			深圳机场配套客、货、油码头	Shenzhen Airport Passenger,Cargo, Oil Terminal Facilities			
珠海	Zhuhai	8	九州港口岸	Jiuzhou Port	拱北	Gongbei	
			湾仔口岸	Wanzai Port	横琴	Hengqin	
			珠海港口岸	Zhuhai Port	珠澳跨境工业区专用口岸	The Industrial Zone Dedicated port cross-border between The Pearl River Delta and Macao	
			万山港口岸	Wanshan Port			
			斗门港口岸	Doumen Port			
汕头	Shantou	3	汕头港口岸	Shantou Port			
			潮阳港口岸	Chaoyang Port			
梅州	Meizhou	1					梅州机场 Meizhou Airport
惠州	Huizhou	1	惠州港口岸	Huizhou Port			
汕尾	Shanwei	1	汕尾港口岸	Shanwei Port			
东莞	Dongguan	2	虎门港口岸	Humen Port	东莞铁路客运	Dongguan Railway Stations for Passenger Service	
中山	Zhongshan	1	中山港口岸	Zhongshan Port			
江门	Jiangmen	5	江门客运港口岸	Jiangmen Port			
			开平三埠港客运口岸	Sanfu Port			
			台山广海港口岸	Guanghai Port			
			鹤山港客运口岸	Heshan Port			
			新会港口岸	Xinhui Port			
佛山	Foshan	4	顺德容奇港口岸	Shunde Port	佛山铁路客运	Foshan Railway Stations for Passenger Service	
			南海港口岸	Nanhai Port			
			高明港客运口岸	Gaoming Port			
阳江	Yangjiang	1	阳江港口岸	Yangjiang Port			
湛江	Zhanjiang	2	湛江港口岸	Zhanjiang Port			湛江机场 Zhanjiang Airport
茂名	Maoming	1	水东港口岸	Shuidong Port			
肇庆	Zhaoqing	2	肇庆港客运口岸	Zhaoqing Port	肇庆铁路客运	Zhaoqing Railway Station for Passenger Service	
潮州	Chaozhou	1	潮州港口岸	Chaozhou Port			
揭阳	Jieyang	1	揭阳港口岸	Jieyang Port			揭阳潮汕机场 Jieyang Chaoshan Airport
河源	Heyuan	1			河源口岸	Heyuan Highway Port	

6-28 分国别(地区)对外直接投资

Foreign Direct Investment by Country (Region)

国家(地区)	Country of Region	项目个数 (个) Number of Projects (unit)		对外直接投资额 (万美元) Net Overseas Direct Investment (USD10000)	
		2015	2016	2015	2016
合计	**Total**	**1559**	**245041**	**1064509**	**2068424**
亚洲	**Asia**	**1253**	**1003**	**661616**	**1369876**
中国香港	Hong Kong, China	1073	777	593952	1273070
印度尼西亚	Indonesia	10	16	13491	22464
泰国	Thailand	12	16	1192	21080
阿拉伯联合酋长国	United Arab Emirates	7	15	253	11022
新加坡	Singapore	14	21	19203	10783
日本	Japan	12	18	281	7885
台湾省	Taiwan, China	12	16	8345	5963
马来西亚	Malaysia	8	21	386	4545
中国澳门	Macao, China	16	12	7787	4092
越南	Vietnam	13	16	915	2895
柬埔寨	Cambodia	10	6	10263	2839
以色列	Israel	5	2	1690	1024
老挝	Laos	3	3	314	681
非洲	**Africa**	**28**	**32**	**7303**	**3509**
加纳	Ghana	1	2	4217	841
肯尼亚	Kenya	2	3	452	822
塞舌尔	Seychelles	5	8	1539	530
欧洲	**Europe**	**58**	**89**	**8011**	**49093**
法国	France	6	7	290	27697
爱尔兰	Ireland	1	2		5155
荷兰	Netherlands	5	3	1105	3629
俄罗斯	Russia	3	5	48	3562
德国	Germany	20	24	2520	3141
英国	United Kingdom	10	21	128	2388
卢森堡	Luxembourg		3		2115
立陶宛	Lithuania				1000
瑞士	Switzerland		2	2848	223
瑞典	Sweden	1	3		114
挪威	Norway			847	50
罗马尼亚	Romania		1		6
保加利亚	Dulgaria		1		5
匈牙利	Hungary		1		5
拉丁美洲	**Latin America**	**41**	**28**	**33904**	**74918**
英属维尔京群岛	Virgin Islands	18	7	22546	41784
开曼群岛	Cayman Islands	10	12	10009	32703
巴西	Brazil	3	1		297
秘鲁	Peru		1	345	132
哥伦比亚	Colombia	3	2		2
智利	Chile	1	3		
北美洲	**North America**	**141**	**233**	**97108**	**201849**
美国	United States of America	135	219	56478	193748
加拿大	Canada	6	14	40630	8101
大洋洲	**Oceania**	**38**	**44**	**12955**	**25416**
新西兰	New Zealand	7	7	4081	16779
澳大利亚	Australia	24	31	7929	6893
萨摩亚	Samoa	2	4		1587
巴布亚新几内亚	Papua New Guinea	2		558	132
斐济	Fiji	3		32	17
利润再投资分摊	Reinvested profit sharing			243612	343764

6-29 分行业对外直接投资
Overseas Direct Investment by Sector

单位：万美元 (USD 10 000)

行业	Sector	对外直接投资额 Net Overseas Direct Investment	
		2015	2016
总 计	**Total**	**1064509**	**2068424**
农、林、牧、渔业	Farming, Forestry, Animal Husbandry and Fishery	18219	5948
采矿业	Mining	19682	24942
制造业	Manufacture	83138	270752
电力、燃气及水的生产和供应业	Production and Supply of Electric Power, Gas and Water	4045	286
建筑业	Construction	17697	20117
交通运输、仓储和邮政业	Transport, Storage and Postal Services	1444	13876
信息传输、计算机服务和软件业	Information Transmission, Computer Services and Software	10930	65364
批发和零售业	Wholesale and Retail Trades	232283	440966
住宿和餐饮业	Hotels and Catering Services	2919	3225
金融业	Finance	21730	5277
房地产业	Real Estate	65355	140771
租赁和商务服务业	Leasing and Business Services	285120	568749
科学研究、技术服务和地质勘查业	Scientific Research, Technical Servicesand Geologic Prospecting	16702	21228
水利、环境和公共设施管理业	Management of Water Conservancy, Environment and Public Facilities	100	1973
居民服务和其他服务业	Services to Households and Other Services	31274	62931
教育	Education	3349	72664
卫生、社会保障和社会福利业	Health, Social Security and Social Welfare	2741	504
文化、体育和娱乐业	Culture, Sports and Recreation	4008	5087
公共管理和社会组织	Public Administration and Social Organizations	160	
利润再投资分摊	Reinvested profit sharing	243612	343764

主要统计指标解释

货物进出口总额 指实际进出我国国境的货物总金额。包括对外贸易实际进出口货物，来料加工装配进出口货物，国家间、联合国及国际组织无偿援助物资和赠送品，华侨、港澳台同胞和外籍华人捐赠品，租赁期满归承租人所有的租赁货物，进料加工进出口货物，边境地方贸易及边境地区小额贸易进出口货物，中外合资企业、中外合作经营企业、外商独资经营企业进出口货物和公用物品，到、离岸价格在规定限额以上的进出口货样和广告品(无商业价值、无使用价值和免费提供出口的除外)，从保税仓库提取在中国境内销售的进口货物，以及其他进出口货物。该指标可以观察一个国家在对外贸易方面的总规模。我国规定出口货物按离岸价格统计，进口货物按到岸价格统计。

商品目的地进口额和商品货源地出口额 目的地进口额指进口货物的消费、使用或最终抵运地的实际进口额；货源地出口额指出口货物的产地或原始发货地的实际出口额。

利用外资 指我国政府、部门、企业和其他经济组织通过对外借款、吸收客商直接投资以及向境外发行债券、股票等方式筹借的境外资金。

外资的形式可以是现汇、实物、工业产权或专有技术等有形资本和无形资本。

我国自有外汇和中国银行自有外汇资金发放的外汇贷款购置国外设备和材料，华侨、港澳同胞的捐赠，联合国或其他国际组织的无偿赠送资金、无偿援建的项目均不属于外资范围 。

利用外资的方式有：对外借款，外国（或港澳地区）企业和经济组织或个人在我国境内开办独资企业、与我国境内的企业或组织共同开办合资企业、合作经营(企业)项目或合作开发资源，以及补偿贸易、国际租赁等。

补偿贸易 是以商品或劳务偿还贷款的一种贸易方式。即由客商提供设备、原材料、生产技术，以这些设备、原材料、生产技术生产的产品或是用双方协商的其他产品价值去支付 （偿还）进口设备、原材料价款。

对外借款 指我国政府、部门、企业和中国银行等单位向国际金融组织 、外国政府、企业等借用的长期、短期资本，到期需还本付息。借款按不同渠道划分为：①外国政府贷款； ②国际金融组织贷款；③外国银行贷款；④出口信贷；⑤发行债券。

外商直接投资 指外国企业和经济组织或个人（包括华侨、港澳同胞以及我在境外注册的企业）按我国有关政策、法规，在我国境内开办外商独资企业，与我国境内的企业或经济组织共同举办中外合资企业、合作经营企业或合作开发资源的投资，以及外商从企业得到收益的再投资。2002 年起“外商直接投资”统计口径调整，“企业投资总额内的境外借款”只包括“企业投资总额内直接投资者对企业的贷款,即外方股东贷款”。不包括“直接投资者提供担保的第三方对企业的贷款即外方股东担保贷款”和“其他方式的企业境外借款即其他境外借款。”

国际租赁 指出租者用自有资金，或向银行借款购买资本设备租给承租者在约定的期限内使用，承租者依约按期付给出租者一定租金，在租赁期内设备的使用属于承租者，设备的所有权属于出租者，租期满后，出租者对设备具有支配权：收回、作价出卖或赠送企业。

对外直接投资 指我国企业、团体等(简称境内投资主体) 在国外及港澳台地区以现金、实物、无形资产等方式投资，并以控制国(境)外企业的经营管理权为核心的经济活动。对外直接投资的内涵主要体现在一经济体通过投资于另一经济体而实现其持久利益的目标。

Explanatory Notes on Main Statistical Indicators

Total Import and Export of Goods refer to the real value of commodities imported and exported across the border of China. They include the actual imports and exports through foreign trade, imported and exported goods under the processing and assembling trades and materials, supplies and gifts as aid given gratis between governments and by the United Nations and other international organizations, and contributions donated by overseas Chinese, compatriots in Hong Kong and Macao and Chinese with foreign citizenship, leasing commodities owned by tenant at the expiration of leasing period, the imported and exported commodities processed with imported materials, commodities trading in border areas, the imported and exported commodities and articles for public use of the Sino-foreign joint ventures, cooperative enterprises and ventures with sole foreign investment. Also included is import or export of samples and advertising goods for which CIF or FOB value are beyond the permitted ceiling (excluding goods of no trading or use value and free commodities for export), imported goods sold in China from bonded warehouses and other imported or exported goods. The indicator of the total imports and exports at customs can be used to observe the total size of external trade in a country. In accordance with the stipulation of the Chinese government, imports are calculated at CIF, while exports are calculated at FOB.

Import or Export Value by Location of China's Foreign Trade Managing Units refers to actual value of imports and exports carried out by corporations which have been registered by the local Customs house and are vested with right to run import export business.

Utilization of Foreign Capital refers to funds financed from abroad by means of loans, foreign direct investment, and issuing bonds and shares undertaken by the Chinese governments at all levels, various departments, enterprises and other economic units.

The types of foreign capital include tangible capital and intangible capital, such as remittance, goods, industrial property rights and know-how.

Those excluded are the purchases of foreign equipment and materials with loans from state-owned foreign exchange and foreign exchange owned by the Bank of China, donations by overseas Chinese, compatriots in Hong Kong and Macao, and funds and projects as aid given gratis by the United Nations and other international organizations.

Utilization of foreign capital takes the forms of loans from abroad, sole investment in enterprises in the boundary of China by foreign (or Hong Kong and Macao) enterprises, economic organizations or individuals, investment in Sino-foreign joint ventures, cooperative projects (enterprises), cooperative exploitation of natural resources with enterprises or organizations in China, compensation trade and international lease, etc.

Compensation Trade refers to a kind of trade returning loans with commodities or services, i.e. imported equipment, raw materials and production technology provided by foreign entrepreneurs are repaid (returned) by means of the products produced with such equipment, raw materials and production technology or by means of the value of other products negotiated by both sides.

Foreign Loans refer to long-term capital and short-term capital borrowed from international financial organizations, foreign governments and enterprises by the Chinese governments at all levels, by various departments, enterprises and the Bank of China, etc, and repaid with interest at maturity. Foreign loans can be divided according to channels into: ①loans from foreign governments; ②loans from international financial organizations; ③loans from foreign banks; ④export credit; ⑤bonds and shares issued abroad.

Foreign Direct Investment refers to investment inside China by foreign enterprises and economic organizations or individuals (including overseas Chinese, compatriots from Hong Kong and Macao, and Chinese enterprises registered abroad), following the relevant policies and laws of China, for the establishment of foreign sole investment enterprises, Sino-foreign joint ventures and cooperative enterprises or for cooperative exploitation of resources with enterprises or economic organizations in China, and re-investment of foreign entrepreneurs with the profits gained from such enterprises and corporations. Starting from 2002, the foreign direct investment statistic has been adjusted such that the overseas borrowings in total investment of enterprises only include loans to the enterprises by direct investors or, in other terms, loans by foreign shareholders, but exclude loans from the third party guaranteed by the direct investors or, in other terms, loans guaranteed by the foreign shareholders, and overseas borrowings by enterprises in other manners or, in other terms, other overseas borrowings.

International Lease refers to the lease of which tenants rent the equipment purchased by lessors with their own money or loans from banks during a fixed period and repay a sum of leasing expenses to lessors according to contracts. During the leasing period, tenants have the right to use the equipment while lessors maintain possession of the equipment. At the expiration of the leasing period, lessors have the right to dispose the equipment: take it back, sell it at a fixed price, or donate it to an enterprise.

Overseas Direct Investment refers to investment made by domestic enterprises and organizations (referred to as domestic investors) in foreign countries and Hong Kong SAR, Macao SAR and Taiwan province in forms of cash, physical investment and intangible assets, and the economic activities centring on operation and management of those enterprises are under the control of domestic investors. The content of overseas direct investment mainly reflects one economic entity by investing in another economic entity to achieve its goal of lasting interest.

七、能源、资源和环境

ENERGY, RESOURCES AND ENVIRONMENT

七 能源、资源和环境

简要说明

一、本篇资料反映广东自然资源状况、能源生产、能源消费、能耗水平和环境保护事业等情况。能源情况主要包括：能源生产、消费及品种构成，分行业能源消费总量，综合能源平衡，各市能源单耗，能源生产和消费弹性系数，能源加工转换效率，生活用能源消费等资料。自然资源包括土地 、气候、森林、水利、矿产资源情况。环保部分主要包括水环境、大气环境、生态环境、城市环境、农村环境、自然灾害，“三废”的排放、治理、综合利用，环境管理、环保系统自身建设情况等。

二、本篇资料由广东省统计局综合处、能源统计处根据有关资料和调查结果整理提供。

三、能源资料取自全省《地区能源平衡表》和《工业企业能源购进、消费及库存表》等。地区能源平衡表编制范围为辖区内生产和消费能源的单位，其中规模以上工业企业的能源消费根据国家统计局制发的报表制度由统计系统搜集资料逐级汇总上报；加工转换消费来源于《工业企业能源购进、消费及库存附表》；其他数据来源于有关厅 (局)、公司或企业。矿产、土地资源资料由省国土资源厅提供；海洋资料由省海洋与渔业局提供；气象资料由省气象局提供；森林资源资料由省林业厅提供；水利资料由省水利厅提供；环保事业情况由环保部门提供。

四、关于数据口径与计算的说明：

1．2010 年以后的数据已按第三次经济普查结果进行调整。

2．能源生产与消费弹性系数分别以能源生产、消费增长速度与地区生产总值增长速度相比求得。

3．能源平衡表中，进口量和出口量采用海关统计数据，电力折算标准煤系数按平均发电煤耗计算。

4．能源加工转换效率表中的电力折算标准煤系数采用当量值计算，每千瓦小时折 0.1229 千克标准煤。

7 Energy ,Resources and Environment

Brief Introduction

Ⅰ. The data in this chapter reflect the natural resource, energy production, consumption, and efficiency and environmental protection of Guangdong Province. The data on energy mainly including the energy production and consumption and their composition, the energy consumption by sector, the overall balance of energy, energy consumption per unit by city, the elasticity ratios of energy production and consumption, the efficiency of energy conversion and the consumption of energy for non-production use, etc. The data on natural resource cover land, climate, forest, water conservancy and mineral resources. The data on environmental protection mainly include water environment, atmospheric environment, ecological environment, urban environment, rural environment, natural disasters, the discharge, treatment and comprehensive utilization of waste water, waste gas and solid wastes, environment management and the improvement of environmental protection departments, etc. The data are provided by Guangdong Provincial Bureau of Environmental Protection.

Ⅱ. The data in this chapter are prepared and provided by the Division of Comprehensive Statistics of Statistics Bureau of Guangdong Province and the Division of Energy Statistics of Statistics Bureau of Guangdong Province.

Ⅲ. The data in this chapter come from the Energy Balance Sheet of the whole province and the Sheets of Energy Purchase, Consumption and Storage of Key Energy Consumption Industrial Enterprises. The coverage of the regional energy balance includes the units that produce and consume energy. Among them, the data on the energy consumption of industrial enterprises above designated size are collected by the statistical agencies in accordance with the statistical reporting scheme stipulated by the National Bureau of Statistics and tabulated and reported to the higher authorities level by level; the data on the energy processing, transformation and consumption are derived from the Sheets of Energy Purchase, Consumption and Storage of Key Energy Consumption Industrial

Enterprises; other data are provided by related government departments, companies and enterprises. The data on mineral and land resources are provided by the Land and Resources Department of Guangdong Province. The data on ocean are provided by the Oceanic and Fishery Administration of Guangdong Province. The data on meteorological phenomena are provided by the Meteorological Bureau of Guangdong Province. The data on forest are provided by the Forestry Administration of Guangdong Province. The data on water conservancy are provided by the Water Resources Department of Guangdong Province. The data on environmental protection are provided by Guangdong Provincial Bureau of Environmental Protection.

Ⅳ. Data coverage and calculation:

(1) Since 2010,data have been adjusted in accordance with the figures from the third china economics census.

(2) The elasticity ratio of energy production is calculated as the quotient of the growth rate of energy production divided by the growth rate of GDP; and the elasticity ratio of energy consumption is calculated as the quotient of the growth rate of energy consumption divided by the growth rate of GDP.

(3) In the energy balance sheet, the data on the imports and exports are data from the customs statistics.The ratio for converting electric power into the standard coal equivalent is calculated according to the average consumption of coal for generating electricity.

(4) In the table on the efficiency of energy conversion, the ratio for converting electric power into the standard coal equivalent is calculated on the basis of heat value equivalent.One kilowatt is equal to 0.1229 kg SCE.

7-1 能源主要指标
Main Indicators of Energy

项　　目		item		2015	2016
一、能源生产		**Production of Energy**			
(一)一次能源生产量		Primary Energy Output			
原油	(万吨)	Crude Oil	(10000tons)	1572.61	1533.15
天然气	(亿立方米)	Natural Gas	(100 million cu.m)	116.81	79.25
一次电	(亿千瓦时)	Primary Electricity	(100 million kwh)	1101.12	1291.98
(二)二次能源生产量		Secondary Energy Output			
原油加工量	(万吨)	Crude Oil Processing Capacity	(10000tons)	4873.76	5018.35
汽油	(万吨)	Gasoline	(10000tons)	885.73	904.67
煤油	(万吨)	Kerosene	(10000tons)	641.13	682.88
柴油	(万吨)	Diesel Oil	(10000tons)	1419.41	1376.46
燃料油	(万吨)	Fuel Oil	(10000tons)	190.92	204.66
液化石油气	(万吨)	Liquefied Petroleum Gas	(10000tons)	256.27	283.10
发电量	(亿千瓦时)	Power Generation	(100 million kwh)	2933.78	2971.69
二、能源消费		**Consumption of Energy**			
能源消费总量	(万吨标准煤)	Total Energy Consumtion	(10000 tons of SCE)	30145.49	31240.75
第一产业	(万吨标准煤)	Primary Industry	(10000 tons of SCE)	502.45	530.55
第二产业	(万吨标准煤)	Secondary Industry	(10000 tons of SCE)	19039.83	18958.08
第三产业	(万吨标准煤)	Tertiary Industry	(10000 tons of SCE)	6238.65	6895.41
居民消费量	(万吨标准煤)	Household Consumption	(10000 tons of SCE)	4364.56	4856.71
三、节能减排		**Energy Conservation**			
单位GDP能耗下降率	(%)	Decline Rate of Energy Consumption per Unit of GDP		-5.71	-3.62
规模以上工业单位工业增加值能耗下降率	(%)	Decline Rate of Energy Consumption per Unit of Industrial Value-added		-10.47	-3.75
单位GDP电耗下降率	(%)	Decline Rate of Electricity Consumption per Unit of GDP		-6.10	-1.73

7-2 能源生产总量及构成

Total Production of Energy and its Composition

项 目	Item	2000	2005	2010	2013	2014	2015	2016
能源生产总量（万吨标准煤）	**Total Energy Production (10000 tons of SCE)**	**3711.69**	**4758.79**	**4858.07**	**5365.36**	**5594.56**	**6862.51**	**7137.96**
构 成 (%)	Composition (%)	100.0	100.0	100.0	100.0	100.0	100.0	100.0
原 煤	Coal	8.0	7.2					
原 油	Crude Oil	53.6	44.1	37.8	34.4	31.8	32.8	30.7
天然气	Natural Gas	11.3	12.5	21.5	18.6	19.9	18.7	14.8
一次电力及其他能源	Primary Electricity and Other Energy	27.1	36.2	40.7	47.0	48.3	48.5	54.5

7-3 能源消费总量及构成

Total Consumption of Energy and Its Composition

年份 Year	一次能源消费量(万吨标准煤) Primary Energy Consumption (10000 tons of SCE)	构成(%) Composition(%)					终端能源消费量(万吨标准煤) Final Energy Consumption (10000 tons of SCE)	构成(%) Composition(%)				
		合计 Total	原煤 Coal	原油 Crude Oil	天然气 Natural Gas	一次电力及其他能源 Primary Electricity and Other Energy		合计 Total	原煤 Coal	油品 Oil Products	电力 Elect-ricity	其他 Others
1990	3690.25	100.0	56.5	35.3		8.2	3936.44	100.0	33.6	22.4	33.0	11.0
1995	6147.61	100.0	56.4	28.5	0.2	14.9	7062.28	100.0	27.0	20.9	39.7	12.4
2000	7983.46	100.0	52.2	35.0	0.2	12.6	9080.20	100.0	17.1	22.6	45.4	14.9
2001	8169.60	100.0	52.5	34.0		13.5	9775.15	100.0	15.9	22.6	46.1	15.4
2002	9036.40	100.0	51.9	31.0		17.1	10861.68	100.0	14.5	21.6	49.2	14.7
2003	10462.09	100.0	53.5	28.6	0.2	17.7	12414.48	100.0	17.8	22.6	44.5	15.1
2004	12013.14	100.0	51.4	28.4	0.2	20.0	14487.74	100.0	11.7	20.7	52.6	15.0
2005	13086.58	100.0	52.8	26.1	0.3	20.8	17255.84	100.0	10.9	23.6	50.7	14.8
2006	15281.00	100.0	50.4	26.2	1.3	22.1	19254.03	100.0	12.5	23.7	48.7	15.1
2007	17344.10	100.0	52.0	24.2	3.5	20.3	21427.33	100.0	12.0	22.2	49.3	16.5
2008	17679.13	100.0	50.8	24.6	4.1	20.5	22671.76	100.0	13.8	21.2	48.5	16.5
2009	19235.86	100.0	46.5	27.5	5.4	20.6	23943.39	100.0	12.2	20.9	46.3	20.6
2010	21942.15	100.0	45.2	29.0	5.7	20.1	24594.92	100.0	9.7	18.8	50.4	21.1
2011	23318.44	100.0	50.2	27.0	6.4	16.4	26223.64	100.0	10.3	16.8	51.5	21.4
2012	23786.60	100.0	46.4	27.1	6.4	20.1	26763.90	100.0	9.7	16.7	52.2	21.4
2013	24930.93	100.0	46.4	27.1	6.5	20.0	27666.36	100.0	10.4	16.8	51.0	21.8
2014	25636.29	100.0	43.7	26.6	6.8	22.9	28669.57	100.0	10.2	16.6	53.5	19.7
2015	25662.31	100.0	42.3	27.3	6.4	24.0	29386.66	100.0	10.0	16.8	52.2	21.0
2016	27157.90	100.0	39.7	26.6	8.1	25.6	30729.90	100.0	9.8	14.5	52.7	23.0

7-4 综合能源平衡表

Overall Energy Balance Sheet

单位：万吨标准煤 (10000 tons of SCE)

项 目	Item	2000	2010	2013	2014	2015	2016
可供本地区消费的能源量	**Total Energy Available for Consumption by Locality**	**9447.70**	**25445.22**	**28479.70**	**29593.26**	**30145.49**	**31240.75**
年初库存量	Stock at the Year-beginning	675.20	1347.93	1551.98	1435.36	1635.41	1977.58
一次能源生产量	Primary Energy Output	3711.69	4858.07	5365.35	5594.57	6862.51	7137.95
外省调入量	Allocation from Other Provinces	5628.27	15570.94	17342.55	19278.01	20771.89	20687.86
进口量	Imports	2757.39	8112.34	8580.37	8938.27	6739.99	6352.09
境内轮船和飞机在境外加油量	Petroleum Consumed by Chinese Airplanes and Ships Abroad		183.44	217.93	219.79	220.81	223.09
本省调出量(-)	Allocation over Other Provinces(-)	-1599.39	-1294.98	-1436.57	-1512.21	-2392.60	-1475.13
出口量(-)	Exports(-)	-980.31	-1700.12	-1357.42	-2390.03	-1378.80	-1503.51
境外轮船和飞机在境内加油量(-)	Petroleum Consumed by Foreign Airplanes and Ships in China(-)	-62.51	-275.16	-333.10	-335.08	-336.16	-338.53
年末库存量(-)	Stock at the Year-end(-)	-779.26	-1357.25	-1451.39	-1635.41	-1977.58	-1820.65
加工转换投入(-)产出(+)量	**Input Output in Processing and Transformation**	**-35.74**	**-92.50**	**98.81**	**-13.59**	**-0.11**	**257.60**
火力发电	Thermal Power						
供热	Heating		-90.80	-150.05	-189.64	-128.38	-148.21
洗选煤	Coal Washing						
炼焦	Coking	-3.85	-2.25	-9.04	-9.41	-8.76	-12.92
炼油	Petroleum Refining	-26.89	205.83	-102.15	-176.10	-185.30	-76.66
制气	Gas Production	-5.00	-1.08	0.35	-1.54	-31.76	-30.06
回收能	Recovery of Energy	96.59	123.70	364.03	366.98	365.40	527.58
损失量	**Losses**	**331.76**	**757.80**	**912.14**	**910.10**	**758.72**	**768.46**
#运输和输配损失	Losses in Transmission	318.75	732.46	902.29	885.55	742.82	724.27
终端消费量	**End-use**	**9080.20**	**24594.92**	**27666.36**	**28669.57**	**29386.66**	**30729.90**
第一产业	Primary Industry	353.56	400.60	473.85	490.85	502.45	530.55
农、林、牧、渔业	Farming, Forestry, Animal Husbandry and Fishery	353.56	400.60	473.85	490.85	502.45	530.55
第二产业	Secondary Industry	5790.91	16452.13	17668.42	18097.05	18310.07	18447.36
工业	Industry	5693.02	15813.16	16976.38	17358.86	17575.93	17707.17
#用作原材料、燃料	As Raw Materials and Fuel	86.44	990.06	1246.11	1157.69	585.31	986.53
建筑业	Construction	97.90	638.97	692.03	738.19	734.13	740.18
第三产业	Tertiary Industry	1648.93	4749.44	5802.09	6001.63	6209.59	6895.28
交通运输仓储及邮电通信业	Transport, Storage, Postal and Telecommunication Services	957.92	2332.91	2867.06	3004.83	3123.41	3510.45
批发和零售贸易业、餐饮业	Wholesale and Retail Trade and Catering	403.21	1202.83	1442.92	1415.48	1445.20	1591.03
其他	ServicesOthers	287.81	1213.70	1492.11	1581.32	1640.98	1793.80
生活消费	Residential Consumption	1286.80	2992.75	3722.01	4080.05	4364.56	4856.71
城镇	Urban Areas	818.33	1896.70	2402.57	2624.22	2736.99	3084.50
乡村	Rural Areas	468.45	1096.05	1319.44	1455.83	1627.56	1772.21
平衡差额	**Balance**						
消费量合计	**Total Energy Consumption**	**9447.70**	**25445.22**	**28479.70**	**29593.26**	**30145.49**	**31240.75**

7-5 分行业能源消费总量和原煤、电力消费量（2016年）
Consumption of Total Energy, Coal and Electricity by Sector (2016)

行业	Sector	能源消费总量（万吨标准煤）Total Energy Consumption (10000 tons of SCE)	原煤消费量（万吨）Coal Consumption (10000 tons)	电力消费量（亿千瓦小时）Electricity Consumption (100 million kwh)
消费总量	**Total**	**31240.75**	**15308.51**	**5610.13**
农、林、牧、渔业	**Farming,Forestry,Animal Husbandry and Fishery**	**530.55**	**62.71**	**92.05**
工业合计	**Industry**	**18217.90**	**15141.28**	**3602.65**
采矿业	**Mining and Quarrying**	**215.50**	**6.74**	**19.09**
煤炭开采和洗选业	Mining and Washing of Coal	0.15		
石油和天然气开采业	Extraction of Petroleum and Natural Gas	139.45		0.66
黑色金属矿采选业	Mining and Dressing of Ferrous Metal Ores	14.32	0.75	3.91
有色金属矿采选业	Mining and Dressing of Nonferrous Metal Ores	14.50	1.73	4.20
非金属矿采选业	Mining and Dressing of Nonmetal Ores	46.39	4.26	10.25
开采辅助活动	Auxiliary Minning Operations	0.47		0.06
其他采矿业	Mining and Dressing of Other Ores	0.21		0.01
制造业	**Manufacturing**	**15693.04**	**5430.45**	**2865.37**
农副食品加工业	Processing of Farm and Sideline Food	274.90	96.83	47.02
食品制造业	Manufacture of Food	154.17	29.23	31.18
酒、饮料和精制茶制造业	Manufacture of Wine, Beverage and Tea	95.24	15.36	18.25
烟草制品业	Tobacco Products	9.97	3.00	1.95
纺织业	Textile Industry	652.10	442.50	101.72
纺织服装、服饰业	Manufacture of Textile Garments, Footwear and	272.47	47.12	68.83
皮革、毛皮、羽毛(绒)及其制品业	Leather, Fur, Feather, Down and Related Products	203.06	17.27	57.15
木材加工及木、竹、藤、棕、草制品业	Timber Processing, Bamboo, Cane, Palm Fiber & Straw Products	86.51	1.87	23.92
家具制造业	Manufacture of Furniture	114.55	0.77	33.09
造纸及纸制品业	Papermaking and Paper Products	1112.73	1101.08	176.76
印刷业和记录媒介的复制	Printing and Record Medium Reproduction	129.63	3.10	35.82
文教、工美、体育和娱乐用品制造业	Manufacture of Cultural, Educational and Sports Articles	239.44	79.56	63.50
石油加工、炼焦及核燃料加工业	Petroleum Refining, Coking, and Nuclear Fuel Processing	1322.80	92.64	65.33
化学原料及化学制品制造业	Manufacture of Raw Chemical Materials and Chemical Products	1168.36	204.98	146.35
医药制造业	Manufacture of Medicines	108.14	22.98	22.36
化学纤维制造业	Manufacture of Chemical Fibers	46.57	5.28	10.80
橡胶和塑料制品业	Rubber Products	766.01	78.66	212.53
非金属矿物制品业	Nonmetal Mineral Products	3309.56	2624.75	356.46
黑色金属冶炼及压延加工业	Smelting and Pressing of Ferrous Metals	1534.36	431.02	195.92
有色金属冶炼及压延加工业	Smelting and Pressing of Nonferrous Metals	427.77	39.93	100.15
金属制品业	Metal Products	655.73	25.64	182.68
通用设备制造业	Manufacture of General-purpose Machinery	196.86	7.02	54.58
专用设备制造业	Manufacture of Special-purpose Machinery	184.25	3.42	54.76
汽车制造业	Manufacture of Automobile	271.73	1.11	78.39
铁路、船舶、航空航天和其他运输设备制造业	Manufacture of Railway ,Ship,Aeronautics and Other Transport Equipment	77.49	2.84	19.53
电气机械及器材制造业	Manufacture of Electrical Machinery and Equipment	656.26	2.49	196.22
通信设备、计算机及其他电子设备制造业	Manufacture of Communication Equipment, Computers and Other Electronic Equipment	1468.13	8.39	466.30
仪器仪表制造业	Manufacture of Instruments and Meters	72.20	0.05	22.16
其他制造业	Handicraft and Other Manufactures	35.65	39.67	9.54
废弃资源综合利用业	Recycling and Disposal of Waste	39.20	1.89	10.06
金属制品、机械和设备修理业	Manufacture of Metal Products,Machinery and Equipment Maintenance	7.20		2.06
电力、燃气及水的生产和供应业	**Production and Supply of Electric Power,Gas and Water**	**2309.36**	**9704.09**	**718.19**
电力、热力的生产和供应业	Production and Supply of Electric Power and Heat Power	2104.37	9702.56	661.41
燃气生产和供应业	Production and Supply of Gas	41.84	1.01	3.78
水的生产和供应业	Production and Supply of Water	163.15	0.52	53.00
建筑业	**Construction**	**740.18**	**4.08**	**63.62**
交通运输、仓储及邮政业	**Transport, Storage,Postal and Telecommunication Services**	**3510.58**	**4.54**	**91.96**
批发和零售贸易餐饮业	**Wholesale and Retail Trade and Catering Services**	**1591.03**	**46.26**	**310.10**
其他行业	**Others**	**1793.80**	**2.38**	**545.50**
生活消费	**Non-production Consumption**	**4856.71**	**47.26**	**904.25**

7-6 各市电力消费量

Electricity Consumption by City

单位：亿千瓦小时 (100 million kwh)

市 别	City	2000	2005	2010	2011	2012	2013	2014	2015	2016
全省总计	**Provincial Total**	**1334.58**	**2673.56**	**4060.13**	**4399.02**	**4619.42**	**4830.13**	**5235.23**	**5310.69**	**5610.13**
广 州	Guangzhou	238.78	425.67	625.90	663.55	694.13	710.69	765.85	779.32	823.57
深 圳	Shenzhen	190.35	440.21	663.55	696.02	714.01	721.48	779.93	806.68	842.09
珠 海	Zhuhai	30.82	61.58	102.26	112.56	117.47	121.73	134.32	145.37	152.90
汕 头	Shantou	43.91	87.60	136.81	149.69	154.36	160.62	174.20	178.01	190.93
佛 山	Foshan	168.84	316.29	463.08	485.62	506.95	527.06	564.13	587.84	620.82
韶 关	Shaoguan	35.81	58.72	84.06	95.60	96.67	109.28	119.14	111.31	111.80
河 源	Heyuan	9.27	23.90	51.52	58.91	58.38	65.60	74.38	78.06	83.34
梅 州	Meizhou	22.70	40.40	60.88	66.20	66.33	69.78	76.51	77.98	84.30
惠 州	Huizhou	43.53	105.22	192.46	209.66	227.36	248.44	276.41	290.62	323.41
汕 尾	Shanwei	9.35	16.87	29.73	32.32	35.19	37.74	43.80	47.05	50.37
东 莞	Dongguan	179.78	419.83	562.00	586.07	604.28	622.51	660.99	666.84	702.01
中 山	Zhongshan	54.54	123.63	186.65	198.55	206.49	217.10	237.64	245.51	259.33
江 门	Jiangmen	64.65	113.63	165.21	187.68	196.14	207.31	227.87	237.13	248.50
阳 江	Yangjiang	12.09	22.46	40.43	47.48	64.00	77.15	90.71	98.21	104.80
湛 江	Zhanjiang	24.15	49.09	78.68	85.43	93.45	98.16	109.48	116.04	153.23
茂 名	Maoming	29.98	40.11	65.80	70.71	75.12	81.94	94.77	98.40	103.93
肇 庆	Zhaoqing	24.00	48.58	105.08	122.09	131.03	142.50	156.24	152.30	159.31
清 远	Qingyuan	22.60	59.47	125.53	135.71	142.44	156.74	173.89	179.27	193.34
潮 州	Chaozhou	13.95	33.17	59.16	63.65	66.12	68.20	74.62	75.59	79.88
揭 阳	Jieyang	22.51	51.13	98.68	112.67	120.87	138.50	158.93	152.71	160.90
云 浮	Yunfu	12.14	21.55	34.89	39.06	42.43	48.93	54.85	57.81	60.61
按经济区域分	By Region									
珠 三 角	Pearl River Delta	995.29	2054.64	3066.18	3261.79	3397.86	3518.83	3803.37	3911.61	4131.93
东 翼	Eastern Region	89.72	188.77	324.38	358.33	376.55	405.06	451.55	453.34	482.09
西 翼	Western Region	66.22	111.66	184.91	203.63	232.57	257.25	294.95	312.65	361.95
山 区	Mountainous Region	102.52	204.04	356.88	395.49	406.25	450.33	498.78	504.43	533.40

注：由于各市电力消费量不包含不分区域线损，全省数不等于分市数合计。

Note: Becausee the electricity consumption by region doesn't include line losses , the sum of electricity consumption by cities is different from the provincial total.

7-7 各市单位GDP能耗增长速度

Energy Consumption per Unit of GDP by City

单位：% (%)

市别	City	2008	2009	2010	2011	2012	2013	2014	2015	2016
全省总计	**Provincial Total**	**-4.32**	**-4.27**	**-2.94**	**-3.78**	**-5.38**	**-4.55**	**-3.56**	**-5.71**	**-3.62**
广州	Guangzhou	-4.56	-4.01	-4.60	-4.91	-4.94	-5.14	-3.52	-4.52	-4.96
深圳	Shenzhen	-2.90	-2.76	-2.94	-4.39	-4.51	-5.12	-4.35	-3.26	-4.21
珠海	Zhuhai	-3.31	-3.60	-3.67	-3.93	-4.75	-4.98	-4.12	-2.80	-3.94
汕头	Shantou	-2.54	-3.85	-3.19	-3.44	-4.48	-3.99	-3.85	-6.81	-3.00
佛山	Foshan	-7.97	-6.93	-4.38	-4.01	-4.53	-4.54	-4.45	-5.64	-6.63
韶关	Shaoguan	-4.91	-4.51	-1.57	-3.68	-4.31	-4.31	-5.01	-7.95	-3.81
河源	Heyuan	-4.98	-3.65	-1.06	-3.67	-6.36	-3.67	-2.21	-4.08	-4.08
梅州	Meizhou	-4.03	-3.90	-3.23	-4.39	-4.86	-4.51	-3.69	-5.91	-3.80
惠州	Huizhou	-5.89	-0.95	-5.82	-3.97	-3.91	-4.35	-3.69	-7.10	-1.52
汕尾	Shanwei	0.28	-5.60	-2.02	-3.73	-3.63	-5.69	-1.12	2.03	-3.01
东莞	Dongguan	-5.11	-4.48	-2.02	-4.61	-4.46	-5.35	-5.88	-7.90	-4.65
中山	Zhongshan	-3.96	-4.03	-1.50	-4.18	-3.91	-3.98	-3.81	-3.91	-3.89
江门	Jiangmen	-6.68	-5.79	-2.30	-3.66	-5.23	-4.49	-3.02	-6.63	-4.52
阳江	Yangjiang	-3.62	-3.56	-1.00	-3.47	-3.91	-3.97	-3.38	-4.12	7.16
湛江	Zhanjiang	-3.38	-2.76	-0.30	-3.67	-4.21	-4.04	-4.03	-2.57	38.35
茂名	Maoming	-5.29	-3.73	-4.25	-3.90	-5.16	-4.21	-2.38	-7.36	-2.82
肇庆	Zhaoqing	-3.50	-4.80	-2.44	-3.74	-4.94	-4.03	-3.51	-4.51	-5.35
清远	Qingyuan	-5.70	-3.82	-1.96	-3.94	-6.82	-2.81	-3.03	-7.73	-4.04
潮州	Chaozhou	-3.43	-3.54	-3.32	-3.71	-5.55	-4.82	-3.55	-6.67	-4.07
揭阳	Jieyang	-3.99	-3.15	-2.21	-4.22	-5.00	-4.50	-2.00	-6.35	-4.43
云浮	Yunfu	-3.64	-3.27	-1.54	-3.68	-6.95	-3.90	-3.08	-2.86	-4.76

7-8 各市单位GDP电耗增长速度
Growth Rate of Electricity Consumption per Unit of GDP by City

单位：% (%)

市 别	City	2008	2009	2010	2011	2012	2013	2014	2015	2016
全省总计	**Provincial Total**	**-6.44**	**-6.13**	**0.03**	**-1.46**	**-2.90**	**-3.62**	**0.59**	**-6.10**	**-1.73**
广 州	Guangzhou	-7.98	-6.96	-2.53	-4.74	-4.59	-8.21	-0.77	-6.13	-2.36
深 圳	Shenzhen	-7.44	-9.33	1.00	-4.69	-3.28	-8.30	-0.65	-5.01	-4.17
珠 海	Zhuhai	-2.21	-3.92	-1.21	-1.05	-2.49	-6.23	0.04	-1.61	-3.10
汕 头	Shantou	-4.44	-3.19	-0.62	-2.27	-5.87	-5.37	-0.79	-5.78	-1.33
佛 山	Foshan	13.72	-7.23	-2.76	-5.83	-3.48	-5.07	-1.44	-3.95	-2.48
韶 关	Shaoguan	-2.81	-9.88	2.44	1.45	-7.32	0.80	-0.04	-12.00	-5.49
河 源	Heyuan	-5.70	2.45	3.54	1.11	-11.21	0.30	2.97	-2.96	-1.69
梅 州	Meizhou	-4.58	-2.00	-4.67	-4.25	-8.37	-5.32	1.06	-6.18	0.60
惠 州	Huizhou	-5.48	-4.56	-1.64	-4.93	-3.68	-3.82	1.15	-3.56	2.83
汕 尾	Shanwei	-3.89	-6.05	-5.82	-4.61	-4.08	-4.46	6.59	-0.63	0.06
东 莞	Dongguan	-12.49	-8.42	2.84	-3.40	-2.85	-6.17	-1.50	-6.54	-2.62
中 山	Zhongshan	-8.38	-6.34	1.38	-5.98	-6.31	-4.42	1.35	-4.73	-1.97
江 门	Jiangmen	-9.93	-7.73	1.60	0.53	-3.32	-3.71	1.96	-4.00	-2.43
阳 江	Yangjiang	-5.98	-3.92	5.66	2.24	19.28	4.50	6.41	-0.21	0.06
湛 江	Zhanjiang	-8.51	-2.25	-0.12	-3.89	0.74	-6.17	1.39	-2.28	22.37
茂 名	Maoming	-5.46	-3.00	-4.65	-2.99	-3.95	-6.32	4.75	-3.86	-1.38
肇 庆	Zhaoqing	-1.16	-1.12	1.74	1.33	-3.31	-2.46	-0.40	-9.92	-0.42
清 远	Qingyuan	-18.07	-2.54	-2.32	-0.18	-0.10	1.74	2.82	-4.91	-0.04
潮 州	Chaozhou	-2.68	-4.89	0.85	-4.75	-6.12	-7.05	1.12	-6.44	-1.35
揭 阳	Jieyang	-6.09	-2.23	-3.58	-0.34	-3.62	-1.80	3.66	-11.03	-0.87
云 浮	Yunfu	-5.01	-4.84	0.24	-2.04	-3.70	1.74	1.64	-2.85	-1.09

7-9 各市单位工业增加值能耗增长速度

Growth Rate of Energy Consumption per Unit of Industrial Value-added by City

单位：% (%)

市别	City	2008	2009	2010	2011	2012	2013	2014	2015	2016
全省总计	**Provincial Total**	**-11.32**	**-6.94**	**-6.88**	**-5.13**	**-11.18**	**-4.97**	**-9.25**	**-10.47**	**-3.75**
广州	Guangzhou	-10.72	-10.52	-12.61	-10.06	-16.98	-10.89	-11.91	-13.03	-6.55
深圳	Shenzhen	-4.46	-3.59	-3.72	-24.02	-12.68	-9.49	-8.45	-11.07	-4.98
珠海	Zhuhai	-2.40	-5.74	-10.52	-6.61	-16.62	-9.17	-8.49	-1.88	-7.12
汕头	Shantou	-22.49	12.65	18.74	-4.37	-22.41	5.35	-11.22	-16.00	-16.78
佛山	Foshan	-21.24	-9.37	-10.48	-8.17	-4.91	-11.45	-12.54	-13.77	-8.32
韶关	Shaoguan	-18.93	-3.87	-2.11	-4.32	-16.04	-10.61	-12.81	-8.66	-0.49
河源	Heyuan	-21.87	61.14	-1.15	0.03	-27.94	-15.94	-19.33	-13.26	-9.65
梅州	Meizhou	-8.02	12.84	-15.33	-24.00	-18.71	-3.25	-14.92	-15.48	1.49
惠州	Huizhou	-11.13	0.69	-16.87	0.15	-11.08	-18.18	-14.15	-12.31	-4.59
汕尾	Shanwei	684.61	-22.70	-14.25	2.75	6.26	-30.74	-14.92	26.15	-2.24
东莞	Dongguan	-10.94	-0.26	-10.92	-6.12	-11.42	-8.45	-9.74	-10.88	-3.93
中山	Zhongshan	-6.07	-11.70	-3.84	-8.51	-21.83	-12.34	-3.84	4.91	-1.58
江门	Jiangmen	-19.13	-18.45	-12.91	-0.96	-15.35	-0.53	-17.45	-14.93	-10.89
阳江	Yangjiang	-12.60	11.54	58.95	-5.11	-17.53	-16.69	-1.16	-10.30	4.58
湛江	Zhanjiang	-14.82	-4.04	-4.35	-4.94	-5.21	-7.40	-17.83	-11.45	43.40
茂名	Maoming	-6.46	-6.26	-9.91	-7.48	-20.08	-11.53	-5.04	-11.60	-6.55
肇庆	Zhaoqing	-10.81	-14.14	-7.65	-8.44	-9.04	-9.31	-9.80	-12.94	-8.39
清远	Qingyuan	-23.67	-11.14	-16.28	-11.77	-20.63	-0.74	-9.52	-9.16	-7.39
潮州	Chaozhou	-3.91	-10.54	17.93	17.99	-18.92	-16.05	-21.13	-13.16	-11.45
揭阳	Jieyang	-5.25	-15.50	-15.49	-18.98	-23.59	24.31	-18.62	-15.54	-17.50
云浮	Yunfu	-15.61	-4.05	-9.70	-17.32	-25.69	-21.35	-14.19	-10.32	-7.55

7-10 平均每天各种能源消费量
Average Daily Energy Consumption by Variety

能源品种	Energy Variety	2000	2005	2010	2012	2013	2014	2015	2016
合 计(吨标准煤)	**Total (ton of SCE)**	**248773**	**472363**	**673833**	**733257**	**757982**	**785468**	**805114**	**841915**
煤 炭 (吨)	Coal (Ton)	59590	78227	120155	124986	122417	135491	135415	120648
焦 炭 (吨)	Coke (Ton)	3973	8058	13314	14936	16005	15286	14875	21439
原 油 (吨)	Crude Oil (Ton)	250	178	480	437	569	580	635	642
燃料油 (吨)	Fuel Oil (Ton)	9248	18288	13141	8427	8881	8481	8253	9617
汽 油 (吨)	Gasoline (Ton)	8226	19330	22849	26443	29313	30408	33601	41085
煤 油 (吨)	Kerosene (Ton)	2444	4212	5532	6661	7104	7332	7510	7998
柴 油 (吨)	Diesel Oil (Ton)	18726	34920	45370	42122	42062	42886	43303	45717
液化石油气 (吨)	Liquefied Petroleum Gas(Ton)	8720	16676	13584	13594	14698	16046	18510	19742
电 力(万千瓦时)	Electricity (10000 kwh)	33978	69671	105290	119813	124810	135908	139035	147119

7-11 平均每人年生活用能源
Annual per Capita Energy Consumption of Households

能源品种	Energy Variety	2000	2005	2010	2012	2013	2014	2015	2016
合 计(千克标准煤)	**Total (kg of SCE)**	**148.90**	**227.85**	**290.97**	**340.72**	**350.10**	**381.88**	**404.63**	**444.59**
煤 炭 (千克)	Coal (kg)	9.63	10.54	6.14	6.05	6.11	6.10	6.17	6.35
汽 油 (千克)	Gasoline (kg)	4.42	14.57	36.95	41.69	45.91	45.86	49.93	61.69
煤 油 (千克)	Kerosene (kg)	0.24	0.33	0.35	0.37	0.38	0.37	0.38	0.34
柴 油 (千克)	Diesel Oil (kg)	0.57	0.98	1.39	1.58	1.75	1.74	1.77	1.89
液化石油气 (千克)	Liquefied Petroleum Gas(kg)	31.47	43.66	27.42	26.75	28.73	31.50	43.16	45.51
电 力 (千瓦时)	Electricity (kwh)	239.09	359.06	536.60	653.89	669.90	759.93	784.28	827.76

7-12 分品种生活能源年消费总量
Annual Total Energy Consumption of Households by Variety

能源品种	Energy Variety	2000	2010	2012	2013	2014	2015	2016
合 计（万吨标准煤）	**Total (10000 tons of SCE)**	**1286.80**	**2992.75**	**3594.45**	**3722.01**	**4080.05**	**4364.56**	**4856.71**
煤 炭 （万吨）	Coal (10000 tons)	83.22	63.19	63.87	64.89	65.21	66.57	69.35
汽 油 （万吨）	Gasoline (10000 tons)	38.20	380.05	439.82	487.55	489.99	538.63	673.92
煤 油 （万吨）	Kerosene (10000 tons)	2.10	3.60	3.88	3.99	4.00	4.11	3.67
柴 油 （万吨）	Diesel Oil (10000 tons)	4.90	14.30	16.72	18.55	18.64	19.10	20.68
液化石油气 （万吨）	Liquefied Petroleum Gas(10000 tons)	271.96	282.01	282.21	305.13	336.52	465.57	497.1
电 力(亿千瓦小时)	Electricity (100 million kwh)	206.62	551.92	689.82	711.37	810.84	845.96	904.25

7-13 能源加工转换效率
Efficiency of Energy Conversion

单位：% (%)

年 份 Year	火力发电 Thermal Power Generation	供 热 Heating	炼 焦 Coking	炼 油 Petroleum Refining	制 气 Gas Production
1990	31.13	79.21	93.48	99.44	
1995	31.85	80.07	90.93	99.89	86.17
2000	37.20	87.19	94.35	99.02	79.18
2001	37.21	85.09	95.23	99.12	77.90
2002	36.36	76.40	94.27	98.40	80.08
2003	40.69	71.43	82.36	98.57	78.67
2004	35.53	86.10	91.53	99.29	79.70
2005	36.22	95.99	96.66	99.53	79.18
2006	37.74	88.49	96.95	99.80	95.40
2007	38.80	70.66	99.02	99.79	97.22
2008	38.00	77.34	98.43	99.10	95.65
2009	38.69	82.15	98.31	99.58	93.47
2010	38.90	82.80	99.08	98.12	87.81
2011	38.22	79.19	98.69	98.54	89.87
2012	38.49	78.26	97.57	98.17	89.77
2013	39.66	79.57	96.01	98.48	91.00
2014	39.72	75.73	96.15	97.42	71.51
2015	40.62	84.02	97.15	97.69	57.39
2016	40.78	83.32	97.91	99.03	60.99

7-14 能源生产弹性系数

Elasticity Ratio of Energy Production

年 份 Year	能源生产比上年增长% Growth Rate of Energy Production over Preceding Year(%)	电力生产比上年增长% Growth Rate of Electricity Production over Preceding Year(%)	本省生产总值比上年增长% Growth Rate of Gross Domestic Product(GDP) over Preceding Year(%)	能源生产弹性系数 Elasticity Ratio of Energy Production	电力生产弹性系数 Elasticity Ratio of Electricity Production
1986	1.0	8.0	12.7	0.08	0.63
1990	0.3	15.3	11.6	0.02	1.32
1995	14.7	6.6	15.6	0.94	0.42
1996	43.3	10.7	11.3	3.83	0.95
1997	8.5	8.0	11.2	0.76	0.71
1998	-4.1	5.6	10.8		0.52
1999	-10.3	9.8	10.1		0.97
2000	5.8	18.7	11.5	0.50	1.63
2001	-8.2	5.9	10.5		0.56
2002	6.5	12.4	12.4	0.52	1.00
2003	12.7	17.7	14.8	0.86	1.20
2004	18.6	11.9	14.8	1.26	0.80
2005	-6.7	7.4	13.8		0.54
2006	-8.1	8.5	14.6		0.58
2007	-5.7	8.9	14.7		0.61
2008	12.5	-0.4	10.1	1.24	
2009	-0.6	-0.6	9.7		
2010	10.6	20.1	12.4	0.85	1.62
2011	-0.2	15.6	10.0		1.56
2012	5.0	-1.8	8.2	0.61	
2013	5.4	6.7	8.5	0.64	0.79
2014	4.3	0.5	7.8	0.55	0.06
2015	22.7	0.5	8.0	2.84	0.06
2016	4.0	5.7	7.5	0.53	0.76

7-15 能源消费弹性系数

Elasticity Ratio of Energy Consumption

年份 Year	能源消费比上年增长 (%) Growth Rate of Energy Consumption over Preceding Year(%)	电力消费比上年增长% Growth Rate of Electricity Consumption over Preceding Year(%)	本省生产总值比上年增长% Growth Rate of Gross Domestic Product(GDP) over Preceding Year(%)	能源消费弹性系数 Elasticity Ratio of Energy Consumption	电力消费弹性系数 Elasticity Ratio of Electricity Consumption
1986	8.4	4.7	12.7	0.66	0.37
1990	4.1	14.3	11.6	0.35	1.24
1995	9.2	7.6	15.6	0.59	0.49
1996	5.5	8.9	11.3	0.48	0.79
1997	2.7	7.1	11.2	0.24	0.64
1998	5.3	7.5	10.8	0.49	0.70
1999	4.3	10.0	10.1	0.42	0.99
2000	8.2	22.9	11.5	0.71	1.99
2001	7.7	9.3	10.5	0.74	0.88
2002	11.6	15.7	12.4	0.93	1.27
2003	15.4	20.3	14.8	1.04	1.37
2004	16.1	17.5	14.8	1.09	1.18
2005	16.8	12.0	13.8	1.22	0.87
2006	11.2	12.4	14.6	0.77	0.85
2007	10.9	13.0	14.7	0.74	0.88
2008	5.3	3.3	10.1	0.52	0.32
2009	6.9	2.9	9.7	0.71	0.30
2010	8.9	12.5	12.4	0.72	1.00
2011	5.8	8.3	10.0	0.58	0.83
2012	2.3	5.0	8.2	0.28	0.61
2013	3.6	4.5	8.5	0.42	0.53
2014	3.9	8.4	7.8	0.50	1.08
2015	1.9	1.4	8.0	0.24	0.18
2016	3.6	5.6	7.5	0.48	0.75

7−16 自然资源（2016年）
Natural Resources (2016)

项　目		Item		2016
一、土地资源和海洋		Land Resources and Sea		
土地面积	(平方公里)	Total Land Area	(sq.km)	179717.46
耕　地	(万公顷)	Cultivated Land	(10000 hectares)	315.29
林　地	(万公顷)	Afforested Land	(10000 hectares)	994.06
园　地	(万公顷)	Plantation	(10000 hectares)	102.08
牧草地	(万公顷)	Grass Land	(10000 hectares)	0.22
海域总面积	(万平方公里)	Total Area of Sea	(10000 sq.km)	41.9
海洋滩涂面积	(万公顷)	Sea Beach Area	(10000 hectares)	20.4
海岛面积	(平方公里)	Area of Islands	(sq.km)	1592.7
大陆海岸线长度	(公里)	Length of Continental Coastline	(km)	4114.3
岛屿岸线长度	(公里)	Length of Island Coastline	(km)	2428.7
岛屿个数	(个)	Number of Islands	(unit)	1431
二、气候		Climate		
年平均降雨量	(毫米)	Annual Average Precipitation	(mm)	2321.0
年平均气温	(摄氏度)	Annual Average Temperature	(℃)	22.3
年日照时数	(小时)	Annual Sunshine Hours	(hour)	1622.0
三、森林		Forest		
活立木蓄积量	(亿立方米)	Total Standing Stock Volume	(100 million cu.m)	5.79
森林覆盖率	(%)	Forest Coverage Rate	(%)	58.98
四、水力水产		Hydropower and Aquatic Products		
水力资源理论蕴藏量	(万千瓦)	Theoretical Hydropower Resources	(10000 kw)	1137.23
#可开发装机容量		Developable Resources		1055.65
海水养殖可养面积	(万公顷)	Cultivatable Area in Marine Areas	(10000 hectares)	77.6
淡水可养面积	(万公顷)	Cultivatable Area in Freshwater Areas	(10000 hectares)	49.42
五、矿产		Mineral Resources		
煤保有资源储量	(万吨)	Ensured Reserve of Coal	(10000 tons)	59858.99
铁矿石保有资源储量	(万吨)	Ensured Reserve of Iron Ore	(10000 tons)	63596.86
硫铁矿保有资源储量	(万吨)	Ensured Reserve of Pyrite Ore	(10000 tons)	33064.58

注：1．海岛面积、岛岸线长度、岛屿个数是1994年调查数据。
2．海域总面积包括200海里专属经济区面积。
3．土地面积为2015年土地变更调查结果数据，土地资源数据未经国土资源部认可，仅供参考，最终数据以国土资源部确认的为准。

Notes: a) Data of the area of islands，length of island coastline and number of islands were obtained from surveys in 1994.
b) Total area of sea includes 200 sea miles of exclusive economic zone.
c) Data on land area are result of the land research of 2015. The land data in this table is for reference only because the data has not been examined or confirmed by Ministry of Land and Resources The final result is subject to be comfired by Ministry of Land and Resources.

7-17 各地区年平均气温

Average Temperature by Region

单位：摄氏度 (℃)

年份 Year	粤北 Northern Regions	粤东北 North Eastern Regions	粤西北 North Western Regions	粤东 Eastern Regions	粤中 Central Regions	粤西 Western Regions
1980	20.7	21.5	22.5	21.2	22.2	23.4
1985	20.2	20.9	22.0	21.1	21.6	22.6
1990	21.1	21.5	22.8	21.8	22.6	23.4
1995	20.0	20.0	22.2	21.6	22.3	23.0
1996	19.9	21.4	22.4	21.9	21.6	23.3
1997	20.4	21.3	22.7	22.1	22.0	23.7
1998	21.2	22.5	23.3	23.0	22.8	24.5
1999	20.8	21.9	22.7	22.6	22.5	24.0
2000	20.4	21.9	22.6	22.5	22.5	23.8
2001	20.5	22.0	22.5	22.7	22.6	23.8
2002	21.0	22.3	22.8	23.0	23.0	24.1
2003	20.9	21.9	22.9	22.6	23.0	24.4
2004	20.8	21.6	22.6	22.6	22.8	23.2
2005	20.5	21.6	22.5	22.3	22.8	23.0
2006	20.8	22.1	23.1	22.8	23.2	23.4
2007	21.2	22.0	23.0	22.9	23.2	23.2
2008	20.5	21.5	22.1	22.3	22.5	22.4
2009	20.6	22.3	22.9	22.6	23.0	23.3
2010	20.0	21.8	22.4	22.3	22.5	23.3
2011	19.6	21.7	22.3	22.1	21.4	22.4
2012	19.6	22.0	22.4	22.3	21.7	23.2
2013	20.0	21.2	22.7	22.6	21.5	23.0
2014	20.4	21.7	22.8	22.8	21.7	23.3
2015	20.8	22.0	23.4	23.5	22.3	24.3
2016	20.7	21.7	22.5	23.3	22.0	23.6

7-18 各地区年降雨量

Annual Precipitation by Region

单位：毫米 (mm)

年份 Year	粤北 Northern Regions	粤东北 North Eastern Regions	粤西北 North Western Regions	粤东 Eastern Regions	粤中 Central Regions	粤西 Western Regions
1980	1459.4	1461.7	1586.1	1369.1	1492.2	2274.0
1985	1360.2	1607.8	1726.9	1481.3	1706.0	2411.3
1990	1436.6	1709.0	1284.8	2236.9	1239.5	1510.2
1995	1506.9	1171.0	1766.4	1512.2	1752.4	2082.9
1996	1633.1	1361.5	1693.1	1409.0	1683.4	1222.6
1997	2045.3	1847.5	1815.3	2040.9	1997.3	2344.3
1998	1862.3	1458.2	1737.5	1593.6	1736.1	1266.4
1999	1314.3	1033.8	1318.7	1517.4	1620.4	1392.6
2000	1565.8	1850.9	1318.2	1486.7	1798.9	1762.7
2001	1689.8	1560.3	1889.2	1947.9	2678.9	2314.5
2002	1814.9	1110.3	1480.9	1409.7	1866.7	2263.3
2003	1388.2	1415.2	1251.8	1406.6	1338.7	1372.4
2004	1156.3	1251.8	1034.7	1379.7	1636.5	1068.5
2005	1772.2	1647.3	1905.2	1631.3	1986.2	1387.3
2006	1782.8	2040.2	1727.0	2507.7	2175.7	1149.8
2007	1502.3	1399.2	1252.4	1482.2	1370.3	1620.8
2008	1553.1	1300.2	2221.0	2123.6	2284.0	1865.2
2009	1275.5	1246.7	1440.4	927.9	1472.6	1849.9
2010	2104.4	1416.1	1419.6	1350.3	2353.6	1952.3
2011	1443.0	1233.1	1277.2	1027.0	1632.3	1408.5
2012	2056.3	1460.5	1919.2	1247.1	1813.9	2068.6
2013	1654.0	1930.2	1736.2	1887.2	2095.4	2084.2
2014	1517.0	1164.9	1788.2	1416.5	2234.0	1468.9
2015	2128.7	1696.3	1848.1	1446.6	2471.9	1328.9
2016	2428.9	2410.3	2132.5	2174.7	2939.7	1820.0

7-19 各地区年日照时数
Annual Sunshine Hours by Region

单位：小时 (hour)

年份 Year	粤北 Northern Regions	粤东北 North Eastern Regions	粤西北 North Western Regions	粤东 Eastern Regions	粤中 Central Regions	粤西 Western Regions
1980	1754.1	1811.1	1945.8	1989.2	1921.8	2036.5
1985	1701.6	1926.7	1613.3	1900.6	1406.0	1868.4
1990	1613.9	1893.1	1542.8	1921.3	1648.7	1877.4
1995	1420.6	1868.7	1704.6	2038.3	1559.6	1828.3
1996	1626.5	1965.7	1796.9	2094.8	1564.7	2042.3
1997	1349.1	1490.2	1454.9	1985.8	1209.8	1895.1
1998	1578.3	1689.6	1546.1	1917.5	1469.4	1994.0
1999	1564.0	1819.7	1699.0	2237.0	1599.5	2050.7
2000	1497.2	1672.6	1714.1	2126.3	1609.2	1855.3
2001	1613.0	1884.0	1559.2	2199.8	1651.0	1794.6
2002	1506.4	1813.2	1521.7	2266.6	1566.5	1783.8
2003	1821.1	2030.1	1762.6	2341.5	1741.6	2144.5
2004	1818.5	2117.1	1640.2	2433.5	1767.4	2024.7
2005	1491.2	1736.4	1345.6	1849.5	1288.5	1784.4
2006	1487.7	1779.4	1454.8	1843.5	1328.7	1664.3
2007	1736.3	1750.6	1722.4	1961.2	1616.0	1778.7
2008	1545.0	1853.1	1638.8	1852.1	1482.2	1864.4
2009	1852.9	1962.9	1531.8	2059.8	1671.8	1981.8
2010	1631.0	1676.9	1356.5	1855.5	1484.0	1878.4
2011	1783.8	1901.1	1709.7	2077.9	1878.4	1822.3
2012	1501.0	1660.3	1361.1	1650.4	1471.2	1544.0
2013	1731.5	1827.8	1624.2	1865.8	1582.9	1811.2
2014	1886.2	1997.5	1744.5	1957.8	1613.6	1991.5
2015	1540.8	1740.4	1583.0	2010.7	1594.3	2008.1
2016	1629.2	1553.6	1466.2	1701.0	1451.8	1963.9

7-20 各市土地面积和人口密度

Land Area and Population Density by City

市别	City	土地面积(平方公里) Land Area (sq.km)	人口密度（人/平方公里） Population Density (persons/sq.km)							
			2000	2005	2010	2012	2013	2014	2015	2016
全省合计	**Provincial Total**	**179717.46**	**486**	**511**	**581**	**590**	**592**	**597**	**604**	**612**
广州	Guangzhou	7249.23	1337	1277	1744	1771	1783	1804	1863	1937
深圳	Shenzhen	1997.27	3596	4239	5311	5282	5323	5398	5697	5962
珠海	Zhuhai	1732.33	758	839	944	918	922	936	943	967
汕头	Shantou	2199.04	2263	2395	2400	2492	2506	2512	2525	2537
佛山	Foshan	3797.73	1400	1507	1871	1912	1921	1936	1957	1965
#顺德	Shunde	806.57	2100	2424	3054	3078	3091	3112	3143	3155
韶关	Shaoguan	18412.52	149	159	154	156	157	158	159	161
河源	Heyuan	15653.63	143	176	189	192	194	196	196	197
梅州	Meizhou	15864.51	240	259	267	271	271	273	274	275
惠州	Huizhou	11347.20	288	332	405	412	414	417	419	421
汕尾	Shanwei	4865.02	465	531	600	610	614	618	621	624
东莞	Dongguan	2460.08	2615	2662	3328	3371	3381	3391	3355	3358
中山	Zhongshan	1783.67	1313	1352	1735	1769	1779	1790	1799	1811
江门	Jiangmen	9505.42	414	430	467	472	473	475	475	478
阳江	Yangjiang	7955.87	278	297	304	310	312	314	316	318
湛江	Zhanjiang	13262.59	487	536	530	536	540	544	546	548
茂名	Maoming	11427.07	457	510	510	522	526	529	532	536
肇庆	Zhaoqing	14891.23	227	247	265	267	270	271	273	274
清远	Qingyuan	19035.54	164	188	193	198	199	201	201	202
潮州	Chaozhou	3145.93	780	810	862	858	862	865	839	841
揭阳	Jieyang	5265.38	999	1068	1117	1131	1139	1146	1151	1157
云浮	Yunfu	7785.11	277	301	304	310	312	314	316	319

注：1．2000、2005年数据来源于2000年广东省第五次全国人口普查公报和广东省2005年全国1%人口抽样调查公报。

2．土地面积为2015年土地变更调查结果数据，全省合计面积包含岛屿面积。

Note: a) Data of 2000 and 2005 are based on the Communique of the Fifth National Population Census in Guangdong in 2000 and the Communique of 1% National Population Sample Survey in 2005.

b) Data on land area are result of the land research of 2015, provincial total area includes areas of the islands with jurisdiction.

7-21 环境保护基本情况

Basic Conditions of Environmental Protection

项　　目	item	2010	2013	2014	2015	2016
水环境	**Water Environment**					
降水量 (毫米)	Precipitation (mm)	1927.1	2179.3	1691.2	1875.7	2357.6
水资源总量 (亿立方米)	Total Amount of Water Resource (100 million cu.m)	1998.8	2263.2	1718.5	1933.4	2458.6
人均水资源量 (立方米/人)	Per Capita Amount of Water Resource (cu.m/person)	1915	1910	1608	1782	2251
用水总量 (亿立方米)	Total Water Consumption (100 million cu.m)	469.0	443.2	442.5	443.1	435.0
#农业用水	Agriculture	231.3	223.7	224.3	227.0	220.5
工业用水	Industry	138.8	119.5	117.0	112.5	109.2
生活用水	Living	90.4	94.8	96.1	98.3	99.9
生态环境补水	Ecology	8.6	5.2	5.1	5.3	5.4
万元GDP用水量（立方米/万元）	Water Consumption per 10000 Yuan of GDP (cu.m/10000 yuan)	103	71	65	61	55
万元工业增加值用水量 (立方米/万元)	Water Consumption per 10000 Yuan of Value-added of Industry (cu.m/10000 yuan)	65	44	40	37	34
废水排放总量 (亿吨)	Total Volume of Waste Water Discharged(100 million tons)	72.30	86.25	90.51	91.15	93.80
#城镇生活污水	Living Waste Water	53.59	69.13	72.68	74.93	80.60
工业废水	Industrial Waste Water	18.70	17.05	17.76	16.15	13.20
废水中COD排放量 (万吨)	Volume of COD Discharged from Waste Water(10000 tons)	85.84	173.39	167.06	160.69	96.40
废水中氨氮排放量 (万吨)	Volume of Ammonia and Nitrogen Discharged from Waste Water (10000 tons)	10.7	21.6	20.8	20.0	14.40
大气环境	**Atmospheric Environment**					
工业废气排放总量 (亿立方米)	Total Volume of Industrial Waste Gas Emission (100 million cu.m)	24092	28434	29793	30923	38846
二氧化硫排放总量 (万吨)	Total Volume of Industrial Sulfur Dioxide Emission (10000 tons)	105.1	76.2	73.0	67.8	35.4
#工业二氧化硫	Volume of Industrial Sulfur Dioxide Emission	98.9	73.2	69.9	64.9	33.0
氮氧化物排放总量 (万吨)	Nitrogen Oxides (10000 tons)		120.4	112.2	99.7	84.3
#工业氮氧化物	Industrial Nitrogen Oxides		72.3	68.3	58.8	44.9
烟(粉)尘排放总量 (万吨)	Volume of Soot(Dust) Emission (10000 tons)		35.4	45.0	34.8	28.2
#工业烟(粉)尘排放量	Volume of Industrial Soot(Dust) Emission		29.7	39.5	30.0	23.4
空气质量达二级标准城市数(个)	Number of Cities Meeting Grade Ⅱ Air Quality Standard (unit)	21	21	6	15	14
生态环境	**Ecological Environment**					
人均耕地面积 (亩)	Per Capita Area of Cultivated Land (mu)	0.45	0.45	0.44	0.44	0.43
累计水土流失治理面积(千公顷)	Area of Soil Erosion under Control (1000 hectares)	44.6	44.1	47.5	72.6	78.7
森林面积 (万公顷)	Forest Area (10000 hectares)	1036.28	1074.28	1082.79	1086.11	1087.90

注：1．2014年起，空气质量达二级标准的统计标准有变。
2．2016年，环保排污数据统计口径和核算方法改变。

Note:a) The scope of meeting grade Ⅱ air quality standard has been changed since 2014.
b) In 2016,the statistical coverage and accounting method of data of pollution discharge in environmental protection have been adjusted.

7-21 续表 1 continued

项目	item	2010	2013	2014	2015	2016
森林覆盖率 (%)	Forest Coverage Rate (%)	57.00	58.20	58.69	58.88	58.98
人均森林面积 (公顷)	Per Capita Forest Area (hectare)	0.1	0.1	0.1	0.1	0.1
活立木蓄积量 (万立方米)	Volume of Standing Forest Stock (10000 cu.m)	43936	52425	54679	56636	57855
森林蓄积量 (万立方米)	Stock Volume of Forest (10000 cu.m)	43190	51647	54138	56128	57293
当年营造林面积 (万公顷)	Afforested Area in Current Year (10000 hectares)	9.51	13.91	15.15	11.85	10.07
自然保护区数 (个)	Number of Natural Reserves (unit)	368	369	369	369	369
自然保护区面积 (万公顷)	Area of Natural Reserves (10000 hectares)	182.4	171.9	171.9	172.7	172.7
城市环境	**Urban Environment**					
城区面积 (平方公里)	Urban Area (sq.km)	18130.1	16136.5	17036.4	16825.7	17086.3
#建成区面积	Built-up Area	4618.07	5232.11	5398.07	5633.19	5808.12
城市建设用地面积 (平方公里)	Area of City Land Used for Construction (sq.km)	4774.76	4000.64	4415.55	4958.73	5266.61
城市供水总量 (万立方米)	Total Volume of Water Supply in Urban Areas (10000 cu.m)	806144	815410	721646	852512	870036
#生活用水量	Domestic Water Consumption	394036	425461	448647	460359	479964
城市用水普及率 (%)	Popularization Rate of Tap Water in Urban Areas (%)	98.4	97.5	97.3	98.5	98.1
城市污水排放量 (万吨)	Volume of Municipal Sewage Discharge (10000 tons)	506546	636504	652251	671363	689202
城市污水处理量 (万吨)	Volume of Municipal Sewage Disposal (10000 tons)	436041	586519	596142	628706	647773
城市污水处理厂集中处理率(%)	Rate of Municipal Sewage Disposal (%)	73.1	92.0	91.4	93.3	93.8
城市生活垃圾清运量 (万吨)	Transportation Amount of Urban Domestic Waste (10000 tons)	1398.01	2092.12	2214.23	2320.33	2390.96
城市生活垃圾无害化处理量 (万吨)	Volume of Harmless Disposal of Urban Domestic Waste (10000 tons)	1938.55	1770.32	1912.70	2124.58	2363.68
城市生活垃圾无害化处理率(%)	Rate of Harmless Disposal of Urban Domestic Waste (%)	72.1	84.6	86.4	91.6	96.2
城市燃气普及率 (%)	Popularization Rate of Gas in Urban Areas (%)	95.8	96.9	96.6	97.6	97.4
城市人均公园绿地面积(平方米)	Per Capita Urban Public Green Area (sq.m)	13.29	15.94	16.28	17.40	17.87
建成区绿化覆盖率 (%)	Green Coverage Rate in Built-up Areas (%)	41.3	41.5	41.4	41.4	42.4
城市公共交通车辆运营数(标台)	Number of Public Transportation Vehicles (Unit)		65844	61685	62947	68965
农村环境	**Rural Environment**					
农村改水受益率 (%)	Percentage of Population Benefiting from Water Improvement (%)	99.0	99.0	99.2	99.2	99.2
农村自来水普及率 (%)	Popularization Rate of Tap Water in Rural Areas (%)	83.9	88.4	89.5	90.1	91.4
农村卫生厕所普及率 (%)	Popularization Rate of Sanitary Toilets in Rural Areas(%)	85.8	90.0	91.1	92.3	93.7
无害化卫生厕所普及率 (%)	Popularization Rate of Harmless Sanitary Toilets (%)	77.7	83.2	84.9	87.2	90.3
农村沼气池产气总量 (万立方米)	Total Output of Biogas from Rural Biogas Pools (10000 cu.m)	18724	35399	35788	36617	35588

7-21 续表 2 continued

项　目	item	2010	2013	2014	2015	2016
自然灾害	**Natural Disasters**					
地质灾害次数 (次)	Number of Geological Disasters (unit)	600	1502	268	191	213
地质灾害直接经济损失 (万元)	Direct Economic Loss due to Geological Disasters (10000 yuan)	22732	19685	5423	3666	4449
海洋灾害发生次数 (次)	Number of Marine Disasters (time)	14	13	20	9	9
海洋灾害直接经济损失 (亿元)	Direct Economic Loss due to Marine Disasters (100 million yuan)		74.41	60.41	28.77	9.63
森林火灾次数 (次)	Number of Forest Fires (time)	59	158	140	273	65
突发环境事件 (次)	Emergent Environment Cases (time)	30	14	31	29	24
工业固体废物	**Industrial Solid Wastes**					
固体废物产生量 (万吨)	Volume of Industrial Solid Wastes Produced (10000 tons)	5455.80	5911.84	5665.09	5608.60	5609.80
固体废物排放量 (万吨)	Volume of Industrial Solid Wastes Discharged (10000 tons)	14.2	1.6	1.9	1.1	1.2
固体废物贮存量 (万吨)	Volume of Industrial Solid Wastes Accumulated(10000 tons)	177.4	168.9	150.0	73.7	174.3
固体废物综合利用量(万吨)	Solid Wastes Comprehensively Utilized (10000 tons)	4952.60	5023.74	4893.04	5102.66	4904.2
工业"三废"治理设施	**Facilities for Treatment of Industrial Waste**					
工业废水处理设施总数(套)	Water, Waste Gas and Solid Wastes (set)	9651	9918	9861	9733	8248
工业废气治理设施总数(套)	Number of Facilities for Treatment of Waste (set)	12789	19392	22311	25673	25791
企事业单位污染治理	**Number of Facilities for Treatment of Waste Gas**					
污染治理资金 (万元)	Pollution Treated by Enterprises and Institutions Funds for Pollution Treatment (10000 yuan)	310584	372162	378641	356173	557434
当年安排治理项目 (个)	Number of Projects for Pollution Treatment in Current Year (unit)	657	510	420	536	640
当年竣工项目数 (个)	Number of Projects Completed in Current Year (unit)	613	596	503	424	537
环境管理	**Environmental Management**					
排污费收入总额 (万元)	Total Fees for Discharging Waste in Current Year	88401	92938	87763	74985	78255

7-22 各市“三废”排放情况（2016年）

Statistics on Discharge of Waste Water, Waste Gas and Solid Wastes by City (2016)

市 别	City	废水排放总量（亿吨）Total Volume of Waste Water Discharged (100 million tons)	#工业废水 Industrial Waste Water	工业废气排放总量（亿立方米）Total Volume of Industrial Waste Gas Emission (100million cu.m)	工业烟(粉)尘排放总量（万吨）Volume of Industrial Soot(Dust) Emission (10000 tons)	工业固体废物产生量（万吨）Volume of Industrial Solid Wastes Produced (10000tons)	工业固体废物丢弃量（万吨）Volume of Industrial Solid Wastes Discharged (10000 tons)
广 州	Guangzhou	16.10	1.90	4122.80	0.90	498.90	
深 圳	Shenzhen	18.30	1.10	2779.50	0.20	102.60	
珠 海	Zhuhai	2.90	0.40	2332.80	1.00	245.60	
汕 头	Shantou	3.00	0.60	729.10	0.30	85.10	
佛 山	Foshan	8.30	1.40	3258.70	2.30	382.60	0.01
#顺 德	Shunde	2.90	0.50	1580.80	0.40	54.30	
韶 关	Shaoguan	1.90	0.70	3077.30	3.80	684.00	
河 源	Heyuan	1.00	0.10	444.80	0.40	147.90	
梅 州	Meizhou	1.40	0.20	1395.30	0.60	390.90	
惠 州	Huizhou	4.40	0.60	1792.70	1.50	94.20	
汕 尾	Shanwei	1.10	0.10	635.10	0.10	85.40	
东 莞	Dongguan	12.50	1.70	3642.80	1.30	457.20	0.08
中 山	Zhongshan	4.50	0.70	1561.30	0.70	105.10	0.06
江 门	Jiangmen	3.90	0.90	1310.60	1.00	212.50	
阳 江	Yangjiang	1.00	0.10	1423.60	0.70	452.10	0.96
湛 江	Zhanjiang	2.90	0.50	4400.50	1.40	546.00	0.05
茂 名	Maoming	1.40	0.30	822.80	0.60	189.20	
肇 庆	Zhaoqing	2.40	0.70	1581.50	2.70	195.60	
清 远	Qingyuan	2.20	0.30	1165.50	2.70	327.30	
潮 州	Chaozhou	1.20	0.20	631.60	0.20	84.30	
揭 阳	Jieyang	2.30	0.30	555.00	0.20	129.90	
云 浮	Yunfu	0.90	0.10	1182.80	0.80	193.30	

7–23 各市环境保护基本情况

Basic Statistics on Urban Sanitation by City

市别	City	城市污水处理率（%） Rate of Sewage Treatment				城市生活垃圾无害化处理率（%） Rate of Consumption Waste Treatment			
		2010	2014	2015	2016	2010	2014	2015	2016
全省	**Province Total**	**73.1**	**91.4**	**93.7**	**94.0**	**72.1**	**86.4**	**91.6**	**96.2**
广州	Guangzhou	88.1	98.7	93.2	94.3	92.0	86.8	95.2	96.1
深圳	Shenzhen	88.9	96.6	96.6	97.6	94.6	100.0	100.0	100.0
珠海	Zhuhai	84.7	90.1	95.7	96.3	92.3	100.0	100.0	100.0
汕头	Shantou	57.9	92.1	90.2	90.3	64.4	76.9	92.6	89.8
佛山	Foshan	79.7	79.7	94.4	96.7	95.6	94.2	100.0	100.0
韶关	Shaoguan	53.6	81.4	86.2	87.1	100.0	100.0	100.0	100.0
河源	Heyuan	43.0	93.1	92.9	92.5	96.5	100.0	100.0	100.0
梅州	Meizhou	33.7	85.0	88.6	96.6	100.0	100.0	100.0	100.0
惠州	Huizhou	71.5	97.5	97.6	97.0	100.0	96.2	100.0	100.0
汕尾	Shanwei	18.6	88.1	89.1	91.2		100.0	100.0	93.8
东莞	Dongguan	91.1	95.6	96.5	93.5	100.0	66.4	100.0	100.0
中山	Zhongshan	85.1	90.6	96.0	96.3	100.0	100.0	100.0	100.0
江门	Jiangmen	63.5	91.2	91.6	92.1	100.0	100.0	100.0	100.0
阳江	Yangjiang	54.6	68.7	85.5	87.9	100.0	100.0	100.0	100.0
湛江	Zhanjiang	39.6	96.7	88.5	91.1	97.4	100.0	100.0	100.0
茂名	Maoming	34.4	88.2	88.4	94.3		100.0	100.0	100.0
肇庆	Zhaoqing	70.5	93.2	85.1	89.5	83.8	100.0	100.0	100.0
清远	Qingyuan	70.4	85.6	87.6	81.5	100.0	100.0	100.0	80.6
潮州	Chaozhou	33.5	63.1	79.7	81.0	100.0	80.7	79.3	76.8
揭阳	Jieyang	20.8	77.1	89.8	78.3	90.0	94.0	95.0	96.4
云浮	Yunfu	63.7	75.5	93.1	77.9	100.0	79.5	100.0	100.0

7−23 续表 continued

市别	City	城市公共交通车辆标准运营数（标台）Number of Public Transportation Vehicles (unit)				城市人均公园绿地面积（平方米）Per Capital Area of Parks and Green Land in City (sq.m)			
		2010	2014	2015	2016	2010	2014	2015	2016
全　省	**Province Total**		**61685**	**62947**	**68965**	**13.29**	**16.28**	**17.40**	**17.87**
广　州	Guangzhou	10232	16750	16179	16960	11.87	20.19	21.82	22.09
深　圳	Shenzhen	14677	17797	17943	18899	16.40	16.84	16.91	16.45
珠　海	Zhuhai	1557	2266	2349	2486	13.70	18.75	19.50	19.70
汕　头	Shantou	1111	1085	1253	1740	12.20	14.41	15.01	15.19
佛　山	Foshan	3715	5915	6783	6915	10.20	12.95	14.69	13.91
韶　关	Shaoguan	460	535	635	848	11.80	12.36	12.50	12.52
河　源	Heyuan	294	320	330	388	12.10	12.50	12.55	12.61
梅　州	Meizhou	238	443	925	1632	11.80	15.80	16.70	17.00
惠　州	Huizhou	1124	2000	2446	2709	11.10	17.27	17.75	17.85
汕　尾	Shanwei	199	265	344	821	10.70	12.66	13.48	14.08
东　莞	Dongguan	6129	6286	5346	5960	15.30	17.28	19.36	22.99
中　山	Zhongshan	2151	2395	2436	2685	11.90	17.80	18.39	18.41
江　门	Jiangmen	924	1502	1524	1674	11.00	17.60	17.75	17.78
阳　江	Yangjiang	143	189	242	323	10.60	11.07	11.17	12.57
湛　江	Zhanjiang	735	1061	1167	1744	12.70	12.97	13.94	13.99
茂　名	Maoming	392	498	511	493	10.00	12.54	13.74	16.46
肇　庆	Zhaoqing	443	703	814	846	22.70	21.17	20.73	20.39
清　远	Qingyuan	633	818	778	749	11.30	16.18	13.03	10.00
潮　州	Chaozhou	140	231	192	374	10.30	10.55	10.57	9.70
揭　阳	Jieyang	377	272	387	403	12.90	8.39	8.65	12.10
云　浮	Yunfu	176	357	362	329	12.10	13.17	12.70	19.22

注：标台营运数为不含轨道交通数。
Note: Data of track transport is not included in the number of vehicles.

主要统计指标解释

能源生产总量 指一定时期内全国（地区）一次能源生产量的总和，是观察全国（地区）能源生产水平、规模、构成和发展速度的总量指标。一次能源生产量包括原煤、原油、天然气、水电、核能及其他动力能（如风能、地热能等）发电量。不包括低热值燃料生产量、生物质能、太阳能等的利用和由一次能源加工转换而成的二次能源产量。

能源消费总量 指一定时期内全国（地区）生产和生活消费的各种能源的总和，是观察能源消费水平、构成和增长速度的总量指标，能源消费总量包括原煤和原油及其制品、天然气、电力。不包括低热值燃料、生物质能和太阳能等的利用 。能源消费总量分为三部分，即终端能源消费量、能源加工转换损失量和损失量。

(1)终端能源消费量 指一定时期内全国（地区）生产和生活消费的各种能源在扣除了用于加工转换二次能源消费量和损失量以后的数量。

(2)能源加工转换损失量 指一定时期内全国（地区）投入加工转换的各种能源数量之和与产出各种能源产品之和的差额。它是观察能源在加工转换过程中损失量变化的指标。

(3)能源损失量 指一定时期内能源在输送、分配、储存过程中发生的损失和由客观原因造成的各种损失量。不包括各种气体能源放空、放散量。

能源生产弹性系数 是研究能源生产增长速度与国民经济增长速度之间关系的指标。计算公式：

$$\text{能源生产弹性系数}=\frac{\text{能源生产总量增长速度}}{\text{国民经济增长速度}}$$

国民经济增长速度，可根据不同的目的或需要，用国民生产总值，国内生产总值等指标来计算，本资料是采用国内生产总值指标计算的。

电力生产弹性系数 是研究电力生产增长速度与国民经济增长速度之间关系的指标。一般来说，电力的发展应当快于国民经济的发展，也就是说电力应超前发展。计算公式：

$$\text{电力生产弹性系数}=\frac{\text{电力生产量增长速度}}{\text{国民经济增长速度}}$$

能源消费弹性系数 是反映能源消费增长速度与国民经济增长速度之间比例关系的指标。计算公式：

$$\text{能源消费弹性系数}=\frac{\text{能源消费量增长速度}}{\text{国民经济增长速度}}$$

电力消费弹性系数 是反映电力消费增长速度与国民经济增长速度之间比例关系的指标。计算公式：

$$\text{电力消费弹性系数}=\frac{\text{电力消费量增长速度}}{\text{国民经济增长速度}}$$

能源加工转换效率 指一定时期内能源经过加工、转换后，产出的各种能源产品的数量与同期内投入加工转换的各种能源数量的比率。它是观察能源加工转换装置和生产工艺先进与落后、管理水平高低等的重要指标。计算公式：

$$\text{能源加工转换效率}=\frac{\text{能源加工、转换产出量}}{\text{能源加工、转换投入量}}\times 100\%$$

土地资源 土地指陆地的表层部分，它主要由岩石、岩石的风化物和土壤构成。土地资源按利用类型可以分为农用地、建筑用地和未利用地。农用地包括耕地、园地、林地、牧草地和水面。建筑用地包括居民点及工矿用地、交通用地和水利设施用地。未利用地指农用地和建筑用地以外的土地，包括滩涂、荒漠、戈壁、冰川和石山等。

耕地面积 指经过开垦用以种植农作物并经常进行耕耘的土地面积。包括种有作物的土地面积、休闲地、新开荒地和抛荒未满三年的土地面积。

林业用地面积 指生长乔木、竹类、灌木、沿海红树林等林木的土地面积，包括有林地、灌木林、疏林地、未成林造林地、迹地、苗圃等。

草地面积 指牧区和农区用于放牧牲畜或割草，植被盖度在 5% 以上的草原、草坡、草山等面积。包括天然的和人工种植或改良的草地面积。

森林资源 指森林、林木、林地以及依托森林、林木、林地生存的野生动物、植物和微生物。林木指树木和竹子。森林指以乔木为主体的植物群落，是集生的乔木及与共同作用的植物、动物、微生物和土壤、气候等的总体。

活立木总蓄积量 指一定范围内土地上全部树木蓄积的总量，包括森林蓄积、疏林蓄积、散生木蓄积和四旁树蓄积。

森林覆盖率 指一个国家或地区森林面积占土地总面积的百分比。森林覆盖率是反映森林资源的丰富程度和生态平衡状况的重要指标。在计算森林覆盖率时，森林面积包括郁闭度 0.2 以上的乔木林地面积和竹林地面积，国家特别规定的灌木林地面积、农田林网以及四旁(村旁、路旁、水旁、宅旁)林木的覆盖面积。计算公式为:

$$\text{森林覆盖率}(\%)=\frac{\text{森林面积}}{\text{土地总面积}}\times 100\%$$

森林面积 指由乔木树种构成，郁闭度 0.2 以上(含 0.2)的林地或冠幅宽度 10 米以上的林带的面积，即有林地面积。森林面积包括天然起源和人工起源的针叶林面积、阔叶林面积、针阔混交林面积和竹林面积，不包括灌木林地面积和疏林地面积。

森林蓄积量 指一定森林面积上存在着的林木树干部分的总材积。它是反映一个国家或地区森林资源总规模和水平的基本指标之一，也是反映森林资源的丰富程度、衡量森林生态环境优劣的重要依据。

水资源 水在自然界中以固体、液体和气态三种聚集状态存在，分布于海洋、陆地(包括土壤)以及大气之中，通过水循环形成水资源。水资源包括经人类控制并直接可供灌溉、发电、给水、航运、养殖等用途的地表水和地下水，以及江河、湖泊、井、泉、潮汐、港湾和养殖水域等。水资源是发展国民经济不可缺少的重要自然资源。

矿产资源 矿产资源指由地质作用形成的，具有利用价值的，呈固态、液态、气态的自然资源，是社会发展的重要物质基础。

矿产基础储量 基础储量是查明矿产资源的一部分。它能满足现行采矿和生产所需的指标要求，是控制的、探明的并通过可行性或预可行性研究认为属于经济的、边界经济的部分，用未扣除设计、采矿损失的数量表表示。

矿产保有资源储量 指查明的矿产资源储量（资源储量=基础储量+资源量）扣除已开采部分损失量和加减应勘查，重算或其它原因增减量而得出的年底实有资源储量。

废水排放总量 包括生产废水和生活污水。生产废水指企、事业单位在生产、科研过程中所有排放口向外环境排放的废水量总和。生活污水指城镇居民区和企、事业单位职工集中居住区排放的污水量。

工业废水排放总量 指经过工业企业厂区所有排放口排到企业外部的工业废水量。包括外排的直接冷却水、超标排放的矿井地下水和与工业废水混排的厂区生活污水，不包括外排的间接冷却水（清污不分流的间接冷却水应计算在内）。

废气排放总量 指燃料燃烧和生产工艺过程中排放的各种废气总量,以标准状态下每年万标立方米表示。

燃料燃烧过程废气排放量 指燃煤、燃油、燃气锅炉、锻造加热炉、退火炉和其它工业炉窑在燃烧过程(燃料和物料不混合的纯加热过程)中所排废气的总量。它可以根据烟气计算公式或经验计算公式求得。

工业固体废物产生量 指工业企业在生产过程中产生的固体状、半固体状和高浓度液体状废弃物的总量，包括冶炼废渣、粉煤灰、炉渣、煤矸石、化工废渣、尾矿、放射性废渣和其它废渣等；不包括矿山开采的剥离废石和掘进废石（煤矸石和呈酸性或碱性的废石除外）。酸性或碱性废石是指采掘的废石其流经水、雨淋水 PH 值小于 4 或 PH 值大于 10. 5 者。

工业固体废物综合利用量 指已用作农业肥料、造田、生产建筑材料、筑路以及其它方式综合利用的固体废物量（包括当年利用往年的工业固体废物堆存量）。综合利用量由原产固体废物的单位统计。

Explanatory Notes on Main Statistical Indicators

Total Energy Production refers to the total production of primary energy by all energy producing enterprises in the country (region) in a given period of time. It is a comprehensive indicator of the capacity, scale, composition and development speed of energy production of the country (region). The production of primary energy includes that of coal, crude oil, natural gas, hydropower and electricity generated by nuclear energy and other means such as wind power and geothermal power. However, it excludes the production of fuel of low calorific value, bioenergy, solar energy and secondary energy converted from primary energy.

Total Domestic Energy Consumption refers to the total consumption of energy of various kinds by production sectors and households in the country (region) in a given period of time. It is a comprehensive indicator of the scale, composition and development speed of energy consumption. The total energy consumption includes that of coal, crude oil and their products, natural gas and electricity, but excludes the consumption of fuel of low calorific value, bioenergy and solar energy. Total domestic energy consumption can be divided into three parts:

(1) Final Energy Consumption: This refers to the total energy consumption by production sectors and households in the country (region) in a given period of time, excluding primary energy consumption and loss in the process of conversion into secondary energy.

(2)Loss During the Process of Energy Conversion: This refers to the total input of various kinds of energy for conversion minus the total output of various kinds of energy in the country (region) in a given period of time. It is an indicator of the loss that occurs during the process of energy conversion.

(3)Loss: This refers to the total loss of energy during the course of energy transmission, distribution and storage and the loss caused by any objective reason in a given period of time, excluding the loss of various kinds of gas due to gas discharges and stocktaking.

Elasticity Ratio of Energy Production is an indicator of the relationship between the growth rate of energy production and the growth rate of the national economy. The formula is:

$$\text{Elasticity Ratio of Energy Production} = \frac{\text{Growth Rate of Energy Production}}{\text{Growth Rate of National Economy}}$$

The average annual growth rate of the national economy can be shown by the gross national product, gross domestic product and other indicators, depending on the purposes or needs. The gross domestic product is used in the calculation of the ratio in this chapter.

Elasticity Ratio of Electricity Production is an indicator of the relationship between the growth rate of electricity production and the growth rate of the national economy. Generally speaking, the growth ratc of electricity production should be higher than that of the national economy; in other words, electricity production should develop in advance of the national economy. Its formula is:

$$\text{Elasticity Ratio of Electricity Production} = \frac{\text{Growth Rate of Electricity Production}}{\text{Growth Rate of National Economy}}$$

Elasticity Ratio of Energy Consumption is an indicator of the relationship between the growth rate of energy consumption and the growth rate of the national economy. The formula is:

$$\text{Elasticity Ratio of Energy Consumption} = \frac{\text{Growth Rate of Energy Consumption}}{\text{Growth Rate of National Economy}}$$

Elasticity Ratio of Electricity Consumption is an indicator of the relationship between the growth rate of electricity consumption and the growth rate of the national economy. The formula is:

$$\text{Elasticity Ratio of Electricity Consumption} = \frac{\text{Growth Rate of Electricity Consumption}}{\text{Growth Rate of National Economy}}$$

Efficiency of Energy Processing and Conversion refers to the ratio of the total output of energy products of various kinds after processing and conversion to the total input of energy of various kinds for processing and conversion in the same reference period. It is an important indicator of the current conditions of energy processing and conversion equipment, production technique and management. The formula is:

$$\text{Efficiency of Energy Processing \& Conversion} = \frac{\text{Output of Energy after Processing \& Conversion}}{\text{Input of Energy for Processing \& Conversion}} \times 100\%$$

Land Resource Land refers to the surface of the earth, consisting of mainly rocks and its weathering and earth. Land resource can be classified, by its utilization, as land for agriculture, land for construction and unused land. Land for agriculture includes cultivated land, plantation, forestland, grassland and waters. Land for construction includes land for residential purpose, for manufacturing and mining, for transportation and for water conservancy projects. Unused land refers to land other than land for agriculture and construction, including beaches, deserts, Gobi, glaciers and rock mountains.

Area of Cultivated Land refers to area of land reclaimed for the regular cultivation of various farm crops, including crop-cover land, fallow, newly reclaimed land and land laid idle for less than 3 years.

Area of Afforested Land refers to land for trees, bamboos, bushes and mangrove including forest-cover land, bush-covered land, sparse forest land, land planned for forestation, slash and nurseries of young trees.

Area of Grassland refers to areas of grassland, grass-slopes and grass-covered hills with a vegetation-covering rate of over 5% that are used for animal husbandry or harvesting of grass. It includes natural, cultivated and improved grassland areas.

Forest Resource refers to forests, trees, forestland and wild animals, plants and microorganism that live on forests and trees. Trees include trees and bamboos. Forest refers to the population of clusters of trees and other plants, animals and microorganism as well as the earth and climate that have interactions with the trees.

Total Standing Stock Volume refers to the total stock volume of trees growing in land, including trees in forests, tress in sparse forests, scattered trees and trees planted by the side of villages, farm houses and along roads and rivers.

Forest Coverage Rate refers to the ratio of area of afforested land to total land area. It is a very important indicator that reflects the status of abundance of forest resource and ecosystem balance. Forest area includes the area of trees and bamboo growing with a canopy density above 0.2, the area of shrubby trees according to regulations of the government, the area of forest land inside farm land and the area of trees planted by the side of villages, farm houses and along roads and rivers. The formula for calculating forest coverage rate is as follows:

Forest Coverage Rate (%) = (Area of Afforested Land/Area of Total Land) × 100%

Forest Area refers to wooded area, i.e. the area of forest where trees and bamboo grow with a canopy density above 0.2 (inclusive) or a crown width above 10 meters, including natural and planted coniferous forest, broad-leaved forest, mixed forest, and bamboo groves, but excluding shrubbery and open forest.

Stock Volume of Forest refers to total stock volume of wood growing in forest area, which shows the total size and level of forest resources of a country or a region. It is also an important indicator of the richness of forest resource and the status of forest ecological environment.

Water Resource Water exists in the nature in solid, liquid and gaseous states, is distributed in the ocean, land (including earth) and air, and constitutes water resource through circulation. Water resource includes surface water and underground water that is controlled by human beings for irrigation, power-generation, water supply, navigation and cultivation. It also includes rivers, lakes, wells, springs, tides, gulfs and water area for cultivation. Water resource as an indispensable natural resource for the development of national economy.

Mineral Resources refer to useful natural resources enriched due to geological processes, in the form of solid, liquid or gas. Minerals are important material basis for social development.

Basic Reserves of Mineral Resources Basic reserves are part of total identified mineral resources that meet present mining and production standards, which is the part of reserve controlled, proven, and found to be of economic or marginal value through feasibility assessment or pre-feasibility study. Basic reserves are indicated as a figure including designing and mining loss.

Ensured Reserves of Mineral Resources refer to the actual reserves of mineral resources at the year-end, calculated as the proven reserves of mineral resources (Reserves of Mineral Resources = Basic Reserves + Resource) minus losses in previous extraction processes, plus or minus increases or losses due to exploration, recalculation or other reasons.

Total Volume of Waste Water Discharged includes the volume of production waste water and domestic sewage Production waste water refers to the total waste water discharged in the process of production and scientific research by enterprises and institutions, through all outlets to the outside environment Domestic sewage refers to the sewage volume discharged in the urban residential areas and the residential areas of staff and workers of enterprises and institutions.

Total Volume of Industrial Waste Water Discharged refers to the volume of industrial waste water discharged, through all outlets to the outside of industrial enterprises, including direct cooling water, underground water from mines that does not meet the discharge standards, and domestic sewage mixed up with industrial waste water when discharged, but excluding indirect cooling water discharged (except unclassified discharge of indirect cooling water).

Total Volume of Waste Gas Emission refers to waste gas emitted from burning of fuels and from the production process, and is measured by 10, 000 standard cubic meters each year under normal condition.

Volume of Waste Gas Emission from Burning of Fuels refers to the total volume of waste gas emitted from burning of fuels (the pure heating process not mixed with materials), such as burning of coal, burning of oil, gas fired boiler, forging furnace, annealing furnace and other industrial furnaces It can be calculated with the gas smoke formula or an empirical formula.

Volume of Industrial Solid Wastes Produced refers to the total volume of solid, semi solid or high concentration liquid residues produced by industrial enterprises in their production process, including residues from melting, slag, powdered coal ash, gangue, chemical residues, tailings, radioactive residues and other residues, but excluding stripped or dug stones in mining (except gangue and acid or alkali waste stones, which are waste stones washed or soaked by water with a PH value smaller than 4 or larger than 10. 5).

Volume of Industrial Solid Wastes Utilized in a Comprehensive Way refers to the volume of solid wastes utilized in a comprehensive way, such as the solid wastes utilized as fertilizers, building materials, for building up fields and making roads or for other purposes (including the volume of industrial solid wastes stored up in previous years and utilized in the current year). Statistical data on utilization of industrial solid wastes are collected by solid wastes producing units.

八、财政、银行和保险

GOVERNMENT FINANCE, BANKING AND INSURANCE

八　财政、银行和保险

简要说明

一、本篇资料反映广东地方公共财政预算收支、银行、保险等方面的基本情况。

二、本篇资料由广东省统计局综合处负责整理、编辑。

三、资料来源：

财政资料根据广东省财政厅提供的历年《广东省财政总决算报表》的有关项目加工整理。

银行资料由中国人民银行广州分行提供。

保险业务资料由中国保险监督管理委员会广东监管局提供。

8 Government Finance，Banking and Insurance

Brief Introduction

Ⅰ. The data in this chapter show the basic situation of local government general budgetary revenue and expenditure, banking and insurance of Guangdong Province.

Ⅱ. The data in this chapter are prepared by the Division of Comprehensive Statistics of Statistics Bureau of Guangdong Province.

Ⅲ. Data sources:

The data on local government finance are prepared in accordance with the related tables of the Total Final Accounts of Government Finance of Guangdong provided by Guangdong Provincial Department of Finance.

The data on banking are provided by Guangzhou Branch of the People's Bank of China.

The data on insurance are provided by Guangdong Bureau of China Insurance Regulatory Commission.

8-1 地方一般公共预算收支和增长速度

Local Government General Public Budget Revenue and Expenditure and Their Growth Rates

单位：亿元 (100 million yuan)

年份 Year	地方一般公共预算收入 Local Government General Public Budget Revenue	地方一般公共预算支出 Local Government General Public Budget Expenditure	收支差额 Balance	增长速度（%） Growth Rate (%)		地方一般公共预算收入占地区生产总值的比重(%) Percentage of Budgetary Revenue to GDP (%)
				地方一般公共预算收入 Local General Government Public Budget Revenue	地方一般公共预算支出 Local General Government Public Budget Expenditure	
1978	41.82	28.70	13.12	17.9	42.6	22.5
1979	36.25	29.88	6.37	-13.3	4.1	17.3
1980	37.79	27.04	10.75	4.2	-9.5	15.1
1981	41.01	29.60	11.41	8.5	9.5	14.1
1982	42.23	33.34	8.89	3.0	12.6	12.4
1983	44.29	37.45	6.84	4.9	12.3	12.0
1984	49.28	47.18	2.10	11.3	26.0	10.7
1985	69.27	66.74	2.53	40.6	41.5	12.0
1986	82.41	89.55	-7.14	19.0	34.2	12.3
1987	95.88	96.59	-0.71	16.3	7.9	11.3
1988	107.57	115.20	-7.63	12.2	19.3	9.3
1989	136.87	141.16	-4.29	27.2	22.5	9.9
1990	131.02	150.69	-19.67	-4.3	6.8	8.4
1991	177.35	182.48	-5.13	35.4	21.1	9.4
1992	222.64	219.61	3.03	25.5	20.3	9.1
1993	346.56	331.27	15.29	55.7	50.8	10.0
1994	298.70	416.83	-118.13	-13.8	25.8	6.5
1995	382.34	525.63	-143.29	28.0	26.1	6.4
1996	479.45	601.23	-121.78	25.4	14.4	7.0
1997	543.95	682.66	-138.71	13.5	13.5	7.0
1998	640.75	825.61	-184.86	17.8	20.9	7.5
1999	766.19	1034.44	-268.25	19.6	25.3	8.3
2000	910.56	1069.86	-159.30	18.8	3.4	8.5
2001	1160.51	1321.33	-160.82	27.5	23.5	9.6
2002	1201.61	1521.08	-319.47	3.5	15.1	8.9
2003	1315.52	1695.63	-380.11	9.5	11.5	8.3
2004	1418.51	1852.95	-434.44	7.8	9.3	7.5
2005	1807.20	2289.07	-481.87	27.4	23.5	8.1
2006	2179.46	2553.34	-373.88	20.6	11.5	8.3
2007	2785.80	3159.57	-373.77	27.8	23.7	9.0
2008	3310.32	3778.57	-468.25	18.8	19.6	9.3
2009	3649.81	4334.37	-684.56	10.3	14.7	9.2
2010	4517.04	5421.54	-904.50	23.8	25.1	9.8
2011	5514.84	6712.40	-1197.56	22.1	23.8	10.4
2012	6229.18	7387.86	-1158.68	13.0	10.1	10.9
2013	7081.47	8411.00	-1329.53	13.7	13.8	11.4
2014	8065.08	9152.64	-1087.56	13.9	8.8	11.9
2015	9366.78	12827.80	-3461.01	11.9	40.1	12.9
2016	10390.35	13446.09	-3055.74	10.3	4.8	13.1

注：2015年起，地方公共财政预算收入和地方公共财政预算支出统一更名为地方一般公共预算收入和地方一般公共预算支出，财政收入按可比口径计算。

Note: From 2015, the name of local government budgetary revenue and local government budgetary expenditure have been changed to local public budgetary revenue and local public budgetary expenditure.Growdth rates of revenue are caculated by comparable caliber.

8-2 地方一般公共预算收支基本情况
Basic Items of General Public Budget Revenue and Expenditure

单位：亿元 (100 million yuan)

指 标	Item	2010	2011	2012	2013	2014	2015	2016
一、地方一般公共预算收入	**General Public Budget Revenue**	**4517.04**	**5514.84**	**6229.18**	**7081.47**	**8065.08**	**9366.78**	**10390.35**
税收收入	Tax Revenue	3803.47	4548.66	5073.88	5767.94	6510.47	7377.07	8098.63
#增值税	Value-added Tax	657.82	701.17	793.84	1058.85	1233.17	1339.16	2579.49
营业税	Business Tax	1244.26	1431.16	1556.80	1636.20	1730.87	2054.00	1036.42
企业所得税	Corporate Income Tax	678.75	827.90	891.03	974.68	1136.19	1303.11	1492.08
个人所得税	Individual Income Tax	287.26	341.40	322.71	348.02	408.91	510.14	638.11
城市维护建设税	City Maintenance and Construction Tax	135.97	295.45	338.31	383.48	413.75	457.05	491.74
房产税	House Property Tax	122.44	145.40	175.42	198.63	233.89	241.00	243.97
印花税	Stamp Tax	69.93	74.42	81.16	95.57	112.00	141.41	119.47
土地增值税	Land Appriciation Tax	189.79	295.21	408.01	417.51	505.90	576.75	681.58
耕地占用税	Farm Land Occupation Tax	56.03	50.84	69.67	80.43	86.35	95.38	76.68
契税	Deed Tax	235.51	238.44	271.83	372.50	419.91	427.24	513.67
非税收入	Non-tax Revenue	713.57	966.18	1155.30	1313.53	1554.61	1989.71	2291.72
专项收入	Special Program Receipts	97.35	179.78	202.56	233.09	255.71	598.77	863.02
行政事业性收费收入	Charge of Administrative and Units	293.43	369.64	391.62	450.10	497.67	408.19	328.30
罚没收入	Penalty Receipts	95.62	112.33	139.99	134.89	134.69	155.77	152.67
国有资本经营收入	Operation Income from State-owned Assets	90.00	86.09	120.08	123.02	60.90	62.70	54.23
国有资源(资产)有偿使用收入	Income from Use of State-owned Resources Assets	81.88	102.71	142.24	190.09	281.69	355.19	401.25
其他收入	Other Non-tax Revenue	55.29	115.64	158.80	182.34	323.95	409.09	492.26
二、地方一般公共预算支出	**General Public Budget Expenditure**	**5421.54**	**6712.40**	**7387.86**	**8411.00**	**9152.64**	**12827.80**	**13446.09**
#一般公共服务	Expenditure for General Public Services	685.39	807.41	892.62	996.45	959.44	1018.91	1147.35
教育	Expenditure for Education	921.48	1227.87	1501.22	1744.59	1808.97	2040.65	2318.47
科学技术	Expenditure for Science and Technology	214.44	203.92	246.71	344.94	274.33	569.55	742.97
文化体育与传媒	Expenditure for Culture, Sports and Media	166.16	170.56	137.64	141.68	168.16	194.58	229.71
社会保障和就业	Expenditure for Social Safety Net and Employment Effort	469.58	548.65	611.04	746.97	797.01	1064.91	1146.31
医疗卫生与计划生育	Expenditure for Medical and Health Care, Family Planning	304.04	433.75	505.14	569.32	777.55	918.36	1121.83
节能环保	Expenditure for Energy Conservation and Environment Protection	239.16	232.62	235.44	307.78	259.04	322.33	297.45
城乡社区	Expenditure for Urban and Rural Community Affairs	407.64	518.16	623.28	664.77	770.11	1174.16	1515.29
农林水	Expenditure for Agriculture, Forestry and Water Conservancy	325.02	420.34	539.56	595.28	557.59	811.90	715.44
交通运输	Expenditure for Transportation	318.17	533.40	503.57	688.04	882.86	1982.63	1014.52
其他支出	Other Expenditure	331.54	382.36	282.93	308.71	297.09	428.10	18.26

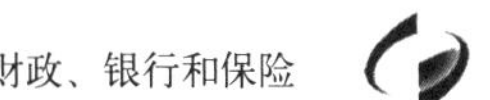

8-3 各市地方一般公共预算收支

Local Government General Budgetary Revenue and Expenditure by City

单位：亿元 (100 million yuan)

市别	City	地方一般公共预算收入 Local Government General Budgetary Revenue								
		2000	2005	2010	2011	2012	2013	2014	2015	2016
全省合计	**Provincial Total**	**910.56**	**1807.20**	**4517.04**	**5514.84**	**6229.18**	**7081.47**	**8065.08**	**9366.78**	**10390.35**
广州	Guangzhou	200.55	371.26	872.65	979.48	1102.40	1141.80	1243.10	1349.47	1393.64
深圳	Shenzhen	221.92	412.38	1106.82	1339.57	1482.08	1731.26	2082.73	2726.85	3136.49
珠海	Zhuhai	24.23	48.97	124.53	143.41	162.60	194.20	224.31	269.96	292.37
汕头	Shantou	18.94	29.44	72.65	85.58	96.34	112.11	123.97	131.26	137.09
佛山	Foshan	59.53	130.85	306.05	341.73	384.08	438.21	501.19	557.55	604.50
#顺德	Shunde	21.22	47.38	106.75	122.06	136.52	154.14	174.21	187.47	201.90
韶关	Shaoguan	8.63	19.93	47.81	53.91	61.48	71.78	82.01	85.23	85.05
河源	Heyuan	2.55	8.52	25.09	31.37	37.64	48.79	60.47	67.48	68.89
梅州	Meizhou	7.18	15.18	38.95	46.89	56.27	69.37	85.28	103.59	105.46
惠州	Huizhou	12.94	34.72	131.23	162.83	200.88	250.17	300.75	340.02	361.30
汕尾	Shanwei	4.16	7.09	26.23	32.71	41.09	48.15	49.23	28.83	30.78
东莞	Dongguan	30.22	103.97	277.84	313.06	356.32	409.29	455.21	517.97	544.75
中山	Zhongshan	17.46	54.26	139.38	183.22	201.89	225.42	251.74	287.51	295.04
江门	Jiangmen	21.24	41.63	104.29	119.17	135.03	158.03	177.20	199.01	204.17
阳江	Yangjiang	3.89	8.70	26.77	34.95	43.12	53.72	62.97	67.93	57.99
湛江	Zhanjiang	12.44	24.01	66.23	80.03	92.09	105.92	114.42	121.86	112.94
茂名	Maoming	9.08	21.26	51.95	66.12	78.12	90.36	100.37	113.92	121.43
肇庆	Zhaoqing	10.97	20.44	76.80	92.23	103.81	120.77	139.13	143.36	91.70
清远	Qingyuan	4.53	13.25	72.79	84.31	86.87	92.82	102.65	108.38	95.64
潮州	Chaozhou	4.60	8.64	23.25	27.27	31.93	37.09	41.26	47.20	44.40
揭阳	Jieyang	9.24	11.19	38.65	46.35	56.70	66.69	73.69	77.40	73.64
云浮	Yunfu	3.65	9.33	23.54	29.80	36.76	45.76	52.87	58.70	57.42
按经济区域分	By Region									
珠三角	Pearl River Delta	599.06	1218.48	3139.58	3674.70	4129.09	4669.16	5375.37	6391.70	6923.98
东翼	Eastern Region	36.94	56.38	160.78	191.91	226.07	264.04	288.15	284.69	285.92
西翼	Western Region	25.41	53.96	144.95	181.10	213.33	250.00	277.76	303.71	292.35
山区	Mountainous Region	26.54	66.21	208.18	246.28	279.02	328.52	383.27	423.38	412.47

8-3 续表 continued

单位：亿元 (100 million yuan)

市别	City	地方一般公共预算支出 Local Government General Budgetary Expenditure								
		2000	2005	2010	2011	2012	2013	2014	2015	2016
全省合计	**Provincial Total**	**1069.86**	**2289.07**	**5421.54**	**6712.40**	**7387.86**	**8411.00**	**9152.64**	**12827.80**	**13446.09**
广州	Guangzhou	240.72	438.41	977.32	1181.25	1343.65	1386.13	1436.22	1727.72	1943.75
深圳	Shenzhen	225.04	599.16	1266.07	1590.56	1569.01	1690.83	2166.18	3521.67	4211.04
珠海	Zhuhai	31.14	57.77	166.41	190.37	212.20	252.03	275.90	388.77	417.16
汕头	Shantou	27.90	50.14	121.71	151.66	172.93	191.26	213.72	280.98	295.74
佛山	Foshan	72.48	150.85	363.35	388.68	433.96	488.40	525.01	799.93	695.85
#顺德	Shunde	25.16	54.21	134.52	130.50	148.25	149.63	156.39	203.87	191.83
韶关	Shaoguan	19.94	44.55	100.24	128.56	148.04	168.32	197.18	287.07	266.95
河源	Heyuan	16.78	37.00	94.55	110.04	134.47	169.72	210.61	268.38	293.95
梅州	Meizhou	23.84	46.25	117.98	148.21	175.53	206.30	270.02	376.37	384.02
惠州	Huizhou	20.14	52.41	185.44	227.21	274.08	328.29	372.97	486.07	509.08
汕尾	Shanwei	9.99	20.05	56.51	74.37	87.99	105.31	124.85	212.95	206.88
东莞	Dongguan	33.61	117.04	289.83	351.92	385.58	444.66	457.68	581.24	599.29
中山	Zhongshan	19.24	56.71	145.85	192.67	215.32	237.24	261.46	355.37	367.57
江门	Jiangmen	28.18	54.24	132.98	165.30	188.12	212.61	236.10	292.90	293.21
阳江	Yangjiang	11.00	23.17	64.92	81.05	102.90	114.30	123.60	170.91	194.31
湛江	Zhanjiang	27.82	57.95	153.65	186.81	218.24	265.44	279.53	412.36	381.11
茂名	Maoming	20.67	45.28	122.49	161.79	192.27	218.59	263.24	346.78	354.57
肇庆	Zhaoqing	20.09	40.64	127.66	157.01	176.49	200.40	241.71	267.71	248.16
清远	Qingyuan	16.35	38.15	132.81	157.76	172.01	185.65	213.99	292.59	303.77
潮州	Chaozhou	11.31	21.36	55.99	63.50	77.81	86.22	106.12	147.67	146.67
揭阳	Jieyang	19.50	30.99	94.68	123.92	149.48	163.75	187.41	276.88	266.94
云浮	Yunfu	11.18	23.87	69.28	77.18	95.15	109.08	133.14	157.42	168.50
按经济区域分	By Region									
珠三角	Pearl River Delta	690.64	1567.23	3654.91	4444.97	4798.40	5240.59	5973.23	8421.36	9285.10
东翼	Eastern Region	68.70	122.50	328.89	413.45	488.21	546.54	632.11	918.47	916.24
西翼	Western Region	59.49	126.40	341.06	429.65	513.42	598.33	666.37	930.04	929.99
山区	Mountainous Region	88.09	189.83	514.86	621.75	725.20	839.08	1024.94	1381.84	1417.18

8-4 各市人均地方一般公共预算收入

Per Capita Local Government General Public Budget Revenue by City

单位：元 (yuan)

市别	City	2000	2005	2010	2011	2012	2013	2014	2015	2016
全　省	**Provincial Total**	**1087.68**	**1974.59**	**4390.34**	**5265.78**	**5904.72**	**6668.67**	**7548.74**	**8683.80**	**9511.49**
广　州	Guangzhou	2061.72	3875.93	7100.70	7693.97	8615.73	8862.98	9559.65	10153.45	10119.18
深　圳	Shenzhen	3327.64	5064.37	10892.78	12856.12	14105.11	16350.94	19457.70	24613.26	26937.59
珠　海	Zhuhai	2024.57	3492.54	8025.47	9166.01	10323.14	12241.05	13999.46	16621.83	17668.96
汕　头	Shantou	409.83	596.51	1368.64	1582.87	1773.45	2051.88	2253.51	2370.24	2463.21
佛　山	Foshan	1146.57	2265.69	4349.20	4736.35	5300.29	6020.44	6843.94	7544.00	8117.75
#顺　德	Shunde			4439.32	4945.20	5507.95	6193.72	6963.66	7431.60	7948.83
韶　关	Shaoguan	314.70	686.57	1683.27	1898.17	2150.02	2491.77	2827.09	2918.61	2889.10
河　源	Heyuan	111.86	311.21	860.81	1056.23	1256.37	1613.41	1982.27	2199.23	2238.80
梅　州	Meizhou	188.06	370.01	924.97	1101.64	1314.38	1613.10	1976.18	2391.27	2424.02
惠　州	Huizhou	408.85	946.27	2931.87	3526.46	4316.39	5337.57	6380.78	7171.79	7582.07
汕　尾	Shanwei	170.37	255.84	893.66	1109.94	1387.30	1617.23	1642.84	956.42	1016.07
东　莞	Dongguan	503.97	1585.20	3454.53	3799.37	4306.79	4928.56	5464.83	6241.63	6596.89
中　山	Zhongshan	762.08	2231.98	4578.83	5848.99	6411.82	7123.35	7908.30	8981.32	9163.25
江　门	Jiangmen	540.87	1014.97	2365.62	2673.09	3018.13	3519.54	3933.88	4407.32	4505.42
阳　江	Yangjiang	179.12	375.62	1116.06	1435.25	1754.75	2170.56	2529.40	2711.43	2301.22
湛　江	Zhanjiang	207.35	361.18	950.34	1137.36	1298.97	1483.88	1591.39	1686.16	1556.21
茂　名	Maoming	173.63	366.48	887.70	1129.39	1318.51	1508.45	1664.37	1878.43	1989.94
肇　庆	Zhaoqing	325.95	558.68	1979.41	2342.76	2616.91	3017.68	3453.32	3541.77	2251.91
清　远	Qingyuan	143.50	372.24	1972.39	2265.84	2315.36	2456.43	2697.59	2832.14	2490.43
潮　州	Chaozhou	192.52	343.30	877.50	1018.33	1186.31	1370.58	1519.18	1760.93	1679.83
揭　阳	Jieyang	178.24	200.52	660.97	785.70	955.16	1116.16	1225.06	1280.02	1211.95
云　浮	Yunfu	169.61	400.53	1002.33	1256.82	1533.09	1889.12	2169.95	2393.45	2324.19
按经济区域分	By Region									
珠三角	Pearl River Delta	1442.48	2688.72	5717.85	6525.32	7284.81	8188.04	9365.92	10984.52	11663.63
东　翼	Eastern Region	252.38	356.63	960.44	1133.50	1327.14	1541.01	1672.48	1647.57	1651.32
西　翼	Western Region	189.61	365.50	952.37	1181.64	1377.88	1601.12	1768.05	1922.57	1841.10
山　区	Mountainous Region	187.58	423.54	1300.73	1524.16	1712.03	2001.04	2321.72	2550.51	2472.43

注：本表按年中常住人口数计算。

Note: The data in this table are calculated by permanent population of the year.

8-5 各市财政收支（2016年）

单位：亿元

项 目	Item	全 省 Provincial Total	广 州 Guangzhou
一、地方一般公共预算收入	**General Public Budget Revenue of Local Governments**	**10390.35**	**1393.64**
税收收入	Tax Revenue	8098.63	1062.06
#增值税	Value-added Tax	2579.49	309.30
营业税	Business Tax	1036.42	72.27
企业所得税	Corporate Income Tax	1492.08	161.54
个人所得税	Individual Income Tax	638.11	77.25
城市维护建设税	City Maintenance and Construction Tax	491.74	123.83
房产税	House Property Tax	243.97	77.86
土地增值税	Land Appriciation Tax	681.58	62.98
耕地占用税	Farm Land Occupation Tax	76.68	7.80
契税	Deed Tax	513.67	108.58
非税收入	Non-tax Revenue	2291.72	331.58
专项收入	Special Program Receipts	863.02	120.10
行政性收费收入	Charge of Administrative and Units	328.30	26.67
罚没收入	Penalty Receipts	152.67	24.05
国有资本经营收入	Operation Income from State-owned Assets	54.23	
国有资源(资产)有偿使用收入	Income from Use of State-owned Resources Assets	401.25	43.31
其他收入	Other Non-tax Revenue	492.26	117.45
二、地方一般公共预算支出	**General Public Budget Expenditure of Local Governments**	**13446.09**	**1943.75**
#一般公共服务	Expenditure for General Public Services	1147.35	175.08
教育	Expenditure for Education	2318.47	321.98
科学技术	Expenditure for Science and Technology	742.97	112.95
文化体育与传媒	Expenditure for Culture, Sports and Media	229.71	37.81
社会保障和就业	Expenditure for Social Safety Net and Employment Effort	1146.31	206.45
医疗卫生与计划生育	Expenditure for Medical and Health Care,Family Planning	1121.83	173.89
节能环保	Expenditure for Energy Conservation and Environment Protection	297.45	14.00
城乡社区	Expenditure for Urban and Rural Community Affairs	1515.29	364.46
农林水	Expenditure for Agriculture, Forestry and Water Conservancy	715.44	72.38
交通运输	Expenditure for Transportation	1014.52	86.66

Basic Conditions of Local Government General Public Budget Revenue and Expenditure by City(2016)

(100 million yuan)

深圳 Shenzhen	珠海 Zhuhai	汕头 Shantou	佛山 Foshan	#顺德 Shunde	韶关 Shaoguan	河源 Heyuan	梅州 Meizhou	惠州 Huizhou	汕尾 Shanwei
3136.49	**292.37**	**137.09**	**604.50**	**201.90**	**85.05**	**68.89**	**105.46**	**361.30**	**30.78**
2488.88	231.90	83.02	428.37	144.28	50.62	45.13	68.69	219.71	19.89
650.95	70.26	24.04	121.23	45.23	14.38	9.66	13.69	67.83	4.40
363.94	20.32	6.04	32.52	8.47	3.87	4.33	5.56	23.04	2.75
569.52	37.39	9.90	48.64	15.63	2.66	2.44	4.86	25.97	2.22
304.75	11.56	3.33	16.64	6.49	1.65	1.06	2.16	6.63	0.61
133.49	23.10	8.47	42.59	14.25	6.26	3.32	6.56	22.17	1.98
53.69	9.80	5.85	23.75	9.18	2.89	1.91	2.12	9.44	0.62
219.64	21.55	5.20	29.72	7.4782	2.38	2.32	5.66	16.87	1.55
	2.62	0.80	7.38	3.33	4.93	9.59	6.80	3.33	0.45
128.77	24.38	9.91	74.24	24.96	3.70	5.32	6.80	23.77	3.28
647.61	60.47	54.07	176.13	57.62	34.43	23.76	36.77	141.59	10.89
382.34	16.75	7.30	39.79	12.29	5.85	2.99	5.29	17.75	2.48
27.98	10.19	11.38	24.61	8.75	5.62	6.71	11.63	15.06	3.59
24.90	6.11	4.99	15.61	3.78	2.62	2.13	2.12	12.07	1.35
2.09	0.04	4.61	11.20		0.50	1.00	0.10	2.70	0.17
109.82	11.18	5.71	44.99	14.70	10.12	3.06	11.58	20.63	1.34
100.49	16.19	20.09	39.93	18.09	9.73	7.87	6.05	73.37	1.95
4211.04	**417.16**	**295.74**	**695.85**	**191.83**	**266.95**	**293.95**	**384.02**	**509.08**	**206.88**
214.38	34.98	33.62	91.03	25.46	37.50	33.39	44.53	59.85	15.21
414.73	57.26	76.03	124.47	38.15	47.41	54.26	73.23	101.91	42.18
403.52	35.24	5.63	34.96	11.57	4.61	5.41	3.54	21.82	3.69
54.79	6.30	4.13	15.62	3.53	4.48	6.06	6.88	9.82	3.34
105.45	39.14	35.83	59.66	14.87	38.16	46.23	58.58	48.83	25.96
201.27	22.31	42.25	61.77	20.82	26.66	35.49	47.60	80.21	21.40
140.24	10.13	8.70	13.75	1.43	10.39	7.99	11.26	8.40	3.77
558.49	94.42	25.37	96.43	31.97	11.21	22.04	13.01	46.67	36.19
61.25	16.82	19.38	25.34	5.62	33.08	33.06	56.21	37.19	21.30
450.89	8.11	8.85	31.52	2.68	12.54	9.69	22.24	17.84	8.26

8-5 续表

单位：亿元

项　目	Item	东 莞 Dongguan	中 山 Zhongshan
一、地方一般公共预算收入	**General Public Budget Revenue of Local Governments**	**544.75**	**295.04**
税收收入	Tax Revenue	431.17	200.74
#增值税	Value-added Tax	165.95	64.98
营业税	Business Tax	33.03	17.96
企业所得税	Corporate Income Tax	46.74	22.22
个人所得税	Individual Income Tax	19.74	7.14
城市维护建设税	City Maintenance and Construction Tax	44.36	18.32
房产税	House Property Tax	13.44	14.29
土地增值税	Land Appriciation Tax	25.76	15.16
耕地占用税	Farm Land Occupation Tax	4.41	1.85
契税	Deed Tax	48.12	24.12
非税收入	Non-tax Revenue	113.59	94.29
专项收入	Special Program Receipts	42.08	19.43
行政性收费收入	Charge of Administrative and Units	35.87	15.27
罚没收入	Penalty Receipts	6.91	3.68
国有资本经营收入	Operation Income from State-owned Assets	2.40	2.11
国有资源(资产)有偿使用收入	Income from Use of State-owned Resources Assets	16.55	43.92
其他收入	Other Non-tax Revenue	9.78	9.90
二、地方一般公共预算支出	**General Public Budget Expenditure of Local Governments**	**599.29**	**367.57**
#一般公共服务	Expenditure for General Public Services	63.67	23.69
教育	Expenditure for Education	142.95	64.54
科学技术	Expenditure for Science and Technology	27.94	27.88
文化体育与传媒	Expenditure for Culture, Sports and Media	14.83	7.77
社会保障和就业	Expenditure for Social Safety Net and Employment Effort	35.29	13.48
医疗卫生与计划生育	Expenditure for Medical and Health Care,Family Planning	36.33	20.35
节能环保	Expenditure for Energy Conservation and Environment Protection	18.38	10.48
城乡社区	Expenditure for Urban and Rural Community Affairs	66.38	67.81
农林水	Expenditure for Agriculture, Forestry and Water Conservancy	28.33	20.42
交通运输	Expenditure for Transportation	24.41	49.81

continued

(100 million yuan)

江门 Jiangmen	阳江 Yangjiang	湛江 Zhanjiang	茂名 Maoming	肇庆 Zhaoqing	清远 Qingyuan	潮州 Chaozhou	揭阳 Jieyang	云浮 Yunfu
204.17	**57.99**	**112.94**	**121.43**	**91.70**	**95.64**	**44.40**	**73.64**	**57.42**
141.02	35.46	65.38	70.68	63.74	60.77	30.54	47.49	33.10
43.07	8.60	20.51	19.03	15.52	16.15	9.41	17.82	6.94
10.23	3.62	6.21	4.40	5.88	6.98	1.80	3.13	3.04
14.81	2.69	4.91	3.89	4.72	5.52	2.92	5.13	2.20
4.45	1.19	2.65	1.56	2.05	1.82	1.37	1.49	2.35
13.75	2.93	8.30	10.22	5.58	5.47	3.01	5.54	2.35
9.96	2.03	2.79	1.73	3.15	3.02	1.80	1.99	1.84
9.24	2.53	4.01	11.09	5.12	4.34	1.04	1.77	2.69
3.38	2.89	2.58	5.22	2.14	1.56	3.01	1.76	4.18
12.95	3.15	6.93	7.66	6.57	8.21	1.47	2.56	3.17
63.16	22.53	47.56	50.75	27.96	34.87	13.86	26.15	24.32
12.78	2.81	9.55	9.53	5.32	5.31	2.97	4.89	2.41
13.20	6.37	14.23	13.58	6.53	8.84	3.88	7.77	4.73
6.92	2.37	5.02	4.19	3.68	4.55	1.90	3.18	1.05
16.10	2.12	2.07	0.30	2.01	0.12	0.36	2.38	1.87
9.64	4.22	4.52	20.09	7.54	3.80	2.00	3.32	4.02
4.52	4.64	12.17	3.07	2.87	12.26	2.74	4.62	10.24
293.21	**194.31**	**381.11**	**354.57**	**248.16**	**303.77**	**146.67**	**266.94**	**168.50**
34.34	19.67	32.64	28.45	32.22	34.16	12.00	24.02	20.54
67.10	32.92	102.60	103.66	56.37	71.02	34.71	68.42	35.11
9.46	1.95	4.62	1.57	4.22	4.99	1.97	3.37	2.91
5.76	2.93	3.66	3.49	5.37	4.08	2.01	3.84	2.33
45.75	24.70	57.95	58.03	34.94	36.66	19.98	40.22	25.26
29.90	22.47	59.56	49.09	30.56	34.82	18.05	43.84	29.40
4.00	3.69	4.75	6.32	4.02	4.37	1.36	6.29	2.10
13.10	10.13	15.96	15.88	10.64	25.85	8.63	5.79	5.77
25.00	30.50	42.03	34.02	24.40	32.91	13.54	28.53	15.70
10.98	9.80	14.39	15.70	13.43	13.03	10.40	14.50	5.18

8-6 历年金融机构存贷款

Deposits and Loans in All Financial Institutions

单位：亿元 (100million yuan)

年 份 Year	金融机构本外币存款余额 Deposits in Renminbi and Foreign Currencies in All Financial Institutions	#住户存款 Savings Deposit by Household	金融机构本外币贷款余额 Loans and Loans in Renminbi and Foreign Currencies in Financial Institutions	金融机构人民币存款余额 Deposits in Renminbi Currencies in Financial Institutions	#人民币住户存款 Savings Deposit by Household in Renminbi	金融机构人民币贷款余额 Loans in Renminbi Currencies in Financial Institutions
2000	19083.64	10031.68	13227.62	16919.98	8667.29	11787.14
2001	21714.85	11386.03	14472.08	19449.34	9930.12	13192.74
2002	25409.90	13372.85	16840.39	22975.88	11819.09	15314.56
2003	29640.83	15590.68	20126.24	27240.23	14061.77	18287.58
2004	33252.01	17631.07	21955.28	30869.62	16193.41	19671.52
2005	38119.91	20267.76	23261.21	35958.71	19051.35	20965.55
2006	43262.20	22677.19	25935.19	41146.58	21584.60	23617.49
2007	48955.03	23013.34	30617.27	47016.48	22242.70	27497.88
2008	56119.28	28181.18	33755.62	54309.57	27481.56	30964.62
2009	69691.46	32136.32	44510.22	67742.59	31411.40	39683.65
2010	82019.40	36965.75	51799.30	79957.97	36318.66	47191.56
2011	91590.15	41061.56	58615.27	89168.60	40405.07	53411.83
2012	105099.55	46265.58	67077.08	99934.60	45533.78	59967.26
2013	119685.15	50638.64	75664.16	114855.02	49891.35	68491.93
2014	127881.47	53215.87	84921.79	121964.85	52410.55	77889.50
2015	160388.22	55008.70	95661.12	153551.79	54238.30	89289.27
2016	179829.19	59768.75	110928.41	171024.47	58618.89	103649.79

注：2015年前，住户存款主要为居民储蓄存款。

Note：Before 2015, the savings by households are mainly savings by residents.

8-7 金融机构本外币存贷款余额

Deposits and Loans in Renminbi and Foreign Currencies in All Financial Institutions

单位：亿元 (100million yuan)

指　标	Item	2015	2016	2016年比2015年增长(%) Growth Rate in 2016 over 2015(%)
一、各项存款	**Total Deposits**	**160388.22**	**179829.19**	**12.1**
境内存款	Domestic Deposits	154559.04	174900.22	13.2
住户存款	Deposits of Households	55008.70	59768.75	8.7
活期存款	Demand Deposits	27350.11	31395.88	14.8
定期及其他存款	Time & Other Deposits	27658.59	28372.87	2.6
非金融企业存款	Deposits of Non-financial Enterprises	49345.26	63509.89	28.7
活期存款	Demand Deposits	17169.43	22875.34	33.2
定期及其他存款	Time & Other Deposits	32175.83	40634.55	26.3
政府存款	Deposits of Government	26090.27	28293.70	8.5
财政性存款	Fiscal Deposits	5635.35	5404.62	-4.1
机关团体存款	Deposits of Government Departments &	20454.91	22889.08	11.9
非银行业金融机构存款	Deposits of Non-banking Financial Institutions	24114.81	23327.88	-3.3
境外存款	Overseas Deposits	5829.18	4928.98	-15.4
二、各项贷款	**Total Loans**	**95661.12**	**110928.41**	**16.0**
境内贷款	Domestic Loans	93116.97	107818.07	15.8
住户贷款	Loans to Households	33099.57	43801.57	32.3
#短期贷款	Short-term Loans	7465.07	8165.21	9.4
中长期贷款	Mid & Long-term Loans	25634.50	35636.36	39.0
非金融企业及机关团体贷款	Loans to Non-financial Enterprises and Government Departments & Organizations	59872.35	63949.10	6.8
#短期贷款	Short-term Loans	22474.01	24180.42	7.6
中长期贷款	Mid & Long-term Loans	32407.28	33521.74	3.4
非银行业金融机构贷款	Loans to Non-banking Financial Institutions	145.04	67.40	-53.5
境外贷款	Overseas Loans	2544.16	3110.33	22.3

注：2015年起银行资金来源项目使用新的分类。
Note: Since 2015, new categorization is applied to items of bank fund sources.

8-8 金融机构人民币存贷款余额

Deposits and Loans in Renminbi in All Financial Institutions

单位：亿元 (100 million yuan)

指标	Item	2015	2016	2016年比2015年增长(%) Growth Rate in 2016 over 2015(%)
一、各项存款	**Total Deposits**	**153551.79**	**171024.47**	**11.4**
境内存款	Domestic Deposits	148231.81	167124.75	12.8
住户存款	Deposits of Households	54238.30	58618.89	8.1
活期存款	Demand Deposits	26874.25	30643.03	14.0
定期及其他存款	Time & Other Deposits	27364.05	27975.86	2.2
非金融企业存款	Deposits of Non-financial Enterprises	43998.61	57079.01	29.7
活期存款	Demand Deposits	16138.81	21399.49	32.6
定期及其他存款	Time & Other Deposits	27859.80	35679.52	28.1
政府存款	Deposits of Government	26079.31	28274.38	8.4
财政性存款	Fiscal Deposits	5635.35	5404.62	-4.1
机关团体存款	Deposits of Government Departments & Organizations	20443.95	22869.76	11.9
非银行业金融机构存款	Deposits of Non-banking Financial Institutions	23915.59	23152.48	-3.2
境外存款	Overseas Deposits	5319.98	3899.72	-26.7
二、各项贷款	**Total Loans**	**89289.27**	**103649.79**	**16.1**
境内贷款	Domestic Loans	88609.07	102802.86	16.0
住户贷款	Loans to Households	33093.02	43795.17	32.3
#短期贷款	Short-term Loans	7461.11	8161.06	9.4
中长期贷款	Mid & Long-term Loans	25631.92	35634.11	39.0
非金融企业及机关团体贷款	Loans to Non-financial Enterprises and Government Departments & Organizations	55371.12	58940.30	6.5
#短期贷款	Short-term Loans	19387.33	20355.22	5.0
中长期贷款	Mid & Long-term Loans	31131.24	32538.45	4.5
非银行业金融机构贷款	Loans to Non-banking Financial Institutions	144.93	67.40	-53.5
境外贷款	Overseas Loans	680.20	846.92	24.5

注：2015年起银行资金来源项目使用新的分类。

Note: Since 2015, new categorization is applied to items of bank fund sources.

8-9 各市中资金融机构基本情况

Basic Conditions of Chinese-funded Financial Institutions by City

市别	City	2005				2010			
		机构数(个) Number of Financial Institutions	年末从业人员(人) Number of Employed Persons at the Year-end	人民币存款(亿元) Total Deposits (100 million yuan)	人民币贷款(亿元) Total Loans (100 million yuan)	机构数(个) Number of Financial Institutions	年末从业人员(人) Number of Employed Persons at the Year-end	人民币存款(亿元) Total Deposits (100 million yuan)	人民币贷款(亿元) Total Loans (100 million yuan)
全省合计	**Provincial Total**	**15433**	**222738**	**35783.57**	**20745.27**	**14983**	**258254**	**78285.89**	**46099.26**
广　州	Guangzhou	2053	45800	11065.22	6873.34	2395	58412	22775.49	14597.74
深　圳	Shenzhen	1119	28354	8478.18	6168.03	1286	41483	20210.75	13708.16
珠　海	Zhuhai	417	6798	925.47	424.33	406	7664	2542.56	1203.85
汕　头	Shantou	655	9196	955.34	391.08	632	9476	1849.14	627.91
佛　山	Foshan	1913	21732	3770.74	2056.29	1775	25815	8293.02	4729.61
#顺　德	Shunde	645	6909	1204.02	689.91	627	7921	2531.53	1615.82
韶　关	Shaoguan	406	5153	461.78	166.55	401	5317	903.67	346.28
河　源	Heyuan	349	3759	204.20	107.99	325	3828	496.83	335.32
梅　州	Meizhou	635	7373	429.79	206.37	529	6371	835.07	330.25
惠　州	Huizhou	664	8012	781.79	367.23	650	9065	2038.58	1096.21
汕　尾	Shanwei	246	2937	140.77	57.21	217	2965	326.96	130.20
东　莞	Dongguan	1262	14985	2933.40	1500.52	1221	19395	5915.54	3302.49
中　山	Zhongshan	586	7837	1131.19	479.02	568	9017	2596.88	1324.65
江　门	Jiangmen	906	11627	1163.76	534.17	819	11194	2214.97	973.75
阳　江	Yangjiang	289	3986	245.37	99.66	268	3806	564.19	283.93
湛　江	Zhanjiang	931	10663	705.32	285.97	780	10321	1556.00	714.40
茂　名	Maoming	717	7915	521.02	225.46	612	7670	1025.39	361.30
肇　庆	Zhaoqing	551	7120	478.15	229.43	494	6874	1057.35	642.04
清　远	Qingyuan	471	5510	386.23	175.08	447	5620	986.45	510.26
潮　州	Chaozhou	304	4087	324.04	132.34	275	4187	649.81	205.91
揭　阳	Jieyang	613	6120	468.15	169.19	586	6178	963.79	400.68
云　浮	Yunfu	346	3774	213.66	96.02	297	3596	483.45	274.32
按经济区域分	By Region								
珠三角	Pearl River Delta	9642	159817	35103.66	20939.71	9614	188919	67645.13	41578.51
东　翼	Eastern Region	1762	22454	2147.42	788.51	1710	22806	3789.69	1364.70
西　翼	Western Region	1846	22857	1692.94	643.84	1660	21797	3145.59	1359.62
山　区	Mountainous Region	2156	25791	1958.72	810.10	1999	24732	3705.47	1796.43

8–9 续表 continued

市 别	City	2015 机构数(个) Number of Financial Institutions	2015 年末从业人员(人) Number of Employed Persons at the Year-end	2015 人民币存款(亿元) Total Deposits (100 million yuan)	2015 人民币贷款(亿元) Total Loans (100 million yuan)	2016 机构数(个) Number of Financial Institutions	2016 年末从业人员(人) Number of Employed Persons at the Year-end	2016 人民币存款(亿元) Total Deposits (100 million yuan)	2016 人民币贷款(亿元) Total Loans (100 million yuan)
全省合计	**Provincial Total**	**16465**	**316630**	**150444.23**	**87325.97**	**16871**	**344624**	**171024.47**	**103649.79**
广 州	Guangzhou	2654	70506	40732.02	25540.40	2792	90857	45937.34	28885.54
深 圳	Shenzhen	1648	55359	51806.18	27129.99	1813	60850	59562.25	35165.46
珠 海	Zhuhai	487	10714	5058.51	2828.35	507	11198	5689.08	3915.61
汕 头	Shantou	663	11019	2794.66	1151.51	666	11245	3076.06	1296.09
佛 山	Foshan	1904	32196	11435.44	7749.71	1893	32347	12789.61	8515.62
#顺 德	Shunde	673	9843	3327.85	2685.73	638	9752	3846.23	2791.14
韶 关	Shaoguan	421	5848	1523.01	712.33	421	5715	1660.40	766.59
河 源	Heyuan	343	4398	984.48	794.27	345	4581	1130.56	886.16
梅 州	Meizhou	574	7055	1558.03	734.11	576	7050	1813.05	829.33
惠 州	Huizhou	722	11973	3598.22	2442.04	741	12285	4544.73	3155.13
汕 尾	Shanwei	221	3237	625.86	300.00	220	3229	739.71	350.17
东 莞	Dongguan	1357	23880	9685.91	5756.04	1388	24564	11198.43	6402.48
中 山	Zhongshan	636	11617	4113.72	2765.24	648	11758	4690.48	3238.03
江 门	Jiangmen	892	13093	3624.16	2095.66	895	13163	3870.06	2367.06
阳 江	Yangjiang	276	4496	1011.13	748.77	278	4492	1122.34	825.60
湛 江	Zhanjiang	805	12067	2671.33	1548.63	811	12055	2834.50	1629.28
茂 名	Maoming	618	8325	1967.92	849.72	619	8300	2211.41	1005.62
肇 庆	Zhaoqing	550	8433	1756.42	1253.29	551	8356	2023.09	1283.18
清 远	Qingyuan	470	6723	1685.06	1046.31	475	6744	1906.06	1137.06
潮 州	Chaozhou	292	4464	1067.94	364.89	292	4491	1194.15	365.63
揭 阳	Jieyang	619	7240	1831.08	922.77	625	7372	2009.05	980.65
云 浮	Yunfu	313	3987	913.14	591.96	315	3972	1022.14	649.53
按经济区域分	By Region								
珠 三 角	Pearl River Delta	10850	237771	131810.58	77560.70	11228.00	265378.00	150305.06	92928.09
东 翼	Eastern Region	1795	25960	6319.55	2739.17	1803.00	26337.00	7018.97	2992.54
西 翼	Western Region	1699	24888	5650.38	3147.12	1708.00	24847.00	6168.25	3460.49
山 区	Mountainous Region	2121	28011	6663.72	3878.98	2132.00	28062.00	7532.20	4268.67

注：1. 本表存贷款统计口径为中资金融机构人民币存贷款。
2. 机构数和年末从业人员统计范围为银行业及相关金融机构(不含人民银行、外资银行及资产管理公司)。

Notes: a) Deposits and loans in this table refer to the deposits and loans in Renminbi in domestic-funded financial institutions.
b) The number of financial institutions and the number of employed persons at the year-end refer to those in banking and related financial institutions (excluding the People's Bank of China, foreign-funded banks and assets management companies).

8-10 各市金融机构本外币存贷款

Deposits and Loans in Renminbi and Foreign Currencies in All Financial Institutions by City

单位：亿元　　　　(100 million yuan)

市别	City	各项存款 Total Deposits								
		2000	2005	2010	2011	2012	2013	2014	2015	2016
全省合计	**Provincial Total**	**19083.64**	**38119.91**	**82019.40**	**91590.15**	**105099.55**	**119685.15**	**127881.47**	**160388.22**	**179829.19**
广　州	Guangzhou	6200.47	11734.10	23953.96	26460.80	30186.57	33838.20	35469.29	42843.67	47530.20
深　圳	Shenzhen	3942.00	9486.76	21937.89	25095.78	29662.40	33943.15	37350.50	57778.90	64407.81
珠　海	Zhuhai	521.71	1014.08	2748.70	2980.01	3449.70	4121.58	4570.67	5383.73	6124.26
汕　头	Shantou	600.21	995.64	1873.03	1989.65	2285.36	2530.16	2664.46	2857.20	3125.20
佛　山	Foshan	2119.08	3906.93	8462.33	9116.84	10167.55	11387.13	11275.63	11867.67	13281.61
#顺　德	Shunde	684.72	1249.91	2531.53	2757.91	3146.27	3453.20	3155.83	3421.88	3943.96
韶　关	Shaoguan	263.73	468.35	907.75	1005.35	1117.81	1255.76	1394.20	1532.91	1669.70
河　源	Heyuan	91.12	205.94	500.02	561.36	638.58	754.24	875.92	988.90	1139.26
梅　州	Meizhou	219.47	438.71	839.63	946.24	1063.83	1245.21	1411.88	1565.28	1819.19
惠　州	Huizhou	394.44	823.96	2090.14	2401.05	2696.97	3138.79	3394.60	3836.10	4974.48
汕　尾	Shanwei	78.19	144.45	332.70	373.30	422.71	487.35	545.74	631.03	744.28
东　莞	Dongguan	1327.79	3036.77	6077.87	6756.66	7691.24	8874.91	9323.28	9968.80	11545.10
中　山	Zhongshan	619.44	1186.76	2665.35	2993.67	3469.71	4021.81	4149.69	4378.36	5031.00
江　门	Jiangmen	805.18	1279.67	2285.75	2559.66	2905.50	3335.27	3587.64	3766.81	4030.37
阳　江	Yangjiang	142.73	248.75	575.32	649.29	729.35	816.84	910.89	1014.74	1127.45
湛　江	Zhanjiang	408.90	716.97	1565.19	1728.19	1902.35	2173.39	2430.26	2684.61	2847.29
茂　名	Maoming	332.55	524.90	1028.67	1188.72	1332.42	1571.63	1772.22	1974.75	2216.93
肇　庆	Zhaoqing	281.64	493.23	1072.54	1210.67	1355.59	1594.43	1679.26	1785.01	2041.58
清　远	Qingyuan	213.85	393.96	995.36	1117.31	1215.34	1401.35	1534.81	1699.82	1926.13
潮　州	Chaozhou	162.70	328.97	653.27	743.18	836.51	919.35	1004.29	1076.19	1203.57
揭　阳	Jieyang	240.07	473.60	967.03	1130.77	1311.12	1529.69	1709.93	1837.87	2017.26
云　浮	Yunfu	118.37	217.40	486.93	581.66	658.93	744.90	826.30	915.88	1026.53
按经济区域分	By Region									
珠三角	Pearl River Delta	16211.75	32962.25	71294.51	79575.13	91585.24	104255.28	110800.56	141609.04	158966.41
东　翼	Eastern Region	1081.18	1942.66	3826.04	4236.89	4855.70	5466.56	5924.42	6402.29	7090.31
西　翼	Western Region	884.18	1490.63	3169.17	3566.20	3964.12	4561.87	5113.37	5674.10	6191.67
山　区	Mountainous Region	906.54	1724.37	3729.68	4211.93	4694.49	5401.45	6043.11	6702.78	7580.80

8-10 续表 continued

单位：亿元 (100 million yuan)

市 别	City	各项贷款 Total Loans								
		2000	2005	2010	2011	2012	2013	2014	2015	2016
全省合计	**Provincial Total**	**13227.62**	**23261.21**	**51799.30**	**58615.27**	**67077.08**	**75664.16**	**84921.79**	**95661.12**	**110928.41**
广 州	Guangzhou	4226.65	7622.20	16284.31	17732.88	19936.52	22016.18	24231.71	27296.16	29669.82
深 圳	Shenzhen	3032.13	7596.72	16808.12	19248.73	21808.34	24680.07	27922.13	32449.04	40526.90
珠 海	Zhuhai	349.20	486.72	1472.54	1638.21	1920.30	2071.90	2426.24	2969.70	4098.08
汕 头	Shantou	476.66	421.36	661.52	728.18	811.95	971.93	1072.83	1199.00	1303.90
佛 山	Foshan	1581.90	2122.74	4868.99	5615.15	6391.47	7111.31	7595.79	7950.53	8717.81
#顺 德	Shunde	498.38	704.48	1615.82	1873.13	2243.78	2514.95	2651.97	2731.45	2813.22
韶 关	Shaoguan	149.23	169.68	376.06	425.23	497.90	581.38	671.16	731.84	772.51
河 源	Heyuan	62.19	108.13	338.69	389.26	472.89	573.18	699.01	801.08	888.08
梅 州	Meizhou	147.02	206.44	331.10	389.97	454.04	547.53	635.46	736.41	830.18
惠 州	Huizhou	221.42	409.44	1225.71	1439.09	1735.12	2036.92	2436.97	2701.60	3460.97
汕 尾	Shanwei	68.74	57.21	131.12	157.59	190.83	228.54	269.61	306.14	352.70
东 莞	Dongguan	642.33	1540.48	3441.99	3860.92	4446.82	4989.50	5562.36	5980.90	6545.66
中 山	Zhongshan	382.09	498.05	1373.62	1626.77	1969.07	2315.87	2644.90	2894.32	3367.09
江 门	Jiangmen	574.26	565.45	1032.46	1205.30	1467.17	1715.51	2024.51	2218.01	2469.83
阳 江	Yangjiang	89.71	100.66	292.24	369.12	445.73	537.60	706.97	757.74	827.44
湛 江	Zhanjiang	294.70	310.03	721.00	868.48	1067.54	1227.29	1372.57	1568.76	1633.77
茂 名	Maoming	211.96	230.93	362.40	444.74	540.64	642.08	759.50	858.33	1005.87
肇 庆	Zhaoqing	217.44	232.13	652.01	766.51	893.63	1051.40	1172.51	1281.52	1293.43
清 远	Qingyuan	150.82	179.13	520.62	617.00	725.87	853.65	953.48	1061.23	1152.08
潮 州	Chaozhou	118.57	137.20	219.41	256.64	290.20	322.97	357.21	369.04	368.55
揭 阳	Jieyang	131.25	169.40	407.06	502.33	615.58	717.84	873.59	931.72	992.39
云 浮	Yunfu	84.12	97.10	278.34	333.17	395.46	471.52	533.29	598.05	651.33
按经济区域分	By Region									
珠 三 角	Pearl River Delta	11227.42	21073.93	47159.74	53133.57	60568.45	67988.65	76017.12	85741.78	100149.59
东 翼	Eastern Region	795.23	785.17	1419.10	1644.74	1908.56	2241.28	2573.24	2805.90	3017.55
西 翼	Western Region	596.37	641.62	1375.65	1682.34	2053.91	2406.96	2839.04	3184.82	3467.09
山 区	Mountainous Region	593.39	760.49	1844.81	2154.62	2546.16	3027.27	3492.40	3928.63	4294.18

8-11 各市金融机构住户存款

Savings Deposit by Household in All Financial Institutions by City

单位：亿元 (100 million yuan)

市别	City	中外资金融机构本外币住户存款 Savings Deposit by Household in Renminbi and Foreign Currencies in All Financial Institutions								
		2000	2005	2010	2011	2012	2013	2014	2015	2016
全省合计	**Provincial Total**	**10031.68**	**20267.76**	**36965.75**	**41061.56**	**46265.58**	**50638.64**	**53215.87**	**55008.70**	**59768.75**
广州	Guangzhou	2683.38	5475.77	9302.33	10260.54	11557.00	12496.69	12825.64	13602.38	14430.11
深圳	Shenzhen	1391.78	3525.70	6918.19	7963.54	8910.98	9690.28	10193.04	9680.24	10755.66
珠海	Zhuhai	262.41	513.72	982.54	1102.85	1234.72	1360.23	1423.01	1322.97	1457.49
汕头	Shantou	401.88	765.26	1305.62	1384.40	1549.33	1679.13	1764.78	1918.05	2093.10
佛山	Foshan	1359.52	2465.51	4460.82	4707.06	5215.16	5602.58	5806.94	6232.20	6736.22
#顺德	Shunde	453.34	825.15	1517.91	1603.10	1805.47	1904.01	1936.80	2091.64	2270.90
韶关	Shaoguan	172.46	320.00	562.11	619.79	701.41	787.84	859.52	925.18	1008.87
河源	Heyuan	71.32	146.36	314.33	364.52	416.29	480.14	531.49	591.09	660.78
梅州	Meizhou	166.95	326.86	582.20	665.74	761.27	888.88	985.46	1061.20	1147.07
惠州	Huizhou	276.61	548.27	1044.17	1185.53	1362.56	1545.08	1651.81	1729.01	1961.99
汕尾	Shanwei	58.89	111.83	231.32	261.45	298.38	340.35	376.34	388.93	431.35
东莞	Dongguan	753.78	1796.69	3425.89	3750.36	4246.97	4517.59	4648.27	4630.69	4943.56
中山	Zhongshan	409.23	764.69	1462.96	1603.23	1771.65	1950.56	2057.33	2108.53	2309.44
江门	Jiangmen	607.54	951.96	1516.72	1690.52	1898.06	2073.97	2218.80	2270.52	2454.80
阳江	Yangjiang	107.92	192.35	386.82	433.90	496.04	558.52	609.46	665.27	740.07
湛江	Zhanjiang	310.23	514.85	945.28	1081.46	1251.64	1410.98	1520.22	1684.28	1818.28
茂名	Maoming	251.70	413.71	752.61	853.88	986.18	1137.67	1273.71	1413.64	1532.81
肇庆	Zhaoqing	197.68	347.39	657.31	751.94	862.12	981.92	1075.02	1160.94	1272.68
清远	Qingyuan	152.70	279.69	593.11	663.28	744.74	840.57	927.07	1013.87	1127.16
潮州	Chaozhou	111.07	246.32	461.35	510.18	588.53	647.49	698.39	748.54	814.54
揭阳	Jieyang	190.83	392.24	716.17	810.98	950.56	1128.99	1196.57	1251.86	1392.73
云浮	Yunfu	93.82	168.58	343.92	396.41	462.00	519.18	573.00	609.30	680.04
按经济区域分	By Region									
珠三角	Pearl River Delta	7941.93	16389.71	29770.92	33015.57	37059.20	40218.90	41899.85	42737.49	46321.96
东翼	Eastern Region	762.66	1515.65	2714.46	2967.02	3386.80	3795.95	4036.09	4307.37	4731.72
西翼	Western Region	669.84	1120.91	2084.70	2369.23	2733.86	3107.18	3403.39	3763.19	4091.16
山区	Mountainous Region	657.25	1241.49	2395.67	2709.74	3085.72	3516.61	3876.55	4200.64	4623.91

8-11 续表 continued

单位：亿元 (100 million yuan)

市别	City	中资金融机构人民币住户存款 Savings Deposit by Household in Renminbi in Chinese-funded Financial Institutions								
		2000	2005	2010	2011	2012	2013	2014	2015	2016
全省合计	**Provincial Total**	**8667.29**	**19051.35**	**36219.15**	**39725.24**	**44803.43**	**49287.89**	**51835.12**	**54114.45**	**58510.24**
广州	Guangzhou	2239.64	5024.69	9013.15	9911.95	11174.68	12178.58	12498.70	13236.26	13939.71
深圳	Shenzhen	1082.43	3229.38	6717.05	7251.39	8132.16	8926.10	9410.59	9429.42	10361.19
珠海	Zhuhai	216.08	480.87	957.58	1066.39	1196.27	1331.14	1390.93	1296.96	1419.67
汕头	Shantou	351.40	733.50	1291.11	1365.36	1528.12	1661.21	1747.76	1897.90	2066.71
佛山	Foshan	1216.98	2358.78	4406.34	4653.70	5155.01	5548.32	5752.38	6170.92	6652.25
#顺德	Shunde	407.94	790.88	1500.57	1587.37	1784.58	1888.90	1936.80	2074.89	2246.71
韶关	Shaoguan	165.47	313.97	559.16	616.99	698.58	784.91	856.57	921.64	1004.27
河源	Heyuan	69.96	145.12	313.64	363.82	415.52	479.29	530.65	590.09	659.52
梅州	Meizhou	155.14	318.77	578.33	662.21	757.67	885.46	982.16	1057.84	1142.61
惠州	Huizhou	249.31	522.21	1031.63	1172.86	1349.23	1533.01	1639.54	1717.05	1944.68
汕尾	Shanwei	54.18	108.39	229.73	259.39	296.29	337.14	373.32	385.72	428.34
东莞	Dongguan	672.07	1728.28	3384.45	3697.27	4187.68	4467.60	4598.76	4587.86	4878.75
中山	Zhongshan	354.65	725.06	1442.18	1582.18	1747.90	1930.79	2036.77	2082.30	2277.27
江门	Jiangmen	483.75	851.93	1461.98	1644.86	1852.48	2029.55	2173.73	2228.65	2400.89
阳江	Yangjiang	104.99	189.91	385.69	432.63	494.59	556.95	607.83	663.22	737.58
湛江	Zhanjiang	298.14	505.70	940.08	1076.41	1245.66	1404.49	1513.75	1675.56	1807.57
茂名	Maoming	247.45	410.02	750.67	851.75	984.03	1135.23	1271.20	1410.49	1528.48
肇庆	Zhaoqing	184.21	335.91	650.23	744.57	851.29	973.60	1066.31	1151.53	1263.09
清远	Qingyuan	146.27	273.86	590.26	660.50	741.99	837.35	924.16	1010.55	1122.96
潮州	Chaozhou	104.19	242.65	459.60	507.78	585.92	644.11	695.15	744.83	809.31
揭阳	Jieyang	180.82	387.29	714.16	808.42	947.98	1125.55	1193.52	1247.84	1387.32
云浮	Yunfu	90.13	165.09	342.13	394.81	460.38	517.51	571.34	607.82	678.06
按经济区域分	By Region									
珠三角	Pearl River Delta	6699.12	15257.09	29064.60	31725.17	35646.70	38918.70	40567.69	41900.94	45137.49
东翼	Eastern Region	690.59	1471.82	2694.60	2940.94	3358.31	3768.00	4009.75	4276.29	4691.68
西翼	Western Region	650.58	1105.62	2076.44	2360.79	2724.28	3096.67	3392.78	3749.27	4073.63
山区	Mountainous Region	626.97	1216.81	2383.51	2698.34	3074.14	3504.52	3864.89	4187.95	4607.43

8-12 财产保险公司主要指标
Main Indicators of Property Insurance Companies

单位：万元 (10000 yuan)

项　目	Item	2013 保费收入 Premium Income	2013 赔款支出 Indemnity Expenditure	2014 保费收入 Premium Income	2014 赔款支出 Indemnity Expenditure
合　计	**Total**	**6893185.27**	**3687147.79**	**8321449.51**	**4139816.65**
企业财产保险	Enterprise Property Insurance	490361.23	348070.02	519924.91	360518.17
家庭财产保险	Household Property Insurance	34438.63	8622.12	34679.72	5912.32
#投资型家财险	Of Which: Investment-Linked Household Property Insurance	942.86	104.01	907.03	160.35
机动车辆保险	Motor Vehicle Insurance	4939532.04	2697476.04	5920909.47	3042629.14
工程保险	Project Insurance	101565.39	59631.84	155354.72	51913.16
责任保险	Liability Insurance	269565.66	104944.55	345735.07	131845.55
信用保险	Credit Insurance	216083.36	110549.88	244326.72	105970.24
保证保险	Guarantee Insurance	173482.88	20178.06	313287.37	39523.21
#机动车辆消费贷款保证保险	Of Which: Motor Vehicle Consumption Loan Guarantee Insurance	236.18	173.59	390.57	743.68
个人贷款抵押房屋保证保险	Personal Loan Home Mortgage Guarantee Insurance	3948.17	200.43	2687.41	73.42
船舶保险	Ship Insurance	39556.99	28372.75	52797.89	48293.80
货物运输保险	Freight Transport Insurance	127119.29	69316.84	129688.03	62129.04
特殊风险保险	Peculiar Risk Insurance	144095.42	42123.86	154023.37	37319.12
农业保险	Agriculture Insurance	65143.2	36830.09	86325.95	38334.06
健康险	Health Insurance	135824.15	117442.58	168080.9	154281.22
意外伤害保险	Accident Injury Insurance	155931.32	43178.77	183879.81	51603.6
其他险	Other Property Insurance	485.73	410.4	12435.58	9544.03

8-12 续表 continued

单位：万元 (10000 yuan)

项　目	Item	2015 保费收入 Premium Income	2015 赔款支出 Indemnity Expenditure	2016 保费收入 Premium Income	2016 赔款支出 Indemnity Expenditure
合　计	**Total**	**9237353.31**	**4588892.60**	**10006161.82**	**4971007.81**
企业财产保险	Enterprise Property Insurance	533112.09	280062.76	548735.36	277071.52
家庭财产保险	Household Property Insurance	37451.72	8912.44	79849.26	17739.19
#投资型家财险	Of Which: Investment-Linked Household Property Insurance	2724.64	246.63	2254.18	83.24
机动车辆保险	Motor Vehicle Insurance	6688160.08	3376575.15	7279870.86	3659744.85
工程保险	Project Insurance	137597.69	67898.19	136646.18	79242.61
责任保险	Liability Insurance	380426.73	165378.20	438487.65	195598.23
信用保险	Credit Insurance	273938.65	161012.13	296513.17	169933.33
保证保险	Guarantee Insurance	324476.39	85274.09	229957.59	78065.77
#机动车辆消费贷款保证保险	Of Which: Motor Vehicle Consumption Loan Guarantee Insurance	5509.87	1499.95	3874.83	702.79
个人贷款抵押房屋保证保险	Personal Loan Home Mortgage Guarantee Insurance	563.95	82.25	809.33	141.7
船舶保险	Ship Insurance	54291.80	28399.92	50591.87	29010.13
货物运输保险	Freight Transport Insurance	132217.10	61215.95	126470.07	69025.9
特殊风险保险	Peculiar Risk Insurance	119860.94	48307.25	133438.33	49904.27
农业保险	Agriculture Insurance	91046.05	51009.06	108029.51	44272.77
健康险	Health Insurance	190808.35	173637.74	211454.94	186831.84
意外伤害保险	Accident Injury Insurance	247881.36	61474.76	339465.61	93503.98
其他险	Other Property Insurance	26084.35	19734.95	26651.4	21063.41

注：本表数据包括深圳，来源于中国保险监督管理委员会广东监管局。
Note: The data in the table include those of Shenzhen， and are obtained from Guangdong Bureau of China Insurance Regulatory Commission.

8-13 人身保险公司主要指标
Main Indicators of Life Insurance Companies

单位：亿元 (100 million yuan)

项　　目	Item	2013	2014	2015	2016
保费收入	**Premium Income**	**1213.59**	**1509.49**	**1890.64**	**2819.89**
按险种分	Premium by Line of Business:				
寿险	Life Insurance	1057.87	1297.09	1537.11	2038.11
个人业务	Personal Business	1047.77	1287.46	1527.41	2027.92
新单保费	New Business Premium	435.58	632.24	846.76	1228.38
续期保费	Renewal Premium	612.19	655.23	680.65	799.54
团体业务	Group Business	10.10	9.62	9.70	10.19
新单保费	New Business Premium	6.98	6.67	6.88	7.72
续期保费	Renewal Premium	3.11	2.96	2.82	2.47
意外伤害险	Accident Injury Insurance	38.02	47.83	62.09	79.08
一年期以内业务	Within One-year	2.38	1.57	1.73	2.21
一年期业务	One Year	29.67	34.62	40.77	47.36
一年以上业务	Over One-year Period Business	5.97	11.64	19.59	29.50
健康险	Health Insurance	117.70	164.57	291.44	702.70
一年期以内及一年期业务	Within One Year and One-year Period Business	33.58	44.47	58.70	80.77
个人业务	Personal Business	10.75	12.32	16.55	22.15
团体业务	Group Business	22.83	32.15	42.16	58.62
一年期以上业务	Over One-year Period Business	84.12	120.10	232.74	621.94
个人业务	Personal Business	83.88	118.81	230.69	615.18
团体业务	Group Business	0.24	1.29	2.04	6.75
按新型产品分：	Premium by New Product:				
寿险保费收入合计	Total Life Insurance Premium Income	1057.87	1297.09	1537.11	2038.11
普通寿险	Ordinary Insurance	126.00	473.70	770.13	1265.91
新单保费	New Business Premium	30.57	370.06	632.80	1019.88
续期保费	Renewal Premium	95.43	103.64	137.33	246.04
分红寿险	Dividend Insurance	921.60	813.28	756.86	761.18
新单保费	New Business Premium	410.55	267.72	219.86	215.32
续期保费	Renewal Premium	511.05	545.56	537.01	545.85
投资连结保险	Investment Link Insurance	0.99	1.06	1.08	1.11
万能寿险	Universal Life Insurance	9.27	9.05	9.04	9.91
赔付支出	**Total Payment Expenditure**	**250.38**	**288.47**	**423.43**	**538.32**
赔款支出	Total Indemnity Expenditure	30.62	40.95	49.83	63.35
意外伤害险	Accident Injury Insurance	5.99	7.00	7.92	10.35
一年期以内业务	Within One-year Period Business	0.19	0.20	0.27	0.27
一年期业务	One-year Period Business	5.80	6.80	7.66	10.08
一年期以内及一年期健康险	Within One Year and One-year Period Health Insurance Business	24.63	33.95	41.91	53.00
个人业务	Personal Business	5.07	5.23	5.51	6.81
团体业务	Group Business	19.56	28.72	36.40	46.19
死伤医疗给付合计	Total Payment for Death, Injury and Medical Treatment	23.57	28.20	34.02	43.67
寿险	Life Insurance	13.06	14.86	16.52	18.39
个人业务	Personal Business	11.69	13.45	15.07	16.56
团体业务	Group Business	1.37	1.42	1.45	1.83
一年期以上健康险	Over One-year Period Health Insurance	10.51	13.33	17.50	25.28
个人业务	Personal Business	10.48	13.16	16.93	24.20
团体业务	Group Business	0.03	0.17	0.58	1.08
满期给付合计	Total Mature Payment	159.61	179.45	280.73	353.08
寿险	Life Insurance	158.71	179.28	280.55	352.88
个人业务	Personal Business	155.72	176.62	277.41	347.36
团体业务	Group Business	2.99	2.66	3.14	5.52
一年期以上健康险	Over One-year Period Health Insurance	0.90	0.17	0.18	0.20
个人业务	Personal Business	0.90	0.17	0.18	0.19
团体业务	Group Business				0.00
年金给付合计	Total Annuity Payment	36.58	39.87	58.85	78.22
个人业务	Personal Business	34.34	37.13	55.46	75.30
团体业务	Group Business	2.24	2.73	3.38	2.92
退保金	**Withdrawal Amount Insured**	**182.40**	**278.68**	**403.58**	**507.28**
寿险	Life Insurance	180.67	276.30	395.86	499.69
个人业务	Personal Business	178.98	273.49	393.26	493.89
团体业务	Group Business	1.69	2.81	2.60	5.80
一年期以上健康险	Over One-year Period Health Insurance	1.73	2.39	7.72	7.59

注：本表数据包括深圳，来源于中国保险监督管理委员会广东监管局。
Note: The data in the table include those of Shenzhen and are obtained from Guangdong Bureau of China Insurance Regulatory Commission.

8-14 保险业务主要指标

Main Indicators of Insurance Business

指标	Indicators	2008	2010	2011	2012	2013	2014	2015	2016
保费收入（亿元）	**Premium of Insurance (100 million yuan)**	**1124.98**	**1421.68**	**1578.96**	**1692.12**	**1902.91**	**2341.63**	**2814.37**	**3820.51**
财产险	Property Insurance	292.62	429.62	507.54	571.31	660.14	796.95	879.87	945.52
人寿险	Life Insurance	734.66	892.71	947.90	970.75	1057.87	1297.09	1537.11	2038.11
健康险	Health Insurance	70.03	67.34	85.03	106.18	131.29	181.38	310.52	723.85
人身意外伤害险	Personal Accident Insurance	27.67	32.01	38.50	43.89	53.61	66.21	86.88	113.02
各项赔款和给付（亿元）	**Payment (100 million yuan)**	**283.17**	**318.21**	**398.66**	**485.01**	**619.09**	**702.45**	**882.32**	**1035.42**
财产险	Property Insurance	172.04	194.77	232.31	305.45	352.65	393.39	435.38	469.07
人寿险	Life Insurance	84.88	85.58	109.28	134.51	208.35	234.01	355.92	449.50
健康险	Health Insurance	17.88	29.52	48.26	35.50	47.78	62.88	76.95	97.16
人身意外伤害险	Personal Accident Insurance	8.37	8.34	8.81	9.55	10.31	12.16	14.07	19.70
保险公司数（家）	**Number of Insurance Companies (unit)**	**57**	**65**	**69**	**82**	**84**	**87**	**90**	**103**
#财产保险公司	Property Insurance Companies	27	32	34	39	39	40	40	47
人身保险公司	Life Insurance Companies	30	33	35	43	45	47	50	56
#中资保险公司	Domestic Funded Insurance Companies	39	41	46	57	58	59	60	68
外资保险公司	Foreign-funded Insurance Companies	18	24	23	25	26	28	30	35
保险公司总资产（亿元）	**Total Assets of Insurance Companies(100 million yuan)**	**2182.28**	**3252.03**	**4002.30**	**4684.92**	**5607.95**	**6957.85**	**9959.67**	**10811.14**
#财产险公司	Property Insurance Companies	335.51	289.98	317.78	363.93	417.30	508.38	776.08	1017.09
寿险公司	Life Insurance Companies	1823.48	2916.99	3556.80	4113.22	4893.34	6073.89	8190.30	9472.37
保险公司分支机构（家）	**Number of Institutions of Insurance Companies (Unit)**	**2192**	**2288**	**2359**	**2425**	**2540**	**4915**	**5578**	**5815**
从业人员数（万人）	**Employed Persons (person)**	**24.23**	**26.47**	**29.17**	**29.19**	**31.13**	**35.95**	**51.98**	**69.64**

注：“保险公司分支机构(家)”统计指标从2014年进行了调整，包括省级分公司、地市级分公司和中心支公司、支公司、营业部、营销服务部及电销专属机构。

Note: The number of institions of insurance companies were adjusted from 2014, including the provincial branch, municipal branch,central branch, sales department, marketing department and telemarketing exclusive agency.

8-15 分市原保险保费收入和赔付支出情况（2016年）

Premium of Primary Insurance and Payment by City (2016)

单位：亿元 (100 million yuan)

地 区	Region	原保险保费收入 Premium of Primary Insurance			赔付支出 Payment		
		小计 Sub-total	财产险业务 Property Insurance	人身险业务 Life Insurance	小计 Sub-total	财产险业务 Property Insurance	人身险业务 Life Insurance
全省合计	**Provincial Total**	**3820.51**	**945.52**	**2874.98**	**1035.42**	**469.07**	**566.36**
广 州	Guangzhou	1166.19	213.96	952.23	245.85	111.94	133.91
深 圳	Shenzhen	834.45	237.40	597.05	218.55	119.62	98.93
珠 海	Zhuhai	86.09	25.91	60.18	31.72	12.39	19.33
汕 头	Shantou	88.66	21.42	67.24	32.51	9.70	22.80
佛 山	Foshan	346.73	93.69	253.04	90.19	46.61	43.58
韶 关	Shaoguan	41.90	11.23	30.67	19.24	5.46	13.77
河 源	Heyuan	27.51	9.25	18.26	9.84	4.12	5.72
梅 州	Meizhou	46.59	12.49	34.10	16.67	5.46	11.21
惠 州	Huizhou	116.00	34.83	81.17	32.29	16.09	16.20
汕 尾	Shanwei	15.56	4.90	10.66	6.33	2.48	3.85
东 莞	Dongguan	445.21	104.86	340.35	102.57	51.00	51.57
中 山	Zhongshan	155.55	39.09	116.46	41.29	19.57	21.72
江 门	Jiangmen	102.89	29.27	73.63	42.55	13.84	28.71
阳 江	Yangjiang	29.86	11.27	18.59	13.18	5.06	8.11
湛 江	Zhanjiang	73.77	18.42	55.35	28.27	10.09	18.17
茂 名	Maoming	54.35	17.13	37.22	24.69	7.54	17.14
肇 庆	Zhaoqing	50.60	15.66	34.94	18.93	6.80	12.12
清 远	Qingyuan	43.48	14.52	28.97	17.96	6.77	11.19
潮 州	Chaozhou	27.51	8.92	18.59	13.84	4.24	9.59
揭 阳	Jieyang	46.98	14.00	32.98	18.72	7.08	11.64
云 浮	Yunfu	20.61	7.30	13.32	10.24	3.17	7.07

注：赔付支出不包括直保公司的分保赔付支出。
Note: The payment does not include the reinsurance payment of the direct insurance company.

主要统计指标解释

一般公共预算收入 指国家财政参与社会产品分配所取得的收入，是实现国家职能的财力保证。主要包括：

（1）各项税收：包括国内增值税、国内消费税、进口货物增值税和消费税、出口货物退增值税和消费税、营业税、企业所得税、个人所得税、资源税、城市维护建设税、房产税、印花税、城镇土地使用税、土地增值税、车船税、船舶吨税、车辆购置税、关税、耕地占用税、契税、烟叶税等。

（2）非税收入：包括专项收入、行政事业性收费、罚没收入和其他收入。

一般公共预算支出 指国家财政将筹集起来的资金进行分配使用，以满足经济建设和各项事业的需要。主要包括：一般公共服务、外交、国防、公共安全、教育、科学技术、文化教育与传媒、社会保障和就业、医疗卫生、环境保护、城乡社区事务、农林水事务、交通运输、商业服务等事务。

信贷资金 指金融机构以信用方式积聚和分配的货币资金。金融机构信贷资金的来源有各项存款、对国际金融机构负债、流通中货币、银行自有资金及当年结益等；信贷资金的运用有各项贷款、黄金占款、外汇占款、财政借款及在国际金融机构中的资产等。

存款 机构或个人在保留资金或货币所有权的条件下，以不可流通的存款凭证为依据，暂时让渡或接受资金使用权所形成的债权或债务。存款可分为单位存款、个人存款、财政性存款等项目。

贷款 机构或个人在保留资金或货币所有权的条件下，以不可流通的贷款凭证或类似凭证为依据，暂时让渡或接受资金使用权所形成的债权或债务。贷款分个人贷款、单位贷款、融资租赁等项目。

住户存款 个人客户在其他存款性公司开立账户并存入资金或货币，由其他存款性公司出具存款凭证，个人客户凭存款凭证可以支取本金或利息的存款。

保险金额 指保险人承担赔偿或者给付保险金责任的最高限额。

保费 指投保人为取得保险人在约定范围内所承担赔偿责任而支付给保险人的费用。

赔款 指保险人根据保险合同的规定，向被保险人支付的赔偿保险责任损失的金额。

给付 包括死伤医疗给付和满期给付。死伤医疗给付是指保险人根据人寿保险及长期健康保险合同的规定，因被保险人在保险期内发生保险责任范围内的保险事故支付给被保险人（或受益人）的金额。满期给付是指被保险人生存期满，保险人按人寿保险合同规定支付给被保险人的满期保险金额。

Explanatory Notes on Main Statistical Indicators

General Public Budgetary Revenue refers to income for the government finance through participating in the distribution of social products. It is the financial guarantee to ensure government functioning. The contents of government revenue include the following main items:

(1) Various tax revenues, including domestic value added tax (VAT), domestic consumption tax, VAT and consumption tax from imports, VAT and consumption tax rebate for exports, business tax, corporate income tax, individual income tax, resource tax, city maintenance and construct tax, house property tax, stamp tax, urban land use tax, land appreciation tax, tax on vehicles and boat operation, ship tonnage tax, vehicle purchase tax, tariffs, farm land occupation tax, deed tax, and tobacco leaf tax, etc.

(2) Non-tax revenue, including special program receipts, charge of administrative and institutional units, penalty receipts and others non-tax receipts.

General Public Budgetary Expenditure refers to the distribution and use of the funds which the government finance has raised, so as to meet the needs of economic construction and various causes. It mainly includes the following items: expenditure for general public services, expenditure for foreign affairs, expenditure for national defence, expenditure for public security, expenditure for education, Expenditure for science and technology, expenditure for culture, sport and media, expenditure for social safety net and employment effort, expenditure for medical and health care, expenditure for environment protection, expenditure for urban and rural community affairs, expenditure for agriculture, forestry and water conservancy, expenditure for transportation, expenditure for industry, commerce and banking.

Credit Funds refer to the monetary funds accumulated and distributed in the means of credit by the financial institutions. The sources of credit funds include deposits, liabilities to international financial institutions, currency in circulation, self-owned funds and current retained profits, etc. The uses of credit funds include loans, position for bullion purchase, position for foreign exchange purchase, advances to treasury, and assets with international financial institutions.

Deposit refers to the creditor's right or debt that is formed when the institution or individual temporarily gives up or accepts the right to use the capital while keeping the ownership of the capital with the untransferrable deposit certificate as the proof. It includes corporate deposits, personal deposits, fiscal deposits, etc..

Loan refers to the creditor's right or debt that is formed when the institution or individual temporarily gives up or accepts the right to use the capital while keeping the ownership of the capital with the untransferrable loan certificate or other certificates as the proof. It includes personal loans, corporate loans, financial lease, etc..

Savings Deposits refer to the capital which is deposited in the account opened in the reserve corporation by the individual with a deposit certificate as the proof, the principal and interest of which can be withdrew with the deposit certificate.

Amount Insured refers to the maximum that the insurant will get for the claim of the case sured.

Premium is the fee paid by the insurant to the insurer to obtain the obligation of compensation from the insurance within the agreed terms. is the compensation paid by the insurer to the insurant in accordance with the insurance contract.

Settled Claim is the compensation paid by the insurer to the insurant in accordance with the insurance contract.

Payment includes payment for death, injury or medical treatment and payment at maturity. Payment for death, injury or medical treatment refers to the money paid to the insurant (or the beneficiary) in accordance with the life or health insurance contract when the insurant encounters accidents within the insured period covered in the contract. Payment at maturity refers to the payment to the insurant in accordance with the life insurance contract at the end of the insured period.

九、价格

PRICE

九 价格

简要说明

一、本篇资料反映生产、流通、消费与投资等环节的价格变动情况。主要包括居民消费价格指数、商品零售价格指数、农业生产资料价格指数、工业生产者出厂价格指数、工业生产者购进价格指数、农产品生产者价格指数和固定资产投资价格指数。

二、本篇资料由国家统计局广东调查总队消费价格调查处和生产投资价格调查处整理提供。

三、居民消费价格指数、商品零售价格指数采用分层随机抽样调查方法编制，即在全省选择不同经济区域的市、县以及有代表性的商品和服务项目作为样本，对市场价格进行经常性调查，以样本推断总体。

四、工业生产者出厂价格指数和工业生产者购进价格指数均采用重点调查与典型调查相结合的方法统计。

五、固定资产投资价格指数采用重点调查与典型调查相结合的方法统计。

六、农产品生产者价格指数采用抽样调查和重点调查相结合的调查方法进行统计。

9 Price

Brief Introduction

Ⅰ. The data in this chapter reflect price changes in production, circulation，consumption and investment, including mainly consumer price indices, retail price indices, price indices of means of agricultural production, producer price indices for manufactured goods, producer price indices for purchased goods, producers' price indices for farm products and price indices for investment in fixed assets.

Ⅱ. The data are prepared and provided by the Division of Consumers Price Survey and the Division of Production Price Survey under Guangdong Survey Office of the National Bureau of Statistics.

Ⅲ. The data for the calculation of consumer price indices and retail price indices in the province are collected through stratified random sampling. Cities and counties distributed in different economic regions of the province are selected as sample areas, and representative commodities and services are selected as sample commodities and services. Regular surveys are conducted to collect data on market prices. The data on the population are estimated on the basis of the sample.

Ⅳ. The data for the calculation of producer price indices for manufactured goods and producer price indices for purchased goods are all collected through key-point survey combined with typical survey.

Ⅴ. The data for the calculation of price indices of investment in fixed assets are collected through key-point survey combined with typical survey.

Ⅵ. The data for the calculation of producers' price indices of farm products are collected through sampling survey combined with key-point survey.

9-1 各种价格指数

Price Indices

上年=100 (preceding year=100)

年份 Year	商品零售价格指数 Retail Price Index	居民消费价格指数 Consumer Price Index	城市居民消费价格指数 Urban Household	农村居民消费价格指数 Rural Household	工业生产者出厂价格指数 Producer Price Index for Manufactured Goods	工业生产者购进价格指数 Producer Price Index for Purchased Goods	固定资产投资价格指数 Price Index for Investment in Fixed Assets
1978	100.4		100.3				
1979	103.0		104.6				
1980	108.5		109.5				
1981	109.3		106.3				
1982	102.3		102.6				
1983	100.7		102.8				
1984	101.2	101.3	101.9	100.4			
1985	113.6	114.8	117.1	111.2			
1986	104.8	104.9	104.7	105.3			
1987	111.7	111.2	112.8	109.7			
1988	130.2	129.4	129.5	129.3			
1989	121.0	122.1	121.9	122.4			
1990	95.6	97.5	97.4	97.6			
1991	100.6	101.2	102.3	99.9			
1992	105.8	107.3	108.4	105.9			
1993	118.2	121.6	122.0	120.6			
1994	118.9	121.7	121.0	122.5			
1995	111.6	114.0	113.1	115.3			
1996	104.4	107.0	107.2	106.5			
1997	100.1	101.9	102.1	101.5	100.1	97.3	
1998	97.0	98.2	98.3	98.1	94.8	91.4	
1999	96.7	98.2	98.4	97.7	97.7	97.8	
2000	99.9	101.4	102.2	100.0	103.4	110.9	
2001	98.7	99.3	99.2	99.6	98.5	99.1	100.2
2002	98.5	98.6	98.6	98.6	96.5	96.3	99.7
2003	100.0	100.6	100.7	100.4	99.3	104.1	102.2
2004	102.9	103.0	102.6	103.7	101.7	110.6	106.4
2005	101.8	102.3	102.0	102.7	101.5	105.0	101.6
2006	101.5	101.8	101.8	101.6	101.4	103.6	100.7
2007	103.4	103.7	103.7	103.5	101.3	103.3	102.4
2008	106.0	105.6	105.5	105.8	103.1	107.9	108.6
2009	96.8	97.7	97.6	97.8	95.8	93.8	96.7
2010	103.3	103.1	103.1	103.2	103.2	107.3	103.0
2011	105.1	105.3	105.3	105.6	103.7	107.3	105.5
2012	102.2	102.8	102.8	102.9	99.5	99.5	101.5
2013	101.0	102.5	102.4	102.7	98.8	98.2	101.4
2014	101.4	102.3	102.3	102.1	98.9	98.8	101.5
2015	99.6	101.5	101.6	101.3	96.8	95.3	99.0
2016	100.8	102.3	102.4	102.0	99.4	98.0	100.3

9-2 各种价格定基指数

Fixed-base Price Indices

年份 Year	商品零售价格指数 (1978年为100) Retail Price Index (1978=100)	居民消费价格指数 (1983年为100) Consumer Price Index (1983=100)	城市居民消费价格指数 (1983年为100) Urban Household (1983=100)	农村居民消费价格指数 (1983年为100) Rural Household (1983=100)	工业生产者出厂价格指数 (1996年为100) Producer Price Index for Manufactured Goods (1996=100)	工业生产者购进价格指数 (1996年为100) Producer Price Index for Purchased Goods (1996=100)	固定资产投资价格指数 (2000年为100) Price Index for Investment in Fixed Assets (2000=100)
1978	100.0						
1979	103.0						
1980	111.8						
1981	122.0						
1982	124.9						
1983	125.7	100.0	100.0	100.0			
1984	127.2	101.3	101.9	100.4			
1985	144.5	116.3	119.3	111.6			
1986	151.5	122.0	124.9	117.6			
1987	169.2	135.7	140.9	129.0			
1988	220.3	175.5	182.5	166.8			
1989	266.6	214.3	222.5	204.1			
1990	254.8	209.0	216.7	199.2			
1991	256.4	211.5	221.7	199.0			
1992	271.3	226.9	240.3	210.7			
1993	320.6	275.9	293.1	254.2			
1994	381.3	335.8	354.7	311.3			
1995	425.6	382.8	401.2	359.0			
1996	444.3	409.6	430.1	382.3	100.0	100.0	
1997	444.7	417.4	439.1	388.1	100.1	97.3	
1998	431.4	409.9	431.6	380.7	94.9	88.9	
1999	417.1	402.5	424.7	371.9	92.7	86.9	
2000	416.7	408.1	434.1	371.9	95.9	96.4	100.0
2001	411.3	405.3	430.6	370.4	94.5	95.5	100.2
2002	405.1	399.6	424.6	365.3	91.2	92.0	99.9
2003	405.1	402.0	427.5	366.7	90.6	95.8	102.1
2004	416.9	414.1	438.6	380.3	92.1	106.0	108.6
2005	424.4	423.6	447.4	390.5	93.5	111.3	110.3
2006	430.8	431.2	455.5	396.8	94.8	115.3	111.1
2007	445.4	447.2	472.3	410.7	96.0	119.1	113.8
2008	472.2	472.2	498.3	434.5	99.0	128.4	123.6
2009	457.1	461.3	486.3	424.9	94.9	120.4	119.5
2010	472.2	475.6	501.4	438.5	97.9	129.2	123.0
2011	496.3	500.8	528.0	463.1	101.4	138.6	129.9
2012	507.2	514.8	542.8	476.5	100.9	137.9	131.8
2013	512.3	527.7	555.8	489.4	99.7	135.4	133.6
2014	519.5	539.8	568.6	499.7	98.6	134.0	135.6
2015	517.4	547.9	577.7	506.2	95.4	127.7	134.3
2016	521.5	560.5	591.6	516.3	94.8	125.1	134.7

9-3 居民消费价格分类指数（2016年）

Consumer Price Indices by Category (2016)

上年=100 (preceding year=100)

项 目	Item	全 省 Provincial Indices	城 市 Urban Indices	农 村 Rural Indices
居民消费价格总指数	**Consumer Price Index**	**102.3**	**102.4**	**102.0**
非食品烟酒价格指数	**Non food,tobacco and alcohol price index**	**101.1**	**101.2**	**100.5**
服务价格指数	**Service Price Index**	**102.0**	**102.2**	**101.3**
消费品价格指数	**Consumer Goods Price Index**	**102.5**	**102.5**	**102.4**
扣除鲜菜鲜果价格指数	**Price Index Deducting Fresh Vegetables and Fruits**	**102.0**	**102.0**	**101.8**
食品烟酒	**Foods,tobacco and alcohol**	**104.8**	**104.8**	**104.8**
食品	Foods	**105.9**	**105.9**	**105.8**
粮食	Grain	100.8	100.8	101.1
#大米	Rice	100.1	99.9	100.7
粮食制品	Grain Products	103.9	104.1	102.7
薯类	Tubers	110.4	111.6	107.2
豆类	beans	102.9	103.6	100.8
食用油	edible oil	100.9	100.9	100.8
菜	Vegetables	115.3	115.5	114.1
#鲜菜	Fresh Vegetables	116.6	116.8	115.7
畜肉类	Neat of animal	111.3	110.9	112.5
#猪肉	Pork	114.8	114.6	115.4
禽肉类	Meat of poultris	103.5	103.7	102.7
水产品	Aquatic Products	104.3	104.8	102.3
蛋类	Eggs	97.6	97.5	97.9
奶类	Milk	99.4	99.3	100.5
干鲜瓜果类	Dried and Fresh Melons and Fruits	99.3	99.9	96.3
#鲜瓜果	Fresh Melons and Fruits	98.9	99.6	95.3
糖果糕点类	Candy and pastry	101.0	100.9	101.3
调味品	Condiment	100.7	100.9	100.4
其他食品类	Other Foods	101.5	101.7	100.9
茶及饮料	Tea and Beverages	100.4	100.3	101.1
烟酒	Tobacco and Alcohol	101.1	101.1	101.4
烟草	Tobacco	101.4	101.4	101.5
酒类	Alcohol	100.7	100.5	101.2
在外餐饮	Outside catering	103.2	103.4	101.9
衣着	**Clothing**	**102.7**	**102.8**	**102.1**
服装	Garments	102.8	103.0	101.8
服装材料	Garments Materials	102.5	102.8	101.0
其他衣着及配件	Other clothing and accessories	101.3	100.5	104.6
衣着加工服务费	Clothing manufacturing services	101.7	101.8	101.0
鞋类	Footwear	102.8	102.9	102.6
居住	**Residence**	**101.7**	**101.9**	**100.5**
租赁房房租	Rental housing	103.4	103.6	101.9
住房保养维修及管理	Housing maintenance and management	101.7	102.1	100.7
水电燃料	Hydropower fuel	98.9	99.2	97.0
自有住房	Own housing	103.0	103.1	102.5

9-3 续表 continued

上年=100 (preceding year=100)

项目	Item	全省 Provincial Indices	城市 Urban Indices	农村 Rural Indices
生活用品及服务	**Daily necessities and services**	**100.2**	**100.2**	**100.3**
家具及室内装饰品	Furniture and interior decorations	101.6	101.6	101.9
家具	Furniture	101.8	101.8	101.9
室内装饰品	interior decorations	99.7	99.4	101.7
家用器具	Home appliances	97.1	96.7	98.8
家用纺织品	Home textiles	100.5	100.6	100.3
家庭日用杂品	Household groceries	99.9	99.8	100.4
个人护理用品	personal-care supply	100.1	100.0	100.4
家庭服务	domestic service	104.6	104.9	102.1
交通和通信	**Transportation and communication**	**98.5**	**98.5**	**98.7**
交通	Transportation	98.5	98.6	98.2
交通工具	The traffic tools	97.4	97.3	98.4
交通工具用燃料	The vehicles fuel	95.7	95.7	95.7
交通工具使用和维修	Vehicle usage and maintenance	101.9	102.1	100.6
交通费	transportation	101.0	101.1	100.1
通信	communication	98.4	98.2	99.6
通信工具	Communication tools	96.1	95.8	97.6
通信服务	Communication service	98.9	98.7	100.0
邮递服务	Postal service	100.9	101.0	100.2
教育文化和娱乐	**Education culture and entertainment**	**101.4**	**101.5**	**100.8**
教育	education	102.5	102.6	102.1
教育用品	Education supplies	100.4	100.3	100.6
教育服务	Education services	102.8	102.9	102.4
文化娱乐	Cultural entertainment	99.6	99.8	98.4
文娱耐用消费品	Recreational consumer goods	95.7	96.1	94.5
其他文娱用品	Other entertainment items	100.7	100.8	100.3
文化娱乐服务	Cultural entertainment service	100.4	100.4	100.3
旅游	tourism	101.0	101.0	100.7
医疗保健	**Health care**	**102.8**	**103.2**	**101.2**
药品及医疗器具	Medicines and medical instruments	105.8	106.0	104.9
中药	Traditional Chinese medicine	105.7	105.3	106.9
西药	Western Medicines	107.4	108.1	105.0
滋补保健品	Nourishing health products	106.7	107.2	102.5
医疗卫生器具	Medical appliance	101.6	101.6	101.8
保健器具	Health Care Appliances	100.8	100.9	100.0
医疗服务	Medical services	100.7	101.2	99.1
其他用品和服务	**Other goods and services**	**102.8**	**102.9**	**102.4**
其他用品类	Other products	104.0	104.3	102.6
其他服务类	Other service class	101.7	101.7	102.1

9-4 商品零售价格分类指数（2016年）
Retail Price Indices by Category (2016)

上年=100 (preceding year=100)

项 目	Item	全省 Provincial Indices	城市 Urban Indices	农村 Rural Indices
商品零售价格指数	**Retail Price Index**	**100.8**	**100.8**	**101.0**
食品	**Foods**	**104.8**	**104.8**	**104.5**
粮食	Grain	100.7	100.7	101.0
#大米	Rice	100.1	100.0	100.4
粮食制品	Grain Products	103.1	103.1	103.4
薯类	Tubers	110.5	111.0	107.8
豆类	beans	103.1	103.4	102.0
食用油	edible oil	101.2	101.2	101.4
菜	Vegetables	115.0	115.3	113.4
#鲜菜	Fresh Vegetables	116.7	116.9	115.4
畜肉类	Neat of animal	110.3	110.0	111.4
#猪肉	Pork	114.6	114.4	115.5
禽肉类	Meat of poultris	103.4	103.6	101.8
水产品	Aquatic Products	104.3	104.5	102.9
蛋类	Eggs	97.5	97.6	97.0
奶类	Milk	99.3	99.2	100.5
干鲜瓜果类	Dried and Fresh Melons and Fruits	99.4	99.6	97.4
#鲜瓜果	Fresh Melons and Fruits	98.8	99.1	96.5
糖果糕点类	Candy and pastry	100.8	100.7	101.1
调味品	Condiment	100.9	101.0	100.5
其他食品类	Other Foods	101.5	101.4	101.9
在外餐饮	Dining out	102.8	102.9	101.8
饮料、烟酒	**Beverages, Tobacco and Alcohol**	**100.9**	**100.8**	**101.5**
茶及饮料	Tea and Beverages	100.4	100.3	101.1
烟草	Tobacco	101.6	101.5	102.0
酒类	Alcohol	100.6	100.5	101.3
服装、鞋帽	**Garments, Shoes and Hats**	**102.8**	**103.0**	**101.9**
服装	Garments	103.0	103.3	101.6
鞋帽袜	Shoes, hats and socks	102.4	102.3	103.1
其他衣着配件	Other clothing accessories	101.3	101.5	99.9
纺织品	**Textiles**	**101.7**	**102.0**	**100.2**
服装材料	Clothing material	102.5	102.8	100.6
床上用品	Bed Articles	101.4	101.6	100.1

9-4 续表 continued

上年=100 (preceding year=100)

项 目	Item	全 省 Provincial Indices	城 市 Urban Indices	农 村 Rural Indices
家用电器及音像器材	**Household Appliances, Audio and Video Equipment**	**96.2**	**95.9**	**98.0**
家庭设备	Household Facilities	96.5	96.0	99.1
文娱用耐用消费品	Durable Consumer Goods for Cultural and Recreational Use	94.6	94.3	96.0
专业音像器材	Audio and Video Equipment	99.6	99.5	99.9
文化办公用品	**Cultural and Office Appliances**	**97.8**	**97.7**	**98.7**
日用品	**Articles for Daily Use**	**100.0**	**99.9**	**100.5**
日用百货	General Merchandise for Daily Use	99.9	99.8	100.4
厨具餐具茶具	Kitchenware, tableware and tea set	99.7	99.6	100.4
清洗用品	cleaning supplies	100.1	100.0	100.4
其他日用品	Other Articles for Daily Use	100.2	100.2	101.0
体育娱乐用品	**Sports and Recreation Articles**	**100.3**	**100.2**	**100.5**
体育户外用品	Sports outdoor products	99.9	99.8	100.6
娱乐用品	Recreation Articles	100.5	100.5	100.4
交通、通信用品	**Transportation and Communication Appliances**	**97.7**	**97.6**	**98.7**
交通运输机械	Transportation Machinery	98.1	98.0	99.3
通信器材	Communication Equipment	96.8	96.6	97.7
家具	**Furniture**	**101.7**	**101.6**	**102.4**
化妆品	**Cosmetics**	**100.1**	**100.1**	**100.2**
金银饰品	**gold and silver jewelry**	**107.7**	**107.9**	**104.7**
中西药品及医疗保健用品	**Traditional Chinese & Western Medicines and Health Care Articles**	**106.3**	**106.6**	**104.3**
医疗卫生器具	Medical appliance	101.6	101.6	101.7
中药	traditional Chinese medicine	105.7	105.7	105.7
西药	Western Medicines	107.9	108.6	104.4
保健器具及用品	Health equipment and supplies	106.4	106.8	102.6
书报杂志及电子出版物	**Books, Newspapers, Magazines and Electronic Publications**	**99.9**	**99.8**	**100.2**
教材及参考书	Teaching Materials and Reference Books	100.1	100.0	100.6
书报杂志	Newspapers and Magazines	101.5	101.6	100.9
计算机办公软件	computer office software	96.7	96.6	97.5
燃料	**Fuels**	**95.7**	**95.8**	**94.6**
煤炭及制品	Coal and Its Products	102.9	103.7	100.0
石油及制品	Petroleum and Its Products	95.5	95.6	94.2
建筑材料及五金电料	**Building Materials and Hardware**	**100.7**	**100.8**	**100.1**
建筑装璜材料	Building Decoration Materials	100.8	100.9	100.0
五金水暖	plumbing hardware	100.4	100.4	100.2

9-5 各市居民消费价格分类指数（2016年）

Consumer Price Indices by Category and by City (2016)

上年=100 (preceding year=100)

市 别	City	总指数 General Index	服务价格 Service Price	食品烟酒 Foods tobacco and alcohol	食品 Foods	#粮食 Grain	食用油 edible oil	菜 Vegetables	畜肉类 Neat of animal	禽肉类 Meat of poultris	水产品 Aquatic Products	蛋类 Eggs
广 州	Guangzhou	102.7	102.8	104.4	104.4	100.4	102.9	115.5	106.5	104.3	104.6	96.9
深 圳	Shenzhen	102.4	102.6	104.4	105.5	98.5	101.3	115.7	110.9	100.9	103.4	96.6
珠 海	Zhuhai	101.9	102.1	103.7	105.7	100.4	103.1	108.4	114.3	104.5	105.3	97.5
汕 头	Shantou	102.1	101.2	105.2	107.9	101.3	96.4	124.6	114.6	105.9	104.2	100.4
佛 山	Foshan	102.3	101.9	105.0	106.5	100.2	101.4	115.1	111.8	107.2	105.0	100.2
#顺 德	Shunde	102.2	102.0	104.8	106.2	101.1	101.5	117.8	111.4	102.2	104.3	93.8
韶 关	Shaoguan	101.9	101.6	104.6	106.9	101.2	99.7	113.6	113.4	102.0	107.1	96.9
河 源	Heyuan	102.0	101.2	104.3	106.1	102.1	103.2	118.4	108.5	101.3	102.9	103.0
梅 州	Meizhou	102.3	102.0	105.8	107.9	101.1	104.0	119.8	113.1	107.1	104.0	99.0
惠 州	Huizhou	101.9	101.0	104.5	106.0	99.9	97.2	112.4	113.1	106.7	105.3	99.9
汕 尾	Shanwei	102.9	102.2	106.8	109.8	97.3	101.1	121.5	112.2	112.0	115.9	105.0
东 莞	Dongguan	102.7	102.1	106.3	106.1	104.2	98.7	111.8	109.7	102.2	109.2	94.2
中 山	Zhongshan	101.9	102.4	104.3	105.7	100.6	101.0	116.5	114.6	101.6	103.1	96.4
江 门	Jiangmen	102.2	101.6	104.4	106.4	102.9	100.9	113.9	111.6	106.3	103.3	95.9
阳 江	Yangjiang	102.8	100.7	108.2	108.3	102.2	99.8	122.1	111.5	101.6	109.4	100.7
湛 江	Zhanjiang	102.2	101.9	104.9	106.0	100.9	101.9	114.6	114.2	100.6	103.0	99.8
茂 名	Maoming	102.5	103.9	104.7	105.8	100.0	100.4	115.0	114.7	98.6	101.1	96.1
肇 庆	Zhaoqing	101.7	101.0	104.7	106.3	99.4	99.0	118.3	109.8	103.5	106.2	97.7
清 远	Qingyuan	101.3	101.0	103.6	104.7	98.5	101.5	120.8	109.7	100.8	104.6	92.2
潮 州	Chaozhou	101.5	100.7	105.3	107.8	102.6	110.9	125.0	112.4	104.7	102.1	98.0
揭 阳	Jieyang	101.5	100.8	104.8	106.0	102.9	101.4	122.1	109.7	100.3	101.3	93.5
云 浮	Yunfu	101.4	100.4	104.2	104.9	99.9	98.8	115.6	111.6	101.5	100.9	95.3

9-5 续表 continued

上年=100 (preceding year=100)

市 别	City	干鲜瓜果类 Dried and Fresh Melons and Fruits	茶及饮料 Tea and Beverages	烟酒 Tobacco and Alcohol	在外餐饮 Outside catering	衣着 Clothing	居住 Residence	生活用品及服务 Daily necessities and services	交通和通信 Transpo-rtation and communi-cation	教育文化和娱乐 Education culture and enterta-inment	医疗保健 Health care	其他用品和服务 Other goods and services
广 州	Guangzhou	96.0	100.1	101.6	105.0	105.9	102.9	99.6	99.7	101.3	102.7	104.0
深 圳	Shenzhen	104.3	100.2	100.7	103.1	102.7	102.9	100.8	97.4	101.2	103.8	103.3
珠 海	Zhuhai	98.9	98.7	100.9	100.5	101.2	105.1	100.3	93.8	100.9	102.8	101.3
汕 头	Shantou	96.9	100.7	99.1	100.1	101.3	99.5	100.4	98.9	101.9	102.9	103.2
佛 山	Foshan	99.2	99.8	101.1	102.7	103.2	102.2	98.7	99.0	100.8	100.7	102.9
#顺 德	Shunde	96.6	101.7	101.6	101.2	102.3	101.0	101.0	99.0	102.7	100.4	101.4
韶 关	Shaoguan	103.9	100.7	100.4	99.5	100.8	99.8	99.2	99.3	102.8	102.6	102.5
河 源	Heyuan	100.9	103.7	100.7	100.4	101.2	101.7	101.2	99.9	99.5	101.2	101.0
梅 州	Meizhou	100.3	101.0	102.1	101.6	99.5	99.4	100.3	99.3	103.0	102.3	102.3
惠 州	Huizhou	98.7	97.9	102.2	101.8	104.6	99.0	99.7	100.2	102.5	101.5	100.8
汕 尾	Shanwei	103.4	101.0	101.3	99.6	99.5	100.6	100.2	101.2	100.8	104.3	100.0
东 莞	Dongguan	102.4	99.4	101.9	108.1	101.2	100.8	102.0	98.6	101.3	107.5	100.5
中 山	Zhongshan	94.6	98.4	102.6	101.4	100.4	101.4	100.9	99.0	101.5	101.7	101.0
江 门	Jiangmen	101.9	105.9	99.8	100.7	103.4	100.6	100.4	100.2	102.0	102.5	102.2
阳 江	Yangjiang	108.0	100.2	102.9	110.3	100.0	100.2	101.5	99.2	99.3	100.2	100.6
湛 江	Zhanjiang	100.2	102.2	101.5	103.0	100.4	100.5	100.2	99.5	102.9	102.3	102.4
茂 名	Maoming	102.8	99.2	100.7	103.3	99.2	103.8	99.9	98.5	100.9	101.5	104.1
肇 庆	Zhaoqing	99.1	102.3	102.2	101.7	101.8	97.9	101.2	96.2	101.9	108.4	107.8
清 远	Qingyuan	93.5	97.2	101.4	101.1	102.1	98.4	99.7	99.0	102.5	101.8	102.6
潮 州	Chaozhou	95.2	100.3	102.2	100.4	100.2	99.3	99.9	96.5	101.5	101.8	101.8
揭 阳	Jieyang	100.2	99.6	101.1	102.8	99.8	98.9	100.2	98.4	101.0	102.0	101.8
云 浮	Yunfu	97.9	100.7	100.8	103.4	101.1	97.6	100.3	98.5	100.9	105.6	102.8

9-6 各市服务项目价格分类指数（2016年）

Service Price Indices by Category and by City (2016)

上年=100 (preceding year=100)

市别	City	服务价格 Service Price	#租赁房房租 Rental housing	家庭服务 Family services	交通费 Traffic expense	通信服务 communication services	邮递服务 Postal Service	教育服务 Education Service	文化娱乐服务 Cultural and recreational services	旅游 Tourism	医疗服务 medical service	其他服务类 Other service
广州	Guangzhou	102.8	104.1	103.8	101.3	99.7	101.2	104.3	101.5	99.6	100.0	102.4
深圳	Shenzhen	102.6	104.6	104.8	99.0	100.0	100.4	101.7	100.3	102.1	100.1	101.6
珠海	Zhuhai	102.1	112.7	104.9	99.3	82.0	99.1	102.3	100.6	98.8	100.8	100.5
汕头	Shantou	101.2	100.0	105.6	102.9	100.0	100.2	101.6	100.1	106.5	100.0	101.0
佛山	Foshan	101.9	103.0	104.8	101.3	100.0	105.7	102.0	99.6	100.0	100.0	102.2
#顺德	Shunde	102.0	102.3	101.1	101.2	100.0	100.5	105.2	100.6	99.3	100.0	101.2
韶关	Shaoguan	101.6	97.6	104.7	100.5	100.0	101.0	106.1	100.4	98.9	100.0	101.1
河源	Heyuan	101.2	102.2	107.8	105.4	100.0	100.5	100.6	100.0	95.4	100.0	100.8
梅州	Meizhou	102.0	99.4	115.6	110.4	98.4	100.2	107.2	102.3	95.3	100.0	100.3
惠州	Huizhou	101.0	99.4	100.5	105.2	100.0	100.0	102.1	99.9	110.3	101.1	100.6
汕尾	Shanwei	102.2	100.2	99.6	125.0	100.0	100.6	101.1	100.6	99.2	99.2	99.0
东莞	Dongguan	102.1	103.3	104.2	100.7	100.5	100.8	102.4	99.6	98.8	109.5	100.9
中山	Zhongshan	102.4	102.0	106.7	104.5	98.8	98.0	102.2	100.4	103.8	101.3	99.8
江门	Jiangmen	101.6	103.1	101.5	102.4	100.0	100.9	103.3	100.0	103.0	101.3	99.9
阳江	Yangjiang	100.7	104.1	118.3	101.0	100.0	101.3	101.4	101.4	91.6	100.1	99.9
湛江	Zhanjiang	101.9	101.5	110.5	100.8	100.0	99.6	105.2	101.5	100.1	100.0	101.9
茂名	Maoming	103.9	101.2	104.3	102.0	99.2	100.6	102.8	98.2	100.5	100.2	103.2
肇庆	Zhaoqing	101.0	97.9	119.5	102.6	98.6	97.3	102.4	100.6	104.6	101.3	107.1
清远	Qingyuan	101.0	100.4	98.4	100.5	100.0	100.5	102.3	100.1	108.6	100.0	101.0
潮州	Chaozhou	100.7	100.0	103.0	102.6	96.9	100.4	102.4	100.1	102.6	100.0	101.5
揭阳	Jieyang	100.8	100.0	104.9	102.8	100.0	100.0	101.0	100.0	104.1	100.0	100.7
云浮	Yunfu	100.4	94.3	102.4	101.7	100.0	100.3	100.8	103.9	102.1	100.0	102.4

9-7 工业生产者出厂价格指数

Producer Price Indices for Manufactured Goods

上年=100 (preceding year=100)

项　目	Item	2010	2012	2013	2014	2015	2016
工业生产者出厂价格指数	**Producer Price Index for Manufactured Goods**	**103.2**	**99.5**	**98.8**	**98.9**	**96.8**	**99.4**
按轻重工业分	**Grouped by Light and Heavy Industries**						
轻工业	Light Industry	101.7	100.7	99.6	99.9	99.3	100.7
以农产品为原料	Using Farm Products as Raw Materials	103.1	102.1	100.6	100.4	99.5	100.6
以非农产品为原料	Using Non-farm Products as Raw Materials	101.3	99.8	99.0	99.6	99.2	100.7
重工业	Heavy Industry	105.7	98.8	98.3	98.3	95.3	98.7
采　掘	Mining and Quarrying	127.9	98.8	96.3	94.7	72.0	95.9
原　料	Raw Materials	107.9	100.3	98.3	97.9	89.6	96.0
加　工	Processing	103.3	98.3	98.3	98.6	97.4	99.5
按生产生活资料分	**Grouped by Production and Living Materials**						
生产资料	Production Materials	104.1	99.0	98.3	98.4	95.1	98.6
采　掘	Mining and Quarrying	127.9	98.8	96.3	94.7	72.0	95.9
原　料	Raw Materials	108.3	100.2	98.4	97.9	89.9	95.9
加　工	Processing	102.4	98.6	98.4	98.6	97.1	99.4
生活资料	Living Materials	101.4	100.5	99.6	99.9	99.8	100.8
食　品	Food	103.3	102.6	99.8	99.5	100.1	101.4
衣　着	Clothing	101.3	102.5	101.7	101.9	101.8	101.3
一般日用品	Articles for Daily Use	102.7	100.5	99.8	100.6	99.2	101.5
耐用消费品	Durable Consumer Goods	99.9	99.1	98.6	98.8	99.3	100.0
按工业部门分	**Grouped by Industrial Sectors**						
冶金工业	Metallurgical Industry	109.1	94.9	97.0	96.4	93.4	98.9
电力工业	Power Industry	98.7	102.1	99.0	99.1	97.7	98.8
煤炭及炼焦工业	Coal and Coking Industry	107.0					
石油工业	Petroleum Industry	122.1	103.3	96.9	95.8	72.1	90.7
化学工业	Chemical Industry	105.3	98.6	98.8	99.6	96.9	98.7
机械工业	Machine Manufacturing Industry	100.2	99.1	98.6	98.8	98.6	99.7
建筑材料工业	Building Materials Industry	104.3	101.2	100.2	101.4	95.9	98.0
森林工业	Timber Industry	103.4	100.9	100.8	100.6	100.4	101.4
食品工业	Food Industry	103.7	103.5	100.9	99.2	98.0	100.1
纺织工业	Textile Industry	102.2	101.8	98.6	100.6	97.4	99.4
缝纫工业	Tailoring Industry	101.1	102.1	101.2	101.6	101.3	101.4
皮革工业	Leather Industry	101.8	103.7	103.1	102.2	102.1	101.0
造纸工业	Paper Making Industry	107.0	97.6	96.8	99.5	100.0	99.9
文教艺术用品工业	Industry for Cultural, Educational & Art Articles	100.0	101.1	99.2	99.0	99.1	102.2
其它工业	Others	106.4	99.4	99.7	101.5	99.1	103.9

9−8 各市工业生产者出厂价格指数

Producer Price Indices for Manufactured Goods by City

上年=100 (preceding year=100)

市 别	City	2005	2010	2011	2012	2013	2014	2015	2016
全 省	**Provincial Total**	**101.5**	**103.2**	**103.7**	**99.5**	**98.8**	**98.9**	**96.8**	**99.4**
广 州	Guangzhou	101.7	102.4	103.1	99.7	98.0	98.2	96.8	98.8
深 圳	Shenzhen	98.7	101.4	101.8	99.9	98.0	99.1	97.6	99.3
珠 海	Zhuhai	100.8	102.2	103.3	99.4	98.6	98.5	96.9	99.4
汕 头	Shantou	102.4	102.4	103.8	100.6	99.6	100.0	98.6	100.3
佛 山	Foshan	101.8	102.8	104.0	99.5	98.9	98.8	97.2	99.2
韶 关	Shaoguan	103.2	107.5	108.6	95.8	96.9	97.1	92.1	99.0
河 源	Heyuan	103.9	104.6	105.7	96.7	98.3	97.5	93.6	100.2
梅 州	Meizhou	101.9	103.8	105.0	99.1	98.8	99.7	95.8	99.5
惠 州	Huizhou	97.5	104.0	104.0	99.4	97.1	97.5	92.5	98.3
汕 尾	Shanwei	99.7	102.3	103.2	99.9	98.8	99.9	98.6	100.9
东 莞	Dongguan	100.4	102.6	102.9	99.8	98.9	99.0	98.2	99.9
中 山	Zhongshan	101.4	102.6	103.1	99.9	99.4	99.4	98.0	99.7
江 门	Jiangmen	102.1	103.6	104.4	99.7	99.4	99.4	97.8	99.3
阳 江	Yangjiang	103.0	103.8	105.5	99.2	98.6	98.6	95.2	99.9
湛 江	Zhanjiang	111.8	110.4	111.6	102.0	99.1	97.7	91.7	99.2
茂 名	Maoming	112.1	114.7	113.0	102.0	98.2	97.0	81.8	95.5
肇 庆	Zhaoqing	100.6	105.9	105.7	98.4	99.0	98.5	96.3	98.9
清 远	Qingyuan	103.5	108.0	106.8	97.3	98.6	99.0	94.6	97.8
潮 州	Chaozhou	102.5	101.3	104.6	102.2	100.4	100.0	97.2	99.4
揭 阳	Jieyang	101.6	102.9	105.1	99.7	99.2	99.5	97.6	100.4
云 浮	Yunfu	101.6	104.7	105.8	100.7	99.4	100.5	96.8	98.9

9-9 分行业工业生产者出厂价格指数

Producer Price Indices for Manufactured Goods by Sector

上年=100 (preceding year=100)

项　　目	Item	2005	2010	2015	2016
工业生产者出厂价格指数	**Producer Price Index for Manufactured Goods**	**101.5**	**103.2**	**96.8**	**99.4**
按工业行业分	**Grouped by Industrial Sector**				
#石油和天然气开采业	Extraction of Petroleum and Natural Gas	134.3	138.9	62.7	94.2
黑色金属矿采选业	Mining and Processing of Ferrous Metal Ores	128.2	119.6	62.6	95.6
有色金属矿采选业	Mining and Processing of Non-ferrous Metal Ores	122.3	130.2	97.9	101.0
非金属矿采选业	Mining and Processing of Nonmetal Ores	102.3	105.1	97.5	99.1
农副食品加工业	Processing of Foods from Agricultural Products	103.1	107.1	92.9	99.9
食品制造业	Processing of Foodstuff	101.2	102.2	101.6	101.0
酒、饮料和精制茶制造业	Manufacture of Liquor, Beverages and Refined Tea	99.4	100.3	100.4	99.6
烟草制品业	Manufacture of Tobacco	100.7	98.9	100.8	100.3
纺织业	Textile Industry	101.6	101.3	99.1	100.3
纺织服装、服饰业	Manufacture of Texile, Wearing Apparel and Accessories	99.9	101.5	101.0	101.0
皮革、毛皮、羽毛及其制品和制鞋业	Manufacture of Leather,Fur, Feather and Related Products and Footware	101.1	101.9	102.0	101.5
木材加工及木、竹、藤、棕、草制品业	Processing of Timber, Manufacture of Wood, Bamboo, Rattan, Palm and Straw Products	100.9	104.0	99.7	99.9
家具制造业	Manufacture of Furniture	100.7	102.3	101.1	102.2
造纸和纸制品业	Manufacture of Paper and Paper Products	101.0	107.2	100.0	99.9
印刷和记录媒介复制业	Printing, Reproduction of Recording Media	99.5	101.5	100.6	100.7
文教、工美、体育和娱乐用品制造业	Manufacture of Articles for Cultrue, Education, Arts and Crafts, Sport and Entertainment Activities	101.5	99.5	97.9	104.1
石油加工、炼焦和核燃料加工业	Processing of Petroleum, Coking, Processing of Nuclear Fuel	122.7	119.6	73.5	90.8
化学原料和化学制品制造业	Manufacture of Raw Chemical Materials and Chemical Products	102.3	108.1	95.5	97.4
医药制造业	Manufacture of Medicines	101.5	102.0	101.9	102.8
化学纤维制造业	Manufacture of Chemical Fibers	104.5	120.9	95.5	95.7
橡胶和塑料制品业	Manufacture of Rubber and Plastic Products				98.9
非金属矿物制品业	Manufacture of Non-metallic Mineral Products	97.3	103.9	96.1	98.0
黑色金属冶炼和压延加工业	Smelting and Pressing of Ferrous Metals	103.3	107.9	83.5	100.7
有色金属冶炼和压延加工业	Smelting and Pressing of Nonferrous Metals	108.5	118.7	94.0	97.9
金属制品业	Manufacture of Metal Products	103.6	102.8	97.8	99.9
通用设备制造业	Manufacture of General-purpose Machinery	102.2	104.1	98.0	100.0
专用设备制造业	Manufacture of Special-purpose Machinery	100.6	98.5	99.9	99.1
汽车制造业	Manufacture of Automobiles	97.7	99.2	99.1	99.7
铁路、船舶、航空航天和其他运输设备制造业	Manufacture of Railway, Ship, Aerospace and Other Electronic Equipment				100.2
电气机械和器材制造业	Manufacture of Electrical Machinery and Equipment	102.5	102.3	98.6	99.7
计算机、通信和其他电子设备制造业	Manufacture of Communication Equipment, Computers and Other Electronic Equipment	97.1	99.0	98.4	99.8
仪器仪表制造业	Manufacture of Measuring Instruments and Machinery	100.1	99.8	99.0	100.3
其他制造业	Other Manufacturing	100.5	109.3	98.6	103.0
废弃资源综合利用业	Utilization of Waste Resources		113.4	93.7	93.1
金属制品、机械和设备修理业	Repair Service of Metal Products,Machinery and Equipment				112.6
电力、热力生产和供应业	Production and Supply of Electric Power and Heat Power	102.4	98.8	97.7	98.7
燃气生产和供应业	Production and Supply of Gas	115.9	112.1	75.9	87.2
水的生产和供应业	Production and Supply of Water	100.8	102.8	100.4	102.0

注:2016年使用新的国民经济行业分类GB/4754-2011，之前年份个别行业数据缺失或数据涵盖范围存在差异。

Note: Since 2016 indices are by the industrial classification standard of 2011's version.Datas are lost in some sub-industries and there are diffecences in the scope ot datas caculated.

9-10 工业生产者购进价格指数
Producer Price Indices for Purchased Goods

上年=100 (preceding year=100)

项 目	Item	2005	2010	2012	2013	2014	2015	2016
工业生产者购进价格指数	**Producer Price Index for Purchased Goods**	**105.0**	**107.3**	**99.5**	**98.2**	**98.8**	**95.3**	**98.0**
按材料类别分	**Grouped by Type of Material**							
燃料、动力类	Fuels and Power	112.2	107.8	102.4	95.7	98.4	91.6	94.8
黑色金属材料类	Ferrous Materials	110.5	106.6	94.1	97.1	96.1	89.2	97.2
#钢材	Steel	108.5	105.9	95.4	95.8	95.9	91.2	98.1
其它	Others	114.2	107.6	91.9	99.1	96.2	85.8	95.7
有色金属材料和电线类	Nonferrous Materials and Wires	111.4	117.8	93.9	97.5	97.0	93.2	97.3
化工原料类	Chemical Materials	107.2	109.4	97.1	97.8	98.7	94.2	97.9
木材及纸浆类	Timber and Paper Pulp	102.3	107.6	98.2	99.0	99.4	99.1	99.8
建筑材料及非金属矿类	Building Materials and Nonmetal Minerals	100.6	113.6	97.0	99.2	103.5	90.7	96.0
其它工业原材料及半成品类	Other Raw Materials and Semi-finished Products	99.1	103.7	98.9	99.2	99.0	97.9	99.2
农副产品类	Farm and Products	104.8	112.9	100.6	100.0	100.9	99.0	99.6
纺织原料类	Textile Raw Materials	99.1	109.3	103.1	99.6	97.8	97.5	98.9

9-11 固定资产投资价格指数
Price Indices for Investment in Fixed Assets

上年=100 (preceding year=100)

项 目	Item	2005	2010	2012	2013	2014	2015	2016
固定资产投资价格指数	**Price Index of Investment in Fixed Assets**	**101.6**	**103.0**	**101.5**	**101.4**	**101.5**	**99.0**	**100.3**
建筑安装、装饰工程	Construction, Installation and Decoration	102.3	101.3	101.9	101.9	102.0	98.4	100.4
人工费	Manpower	104.5	109.0	109.6	108.9	107.7	106.8	105.2
材料费	Materials	101.7	103.4	99.6	99.7	100.2	95.3	98.7
钢材	Steel	100.2	103.4	95.9	96.0	96.3	89.6	97.6
木材	Timber	101.3	103.1	102.3	102.6	102.1	101.5	100.1
水泥	Cement	100.0	105.7	99.2	101.3	102.4	97.8	97.4
地方建筑材料	Local Building Materials	103.3	102.9	104.1	103.6	104.1	100.6	100.1
化工材料	Chemical Materials	106.7	106.2	104.1	101.1	100.4	96.4	97.5
电料	Electrical Materials and Appliances	105.0	101.7	101.8	100.7	101.1	100.4	100.1
其他材料	Other Materials	101.7	101.3	101.7	101.7	102.1	101.7	101.5
机械费	Machinery	101.8	102.7	104.2	103.7	102.3	101.1	101.2
设备、工器具购置	Purchase of Equipment, Tools and Instruments	98.7	99.8	98.7	99.1	99.7	99.4	99.3
其他费用	Others	102.2	101.4	103.3	101.7	101.3	101.1	100.7

9-12 农业生产资料价格分类指数(2016)

Price Indices for Means of Agricultural Production by Category

上年=100 (preceding year=100)

项　目	Item	2016
农业生产资料价格指数	**Price Index of Means of Agricultural Production**	**102.0**
农用手工工具	Farm Handtools	103.3
饲料	Forage	99.3
混合饲料	Mixed Forage	98.6
其他饲料	Other forage	101.8
仔畜幼禽及产品畜	newborn animal and animal products	126.2
半机械化农具	Semi-mechanized Farm Tools	100.8
机械化农具	Mechanized Farm Machinery	98.9
化学肥料	Chemical Fertilizer	99.6
氮肥	Nitrogenous Fertilizer	97.5
磷肥	Phosphate Fertilizer	102.4
钾肥	Potash Fertilizer	100.2
复合肥料	Compound Fertilizer	100.7
农药及农药器械	Pesticide and Its Appliances	100.9
化学农药	Chemical Pesticide	100.6
杀虫剂	Insecticide	100.6
杀菌剂	Bactericide	101.9
除草剂	Herbicide	99.5
生长调节剂	growth regulator	100.1
农药器械	Appliances for Pesticide	102.3
农机用油	Agricultural machinery oil	96.6
其他农用生产资料	Other Means of Agricultural Production	101.2
农用种子	Seeds for Farming	101.7
农用薄膜	Pellicle for Farming	100.3
未列名的其他农用生产资料	Other Means of Agricultural Production not listed	99.9
农业生产服务	Services for Agricultural Production	101.0
排灌费	Expenditure of Irrigation and Drainage	100.1
机械作业费	Expenditure of Mechanical Operations	101.0
农业用电	Agricultural Use of Electricity	100.0
农业用工	Agricultural Labor	102.7

9-13 农产品生产者价格指数

Producer Price Indices for Agricultural Products

上年=100 (preceding year=100)

项目	Item	2010	2012	2013	2014	2015	2016
农产品生产者价格指数	**Producer Price Indices of Agricultural Products**	**107.9**	**103.4**	**103.5**	**102.2**	**102.3**	**106.5**
农业产品	**Farm Products**	**113.4**	**106.9**	**106.3**	**102.4**	**103.2**	**107.9**
谷物	Cereal	107.8	106.0	100.0	103.4	106.3	98.7
#稻谷	Rice	107.7	106.0	99.9	103.5	106.4	98.7
薯类	Potato	109.5	90.3	110.5	106.1	104.0	108.6
油料	Oil-bearing Crops	114.4	104.2	99.9	101.9	105.3	102.9
豆类	Beans	117.6	102.0	107.1	107.3	100.6	104.5
糖料	Sugar Crops	131.1	75.6	93.6	99.2	99.4	110.2
未加工烟草	Raw Tobacco	106.8	122.1	108.1	99.6	103.3	101.6
蔬菜及食用菌	Vegetables & Edible Fungi	115.6	111.5	109.5	99.4	103.7	114.8
#叶菜类蔬菜	Leaf Vegetable		112.1	111.8	101.7	100.9	112.0
白菜类蔬菜	Chinese Cabbage Vegetable		108.5	113.2	98.2	103.2	124.0
芥菜类蔬菜	Mustard Vegetable		110.7	107.6	97.6	100.0	118.0
甘蓝类蔬菜	Brassica Vegetable		112.2	108.8	97.8	109.6	116.4
根茎类蔬菜	Root Vegetable		108.0	94.6	111.5	106.3	132.1
瓜菜类蔬菜	Coucurbita Vegetable		106.5	116.5	94.6	106.5	104.0
豆类蔬菜	Bean Vegetable		115.6	107.0	106.5	103.4	100.5
茄果类蔬菜	Solanaceous Vegetable		127.1	101.3	96.7	101.7	113.0
莴苣及菊苣类蔬菜	Lettuce Vegetable		118.4	115.1	93.6	102.4	122.4
葱蒜类蔬菜	Bulb Vegetable		106.5	105.0	100.7	111.7	102.2
花卉	Flowers	97.3	103.4	100.2	103.1	99.7	105.6
盆景及园艺产品	Potted Landscape and Gardening Products		101.3	95.0	104.2	96.8	102.0
水果及坚果	Fruit and Nuts	113.9	104.1	112.4	103.7	103.9	110.5
茶及饮料原料	Tea and Beveage Raw Meterials	99.6	117.3	99.7	116.7	102.7	105.5
林业产品	**Forestry Products**	**116.9**	**101.8**	**105.2**	**103.6**	**99.9**	**98.4**
育种和育苗	Seed breeding and seedling		104.2	107.1	106.8	96.0	97.1
木材采伐产品	Wood logging	113.1	101.8	103.3	101.3	101.6	99.0
竹材采伐产品	Bamboo logging	115.7	104.2	101.9	101.6	100.4	97.2
林产品	Forestry products	132.1	92.5	110.0	105.8	100.2	99.2
饲养动物及其产品	**Farm Animal and Products**	**99.2**	**97.6**	**99.7**	**98.6**	**103.1**	**109.2**
活牲畜	Live Animals	95.6	94.2	99.1	93.9	107.0	122.5
#猪	Pig	96.8	91.2	97.2	93.5	107.0	122.5
活家禽	Live Birds	104.0	101.7	99.6	104.4	100.3	99.5
#鸡	Chicken	102.1	102.2	100.9	103.6	98.9	97.4
鸭	Duck	106.0	100.3	99.1	102.7	99.8	101.3
畜禽产品	Animal and Bird Products		103.5	105.5	102.3	98.1	96.2
#鸡蛋	Chicken Eggs	102.1	103.6	103.5	103.3	98.3	99.5
鸭蛋	Duck Eggs	100.0	103.3	109.9	99.7	97.5	88.0
渔业产品	**Fishing Products**	**107.9**	**104.5**	**102.8**	**105.4**	**101.1**	**104.2**
海水养殖产品	Marine Farm Products		104.2	100.0	101.5	103.0	105.4
#海水养殖鱼	Marine farm fish		99.5	94.3	100.8	101.2	103.4
海水养殖虾	Marine farm shrimp		101.5	97.5	109.7	102.4	103.9
海水捕捞产品	Marine Catching Products		108.5	106.6	104.1	103.5	104.0
#海水捕捞鲜鱼	Marine catching fish		109.6	108.1	105.2	103.4	103.6
海水捕捞虾	Marine catching shrimp		110.7	104.8	103.8	108.2	110.1
淡水养殖产品	Freshwater Farm Products		101.9	102.5	107.9	98.4	101.8
#养殖淡水鱼	Freshwater fram fish		100.3	101.6	105.0	96.5	100.9
淡水养殖虾	Freshwater fram shrimp		102.7	107.9	116.7	105.2	105.9
淡水捕捞产品	Freshwater catching products		109.7	105.2	107.7	100.1	109.9
#捕捞淡水鱼	Freshwater catching fish		108.7	103.0	108.4	104.7	116.8
淡水捕捞鲜虾	Freshwater catching shrimp		120.4	105.1	101.5	97.8	113.5

注：2011年开始农产品生产者价格调查制度变更，部分分类指标以前年份没数据。

Note: Since 2011, the system of agricultural product price survey is changed, therefore no data are available for some indexes in previous years.

主要统计指标解释

居民消费价格指数 是度量生活消费品及服务项目价格水平随着时间而变动的相对数，反映居民家庭购买的消费品及服务项目价格水平的变动情况。该指数是宏观经济分析、决策、调控和价格总水平监测以及国民经济核算的重要指标，其按年度计算的变动率通常被用来作为反映通货膨胀(或紧缩)程度的指标。

城市居民消费价格指数 是反映城市居民家庭所购买的生活消费品和服务项目价格变动趋势和变动程度的相对数。编制该指数，可以观察和分析消费品的零售价格和服务项目价格变动对城市居民生活消费支出的影响，作为研究城市居民生活和制定工资政策的依据。

农村居民消费价格指数 是反映农村居民家庭所购买的生活消费品和服务项目价格变动趋势和变动程度的相对数。编制该指数，可以观察农村消费品的零售价格和服务项目价格变动对农村居民生活消费支出的影响，反映农村居民生活水平的实际变化情况，为分析和研究农村居民生活问题提供依据。

商品零售价格指数 是度量市场商品零售价格水平变动趋势和变动程度的相对数，反映商品在流通过程中最后一个环节的价格即工业、商业、餐饮业和其他零售企业向城乡居民、机关团体出售生活消费品和办公用品价格水平的变动趋势和变动程度。其目的在于掌握商品价格的变动趋势，为国家宏观调控和国民经济核算提供参考依据。

工业生产者出厂价格指数 是反映工业企业产品第一次出售时的出厂价格变化趋势和变动幅度的相对数（2010 年前称工业品出厂价格指数），是综合了工业企业出售给本企业以外所有单位和个人的各种产品价格指数计算取得。是反映某一时期工业生产领域价格变动情况的重要经济指标，也是制定有关经济政策和国民经济核算的重要依据。

工业生产者购进价格指数 是反映工业企业作为中间投入产品购进价格的变化趋势和变动幅度的相对数（2010 年前称原材料、燃料、动力购进价格指数）。反映工业企业作为生产投入而从物资交易市场和能源、原材料生产企业购买原材料，燃料和动力产品时，所支付的价格水平变动趋势和程度的重要指标，是扣除工业企业物质消耗成本中的价格变动影响的重要依据。

固定资产投资价格指数 是反映全社会及各类工程固定资产投资价格变动幅度和变动趋势的相对数。编制该价格指数，用以消除按现价计算的固定资产指标中的价格变动因素，真实地反映全社会及各类工程固定资产投资的规模、速度、结构和效益，为国家及各部门科学地制定、检查固定资产投资计划和进行国民经济核算提供科学的、可靠的依据。

农业生产资料价格指数 是反映一定时期内农业生产资料在流通领域最后一个环节的价格即工业、商业及其他单位和个人向农民出售农业生产资料及服务价格水平的变动趋势和程度的相对数。其编制目的是了解农业生产中物质资料及服务投入价格的变动状况，为制定经济政策提供依据。1994 年以前，农业生产资料价格指数为商品零售价格指数的一个类别，此后单独编制。

农产品生产者价格指数 是反映农产品生产者第一手(直接)出售其产品时实际获得的单位产品价格。开展农产品生产者价格调查是为了全面收集农产品生产者价格资料，客观反映农产品生产者价格水平和结构变动情况，满足农业与国民经济核算需要，为各级政府制定农业保护与农产品流通政策提供决策依据，向社会各界提供优质的农产品价格信息报务。

Explanatory Notes on Main Statistical Indicators

Consumer Price Indices measure the relative change with time in prices of consumer goods and services, reflecting the rates of change in consumer goods and services purchased by households. It is an important indicator for macroeconomic analysis, decision-making, regularization and control, supervision of general price level and national economic accounting. The annualized rates of change are generally considered as an indicator of inflation or deflation.

Consumer Price Indices of Urban Households reflect the trend and degree of changes in prices of consumer goods and services purchased by urban households and can be used to observe and analyze the impact of price changes in consumer goods and services on urban household living expenditures, thus providing the basis for policy making concerning the living cost and the wages of urban staff and workers.

Consumer Price Indices of Rural Households reflect the trend and degree of changes in prices of consumer goods and services purchased by rural households and can be used to observe and analyze the impact of change in prices of consumer goods and services on living expenditure and actual changes in the living standards of rural residents, thus providing the basis for analysis and research on the conditions of life in rural areas.

Retail Price Indices measure the relative trend and degree of changes in retail prices of commodities, reflecting the trend of changes in prices in the last link of circulation, i.e. prices of consumer goods and office appliances sold to households or organizations by enterprises of industry, commerce, catering services and other retail trades. It reflects the trend of price changes and provides a reference for macroeconomic adjustment and control as well as national economic accounting.

Producer Price Indices for Manufactured Goods reflect the trend and degree of changes in general ex-factory prices of all manufactured goods on first sale (it was referred to as Ex-factory Price Indices for Industrial Goods). It is calculated on the basis of sales of manufactured goods by an industrial enterprise to all units outside the enterprise, as well as sales of consumer goods to residents.It is an import index reflecting the price changes on the course of industrial production, and provides important data for economic policy making and national economic accounting

Producer Price Indices for Purchased Goods reflect the trend and degree of changes in prices paid by industrial enterprises when they purchase production input (it was referred to as Purchasing Price Indices of Raw Materials, Fuels and Power). They reflect changes in the level and degree of prices paid by industrial enterprises when they purchase production input such as raw materials, fuels and power from the market or from other energy or raw materials producing enterprises. These indices provide an important basis for measuring the material consumption of industrial enterprises after removing the influence of price changes.

Price Indices of Investment in Fixed Assets reflect the trend and degree of changes in prices of investment in fixed assets in various projects and in the whole country. It can be used to remove the factor of price changes in the data of investment in fixed assets calculated at current prices, to truly reflect the scale, growth rate, structure, proportion and efficiency of investment in fixed assets in various projects and in the whole country, and to provide a scientific and reliable basis for formulating the plan for investment in fixed assets and examining its fulfillment as well as for conducting national economic accounting.

Price Indices for Means of Agricultural Production reflect the trend and degree of changes in the prices of the means of agricultural production at the final stage of the circulation, or the prices at which industrial, commercial or other units sell the means of agricultural production or services to farmers. Compilation of these indices helps to understand the changes in prices of input into agricultural production and services and facilitate formulation of economic policies. Before 1994, price indices for means of agricultural production were asub-category in the retail price indices for commodities, and it has been compiled separately since 1994.

Producer Price Indices of Agricultural Products refer to the actual prices per unit of agricultural products at which the producers of the agricultural products directly sell them. The purpose of conducting the survey of producer prices of agricultural products is to comprehensively collect the data on the producer prices of agricultural products, objectively reflect the situations of the level and structural changes of the producer prices of agricultural products, meet the needs of conducting the agricultural accounts and national accounts, provide the government at different levels with the base data for making the policies of protecting agriculture and circulation of agricultural products and provide the various social circles with the high quality information on the prices of agricultural products.

十、人民生活

PEOPLE'S LIVING CONDITIONS

十　人民生活

简要说明

一、本篇资料反映广东居民生活状况，主要内容包括广东全体居民及分城乡居民家庭人口、收入与消费支出结构、住房面积和主要耐用消费品拥有量等。

二、本篇资料由国家统计局广东调查总队居民收支调查处、住户专项调查处整理提供。

三、居民调查资料采用二相抽样和多阶段抽样相结合的调查方法统计。

四、2013 年国家统计局实行城乡住户一体化调查改革，将过去城镇与农村分别开展的调查体系，按照统一指标、统一方法、统一标准、统一调查、统一程序的原则，整合为城乡一体化住户调查新体系。由于新旧调查体系在调查范围和对象、城乡划分标准、样本抽选方法、计算和汇总方式、指标名称和口径等都发生了变化，新旧口径指标数据衔接困难。

五、旧调查体系的农村居民纯收入指标在新的调查体系中统一为城乡可比的可支配收入，旧调查体系中的城乡经营性收入、财产性收入与转移性收入在新的调查体系中统一为经营净收入、财产净收入与转移净收入。

六、2013 年起为新口径数据， 2013 年以前的为旧调查体系的数据。

10 People's Living Conditions

Brief Introduction

Ⅰ. The data in this chapter show the basic conditions of the people' s livelihood in the urban and rural areas of Guangdong Province. The main contents include urban and rural households population, per capita income and consumption expenditure structure, housing area and possession of the major consumer goods.

Ⅱ.The data in this chapter are prepared and provided by Division of Income and Expenditure Survey and Division of Special Surveys under Guangdong Survey Office of the National Bureau of Statistics.

Ⅲ.The survey data of urban and rural residents are collected through two-phase sampling scheme combined with multi-stage sampling scheme.

Ⅳ.The National Bureau of Statistics of China started an integrated reform of household survey in 2013, including both rural and urban households. According to the principle of unified index, unified standard, unified survey, unified software, unified release, the separate urban and rural household surveys are changed to the integrated household income and expenditure survey. Because there are great difference of survey scope and object, survey methodology, sample selection, data collection methodology between the integrated and the separate household survey, the data produced by the integrated system of household survey are not comparable to those produced by the separate urban and rural household surveys prior to 2013.

Ⅴ.The net income of rural households of the old household survey are integrated to the disposal income of rural households in the new household survey since 2013. Income from properties, transfers and business of the old household survey are unified to net income from properties, transfers and business in the new household survey.

Ⅵ.Data before 2013 are produced by the old survey system , data since 2013 are new scope.

10-1 全省常住居民家庭基本情况

Basic Conditions of All Permanent Households in the Province

指 标	Item	2013	2014	2015	2016
调查户数 （户）	**Survey of households (households)**	**7795**	**7825**	**7972**	**8154**
平均每户常住人口 （人）	Average Number of per Permanent Household (person)	2.88	2.92	2.99	3.06
平均每户就业人口 （人）	Average Number of Employed Persons per Household(person)	1.67	1.69	1.74	1.76
人均住房建筑面积(平方米)	**Per Capita housing construction area (square meter)**	**31.81**	**34.29**	**35.44**	**36.30**
人均可支配收入 （元）	**Per Capita Disposable Income (yuan)**	**23420.75**	**25684.96**	**27858.86**	**30295.80**
1.工资性收入	Income of Wages and Salaries	17282.35	18439.35	19878.15	21361.90
2.经营净收入	Net Business Income	3094.25	3458.11	3748.05	4101.77
3.财产净收入	Net Income from Properties	1977.29	2376.20	2683.22	3096.49
4.转移净收入	Net Income from Transfers	1066.87	1411.30	1549.43	1735.64
可支配收入构成 (%)	**Composition of Disposable Income (%)**	**100.0**	**100.0**	**100.0**	**100.0**
1.工资性收入	Income of Wages and Salaries	73.8	71.8	71.4	70.5
2.经营净收入	Net Business Income	13.2	13.5	13.5	13.5
3.财产净收入	Net Income from Properties	8.4	9.3	9.6	10.2
4.转移净收入	Net Income from Transfers	4.6	5.4	5.6	5.8
人均消费支出 （元）	**Per Capita Consumption Expenditure (yuan)**	**17421.00**	**19205.50**	**20975.70**	**23448.42**
1.食品烟酒	Food,Tobacco and Liquor	6097.33	6589.77	7236.65	8015.09
2.衣着	Clothing	951.06	1014.62	1103.37	1209.90
3.居住	Living	3962.71	4300.16	4677.06	5247.05
4.生活用品及服务	Daily Necessities and Services	999.30	1116.53	1245.27	1401.95
5.交通通信	Transportation and Telecommunication	2400.12	2795.14	3020.19	3296.50
6.教育文化娱乐	Education,Culture and Entertainment	1810.95	1964.98	2117.29	2451.16
7.医疗保健	Health Service	728.89	890.45	976.08	1144.87
8.其他用品和服务	Other Necessities and Services	470.63	533.85	599.79	681.91
消费支出构成 (%)	**Composition of Consumption Expenditure (%)**	**100.0**	**100.0**	**100.0**	**100.0**
1.食品烟酒	Food,Tobacco and Liquor	35.0	34.3	34.5	34.2
2.衣着	Clothing	5.5	5.3	5.3	5.2
3.居住	Living	22.7	22.4	22.3	22.4
4.生活用品及服务	Daily Necessities and Services	5.7	5.8	5.9	6.0
5.交通通信	Transportation and Telecommunication	13.8	14.6	14.4	14.0
6.教育文化娱乐	Education,Culture and Entertainment	10.4	10.2	10.1	10.4
7.医疗保健	Health Service	4.2	4.6	4.7	4.9
8.其他用品和服务	Other Necessities and Services	2.7	2.8	2.8	2.9

10-2 按收入五等份分组的全体常住居民人均可支配收入
Per Capita Disposable Income of Provincewide Households by Income Quintile

单位：元 (yuan)

年份 Year	低收入户（20%）Low Income Households (20%)	中等偏下户（20%）Lower Middle Income Households (20%)	中等收入户（20%）Middle Income Households (20%)	中等偏上户（20%）Upper Middle Income Households (20%)	高收入户（20%）High Income Households (20%)
2014	8217.51	15943.33	24262.68	34567.56	61108.41
2015	9061.46	17872.97	27320.78	37925.00	63045.38
2016	9544.65	19574.65	30598.48	41989.63	68599.33

10-3 全省常住居民人均主要食品消费量
Per Capita Consumption of Major Foods Provincewide

单位:千克 (Kg)

指 标	Item	2013	2014	2015	2016
粮食(原粮)	**Grain(Unprocessed)**	116.06	116.91	118.31	118.12
谷物	Cereal	108.99	109.12	110.49	109.94
薯类	Tuber	1.13	1.39	1.42	1.55
豆类	Beans and the productor	5.94	6.39	6.40	6.63
油脂类	Oil and Fats	9.41	10.39	10.18	9.57
#食用植物油	Edible Vegetable Oil	8.94	9.97	9.66	9.17
蔬菜及菜制品	Vegetable and Mushroom	90.94	96.60	98.94	98.72
#鲜菜	Fresh Vegetables	87.45	92.92	94.93	94.62
肉类	Products of Meat	33.97	35.30	36.46	36.16
#猪肉	Pork	27.82	29.04	29.70	29.07
禽类	Poultry	16.39	16.90	18.65	20.07
#鸡	Chick	10.60	10.92	12.26	13.18
水产品	Aquatic Products	19.71	20.81	22.03	21.98
#鱼类	Fresh	15.22	15.70	16.19	16.44
蛋类	Eggs	5.92	6.36	6.95	7.03
#鲜蛋	Fresh Eggs	5.49	5.99	6.55	6.65
奶及奶制品	Milk and Dairy Products	7.62	7.85	8.33	7.54
#鲜奶	Fresh Milk	4.89	4.89	4.87	4.14
干鲜瓜果类	Dried and Fresh Melons and Fruits	29.47	32.29	36.00	38.12
#鲜瓜果	Fresh Melons and Fruits	26.54	29.27	32.71	34.59
糖果糕点类	Candy Pastry	6.51	6.54	6.73	6.54
#食糖	Sugar	1.41	1.50	1.45	1.54

10-4 全省常住居民家庭平均每百户年末主要耐用消费品拥有量

Number of Major Durable Consumer Goods Owned per 100 Permanent Households

指 标		Item		2013	2014	2015	2016
家用汽车	(辆)	Car	(set)	19.46	20.71	24.58	29.36
摩托车	(辆)	Motorcycle	(set)	50.22	57.61	60.75	62.78
电动助力车	(台)	Electric Bicycle	(set)	16.93	19.66	23.05	27.17
洗衣机	(台)	Washing Machine	(set)	60.62	64.06	69.28	75.09
电冰箱(柜)	(台)	Refrigerator	(set)	67.56	70.79	76.10	80.69
微波炉	(台)	Microwave Oven	(set)	31.83	32.62	33.96	36.11
彩色电视机	(台)	Color Television	(set)	97.92	102.85	104.27	104.84
空调	(台)	Air Conditioner	(set)	104.91	109.39	122.24	136.18
热水器	(台)	Water Heater	(unit)	74.33	77.31	81.98	85.23
排油烟机	(台)	Fume hood	(set)	47.19	48.68	49.98	52.67
固定电话	(部)	Telephone	(set)	48.38	55.42	51.61	45.35
移动电话	(部)	Mobile Phone	(set)	209.69	220.78	233.72	241.86
计算机	(台)	Computer	(set)	64.54	67.88	70.90	73.94
摄像机	(台)	Video Camera	(set)	4.79	5.15	4.79	4.71
照相机	(台)	Camera	(set)	30.14	29.81	28.36	24.74
健身器材	(台)	Fitness Equipment	(set)	2.12	2.90	5.00	5.65
组合音响	(套)	Stereophonic Phonograph	(set)	16.15	17.14	15.07	13.53

10-5 全省常住居民家庭年末住房情况

Housing Condition of All Permanent Households in the Province at the Year-end

单位：%

指　标	Item	2013	2014	2015	2016
一、住户居住类型	**Residential type**	**100.0**	**100.0**	**100.0**	**100.0**
普通住宅	Ordinary Residence	83.5	85.6	87.5	87.9
集体宿舍和工棚	Dormitory and Shed	16.2	14.0	12.3	12.0
工作地住宿	Work Accommodation	0.3	0.4	0.2	0.1
二、住户居住空间样式	**Residential Space Type**	**100.0**	**100.0**	**100.0**	**100.0**
单栋楼房	Single building	28.8	32.3	30.6	33.9
单栋平房	Single Bungalow	10.8	11.5	10.1	8.2
四居室及以上单元房	Four Bedroom and above Apartment	4.0	3.7	4.1	4.8
三居室单元房	Tree Bedroom Apartment	17.8	17.6	17.7	18.6
二居室单元房	Two Bedroom Apartment	15.1	14.2	13.5	12.3
一居室单元房	One Bedroom Apartment	22.2	19.3	22.8	21.3
筒子楼或连片平房	Tube-shaped Apartment or Contiguous Bungalow	1.2	1.2	1.1	0.8
其他	Others	0.1	0.2	0.1	0.1
三、主要建筑材料	**Main Building Materials**	**100.0**	**100.0**	**100.0**	**100.0**
钢筋混凝土	Reinforced concrete	71.3	69.4	73.7	78.3
砖混材料	brick and concrete Materials	21.5	22.8	19.7	16.5
砖瓦砖木	Brick and tile	6.8	7.4	6.4	5.0
其他	Others	0.4	0.4	0.2	0.2
四、住户主要饮用水来源情况	**Main Source of Householders'drinking Water**	**100.0**	**100.0**	**100.0**	**100.0**
经过净化处理的自来水	Purified Tap Water	82.6	81.0	82.2	84.1
受保护的井水和泉水	Protected Well and Spring	6.5	7.7	8.2	7.6
不受保护的井水和泉水	Unprotected well and spring	4.5	4.9	4.0	3.8
桶装水	Bottled Water	5.2	5.3	4.5	3.4
其他	Others	1.2	1.1	1.1	1.1
五、住户厕所使用情况	**Household Toilet Usage**	**100.0**	**100.0**	**100.0**	**100.0**
本住户独用	Sole Household Use	78.8	81.1	83.7	85.5
几户合用	Several Household Share	17.8	15.7	13.8	12.7
公用厕所	Public Toilet	3.4	3.2	2.5	1.8
六、主要炊用能源状况	**Main Cooking Energy Condition**	**100.0**	**100.0**	**100.0**	**100.0**
柴草	Firewood	9.8	11.7	10.4	9.2
煤炭	Coal	0.5	0.2	0.1	…
罐装液化石油气	Canned Liquefied Petroleum Gas	53.4	52.7	52.4	54.6
管道液化石油气	Pipeline Liquefied Petroleum Gas	3.4	2.8	2.2	2.3
管道煤气	Pipeline Gas	1.0	0.9	0.8	0.6
管道天然气	Pipeline Natural Gas	11.0	12.3	13.8	14.5
电	Electricity	8.8	8.9	11.7	11.5
其他	Others	12.1	10.5	8.6	7.3

10-6 各市全体常住居民人均可支配收入
Per Capita Disposable Income of Urban Permanent Households by City

单位：元 (yuan)

市 别	City	2014	2015	2016
广 州	Guangzhou	39229.1	42718.2	46667.0
深 圳	Shenzhen	40948.0	44633.3	48695.0
珠 海	Zhuhai	33234.9	36157.9	40154.1
汕 头	Shantou	17266.3	18996.0	20713.0
佛 山	Foshan	35139.8	38501.3	41940.7
韶 关	Shaoguan	16622.7	18143.1	19977.5
河 源	Heyuan	13283.1	14548.1	16077.4
梅 州	Meizhou	14893.8	16404.4	17986.6
惠 州	Huizhou	22901.6	25219.6	28061.4
汕 尾	Shanwei	15211.6	16473.5	17936.7
东 莞	Dongguan	35711.9	38650.6	41901.9
中 山	Zhongshan	32847.4	35712.2	40012.4
江 门	Jiangmen	20585.7	22364.4	24426.7
阳 江	Yangjiang	16311.2	17777.3	19513.2
湛 江	Zhanjiang	15301.8	16631.7	17934.4
茂 名	Maoming	15266.2	16847.3	18402.7
肇 庆	Zhaoqing	17333.5	18991.4	20579.8
清 远	Qingyuan	15637.0	17070.0	18859.3
潮 州	Chaozhou	15242.5	16815.6	18060.5
揭 阳	Jieyang	14953.2	16308.4	17654.1
云 浮	Yunfu	14061.3	15212.4	16517.6
按经济区域分	By Region			
珠 三 角	Pearl River Delta	33642.1	36662.0	40109.1
东 翼	Eastern Region	15782.0	17274.7	18744.6
西 翼	Western Region	15448.5	16895.9	18364.5
山 区	Mountainous Region	14948.7	16344.8	17967.6

注：按照国家统计局的统一部署，广东省分市县城乡一体化住户调查工作从2013年底正式启动，从2014年开始正式对外发布分市全体常住居民人均可支配收入数据。

Note: Under the unified deployment by NBS, Guangdong province started an integrated househould survey by city and county since October 2013, inluding both urban and rural households . Since 2014 the data of per caipita disposal income and expenditures of all permannet househoulds in the province by city is realsed officially after the transitional period.

10-7 各市全体常住居民人均消费支出
Per Capita Consumption Expenditure of Urban Permanent Households by City

单位：元 (yuan)

市　别	City	2014	2015	2016
广　州	Guangzhou	30578.7	32886.7	35388.0
深　圳	Shenzhen	28852.8	32359.2	36480.6
珠　海	Zhuhai	25125.8	27199.0	30479.3
汕　头	Shantou	14562.5	16181.3	17532.6
佛　山	Foshan	24849.1	27713.1	30561.6
韶　关	Shaoguan	12221.0	13383.3	14804.1
河　源	Heyuan	9978.0	10765.2	12236.8
梅　州	Meizhou	11223.2	12394.3	13823.9
惠　州	Huizhou	16985.8	18314.9	20461.3
汕　尾	Shanwei	11596.3	12728.9	14167.0
东　莞	Dongguan	26532.4	28255.6	29905.6
中　山	Zhongshan	22013.4	23399.1	26636.9
江　门	Jiangmen	14257.7	15610.9	17281.9
阳　江	Yangjiang	13144.7	14013.9	15793.9
湛　江	Zhanjiang	11438.8	12273.8	13303.6
茂　名	Maoming	11238.7	12427.5	13480.1
肇　庆	Zhaoqing	11492.1	12554.7	13927.6
清　远	Qingyuan	11763.7	12811.9	14403.0
潮　州	Chaozhou	11899.4	12749.9	13752.1
揭　阳	Jieyang	11527.1	12440.4	13248.7
云　浮	Yunfu	10636.9	11432.2	12323.9
按经济区域分	By Region			
珠三角	Pearl River Delta	24564.3	26780.4	29416.7
东　翼	Eastern Region	12566.6	13733.1	14856.6
西　翼	Western Region	11633.0	12608.4	13766.3
山　区	Mountainous Region	11206.9	12221.7	13614.6

注：按照国家统计局的统一部署，广东省分市县城乡一体化住户调查工作从2013年底正式启动，从2014年开始正式对外发布分市全体常住居民人均消费支出数据。

Note: Under the unified deployment by NBS, Guangdong province started an integrated househould survey by city and county since October 2013, inluding both urban and rural households . Since 2014 the data of per caipita disposal income and expenditures of all permannet househoulds in the province by city is realsed officially after the transitional period.

10-8 城镇常住居民家庭基本情况

Basic Conditions of Urban Permanent Households

指　　标	Item	2013	2014	2015	2016
调查户数　　　（户）	**Survey of households　　(household)**	**4761**	**5221**	**5453**	**5542**
平均每户常住人口（人）	Average number of residents per Permanent Household　(person)	2.59	2.69	2.77	2.83
平均每户就业人口（人）	Average Number of Employed Persons per Permanent Household　(person)	1.54	1.59	1.63	1.66
人均住房建筑面积（平方米）	**Per Capita housing construction area (sq.m)**	**30.27**	**31.88**	**32.25**	**32.74**
人均可支配收入　（元）	**Per Capita Disposable Income　(yuan)**	**29537.29**	**32148.11**	**34757.16**	**37684.25**
1.工资性收入	Income of Wages and Salaries	23031.59	24315.60	26136.85	27965.30
2.经营净收入	Net Business Income	3117.21	3547.42	3823.19	4203.91
3.财产净收入	Income from Properties	2762.22	3376.82	3799.54	4374.77
4.转移净收入	Income from Transfers	626.27	908.27	997.58	1140.27
人均消费支出　（元）	**Per Capita Consumption Expenditure(yuan)**	**21621.46**	**23611.74**	**25673.08**	**28613.33**
1.食品烟酒	Food,Tobacco and Liquor	7254.04	7850.17	8533.35	9421.58
2.衣着	Clothing	1283.22	1344.75	1453.68	1583.42
3.居住	Living	4987.86	5291.47	5715.35	6410.37
4.生活用品及服务	Daily Necessities and Services	1235.16	1365.10	1526.29	1721.85
5.交通通信	Transportation and Telecommunication	3139.02	3625.42	3905.05	4198.09
6.教育文化娱乐	Education,Culture and Entertainment	2315.55	2468.38	2671.54	3103.40
7.医疗保健	Health Service	793.62	988.32	1096.42	1304.48
8.其他用品和服务	Other Necessities and Services	612.98	678.14	771.41	870.14
消费支出构成　（%）	**Composition of Consumption Expenditure**	**100.0**	**100.0**	**100.0**	**100.0**
1.食品烟酒	Food,Tobacco and Liquor	33.6	33.2	33.2	32.9
2.衣着	Clothing	5.9	5.7	5.7	5.5
3.居住	Living	23.1	22.4	22.3	22.4
4.生活用品及服务	Daily Necessities and Services	5.7	5.8	5.9	6.0
5.交通通信	Transportation and Telecommunication	14.5	15.4	15.2	14.7
6.教育文化娱乐	Education,Culture and Entertainment	10.7	10.5	10.4	10.9
7.医疗保健	Health Service	3.7	4.2	4.3	4.6
8.其他用品和服务	Other Necessities and Services	2.8	2.8	3.0	3.0

10-9 历年城镇常住居民人均可支配收入及生活消费支出（1978-2012）

Per Capita Disposable Income and Consumption Expenditure of Urban Permanent Households （1978-2012）

年份 Year	人均可支配收入（元）Per Capita Disposable Income (yuan)	指数 Index			人均消费支出（元）Per Capita Consumption Expenditure (yuan)	指数 Index		恩格尔系数（%）Engle Coefficient (%)
		名义增长（上年为100）Nominal Growth (preceding year=100)	实际增长（上年为100）Real Growth (preceding year=100)	实际增长（1978年为100）Real Growth (1978=100)		名义增长（上年为100）Nominal Growth (preceding year=100)	实际增长（上年为100）Real Growth (preceding year=100)	
1978	412.13	101.0	96.6	100	399.96	106.3	101.5	66.6
1979	416.33	101.0	96.6	96.6	424.96	106.3	101.5	67.0
1980	472.57	113.5	103.7	100.1	485.76	114.3	104.5	65.5
1981	560.69	118.6	111.6	111.7	517.44	106.5	100.2	65.8
1982	631.45	112.6	109.8	122.7	592.08	114.4	111.5	64.2
1983	714.20	113.1	110.0	135.0	660.12	111.5	108.5	64.5
1984	818.37	114.6	112.4	151.8	744.36	112.8	110.7	63.6
1985	954.12	116.6	99.6	151.1	889.56	119.5	102.1	58.3
1986	1102.09	115.5	110.3	166.7	998.88	112.3	107.2	58.6
1987	1320.89	119.9	106.3	177.1	1215.84	121.7	107.9	56.7
1988	1583.13	119.9	92.6	163.9	1506.99	123.9	95.7	56.7
1989	2086.21	131.8	108.1	177.2	1921.05	127.5	104.6	56.5
1990	2303.15	110.4	113.3	200.8	1983.86	103.3	106.0	57.2
1991	2752.18	119.5	116.8	234.6	2388.77	120.4	117.7	53.1
1992	3476.70	126.3	116.5	273.4	2830.62	118.5	110.4	51.5
1993	4632.38	133.2	109.2	298.6	3777.43	133.4	110.3	48.9
1994	6367.08	137.4	113.6	339.2	5181.30	137.2	113.4	46.4
1995	7438.68	116.8	103.3	350.4	6253.68	120.7	106.7	48.0
1996	8157.81	109.7	102.3	358.4	6736.09	107.7	100.5	47.3
1997	8561.71	105.0	102.8	368.4	6853.48	101.7	99.7	46.0
1998	8839.68	103.2	105.0	387.0	7054.09	102.9	104.7	44.1
1999	9125.92	103.2	104.9	406.0	7517.81	106.6	108.3	40.6
2000	9761.57	107.0	104.7	424.9	8016.91	106.6	104.3	38.6
2001	10415.19	106.7	107.6	457.0	8099.63	101.0	101.8	38.1
2002	11137.20	109.1	110.6	495.7	8988.48	111.0	112.6	38.5
2003	12380.40	111.2	110.4	547.2	9636.24	107.2	106.5	37.2
2004	13627.65	110.1	107.3	587.0	10694.79	111.0	108.2	37.0
2005	14769.94	108.4	106.3	623.8	11809.87	110.4	108.2	36.1
2006	16015.58	108.4	106.5	664.3	12432.22	105.3	103.4	36.2
2007	17699.30	110.5	106.6	707.9	14336.87	115.3	111.2	35.3
2008	19732.86	111.5	105.7	748.3	15527.97	108.3	102.7	37.8
2009	21574.72	109.3	112.0	838.1	16857.51	108.6	111.3	36.9
2010	23897.80	110.8	107.5	901.0	18489.53	109.7	106.4	36.5
2011	26897.48	112.6	106.9	963.2	20251.82	109.5	104.0	36.9
2012	30226.71	112.4	109.3	1052.8	22396.35	110.6	107.6	36.9

10-10 按收入五等份分组的城镇常住居民家庭平均每人收支及构成（2016）

Per Capita of Disposal Income and Expenditure and Composition of Urban Permanent Households by Income Quintile (2016)

指 标	Item	低收入户（20%）Low Income Households（20%）	中等偏下户（20%）Lower Middle Income Households（20%）	中等收入户（20%）Middle Income Households（20%）	中等偏上户（20%）Upper Middle Income Households（20%）	高收入户（20%）High Income Households（20%）
人均可支配收入（元）	**Per Capita Disposable Income (yuan)**	**15919.53**	**28413.10**	**37652.49**	**46976.99**	**74437.05**
1.工资性收入	Income of Wages and Salaries	11370.78	21959.06	30717.81	36815.12	50470.59
2.经营净收入	Net Business Income	1907.48	2761.55	3707.77	3942.81	10268.98
3.财产净收入	Net Income from Properties	1395.13	2593.11	3871.35	5705.51	10444.88
4.转移净收入	Net Income from Transfers	1246.13	1099.38	-644.43	513.55	3252.60
可支配收入构成 (%)	**Composition of Disposable Income (%)**	**100.0**	**100.0**	**100.0**	**100.0**	**100.0**
1.工资性收入	Income of Wages and Salaries	71.4	77.3	81.6	78.4	67.8
2.经营净收入	Net Business Income	12.0	9.7	9.8	8.4	13.8
3.财产净收入	Net Income from Properties	8.8	9.1	10.3	12.1	14.0
4.转移净收入	Net Income from Transfers	7.8	3.9	-1.7	1.1	4.4
人均消费支出 (元)	**Per Capita Consumption Expenditure (yuan)**	**14942.16**	**22706.07**	**28533.28**	**34233.03**	**52060.96**
1.食品烟酒	Food,Tobacco and Liquor	5908.30	8124.93	9961.98	11202.02	14343.21
2.衣着	Clothing	640.62	1094.34	1765.39	2037.61	3066.88
3.居住	Living	3224.74	4637.32	5716.59	7933.74	12786.12
4.生活用品及服务	Daily Necessities and Services	691.93	1184.07	1716.63	2272.36	3483.60
5.交通通信	Transportation and Telecommunication	1759.82	3349.89	4081.56	4989.89	8416.41
6.教育文化娱乐	Education,Culture and Entertainment	1615.98	2398.32	3253.43	3439.57	5842.73
7.医疗保健	Health Service	769.35	1289.61	1213.00	1334.05	2213.57
8.其他用品和服务	Other Necessities and Services	331.41	627.59	824.71	1023.78	1908.43
消费支出构成 (%)	**Composition of Consumption Expenditure(%)**	**100.0**	**100.0**	**100.0**	**100.0**	**100.0**
1.食品烟酒	Food,Tobacco and Liquor	39.5	35.8	34.9	32.7	27.6
2.衣着	Clothing	4.3	4.8	6.2	6.0	5.9
3.居住	Living	21.6	20.4	20.0	23.2	24.6
4.生活用品及服务	Daily Necessities and Services	4.6	5.2	6.0	6.6	6.7
5.交通通信	Transportation and Telecommunication	11.8	14.8	14.3	14.6	16.2
6.教育文化娱乐	Education,Culture and Entertainment	10.8	10.6	11.4	10.0	11.2
7.医疗保健	Health Service	5.1	5.7	4.3	3.9	4.3
8.其他用品和服务	Other Necessities and Services	2.2	2.8	2.9	3.0	3.7

10-11 全省城镇常住居民人均主要食品消费量
Per Capita Consumption of Major Foods Urban Househoulds

单位:千克 (Kg)

指 标	Item	2013	2014	2015	2016
粮食(原粮)	**Grain(Unprocessed)**	**97.29**	**97.75**	**97.78**	**96.52**
谷物	Cereal	89.70	89.80	89.88	88.46
薯类	Tuber	1.15	1.32	1.46	1.57
豆类	Beans and the productor	6.44	6.63	6.44	6.50
油脂类	Oil and Fats	8.35	8.82	9.08	9.21
#食用植物油	Edible Vegetable Oil	8.04	8.51	8.88	8.93
蔬菜及菜制品	Vegetable and Mushroom	91.12	95.90	97.64	97.95
#鲜菜	Fresh Vegetables	87.04	91.47	92.96	93.18
肉类	Products of Meat	35.19	36.03	36.67	36.35
#猪肉	Pork	27.80	28.59	28.73	28.18
禽类	Poultry	16.25	16.45	18.01	19.15
#鸡	Chick	10.52	10.42	11.81	12.59
水产品	Aquatic Products	21.31	22.53	23.63	23.48
#鱼类	Fresh	16.10	16.53	16.84	17.19
蛋类	Eggs	6.43	6.76	7.28	7.33
#鲜蛋	Fresh Eggs	5.98	6.30	6.78	6.86
奶及奶制品	Milk and Dairy Products	10.24	10.46	11.03	9.73
#鲜奶	Fresh Milk	6.80	6.70	6.62	5.55
干鲜瓜果类	Dried and Fresh Melons and Fruits	35.80	38.09	42.04	43.47
#鲜瓜果	Fresh Melons and Fruits	32.27	34.52	38.18	39.42
糖果糕点类	Candy Pastry	7.40	7.58	7.56	6.89
#食糖	Sugar	1.33	1.38	1.24	1.27

10－12 城镇常住居民家庭年末住房情况

Housing Condition of the Urban Permanent Households at the Year-end

单位：%

指 标	Item	2013	2014	2015	2016
一、住户居住类型	**Residential Type**	**100.0**	**100.0**	**100.0**	**100.0**
普通住宅	Ordinary Residence	78.3	80.7	83.0	83.6
集体宿舍和工棚	Dormitory and Shed	21.3	18.9	16.8	16.2
工作地住宿	Work Accommodation	0.4	0.4	0.2	0.2
二、住户居住空间样式	**Residential Space Type**	**100.0**	**100.0**	**100.0**	**100.0**
单栋楼房	Single Building	18.9	22.2	17.4	19.5
单栋平房	Single Bungalow	3.2	4.4	4.3	4.2
四居室及以上单元房	Four Bedroom and Above Apartment	4.9	4.8	5.4	6.2
三居室单元房	Tree Bedroom Apartment	23.2	23.5	23.7	24.7
二居室单元房	Two Bedroom Apartment	19.9	19.0	18.0	16.4
一居室单元房	One Bedroom Apartment	29.6	25.7	30.8	28.6
筒子楼或连片平房	Tube-shaped Apartment or Contiguous Bungalow	0.3	0.4	0.4	0.4
其他	Others	…	…	…	…
三、主要建筑材料	**Main Building Materials**	**100.0**	**100.0**	**100.0**	**100.0**
钢筋混凝土	Reinforced Concrete	84.8	83.7	85.4	88.4
砖混材料	brick and Concrete Materials	13.1	13.7	12.0	9.4
砖瓦砖木	Brick and Tile	1.9	2.6	2.5	2.1
其他	Others	0.2	…	0.1	0.1
四、住户主要饮用水来源情况	**Main Source of Householders'drinking Water**	**100.0**	**100.0**	**100.0**	**100.0**
经过净化处理的自来水	Purified Tap Water	91.9	90.9	92.1	93.9
受保护的井水和泉水	Protected Well and Spring	0.7	1.0	0.9	0.8
不受保护的井水和泉水	Unprotected Well and Spring	0.3	0.6	0.7	0.6
桶装水	Bottled Water	6.9	7.2	6.1	4.4
其他	Others	0.2	0.3	0.2	0.3
五、住户厕所使用情况	**Household Toilet Usage**	**100.0**	**100.0**	**100.0**	**100.0**
本住户独用	Sole Household Use	75.9	78.6	81.0	82.3
几户合用	Several Household Share	22.5	19.9	17.9	16.7
公用厕所	Public Toilet	1.6	1.5	1.1	1.0
六、主要炊用能源状况	**Main Cooking Energy Condition**	**100.0**	**100.0**	**100.0**	**100.0**
柴草	Firewood	0.3	0.9	0.8	0.8
煤炭	Coal	0.5	0.1	0.1	…
罐装液化石油气	Canned Liquefied Petroleum Gas	53.7	54.5	53.3	54.6
管道液化石油气	Pipeline Liquefied Petroleum Gas	4.6	3.8	2.9	3.1
管道煤气	Pipeline Gas	1.3	1.1	1.0	0.9
管道天然气	Pipeline Natural Gas	14.8	16.8	18.8	19.7
电	Electricity	9.1	9.0	11.9	11.6
其他	Others	15.7	13.8	11.2	9.3

10-13 各市城镇常住居民人均可支配收入
Per Capita Disposable Income of Urban Permanent Households by City

单位：元 (yuan)

市别	City	2014	2015	2016
广州	Guangzhou	42954.6	46734.6	50940.7
深圳	Shenzhen	40948.0	44633.3	48695.0
珠海	Zhuhai	35287.3	38322.0	42537.4
汕头	Shantou	21445.9	23260.1	25120.9
佛山	Foshan	36554.7	39756.9	43120.3
韶关	Shaoguan	21583.3	23504.2	25854.6
河源	Heyuan	18246.0	20015.8	21817.3
梅州	Meizhou	19845.6	21810.3	23642.4
惠州	Huizhou	27299.6	30056.9	33212.8
汕尾	Shanwei	19036.2	20616.2	22389.2
东莞	Dongguan	36764.0	39793.4	43096.2
中山	Zhongshan	34303.9	37254.0	41612.8
江门	Jiangmen	24976.2	27116.7	29557.2
阳江	Yangjiang	21239.8	23087.7	25281.0
湛江	Zhanjiang	21317.4	23129.4	24887.2
茂名	Maoming	19540.5	21396.8	23322.6
肇庆	Zhaoqing	21725.8	23746.3	25907.2
清远	Qingyuan	21093.4	22907.4	25266.9
潮州	Chaozhou	18854.7	20457.3	21787.1
揭阳	Jieyang	19635.2	21343.5	22944.2
云浮	Yunfu	18678.6	20154.2	21887.5
按经济区域分	By Region			
珠三角	Pearl River Delta	37063.7	40284.5	43967.4
东翼	Eastern Region	20089.2	21798.1	23478.3
西翼	Western Region	20656.2	22489.3	24390.2
山区	Mountainous Region	20097.9	21920.5	23963.1

注：按照国家统计局的统一部署，广东省分市县城乡一体化住户调查工作从2013年底正式启动，从2014年开始正式对外发布分市城镇常住居民人均可支配收入数据。

Note: Under the unified deployment by NBS, Guangdong province started an integrated househould survey by city and county since October 2013, inluding both urban and rural households . Since 2014 the data of per caipita disposal income of all permannet househoulds in the province by city is realsed officially after the transitional period.

10-14 各市城镇常住居民人均消费支出

Per Capita Consumption Expenditure of Urban Permanent Households by City

单位：元 (yuan)

市别	City	2014	2015	2016
广州	Guangzhou	33384.7	35752.5	38398.2
深圳	Shenzhen	28852.8	32359.2	36480.6
珠海	Zhuhai	26637.8	28741.5	32150.5
汕头	Shantou	18036.5	19352.4	20721.3
佛山	Foshan	26043.2	28396.4	31303.2
韶关	Shaoguan	15224.0	16592.5	18142.5
河源	Heyuan	12467.5	13430.6	15122.9
梅州	Meizhou	14064.3	15295.0	16835.4
惠州	Huizhou	20065.2	21580.8	23778.5
汕尾	Shanwei	14829.4	15874.5	17374.3
东莞	Dongguan	27071.1	29000.9	30687.7
中山	Zhongshan	22943.9	24326.9	27630.9
江门	Jiangmen	16761.5	18330.9	20459.1
阳江	Yangjiang	16723.2	17794.2	19757.9
湛江	Zhanjiang	15923.2	17092.6	18416.5
茂名	Maoming	13929.8	15294.9	16266.1
肇庆	Zhaoqing	15214.6	16361.2	17882.8
清远	Qingyuan	14976.3	15920.7	17795.5
潮州	Chaozhou	13966.8	14831.6	15861.0
揭阳	Jieyang	14015.2	15089.3	16060.9
云浮	Yunfu	12991.8	13926.6	14729.8
按经济区域分	By Region			
珠三角	Pearl River Delta	27035.7	29344.6	32177.7
东翼	Eastern Region	15656.5	16775.1	17987.1
西翼	Western Region	15352.7	16571.1	17885.3
山区	Mountainous Region	14126.9	15234.8	16785.9

注：按照国家统计局的统一部署，广东省分市县城乡一体化住户调查工作从2013年底正式启动，从2014年开始正式对外发布分市城镇常住居民人均消费支出数据。

Note: Under the unified deployment by NBS, Guangdong province started an integrated househould survey by city and county since October 2013, inluding both urban and rural households. Since 2014 the data of per caipita expenditures of all permannet housheoulds in the province by city is realsed officially after the transitional period.

10-15 农村常住居民家庭基本情况

Basic Conditions of Rural Permanent Households

指　标	Item	2013	2014	2015	2016
调查户数　（户）	**Survey of households (household)**	**3034**	**2604**	**2602**	**2612**
平均每户常住人口（人）	Average number of residents per Permanent Household (person)	3.71	3.54	3.60	3.69
平均每户就业人口（人）	Average Number of Employed Persons per Permanent Household (person)	2.03	1.98	2.04	2.07
人均住房建筑面积(平方米)	**Per Capita housing construction area (sq.m)**	**34.92**	**39.32**	**42.14**	**43.92**
人均可支配收入　（元）	**Per Capita Disposable Income (yuan)**	**11067.79**	**12245.56**	**13360.44**	**14512.15**
1.工资性收入	Income of Wages and Salaries	5671.20	6220.34	6724.01	7255.30
2.经营净收入	Net Business Income	3047.86	3272.39	3590.14	3883.59
3.财产净收入	Income from Properties	392.04	295.53	337.01	365.76
4.转移净收入	Income from Transfers	1956.69	2457.30	2709.27	3007.50
人均消费支出　（元）	**Per Capita Consumption Expenditure(yuan)**	**8937.76**	**10043.21**	**11103.03**	**12414.84**
1.食品烟酒	Food,Tobacco and Liquor	3761.23	3968.92	4511.34	5010.47
2.衣着	Clothing	280.23	328.15	367.13	411.96
3.居住	Living	1892.33	2238.82	2494.84	2761.88
4.生活用品及服务	Daily Necessities and Services	522.97	599.65	654.65	718.56
5.交通通信	Transportation and Telecommunication	907.84	1068.68	1160.44	1370.48
6.教育文化娱乐	Education,Culture and Entertainment	791.85	918.22	952.41	1057.80
7.医疗保健	Health Service	598.17	686.95	723.15	803.88
8.其他用品和服务	Other Necessities and Services	183.15	233.82	239.09	279.81
消费支出构成　（%）	**Composition of Consumption Expenditure**	**100.0**	**100.0**	**100.0**	**100.0**
1.食品烟酒	Food,Tobacco and Liquor	42.1	39.5	40.6	40.4
2.衣着	Clothing	3.1	3.3	3.3	3.3
3.居住	Living	21.2	22.3	22.5	22.2
4.生活用品及服务	Daily Necessities and Services	5.9	6.0	5.9	5.8
5.交通通信	Transportation and Telecommunication	10.2	10.6	10.5	11.0
6.教育文化娱乐	Education,Culture and Entertainment	8.9	9.1	8.6	8.5
7.医疗保健	Health Service	6.7	6.8	6.5	6.5
8.其他用品和服务	Other Necessities and Services	1.9	2.4	2.2	2.3

注：2013年起为新口径数据。
Note: Since 2013, the relative data of rural households have been caculated according to the new standard.

10-16 历年农村常住居民人均收入及生活消费支出（1978-2012）

Per Capita Income and Consumption Expenditure of Rural Households (1978-2012)

年份 Year	人均纯收入(元) Per Capita Net Income (yuan)	指数 Index			人均生活消费支出(元) Per Capita Living Expenditure (yuan)	指数 Index		恩格尔系数(%) Engle Coefficient (%)
		名义增长(上年为100) Nominal Growth (Preceding year=100)	实际增长(上年为100) Real Growth (Preceding year=100)	实际增长(1978年为100) Real Growth (1978=100)		名义增长(上年为100) Nominal Growth (Preceding year=100)	实际增长(上年为100) Real Growth (Preceding year=100)	
1978	193.25	107.9		100.0	184.89	97.4		61.7
1979	222.72	115.2	113.6	113.6	205.18	111.0	110.1	59.9
1980	274.37	123.2	119.4	135.6	222.22	108.3	103.9	60.4
1981	325.37	118.6	111.4	151.1	266.05	119.7	112.1	59.3
1982	381.79	117.3	112.7	170.3	312.44	117.4	116.2	58.4
1983	395.92	103.7	107.0	182.2	328.76	105.2	106.3	60.3
1984	425.34	107.4	107.2	195.3	346.19	105.3	105.0	59.3
1985	495.31	116.5	109.8	214.5	388.00	112.1	105.7	60.4
1986	546.43	110.3	107.6	230.8	454.06	117.0	111.1	58.8
1987	662.24	121.2	111.1	256.4	545.25	120.1	109.5	57.3
1988	808.70	122.1	102.7	263.3	684.67	125.6	103.2	55.2
1989	955.02	118.1	102.0	268.6	870.59	127.2	107.3	53.7
1990	1043.03	109.2	101.6	272.9	932.63	107.1	99.7	57.7
1991	1143.06	109.6	109.4	298.5	942.40	101.1	101.2	57.4
1992	1307.65	114.4	110.4	329.6	1060.29	112.5	108.8	54.0
1993	1674.78	128.1	106.1	349.7	1391.01	131.2	106.8	52.8
1994	2181.52	130.3	103.8	363.0	1882.00	135.3	103.6	55.6
1995	2699.24	123.7	106.5	386.6	2255.01	119.8	105.3	54.5
1996	3183.46	117.9	107.6	415.9	2584.16	114.6	106.9	51.6
1997	3467.69	108.9	104.2	433.4	2617.65	101.3	100.3	52.3
1998	3527.14	101.7	103.4	448.2	2683.18	102.5	103.8	51.1
1999	3628.93	102.9	106.2	475.9	2645.94	98.6	101.7	50.7
2000	3654.48	100.7	100.9	480.2	2646.02	100.0	100.0	49.8
2001	3769.79	103.2	103.5	497.0	2703.36	102.2	102.5	49.9
2002	3911.91	103.8	105.1	522.4	2825.01	104.5	106.0	47.6
2003	4054.58	103.6	103.4	540.1	2927.35	103.6	103.4	47.9
2004	4365.87	107.7	104.0	561.8	3240.78	110.7	106.7	48.8
2005	4690.49	107.4	104.5	587.0	3707.73	114.4	111.4	48.3
2006	5079.78	108.3	106.4	624.6	3885.97	104.8	103.2	48.6
2007	5624.04	110.7	106.5	665.5	4202.32	108.1	104.5	49.7
2008	6399.77	113.8	107.6	715.8	4872.96	115.9	109.6	49.0
2009	6906.93	107.9	110.7	792.4	5019.81	103.0	105.3	48.3
2010	7890.25	114.2	110.3	874.0	5515.58	109.9	106.5	47.7
2011	9371.73	118.8	111.9	978.0	6725.55	121.9	115.5	49.1
2012	10542.84	112.5	109.3	1069.0	7458.56	110.9	107.8	49.1

注：本表数据来源于2013年之前分别开展的城镇住户调查和农村住户调查。

Note: The data shown in the table are compiled on the basis of the urban and rural househould surveys before year 2013.

10-17 按收入五等份分组的农村常住居民家庭平均每人收支及构成（2016）

Per Capita of Disposal Income and Expenditure and Composition of Rural Permanent Households by Income Quintile (2016)

指　标	Item	低收入户 (20%) Low Income Households (20%)	中等偏下户 (20%) Lower Middle Income Households (20%)	中等收入户 (20%) Middle Income Households (20%)	中等偏上户 (20%) Upper Middle Income Households (20%)	高收入户 (20%) High Income Households (20%)
人均可支配收入(元)	**Per Capita Disposable Income (yuan)**	**5452.79**	**10212.63**	**13606.87**	**18502.58**	**30203.98**
1.工资性收入	Income of Wages and Salaries	3198.79	5041.64	7166.17	10300.07	12842.92
2.经营净收入	Net Business Income	411.47	2510.72	3179.62	4160.20	11400.32
3.财产净收入	Net Income from Properties	62.09	34.08	175.29	480.07	1375.05
4.转移净收入	Net Income from Transfers	1780.45	2626.19	3085.79	3562.25	4585.69
可支配收入构成（%）	**Composition of Disposable Income (%)**	**100.0**	**100.0**	**100.0**	**100.0**	**100.0**
1.工资性收入	Income of Wages and Salaries	58.7	49.4	52.7	55.7	42.5
2.经营净收入	Net Business Income	7.5	24.6	23.4	22.5	37.7
3.财产净收入	Net Income from Properties	1.1	0.3	1.3	2.6	4.6
4.转移净收入	Net Income from Transfers	32.7	25.7	22.7	19.3	15.2
人均消费支出 （元）	**Per Capita Consumption Expenditure(yuan)**	**8342.28**	**9991.43**	**11864.03**	**14977.70**	**19448.34**
1.食品烟酒	Food,Tobacco and Liquor	3595.02	4195.28	4802.80	5990.38	7335.66
2.衣着	Clothing	232.25	315.49	392.07	520.90	707.03
3.居住	Living	1928.62	2249.04	2710.32	3285.79	4148.32
4.生活用品及服务	Daily Necessities and Services	400.47	526.72	671.91	899.42	1298.18
5.交通通信	Transportation and Telecommunication	706.89	855.93	1123.83	1745.50	2928.16
6.教育文化娱乐	Education,Culture and Entertainment	732.15	978.73	1129.58	1354.30	1210.86
7.医疗保健	Health Service	591.95	667.04	770.50	785.29	1364.85
8.其他用品和服务	Other Necessities and Services	154.94	203.20	263.03	396.12	455.27
消费支出构成 （%）	**Composition of Consumption Expenditure**	**100.0**	**100.0**	**100.0**	**100.0**	**100.0**
1.食品烟酒	Food,Tobacco and Liquor	43.1	42.0	40.5	40.0	37.7
2.衣着	Clothing	2.8	3.2	3.3	3.5	3.6
3.居住	Living	23.1	22.5	22.8	21.9	21.3
4.生活用品及服务	Daily Necessities and Services	4.8	5.3	5.7	6.0	6.7
5.交通通信	Transportation and Telecommunication	8.5	8.6	9.5	11.7	15.1
6.教育文化娱乐	Education,Culture and Entertainment	8.8	9.8	9.5	9.0	6.2
7.医疗保健	Health Service	7.1	6.7	6.5	5.2	7.0
8.其他用品和服务	Other Necessities and Services	1.9	2.0	2.2	2.6	2.3

10-18 全省农村常住居民人均主要食品消费量

Per Capita Consumption of Major Foods Rural Househoulds

单位:千克 (Kg)

指 标	Item	2013	2014	2015	2016
粮食(原粮)	**Grain(Unprocessed)**	**165.05**	**156.76**	**161.45**	**164.25**
谷物	Cereal	159.02	149.32	153.80	155.83
薯类	Tuber	1.08	1.54	1.34	1.50
豆类	Beans and the productor	4.95	5.91	6.30	6.92
油脂类	Oil and Fats	11.53	13.64	12.78	10.34
#食用植物油	Edible Vegetable Oil	10.75	13.01	12.02	9.67
蔬菜及菜制品	Vegetable and Mushroom	90.57	98.47	101.68	100.38
#鲜菜	Fresh Vegetables	88.28	95.92	99.07	97.69
肉类	Products of Meat	31.50	33.77	36.00	35.77
#猪肉	Pork	27.85	29.97	31.72	30.98
禽类	Poultry	16.66	17.83	19.99	22.05
#鸡	Chick	10.81	11.95	13.21	14.43
水产品	Aquatic Products	16.48	17.25	18.68	18.78
#鱼类	Fresh	13.45	13.98	14.83	14.83
蛋类	Eggs	4.87	5.52	6.24	6.40
#鲜蛋	Fresh Eggs	4.70	5.34	6.07	6.20
奶及奶制品	Milk and Dairy Products	2.34	2.40	2.65	2.86
#鲜奶	Fresh Milk	1.04	1.12	1.19	1.12
干鲜瓜果类	Dried and Fresh Melons and Fruits	16.68	20.24	23.28	26.69
#鲜瓜果	Fresh Melons and Fruits	14.97	18.37	21.21	24.27
糖果糕点类	Candy Pastry	4.70	4.39	4.99	5.80
#食糖	Sugar	1.58	1.77	1.90	2.12

10-19 农村常住居民家庭年末住房情况

Housing Condition of the Rural Permanent Households at the Year-end

单位：%

指　标	Item	2013	2014	2015	2016
一、住户居住类型	**Residential Type**	**100.0**	**100.0**	**100.0**	**100.0**
普通住宅	Ordinary Residence	98.4	98.9	99.8	99.8
集体宿舍和工棚	Dormitory and Shed	1.3	0.8	0.1	0.2
工作地住宿	Work Accommodation	0.3	0.3	0.1	…
二、住户居住空间样式	**Residential Space Type**	**100.0**	**100.0**	**100.0**	**100.0**
单栋楼房	Single Building	57.5	60.1	66.7	73.9
单栋平房	Single Bungalow	32.6	31.0	26.1	19.1
四居室及以上单元房	Four Bedroom and Above Apartment	1.5	0.6	0.9	0.8
三居室单元房	Tree Bedroom Apartment	2.3	1.7	1.2	1.5
二居室单元房	Two Bedroom Apartment	1.1	0.8	1.1	1.3
一居室单元房	One Bedroom Apartment	0.8	1.7	0.8	0.8
筒子楼或连片平房	Tube-shaped Apartment or Contiguous Bungalow	3.6	3.6	2.8	2.3
其他	Others	0.6	0.5	0.4	0.3
三、主要建筑材料	**Main Building Materials**	**100.0**	**100.0**	**100.0**	**100.0**
钢筋混凝土	Reinforced Concrete	32.2	30.3	41.8	50.3
砖混材料	brick and Concrete Materials	45.6	48.0	40.6	36.4
砖瓦砖木	Brick and Tile	21.0	20.8	16.9	13.0
其他	Others	1.2	0.9	0.7	0.3
四、住户主要饮用水来源情况	**Main Source of Householders'drinking Water**	**100.0**	**100.0**	**100.0**	**100.0**
经过净化处理的自来水	Purified Tap Water	55.9	53.7	55.2	56.9
受保护的井水和泉水	Protected Well and Spring	23.4	25.9	28.2	26.6
不受保护的井水和泉水	Unprotected Well and Spring	16.4	16.7	13.0	12.8
桶装水	Bottled Water	0.3	0.3	0.3	0.4
其他	Others	4.0	3.4	3.3	3.3
五、住户厕所使用情况	**Household Toilet Usage**	**100.0**	**100.0**	**100.0**	**100.0**
本住户独用	Sole Household Use	87.1	87.8	91.2	94.4
几户合用	Several Household Share	4.4	4.0	2.5	1.7
公用厕所	Public Toilet	8.5	8.2	6.3	3.9
六、主要炊用能源状况	**Main Cooking Energy Condition**	**100.0**	**100.0**	**100.0**	**100.0**
柴草	Firewood	37.3	41.2	36.7	32.5
煤炭	Coal	0.5	0.3	0.0	…
罐装液化石油气	Canned Liquefied Petroleum Gas	52.6	47.8	50.0	54.6
管道液化石油气	Pipeline Liquefied Petroleum Gas	0.2		0.1	0.1
管道煤气	Pipeline Gas	0.3	0.2	0.2	0.1
管道天然气	Pipeline Natural Gas			0.1	…
电	Electricity	7.8	8.7	11.0	11.2
其他	Others	1.3	1.8	1.9	1.5

10-20 各市农村常住居民人均可支配收入
Per Capita Disposal Income of Rural Permanent Households by City

单位：元 (yuan)

市别	City	2014	2015	2016
广州	Guangzhou	17662.8	19323.1	21448.6
深圳	Shenzhen			
珠海	Zhuhai	18394.8	20510.2	22889.4
汕头	Shantou	11190.3	12454.8	13662.9
佛山	Foshan	20094.0	22063.2	24159.2
韶关	Shaoguan	10532.2	11606.5	12790.3
河源	Heyuan	9884.0	10803.2	12045.6
梅州	Meizhou	10785.6	11799.4	12991.2
惠州	Huizhou	14364.4	15829.6	17602.5
汕尾	Shanwei	10415.3	11290.2	12441.8
东莞	Dongguan	22327.1	24224.9	26526.3
中山	Zhongshan	22166.3	24405.1	27528.9
江门	Jiangmen	12746.3	13817.0	15226.3
阳江	Yangjiang	11488.5	12543.2	13960.5
湛江	Zhanjiang	11381.1	12405.4	13335.8
茂名	Maoming	11913.5	13224.0	14519.9
肇庆	Zhaoqing	12642.3	13982.4	15115.0
清远	Qingyuan	10600.3	11681.5	12873.0
潮州	Chaozhou	10551.1	11458.5	12558.5
揭阳	Jieyang	10145.6	11332.6	12250.6
云浮	Yunfu	11066.8	12007.5	13016.1
按经济区域分	By Region			
珠三角	Pearl River Delta	15754.0	17296.4	19063.7
东翼	Eastern Region	10501.0	11607.6	12667.1
西翼	Western Region	11607.1	12749.0	13890.8
山区	Mountainous Region	10573.7	11577.2	12747.4

注：1.按照国家统计局的统一部署，广东省分市县城乡一体化住户调查工作从2013年底正式启动，从2014年开始正式对外发布分市农村常住居民人均可支配收入数据，不再发布分市农村居民人均纯收入数据，这两项收入指标数据在调查范围、调查方法和统计口径上均有一定变化，不完全可比。

2.深圳因完全城市化，无相关数据。

Note: a)Under the unified deployment by NBS, Guangdong province started an integrated househould survey by city and county since October 2013 inluding both urban and rural households. Since 2014 the data of per caipita disposal income and expenditures of all househoulds in the province by city is realsed officially after the transitional period. The coverage, methodology and difinitions used in the integrated rural survey are differen from the survey prior to 2013, therefore the disposable income of rural permannet household of 2014 are different from the net income of rural household prior to 2013.

b)There is no data of Shenzhen city due to its totally urbanization.

10-21 各市农村常住居民人均消费支出

Per Capita Consumption Expenditure of Rural Permanent Households by City

单位：元 (yuan)

市　别	City	2014	2015	2016
广　州	Guangzhou	12867.8	14086.5	17595.1
深　圳	Shenzhen			
珠　海	Zhuhai	14303.3	16045.9	18372.6
汕　头	Shantou	9526.2	10798.3	12019.8
佛　山	Foshan	13474.3	15050.3	16735.9
韶　关	Shaoguan	8826.0	9656.6	10825.0
河　源	Heyuan	8193.8	8939.6	10211.4
梅　州	Meizhou	8803.0	9923.3	11164.0
惠　州	Huizhou	11008.1	11975.2	13726.4
汕　尾	Shanwei	7964.9	8930.5	10294.1
东　莞	Dongguan	18504.5	19888.6	21539.4
中　山	Zhongshan	15189.4	16595.5	19275.6
江　门	Jiangmen	9191.1	10323.7	11584.2
阳　江	Yangjiang	9734.1	10410.8	11977.7
湛　江	Zhanjiang	8517.4	9180.0	9921.8
茂　名	Maoming	9861.8	10645.3	11698.2
肇　庆	Zhaoqing	7996.3	8934.7	9975.9
清　远	Qingyuan	8798.3	9942.3	11233.7
潮　州	Chaozhou	9215.2	9888.7	10825.4
揭　阳	Jieyang	8719.5	9541.8	10376.3
云　浮	Yunfu	8464.2	9089.7	10271.4
按经济区域分	By Region			
珠 三 角	Pearl River Delta	11420.3	12578.0	14472.8
东　翼	Eastern Region	8835.5	9770.2	10814.6
西　翼	Western Region	9217.4	9928.8	10907.6
山　区	Mountainous Region	8628.4	9550.6	10787.0

注：1.按照国家统计局的统一部署，广东省分市县城乡一体化住户调查工作从2013年底正式启动，从2014年开始正式对外发布分市农村常住居民人均消费支出数据。
2.深圳因完全城市化，无相关数据。

Note: a)Under the unified deployment by NBS, Guangdong province started an integrated househould survey by city and county since October 2013 inluding both urban and rural households . Since 2014 the data of per caipita disposal income and expenditures of all househoulds in the province by city is realsed officially after the transitional period. The coverage, methodology and difinitions used in the integrated rural survey are differern from the survey prior to 2013, therefore the disposable income of rural permannet household of 2014 are different from the net income of rural household prior to 2013.
b)There is no data of Shenzhen city due to its totally urbanization.

10-22 按收入五等份分组的城乡常住居民家庭平均每百户主要耐用消费品年末拥有量（2016）

Grouped by Five Equal Shares of Number of Major Durable Consumer Goods Owned per100 Rural and Urban Permanent Households at Year-end (2016)

指标		Item		低收入户(20%) Low income families (20%)	中等偏下户(20%) Below Average families (20%)	中等收入户(20%) Average families (20%)	中等偏上户(20%) Above Average families (20%)	高收入户(20%) High income family (20%)
城镇居民		**Urban Households**						
家用汽车	(辆)	Car	(set)	18.53	29.15	28.07	35.58	61.85
摩托车	(辆)	Motorcycle	(set)	84.04	59.90	24.81	23.59	14.70
电动助力车	(台)	Electric Bicycle	(set)	38.83	26.91	20.19	16.77	17.36
洗衣机	(台)	Washing Machine	(set)	89.29	80.20	53.73	62.54	90.86
电冰箱(柜)	(台)	Refrigerator	(set)	90.07	82.09	59.10	69.06	95.53
微波炉	(台)	Microwave Oven	(set)	37.45	43.10	28.44	36.85	61.57
彩色电视机	(台)	Color Television	(set)	114.72	105.61	73.70	84.34	119.46
空调	(台)	Air Conditioner	(set)	136.96	154.37	114.87	143.68	229.77
热水器	(台)	Water Heater	(unit)	98.37	89.78	65.16	73.23	100.17
排油烟机	(台)	Fume Hood	(set)	63.84	58.28	47.00	50.77	76.42
固定电话	(部)	Telephone	(set)	52.31	46.35	35.19	35.97	55.61
移动电话	(部)	Mobile Phone	(set)	267.00	244.45	197.66	203.32	228.56
计算机	(台)	Computer	(set)	70.91	88.78	71.04	83.67	120.29
摄像机	(台)	Video Camera	(set)	1.88	4.23	3.54	6.75	14.50
照相机	(台)	Camera	(set)	13.51	29.50	25.66	34.20	57.82
健身器材	(台)	Fitness Equipment	(set)	2.75	6.18	4.41	6.86	16.34
组合音响	(套)	Stereophonic Phonograph	(set)	10.00	10.97	9.02	15.37	24.90
农村居民		**Rural Huoseholds**						
家用汽车	(辆)	Car	(set)	5.87	7.28	14.45	16.73	28.83
摩托车	(辆)	Motorcycle	(set)	113.06	122.04	120.79	128.11	127.32
电动助力车	(台)	Electric Bicycle	(set)	28.53	34.28	36.64	40.42	39.97
洗衣机	(台)	Washing Machine	(set)	65.05	71.07	75.45	78.75	81.80
电冰箱(柜)	(台)	Refrigerator	(set)	78.33	81.64	81.28	91.74	91.50
微波炉	(台)	Microwave Oven	(set)	19.72	16.82	20.63	23.73	24.79
彩色电视机	(台)	Color Television	(set)	114.41	119.26	122.05	122.32	119.41
空调	(台)	Air Conditioner	(set)	48.25	60.64	71.13	105.51	120.23
热水器	(台)	Water Heater	(unit)	77.64	83.81	82.96	89.22	90.98
排油烟机	(台)	Fume Hood	(set)	24.27	28.74	32.71	43.43	42.42
固定电话	(部)	Telephone	(set)	39.82	44.79	46.85	45.63	53.22
移动电话	(部)	Mobile Phone	(set)	257.10	273.59	278.62	293.89	296.20
计算机	(台)	Computer	(set)	21.66	26.23	39.63	43.32	57.82
摄像机	(台)	Video Camera	(set)	0.37	0.55	0.49	1.14	0.53
照相机	(台)	Camera	(set)	1.58	1.81	4.58	6.88	5.70
健身器材	(台)	Fitness Equipment	(set)	0.28	0.78	0.75	1.52	1.88
组合音响	(套)	Stereophonic Phonograph	(set)	10.80	9.51	12.53	12.04	15.40

10—23 常住居民人均可支配收入及生活消费支出(2013—2016)

Per Capita Disposable Income and Consumption Expenditure of Househoulds (2013-2016)

年份 Year	人均可支配收入(元) Per Capita Disposable Income (yuan)	指数 Index		人均消费支出(元) Per Capita Consumption Expenditure (yuan)	指数 Index		恩格尔系数(%) Engle Coefficient (%)
		名义增长(上年为100) Nominal Growth (Preceding year=100)	实际增长(上年为100) Real Growth (Preceding year=100)		名义增长(上年为100) Nominal Growth (Preceding year=100)	实际增长(上年为100) Real Growth (Preceding year=100)	
全体常住居民 Provincial Househould							
2013	23420.75	110.1	107.4	17421.00	108.9	106.2	_
2014	25684.96	109.7	107.2	19205.50	110.2	107.7	_
2015	27858.86	108.5	106.9	20975.70	109.2	107.6	_
2016	30295.80	108.7	106.3	23448.42	111.8	109.3	_
城镇常住居民 Urban Household							
2013	29537.29	109.5	106.9	21621.46	107.8	105.3	33.6
2014	32148.11	108.8	106.4	23611.74	109.2	106.7	33.2
2015	34757.16	108.1	106.4	25673.08	108.7	107.0	33.2
2016	37684.25	108.4	105.9	28613.33	111.5	108.8	32.9
农村常住居民 Rural Household							
2013	11067.79	110.7	107.8	8937.76	111.9	109.0	42.1
2014	12245.56	110.6	108.3	10043.21	112.4	110.1	39.5
2015	13360.44	109.1	107.7	11103.03	110.6	109.2	40.6
2016	14512.15	108.6	106.5	12414.84	111.8	109.6	40.4

注：本表数据来源于自2013年起开展的城乡一体化住户收支和生活状况调查。

Notes: The data shown in the table are compiled on the basis of the integrated household income and expenditure survey ,including both urban and rural households.

10-24 城乡常住居民平均每百户主要耐用品年末拥有量
Number of Major Durable Consumer Goods Owned per 100 Rural and Urban Permanent Households at the Year-end

项目		Item		2013	2014	2015	2016
城镇常住居民平均每百户主要耐用品年末拥有量		**Number of Major Durable Consumer Goods Owned per 100 Urban Permanent Households**					
摩托车	(辆)	Motorcycle	(set)	32.56	39.21	40.15	41.38
家用汽车	(辆)	Car	(set)	23.10	25.53	29.67	34.65
洗衣机	(台)	Washing Machine	(set)	63.44	67.57	70.91	75.32
电冰箱	(台)	Refrigerator	(set)	68.06	71.67	75.30	79.17
彩色电视机	(台)	Color Television	(set)	92.61	98.68	99.53	99.57
计算机	(台)	Computer	(set)	77.45	81.55	84.45	86.96
组合音响	(台)	Hi-fi Stereo Component System	(set)	15.99	17.63	15.42	14.06
摄像机	(台)	Pickup Camera	(set)	6.16	6.71	6.32	6.18
微波炉	(台)	Microwave Oven	(set)	36.98	38.52	39.40	41.49
空调	(台)	Air Conditioner	(set)	125.63	132.26	144.26	155.97
移动电话	(部)	Mobile Telephone	(set)	200.43	210.70	221.45	228.18
农村常住居民平均每百户主要耐用品年末拥有量		**Number of Major Durable Goods Owned per 100 Rural Permanent Households**					
热水器	(台)	Water Heater	(unit)	64.98	69.36	77.71	84.93
彩色电视机	(台)	Color Television	(set)	113.24	114.28	117.22	119.49
空调	(台)	Air Conditioner	(set)	45.04	46.67	62.15	81.17
洗衣机	(台)	Washing Machine	(set)	52.45	54.43	64.82	74.43
摩托车	(辆)	Motorcycle	(unit)	101.20	108.06	116.95	122.27
电冰箱	(台)	Refrigerator	(set)	66.10	68.36	78.29	84.90
固定 电话机	(部)	Fixed Telephone	(set)	54.12	60.49	55.31	46.06
移动电话	(部)	Mobile Telephone	(set)	236.45	248.41	267.18	279.89
计算机	(台)	Computer	(set)	27.23	30.40	33.93	37.73

主要统计指标解释

居民可支配收入　指调查户在调查期内获得的、可用于最终消费支出和储蓄的总和，即调查户可以用来自由支配的收入。可支配收入既包括现金，也包括实物收入。按收入来源，可支配收入包含四项，分别为：工资性收入、经营净收入、财产净收入和转移净收入。计算公式为：

可支配收入=工资性收入+经营净收入+财产净收入+转移净收入

其中：经营净收入=经营收入-经营费用-生产性固定资产折旧-生产税

财产净收入=财产性收入-财产性支出

转移净收入=转移性收入-转移性支出

居民消费支出　指住户用于满足家庭日常生活消费需要的全部支出，包括用于消费品的支出和用于服务性消费的支出。根据用途不同，消费支出分为食品烟酒、衣着、居住、生活用品及服务、交通通信、教育文化娱乐、医疗保健、其他用品及服务八大类。根据来源不同，消费支出可划分为现金消费支出、实物消费支出（含自产自用、来自单位、来自政府和其他社会组织）。

Explanatory Notes on Main Statistical Indicators

Disposable Income of Households has a national coverage comparable between urban and rural households, and refers to the kind of income that households can have at their disposal. It includes income both in cash and in kind from four categories: income from wages and salaries, cash net income from household operations, net income from properties and net income from transfers.It is calculated as follows:

Disposable Income=income from wages and salaries+cash net income from household operations+net income from properties+net income from transfers

cash net income from household operations=cash income from household operations - household operation expenses - taxes and fees-depreciation of fixed assets for production - production taxes

net income from properties=income from properties-expenses for properties

net income from transfers=income from transfers-expenses for transfers

Consumption Expenditure of Households has a national coverage comparable between urban and rural households, and refers to the all the expenditures of households for consumption in daily life. It includes expenditure in cash and in kind on eight categories: food; clothing; housing; household appliances and services; transport and communications; education, cultural and recreational activities; and medical care. The expenditure on housing also includes rents, water, electricity, fuels and imputed rents of owner-occupied dwellings.

十一、农业

AGRICULTURE

十一 农业

简要说明

一、本篇资料反映广东省农业生产和农村经济的基本情况。内容主要包括农村劳动力、农业产值、主要产品产量、农业自然灾害等方面的统计资料。

二、本篇资料主要由广东省统计局农村社会经济统计处整理提供。

三、本篇资料主要来源于《广东省农林牧渔业综合统计报表制度》。农林牧渔业综合统计报表制度的统计范围包括各市县区的各种经济类型的全部农林牧渔业以及各非农行业附属的农林牧渔业生产单位。

四、根据国务院第二次全国农业普查条例，本篇资料的 2006、2007 年部分数据以普查结果为基础做了调整。

11 Agriculture

Brief Introduction

Ⅰ.The data in this chapter show the basic conditions of agricultural production and rural economy in Guangdong Province, including mainly rural labor force, output value of agriculture, output of major products, as well as statistics on natural disasters in agriculture enterprises.

Ⅱ.The data in this chapter are mainly prepared and provided by the Division of Rural Socio-economic Statistics of Statistics Bureau of Guangdong Province.

Ⅲ.The data in this chapter mainly come from The Comprehensive Statistical Report System on Farming, Forestry, Animal Husbandry and Fishery of Guangdong Province. The statistical coverage of the statistical reporting summary scheme includes all productive units of farming, forestry, animal husbandry and fishery and units engaged in farming, forestry, animal husbandry and fishery in non-agricultural sectors with various types of ownership in cities, counties and districts of Guangdong Province.

IV. Some data of 2006 and 2007 in this chapter are adjusted in accordance with the regulations of the second national agricultural census.

11-1 农业主要指标

Main Indicators of Agriculture

指 标	Item	2000	2010	2013	2014	2015	2016
乡镇户数 (万户)	Number of Rural Households (10000 households)	1419.91	1686.62	1721.96	1697.44	1689.97	1676.49
乡镇人口 (万人)	Rural Population (10000 persons)	6046.62	6805.44	6973.03	6901.08	6863.20	6807.01
乡镇就业人员 (万人)	Number of Rural Employed Persons (10000 persons)	2789.89	3425.28	3560.97	3542.59	3496.95	3466.41
#农、林、牧、渔业	Farming, Forestry, Animal Husbandry and Fishery	1572.07	1468.25	1363.95	1363.19	1351.83	1341.20
按性别分	Grouped by Sex						
男	Male	1450.37	1802.67	1881.12	1876.40	1854.11	1842.38
女	Female	1339.52	1622.61	1679.86	1666.19	1642.84	1624.03
化肥施用量(折纯) (万吨)	Consumption of Chemical Fertilizers (100 percent equivalent,10000 tons)	176.20	237.29	243.91	249.58	256.46	261.02
#氮肥	Nitrogenous Fertilizer	95.89	100.01	100.54	101.75	103.64	104.85
磷肥	Phosphate Fertilizer	18.36	21.50	21.90	22.88	24.39	25.03
钾肥	Potash Fertilizer	35.84	46.99	48.38	49.34	50.27	51.09
农药施用量 (万吨)	Consumption of Pesticides (10000 tons)	8.47	10.44	11.01	11.27	11.38	11.37
农村用电量 (亿千瓦时)	Electricity Consumed in Rural Areas (100 million kwh)	405.45	1044.26	1234.84	1314.00	1326.20	1334.89
农业总产值 (亿元)	Gross Output Value of Agriculture (100 million yuan)	1701.18	3754.86	4946.81	5234.21	5520.03	6078.43
农业增加值 (亿元)	Value-added of Agriculture (100 million yuan)	1000.06	2286.98	3047.51	3242.57	3426.12	3781.83
农作物总播种面积 (万亩)	Total Sown Area (10000 mu)	7735.35	6786.77	7047.13	7117.43	7177.08	7246.25
粮食作物	Grain Corps	4649.83	3797.90	3761.43	3760.52	3758.76	3764.00
经济作物	Economics Corps	1093.04	998.59	1091.35	1103.00	1114.49	1130.29
其他作物	Other Corps	1847.01	1990.28	2194.35	2253.91	2303.83	2351.96
人工造林面积 (万亩)	Afforested Area in Barren Mountains (10000 mu)	25.76	142.72	178.62	199.83	177.69	150.99
主要产品产量 (万吨)	Output of Major Products (10000 tons)						
粮食	Grain	1822.33	1316.50	1315.90	1357.34	1358.13	1360.22
糖蔗	Sugarcane	1137.59	1134.35	1358.77	1308.84	1250.93	1271.69
花生	Peanuts	77.68	87.13	99.85	104.31	109.04	111.93
烟叶	Tobacco	6.21	5.51	5.70	5.58	5.57	5.52
蔬菜	Vegetables	2214.80	2718.59	3144.47	3274.75	3438.78	3569.12
水果	Fruits	643.52	1128.73	1368.73	1438.49	1519.89	1580.96
水产品	Aquatic Products	593.19	729.03	816.13	836.34	857.23	873.79
猪肉	Pork	206.85	275.46	277.77	282.64	274.15	264.38
人工造林面积 (万亩)	Artificial Afforestation Area (10000 mu)	25.76	142.72	178.62	199.83	177.69	150.99
效益指标	Efficiency Indicators						
农业中间消耗率 (%)	Farming, Forestry, Animal Husbandry and Fishery	41.2	39.1	38.4	38.1	37.9	37.8
园地 (元/亩)	Garden Plot (yuan/mu)	914	2206	3107	3363	3542	3968
淡水养殖水面 (元/亩)	Freshwater Aquatic Cultivation Area (yuan/mu)	3643	6930	8665	9782	9875	10862
生猪出栏率 (%)	Slaughtered Fattened Hog Rate (%)	146	156	166	166	172	165

注：1. 表中农业总产值、农业增加值按当年价格计算，增长速度按可比价格计算。
2. 2004年起，粮食产量含大豆。

Notes: a) Gross output value and value-added of agriculture in this table are calculated at current prices, whereas the growth rates are calculated at comparable prices.

b) Since 2004, the output of grain has included that of soybeans.

11−2 各市农村基层组织情况（2016年）

Basic Conditions of Rural Grassroots Units by City (2016)

市 别	City	乡镇个数（个）Number of Townships (unit)	乡镇户数（万户）Number of Rural Households (10000 households)	乡镇人口（万人）Rural Population (10000 persons)	乡镇就业人员（万人）Rural Employed Persons (10000 persons)	#农、林、牧、渔业 Farming, Forestry,Animal Husbandry and Fishery	按性别分 By Sex 男 Male	女 Female
全 省	Provincial Total	1139	1676.49	6807.01	3466.41	1341.20	1842.38	1624.03
广 州	Guangzhou	34	161.55	548.66	340.58	62.14	177.10	163.48
深 圳	Shenzhen							
珠 海	Zhuhai	15	12.52	52.47	27.92	6.15	14.60	13.32
汕 头	Shantou	32	86.94	426.21	182.99	61.88	96.81	86.18
佛 山	Foshan	21	61.44	227.54	110.03	58.69	58.41	51.62
#顺 德	Shunde		29.49	105.66	61.67	5.46	32.17	29.50
韶 关	Shaoguan	94	73.90	315.33	150.47	71.08	79.98	70.49
河 源	Heyuan	95	87.32	330.31	180.01	78.64	92.55	87.46
梅 州	Meizhou	104	83.60	357.24	202.33	49.09	107.14	95.19
惠 州	Huizhou	53	72.76	349.57	146.76	52.20	84.83	61.94
汕 尾	Shanwei	44	53.47	179.30	97.02	5.90	51.60	45.42
东 莞	Dongguan	28	60.57	229.22	144.56	10.02	75.18	69.37
中 山	Zhongshan	18	81.35	283.43	174.00	79.47	89.73	84.27
江 门	Jiangmen	61	82.78	299.20	175.15	22.45	90.79	84.36
阳 江	Yangjiang	38	65.32	249.59	127.96	47.23	69.84	58.12
湛 江	Zhanjiang	84	153.15	689.16	333.99	203.56	180.41	153.58
茂 名	Maoming	87	130.69	544.48	259.37	136.03	139.26	120.11
肇 庆	Zhaoqing	92	82.62	301.78	147.73	106.48	75.30	72.43
清 远	Qingyuan	80	82.44	340.68	171.79	96.46	90.10	81.69
潮 州	Chaozhou	41	54.30	232.39	111.97	39.22	59.86	52.11
揭 阳	Jieyang	63	126.97	603.48	250.47	83.11	139.29	111.18
云 浮	Yunfu	55	62.80	246.95	131.32	71.40	69.59	61.73
按经济区域分	By Region							
珠 三 角	Pearl River Delta	322	618.46	2251.29	1266.73	397.60	665.95	600.78
东 翼	Eastern Region	180	340.97	1611.65	642.45	190.11	347.56	294.89
西 翼	Western Region	209	349.16	1483.23	721.31	386.81	389.51	331.80
山 区	Mountainous Region	428	367.91	1460.83	835.92	366.67	439.36	396.56

注：乡镇个数为广东省民政厅统计年报数。

Note: The number of townships comes from the annual reports of Guangdong Provincial Department of Civil Affairs.

11-3 农业自然灾害情况

Statistics on Agriculture Covered and Affected by Natural Disasters

项目	Item	2000	2010	2014	2015	2016
农作物受灾面积 （万亩）	Area of Farm Crops Covered by Natural Disasters(10000 mu)	948.43	916.21	1265.72	1268.90	1121.25
#绝收面积	Area without Output	84.14	106.45	239.01	139.31	81.00
受灾人口 （万人）	Number of Persons Covered by Natural Disasters (10000 persons)	1801.00	1197.00	744.89	848.74	560.94
紧急转移安置人口(万人)	Number of Persons Receiving Evacuation and Re-settlement (10000 persons)	27.73	71.61	54.03	38.59	33.50
饮水困难人口 （万人）	Number of Persons Lacking Access to Clean Drinking Water (10000 persons)	23.16	1.96		7.31	
因灾死亡人口 （人）	DeathToll in Natural Disasters (person)	102	177	54	28	43
因灾伤病人口 （人）	Number of Wounded Persons in Natural Disasters (person)	14454	1121	33	263	59
倒塌房屋 （间）	Number of Broken Buildings (room)	27743	73666	33597	9646	5984
损坏房屋 （间）	Number of Damaged Buildings (room)	74052	137066	157328	150161	14580
因灾死亡大牲畜(头、只)	Number of Large Livestock Killed in Natural Disasters (head)	62417	74002	1597	1310	4572
直接经济损失 （亿元）	Volume of Direct Economic Loss (100 million yuan)	38.20	180.01	336.98	315.54	109.10

11-4 农林牧渔业总产值

Gross Output Value of Farming, Forestry, Animal Husbandry and Fishery

单位：亿元 (100 million yuan)

年份 Year	农林牧渔业总产值 Gross Output Value of Farming, Forestry, Animal Husbandry and Fishery	农业产值 Farming	林业产值 Forestry	牧业产值 Animal Husbandry	渔业产值 Fishery	农林牧渔服务业产值 Services for Farming,Forestry, Animal Husbandry and Fishery
1978	85.94	59.56	4.98	15.98	5.42	
1979	91.53	67.19	7.67	13.58	3.09	
1980	126.25	97.15	6.83	17.75	4.52	
1981	133.85	99.33	7.81	21.62	5.09	
1982	135.52	98.33	8.33	21.73	7.13	
1983	169.96	120.06	10.72	28.57	10.61	
1984	200.07	141.22	12.13	33.81	12.91	
1985	245.21	149.09	21.09	54.68	20.35	
1986	279.15	168.68	24.38	60.74	25.35	
1987	348.61	214.47	16.74	78.26	39.14	
1988	473.78	277.38	27.66	114.28	54.46	
1989	548.60	323.15	28.00	134.60	62.85	
1990	600.71	359.39	28.46	143.68	69.18	
1991	654.82	388.90	29.64	156.08	80.20	
1992	737.11	428.99	32.86	175.36	99.90	
1993	899.03	486.46	35.51	223.16	153.90	
1994	1151.38	628.17	41.07	279.98	202.16	
1995	1445.48	777.72	46.12	349.11	272.53	
1996	1577.89	825.60	49.64	398.12	304.53	
1997	1656.46	851.35	52.10	425.67	327.34	
1998	1705.44	861.97	54.65	441.61	347.21	
1999	1745.02	859.66	58.77	457.51	369.08	
2000	1701.18	807.94	59.64	450.18	383.42	
2001	1722.35	817.95	56.78	457.56	390.06	
2002	1781.06	841.77	57.09	465.91	416.29	
2003	1908.66	851.72	55.72	482.83	432.74	85.65
2004	2154.79	959.97	61.72	571.09	466.45	95.56
2005	2447.57	1109.18	66.25	638.61	523.79	109.74
2006	2536.27	1235.40	67.60	623.34	519.03	90.90
2007	2821.24	1328.70	73.45	775.62	541.87	101.60
2008	3298.01	1481.69	79.41	967.91	652.59	116.41
2009	3337.59	1551.03	88.30	917.14	661.23	119.89
2010	3754.86	1760.18	176.34	947.25	741.44	129.66
2011	4384.44	2042.16	208.68	1146.42	843.01	144.18
2012	4656.85	2229.27	222.74	1134.14	914.04	156.66
2013	4946.81	2444.70	249.43	1106.86	975.28	170.53
2014	5234.21	2613.18	279.83	1077.37	1080.31	183.53
2015	5520.03	2793.76	296.75	1117.15	1117.16	195.21
2016	6078.43	3134.44	314.74	1221.75	1195.63	211.87

注：1．本表按当年价格计算。
2．表中2006、2007年数据为第二次全国农业普查后调整数。
3．从2010年起，农业产值、林业产值统计范围作了调整，原农业中的野生植物采集归入林业，原林业中板栗、桂皮等归入农业。

Note: a) Data in value terms in this table are calculated at current prices.
b) Data in value terms of 2006 and 2007 in this table are adjusted according to the second national agricultural census.
c) Since 2010, the coverage of the output value of agriculture and that of forestry have been adjusted. The output value of wild plants have been moved from Farming to Forestry, and those of chestnuts and cinnamon bark have beenmoved from Forestry to Farming.

11-5 农林牧渔业总产值指数（1978年＝100）

Indices of Gross Output Value of Farming, Forestry, Animal Husbandry and Fishery (year of 1978=100)

1978年＝100 (year of 1978=100)

年份 Year	农林牧渔业总产值 Gross Output Value of Farming, Forestry, Animal Husbandry and Fishery	农业产值 Farming	林业产值 Forestry	牧业产值 Animal Husbandry	渔业产值 Fishery	农林牧渔服务业产值 Services for Farming,Forestry, Animal Husbandry and Fishery
1978	100.0	100.0	100.0	100.0	100.0	
1979	99.2	99.4	85.1	104.6	93.7	
1980	110.2	111.8	108.3	104.4	102.8	
1981	112.8	110.3	119.6	122.9	111.9	
1982	131.2	127.4	133.4	148.6	135.0	
1983	134.6	127.2	140.4	159.8	164.3	
1984	147.1	138.9	147.6	175.5	185.5	
1985	157.8	145.5	154.8	202.2	216.2	
1986	167.5	151.0	173.4	219.6	257.0	
1987	183.6	165.8	166.9	237.7	313.2	
1988	197.7	173.4	223.2	259.2	350.3	
1989	213.2	186.9	232.3	279.4	389.9	
1990	228.9	201.5	215.7	306.2	429.3	
1991	243.0	211.9	213.8	332.6	470.1	
1992	257.7	220.3	218.9	357.8	536.5	
1993	267.6	213.7	222.6	398.9	644.5	
1994	279.5	219.5	227.5	415.1	716.3	
1995	302.7	237.1	239.6	443.5	800.1	
1996	320.9	245.0	246.5	485.9	882.9	
1997	342.7	263.7	249.2	509.5	953.5	
1998	359.3	272.7	258.1	535.8	1033.7	
1999	379.1	286.8	271.8	563.9	1101.9	
2000	389.3	288.6	281.3	579.6	1184.5	
2001	400.1	295.6	294.0	592.7	1230.1	
2002	426.1	323.4	285.8	601.4	1310.6	
2003	438.2	331.6	277.8	614.8	1367.5	100.0
2004	457.9	350.5	287.2	625.9	1433.1	107.8
2005	479.9	362.3	295.5	660.4	1514.2	120.5
2006	499.1	375.2	280.8	680.7	1605.1	132.3
2007	515.5	385.3	291.3	701.0	1670.8	143.1
2008	535.9	391.5	300.6	749.9	1749.3	155.0
2009	562.6	413.3	323.7	778.5	1838.6	163.2
2010	586.6	433.0	338.1	803.1	1920.9	171.4
2011	609.6	456.8	365.7	794.2	2021.4	180.8
2012	632.2	474.2	388.7	810.1	2120.4	191.1
2013	646.2	487.9	410.3	795.4	2205.2	203.2
2014	665.5	508.9	430.2	786.4	2282.9	213.5
2015	685.9	529.1	455.3	782.9	2358.2	224.7
2016	705.6	548.4	484.5	774.8	2437.4	238.3

注：1．本表按可比价格计算。
2．表中2007年数据为第二次全国农业普查后调整数。

Note: a) The indices are calculated at comparable prices.
b) Indices of 2007 in this table are adjusted according to the second national agricultural census.

11-6 农林牧渔业总产值指数（上年=100）

Indices of Gross Output Value of Farming, Forestry, Animal Husbandry and Fishery (preceding year=100)

上年=100 (preceding year=100)

年份 Year	农林牧渔业总产值 Gross Output Value of Farming, Forestry, Animal Husbandry and Fishery	农业产值 Farming	林业产值 Forestry	牧业产值 Animal Husbandry	渔业产值 Fishery	农林牧渔服务业产值 Services for Farming, Forestry,Animal Husbandry and Fishery
1979	99.2	99.4	85.1	104.6	93.7	
1980	111.1	112.5	127.3	99.8	109.7	
1981	102.4	98.7	110.4	117.6	108.9	
1982	116.3	115.5	111.5	120.9	120.6	
1983	102.6	99.9	105.2	107.6	121.7	
1984	109.3	109.2	105.1	109.8	112.9	
1985	107.3	104.8	104.9	115.2	116.5	
1986	106.1	103.8	112.0	108.6	118.9	
1987	109.6	109.8	96.3	108.2	121.9	
1988	107.7	104.6	133.7	109.0	111.8	
1989	107.8	107.8	104.1	107.8	111.3	
1990	107.4	107.8	92.9	109.6	110.1	
1991	106.2	105.1	99.1	108.6	109.5	
1992	106.0	103.9	102.4	107.6	114.1	
1993	103.8	97.0	101.7	111.5	120.1	
1994	104.4	102.7	102.2	104.1	111.1	
1995	108.3	108.0	105.3	106.8	111.7	
1996	106.0	103.3	102.9	109.6	110.3	
1997	106.8	107.6	101.1	104.8	108.0	
1998	104.8	103.4	103.6	105.2	108.4	
1999	105.5	105.2	105.3	105.2	106.6	
2000	102.7	100.6	103.5	102.8	107.5	
2001	102.8	102.4	104.5	102.2	103.8	
2002	106.5	109.4	97.2	101.5	106.5	
2003	102.8	102.5	97.2	102.2	104.3	
2004	104.5	105.7	103.4	101.8	104.8	107.8
2005	104.8	103.4	102.9	105.5	105.7	111.8
2006	104.0	103.6	95.0	103.1	106.0	109.8
2007	103.3	102.7	103.7	103.0	104.1	108.2
2008	104.0	101.6	103.2	107.0	104.7	108.3
2009	105.0	105.6	107.7	103.8	105.1	105.3
2010	104.3	104.8	104.5	103.2	104.5	105.0
2011	103.9	105.5	108.1	98.9	105.2	105.5
2012	103.7	103.8	106.3	102.0	104.9	105.7
2013	102.2	102.9	105.6	98.2	104.0	106.3
2014	103.0	104.3	104.8	98.9	103.5	105.1
2015	103.1	104.0	105.8	99.5	103.3	105.2
2016	102.9	103.6	106.4	99.0	103.4	106.1

注：1．本表按可比价格计算。
　　2．表中2007年数据为第二次全国农业普查后调整数。

Note: a) The indices are calculated at comparable prices.
　　b) Indices of 2007 in this table are adjusted according to the second national agricultural census.

11-7 各市农林牧渔业总产值（2016年）
Gross Output Value of Farming, Forestry, Animal Husbandry and Fishery by City (2016)

单位：亿元 (100 million yuan)

市别	City	农林牧渔业总产值 Gross Output Value of Farming, Forestry, Animal Husbandry and Fishery	农业产值 Farming	林业产值 Forestry	牧业产值 Animal Husbandry	渔业产值 Fishery	农林牧渔服务业产值 Services for Farming,Forestry, Animal Husbandry and Fishery
广州	Guangzhou	436.65	240.75	3.87	65.80	76.70	49.53
深圳	Shenzhen	16.73	5.19	0.32	1.83	8.59	0.80
珠海	Zhuhai	84.13	11.84	0.05	13.54	50.08	8.63
汕头	Shantou	197.09	100.36	0.79	32.10	59.07	4.77
佛山	Foshan	293.05	102.62	1.36	57.75	115.08	16.23
#顺德	Shunde	89.23	20.82	0.01	2.99	60.50	4.92
韶关	Shaoguan	269.13	192.25	19.73	44.88	8.10	4.18
河源	Heyuan	163.09	95.65	22.30	34.93	4.31	5.90
梅州	Meizhou	334.88	222.44	15.47	77.87	10.62	8.48
惠州	Huizhou	277.51	193.33	5.54	51.96	21.56	5.12
汕尾	Shanwei	216.58	96.54	4.88	29.90	75.12	10.14
东莞	Dongguan	38.44	27.01	0.39	3.50	6.51	1.02
中山	Zhongshan	116.08	40.44	0.06	8.89	65.23	1.45
江门	Jiangmen	345.61	118.47	8.07	84.60	128.56	5.91
阳江	Yangjiang	368.98	106.47	19.28	60.09	162.02	21.12
湛江	Zhanjiang	792.30	442.51	22.29	112.67	195.49	19.34
茂名	Maoming	694.83	364.44	39.65	181.73	83.61	25.40
肇庆	Zhaoqing	479.80	232.65	71.77	122.48	47.89	5.01
清远	Qingyuan	328.77	198.99	31.72	73.54	16.62	7.88
潮州	Chaozhou	122.24	60.79	3.48	20.25	32.04	5.68
揭阳	Jieyang	290.20	186.55	23.90	49.60	20.18	9.99
云浮	Yunfu	252.21	101.26	34.77	99.76	10.17	6.25
按经济区域分	By Region						
珠三角	Pearl River Delta	2088.01	972.31	91.43	410.36	520.20	93.70
东翼	Eastern Region	826.12	444.24	33.05	131.85	186.40	30.57
西翼	Western Region	1856.12	913.42	81.23	354.48	441.12	65.87
山区	Mountainous Region	1348.08	810.59	124.00	330.98	49.82	32.69

注：本表按当年价格计算。
Note: Data in this table are calculated at current prices.

11-8 各市农林牧渔业总产值指数（2016年）
Indices of Gross Output Value of Farming, Forestry, Animal Husbandry and Fishery by City (2016)

上年=100

(preceding year=100)

市　别	City	农林牧渔业总产值 Gross Output Value of Farming, Forestry, Animal Husbandry and Fishery	农业产值 Farming	林业产值 Forestry	牧业产值 Animal Husbandry	渔业产值 Fishery	农林牧渔服务业产值 Services for Farming,Forestry, Animal Husbandry and Fishery
广　州	Guangzhou	100.7	101.1	100.8	96.1	101.1	104.7
深　圳	Shenzhen	96.3	131.2	164.3	72.4	87.1	117.4
珠　海	Zhuhai	95.0	86.5	12.6	98.8	95.4	103.8
汕　头	Shantou	102.8	102.2	108.2	99.4	104.6	114.5
佛　山	Foshan	102.1	102.2	100.4	99.2	103.3	103.1
#顺　德	Shunde	102.2	103.4	102.0	57.6	105.5	102.3
韶　关	Shaoguan	103.6	105.0	101.6	98.6	102.5	106.4
河　源	Heyuan	102.2	103.0	102.5	99.2	100.9	107.5
梅　州	Meizhou	102.7	103.7	106.3	98.5	103.4	105.7
惠　州	Huizhou	104.5	105.8	113.9	98.4	103.8	111.4
汕　尾	Shanwei	102.5	103.5	108.4	99.1	101.6	109.3
东　莞	Dongguan	103.1	112.4	103.6	84.8	84.5	100.2
中　山	Zhongshan	99.1	96.3	254.2	100.3	100.4	105.5
江　门	Jiangmen	102.8	106.0	99.0	99.3	102.3	109.6
阳　江	Yangjiang	101.2	94.9	115.2	98.5	104.5	104.1
湛　江	Zhanjiang	102.8	103.2	106.6	98.2	103.3	109.1
茂　名	Maoming	103.9	104.3	112.3	97.9	108.8	113.4
肇　庆	Zhaoqing	103.2	103.7	109.3	99.0	102.0	113.1
清　远	Qingyuan	104.1	105.0	109.5	98.5	103.7	110.5
潮　州	Chaozhou	103.7	103.1	108.6	98.6	106.8	107.8
揭　阳	Jieyang	103.9	104.3	109.3	98.1	103.5	114.7
云　浮	Yunfu	102.4	101.6	104.6	102.2	100.1	111.0
按经济区域分	By Region						
珠三角	Pearl River Delta	102.0	103.3	107.7	98.2	100.9	105.4
东　翼	Eastern Region	103.2	103.5	109.1	98.7	103.6	110.2
西　翼	Western Region	102.9	102.6	111.3	98.1	104.7	109.0
山　区	Mountainous Region	103.1	104.0	105.1	99.7	102.4	108.2

注：本表按可比价格计算。
Note: The indices are calculated at comparable prices.

11-9 农作物播种面积

Total Sown Area of Farm Crops

单位：万亩 (10000 mu)

年份 Year	农作物总播种面积 Total Sown Area	一、粮食作物 Grain Crops	#稻谷 Rice	#薯类 Tubers	二、大豆 Soybean
1978	9962.46	7603.47	5790.39	873.02	163.71
1979	9492.62	7300.54	5691.88	845.65	185.91
1980	8954.84	6908.02	5596.10	800.67	198.18
1981	8567.83	6548.40	5450.29	767.07	199.33
1982	8539.77	6475.65	5373.51	778.51	218.52
1983	8364.03	6485.66	5406.97	780.98	197.43
1984	8313.00	6269.47	5272.01	765.51	193.21
1985	8036.82	5750.76	4815.81	730.83	175.22
1986	8037.18	5731.76	4804.77	745.48	177.59
1987	8064.78	5679.94	4750.06	743.22	174.25
1988	8063.89	5598.29	4678.26	726.61	172.60
1989	8322.71	5777.18	4768.32	743.93	173.64
1990	8507.35	5822.06	4763.67	751.70	172.44
1991	8489.09	5643.92	4596.92	746.74	163.30
1992	8231.36	5303.82	4313.79	710.56	157.48
1993	7718.41	4840.76	3944.83	681.66	160.54
1994	7807.99	4959.10	4005.47	747.93	157.12
1995	7957.19	5052.24	4052.13	775.96	155.84
1996	8156.22	5120.09	4066.33	778.70	155.04
1997	8267.25	5144.06	4055.92	772.52	149.14
1998	8310.73	5147.65	4029.10	768.09	146.06
1999	7894.24	4912.04	3836.30	697.22	144.52
2000	7735.35	4649.83	3619.05	640.15	145.46
2001	7868.21	4634.79	3638.28	661.15	132.19
2002	7207.37	4021.44	3151.22	582.81	102.14
2003	7294.58	4012.81	3144.56	578.14	114.54
2004	7211.96	4184.55	3208.50	581.55	120.60
2005	7223.06	4179.75	3206.40	579.75	125.70
2006	6573.85	3700.00	2912.90	468.40	96.90
2007	6544.56	3719.30	2908.50	476.40	92.00
2008	6606.46	3749.91	2920.35	479.15	93.00
2009	6714.06	3807.75	2939.55	491.74	96.85
2010	6786.77	3797.90	2929.12	493.67	95.38
2011	6858.04	3795.63	2911.39	498.93	95.55
2012	6944.40	3810.27	2924.07	495.81	93.05
2013	7047.13	3761.43	2863.19	501.75	93.70
2014	7117.43	3760.52	2839.92	523.75	93.95
2015	7177.08	3758.76	2830.95	526.86	95.36
2016	7246.25	3764.00	2832.90	526.59	95.67

注：1．2004年起粮食播种面积含大豆。

2．表中2006、2007年数据为第二次全国农业普查后调整数。

Note: a) Since 2004, the sown area of grain has included that of soybeans.

b) Data of 2006 and 2007 in this table are adjusted according to the second national agricultural census.

11-9 续表 continued

单位：万亩 (10000 mu)

年份 Year	三、经济作物 Economic Crops	#糖蔗 Sugarcane	#花生 Peanuts	#烟叶 Tobacco	四、其他作物 Other Crops	#蔬菜 Vegetables
1978	1277.28	258.96	486.62	69.19	918.00	
1979	1258.28	227.15	519.73	59.44	747.89	
1980	1213.98	218.57	553.24	38.62	634.66	
1981	1302.19	272.52	595.41	45.06	517.91	
1982	1327.84	331.53	588.01	48.73	517.76	
1983	1126.05	312.86	489.74	43.25	554.89	
1984	1213.32	341.02	523.56	39.06	637.00	
1985	1417.68	442.83	545.78	55.25	693.16	
1986	1334.07	405.07	560.80	41.87	793.76	
1987	1324.67	344.72	533.13	41.42	885.92	
1988	1318.08	354.90	497.82	61.39	974.92	
1989	1324.88	338.02	486.05	72.25	1047.01	
1990	1338.43	419.73	485.96	68.55	1174.42	776.00
1991	1374.36	453.90	472.15	81.93	1307.51	867.95
1992	1393.07	461.14	471.88	79.08	1376.99	946.88
1993	1295.77	353.65	499.78	73.92	1421.34	1057.02
1994	1224.21	325.62	505.35	53.15	1467.56	1147.53
1995	1185.17	320.18	499.60	44.33	1563.94	1244.96
1996	1202.15	329.28	497.42	45.10	1678.94	1348.64
1997	1211.80	334.02	499.70	55.45	1762.26	1416.62
1998	1185.21	325.59	510.83	50.30	1831.81	1484.82
1999	1071.27	261.47	468.50	42.72	1766.41	1441.85
2000	1093.04	239.60	496.61	46.64	1847.01	1515.15
2001	1088.71	215.25	511.57	53.48	2012.52	1685.69
2002	1068.46	222.66	472.49	46.27	2015.33	1692.00
2003	1055.55	198.29	488.66	44.86	2111.68	1792.29
2004	1008.72	193.45	462.20	47.42	2018.69	1720.01
2005	1001.56	188.08	464.11	47.47	2041.75	1744.08
2006	947.98	195.13	462.28	30.23	1925.87	1627.80
2007	944.03	206.46	453.71	29.39	1881.24	1597.50
2008	957.45	204.06	471.21	35.23	1899.11	1668.94
2009	979.23	203.72	483.22	37.11	1927.09	1707.65
2010	998.59	204.62	492.77	35.80	1990.28	1769.69
2011	1024.29	210.86	501.66	36.36	2038.12	1813.22
2012	1063.74	218.28	514.75	35.90	2070.39	1843.77
2013	1091.35	229.28	526.52	35.32	2194.35	1960.39
2014	1103.00	222.76	536.04	34.10	2253.91	2025.60
2015	1114.49	212.25	548.87	33.79	2303.83	2072.97
2016	1130.29	210.70	553.62	33.58	2351.96	2122.25

注：1. 2004年起粮食播种面积含大豆。
　　2. 表中2006、2007年数据为第二次全国农业普查后调整数。

Note: a) Since 2004, the sown area of grain has included that of soybeans.
　　b) Data of 2006 and 2007 in this table are adjusted according to the second national agricultural census.

11-10 农作物产量

Output of Farm Crops

单位：万吨 (10000 tons)

年份 Year	粮食作物 Grain Crops	#稻谷 Rice	#薯类 Tubers	大豆 Soybean	主要经济作物 Major Economic Crops 糖蔗 Sugarcane	花生 Peanuts	烟叶 Tobacco	蔬菜 Vegetables
1978	1509.51	1328.56	121.04	7.99	835.42	35.17	4.73	
1979	1605.36	1435.22	125.15	9.56	742.90	40.70	4.00	
1980	1681.91	1523.92	123.68	11.47	834.73	50.00	2.72	
1981	1521.00	1372.22	122.53	12.01	1235.50	57.39	3.68	
1982	1795.72	1627.37	138.98	14.44	1496.10	61.90	4.67	
1983	1817.48	1673.12	138.98	10.80	1159.83	48.08	3.41	
1984	1819.33	1666.08	130.21	11.90	1454.15	53.40	3.50	
1985	1604.37	1454.29	131.88	11.32	1831.40	57.07	4.89	
1986	1567.00	1421.55	128.01	12.27	1622.13	60.40	3.50	
1987	1701.81	1536.46	146.48	12.43	1338.60	53.50	4.05	
1988	1636.70	1472.95	143.42	12.32	1538.68	51.80	5.80	
1989	1817.21	1630.29	153.47	13.25	1681.34	55.38	7.15	
1990	1896.29	1687.00	167.05	13.87	2093.46	57.95	7.08	976.83
1991	1873.50	1651.65	176.59	12.60	2286.38	56.11	8.46	1106.19
1992	1810.40	1602.27	170.28	13.94	2271.06	60.30	8.62	1203.54
1993	1629.11	1425.81	169.20	15.28	1603.11	66.02	7.70	1367.22
1994	1662.66	1434.04	194.68	15.44	1397.22	63.71	5.30	1509.93
1995	1803.33	1553.90	209.40	16.50	1472.21	69.98	5.04	1703.86
1996	1891.43	1626.29	210.28	17.32	1392.00	73.05	5.29	1865.10
1997	1966.75	1669.33	228.35	17.61	1629.27	74.10	7.33	1995.99
1998	1884.13	1688.53	238.28	17.32	1616.94	69.38	6.61	2011.13
1999	1935.82	1630.13	214.38	17.91	1218.30	73.31	5.80	2109.68
2000	1822.33	1528.53	199.05	18.73	1137.59	77.68	6.21	2214.80
2001	1721.55	1441.35	198.15	17.36	1073.38	79.73	6.79	2377.60
2002	1484.16	1243.46	171.02	12.67	1136.45	75.19	6.08	2442.53
2003	1488.00	1250.38	166.77	14.92	952.87	80.73	6.00	2584.20
2004	1390.00	1123.13	180.28	18.10	940.77	76.47	6.27	2557.65
2005	1394.97	1116.99	185.48	18.87	946.02	75.86	6.30	2596.02
2006	1242.42	1015.90	150.48	14.92	1025.66	76.54	4.23	2380.56
2007	1284.70	1046.05	157.40	13.53	1096.87	76.66	4.18	2351.48
2008	1243.44	1003.30	154.56	13.86	1079.30	80.53	4.93	2431.43
2009	1314.50	1058.10	162.43	14.67	1116.11	83.63	5.36	2567.17
2010	1316.50	1060.60	162.32	14.70	1134.35	87.13	5.51	2718.59
2011	1360.95	1096.90	166.35	15.16	1202.69	90.85	5.63	2850.99
2012	1396.33	1126.57	167.35	15.26	1279.30	95.52	5.81	2982.71
2013	1315.90	1045.00	165.89	15.90	1358.77	99.85	5.70	3144.47
2014	1357.34	1091.64	165.16	16.27	1308.84	104.31	5.58	3274.75
2015	1358.13	1088.42	167.73	16.66	1250.93	109.04	5.57	3438.78
2016	1360.22	1087.06	167.21	17.04	1271.69	111.93	5.52	3569.12

注：1．2004年起粮食产量含大豆。
2．表中2006、2007年数据为第二次全国农业普查后调整数。

Note: a) Since 2004, the output of grain has included that of soybeans.
b) Data of 2006 and 2007 in this table are adjusted according to the second national agricultural census.

11-11 主要农作物播种面积、亩产及总产量

Sown Area, Yield per Mu and Total Output of Major Farm Crops

单位：万亩、公斤、万吨 (10000 mu, kg, 10000 tons)

作物名称	Farm Crop	2010			2015			2016		
		播种面积 Sown Area	亩产 Yield per Mu	总产量 Total Output	播种面积 Sown Area	亩产 Yield per Mu	总产量 Total Output	播种面积 Sown Area	亩产 Yield per Mu	总产量 Total Output
农作物播种面积	**Total Sown Area**	**6786.77**			**7177.08**			**7246.25**		
粮食作物	**Grain Crops**	**3797.90**	**347**	**1316.50**	**3758.76**	**361**	**1358.13**	**3764.00**	**361**	**1360.22**
稻谷	Rice	2929.12	362	1060.60	2830.95	384	1088.42	2832.90	384	1087.06
早稻	Early Rice	1412.00	362	511.10	1334.10	394	524.97	1337.70	399	533.34
晚稻	Late Rice	1517.12	362	549.50	1496.85	376	563.45	1495.20	370	553.72
小麦	Wheat	1.31	188	0.25	1.36	221	0.30	1.37	220	0.30
旱粮	Upland Grain	278.43	282	78.63	304.23	279	85.02	307.47	288	88.61
#玉米	Corn	243.39	296	72.09	268.44	290	77.85	271.40	298	80.96
薯类	Tubers	493.67	329	162.32	526.86	318	167.73	526.59	318	167.21
大豆	Soybean	95.38	154	14.70	95.36	175	16.66	95.67	178	17.04
经济作物	**Economic Crops**	**998.59**			**1114.49**			**1130.29**		
甘蔗	Sugarcane and Fruit Cane	232.29	5597	1300.15	243.54	5966	1452.85	242.78	6093	1479.29
#糖蔗	Sugarcane	204.62	5544	1134.35	212.25	5894	1250.93	210.70	6036	1271.69
油料作物	Oil-bearing Crops	506.13	174	88.16	563.37	196	110.34	568.62	199	113.29
#花生	Peanuts	492.77	177	87.13	548.87	199	109.04	553.62	202	111.93
麻类	Fiber Crops	0.31	162	0.05	0.16	172	0.03	0.13	167	0.02
烟叶	Tobacco	35.80	154	5.51	33.79	165	5.57	33.58	164	5.52
木薯	Cassava	125.05	1236	154.57	123.29	1362	167.97	123.19	1386	170.75
药材	Medicinal Plants	16.70			33.55			38.91		
其他经济作物	Other Economic Crops	82.32			116.79			123.08		
其他作物	**Other Crops**	**1990.28**			**2303.83**			**2351.96**		
#蔬菜	Vegetables	1769.69	1536	2718.59	2072.97	1659	3438.78	2122.25	1682	3569.12

11-12 各市主要农作物播种面积、亩产及总产量（2016年）

Sown Area, Yield per Mu and Total Output of Major Farm Crops by City (2016)

单位：亩、公斤、吨 (mu, kg, ton)

市别	City	粮食作物 Grain Crops			#稻谷 Rice		
		播种面积 Sown Area	亩产 Yield per Mu	总产量 Total Output	播种面积 Sown Area	亩产 Yield per Mu	总产量 Total Output
广　州	Guangzhou	1332980	327	436500	870660	345	300200
深　圳	Shenzhen	95	632	60			
珠　海	Zhuhai	105634	406	42843	66835	396	26500
汕　头	Shantou	1066460	443	472400	718340	455	326800
佛　山	Foshan	309560	318	98300	139863	360	50300
#顺　德	Shunde	1198	329	395			
韶　关	Shaoguan	2357900	379	892700	1845280	414	764800
河　源	Heyuan	2454700	372	913200	2021260	405	818700
梅　州	Meizhou	3230110	384	1239700	2601500	410	1066750
惠　州	Huizhou	1764187	340	599880	1213097	347	421300
汕　尾	Shanwei	1426700	304	434410	1035080	319	330200
东　莞	Dongguan	41664	302	12577	9250	371	3430
中　山	Zhongshan	223690	344	76890	75070	382	28700
江　门	Jiangmen	2872350	334	958300	2577130	344	886450
阳　江	Yangjiang	2187910	325	710200	1576000	355	559200
湛　江	Zhanjiang	4322340	337	1455900	3141980	353	1109700
茂　名	Maoming	3743770	390	1461000	2992310	409	1223920
肇　庆	Zhaoqing	3029750	383	1160500	2460540	412	1013300
清　远	Qingyuan	2687100	298	800400	2011030	324	651600
潮　州	Chaozhou	668790	413	275940	481160	443	212950
揭　阳	Jieyang	2049190	419	858400	1162305	413	480400
云　浮	Yunfu	1765070	398	702100	1330310	448	595400
按经济区域分	By Region						
珠三角	Pearl River Delta	9679910	350	3385850	7412445	368	2730180
东　翼	Eastern Region	5211140	392	2041150	3396885	398	1350350
西　翼	Western Region	10254020	354	3627100	7710290	375	2892820
山　区	Mountainous Region	12494880	364	4548100	9809380	397	3897250

11-12 续表 1 continued

单位：亩、公斤、吨 (mu, kg, ton)

市别	City	大豆 Soybean 播种面积 Sown Area	大豆 Soybean 亩产 Yield per Mu	大豆 Soybean 总产量 Total Output	经济作物 Economic Crops 播种面积 Sown Area	#糖蔗 Sugarcane 播种面积 Sown Area	#糖蔗 Sugarcane 亩产 Yield per Mu	#糖蔗 Sugarcane 总产量 Total Output
广州	Guangzhou	23680	236	5580	514958	755	6470	4885
深圳	Shenzhen				1430			
珠海	Zhuhai	2346	295	693	24477	526	3599	1893
汕头	Shantou	3780	140	530	22076			
佛山	Foshan	4930	175	863	181402			
#顺德	Shunde	10	100	1	48781			
韶关	Shaoguan	133980	205	27426	1082894	42626	5342	227692
河源	Heyuan	156200	176	27420	463534	7212	3792	27346
梅州	Meizhou	133100	181	24030	527137			
惠州	Huizhou	33700	142	4800	386410	19129	3212	61439
汕尾	Shanwei	29452	130	3830	237422	1000	5000	5000
东莞	Dongguan	1903	161	307	19139			
中山	Zhongshan	15840	213	3370	91450	407	3939	1603
江门	Jiangmen	38940	183	7107	446645	27416	6454	176934
阳江	Yangjiang	107510	144	15494	500797	13901	4272	59385
湛江	Zhanjiang	24050	190	4580	3272244	1867094	6150	11482560
茂名	Maoming	24829	212	5270	1007514	69919	4983	348403
肇庆	Zhaoqing	30710	177	5450	834025	7380	4968	36666
清远	Qingyuan	75900	160	12130	890209	47828	5681	271726
潮州	Chaozhou	5010	148	740	41924	1050	8050	8453
揭阳	Jieyang	45320	170	7700	170309	715	4025	2878
云浮	Yunfu	65520	200	13080	586947			
按经济区域分	By Region							
珠三角	Pearl River Delta	152049	185	28170	2499936	55613	5096	283420
东翼	Eastern Region	83562	153	12800	471731	2765	5906	16331
西翼	Western Region	156389	162	25344	4780555	1950914	6095	11890348
山区	Mountainous Region	564700	184	104086	3550721	97666	5394	526764

11-12 续表 2 continued

单位：亩、公斤、吨 (mu, kg, ton)

市 别	City	#花生 Peanuts			#烟叶 Tobacco		
		播种面积 Sown Area	亩产 Yield per Mu	总产量 Total Output	播种面积 Sown Area	亩产 Yield per Mu	总产量 Total Output
广 州	Guangzhou	103733	182	18828	6	167	1
深 圳	Shenzhen	8	250	2			
珠 海	Zhuhai	4240	176	747			
汕 头	Shantou	19227	176	3375			
佛 山	Foshan	27426	204	5597	5	200	1
#顺 德	Shunde	10	500	5			
韶 关	Shaoguan	624699	228	142221	196153	164	32147
河 源	Heyuan	393648	208	81781			
梅 州	Meizhou	230262	183	42213	75117	149	11155
惠 州	Huizhou	348751	183	63745			
汕 尾	Shanwei	185933	154	28614			
东 莞	Dongguan	764	211	161			
中 山	Zhongshan	1472	252	371			
江 门	Jiangmen	173843	174	30241			
阳 江	Yangjiang	383099	152	58337	787	182	143
湛 江	Zhanjiang	904855	242	219041	7920	227	1796
茂 名	Maoming	702653	210	147565	14578	211	3069
肇 庆	Zhaoqing	384976	194	74602	24186	172	4151
清 远	Qingyuan	611528	190	116380	15027	162	2438
潮 州	Chaozhou	21122	160	3372			
揭 阳	Jieyang	114102	216	24646	49	306	15
云 浮	Yunfu	299855	192	57486	1946	148	288
按经济区域分	By Region						
珠 三 角	Pearl River Delta	1045213	186	194294	24197	172	4153
东 翼	Eastern Region	340384	176	60007	49	306	15
西 翼	Western Region	1990607	213	424943	23285	215	5008
山 区	Mountainous Region	2159992	204	440081	288243	160	46028

11-12 续表 3 continued

单位：亩、公斤、吨 (mu, kg, ton)

市别	City	#木薯 Cassava 播种面积 Sown Area	#木薯 Cassava 亩产 Yield per Mu	#木薯 Cassava 总产量 Total Output	其他作物 Other Crops 播种面积 Sown Area	#蔬菜 Vegetables 播种面积 Sown Area	#蔬菜 Vegetables 亩产 Yield per Mu	#蔬菜 Vegetables 总产量 Total Output
广　州	Guangzhou	1050	1256	1319	2212721	2187722	1710	3740161
深　圳	Shenzhen				72640	72342	1139	82423
珠　海	Zhuhai	223	942	210	149461	118983	1221	145298
汕　头	Shantou	490	3451	1691	761053	753309	2420	1823010
佛　山	Foshan	1852	1692	3133	860910	723158	1551	1121917
#顺　德	Shunde				144619	84753	1164	98668
韶　关	Shaoguan	29894	1416	42337	1794602	1482078	1574	2332178
河　源	Heyuan	42510	967	41092	667808	600662	1268	761499
梅　州	Meizhou	142441	1114	158738	1538289	1162478	2067	2402814
惠　州	Huizhou	1340	1554	2082	1874100	1811203	1647	2983137
汕　尾	Shanwei	24465	2196	53720	878956	829823	1556	1290903
东　莞	Dongguan				315648	313071	1360	425741
中　山	Zhongshan	20	800	16	346652	333523	1514	505117
江　门	Jiangmen	35967	1594	57332	1047266	944025	1462	1379917
阳　江	Yangjiang	59041	1020	60229	1018043	961107	1091	1048998
湛　江	Zhanjiang	165785	2068	342858	2533632	2358270	1634	3852316
茂　名	Maoming	100985	1206	121753	1700314	1642744	1775	2916344
肇　庆	Zhaoqing	241551	1250	301953	1495014	1228237	2026	2488282
清　远	Qingyuan	124477	1172	145868	2361551	2064242	1508	3113908
潮　州	Chaozhou	4969	1464	7274	260183	221589	2162	479167
揭　阳	Jieyang	16781	1317	22097	1076340	1006935	2240	2255615
云　浮	Yunfu	238069	1444	343815	554447	407029	1333	542430
按经济区域分	By Region							
珠三角	Pearl River Delta	282003	1298	366045	8374412	7732264	1665	12871993
东　翼	Eastern Region	46705	1815	84782	2976532	2811656	2080	5848695
西　翼	Western Region	325811	1611	524840	5251989	4962121	1575	7817658
山　区	Mountainous Region	577391	1268	731850	6916697	5716489	1601	9152829

11-13 造林面积及主要林产品产量
Area of Afforestation and Output of Major Forest Products

项 目	Item	2000	2010	2013	2014	2015	2016
人工造林面积(万亩)	Artificial Afforestation Area (10000 mu)	25.76	142.72	178.62	199.83	177.69	150.99
年末实有育苗面积(万亩)	Actual Area of Seedlings Raising at the Year-end (10000 mu)	3.12	4.54	6.74	9.44	12.17	9.90
主要林产品产量	Output of Major Forest Products						
油桐籽 (吨)	Tung-oil Seeds (ton)	3817	6050	7650	7720	7500	6904
油茶籽 (吨)	Tea-oil Seeds (ton)	26268	82417	83547	85341	149374	146833
棕片 (吨)	Palm Pieces (ton)	663	2536	2714	2579	3463	3541
松脂 (万吨)	Rosin (10000 tons)	11.31	18.11	21.61	21.06	23.51	22.58
竹笋干 (吨)	Dried Bamboo Shoots (ton)	14132	30291	38220	41602	39805	45118
板栗 (吨)	Chinese Chestnuts (ton)	5440	10616	13274	14439	21229	22556
松香类产品 (万吨)	Rosin Products (10000 tons)	9.61	12.91	11.03	11.98	15.62	20.34

11-14 水产养殖面积和水产品产量
Area of Cultivation and Output of Aquatic Products

指 标	Item	2000	2010	2013	2014	2015	2016
水产品产量(万吨)	**Output of Aquatic Products(10000 tons)**	**593.19**	**729.03**	**816.13**	**836.34**	**857.23**	**873.79**
海水产品	Seawater Aquatic Products	360.45	401.50	442.40	450.60	458.24	466.38
捕捞	Catches	191.48	152.43	155.40	156.20	155.02	152.57
养殖	Artificially Cultured	168.97	249.07	287.00	294.40	303.22	313.81
淡水产品	Freshwater Aquatic Products	232.74	327.53	373.72	385.74	398.99	407.41
捕捞	Catches	13.52	12.86	12.98	12.58	12.43	12.29
养殖	Artificially Cultured	219.22	314.67	360.74	373.16	386.56	395.12
养殖面积 (万亩)	**Area of Cultivation (10000 mu)**	**846.76**	**845.12**	**855.21**	**847.48**	**848.52**	**832.72**
海水养殖	Seawater	292.33	298.89	295.80	290.54	292.29	294.10
淡水养殖	Freshwater	554.43	546.24	559.41	556.95	556.23	538.63

11-15 牲畜头数及肉类产量

Number of Livestock and Output of Meat

项　目	Item	2000	2010	2013	2014	2015	2016
牛年末存栏头数（万头）	**Number of Cattle and Buffaloes(at the year-end) (10000 heads)**	**420.64**	**229.18**	**238.19**	**241.95**	**242.34**	**234.10**
役用牛	Farming Cattle	295.20	118.96	114.66	110.40	104.82	101.16
肉用牛	Beef Cattle	121.72	104.86	117.75	126.14	132.21	127.54
奶牛	Milch Cows	3.72	5.36	5.78	5.42	5.31	5.40
牛奶产量（万吨）	**Output of Milk (10000 tons)**	**9.19**	**14.23**	**13.76**	**13.51**	**12.95**	**12.95**
山羊年末存栏只数(万只)	**Number of Goats on Hand at the Year-end (10000 heads)**	**29.33**	**37.01**	**39.34**	**39.84**	**41.50**	**42.65**
生猪年末存栏头数(万头)	**Number of Hogs at the Year-end (10000 heads)**	**2034.79**	**2253.29**	**2282.58**	**2130.10**	**2135.85**	**2076.05**
#能繁殖母猪	Number of Female Hogs with Fertility	143.75	252.73	253.59	227.50	224.38	220.34
肉猪出栏头数（万头）	**Number of Slaughtered Fattened Hogs (10000 heads)**	**2954.98**	**3732.02**	**3744.79**	**3790.78**	**3663.44**	**3531.94**
家禽年末存栏（亿只）	**Poultry at year-end (100 million heads)**	**3.89**	**3.84**	**3.23**	**3.30**	**3.24**	**3.24**
出售和自宰的家禽(亿只)	**Poultry sold or slaughtered (100 million heads)**	**9.29**	**11.37**	**10.41**	**9.51**	**9.74**	**9.74**
禽蛋产量（万吨）	**Poultry Eggs (10 000 tons)**	**33.08**	**34.41**	**32.31**	**32.97**	**33.84**	**33.33**
肉类产量（万吨）	**Output of Meat (10000 tons)**	**324.48**	**441.10**	**435.22**	**429.43**	**424.25**	**415.49**
#猪肉	Pork	206.85	275.46	277.77	282.64	274.15	264.38
牛肉	Beef	5.17	6.27	6.97	6.97	6.97	7.07
羊肉	Mutton	0.43	0.91	0.88	0.90	0.91	0.89
禽肉	Meat of Poultry	111.50	152.99	143.02	131.86	134.80	135.08
兔肉	Rabbit Meat	0.53	0.65	0.83	0.91	0.90	0.93

11-16 各市造林面积、水产品产量、牲畜头数及猪肉产量（2016年）
Area of Afforestation, Output of Aquatic Products, Number of Livestock and Output of Pork by City (2016)

市 别	City	人工造林面积（万亩） Artificial Afforestation Area (10000 mu)	水产品产量（万吨） Output of Aquatic Products (10000 tons)	#淡水养殖 Freshwater	牛年末存栏头数（万头） Number of Cattles and Buffalos at the Year-end (10000 heads)	生猪年末存栏头数（万头） Number of Hogs at the Year-end (10000 heads)	肉猪出栏头数（万头） Number of Slaughtered Fattened Hogs (10000 heads)	猪肉产量（万吨） Output of Pork (10000 tons)
广 州	Guangzhou		47.70	35.69	3.22	44.40	96.99	7.27
深 圳	Shenzhen	0.18	3.99	0.03	0.21	1.35	2.90	0.26
珠 海	Zhuhai	0.12	29.93	20.56	0.23	36.17	46.23	3.73
汕 头	Shantou	3.31	45.64	8.30	0.98	44.19	88.77	6.51
佛 山	Foshan		63.12	62.52	0.55	76.24	143.64	10.88
#顺 德	Shunde		24.93	24.84		6.12	9.44	0.66
韶 关	Shaoguan	14.94	8.49	8.19	12.49	102.63	160.34	11.81
河 源	Heyuan	29.40	4.55	4.40	14.14	73.10	95.21	7.22
梅 州	Meizhou	28.03	11.50	10.47	15.74	154.95	257.16	19.19
惠 州	Huizhou	1.23	17.15	8.60	11.28	106.27	183.88	13.94
汕 尾	Shanwei	19.36	65.22	5.50	11.17	40.76	79.77	5.95
东 莞	Dongguan		5.66	4.74	0.08	6.25	11.49	0.83
中 山	Zhongshan		33.79	32.34	0.05	15.70	29.34	2.02
江 门	Jiangmen	0.15	78.66	45.48	4.00	170.38	292.90	21.52
阳 江	Yangjiang	5.75	124.74	11.68	13.90	127.81	188.23	14.08
湛 江	Zhanjiang	1.82	128.26	18.28	59.09	188.04	330.69	24.71
茂 名	Maoming	7.16	87.85	27.67	35.11	299.20	553.15	42.16
肇 庆	Zhaoqing	7.00	44.37	43.84	22.22	226.23	407.05	30.66
清 远	Qingyuan	9.21	12.95	12.77	13.85	140.21	210.15	15.11
潮 州	Chaozhou	5.37	20.26	5.09	1.85	39.48	59.01	4.46
揭 阳	Jieyang	8.28	15.55	7.43	5.46	93.39	148.34	11.13
云 浮	Yunfu	8.55	10.78	10.63	8.49	89.31	146.67	10.96
按经济区域分	By Region							
珠三角	Pearl River Delta	8.69	284.91	216.72	41.83	682.99	1214.44	91.10
东 翼	Eastern Region	36.32	146.67	26.32	19.46	217.82	375.90	28.04
西 翼	Western Region	14.74	340.85	57.64	108.10	615.04	1072.07	80.95
山 区	Mountainous Region	90.13	48.27	46.46	64.72	560.19	869.53	64.29

11-17 茶叶、桑、水果面积及产量

Planted Area and Output of Tea, Mulberry and Fruits

指标	Item	2000	2010	2013	2014	2015	2016
茶叶年末实有面积（万亩）	Planted Area of Tea at the Year-end(10000 mu)	64.80	61.24	66.36	72.36	74.07	79.91
茶叶总产量（万吨）	Output of Tea (10000 tons)	4.21	5.33	6.98	7.39	7.93	8.68
桑地年末实有面积（万亩）	Planted Area of Mulberries at the Year-end (10000 mu)	26.89	47.73	51.56	51.71	51.25	50.36
蚕茧总产量（万吨）	Output of silkworm cocoon (10000 tons)	3.09	9.14	10.20	10.54	11.00	11.26
水果年末实有面积（万亩）	Planted Area of Fruits at the Year-end (10000 mu)	1502.35	1627.21	1679.75	1682.77	1704.93	1695.88
水果总产量（万吨）	Gross Output of Fruits (10000 tons)	643.52	1128.73	1368.73	1438.49	1519.89	1580.96
#柑桔橙年末实有面积（万亩）	Planted Area of Citruses at the Year-end (10000 mu)	123.34	375.06	389.06	389.27	389.13	366.83
柑桔橙总产量（万吨）	Output of Citruses (10000 tons)	81.06	293.07	377.36	390.42	403.60	396.24
香(大)蕉年末实有面积（万亩）	Planted Area of Bananas at the Year-end (10000 mu)	151.51	188.22	191.76	191.83	196.71	196.21
香(大)蕉总产量（万吨）	Output of Bananas (10000 tons)	235.30	371.27	420.29	426.32	451.67	481.65
菠萝年末实有面积(万亩)	Planted Area of Pineapples at the Year-end (10000 mu)	44.58	41.27	51.97	49.88	50.59	52.79
菠萝总产量（万吨）	Output of Pineapples (10000 tons)	47.53	67.55	88.95	91.76	96.86	103.38
荔枝年末实有面积(万亩)	Planted Area of Lychees at the Year-end (10000 mu)	474.83	409.67	409.22	410.64	410.84	411.11
荔枝总产量（万吨）	Output of Lychees (10000 tons)	64.75	100.83	111.91	124.05	128.05	124.63
龙眼年末实有面积(万亩)	Planted Area of Longans at the Year-end (10000 mu)	236.31	190.91	190.48	188.83	187.74	188.17
龙眼总产量（万吨）	Output of Longans (10000 tons)	34.68	60.70	70.15	78.43	82.60	86.53

11-18 各市水果面积及产量（2016年）

Planted Area and Output of Fruits by City (2016)

单位：万亩、万吨 (10000 mu，10000 tons)

市 别	City	水果合计 Fruits		#柑桔橙 Citrus		#香(大)蕉 Banana	
		年末面积 Year-end Area	总产量 Total Output	年末面积 Year-end Area	总产量 Total Output	年末面积 Year-end Area	总产量 Total Output
广 州	Guangzhou	93.82	49.48	5.32	5.45	7.59	18.22
深 圳	Shenzhen	3.23	1.23	0.02	…	0.01	…
珠 海	Zhuhai	9.08	6.64	0.23	0.29	1.48	2.56
汕 头	Shantou	19.54	22.30	1.24	2.30	3.56	6.07
佛 山	Foshan	4.18	4.96	0.29	0.85	1.61	3.40
#顺 德	Shunde	0.37	0.83			0.36	0.82
韶 关	Shaoguan	58.65	53.79	29.45	27.98	0.44	0.43
河 源	Heyuan	59.27	42.53	14.87	11.48	1.48	1.36
梅 州	Meizhou	134.45	150.86	14.13	18.52	6.64	8.20
惠 州	Huizhou	88.37	77.37	35.76	38.87	9.38	17.67
汕 尾	Shanwei	58.31	31.75	2.10	4.22	3.99	4.92
东 莞	Dongguan	19.89	5.94	0.01	0.01	3.11	4.31
中 山	Zhongshan	9.47	18.26	0.28	0.52	4.52	10.82
江 门	Jiangmen	31.18	28.40	6.93	8.89	6.05	12.33
阳 江	Yangjiang	100.63	44.88	11.34	12.10	5.74	7.78
湛 江	Zhanjiang	157.18	298.31	5.17	4.57	52.93	157.47
茂 名	Maoming	356.99	326.46	4.21	3.03	63.20	191.92
肇 庆	Zhaoqing	118.01	155.62	88.73	125.27	9.61	13.67
清 远	Qingyuan	98.70	88.50	66.45	63.41	1.28	1.99
潮 州	Chaozhou	26.21	25.15	4.08	4.66	1.01	2.05
揭 阳	Jieyang	122.95	65.66	7.61	7.50	6.75	10.42
云 浮	Yunfu	125.77	82.87	68.61	56.32	5.84	6.07
按经济区域分	By Region						
珠 三 角	Pearl River Delta	377.24	347.90	137.57	180.14	43.35	82.98
东 翼	Eastern Region	227.01	144.87	15.03	18.69	15.32	23.46
西 翼	Western Region	614.79	669.64	20.73	19.70	121.86	357.17
山 区	Mountainous Region	476.84	418.55	193.51	177.71	15.68	18.04

11-18 续表 continued

单位：万亩、万吨 (10000 mu，10000 tons)

市别	City	#菠萝 Pineapple 年末面积 Year-end Area	#菠萝 Pineapple 总产量 Total Output	#荔枝 Lychee 年末面积 Year-end Area	#荔枝 Lychee 总产量 Total Output	#龙眼 Longan 年末面积 Year-end Area	#龙眼 Longan 总产量 Total Output
广 州	Guangzhou	0.13	0.09	45.65	5.68	11.62	3.78
深 圳	Shenzhen			2.69	0.95	0.48	0.24
珠 海	Zhuhai	0.01	...	4.25	0.34	0.61	0.14
汕 头	Shantou	0.11	0.07	3.75	0.75	0.59	0.37
佛 山	Foshan	0.01	0.04	0.69	0.15	0.88	0.18
#顺 德	Shunde					0.01	...
韶 关	Shaoguan			...	...	0.29	0.13
河 源	Heyuan	0.09	0.03	6.89	0.64	1.98	0.62
梅 州	Meizhou	0.29	0.16	6.37	2.39	6.40	3.62
惠 州	Huizhou	0.57	0.51	24.88	8.77	10.75	5.85
汕 尾	Shanwei	2.37	1.07	25.96	11.10	4.32	2.93
东 莞	Dongguan	…	…	13.90	0.55	1.88	0.25
中 山	Zhongshan	0.29	0.27	1.19	0.73	0.90	0.47
江 门	Jiangmen	0.05	0.04	8.89	1.81	6.11	2.10
阳 江	Yangjiang	0.28	0.17	45.94	9.31	21.92	7.10
湛 江	Zhanjiang	41.61	92.30	27.45	13.37	11.26	6.28
茂 名	Maoming	0.32	0.27	139.12	48.85	78.33	38.05
肇 庆	Zhaoqing	0.62	0.47	2.62	2.34	3.11	2.03
清 远	Qingyuan	0.01	0.01	2.22	0.92	2.23	1.28
潮 州	Chaozhou	1.02	1.23	3.90	2.36	4.24	3.35
揭 阳	Jieyang	4.67	6.32	26.69	9.47	11.15	3.88
云 浮	Yunfu	0.34	0.33	18.07	4.16	9.13	3.90
按经济区域分	By Region						
珠三角	Pearl River Delta	1.68	1.42	104.76	21.31	36.34	15.03
东 翼	Eastern Region	8.16	8.68	60.30	23.68	20.30	10.53
西 翼	Western Region	42.21	92.74	212.51	71.52	111.51	51.43
山 区	Mountainous Region	0.74	0.53	33.55	8.11	20.02	9.55

11-19 主要农产品产量与最高年份比较（2016年）
Output of Major Farm Products in Comparison with Peak Year (2016)

指　标	Item	2016	建国以来最高年 Peak Year since 1949		
			年份 Year	产量 Output	2016为建国以来最高年份% Percentage of 2016 to Peak Year%
粮食总产量　（万吨）	**Total Output of Grain　(10000 tons)**	**1360.22**	**1997**	**1966.75**	**69.16**
#稻谷	Output of Rice	1087.06	1998	1688.53	64.38
#早稻	Early Rice	533.34	1983	862.25	61.85
晚稻	Late Rice	553.72	1998	866.51	63.90
薯类	Tubers	167.21	1998	238.28	70.17
经济作物　（万吨）	**Economic Crops　(10000 tons)**				
甘蔗	Sugarcane and Fruit Canes	1479.29	1992	2376.62	62.24
#糖蔗	Sugarcane	1271.69	1992	2271.06	56.00
油料作物	Oil-bearing Crops	113.29	2015	110.34	102.68
#花生	Peanuts	111.93	2015	109.04	102.65
烟叶	Tobacco	5.52	1992	8.62	64.04
其他作物	**Other Crops**				
#蔬菜　（万吨）	Vegetables　(10000 tons)	3569.12	2015	3438.78	103.79
水果　（万吨）	**Fruits　(10000 tons)**	**1580.96**	**2015**	**1519.89**	**104.02**
水产品　（万吨）	**Aquatic Products　(10000 tons)**	**873.79**	**2015**	**857.23**	**101.93**
生猪年末存栏量　（万头）	**Number of Hogs at the Year-end　(10000 heads)**	**2076.05**	**2009**	**2392.28**	**86.78**
生猪出栏头数　（万头）	**Number of Slaughtered Fattened Hogs　(10000 heads)**	**3531.94**	**2014**	**3790.78**	**93.17**
猪肉产量　（万吨）	**Output of Pork　(10000 tons)**	**264.38**	**2014**	**282.64**	**93.54**
家禽年末存栏　（亿只）	**Poultry at year-end　(100 million heads)**	**3.24**	**2010**	**3.84**	**84.41**
出售和自宰的家禽（亿只）	**Poultry sold or slaughtered(100 million heads)**	**9.74**	**2010**	**11.37**	**85.66**
禽肉产量　（万吨）	**Output of Poultry Meat　(10 000 tons)**	**135.08**	**2012**	**153.46**	**88.02**

主要统计指标解释

农林牧渔业增加值 是指农、林、牧、渔及农林牧渔服务业在一定时期内生产货物或提供服务活动而增加的价值。它反映了农业生产经营活动的最终成果和对社会的贡献。

农业增加值的计算方法有两种：(1)生产法，是从生产角度进行计算的一种方法。即用农业总产出减去农业中间消耗求得。由于农户没有健全的核算记录，故农业增加值一般是采用生产法计算。(2)分配法，是从分配角度进行计算的一种方法。是通过农业生产单位在生产经营和劳务活动过程中形成的不含中间消耗的各种收入来计算。具体包括农业劳动者收入、福利基金、利税、固定资产折旧及大修理和其他。

农林牧渔业总产值 是以货币表现的农林牧渔业的全部产品总量和对农林牧渔业生产活动进行的各种支持性服务活动的价值。它反映一定时期内农林牧渔业生产总规模和总成果，是观察农林牧渔业生产水平和发展速度，研究农林牧渔业内部比例关系、农林牧渔业与工业、农林牧渔业与国家建设、人民生活比例关系的重要指标，同时也是计算农林牧渔业劳动生产率和农林牧渔业增加值的基础资料。

农林牧渔业总产值的计算，一般采用“产品法”，即凡有产品产量的，都按单位产品价格乘产量的办法求得每种产品产量的产值，然后相加求得各业的产值，最后各业相加求出农林牧渔业总产值。

乡镇户数 指长期（一年以上）居住在乡镇（不包括城关镇）行政管理区域内的住户，还包括居住在城关镇所辖行政村范围内的农村住户。

乡镇人口 指乡镇地区常住居民户数中的常住人口数，即经常在家或在家居住 6 个月以上，而且经济和生活与本户连成一体的人口，与乡镇户数统计范围相一致。

农作物播种面积 指农业生产经营者应在日历年度内收获的农作物在全部土地（耕地或非耕地）上的播种或移植面积。凡是本年内收获的作物，无论是本年还是上年播种，都算为当年播种面积，但不包括本年播种，下年收获的作物面积。

农作物产量 指农业生产经营者日历年度内生产的农作物数量。

Explanatory Notes on Main Statistical Indicators

Value-added of Farming, Forestry, Animal Husbandry and Fishery refers to the value-added of goods produced or services provided by farming, forestry, animal husbandry, fishery in a given period of time. It shows the final results of the activities of production and management of agriculture and its contributions to the society.

The value-added of agriculture is calculated with two approaches:

(1) Production approach is a method from the production angle, i.e. total output of agriculture minus intermediate consumption of agriculture. The value-added of agriculture is usually calculated with the production approach as no complete accounting records of the rural households are available;

(2) Distribution approach is a method from the distribution angle, i.e. various incomes from the activities of production and management of the productive units of agriculture without intermediate consumption, including incomes of the rural laborers, welfare funds, profit and tax, depreciation of fixed assets and major overhaul and others.

Gross Output Value of Agriculture refers to the total volume of products of farming, forestry, animal husbandry, and fishery and the value of various services supporting the production of farming, forestry, animal husbandry and fishery in monetary terms, which reflects the total scale and total results of farming, forestry, animal husbandry and fishery production during a given period of time. It is an important indicator to observe the production level and development speed of farming, forestry, animal husbandry and fishery, to study the internal structure of farming, forestry, animal husbandry and fishery, and to review the proportionate relationship of farming, forestry, animal husbandry and fishery to industry, to national construction and to people’s life. It is also the foundation for calculating the labor productivity and value-added of farming, forestry, animal husbandry and fishery.

Generally, the gross output value of farming, forestry, animal husbandry and fishery is calculated with the production approach. Where applicable, the gross output value of each single product is obtained by multiplying the output of each product by its price. These values are then summed up to obtain the output value of each sector. The sum of output values of all sectors is the gross output value of farming, forestry, animal husbandry and fishery.

Number of Rural Households refers to the residents who live in the administrative areas of townships (not including the location of the county people's government) for a long time (including more than one year), and also include rural households living within the administrative villages under the the location of the county people's government.

Rural Population refers to the number of residents in the rural households, live in the home for more than 6 months, and their economy and life are integrated with the household。The statistical coverage are consistent with the Number of Rural Households.

Sown Area of Crops refers to area of all land (cultivated or non-cultivated area) sown or transplanted with crops that are harvested within the calendar year by agricultural producers. All crops harvested within the year are counted as sown area, regardless of being sown in this year or the previous year. Crops sown this year but will be harvested in the coming year are excluded.

Crops Output refers to total output of crops produced by agricultural producers within a calendar year.

十二、工业

INDUSTRY

十二 工业

简要说明

一、本篇主要包括如下资料：1. 全省及各地市全部工业和规模以上工业生产主要指标总量及速度。2. 规模以上工业主要产品产量。3. 全省及各地市规模以上工业主要经济效益指标。4. 规模以上工业企业按主要经济类型和企业规模分组的主要财务指标。5. 规模以上工业中高技术制造业、先进制造业主要经济指标。6. 全省工业总产值、主营业务收入、固定资产净值 50 强企业排行榜。

二、本篇资料由广东省统计局工业交通处整理提供。

三、本篇工业资料是根据国家统计局工业统计报表制度填报。2011 年定报及以前数据经各市、县统计局布置、收集、汇总整理，2011 年起通过网上直报系统收集、汇总整理。其中 1995 年度资料通过第三次全国工业普查取得，2004 年数据根据 2004 年广东省第一次全国经济普查取得，2008 年数据根据 2008 年广东省第二次全国经济普查取得。2013 年数据根据 2013 年广东省第三次全国经济普查取得。

四、规模以上工业企业的统计范围。1998 年至 2006 年为全部国有和年主营业务收入 500 万元及以上的非国有工业企业；2007 至 2010 年为年主营业务收入 500 万元及以上的工业企业（即规模以上工业企业）；从 2011 年开始，为年主营业务收入 2000 万元及以上的工业企业（即规模以上工业企业）。

五、从 2011 年年报起，工业行业分类按 2011 年《国民经济行业分类标准》划分；企业规模划分按 2011 年《统计上大中小微型企业划分办法》标准执行，增加了微型企业分组。

六、本篇规模以上工业增加值从 2011 年起按收入法公布。

12 Industry

Brief Introduction

Ⅰ. This chapter covers the following data: (1) Principal aggregate indicators and growth rates of industrial production of total industry and industry above designated size of the province and cities, (2) Output of major products of industry above designated size, (3) Main indicators on economic benefits of industry above designated size of the province and cities, (4) Main financial indicators on industry above designated size grouped by sector and scale, (5) Main economic indicators on advanced manufacturing industries and hi-tech manufacturing industries above designated size, (6) Top 50 Industrial Enterprises of the Province in terms of gross industrial output value, principal business revenue, and net value of fixed assets.

Ⅱ. The data in this chapter are prepared and provided by the Division of Industry and Transport Statistics of Statistics Bureau of Guangdong Province.

Ⅲ. The data in this chapter are compiled mainly in accordance with the industrial statistical reporting scheme stipulated by the National Bureau of Statistics. The annual data of 2011 and before 2011 are collected, tabulated and prepared by the municipal and county statistical bureaus. Since 2011, the annual data are collected, tabulated and prepared by the network reporting system. Of which the annual data of 1995 were collected in the Third National Industrial Census and the data of 2004 were collected in the First National Economic Census of Guangdong, the data of 2008 were collected in the Second National Economic Census of Guangdong, the data of 2013 were collected in the Third National Economic Census of Guangdong.

Ⅳ. Industrial enterprises above designated size refers to all State-owned industrial enterprises and non-State-owned industrial enterprises with revenue from principal business over 5 million yuan from 1998 to 2006. For 2007 to 2010, the scopes of industrial statistics were all industrial enterprises with revenue from principal business over 5 million yuan, (or the industrial enterprises above designated size). Since 2011, the scope is adjusted to all industrial enterprises with revenue from principal business above 20 million yuan (i.e. industrial enterprises above designated size).

Ⅴ. Industrial sectors since 2011 in this chapter has been categorized in accordance with the 2011 Industrial Classification of the National Economy and the sizes of industrial enterprises have been categorized in accordance with the 2011 Interim Regulations on Statistical Categorization of Large, Medium , Small and Micro Industrial Enterprises. Micro industrial enterprises are added

VI. The value-added of industrial enterprises above designated size in this chapter is calculated by income approach since 2011.

12-1 工业主要指标

Main Indicators of Industry

指 标	Item	2000	2010	2013	2014	2015	2016
全部工业	**All Industrial Enterprises**						
企业单位数 (个)	Number of Enterprises (unit)	380231	481022	500487	531992	582813	563273
工业总产值 (亿元)	Gross Industrial Output Value (100 million yuan)	16904.47	93462.97	119139.72	130081.02	135308.14	144926.09
工业增加值 (亿元)	Value-added of Industry (100 million yuan)	4463.06	21269.96	26894.54	29144.15	30259.49	31539.56
规模以上工业	**Industrial Enterprises above Designated Size**						
企业单位数 (个)	Number of Enterprises (unit)	19695	53418	41205	41154	42134	42709
亏损企业数 (个)	Number of Loss-making Enterprises	4805	6385	5286	5224	5850	5034
工业总产值 (亿元)	Gross Industrial Output Value (100 million yuan)	12480.93	85824.64	109673.07	119713.04	124649.16	133768.04
工业增加值 (亿元)	Value-added of Industry (100 million yuan)	3422.60	20338.34	26540.01	28188.69	29446.21	31330.24
工业销售产值 (亿元)	Sales Output Value of Industy(100 million yuan)	12156.19	83646.51	106853.68	116336.46	121049.68	129840.69
出口交货值 (亿元)	Export Delivery Value (100 million yuan)	4634.44	25919.08	30205.44	32885.91	32035.16	32240.68
主营业务收入 (亿元)	Main Business Revenue (100 million yuan)	12380.65	84114.85	106361.21	115451.13	119157.86	129151.31
资产总计 (亿元)	Total Assets (100 million yuan)	14370.57	62626.90	79655.27	87590.27	95411.22	105604.17
流动资产合计 (亿元)	Average Balance of Circulating Funds (100 million yuan)	6891.49	34339.97	46450.89	50805.77	54715.38	61612.78
固定资产合计 (亿元)	Average Balance of Net Value of Fixed Assets (100 million yuan)	5884.78	22407.53	22385.82	25305.19	26943.69	27217.90
负债总计 (亿元)	Total Liabilities (100 million yuan)	8272.36	35073.74	46283.08	51173.28	54747.90	59318.72
所有者权益合计(亿元)	Total Creditors' Equity (100 million yuan)	6098.21	27461.84	33092.80	36149.22	40239.01	45694.31
利润总额 (亿元)	Total Profits (100 million yuan)	564.75	6239.64	6496.42	7014.99	7723.16	8383.04
亏损企业亏损额(亿元)	Loss Value of Loss-making Enterprises (100 million yuan)	156.03	227.26	379.15	452.56	510.18	418.14
利税总额 (亿元)	Total Pre-tax Profits (100 million yuan)	1042.77	9418.42	11008.36	11663.66	12375.00	13150.85
应交增值税 (亿元)	Value-added Tax Payable (100 million yuan)	360.83	2280.56	3343.02	3430.87	3284.50	3417.11
所得税费用 (亿元)	Fee of Income Tax Payable (100 million yuan)	62.79	820.89	1024.14	1082.16	1179.43	1263.40
本年应付工资总额 (亿元)	Total Salary Payable in Current Year (100 million yuan)	676.06	5747.72	7339.46	8773.60	9888.11	10761.13
就业人员平均人数 (万人)	Average Employed Persons (10000 persons)	572.79	1568.00	1455.81	1455.78	1439.33	1417.84

注：1．2011年统计口径从年主营业务收入500万元及以上调整为2000万元及以上，为反映可比口径速度，本表规模以上工业主要指标增速使用快报增速。

2．表中全部工业增加值及增长速度是核算的年度数据，2010年及以后规模以上工业增加值按照收入法计算，与全社会工业增加值不可直接比对。2010年全部工业增加值按照三经普数据修正。

3．2011年开始本年应付工资总额指标数据为本年应付职工薪酬；所得税费用数据2014年以前为应交所得税。

Notes: a) Since 2011,the annual principal business revenue of industrial enterprises above designated size is changed from 5 million yuan or above to 20 million yuan or above. Growth rates in this table are calculated at current price with flash statistics report in order to compare the rate.

b) The value-added and growth rates of all industries in this talbe are calculated figures of the year. The value-added of industry above designated size is calculated by income approach since 2010, and hence is not directly comparable with the value-added of all industries. All value-added of industry from 2010 have been adjusted with the third economic census.

c) Total salary payable in current year from 2011 are total employee pay payable and income tax payable are tax expenses.Data of fee of income tax payable before 2014 are income tax payable.

12-2 规模以上工业企业增加值和指数

Value-added of Industrial Enterprises above Designated Size and Their Indices

项　　目	Item	2000	2010	2014	2015	2016
工业增加值　（亿元）	**Value-added of Industry　(100 million yuan)**	**3422.60**	**20338.34**	**28188.69**	**29446.21**	**31330.24**
按经济类型分	Grouped by Ownership					
#国有控股工业	Of the Total: State-holding Industry	1035.41	3729.48	5159.63	5051.87	5180.04
国有工业	State-owned Industry	574.73	1172.21	189.51	173.46	200.96
集体工业	Collective-owned Industry	301.48	199.38	119.38	116.59	106.59
股份合作工业	Share-holding Cooperative Industry	29.15	42.23	22.32	23.10	17.52
股份制工业	Share-holding Industry	158.86	7351.85	14817.42	16289.21	18170.10
外商投资工业	Foreign-funded Industry	575.31	5200.37	6086.66	5689.44	5556.86
港澳台投资工业	Industry with Funds from Hong Kong, Macao and Taiwan	1290.47	5393.8	6375.92	6545.58	6705.43
按轻重工业分	Grouped by Light and Heavy Industries					
轻工业	Light Industry	1628.13	8038.97	10853.38	11387.50	11916.13
重工业	Heavy Industry	1794.47	12299.37	17335.31	18058.71	19414.11
按企业规模分	Grouped by Size of Enterprises					
大型企业	Large Enterprises	610.13	6579.38	13283.18	13698.60	14805.94
中型企业	Medium Enterprises	1513.26	7107.28	7477.53	7864.85	8198.85
小微型企业	Small and Micro Enterprises	1298.55	6651.68	7427.98	7882.76	8325.45
工业增加值指数(2000年=100)	**Indices of Value-added of Industry(2000=100)**	**100.0**	**592.4**	**851.9**	**913.2**	**974.4**
按经济类型分	Grouped by Ownership					
#国有控股工业	Of the Total: State-holding Industry	100.0	354.9	491.9	502.2	527.3
国有工业	State-owned Industry	100.0	226.2	296.6	304.3	326.5
集体工业	Collective-owned Industry	100.0	81.0	100.1	110.3	110.2
股份合作工业	Share-holding Cooperative Industry	100.0	188.0	301.0	345.9	372.2
股份制工业	Share-holding Industry	100.0	4296.3	7044.4	7734.8	8523.7
外商投资工业	Foreign-funded Industry	100.0	844.5	1104.2	1126.3	1154.4
港澳台投资工业	Industry with Funds from Hong Kong, Macao and Taiwan	100.0	468.8	602.3	640.9	654.3
按轻重工业分	Grouped by Light and Heavy Industries					
轻工业	Light Industry	100.0	532.0	755.3	790.1	816.2
重工业	Heavy Industry	100.0	653.6	948.7	1032.2	1122.0
按企业规模分	Grouped by Size of Enterprises					
大型企业	Large Enterprises	100.0	978.4	1393.2	1481.0	1584.6
中型企业	Medium Enterprises	100.0	412.9	546.7	578.4	606.1
小微型企业	Small and Micro Enterprises	100.0	637.7	993.5	1095.9	1182.4

注：1. 本表统计口径从2011年起从年主营业务收入500万元及以上调整为2000万元及以上。
2. 本表工业增加值2010年以前采用生产法计算，2011年起采用收入法计算，按当年价格计算，速度为可比口径计算。
3. 企业规模划分：2003年以前是一个标准，2003—2010年是一个标准，2011年起采用新的标准，增加了微型企业。

Note: a) Since 2011, the annual principal business revenue of industrial enterprises above designated size is changed from 5 million yuan or above to 20 million yuan or above.

b) Data of value-added in this table prior to 2010 are calculated with production approach and since 2011 calculated with income approach.Data of value-added of industry are calculated at current prices and the growth rates are calculated at comparable coverage.

c) Size of Industrial enterprise categorization: The standard prior to 2003 is not the same as the period from 2003 to 2010.Since 2011, New standard is adopted and micro-enterprieses is added.

12-3 历年规模以上工业增加值增长速度
Growth Rates of Industrial Enterprises above Designated Size

单位：% (%)

年份 Year	工业增加值 Gross Industrial Output Value	按轻重工分 Grouped by Light & Heavy Industry		按规模分 Grouped by Size			按经济类型分 Grouped by Ownership	
		轻工业 Light Industry	重工业 Heavy Industry	大型企业 Large Enterprises	中型企业 Medium Enterprises	小微型企业 Small and Micro Enterprises	国有控股工业 Of the Total: State-holding Industry	外商及港澳台商投资工业 Industry with Investment from Fordeign Country , Hong Kong, Macao and Taiwan
2001	15.1	12.4	18.4				4.0	14.2
2002	20.0	20.4	19.7				14.7	15.9
2003	28.4	23.4	38.5				20.8	22.2
2004	28.0	26.0	31.1	30.8	26.8	27.4	20.8	23.9
2005	24.7	20.6	25.0	23.2	21.5	28.0	6.1	16.2
2006	23.4	18.2	24.2	15.5	19.3	32.4	19.4	14.8
2007	18.2	24.2	13.2	19.2	14.2	22.1	12.6	16.9
2008	12.8	14.2	12.2	14.2	9.1	16.3	7.8	10.9
2009	8.9	7.4	10.0	11.4	-0.1	17.5	7.0	4.1
2010	16.8	16.4	17.1	15.0	13.4	22.2	12.8	14.5
2011	12.6	12.4	12.8	12.1	8.8	17.7	12.5	8.4
2012	8.4	9.2	7.9	8.1	6.0	8.8	7.3	5.7
2013	8.7	7.7	9.3	8.5	6.9	10.9	8.0	7.1
2014	8.4	7.4	9.1	8.3	7.4	9.7	6.3	5.0
2015	7.2	4.6	8.8	6.3	5.8	10.3	2.1	4.1
2016	6.7	3.3	8.7	7.0	4.8	7.9	5.0	2.3

注：本表按可比口径计算。
Note: Data in this table are caculated in comparable coverage.

12-4 规模以上分行业工业增加值和增长速度

Value-added and Growth Rates of Industry above Designated Size by Sector

行业	Sector	工业增加值(亿元) Value-added of Industry (100 million yuan) 2015	2016	2016比2015增长(%) Growth Rate in 2016 over 2015 (%)
总计	**Total**	**29446.21**	**31330.24**	**6.7**
煤炭开采和洗选业	Mining and Washing of Coal			
石油和天然气开采业	Extraction of Petroleum and Natural Gas	382.91	337.10	-9.5
黑色金属矿采选业	Mining and Dressing of Ferrous Metal Ores	41.35	38.87	-1.9
有色金属矿采选业	Mining and Dressing of Nonferrous Metal Ores	25.72	27.74	8.8
非金属矿采选业	Mining and Dressing of Nonmetal Ores	111.53	109.81	4.4
开采辅助活动	Auxiliary Minning Operations	15.96	11.76	-11.8
其他采矿业	Mining and Dressing of Other Ores	0.06	0.86	-1.0
农副食品加工业	Processing of Farm and Sideline Food	449.72	469.70	7.2
食品制造业	Manufacture of Food	578.51	616.22	-0.6
酒、饮料和精制茶制造业	Manufacture of Wine, Beverage and Refined Tea	323.90	342.65	3.1
烟草制品业	Tobacco Products	348.79	321.78	-6.6
纺织业	Textile Industry	588.12	596.06	1.0
纺织服装、服饰业	Manufacture of Textile Garments, Footwear and Headgear	1021.83	1012.83	1.5
皮革、毛皮、羽毛及其制品和制鞋业	Leather, Fur, Feather, Down and Related Products	689.57	682.27	-0.4
木材加工和木、竹、藤、棕、草制品业	Timber Processing, Bamboo, Cane, Palm Fiber & Straw Products	206.52	208.82	5.3
家具制造业	Manufacture of Furniture	465.33	514.64	5.2
造纸和纸制品业	Papermaking and Paper Products	424.00	468.65	3.8
印刷和记录媒介复制业	Printing and Record Medium Reproduction	333.29	343.23	3.3
文教、工美、体育和娱乐用品制造业	Manufacture of Cultural, Educational,Sports and Entertainment Articles	771.06	816.92	-1.1
石油加工、炼焦和核燃料加工业	Petroleum Refining, Coking and Nuclear Fuel Processing	810.57	896.26	3.8
化学原料和化学制品制造业	Manufacture of Raw Chemical Materials and Chemical Products	1487.10	1435.48	6.0
医药制造业	Manufacture of Medicines	439.63	494.03	7.6
化学纤维制造业	Manufacture of Chemical Fibers	33.16	33.26	5.4
橡胶和塑料制品业	Rubber and Plastic Products	1149.90	1239.72	7.2
非金属矿物制品业	Nonmetal Mineral Products	1236.36	1287.34	5.6
黑色金属冶炼和压延加工业	Smelting and Pressing of Ferrous Metals	364.65	408.65	13.2
有色金属冶炼和压延加工业	Smelting and Pressing of Nonferrous Metals	474.08	491.29	3.2
金属制品业	Metal Products	1354.42	1404.23	4.6
通用设备制造业	Manufacture of General-purpose Machinery	806.32	868.35	7.7
专用设备制造业	Manufacture of Special-purpose Machinery	696.83	787.78	19.1
汽车制造业	Manufacture of Automobile	1443.89	1612.66	14.2
铁路、船舶、航空航天和其他运输设备制造业	Manufacture of Railway ,Ship,Aeronautics and Other Transport equipment	261.93	286.01	1.6
电气机械和器材制造业	Manufacture of Electrical Machinery and Equipment	2703.24	3011.13	6.6
计算机、通信和其他电子设备制造业	Manufacture of Communication Equipment, Computers and Other Electronic Equipment	6499.71	7204.72	11.4
仪器仪表制造业	Manufacture of Instruments and Meters	253.08	286.11	12.4
其他制造业	Other Manufactures	64.59	68.95	-2.3
废弃资源综合利用业	Comprehensive Utilization of Waste	247.11	246.36	11.4
金属制品、机械和设备修理业	Manufacture of Metal Products,Machinery and Equipment Maintenance	41.70	48.05	-15.6
电力、热力生产和供应业	Production and Supply of Electric Power and Heat Power	1929.80	1946.61	3.1
燃气生产和供应业	Production and Supply of Gas	201.82	167.09	24.1
水的生产和供应业	Production and Supply of Water	168.18	186.24	6.1

注：本表工业增加值按当年价格计算，增长速度按快报可比价格计算。

Note: Data of value-added of industry in this table are calculated at current prices by income approach according to 2002 industry classification, whereas their growth rates are calculated at constant prices in accordance with flash reports.

12-5 规模以上工业企业单位数和产值
Number of Industrial Enterprises above Designated Size and Their Gross Output Values

项 目	Item	2000	2010	2014	2015	2016
工业企业单位数（个）	**Total Number of Industrial Enterprises (unit)**	**19695**	**53418**	**41154**	**42134**	**42709**
按经济类型分	Grouped by Ownership					
#国有控股工业	Of the Total: State-holding Industry	3320	1279	1038	1056	1100
国有工业	State-owned Industry	2383	567	210	200	201
集体工业	Collective-owned Industry	4158	872	228	212	185
股份合作工业	Share-holding Cooperative Industry	299	223	69	59	51
股份制工业	Share-holding Industry	1875	25490	24741	26200	27666
外商投资工业	Foreign-funded Industry	1682	5790	4523	4374	4104
港澳台投资工业	Industry with Funds from Hong Kong, Macao and Taiwan	6731	13151	9274	9006	8561
按轻重工业分	Grouped by Light and Heavy Industries					
轻工业	Light Industry	12255	29678	21509	21746	21811
重工业	Heavy Industry	7440	23740	19645	20388	20898
按企业规模分	Grouped by Size of Enterprises					
大型企业	Large Enterprises	823	524	1578	1575	1623
中型企业	Medium Enterprises	1228	6968	9019	8880	8700
小微型企业	Small and Micro Enterprises	17644	45926	30557	31679	32386
工业总产值 （亿元）	**Gross Industrial Output Value (100 million yuan)**	**12480.93**	**85824.64**	**119713.04**	**124649.16**	**133768.04**
按经济类型分	Grouped by Ownership					
#国有控股工业	Of the Total: State-holding Industry	3126.12	13166.37	18225.94	17032.30	17172.18
国有工业	State-owned Industry	1450.86	4595.82	635.82	605.34	665.85
集体工业	Collective-owned Industry	1202.49	767.03	423.11	445.29	437.76
股份合作工业	Share-holding Cooperative Industry	106.87	175.69	98.32	99.43	86.68
股份制工业	Share-holding Industry	1780.64	30626.84	61240.45	66999.08	75729.59
外商投资工业	Foreign-funded Industry	2527.06	23705.89	28784.75	25952.65	25973.04
港澳台投资工业	Industry with Funds from Hong Kong, Macao and Taiwan	4747.30	21813.34	26020.34	27825.74	28269.83
按轻重工业分	Grouped by Light and Heavy Industries					
轻工业	Light Industry	6607.84	32867.3	45756.65	47604.61	50237.52
重工业	Heavy Industry	5873.09	52957.34	73956.39	77044.55	83530.51
按企业规模分	Grouped by Size of Enterprises					
大型企业	Large Enterprises	4523.92	28306.79	53770.86	55405.51	60261.43
中型企业	Medium Enterprises	1427.65	28566.98	31423.53	33097.77	34497.42
小微型企业	Small and Micro Enterprises	6529.37	28950.88	34518.65	36145.87	39009.19

注：1. 本表统计口径从2011年起从年主营业务收入500万元及以上调整为2000万元及以上。
2. 企业规模划分：2003年以前是一个标准，2003—2010年是一个标准，2011年起采用新的标准，增加了微型企业。

Note: a) Since 2011, the annual principal business revenue of industrial enterprises above designated size is changed from 5 million yuan or above to 20 million yuan or above.
b) Size of Industrial enterprise categorization: The standard prior to 2003 is not the same as the period from 2003 to 2010. Since 2011, New standard is adopted and micro enterprieses is added.

12-6 全部工业总产值和指数

Gross Industrial Output Value of All Industrial Enterprises and Theirs Indices

年份 Year	绝对数（亿元） Absolute Figures (100 million yuan)			指数（1978年＝100） Indices(1978=100)	
	全部工业 总产值 Gross Industrial Output Value	#国有控股工业 State-holding Industry	#国有工业 State-owned Industry	全部工业 总产值 Gross Industrial Output Value	#国有工业 State-owned Industry
1978	206.56		131.83	100.0	100.0
1979	221.46		142.64	107.5	106.1
1980	248.68		146.95	117.4	109.2
1981	282.95		165.53	134.5	120.3
1982	313.76		178.78	145.7	129.5
1983	356.91		204.68	163.4	144.1
1984	433.40		240.19	196.4	164.0
1985	534.72		298.42	249.6	194.0
1986	632.89		334.59	288.3	209.7
1987	878.29		427.10	384.6	255.4
1988	1318.90		594.98	519.3	316.7
1989	1647.24		714.93	603.9	335.8
1990	1902.25		765.43	707.1	366.9
1991	2524.12		973.59	909.6	442.1
1992	3479.39		1202.46	1243.0	532.5
1993	5237.37		1445.38	1731.0	552.4
1994	7273.95		1562.24	2305.9	536.8
1995	9720.54		1709.89	2880.8	539.8
1995(新规定) (New Stipulations)	8849.90		1465.82		
1996	10530.93		1544.58	3404.9	549.8
1997	12372.69		1574.39	4040.7	590.0
1998	13799.16		1453.79	4708.5	526.3
1999	15303.33	3025.68	1427.42	5385.9	487.2
2000	16904.47	3126.12	1536.50	6376.7	472.1
2001	18909.91	3309.51	1186.24	7428.9	374.8
2002	21788.71	3369.50	1217.66	8847.8	392.4
2003	27375.56	4017.54	979.19	11281.8	379.3
2004	34443.48	6039.24	1862.55	13958.7	709.5
2005	41661.74	6375.54	2068.75	16634.5	776.4
2006	51131.94	7253.17	2923.76	20137.8	1082.3
2007	62759.92	8603.94	2791.73	24399.0	1267.4
2008	74414.31	11144.50	2877.31	27636.7	1267.0
2009	75886.62	10790.11	3654.86	29405.4	1280.4
2010	93462.97	13166.37	4595.82	35110.0	1554.0
2011	103493.35	13927.70	5102.02	39358.3	1765.3
2012	105049.54	15529.16	5938.25	43490.9	1899.5
2013	119139.72	17525.16	1242.18	48796.8	2076.2
2014	130081.02	18225.94	635.82	52944.5	2153.0
2015	135308.14	17032.30	605.34	54956.4	2200.4
2016	144926.09	17172.18	665.85	58418.7	2347.8

注：1. 工业总产值按当年价计算，2008年根据经普结果进行调整，指数按可比价计算。
2. 2000年起全部工业总产值中规模以下部分为抽样调查数。

Notes: a) Gross industrial output values are calculated at current prices, whereas their indices have been adjusted in accordance with the national economic census in 2008 and are calculated at constant prices.

b) Since 2000, data of the industrial enterprises below designated size in the gross industrial output value have been obtained from sample surveys.

12-7 规模以上工业总产值和指数

Gross Output Value of Industrial Enterprises above Designated Size and Their Indices

单位:亿元 (100 million yuan)

年份 Year	工业总产值 Gross Industrial Output Value	轻工业 Light Industry	重工业 Heavy Industry	#大中型工业 Large and Medium-sized Industry	指数(1978年=100) Indices (1978=100)	轻工业 Light Industry	重工业 Heavy Industry	#大中型工业 Large and Medium-sized Industry
1978	180.73	102.32	78.41	49.34	100.0	100.0	100.0	100.0
1979	194.64	110.28	84.36	54.91	105.8	105.3	106.4	109.5
1980	212.69	128.17	84.52	56.33	115.8	127.7	100.7	103.1
1981	241.93	152.97	88.96	66.89	128.7	151.3	102.1	133.0
1982	263.02	164.17	98.85	75.37	139.9	164.2	111.2	148.5
1983	293.70	180.60	113.10	92.78	157.1	184.5	124.7	181.5
1984	359.87	223.29	136.58	110.63	188.1	226.1	142.8	209.9
1985	471.83	289.68	182.15	166.11	236.0	279.6	179.8	302.0
1986	550.49	344.70	205.79	210.27	269.5	327.7	194.7	379.7
1987	747.47	472.45	275.02	299.19	350.1	426.5	252.2	522.3
1988	1118.00	718.03	399.97	459.74	472.5	582.1	332.2	720.2
1989	1399.45	893.20	506.25	622.42	543.2	594.3	389.2	863.6
1990	1605.80	1057.02	548.78	734.35	637.6	795.5	435.8	1042.2
1991	2144.93	1371.46	773.47	1057.02	820.0	1009.7	622.1	1476.1
1992	2884.93	1796.12	1088.23	1408.48	1096.0	1331.0	854.4	1980.5
1993	4252.70	2515.77	1736.93	1891.29	1470.7	1751.6	1188.8	2412.8
1994	5565.48	3224.69	2340.79	2563.27	1819.1	2135.9	1507.6	2863.3
1995(原规定) (Original Stipulations)	7189.24	4148.78	3040.46	3227.59	2274.1	2581.8	1993.2	3519.7
1995(新规定) (New Stipulations)	6502.97	3776.94	2726.03	2824.61				
1996	7490.49	4344.25	3146.24	3470.81	2625.4	2989.5	2290.2	4253.6
1997	8442.32	4914.09	3528.23	3950.86	3045.3	3470.5	2652.8	5176.4
1998	9738.56	5765.51	3973.05	4169.16	3508.2	3866.1	3228.5	5927.0
1999	10538.17	6011.06	4527.11	4711.94	4016.9	4299.1	3861.3	7070.9
2000	12480.93	6607.84	5873.09	5951.56	4757.4	4737.6	5027.4	8590.8
2001	14035.35	7165.90	6869.44	7534.70	5637.5	5400.9	6234.0	12181.8
2002	16378.60	8161.63	8216.97	8755.02	6787.6	6313.7	7742.6	14472.0
2003	21513.46	9959.51	11553.95	14353.53	9051.9	7845.4	11063.4	19955.4
2004	29554.92	12146.01	17408.91	19799.88	12228.7	9549.6	15380.9	27054.8
2005	35942.74	14506.76	21435.97	24403.13	14652.0	11434.3	17914.1	32852.0
2006	44674.75	17148.09	27526.65	30828.93	17963.7	13549.8	21927.5	40937.6
2007	55252.86	21221.12	34031.74	37718.60	21931.9	16667.6	26370.0	49436.3
2008	65424.61	25035.86	40388.76	43866.65	25188.6	19373.2	29468.8	55765.6
2009	68275.77	26685.86	41589.91	44755.10	27430.4	20806.8	32415.7	57494.3
2010	85824.64	32867.30	52957.34	56873.77	33437.7	25200.5	39064.6	70824.4
2011	94871.68	36005.33	58866.35	67492.96	38954.9	29333.4	45549.3	79606.6
2012	95602.09	35817.39	59784.70	70178.27	43162.0	32032.1	49147.7	86134.3
2013	109673.07	41669.48	68003.59	76417.82	48686.7	36420.5	55192.9	95695.2
2014	119713.04	45756.65	73956.39	85194.40	53019.8	39953.3	59829.1	103446.5
2015	124649.16	47604.61	77044.55	88503.28	54981.5	41471.5	62042.8	106239.6
2016	133768.04	50237.52	83530.51	94758.85	58555.4	43379.2	66758.0	112826.4

注：1. 工业总产值按当年价格计算，指数按可比价计算。
2. 1997年以前为乡及乡以上工业，2011年起规模以上统计口径从年主营业务收入500万元及以上调整为2000万元及以上。

Notes: a) Gross industrial output values are calculated at current prices, whereas their indices are calculated at constant prices.
b) Data prior to 1997 refer to the industrial enterprises at or above the township level.Since 2011, the annual principal business revenue of industrial enterprises above designated size is changed from 5 million yuan or above to 20 milliom yuan.

12-8 规模以上工业产品产量

Output of Industrial Products of Enterprises above Designated Size

产品名称		Item		2000	2010	2014	2015	2016
化学纤维	(万吨)	Chemical Fiber	(10000 tons)	45.00	44.54	59.13	58.32	58.92
#合成纤维	(万吨)	Synthetic Fiber	(10000 tons)	45.00	42.45	55.55	54.43	55.26
纱	(万吨)	Yarn	(10000 tons)	16.99	45.16	41.08	38.43	33.42
布	(亿米)	Cloth	(100 million m)	16.99	28.27	37.72	28.65	27.10
#棉布	(亿米)	Pure Cotton Cloth	(100 million m)	7.49	19.54	28.19	19.24	17.10
蚕丝	(万吨)	Silk	(10000 tons)	0.05	0.17	0.23	0.27	0.22
呢绒	(万米)	Woolen Piece Goods	(10000 m)	676.00	13.00	738.60	786.90	178.00
服装	(亿件)	Clothing	(100 million pieces)	21.99	70.26	63.63	65.85	64.24
皮革鞋靴	(亿双)	Leather Shoes and Boots	(100 million pair)	9.05	12.18	7.40	7.08	7.01
机制纸及纸板	(万吨)	Machine-made Paper and Paperboard	(10000 tons)	260.30	1434.68	2070.74	2078.29	2127.52
家用电冰箱	(万台)	Household Refrigerators	(10000 sets)	320.70	1457.76	2293.95	2195.94	2135.51
家用冷柜	(万台)	Freezers	(10000 sets)		180.14	338.96	380.87	466.90
家用洗衣机	(万台)	Household Washing Machines	(10000 sets)	244.18	467.83	690.88	747.42	762.32
家用吸尘器	(万台)	Vacuum Cleaners	(10000 sets)	251.80	2626.67	2546.87	2651.32	2600.74
家用电风扇	(万台)	Electric Fans	(10000 sets)	6759.02	14813.38	13592.75	14239.15	14838.78
家用房间空气调节器	(万台)	House Air Conditioners	(10000 sets)	697.91	5477.85	5923.74	6227.86	5641.96
家用吸排油烟机	(万台)	Smoke Absorbers	(10000 sets)	43.39	1324.67	2032.65	1886.72	1859.16
电饭锅	(万个)	Electric Rice Cookers	(10000 sets)		15207.47	24243.47	29055.20	31219.32
微波炉	(万台)	Microwave Ovens	(10000 sets)	906.51	5341.00	6573.80	7642.47	9266.67
程控交换机	(万线)	Programcontrolled Switchboards	(10000 lines)	3554.88	1602.61	1605.80	1246.91	1103.12
电话单机	(万部)	Telephone Sets	(10000 sets)	7700.05	14766.80	10438.56	9682.46	9294.62
移动通信手持机(手机)	(万台)	Mobile Telephone	(10000 units)	1001.30	48626.59	92435.64	84447.75	95230.18
#智能手机	(万台)	Smart Telephone	(10000 units)			56946.89	64443.20	76496.93
传真机	(万部)	Fax Machines	(10000 sets)	109.57	176.61	169.37	161.45	174.59
微型计算机设备	(万台)	Micro-computers Equipment	(10000 units)	169.74	3581.11	2830.58	3241.72	3344.93
服务器	(万台)	Servers	(10000 units)		2.98	58.92	52.04	50.05
集成电路	(亿块)	Semiconductor Integrated Circuit	(100 million pieces)	11.76	161.01	190.50	162.65	218.83
彩色电视机	(万部)	Color TV Sets	(10000 sets)	1531.53	4494.78	7039.89	7003.58	8106.36
#智能电视	(万台)	Smart TV	(10000 sets)			3281.55	3455.91	4809.22
数字激光音、视盘机	(万台)	Laser Digital Audio,Video Disc Machine	(10000sets)	637.69	7589.01	19035.91	16175.33	15119.47
组合音响	(万部)	Hi-fi Stereo Component System	(10000 sets)	2344.58	9713.01	11755.41	8447.43	7860.73
照相机	(万架)	Cameras	(10000 sets)	3545.88	3798.93	1210.14	889.44	641.94
#数码照相机	(万台)	Digital Cameras	(10000 sets)		3687.89	1159.57	825.96	588.45
表	(万只)	Watches	(10000 units)	19123.23	11892.26	14333.52	13979.59	14441.06
日用玻璃制品	(万吨)	Daily Use Glassware	(10000 tons)	51.46	150.93	62.17	63.67	78.27
合成洗涤剂	(万吨)	Synthetic Detergents	(10000 tons)	26.31	224.61	429.78	476.85	480.63
精制食用植物油	(万吨)	Refined Edible Vegetablc oil	(100000tons)	7.87	244.21	589.64	512.80	451.30
成品糖	(万吨)	Refined Sugar	(10000 tons)	91.30	91.66	137.99	128.93	116.12
食用盐	(万吨)	Edible Salt	(10000 tons)			1.68	1.42	1.61
卷烟	(万箱)	Cigarettes	(10000 units)	177.30	260.69	281.68	280.60	270.82
罐头	(万吨)	Canned Food	(10000 tons)	7.11	30.18	50.63	58.81	44.61
饮料酒	(万千升)	Alcoholic Beverages (mixed weight)	(10000 kiloliter)	178.66	415.80	454.92	451.58	434.15
#白酒	(万千升)	Spirits	(10000 kiloliter)	17.88	10.27	17.13	19.29	18.88
啤酒	(万千升)	Beer	(10000 kiloliter)	158.89	401.40	433.29	424.15	405.92
乳制品	(万吨)	Dairy Products	(10000 tons)	1.29	58.12	57.00	66.43	69.13
中成药	(万吨)	Traditional Chinese Patent Medicine	(10000 tons)	6.05	19.01	24.22	24.53	23.64
化学药品原药	(万吨)	Chemical Active Pharmaceutical Ingredient	(10000 tons)	1.94	4.78	7.70	8.16	8.25

12-8 续表 continued

产品名称	Item	2000	2010	2014	2015	2016
农用氮、磷、钾化学肥料(折纯) (万吨)	Chemical Fertilizer (10000 tons)	34.65	62.15	57.50	71.47	68.62
#氮肥(折含氮100%) (万吨)	Nitrogen Fertilizer (10000 tons)	15.98	11.49			
磷肥(折五氧化二磷100%) (万吨)	Phosphate Fertilizer (10000 tons)	18.67	50.66	57.50	71.47	68.62
化学农药原药(折有效成分100%)(万吨)	Chemical Pesticide (10000 tons)	0.84	0.86	3.84	4.32	2.78
乙烯 (万吨)	Ethylene (10000 tons)	54.85	203.96	239.74	215.07	241.84
合成橡胶 (万吨)	Synthetic Rubber (10000 tons)	5.45	38.36	79.62	64.72	77.83
橡胶轮胎外胎 (万条)	Tires (10000 pieces)	359.13	6907.25	5063.27	4946.68	2907.74
交流电动机 (万千瓦)	Alternating Current Motors (10000 kw)	236.21	753.39	1023.46	1070.59	1189.09
汽车 (万辆)	Motor Vehicles (10000 units)	3.94	156.29	219.59	242.23	280.25
#载货汽车 (万辆)	Trucks (10000 units)	0.53	0.34	3.13	3.05	0.14
客车 (万辆)	Buses (10000 units)	0.18	0.20	0.09	0.02	0.08
轿车 (万辆)	Cars (10000 units)	3.22	132.67	160.83	152.30	151.17
新能源汽车 (万辆)	New Energy Vehicle (10000 units)			1.35	1.89	7.08
城市轨道车辆 (辆)	Urban Rail Vehicle (unit)			7	10	27
民用钢质船舶 (万载重吨)	Civil Steel ship (10000ton)		177.18	202.17	161.94	256.19
摩托车整车 (万辆)	Motorcycles (10000 units)	146.31	917.60	888.30	774.40	655.50
两轮脚踏自行车 (万辆)	Bicycles (10000 units)	1038.00	788.75	779.21	687.77	531.00
生铁 (万吨)	Pig Iron (10000 tons)	201.57	806.68	1082.35	1146.33	1670.20
粗钢 (万吨)	Crude Steel (10000 tons)	286.99	1239.34	1710.39	1761.74	2283.19
成品钢材 (万吨)	Rolled Steel Products (10000 tons)	406.28	2918.89	3447.15	3271.01	4113.34
十钟有色金属 (万吨)	Ten Kinds of Nonferrous Metas(10000 tons)		45.31	39.51	36.56	36.14
铝材 (万吨)	Aluminum (10000 tons)		496.85	581.68	537.80	558.44
汽车用发动机 (万千瓦)	Automotive engines (10000 kw)		8727.56	17539.62	18406.94	16833.24
工业机器人 (万套)	Industrial Robots (10000 sets)				0.79	1.15
光纤 (万千米)	Optical fiber (10000km)			256.03	266.80	358.34
光缆 (万芯千米)	Optical Cable (10000km)		835.99	2092.54	2198.39	2221.06
太阳能电池(光伏电池) (万千瓦)	Solar cells (photovoltaic cells) (10000kw)			152.03	192.78	137.34
水泥 (万吨)	Cement (10000 tons)	5872.00	11536.67	14737.37	14489.66	15078.64
平板玻璃 (万重量箱)	Plate Glass (10000 wt.cases)	632.59	7821.07	8189.19	7061.90	9048.44
硫酸(折100%) (万吨)	Sulphuric Acid (10000 tons)	138.75	236.74	278.18	279.97	244.52
纯碱（碳酸钠) (万吨)	Soda Ash (10000 tons)	24.28	40.01	60.17	62.97	31.26
烧碱(折100%) (万吨)	Caustic Soda (10000 tons)	16.43	27.62	32.72	31.25	56.36
合成氨(无水氨) (万吨)	Synthetic Ammonia (10000 tons)	23.43	6.88	2.90	0.59	

注：1．纱包括纯棉纱、棉混纺纱、化学纤维纱，不包括棉线、代用纤维纱和手工纺纱。
2．布包括纯棉布、棉混纺布、化学纤维布，不包括代用纤维布、手工织布。
3．农用化肥按有效成分100%计算。
4．成品钢材已剔除重复加工的钢材。

Notes: a) Yarn includes pure and blended cotton yarn, chemical fiber yarn, but excludes cotton thread, substitute fiber yarn and handmade yarn.
b) Cloth includes pure and blended cotton cloth,chemical fiber cloth and canvas,but excludes substitute fiber cloth,hand-woven cloth and cord fabric.
c) The output of chemical fertilizers is calculated on the basis of 100 percent effective content equivalent.
d) The output of rolled steel products excludes the steel products reprocessed.

12-9 各市规模以上工业企业单位数和工业总产值

Number and Gross Output Value of Industrial Enterprises above Designated Size by City

市别	City	工业企业单位数（个） Number of Industrial Enterprises (unit)								
		2000	2005	2010	2011	2012	2013	2014	2015	2016
广　州	Guangzhou	4531	5240	6969	4438	4373	4811	4767	4644	4660
深　圳	Shenzhen	1834	5214	8249	5692	5835	6523	6355	6539	6627
珠　海	Zhuhai	771	992	1347	893	927	1054	1008	1023	1048
汕　头	Shantou	794	1490	2580	1877	1880	1845	1808	1771	1846
佛　山	Foshan	2180	5148	7684	6318	5950	6163	5883	5787	5671
#顺　德	Shunde	513	1558	2676	1914	1761	1874	1708	1630	1565
韶　关	Shaoguan	406	392	559	408	482	556	622	628	593
河　源	Heyuan	148	226	440	361	383	436	513	575	589
梅　州	Meizhou	371	392	521	340	326	368	396	440	458
惠　州	Huizhou	689	1243	1853	1428	1430	1702	1815	1893	2140
汕　尾	Shanwei	94	179	452	243	257	251	246	238	242
东　莞	Dongguan	1663	4504	5899	4243	4526	5361	5377	5688	5869
中　山	Zhongshan	1074	3291	5063	3170	3192	2973	2963	3045	3089
江　门	Jiangmen	1599	2365	3246	2766	1851	2007	1961	2036	1998
阳　江	Yangjiang	250	498	596	521	527	569	564	571	557
湛　江	Zhanjiang	458	578	850	651	695	772	789	828	833
茂　名	Maoming	447	590	792	628	675	844	850	957	978
肇　庆	Zhaoqing	981	684	1131	1054	1046	1086	1083	1110	1100
清　远	Qingyuan	304	426	813	635	497	514	580	611	621
潮　州	Chaozhou	326	727	1245	726	768	865	871	890	885
揭　阳	Jieyang	455	714	2525	1511	1731	1884	1971	2030	1991
云　浮	Yunfu	320	264	604	401	460	621	732	830	914
按经济区域分	By Region									
珠三角	Pearl River Delta	15322	28681	41441	30002	29130	31680	31212	31765	32202
东　翼	Eastern Region	1669	3110	6802	4357	4636	4845	4896	4929	4964
西　翼	Western Region	1155	1666	2238	1800	1897	2185	2203	2356	2368
山　区	Mountainous Region	1549	1700	2937	2145	2148	2495	2843	3084	3175

注：本表统计口径从2011年起从年主营业务收入500万元及以上调整为2000万元及以上。

Note: Since 2011, the annual principal business revenue of industrial enterprises above designated size is changed from 5 million yuan or above to 20 million yuan or above.

12-9 续表 continued

市 别	City	工业总产值（亿元） Gross Industrial Output Value (100 million yuan)								
		2000	2005	2010	2011	2012	2013	2014	2015	2016
广 州	Guangzhou	2568.57	6032.05	13831.25	15712.72	14857.09	17192.88	17997.97	18424.73	18906.55
深 圳	Shenzhen	2566.93	9867.55	18526.82	20432.12	21363.05	23095.21	24777.59	25542.44	27292.29
珠 海	Zhuhai	630.17	1569.56	2976.18	3377.25	3072.56	3460.86	3702.26	3966.02	4353.38
汕 头	Shantou	344.34	761.37	1897.57	1892.26	2111.54	2481.80	2771.68	2968.80	3303.80
佛 山	Foshan	1560.55	4780.88	14527.47	14425.03	14653.96	17121.88	18796.65	19544.95	21187.32
#顺 德	Shunde	640.38	1820.30	4785.24	4808.53	4914.61	5353.32	5883.54	6027.16	6745.85
韶 关	Shaoguan	151.01	393.36	773.37	917.86	1000.18	1160.59	1286.70	1221.78	1237.54
河 源	Heyuan	35.81	182.10	832.73	1041.39	953.66	1140.14	1402.30	1443.02	1599.18
梅 州	Meizhou	81.81	206.98	455.97	546.78	502.91	567.99	651.03	704.76	745.63
惠 州	Huizhou	657.83	1428.66	3905.17	4765.03	5477.28	6605.29	6901.35	7044.73	7617.34
汕 尾	Shanwei	30.08	113.45	432.42	579.41	760.63	968.72	1095.15	1166.08	1233.47
东 莞	Dongguan	914.64	3940.11	7739.09	8469.69	9492.55	11023.45	12133.71	12744.42	14692.46
中 山	Zhongshan	532.95	2221.45	5023.63	5746.84	5702.16	5673.75	6032.09	6345.28	6614.80
江 门	Jiangmen	871.15	1453.25	3828.91	4671.20	2519.47	3107.86	3625.49	3998.76	4274.38
阳 江	Yangjiang	66.17	213.82	693.46	964.52	1197.42	1564.09	1861.94	1990.04	2050.58
湛 江	Zhanjiang	269.10	644.27	1404.95	1752.66	1717.67	2041.37	2257.33	2272.40	2564.56
茂 名	Maoming	373.22	702.04	1360.15	1703.91	1775.52	2146.12	2401.85	2328.05	2483.41
肇 庆	Zhaoqing	392.04	321.20	1744.19	2468.96	2816.44	3410.29	3863.50	4034.37	4022.12
清 远	Qingyuan	77.51	364.34	2887.04	1752.20	1334.44	1432.42	1669.76	1680.13	1813.51
潮 州	Chaozhou	73.88	293.72	723.12	840.22	891.63	1088.31	1221.99	1325.80	1422.96
揭 阳	Jieyang	136.46	298.82	1794.82	2298.98	2828.79	3604.19	4290.68	4803.12	5131.14
云 浮	Yunfu	146.71	153.77	466.34	512.63	573.13	785.87	972.02	1099.49	1221.61
按经济区域分	By Region									
珠 三 角	Pearl River Delta	10694.83	31614.71	72102.70	80068.84	79954.57	90691.47	97830.61	101645.70	108960.64
东 翼	Eastern Region	584.76	1467.36	4847.93	5610.88	6592.59	8143.02	9379.49	10263.80	11091.37
西 翼	Western Region	708.49	1560.13	3458.56	4421.10	4690.61	5751.58	6521.12	6590.49	7098.56
山 区	Mountainous Region	492.85	1300.55	5415.45	4770.86	4364.33	5087.01	5981.82	6149.17	6617.47

注：本表产值按当年价格计算。
Note: Data of gross industrial output value in this table are calculated at current prices.

12-10 各市规模以上工业增加值和指数

Value-added and Indices of Industry above Designated Size by City

市别	City	工业增加值(亿元) Value-add of Industry (100 million yuan)								
		2000	2005	2010	2011	2012	2013	2014	2015	2016
广州	Guangzhou	708.40	1654.03	4073.35	4008.38	3945.18	4446.93	4364.66	4535.25	4387.90
深圳	Shenzhen	706.85	2571.95	5015.33	4769.43	5107.24	5794.50	6252.09	6426.39	7108.87
珠海	Zhuhai	156.16	328.74	683.98	675.48	664.93	783.68	881.04	916.94	1022.86
汕头	Shantou	88.56	190.30	483.20	416.86	510.21	599.23	660.49	694.62	785.21
佛山	Foshan	401.78	1303.31	3915.12	2991.38	3302.10	3872.79	4138.71	4364.33	4671.23
#顺德	Shunde	145.21	492.95	1288.00	1035.45	1111.20	1226.58	1289.32	1357.02	1513.58
韶关	Shaoguan	50.72	108.63	219.25	241.88	264.21	310.91	326.29	309.71	334.24
河源	Heyuan	10.66	57.78	312.36	265.44	245.41	318.41	325.36	327.57	351.00
梅州	Meizhou	29.46	72.49	166.00	161.71	160.17	188.42	206.68	214.34	221.58
惠州	Huizhou	129.08	315.32	881.16	1013.54	1173.97	1423.20	1475.02	1617.38	1763.69
汕尾	Shanwei	8.74	29.17	112.34	183.10	185.74	222.14	231.47	245.10	246.70
东莞	Dongguan	259.44	1060.49	1760.02	1642.45	1978.13	2425.62	2490.84	2611.96	2968.16
中山	Zhongshan	136.16	551.20	1263.08	1234.73	1227.06	1195.97	1209.10	1281.05	1319.96
江门	Jiangmen	189.49	355.10	1053.39	1069.84	576.13	696.94	847.29	965.74	1065.80
阳江	Yangjiang	21.55	66.26	184.14	224.86	294.86	390.31	429.74	452.02	408.44
湛江	Zhanjiang	99.80	229.87	528.83	517.50	557.52	684.86	738.07	721.26	780.75
茂名	Maoming	78.44	165.28	362.29	426.18	498.04	666.70	734.35	757.29	857.82
肇庆	Zhaoqing	36.36	76.86	434.51	570.95	664.99	807.02	924.53	961.07	921.14
清远	Qingyuan	21.22	90.83	686.02	362.99	290.92	320.27	392.84	396.65	439.85
潮州	Chaozhou	20.19	69.46	194.91	215.79	241.49	301.41	329.88	352.08	377.20
揭阳	Jieyang	39.09	77.62	512.46	547.05	685.73	878.55	974.68	1054.89	1062.21
云浮	Yunfu	22.37	41.70	146.58	123.77	146.78	212.16	255.58	240.58	235.63
按经济区域分	By Region									
珠三角	Pearl River Delta	2723.72	8217.00	19079.95	17976.18	18639.71	21446.65	22583.28	23680.10	25229.60
东翼	Eastern Region	156.58	366.55	1302.91	1362.80	1623.17	2001.33	2196.51	2346.69	2471.32
西翼	Western Region	199.79	461.41	1075.26	1168.54	1350.43	1741.87	1902.15	1930.57	2047.02
山区	Mountainous Region	134.43	371.44	1530.20	1155.78	1107.49	1350.17	1506.75	1488.84	1582.30

注：1．本表统计口径从2011年起从年主营业务收入500万元及以上调整为2000万元及以上。
2．本表增加值2010年及以前用生产法计算，2011年起用收入法计算。

Note:a) Since 2011, the annual principal business revenue of industrial enterprises above designated size is changed from 5 million yuan or above to 20 million yuan or above.
b) The value-added in this table in 2010 and prior to are calculated with production approach and since 2011 calculated with income approach.

12-10 续表 continued

市 别	City	指数(2000年＝100) Indices (2000＝100)									
		2000	2005	2009	2010	2011	2012	2013	2014	2015	2016
广 州	Guangzhou	100.0	223.8	391.6	455.8	510.5	566.2	623.9	674.5	723.0	770.0
深 圳	Shenzhen	100.0	391.6	635.6	723.3	814.5	873.9	957.8	1038.3	1118.2	1196.5
珠 海	Zhuhai	100.0	229.9	360.5	426.1	492.2	523.2	581.8	647.0	709.1	750.9
汕 头	Shantou	100.0	183.0	346.9	407.9	481.4	551.1	628.3	697.4	749.7	821.7
佛 山	Foshan	100.0	312.0	713.0	851.3	977.3	1093.6	1232.5	1354.5	1461.5	1574.1
#顺 德	Shunde	100.0	242.1	476.0	565.0	637.9	700.4	785.1	863.7	932.8	1006.4
韶 关	Shaoguan	100.0	159.8	286.3	332.4	383.9	428.4	504.7	570.3	587.4	616.8
河 源	Heyuan	100.0	460.0	1488.9	1844.7	2215.5	2618.8	3071.8	3624.7	3922.0	4318.1
梅 州	Meizhou	100.0	210.7	355.6	422.1	511.2	587.4	669.6	741.3	808.0	845.2
惠 州	Huizhou	100.0	215.2	457.3	582.5	700.2	830.5	977.4	1104.5	1215.0	1320.7
汕 尾	Shanwei	100.0	367.4	1169.4	1541.3	2017.5	2588.5	3233.0	3698.5	3972.2	4242.3
东 莞	Dongguan	100.0	327.6	430.2	512.0	550.4	581.2	646.9	703.8	741.1	793.0
中 山	Zhongshan	100.0	494.0	869.0	1026.2	1182.2	1365.5	1504.8	1655.2	1779.4	1898.6
江 门	Jiangmen	100.0	207.7	424.5	525.1	625.4	701.1	799.9	887.9	959.0	1026.1
阳 江	Yangjiang	100.0	266.8	530.5	705.0	927.8	1156.1	1516.7	1800.4	2038.0	2144.0
湛 江	Zhanjiang	100.0	183.7	287.8	340.2	389.5	436.6	501.7	562.4	618.1	689.1
茂 名	Maoming	100.0	163.6	242.3	276.9	319.8	390.2	456.9	533.7	577.5	620.2
肇 庆	Zhaoqing	100.0	211.8	712.5	952.6	1218.4	1464.5	1729.5	1976.9	2127.1	2205.8
清 远	Qingyuan	100.0	353.0	1716.2	2310.0	2848.3	2888.2	3136.5	3581.9	3850.6	4235.6
潮 州	Chaozhou	100.0	321.1	663.3	796.0	968.0	1129.6	1316.0	1462.1	1576.1	1680.1
揭 阳	Jieyang	100.0	188.3	633.4	879.7	1142.8	1394.2	1726.0	1998.7	2142.6	2266.9
云 浮	Yunfu	100.0	174.7	393.1	517.4	709.8	895.1	1127.8	1304.8	1428.8	1551.7
按经济区域分	By Region										
珠 三 角	Pearl River Delta	100.0	205.0	343.0	399.6	444.8	480.8	522.7	566.0	606.8	647.5
东 翼	Eastern Region	100.0	208.4	430.3	532.7	639.2	757.5	873.4	988.6	1060.8	1135.1
西 翼	Western Region	100.0	199.8	318.1	373.3	428.5	500.5	573.6	660.8	726.2	785.0
山 区	Mountainous Region	100.0	207.5	507.7	638.6	763.1	845.5	934.3	1068.8	1142.6	1230.6

注：本表工业增加值按当年价格计算，指数按可比价格计算。

Note: Data of value-added of industry in this table are calculated at current prices, whereas their indices are calculated at constant prices.

12-11 各市规模以上工业企业单位数（2016年）

单位：个

项 目	Item	全省 Provincial Total	广州 Guangzhou
全省总计	**Provincial Total**	**42709**	**4660**
按经济类型分	Grouped by Ownership		
在总计中：国有控股工业	Of the Total:State-holding Industry	1100	258
国有工业	State-owned Industry	201	27
集体工业	Collective-owned Industry	185	22
股份合作工业	Share-holding Cooperative Industry	51	15
股份制工业	Share-holding Industry	27666	3005
外商投资工业	Foreign-funded Industry	4104	664
港澳台投资工业	Industry with Funds from Hong Kong, Macao and Taiwan	8561	808
按轻重工业分	Grouped by Light and Heavy Industries		
轻工业	Light Industry	21811	2556
重工业	Heavy Industry	20898	2104
按企业规模分	Grouped by Size of Enterprises		
大型企业	Large Enterprises	1623	190
中型企业	Medium Enterprises	8700	673
小微型企业	Small and Micro Enterprises	32386	3797
按行业分	Grouped by Sector		
煤炭开采和洗选业	Mining and Washing of Coal		
石油和天然气开采业	Extraction of Petroleum and Natural Gas	4	
黑色金属矿采选业	Mining and Dressing of Ferrous Metal Ores	37	
有色金属矿采选业	Mining and Dressing of Nonferrous Metal Ores	29	
非金属矿采选业	Mining and Dressing of Nonmetal Ores	272	2
开采辅助活动	Auxiliary Minning Operations	4	
其他采矿业	Mining and Dressing of Other Ores	2	
农副食品加工业	Processing of Farm and Sideline Food	981	106
食品制造业	Manufacture of Food	735	130
酒、饮料和精制茶制造业	Manufacture of Wine, Beverage and Refined Tea	263	24
烟草制品业	Tobacco Products	11	1
纺织业	Textile Industry	1464	195
纺织服装、服饰业	Manufacture of Textile Garments, Footwear and Headgear	2806	490
皮革、毛皮、羽毛及其制品和制鞋业	Leather, Fur, Feather, Down and Related Products	1854	284
木材加工和木、竹、藤、棕、草制品业	Timber Processing, Bamboo, Cane, Palm Fiber & Straw Products	548	45
家具制造业	Manufacture of Furniture	1265	90
造纸和纸制品业	Papermaking and Paper Products	1030	90
印刷和记录媒介复制业	Printing and Record Medium Reproduction	838	89
文教、工美、体育和娱乐用品制造业	Manufacture of Cultural, Educational,Sports and Entertainment Articles	1595	152
石油加工、炼焦和核燃料加工业	Petroleum Refining, Coking and Nuclear Fuel Processing	84	12
化学原料和化学制品制造业	Manufacture of Raw Chemical Materials and Chemical Products	2193	395
医药制造业	Manufacture of Medicines	421	77
化学纤维制造业	Manufacture of Chemical Fibers	56	7
橡胶和塑料制品业	Rubber and Plastic Products	3321	307
非金属矿物制品业	Nonmetal Mineral Products	2865	179
黑色金属冶炼和压延加工业	Smelting and Pressing of Ferrous Metals	427	37
有色金属冶炼和压延加工业	Smelting and Pressing of Nonferrous Metals	616	54
金属制品业	Metal Products	3372	222
通用设备制造业	Manufacture of General-purpose Machinery	1672	240
专用设备制造业	Manufacture of Special-purpose Machinery	1586	175
汽车制造业	Manufacture of Automobile	762	290
铁路、船舶、航空航天和其他运输设备制造业	Manufacture of Railway ,Ship,Aeronautics and Other Transport equipment	390	83
电气机械和器材制造业	Manufacture of Electrical Machinery and Equipment	4296	326
计算机、通信和其他电子设备制造业	Manufacture of Communication Equipment, Computers and Other Electronic Equipment	5085	389
仪器仪表制造业	Manufacture of Instruments and Meters	533	50
其他制造业	Other Manufactures	241	16
废弃资源综合利用业	Comprehensive Utilization of Waste	268	9
金属制品、机械和设备修理业	Manufacture of Metal Products,Machinery and Equipment Maintenance	49	16
电力、热力生产和供应业	Production and Supply of Electric Power and Heat Power	364	30
燃气生产和供应业	Production and Supply of Gas	98	15
水的生产和供应业	Production and Supply of Water	272	33

Number of Industrial Enterprises above Designated Size by City (2016)

(unit)

深 圳 Shenzhen	珠 海 Zhuhai	汕 头 Shantou	佛 山 Foshan	#顺 德 Shunde	韶 关 Shaoguan	河 源 Heyuan	梅 州 Meizhou	惠 州 Huizhou	汕 尾 Shanwei
6627	**1048**	**1846**	**5671**	**1565**	**593**	**589**	**458**	**2140**	**242**
161	55	32	72	5	78	15	32	50	15
7	1	12	11	1	21	6	11	10	7
3	2	8	22	1	7	1	2	5	11
		12	13		1		1		
4163	558	1468	4068	1075	478	397	353	1108	148
629	195	78	430	123	16	30	14	229	5
1818	291	150	735	308	54	133	39	650	58
2496	378	1478	2642	807	215	256	210	1097	162
4131	670	368	3029	758	378	333	248	1043	80
375	54	22	159	56	14	19	12	100	83
1591	260	421	1033	238	95	99	78	462	41
4661	734	1403	4479	1271	484	471	368	1578	118
2	1								
					5	7	2	2	
		1			7	4	3	1	
			2		21	34	5	25	
2									
36	16	42	86	37	21	23	18	35	14
36	15	54	41	14	6	13	11	10	9
16	5	10	26	4	11	13	14	10	4
1		2			3		2		
49	14	184	332	50	10	21	7	43	11
178	41	473	223	104	6	27	10	72	34
86	7	20	163	15	6	11	5	280	9
20	8		51	11	27	9	5	41	3
118	9	8	306	125	6	7	28	102	
137	22	66	121	33	11	6	3	36	5
134	19	71	107	20	2	13	6	41	2
302	12	269	97	20	17	27	26	79	33
4	8		9	1				2	
156	90	87	316	79	121	10	12	126	7
49	24	21	33	8	8	12	10	13	1
3	3	1	7	2		2	1	2	
489	83	225	427	126	27	39	7	195	30
131	37	20	422	39	65	65	89	102	15
14	3	1	141	26	24	18	7	9	
60	9	6	196	25	13	8	3	19	
375	57	32	726	184	25	23	7	104	15
308	61	32	303	77	22	19	10	51	2
401	66	38	260	72	21	11	10	44	
49	23	12	158	41	7	1	15	33	1
60	17	2	51	11	1	2	2	18	2
973	137	53	692	331	24	37	21	163	5
2087	204	40	228	89	19	77	74	403	11
226	30	4	34	4	4	14	2	19	
64	1	11	13	5	1	8		12	1
2	1	29	52	2	6	3	9	14	4
10	4	3	1						3
17	10	16	14	4	38	18	27	16	14
2	7	4	6		4	5	2	2	
30	4	9	27	6	4	2	5	16	7

12-11 续表

单位：个

项 目	Item	东 莞 Dongguan	中 山 Zhongshan
全省总计	**Provincial Total**	**5869**	**3089**
按经济类型分	Grouped by Ownership		
在总计中：国有控股工业	Of the Total:State-holding Industry	35	30
国有工业	State-owned Industry	2	
集体工业	Collective-owned Industry	27	17
股份合作工业	Share-holding Cooperative Industry		1
股份制工业	Share-holding Industry	2923	1958
外商投资工业	Foreign-funded Industry	991	344
港澳台投资工业	Industry with Funds from Hong Kong, Macao and Taiwan	1889	614
按轻重工业分	Grouped by Light and Heavy Industries		
轻工业	Light Industry	2924	1887
重工业	Heavy Industry	2945	1202
按企业规模分	Grouped by Size of Enterprises		
大型企业	Large Enterprises	266	107
中型企业	Medium Enterprises	1638	573
小微型企业	Small and Micro Enterprises	3965	2409
按行业分	Grouped by Sector		
煤炭开采和洗选业	Mining and Washing of Coal		
石油和天然气开采业	Extraction of Petroleum and Natural Gas		
黑色金属矿采选业	Mining and Dressing of Ferrous Metal Ores		
有色金属矿采选业	Mining and Dressing of Nonferrous Metal Ores		
非金属矿采选业	Mining and Dressing of Nonmetal Ores	1	1
开采辅助活动	Auxiliary Minning Operations		
其他采矿业	Mining and Dressing of Other Ores		
农副食品加工业	Processing of Farm and Sideline Food	53	31
食品制造业	Manufacture of Food	44	37
酒、饮料和精制茶制造业	Manufacture of Wine, Beverage and Refined Tea	14	14
烟草制品业	Tobacco Products		
纺织业	Textile Industry	112	114
纺织服装、服饰业	Manufacture of Textile Garments, Footwear and Headgear	380	294
皮革、毛皮、羽毛及其制品和制鞋业	Leather, Fur, Feather, Down and Related Products	323	81
木材加工和木、竹、藤、棕、草制品业	Timber Processing, Bamboo, Cane, Palm Fiber & Straw Products	31	13
家具制造业	Manufacture of Furniture	298	119
造纸和纸制品业	Papermaking and Paper Products	202	91
印刷和记录媒介复制业	Printing and Record Medium Reproduction	120	45
文教、工美、体育和娱乐用品制造业	Manufacture of Cultural, Educational,Sports and Entertainment Articles	271	94
石油加工、炼焦和核燃料加工业	Petroleum Refining, Coking and Nuclear Fuel Processing	4	4
化学原料和化学制品制造业	Manufacture of Raw Chemical Materials and Chemical Products	205	144
医药制造业	Manufacture of Medicines	12	27
化学纤维制造业	Manufacture of Chemical Fibers	14	2
橡胶和塑料制品业	Rubber and Plastic Products	631	273
非金属矿物制品业	Nonmetal Mineral Products	125	82
黑色金属冶炼和压延加工业	Smelting and Pressing of Ferrous Metals	27	13
有色金属冶炼和压延加工业	Smelting and Pressing of Nonferrous Metals	69	33
金属制品业	Metal Products	383	271
通用设备制造业	Manufacture of General-purpose Machinery	260	176
专用设备制造业	Manufacture of Special-purpose Machinery	278	106
汽车制造业	Manufacture of Automobile	58	39
铁路、船舶、航空航天和其他运输设备制造业	Manufacture of Railway ,Ship,Aeronautics and Other Transport equipment	32	16
电气机械和器材制造业	Manufacture of Electrical Machinery and Equipment	642	676
计算机、通信和其他电子设备制造业	Manufacture of Communication Equipment, Computers and Other Electronic Equipment	1064	184
仪器仪表制造业	Manufacture of Instruments and Meters	98	33
其他制造业	Other Manufactures	52	31
废弃资源综合利用业	Comprehensive Utilization of Waste	2	2
金属制品、机械和设备修理业	Manufacture of Metal Products,Machinery and Equipment Maintenance	3	1
电力、热力生产和供应业	Production and Supply of Electric Power and Heat Power	17	9
燃气生产和供应业	Production and Supply of Gas	6	7
水的生产和供应业	Production and Supply of Water	38	26

12-11 continued

(unit)

江门 Jiangmen	阳江 Yangjiang	湛江 Zhanjiang	茂名 Maoming	肇庆 Zhaoqing	清远 Qingyuan	潮州 Chaozhou	揭阳 Jieyang	云浮 Yunfu
1998	**557**	**833**	**978**	**1100**	**621**	**885**	**1991**	**914**
30	19	67	37	35	25	10	23	21
3	6	20	14	10	9	6	16	2
2	1	6	10	4	3	4	24	4
			2			6		
1216	425	681	755	747	426	560	1520	709
187	24	31	13	91	35	41	38	19
515	58	42	52	181	135	107	143	89
1059	362	491	498	431	208	669	1482	310
939	195	342	480	669	413	216	509	604
52	13	15	8	44	25	7	50	8
343	132	99	73	260	157	238	348	86
1603	412	719	897	796	439	640	1593	820
		1						
			6	11	2			2
		3	2	2	3		1	2
16	3	16	73	25	13		6	29
		1		1				
		1						1
56	45	118	120	19	21	29	68	24
40	9	35	33	11	6	53	122	20
6	2	24	18	11	6	9	16	10
	1	1						
95	4	18	22	39	26	7	150	11
96	17	6	11	21	15	45	340	27
71	9	37	65	37	32	55	223	50
28	26	80	83	38	5		16	19
58	11	29	20	18	4	3	23	8
69	10	28	11	33	8	26	38	17
29	8	16	3	12	7	58	52	4
30	4	7	27	32	17	12	81	6
3		4	31	3				
136	7	26	83	100	53	27	35	57
12	5	17	26	14	7	7	31	15
4				3			7	
152	29	45	47	69	36	28	152	30
128	42	88	154	118	112	341	146	404
14	20	1	12	7	18	5	55	1
30	4	3	1	39	40	8	10	11
344	217	32	31	173	33	99	155	48
63	14	7	13	46	14	7	11	13
37	9	27	12	29	10	6	36	10
32	3	4		18	13		4	2
80	1	3	1	3	6		7	3
210	13	106	15	37	20	12	104	30
118	7	5	23	47	19	12	54	20
2	1			6	2	2	5	1
14	2			3	1	1	6	4
1	10	13	2	40	46	2	15	6
2		2		1			2	1
8	15	14	21	19	21	8	12	20
	3	5	1	5		20		4
14	6	10	11	10	5	3	8	4

12-12 各市规模以上工业总产值（2016年）

单位：亿元

项目	Item	全省 Provincial Total	广州 Guangzhou
全省总计	**Provincial Total**	**133768.04**	**18906.55**
按经济类型分	Grouped by Ownership		
在总计中：国有控股工业	Of the Total:State-holding Industry	17172.18	4180.30
国有工业	State-owned Industry	665.85	105.11
集体工业	Collective-owned Industry	437.76	53.96
股份合作工业	Share-holding Cooperative Industry	86.68	17.49
股份制工业	Share-holding Industry	75729.59	7662.68
外商投资工业	Foreign-funded Industry	25973.04	7928.93
港澳台投资工业	Industry with Funds from Hong Kong, Macao and Taiwan	28269.83	3056.29
按轻重工业分	Grouped by Light and Heavy Industries		
轻工业	Light Industry	50237.52	6468.40
重工业	Heavy Industry	83530.51	12438.14
按企业规模分	Grouped by Size of Enterprises		
大型企业	Large Enterprises	60261.43	10234.84
中型企业	Medium Enterprises	34497.42	3491.87
小微型企业	Small and Micro Enterprises	39009.19	5179.84
按行业分	Grouped by Sector		
煤炭开采和洗选业	Mining and Washing of Coal		
石油和天然气开采业	Extraction of Petroleum and Natural Gas	428.21	
黑色金属矿采选业	Mining and Dressing of Ferrous Metal Ores	122.58	
有色金属矿采选业	Mining and Dressing of Nonferrous Metal Ores	61.50	
非金属矿采选业	Mining and Dressing of Nonmetal Ores	400.44	2.97
开采辅助活动	Auxiliary Minning Operations	20.77	
其他采矿业	Mining and Dressing of Other Ores	3.10	
农副食品加工业	Processing of Farm and Sideline Food	3360.47	522.09
食品制造业	Manufacture of Food	1915.96	474.83
酒、饮料和精制茶制造业	Manufacture of Wine, Beverage and Refined Tea	1177.29	305.20
烟草制品业	Tobacco Products	431.26	198.89
纺织业	Textile Industry	2724.90	262.70
纺织服装、服饰业	Manufacture of Textile Garments, Footwear and Headgear	4188.24	403.83
皮革、毛皮、羽毛及其制品和制鞋业	Leather, Fur, Feather, Down and Related Products	2504.05	242.49
木材加工和木、竹、藤、棕、草制品业	Timber Processing, Bamboo, Cane, Palm Fiber & Straw Products	882.24	34.38
家具制造业	Manufacture of Furniture	2081.34	208.38
造纸和纸制品业	Papermaking and Paper Products	2146.85	134.23
印刷和记录媒介复制业	Printing and Record Medium Reproduction	1282.51	102.58
文教、工美、体育和娱乐用品制造业	Manufacture of Cultural, Educational,Sports and Entertainment Articles	3880.44	339.50
石油加工、炼焦和核燃料加工业	Petroleum Refining, Coking and Nuclear Fuel Processing	2224.90	455.79
化学原料和化学制品制造业	Manufacture of Raw Chemical Materials and Chemical Products	6419.70	1934.98
医药制造业	Manufacture of Medicines	1646.25	278.05
化学纤维制造业	Manufacture of Chemical Fibers	131.70	6.98
橡胶和塑料制品业	Rubber and Plastic Products	5257.97	403.96
非金属矿物制品业	Nonmetal Mineral Products	5270.41	184.31
黑色金属冶炼和压延加工业	Smelting and Pressing of Ferrous Metals	2590.24	406.24
有色金属冶炼和压延加工业	Smelting and Pressing of Nonferrous Metals	3438.83	424.98
金属制品业	Metal Products	6194.65	356.47
通用设备制造业	Manufacture of General-purpose Machinery	3953.12	622.52
专用设备制造业	Manufacture of Special-purpose Machinery	2892.39	210.74
汽车制造业	Manufacture of Automobile	6902.98	4433.72
铁路、船舶、航空航天和其他运输设备制造业	Manufacture of Railway ,Ship,Aeronautics and Other Transport equipment	1402.89	516.00
电气机械和器材制造业	Manufacture of Electrical Machinery and Equipment	13612.98	1147.13
计算机、通信和其他电子设备制造业	Manufacture of Communication Equipment, Computers and Other Electronic Equipment	33714.46	2291.13
仪器仪表制造业	Manufacture of Instruments and Meters	1003.03	76.12
其他制造业	Other Manufactures	273.20	20.58
废弃资源综合利用业	Comprehensive Utilization of Waste	1179.27	13.12
金属制品、机械和设备修理业	Manufacture of Metal Products,Machinery and Equipment Maintenance	144.21	56.99
电力、热力生产和供应业	Production and Supply of Electric Power and Heat Power	6592.35	1403.58
燃气生产和供应业	Production and Supply of Gas	868.26	337.75
水的生产和供应业	Production and Supply of Water	442.09	93.32

注：本表产值按当年价格计算。

Gross Output Value of Industry above Designated Size by City (2016)

(100 million yuan)

深 圳 Shenzhen	珠 海 Zhuhai	汕 头 Shantou	佛 山 Foshan	#顺 德 Shunde	韶 关 Shaoguan	河 源 Heyuan	梅 州 Meizhou	惠 州 Huizhou	汕 尾 Shanwei
27292.29	**4353.38**	**3303.80**	**21187.32**	**6745.85**	**1237.54**	**1599.18**	**745.63**	**7617.34**	**1233.47**
3680.88	1362.85	324.02	915.68	11.85	484.67	112.04	176.74	1123.64	95.39
37.86	0.33	74.80	19.92	0.57	41.97	21.17	23.95	21.81	22.79
1.28	1.39	19.36	103.99	0.23	10.78	0.57	2.72	9.02	90.23
		13.15	38.52		0.41		1.20		
16003.50	2368.15	2523.54	13751.35	4451.48	985.27	1037.76	585.03	3006.22	682.37
4011.46	1252.42	239.07	3046.66	724.83	59.48	196.24	38.18	2273.25	65.66
7234.53	730.49	241.47	3601.05	1490.22	129.40	327.43	76.77	2160.19	309.86
6082.84	1601.79	2411.25	9699.67	4711.88	373.89	411.07	276.94	2213.20	643.01
21209.45	2751.58	892.56	11487.66	2033.97	863.65	1188.12	468.69	5404.15	590.46
17235.80	2235.33	473.23	7654.30	4427.74	389.39	503.54	175.45	3825.94	928.82
5171.28	1105.14	1267.58	6352.75	1126.34	355.38	500.37	277.84	1878.54	147.96
4885.21	1012.90	1562.99	7180.28	1191.77	492.77	595.28	292.34	1912.86	156.69
212.74	73.81								
					10.45	41.34	1.02	3.55	
		3.56			21.47	2.68	7.91	0.45	
			3.29		34.00	44.43	8.38	35.94	
13.42									
195.13	68.48	110.89	343.34	83.28	23.61	35.70	18.05	95.56	30.61
49.80	47.90	49.96	325.04	42.81	5.28	29.13	10.05	27.36	6.93
131.21	14.94	9.68	236.38	6.15	11.09	41.90	10.60	44.62	5.15
63.45		10.20			62.99		75.65		
87.22	19.08	251.08	720.23	98.91	23.85	38.32	3.18	76.24	23.47
223.07	31.21	650.11	456.07	101.07	4.49	22.64	10.18	143.50	190.53
116.76	12.90	23.22	291.28	18.51	3.68	24.17	11.82	262.22	18.45
14.77	13.08		165.06	42.51	39.12	5.66	1.55	57.44	1.75
130.19	12.68	110.68	509.84	106.54	7.36	3.72	23.53	223.16	
139.58	44.73	78.10	257.38	30.91	7.89	4.27	1.26	37.07	11.36
186.77	10.85	130.36	212.54	19.04	3.90	11.46	2.33	51.98	4.94
950.17	13.24	482.50	733.87	413.64	54.89	36.92	22.06	89.47	230.14
60.82	143.96		140.61	0.81				347.72	
266.84	244.67	177.55	919.67	196.81	180.66	8.21	11.20	556.36	10.96
210.36	166.25	46.79	120.94	27.00	19.08	26.95	13.99	23.07	0.25
4.27	29.04	0.64	29.29	1.28		0.58	8.19	3.32	
719.52	84.25	420.62	1088.45	283.29	29.54	25.89	11.30	321.63	133.24
253.00	39.34	34.98	1394.37	45.88	61.44	94.68	83.41	195.87	54.03
27.77	76.85	1.29	569.48	156.81	198.89	232.74	14.77	116.79	
400.31	52.21	22.82	1217.33	102.75	76.42	6.58	8.35	32.06	
456.56	70.68	44.38	1700.31	385.71	46.57	40.12	10.56	246.27	71.60
714.56	133.31	41.34	868.48	241.27	28.45	28.97	5.51	145.21	1.57
797.17	131.57	47.80	742.14	243.14	16.23	49.43	6.10	88.71	
701.51	120.74	42.60	773.75	262.47	5.85	0.37	35.82	206.69	35.49
238.20	27.80	1.01	121.21	23.81	0.33	9.27	1.73	15.98	0.44
2329.33	1124.14	110.59	4726.75	3573.72	40.08	88.89	52.26	546.38	10.09
16106.81	1067.55	62.29	1234.55	211.38	27.59	502.42	133.40	3235.70	257.90
418.92	43.56	5.78	113.79	1.57	13.04	20.99	2.49	29.35	
70.59	0.73	8.02	12.31	1.61	0.20	4.32		12.54	0.35
0.74	0.27	36.45	489.26	1.12	11.91	4.13	3.54	18.83	7.30
13.49	52.18	0.92	0.26						1.30
808.76	260.84	275.90	547.36	14.81	162.32	106.20	131.15	305.78	123.05
65.75	108.54	3.97	72.61		2.59	5.19	1.45	5.24	
112.71	12.02	7.72	50.11	7.23	2.27	0.90	2.84	15.28	2.55

Note: Data in this table are calculated at current prices.

12-12 续表

单位：亿元

项　　目	Item	东 莞 Dongguan	中 山 Zhongshan
全省总计	**Provincial Total**	**14692.46**	**6614.80**
按经济类型分	Grouped by Ownership		
在总计中：国有控股工业	Of the Total:State-holding Industry	743.84	568.79
国有工业	State-owned Industry	1.80	
集体工业	Collective-owned Industry	17.91	34.10
股份合作工业	Share-holding Cooperative Industry		0.57
股份制工业	Share-holding Industry	7494.35	3049.42
外商投资工业	Foreign-funded Industry	2858.73	2082.18
港澳台投资工业	Industry with Funds from Hong Kong, Macao and Taiwan	4282.36	1373.09
按轻重工业分	Grouped by Light and Heavy Industries		
轻工业	Light Industry	4670.29	3395.04
重工业	Heavy Industry	10022.17	3219.76
按企业规模分	Grouped by Size of Enterprises		
大型企业	Large Enterprises	8204.07	2676.65
中型企业	Medium Enterprises	3539.66	1923.21
小微型企业	Smal and Micro Enterprises	2948.73	2014.93
按行业分	Grouped by Sector		
煤炭开采和洗选业	Mining and Washing of Coal		
石油和天然气开采业	Extraction of Petroleum and Natural Gas		
黑色金属矿采选业	Mining and Dressing of Ferrous Metal Ores		
有色金属矿采选业	Mining and Dressing of Nonferrous Metal Ores		
非金属矿采选业	Mining and Dressing of Nonmetal Ores	0.40	2.10
开采辅助活动	Auxiliary Minning Operations		
其他采矿业	Mining and Dressing of Other Ores		
农副食品加工业	Processing of Farm and Sideline Food	356.57	50.18
食品制造业	Manufacture of Food	115.07	192.23
酒、饮料和精制茶制造业	Manufacture of Wine, Beverage and Refined Tea	82.59	89.06
烟草制品业	Tobacco Products		
纺织业	Textile Industry	146.14	183.15
纺织服装、服饰业	Manufacture of Textile Garments, Footwear and Headgear	507.25	341.88
皮革、毛皮、羽毛及其制品和制鞋业	Leather, Fur, Feather, Down and Related Products	313.79	125.21
木材加工和木、竹、藤、棕、草制品业	Timber Processing, Bamboo, Cane, Palm Fiber & Straw Products	23.29	29.35
家具制造业	Manufacture of Furniture	279.59	131.98
造纸和纸制品业	Papermaking and Paper Products	616.72	153.77
印刷和记录媒介复制业	Printing and Record Medium Reproduction	154.47	91.36
文教、工美、体育和娱乐用品制造业	Manufacture of Cultural, Educational,Sports and Entertainment Articles	374.68	148.65
石油加工、炼焦和核燃料加工业	Petroleum Refining, Coking and Nuclear Fuel Processing	6.31	5.62
化学原料和化学制品制造业	Manufacture of Raw Chemical Materials and Chemical Products	304.86	253.27
医药制造业	Manufacture of Medicines	24.48	221.22
化学纤维制造业	Manufacture of Chemical Fibers	11.81	0.94
橡胶和塑料制品业	Rubber and Plastic Products	677.23	349.90
非金属矿物制品业	Nonmetal Mineral Products	189.44	115.29
黑色金属冶炼和压延加工业	Smelting and Pressing of Ferrous Metals	51.16	25.00
有色金属冶炼和压延加工业	Smelting and Pressing of Nonferrous Metals	103.14	48.35
金属制品业	Metal Products	444.82	338.50
通用设备制造业	Manufacture of General-purpose Machinery	582.87	457.92
专用设备制造业	Manufacture of Special-purpose Machinery	332.47	142.47
汽车制造业	Manufacture of Automobile	163.36	158.04
铁路、船舶、航空航天和其他运输设备制造业	Manufacture of Railway ,Ship,Aeronautics and Other Transport equipment	51.91	101.34
电气机械和器材制造业	Manufacture of Electrical Machinery and Equipment	1033.47	1204.68
计算机、通信和其他电子设备制造业	Manufacture of Communication Equipment, Computers and Other Electronic Equipment	6834.98	1059.01
仪器仪表制造业	Manufacture of Instruments and Meters	140.32	101.19
其他制造业	Other Manufactures	36.85	57.96
废弃资源综合利用业	Comprehensive Utilization of Waste	0.67	7.09
金属制品、机械和设备修理业	Manufacture of Metal Products,Machinery and Equipment Maintenance	1.33	0.20
电力、热力生产和供应业	Production and Supply of Electric Power and Heat Power	661.03	289.72
燃气生产和供应业	Production and Supply of Gas	35.10	91.47
水的生产和供应业	Production and Supply of Water	34.29	46.69

12-12 continued

(100 million yuan)

江 门 Jiangmen	阳 江 Yangjiang	湛 江 Zhanjiang	茂 名 Maoming	肇 庆 Zhaoqing	清 远 Qingyuan	潮 州 Chaozhou	揭 阳 Jieyang	云 浮 Yunfu
4274.38	**2050.58**	**2564.56**	**2483.41**	**4022.12**	**1813.51**	**1422.96**	**5131.14**	**1221.61**
335.13	385.70	743.80	901.51	264.87	299.67	155.15	217.77	99.74
13.67	20.35	63.24	26.67	28.30	37.11	41.04	63.43	0.54
0.74	6.54	6.25	8.16	5.28	1.09	6.94	52.72	4.70
			1.83			13.51		
2099.81	1470.39	1813.18	2168.00	2308.19	1210.00	940.26	3666.71	903.43
534.30	209.59	78.04	34.32	612.88	93.29	98.37	208.29	51.70
1559.84	252.24	538.75	85.86	890.99	465.27	166.65	568.40	218.90
2194.56	986.45	1389.81	829.33	1262.37	384.30	867.25	3645.89	430.19
2079.82	1064.14	1174.75	1654.09	2759.75	1429.21	555.71	1485.26	791.42
1171.73	434.72	692.10	863.10	968.77	455.73	136.74	866.22	134.98
1536.80	736.18	804.49	271.31	1678.23	874.05	525.55	1697.03	362.20
1565.85	879.69	1067.97	1349.01	1375.12	483.73	760.67	2567.89	724.43
		141.66						
			6.48	57.21	1.55			1.00
		1.13	3.23	8.52	2.21		3.10	7.25
16.04	1.43	28.13	107.16	70.29	4.81		11.15	29.90
		3.90		3.46				
		2.73						0.37
171.92	179.79	495.73	292.85	53.43	49.00	52.78	160.14	54.62
106.49	38.31	24.90	44.26	47.86	19.96	74.44	213.62	12.54
26.35	9.47	37.42	21.02	34.24	18.60	14.68	28.43	4.66
	1.31	18.77						
166.71	11.79	14.74	29.61	59.51	36.03	5.04	536.53	30.27
155.46	43.00	5.10	19.98	76.23	9.54	50.11	817.71	26.36
97.11	28.99	38.74	78.07	187.78	93.30	69.75	432.91	31.41
24.45	90.98	112.83	111.74	115.18	6.85		17.23	17.55
95.05	30.57	148.49	24.51	88.33	3.95	3.09	42.09	4.15
185.95	16.18	199.40	15.82	67.19	24.76	33.78	88.65	28.77
56.42	22.39	15.03	1.12	46.96	21.78	63.31	88.96	3.00
30.34	11.94	5.85	51.72	92.87	32.94	16.68	158.27	3.76
4.81		237.01	817.96	4.28				
464.97	24.36	62.70	267.89	392.40	116.69	32.64	104.27	84.57
25.39	16.22	21.06	39.07	58.46	10.39	11.90	285.67	26.66
9.81				3.84			22.98	
175.83	50.47	46.07	57.99	189.42	34.86	25.03	384.11	28.66
233.15	119.12	115.46	198.90	451.22	350.77	451.88	244.96	404.78
41.42	150.67	155.09	37.86	29.55	65.43	2.28	386.68	0.26
74.59	274.31	12.91	1.17	360.02	207.79	65.62	14.10	35.77
563.81	548.46	68.79	36.27	498.91	58.59	106.83	352.90	133.24
114.21	25.23	9.75	11.14	67.51	33.83	16.33	18.86	25.54
81.75	15.28	54.53	20.82	64.69	5.69	3.45	65.27	16.08
91.56	3.01	8.79		78.53	22.97		11.18	9.03
274.17	0.56	2.22	0.22	11.43	10.67		15.49	2.90
429.44	41.02	287.34	19.23	85.27	66.46	19.83	204.60	46.00
263.74	8.83	4.77	35.69	289.75	46.20	50.33	138.96	62.84
0.52	7.58			10.94	1.03	1.29	15.84	0.27
18.98	7.87			9.14	0.98	1.54	8.40	1.83
1.18	44.08	19.80	2.35	219.86	259.16	0.85	34.37	4.32
0.41		0.71		4.67			10.32	1.41
262.86	210.57	138.82	122.07	155.39	192.30	152.75	205.57	76.32
	8.18	17.95	1.35	13.79		94.35		2.98
9.52	8.64	6.22	5.86	13.97	4.44	2.37	7.83	2.55

12-13 各市规模以上工业增加值（2016年）

单位：亿元

项目	Item	全省 Provincial Total	广州 Guangzhou
全省总计	**Provincial Total**	**31330.24**	**4387.90**
按经济类型分	Grouped by Ownership		
在总计中：国有控股工业	Of the Total:State-holding Industry	5180.04	1166.33
国有工业	State-owned Industry	200.96	36.07
集体工业	Collective-owned Industry	106.59	23.18
股份合作工业	Share-holding Cooperative Industry	17.52	3.20
股份制工业	Share-holding Industry	18170.10	1932.73
外商投资工业	Foreign-funded Industry	5556.86	1733.72
港澳台投资工业	Industry with Funds from Hong Kong, Macao and Taiwan	6705.43	640.60
按轻重工业分	Grouped by Light and Heavy Industries		
轻工业	Light Industry	11916.13	1693.20
重工业	Heavy Industry	19414.11	2694.70
按企业规模分	Grouped by Size of Enterprises		
大型企业	Large Enterprises	14805.94	2538.72
中型企业	Medium Enterprises	8198.85	793.88
小微型企业	Small and Micro Enterprises	8325.45	1055.29
按行业分	Grouped by Sector		
煤炭开采和洗选业	Mining and Washing of Coal		
石油和天然气开采业	Extraction of Petroleum and Natural Gas	337.10	
黑色金属矿采选业	Mining and Dressing of Ferrous Metal Ores	38.87	
有色金属矿采选业	Mining and Dressing of Nonferrous Metal Ores	27.74	
非金属矿采选业	Mining and Dressing of Nonmetal Ores	109.81	0.77
开采辅助活动	Auxiliary Minning Operations	11.76	
其他采矿业	Mining and Dressing of Other Ores	0.86	
农副食品加工业	Processing of Farm and Sideline Food	469.70	37.57
食品制造业	Manufacture of Food	616.22	161.93
酒、饮料和精制茶制造业	Manufacture of Wine, Beverage and Refined Tea	342.65	116.05
烟草制品业	Tobacco Products	321.78	148.87
纺织业	Textile Industry	596.06	48.11
纺织服装、服饰业	Manufacture of Textile Garments, Footwear and Headgear	1012.83	131.78
皮革、毛皮、羽毛及其制品和制鞋业	Leather, Fur, Feather, Down and Related Products	682.27	71.92
木材加工和木、竹、藤、棕、草制品业	Timber Processing, Bamboo, Cane, Palm Fiber & Straw	208.82	9.39
家具制造业	Manufacture of Furniture	514.64	64.54
造纸和纸制品业	Papermaking and Paper Products	468.65	29.56
印刷和记录媒介复制业	Printing and Record Medium Reproduction	343.23	33.35
文教、工美、体育和娱乐用品制造业	Manufacture of Cultural, Educational and Sports Articles	816.92	102.06
石油加工、炼焦和核燃料加工业	Petroleum Refining, Coking and Nuclear Fuel Processing	896.25	215.89
化学原料和化学制品制造业	Manufacture of Raw Chemical Materials and Chemical Products	1435.48	404.94
医药制造业	Manufacture of Medicines	494.03	94.20
化学纤维制造业	Manufacture of Chemical Fibers	33.26	2.15
橡胶和塑料制品业	Rubber and Plastic Products	1239.72	97.62
非金属矿物制品业	Nonmetal Mineral Products	1287.34	38.59
黑色金属冶炼和压延加工业	Smelting and Pressing of Ferrous Metals	408.65	25.36
有色金属冶炼和压延加工业	Smelting and Pressing of Nonferrous Metals	491.29	52.14
金属制品业	Metal Products	1404.23	79.15
通用设备制造业	Manufacture of General-purpose Equipment	868.35	162.43
专用设备制造业	Manufacture of Special-purpose Equipment	787.78	59.36
汽车制造业	Manufacture of Transport Equipment	1612.66	1038.84
铁路、船舶、航空航天和其他运输设备制造业	Manufacture of Railway ,Ship,Aeronautics and Other Transport equipment	286.01	92.01
电气机械和器材制造业	Manufacture of Electrical Machinery and Equipment	3011.13	217.69
计算机、通信和其他电子设备制造业	Manufacture of Communication Equipment, Computers and Other Electronic Equipment	7204.72	343.85
仪器仪表制造业	Manufacture of Instruments and Meters	286.11	27.41
其他制造业	Other Manufactures	68.95	2.97
废弃资源综合利用业	Comprehensive Utilization of Waste	246.36	3.39
金属制品、机械和设备修理业	Manufacture of Metal Products,Machinery and Equipment Maintenance	48.05	27.42
电力、热力生产和供应业	Production and Supply of Electric Power and Heat Power	1946.61	342.90
燃气生产和供应业	Production and Supply of Gas	167.09	51.60
水的生产和供应业	Production and Supply of Water	186.24	52.05

注：本表工业增加值按收入法、当年价格计算。

Value-added of Industry above Designated Size by City (2016)

(100 million yuan)

深圳 Shenzhen	珠海 Zhuhai	汕头 Shantou	佛山 Foshan	#顺德 Shunde	韶关 Shaoguan	河源 Heyuan	梅州 Meizhou	惠州 Huizhou	汕尾 Shanwei
7108.87	**1022.86**	**785.21**	**4671.23**	**1513.58**	**334.24**	**351.00**	**221.58**	**1763.69**	**246.70**
1273.92	383.54	90.55	228.07	4.76	154.65	35.97	86.56	333.54	28.42
17.11	0.15	15.71	3.93	0.16	17.47	5.38	9.30	7.43	5.66
0.37	0.36	4.82	21.36	0.04	3.18	0.11	0.41	2.09	16.74
		3.15	7.23		0.07		0.33		
4623.41	583.35	588.39	3054.61	1025.52	258.07	220.47	175.83	725.89	124.28
872.66	234.96	67.94	666.21	138.67	12.08	31.24	13.01	497.01	4.55
1594.31	203.88	60.72	779.48	331.53	40.67	90.00	18.55	498.94	82.34
1342.40	434.50	579.41	2242.00	1092.58	130.11	99.91	101.45	475.65	124.23
5766.46	588.36	205.80	2429.23	421.00	204.13	251.09	120.13	1288.04	122.47
4838.00	504.21	114.44	1824.72	1039.27	91.29	107.78	81.92	900.75	177.59
1226.36	302.95	320.99	1390.48	253.00	134.08	115.13	75.27	435.33	31.90
1044.51	215.69	349.77	1456.02	221.30	108.87	128.10	64.39	427.60	37.21
191.64	30.22								
					3.37	12.36	0.32	1.11	
		0.70			16.82	1.29	0.85	0.28	
			0.87		11.56	7.00	2.22	14.89	
9.62									
28.11	7.11	13.65	49.50	7.61	2.11	4.52	1.95	14.24	5.03
14.09	17.36	13.28	115.42	10.33	1.91	7.18	2.18	6.43	2.24
35.81	4.14	2.74	64.52	3.20	3.10	9.81	3.37	13.47	0.85
53.26		2.00			46.61		56.72		
22.35	4.45	58.63	162.99	23.71	6.34	14.44	0.61	18.43	6.39
72.25	11.27	156.37	107.20	25.07	1.30	8.67	1.99	35.93	38.74
42.53	4.89	6.66	65.09	5.05	1.16	6.25	5.13	79.09	3.70
3.13	2.04		31.36	7.76	8.41	1.30	0.36	14.21	0.39
36.32	4.85	26.68	113.67	23.31	1.58	0.92	6.21	46.08	
34.40	8.03	19.22	60.20	7.60	2.47	1.18	0.27	6.43	2.12
65.57	4.73	35.41	45.42	4.40	1.18	3.23	1.21	10.23	0.56
111.87	4.80	119.46	125.53	63.47	18.50	11.37	6.94	26.77	41.38
29.41	23.09		24.76	0.15				103.98	
46.29	39.11	40.25	196.10	38.85	45.62	1.69	2.44	152.40	1.40
85.87	47.43	14.78	34.01	10.82	9.47	5.94	2.38	7.29	0.06
1.69	8.79	0.15	7.27	0.33		0.18	0.81	0.74	
199.49	18.45	96.73	224.79	60.08	7.57	7.24	2.30	78.26	26.99
74.39	7.31	5.80	358.59	11.30	11.61	15.97	19.93	54.54	5.89
5.04	13.62	0.20	90.06	20.14	27.11	49.82	1.52	21.15	
7.41	14.30	4.14	198.99	11.08	9.05	0.85	1.14	6.66	
130.49	19.22	10.89	346.54	83.17	10.58	6.25	1.83	60.93	10.59
165.79	38.15	9.42	182.84	41.92	6.38	5.40	1.10	30.65	0.38
265.02	41.03	13.20	167.90	57.71	2.92	11.44	1.62	20.61	
123.50	27.92	10.48	189.39	61.23	1.34	0.10	6.81	61.58	0.18
71.83	4.09	0.23	23.97	4.52	0.07	2.33	0.35	4.60	0.09
513.04	289.94	14.54	1102.21	863.08	9.53	16.86	5.06	109.48	1.96
4168.36	199.08	15.31	276.14	57.95	6.81	91.76	30.63	652.62	50.15
113.68	16.22	1.44	30.29	0.47	2.73	5.04	1.05	8.14	
22.12	0.29	1.80	3.07	0.42	0.05	1.10		2.70	0.08
0.18	0.06	6.08	89.87	0.32	2.90	0.94	0.77	3.68	0.49
6.77	8.47	0.37	0.05						0.29
284.11	82.41	80.42	142.08	5.05	52.17	37.01	50.08	88.25	45.80
22.62	13.05	0.89	23.67		0.58	1.16	0.32	1.72	
50.80	6.95	3.31	16.88	3.44	1.32	0.40	1.10	6.12	0.92

Note: Data of value-added of industry in this table are calculated with income approach and at current prices.

12-13 续表

单位：亿元

项　目	Item	东 莞 Dongguan	中 山 Zhongshan
全省总计	**Provincial Total**	**2968.16**	**1319.96**
按经济类型分	Grouped by Ownership		
在总计中：国有控股工业	Of the Total:State-holding Industry	191.67	90.95
国有工业	State-owned Industry	0.57	
集体工业	Collective-owned Industry	7.98	6.53
股份合作工业	Share-holding Cooperative Industry		0.11
股份制工业	Share-holding Industry	1270.26	604.51
外商投资工业	Foreign-funded Industry	614.90	372.30
港澳台投资工业	Industry with Funds from Hong Kong, Macao and Taiwan	1064.27	321.74
按轻重工业分	Grouped by Light and Heavy Industries		
轻工业	Light Industry	1162.53	746.11
重工业	Heavy Industry	1805.62	573.85
按企业规模分	Grouped by Size of Enterprises		
大型企业	Large Enterprises	1408.37	538.37
中型企业	Medium Enterprises	904.80	419.90
小微型企业	Small and Micro Enterprises	654.98	361.70
按行业分	Grouped by Sector		
煤炭开采和洗选业	Mining and Washing of Coal		
石油和天然气开采业	Extraction of Petroleum and Natural Gas		
黑色金属矿采选业	Mining and Dressing of Ferrous Metal Ores		
有色金属矿采选业	Mining and Dressing of Nonferrous Metal Ores		
非金属矿采选业	Mining and Dressing of Nonmetal Ores	0.11	0.56
开采辅助活动	Auxiliary Minning Operations		
其他采矿业	Mining and Dressing of Other Ores		
农副食品加工业	Processing of Farm and Sideline Food	33.28	6.12
食品制造业	Manufacture of Food	35.68	95.63
酒、饮料和精制茶制造业	Manufacture of Wine, Beverage and Refined Tea	15.41	17.25
烟草制品业	Tobacco Products		
纺织业	Textile Industry	42.50	32.53
纺织服装、服饰业	Manufacture of Textile Garments, Footwear and Headgear	122.72	66.56
皮革、毛皮、羽毛及其制品和制鞋业	Leather, Fur, Feather, Down and Related Products	111.31	32.05
木材加工和木、竹、藤、棕、草制品业	Timber Processing, Bamboo, Cane, Palm Fiber & Straw Products	6.20	6.47
家具制造业	Manufacture of Furniture	70.27	32.81
造纸和纸制品业	Papermaking and Paper Products	135.85	25.60
印刷和记录媒介复制业	Printing and Record Medium Reproduction	51.14	10.43
文教、工美、体育和娱乐用品制造业	Manufacture of Cultural, Educational and Sports Articles	108.63	42.92
石油加工、炼焦和核燃料加工业	Petroleum Refining, Coking and Nuclear Fuel Processing	2.42	2.15
化学原料和化学制品制造业	Manufacture of Raw Chemical Materials and Chemical Products	60.29	64.07
医药制造业	Manufacture of Medicines	7.87	56.58
化学纤维制造业	Manufacture of Chemical Fibers	2.03	0.22
橡胶和塑料制品业	Rubber and Plastic Products	179.86	65.94
非金属矿物制品业	Nonmetal Mineral Products	52.60	27.47
黑色金属冶炼和压延加工业	Smelting and Pressing of Ferrous Metals	10.86	4.05
有色金属冶炼和压延加工业	Smelting and Pressing of Nonferrous Metals	11.58	5.52
金属制品业	Metal Products	151.10	69.20
通用设备制造业	Manufacture of General-purpose Machinery	105.50	89.21
专用设备制造业	Manufacture of Special-purpose Machinery	97.26	30.45
汽车制造业	Manufacture of Automobile	46.85	39.74
铁路、船舶、航空航天和其他运输设备制造业	Manufacture of Railway ,Ship,Aeronautics and Other Transport equipment	13.70	2.25
电气机械和器材制造业	Manufacture of Electrical Machinery and Equipment	242.43	210.32
计算机、通信和其他电子设备制造业	Manufacture of Communication Equipment, Computers and Other Electronic Equipment	988.78	164.99
仪器仪表制造业	Manufacture of Instruments and Meters	51.20	19.58
其他制造业	Other Manufactures	10.02	12.98
废弃资源综合利用业	Comprehensive Utilization of Waste	0.15	0.42
金属制品、机械和设备修理业	Manufacture of Metal Products,Machinery and Equipment Maintenance	0.55	0.04
电力、热力生产和供应业	Production and Supply of Electric Power and Heat Power	178.93	66.26
燃气生产和供应业	Production and Supply of Gas	8.72	11.05
水的生产和供应业	Production and Supply of Water	12.37	8.54

12-13 continued

(100 million yuan)

江 门 Jiangmen	阳 江 Yangjiang	湛 江 Zhanjiang	茂 名 Maoming	肇 庆 Zhaoqing	清 远 Qingyuan	潮 州 Chaozhou	揭 阳 Jieyang	云 浮 Yunfu
1065.80	**408.44**	**780.75**	**857.82**	**921.14**	**439.85**	**377.20**	**1062.21**	**235.63**
93.96	93.07	241.91	393.20	64.32	81.24	58.60	61.68	27.88
3.23	3.47	19.40	10.22	6.44	11.89	13.23	14.24	0.08
0.17	0.71	1.87	3.02	2.04	0.26	1.63	8.68	1.06
			0.57			2.85		
468.44	301.38	453.93	763.26	527.25	279.37	250.32	794.41	169.93
128.33	39.58	16.56	5.56	147.93	18.94	25.56	43.12	10.70
451.33	44.16	271.18	26.83	193.99	127.73	43.99	106.21	44.49
574.96	179.09	344.85	236.95	288.92	100.05	219.95	768.77	71.08
490.83	229.35	435.90	620.87	632.22	339.80	157.25	293.44	164.55
372.16	99.93	240.25	378.25	226.21	100.71	42.88	189.26	30.12
363.09	153.05	248.43	77.25	391.38	221.41	157.22	372.91	63.05
330.54	155.46	292.08	402.33	303.55	117.72	177.10	500.04	142.46
		115.24						
			2.69	18.26	0.49			0.28
		0.70	2.00	1.46	0.78		1.92	0.95
3.47	0.38	8.55	35.64	15.35	1.31		0.46	6.67
		1.71		0.43				
		0.77						0.09
20.50	26.14	74.74	68.69	9.50	14.25	9.94	36.92	5.82
28.29	8.38	6.34	14.88	12.10	3.86	16.02	49.95	3.04
6.94	0.71	11.03	7.33	10.83	8.46	3.45	5.93	1.44
	0.28	14.05						
38.07	2.70	4.00	7.43	13.20	6.12	1.17	101.86	3.73
43.53	9.18	1.20	5.05	16.56	3.03	14.60	157.23	7.69
22.61	5.19	10.60	25.54	42.55	25.13	18.27	99.36	3.21
6.34	14.46	33.59	35.23	27.11	1.45		4.02	3.36
23.55	4.06	44.67	7.21	22.02	0.85	0.61	6.78	0.94
40.59	3.47	52.56	3.35	13.20	3.75	7.70	14.88	3.80
20.64	2.65	6.90	0.30	10.31	4.81	15.68	18.90	0.56
6.56	2.04	0.84	16.84	21.36	8.42	4.88	34.70	1.04
1.80		124.01	367.48	1.27				
160.71	4.40	13.06	60.82	80.92	15.41	8.28	16.12	21.17
9.56	2.65	6.25	11.25	14.47	2.91	3.90	70.59	6.56
1.23				1.67			6.35	
41.89	11.63	11.64	19.16	46.37	10.75	9.11	81.11	2.83
51.33	25.76	30.40	69.59	108.11	94.46	122.13	31.47	81.40
8.04	18.75	23.25	14.16	6.52	6.57	0.35	82.17	0.06
12.64	46.70	2.74	0.16	69.57	37.45	3.54	2.54	4.17
132.54	101.97	20.27	9.29	108.42	10.26	25.16	80.35	19.20
25.89	6.82	2.34	3.14	13.70	7.65	3.95	2.96	4.66
16.82	3.65	15.40	6.40	13.69	2.03	0.94	15.19	2.83
26.62	0.77	3.64		20.82	8.69		2.62	2.77
60.23	0.12	0.46	0.05	3.11	3.21		2.73	0.61
94.96	7.57	85.63	5.72	18.89	14.36	4.59	38.46	7.86
69.16	2.56	0.91	10.67	61.15	14.66	21.36	23.48	12.27
0.07	1.29			2.73	0.61	0.48	3.91	0.23
4.90	1.85			2.29	0.29	0.39	1.74	0.32
0.25	8.63	5.15	0.52	54.82	62.78	0.19	4.10	0.99
0.11		0.18		0.84			2.52	0.45
81.15	78.76	41.36	43.72	49.65	62.03	57.16	58.79	23.58
	1.83	4.01	0.30	3.08		21.84		0.67
4.81	3.09	2.56	3.18	4.83	3.01	1.52	2.09	0.39

12-14 规模以上工业企业主要经济指标

Main Indicators of Industrial Enterprises above Designated Size

年份 Year	全部就业人员平均人数(万人) Annual Average Number of Employed Persons (10000 persons)	总产值(亿元) Gross Output Value of Industry (100 million yuan)	固定资产原价(亿元) Original Value of Fixed Assets (100 million yuan)	主营业务收入(亿元) Principal Business Revenue (100 million yuan)	利税总额(亿元) Total Pre-tax Profits (100 million yuan)	百元固定资产实现利税(元) Pre-tax Profits per 100 yuan of Original Value of Fixed Assets (yuan)	总资产贡献率 Ratio of Total Assets to Industrial Output Value	产值利税率(%) Ratio of Pre-tax Profits to Gross Output Value (%)	百元主营业务收入实现利税(元) Pre-tax Profits per 100 yuan of Main Business Revenue (yuan)	全员劳动生产率(元/人) Overall Labor Productivity (yuan/person)
1978	170.51	168.91	111.42		32.91	29.54		19.48		9906
1979	171.76	181.96	129.09	170.09	34.48	26.71		18.45	20.27	10594
1980	182.39	198.83	136.59	189.97	38.51	28.19		19.37	20.27	10902
1981	189.08	226.26	152.58	215.09	42.12	27.60		18.61	19.58	11966
1982	194.33	245.54	172.00	231.20	44.62	25.94		18.17	19.30	12635
1983	197.50	275.25	226.58	226.91	48.59	21.45		17.65	21.42	13937
1984	241.42	336.45	221.46	313.33	56.83	25.66		16.89	18.14	13937
1985	298.66	438.91	269.13	412.77	75.99	29.23		17.31	18.41	14696
1986	323.16	522.35	335.19	498.80	80.90	24.14		15.49	16.22	16164
1987	353.95	711.04	433.95	692.47	102.24	23.56		14.38	14.76	20089
1988	382.19	1056.47	540.37	1016.20	140.65	26.03		13.31	13.84	27643
1989	387.90	1321.33	700.66	1222.20	138.71	19.80		10.50	11.35	34064
1990	390.28	1379.98	843.88	1287.91	121.50	14.40		8.80	9.43	35359
1991	433.18	2018.62	1339.04	1875.02	188.08	14.05		9.32	10.03	46600
1992	450.99	2696.47	1485.36	2537.84	248.78	22.32		9.23	9.80	59790
1993	478.39	4085.35	2099.09	3920.98	397.40	18.93		9.73	10.14	85379
1994	537.57	5325.35	3309.63	4826.68	478.41	14.46		8.89	9.91	99063
1995	537.83	6325.19	4298.15	6195.84	445.53	10.37		7.04	7.19	117606
1996	529.13	7308.51	5066.23	6808.08	489.26	9.66		6.69	7.19	36094
1997	522.94	8201.71	5904.95	7767.79	617.90	10.46	7.54	7.53	7.95	40040
1998	548.59	9738.56	6968.36	9243.42	622.82	8.94	7.37	6.40	6.74	44553
1999	537.77	10538.17	7399.10	10208.99	778.94	10.53	7.62	7.39	7.63	50307
2000	572.89	12480.93	8005.77	12380.65	1042.77	13.03	8.86	8.35	8.42	58836
2001	578.94	14035.35	8655.82	13891.46	1139.98	13.17	8.70	8.12	8.21	67012
2002	644.39	16378.60	9550.47	16247.73	1380.24	14.45	9.17	8.43	8.50	58940
2003	741.17	21513.46	10768.77	21566.93	1850.90	17.19	10.42	8.60	8.56	77150
2004	996.44	29554.92	12713.34	28998.45	2329.79	18.33	10.52	7.90	8.03	74661
2005	1085.65	35942.74	14453.16	34781.58	2877.81	19.91	11.29	8.01	8.27	86735
2006	1203.58	44674.75	17824.33	43550.87	3907.10	21.92	12.24	8.75	8.97	97882
2007	1307.40	55252.86	19763.42	53927.94	5105.93	25.83	13.59	9.24	9.46	107880
2008	1493.38	65424.61	24529.17	63371.65	6136.69	25.02	14.32	9.38	9.68	117940
2009	1436.02	68275.77	26293.23	66117.81	6793.59	25.84	14.18	9.95	10.27	126984
2010	1568.00	85824.64	33489.49	84114.85	9418.42	28.12	15.63	10.97	11.20	129709
2011	1463.86	94871.68	33244.26	92996.88	9608.33	28.9	14.98	10.13	10.33	147987
2012	1452.16	95602.09	35983.70	93821.74	9383.63	26.08	13.94	9.82	10.00	156463
2013	1455.81	109673.07	39339.68	106361.21	11008.36	27.98	14.53	10.04	10.35	182303
2014	1455.78	119713.04	43635.95	115451.13	11663.66	26.73	13.97	9.74	10.10	193633
2015	1439.33	124649.16	48104.10	119157.86	12375.00	25.73	13.58	9.93	10.39	204582
2016	1417.84	133768.04	52729.34	129151.31	13150.85	24.94	12.98	9.83	10.18	220972

注：1．利税总额包括增值税。
2．全员劳动生产率1996年后按工业增加值计算。
3．1997年以前为独立核算工业企业，1998年起统计口径改为年主营业务收入500万元及以上的规模以上工业，2011年调整为年主营业务收入2000万元及以上工业企业。

Note:a) Total pre-tax profits include value-added tax.
b) Since 1996, figures of overall labor productivity have been calculated by value-added of industry.
c) From 1998 to 2010, data are statistics of industrial enterprises above designated size with annual principal business revenue of over 5 million yuan, while data prior to 1997 are statistics of industrial enterprises with independent accounting systems. Since 2011, data are statistics of legal person industrial enterprises with annual principal business revenue of over 20 million yuan.

12-15 规模以上国有控股工业企业主要经济指标

Main Indicators of State-owned and State-holding Industrial Enterprises above Designated Size

年份 Year	全部就业人员平均人数(万人) Annual Average Number of Employed Persons (10000 persons)	总产值(亿元) Gross Output Value of Industry (100 million yuan)	固定资产原价(亿元) Original Value of Fixed Assets (100 million yuan)	主营业务收入(亿元) Principal Business Revenue (100 million yuan)	利税总额(亿元) Total Pre-tax Profits (100 million yuan)	百元固定资产实现利税(元) Pre-tax Profits per 100 yuan of Original Value of Fixed Assets (yuan)	总资产贡献率 Ratio of Total Assets to Industrial Output Value	产值利税率(%) Ratio of Pre-tax Profits to Gross Output Value (%)	百元主营业务收入实现利税(元) Pre-tax Profits per 100 yuan of Main Business Revenue (yuan)	全员劳动生产率(元/人) Overall Labor Productivity (yuan/person)
1978	120.35	122.28	96.06		26.09	27.16		21.34		10159
1979	121.97	132.30	103.51	126.87	26.89	25.96		20.31	21.18	10847
1980	126.09	136.30	107.27	127.97	28.33	25.90		20.57	22.19	10829
1981	132.60	153.54	118.82	147.85	31.18	26.24		20.31	21.09	11579
1982	139.90	165.82	131.82	158.43	33.29	25.26		20.08	21.01	11853
1983	142.18	188.09	147.53	178.04	38.18	25.88		20.30	21.45	13228
1984	143.08	222.35	162.13	205.73	44.02	27.15		19.80	21.39	15540
1985	144.14	277.87	203.80	265.05	56.34	27.64		20.28	21.26	19278
1986	150.14	312.74	235.47	305.42	59.70	25.36		19.09	19.55	20829
1987	156.48	400.55	294.46	402.63	72.44	24.60		18.09	17.99	25598
1988	162.43	555.41	328.58	545.00	91.05	27.71		16.39	16.71	34194
1989	162.85	670.95	404.50	631.61	94.11	23.26		14.93	14.90	41200
1990	163.80	713.88	488.36	689.83	84.35	17.27		11.82	12.23	43582
1991	173.85	906.72	612.24	853.62	116.26	18.99		12.82	13.62	52155
1992	171.60	1118.86	751.42	1073.94	131.24	17.47		11.73	12.22	65202
1993	153.26	1371.58	856.85	1372.66	169.40	19.77		12.35	12.34	89494
1994	152.25	1498.80	1076.47	1400.87	176.81	16.42		11.80	12.62	98443
1995	142.83	1396.35	1315.16	1499.25	160.57	12.21		11.50	10.71	97763
1996	137.50	1476.12	1599.77	1555.28	139.01	8.69		9.42	8.94	34057
1997	124.71	1505.06	1794.89	1657.79	160.92	8.97		10.69	9.71	36596
1998	102.67	1453.79	1790.91	1616.64	163.10	9.11		11.22	10.09	47019
1999	128.16	3025.68	3520.17	3153.04	376.11	10.68	8.63	12.34	11.93	72606
2000	104.39	3126.12	3513.50	3583.55	433.35	12.33	9.09	13.86	12.09	91413
2001	91.77	3236.65	3982.54	3757.95	486.46	12.21	9.53	15.03	12.94	112515
2002	83.25	3264.46	3942.57	3800.38	483.25	12.26	9.34	14.80	12.72	132894
2003	75.20	3949.03	4603.66	4717.48	623.49	13.54	10.88	15.79	13.22	191590
2004	72.53	6039.24	4913.92	6031.47	779.41	15.86	12.39	12.91	12.92	213941
2005	69.42	6375.54	5153.83	6261.70	800.26	15.53	13.03	12.55	12.78	243447
2006	60.80	7253.17	6557.86	6887.69	1213.73	18.50	14.89	16.73	17.62	391250
2007	60.86	8603.94	6702.65	8258.85	1603.72	23.92	17.68	18.63	19.41	464322
2008	77.84	11144.50	8327.10	11045.88	1676.74	20.14	15.49	15.05	15.18	430063
2009	75.33	10790.11	9249.22	10637.39	1747.60	18.89	14.73	16.20	16.43	457743
2010	78.89	13166.37	10456.03	13418.41	2398.44	22.94	17.21	18.22	17.87	518203
2011	82.98	13927.70	10891.43	13871.28	1963.69	18.03	13.54	14.10	14.16	441471
2012	82.87	15529.16	12395.46	15602.52	2172.26	17.52	14.03	13.99	13.92	515822
2013	81.67	17525.16	13124.26	17095.26	2800.64	21.34	16.57	15.98	16.38	625429
2014	79.95	18225.94	14561.95	17804.39	2810.73	19.30	15.61	15.42	15.79	645329
2015	83.23	17032.30	15949.18	16453.02	2660.82	16.68	13.53	15.62	16.17	606956
2016	82.67	17172.18	17041.31	16266.66	2889.08	16.95	13.36	16.82	17.76	626612

注：1998年以前为国有工业，1999年起为国有及国有控股工业，2007年起改为国有控股工业。

Note: Data prior to 1998 are statistics of state-owned industrial enterprises,data since 1999 are statistics of state-owned and state-holding industrial enterprises, and data since 2007 are statistics of state-holding industrial enterprises.

12-16 规模以上工业企业主要经济指标（2016年）

单位：亿元

项目	Item	企业单位数（个）Number of Enterprises (unit)	工业总产值（当年价）Gross Industrial Output Value (at current prices)
全省总计	**Provincial Total**	**42709**	**133768.04**
按经济类型分	Grouped by Ownership		
在总计中：国有控股工业	Of the Total: State-holding Industry	1100	17172.18
国有工业	State-owned Industry	201	665.85
集体工业	Collective-owned Industry	185	437.76
股份合作工业	Share-holding Cooperative Industry	51	86.68
股份制工业	Share-holding Industry	27666	75729.59
外商投资工业	Foreign-funded Industry	4104	25973.04
港澳台投资工业	Industry with Funds from Hong Kong, Macao and Taiwan	8561	28269.83
按轻重工业分	Grouped by Light and Heavy Industries		
轻工业	Light Industry	21811	50237.52
重工业	Heavy Industry	20898	83530.51
按企业规模分	Grouped by Size of Enterprises		
大型企业	Large Enterprises	1623	60261.43
中型企业	Medium Enterprises	8700	34497.42
小微型企业	Small and Mciro Enterprises	32386	39009.19
按行业分	Grouped by Sector		
煤炭开采和洗选业	Mining and Washing of Coal		
石油和天然气开采业	Extraction of Petroleum and Natural Gas	4	428.21
黑色金属矿采选业	Mining and Dressing of Ferrous Metal Ores	37	122.58
有色金属矿采选业	Mining and Dressing of Nonferrous Metal Ores	29	61.50
非金属矿采选业	Mining and Dressing of Nonmetal Ores	272	400.44
开采辅助活动	Auxiliary Minning Operations	4	20.77
其他采矿业	Mining and Dressing of Other Ores	2	3.10
农副食品加工业	Processing of Farm and Sideline Food	981	3360.47
食品制造业	Manufacture of Food	735	1915.96
酒、饮料和精制茶制造业	Manufacture of Wine, Beverage and Refined Tea	263	1177.29
烟草制品业	Tobacco Products	11	431.26
纺织业	Textile Industry	1464	2724.90
纺织服装、服饰业	Manufacture of Textile Garments, Footwear and Headgear	2806	4188.24
皮革、毛皮、羽毛及其制品和制鞋业	Leather, Fur, Feather, Down and Related Products	1854	2504.05
木材加工和木、竹、藤、棕、草制品业	Timber Processing, Bamboo, Cane, Palm Fiber & Straw Products	548	882.24
家具制造业	Manufacture of Furniture	1265	2081.34
造纸和纸制品业	Papermaking and Paper Products	1030	2146.85
印刷和记录媒介复制业	Printing and Record Medium Reproduction	838	1282.51
文教、工美、体育和娱乐用品制造业	Manufacture of Cultural, Educational,Sports and Entertainment Articles	1595	3880.44
石油加工、炼焦和核燃料加工业	Petroleum Refining, Coking and Nuclear Fuel Processing	84	2224.90
化学原料和化学制品制造业	Manufacture of Raw Chemical Materials and Chemical Products	2193	6419.70
医药制造业	Manufacture of Medicines	421	1646.25
化学纤维制造业	Manufacture of Chemical Fibers	56	131.70
橡胶和塑料制品业	Rubber and Plastic Products	3321	5257.97
非金属矿物制品业	Nonmetal Mineral Products	2865	5270.41
黑色金属冶炼和压延加工业	Smelting and Pressing of Ferrous Metals	427	2590.24
有色金属冶炼和压延加工业	Smelting and Pressing of Nonferrous Metals	616	3438.83
金属制品业	Metal Products	3372	6194.65
通用设备制造业	Manufacture of General-purpose Machinery	1672	3953.12
专用设备制造业	Manufacture of Special-purpose Machinery	1586	2892.39
汽车制造业	Manufacture of Automobile	762	6902.98
铁路、船舶、航空航天和其他运输设备制造业	Manufacture of Railway ,Ship,Aeronautics and Other Transport equipment	390	1402.89
电气机械和器材制造业	Manufacture of Electrical Machinery and Equipment	4296	13612.98
计算机、通信和其他电子设备制造业	Manufacture of Communication Equipment, Computers and Other Electronic Equipment	5085	33714.46
仪器仪表制造业	Manufacture of Instruments and Meters	533	1003.03
其他制造业	Other Manufactures	241	273.20
废弃资源综合利用业	Comprehensive Utilization of Waste	268	1179.27
金属制品、机械和设备修理业	Manufacture of Metal Products,Machinery and Equipment Maintenance	49	144.21
电力、热力生产和供应业	Production and Supply of Electric Power and Heat Power	364	6592.35
燃气生产和供应业	Production and Supply of Gas	98	868.26
水的生产和供应业	Production and Supply of Water	272	442.09

Main Economic Indicators of Industrial Enterprises above Designated Size (2016)

(100 million yuan)

工业增加值 Value-added of Industry	年末资产总计 Total Assets at the Year-end	流动资产合计 Total Working Capital	固定资产合计 Toatal Fixed Assets	主营业务收入 Principal Business Revenue	主营业务成本 Cost of Principal Business	主营业务税金及附加 Tax and Extra Charges on Main Business	利润总额 Total Profits	利税总额 Total Pre-tax Profits	本年应交增值税 Value-added Tax Payable in Current Year	全部就业人员年平均人数(万人) Annual Average Number of Employed Persons (10000 persons)
31330.24	**105604.17**	**61612.78**	**27217.90**	**129151.31**	**108582.42**	**1338.55**	**8383.04**	**13150.85**	**3417.11**	**1417.84**
5180.04	22869.36	8475.83	9563.72	16266.66	13220.25	708.87	1437.99	2889.08	737.15	82.67
200.96	809.59	283.92	439.14	662.24	583.34	3.43	27.61	58.91	27.56	7.97
106.59	144.80	62.95	59.94	426.38	379.25	2.25	21.00	30.23	6.96	8.29
17.52	32.17	21.83	7.19	80.03	69.04	0.52	3.10	5.74	2.11	0.72
18170.10	63484.86	35336.99	16781.21	73506.92	61103.14	900.07	4956.07	8014.65	2152.28	686.93
5556.86	18058.09	11505.19	4526.64	24966.62	21176.37	188.74	1641.83	2435.18	601.71	239.77
6705.43	22313.62	14043.17	5099.37	26956.21	23058.23	223.63	1574.11	2373.53	573.36	447.49
11916.13	36004.20	23242.11	7514.29	48277.50	40073.04	458.69	3302.26	5047.50	1282.33	689.27
19414.11	69599.98	38370.67	19703.61	80873.81	68509.38	879.86	5080.77	8103.34	2134.78	728.57
14805.94	49906.28	30124.51	12157.58	58185.19	47639.45	806.34	4133.65	6671.61	1726.64	532.06
8198.85	27182.46	15296.38	7744.77	32943.27	27851.74	317.33	2193.10	3340.79	828.29	497.81
8325.45	28515.44	16191.88	7315.55	38022.85	33091.24	214.88	2056.28	3138.45	862.19	387.97
337.10	992.14	71.27	516.92	406.36	266.59	26.49	99.76	164.86	38.61	0.57
38.87	145.11	65.26	48.87	112.05	91.44	1.88	7.78	15.41	5.75	0.69
27.74	50.74	21.25	17.76	62.31	47.82	1.54	8.90	13.82	3.38	0.74
109.81	191.57	73.04	76.80	380.71	304.25	6.72	33.93	53.28	12.50	2.64
11.76	53.24	18.66	30.70	20.59	18.19	-0.06	1.26	1.85	0.64	0.23
0.86	0.34	0.08	0.25	2.99	2.83	0.01	0.05	0.09	0.04	0.01
469.70	1956.69	1300.54	382.17	3365.54	3043.99	10.00	163.17	213.42	40.13	17.41
616.22	1431.61	865.52	368.67	1892.49	1281.80	14.91	262.52	377.13	99.68	19.20
342.65	837.41	448.74	290.32	1057.14	742.52	21.94	82.55	151.11	46.53	8.16
321.78	554.58	418.22	67.09	411.17	129.39	203.17	50.39	300.32	46.75	0.79
596.06	1401.47	793.12	455.75	2616.84	2308.56	12.02	140.45	203.29	50.62	36.53
1012.83	1957.94	1259.03	490.68	4048.46	3505.65	22.56	182.03	291.67	86.89	91.08
682.27	1100.25	755.91	233.66	2441.83	2160.05	12.38	93.62	157.35	51.27	65.51
208.82	476.98	245.21	145.24	852.21	726.74	7.30	55.45	86.54	23.72	8.90
514.64	1216.83	773.18	257.67	2027.80	1734.48	9.93	114.66	178.21	53.48	34.53
468.65	1982.90	997.96	728.11	2075.45	1812.49	8.22	120.64	189.32	60.37	22.31
343.23	989.79	585.33	252.26	1231.26	1039.55	6.28	82.59	120.88	31.93	22.99
816.92	2389.74	1790.64	346.67	3818.59	3424.66	12.60	146.87	214.26	54.54	75.09
896.26	1291.40	593.45	569.34	2175.94	1485.00	419.64	209.62	763.90	134.42	2.54
1435.48	4786.42	2671.17	1218.94	6059.96	4752.65	38.00	490.46	716.31	187.26	34.16
494.03	2561.02	1638.96	353.50	1553.00	1036.91	11.30	223.20	306.55	71.74	13.36
33.26	160.34	61.97	37.84	129.98	109.08	0.52	11.46	15.12	3.12	1.37
1239.72	3298.10	1946.19	914.81	5101.95	4388.44	25.27	286.58	419.76	107.61	83.25
1287.34	3774.12	1913.28	1370.61	5000.85	4286.31	31.45	317.58	483.08	133.70	60.33
408.65	1949.87	631.51	966.76	2341.60	2136.55	7.03	96.56	148.79	45.19	10.24
491.29	1894.38	1148.63	567.39	3263.09	2976.89	7.55	127.31	179.46	44.50	14.99
1404.23	3495.59	1990.13	1072.71	5920.16	5174.36	29.91	338.33	511.19	142.56	81.32
868.35	3368.30	2328.69	561.31	3744.00	3143.11	16.41	257.01	362.75	89.07	47.99
787.78	2830.36	1792.08	515.97	2717.33	2161.09	15.27	243.64	330.27	70.97	41.53
1612.66	4691.78	3038.74	1131.70	6709.58	5618.58	125.46	542.10	861.95	193.55	39.90
286.01	1291.76	879.77	260.23	1244.22	1080.21	5.70	62.36	80.80	12.45	13.01
3011.13	11742.62	8162.78	1671.08	12911.72	10689.24	64.38	1049.70	1457.73	342.62	169.09
7204.72	25623.37	18549.94	3562.75	33121.04	27936.79	106.87	1579.01	2397.36	708.69	335.35
286.11	990.44	672.52	135.17	979.70	785.98	5.15	71.69	99.46	22.58	22.17
68.95	169.85	114.99	36.64	261.32	226.26	1.21	11.02	18.67	6.44	5.71
246.36	497.18	241.00	170.21	1177.95	1029.98	5.61	92.60	126.11	27.88	4.35
48.05	173.20	114.49	46.34	140.18	118.95	0.97	7.85	14.49	5.66	2.04
1946.61	10894.04	1989.52	6288.51	6507.13	5763.33	37.69	592.79	955.57	322.62	20.61
167.09	599.76	182.81	315.03	835.52	749.28	2.00	59.45	80.41	18.92	1.62
186.24	1790.92	467.18	741.45	431.34	292.46	3.27	66.13	88.31	18.73	5.54

12-17 规模以上国有控股工业企业主要经济指标（2016年）

单位：亿元

项　　目	Item	企业单位数（个） Number of Enterprises (unit)	工业总产值（当年价） Gross Industrial Output Value (at current prices)
全省总计	**Provincial Total**	**1100**	**17172.18**
按轻重工业分	Grouped by Light and Heavy Industries		
轻工业	Light Industry	369	2847.24
重工业	Heavy Industry	731	14324.94
按企业规模分	Grouped by Size of Enterprises		
大型企业	Large Enterprises	135	11687.57
中型企业	Medium Enterprises	332	2809.31
小微型企业	Small and Mciro Enterprises	633	2675.30
按行业分	Grouped by Sector		
煤炭开采和洗选业	Mining and Washing of Coal		
石油和天然气开采业	Extraction of Petroleum and Natural Gas	2	76.08
黑色金属矿采选业	Mining and Dressing of Ferrous Metal Ores	3	6.93
有色金属矿采选业	Mining and Dressing of Nonferrous Metal Ores	9	33.66
非金属矿采选业	Mining and Dressing of Nonmetal Ores	11	26.65
开采辅助活动	Auxiliary Minning Operations	2	15.42
其他采矿业	Mining and Dressing of Other Ores		
农副食品加工业	Processing of Farm and Sideline Food	56	268.43
食品制造业	Manufacture of Food	23	67.85
酒、饮料和精制茶制造业	Manufacture of Wine, Beverage and Refined Tea	17	168.15
烟草制品业	Tobacco Products	7	418.16
纺织业	Textile Industry	16	25.75
纺织服装、服饰业	Manufacture of Textile Garments, Footwear and Headgear	7	6.98
皮革、毛皮、羽毛及其制品和制鞋业	Leather, Fur, Feather, Down and Related Products	4	2.86
木材加工和木、竹、藤、棕、草制品业	Timber Processing, Bamboo, Cane, Palm Fiber & Straw Products	9	11.49
家具制造业	Manufacture of Furniture	2	3.45
造纸和纸制品业	Papermaking and Paper Products	11	78.45
印刷和记录媒介复制业	Printing and Record Medium Reproduction	23	26.35
文教、工美、体育和娱乐用品制造业	Manufacture of Cultural, Educational,Sports and Entertainment Articles	18	37.87
石油加工、炼焦和核燃料加工业	Petroleum Refining, Coking and Nuclear Fuel Processing	10	1800.93
化学原料和化学制品制造业	Manufacture of Raw Chemical Materials and Chemical Products	48	416.59
医药制造业	Manufacture of Medicines	38	218.67
化学纤维制造业	Manufacture of Chemical Fibers	1	13.60
橡胶和塑料制品业	Rubber and Plastic Products	29	104.29
非金属矿物制品业	Nonmetal Mineral Products	46	147.63
黑色金属冶炼和压延加工业	Smelting and Pressing of Ferrous Metals	20	652.13
有色金属冶炼和压延加工业	Smelting and Pressing of Nonferrous Metals	19	528.41
金属制品业	Metal Products	36	139.41
通用设备制造业	Manufacture of General-purpose Machinery	29	191.23
专用设备制造业	Manufacture of Special-purpose Machinery	21	58.48
汽车制造业	Manufacture of Automobile	26	690.20
铁路、船舶、航空航天和其他运输设备制造业	Manufacture of Railway ,Ship,Aeronautics and Other Transport equipment	31	284.73
电气机械和器材制造业	Manufacture of Electrical Machinery and Equipment	49	1075.24
计算机、通信和其他电子设备制造业	Manufacture of Communication Equipment, Computers and Other Electronic Equipment	87	2705.06
仪器仪表制造业	Manufacture of Instruments and Meters	7	16.98
其他制造业	Other Manufactures	2	3.16
废弃资源综合利用业	Comprehensive Utilization of Waste	4	6.37
金属制品、机械和设备修理业	Manufacture of Metal Products,Machinery and Equipment Maintenance	14	53.70
电力、热力生产和供应业	Production and Supply of Electric Power and Heat Power	227	6161.86
燃气生产和供应业	Production and Supply of Gas	23	391.29
水的生产和供应业	Production and Supply of Water	113	237.69

Main Economic Indicators of State-holding Industrial Enterprises above Designated Size (2016)

(100 million yuan)

工业增加值 Value-added of Industry	年末资产总计 Total Assets at the Year-end	流动资产合计 Total Working Capital	固定资产合计 Total Fixed Assets	主营业务收入 Principal Business Revenue	主营业务成本 Cost of Principal Business	主营业务税金及附加 Tax and Other Charges on Principal Business	利润总额 Total Profits	利税总额 Total Pre-tax Profits	本年应交增值税 Value-added Tax Payable in Current Year	全部就业人员年平均人数(万人) Annual Average Number of Employed Persons (10000 persons)
5180.04	**22869.36**	**8475.83**	**9563.72**	**16266.66**	**13220.25**	**708.87**	**1437.99**	**2889.08**	**737.15**	**82.67**
1007.30	4696.96	3074.91	738.61	2887.54	2011.88	220.75	408.19	776.34	145.79	22.13
4172.74	18172.40	5400.92	8825.11	13379.13	11208.37	488.11	1029.79	2112.73	591.35	60.54
3566.00	13250.82	5505.80	5552.18	10863.12	8779.60	518.52	891.76	1911.59	498.71	55.50
896.88	4247.19	1532.95	1964.39	2683.32	2126.45	163.21	233.15	520.81	123.89	19.40
717.16	5371.35	1437.08	2047.15	2720.23	2314.20	27.13	313.08	456.68	114.55	7.77
31.72	298.66	31.48	258.28	36.44	25.10	1.96	6.79	12.11	3.36	0.04
2.95	31.37	6.82	4.47	5.04	4.32	0.11	0.37	0.75	0.26	0.19
17.76	26.59	6.76	11.05	35.92	24.77	1.28	7.86	11.93	2.79	0.52
7.73	14.27	7.46	2.63	25.85	20.44	0.12	1.74	2.35	0.48	0.11
11.48	49.27	16.41	28.98	15.42	13.50	-0.12	1.47	1.82	0.47	0.16
36.42	123.64	90.78	27.20	327.26	305.76	0.42	5.52	9.21	3.26	1.52
20.43	69.57	31.38	21.09	67.23	45.88	0.52	5.24	9.46	3.70	1.11
79.68	80.67	42.41	31.88	90.80	67.14	3.46	6.63	12.81	2.68	0.67
319.07	531.19	407.86	59.37	398.59	120.16	203.10	44.62	293.93	46.22	0.68
6.95	13.70	7.49	3.53	24.89	21.54	0.16	1.66	2.69	0.85	0.59
1.73	4.79	2.41	1.04	6.87	5.91	0.05	0.23	0.45	0.18	0.13
1.16	2.41	0.79	1.60	2.85	2.22	0.06	0.13	0.37	0.18	0.10
3.37	7.40	2.72	3.70	11.12	8.97	0.09	1.25	1.71	0.37	0.19
1.07	1.86	0.47	1.17	3.35	2.47	0.14	0.55	0.89	0.19	0.06
17.05	219.84	122.18	66.63	76.80	65.40	0.40	20.99	30.97	9.58	0.76
8.96	41.06	26.60	11.37	26.20	20.78	0.16	1.29	2.74	1.28	0.54
9.62	47.51	24.05	7.41	50.25	43.17	0.21	2.83	4.01	0.94	0.57
779.53	929.06	400.47	460.58	1763.82	1143.82	411.13	176.11	710.32	122.88	1.72
120.05	513.70	150.15	227.44	411.96	323.97	4.17	66.59	83.18	12.42	1.06
82.83	505.72	299.71	46.28	205.53	114.00	2.11	42.95	61.20	15.91	2.80
5.60	17.62	9.71	1.22	14.21	9.21	0.06	4.36	4.93	0.51	0.04
28.66	183.58	80.16	69.10	115.30	94.30	0.52	6.85	10.71	3.26	1.57
39.04	202.56	84.85	80.06	132.69	108.00	0.74	11.30	17.78	5.74	1.09
72.26	1144.64	260.25	684.92	516.41	481.63	1.16	-1.68	9.53	10.05	2.11
61.05	257.69	138.34	80.59	509.41	480.67	0.70	16.98	24.59	6.83	0.95
34.10	166.34	90.59	42.79	119.40	100.95	0.51	6.99	9.66	2.10	1.68
54.64	350.04	220.68	42.64	181.88	140.84	0.94	26.44	33.38	6.00	2.52
20.46	191.78	91.86	46.54	55.45	46.88	0.37	8.23	10.33	1.66	1.11
129.38	506.52	266.62	151.78	684.93	584.71	15.84	46.68	82.09	19.13	1.99
36.61	328.50	215.07	82.82	253.79	230.30	1.05	-2.41	0.38	1.69	2.12
263.24	2019.97	1681.80	78.55	1202.16	894.65	8.53	237.13	295.84	50.13	6.11
873.56	2491.63	1694.77	299.03	2103.52	1638.67	10.68	90.66	169.70	67.16	23.10
4.40	17.67	15.57	1.43	16.84	13.11	0.12	0.46	1.46	0.88	0.30
1.00	1.68	0.91	0.77	3.11	2.58	0.01	0.27	0.33	0.04	0.12
1.59	18.75	3.34	14.81	7.10	6.23	0.02	0.19	0.34	0.12	0.05
26.99	97.10	51.96	37.33	52.03	44.16	0.71	0.44	5.49	4.32	1.14
1764.18	9747.11	1583.92	5720.60	6096.07	5465.99	34.43	519.58	860.21	303.90	18.75
83.37	357.89	59.37	236.21	386.02	337.09	1.03	39.66	53.91	13.19	0.64
120.34	1256.02	247.69	616.85	230.19	160.95	1.93	31.02	45.53	12.43	3.76

12-18 规模以上集体工业企业主要经济指标（2016年）

单位：亿元

项　　目	Item	企业单位数（个） Number of Enterprises (unit)	工业总产值（当年价） Gross Industrial Output Value (at current prices)
全省总计	**Provincial Total**	**185**	**437.76**
按轻重工业分	Grouped by Light and Heavy Industries		
轻工业	Light Industry	119	346.81
重工业	Heavy Industry	66	90.95
按企业规模分	Grouped by Size of Enterprises		
大型企业	Large Enterprises	10	191.15
中型企业	Medium Enterprises	24	67.04
小微型企业	Small and Mciro Enterprises	151	179.57
按行业分	Grouped by Sector		
煤炭开采和洗选业	Mining and Washing of Coal		
石油和天然气开采业	Extraction of Petroleum and Natural Gas		
黑色金属矿采选业	Mining and Dressing of Ferrous Metal Ores		
有色金属矿采选业	Mining and Dressing of Nonferrous Metal Ores		
非金属矿采选业	Mining and Dressing of Nonmetal Ores	6	9.47
开采辅助活动	Auxiliary Minning Operations		
其他采矿业	Mining and Dressing of Other Ores		
农副食品加工业	Processing of Farm and Sideline Food	6	23.49
食品制造业	Manufacture of Food	5	5.82
酒、饮料和精制茶制造业	Manufacture of Wine, Beverage and Refined Tea	1	0.26
烟草制品业	Tobacco Products		
纺织业	Textile Industry	7	32.69
纺织服装、服饰业	Manufacture of Textile Garments, Footwear and Headgear	8	48.32
皮革、毛皮、羽毛及其制品和制鞋业	Leather, Fur, Feather, Down and Related Products	9	10.11
木材加工和木、竹、藤、棕、草制品业	Timber Processing, Bamboo, Cane, Palm Fiber & Straw Products	5	9.52
家具制造业	Manufacture of Furniture	2	0.55
造纸和纸制品业	Papermaking and Paper Products	8	16.38
印刷和记录媒介复制业	Printing and Record Medium Reproduction	3	5.52
文教、工美、体育和娱乐用品制造业	Manufacture of Cultural, Educational,Sports and Entertainment Articles	10	107.86
石油加工、炼焦和核燃料加工业	Petroleum Refining, Coking and Nuclear Fuel Processing		
化学原料和化学制品制造业	Manufacture of Raw Chemical Materials and Chemical Products	7	12.27
医药制造业	Manufacture of Medicines		
化学纤维制造业	Manufacture of Chemical Fibers		
橡胶和塑料制品业	Rubber and Plastic Products	6	13.61
非金属矿物制品业	Nonmetal Mineral Products	11	11.60
黑色金属冶炼和压延加工业	Smelting and Pressing of Ferrous Metals	1	2.25
有色金属冶炼和压延加工业	Smelting and Pressing of Nonferrous Metals	6	9.61
金属制品业	Metal Products	7	10.03
通用设备制造业	Manufacture of General-purpose Machinery	2	7.46
专用设备制造业	Manufacture of Special-purpose Machinery	2	1.83
汽车制造业	Manufacture of Automobile		
铁路、船舶、航空航天和其他运输设备制造业	Manufacture of Railway ,Ship,Aeronautics and Other Transport equipment	5	1.41
电气机械和器材制造业	Manufacture of Electrical Machinery and Equipment	6	7.17
计算机、通信和其他电子设备制造业	Manufacture of Communication Equipment, Computers and Other Electronic Equipment	9	41.66
仪器仪表制造业	Manufacture of Instruments and Meters	2	4.39
其他制造业	Other Manufactures	1	0.32
废弃资源综合利用业	Comprehensive Utilization of Waste		
金属制品、机械和设备修理业	Manufacture of Metal Products,Machinery and Equipment Maintenance		
电力、热力生产和供应业	Production and Supply of Electric Power and Heat Power	8	7.00
燃气生产和供应业	Production and Supply of Gas	1	1.12
水的生产和供应业	Production and Supply of Water	41	36.04

Main Economic Indicators of Collective-owned Industrial Enterprises above Designated Size (2016)

(100 million yuan)

工业增加值 Value-added of Industry	年末资产总计 Total Assets at the Year-end	流动资产合计 Total Working Capital	固定资产合计 Total Fixed Assets	主营业务收入 Principal Business Revenue	主营业务成本 Cost of Principal Business	主营业务税金及附加 Tax and Other Charges on Principal Business	利润总额 Total Profits	利税总额 Total Pre-tax Profits	本年应交增值税 Value-added Tax Payable in Current Year	全部就业人员年平均人数(万人) Annual Average Number of Employed Persons (10000 persons)
106.59	**144.80**	**62.95**	**59.94**	**426.38**	**379.25**	**2.25**	**21.00**	**30.23**	**6.96**	**8.29**
79.39	115.36	49.78	51.61	339.68	304.64	1.46	16.40	23.39	5.51	6.87
27.19	29.44	13.17	8.34	86.70	74.61	0.79	4.60	6.84	1.45	1.42
50.03	28.54	10.28	17.67	188.24	174.12	0.22	7.26	9.14	1.65	4.93
15.95	25.06	11.06	6.68	64.27	56.33	0.62	2.67	4.48	1.19	1.65
40.61	91.20	41.62	35.59	173.86	148.80	1.40	11.08	16.61	4.12	1.70
3.09	3.89	0.31	3.20	9.32	6.63	0.30	1.39	2.03	0.34	0.10
4.16	4.15	1.63	1.36	22.85	19.77	0.07	2.10	2.86	0.68	0.08
1.30	0.65	0.21	0.44	5.72	4.98	0.02	0.23	0.44	0.19	0.07
0.11	0.08	0.02	0.06	0.26	0.24		0.01	0.01	0.01	0.01
7.56	3.66	1.58	2.08	32.26	28.52	0.51	0.88	2.16	0.76	0.32
8.57	11.35	2.37	8.78	48.28	45.39	0.04	1.90	2.08	0.14	0.86
3.87	4.90	4.16	0.72	10.48	9.07	0.02	0.23	0.45	0.20	0.80
2.24	2.73	1.05	1.67	9.32	7.76	0.10	1.01	1.23	0.11	0.06
0.15	0.25	0.06	0.18	0.55	0.46		0.02	0.04	0.01	0.03
2.93	2.71	1.95	0.53	16.42	14.86	0.13	0.45	1.07	0.49	0.09
1.56	1.64	0.47	1.12	5.59	4.22	0.05	0.96	1.27	0.27	0.02
23.06	13.30	4.72	8.54	105.64	96.63	0.21	5.79	7.56	1.56	2.81
1.84	1.83	0.86	0.96	12.05	10.78	0.06	0.56	0.97	0.35	0.05
3.52	2.00	1.19	0.80	13.36	11.80	0.10	0.49	0.69	0.09	0.30
2.25	7.46	4.43	0.82	11.10	9.59	0.06	0.45	0.84	0.32	0.14
0.31	0.46	0.35	0.11	2.16	1.82	0.04	0.13	0.19	0.01	0.01
1.58	1.68	1.11	0.36	9.50	8.91	0.02	0.11	0.21	0.08	0.09
2.19	1.92	1.14	0.69	8.77	7.77	0.04	0.63	0.85	0.18	0.05
1.56	0.44	0.30	0.05	7.43	6.83	0.03	0.06	0.11	0.02	0.16
0.56	0.43	0.35	0.04	1.78	1.60	0.01	0.11	0.17	0.06	0.03
0.24	0.84	0.75	0.06	1.44	1.30		0.03	0.06	0.02	0.03
1.74	15.89	6.28	2.59	4.70	3.69	0.04	0.50	0.55	0.02	0.15
19.54	5.36	3.39	1.14	40.98	37.17	0.01	0.30	0.35	0.04	1.36
0.91	1.87	0.74	1.13	3.57	3.03	0.02	0.13	0.20	0.05	0.19
0.06	0.12	0.04	0.08	0.32	0.27		0.01	0.02		0.01
2.67	6.70	1.52	1.18	5.89	4.80	0.15	0.43	0.83	0.25	0.06
0.26	0.60	0.24	0.07	1.12	0.97		0.11	0.15	0.04	0.01
8.75	47.88	21.75	21.19	35.52	30.38	0.20	1.96	2.83	0.67	0.44

12-19 规模以上股份合作工业企业主要经济指标（2016年）

单位：亿元

项　　目	Item	企业单位数（个） Number of Enterprises (unit)	工业总产值（当年价） Gross Industrial Output Value (at current prices)
全省总计	**Provincial Total**	**51**	**86.68**
按轻重工业分	Grouped by Light & Heavy Industries		
轻工业	Light Industry	27	44.49
重工业	Heavy Industry	24	42.20
按企业规模分	Grouped by Size of Enterprises		
大型企业	Large Enterprises		
中型企业	Medium Enterprises	5	12.45
小微型企业	Small and Micro Enterprises	46	74.23
按行业分	Grouped by Sector		
煤炭开采和洗选业	Mining and Washing of Coal		
石油和天然气开采业	Extraction of Petroleum and Natural Gas		
黑色金属矿采选业	Mining and Dressing of Ferrous Metal Ores		
有色金属矿采选业	Mining and Dressing of Nonferrous Metal Ores		
非金属矿采选业	Mining and Dressing of Nonmetal Ores		
开采辅助活动	Auxiliary Minning Operations		
其他采矿业	Mining and Dressing of Other Ores		
农副食品加工业	Processing of Farm and Sideline Food		
食品制造业	Manufacture of Food	1	0.36
酒、饮料和精制茶制造业	Manufacture of Wine, Beverage and Refined Tea		
烟草制品业	Tobacco Products		
纺织业	Textile Industry	4	9.75
纺织服装、服饰业	Manufacture of Textile Garments, Footwear and Headgear	3	4.38
皮革、毛皮、羽毛及其制品和制鞋业	Leather, Fur, Feather, Down and Related Products	1	0.62
木材加工和木、竹、藤、棕、草制品业	Timber Processing, Bamboo, Cane, Palm Fiber & Straw Products		
家具制造业	Manufacture of Furniture		
造纸和纸制品业	Papermaking and Paper Products	1	1.84
印刷和记录媒介复制业	Printing and Record Medium Reproduction	2	4.30
文教、工美、体育和娱乐用品制造业	Manufacture of Cultural, Educational,Sports and Entertainment Articles	1	0.24
石油加工、炼焦和核燃料加工业	Petroleum Refining, Coking and Nuclear Fuel Processing		
化学原料和化学制品制造业	Manufacture of Raw Chemical Materials and Chemical Products	6	11.88
医药制造业	Manufacture of Medicines		
化学纤维制造业	Manufacture of Chemical Fibers		
橡胶和塑料制品业	Rubber and Plastic Products	6	6.96
非金属矿物制品业	Nonmetal Mineral Products	5	9.84
黑色金属冶炼和压延加工业	Smelting and Pressing of Ferrous Metals		
有色金属冶炼和压延加工业	Smelting and Pressing of Nonferrous Metals	1	3.20
金属制品业	Metal Products	2	5.38
通用设备制造业	Manufacture of General-purpose Machinery	2	2.08
专用设备制造业	Manufacture of Special-purpose Machinery	1	1.33
汽车制造业	Manufacture of Automobile		
铁路、船舶、航空航天和其他运输设备制造业	Manufacture of Railway ,Ship,Aeronautics and Other Transport equipment		
电气机械和器材制造业	Manufacture of Electrical Machinery and Equipment	5	9.02
计算机、通信和其他电子设备制造业	Manufacture of Communication Equipment, Computers and Other Electronic Equipment	2	7.14
仪器仪表制造业	Manufacture of Instruments and Meters	2	0.67
其他制造业	Other Manufactures	1	0.28
废弃资源综合利用业	Comprehensive Utilization of Waste	1	0.31
金属制品、机械和设备修理业	Manufacture of Metal Products,Machinery and Equipment Maintenance		
电力、热力生产和供应业	Production and Supply of Electric Power and Heat Power	1	0.51
燃气生产和供应业	Production and Supply of Gas	3	6.61
水的生产和供应业	Production and Supply of Water		

Main Economic Indicators of Share-holding Cooperative Industrial Enterprises above Designated Size (2016)

(100 million yuan)

工业增加值 Value-added of Industry	年末资产总计 Total Assets at the Year-end	流动资产合计 Total Working Capital	固定资产合计 Total Fixed Assets	主营业务收入 Principal Business Revenue	主营业务成本 Cost of Principal Business	主营业务税金及附加 Tax and Other Charges on Principal Business	利润总额 Total Profits	利税总额 Total Pre-tax Profits	本年应交增值税 Value-added Tax Payable in Current Year	全部就业人员年平均人数(万人) Annual Average Number of Employed Persons (10000 persons)
17.52	**32.17**	**21.83**	**7.19**	**80.03**	**69.04**	**0.52**	**3.10**	**5.74**	**2.11**	**0.72**
8.92	16.19	11.30	2.67	41.85	35.38	0.28	1.11	2.46	1.06	0.45
8.60	15.98	10.53	4.52	38.18	33.66	0.25	1.99	3.29	1.05	0.27
2.91	2.55	1.84	0.61	12.37	10.14	0.11	0.61	1.16	0.44	0.20
14.61	29.62	19.98	6.58	67.66	58.91	0.42	2.49	4.59	1.67	0.52
0.14	0.25	0.13	0.11	0.42	0.36		0.02	0.02		
2.59	1.83	0.88	0.95	9.46	8.71	0.07	0.35	0.54	0.11	0.08
0.98	0.95	0.60	0.34	4.28	3.56	0.05	0.09	0.26	0.12	0.06
0.17	0.58	0.57	0.01	0.62	0.55			0.02	0.02	0.02
0.31	0.32	0.15	0.17	1.83	1.53	0.01	0.15	0.21	0.05	0.02
0.72	0.69	0.56	0.13	3.94	3.64	0.03	0.10	0.21	0.08	0.02
0.06	0.05	0.01	0.02	0.24	0.20		0.01	0.01		0.03
1.76	12.62	10.29	0.61	10.06	6.36	0.06	0.05	0.54	0.43	0.11
1.52	1.36	0.57	0.18	5.97	5.49	0.05	0.15	0.33	0.13	0.05
2.48	4.97	2.76	1.92	9.07	8.09	0.05	0.48	0.88	0.35	0.11
0.74	0.25	0.24	0.02	3.20	2.49	0.04	0.10	0.26	0.11	0.04
1.08	0.48	0.30	0.13	4.11	3.74	0.02	0.24	0.32	0.06	0.01
0.36	0.39	0.28	0.12	1.89	1.73	0.03	0.08	0.17	0.06	0.02
0.30	0.44	0.22	0.22	1.30	1.09		0.20	0.26	0.07	0.02
1.86	0.90	0.60	0.30	8.56	8.00	0.06	0.23	0.54	0.25	0.05
0.38	0.93	0.81	0.11	6.88	6.64	0.02	0.08	0.14	0.04	0.01
0.18	0.70	0.63	0.02	0.74	0.64		0.01	0.05	0.03	0.01
0.04	0.52	0.31	0.20	0.24	0.23		-0.03	-0.02	0.01	0.01
0.03	0.19	0.19		0.32	0.31					
0.27	0.16		0.06	0.51	0.32	0.01	0.16	0.26	0.09	
1.52	3.57	1.73	1.58	6.40	5.36	0.01	0.63	0.74	0.10	0.04

12-20 规模以上股份制工业企业主要经济指标（2016年）

单位：亿元

项　　目	Item	企业单位数（个） Number of Enterprises (unit)	工业总产值（当年价） Gross Industrial Output Value (at current prices)
全省总计	**Provincial Total**	**27666**	**75729.59**
按轻重工业分	Grouped by Light and Heavy Industries		
轻工业	Light Industry	13883	28272.98
重工业	Heavy Industry	13783	47456.61
按企业规模分	Grouped by Size of Enterprises		
大型企业	Large Enterprises	614	30629.07
中型企业	Medium Enterprises	4444	18813.47
小微型企业	Small and Mciro Enterprises	22608	26287.05
按行业分	Grouped by Sector		
煤炭开采和洗选业	Mining and Washing of Coal		
石油和天然气开采业	Extraction of Petroleum and Natural Gas	1	73.81
黑色金属矿采选业	Mining and Dressing of Ferrous Metal Ores	31	90.00
有色金属矿采选业	Mining and Dressing of Nonferrous Metal Ores	24	55.39
非金属矿采选业	Mining and Dressing of Nonmetal Ores	200	304.83
开采辅助活动	Auxiliary Minning Operations	3	18.87
其他采矿业	Mining and Dressing of Other Ores	2	3.10
农副食品加工业	Processing of Farm and Sideline Food	735	2342.71
食品制造业	Manufacture of Food	501	950.58
酒、饮料和精制茶制造业	Manufacture of Wine, Beverage and Refined Tea	176	450.52
烟草制品业	Tobacco Products	11	431.26
纺织业	Textile Industry	868	1386.91
纺织服装、服饰业	Manufacture of Textile Garments, Footwear and Headgear	1906	2558.90
皮革、毛皮、羽毛及其制品和制鞋业	Leather, Fur, Feather, Down and Related Products	1085	1198.10
木材加工和木、竹、藤、棕、草制品业	Timber Processing, Bamboo, Cane, Palm Fiber & Straw Products	420	675.77
家具制造业	Manufacture of Furniture	872	1303.30
造纸和纸制品业	Papermaking and Paper Products	668	1140.44
印刷和记录媒介复制业	Printing and Record Medium Reproduction	542	693.19
文教、工美、体育和娱乐用品制造业	Manufacture of Cultural, Educational,Sports and Entertainment Articles	827	1674.75
石油加工、炼焦和核燃料加工业	Petroleum Refining, Coking and Nuclear Fuel Processing	63	1833.25
化学原料和化学制品制造业	Manufacture of Raw Chemical Materials and Chemical Products	1500	2990.97
医药制造业	Manufacture of Medicines	303	1080.10
化学纤维制造业	Manufacture of Chemical Fibers	31	54.89
橡胶和塑料制品业	Rubber and Plastic Products	1955	2760.85
非金属矿物制品业	Nonmetal Mineral Products	2150	3700.41
黑色金属冶炼和压延加工业	Smelting and Pressing of Ferrous Metals	306	1634.33
有色金属冶炼和压延加工业	Smelting and Pressing of Nonferrous Metals	415	2149.93
金属制品业	Metal Products	2226	3750.86
通用设备制造业	Manufacture of General-purpose Machinery	1084	1770.48
专用设备制造业	Manufacture of Special-purpose Machinery	1078	1841.13
汽车制造业	Manufacture of Automobile	316	1028.54
铁路、船舶、航空航天和其他运输设备制造业	Manufacture of Railway ,Ship,Aeronautics and Other Transport equipment	247	881.44
电气机械和器材制造业	Manufacture of Electrical Machinery and Equipment	2905	9346.55
计算机、通信和其他电子设备制造业	Manufacture of Communication Equipment, Computers and Other Electronic Equipment	3119	17685.01
仪器仪表制造业	Manufacture of Instruments and Meters	275	415.96
其他制造业	Other Manufactures	120	159.32
废弃资源综合利用业	Comprehensive Utilization of Waste	232	1045.35
金属制品、机械和设备修理业	Manufacture of Metal Products,Machinery and Equipment Maintenance	29	30.66
电力、热力生产和供应业	Production and Supply of Electric Power and Heat Power	215	5637.46
燃气生产和供应业	Production and Supply of Gas	52	330.79
水的生产和供应业	Production and Supply of Water	173	248.86

Main Economic Indicators of Share-holding Industrial Enterprises above Designated Size (2016)

(100 million yuan)

工业增加值 Value-added of Industry	年末资产总计 Total Assets at the Year-end	流动资产合计 Total Working Capital	固定资产合计 Total Fixed Assets	主营业务收入 Principal Business Revenue	主营业务成本 Cost of Principal Business	主营业务税金及附加 Tax and Other Charges on Principal Business	利润总额 Total Profits	利税总额 Total Pre-tax Profits	本年应交增值税 Value-added Tax Payable in Current Year	全部就业人员年平均人数(万人) Annual Average Number of Employed Persons (10000 persons)
18170.10	**63484.86**	**35336.99**	**16781.21**	**73506.92**	**61103.14**	**900.07**	**4956.07**	**8014.66**	**2152.28**	**686.94**
6713.92	20742.72	13343.17	4073.06	27330.61	22707.08	345.42	2024.54	3112.95	741.31	328.45
11456.18	42742.14	21993.81	12708.15	46176.31	38396.06	554.66	2931.52	4901.71	1410.97	358.49
8217.66	28761.38	16739.93	7255.45	29824.32	23498.23	589.03	2324.05	3996.71	1080.83	201.59
4330.49	15397.76	8148.26	4508.52	18012.01	15172.04	162.81	1274.47	1912.28	473.82	229.98
5621.95	19325.73	10448.80	5017.24	25670.60	22432.87	148.23	1357.55	2105.66	597.62	255.38
30.22	291.44	28.68	256.86	34.18	23.25	1.93	6.43	11.66	3.31	0.03
28.55	130.45	61.88	37.58	79.81	66.00	1.35	5.34	10.45	3.76	0.61
24.63	39.92	18.27	13.37	56.06	42.82	1.41	8.74	13.32	3.16	0.62
82.13	152.54	57.53	58.95	288.22	230.69	5.10	25.70	40.22	9.31	1.99
11.91	49.78	16.67	29.23	18.69	16.46	-0.10	1.59	2.05	0.56	0.20
0.86	0.34	0.08	0.25	2.99	2.83	0.01	0.05	0.09	0.04	0.01
328.61	1406.51	927.77	252.14	2313.78	2095.50	6.41	112.71	144.03	24.79	12.61
262.71	658.93	371.69	181.15	907.15	694.06	5.67	96.87	138.47	35.93	9.65
154.62	261.11	118.78	99.39	362.03	277.61	10.06	28.70	49.40	10.61	3.17
321.78	554.58	418.22	67.09	411.17	129.39	203.17	50.39	300.32	46.75	0.79
304.45	630.65	323.63	223.98	1344.15	1184.06	6.69	71.29	106.13	28.07	16.55
607.18	1169.79	760.86	292.64	2480.29	2139.25	13.74	122.15	192.86	56.83	46.70
303.19	452.28	304.71	102.81	1175.30	1053.88	5.67	43.93	74.38	24.74	23.57
161.85	312.48	142.54	110.28	657.27	563.02	5.78	43.65	67.93	18.44	6.36
317.82	747.52	463.10	148.92	1276.56	1083.86	6.34	81.30	125.43	37.73	20.10
244.92	861.90	451.03	312.33	1112.09	990.50	4.06	48.17	78.75	26.45	11.90
177.87	500.67	273.06	139.81	668.16	563.28	3.50	44.45	65.33	17.34	10.28
306.91	1253.67	947.75	141.96	1712.49	1515.92	5.31	76.73	106.01	23.89	22.37
725.35	1016.41	422.57	493.67	1790.02	1245.82	333.44	171.18	612.73	107.89	2.17
607.71	2254.49	1217.68	533.54	2945.16	2481.38	17.88	198.39	285.94	69.43	19.91
329.53	1890.26	1197.12	242.32	1018.81	686.51	7.51	152.27	206.45	46.37	8.91
12.23	64.24	16.53	8.20	54.06	48.33	0.22	3.43	4.88	1.23	0.75
639.34	1600.55	890.05	494.48	2703.62	2313.83	14.14	164.38	239.91	61.22	36.55
864.74	2469.70	1231.26	873.13	3499.55	3018.20	21.92	210.86	325.40	92.40	39.41
285.46	1414.54	395.59	732.29	1467.76	1332.18	5.01	63.02	104.25	36.20	7.51
268.12	1183.93	726.04	335.27	2057.35	1890.89	3.98	87.41	117.52	26.04	8.81
827.68	1966.79	1095.55	565.52	3598.43	3146.20	19.25	208.77	316.85	88.65	44.48
412.59	1660.45	1059.04	312.36	1672.12	1381.47	7.23	129.95	179.97	42.61	22.81
513.03	1882.83	1178.23	307.66	1728.91	1346.81	10.23	173.76	231.26	47.01	24.66
224.26	926.06	572.07	209.97	961.67	808.89	16.17	65.69	106.95	24.64	8.32
157.35	750.19	488.00	161.56	754.59	666.03	3.18	19.92	27.44	4.10	7.23
2090.16	8241.94	5796.79	1155.93	8898.88	7229.32	46.12	834.81	1149.46	267.79	94.36
4414.54	14845.14	11025.54	1453.00	17671.00	13970.94	64.53	967.69	1553.85	520.50	140.64
108.42	539.24	367.28	45.82	407.22	306.94	2.38	35.59	50.97	12.99	6.50
39.14	100.98	67.55	18.73	149.51	127.62	0.65	7.86	12.79	4.28	2.40
225.78	449.97	213.69	155.22	1049.37	919.17	5.10	83.37	114.99	26.49	3.81
9.49	18.99	13.30	3.41	27.98	23.49	0.15	1.51	2.57	0.90	0.71
1561.88	9335.44	1392.72	5519.64	5583.01	5034.27	32.10	445.60	756.61	278.23	15.58
76.25	300.28	43.28	200.95	327.45	284.27	0.89	28.02	37.69	8.75	0.87
106.80	1097.92	240.86	489.81	240.06	168.18	1.92	34.39	49.33	12.87	3.04

12-21 规模以上“三资”工业企业主要经济指标（2016年）

单位：亿元

项目	Item	企业单位数（个） Number of Enterprises (unit)	工业总产值（当年价） Gross Industrial Output Value (at current prices)
全省总计	**Provincial Total**	**12665**	**54242.86**
按经济类型分	Grouped by Ownership		
外商投资工业	Foreign-funded Industry	4104	25973.04
港澳台投资工业	Industry with Funds from Hong Kong, Macao and Taiwan	8561	28269.83
按轻重工业分	Grouped by Light and Heavy Industries		
轻工业	Light Industry	6516	20017.22
重工业	Heavy Industry	6149	34225.64
按企业规模分	Grouped by Size of Enterprises		
大型企业	Large Enterprises	964	29078.43
中型企业	Medium Enterprises	4024	14828.41
小微型企业	Small and Micro Enterprises	7677	10336.02
按行业分	Grouped by Sector		
煤炭开采和洗选业	Mining and Washing of Coal		
石油和天然气开采业	Extraction of Petroleum and Natural Gas	3	354.40
黑色金属矿采选业	Mining and Dressing of Ferrous Metal Ores	1	5.32
有色金属矿采选业	Mining and Dressing of Nonferrous Metal Ores	1	1.48
非金属矿采选业	Mining and Dressing of Nonmetal Ores	6	4.45
开采辅助活动	Auxiliary Minning Operations	1	1.90
其他采矿业	Mining and Dressing of Other Ores		
农副食品加工业	Processing of Farm and Sideline Food	157	837.67
食品制造业	Manufacture of Food	182	911.19
酒、饮料和精制茶制造业	Manufacture of Wine, Beverage and Refined Tea	75	714.48
烟草制品业	Tobacco Products		
纺织业	Textile Industry	450	1107.33
纺织服装、服饰业	Manufacture of Textile Garments, Footwear and Headgear	755	1395.86
皮革、毛皮、羽毛及其制品和制鞋业	Leather, Fur, Feather, Down and Related Products	611	1180.92
木材加工和木、竹、藤、棕、草制品业	Timber Processing, Bamboo, Cane, Palm Fiber & Straw Products	75	157.30
家具制造业	Manufacture of Furniture	334	734.77
造纸和纸制品业	Papermaking and Paper Products	272	892.47
印刷和记录媒介复制业	Printing and Record Medium Reproduction	216	500.08
文教、工美、体育和娱乐用品制造业	Manufacture of Cultural, Educational,Sports and Entertainment Articles	702	2007.41
石油加工、炼焦和核燃料加工业	Petroleum Refining, Coking and Nuclear Fuel Processing	20	391.29
化学原料和化学制品制造业	Manufacture of Raw Chemical Materials and Chemical Products	631	3358.40
医药制造业	Manufacture of Medicines	104	554.96
化学纤维制造业	Manufacture of Chemical Fibers	25	76.80
橡胶和塑料制品业	Rubber and Plastic Products	1171	2238.22
非金属矿物制品业	Nonmetal Mineral Products	445	1209.84
黑色金属冶炼和压延加工业	Smelting and Pressing of Ferrous Metals	91	798.75
有色金属冶炼和压延加工业	Smelting and Pressing of Nonferrous Metals	155	1235.24
金属制品业	Metal Products	903	2043.35
通用设备制造业	Manufacture of General-purpose Machinery	529	2107.35
专用设备制造业	Manufacture of Special-purpose Machinery	482	1013.78
汽车制造业	Manufacture of Automobile	438	5869.00
铁路、船舶、航空航天和其他运输设备制造业	Manufacture of Railway ,Ship,Aeronautics and Other Transport equipment	123	491.48
电气机械和器材制造业	Manufacture of Electrical Machinery and Equipment	1280	4121.03
计算机、通信和其他电子设备制造业	Manufacture of Communication Equipment, Computers and Other Electronic Equipment	1901	15890.90
仪器仪表制造业	Manufacture of Instruments and Meters	252	579.80
其他制造业	Other Manufactures	111	105.02
废弃资源综合利用业	Comprehensive Utilization of Waste	19	101.27
金属制品、机械和设备修理业	Manufacture of Metal Products,Machinery and Equipment Maintenance	16	97.82
电力、热力生产和供应业	Production and Supply of Electric Power and Heat Power	67	529.27
燃气生产和供应业	Production and Supply of Gas	38	521.09
水的生产和供应业	Production and Supply of Water	23	101.16

Main Economic Indicators of Foreign-funded Industrial Enterprises above Designated Size (2016)

(100 million yuan)

工业增加值 Value-added of Industry	年末资产总计 Total Assets at the Year-end	流动资产合计 Total Working Capital	固定资产合计 Total Fixed Assets	主营业务收入 Principal Business Revenue	主营业务成本 Cost of Principal Business	主营业务税金及附加 Tax and Other Charges on Principal Business	利润总额 Total Profits	利税总额 Total Pre-tax Profits	本年应交增值税 Value-added Tax Payable in Current Year	全部就业人员年平均人数(万人) Annual Average Number of Employed Persons (10000 persons)
12262.29	**40371.71**	**25548.36**	**9626.01**	**51922.83**	**44234.61**	**412.37**	**3215.94**	**4808.71**	**1175.07**	**687.26**
5556.86	18058.09	11505.19	4526.64	24966.62	21176.37	188.74	1641.83	2435.18	601.71	239.77
6705.43	22313.62	14043.17	5099.37	26956.21	23058.23	223.63	1574.11	2373.53	573.36	447.49
4749.96	14452.45	9561.48	3062.79	19022.85	15702.39	99.51	1170.10	1774.37	502.46	333.01
7512.33	25919.26	15986.88	6563.22	32899.98	28532.21	312.86	2045.84	3034.34	672.61	354.25
6441.70	20767.83	13265.18	4681.94	27816.57	23658.58	215.30	1789.43	2639.40	632.67	320.46
3648.11	11297.51	6972.92	2985.67	14093.30	11945.49	150.57	869.49	1352.59	331.75	255.42
2172.49	8306.37	5310.27	1958.40	10012.96	8630.53	46.51	557.02	816.72	210.65	111.38
306.87	700.70	42.59	260.07	372.19	243.34	24.56	93.33	153.20	35.30	0.54
1.75	3.65	0.60	3.05	5.43	4.32	0.06	0.52	0.91	0.33	0.03
0.30	4.90	0.49	3.23	1.49	0.96	0.05	0.35	0.42	0.02	0.02
1.47	7.00	3.31	2.25	4.08	3.37	0.04	-0.13	0.05	0.14	0.05
-0.15	3.46	1.99	1.47	1.90	1.72	0.04	-0.33	-0.21	0.08	0.03
109.61	505.83	347.27	115.99	859.63	781.53	1.63	37.83	50.74	11.26	3.87
339.91	752.96	483.61	180.33	929.39	540.45	8.48	162.10	232.94	62.34	9.05
184.53	570.23	328.09	187.57	683.70	455.35	11.73	53.17	100.53	35.60	4.88
242.87	711.75	439.74	210.38	1046.52	924.18	3.52	58.71	80.36	18.07	17.15
357.21	728.72	464.98	174.32	1337.44	1161.62	7.51	50.05	84.33	26.72	40.61
344.89	617.34	434.61	119.12	1142.99	1007.32	5.84	43.78	73.45	23.81	38.86
34.73	146.53	95.15	25.55	146.60	124.09	0.93	7.44	12.30	3.92	1.98
187.35	452.73	301.83	103.03	708.81	613.63	3.27	31.55	49.74	14.84	13.84
202.65	1093.86	532.64	405.97	850.43	722.30	3.12	67.58	102.51	31.80	9.35
145.30	458.10	291.30	103.64	474.57	400.56	2.24	31.97	46.52	12.29	11.88
463.60	1089.93	824.39	179.64	1910.65	1737.04	6.47	55.74	90.31	27.93	48.33
170.75	274.88	170.76	75.67	385.61	238.89	86.20	38.43	151.17	26.53	0.37
813.29	2501.87	1434.01	680.80	3047.64	2213.99	19.68	289.65	425.64	115.97	13.68
162.32	663.01	436.03	109.73	522.51	339.75	3.74	70.99	99.88	25.14	4.29
21.03	96.10	45.44	29.64	75.92	60.75	0.31	8.03	10.23	1.89	0.62
542.99	1622.37	1022.42	385.28	2146.76	1853.48	9.44	108.22	159.62	41.85	43.47
339.94	1195.63	631.33	453.67	1152.35	966.21	5.82	85.68	124.36	32.81	17.52
94.62	515.86	224.90	227.92	718.73	664.58	1.80	22.42	31.70	7.48	2.34
215.12	692.96	411.43	229.00	1155.27	1039.87	3.41	38.75	59.96	17.80	5.77
485.58	1394.27	842.43	445.90	1930.94	1682.46	8.83	101.09	155.26	45.16	33.32
439.71	1681.97	1256.57	243.56	1999.52	1696.52	8.86	123.77	177.50	44.80	24.17
265.98	932.43	607.03	204.22	953.00	783.69	4.87	67.47	95.50	23.03	16.51
1386.69	3762.06	2463.79	921.03	5742.44	4805.13	109.26	476.08	754.44	168.72	31.48
122.89	523.83	381.50	91.53	459.47	387.07	2.21	41.19	51.16	7.76	5.47
886.73	3438.67	2332.69	499.08	3875.62	3339.53	17.44	206.87	296.52	71.92	73.18
2749.98	10705.96	7473.75	2094.75	15312.22	13844.67	41.79	605.68	834.89	185.76	192.30
175.96	446.66	302.32	87.77	565.97	473.27	2.74	35.94	48.14	9.44	15.36
27.39	64.38	44.79	16.13	103.13	91.33	0.44	2.57	5.04	2.01	3.12
15.94	34.12	20.56	12.54	96.43	85.85	0.18	7.23	8.52	1.11	0.35
31.31	123.88	78.87	35.60	96.48	81.53	0.73	5.94	10.65	3.99	0.95
262.38	1141.39	468.73	520.06	512.54	356.64	3.51	129.59	158.66	24.03	1.30
87.06	293.51	136.44	111.97	492.07	451.18	1.09	30.24	41.26	9.93	0.64
41.73	418.26	170.01	74.54	102.39	56.44	0.57	26.46	30.51	3.48	0.57

12−22 规模以上私营工业企业主要经济指标（2016年）

单位：亿元

项　　目	Item	企业单位数（个）Number of Enterprises (unit)	工业总产值（当年价）Gross Industrial Output Value (at current prices)
全省总计	**Provincial Total**	**17225**	**30631.11**
按轻重工业分	Grouped by Light & Heavy Industries		
轻工业	Light Industry	9095	13379.63
重工业	Heavy Industry	8130	17251.48
按企业规模分	Grouped by Size of Enterprises		
大型企业	Large Enterprises	254	6691.15
中型企业	Medium Enterprises	2468	8891.61
小微型企业	Small and Micro Enterprises	14503	15048.35
按行业分	Grouped by Sector		
煤炭开采和洗选业	Mining and Washing of Coal		
石油和天然气开采业	Extraction of Petroleum and Natural Gas		
黑色金属矿采选业	Mining and Dressing of Ferrous Metal Ores	15	59.47
有色金属矿采选业	Mining and Dressing of Nonferrous Metal Ores	6	8.36
非金属矿采选业	Mining and Dressing of Nonmetal Ores	114	170.38
开采辅助活动	Auxiliary Minning Operations	1	3.46
其他采矿业	Mining and Dressing of Other Ores		
农副食品加工业	Processing of Farm and Sideline Food	356	868.63
食品制造业	Manufacture of Food	280	380.12
酒、饮料和精制茶制造业	Manufacture of Wine, Beverage and Refined Tea	82	154.24
烟草制品业	Tobacco Products	2	10.20
纺织业	Textile Industry	617	1019.21
纺织服装、服饰业	Manufacture of Textile Garments, Footwear and Headgear	1366	1910.04
皮革、毛皮、羽毛及其制品和制鞋业	Leather, Fur, Feather, Down and Related Products	838	850.83
木材加工和木、竹、藤、棕、草制品业	Timber Processing, Bamboo, Cane, Palm Fiber & Straw Products	261	347.08
家具制造业	Manufacture of Furniture	574	729.60
造纸和纸制品业	Papermaking and Paper Products	457	593.40
印刷和记录媒介复制业	Printing and Record Medium Reproduction	368	387.00
文教、工美、体育和娱乐用品制造业	Manufacture of Cultural, Educational,Sports and Entertainment Articles	572	1131.31
石油加工、炼焦和核燃料加工业	Petroleum Refining, Coking and Nuclear Fuel Processing	14	99.65
化学原料和化学制品制造业	Manufacture of Raw Chemical Materials and Chemical Products	817	1403.55
医药制造业	Manufacture of Medicines	99	198.24
化学纤维制造业	Manufacture of Chemical Fibers	20	36.76
橡胶和塑料制品业	Rubber and Plastic Products	1268	1696.35
非金属矿物制品业	Nonmetal Mineral Products	1158	1853.42
黑色金属冶炼和压延加工业	Smelting and Pressing of Ferrous Metals	180	795.42
有色金属冶炼和压延加工业	Smelting and Pressing of Nonferrous Metals	254	1005.05
金属制品业	Metal Products	1539	2383.98
通用设备制造业	Manufacture of General-purpose Machinery	692	877.06
专用设备制造业	Manufacture of Special-purpose Machinery	656	862.25
汽车制造业	Manufacture of Automobile	172	253.82
铁路、船舶、航空航天和其他运输设备制造业	Manufacture of Railway ,Ship,Aeronautics and Other Transport equipment	140	366.32
电气机械和器材制造业	Manufacture of Electrical Machinery and Equipment	1818	2874.29
计算机、通信和其他电子设备制造业	Manufacture of Communication Equipment, Computers and Other Electronic Equipment	2061	6419.10
仪器仪表制造业	Manufacture of Instruments and Meters	153	185.97
其他制造业	Other Manufactures	87	108.13
废弃资源综合利用业	Comprehensive Utilization of Waste	111	478.57
金属制品、机械和设备修理业	Manufacture of Metal Products,Machinery and Equipment Maintenance	12	13.98
电力、热力生产和供应业	Production and Supply of Electric Power and Heat Power	23	35.41
燃气生产和供应业	Production and Supply of Gas	13	38.80
水的生产和供应业	Production and Supply of Water	29	21.68

Main Economic Indicators of Private Industrial Enterprises above Designated Size (2016)

(100 million yuan)

工业增加值 Value-added of Industry	年末资产总计 Total Assets at the Year-end	流动资产合计 Total working Capital	固定资产合计 Total Fixed Assets	主营业务收入 Principal Business Revenue	主营业务成本 Cost of Principal Business	主营业务税金及附加 Tax and Other Charges on Principal Business	利润总额 Total Profits	利税总额 Total Pre-tax Profits	本年应交增值税 Value-added Tax Payable in Current Year	全部就业人员年平均人数(万人) Annual Average Number of Employed Persons (10000 persons)
6258.61	**17899.60**	**11637.00**	**3893.75**	**29837.40**	**25900.13**	**140.13**	**1587.05**	**2381.14**	**652.05**	**341.39**
2934.38	6967.77	4473.99	1609.76	12993.97	11310.09	68.00	685.23	1028.69	274.63	179.06
3324.24	10931.83	7163.01	2283.99	16843.43	14590.04	72.13	901.83	1352.45	377.42	162.33
1090.14	4413.09	3096.18	638.18	6603.32	5688.00	17.13	355.04	519.06	146.53	54.83
1992.85	5388.80	3158.69	1476.39	8566.37	7299.30	43.35	574.94	821.74	203.01	123.58
3175.62	8097.71	5382.13	1779.18	14667.71	12912.83	79.65	657.07	1040.34	302.51	162.98
16.91	41.51	22.22	16.46	55.37	45.74	1.04	2.98	7.02	2.99	0.20
3.47	2.01	0.99	0.99	8.31	7.31	0.07	0.38	0.63	0.17	0.05
42.93	71.08	26.46	32.20	162.03	133.81	2.12	14.95	22.19	5.10	0.95
0.43	0.51	0.26	0.24	3.27	2.96	0.02	0.12	0.24	0.09	0.04
128.43	566.11	346.66	110.86	839.90	757.93	3.36	44.12	57.24	9.73	5.18
90.02	147.40	76.26	48.52	377.30	318.97	2.37	27.16	40.00	10.47	4.04
38.22	94.04	42.00	32.63	150.27	121.23	2.63	11.61	18.20	3.96	1.37
2.00	19.10	8.39	5.54	9.70	7.19	0.06	5.18	5.65	0.42	0.06
216.77	410.60	203.34	148.78	996.19	882.31	5.44	51.52	76.50	19.45	11.41
452.45	755.28	516.87	183.28	1846.87	1602.13	9.96	87.10	137.00	39.83	34.48
214.97	272.82	179.68	64.01	838.06	748.95	4.19	27.86	47.86	15.76	15.96
84.15	171.36	74.94	60.54	338.04	291.74	3.52	20.06	32.80	9.16	3.66
174.62	383.58	252.11	76.15	712.37	617.61	3.09	37.92	58.88	17.84	11.20
122.28	289.19	178.20	79.08	587.39	523.40	2.83	24.44	39.83	12.49	7.20
94.90	193.10	116.44	56.10	380.13	329.85	1.87	20.23	30.28	8.16	5.70
206.30	786.03	598.69	97.90	1143.58	1022.57	3.60	45.21	64.07	15.22	15.50
18.85	73.86	22.76	35.05	99.82	93.44	0.11	2.91	3.27	0.25	0.15
275.14	942.28	523.45	240.10	1317.20	1110.92	7.77	77.61	113.41	27.88	9.98
48.23	265.92	172.61	36.98	185.29	139.78	1.39	15.26	21.41	4.74	1.62
9.86	17.01	11.29	3.96	36.19	31.20	0.16	2.42	3.34	0.76	0.53
387.37	834.84	457.79	298.76	1653.25	1426.41	8.86	102.82	146.83	35.10	22.83
428.00	1002.90	503.08	385.35	1763.64	1531.45	11.12	102.26	156.40	42.86	20.43
146.05	252.12	96.78	102.32	778.96	708.61	2.29	41.27	57.82	14.26	3.57
119.06	617.18	427.59	152.37	951.69	874.68	1.72	40.62	52.46	10.12	4.63
539.31	1101.06	582.14	356.04	2291.57	2013.82	12.01	132.73	198.55	53.73	27.84
203.31	667.19	440.17	138.48	827.82	692.88	3.58	55.64	81.15	21.87	12.17
228.93	674.46	450.53	133.38	805.62	651.65	4.56	57.97	85.46	22.81	12.26
64.03	186.11	114.15	44.51	232.48	197.40	0.87	14.05	20.63	5.71	3.18
72.88	204.17	141.90	36.65	294.64	258.75	1.50	14.23	22.87	7.10	3.17
607.61	1959.08	1396.77	299.18	2732.83	2342.24	14.92	160.80	237.33	61.35	35.80
1008.66	4247.60	3291.09	452.03	6538.93	5686.31	18.03	272.46	436.26	145.40	58.21
52.42	199.94	143.18	21.34	185.22	138.78	1.02	16.96	23.38	5.39	3.47
24.63	52.92	38.24	6.79	102.88	90.38	0.44	4.29	7.16	2.41	1.57
101.13	245.27	116.39	74.02	487.63	416.76	2.83	44.68	63.25	15.73	2.01
3.66	5.94	2.75	2.61	13.63	11.96	0.04	0.51	0.87	0.32	0.28
14.58	86.85	41.63	33.96	29.26	21.49	0.34	3.28	5.24	1.60	0.20
8.76	7.62	3.76	2.83	38.03	34.26	0.11	1.98	2.83	0.74	0.18
7.29	51.58	15.43	23.76	22.02	13.26	0.27	1.47	2.81	1.06	0.32

12-23　规模以上大中型工业企业主要经济指标（2016年）

单位：亿元

项　　目	Item	企业单位数（个）Number of Enterprises (unit)	工业总产值（当年价）Gross Industrial Output Value (at current prices)
全省总计	**Provincial Total**	**10323**	**94758.85**
按轻重工业分	Grouped by Light & Heavy Industry		
轻工业	Light Industry	5459	33369.27
重工业	Heavy Industry	4864	61389.58
按企业规模分	Grouped by Size of Enterprises		
大型企业	Large	1623	60261.43
中型企业	Medium	8700	34497.42
按行业分	Grouped by Sector		
煤炭开采和洗选业	Mining and Washing of Coal		
石油和天然气开采业	Extraction of Petroleum and Natural Gas	3	425.95
黑色金属矿采选业	Mining and Dressing of Ferrous Metal Ores	5	56.19
有色金属矿采选业	Mining and Dressing of Nonferrous Metal Ores	6	28.49
非金属矿采选业	Mining and Dressing of Nonmetal Ores	8	33.02
开采辅助活动	Auxiliary Minning Operations	3	18.87
其他采矿业	Mining and Dressing of Other Ores		
农副食品加工业	Processing of Farm and Sideline Food	149	1496.80
食品制造业	Manufacture of Food	134	1297.27
酒、饮料和精制茶制造业	Manufacture of Wine, Beverage and Refined Tea	63	879.06
烟草制品业	Tobacco Products	8	407.67
纺织业	Textile Industry	304	1506.73
纺织服装、服饰业	Manufacture of Textile Garments, Footwear and Headgear	770	2504.95
皮革、毛皮、羽毛及其制品和制鞋业	Leather, Fur, Feather, Down and Related Products	477	1393.24
木材加工和木、竹、藤、棕、草制品业	Timber Processing, Bamboo, Cane, Palm Fiber & Straw Products	72	324.40
家具制造业	Manufacture of Furniture	289	1284.10
造纸和纸制品业	Papermaking and Paper Products	185	1248.18
印刷和记录媒介复制业	Printing and Record Medium Reproduction	180	686.00
文教、工美、体育和娱乐用品制造业	Manufacture of Cultural, Educational,Sports and Entertainment Articles	654	2820.73
石油加工、炼焦和核燃料加工业	Petroleum Refining, Coking and Nuclear Fuel Processing	10	1881.14
化学原料和化学制品制造业	Manufacture of Raw Chemical Materials and Chemical Products	260	3169.53
医药制造业	Manufacture of Medicines	126	1168.37
化学纤维制造业	Manufacture of Chemical Fibers	14	86.42
橡胶和塑料制品业	Rubber and Plastic Products	705	2839.83
非金属矿物制品业	Nonmetal Mineral Products	506	2557.81
黑色金属冶炼和压延加工业	Smelting and Pressing of Ferrous Metals	81	1566.15
有色金属冶炼和压延加工业	Smelting and Pressing of Nonferrous Metals	100	2049.00
金属制品业	Metal Products	668	3184.48
通用设备制造业	Manufacture of General-purpose Machinery	341	2726.57
专用设备制造业	Manufacture of Special-purpose Machinery	344	1714.06
汽车制造业	Manufacture of Automobile	264	6041.29
铁路、船舶、航空航天和其他运输设备制造业	Manufacture of Railway ,Ship,Aeronautics and Other Transport equipment	105	1068.05
电气机械和器材制造业	Manufacture of Electrical Machinery and Equipment	1165	10785.43
计算机、通信和其他电子设备制造业	Manufacture of Communication Equipment, Computers and Other Electronic Equipment	1849	30375.85
仪器仪表制造业	Manufacture of Instruments and Meters	188	684.34
其他制造业	Other Manufactures	56	154.16
废弃资源综合利用业	Comprehensive Utilization of Waste	45	677.99
金属制品、机械和设备修理业	Manufacture of Metal Products,Machinery and Equipment Maintenance	16	125.85
电力、热力生产和供应业	Production and Supply of Electric Power and Heat Power	117	4974.47
燃气生产和供应业	Production and Supply of Gas	9	257.78
水的生产和供应业	Production and Supply of Water	44	258.61

Main Economic Indicators of Large and Medium-sized Industrial Enterprises above Designated Size (2016)

(100 million yuan)

工业增加值 Value-added of Industry	年末资产总计 Total Assets at the Year-end	流动资产合计 Total Working Capital	固定资产合计 Total Fixed Assets	主营业务收入 Principal Business Revenue	主营业务成本 Cost of Principal Business	主营业务税金及附加 Tax and Extra Charges on Main Business	利润总额 Total Profits	利税总额 Total Pre-tax Profits	本年应交增值税 Value-added Tax Payable in Current Year	全部就业人员年平均人数(万人) Annual Average Number of Employed Persons (10000 persons)
23004.79	**77088.74**	**45420.89**	**19902.34**	**91128.46**	**75491.18**	**1123.67**	**6326.76**	**10012.40**	**2554.93**	**1029.87**
8248.34	26105.91	16831.80	5287.02	31598.70	25544.11	358.58	2505.59	3806.60	939.73	485.72
14756.45	50982.83	28589.10	14615.32	59529.76	49947.07	765.09	3821.16	6205.81	1615.20	544.14
14805.94	49906.28	30124.51	12157.58	58185.19	47639.45	806.34	4133.65	6671.61	1726.64	532.06
8198.85	27182.46	15296.38	7744.77	32943.27	27851.74	317.33	2193.10	3340.79	828.29	497.81
335.60	984.91	68.47	515.50	404.10	264.74	26.46	99.39	164.41	38.56	0.55
18.18	91.69	41.27	29.15	47.84	39.69	0.66	3.98	7.32	2.68	0.36
18.09	34.12	13.82	12.19	30.81	19.48	0.91	7.84	11.46	2.71	0.52
11.07	38.96	18.40	8.55	32.22	24.73	0.98	2.87	6.07	2.15	0.50
11.91	49.78	16.67	29.23	18.69	16.46	-0.10	1.59	2.05	0.56	0.20
202.03	1056.25	751.28	180.21	1442.00	1310.13	2.52	69.27	89.12	17.29	8.74
451.46	1022.66	628.79	258.15	1282.81	782.83	10.67	217.63	309.69	81.37	12.14
266.38	609.01	360.09	191.74	770.69	513.39	18.23	63.04	119.52	38.23	5.80
306.17	514.65	394.72	58.98	388.46	120.78	194.20	43.07	281.77	44.49	0.72
331.92	787.68	443.90	268.91	1432.10	1257.44	5.10	85.31	117.23	26.75	22.74
624.47	1226.99	792.93	306.35	2389.64	2050.77	12.33	110.47	179.97	57.08	62.55
404.26	714.12	480.63	154.27	1355.79	1177.35	7.10	54.65	94.07	32.30	47.05
71.44	213.39	109.36	56.19	312.25	263.94	1.93	21.56	33.81	10.33	3.57
334.58	842.88	518.30	180.88	1249.89	1046.18	5.97	80.88	123.79	36.91	22.58
288.42	1419.62	627.64	598.87	1198.49	1034.86	3.94	87.35	131.61	40.30	12.63
194.83	640.01	364.89	155.15	655.61	542.20	3.23	51.00	70.25	15.98	15.31
618.94	1564.42	1119.62	258.81	2704.62	2425.95	8.12	113.14	161.08	39.66	61.76
805.16	1091.10	501.85	490.01	1827.30	1173.51	413.31	191.87	732.51	127.27	1.97
803.46	2480.67	1315.40	620.12	2890.91	2057.81	20.32	296.83	427.09	109.84	15.78
375.39	2125.52	1354.08	273.86	1105.94	696.75	8.88	190.37	258.69	59.15	9.70
21.82	125.83	43.01	29.82	85.48	70.61	0.28	9.35	11.77	2.14	0.85
699.98	1910.78	1069.39	568.37	2741.67	2336.88	13.11	171.24	242.10	57.58	53.54
670.63	2196.47	1067.57	849.40	2404.54	2034.48	12.94	175.49	257.53	68.91	36.03
237.71	1595.81	413.76	876.15	1367.77	1249.67	3.58	50.46	80.52	26.48	6.78
361.87	1175.13	575.05	474.61	1957.05	1750.99	5.11	98.30	135.84	32.34	9.91
757.29	1901.50	1047.01	617.44	3033.27	2633.98	14.79	192.67	284.15	76.48	47.95
594.22	2376.42	1648.46	369.25	2564.94	2142.71	10.78	192.00	262.16	59.31	32.20
497.42	1788.83	1098.81	348.76	1585.79	1224.38	9.17	170.32	219.57	39.91	26.23
1437.19	4040.64	2622.53	993.82	5898.46	4920.20	121.80	491.85	785.11	170.82	33.08
226.19	1054.73	717.30	216.58	944.05	812.16	3.99	52.60	63.25	6.41	9.56
2440.64	9582.12	6627.84	1396.45	10138.68	8270.09	50.80	950.74	1285.15	282.91	130.53
6603.41	22846.34	16521.99	3258.65	29792.13	24982.21	94.86	1463.86	2213.04	651.82	291.48
203.82	744.28	481.10	104.04	664.64	533.59	3.50	51.78	69.90	14.59	17.13
41.16	88.92	56.86	23.07	144.57	123.61	0.54	7.48	12.31	4.28	3.38
150.79	287.13	118.30	111.00	693.51	598.12	3.21	67.48	90.33	19.64	2.33
40.03	148.54	96.86	42.01	123.58	105.70	0.83	6.51	11.66	4.31	1.74
1353.18	6139.10	925.43	4283.37	4954.82	4518.01	26.55	311.18	572.20	233.65	18.15
72.42	294.75	61.68	168.90	239.52	203.09	1.05	32.45	42.12	8.60	0.61
121.25	1282.97	305.85	523.50	253.81	161.73	2.00	38.90	52.15	11.15	3.19

12-24 规模以上高技术制造业主要经济指标（2016年）

单位：亿元

项目	Item	企业单位数（个） Number of Enterprises (unit)	工业总产值（当年价） Gross Industrial Output Value (at current prices)
高技术制造业合计	**Total**	**6570**	**38537.98**
一、信息化学品制造	Manufacture of Information Chemical Products	42	115.41
二、医药制造业	Manufacture of Medicines	421	1646.25
#化学药品制造	Manufacture of Chemical Medicines	120	830.04
中成药生产	Manufacture of Traditional Chinese Patent Medicines	93	327.99
生物药品制造	Manufacture of Biological and Biochemical Products	61	196.55
三、航空航天器及设备制造	Manufacture of Aircraft and Spacecraft	18	215.67
1．飞机制造	Manufacture of Aircraft	5	2.74
2．航天器制造	Manufacture of Spacecraft		
3．航空、航天相关设备制造	Manufacture of Aircraft and Spacecraft related products	1	0.22
4．其他飞行器制造	Manufacture of Air Vehicle	6	128.69
5．航空航天器修理	Repair of Aircraft and Spacecraft	6	84.02
四、电子及通信设备制造业	Manufacture of Electronic and Communication Equipment	4866	31279.18
1．通信设备制造	Manufacture of Communication Equipment	640	15331.77
#通信系统设备制造	Manufacture of Communication Transmission Equipment	187	7605.29
通信终端设备制造	Manufacture of Communication Exchange Equipment	453	7726.47
2．广播电视设备制造	Manufacture of Broadcasting and Television Equipment	183	366.58
3．雷达及配套设备制造	Manufacture of Radar Equipment	10	83.59
4．视听设备制造	Manufacture of Audio-visual Equipment	569	2701.57
5．电子器件制造	Manufacture of Electronic Parts	875	5218.12
电子真空器件制造	Manufacture of Electronic Vacuum Devices	11	34.44
半导体分立器件制造	Manufacture of Semiconductor Discrete Devices	44	157.96
集成电路制造	Manufacture of Integrated Circuits	116	575.24
光电子器件及其他电子器件制造	Manufacture of Optical and Other Electronic Devices and Other Electronic Equipment	704	4450.49
6．电子元件制造	Manufacture of Electronic Parts	1805	5626.31
7．电子工业专用设备制造	Equipment for Electronic Industry	138	235.63
8．光纤、光缆制造	Optical Fiber,Cable Manufacturing	34	81.11
9．锂离子电池制造	Lithium Ion Battery Manufacturing	213	891.41
10.其他电子设备制造	Manufacture of Electronic Devices	399	743.11
五、电子计算机及办公设备制造业	Manufacture of Computers and Office Equipment	687	4256.91
1．计算机整机制造	Manufacture of Complete Computers	88	1144.12
2．计算机零部件制造	Manufacture of Computer part Equipment	223	951.30
3．计算机外围设备制造	Manufacture of Computer Peripheral Equipment	229	1077.99
4．其他计算机制造	Other computer equipment	64	470.01
5．办公设备制造	Manufacture of Office Equipment	83	613.49
六、医疗设备及仪器仪表制造业	Manufacture of Medical Equipment, Instruments and Meters	536	1024.57
1．医疗设备及器械制造	Manufacture of Medical Equipment and Appliances	199	381.53
2．仪器仪表制造	Manufacture of Instruments and Meters	337	643.04

Main Indicators on High-tech Manufacturingl Enterprises above Designated Size (2016)

(100 million yuan)

工业增加值 Value-added of Industry	年末资产总计 Total Assets at the Year-end	流动资产合计 Total Working Capital	固定资产 Fixed Assets	主营业务收入 Principal Business Revenue	主营业务成本 Cost of Principal Business	主营业务税金及附加 Tax and Extra Charges on Main Business	利润总额 Total Profits	利税总额 Total Pre-tax Profits	本年应交增值税 Value-added Tax Payable in Current Year	全部就业人员年平均人数(万人) Annual Average Number of Employed Persons (10000 persons)
8475.25	**31734.40**	**22647.10**	**4321.61**	**37765.17**	**31444.95**	**132.07**	**2094.23**	**3077.63**	**847.87**	**389.42**
24.86	127.41	70.47	34.63	109.58	87.39	0.64	11.68	14.94	2.60	1.03
494.03	2561.02	1638.97	353.50	1553.00	1036.91	11.30	223.20	306.55	71.74	13.36
246.66	1455.71	1032.49	165.16	787.96	523.14	5.48	139.27	183.06	38.09	5.21
100.60	518.80	262.26	76.62	301.95	190.05	2.70	41.25	63.71	19.72	3.63
65.57	313.51	188.69	57.49	186.85	114.81	1.27	18.63	26.56	6.64	1.50
66.25	212.76	166.84	21.13	193.50	142.99	1.31	29.41	38.57	7.81	1.47
0.85	14.53	5.68	4.83	2.94	2.52	0.01	-0.23	-0.18	0.00	0.09
0.07	0.38	0.36	0.02	0.22	0.22	0.00	0.08	0.10	0.02	0.01
38.74	104.43	89.99	2.43	106.72	69.33	0.85	22.79	28.60	4.95	0.71
26.59	93.42	70.81	13.85	83.62	70.92	0.45	6.77	10.06	2.83	0.67
6984.94	24809.84	17929.50	3477.31	30802.26	25695.13	103.54	1517.23	2317.81	694.27	313.00
3772.86	11746.51	9336.56	811.95	15518.38	12388.12	53.63	686.15	1195.81	455.29	91.26
2763.25	7046.99	5449.01	434.08	7488.56	5113.31	34.80	510.28	851.27	305.88	40.97
1009.62	4699.52	3887.54	377.87	8029.81	7274.81	18.83	175.87	344.54	149.41	50.29
68.98	305.04	195.21	38.86	353.68	305.03	1.33	13.39	16.24	1.53	5.92
22.13	75.63	60.16	9.84	78.11	58.22	0.37	8.13	13.61	5.10	0.76
364.85	1843.48	1405.55	209.05	2464.04	2195.81	6.53	78.57	125.08	38.78	28.15
1004.96	4550.27	2607.85	1216.65	4997.73	4323.97	13.01	283.80	366.41	69.11	56.40
7.04	12.63	6.66	3.53	34.02	28.77	0.13	3.08	4.37	1.16	0.28
32.49	119.04	61.26	39.55	147.80	131.81	0.37	3.96	6.82	2.48	2.22
114.38	501.67	324.22	132.03	539.82	463.36	1.47	24.05	34.97	9.34	6.64
851.05	3916.93	2215.71	1041.54	4276.10	3700.03	11.04	252.70	320.24	56.13	47.26
1321.38	4265.93	2812.41	963.56	5481.79	4833.35	21.62	302.80	410.37	85.82	103.02
58.83	218.94	188.24	19.99	215.86	173.43	1.07	14.51	20.31	4.74	3.53
14.23	220.86	68.19	13.57	92.24	80.04	0.33	5.80	7.62	1.45	0.77
188.23	1031.19	830.99	118.29	868.07	724.88	2.48	73.42	92.97	16.96	10.84
168.50	552.00	424.35	75.56	732.37	612.28	3.17	50.67	69.39	15.50	12.36
593.75	2774.44	2044.30	285.83	4098.60	3741.71	8.93	191.80	246.38	45.45	44.03
108.10	667.08	528.37	61.83	1094.39	1026.98	0.79	42.16	53.46	10.51	5.47
143.80	584.00	459.23	70.34	899.14	829.91	2.43	23.00	33.27	7.78	14.24
155.00	657.20	456.82	80.27	1071.56	989.92	2.67	40.94	54.68	10.95	13.37
74.16	376.23	263.45	24.84	429.85	373.22	1.32	49.39	59.04	8.33	4.41
112.68	489.92	336.44	48.55	603.66	521.69	1.73	36.30	45.93	7.88	6.54
311.42	1248.94	797.03	149.22	1008.23	740.82	6.35	120.92	153.38	26.00	16.52
141.40	484.51	281.09	69.79	378.75	247.50	2.85	68.85	81.17	9.39	5.97
170.01	764.43	515.93	79.43	629.49	493.32	3.50	52.06	72.20	16.61	10.56

12–25 规模以上先进制造业主要经济指标（2016年）

单位：亿元

项　　目	Item	企业单位数（个） Number of Enterprises (unit)	工业总产值（当年价） Gross Industrial Output Value (at current prices)
合　计	**Total**	**16069**	**65806.42**
一、装备制造业	Equipment Manufacturing	13060	53771.91
#汽车制造	Automobile	762	6902.98
船舶制造	Ship	110	544.74
#金属船舶制造	Metal ship	48	427.91
飞机制造及修理业	Airplane manufacturing and maintenance	12	86.97
环境污染防治专用设备制造	Special equipment for Environmental pollution prevention	50	56.81
二、钢铁冶炼及加工	Steel and Iron and Processing	359	2473.71
#炼铁	Iron smelting	4	14.18
炼钢	Steel smelting	19	157.89
钢材加工	Steel processing	333	2253.51
铁合金冶炼	Iron alloy smelting	3	48.13
三、石油及化学	Petroleum and Chemical Industry	2650	9560.80
1．石油和天然气开采业	Oil and Natural Gas Extraction	4	428.21
2．石油加工、炼焦及核燃料加工业	Petroleum Refining, Coking and Nuclear Fuel Processing	84	2224.90
3．化学原料及化学制品制造业	Raw Chemical Materials and Chemical Products	2193	6419.70
4．橡胶制品业	Rubber products	369	487.99

Main Indicators on Advanced Manufacturing Enterprises above Designated Size (2016)

(100 million yuan)

工业增加值 Value-added of Industry	年末资产总计 Total Assets at the Year-end	流动资产合计 Total Working Capital	固定资产合计 Total Fixed Assets	主营业务收入 Principal Business Revenue	主营业务成本 Cost of Principal Business	主营业务税金及附加 Tax and Extra Charges on Main Business	利润总额 Total Profits	利税总额 Total Pre-tax Profits	本年应交增值税 Value-added Tax Payable in Current Year	全部就业人员年平均人数(万人) Annual Average Number of Employed Persons (10000 persons)
15260.88	**51001.74**	**32832.75**	**10451.48**	**63718.07**	**53035.12**	**794.37**	**3913.30**	**6331.15**	**1618.61**	**610.97**
12085.47	41698.56	28696.34	7090.72	52357.77	44069.28	301.12	3000.02	4511.32	1206.16	556.52
1612.66	4691.78	3038.74	1131.70	6709.58	5618.58	125.46	542.10	861.95	193.55	39.90
100.02	673.24	417.18	180.06	440.93	406.06	1.90	0.17	-2.15	-4.42	4.18
68.23	516.25	337.59	120.45	335.76	317.19	0.81	-2.10	-8.52	-7.43	2.67
27.51	108.33	76.85	18.70	86.78	73.66	0.46	6.62	9.97	2.85	0.76
16.56	53.89	35.86	8.73	53.23	40.92	0.34	5.28	7.75	2.13	0.62
381.50	1882.12	595.24	943.80	2229.35	2038.63	6.45	90.30	138.89	42.13	8.75
3.55	1.76	1.37	0.38	14.22	10.95	0.07	1.79	2.76	0.90	0.04
13.43	31.83	21.30	7.71	154.34	143.35	0.37	6.02	7.70	1.31	0.34
357.60	1793.78	556.23	899.15	2013.94	1844.55	5.90	79.50	124.51	39.10	8.29
6.92	54.75	16.34	36.56	46.85	39.79	0.11	3.00	3.93	0.82	0.09
2793.91	7421.06	3541.17	2416.96	9130.95	6927.21	486.81	822.98	1680.94	370.31	45.70
337.10	992.14	71.27	516.92	406.36	266.59	26.49	99.76	164.86	38.61	0.57
896.25	1291.40	593.45	569.34	2175.94	1485.00	419.64	209.62	763.90	134.42	2.54
1435.48	4786.42	2671.17	1218.94	6059.96	4752.65	38.00	490.46	716.31	187.26	34.16
125.08	351.10	205.27	111.75	488.69	422.97	2.68	23.14	35.86	10.02	8.44

12-26 规模以上工业企业主要经济效益指标（2016年）

项　　目	Item
全省总计	**Provincial Total**
按经济类型分	Grouped by Ownership
在总计中：国有控股工业	Of the Total: State-holding Industry
国有工业	State-owned Industry
集体工业	Collective-owned Industry
股份合作工业	Share-holding Cooperative Industry
股份制工业	Share-holding Industry
外商投资工业	Foreign-funded Industry
港澳台投资工业	Industry with Funds from Hong Kong, Macao and Taiwan
按轻重工业分	Grouped by Light and Heavy Industries
轻工业	Light Industry
重工业	Heavy Industry
按企业规模分	Grouped by Size of Enterprises
大型企业	Large Enterprises
中型企业	Medium Enterprises
小微型企业	Small and Micro Enterprises
按行业分	Grouped by Sector
煤炭开采和洗选业	Mining and Washing of Coal
石油和天然气开采业	Extraction of Petroleum and Natural Gas
黑色金属矿采选业	Mining and Dressing of Ferrous Metal Ores
有色金属矿采选业	Mining and Dressing of Nonferrous Metal Ores
非金属矿采选业	Mining and Dressing of Nonmetal Ores
开采辅助活动	Auxiliary Minning Operations
其他采矿业	Mining and Dressing of Other Ores
农副食品加工业	Processing of Farm and Sideline Food
食品制造业	Manufacture of Food
酒、饮料和精制茶制造业	Manufacture of Wine, Beverage and Refined Tea
烟草制品业	Tobacco Products
纺织业	Textile Industry
纺织服装、服饰业	Manufacture of Textile Garments, Footwear and Headgear
皮革、毛皮、羽毛及其制品和制鞋业	Leather, Fur, Feather, Down and Related Products
木材加工和木、竹、藤、棕、草制品业	Timber Processing, Bamboo, Cane, Palm Fiber & Straw Products
家具制造业	Manufacture of Furniture
造纸和纸制品业	Papermaking and Paper Products
印刷和记录媒介复制业	Printing and Record Medium Reproduction
文教、工美、体育和娱乐用品制造业	Manufacture of Cultural, Educational,Sports and Entertainment Articles
石油加工、炼焦和核燃料加工业	Petroleum Refining, Coking and Nuclear Fuel Processing
化学原料和化学制品制造业	Manufacture of Raw Chemical Materials and Chemical Products
医药制造业	Manufacture of Medicines
化学纤维制造业	Manufacture of Chemical Fibers
橡胶和塑料制品业	Rubber and Plastic Products
非金属矿物制品业	Nonmetal Mineral Products
黑色金属冶炼和压延加工业	Smelting and Pressing of Ferrous Metals
有色金属冶炼和压延加工业	Smelting and Pressing of Nonferrous Metals
金属制品业	Metal Products
通用设备制造业	Manufacture of General-purpose Machinery
专用设备制造业	Manufacture of Special-purpose Machinery
汽车制造业	Manufacture of Automobile
铁路、船舶、航空航天和其他运输设备制造业	Manufacture of Railway ,Ship,Aeronautics and Other Transport equipment
电气机械和器材制造业	Manufacture of Electrical Machinery and Equipment
计算机、通信和其他电子设备制造业	Manufacture of Communication Equipment, Computers and Other Electronic Equipment
仪器仪表制造业	Manufacture of Instruments and Meters
其他制造业	Other Manufactures
废弃资源综合利用业	Comprehensive Utilization of Waste
金属制品、机械和设备修理业	Manufacture of Metal Products,Machinery and Equipment Maintenance
电力、热力生产和供应业	Production and Supply of Electric Power and Heat Power
燃气生产和供应业	Production and Supply of Gas
水的生产和供应业	Production and Supply of Water

Main Indicators on Economic Benefit of Industrial Enterprises above Designated Size (2016)

总资产贡献率 (%) Ratio of Total Assets to Industrial Output Value (%)	资产负债率 (%) Assets-Liability Ratio (%)	成本费用利润率 (%) Ratio of Profits to Industrial Costs (%)	全员劳动生产率 (元/人) Overall Labor Productivity (yuan/person)	产品销售率 (%) Proportion of Products Sold (%)
12.98	**56.17**	**6.85**	**220972**	**97.06**
13.36	55.39	9.52	626612	95.91
8.31	55.68	4.30	252031	97.58
21.77	55.20	5.20	128632	98.76
18.11	55.40	4.03	244990	96.13
13.24	57.73	7.13	264507	96.83
13.86	53.00	6.95	231761	97.60
11.03	54.80	6.13	149845	97.10
14.49	54.29	7.21	172880	96.43
12.21	57.14	6.64	266469	97.45
13.68	59.08	7.51	278276	96.70
13.03	52.18	7.10	164700	97.00
11.72	54.89	5.65	214588	97.68
16.71	71.74	35.05	5935835	99.04
11.77	59.99	7.45	560871	92.42
28.86	64.68	16.92	374702	97.02
28.75	39.06	9.98	416516	96.86
3.41	19.21	6.55	519745	100.00
29.17	5.18	1.56	669276	94.45
11.83	62.24	5.01	269775	97.62
26.67	40.58	16.07	320937	97.12
18.49	54.19	8.01	419971	95.37
54.51	28.50	17.91	4094470	121.80
15.22	51.40	5.65	163184	97.28
15.62	50.60	4.72	111207	96.94
14.72	53.39	3.99	104153	97.86
19.32	51.86	6.98	234611	96.98
15.18	53.77	5.99	149020	97.78
10.24	54.28	6.01	210084	95.49
12.67	45.32	7.14	149303	96.87
9.65	59.55	3.90	108788	96.38
59.67	71.01	13.14	3529953	98.38
15.58	48.41	8.73	420265	96.56
12.56	40.98	16.49	369769	94.04
10.08	37.07	9.50	243297	98.54
13.25	51.41	5.92	148921	97.98
13.66	54.71	6.78	213388	97.01
8.86	65.77	4.20	398981	97.43
10.37	70.31	4.08	327746	98.45
15.12	51.97	6.03	172672	96.54
11.06	53.93	7.22	180937	95.80
12.12	49.36	9.65	189688	95.70
18.67	61.79	8.78	404210	98.40
6.69	63.90	5.11	219770	96.58
12.62	58.95	8.53	178083	95.31
9.53	61.36	4.88	214840	96.86
10.43	45.62	7.76	129051	97.67
11.50	49.98	4.39	120723	96.57
26.18	58.34	8.60	566031	98.56
9.80	55.81	5.86	235195	98.80
9.99	49.49	9.81	944301	99.59
15.01	58.21	7.49	1032977	98.90
6.60	59.35	17.10	336447	97.85

12-27 规模以上制造业工业企业主要经济指标

Main Economic Indicators of Manufacturing Enterprises above Designated Size

项　目	Item	2000	2010	2013	2014	2015	2016
企业单位数 (个)	Number of Enterprises (unit)	18571	52102	40261	40156	41081	41627
工业总产值 (亿元)	Gross Industrial Output Value (100 million yuan)	11352.62	79504.12	101623.58	110962.87	115911.71	124828.73
工业增加值 (亿元)	Value-added of Industry (100 million yuan)	2768.88	18317.74	23885.44	25265.42	26568.90	28504.15
主营业务收入 (亿元)	Main Business Revenue (100 million yuan)	10865.66	77730.85	98388.86	106839.05	110548.00	120392.32
资产总计 (亿元)	Total Assets (100 million yuan)	11653.11	52734.31	68214.34	74598.07	81676.43	90886.30
流动资产合计 (亿元)	Total Liquid Assets (100 million yuan)		32414.52	44142.30	48375.15	52178.92	58723.71
固定资产合计 (亿元)	Total Fixed Assets (100 million yuan)		16420.14	15904.00	17052.02	18383.46	19181.60
负债总计 (亿元)	Total Liabilities (100 million yuan)	6950.47	29407.47	39867.48	43747.09	47206.36	51598.88
所有者权益合计(亿元)	Total Creditors' Equity (100 million yuan)	4576.24	23243.24	28081.20	30598.23	34079.15	38725.42
利润总额 (亿元)	Total Profits (100 million yuan)	348.92	5313.74	5627.89	6110.88	6844.73	7513.00
亏损企业亏损额(亿元)	Loss Value of Loss-making Enterprises (100 million yuan)	131.89	195.53	357.30	417.14	475.63	396.85
利税总额 (亿元)	Total Pre-tax Profits (100 million yuan)	729.92	8150.46	9703.75	10276.84	11011.30	11777.24
应交增值税 (亿元)	Value-added Tax Payable(100 million yuan)	277.66	2003.07	3000.78	3048.20	2892.83	2995.94
从业人员平均人数 (万人)	Average Employed Persons (10000 persons)	546.03	1533.72	1423.41	1423.93	1406.84	1385.19

注：本表总产值和增加值绝对数按当年价格计算，增加值2009年及以前用生产法计算，2010年起用收入法计算，2011年统计口径从年业务收入500万元及以上调整为2000万元及以上。

Note: Gross industrial output values and value-added are calculated at current prices.Value-added is calculated by production approach in 2009 and prior to and since 2010 by income approach.

12-28 各市规模以上工业企业主要经济指标（2016年）

Main Economic Indicators of Industrial Enterprises above Designated Size by City (2016)

单位：亿元 (100 million yuan)

市 别	City	主营业务收入 Main Business Revenue	主营业务成本 Cost of Principal Business	资产合计 Total Assets	负债合计 Total Liabilities	利润总额 Total Profits	利税总额 Total Pre-tax Profits	全部就业人员年平均人数(万人) Annual Average Number of Employed Persons (10000 persons)
广 州	Guangzhou	17599.01	14468.79	16415.13	8453.48	1225.15	2122.85	133.75
深 圳	Shenzhen	26764.55	21456.65	28625.32	16779.42	1769.91	2640.07	310.42
珠 海	Zhuhai	4213.59	3437.08	5859.21	3651.56	420.58	565.93	42.76
汕 头	Shantou	3210.38	2633.81	2531.35	1024.46	272.50	364.95	43.55
佛 山	Foshan	20199.21	17293.30	12321.96	6773.87	1589.80	2234.28	169.81
#顺 德	Shunde	6181.75	5089.05	4385.08	2556.97	527.38	751.03	61.48
韶 关	Shaoguan	1174.78	974.19	1371.02	850.97	75.39	159.95	15.94
河 源	Heyuan	1544.92	1349.09	1013.11	545.99	82.83	127.53	17.36
梅 州	Meizhou	692.86	547.84	801.74	408.57	49.11	117.29	10.97
惠 州	Huizhou	7398.15	6402.14	5215.32	2993.96	483.72	719.21	85.41
汕 尾	Shanwei	1202.68	1100.02	708.35	363.59	38.47	51.85	23.66
东 莞	Dongguan	14889.63	13109.73	10676.05	6435.49	502.73	827.00	250.92
中 山	Zhongshan	6221.56	5337.46	4221.02	2441.18	332.69	553.06	86.75
江 门	Jiangmen	3980.91	3354.64	3156.52	1701.27	238.18	380.15	47.57
阳 江	Yangjiang	2004.65	1749.10	1823.67	1212.42	130.86	192.99	14.79
湛 江	Zhanjiang	2363.16	2031.74	2585.58	1931.22	72.53	248.62	14.45
茂 名	Maoming	2490.26	1853.40	1198.67	505.28	296.77	602.93	15.97
肇 庆	Zhaoqing	3864.90	3354.89	2083.01	942.64	225.23	370.90	32.10
清 远	Qingyuan	1739.58	1510.24	1518.75	918.10	109.65	174.03	20.76
潮 州	Chaozhou	1379.93	1155.98	737.77	238.62	133.03	184.16	21.69
揭 阳	Jieyang	5057.30	4454.32	1998.95	773.24	262.40	401.42	46.41
云 浮	Yunfu	1159.30	1008.01	741.67	373.41	71.52	111.67	12.81
按经济区域分	By Region							
珠 三 角	Pearl River Delta	105131.51	88214.68	88573.55	50172.86	6787.99	10413.45	1159.49
东 翼	Eastern Region	10850.29	9344.13	5976.42	2399.91	706.39	1002.38	135.30
西 翼	Western Region	6858.07	5634.24	5607.92	3648.91	500.17	1044.54	45.20
山 区	Mountainous Region	6311.44	5389.37	5446.29	3097.03	388.49	690.48	77.85

12-29 各市私营工业企业主要经济指标（2016年）

Main Economic Indicators of Private Industrial Enterprises by City (2016)

单位：亿元 (100 million yuan)

市别	City	主营业务收入 Main Business Revenue	主营业务成本 Cost of Principal Business	资产合计 Total Assets	负债合计 Total Liabilities	利润总额 Total Profits	利税总额 Total Pre-tax Profits	全部就业人员年平均人数(万人) Annual Average Number of Employed Persons (10000 persons)
广州	Guangzhou	2726.82	2360.17	2026.18	1142.05	107.20	175.28	36.52
深圳	Shenzhen	5104.99	4356.03	5198.89	3336.64	302.07	425.36	74.66
珠海	Zhuhai	333.20	279.37	307.55	194.79	19.02	26.94	5.61
汕头	Shantou	1464.39	1185.17	730.51	317.38	128.57	156.87	20.73
佛山	Foshan	5136.93	4554.74	2616.93	1498.22	308.41	431.70	42.81
#顺德	Shunde	428.08	376.53	219.51	150.59	18.77	29.07	5.57
韶关	Shaoguan	114.84	100.39	76.81	48.49	5.99	9.48	0.89
河源	Heyuan	438.36	382.44	226.77	128.19	23.11	35.13	3.01
梅州	Meizhou	137.26	122.44	104.24	56.91	4.45	8.15	2.29
惠州	Huizhou	1095.83	963.14	474.14	318.42	75.60	97.35	11.41
汕尾	Shanwei	381.55	360.01	74.50	29.20	5.61	8.61	8.95
东莞	Dongguan	4146.38	3591.03	2489.97	1922.64	105.72	222.13	39.48
中山	Zhongshan	1316.28	1152.46	805.42	524.60	57.09	95.89	21.26
江门	Jiangmen	730.12	649.20	434.96	289.00	25.86	47.29	9.83
阳江	Yangjiang	682.07	613.56	254.93	123.22	41.71	64.11	6.80
湛江	Zhanjiang	667.45	607.76	252.93	192.24	14.72	30.44	4.49
茂名	Maoming	505.27	397.39	251.18	89.50	62.97	92.57	5.51
肇庆	Zhaoqing	1190.72	1016.97	466.61	180.22	83.87	131.18	8.72
清远	Qingyuan	401.15	351.06	267.38	191.53	29.07	45.52	3.23
潮州	Chaozhou	572.74	476.24	236.25	69.68	52.95	73.75	11.02
揭阳	Jieyang	2469.07	2184.63	489.35	144.97	121.27	184.66	21.94
云浮	Yunfu	221.97	195.93	114.10	60.94	11.79	18.71	2.24
按经济区域分	By Region							
珠三角	Pearl River Delta	21781.28	18923.11	14820.66	9406.58	1084.85	1653.12	250.29
东翼	Eastern Region	4887.76	4206.05	1530.60	561.23	308.40	423.90	62.64
西翼	Western Region	1854.78	1618.72	759.04	404.96	119.40	187.13	16.80
山区	Mountainous Region	1313.58	1152.26	789.30	486.05	74.40	117.00	11.65

12-30 各市工业企业主要经济效益指标（2016年）
Main Indicators on Economic Benefit of Industrial Enterprises by City (2016)

市 别	City	总资产贡献率 (%) Ratio of Total Assets to Industrial Output Value (%)	资产负债率 (%) Assets-Liability Ratio (%)	成本费用利润率 (%) Ratio of Profits to Industrial Costs (%)	全员劳动生产率 (元/人) Overall Labor Productivity (yuan/person)	产品销售率 (%) Proportion of Products Sold (%)
全省合计	**Provincial Total**	**12.98**	**56.17**	**6.85**	**220972**	**97.06**
广 州	Guangzhou	13.47	51.50	7.36	328067	97.87
深 圳	Shenzhen	9.61	58.62	6.87	229008	97.49
珠 海	Zhuhai	9.74	62.32	10.28	239204	92.33
汕 头	Shantou	15.15	40.47	9.19	180302	96.69
佛 山	Foshan	18.57	54.97	8.47	275081	97.19
#顺 德	Shunde	17.55	58.31	9.18	246193	95.37
韶 关	Shaoguan	13.02	62.07	6.71	209694	99.82
河 源	Heyuan	13.27	53.89	5.65	202149	96.65
梅 州	Meizhou	15.75	50.96	7.68	201919	98.80
惠 州	Huizhou	14.04	57.41	6.96	206508	96.81
汕 尾	Shanwei	8.00	51.33	3.31	104271	97.53
东 莞	Dongguan	8.05	60.28	3.44	118291	97.67
中 山	Zhongshan	13.58	57.83	5.64	152162	95.21
江 门	Jiangmen	12.76	53.90	6.20	224063	94.23
阳 江	Yangjiang	12.26	66.48	7.04	276225	94.92
湛 江	Zhanjiang	10.48	74.69	3.33	540396	96.12
茂 名	Maoming	51.79	42.15	14.70	537292	97.95
肇 庆	Zhaoqing	19.11	45.25	6.19	286947	97.74
清 远	Qingyuan	12.42	60.45	6.68	211870	96.76
潮 州	Chaozhou	25.69	32.34	10.70	173936	97.76
揭 阳	Jieyang	21.63	38.68	5.50	228880	98.42
云 浮	Yunfu	16.08	50.35	6.61	183924	96.66

12-30 续表 continued

市别	City	总资产贡献率比去年增长百分点 Percentage Gain in Ratio of Total Assets to Industrial Output Value over Preceding Year	资产负债率比去年增长百分点 Percentage Gain in Assets-Liability Ratio over Preceding Year	成本费用利润率比去年增长百分点 Percentage Gain in Ratio of Profits to Industrial Costs over Preceding Year	全员劳动生产率比去年增长(%) Growth in Overall Labor Productivity over Preceding Year (%)	产品销售率比去年增长百分点 Percentage Gain in Proportion of Products Sold over Preceding Year
全省合计	**Provincial Total**	**-0.60**	**-1.21**	**...**	**9.70**	**-0.05**
广　州	Guangzhou	-0.82	-1.00	0.38	6.60	1.02
深　圳	Shenzhen	-1.14	-2.58	-0.81	17.30	-0.60
珠　海	Zhuhai	1.84	-2.09	3.10	11.30	-2.02
汕　头	Shantou	1.37	0.70	1.35	9.20	-0.33
佛　山	Foshan	0.10	-0.93	0.04	7.40	0.23
#顺　德	Shunde	-0.11	-1.31	0.19	8.10	0.49
韶　关	Shaoguan	1.55	-3.58	2.85	-1.00	1.52
河　源	Heyuan	0.08	-2.49	-0.25	-3.90	-0.52
梅　州	Meizhou	-2.60	1.59	-0.13	2.50	-0.01
惠　州	Huizhou	-2.16	-0.79	1.33	9.40	-1.07
汕　尾	Shanwei	-1.73	3.69	-0.46	...	0.35
东　莞	Dongguan	0.54	1.49	0.11	14.90	-0.27
中　山	Zhongshan	-1.32	-0.89	-0.15	6.90	0.50
江　门	Jiangmen	-0.17	-2.33	-0.19	11.50	0.65
阳　江	Yangjiang	-2.68	-1.61	-2.56	-1.20	0.52
湛　江	Zhanjiang	1.28	-0.24	-1.26	5.70	1.43
茂　名	Maoming	0.02	-2.99	1.39	7.10	-0.25
肇　庆	Zhaoqing	-0.99	-2.09	-0.22	7.80	0.18
清　远	Qingyuan	0.73	1.15	0.58	10.20	0.18
潮　州	Chaozhou	-2.71	-3.94	-0.85	2.90	-0.37
揭　阳	Jieyang	-5.30	0.14	-0.82	-1.20	-1.06
云　浮	Yunfu	-0.75	-0.89	-0.92	-1.40	0.19

注：全员劳动生产率比去年增长为快报数，其他增速为年报可比口径。

Note: Growth in overall labor productivity over preceding Year is caculated by flash report，others are caculated by comparable scope.

12-31 各市规模以上国有控股工业企业主要经济效益指标（2016年）

Main Indicators on Economic Benefit of State-holding Industrial Enterprises above Designated Size by City (2016)

市 别	City	总资产贡献率 (%) Ratio of Total Assets to Industrial Output Value (%)	资产负债率 (%) Assets-Liability Ratio (%)	成本费用利润率 (%) Ratio of Profits to Industrial Costs (%)	全员劳动生产率 (元/人) Overall Labor Productivity (yuan/person)	产品销售率 (%) Proportion of Products Sold (%)
全省合计	**Provincial Total**	**13.36**	**55.39**	**9.52**	**626612**	**95.91**
广 州	Guangzhou	12.01	46.56	8.75	748872	99.26
深 圳	Shenzhen	10.84	55.92	7.71	551522	89.41
珠 海	Zhuhai	12.49	66.16	20.84	693205	87.82
汕 头	Shantou	10.46	46.15	7.10	468474	99.04
佛 山	Foshan	12.94	47.54	9.19	427120	99.22
#顺 德	Shunde	7.51	46.69	16.21	239347	100.32
韶 关	Shaoguan	12.96	70.29	5.70	356487	103.29
河 源	Heyuan	14.42	52.28	9.79	517149	99.09
梅 州	Meizhou	24.70	51.13	8.02	669194	109.78
惠 州	Huizhou	18.87	62.58	13.27	761440	97.18
汕 尾	Shanwei	7.80	55.46	6.09	413330	90.41
东 莞	Dongguan	10.83	54.05	5.56	466699	98.62
中 山	Zhongshan	10.28	58.53	3.43	480629	96.87
江 门	Jiangmen	12.05	49.91	8.65	622093	97.71
阳 江	Yangjiang	6.53	75.13	9.06	616743	95.25
湛 江	Zhanjiang	12.92	65.25	2.59	763730	97.65
茂 名	Maoming	66.67	49.75	15.41	2068695	98.35
肇 庆	Zhaoqing	9.50	45.27	6.75	305422	97.87
清 远	Qingyuan	11.38	60.17	5.81	615668	98.35
潮 州	Chaozhou	22.10	36.48	20.11	895150	99.97
揭 阳	Jieyang	11.43	51.18	6.49	549546	99.97
云 浮	Yunfu	13.50	55.69	7.82	552748	99.54

12-32 各市按经济类型分的工业企业资产（2016年）

Total Assets of Industrial Enterprises by Ownership and by City (2016)

单位：亿元 (100 million yuan)

市　别	City	资产合计 Total Assets	#国有控股工业 State-holding Industry	集体工业 Collective-owned Industry	股份合作制工业 Share-holding Cooperative Industry	股份制工业 Share-holding Industry	外商投资工业 Foreign-funded Industry	港澳台投资工业 Industry with Funds from Hong Kong,Macao and Taiwan
广　州	Guangzhou	16415.13	6708.20	15.27	16.30	9301.81	4409.21	2409.46
深　圳	Shenzhen	28625.32	4015.55	0.34		17532.24	4153.55	6849.93
珠　海	Zhuhai	5859.21	2806.87	0.49		3819.32	1135.25	903.13
汕　头	Shantou	2531.35	432.91	3.66	6.55	1799.64	304.96	274.58
佛　山	Foshan	12321.96	1006.61	17.36	3.42	8228.90	1775.59	2094.79
#顺　德	Shunde	4385.08	41.60	0.07		2937.47	494.34	934.75
韶　关	Shaoguan	1371.02	736.34	5.91	0.98	1146.00	44.75	115.21
河　源	Heyuan	1013.11	125.39	0.61		650.50	96.57	237.40
梅　州	Meizhou	801.74	258.97	0.72	1.85	666.24	38.71	55.95
惠　州	Huizhou	5215.32	1246.48	3.90		2026.11	1732.80	1415.55
汕　尾	Shanwei	708.35	154.79	12.49		393.47	35.28	226.64
东　莞	Dongguan	10676.05	760.61	39.40		5172.99	1920.63	3521.99
中　山	Zhongshan	4221.02	418.40	8.65	0.22	1961.31	1297.00	921.18
江　门	Jiangmen	3156.52	406.29	0.48		1484.95	413.30	1227.80
阳　江	Yangjiang	1823.67	1005.82	0.95		1551.89	70.29	147.92
湛　江	Zhanjiang	2585.58	1154.50	15.05		1893.15	53.95	567.40
茂　名	Maoming	1198.67	498.71	2.55	0.60	1029.98	33.69	37.24
肇　庆	Zhaoqing	2083.01	325.48	4.62		1189.41	348.19	462.08
清　远	Qingyuan	1518.75	280.46	0.38		948.19	82.37	447.75
潮　州	Chaozhou	737.77	164.72	3.05	2.27	531.66	23.60	101.06
揭　阳	Jieyang	1998.95	253.86	6.64		1634.34	44.52	147.80
云　浮	Yunfu	741.67	108.40	2.26		522.78	43.87	148.78
按经济区域分	By Region							
珠三角	Pearl River Delta	88573.55	17694.49	90.51	19.94	50717.04	17185.52	19805.91
东　翼	Eastern Region	5976.42	1006.29	25.83	8.81	4359.10	408.36	750.08
西　翼	Western Region	5607.92	2659.02	18.56	0.60	4475.01	157.92	752.56
山　区	Mountainous Region	5446.29	1509.56	9.89	2.83	3933.71	306.28	1005.08

12-33 各市规模以上大中型工业企业产值资产（2016年）

Gross Output Value and Total Assets of Large and Medium-sized Industrial Enterprises above Designated Size by City (2016)

单位：亿元 (100 million yuan)

市 别	City	企业个数(个) Number of Enterprises (unit)	#大型 Large-sized	工业总产值（当年价格） Gross Industrial Output Value (at current prices)	#大型 Large-sized	资产总计 Total Assets	#大型 Large-sized
全省合计	**Provincial Total**	**10323**	**1623**	**94758.85**	**60261.43**	**77088.74**	**49906.28**
广 州	Guangzhou	863	190	13726.71	10234.84	10227.42	7218.68
深 圳	Shenzhen	1966	375	22407.08	17235.80	22888.33	16959.74
珠 海	Zhuhai	314	54	3340.48	2235.33	4628.09	3032.00
汕 头	Shantou	443	22	1740.81	473.23	1550.28	430.43
佛 山	Foshan	1192	159	14007.04	7654.30	9018.69	5138.94
#顺 德	Shunde	294	56	5554.08	4427.74	3496.82	2814.46
韶 关	Shaoguan	109	14	744.77	389.39	929.35	494.31
河 源	Heyuan	118	19	1003.91	503.54	641.94	257.88
梅 州	Meizhou	90	12	453.29	175.45	530.74	191.91
惠 州	Huizhou	562	100	5704.48	3825.94	4070.95	2929.53
汕 尾	Shanwei	124	83	1076.78	928.82	539.90	368.43
东 莞	Dongguan	1904	266	11743.73	8204.07	8160.62	5200.11
中 山	Zhongshan	680	107	4599.87	2676.65	3004.88	1840.96
江 门	Jiangmen	395	52	2708.53	1171.73	2091.56	1057.76
阳 江	Yangjiang	145	13	1170.89	434.72	1498.30	997.33
湛 江	Zhanjiang	114	15	1496.59	692.10	2154.21	1407.86
茂 名	Maoming	81	8	1134.41	863.10	606.87	410.45
肇 庆	Zhaoqing	304	44	2646.99	968.77	1346.78	631.85
清 远	Qingyuan	182	25	1329.78	455.73	1052.48	396.55
潮 州	Chaozhou	245	7	662.29	136.74	471.76	137.18
揭 阳	Jieyang	398	50	2563.25	866.22	1337.83	714.45
云 浮	Yunfu	94	8	497.18	134.98	337.77	89.92
按经济区域分	By Region						
珠三角	Pearl River Delta	8180	1347	80884.91	54207.43	65437.32	44009.58
东 翼	Eastern Region	1210	162	6043.13	2405.01	3899.76	1650.49
西 翼	Western Region	340	36	3801.89	1989.92	4259.38	2815.65
山 区	Mountainous Region	593	78	4028.92	1659.08	3492.27	1430.56

12—34 各市现代产业增加值及比重（2016年）

Value Added and Ratio of Modern Industries by City (2016)

市 别	City	先进制造业增加值（亿元）Value Added of Advanced Manufacturing Industry (100 Million yuan)	先进制造业增加值占规模以上工业比重（%）Ratio of the Value Added to that of Industry (%)	高技术制造业增加值（亿元）Added of High-tech Industry (100 Million yuan)	高技术制造业增加值占规模以上工业比重（%）Ratio of the Value Added to that of Industry (%)
全省合计	**Provincial Total**	**15260.88**	**48.7**	**8475.25**	**27.1**
广 州	Guangzhou	2436.11	55.5	508.30	11.6
深 圳	Shenzhen	5274.73	74.2	4637.75	65.2
珠 海	Zhuhai	472.31	46.2	292.77	28.6
汕 头	Shantou	107.14	13.6	43.45	5.5
佛 山	Foshan	1570.29	33.6	361.39	7.7
#顺 德	Shunde	384.79	25.4	73.40	4.8
韶 关	Shaoguan	106.07	31.7	17.49	5.2
河 源	Heyuan	170.70	48.6	101.91	29.0
梅 州	Meizhou	49.25	22.2	33.78	15.2
惠 州	Huizhou	1080.25	61.2	708.68	40.2
汕 尾	Shanwei	63.90	25.9	50.21	20.4
东 莞	Dongguan	1505.20	50.7	1103.20	37.2
中 山	Zhongshan	480.49	36.4	243.29	18.4
江 门	Jiangmen	458.46	43.0	83.51	7.8
阳 江	Yangjiang	58.60	14.3	8.09	2.0
湛 江	Zhanjiang	311.30	39.9	7.71	1.0
茂 名	Maoming	471.69	55.0	26.59	3.1
肇 庆	Zhaoqing	300.52	32.6	82.06	8.9
清 远	Qingyuan	76.03	17.3	17.72	4.0
潮 州	Chaozhou	36.18	9.6	28.34	7.5
揭 阳	Jieyang	183.68	17.3	99.27	9.3
云 浮	Yunfu	47.98	20.4	19.77	8.4
按经济区域分	By Region				
珠 三 角	Pearl River Delta	13578.36	53.8	8020.94	31.8
东 翼	Eastern Region	390.89	15.8	221.26	9.0
西 翼	Western Region	841.59	41.1	42.38	2.1
山 区	Mountainous Region	450.03	28.4	190.68	12.1

注：本表现代产业增加值按年报收入法计算；高技术制造业增加值采用新的国家统计局高技术产业(制造业)分类(2013)。
Note: Value Added of modern industries in this table is calculated in accordance with the income method of the annual report.

12-35 全省工业总产值最大的50家工业企业（2016年）

Top 50 Industrial Enterprises of the Province in Terms of Gross Industrial Output Value (2016)

序号 Rank	企业名称	Name of Enterprises
1	华为技术有限公司	HUAWEI TECHNOLOGIES CO., LTD
2	广东电网公司	GUANGDONG POWER GRID CORPORATION
3	美的集团股份有限公司	GUANGDONG MD HOLDING CO., LTD
4	中兴通讯股份有限公司	ZTE CORPORATION
5	华为终端(东莞)有限公司	HUAWEI DEVICE (DONGGUAN) CO., LTD.
6	富泰华工业(深圳)有限公司	FUTAIHUA INDUSTRY (SHENZHEN) CO., LTD
7	东风汽车有限公司东风日产乘用车公司	DONGFENG MOTOR CO. LTD. PASSENGER VEHICLE COMPANY
8	珠海格力电器股份有限公司	GREE ELECTRIC APPLIANCES, INC. OF ZHUHAI
9	惠州三星电子有限公司	HUIZHOU SAMSUNG ELECTRONICS CO.,LTD
10	中国南方电网有限责任公司	CHINA SOUTHERN POWER GRID CO., LTD
11	东莞市欧珀精密电子有限公司	DONGGUAN OPPO PRECISION ELECTRONIC CORP.,LTD
12	中国石油化工股份有限公司茂名分公司	SINOPEC MAOMING COMPANY
13	广汽本田汽车有限公司	GUANGQI HONDA AUTOMOBILE CO., LTD
14	维沃通信科技有限公司	VIVO COMMUNICATION TECHNOLOGY CO., LTD
15	广汽丰田汽车有限公司	GAC TOYOTA MOTOR CO.,LTD
16	广东格兰仕集团有限公司	GUANGDONG GALANZ GROUP CO., LTD
17	深圳供电局有限公司	SHENZHEN POWER SUPPLY BUREAU CO.,LTD
18	比亚迪汽车工业有限公司	BYD AUTO INDUSTRY CO.,LTD
19	广州供电局有限公司	GUANGZHOU POWER SUPPLY BUREAU CO.,LTD
20	佛山群志光电有限公司	INNOLUX CORPORATION-FOSHAN
21	中国石油化工股份有限公司广州分公司	SINOPEC GUANGZHOU COMPANY
22	鸿富锦精密工业(深圳)有限公司	HONG FU JIN PRECISION (SHENZHEN) CO., LTD
23	伟创力制造(珠海)有限公司	FLEXTRONICS MANUFACTURING (ZHUHAI) CO., LTD
24	深圳创维-RGB电子有限公司	SHENZHEN SKYWORTH-RGB ELECTRONICS CO., LTD
25	广东中烟工业有限责任公司	GUANGDONG CHINA TOBACCO INDUSTRIAL CO., LTD
26	乐金显示(广州)有限公司	LG DISPLAY (GUANGZHOU)CO.,LTD
27	中海石油炼化有限责任公司惠州炼化分公司	CNOOC OIL & PETROCHEMICALS CO.,LTD HUIZHOU COMPANY
28	广州汽车集团乘用车有限公司	GUANGZHOU AUTOMOBILE GROUP MOTOR CO., LTD
29	纬创资通(中山)有限公司	WISTRON INFOCOMM (ZHONGSHAN) CORPORATION
30	东莞三星视界有限公司	SAMSUNG MOBILE DISPLAY
31	海信科龙电器股份有限公司	HISENSE KELON ELECTRICAL HOLDINGS CO., LTD
32	联想信息产品(深圳)有限公司	LENOVO INFORMATION PRODUCTS (SHENZHEN)CO., LTD
33	华为机器有限公司	HUAWEI MACHINE CO., LTD
34	伯恩光学(惠州)有限公司	BIEL CRYSTAL MANUFACTORY(HUIZHOU) LIMITED
35	东风本田发动机有限公司	DONGFENG HONDA ENGINE CO., LTD
36	中国石化湛江东兴石油化工有限公司	SINOPEC ZHANJIANG DONGXING PETROLEUM ENTERPRISE CO., LTD
37	捷普电子(广州)有限公司	JABIL CIRCUIT (GUANGZHOU) CO., LTD
38	无限极(中国)有限公司	INFINITUS (CHINA) CO., LTD.
39	中海石油(中国)有限公司深圳分公司	CNOOC (CHINA) LIMITED SHENZHEN BRANCH
40	金发科技股份有限公司	KINGFA SCI.& TECH.CO.,LTD
41	中海壳牌石油化工有限公司	CNOOC AND SHELL PETROCHEMICALS COMPANY LIMITED
42	珠海市魅族科技有限公司	MEIZU TELECOM EQUIPMENT CO., LTD
43	安利(中国)日用品有限公司	AMWAY (CHINA) CO., LTD
44	深圳市华星光电技术有限公司	SHENZHEN CHINA STAR OPTOELECTRONICS TECHNOLOGY CO., LTD.
45	康美药业股份有限公司	KANGMEI PHARMACEUTICAL CO.,LTD.
46	康佳集团股份有限公司	KONKA GROUP CO., LTD
47	广州宝洁有限公司	PROCTER & GAMBLE (GUANGZHOU) CO., LTD
48	周大福珠宝金行(深圳)有限公司	CHOW TAI FOOK JEWELLERY(SHENZHEN) CO.,LTD.
49	惠州TCL移动通信有限公司	HUIZHOU TCL MOBILE COMMUNICATION CO., LTD.
50	日立电梯(中国)有限公司	HITACHI ELEVATOR (CHINA) CO.,LTD

12-36 全省主营业务收入最大的50家工业企业（2016年）
Top 50 Industrial Enterprises of the Province in Terms of Principal Business Revenue (2016)

序号 Rank	企业名称	Name of Enterprises
1	华为技术有限公司	HUAWEI TECHNOLOGIES CO., LTD
2	广东电网公司	GUANGDONG POWER GRID CORPORATION
3	美的集团股份有限公司	GUANGDONG MD HOLDING CO., LTD
4	华为终端(东莞)有限公司	HUAWEI DEVICE (DONGGUAN) CO., LTD.
5	富泰华工业(深圳)有限公司	FUTAIHUA INDUSTRY (SHENZHEN) CO., LTD
6	东风汽车有限公司东风日产乘用车公司	DONGFENG MOTOR CO. LTD. PASSENGER VEHICLE COMPANY
7	中兴通讯股份有限公司	ZTE CORPORATION
8	东莞市欧珀精密电子有限公司	DONGGUAN OPPO PRECISION ELECTRONIC CORP.,LTD
9	珠海格力电器股份有限公司	GREE ELECTRIC APPLIANCES, INC. OF ZHUHAI
10	惠州三星电子有限公司	HUIZHOU SAMSUNG ELECTRONICS CO.,LTD
11	维沃通信科技有限公司	VIVO COMMUNICATION TECHNOLOGY CO., LTD
12	中国石油化工股份有限公司茂名分公司	SINOPEC MAOMING COMPANY
13	广汽本田汽车有限公司	GUANGQI HONDA AUTOMOBILE CO., LTD
14	中国南方电网有限责任公司	CHINA SOUTHERN POWER GRID CO., LTD
15	广东格兰仕集团有限公司	GUANGDONG GALANZ GROUP CO., LTD
16	比亚迪汽车工业有限公司	BYD AUTO INDUSTRY CO.,LTD
17	广汽丰田汽车有限公司	GAC TOYOTA MOTOR CO.,LTD
18	深圳供电局有限公司	SHENZHEN POWER SUPPLY BUREAU CO.,LTD
19	广州供电局有限公司	GUANGZHOU POWER SUPPLY BUREAU CO.,LTD
20	佛山群志光电有限公司	INNOLUX CORPORATION-FOSHAN
21	中国石油化工股份有限公司广州分公司	SINOPEC GUANGZHOU COMPANY
22	鸿富锦精密工业(深圳)有限公司	HONG FU JIN PRECISION (SHENZHEN) CO., LTD
23	广东中烟工业有限责任公司	GUANGDONG CHINA TOBACCO INDUSTRIAL CO., LTD
24	乐金显示(广州)有限公司	LG DISPLAY (GUANGZHOU)CO.,LTD
25	广州汽车集团乘用车有限公司	GUANGZHOU AUTOMOBILE GROUP MOTOR CO., LTD
26	伟创力制造(珠海)有限公司	FLEXTRONICS MANUFACTURING (ZHUHAI) CO., LTD
27	纬创资通(中山)有限公司	WISTRON INFOCOMM (ZHONGSHAN) CORPORATION
28	东莞三星视界有限公司	SAMSUNG MOBILE DISPLAY
29	中海石油炼化有限责任公司惠州炼化分公司	CNOOC OIL & PETROCHEMICALS CO.,LTD HUIZHOU COMPANY
30	联想信息产品(深圳)有限公司	LENOVO INFORMATION PRODUCTS (SHENZHEN)CO., LTD
31	深圳创维-RGB电子有限公司	SHENZHEN SKYWORTH-RGB ELECTRONICS CO., LTD
32	华为机器有限公司	HUAWEI MACHINE CO., LTD
33	海信科龙电器股份有限公司	HISENSE KELON ELECTRICAL HOLDINGS CO., LTD
34	中海石油(中国)有限公司深圳分公司	CNOOC (CHINA) LIMITED SHENZHEN BRANCH
35	东风本田发动机有限公司	DONGFENG HONDA ENGINE CO., LTD
36	中国石化湛江东兴石油化工有限公司	SINOPEC ZHANJIANG DONGXING PETROLEUM ENTERPRISE CO., LTD
37	捷普电子(广州)有限公司	JABIL CIRCUIT (GUANGZHOU) CO., LTD
38	中海壳牌石油化工有限公司	CNOOC AND SHELL PETROCHEMICALS COMPANY LIMITED
39	深圳市华星光电技术有限公司	SHENZHEN CHINA STAR OPTOELECTRONICS TECHNOLOGY CO., LTD.
40	广州宝洁有限公司	PROCTER & GAMBLE (GUANGZHOU) CO., LTD
41	康美药业股份有限公司	KANGMEI PHARMACEUTICAL CO.,LTD.
42	无限极(中国)有限公司	INFINITUS (CHINA) CO., LTD.
43	伯恩光学(惠州)有限公司	BIEL CRYSTAL MANUFACTORY(HUIZHOU) LIMITED
44	ＴＣＬ王牌电器(惠州)有限公司	TCL KING ELECTRICAL APPLIANCES(HUIZHOU) CO. LTD
45	日立电梯(中国)有限公司	HITACHI ELEVATOR (CHINA) CO.,LTD
46	惠州TCL移动通信有限公司	HUIZHOU TCL MOBILE COMMUNICATION CO., LTD.
47	东莞华贝电子科技有限公司	BAIYUN ELECTRIC GROUP CO LTD
48	康佳集团股份有限公司	KONKA GROUP CO., LTD
49	安利(中国)日用品有限公司	AMWAY (CHINA) CO., LTD
50	白云电气集团有限公司	BAIYUN ELECTRIC GROUP CO., LTD

12－37 全省固定资产合计最大的50家工业企业（2016年）

Top 50 Industrial Enterprises of the Province in Terms of Net Value of Fixed Assets (2016)

序号 Rank	企业名称	Name of Enterprises
1	广东电网公司	GUANGDONG POWER GRID CORPORATION
2	中国南方电网有限责任公司	CHINA SOUTHERN POWER GRID CO., LTD
3	宝钢湛江钢铁有限公司	BAOSTEEL ZHANJIANG IRON & STEEL CO., LTD
4	阳江核电有限公司	YANGJIANG NUCLEAR POWER CO., LTD.
5	广州供电局有限公司	GUANGZHOU POWER SUPPLY BUREAU CO.,LTD
6	美的集团股份有限公司	GUANGDONG MD HOLDING CO., LTD
7	深圳供电局有限公司	SHENZHEN POWER SUPPLY BUREAU CO.,LTD
8	深圳市华星光电技术有限公司	SHENZHEN CHINA STAR OPTOELECTRONICS TECHNOLOGY CO., LTD.
9	中海石油(中国)有限公司深圳分公司	CNOOC (CHINA) LIMITED SHENZHEN BRANCH
10	中海石油深海开发有限公司	CNOOC DEEPWATER DEVELOPMENT LIMITED
11	广州市净水有限公司	GUANGZHOU SEWAGE PURIFICATION CO.,LTD
12	华为技术有限公司	HUAWEI TECHNOLOGIES CO., LTD
13	岭东核电有限公司	LING DONG NUCLEAR POWER CO., LTD
14	中海石油炼化有限责任公司惠州炼化分公司	CNOOC OIL & PETROCHEMICALS CO.,LTD HUIZHOU COMPANY
15	中海壳牌石油化工有限公司	CNOOC AND SHELL PETROCHEMICALS COMPANY LIMITED
16	伯恩光学(惠州)有限公司	BIEL CRYSTAL MANUFACTORY(HUIZHOU) LIMITED
17	中国石油化工股份有限公司茂名分公司	SINOPEC MAOMING COMPANY
18	湛江晨鸣浆纸有限公司	ZHANJIANG CHENMING PULP & PAPER CO., LTD
19	岭澳核电有限公司	LING'AO NUCLEAR POWER CO., LTD
20	华能国际电力股份有限公司海门电厂	HUANENG HAIMEN POWER PLANT
21	广州市自来水公司	GUANGZHOU WATER SUPPLY COMPANY
22	广东国华粤电台山发电有限公司	GUANGDONG GUOHUA YUEDIAN TAISHAN POWER GENERATION CO.,LTD
23	东莞玖龙纸业有限公司	DONGGUAN NINE DRAGONS PAPER INDUSTRIES CO.，LTD.
24	宝钢集团广东韶关钢铁有限公司	BAOSTEEL GROUP GUANGDONG SHAOGUAN IRON & STEEL CO., LTD.
25	富泰华工业(深圳)有限公司	FUTAIHUA INDUSTRY (SHENZHEN) CO., LTD
26	阳西县海滨电力发展有限公司	YANGXI HARBOR ELECTRIC POWER DEVELOPMENT CO.,LTD
27	广东粤电靖海发电有限公司	GUANGDONG YUEDIAN JINGHAI POWER GENERATION CO., LTD
28	比亚迪汽车工业有限公司	BYD AUTO INDUSTRY CO.,LTD
29	肇庆亚洲铝厂有限公司	ZHAOQING ASIA ALUMINUM FACTORY CO., LTD
30	中国石油化工股份有限公司广州分公司	SINOPEC GUANGZHOU COMPANY
31	中兴通讯股份有限公司	ZTE CORPORATION
32	东风汽车有限公司东风日产乘用车公司	DONGFENG MOTOR CO. LTD. PASSENGER VEHICLE COMPANY
33	鞍钢联众(广州)不锈钢有限公司	ANSHAN LIANZHONG STAINLESS STEEL CO. LTD. (GUANGZHOU)
34	广东大唐国际潮州发电有限责任公司	GUANDDONG DATANG INTERNATIONAL CHAOZHOU POWER
35	天马微电子股份有限公司	TIANMA MICROELECTRONICS COMPANY, LIMITED
36	广东汉能薄膜太阳能有限公司	GUANG DONG HANERGY THIN-FILM SOLAR CO.,LTD
37	广东省天然气管网有限公司	GUANGDONG NATURAL GAS GRID CO., LTD
38	广东省韶关粤江发电有限责任公司	SHAOGUAN POWER PLANT
39	广汽本田汽车有限公司	GUANGQI HONDA AUTOMOBILE CO., LTD
40	广东红海湾发电有限公司	GUANGDONG RED BAY POWER GENERATION CO., LTD
41	华润电力(海丰)有限公司	CHINA RESOURCES POWER (HAIFENG) CO . , LTD.
42	广船国际有限公司	GUANGZHOU SHIPYARD INTERNATIONAL COMPANY LIMITED
43	深超光电(深圳)有限公司	CENTURY TECHNOLOGY(SHENZHEN) CO.LTD
44	广州汽车集团乘用车有限公司	GUANGZHOU AUTOMOBILE GROUP MOTOR CO., LTD
45	广东中烟工业有限责任公司	GUANGDONG CHINA TOBACCO INDUSTRIAL CO., LTD
46	广东惠州平海发电厂有限公司	GUANGDONG HUIZHOU PINGHAI POWER STATION CO., LTD
47	天生桥一级水电开发有限责任公司	TIANSHENGQIAO HYDROPOWER DEVELOPMENT CO., LTD
48	信利(惠州)智能显示有限公司	TRULY (HUIZHOU) SMART DISPLAY CO., LTD.
49	广东大鹏液化天然气有限公司	GUANGDONG DAPENG LNG COMPANY LTD;
50	清远蓄能发电有限公司	QINGYUAN ENERGY STORAGE POWER GENERATION CO LTD

主要统计指标解释

工业 指从事自然资源的开采，对采掘品和农产品进行加工和再加工的物质生产部门。具体包括：(1)对自然资源的开采，如采矿、晒盐、森林采伐等（但不包括禽兽捕猎和水产捕捞）；(2)对农副产品的加工、再加工，如粮油加工、食品加工、轧花、缫丝、纺织、制革等；(3)对采掘品的加工、再加工，如炼铁、炼钢、化工生产、石油加工、机器制造、木材加工等，以及电力、自来水、煤气的生产和供应等；(4)对工业品的修理、翻新，如机器设备的修理、交通运输工具（包括小卧车）的修理等。

1984 年以前农村的村及村以下办工业归属农业，1984 年以后划归工业。

工业统计调查单位 工业统计调查单位分为两类：独立核算法人工业企业和工业生产活动单位。

(1)独立核算法人工业企业 是指从事工业生产经营活动的单位。独立核算法人工业企业应同时具备以下条件：①依法成立，有自己的名称、组织机构和场所，能够承担民事责任；②独立拥有和使用资产，承担负债，有权与其他单位签订合同；③独立核算盈亏，并能够编制资产负债表。

(2)工业生产活动单位 是指在一个场所从事一种或主要从事一种工业生产活动的经济单位。它包括独立核算工业企业按主营业务活动(即工业生产活动)划分的主营业务活动单位和非工业企业所属的工业生产活动单位（即原非独立核算工业生产单位）。工业生产活动单位，一般应同时具备以下三个条件：①具有一个场所，从事一种或主要从事一种工业活动；②单独组织工业生产、经营或业务活动；③单独核算收入和支出。

轻工业 指主要提供生活消费品和制作手工工具的工业。按其所使用的原料不同，可分为两大类：(1)以农产品为原料的轻工业，是指直接或间接以农产品为基本原料的轻工业。主要包括食品制造、饮料制造、烟草加工、纺织、缝纫、皮革和毛皮制作、造纸以及印刷等工业；(2)以非农产品为原料的轻工业，是指以工业品为原料的轻工业。主要包括文教体育用品、化学药品制造、合成纤维制造、日用化学制品、日用玻璃制品、日用金属制品、手工工具制造、医疗器械制造、文化和办公用机械制造等工业。

重工业 是指为国民经济各部门提供物质技术基础的主要生产资料的工业。按其生产性质和产品用途，可分为下列三类：(1)采掘（伐）工业，是指对自然资源的开采，包括石油开采、煤炭开采、金属矿开采、非金属矿开采和木材采伐等工业；(2)原材料工业，指向国民经济各部门提供基本材料、动力和燃料的工业。包括金属冶炼及加工、炼焦及焦炭化学、化工原料、水泥、人造板以及电力、石油和煤炭加工等工业；(3)加工工业，是指对工业原材料进行再加工制造的工业。包括装备国民经济各部门的机械设备制造工业、金属结构、水泥制品等工业，以及为农业提供的生产资料如化肥、农药等工业。

根据上述划分原则，修理业中以重工业产品为修理作业对象的划为重工业，反之划为轻工业。

工业总产值 是以货币表现的工业企业在一定时期内生产的已出售或可供出售工业产品总量，它反映一定时间内工业生产的总规模和总水平。它包括：在本企业内不再进行加工，经检验、包装入库（规定不需包装的产品除外）的成品价值，对外加工费收入，自制半成品、在产品期末期初差额价值。工业总产值采用“工厂法”计算，即以工业企业作为一个整体，按企业工业生产活动的最终成果来计算，企业内部不允许重复计算，不能把企业内部各个车间（分厂）生产的成果相加。但在企业之间、行业之间、地区之间存在着重复计算。

轻重工业总产值的划分也是按“工厂法”计算的，即一个工业企业在正常情况下生产的主要产品的性质属于轻工业，则该企业的全部总产值作为轻工业总产值；一个工业企业生产的主要产品的性质属于重工业，则该企业的全部总产值作为重工业总产值。

工业销售产值（当年价格） 是以货币形式表现的，工业企业在本年内销售的本企业生产的工业产品或提供工业性劳务价值的总价值量。工业销售产值包括的内容为：

（1）销售成品价值：指企业在报告期内实际销售（包括本期生产和非本期生产）的全部成品、半成品的总价值，即按报告期产品的实际销售数量乘以不含增值税（销项税额）的产品实际销售平均单价计算。销售成品价值中包括企业生产的自制设备及提供给本企业在建工程、其他非工业部门和生活福利部门等单位使用的成品价值，但不包括用订货者来料加工，并且只收取加工费的成品（半成品）价值。

（2）对外加工费收入：指企业在报告期内完成的对外承接的工业品加工（包括用定货者来料加工的产品）的加工费收入；对外工业品修理作业可收取的加工费收入和对内非工业部门提供的加工修理、设备安装等收入。对外加工费收入按不含增值税（销项税额）的价格计算。

对于以对外加工生产为主，对外加工费收入所占比重较大的企业，如果对外加工费收入出现跨年度支付的情况，为保证总产值生产口径计算的准确性，则应将对外加工费收入按实际情况调整，记录本年应实际收取的对外加工费收入。

出口交货值 指工业企业交给外贸部门或自营（委托）出口（包括销往香港、澳门、台湾），用外汇价格结算的产品价值，以及外商来样、来料加工、来件装配和补偿贸易等生产的产品价值。在计算出口交货值时，要把外汇价格按交易时的汇率折成人民币计算。

工业增加值 是指工业行业在报告期内以货币表现的工业生产活动的最终成果，是企业全部生产活动的总成果扣除了在生产过程中消耗或转移的物质产品和劳务价值后的余额，是企业生产过程中新增加的价值。

计算工业增加值通常采用两种方法。

一是“生产法”，即从工业生产过程中产品和劳务价值形成的角度入手，剔除生产环节中间投入的价值，从而得到新增价值的方法。公式为：

工业增加值＝工业总产值－工业中间投入＋本期应交增值税

二是“收入法”，即从工业生产过程中创造的原始收入初次分配的角度，对工业生产活动最终成果进行核算的一种方法，其计算公式为：

工业增加值＝固定资产折旧＋劳动者报酬＋生产税净额＋营业盈余

流动资产合计 资产满足以下条件之一应归为流动资产：（1）预计在一个正常营业周期中变现、出售或耗用，主要包括存货、应收账款等；（2）主要为交易目的而持有；（3）预计在资产负债表日起一年内（含一年）变现；（4）自资产负债日起一年内，交换其他资产或清偿负债的能力不受限制的现金或现金等价物。包括货币资金、应收票据、应收账款、存货等项目。来源于“资产负债表”中“流动资产合计”项目的期末余额数。

应收账款 指企业因销售商品、提供劳务等经营活动所形成的债权，包括应向客户收取的货款、增值税款和为客户代垫的运杂费等。来源于会计“资产负债表”中“应收账款”项目的期末余额数。

存货 指企业在日常活动中持有以备出售的产成品或商品、处在生产过程中的在产品、在生产过程或提供劳务过程中耗用的材料或物料等，通常包括原材料、在产品、半成品、产成品、商品以及周转材料等。来源于会计“资产负债表”中“存货”项目的期末余额数。

产成品 指企业已经完成全部生产过程并验收入库，可以按照合同规定的条件送交订货单位，或者可以作为商品对外销售的产品。来源于会计“产成品”科目的借方余额。

固定资产合计 指企业为生产商品、提供劳务、出租或经营管理而持有的，使用寿命超过一个会计年度的有形资产。包括使用期限超过一年的房屋、建筑物、机器、机械、运输工具以及其他与生产、经营有关的设备、器具、工具等。固定资产合计是时点指标，表示固定资产经过扣减折旧、减值准备等后的期末余额。执行《企业会计准则》或《小企业会计准则》的企业，来源于会计“资产负债表”中“固定资产”项目的期末余额数。

资产总计 指企业过去的交易或者事项形成的、由企业拥有或者控制的、预期会给企业带来经济利益的资源。资产一般按流动性（资产的变现或耗用时间长短）分为流动资产和非流动资产。其中流动资产可分为货币资金、交易性金融资产、应收票据、应收账款、预付款项、其他应收款、存货等；非流动资产可分为长期股权投资、固定资产、无形资产及其他非流动资产等。来源于会计“资产负债表”中“资产总计”项目的期末余额数。

负债合计 指企业过去的交易或者事项形成的，预期会导致经济利益流出企业的现时义务。负债一般按偿还期长短分为流动负债和非流动负债。来源于会计“资产负债表”中“负债合计”项目的期末余额数。

流动负债合计 负债满足下列条件之一的应归为流动负债：（1）预计在一个正常营业周期中清偿；（2）主要为交易目的而持有；（3）自资产负债表日起一年内到期应予清偿；（4）企业无权自主地将清偿推迟至

资产负债表日后一年以上。包括短期借款、应付票据、应付账款、应付职工薪酬、应交税费等项目。来源于会计“资产负债表”中“流动负债合计”项目的期末余额数。

所有者权益合计 指企业资产扣除负债后由所有者享有的剩余权益。公司的所有者权益又称股东权益。包括实收资本、资本公积、盈余公积、未分配利润等。来源于会计“资产负债表”中“所有者权益合计”项目的期末余额数。

实收资本 指企业各投资者实际投入的资本（或股本）总额，包括货币、实物、无形资产等各种形式的投入。实收资本按投资主体可分为国家资本、集体资本、法人资本、个人资本、港澳台资本和外商资本。来源于会计“资产负债表”中“所有者权益”项下“实收资本”的期末余额数。

国家资本 指有权代表国家投资的政府部门或机构、直属事业单位对企业形成的资本金。来源于会计“实收资本”科目。

集体资本 指由本企业职工等自然人集体投资或各种机构对企业进行扶持形成的集体性质的资本金。来源于会计“实收资本”科目。

法人资本 指法人以其依法可支配的资产投入企业形成的资本金。来源于会计“实收资本”科目。

个人资本 指自然人实际投入企业的资本金。来源于会计“实收资本”科目。

港澳台资本 指我国香港、澳门和台湾地区投资者实际投入企业的资本金。来源于会计“实收资本”科目。

外商资本 指外国投资者实际投入企业的资本金。来源于会计“实收资本”科目。

营业收入 指企业经营主要业务和其他业务所确认的收入总额。营业收入合计包括“主营业务收入”和“其他业务收入”。来源于会计“利润表”中“营业收入”项目的本期金额数。

主营业务收入 指企业确认的销售商品、提供劳务等主营业务的收入。来源于会计“主营业务收入”科目的期末贷方余额（结转前）。

主营业务成本 指企业经营主要业务所发生的成本总额。来源于会计“主营业务成本”科目的期末借方余额（结转前）。

销售费用 指企业在销售商品和材料、提供劳务的过程中发生的各种费用，包括保险费、包装费、展览费和广告费、商品维修费、预计产品质量保证损失、运输费、装卸费等以及为销售本企业商品而专设的销售机构（含销售网点、售后服务网点等）的职工薪酬、业务费、折旧费等经营费用。

管理费用 指企业为组织和管理企业生产经营所发生的费用，包括企业在筹建期间内发生的开办费、董事会和行政管理部门在企业经营管理中发生的，或者应当由企业统一负担的公司经费等。根据会计“利润表”中“管理费用”项目的本期金额数填报。

财务费用 指企业为筹集生产经营所需资金等而发生的筹资费用，包括企业生产经营期间发生的利息支出（减利息收入）、汇兑损失（减汇兑收益）以及相关的手续费等。根据会计“利润表”中“财务费用”项目的本期金额数填报。

利润总额 指企业在一定会计期间的经营成果，是生产经营过程中各种收入扣除各种耗费后的盈余，反映企业在报告期内实现的盈亏总额。来源于会计“利润表”中“利润总额”项目的本期金额数。

本年应交增值税 指企业按税法规定，从事货物销售或提供加工、修理修配劳务等增加货物价值的活动本期应交纳的税金。计算公式为：

本年应交增值税=销项税额－（进项税额－进项税额转出）－出口抵减内销产品应纳税额
－减免税款+出口退税

本年进项税额：指工业企业在报告期内购入货物或接受应税劳务而支付的、准予从销项税额中抵扣的增值税额。

本年销项税额：指工业企业在报告期内销售货物或提供应税劳务应收取的增值税额。

利税总额 指企业利润总额、产品销售税金及附加和应交增值税之和。

工业经济效益综合指数 是指现行综合评价工业经济效益总体水平及工业经济运行质量的指数。它是用工业产品销售率、总资产贡献率、资本保值增值率、资产负债率、流动资金周转率、成本费用利润率、全员劳动生产率等七项代表性经济效益指标，分别除以各项指标的标准值，再乘以各自的权数，加总后除以总权数求得。其计算公式为：

$$\text{工业经济效益综合指数}=\sum\left(\frac{\text{某项经济效益指标报告期数值}}{\text{该项指标标准值}}\times\text{权数}\right)\div\text{总权数}$$

上式总权数为 100。

总资产贡献率 是指企业一定时期内全部资产获利能力，是企业经营业绩和管理水平的集中体现，是评价和考核企业盈利能力的核心指标。计算公式为：

$$总资产贡献率（\%）=\frac{利润总额+税金总额+利息支出}{平均资产总额}\times 100\%$$

税金总额为产品销售税金及附加与应交增值税之和，平均资产总额为期初、期末资产总计的算术平均值 。

资本保值增值率 是反映企业净资产变动状况的一个重要指标，是企业发展能力的集中体现。它是指期末所有者权益总额与上年同期期末所有者权益总额的比率。计算公式为：

$$资本保值增值率（\%）=\frac{报告期期末所有者权益}{上年同期期末所有者权益}\times 100\%$$

所有者权益等于资产总计减负债总计。

资产负债率 是指反映企业经营风险的大小，反映企业利用债权人提供的资金从事经营活动的能力。计算公式为：

$$资产负债率（\%）=\frac{负债总计}{资产总计}\times 100\%$$

资产及负债均为报告期末数。

流动资金周转率 是指一定时期内流动资产完成的周转次数，反映投入工业企业流动资金的周转速度，一般以一年时间内周转多少次表示。计算公式为：

$$流动资产周转率（次）=\frac{主营业务收入}{流动资产平均余额}$$

成本费用利润率 是指工业企业投入生产成本及费用的经济效益，同时也反映企业降低成本所取得的经济效益。计算公式为：

$$成本费用利润率（\%）=\frac{利润总额}{成本费用总额}\times 100\%$$

成本费用总额为主营业务成本和营业费用、管理费用、财务费用三项期间费用。

全员劳动生产率 是指反映企业的生产效率和劳动投入的经济效益。一般用平均每人一年创造的工业增加值表示。计算公式为：

$$全员劳动生产率（元/人）=\frac{工业增加值}{全部职工平均人数}\times 100\%$$

全部职工平均人数为企业在报告期内全部从业人员的平均人数，计算公式为：

$$全部从业人员年平均人数=\frac{1至12月各月全部从业人员平均人数之和}{12}$$

或：

$$全部从业人员年平均人数=\frac{1至12月各月月初、月末全部从业人员之和}{24}$$

工业产品销售率 是指反映工业产品已实现销售的程度，是分析工业产销衔接情况、研究工业产品满足社会需求的指标。计算公式为：

$$产品销售率（\%）=\frac{现价工业销售产值}{现价工业总产值}\times 100\%$$

Explanatory Notes on Main Statistical Indicators

Industry refers to the material production sector which is engaged in extraction of natural resources and processing and reprocessing of minerals and agricultural products, including (1) extraction of natural resources, such as mining, salt production, and logging (but excluding hunting and fishing); (2) processing and reprocessing of farm and sideline produces, such as rice husking, flour milling, wine making, oil pressing, cotton ginning, silk reeling, spinning and weaving, and leather making; (3) manufacture of industrial products, such as steel making, iron smelting, chemicals manufacturing, petroleum processing, machine building, timber processing; and production and supply of electricity, water and gas; (4) repair and renovation of industrial products, such as the repair of machinery and means of transport (including cars).

Prior to 1984, industrial enterprises run by villages and cooperative organizations under village were classified into agriculture. Since 1984, these enterprises have been grouped into industry.

Units of Industrial Statistics Survey These are classified into two categories: corporate industrial enterprises with independent accounting system and industrial establishments.

(1) Corporate industrial enterprises with independent accounting system refer to enterprises engaging in industrial production activities which simultaneously meet the following requirements: ①They are established legally, having their own names, organizations, location, able to take civil liability; ②They possess and use their assets independently, assume liabilities, and are entitled to sign contracts with other units; ③They are financially independent and compile their own balance sheets.

(2) Industrial establishments refer to economic units located in one single place and engaged entirely or primarily in one kind of industrial production activity, including units engaged in main business activities (industrial production activities) under industrial enterprises with independent accounting system and units engaged in industrial production activities under non-industrial enterprises (formerly industrial establishments with dependent accounting system). Industrial establishments generally meet the following requirements simultaneously: ① They have each one location and are engaged entirely or primarily in one kind of industrial activity each; ② They operate and manage their industrial production activities separately; ③ They have accounts of income and expenditure separately.

Light Industry refers to the industry that produces consumer goods and hand tools. It consists of two categories, depending on the materials used:

(1) Industries using farm products as raw materials. These are branches of light industry which directly or indirectly use farm products as basic raw materials, including the manufacture of food and beverages, tobacco processing, textile, clothing, fur and leather manufacturing, paper making, printing, etc.

(2) Industries using non-farm products as raw materials. These are branches of light industry which use manufactured goods as raw materials, including the manufacture of cultural, educational and sports articles, chemicals, synthetic fiber, chemical products for daily use, glass products for daily use, metal products for daily use, hand tools, medical apparatus and instruments, and the manufacture of cultural and clerical machinery.

Heavy Industry refers to the industry which produces capital goods and provides various sectors of the national economy with necessary material and technical basis. It consists of the following three branches according to the purpose of production or the use of products:

(1) Mining, quarrying and logging industry refers to the industry that extracts natural resources, including extraction of petroleum, coal, metal and non-metal ores, and logging.

(2) Raw materials industry refers to the industry that provides various sectors of the national economy with raw materials, fuels and power. It includes smelting and processing of metals, coking and coke chemistry, chemical materials and building materials such as cement, plywood, and power, petroleum refining and coal dressing.

(3) Manufacturing industry refers to the industry that processes raw materials. It includes machine-building industry which equips sectors of the national economy, industries of metal structure and cement products, industries producing means of agricultural production, such as chemical fertilizers and pesticides.

According to the above principle of classification, repairing trades engaged primarily in repairing products of heavy industry are classified into heavy industry, while those engaged in repairing products of light industry are classified into light industry.

Gross Industrial Output Value refers to the total volume of industrial products sold or available for sale in monetary terms during a given period, which reflects the total achievements and overall scale of industrial production during a given period. It includes the value of the finished products in the enterprises, which are not to be further processed and have been inspected, packed and put in storage (where applicable), the income from external processing and the value gain of semi-finished products at the end of the reference period over the beginning. The gross industrial output value is calculated by the factory approach, i.e. the whole industrial enterprise is regarded as the basic accounting unit in calculating the gross industrial output value. No double calculations are to be made within the same enterprise and the output value of different workshops (branch factories) should not be added. However, this approach does not exclude the possibility of double calculations between enterprises, sectors and regions.

Output value of light and heavy industries is also classified by the factory approach. Under normal conditions, if the major products of an industrial enterprise belong to light industry products, the gross output value of that enterprise is classified wholly into light industry; the same principle applies to heavy industry.

Sales Value of Industry (Current Price) refers to refers to the total value of industrial products sold or industrial services provided in monetary terms within the current year. It includes:

(1) Sales Value of Finished Products. Sale value of finished products refers to the total value of finished and semi-finished products sold within the reporting period (including those produced within and outside the period). It equals the actual sales volume of products sold within the reporting period timing the actual average sales price (excluding value added or sales tax). It includes the equipment made by the enterprise itself, as well as the finished products provided to the projects under construction, non-industrial departments and welfare department, and excludes the value of finished or semi-finished products of external processing with supplied materials that produces only processing charges.

(2) Income from External Processing: refers to income from contracted external processing of industrial products (including processing of industrial products using materials from the clients), and the income from industrial repairing work provided to other units. Income from external processing is calculated using information from the item "products sales income" in the enterprise accounting at the prices excluding value-added tax.

For an enterprise whose main business is external processing and the charges of external processing constitute a large proportion of its income, in case of cross-year payment, the income of external processing charges shall be adjusted and the actual income of external processing charges of the current year shall be recorded to ensure the accuracy of the coverage of gross industrial output.

Export Delivery Value refers to the value of the products that an industrial enterprises have delivered to export units or have exported on its own or per procurationem (including those sold to Hong Kong, Macaw and Taiwan), and the value of the products from processing and compensation trades(processing with given materials or samples, assembling supplied components). In calculating the export delivery value, the foreign exchanges shall be converted into yuan at current exchange rates.

Value-added of Industry refers to the final results of industrial production of industrial enterprises in monetary terms during the reference period. It equals to the total achievements of all industrial production minus the goods and services consumed or transferred during the industrial production of enterprises, in other terms the newly added value during the industrial production of enterprises. It is calculated by the following two approaches:

a) The production approach. The value added is calculated by taking the value of industrial intermediate input out of the final value of products and labor services that comes from industrial production. The formula used is:

Value-added of industry = gross industrial output—industrial intermediate input + value-added tax

b) The income approach. It is calculation of the final value of industrial activities by approaching the primary distribution of the primary income of industrial production. The formula used is:

Value-added of industry = depreciation of fixed assets + remuneration of laborers + net production tax+ operating surplus

Total Current Assets refer to the assets that meet one of the following requirements: (1) expected to be cashed, sold or used in a normal operation cycle, mainly including inventory and accounts receivable; (2) be owned for trading purpose mainly; (3) expected to be cashed in one year (including one year) from the day of the Balance Sheet; (4) unlimited cash or cash equivalents that can be exchanged with other assets or being capable of settling debts during one year since the day of the Balance Sheet. Included are monetary capital, notes receivable, accounts receivable and inventories. Data on this indicator can be obtained from the year-end figures of Total Current Assets in the Balance Sheet of accounting records.

Accounts Receivable refers to creditor's rights formed by business activities such as selling goods, providing labor, which include payment for goods that should be charged to the customer, value-added tax and advance freight for the clients. It comes from the ending balance of Accounts Receivable in Balance Sheet of accounting records.

Inventories refers to finished goods or commodities held in preparation for sale in enterprises' daily activities, goods in the production process, material or the physical materials consumed in the production process or in the process of providing labor, usually include raw materials, goods in the production process, semi-finished products, finished products, goods and materials in flow. It comes from the ending balance of Inventory in Balance Sheet of accounting records.

Finished Goods refers to the products that the enterprises have completed all of the production process and accepted and put in storage, and can be sent to the ordering units in accordance with the contract stipulations, or can be on sale. It comes from the debit balance of Finished Products of accounting.

Fixed Assets refers to houses, buildings machines, vehicles and other equipment, appliances and tools related to production and operation that have been used for more than one year. It also includes articles that are not major equipment of production or operation, but the value of which exceeds 2000 yuan and the service period of which exceeds 2 years. Data can be obtained from the year-end figures of Fixed Assets in the Balance Sheet of accounting records.

Total Assets refer to all resources that are owned or controlled by enterprises through previous trades or transactions with expectation of making economic profits. Classified by the degree of liquidity, total assets include current assets and non-current assets. Current assets can be classified into monetary capital, trading financial assets, notes receivable, accounts receivable, advanced payments, other receivables and inventories. Non-current assets can be divided into long-term equity investment, fixed assets, intangible assets and other non-current assets. Data on this indicator can be obtained from the year-end figures of total assets in the Balance Sheet of accounting records.

Total Liabilities refer to payable liabilities of enterprises that accumulated from previous trades or transactions with expectation of economic profits leaking out. In terms of payment, it can be divided into liquid liabilities and long-term liabilities. Data on this indicator can be obtained from the year-end figures of total liabilities in the Balance Sheet of accounting records. It comes from the debit balance of Total Liabilities in the Balance Sheet of accounting records.

Total Liquid Liabilities refer to total debt payable by enterprises within an operating cycle of one year or over one year, including short-term loans, payables and advance payments, wages payable, taxes payable and profits payable, etc. Data can be obtained from the year-end figures of Total Liquid Liabilities in the Balance Sheet of accounting records.

Creditors' Equity refers to investors' ownership of net assets of the enterprise. It is equal to the total assets of the enterprise minus its total liabilities, including the primary input from investors, capital accumulation fund, surplus accumulation fund and undistributed profit. Data can be obtained from the year-end figures of Creditors' Equity in the Balance Sheet of accounting records.

Paid-in Capital refers to the capital (or share) actually invested by the investors of an enterprise, including currency, goods, intangible assets, etc. Classified by the investing bodies, paid-in capital includes state capital, collective capital, corporate capital, individual capital, Hong Kong, Macaw and Taiwan capital and foreign capital. Data on this indicator can be obtained from the accounting subject of Paid-in Capital in the accounting record of enterprise.

State Capital refers to the investment in an enterprises made by government departments or agencies under government's jurisdiction on behalf of state. Data on this indicator can be obtained from the accounting subject of Paid-in Capital in the accounting record of enterprise.

Collective Capital refers to the collective capital contributed by work staff or other institutions to support an enterprise. Data on this indicator can be obtained from the accounting subject of Paid-in Capital in the accounting record of enterprise.

Corporate Capital refers to the investment in an enterprise made by a corporate body out of its legal disposable assets. Data on this indicator can be obtained from the accounting subject of Paid-in Capital in the accounting record of enterprise.

Individual Capital refers to the capital actually invested in an enterprise by an individual. Data on this indicator can be obtained from the accounting subject of Paid-in Capital in the accounting record of enterprise.

Hong Kong, Macaw and Taiwan Capital refers to the capital actually invested in an enterprises by investors from Hong Kong, Macaw and Taiwan. Data on this indicator can be obtained from the accounting subject of Paid-in Capital in the accounting record of enterprise.

Foreign Capital refers to the capital actually invested in an enterprise by a foreign investor. Data on this indicator can be obtained from the accounting subject of Paid-in Capital in the accounting record of enterprise.

Business Revenue refers to the revenue from the sales of products (or commodities) and from rendering of industrial services by industrial enterprises. It is classified into two categories: principal business revenue (or basic business revenue) and other business revenue (or additional business revenue). It comes from current amount of Business Revenue in income statement.

Revenue from Principal Business refers to the income confirmed of an enterprise from the principal business of selling products and providing labor services. Data on this indicator can be obtained from the year-end credit balance of Revenue from Principal Business in the accounting record of enterprise (before carryover).

Cost of Principal Business refers to the total cost occurred from the principal business of the enterprise. Data can be obtained from the year-end debit balance of Ccost of Principal Business" in the accounting record of enterprise (before carryover).

Selling Expense refers to the cost during the sale of goods and materials, providing labour services, including insurance, packing, exhibition fees and advertising fees, merchandise maintenance costs, expected product quality guarantee loss, transportation fees, handling fees, and operating expenses for the sales of the company's products such as employee compensation, business expenses, depreciation costs for dedicated sales offices (including sales outlets, after-sales service outlets, etc.).

Administrative Expense refers to the expenses for the organization and management of enterprise operating, including the start-up costs during the construction of enterprises, funds occurred during enterprises operating by board of directors and executive management in the enterprise management, or burden by enterprises. It comes from current amount of management cost in income statement.

Financial Expenses refers to cost of raising fund for enterprises to raise funds for production and operation, including interest payments (a reduction in interest income), exchange loss (less exchange gains) and related fees during the period of production. It comes from current amount of financial expenses in income statement.

Total Profits refers to the operation results in a certain accounting period, and it is the balance of various incomes minus various spendings in the course of operation, reflecting the total profits and losses of enterprises in reference period. Data are obtained from the amount of total profits in the profit statement of the accounting record of enterprise.

Value-added Tax Payable refers to the amount of the value-added tax which should be paid by the enterprises according to tax laws during the reference period of selling goods or providing such services as processing, repairing or assembling that add value to goods. The formula used is:

$$\text{Value-added Tax Payable} = \text{Output Tax} - (\text{Input Tax} - \text{Input Tax Returns}) - \text{Export Deduct Domestic Sales Goods Tax} - \text{Tax Deduction} + \text{Export Tax Refund}$$

Amount of Input Tax at Current Year refers to the VAT an industrial enterprise pays for purchasing goods or receiving taxable services within the reference period, which is allowed to be deducted from the amount of output tax.

Amount of Output Tax at Current Year refers to the VAT an industrial enterprise pays for selling goods or providing taxable services within the reference period.

Total Pre-Tax Profits refers to the sum of total profits, sales tax as well as additional and payable value-added taxes.

Comprehensive Index on Economic Benefit of Industry refers to the current comprehensive evaluation of the general level of economic benefit of industry and the performance of industrial economy. It is calculated by a selection of representative indicators on economic benefit divided by the standard value of each indicator respectively, multiplied by the weight of each indicator, summed and divided by total weight. The formula used is:

$$\text{Comprehensive Index on Economic Benefit of Industry} = \left(\frac{\text{Value of an Indicator on Economic Benefit in the Reference Period}}{\text{Standard Value of the Indicator}} \times \text{Weight}\right) \div \text{Total Weight where Total Weight} = 100$$

Ratio of Total Assets to Industrial Output Value refers to the profit-making capability of all assets of the enterprise. As a core indicator for the evaluation and assessment of the profit-making potential of the enterprise, it is a focused reflection of the performance and management efficiency of the enterprise. This ratio is calculated as follows:

$$\text{Ratio of Total Assets to Industrial Output Value (\%)} = \left(\frac{\text{Total Profits + Total Taxes + Interest Expenditure}}{\text{Average Assets}}\right) \times 100\% \times \left(\frac{12}{\text{cumulative number of months}}\right)$$

where Total Taxes are the sum of tax and extra charges on the sales of products and value-added tax payable; and Average Assets are the arithmetic mean of beginning assets and ending assets.

Ratio of Capital Maintenance and Appreciation is an important indicator of the changes of net assets of an enterprise and a focused reflection of the development capability of enterprises. It is the ratio of total creditors' equity at the end of the reference period to that of the same period of the previous year, calculated as follows:

$$\text{Ratio of Capital Maintenance and Appreciation (\%)} = \left(\frac{\text{Total Creditors' Equity at the End of the Reference Period}}{\text{Total Creditors' Equity of the Same Period of the Previous Year}}\right) \times 100\%$$

where Creditors' equity is equal to the total assets of the enterprise minus its total liabilities.

Assets-Liability Ratio reflects both the operation risk and the capability of the enterprise in making use of the capital from the creditors. It is calculated as follows:

$$\text{Assets-Liability Ratio(\%)} = \left(\frac{\text{Total Debts}}{\text{Total Assets}}\right) \times 100\%$$

where both assets and debts are figures at the end of the reference period.

Number of Times of Turnover of Circulating Funds refers to the number of times in which turnover of circulating funds is completed in a given period of time, which reflects the speed of the turnover of circulating funds. It is expressed as times of turnover within a year and is calculated as follows:

$$\text{Number of Times of Turnover of Circulating Funds} = \left(\frac{\text{Sales Revenue of Products}}{\text{Average Balance of Total Number of Times of Turnover of Circulating Funds}}\right) \times \left(\frac{12\%}{\text{Cumulative Number of Months}}\right)$$

Ratio of Profits to Industrial Costs refers to the ratio of profits realized in a given period to the total production costs of industrial enterprises in the same period, which also reflects the economic benefit attained by the enterprises from reduced costs. This ratio is calculated as follows:

$$\text{Ratio of Profits to Industrial Costs (\%)} = \left(\frac{\text{Total Profits}}{\text{Total Costs}}\right) \times 100\%$$

where Total costs are the sum of cost of products sold, marketing cost, management cost and financial cost.

Value-added Labor Productivity reflects the production efficiency of the enterprise and economic benefit of its labor input. It is usually expressed as the industrial value-added created by an average member of an industrial enterprise in a year. The formula used is:

$$\text{Value-added Labor Productivity (yuan/person)} = \left(\frac{\text{Value-added of Industry}}{\text{Average Number of Staff and Workers}}\right) \times \left(\frac{12}{\text{Cumulative Number of Months}}\right)$$

Average Number of Staff and Workers refers to the average number of all employed persons by an industrial enterprise within the reference period. The formula used is:

$$\text{Average Number of Staff and Workers} = \frac{\text{Sum of Average Monthly Numbers from January to December}}{12}$$

Or

$$\text{Average Number of Staff and Workers} = \frac{\text{Sum of Average Numbers at the Beginning and End of Each Month from January to December}}{24}$$

Proportion of Products Sold refers to the sales of industrial products to the gross industrial output value, and is used to analyze the linkage between production and sales and the extent to which the needs of the society are met by the supply of industrial products. It is calculated as follows:

$$\text{Proportion of Products Sold (\%)} = \left(\frac{\text{Value of Industrial Sales at Current Prices}}{\text{Gross Industrial Output Value at Current Prices}}\right) \times 100\%$$

十三、建筑业

CONSTRUCTION

十三 建筑业

简要说明

一、本篇资料反映广东省建筑业发展的基本情况。主要内容包括全省和各市建筑业企业生产经营的情况，主要指标有企业个数、就业人员数、建筑业总产值、房屋建筑面积、房屋建筑施工新开工面积、利润总额、利税总额和建筑业劳动生产率等。

二、本篇资料由广东省统计局固定资产投资统计处整理提供。

三、本篇资料是根据国家统计局制定的《建筑业统计报表制度》整理汇总的。统计范围包括：广东境内具有法人资格的独立核算建筑业企业和辖区内建筑业法人所属的产业活动单位。

四、从 2004 年开始，统计范围为具有建筑业资质的独立核算建筑业企业。

13 Construction

Brief Introduction

Ⅰ. The data in this chapter show the development of the construction industry in Guangdong Province. They cover mainly the statistics of production and management of the enterprises of construction of the whole province and its cities, including the number of enterprises, the number of employed persons, gross output value of construction, floor space of buildings, value-added of construction, total profits and total pre-tax profits, Construction enterprise labor productivity, etc.

Ⅱ. The data in this chapter are prepared and provided by the Division of Investment and Construction Statistics of Statistics Bureau of Guangdong Province.

Ⅲ. The data in this chapter are collected in accordance with the Reporting Scheme of Construction Statistics stipulated by the National Bureau of Statistics. The coverage of construction statistics includes construction enterprises with legal person qualifications and independent accounting system and industrial establishments affiliated with corporate construction enterprises under the jurisdiction of Guangdong Province.

Ⅳ. The data since 2004 include all construction enterprises with construction qualifications and independent accounting system.

13-1 建筑业企业生产情况

Production Conditions of Construction Enterprises

项目	Item	2015 合计 Total of 2015	2015 #国有及国有控股企业 State-owned and State-holding	2016 合计 Total of 2016	2016 #国有及国有控股企业 State-owned and State-holding
企业个数 (个)	**Number of Construction Enterprises (unit)**	**4926**	**463**	**5054**	**480**
建筑业合同情况	**Contracts of Construction**				
签订的合同额 (亿元)	Value of Contracts Signed (100 million yuan)	20890.89	10158.80	25245.97	11531.78
上年结转合同额(亿元)	Value of Contracts Carried-over from the Previous Year (100 million yuan)	10679.12	5447.50	12288.36	6032.04
本年新签合同额(亿元)	Value of Newly-signed Contracts in Current Year (100 million yuan)	10211.77	4711.30	12957.60	5499.74
承包工程完成情况	**Contracted Projects Completed**				
直接从建设单位承揽工程完成产值 (亿元)	Completed Output Value of Contracted Projects Directly from Construction Units (100 million yuan)	9580.86	3847.96	10358.69	4077.26
自行完成施工产值 (亿元)	Output Value of Self-completed Projects (100 million yuan)	8615.38	3229.99	9366.93	3446.81
分包出去工程的产值 (亿元)	Output Value of Outsourcing Projects (100 million yuan)	965.48	617.97	991.76	630.45
从建设单位以外承揽工程完成产值 (亿元)	Completed Output Value of Contracted Projects outside Construction Units (100 million yuan)	369.48	207.24	438.07	236.85
建筑业总产值 (亿元)	**Gross Output Value of Construction (100 million yuan)**	**8984.86**	**3437.23**	**9805.00**	**3683.65**
#装饰装修产值 (亿元)	Output Value of Decoration Projects (100 million yuan)	1212.75	192.86	1424.09	193.14
在外省完成的产值 (亿元)	Output Value Completed in Other Provinces (100 million yuan)	2031.60	1085.00	2051.36	1055.09
建筑工程产值 (亿元)	Output Value of Construction Projects (100 million yuan)	7698.72	3109.46	8344.84	3265.66
安装工程产值 (亿元)	Output Value of Installation Projects (100 million yuan)	954.67	239.76	1137.55	308.09
其他产值 (亿元)	Other Output Values (100 million yuan)	331.47	88.01	322.61	109.90
竣工产值 (亿元)	**Output Value Completed (100 million yuan)**	**4865.27**	**1700.06**	**4755.79**	**1674.02**
房屋建筑施工面积 (万平方米)	**Floor Space of Buildings under Construction (10000 sq.m)**	**50461.59**	**21466.92**	**54358.29**	**23100.54**
#新开工面积 (万平方米)	Floor Space of Newly-started Buildings (10000 sq.m)	15802.23	5066.55	18060.46	6384.66
#实行投标承包面积 (万平方米)	Floor Space of Contracted Projects through Bidding (10000 sq.m)	30737.12	14644.20	29996.27	14718.68
劳动人员情况	**Labor Force**				
从事建筑业活动的就业人员平均人数 (万人)	Average Number of Employed Persons in the main business activities (10000 persons)	234.85	64.31	244.36	72.09
期末就业人数 (万人)	Number of Employed Persons at the Year-end (10000 persons)	185.50	39.47	246.17	71.49
#工程技术人员 (万人)	Number of Engineering Technical Personnel (10000 persons)	29.37	8.27	29.38	8.07

13-2 建筑业企业主要指标

Main Indicators on Construction Enterprises

年份 Year	建筑业企业单位数（个） Number of Construction Enterprises (unit)	建筑业企业总产值（亿元） Gross Output Value of Construction Enterprises (100 million yuan)	建筑业企业增加值（亿元） Value-added of Construction Enterprises (100 million yuan)	建筑业企业利税总额（亿元） Total Pre-tax Profits of Construction Enterprises (100 million yuan)	建筑业企业就业人员（万人） Number of Employed Persons of Construction Enterprises (10000 persons)
1978	178	5.47		0.20	14.78
1979	188	6.32		0.23	16.27
1980	204	8.88		0.32	19.45
1981	224	13.44		0.49	24.29
1982	246	19.66		0.72	29.94
1983	269	24.51		0.90	36.23
1984	357	36.83		1.31	47.12
1985	462	50.45		1.54	54.47
1986	448	57.14		1.28	58.24
1987	492	65.96		1.56	59.08
1988	596	86.74		2.74	66.56
1989	646	125.65		3.62	71.88
1990	686	113.40		3.12	67.22
1991	705	137.30		4.33	67.71
1992	910	216.56		9.65	84.80
1993	1766	459.95		23.03	144.12
1994	1587	535.75		31.29	150.05
1995	1618	635.83		39.47	135.56
1996	2031	632.16	182.74	35.74	146.56
1997	2399	732.97	170.13	38.26	143.89
1998	2961	800.00	176.70	43.11	142.82
1999	3283	954.44	199.50	53.06	144.78
2000	4593	944.61	205.89	58.24	141.46
2001	3699	1179.03	266.00	84.51	147.07
2002	4019	1418.41	363.65	88.95	150.12
2003	4488	1702.87	364.20	127.48	161.48
2004	4166	1901.86	794.88	143.75	152.10
2005	4182	2200.58	855.87	164.38	166.78
2006	4172	2594.04	930.40	191.62	169.33
2007	4326	3005.32	1029.08	256.59	179.13
2008	4601	3282.55	1197.41	289.23	172.54
2009	4508	3826.83	1324.14	329.00	179.34
2010	4551	4742.09	1551.81	393.87	196.32
2011	4589	5804.21	1797.78	470.75	190.28
2012	4637	6564.37	1888.10	517.82	198.31
2013	4977	7927.13	2001.23	653.70	204.79
2014	4982	8440.29	2341.18	675.99	211.07
2015	4926	8984.86	2441.85	724.74	185.50
2016	5054	9805.00	2551.82	736.52	246.17

13-3 各市建筑业企业个数

Number of Construction Enterprises by City

单位：个 (unit)

市别	City	2000	2005	2010	2011	2012	2013	2014	2015	2016
全省总计	**Provincial Total**	**4593**	**4182**	**4551**	**4589**	**4637**	**4977**	**4982**	**4926**	**5054**
广州	Guangzhou	757	764	779	781	786	882	890	877	883
深圳	Shenzhen	447	604	808	814	822	898	818	776	849
珠海	Zhuhai	143	165	144	151	170	309	375	393	410
汕头	Shantou	271	199	212	197	191	186	180	175	176
佛山	Foshan	248	502	497	452	443	424	434	427	431
#顺德	Shunde	70	243	262	234	233	224	223	210	208
韶关	Shaoguan	110	66	76	93	99	101	95	94	96
河源	Heyuan	117	82	85	103	102	104	102	104	107
梅州	Meizhou	154	111	146	149	155	153	151	151	153
惠州	Huizhou	241	124	111	118	112	121	111	103	119
汕尾	Shanwei	100	43	38	37	37	36	34	36	44
东莞	Dongguan	183	361	444	448	473	502	536	540	542
中山	Zhongshan	385	273	314	315	315	327	329	319	310
江门	Jiangmen	342	156	165	165	158	160	162	164	171
阳江	Yangjiang	122	91	95	111	123	117	113	113	109
湛江	Zhanjiang	238	125	106	108	122	128	131	127	130
茂名	Maoming	146	100	97	114	118	125	125	129	130
肇庆	Zhaoqing	136	122	119	122	101	98	92	90	86
清远	Qingyuan	136	74	80	71	69	72	77	88	100
潮州	Chaozhou	139	90	83	82	80	77	73	66	59
揭阳	Jieyang	121	84	107	114	117	112	111	111	108
云浮	Yunfu	57	46	45	44	44	45	43	43	41
按经济区域分	By Region									
珠三角	Pearl River Delta	2882	3071	3381	3366	3380	3721	3747	3689	3801
东翼	Eastern Region	631	416	440	430	425	411	398	388	387
西翼	Western Region	506	316	298	333	363	370	369	369	369
山区	Mountainous Region	574	379	432	460	469	475	468	480	497

13-4 各市建筑业企业总产值

Gross Output Value of Construction Enterprises by City

单位：亿元 (100 million yuan)

市别	City	2000	2005	2010	2011	2012	2013	2014	2015	2016
全省总计	**Provincial Total**	**944.61**	**2200.58**	**4742.09**	**5804.21**	**6564.37**	**7927.13**	**8440.29**	**8984.86**	**9805.00**
广州	Guangzhou	256.13	633.99	1296.19	1578.38	1763.21	2216.18	2377.92	2546.94	2832.50
深圳	Shenzhen	153.02	545.62	1460.99	1858.96	2103.05	2422.26	2217.23	2275.20	2392.11
珠海	Zhuhai	33.11	52.48	100.81	121.64	184.47	291.45	402.78	477.45	566.77
汕头	Shantou	80.67	127.78	219.12	252.49	292.37	361.31	376.44	405.52	453.76
佛山	Foshan	73.08	154.68	315.42	350.60	338.54	403.17	487.12	497.09	509.25
#顺德	Shunde	30.62	59.42	159.18	145.50	135.57	173.42	217.22	210.74	211.24
韶关	Shaoguan	24.14	29.25	102.76	130.15	166.07	213.94	218.64	214.35	179.70
河源	Heyuan	5.74	17.01	20.68	30.88	33.90	39.37	50.46	69.31	92.44
梅州	Meizhou	15.14	54.81	125.91	158.32	169.66	185.37	216.98	241.12	267.68
惠州	Huizhou	20.35	46.94	69.83	86.93	93.74	103.28	122.04	141.29	160.88
汕尾	Shanwei	5.49	6.95	15.44	15.08	11.54	9.64	11.11	14.41	21.72
东莞	Dongguan	40.45	84.35	122.06	131.71	157.57	187.90	204.21	224.59	267.22
中山	Zhongshan	26.20	73.41	133.70	141.81	160.08	160.84	166.84	153.67	166.64
江门	Jiangmen	47.18	56.06	119.18	171.60	173.33	203.59	212.38	225.24	240.86
阳江	Yangjiang	18.80	32.97	66.18	72.41	81.60	115.08	124.71	120.05	103.24
湛江	Zhanjiang	45.61	75.96	168.08	203.88	248.75	334.52	430.12	461.75	535.40
茂名	Maoming	39.05	92.14	134.67	185.74	271.70	325.38	417.76	481.04	570.76
肇庆	Zhaoqing	15.40	39.99	99.40	101.04	103.71	108.58	119.80	125.49	117.92
清远	Qingyuan	11.49	20.19	52.78	66.70	64.83	73.35	96.56	101.72	110.54
潮州	Chaozhou	12.71	18.99	25.98	30.61	30.75	34.70	40.50	43.84	44.02
揭阳	Jieyang	12.24	21.78	75.06	92.89	91.36	107.11	114.35	133.02	134.14
云浮	Yunfu	8.61	15.20	17.85	22.40	24.13	30.10	32.36	31.75	37.44
按经济区域分	By Region									
珠三角	Pearl River Delta	664.92	1687.53	3717.58	4542.68	5077.70	6097.24	6310.31	6666.97	7254.16
东翼	Eastern Region	111.11	175.50	335.60	391.07	426.03	512.76	542.39	596.79	653.64
西翼	Western Region	103.46	201.08	368.93	462.03	602.04	774.99	972.59	1062.85	1209.40
山区	Mountainous Region	65.12	136.47	319.98	408.44	458.59	542.14	615.00	658.26	687.80

13–5 各市建筑业企业利税总额

Total Pre-tax Profits of Construction Enterprises by City

单位：亿元 (100 million yuan)

市 别	City	2000	2005	2010	2011	2012	2013	2014	2015	2016
全省总计	**Provincial Total**	**58.24**	**164.38**	**393.87**	**470.75**	**517.82**	**653.70**	**675.99**	**724.74**	**736.52**
广 州	Guangzhou	15.17	45.42	118.16	123.81	129.12	154.74	162.11	171.85	175.16
深 圳	Shenzhen	13.79	39.76	105.09	141.93	166.61	183.80	184.30	212.92	182.78
珠 海	Zhuhai	1.43	4.16	7.44	9.03	12.31	20.35	25.84	34.12	45.20
汕 头	Shantou	4.14	9.86	17.64	21.39	22.11	28.86	30.36	32.64	36.60
佛 山	Foshan	4.70	14.31	30.47	26.19	24.65	47.72	50.13	38.40	30.70
#顺 德	Shunde	2.17	5.17	17.48	14.22	11.77	20.39	29.56	22.33	11.06
韶 关	Shaoguan	2.00	1.57	6.66	8.76	12.35	16.95	14.16	14.55	13.18
河 源	Heyuan	0.53	1.23	2.08	2.39	3.67	5.53	7.04	10.72	13.64
梅 州	Meizhou	0.81	6.47	13.70	24.70	24.71	24.68	25.60	26.53	25.14
惠 州	Huizhou	1.02	3.63	4.96	6.06	5.56	7.53	5.32	5.44	7.31
汕 尾	Shanwei	0.58	0.58	1.43	1.40	0.77	0.58	0.83	1.29	1.73
东 莞	Dongguan	2.25	6.36	9.80	9.77	10.74	16.56	16.93	17.09	17.55
中 山	Zhongshan	1.53	6.09	13.71	14.25	13.91	14.87	14.72	11.87	14.37
江 门	Jiangmen	2.37	3.79	9.61	15.69	14.23	16.10	17.27	20.34	23.83
阳 江	Yangjiang	1.15	3.24	6.26	6.30	7.87	10.32	9.90	9.09	10.97
湛 江	Zhanjiang	1.69	3.80	10.69	12.03	14.40	16.26	22.57	23.94	28.67
茂 名	Maoming	1.82	5.97	10.01	17.67	28.34	45.53	47.33	52.94	66.36
肇 庆	Zhaoqing	0.77	2.55	6.32	6.71	6.23	8.45	8.75	7.79	7.99
清 远	Qingyuan	0.40	1.20	6.24	5.38	5.48	5.18	5.17	5.78	6.80
潮 州	Chaozhou	0.66	1.17	2.12	2.94	2.50	4.09	3.17	3.18	3.51
揭 阳	Jieyang	0.73	2.09	9.48	12.16	9.69	22.43	20.71	21.01	21.02
云 浮	Yunfu	0.70	1.13	1.98	2.17	2.55	3.19	3.77	3.26	4.01
按经济区域分	By Region									
珠 三 角	Pearl River Delta	43.03	126.06	305.57	353.45	383.36	470.12	485.38	519.81	504.89
东 翼	Eastern Region	6.11	13.70	30.68	37.90	35.08	55.95	55.08	58.12	62.86
西 翼	Western Region	4.66	13.01	26.96	36.00	50.62	72.11	79.80	85.97	106.00
山 区	Mountainous Region	4.44	11.61	30.66	43.39	48.76	55.52	55.73	60.84	62.77

13-6 各市建筑业企业利润总额

Total Profits of Construction Enterprises by City

单位：亿元 (100 million yuan)

市别	City	2000	2005	2010	2011	2012	2013	2014	2015	2016
全省总计	**Provincial Total**	**22.73**	**70.53**	**205.47**	**252.73**	**283.88**	**363.20**	**376.19**	**396.36**	**425.38**
广　州	Guangzhou	5.20	18.64	65.51	67.09	70.58	87.81	90.46	96.23	106.77
深　圳	Shenzhen	7.57	15.65	50.44	73.43	92.97	101.55	103.03	115.51	111.06
珠　海	Zhuhai	0.37	1.98	3.47	4.33	6.45	10.12	13.83	19.05	25.97
汕　头	Shantou	1.36	3.74	8.23	9.90	9.89	14.99	15.15	15.63	20.15
佛　山	Foshan	2.00	6.54	19.27	15.43	14.57	27.11	36.55	24.99	19.78
#顺　德	Shunde	0.92	2.84	12.09	9.15	6.98	14.51	22.68	16.05	11.06
韶　关	Shaoguan	0.23	0.43	2.95	3.84	6.04	9.15	6.21	5.44	6.45
河　源	Heyuan	0.29	0.48	0.95	0.99	2.29	3.92	4.90	7.71	9.39
梅　州	Meizhou	0.21	4.56	8.44	18.98	18.70	16.23	14.84	17.08	15.09
惠　州	Huizhou	0.35	1.02	1.68	2.93	2.14	3.61	1.24	2.37	3.06
汕　尾	Shanwei	0.22	0.18	0.56	0.57	0.30	0.17	0.32	0.55	0.57
东　莞	Dongguan	1.14	3.81	5.78	4.98	5.64	9.79	10.44	9.67	8.60
中　山	Zhongshan	0.78	3.63	7.46	9.04	8.54	8.86	9.00	6.25	9.52
江　门	Jiangmen	0.34	1.55	4.88	8.55	7.46	8.40	8.67	11.33	13.14
阳　江	Yangjiang	0.61	1.38	3.59	3.47	4.46	5.55	5.20	4.71	5.79
湛　江	Zhanjiang	0.28	1.19	3.76	4.25	5.22	6.14	8.14	8.68	9.79
茂　名	Maoming	0.77	2.49	4.43	9.17	15.50	23.03	24.03	27.67	34.58
肇　庆	Zhaoqing	0.09	0.65	2.51	2.92	2.22	3.96	4.28	3.26	3.70
清　远	Qingyuan	0.01	0.46	3.44	2.72	2.83	2.88	2.54	3.24	3.58
潮　州	Chaozhou	0.28	0.49	1.12	1.82	1.38	2.52	1.64	1.77	1.70
揭　阳	Jieyang	0.26	1.22	5.90	7.14	5.18	15.55	13.45	13.46	14.26
云　浮	Yunfu	0.37	0.43	1.10	1.18	1.51	1.85	2.29	1.77	2.47
按经济区域分	By Region									
珠三角	Pearl River Delta	17.84	53.48	161.00	188.70	210.59	261.22	277.49	288.67	301.58
东　翼	Eastern Region	2.12	5.62	15.81	19.43	16.75	33.23	30.56	31.41	36.67
西　翼	Western Region	1.66	5.06	11.78	16.89	25.18	34.72	37.37	41.05	50.16
山　区	Mountainous Region	1.11	6.36	16.87	27.70	31.37	34.03	30.77	35.23	36.97

13-7 各市建筑业企业房屋建筑施工面积

Floor Space of Buildings under Construction by Construction Enterprises by City

单位：万平方米 (10000 sq.m)

市别	City	2000	2005	2010	2011	2012	2013	2014	2015	2016
全省总计	**Provincial Total**	**16333.82**	**26886.00**	**33140.39**	**37876.75**	**42431.74**	**52397.21**	**53443.21**	**50461.59**	**54358.29**
广州	Guangzhou	3161.25	5311.14	7135.48	8439.12	9119.66	15055.70	16398.88	15163.70	16289.56
深圳	Shenzhen	1999.65	4800.07	5980.34	7505.14	9731.89	11502.80	7015.83	7682.65	8501.07
珠海	Zhuhai	733.57	625.51	877.39	980.71	1004.81	1270.67	1676.35	1969.64	2307.70
汕头	Shantou	1477.16	2176.29	2381.63	2697.29	3016.58	3478.43	3856.83	4218.81	4388.16
佛山	Foshan	1763.57	2782.45	3335.62	3405.59	3240.44	3288.92	3243.14	2731.91	3104.43
#顺德	Shunde	652.00	809.73	1248.00	1271.10	1136.34	989.82	750.29	697.38	1206.40
韶关	Shaoguan	362.44	424.57	781.78	950.89	1031.84	1145.51	1090.14	1063.36	1070.88
河源	Heyuan	79.80	294.41	218.83	265.33	247.43	252.72	345.04	453.06	517.93
梅州	Meizhou	273.56	776.23	1315.80	1239.34	1299.41	1340.77	1433.24	1632.23	1408.17
惠州	Huizhou	366.05	772.13	942.90	1010.97	1073.02	1410.92	1317.62	1162.39	1367.64
汕尾	Shanwei	127.42	114.77	175.11	168.34	127.50	92.78	92.42	118.61	156.25
东莞	Dongguan	1217.56	1234.98	733.44	756.01	777.57	790.43	1102.92	1045.99	914.05
中山	Zhongshan	400.99	945.60	601.02	704.94	757.35	573.77	542.07	470.87	515.04
江门	Jiangmen	1329.02	1585.95	1640.13	1917.19	1713.24	2119.12	2611.16	2457.27	2414.59
阳江	Yangjiang	270.81	525.95	825.31	761.45	820.89	1109.02	1020.00	920.64	827.27
湛江	Zhanjiang	857.19	1399.47	1943.66	2427.94	2971.01	3187.28	5988.40	3361.23	3723.52
茂名	Maoming	734.43	1395.55	1770.78	1898.70	2840.62	2933.13	3096.70	3264.79	4255.82
肇庆	Zhaoqing	386.93	531.11	728.47	773.93	760.58	772.31	593.25	640.44	501.43
清远	Qingyuan	249.02	466.45	632.87	727.12	645.76	613.31	612.68	562.07	598.38
潮州	Chaozhou	217.15	206.67	373.12	460.99	531.09	629.79	543.70	597.67	576.46
揭阳	Jieyang	193.91	277.75	559.41	572.49	526.15	595.67	639.41	638.29	577.80
云浮	Yunfu	132.34	238.96	187.29	213.27	194.90	234.18	223.43	305.99	342.13
按经济区域分	By Region									
珠三角	Pearl River Delta	11358.59	18588.94	21974.80	25493.61	28178.56	36784.63	34501.23	33324.85	35915.51
东翼	Eastern Region	2015.64	2775.47	3489.27	3899.10	4201.31	4796.66	5132.36	5573.38	5698.67
西翼	Western Region	1862.43	3320.97	4539.75	5088.09	6632.53	7229.42	10105.10	7546.67	8806.61
山区	Mountainous Region	1097.16	2200.62	3136.57	3395.96	3419.34	3586.49	3704.51	4016.70	3937.49

13-8 各市建筑业企业房屋建筑施工新开工面积

Floor Space of Buildings Started This Year by Construction Enterprises by City

单位：万平方米 (10000 sq.m)

市 别	City	2000	2005	2010	2011	2012	2013	2014	2015	2016
全省总计	**Provincial Total**	**6423.16**	**11879.41**	**14529.68**	**15889.34**	**16118.27**	**21604.60**	**21257.33**	**15802.23**	**18060.46**
广 州	Guangzhou	1153.97	2313.48	2995.47	3119.47	2543.37	5768.19	4487.47	3473.80	4284.00
深 圳	Shenzhen	791.59	1933.19	2443.02	3016.70	3833.09	4015.85	2172.19	1833.43	2696.09
珠 海	Zhuhai	236.23	298.50	476.92	303.37	322.40	469.98	767.08	687.28	606.65
汕 头	Shantou	576.48	942.72	1129.55	1060.91	1073.15	1355.32	1448.64	1421.14	1278.18
佛 山	Foshan	943.98	1230.74	931.63	945.76	1127.34	1397.99	1147.02	682.05	1139.90
#顺 德	Shunde	410.99	414.65	479.60	262.90	329.86	496.55	320.95	172.95	639.97
韶 关	Shaoguan	160.10	196.57	360.77	380.87	532.82	567.55	550.72	551.67	479.55
河 源	Heyuan	40.48	151.18	126.65	174.15	108.93	146.65	197.65	283.87	294.73
梅 州	Meizhou	124.38	323.52	655.48	642.42	490.15	672.79	629.71	541.14	552.65
惠 州	Huizhou	185.75	380.49	444.14	275.72	279.39	480.66	322.31	325.94	420.88
汕 尾	Shanwei	84.60	50.11	122.07	110.30	46.22	50.42	37.39	55.53	54.81
东 莞	Dongguan		589.95	345.07	415.59	345.91	427.39	592.81	328.25	259.14
中 山	Zhongshan	200.38	503.83	287.82	339.35	277.53	271.99	214.55	212.48	290.83
江 门	Jiangmen	668.83	631.55	833.99	1032.47	596.56	896.52	1093.60	928.62	824.94
阳 江	Yangjiang	354.20	249.55	369.70	355.32	322.04	450.81	479.74	326.31	352.07
湛 江	Zhanjiang	290.52	639.64	922.67	1325.28	1426.14	1714.57	4390.03	1299.72	1597.82
茂 名	Maoming	138.54	600.67	848.76	1139.95	1617.99	1640.95	1523.30	1614.28	1735.73
肇 庆	Zhaoqing	115.93	248.72	298.32	279.41	270.24	289.45	243.66	337.26	354.32
清 远	Qingyuan	97.89	235.35	318.47	309.58	303.68	276.63	266.00	269.03	274.08
潮 州	Chaozhou	99.95	96.79	134.94	121.82	118.48	161.57	125.75	98.21	54.73
揭 阳	Jieyang	108.93	147.23	388.76	424.99	367.03	426.31	474.75	408.95	397.49
云 浮	Yunfu	50.43	115.64	95.48	115.91	115.82	123.02	92.97	123.25	111.88
按经济区域分	By Region									
珠 三 角	Pearl River Delta	4296.66	8130.45	9056.38	9727.84	9595.83	14018.02	11040.68	8809.12	10876.74
东 翼	Eastern Region	869.96	1236.84	1775.32	1718.02	1604.88	1993.62	2086.53	1983.84	1785.22
西 翼	Western Region	783.26	1489.86	2141.14	2820.55	3366.17	3806.33	6393.07	3240.31	3685.62
山 区	Mountainous Region	473.28	1022.26	1556.84	1622.93	1551.39	1786.63	1737.05	1768.97	1712.88

13-9 各市建筑业企业期末就业人员

Number of Employed Persons of Construction Enterprises at the Year-end by City

单位：万人 (10000 persons)

市 别	City	2000	2005	2010	2011	2012	2013	2014	2015	2016
全省总计	**Provincial Total**	**141.46**	**166.78**	**196.32**	**190.28**	**198.31**	**204.79**	**211.07**	**185.50**	**246.17**
广 州	Guangzhou	26.40	30.80	39.65	39.14	40.25	37.56	43.95	40.03	48.28
深 圳	Shenzhen	20.15	26.85	45.59	44.55	52.26	47.76	47.87	41.35	66.80
珠 海	Zhuhai	3.55	3.24	4.36	2.90	3.46	9.45	8.26	6.37	12.24
汕 头	Shantou	14.29	12.63	14.35	13.02	13.02	15.47	14.78	13.60	14.46
佛 山	Foshan	8.62	13.71	11.02	10.34	11.66	8.71	8.52	10.49	9.06
#顺 德	Shunde	3.14	7.12	5.33	4.34	3.83	3.39	2.73	2.15	2.12
韶 关	Shaoguan	4.46	3.69	5.71	5.92	7.10	9.04	8.41	6.81	6.84
河 源	Heyuan	1.74	2.09	1.72	1.86	1.69	1.77	1.87	1.92	2.73
梅 州	Meizhou	3.58	7.27	9.13	7.78	7.01	7.90	7.79	6.55	6.88
惠 州	Huizhou	3.33	3.94	3.24	2.96	3.34	3.61	3.47	1.57	3.98
汕 尾	Shanwei	1.25	1.28	1.31	0.95	0.78	0.72	0.72	0.70	1.17
东 莞	Dongguan	6.65	7.78	5.73	6.07	6.35	6.40	7.97	7.58	9.35
中 山	Zhongshan	3.71	5.75	5.32	5.45	5.06	5.50	5.18	4.00	3.98
江 门	Jiangmen	10.26	10.58	8.50	11.29	7.26	6.89	7.02	6.12	6.53
阳 江	Yangjiang	3.54	4.54	5.49	5.22	5.23	6.45	5.67	4.85	5.37
湛 江	Zhanjiang	8.03	7.87	10.29	8.92	9.79	10.62	12.63	10.71	19.01
茂 名	Maoming	8.92	10.44	8.27	8.68	10.00	11.88	11.41	10.53	12.79
肇 庆	Zhaoqing	3.61	3.70	4.12	2.78	3.05	3.40	3.46	2.53	3.83
清 远	Qingyuan	2.74	2.46	3.43	2.88	2.48	3.18	3.89	2.87	4.20
潮 州	Chaozhou	2.10	2.17	1.46	1.49	1.45	1.57	2.16	1.54	1.93
揭 阳	Jieyang	2.88	3.86	5.75	6.26	5.42	5.13	4.45	3.85	5.10
云 浮	Yunfu	1.65	2.13	1.85	1.84	1.65	1.78	1.60	1.51	1.65
按经济区域分	By Region									
珠 三 角	Pearl River Delta	86.28	106.35	127.54	125.47	132.68	129.26	135.70	120.03	164.04
东 翼	Eastern Region	20.52	19.94	22.88	21.73	20.67	22.90	22.11	19.70	22.66
西 翼	Western Region	20.49	22.86	24.06	22.82	25.02	28.96	29.71	26.09	37.17
山 区	Mountainous Region	14.17	17.64	21.84	20.27	19.93	23.68	23.55	19.67	22.30

13-10 各市建筑业企业劳动生产率

Labor Productivity of Construction Enterprises by City

单位：元/人 (yuan/person)

市别	City	2000	2005	2010	2011	2012	2013	2014	2015	2016
全省总计	**Provincial Total**	**66780**	**132049**	**239595**	**290806**	**356696**	**362507**	**364270**	**382579**	**401244**
广州	Guangzhou	91086	204454	315033	357975	506773	542086	525416	552068	584831
深圳	Shenzhen	107549	183515	300502	365620	350511	340574	344326	345823	355497
珠海	Zhuhai	85936	162503	228342	351646	656863	358547	352152	385938	446465
汕头	Shantou	56057	99266	159623	199497	253241	261516	269587	296273	323232
佛山	Foshan	86795	115051	285616	368172	417531	492072	545077	586097	595460
#顺德	Shunde	97509	84095	301529	327837	435826	590269	748452	878613	1004689
韶关	Shaoguan	57743	83704	189045	212203	328545	326916	275767	313316	279777
河源	Heyuan	33395	82741	121383	175090	230341	239005	261644	280999	326710
梅州	Meizhou	44258	78866	141903	211947	275983	259046	306114	327465	394734
惠州	Huizhou	60374	119974	217933	279815	357245	332841	349105	406527	433029
汕尾	Shanwei	46496	51367	116927	175038	170432	174520	157869	211873	201483
东莞	Dongguan	64176	108136	218052	208933	309757	285850	275080	263489	301919
中山	Zhongshan	73597	119772	249502	271956	380332	312868	327054	333178	414881
江门	Jiangmen	49612	64418	147038	197196	259535	347379	294889	336038	406110
阳江	Yangjiang	59689	78360	123368	111674	189791	230866	240397	241168	213732
湛江	Zhanjiang	57160	98452	173336	226382	262224	311805	316124	315036	284640
茂名	Maoming	46992	90457	170522	224550	343345	309067	359623	396918	435077
肇庆	Zhaoqing	46380	107435	257334	344042	306971	307105	280641	385010	344260
清远	Qingyuan	42073	90596	158598	221388	268486	250075	242105	266337	277162
潮州	Chaozhou	57817	91838	146120	170587	261483	261170	264270	237822	195806
揭阳	Jieyang	40672	57368	131884	148945	190814	246950	227618	242247	237181
云浮	Yunfu	49773	74640	101721	130305	198521	190725	199710	204748	226005
按经济区域分	By Region									
珠三角	Pearl River Delta	82426	156714	283028	338546	397550	399713	400612	418380	445292
东翼	Eastern Region	53458	87357	149042	181481	234253	255941	255566	274993	283945
西翼	Western Region	55234	90945	160692	194444	277491	295332	319822	334707	329011
山区	Mountainous Region	47252	81395	151686	203225	281286	272995	272680	298647	317272

主要统计指标解释

建筑业总产值 是以货币表现的建筑业企业在一定时期内生产的建筑业产品和服务的总和。建筑业总产值包括三部分内容：

⑴建筑工程产值：指列入建筑工程预算内的各种工程价值。

⑵设备安装工程产值：指设备安装工程价值，但不包括设备本身的价值。

⑶其他产值：建筑业总产值中除建筑工程、安装工程以外的产值。包括房屋构筑物修理产值、非标准设备制造产值、总包企业向分包企业收取的管理费以及不能明确划分的施工活动所完成的产值。

①房屋构筑物修理产值：指房屋和构筑物的修理所完成的价值，但不包括被修理房屋构筑物的本身价值和生产设备的修理价值。

②非标准设备制造产值：指加工制造没有定型的非标准生产设备的加工费和原材料价值以及附属加工厂为本企业承建工程制作的非标准设备的价值。

竣工产值 一般是以单位工程为对象，当该工程按照设计所规定的工程内容全部完成，达到了设计规定的交工条件，经有关部门检查验收鉴定合格的单位工程价值，即为竣工产值。

房屋施工面积 指在报告期内施工的全部房屋建筑面积，它包括本期新开工的房屋面积、上期跨入本期继续施工的房屋面积、上期停缓建在本期恢复施工的房屋面积、本期竣工的房屋面积以及本期施工后又停缓建的房屋面积。

房屋新开工面积 指房地产开发企业本年新开工建设的房屋建筑面积，以单位工程为核算对象。不包括在上年开工跨入本年继续施工的房屋建筑面积和上年停缓建而在本年恢复施工的房屋建筑面积。房屋的开工应以房屋正式开始破土刨槽（地基处理或打永久桩）的日期为准。房屋新开工面积指整栋房屋的全部建筑面积，不能分割计算。

从事建筑业活动的就业人员平均人数 指建筑业企业(或单位)报告期实际拥有的、与建筑施工活动有关的人员的平均人数，包括参加本企业(或单位)建筑施工活动的非本企业(或单位)人员，但不包括企业内部社会服务性机构的人员以及由本企业支付工资但所从事的工作与本企业生产基本无关的人员。

年末就业人员中工程技术人员 指负担工程技术和工程技术管理工作，并具有工程技术工作能力的人员。

利润总额 指企业在生产经营过程中各种收入扣除各种耗费后的盈余，反映企业在报告期内实现的亏盈总额，包括营业利润、补贴收入、投资净收益和营业外收支净额。

工程结算税金及附加 指因从事建筑业生产活动，取得工程价款结算收入而按规定应该交纳的营业税、城市维护建设税等以及随同营业税金一并计算交纳的教育费附加等。

管理费用中税金 指企业按规定从管理费用中支付的各种税金,包括房产税、土地使用税、车船使用税、印花税等。

应交增值税 指按照税法规定，以销售货物、服务、无形资产、不动产或提供加工、修理修配劳务的增值额和货物进口金额为计税依据而课征的一种流转税。指按照税法规定，针对销售货物或提供加工、修理修配劳务以及进口货物实现的增值额，企业在报告期内应交纳的税金。填报本指标时，应按权责发生制核算企业本期应负担的增值税，按销项税额与进项税额之间的差额填写。如果一般纳税人企业进项税大于销项税，致使应交税金出现负数时，该项一律填零，不填负数。

应交增值税=销项税额-(进项税额-进项税额转出)-出口抵减内销产品应纳税额-减免税款+出口退税

利税总额=工程结算税金及附加+管理费用中税金+应交增值税+利润总额

建筑业全员劳动生产率=建筑业总产值÷计算建筑业劳动生产率的平均人数

Explanatory Notes on Main Statistical Indicators

Gross Output Value of Construction refers to the sum in monetary terms of construction products and services completed by construction enterprises during a given period of time. It includes:

(1) Output value of construction projects, which is the value of various projects covered by the project budgets;

(2)Output value of equipment installation projects refers to the value of the installation of equipment. It does not include the value of the equipment itself.

(3) Other output values, which are output values other than output value of construction projects and output value of installation projects, including output value of house and building repair, output value of non-standard equipment manufacture, management expenses received by overall contractor enterprises from subcontractor enterprises and output value completed in unclassified construction activities.

①Output value of house and building repair is the value created through the repairs of houses and buildings, excluding the value of houses or buildings being repaired and the value of the repair of production equipment.

②Output value of non-standard equipment manufacture is the value of non-standard production equipment with unique specifications (including raw materials and manufacturing costs), and equipment manufactured by subsidiary workshops for construction projects contracted by construction enterprises.

Output Value Completed refers to the value of unit project completed, which has come up to the designed standards for putting into use and has been checked and accepted as qualified project by related departments.

Floor Space of Buildings under Construction refers to the floor space of buildings under construction during the reference period, including newly started buildings, buildings started earlier and continued into the reference period, buildings suspended in preceding periods but resumed during the reference period, buildings completed during the reference period, and buildings started and then suspended during the reference period.

Floor Space of Buildings Started This Year refers to the total floor space area of the buildings started in the year by real estate development companies. It excludes the buildings started in previous years and continued in the year, and the buildings suspended in previous years but restarted in the year. The start of a construction is defined by the date of ground breaking or pile driving. The floor space of the building includes that of the entire building.

Average Number of Persons for Labor Productivity Calculation of the Construction Industry refers to the average number of persons actually employed in the construction enterprises (units) and engaged in related activities of construction in the reference period, including non-staff personnel engaged in the construction activities of the enterprises (units), but excluding personnel employed in social service institutions of the enterprises and those receiving remunerations therefrom but engaged in activities basically irrelevant to the production of the enterprises.

Number of Engineering Technical Personnel Employed at the Year-end refers to personnel capable of and engaged in engineering technical work and related management.

Total Profits refer to the surplus of various incomes in the production and operation of the enterprises after deducting all expenses. This reflects the total profits or losses realized by the enterprises in the reference period, including profits from operation, income from subsidies, net investment earnings and net income from activities other than operations.

Taxes and Extra Charges on Project Settlement Accounts refer to business tax, city maintenance and construction tax and extra charges for education calculated and paid with business tax, which should be borne by the enterprises obtaining project settlement incomes from the production activities of construction.

Taxes from Management Expenses refer to the taxes which should be borne by the enterprises from management expenses, including property tax, land use tax, vehicle and vessel use tax, and stamp tax.

Value added tax payable According to the tax law refers to, in order to sell goods, services, intangible assets, real estate or providing processing, repairs and replacement services appreciation and the amount of goods imported for a turnover tax assessed on profits realized from tax basis.In accordance with the provisions of the tax law, the enterprise shall pay the tax in the report period according to the value added value of goods sold or provided for processing, repair and repair services and import goods.When filling in this index, the value added tax shall be calculated according to the accrual basis of accrual basis, and the difference between the output tax and the input tax shall be filled in.If the average taxpayer enterprise enters into a tax more than the sales tax, resulting in the negative tax payable, the item will be filled to zero, and no negative value will be filled.

Value added tax payable = sales tax - (input tax - input tax) - export offset shall be tax payable - tax deduction Export tax rebate

Total Pre-tax Profits = Taxes and Extra Charges on Project Settlement Accounts + Taxes from Management Expenses + Value added tax payable + Total Profits

Overall Labor Productivity of Construction = Gross Output Value of Construction ÷ Average Number of Persons for Labor Productivity Calculation

十四、规模以上服务业

SERVICE ENTERPRISES ABOVE DESIGNATED SIZE

十四　规模以上服务业

简要说明

一、本篇资料主要反映规模以上服务业的基本情况、财务状况、从业人员及劳动报酬情况等。

二、本篇资料由广东省统计局服务业统计处整理、编辑。

三、据国家统计报表制度，2012 年规模以上服务业年报首次纳入“一套表”联网直报系统。规模以上服务业统计范围：包括交通运输、仓储和邮电业，信息传输、软件和信息技术服务业，租赁和商务服务业，科学研究和技术服务业，水利、环境和公共设施管理业，教育，卫生和社会工作，以及物业管理、房地产中介服务、自有房地产经营活动和其他房地产业等行业中年营业收入 1000 万元以上或年末就业人数 50 人以上的服务业法人企业；居民服务、修理和其他服务业，文化、体育和娱乐业等行业中年营业收入 500 万元以上或年末就业人数 50 人以上的服务业法人企业。调查方法为符合上述条件企业的全面调查。

14 Service Enterprises Above Designated Size

Brief Introduction

Ⅰ. This data in this chapter reflect the basic information, financial condition, employed persons, labor remuneration and E-commerce transactions of some service enterprises above designated size.

Ⅱ. Data of some service enterprises above designated size are prepared and edited by the Division of Service Statistics of Statistics Bureau of Guangdong Province.

Ⅲ. According to the National Statistical Reporting System, some service enterprises above designated size have been integrated into the "network reporting" system since 2012. The statistical coverage of some service enterprises above designated size all the corporative enterprises of services sector with over 50 employees by the end of the year or with annual business revenue of over 10 million yuan, including transport, storage and postal services, information transmission, software and information technology services, leasing and business services, scientific research and technical services, management of Water Conservancy, Environment and Public Facilities, education, health and social work, real estate agent services, real estate intermediary services, own real estate business activities and other real estate,etc. Also, it covers some service enterprises above designated size all the corporative enterprises of services sector with over 50 employees by the end of the year or with annual business revenue of over 5 million yuan, including households' service, repair and other services, culture, sports and entertainment services. Survey method is a comprehensive survey.

14-1 规模以上服务业企业财务指标

Main Financial Indicators of Service Enterprises above the Designated

单位：亿元 (100 million yuan)

项　　目	Item	2015	2016	2016年比2015年增长(%) Growth Rate in 2016 Over 2015(%)
一、年初存货	Inventory at the Year-beginning	2270.22	2477.48	4.7
二、期末资产负债	Closing Balance			
固定资产原价	Original Value of Fixed Assets	23438.40	25848.18	9.6
本年折旧	Depreciation Drawn in Current Year	1291.25	1245.30	10.0
资产总计	Total Assets	74160.20	90517.32	14.6
负债合计	Total Liabilities	36842.61	45800.43	17.5
所有者权益合计	Total Creditors'Equity	37317.59	44716.88	11.9
三、损益及分配	Profits and Loss			
营业收入	Business Revenue	16821.46	19726.94	15.0
其中：主营业务收入	Main Business Revenue	16342.11	19109.50	14.7
营业成本	Business Costs	11882.79	13751.85	15.6
其中：主营业务成本	Main Business Costs	11310.01	13081.11	15.7
营业税金及附加	Tax and Extra Charges on Business	241.63	199.86	-22.0
其中：主营业务税金及附加	Tax and Extra Charges on Main Business	224.42	188.21	-20.8
销售费用	Sales Expenses	1086.18	1219.14	5.7
管理费用	Management Expenses	2060.33	2472.80	13.3
其中：税金	Taxes	52.69	41.30	-24.0
财务费用	Financial Expenses	602.80	613.28	-1.1
其中：利息收入	Interest Revenue	199.76	214.90	4.8
利息支出	Interest Expense	614.93	635.06	0.1
投资收益(损失以“−”号记)	Investment Income(loss with “-”mark)	1272.04	1619.60	16.5
营业利润	Business Profits	2469.06	3104.40	16.9
利润总额	Total Profits	2835.42	3607.02	18.8
应交所得税	Income Taxes Payable	425.12	501.98	13.5
四、人工成本及增值税	Labor Cost and Value-added Tax			
应付职工薪酬(本年贷方累计发生额)	Total Wages Payable(Credit Accumulated Amount in this year)	3252.15	3810.79	13.3
应交增值税	Value-added Tax Payable	359.70	518.69	40.9

注：增速按可比口径计算。
Note: The growdth rates are callculated on comparable coverage.

14-2 规模以上服务业企业分行业主要指标（2016年）

单位：亿元

项目	Item	企业单位数（个）Number of Enterprises (unit)	资产总计 Total Assets at the end of the year	
			总量 Total	比2015年增长(%) Growth Rate in 2016 Over 2015(%)
全省总计	**Provincial Total**	**17280**	**90517.32**	**14.6**
按经济类型分	Grouped by Ownership			
内资企业	Domestic-funded Enterprises	15553	78907.17	14.5
#国有企业	State-owned Enterprises	502	7052.23	10.1
集体企业	Collective-owned Enterprises	623	827.51	5.7
有限责任公司	Limited Liability Corporations	5899	47469.01	15.7
私营企业	Private Enterprises	6784	8311.29	22.8
港澳台商投资企业	Enterprises with Investment from Hong Kong, Macao and Taiwan	1063	7402.63	18.9
外商投资企业	Enterprises with Foreign Investment	664	4207.53	10.2
按行业分	Grouped by Sector			
交通运输、仓储和邮政业	Transport, Storage and Postal Services	3230	25206.78	10.4
铁路运输业	Railway Transport Service	16	7505.75	11.2
#铁路旅客运输	Railway Passenger Transport	6	6398.78	10.5
铁路货物运输	Railway Freight Transport	8	185.13	3.2
道路运输业	Road Transport Services	1452	9313.05	10.5
#城市公共交通运输	Urban Public Trasport	232	5508.43	12.7
公路旅客运输	Highway Passenger Transport	229	376.24	3.6
道路货物运输	Road Freight Transport	861	395.82	14.2
水上运输业	Waterway Transport Service	268	2969.30	10.5
#水上旅客运输	Waterway Passenger Trasport	30	186.73	-16.1
水上货物运输	Waterway Freight Transport	137	1549.56	20.4
航空运输业	Air Transport Service	29	2811.03	10.5
#航空客货运输	Air Passenger and Freight Transport	19	2454.96	9.2
管道运输业	Pipeline Transport Service	4	60.20	8.2
装卸搬运和运输代理业	Handling and Transportation Agency	1039	1004.81	7.4
#运输代理业	Transportation Agency	904	662.80	8.6
仓储业	Warehousing Service	328	1179.43	4.7
邮政业	Postal Service	94	363.21	16.0
#快递服务	Express Service	72	258.66	23.1
信息传输、软件和信息技术服务业	Information Transmission, Software and Information Technology Services	2346	13379.78	37.4
电信、广播电视和卫星传输服务	Telecommunications, Broadcasting Television and Satellite Transmission Services	177	4243.26	4.8
#电信	Telecommunications	141	3958.82	4.8
互联网和相关服务	Internet and Related Services	176	5013.33	99.8
#互联网信息服务	Internet Information Services	141	4935.72	97.9
软件和信息技术服务业	Software and Information Technology Services	1993	4123.19	29.7
#软件开发	Software Development	1385	2844.81	32.7
信息系统集成服务	Information System Integration Service	267	542.71	27.0
信息技术咨询服务	Information Technology Consulting Services	143	297.35	13.2
物业管理业	Property Management Industry	1744	2507.89	12.3
房地产中介服务业	Real Estate Agent Services	165	817.17	50.0

Main Indicators of Service Enterprises above Designated Size by Sector(2016)

(100 million yuan)

本年折旧 Depreciation Drawn in Current Year		营业收入 Business Revenue		营业成本 Business Costs		营业税金及附加 Tax and Extra Charges on Business		销售费用 Selling Expenses	
总量 Total	比2015年增长(%) Growth Rate in 2016 Over 2015(%)	总量 Total	比2015年增长(%) Growth Rate in 2016 Over 2015(%)	总量 Total	比2015年增长(%) Growth Rate in 2016 Over 2015(%)	总量 Total	比2015年增长(%) Growth Rate in 2016 Over 2015(%)	总量 Total	比2015年增长(%) Growth Rate in 2016 Over 2015(%)
1245.30	**10.0**	**19726.94**	**15.0**	**13751.85**	**15.6**	**199.86**	**-22.0**	**1219.14**	**5.7**
1066.94	10.2	16809.41	15.6	12303.97	16.8	166.08	-23.5	958.54	3.3
132.44	32.1	1371.06	8.4	1194.75	2.4	8.75	-34.6	33.19	11.0
17.19	-26.8	167.46	5.2	80.36	2.3	4.21	-28.4	4.16	12.2
522.91	17.8	7642.77	16.6	5511.67	18.2	91.60	-16.7	494.05	-3.7
83.59	5.4	4365.15	23.8	3165.18	28.2	42.09	-29.8	267.99	16.7
112.03	30.3	1894.72	13.3	902.27	7.4	20.92	-19.1	178.70	22.3
66.33	-14.2	1022.81	8.7	545.61	5.2	12.86	-1.9	81.90	3.2
578.11	23.7	6048.95	10.0	5087.95	7.5	42.02	17.4	148.80	
129.55	28.7	1005.99	6.4	935.64	-1.2	3.11	-52.1	1.46	0.5
122.57	25.9	986.83	6.3	905.47	-2.2	3.07	-52.3	1.46	0.5
3.21	0.5	18.26	10.2	22.14	7.7	0.03	-41.4	…	-57.2
182.82	40.9	1360.55	16.4	1132.49	13.5	27.93	69.2	25.10	-1.3
96.64	122.2	346.11	25.4	401.08	10.5	20.50	474.0	3.23	13.8
16.46	-14.6	148.80	-1.2	121.85	-0.5	0.98	-25.4	2.18	9.4
13.46	-4.1	535.60	20.5	460.04	23.8	1.77	-5.2	17.30	-7.0
77.50	18.7	708.09	13.5	554.48	16.5	2.62	-18.4	6.40	-23.7
2.94	28.2	55.10	11.1	39.84	19.4	0.37	-69.3	1.09	-22.1
38.81	35.5	414.73	26.6	371.07	27.6	0.67	-28.8	3.87	-23.3
135.49	7.1	1293.52	4.5	1053.43	0.8	3.05	-17.2	64.88	-7.0
124.22	8.3	1189.70	4.5	982.57	0.2	2.37	-10.1	62.95	-7.1
2.62	3.0	14.89	4.7	5.66	-2.7	0.02	-3.0	0.03	-12.6
18.56	-5.5	901.83	13.0	788.38	14.8	1.71	-17.4	25.69	28.2
7.63	-22.0	798.35	11.9	709.96	13.5	1.26	-22.8	24.45	28.6
14.84	-12.1	328.11	-4.3	278.69	-2.6	1.84	-20.7	16.14	7.6
16.72	180.8	435.96	18.8	339.17	16.8	1.73	16.5	9.10	3.8
2.57	8.2	301.29	19.1	245.61	20.6	0.72	11.5	9.10	3.8
358.09	9.9	5492.56	24.0	3161.93	31.0	38.70	5.8	536.79	-2.5
315.14	10.6	1826.12	7.8	1127.83	14.8	7.75	-25.7	193.55	-21.4
302.41	11.1	1723.94	7.7	1064.48	15.0	7.45	-24.9	187.18	-22.0
14.50	-6.3	1218.51	51.4	670.70	70.0	12.04	49.2	101.48	0.5
14.01	-7.4	1181.72	51.1	635.49	67.1	11.88	49.9	96.47	1.2
28.46	12.2	2447.93	27.0	1363.40	31.5	18.91	4.6	241.76	18.7
17.35	11.8	1656.99	27.2	915.83	31.1	11.45	6.4	157.86	13.5
3.70	19.5	287.96	16.5	186.90	21.8	1.63	-10.1	14.75	4.1
2.93	12.5	248.53	31.4	121.93	47.8	4.31	5.3	45.07	31.9
22.86	-20.4	833.86	14.5	543.80	18.9	22.82	-41.2	35.19	-0.2
1.56	-16.3	211.64	42.3	97.62	50.4	4.37	-42.4	49.32	48.6

14-2 续表 1

单位：亿元

项目	Item	管理费用 Management Expenses 总量 Total	管理费用 比2015年增长(%) Growth Rate in 2016 Over 2015(%)	财务费用 Financial Expenses 总量 Total	财务费用 比2015年增长(%) Growth Rate in 2016 Over 2015(%)
全省总计	**Provincial Total**	**2472.80**	**13.3**	**613.28**	**-1.1**
按经济类型分	Grouped by Ownership				
内资企业	Domestic-funded Enterprises	1990.38	13.5	557.28	1.8
#国有企业	State-owned Enterprises	125.49	8.6	50.05	8.2
集体企业	Collective-owned Enterprises	37.36	5.1	2.63	-18.1
有限责任公司	Limited Liability Corporations	862.92	11.4	274.48	-2.5
私营企业	Private Enterprises	596.81	21.7	80.29	15.0
港澳台商投资企业	Enterprises with Investment from Hong Kong, Macao and Taiwan	315.60	13.0	19.27	-44.2
外商投资企业	Enterprises with Foreign Investment	166.82	11.3	36.72	-4.1
按行业分	Grouped by Sector				
交通运输、仓储和邮政业	Transport, Storage and Postal Services	400.92	7.1	307.28	2.1
铁路运输业	Railway Transport Service	35.30	22.8	82.40	10.3
#铁路旅客运输	Railway Passenger Transport	34.15	23.1	72.46	6.7
铁路货物运输	Railway Freight Transport	0.92	1.2	5.70	-15.4
道路运输业	Road Transport Services	120.69	6.5	93.45	14.6
#城市公共交通运输	Urban Public Trasport	38.01	14.3	37.47	52.4
公路旅客运输	Highway Passenger Transport	21.91	-3.3	1.98	-19.2
道路货物运输	Road Freight Transport	41.09	8.6	2.80	5.3
水上运输业	Waterway Transport Service	56.50	6.2	30.48	10.5
#水上旅客运输	Waterway Passenger Trasport	5.27	8.8	2.12	103.9
水上货物运输	Waterway Freight Transport	27.99	18.3	14.48	16.4
航空运输业	Air Transport Service	46.43	12.6	71.80	-14.8
#航空客货运输	Air passenger and freight Transport	37.93	10.7	70.83	-15.0
管道运输业	Pipeline Transport Service	1.19	-7.6	0.67	-27.5
装卸搬运和运输代理业	Handling and Transportation Agency	66.78	6.3	12.83	-6.1
#运输代理业	Transportation Agency	55.85	7.3	7.62	4.9
仓储业	Warehousing Service	27.19	-4.4	13.92	-10.0
邮政业	Postal Service	46.84	3.4	1.74	-37.0
#快递服务	Express Service	32.44	6.9	1.62	-39.2
信息传输、软件和信息技术服务业	Information Transmission, Software and Information Technology Services	708.53	20.1	-60.43	-52.1
电信、广播电视和卫星传输服务	Telecommunications, Broadcasting Television and Satellite Transmission Services	103.47	0.6	-18.68	-9.5
#电信	Teleccommunications	86.91	-1.4	-18.55	-7.5
互联网和相关服务	Internet and Related Services	164.85	38.6	-39.68	-115.9
#互联网信息服务	Internet Information Services	154.35	38.2	-39.52	-114.4
软件和信息技术服务业	Software and Information Technology Services	440.21	19.6	-2.07	51.9
#软件开发	Software Development	315.84	17.2	-1.82	45.8
信息系统集成服务	Information System Integration Service	47.51	14.9	0.18	-60.8
信息技术咨询服务	Information Technology Consulting services	28.84	33.0	-0.42	-4.4
物业管理业	Property Management Industry	148.01	8.7	18.53	-10.4
房地产中介服务业	Real Estate Agent Services	41.34	32.3	0.94	-33.2

14-2 1 continued

(100 million yuan)

利润总额 Total Profits		应交所得税 Income Taxes Payable		应付职工薪酬 Total Wages Payable		应交增值税 Value-added Taxes Payable		就业人员平均人数(万人) Average number of employed persons (10000 persons)
总量 Total	比2015年增长(%) Growth Rate in 2016 Over 2015(%)	总量 Total	比2015年增长(%) Growth Rate in 2016 Over 2015(%)	总量 Total	比2015年增长(%) Growth Rate in 2016 Over 2015(%)	总量 Total	比2015年增长(%) Growth Rate in 2016 Over 2015(%)	
3607.02	**18.8**	**501.98**	**13.5**	**3810.79**	**13.3**	**518.69**	**40.9**	**393.76**
2689.13	18.3	368.36	13.2	3180.22	13.4	457.89	42.9	348.61
63.86	-29.3	16.42	20.9	370.57	6.6	49.20	4.9	37.07
46.33	15.2	3.14	29.0	39.73	11.1	2.11	163.5	8.04
1516.89	47.1	241.29	20.1	1455.04	13.3	254.62	47.3	150.84
332.45	13.4	59.04	9.2	667.05	23.6	85.60	52.1	99.92
638.08	18.4	86.44	10.2	381.92	13.1	31.69	27.6	26.20
279.81	25.6	47.17	22.7	248.66	12.3	29.11	27.1	18.95
460.30	34.7	103.27	3.9	1142.10	3.3	169.92	67.9	109.58
-51.86		9.22	-0.7	243.41	5.1	47.74	1.9	22.58
-31.73		9.21	-3.1	239.93	5.0	47.62	1.9	22.31
-10.26		0.01	104.8	1.97	6.1	0.12	-9.0	0.18
177.86	24.8	36.58	4.3	341.54	10.9	66.49	195.9	41.92
16.81	20.3	2.12	18.1	198.19	16.1	44.38	450.5	20.14
12.07	-9.4	2.77	-10.6	41.20	3.4	3.95	-0.2	7.03
20.20	11.6	4.85	5.8	65.75	4.5	10.36	7.9	10.46
106.09	31.3	17.72	1.1	99.03	1.3	6.84	4.7	6.73
8.94	-12.9	2.89	-15.1	9.30	11.5	0.76	143.0	0.86
28.72	784.4	4.17	19.0	45.86	1.1	3.48	-2.4	2.74
95.58	21.4	22.36	41.7	241.48	2.6	27.76	370.9	12.25
71.95	31.5	16.10	62.6	206.19	2.1	25.38	547.9	9.71
7.34	18.4	1.86	20.1	0.58	11.7	0.20	43.3	0.03
26.30	16.9	6.77	-0.8	83.12	3.9	7.86	-0.3	12.76
13.44	18.8	4.64	3.9	62.04	4.6	6.17	4.2	8.62
39.47	40.0	5.23	-38.0	28.82	3.9	4.22	7.2	3.38
59.51	70.2	3.52	-27.8	104.12	-16.3	8.81	17.4	9.95
38.73	85.9	3.43	-22.0	56.80	-26.7	8.32	15.3	6.49
1373.69	27.2	185.53	12.2	844.48	23.6	176.62	4.5	57.71
519.91	7.7	86.10	-2.5	225.10	15.8	70.47	-14.9	17.99
500.85	7.6	85.27	-2.2	198.80	16.5	68.78	-15.3	16.17
352.13	55.0	48.03	45.6	131.89	34.8	9.27	61.7	5.67
366.92	58.9	47.65	45.5	121.29	33.2	8.37	61.0	5.06
501.66	35.7	51.39	16.7	487.49	24.7	96.87	20.3	34.05
355.52	46.0	29.02	9.1	328.32	22.2	74.22	19.7	21.76
42.06	7.3	5.88	29.0	47.44	21.9	8.90	14.4	3.62
60.64	16.7	10.07	30.4	49.10	26.3	4.63	6.5	3.90
128.45	105.7	21.93	36.1	293.93	11.9	19.11	577.4	50.69
26.92	100.2	5.42	62.5	95.48	33.3	6.81	670.9	8.76

14-2 续表 2

单位：亿元

项　　目	Item	企业单位数(个) Number of Enterprises (unit)	资产总计 Total Assets at the end of the year 总量 Total	比2015年增长(%) Growth Rate in 2016 Over 2015(%)
租赁和商务服务业	Leasing and Business Services	4839	38658.63	11.8
租赁业	Leasing	160	1228.37	-0.7
#机械设备租赁	Machinery Equipment Leasing	150	1220.14	-0.7
商务服务业	Business Services	4679	37430.26	12.3
#企业管理服务	Enterprise Management Service	1871	31395.65	11.1
咨询与调查	Consultation and Investigation	655	2544.46	28.4
广告业	Advertising	548	496.41	11.5
旅行社及相关服务	Travel Agency and Related Services	411	176.48	12.9
科学研究和技术服务业	Scientific Research and Technical Services	2089	3448.23	8.6
研究和试验发展	Research and Experimental Development	297	920.76	15.9
#工程和技术研究和试验发展	Engineering and Technology Research and Experimental Development	224	714.15	16.4
专业技术服务业	Professional Technical Services	1579	2005.15	5.8
科技推广和应用服务业	Services of Science and Technology Exchanges and Promotion	213	522.32	7.5
水利环境和公共设施管理业	Management of Water Conservancy, Environment and Public Facilities	367	1435.03	9.2
水利管理业	Management of Water Conservancy	19	15.98	8.6
生态保护和环境治理业	Ecological Protection and Environmental Treatment	80	702.57	2.9
#生态保护	Ecological Protection	5	5.95	1.7
环境治理业	Environmental Treatment	75	696.62	2.9
公共设施管理业	Management of Public Facilities	268	716.48	16.2
居民服务、修理和其他服务业	Households' service, Repair and Other Services	700	198.08	11.0
居民服务业	Services to Households	185	65.84	5.5
机动车、电子产品和日用产品修理业	Motor Vehicle, Electronic Products and Consumer Products repair	233	61.31	15.7
#汽车、摩托车修理与维护	Automobile, Motorcycle Repair and Maintenance	144	28.08	14.6
其他服务业	Other Services	282	70.93	12.5
教育	Education	621	389.29	8.3
#中等教育	Secondary Education	118	90.41	6.6
高等教育	Higher Education	21	131.35	7.3
卫生和社会工作	Health and Social Work	283	234.12	14.4
卫生	Health	270	231.27	14.7
#医院	Hospital	207	191.72	12.3
社区医疗与卫生院	Community Medical and Health Center	10	1.43	4.6
社会工作	Social Work	13	2.85	-4.2
文化、体育和娱乐业	Culture, Sports and Entertainment	601	1157.60	8.1
新闻和出版业	News and Publication	75	319.91	13.3
#出版业	Publication	71	294.50	8.5
广播、电视、电影和影视录音制作业	Production of Radio, Television, Film and Video Recording	218	363.04	36.3
文化艺术业	Culture and Arts	62	44.68	68.4
体育	Sports	103	208.53	-10.5
娱乐业	Entertainment	143	221.45	-15.6

14-2 2 continued

(100 million yuan)

本年折旧 Depreciation Drawn in Current Year		营业收入 Business Revenue		营业成本 Business Costs		营业税金及附加 Tax and Extra Charges on Business		销售费用 Selling Expenses	
总量 Total	比2015年增长(%) Growth Rate in 2016 Over 2015(%)	总量 Total	比2015年增长(%) Growth Rate in 2016 Over 2015(%)	总量 Total	比2015年增长(%) Growth Rate in 2016 Over 2015(%)	总量 Total	比2015年增长(%) Growth Rate in 2016 Over 2015(%)	总量 Total	比2015年增长(%) Growth Rate in 2016 Over 2015(%)
161.72	-13.5	3954.58	16.9	2696.60	20.0	55.57	-29.1	249.62	22.8
15.57	-7.6	112.43	6.9	81.65	12.1	0.72	-24.7	4.46	-2.0
15.45	-7.1	109.64	6.5	79.16	11.3	0.68	-25.3	4.23	-2.8
146.15	-14.1	3842.15	17.2	2614.95	20.2	54.85	-29.2	245.17	23.4
112.45	-17.4	1408.78	21.5	835.04	32.2	35.86	-24.3	53.21	19.6
7.04	-8.1	437.36	15.6	207.15	13.9	3.21	-35.4	66.51	54.8
2.98	-8.6	463.83	4.8	381.76	4.4	3.35	-0.9	26.17	24.3
1.97	13.5	566.87	8.9	527.11	9.4	1.30	-45.0	23.84	12.9
42.34	0.3	1788.88	8.1	1261.12	10.2	13.61	-30.5	86.53	10.3
10.46	19.2	340.30	8.6	220.55	12.3	1.56	-11.5	17.57	32.5
6.89	10.9	248.78	-2.0	163.50	2.5	1.31	-11.9	6.85	-7.6
25.41	-10.5	1335.68	6.9	966.09	8.8	10.98	-34.2	63.14	5.0
6.48	28.4	112.90	23.5	74.49	23.7	1.07	-7.0	5.83	14.3
14.08	49.6	243.14	-2.8	172.21	8.9	3.43	-54.9	6.17	-12.7
0.49	10.5	6.96	6.5	4.85	-0.1	0.08	-34.9	0.11	299.7
3.05	2.2	43.98	9.4	30.48	6.0	0.31	-27.7	1.45	2.3
0.32		3.94	3.9	1.82	9.9	0.03	-46.4	0.63	8.2
2.74	2.4	40.05	10.0	28.67	5.8	0.27	-24.3	0.82	-1.9
10.54	76.1	192.20	-5.5	136.88	9.9	3.04	-56.9	4.61	-18.0
3.60	1.1	189.68	12.4	131.02	12.1	3.15	-48.2	19.43	6.8
1.35	16.1	44.60	6.1	24.54	-12.5	0.85	-51.9	8.34	-1.6
0.70	-3.5	56.46	8.0	41.41	9.7	0.50	-34.5	4.83	11.6
0.55	0.1	28.40	18.5	20.36	27.9	0.21	-16.1	2.82	22.6
1.55	-7.4	88.62	19.0	65.06	27.3	1.80	-49.4	6.26	16.2
17.40	-6.2	204.74	15.5	129.47	15.3	1.77	-33.6	11.72	30.0
6.81	-7.6	42.47	10.4	32.07	12.0	0.10	-37.4	0.05	-52.7
4.25	-14.1	37.20	8.3	21.47	13.0	0.09	-21.1	0.07	12.6
10.62	-2.0	214.28	15.0	143.83	11.2	0.15	-8.4	19.41	23.4
10.53	-2.1	211.89	15.0	142.73	10.8	0.15	-8.5	18.87	23.7
9.49	-0.7	178.67	13.2	125.83	10.1	0.09	15.8	12.21	15.8
0.06	-40.1	1.65	13.0	1.00	9.2	0.00		0.43	19.1
0.09	10.0	2.39	21.3	1.10	100.3	…	10.0	0.54	13.1
18.74	-0.5	383.67	5.1	257.28	10.3	7.16	-27.6	50.62	5.1
4.90	7.0	90.24	-2.4	67.30	-2.6	1.29	-8.5	8.30	-3.7
4.87	7.1	88.81	-2.0	65.33	-2.9	1.25	-6.8	8.29	-3.7
5.30	14.5	169.37	7.3	118.88	15.1	2.95	4.3	24.76	7.1
0.45	1.0	14.83	9.7	9.53	7.2	0.14	-56.9	1.42	10.0
4.08	-21.0	44.53	10.2	34.75	33.1	1.45	-40.0	7.71	3.6
4.01	-0.1	64.71	6.3	26.83	3.5	1.32	-54.4	8.44	9.7

14-2 续表 3

单位：亿元

项目	item	管理费用 Management Expenses 总量 Total	管理费用 比2015年增长(%) Growth Rate in 2016 Over 2015(%)	财务费用 Financial Expenses 总量 Total	财务费用 比2015年增长(%) Growth Rate in 2016 Over 2015(%)
租赁和商务服务业	Leasing and Business Services	651.62	12.6	285.57	4.7
租赁业	Leasing	14.75	23.6	13.08	24.9
#机械设备租赁	Machinery Equipment Leasing	14.33	25.3	13.12	27.2
商务服务业	Business Services	636.87	12.4	272.48	3.9
#企业管理服务	Enterprise Management Service	334.68	10.8	243.85	7.3
咨询与调查	Consultation and Investigation	120.51	12.3	16.94	-22.3
广告业	Advertising	30.89	14.3	1.28	-33.8
旅行社及相关服务	Travel Agency and Related Services	16.93	15.2	0.87	42.5
科学研究和技术服务业	Scientific Research and Technical Services	266.03	12.9	12.97	-7.1
研究和试验发展	Research and Experimental Development	62.54	27.9	6.54	4.7
#工程和技术研究和试验发展	Engineering and Technology Research and Experimental Development	43.33	20.1	6.22	4.0
专业技术服务业	Professional Technical Services	180.09	7.0	4.43	-22.3
科技推广和应用服务业	Services of Science and Technology Exchanges and Promotion	23.39	26.6	1.99	-0.3
水利环境和公共设施管理业	Management of Water Conservancy, Environment and Public Facilities	29.22	4.1	7.97	-30.6
水利管理业	Management of Water Conservancy	1.01	-4.6	0.17	-21.6
生态保护和环境治理业	Ecological Protection and Environmental Treatment	5.32	5.9	0.50	-20.1
#生态保护	Ecological Protection	0.40		0.06	-34.3
环境治理业	Environmental Treatment	4.92	6.5	0.44	-17.9
公共设施管理业	Management of Public Facilities	22.89	4.1	7.30	-31.4
居民服务、修理和其他服务业	Households' service, Repair and Other Services	29.51	12.0	1.13	13.2
居民服务业	Services to Households	7.73	25.6	0.23	3.1
机动车、电子产品和日用产品修理业	Motor Vehicle, Electronic Products and Consumer Products repair	9.02	9.3	0.38	19.9
#汽车、摩托车修理与维护	Automobile, Motorcycle Repair and	4.94	11.7	0.25	54.0
其他服务业	Other Services	12.76	7.0	0.51	13.4
教育	Education	51.94	8.1	2.58	0.1
#中等教育	Secondary Education	10.81	-8.2	0.37	5.4
高等教育	Higher Education	9.88	12.3	0.55	-30.2
卫生和社会工作	Health and Social Work	36.69	10.5	1.93	-73.7
卫生	Health	35.96	11.7	1.92	-73.8
#医院	Hospital	30.54	11.4	1.67	-76.1
社区医疗与卫生院	Community Medical and Health Center	0.27	-5.7	…	
社会工作	Social Work	0.73	-28.2	0.01	93.5
文化、体育和娱乐业	Culture, Sports and Entertainment	59.51	-0.4	8.15	-17.8
新闻和出版业	News and Publication	16.14	0.9	-0.06	-123.7
#出版业	Publication	15.20		-0.04	-218.5
广播、电视、电影和影视录音制作业	Production of Radio, Television, Film and Video Recording	18.94	3.8	2.48	-9.0
文化艺术业	Culture and Arts	4.18	10.4	-0.05	9.4
体育	Sports	12.89	-12.6	1.69	6.8
娱乐业	Entertainment	7.36	5.5	4.09	-28.2

14-2 3 continued

(100 million yuan)

利润总额 Total Profits		应交所得税 Income Taxes Payable		应付职工薪酬 Total Wages Payable		应交增值税 Value-added Tax Payable		就业人员平均人数（万人） Average Number of Employed Persons (10000 persons)
总量 Total	比2015年增长(%) Growth Rate in 2016 Over 2015(%)	总量 Total	比2015年增长(%) Growth Rate in 2016 Over 2015(%)	总量 Total	比2015年增长(%) Growth Rate in 2016 Over 2015(%)	总量 Total	比2015年增长(%) Growth Rate in 2016 Over 2015(%)	
1206.00	7.4	117.89	24.6	659.78	19.6	66.67	74.5	84.39
11.55	-1.9	2.50	-31.7	14.10	15.5	2.98	-41.7	1.68
11.82	26.6	2.36	-23.4	13.58	15.5	2.90	-42.7	1.61
1194.44	7.5	115.39	26.9	645.67	19.6	63.70	92.4	82.70
919.72	11.6	62.99	33.7	199.76	20.8	21.78	207.8	21.01
106.05	22.3	17.16	15.9	141.92	28.4	14.06	43.9	14.01
28.94	-1.9	6.10	13.9	31.16	6.1	5.71	-15.1	2.79
1.04	-43.6	1.19	-9.5	19.61	13.8	1.18	719.5	3.29
196.07	-3.9	31.01	-4.7	411.42	11.0	49.43	15.2	32.24
49.00	-11.7	5.52	36.4	63.16	25.1	8.15	8.1	4.49
41.69	-15.6	4.41	34.0	41.40	10.7	7.27	5.7	2.85
130.67	-2.5	22.60	-13.3	326.36	8.3	38.88	16.8	25.55
16.41	13.2	2.89	19.5	21.90	17.6	2.40	15.0	2.19
31.09	-27.6	6.80	-44.2	42.25	11.9	7.30	264.9	6.86
0.90	170.2	0.18	127.1	1.48	16.5	0.25	44.3	0.14
8.10	43.3	1.28	40.6	6.39	7.7	1.51	129.9	0.66
1.03	0.9	0.24	19.3	0.87	7.3	0.04	170.5	0.10
7.07	52.7	1.04	46.5	5.52	7.8	1.47	128.9	0.55
22.09	-40.2	5.34	-52.3	34.38	12.5	5.54	372.7	6.06
9.45	23.1	2.73	23.5	70.60	12.8	5.94	106.8	15.99
3.78	50.8	1.01	24.0	10.94	-4.7	0.62	187.9	2.13
2.24	-17.4	0.81	8.3	11.27	6.0	3.04	60.5	1.65
0.13	-88.6	0.43	11.4	5.39	5.5	1.91	90.2	0.91
3.43	39.6	0.91	40.6	48.39	19.5	2.27	199.3	12.21
13.33	37.6	2.68	44.6	79.05	15.9	1.54	834.3	9.94
0.78	129.6	0.34	-27.6	20.05	13.7	0.03		2.47
5.64	-8.6	0.19	201.8	11.95	11.7	0.05		1.10
14.02	404.7	3.43	59.6	58.17	14.3	0.33	-8.1	6.87
13.93	394.5	3.41	59.5	57.16	14.4	0.33	-8.1	6.66
9.67		2.61	65.5	47.81	13.7	0.03		5.51
-0.06		…		0.53	27.2			0.09
0.08		0.02	93.8	1.01	12.6			0.21
39.54	78.6	11.27	50.1	90.32	13.9	9.71	37.0	8.53
24.37	328.4	4.57	448.0	30.20	1.6	2.22	20.4	2.12
9.38	69.6	0.36	-40.5	28.84	1.7	1.93	5.5	2.07
12.01	-1.9	2.86	23.7	20.79	34.9	4.85	7.1	2.08
2.06	37.3	0.44	30.2	4.31	18.0	0.39	74.1	0.40
-11.67		0.67	20.5	24.29	24.1	1.05	401.9	2.01
12.78	-1.0	2.73	-21.3	10.74	-2.2	1.20	324.6	1.92

14-3 各市规模以上服务业企业主要指标（2016年）

单位：亿元

市别	City	企业单位数（个）Number of Enterprises (unit)	资产总计 Total Assets at the end of the year		本年折旧 Depreciation Drawn in Current Year	
			总量 Total	比2015年增长(%) Growth Rate in 2016 Over 2015(%)	总量 Total	比2015年增长(%) Growth Rate in 2016 Over 2015(%)
广　州	Guangzhou	6680	39747.35	12.2	503.85	14.8
深　圳	Shenzhen	5149	36551.78	19.3	327.85	14.7
珠　海	Zhuhai	693	4239.95	15.0	30.90	8.1
汕　头	Shantou	188	471.76	61.2	18.07	27.9
佛　山	Foshan	693	1589.21	4.1	85.17	46.8
#顺　德	Shunde	248	606.00	0.8	9.96	-4.9
韶　关	Shaoguan	159	110.84	-0.7	6.66	3.4
河　源	Heyuan	66	166.56	0.4	8.55	41.1
梅　州	Meizhou	49	69.92	12.9	6.67	-1.5
惠　州	Huizhou	406	1303.77	9.3	31.16	-0.1
汕　尾	Shanwei	64	72.89	12.7	6.47	-6.8
东　莞	Dongguan	1247	3117.57	5.9	96.89	-7.3
中　山	Zhongshan	545	1143.17	11.2	20.75	-22.2
江　门	Jiangmen	237	360.14	8.4	17.19	-7.7
阳　江	Yangjiang	72	81.13	5.3	4.20	-82.8
湛　江	Zhanjiang	385	595.26	4.7	22.79	6.2
茂　名	Maoming	210	182.72	9.6	11.49	2.3
肇　庆	Zhaoqing	119	184.17	16.2	8.42	40.9
清　远	Qingyuan	155	188.30	2.9	13.78	83.2
潮　州	Chaozhou	51	63.67	5.9	5.83	-1.8
揭　阳	Jieyang	74	76.38	-2.3	7.27	-39.5
云　浮	Yunfu	38	200.79	0.4	11.34	5.4
按经济区域分	By Region					
珠三角	Pearl River Delta	15769	88237.09	14.7	1122.19	12.4
东　翼	Eastern Region	377	684.70	38.1	37.63	-3.5
西　翼	Western Region	667	859.11	5.8	38.48	-32.5
山　区	Mountainous Region	467	736.42	1.9	47.00	25.2

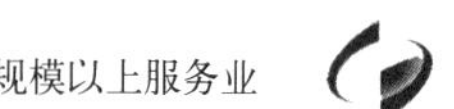

Main Indicators of Service Enterprises above Designated Size by City (2016)

(100 million yuan)

营业收入 Business Revenue		营业成本 Business Costs		营业税金及附加 Tax and Extra Charges on Business		销售费用 Selling Expenses	
总量 Total	比2015年增长(%) Growth Rate in 2016 Over 2015(%)	总量 Total	比2015年增长(%) Growth Rate in 2016 Over 2015(%)	总量 Total	比2015年增长(%) Growth Rate in 2016 Over 2015(%)	总量 Total	比2015年增长(%) Growth Rate in 2016 Over 2015(%)
8183.10	13.6	6163.90	12.8	68.27	-26.7	481.12	7.6
7930.17	18.6	5224.48	19.2	94.73	-11.6	506.58	8.1
586.12	15.3	392.34	26.1	7.45	-23.6	30.38	24.2
173.24	13.9	119.17	20.0	1.13	-3.9	17.23	-4.1
562.13	13.5	357.36	15.5	5.08	-39.5	34.53	-9.4
143.32	3.3	103.53	8.2	1.88	-38.9	5.28	-22.9
64.13	27.6	52.03	43.3	0.67	3.3	3.24	-22.8
35.69	10.9	29.48	27.1	0.36	-31.3	2.68	-20.9
38.93	8.7	28.78	15.0	0.23	-0.3	3.02	-16.5
252.63	2.3	174.69	4.3	2.33	-35.1	13.09	-15.6
38.02	11.7	32.51	21.8	0.25	-11.9	2.52	-18.4
870.76	8.1	488.51	11.1	8.94	-52.0	56.81	8.1
282.72	11.9	188.65	15.7	3.63	-22.5	22.12	-4.4
138.76	5.5	94.64	13.0	2.28	4.7	8.92	-12.2
44.95	6.0	31.08	8.0	0.25	-8.3	2.95	-21.0
167.89	7.7	117.28	8.8	1.46	-17.0	9.05	-7.1
100.34	14.4	71.05	20.3	0.94	-16.4	6.77	-3.5
65.39	2.0	44.93	8.1	0.47	-25.8	4.19	-18.6
68.39	5.8	49.46	12.6	0.69	-29.7	4.03	-16.9
32.24	3.1	24.20	-8.2	0.15	-29.1	2.67	-24.6
53.16	18.6	39.88	41.2	0.22	-18.2	5.24	0.8
38.20	19.0	27.43	2.1	0.31	-29.7	1.99	-25.3
18871.78	15.1	13129.51	15.5	193.18	-22.1	1157.74	6.7
296.66	13.1	215.75	19.5	1.75	-9.7	27.66	-7.2
313.17	9.5	219.41	12.2	2.66	-16.0	18.77	-8.4
245.33	14.1	187.19	20.5	2.27	-20.0	14.98	-20.1

14-3 续表

单位：亿元

市别	City	管理费用 Management Expenses 总量 Total	管理费用 比2015年增长(%) Growth Rate in 2016 Over 2015(%)	财务费用 Financial Expenses 总量 Total	财务费用 比2015年增长(%) Growth Rate in 2016 Over 2015(%)	利润总额 Total Profits 总量 Total	利润总额 比2015年增长(%) Growth Rate in 2016 Over 2015(%)
广　州	Guangzhou	915.10	13.8	306.19	3.0	1064.93	27.2
深　圳	Shenzhen	1109.58	13.3	200.87	7.9	1832.65	19.9
珠　海	Zhuhai	98.14	19.2	21.26	-39.5	152.07	-13.9
汕　头	Shantou	17.04	17.9	3.76	-5.4	22.20	15.7
佛　山	Foshan	64.96	12.0	11.18	-20.7	119.29	37.9
#顺　德	Shunde	22.39	13.3	5.37	-9.5	19.45	27.0
韶　关	Shaoguan	6.76	3.8	0.41	-31.6	1.79	-58.3
河　源	Heyuan	3.98	2.6	3.34	-14.3	-1.92	
梅　州	Meizhou	4.54	16.9	0.16	-22.4	3.58	-36.4
惠　州	Huizhou	26.92	9.9	19.07	-4.8	68.25	52.4
汕　尾	Shanwei	4.22	-28.6	0.19	-11.2	0.38	-71.2
东　莞	Dongguan	102.04	14.9	20.95	-33.8	217.03	7.4
中　山	Zhongshan	39.54	11.6	4.94	-22.4	45.13	-11.3
江　门	Jiangmen	15.83	8.4	4.90	-4.3	18.82	-1.9
阳　江	Yangjiang	5.32	8.4	0.40	16.2	5.82	-11.7
湛　江	Zhanjiang	21.54	4.5	3.98	3.7	21.15	25.6
茂　名	Maoming	10.04	4.0	0.77	-3.4	13.70	10.5
肇　庆	Zhaoqing	8.58	0.7	1.39	25.2	7.71	-8.8
清　远	Qingyuan	8.29	2.6	2.79	-14.2	4.68	26.1
潮　州	Chaozhou	2.74	-3.3	0.57	4.7	2.72	-26.9
揭　阳	Jieyang	3.95	10.2	0.49	-17.9	7.30	-19.2
云　浮	Yunfu	3.69	17.8	5.67	16.6	-0.27	
按经济区域分	By Region						
珠三角	Pearl River Delta	2380.69	13.6	590.74	-1.0	3525.90	19.3
东　翼	Eastern Region	27.95	4.4	5.02	-6.0	32.60	-2.0
西　翼	Western Region	36.90	4.9	5.15	3.4	40.67	13.5
山　区	Mountainous Region	27.27	6.9	12.37	-3.5	7.85	-31.7

14-3 continued

(100 million yuan)

应交所得税 Income Taxes Payable		应付职工薪酬 Total Wages Payable		应交增值税 Value-added Tax Payable		就业人员平均人数(万人) Average Number of Employed Persons (10000 persons)
总量 Total	比2015年增长(%) Growth Rate in 2016 Over 2015(%)	总量 Total	比2015年增长(%) Growth Rate in 2016 Over 2015(%)	总量 Total	比2015年增长(%) Growth Rate in 2016 Over 2015(%)	
172.50	14.2	1602.20	10.6	240.54	61.0	154.22
223.52	19.0	1548.86	17.4	183.24	32.2	145.06
16.22	-27.9	127.16	22.2	14.77	30.9	12.55
4.29	2.3	30.73	28.8	3.13	26.3	4.64
14.92	19.7	100.03	4.8	13.96	23.2	15.91
3.95	45.7	34.68	4.5	3.53	99.3	7.19
0.53	-50.6	11.64	6.5	1.31	-6.0	2.02
0.27	-57.3	7.93	16.7	1.04	5.2	1.27
0.89	-45.8	7.60	6.9	1.32	-36.2	0.95
10.49	47.0	39.02	7.2	5.25	44.3	6.16
0.54	-27.7	9.72	13.6	1.05	10.3	1.24
29.50	13.3	135.71	10.4	25.24	20.0	21.63
7.27	18.8	57.41	9.0	8.94	38.0	8.58
4.50	-3.2	24.23	4.9	3.45	-1.1	3.60
1.14	-27.4	9.03	3.8	0.77	-16.9	1.33
5.35	31.9	38.06	2.9	5.50	39.3	5.37
3.10	2.9	16.42	15.1	3.16	3.0	2.88
2.20	-3.8	11.86	-3.1	1.56	-16.4	1.82
1.49	-6.9	14.36	9.2	2.05	-29.4	2.03
0.47	-35.6	5.01	9.2	0.51	-45.5	0.74
1.73	-21.3	7.04	3.7	1.06	2.7	0.90
1.04	27.5	6.77	15.6	0.84	156.7	0.84
481.13	14.6	3646.50	13.4	496.95	43.2	369.55
7.03	-10.6	52.48	19.9	5.75	6.6	7.52
9.59	11.0	63.51	5.9	9.43	18.7	9.58
4.22	-26.8	48.29	10.2	6.56	-14.6	7.11

主要统计指标解释

从事服务业活动从业人员平均人数 指报告期内平均拥有的从事服务业活动的人员数。按“谁用工，谁统计”的原则实施统计，包括参加企业服务业活动的正式人员，劳务派遣人员和临时聘用人员。不包括在本企业领取工资、股息、红利未参加服务业活动的人员。

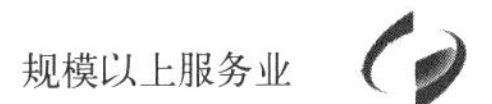

Explanatory Notes on Main Statistical Indicators

The average number of persons engaged in service activities refers to the average number of persons engaged in the service industry activities within the reporting period, according to the statistics principle of "who labor, who statistics", including the formal staff, labor dispatch personnel and temporary staff who participate in the activities of the service industry enterprises. And the people receiving wages, dividends, bonus from the enterprise but not participating in the service industry activities are not included.

十五、运输和邮电

TRANSPORTATION, POSTAL AND TELECOMMUNICATION SERVICES

十五 运输和邮电

简要说明

一、本篇资料反映广东运输和邮电通信业发展的基本状况。

交通运输业资料主要包括：运输线路里程、运输设备拥有量、货物运输量和旅客运输量、港口设备和吞吐量、航站吞吐量等。

邮电通信业资料主要包括：邮电通信主要工具及设备情况，主要邮电业务完成情况，邮电通信发展水平等。

二、资料调查范围和统计单位

1. 铁路资料：包括国家铁路、地方铁路和合资铁路运营情况，不含军用铁路及由厂矿企事业单位自建的铁路专用线和专用铁道。

2. 公路、水路、港口资料：(1)公路和水路线路里程为年末通车和通航里程数。公路里程、桥梁、渡口统计从 2006 年起包括农村公路。(2)民用汽车拥有量，根据公安交通管理局所属车管部门登记注册的车辆资料整理；(3)民用运输船舶拥有量，不含渔船、水上施工作业船，根据水上航运管理部门登记注册的船舶资料整理；(4)公路、水路客货运输量资料，包括在广东公路水路运输管理部门注册登记或审批备案的、从事营业性公路、水路客、货运输的营业性运输工具(包括个体联户)所完成的运输量。此部分数据 2005 年之前由统计局收集整理，2005 年起改由省交通运输厅通过抽样调查方法负责收集整理。2009 年，交通运输部统一部署更换调查方法收集整理。2014-2015 年，按交通运输部要求，公路水路客货运输量采用经济调查结果进行推算。2016 年，公路水路客货运输量采用 2015 年专项调查结果进行推算。每次更换调查方法，均会导致公路水路客货运输量数据与以往不可比，使用时敬请注意。(5)港口设备及吞吐量，根据各地港务管理部门注册的港口企业和从事港口生产活动单位的资料整理。

3. 管道运输资料：包括输原油、输成品油、输天然气、输其他气体的管线长度、输送能力及完成的运输量。数据主要来源于中国石油天然气集团公司和中国石油化工集团公司所属的本地各管道运输单位。

4. 民航运输资料：统计对象为在广东境内注册、从事民用航空运输飞行和通用飞行的航空运输企业和民用航空机场，不包括在境内运输飞行的国内其他航空公司及外国航空公司。统计范围为各航空公司从事国内运输、港澳台运输、国际运输的定期航班航线条数及里程、运输量及期末飞机在册架数、民用航空机场航班起降架次和客货吞吐量等。

5. 邮电通信资料：包括全省电信和邮政运营企业为社会公众提供的各类电信和邮政服务，不含专用网业务资料。资料主要来源于省通信管理局、邮政管理局以及邮政、电信、移动、联通和铁通等运营单位。

三、本篇资料由广东省统计局服务业统计处整理、编辑。资料主要来源于省内民航、铁路、公路、水运、港口、公安、邮政、通信等行业主管部门以及各有关单位。

15 Transportation,Postal and Telecommunication Services

Brief Introduction

Ⅰ. The data in this chapter cover mainly the basic conditions of the development of transport, postal and telecommunication services in Guangdong Province.

The data on transport cover mainly the route length of five means of transportation, the possession of transport equipment, the freight and passenger traffic the possession of port equipment and the volume of freight handled in ports, the passenger and freight throughput of airports, etc.

The data on postal and telecommunication services cover mainly major means and equipment of post and telecommunications, achievements of main businesses of postal and telecommunication services, and the level of development of postal and telecommunication services, etc.

Ⅱ. Coverage and Statistical Units

1. Data on railway transportation: including the operation and management of the national, local and joint-venture railways, but excluding the railways for military purpose, lines built by factories, mines, enterprises and institutions for exclusive use, and special railways.

2. Data on highways, waterways and ports: (1) The length of highways and waterways refer to the length open to traffic or navigation at the end of the year. The Statistical of leng of highways,bridges,ferries from 2006 include rural highway. (2) The data on the possession of civil motor vehicles are compiled according to registration data of vehicles at the divisions of vehicle management under the traffic management departments of public security authorities. (3) The data on the possession of civil vessels exclusive of fishing boats and engineering ships over water are compiled according to registration data of vessels at the authorities of navigation and port management. (4) The data on the volume of transportation by highways and waterways, including all enterprises, institutions, and individuals (or individual partnerships) registered in Guangdong for passenger and freight transportation by highways and waterways, were collected and prepared by the Bureau of Statistics before 2005. Since 2005, the data were collected and prepared by the Department of Transport of Guangdong through sample survey. Since 2009, the data are collected and prepared in accordance with the new survey method stipulated by the Ministry of Transport. Since 2015, the data are prepared according to the third economic census of Guangdong Province. Since the new survey method has new criteria for survey target and urban-rural division, the data are not comparable with those of the previous years. (5) The data on possession of port equipment and production capacity and handling capacity of ports are compiled according to registration data of port enterprises and production units at local port authorities.

3. Data on pipeline transport: The data on pipeline transport cover the length, transport capacity and the volume transported of pipelines of petroleum (crude oil), petroleum products, natural gas and other gases. The data are mainly provided by enterprises engaged in the pipeline transport subordinate to the China National Petroleum Corporation and China Petrochemical Corporation.

4. Data on civil aviation transport: Data on civil aviation transport include air transport enterprises and civil airports registered for civil aviation transport and general aviation, excluding other domestic aviation companies and foreign aviation companies engaged in air transport within Chinese territory. The statistics cover regular flights of domestic transport, transport between the mainland of China and Hong Kong, Macao and Taiwan, and international transport managed by various aviation companies, concerning the number of lines, length, transport volume, number of registered aircrafts at the end of the reference period, sorties at civil airports, and volumes of passenger and freight handled at civil airports.

5. Data on post and telecommunications: Data in this category include telecommunications and postal services rendered to the public by telecommunications and postal enterprises of the whole province, but exclude services provided through dedicated networks. Statistics are mainly provided by Guangdong Communications Administration and corresponding enterprises, including China Post, China Telecom, China Mobile, China Unicom, China TieTong, and China Netcom.

Ⅲ. The data in this chapter are prepared and compiled by the Division of Service Industry Statistics of Statistics Bureau of Guangdong Province. Raw data are mainly provided by authorities and related enterprises and institutions within the province of civil aviation, railways, highways, waterways, ports, public securities, and post and telecommunications.

15-1 运输邮电主要指标
Main Indicators on Transport, Postal and Telecommunication Services

指标	Item	2000	2010	2015	2016	2016 比 2015增长% Growth Rate in 2016over 2015 (%)
铁路营业里程 (公里)	Length of Railways in Operation (km)	1942	2297	5141	5535	7.7
公路通车里程 (公里)	Length of Highways (km)	102606	190144	216023	218085	1.0
内河通航里程 (公里)	Length of Navigable Inland Waterways (km)	13696	13596	12150	12150	
民航航线里程 (万公里)	Length of Civil Aviation Routes (10000 km)	50.03	180.74	237.29	255.23	7.6
管道输油(气)里程 (公里)	Length of Petroleum and Gas Pipelines (km)	1535.57	6033.62	6500.90	8553.51	31.6
港口码头泊位 (个)	Number of Berths in Coastal Ports (unit)	3191	3082	3093	2998	-3.1
#万吨级泊位	Berths at 10000 Ton Class	126	245	291	304	4.5
码头泊位长度 (米)	Length of Quay Line (m)	180238	252762	266828	270132	1.2
公路桥梁 (座)	Number of Highway Bridges (unit)	19668	42330	45589	46485	2.0
#永久式	Permanent	19656	42233	45501	46398	2.0
民用汽车 (万辆)	Number of Civil Motor Vehicles (10000 units)	172.91	783.50	1472.33	1675.50	13.8
机动船艘数 (艘)	Number of Motor Vessels (unit)	21733	8793	8716	8579	-1.6
吨位数 (万净载重吨)	Tonnage (10000 dead weight ton)	526.88	1140.71	2703.55	2144.80	-20.7
民用运输飞机 (架)	Number of Civil Aircrafts (unit)	106	441	625	651	4.2
长途电话交换机容量 (万路端)	Capacity of Automatic Long-distance Telephone Exchanges (10000 lines)	70.34	269.11	63.30	58.11	-8.2
本地交换设备容量 (万门)	Capacity of Local Telephone Exchanges (10000 lines)	1939.45	5383.59	2810.28	1505.62	-46.4
移动电话交换机容量 (万户)	Capacity of Mobile Telephone Exchanges (10000 subscribers)	1825.40	14766.90	22025.80	21982.30	-0.2
本地电话用户 (万户)	Subscribers of Local Fixed Telephones (10000 subscribers)	1414.94	3169.14	2807.11	2609.71	-7.0
移动电话用户 (万户)	Subscribers of Mobile Telephones (10000 subscribers)	1357.26	9710.09	15009.75	14348.96	-4.4
客运量 (万人)	Passenger Traffic (10000 persons)	164791	467049	207345	144262	5.0
旅客周转量 (亿人公里)	Passenger-kilometers (100 million passenger-km)	1218.59	3342.23	4335.79	3842.58	6.7
货运量 (万吨)	Freight Traffic (10000 tons)	119216	205034	376434	377645	8.0
货物周转量 (亿吨公里)	Freight Ton-kilometers (100 million ton-km)	3064.51	5933.88	15130.59	22032.27	50.2
港口货物吞吐量 (万吨)	Volume of Freight Handled in Ports (10000 tons)	31649	122258	171109	179924	5.2
港口旅客吞吐量 (万人)	Volume of Passengers Handled in Ports(10000 persons)	1670.32	2483.21	3432.96	3434.94	0.1
航站旅客吞吐量 (万人)	Volume of Passengers Handled at Airports (10000 persons)	2142.84	7188.64	10493.78	11439.71	9.0
邮电业务总量 (亿元)	Business Volume of Postal and Telecommunication Services (100 million yuan)	602.31	4832.94	4397.09	6892.41	56.7
邮政 (亿元)	Postal Service (100 million yuan)	40.09	118.57	1228.75	1886.25	53.5
通信 (亿元)	Telecommunication Service (100 million yuan)	562.22	4714.37	3168.34	5006.16	58.0

注：1．邮电业务总量从2011年起按2010年不变价格计算，之前年份按2000年不变价格计算。增长速度按可比价格计算。

2．2016年公路和水路客货运输量使用2015年专项调查结果推算，造成客运量和旅客周转量、货运量和货物周转量与往年数据不可比。增长速度按可比口径计算。

Note: a) Since 2011, total business volume of postal and telecommunication services is calculated at 2010 constant price, and those of the previous years are calculated at 2000 constant price. The growth rate is calculated at constant price.

b) The survey method of highway and waterway has been adjusted in 2015, the data of transportation are not comparable with those of the previous years. Increase rates are caculated by comparable coverage .

15-2 全社会旅客运输量

Total Passenger Traffic

年份 Year	客运量(万人) Passenger Traffic (10000 persons)					旅客周转量（亿人公里） Passenger-kilometers (100 million passenger-km)				
	合计 Total	铁路 Railways	公路 Highways	水路 Waterways	民航 Civil Aviation	合计 Total	铁路 Railways	公路 Highways	水路 Waterways	民航 Civil Aviation
1985	49848	3357	41826	4427	238	270.23	50.41	178.27	20.46	21.09
1986	126890	3742	113561	9295	292	450.35	56.70	346.81	19.82	27.02
1987	158715	4129	144684	9557	345	796.86	66.98	678.04	21.20	30.64
1988	218915	4828	204278	9420	389	402.34	82.53	261.18	22.43	36.20
1989	66727	4882	58110	3377	358	447.62	84.38	309.25	20.50	33.49
1990	78046	4467	70681	2428	470	453.21	82.56	307.40	19.68	43.57
1991	83460	5004	75570	2317	569	526.66	102.11	348.85	20.89	54.81
1992	93678	6243	83128	3503	804	624.55	131.99	385.76	25.75	81.05
1993	95468	6835	84708	3078	847	696.92	161.04	422.88	25.60	87.40
1994	125036	6920	111447	5636	1033	929.48	164.11	619.52	33.21	112.64
1995	130998	6283	118406	5146	1163	936.29	163.11	613.07	31.13	128.98
1996	128831	5593	117815	4232	1191	938.65	153.86	626.60	20.65	137.54
1997	123649	6201	113259	3032	1157	957.20	177.61	616.48	17.21	145.90
1998	132462	6743	121795	2729	1195	994.84	194.16	630.65	13.87	156.16
1999	148636	7553	137324	2605	1154	1082.14	212.13	700.74	13.62	155.65
2000	164791	12165	148945	2363	1318	1218.59	241.51	780.74	11.65	184.69
2001	178676	12783	161967	2382	1544	1342.12	252.37	858.86	11.40	219.49
2002	188657	13310	171191	2347	1809	1490.34	273.19	945.16	11.31	260.68
2003	191202	12935	174288	2208	1771	1505.83	267.14	983.67	11.41	243.61
2004	202414	15142	183012	1827	2433	1738.21	308.38	1076.06	10.17	343.60
2005	212104	16106	189881	2062	4055	2122.14	327.74	1190.73	9.54	594.13
2005(调整) (Adjusted)	161357	16106	139158	2038	4055	2043.23	327.74	1111.57	9.79	594.13
2006	197314	15109	175567	2073	4565	2245.37	347.60	1212.76	12.14	672.87
2007	211215	16762	186835	2071	5548	2626.71	387.61	1410.72	10.98	817.40
2007(调整) (Adjusted)	206504	12050	186835	2071	5548	2626.71	387.61	1410.72	10.98	817.40
2008	238375	13739	216902	1902	5832	2844.79	420.12	1566.73	9.80	848.14
2008(调整) (Adjusted)	484161	13739	462997	1593	5832	2551.92	420.12	1276.12	7.54	848.14
2009	428705	13394	406704	1873	6734	2853.30	407.72	1470.06	7.06	968.46
2010	467049	14956	442224	2241	7628	3342.23	456.46	1736.34	8.36	1141.07
2011	522095	17902	493618	2594	7981	3851.84	505.16	2082.68	9.63	1254.37
2012	586299	18528	556510	2725	8535	4372.06	514.88	2470.11	10.01	1377.06
2013	636816	20459	604934	2426	8997	4852.41	565.91	2776.08	10.23	1500.19
2013(调整) (Adjusted)	175109	20459	143406	2247	8997	3538.10	565.91	1462.82	9.18	1500.19
2014	193363	23744	157234	2613	9771	3967.28	670.78	1629.79	10.67	1656.05
2015	207345	26536	168028	2728	10054	4335.79	747.05	1769.61	10.50	1808.63
2015(调整) (Adjusted)	137368	26536	98050	2728	10054	3601.12	747.05	1034.94	10.50	1808.63
2016	144262	28954	102094	2648	10566	3842.58	793.44	1079.80	10.34	1959.00

15−3 旅客运输量指数

Indices of Passenger Traffic

上年=100 (preceding year=100)

年份 Year	客运量 Passenger Traffic					旅客周转量 Passenger-kilometers				
	合计 Total	铁路 Railways	公路 Highways	水路 Waterways	民航 Civil Aviation	合计 Total	铁路 Railways	公路 Highways	水路 Waterways	民航 Civil Aviation
1978	107.9	105.6	109.0	104.8	144.8	110.4	112.8	109.8	102.3	151.9
1979	114.9	115.5	116.0	109.2	144.2	123.5	129.1	119.8	117.1	165.2
1980	117.3	101.0	125.2	97.7	118.6	121.2	120.4	128.0	109.3	97.4
1981	107.4	100.0	110.0	99.1	125.1	110.9	109.0	112.2	106.0	121.0
1982	119.7	95.7	126.6	99.9	122.4	111.8	102.6	117.1	102.4	125.4
1983	107.2	107.2	108.6	96.4	89.6	111.9	117.8	114.0	99.7	94.6
1984	119.7	109.2	124.4	87.3	142.9	125.6	115.3	130.4	98.3	183.2
1985	109.2	112.6	109.1	103.6	131.6	118.1	121.3	116.1	101.0	148.7
1986	90.0	102.8	88.2	91.7	125.2	95.0	106.7	86.0	91.4	130.8
1987	125.1	110.3	127.4	102.8	118.2	176.9	118.1	195.5	107.0	113.4
1988	137.9	116.9	141.2	98.6	112.8	50.5	123.2	38.5	105.8	118.1
1989	30.5	101.1	28.4	35.8	92.0	111.3	102.2	118.4	91.4	92.5
1990	117.0	91.5	121.6	71.9	131.3	101.2	97.8	99.4	96.0	130.1
1991	106.9	112.0	106.9	95.4	121.1	116.2	123.7	113.5	106.1	125.8
1992	112.2	124.8	110.0	151.2	141.3	118.6	129.3	110.6	123.3	147.9
1993	101.9	109.5	101.9	87.9	105.3	111.6	122.0	109.6	99.4	107.8
1994	131.0	101.2	131.6	183.1	122.0	133.4	101.9	146.5	129.7	128.9
1995	104.8	90.8	106.2	91.3	112.6	100.7	99.4	99.0	93.7	114.5
1996	98.3	89.0	99.5	82.2	102.4	100.3	94.3	102.2	66.3	106.6
1997	96.0	110.9	96.1	71.6	97.1	102.0	115.4	98.4	83.3	106.1
1998	107.1	108.7	107.5	90.0	103.3	103.9	109.3	102.3	80.6	107.0
1999	112.2	112.0	112.8	95.5	96.6	108.8	109.3	111.1	98.2	99.7
2000	108.4	111.9	108.5	90.7	114.2	112.6	113.8	111.4	85.5	118.7
2001	108.4	105.1	108.7	100.8	117.1	110.1	104.5	110.0	97.9	118.8
2002	105.6	104.1	105.7	98.5	117.2	111.0	108.2	110.0	99.2	118.8
2003	101.3	97.2	101.8	94.1	97.9	101.0	97.8	104.1	100.9	93.5
2004	105.9	117.1	105.0	82.7	137.4	115.4	115.4	109.4	89.1	141.0
2005	104.8	106.4	103.8	112.9	166.7	122.1	106.3	110.7	93.8	172.9
2006	122.3	93.8	126.2	101.7	112.6	109.9	106.1	109.1	124.0	113.3
2007	107.0	110.9	106.4	99.9	121.5	117.0	111.5	116.3	90.4	121.5
2008	115.4	114.0	116.1	91.8	105.1	108.3	108.4	111.1	89.3	103.8
2009	88.5	97.5	87.8	117.6	115.4	111.8	97.0	115.2	93.6	114.2
2010	108.9	111.7	108.7	119.6	113.3	117.1	112.0	118.1	118.4	117.8
2011	111.8	119.7	111.6	115.8	104.6	115.2	110.7	119.9	115.2	109.9
2012	112.3	103.5	112.7	105.1	106.9	113.5	101.9	118.6	103.9	109.8
2013	108.6	110.4	108.7	89.0	105.4	111.0	109.9	112.4	102.2	108.9
2014	110.5	116.1	109.6	116.2	108.6	112.1	118.5	111.4	116.2	110.4
2015	107.2	111.8	106.9	104.4	102.9	109.3	111.4	108.6	98.4	109.2
2016	105.0	109.1	104.1	97.1	105.1	106.7	106.2	104.3	98.5	108.3

15-4 各市客运量

Passenger Traffic by City

单位：万人 (10000 persons)

市别	City	2005	2010	2011	2012	2013	2013 (调整) (Adjusted)	2014	2015	2015 (调整) (Adjusted)	2016
总计	**Total**	**161357**	**467049**	**522095**	**586299**	**636816**	**175109**	**193363**	**207345**	**137368**	**144262**
广州	Guangzhou	22583	47872	51186	62142	70891	70891	78762	85170	22859	23879
深圳	Shenzhen	9500	151404	163376	179724	195998	6387	6831	7040	6509	6039
珠海	Zhuhai	4874	19078	22547	26645	28642	3314	3726	4017	3684	3708
汕头	Shantou	1991	2539	2925	3406	3794	1821	1766	1642	1582	1555
佛山	Foshan	11472	25166	34881	42935	49146	5168	5768	5387	5203	5307
韶关	Shaoguan	2280	10200	11878	15451	17144	4223	5032	5515	4891	5166
河源	Heyuan	1969	3294	3878	4653	5575	2406	2922	3257	2876	3223
梅州	Meizhou	3550	4399	5055	5803	6415	2420	2627	2859	2557	2705
惠州	Huizhou	5049	12763	13008	16026	16673	5939	6411	6799	6157	6422
汕尾	Shanwei	3800	7250	9524	11883	12636	1116	1171	1237	1123	1196
东莞	Dongguan	30951	77446	80337	79739	78113	5638	5555	5071	4961	4874
中山	Zhongshan	9200	13258	21083	28044	33903	1985	2256	1822	1896	1599
江门	Jiangmen	8249	18096	19052	19578	20102	10162	9546	10272	9239	9742
阳江	Yangjiang	1585	4111	4285	4324	4315	1521	1571	1586	1472	1519
湛江	Zhanjiang	6413	12745	13892	14712	15643	6508	7764	9026	7926	8660
茂名	Maoming	5079	6830	7427	8175	8672	4954	5664	6367	5611	5977
肇庆	Zhaoqing	4436	6388	7322	7571	7674	3089	3114	3119	2905	3039
清远	Qingyuan	1959	9874	11061	12691	14354	2271	2668	3088	2714	2823
潮州	Chaozhou	733	2056	2717	3389	3762	1757	1987	2255	1983	2240
揭阳	Jieyang	3014	4789	5380	5886	6216	1836	1944	2041	1856	2074
云浮	Yunfu	2509	4907	5398	6458	7693	2246	2762	3188	2775	2994
不分地区	Unclassified	20161	22584	25883	27064	29456	29456	33516	36589	36589	39520
按经济区域分	By Region										
珠三角	Pearl River Delta	126475	394055	438675	489468	530597	142030	155484	165285	100001	104130
东翼	Eastern Region	9538	16634	20546	24564	26408	6529	6869	7175	6544	7065
西翼	Western Region	13077	23686	25604	27211	28630	12983	14999	16979	15009	16156
山区	Mountainous Region	12267	32674	37270	45056	51181	13567	16011	17907	15814	16911

注：分市数据仅含公路和水路运输，铁路和民航运输在“不分地区”反映。下表同。

Note: Data by city only include the figures of highway and waterway transportation, whereas data of railway and civil aviation transportation are reflected in the category “Unclassified by Region”. The same applies to the following table.

15-5 各市旅客周转量

Passenger-kilometers by City

单位：亿人公里 (100 million passenger-km)

市别	City	2005	2010	2011	2012	2013	2013 (调整) (Adjusted)	2014	2015	2015 (调整) (Adjusted)	2016
总计	**Total**	**2043.23**	**3342.23**	**3851.84**	**4372.06**	**4852.41**	**3538.10**	**3967.28**	**4335.79**	**3601.12**	**3842.58**
广州	Guangzhou	193.24	461.34	516.84	607.61	698.67	698.66	793.50	861.08	229.50	241.60
深圳	Shenzhen	71.42	242.13	286.18	320.76	357.20	129.70	137.85	144.31	130.41	118.59
珠海	Zhuhai	41.69	68.90	73.20	81.40	80.42	57.76	63.45	69.18	61.62	60.94
汕头	Shantou	21.08	51.67	61.80	73.48	84.87	26.30	24.24	22.45	21.53	20.98
佛山	Foshan	50.94	82.76	105.10	117.54	125.27	51.40	60.09	59.31	55.15	63.49
韶关	Shaoguan	14.17	40.41	48.54	63.12	70.74	21.42	26.04	28.55	25.21	26.64
河源	Heyuan	36.97	38.18	44.11	53.41	63.91	27.39	33.49	38.44	33.23	37.02
梅州	Meizhou	41.73	51.79	63.70	78.66	88.14	33.35	35.46	39.52	34.69	37.03
惠州	Huizhou	35.97	49.46	73.05	116.48	124.59	46.60	51.90	57.43	50.46	53.26
汕尾	Shanwei	26.90	52.98	71.80	93.34	106.96	10.77	12.39	14.05	12.22	13.34
东莞	Dongguan	158.53	129.07	145.88	156.88	155.99	86.71	85.46	81.55	77.13	77.32
中山	Zhongshan	48.84	88.99	155.82	216.61	277.03	11.61	14.15	21.77	16.54	18.90
江门	Jiangmen	60.30	58.99	60.55	64.46	67.31	61.65	59.61	64.71	57.36	60.62
阳江	Yangjiang	26.29	21.80	28.98	30.03	31.14	10.58	10.91	11.01	10.12	10.32
湛江	Zhanjiang	62.10	82.45	94.29	103.00	114.06	65.33	80.23	95.49	81.17	88.30
茂名	Maoming	64.83	61.47	70.58	80.05	87.22	43.80	50.87	59.23	50.75	55.05
肇庆	Zhaoqing	25.40	33.22	39.53	41.85	42.72	14.67	14.68	14.71	13.58	13.79
清远	Qingyuan	35.45	38.68	43.98	51.19	57.68	17.04	20.51	24.08	20.67	21.82
潮州	Chaozhou	19.37	23.93	31.07	38.84	43.13	21.30	24.24	27.53	23.87	27.02
揭阳	Jieyang	67.53	37.28	45.40	53.20	60.70	19.82	21.12	22.22	20.03	22.28
云浮	Yunfu	18.62	29.21	31.92	38.21	48.55	16.15	20.29	23.49	20.19	21.82
不分地区	Unclassified	921.87	1597.53	1759.53	1891.94	2066.10	2066.10	2326.82	2555.68	2555.68	2752.44
按经济区域分	By Region										
珠三角	Pearl River Delta	1608.20	2812.37	3215.67	3615.53	3995.29	3224.87	3607.50	3929.73	3247.43	3460.96
东翼	Eastern Region	134.87	165.86	210.07	258.86	295.67	78.19	81.98	86.25	77.66	83.62
西翼	Western Region	153.23	165.72	193.85	213.08	232.43	119.70	142.01	165.73	142.03	153.67
山区	Mountainous Region	146.93	198.27	232.25	284.59	329.02	115.35	135.79	154.08	133.99	144.33

15-6 全社会货物运输量

Total Freight Traffic

年份 Year	货运量(万吨) Freight Traffic (10000 tons)						货物周转量(亿吨公里) Freight Ton-kilometers (100 million ton-km)					
	合计 Total	铁路 Railways	公路 Highways	水路 Waterways	民航 Civil Aviation	管道 Pipelines	合计 Total	铁路 Railways	公路 Highways	水路 Waterways	民航 Civil Aviation	管道 Pipelines
1985	58726	3000	42813	12045	4	864	1767.86	102.29	156.45	1503.47	0.38	5.27
1986	65078	4269	49030	10831	4	944	1845.33	130.02	127.28	1581.60	0.45	5.98
1987	74571	4493	57393	11664	5	1016	1982.59	142.56	179.41	1653.81	0.54	6.27
1988	79811	4504	57717	16583	6	1001	2209.11	151.55	216.22	1834.41	0.67	6.26
1989	85054	4888	63254	15820	6	1086	2419.57	168.39	301.16	1942.79	0.71	6.52
1990	85809	4803	63709	16198	8	1091	2598.88	179.54	346.27	2065.69	0.90	6.48
1991	94136	5347	69784	17718	10	1277	3181.83	206.18	386.49	2580.79	1.06	7.31
1992	113119	6089	84181	21346	12	1491	3560.59	239.34	583.36	2727.97	1.41	8.51
1993	125273	6595	87567	29660	14	1437	3797.09	261.91	428.17	3097.19	1.70	8.12
1994	119901	6971	81361	30165	20	1384	4326.09	280.31	443.54	3592.35	2.39	7.50
1995	111063	7634	68884	32952	21	1572	4642.91	290.78	352.45	3990.19	2.75	6.74
1996	95598	8138	60131	25699	24	1606	3761.09	294.12	327.81	3129.27	3.27	6.62
1997	99763	8430	62728	26873	25	1707	3837.78	294.45	341.08	3185.26	3.99	13.00
1998	101933	8288	65682	25669	28	2266	3453.92	290.65	371.08	2750.19	4.90	37.10
1999	106334	8150	70626	24857	31	2670	2980.69	282.68	426.70	2223.75	5.45	42.11
2000	119216	15172	75365	25696	31	2952	3064.51	295.97	472.49	2247.86	6.45	41.74
2001	131621	15435	86555	26434	35	3162	3221.47	296.79	522.89	2350.73	7.54	43.52
2002	137032	14790	92736	26263	42	3201	3229.39	277.87	576.35	2323.27	9.94	41.96
2003	143964	15375	97806	27412	42	3329	3666.83	285.02	614.01	2719.83	11.76	36.21
2004	156094	19495	102843	29783	49	3924	4148.54	341.26	657.49	3091.39	13.22	45.18
2005	158470	18647	105581	30179	73	3989	4359.97	319.68	781.41	3195.85	17.45	45.58
2005(调整) (adjusted)	133992	18647	84861	26422	73	3989	3917.43	319.68	646.55	2888.17	17.45	45.58
2006	145911	16170	97461	27503	79	4698	4162.77	333.12	742.67	2964.89	18.70	103.39
2007	165426	16480	112611	30893	87	5355	4430.93	337.31	906.84	3043.53	20.14	123.11
2007(调整) (adjusted)	160455	11285	112611	30893	87	5578	4489.69	337.31	906.84	3043.53	20.14	181.87
2008	176279	11545	126068	32318	85	6263	4520.12	344.96	1064.55	2878.85	18.38	213.38
2008(调整) (adjusted)	153256	11545	101428	33935	85	6263	4591.22	344.96	1225.30	2853.92	18.38	148.66
2009	179722	11254	125433	36623	90	6322	4942.83	309.55	1518.43	2937.94	18.83	158.08
2010	205034	12170	142389	43092	116	7267	5933.88	329.49	1753.40	3642.22	32.98	175.79
2011	234978	12034	166567	48856	118	7403	7113.29	322.25	2150.04	4427.64	37.00	176.36
2012	266359	12002	189034	57737	128	7458	9780.56	306.04	2434.95	6820.29	42.40	176.89
2013	305833	12042	217630	68378	131	7652	12495.93	301.55	2875.68	9104.57	44.20	169.94
2013(调整) (adjusted)	328138	12042	239462	68851	131	7652	12212.56	301.55	2668.03	9028.84	44.20	169.94
2014	353732	11143	257135	77220	144	8090	15020.92	274.81	3113.84	11407.80	51.05	173.42
2015	376434	10072	279983	78093	149	8137	15130.59	253.90	3454.99	11190.91	56.47	174.33
2015(调整) (adjusted)	349832	10072	255993	75481	149	8137	14667.43	253.90	3108.81	11073.92	56.47	174.33
2016	377645	10135	272826	85633	160	8891	22032.27	254.41	3381.92	18160.35	61.85	173.74

15-7 货物运输量指数

Indices of Freight Traffic

上年=100 (preceding year=100)

年份 Year	货运量 Freight Traffic						货物周转量 Freight Ton-kilometers					
	合计 Total	铁路 Railways	公路 Highways	水路 Waterways	民航 Civil Aviation	管道 Pipelines	合计 Total	铁路 Railways	公路 Highways	水路 Waterways	民航 Civil Aviation	管道 Pipelines
1978	96.3	109.2	74.9	104.5	126.6		110.9	110.9	93.0	111.1	140.0	
1979	92.1	103.5	88.9	87.2	100.0	197.2	138.4	103.5	96.6	141.9	142.9	192.9
1980	101.4	93.8	85.3	111.3	151.0	151.4	98.2	99.1	90.7	98.1	100.0	596.3
1981	92.2	84.8	87.0	93.1	102.6	165.3	84.3	92.7	93.8	83.5	100.0	280.7
1982	104.6	107.8	98.1	105.7	125.8	105.7	104.9	105.4	105.3	104.9	130.0	103.8
1983	100.4	104.9	92.4	100.5	118.5	108.7	110.1	108.8	87.6	110.3	123.1	109.8
1984	100.0	108.6	92.6	98.4	133.8	105.3	98.8	112.2	84.7	97.9	162.5	101.9
1985	177.1	105.5	225.5	115.1	133.3	101.2	109.2	111.8	206.5	104.0	146.2	100.4
1986	110.8	142.3	114.5	89.9	100.0	109.3	104.4	127.1	81.4	105.2	118.4	113.5
1987	114.6	105.2	117.1	107.7	125.0	107.6	107.4	109.6	141.0	104.6	120.0	104.8
1988	107.0	100.2	100.6	142.2	120.0	98.5	111.4	106.3	120.5	110.9	124.1	99.8
1989	106.6	108.5	109.6	95.4	100.0	108.5	109.5	111.1	139.3	105.9	106.0	104.2
1990	100.9	98.3	100.7	102.4	133.3	100.5	107.4	106.6	115.0	106.3	126.8	99.4
1991	109.7	111.3	109.5	109.4	125.0	117.0	122.4	114.8	111.6	124.9	117.8	112.8
1992	120.2	113.9	120.6	120.5	120.0	116.8	111.9	116.1	150.9	105.7	133.0	116.4
1993	110.7	108.3	104.0	138.9	116.7	96.4	106.6	109.4	73.4	113.5	120.6	95.4
1994	95.7	105.7	92.9	101.7	142.9	96.3	113.9	107.0	103.6	116.0	140.6	92.4
1995	92.6	109.5	84.7	109.2	105.0	113.6	107.3	103.7	79.5	111.1	115.1	89.9
1996	86.1	106.6	87.3	78.0	114.3	102.2	81.0	101.1	93.0	78.4	118.9	98.2
1997	104.4	103.6	104.3	104.6	104.2	106.3	102.0	100.1	104.0	101.8	122.0	196.4
1998	102.2	98.3	104.7	95.5	112.0	132.7	90.0	98.7	108.8	86.3	122.8	285.4
1999	104.3	98.3	107.5	96.8	110.7	117.8	86.3	97.3	115.0	80.9	111.2	113.5
2000	106.0	106.0	106.7	103.4	100.0	110.6	102.8	104.7	110.7	101.1	118.3	99.1
2001	110.4	101.7	114.8	102.9	112.9	107.1	105.1	100.3	110.7	104.6	116.9	104.3
2002	104.1	95.8	107.1	99.4	120.0	101.2	100.2	93.6	110.2	98.8	131.8	96.4
2003	105.1	104.0	105.5	104.4	100.0	104.0	113.5	102.6	106.5	117.1	118.3	86.3
2004	108.4	126.8	105.1	108.6	116.7	117.9	113.1	119.7	107.1	113.7	112.4	124.8
2005	101.5	95.7	102.7	101.3	149.0	101.7	105.1	93.7	118.8	103.4	132.0	100.9
2006	108.9	86.7	114.8	104.1	108.1	117.8	106.3	104.2	114.9	102.7	107.2	226.8
2007	113.4	101.9	115.5	112.3	110.5	114.0	106.4	101.3	122.1	102.7	107.7	119.1
2008	109.9	102.3	111.9	104.6	97.1	112.3	100.7	102.3	117.4	94.6	91.3	117.3
2009	117.3	97.5	123.7	107.9	106.8	101.0	107.7	89.7	123.9	102.9	102.4	106.3
2010	114.1	108.1	113.5	117.7	128.1	114.9	120.1	106.4	115.5	124.0	175.1	111.2
2011	114.6	98.9	117.0	113.4	102.4	101.9	119.9	97.8	122.6	121.6	112.2	100.3
2012	111.5	99.7	113.5	109.1	107.9	100.7	116.0	95.0	113.3	119.5	114.6	100.3
2013	114.8	100.3	115.1	118.4	102.7	102.6	127.8	98.5	118.1	133.5	104.2	96.1
2014	107.8	92.5	107.4	112.2	110.0	105.7	123.0	91.1	116.7	126.3	115.5	102.0
2015	106.4	90.4	108.9	101.1	102.9	100.6	100.7	92.4	111.0	98.1	110.6	100.5
2016	108.0	100.6	106.6	113.4	107.6	109.3	150.2	100.2	108.8	164.0	109.5	99.7

15-8 各市货运量

Freight Traffic by City

单位：万吨 (10000 tons)

市 别	City	2005	2010	2011	2012	2013	2013 (调整) (Adjusted)	2014	2015	2015 (调整) (Adjusted)	2016
总 计	**Total**	**133992**	**205034**	**234978**	**266359**	**305833**	**328138**	**353732**	**376434**	**349832**	**377645**
广 州	Guangzhou	28026	51335	56585	67678	82052	93804	90208	94303	89662	103083
深 圳	Shenzhen	7837	25706	28408	28217	29226	27055	29183	32331	30814	30999
珠 海	Zhuhai	2225	7038	6887	7581	8457	9862	10874	11626	10528	10869
汕 头	Shantou	1703	3087	3576	4078	4628	5349	6055	6469	5766	6150
佛 山	Foshan	17354	19153	23496	24757	27206	27206	28756	29428	27880	29372
韶 关	Shaoguan	3251	6364	7056	9738	12184	13916	17291	19024	16925	18397
河 源	Heyuan	986	2244	2698	3296	3995	4789	5755	6509	5519	6203
梅 州	Meizhou	3751	4092	4747	5608	6325	6325	7159	7820	7227	7913
惠 州	Huizhou	4786	11104	14224	17111	19063	17821	21545	23435	21711	23455
汕 尾	Shanwei	1106	1232	1596	1765	1934	2310	2432	2536	2344	2515
东 莞	Dongguan	5127	9312	10165	11191	12863	14690	15375	15923	15386	15593
中 山	Zhongshan	5985	7820	11439	14770	16719	16719	18864	17963	18076	18336
江 门	Jiangmen	5626	7458	8180	8996	9999	11292	13926	15407	13177	14046
阳 江	Yangjiang	417	1752	2980	4173	7672	7372	10340	11385	10038	9975
湛 江	Zhanjiang	5016	6808	8847	9530	10590	12391	14157	16528	14690	16023
茂 名	Maoming	4388	4365	5202	6157	7123	8451	8860	9895	8808	9653
肇 庆	Zhaoqing	3689	2869	3342	3681	4472	5226	6382	7303	6200	6626
清 远	Qingyuan	3200	7155	8038	9238	10363	12048	13989	15267	13460	14568
潮 州	Chaozhou	1310	2339	2970	3541	3944	3944	4413	4928	4476	5053
揭 阳	Jieyang	2213	1945	2280	2559	2784	3333	3547	3898	3468	3795
云 浮	Yunfu	3286	2303	2707	3106	4410	4410	5244	6099	5318	5835
不分地区	Unclassified	22710	19553	19555	19588	19825	19825	19377	18358	18358	19186
按经济区域分	By Region										
珠 三 角	Pearl River Delta	103365	161348	182281	203570	229882	243500	254491	266078	251791	271565
东 翼	Eastern Region	6332	8603	10422	11943	13290	14936	16447	17831	16055	17513
西 翼	Western Region	9821	12925	17029	19860	25385	28214	33357	37808	33535	35651
山 区	Mountainous Region	14474	22158	25246	30986	37277	41488	49438	54719	48450	52916

注：分市数据仅含公路和水路运输，铁路、民航和管道运输在“不分地区”反映。下表同。

Note: Data by city only include the figures of highway and waterway transportation, whereas data of railway, civil aviation and pipeline transportation are reflected in the category “Unclassified by Region”. The same applies to the following table.

15-9 各市货物周转量

Freight Ton-kilometers by City

单位：亿吨公里 (100 million ton-km)

市别	City	2005	2010	2011	2012	2013	2013 (调整) (Adjusted)	2014	2015	2015 (调整) (Adjusted)	2016
总计	**Total**	**3917.43**	**5933.88**	**7113.29**	**9780.56**	**12495.93**	**12212.56**	**15020.92**	**15130.59**	**14667.43**	**22032.27**
广州	Guangzhou	2431.16	2032.86	2436.53	4570.28	6563.75	6527.54	8396.58	8225.53	8144.78	15348.54
深圳	Shenzhen	317.28	1627.56	1931.80	1969.89	2090.03	1986.97	2374.25	2241.11	2254.79	2232.10
珠海	Zhuhai	84.89	168.12	101.02	115.17	133.39	135.31	155.75	167.01	158.97	149.38
汕头	Shantou	38.41	101.79	133.88	161.12	183.93	185.99	186.80	170.80	161.86	138.68
佛山	Foshan	182.11	152.08	199.45	215.99	240.72	221.95	252.45	266.40	246.36	271.81
韶关	Shaoguan	26.97	118.91	143.07	206.87	255.05	262.45	330.35	359.42	309.17	340.47
河源	Heyuan	8.48	34.02	40.74	50.39	60.47	63.21	76.60	87.46	73.81	82.64
梅州	Meizhou	45.95	73.69	92.39	115.02	133.26	133.26	157.63	177.60	154.25	168.34
惠州	Huizhou	40.29	152.97	217.17	287.86	336.30	297.99	390.28	476.75	396.19	436.43
汕尾	Shanwei	8.60	13.44	17.56	22.97	26.07	22.25	25.77	29.30	26.87	29.67
东莞	Dongguan	32.94	109.03	187.48	296.71	432.27	435.39	448.01	508.71	504.85	455.23
中山	Zhongshan	43.03	64.81	94.28	122.05	146.55	146.55	171.06	167.46	160.72	164.95
江门	Jiangmen	70.96	112.55	107.19	115.29	135.07	138.32	168.24	182.29	158.49	169.24
阳江	Yangjiang	2.98	39.93	64.88	95.35	152.64	139.95	183.83	195.05	183.47	166.15
湛江	Zhanjiang	57.47	177.54	300.77	301.27	388.21	321.69	406.03	469.13	432.04	473.27
茂名	Maoming	23.78	92.42	118.35	140.43	162.06	167.27	190.25	211.71	190.14	214.80
肇庆	Zhaoqing	24.87	38.56	45.36	50.73	60.39	53.07	65.15	76.11	67.47	71.06
清远	Qingyuan	29.37	118.19	136.96	158.39	179.57	186.52	223.74	262.28	218.53	238.45
潮州	Chaozhou	25.27	103.37	130.88	163.68	175.63	175.63	201.64	234.40	215.51	254.40
揭阳	Jieyang	22.64	26.93	34.08	42.34	51.18	53.41	65.10	77.53	63.74	69.84
云浮	Yunfu	17.26	36.83	43.85	53.44	73.72	42.13	52.13	59.85	60.72	66.81
不分地区	Unclassified	382.72	538.26	535.61	525.33	515.69	515.69	499.28	484.69	484.70	490.00
按经济区域分	By Region										
珠三角	Pearl River Delta	3610.25	4996.80	5855.88	8269.29	10654.14	10458.78	12921.04	12796.07	12577.32	19788.74
东翼	Eastern Region	94.92	245.54	316.40	390.11	436.81	437.29	479.31	512.03	467.98	492.60
西翼	Western Region	84.22	309.90	484.00	537.05	702.91	628.92	780.11	875.89	805.65	854.23
山区	Mountainous Region	128.04	381.64	457.01	584.11	702.07	687.57	840.45	946.61	816.48	896.71

15-10 运输工具和线路拥有量

Number of Means of Transport and Length of Transport Routes

项 目		Item		2000	2010	2013	2014	2015	2016
铁 路		**Railways**							
铁路机车	(台)	Number of Locomotives	(unit)	538	448	356	354	350	424
铁路营业里程	(公里)	Length of Railways in Operation	(km)	1942	2297	3203	3818	5141	5535
中央铁路		National Railways		694	629	629	629	629	629
地方铁路		Local Railways		1248	1668	2574	3189	4512	4906
公 路		**Highways**							
公路通车里程	(公里)	Length of Highways	(km)	102606	190144	202915	212094	216023	218085
民用汽车	(万辆)	Civil Motor Vehicles	(10000 units)	172.91	783.50	1178.51	1332.94	1472.33	1675.50
载客汽车	(万辆)	Passenger Vehicles	(10000 units)	85.34	629.30	992.39	1144.18	1290.57	1485.65
	(万客位)	Passenger Vehicle Seats	(10000 seats)	796.92	4148.85	6089.14	6832.82	7572.21	8612.19
私人轿车	(万辆)	Private Vehicles	(10000 units)	25.39	380.46	619.69	722.23	820.12	940.03
载货汽车	(万辆)	Freight Vehicles	(10000 units)	84.38	147.53	178.89	181.81	174.90	183.02
	(万吨位)	Tonnage of Freight Vehicles	(10000 tonnages)	351.75	268.23	340.11	357.46	354.81	383.77
水 运		**Waterways**							
内河通航里程	(公里)	Length of Navigable Inland Waterways	(km)	13696	13596	12096	12150	12150	12150
机动船	(艘)	Number of Motor Vessels	(unit)	21733	8793	8474	8709	8716	8579
	(万净载重吨位)	Tonnage of Motor Vessels(dead weight tonnage)		526.88	1140.71	2401.37	2728.05	2703.55	2144.80
	(客位)	Number of Motor Vessel Seats	(seat)	149004	65960	78700	83020	80219	83815
	(总功率万千瓦)	Total Power	(10000 kws)		420.54	632.26	677.39	688.33	622.23
驳 船	(艘)	Number of Barges	(unit)	1076	23	20	19	19	18
	(净载重吨位)	Tonnage of Barges	(dead weight tonnage)	274836	29318	33208	33717	28220	26758
民 航		**Civil Aviation**							
民用航空航线条数	(条)	Number of Civil Aviation Routes	(line)	329	815	886	930	963	1021
民用航空航线里程	(万公里)	Length of Civil Aviation Routes	(10000 kms)	50.03	180.74	214.06	228.58	237.29	255.23
民用运输飞机	(架)	Number of Civil Aircrafts	(unit)	106	441	560	581	625	651
管 道		**Pipelines**							
条 数	(条)	Number of Pipelines	(line)	45	105	107	107	116	119
输油(气)里程	(公里)	Length of Petroleum and Gas Pipelines	(km)	1535.57	6033.62	6470.39	5404.26	6500.90	8553.51

15-11 各市民用汽车拥有量（2016年）

Possession of Civil Vehicles by City (2016)

单位：辆 (unit)

市别	City	民用汽车总计 Total	载客汽车 Passenger Vehicles	#轿车 Sedan Cars	按车型分 By Vehicle Type 大型 Large	中型 Medium	小型 Small	微型 Minibuses
总计	**Total**	**16755043**	**14856548**	**9946270**	**163034**	**74380**	**14534493**	**84641**
广州	Guangzhou	2300405	1997431	1272757	36160	16993	1934271	10007
深圳	Shenzhen	3178832	2828974	1910043	38329	14512	2762808	13325
珠海	Zhuhai	473746	432187	299387	7368	1888	422915	16
汕头	Shantou	560986	488206	343822	3745	1746	477690	5025
佛山	Foshan	2020053	1831136	1233818	11881	6615	1801899	10741
韶关	Shaoguan	252358	222358	145989	2178	1393	217276	1511
河源	Heyuan	238688	204960	134024	2186	1310	200543	921
梅州	Meizhou	333717	281369	198279	2922	1305	274534	2608
惠州	Huizhou	876193	811515	560263	7686	2112	797668	4049
汕尾	Shanwei	110188	97172	65524	1994	547	93969	662
东莞	Dongguan	2246220	2082986	1359765	16955	5161	2054316	6554
中山	Zhongshan	831636	726133	477778	5249	2193	712559	6132
江门	Jiangmen	610470	531043	369151	3734	2422	520595	4292
阳江	Yangjiang	257580	222492	166905	1355	695	218972	1470
湛江	Zhanjiang	375430	317471	225829	4553	1946	309247	1725
茂名	Maoming	413057	349634	252870	2909	2161	341238	3326
肇庆	Zhaoqing	410539	347252	221701	3199	1630	340801	1622
清远	Qingyuan	445734	383862	241049	2963	2049	376919	1931
潮州	Chaozhou	248802	217625	147861	1077	533	211184	4831
揭阳	Jieyang	343083	292897	201120	3218	1177	286111	2391
云浮	Yunfu	189665	159527	108655	1417	1256	155357	1497
不分地区	Unclassified	37661	30318	9680	1956	4736	23621	5
按经济区域分	By Region							
珠三角	Pearl River Delta	12985755	11618975	7714343	132517	58262	11371453	56743
东翼	Eastern Region	1263059	1095900	758327	10034	4003	1068954	12909
西翼	Western Region	1046067	889597	645604	8817	4802	869457	6521
山区	Mountainous Region	1460162	1252076	827996	11666	7313	1224629	8468

15-11 续表 continued

单位：辆 (unit)

市别	City	载货汽车 Freight Vehicles	按车型分 By Vehicle Type 重型 Heavy	中型 Medium	轻型 Light	微型 Mini Trucks	其他汽车 Others
总计	**Total**	**1830185**	**290904**	**124488**	**1385768**	**29025**	**68310**
广州	Guangzhou	292223	50524	22346	213909	5444	10751
深圳	Shenzhen	335476	80365	20678	234011	422	14382
珠海	Zhuhai	39862	6894	1425	31537	6	1697
汕头	Shantou	71533	6925	3031	53535	8042	1247
佛山	Foshan	184085	23625	13176	146153	1131	4832
韶关	Shaoguan	28939	3653	823	24113	350	1061
河源	Heyuan	29675	3442	2585	23249	399	4053
梅州	Meizhou	50415	6010	2501	41143	761	1933
惠州	Huizhou	61774	8290	3551	49533	400	2904
汕尾	Shanwei	12239	1949	1813	8188	289	777
东莞	Dongguan	158212	23281	13712	120742	477	5022
中山	Zhongshan	103132	8927	5774	87694	737	2371
江门	Jiangmen	77647	9366	5361	61987	933	1780
阳江	Yangjiang	33850	5079	2496	25879	396	1238
湛江	Zhanjiang	55790	9241	5964	40066	519	2169
茂名	Maoming	60875	10492	4063	44776	1544	2548
肇庆	Zhaoqing	62052	10799	5310	45847	96	1235
清远	Qingyuan	59814	12752	3788	43026	248	2058
潮州	Chaozhou	28579	1694	1452	23296	2137	2598
揭阳	Jieyang	48727	4406	3520	39620	1181	1459
云浮	Yunfu	29353	3152	931	21763	3507	785
不分地区	Unclassified	5933	38	188	5701	6	1410
按经济区域分	By Region						
珠三角	Pearl River Delta	1320396	222109	91521	997114	9652	46384
东翼	Eastern Region	161078	14974	9816	124639	11649	6081
西翼	Western Region	150515	24812	12523	110721	2459	5955
山区	Mountainous Region	198196	29009	10628	153294	5265	9890

15-12 各市私人汽车拥有量（2016年）

Possession of Private Vehicles by City (2016)

单位：辆 (unit)

市别	City	汽车总计 Total	载客汽车 Passenger Vehicles	#轿车 Sedan Cars	载货汽车 Freight Vehicles	其它汽车 Others
总计	**Total**	**14859569**	**13700570**	**9400342**	**1129603**	**29396**
广州	Guangzhou	1848977	1718303	1136735	126878	3796
深圳	Shenzhen	2650617	2542784	1765169	103510	4323
珠海	Zhuhai	413420	388070	277216	24744	606
汕头	Shantou	520116	466028	333425	53700	388
佛山	Foshan	1867149	1731317	1186424	133881	1951
韶关	Shaoguan	228586	207012	139388	21187	387
河源	Heyuan	219641	191328	127852	24995	3318
梅州	Meizhou	310742	266625	191869	42946	1171
惠州	Huizhou	820089	774679	543980	44343	1067
汕尾	Shanwei	99754	89428	62558	9819	507
东莞	Dongguan	2065584	1968998	1307462	94988	1598
中山	Zhongshan	763724	685517	457832	77325	882
江门	Jiangmen	555435	499398	355587	55435	602
阳江	Yangjiang	241838	212490	162178	28794	554
湛江	Zhanjiang	340145	294215	215732	44493	1437
茂名	Maoming	386203	334175	245921	49996	2032
肇庆	Zhaoqing	381551	328655	215232	52196	700
清远	Qingyuan	415773	365118	233666	49635	1020
潮州	Chaozhou	233328	208832	144124	22972	1524
揭阳	Jieyang	321096	277678	193676	42332	1086
云浮	Yunfu	175801	149920	104316	25434	447
按经济区域分	By Region					
珠三角	Pearl River Delta	11366546	10637721	7245637	713300	15525
东翼	Eastern Region	1174294	1041966	733783	128823	3505
西翼	Western Region	968186	840880	623831	123283	4023
山区	Mountainous Region	1350543	1180003	797091	164197	6343

15-13 各市公路基本情况（2016年）
Basic Conditions of Highways by City (2016)

单位：公里 (km)

市别	City	通车里程 Length of Highways	按等级分 By Class 等级路 Expres-sways and Class I to IV Highways	按等级分 By Class 等外路 Highways below Class IV	按路面分 By Pavement 有铺装路面 Paved Highways	按路面分 By Pavement 简易铺装路面 Simply-paved Highways	按路面分 By Pavement 未铺装路面 Unpaved Highways	桥梁 Bridges 座 Number (unit)	桥梁 Bridges 米 Span (meter)
总计	**Total**	**218085**	**204614**	**13471**	**153063**	**8443**	**56579**	**46485**	**3487336**
广州	Guangzhou	9335	8391	944	8300	77	958	3003	503601
深圳	Shenzhen	1638	1638		1638			818	117900
珠海	Zhuhai	1462	1436	26	1310	24	128	477	122588
汕头	Shantou	3836	3827	9	2917	11	908	1066	67656
佛山	Foshan	5291	5291		5291			2382	444209
韶关	Shaoguan	16410	16372	38	11706	160	4544	2340	151972
河源	Heyuan	15825	15134	692	10936	74	4816	3447	131181
梅州	Meizhou	17708	16445	1263	13844	8	3855	3924	209650
惠州	Huizhou	13541	13522	19	9961	553	3027	3153	172807
汕尾	Shanwei	5554	5321	233	3891	76	1587	1278	41487
东莞	Dongguan	5265	5179	86	5214	10	41	1432	245371
中山	Zhongshan	2631	2587	44	2523	6	101	1233	184600
江门	Jiangmen	10085	8268	1817	6815	70	3200	2620	142094
阳江	Yangjiang	10513	9905	609	6033	2223	2257	2119	80486
湛江	Zhanjiang	22146	16137	6009	11498	1603	9045	2302	87277
茂名	Maoming	17422	16632	791	10013	238	7172	3982	135578
肇庆	Zhaoqing	14384	14384		11280	238	2866	2465	175134
清远	Qingyuan	24803	24676	127	14278	2962	7563	3811	236155
潮州	Chaozhou	5223	5155	67	4130	2	1090	1011	36391
揭阳	Jieyang	7307	7202	105	5231	2	2074	1965	91060
云浮	Yunfu	7708	7114	594	6254	107	1347	1657	110138
按经济区域分	By Region								
珠三角	Pearl River Delta	63631	60695	2936	52332	978	10321	17583	2108304
东翼	Eastern Region	21919	21505	414	16170	91	5658	5320	236594
西翼	Western Region	50081	42673	7408	27544	4064	18474	8403	303342
山区	Mountainous Region	82454	79741	2713	57018	3311	22125	15179	839097

15-14 公路通车里程和桥梁数

Length of Highways and Number of Bridges

项　目	Item	2000	2010	2012	2013	2014	2015	2016
通车里程　（公里）	**Length of Highways (km)**	**102606**	**190144**	**194943**	**202915**	**212094**	**216023**	**218085**
按等级分	By Class							
等级路	Expressways and Class Ⅰ to Ⅳ Highways	93695	170144	177204	186357	197131	201456	204614
高速公路	Expressways	1186	4839	5524	5703	6266	7021	7683
一 级	First Class	5391	10126	10544	10621	10787	10936	11332
二 级	Second Class	13397	19082	19042	19125	19233	19213	19200
三 级	Third Class	9156	16089	17210	17364	17840	18662	18838
四 级	Fourth Class	64565	120008	124884	133544	143005	145624	147561
等外公路	Highways below Class Ⅳ	8911	19999	17740	16558	14963	14567	13471
按路面分	By Pavement							
有铺装路面	Paved Highways		123784	134808	139115	143953	147976	153063
简易铺装路面	Simply-paved Highways		5721	4892	4972	9837	9418	8443
未铺装路面	Unpaved Highways		60638	55244	58828	58304	58629	56579
桥 梁　　（座）	**Number of Bridges (unit)**	**19668**	**42330**	**44468**	**45501**	**45196**	**45589**	**46485**
（米）	Span of Bridges (m)	819770	2340261	2801751	3019570	3137439	3205460	3487336
#永久式　（座）	Number of Permanent Bridges (unit)	19656	42233	44385	45417	45110	45501	46398
（米）	Span of Permanent Bridges (m)	819502	2337490	2799398	3017251	3134981	3202958	3484884
半永久式　（座）	Number of Semi-permanent Bridges (unit)	12	52	40	42	46	48	47
（米）	Span of Semi-permanent Bridges (m)	268	1391	1032	1020	1222	1266	1216
渡 口　　（个）	**Number of Ferries (unit)**	**33**	**71**	**80**	**80**	**80**	**79**	**80**

15-15 输油(气)管道长度和运输量

Length and Traffic of Petroleum and Gas Pipelines

项　目	Item	2000	2010	2012	2013	2014	2015	2016
总 计	**Total**							
条 数　（条）	Number of Pipelines (line)	45	105	109	107	107	116	119
输送里程　（公里）	Length of Pipelines (km)	1535.57	6033.62	6448.01	6470.39	5404.26	6500.90	8553.51
输油(气)量　（万吨）	Pipeline Traffic (10000 tons)	2952	7267	7458	7652	8090	8137	8891
输油(气)周转量(万吨公里)	Ton-kilometers (10000 ton-km)	417432	1757891	1768918	1699404	1734197	1743309	1737378
原油管道	**Crude Oil Pipelines**							
条 数　（条）	Number of Pipelines (line)	7	17	17	42	25	25	25
输送里程　（公里）	Length of Pipelines (km)	352.67	634.18	603.88	906.18	615.53	595.38	595.38
输油量　（万吨）	Pipeline Traffic (10000 tons)	1912	3364	3366	3919	3807	4474	5267
输油周转量　（万吨公里）	Ton-kilometers (10000 ton-km)	189623	352764	354884	365214	390996	382146	397318
成品油管道	**Refined Oil Pipelines**							
条 数　（条）	Number of Pipelines (line)	27	62	63	35	53	53	54
输送里程　（公里）	Length of Pipelines (km)	211.00	3925.88	4382.77	4091.06	4144.67	4283.67	6347.66
输油量　（万吨）	Pipeline Traffic (10000 tons)	663	3015	3366	3036	3645	3431	3382
输油周转量　（万吨公里）	Ton-kilometers (10000 ton-km)	13250	1153210	1206717	1178405	1219624	1247144	1234102
其他管道	**Other Pipelines**							
条 数　（条）	Number of Pipelines (line)	11	26	29	30	29	38	40
输送里程　（公里）	Length of Pipelines (km)	971.90	1473.56	1461.36	1473.15	644.06	1621.85	1610.47
输气量　（万吨）	Pipeline Traffic (10000 tons)	377	887	726	697	637	233	242
输气周转量　（万吨公里）	Ton-kilometers(10000 ton-km)	214559	251917	207317	155784	123577	114020	105958

15-16 民航航站吞吐量
Throughput of Civil Aviation Airports

年 份 Year	合 计 Total			进 港 In-port			出 港 Out-port		
	架次（万次） Sorties (10000 sorties)	旅客（万人） Passenger Traffic (10000 persons)	货物（万吨） Freight Traffic (10000 tons)	架次（万次） Sorties (10000 sorties)	旅客（万人） Passenger Traffic (10000 persons)	货物（万吨） Freight Traffic (10000 tons)	架次（万次） Sorties (10000 sorties)	旅客（万人） Passenger Traffic (10000 persons)	货物（万吨） Freight Traffic (10000 tons)
1980	1.60	161	2.90	0.80	81	1.40	0.80	80	1.50
1985	4.00	318	6.20	2.00	160	3.00	2.00	158	3.20
1990	6.20	687	13.50	3.10	343	5.90	3.10	344	7.60
1995	17.70	1963	39.50	8.80	963	14.10	8.90	1000	25.40
1996	18.20	2025	45.60	9.10	993	15.90	9.10	1032	29.70
1997	19.00	1981	49.00	9.50	974	16.70	9.50	1007	32.30
1998	20.80	2010	55.80	10.40	986	20.80	10.40	1024	35.00
1999	22.20	1929	63.70	11.10	942	25.60	11.10	987	38.10
2000	23.60	2143	73.00	11.80	1044	30.90	11.80	1099	42.10
2001	25.10	2344	81.00	12.50	1136	33.90	12.60	1208	47.10
2002	28.00	2731	95.70	14.00	1340	40.40	14.00	1391	55.30
2003	28.10	2751	82.40	14.10	1351	34.90	14.00	1400	47.50
2004	34.70	3661	115.80	17.30	1801	50.80	17.40	1860	65.00
2005	38.40	4100	133.00	19.20	2023	58.60	19.20	2077	74.40
2006	42.36	4599	151.13	21.18	2262	64.40	21.18	2337	86.70
2007	46.61	5407	133.20	23.30	2614	53.00	23.31	2793	80.20
2008	49.33	5738	130.47	24.60	2756	52.70	24.60	2982	77.78
2009	54.20	6462	158.50	27.10	3150	65.30	27.10	3312	93.20
2010	58.56	7189	198.40	29.30	3533	83.00	29.30	3655	115.50
2011	61.18	7768	203.96	30.59	3837	84.56	30.59	3931	119.40
2012	65.60	8283	213.59	32.79	4090	86.81	32.81	4193	126.78
2013	70.83	9124	226.75	35.41	4502	91.96	35.42	4622	134.79
2014	76.90	9924	246.27	38.45	4877	99.93	38.45	5047	146.34
2015	79.90	10494	260.26	39.95	5170	108.06	39.96	5324	152.20
2016	85.65	11440	284.36	42.82	5642	118.26	42.83	5798	166.10

15-17 港口泊位及吞吐量

Berth and Throughput of Coastal Ports

项　目	Item	2000	2010	2013	2014	2015	2016
码头泊位合计　（个）	**Number of Berths　(unit)**	**3191**	**3082**	**3128**	**3111**	**3093**	**2998**
沿海港口	**Coastal Ports**	**1373**	**1884**	**1980**	**1993**	**2005**	**1988**
#广州港	Guangzhou Port	141	633	568	579	584	553
湛江港	Zhanjiang Port	41	184	177	177	174	175
汕头港	Shantou Port	28	91	92	92	92	92
深圳港	Shenzhen Port	121	172	159	153	156	152
内河港口	**Ports of Inland Rivers**	**1818**	**1198**	**1148**	**1118**	**1088**	**1010**
万吨级码头泊位合计　（个）	**Berths at 10000 Ton Class　(unit)**	**126**	**245**	**273**	**281**	**291**	**304**
沿海港口	**Coastal Ports**	**126**	**245**	**273**	**281**	**291**	**304**
#广州港	Guangzhou Port	32	62	68	71	74	76
湛江港	Zhanjiang Port	24	31	30	32	33	35
汕头港	Shantou Port	6	18	19	19	19	19
深圳港	Shenzhen Port	34	69	67	67	67	72
内河港口	**Ports of Inland Rivers**						
码头泊位长度　（米）	**Length of Quay Line　(m)**	**180238**	**252762**	**264769**	**265783**	**266828**	**270132**
沿海港口	**Coastal Ports**	**105193**	**176753**	**192302**	**194738**	**200025**	**208999**
#广州港	Guangzhou Port	13496	51673	49273	50654	51722	54507
湛江港	Zhanjiang Port	6635	17458	17243	17243	18419	18494
汕头港	Shantou Port	3152	9715	9898	9898	9898	9898
深圳港	Shenzhen Port	17150	31377	30790	30231	30627	31922
内河港口	**Ports of Inland Rivers**	**75045**	**76009**	**72467**	**71045**	**66803**	**61133**
货物吞吐量合计　（万吨）	**Total Volume of Freight Handled　(10000 tons)**	**31649**	**122258**	**156373**	**165455**	**171109**	**179924**
沿海港口	**Coastal Ports**	**25495**	**105300**	**130831**	**137631**	**142059**	**149026**
#广州港	Guangzhou Port	11128	42526	45517	48217	50053	52254
湛江港	Zhanjiang Port	2038	13638	18006	20238	22036	25612
汕头港	Shantou Port	1284	3509	5038	5161	5181	4985
深圳港	Shenzhen Port	4224	22097	23398	22324	21706	21410
内河港口	**Ports of Inland Rivers**	**6154**	**16958**	**25542**	**27824**	**29050**	**30898**
集装箱吞吐量合计（万TEU）	**Total Volume of Containers Handled (10000 TEUS)**	**862.68**	**4360.14**	**4951.07**	**5325.93**	**5512.12**	**5728.03**
沿海港口	**Coastal Ports**	**655.15**	**3867.77**	**4420.12**	**4752.08**	**4914.73**	**5094.14**
#广州港	Guangzhou Port	142.98	1270.00	1531.11	1638.86	1739.66	1866.18
湛江港	Zhanjiang Port	7.48	32.01	45.18	58.08	60.12	72.36
汕头港	Shantou Port	11.44	93.50	128.80	130.30	117.86	124.02
深圳港	Shenzhen Port	395.84	2250.96	2327.85	2403.73	2420.45	2397.94
内河港口	**Ports of Inland Rivers**	**207.53**	**492.37**	**530.95**	**573.85**	**597.38**	**633.89**
旅客吞吐量合计　（万人）	**Total Volume of Passengers Handled(10000 persons)**	**1670.32**	**2483.21**	**3045.42**	**3346.87**	**3432.96**	**3434.94**
沿海港口	**Coastal Ports**	**1330.81**	**2109.39**	**2597.65**	**2842.60**	**2867.17**	**2855.10**
#广州港	Guangzhou Port	15.00	79.01	77.02	71.07	61.32	87.34
湛江港	Zhanjiang Port	29.60	1051.41	1235.34	1303.18	1299.79	1328.63
汕头港	Shantou Port	5.50					
深圳港	Shenzhen Port	203.36	333.88	490.20	568.55	586.52	576.72
内河港口	**Ports of Inland Rivers**	**339.51**	**373.82**	**447.77**	**504.27**	**565.79**	**579.84**

15-18　各市港口货物吞吐量
Freight Throughput of Ports by City

单位：万吨　　(10000 tons)

市别	City	2000	2005	2010	2011	2012	2013	2014	2015	2016
总计	**Total**	**31649**	**70926**	**122258**	**133704**	**140776**	**156373**	**165455**	**171109**	**179924**
广州	Guangzhou	12455	27283	42526	44770	45125	47200	50008	52096	54437
深圳	Shenzhen	5697	15351	22098	22325	22807	23398	22324	21706	21410
珠海	Zhuhai	1770	3557	6056	7170	7745	10023	10703	11209	11779
汕头	Shantou	1284	1736	3509	4005	5253	5038	5161	5181	4985
佛山	Foshan	2033	3951	5410	5423	4563	5474	5907	6147	6610
韶关	Shaoguan	131	118	40	53	82	53	58	62	45
河源	Heyuan	45	49							
梅州	Meizhou	145	306	132	135	128	125	124	114	110
惠州	Huizhou	825	1515	4673	5170	5257	8045	6486	7013	7657
汕尾	Shanwei	25	107	489	564	772	628	646	858	896
东莞	Dongguan	746	2280	5657	6848	9228	11187	12900	13149	14584
中山	Zhongshan	635	2072	4798	5485	5153	6876	7845	7319	6789
江门	Jiangmen	879	2438	4965	5914	6211	6737	7352	7525	7923
阳江	Yangjiang	68	222	799	1121	1605	2055	1748	2139	2337
湛江	Zhanjiang	2688	6620	13638	15539	17092	18006	20238	22036	25612
茂名	Maoming	1104	1360	2284	2307	2390	2370	2654	2685	2560
肇庆	Zhaoqing	189	520	1597	2489	2729	2954	3033	2945	3261
清远	Qingyuan	193	461	639	697	729	1008	2513	2927	3152
潮州	Chaozhou	60	80	635	936	951	1051	1136	1144	854
揭阳	Jieyang	266	248	1290	1547	1601	2510	2709	2851	2695
云浮	Yunfu	411	654	1023	1206	1355	1635	1909	2002	2228
按经济区域分	By Region									
珠三角	Pearl River Delta	25229	58966	97779	105594	108818	121895	126558	129108	134450
东翼	Eastern Region	1635	2171	5924	7051	8577	9226	9653	10035	9430
西翼	Western Region	3860	8202	16721	18967	21087	22431	24640	26860	30509
山区	Mountainous Region	925	1588	1834	2092	2294	2821	4604	5106	5535

15-19 各市城市公共交通情况（2016年）

Basic Statistics on Public Transportation in Cities by City (2016)

市别	City	公共汽电车 Public Bus and Trolly Bus				出租汽车 Taxi	
		运营车辆（辆）Number of Vehicles under Operation (unit)	运营线路条数(条) Number of operating lines	运营线路长度(公里) Length under Operation (Km)	客运量（万人）Passenger Traffic (10000 persons)	运营车辆（辆）Number of Vehicles in Operation (unit)	客运量（万人）Passangers Transported (10000 persons)
总　计	**Total**	**61379**	**5231**	**106807**	**698673**	**70374**	**163973**
广　州	Guangzhou	14074	1182	20831	241558	22101	56301
深　圳	Shenzhen	15483	976	21177	186799	17842	37362
珠　海	Zhuhai	1986	288	3933	34739	3686	8675
汕　头	Shantou	1636	120	2730	11285	890	1396
佛　山	Foshan	6790	621	15606	64105	4014	9553
韶　关	Shaoguan	795	84	1628	6980	1038	3399
河　源	Heyuan	396	48	652	5016	778	2472
梅　州	Meizhou	1913	90	3347	4234	837	2060
惠　州	Huizhou	2595	185	4858	26582	1906	5239
汕　尾	Shanwei	926	61	731	1800	662	592
东　莞	Dongguan	5395	440	9746	40210	6583	18141
中　山	Zhongshan	2430	190	3563	22799	2049	3294
江　门	Jiangmen	1577	301	4807	14298	1077	2736
阳　江	Yangjiang	334	31	551	4254	665	797
湛　江	Zhanjiang	1756	144	2834	10130	1719	4158
茂　名	Maoming	507	96	1846	4307	470	920
肇　庆	Zhaoqing	863	112	2562	8824	1128	3036
清　远	Qingyuan	784	141	2912	6947	818	1721
潮　州	Chaozhou	373	20	399	1078	930	528
揭　阳	Jieyang	427	27	629	1111	866	1148
云　浮	Yunfu	339	74	1466	1619	315	444
按经济区域分	By Region						
珠三角	Pearl River Delta	51193	4295	87083	639914	60386	144338
东　翼	Eastern Region	3362	228	4488	15274	3348	3664
西　翼	Western Region	2597	271	5231	18691	2854	5875
山　区	Mountainous Region	4227	437	10005	24795	3786	10096

15-19 续表 continued

市 别	City	轨道交通 Subway, Light Rail and Streetcar				客运轮渡 Passanger Ferryboat	
		运营车数(辆) Number of Vehicles under Operation (unit)	运营线路条数(条) Number of operating lines	运营线路长度(公里) Length under Operation (km)	客运量(万人) Passangers Transported (10000 persons)	运营船舶(艘) Number of Vehicles under Operation (unit)	客运量(万人) Passangers Transported (10000 persons)
总 计	**Total**	**4086**	**22**	**632**	**388964**	**63**	**2612**
广 州	Guangzhou	2088	13	309	257119	48	2258
深 圳	Shenzhen	1890	8	285	129714		
珠 海	Zhuhai						
汕 头	Shantou					5	269
佛 山	Foshan					5	51
韶 关	Shaoguan						
河 源	Heyuan						
梅 州	Meizhou						
惠 州	Huizhou						
汕 尾	Shanwei						
东 莞	Dongguan	108	1	38	2132		
中 山	Zhongshan						
江 门	Jiangmen					1	22
阳 江	Yangjiang						
湛 江	Zhanjiang					4	12
茂 名	Maoming						
肇 庆	Zhaoqing						
清 远	Qingyuan						
潮 州	Chaozhou						
揭 阳	Jieyang						
云 浮	Yunfu						
按经济区域分	By Region						
珠 三 角	Pearl River Delta	4086	22	632	388964	54	2331
东 翼	Eastern Region					5	269
西 翼	Western Region					4	12
山 区	Mountainous Region						

15-20 邮电业务总量和指数

Business Volume of Postal and Telecommunication Services and Their Indices

年份 Year	邮电业务总量(亿元) Business Volume of Postal and Telecommunication Services (100million yuan)			指数(上年=100) Indices (preceding year=100)		
	合计 Total	邮政 Postal Services	通信 Telecommunication Services	合计 Total	邮政 Postal Services	通信 Telecommunication Services
1978	0.90			103.4		
1979	0.96			106.7		
1980	1.05			109.4		
1981	1.15			109.5		
1982	1.17			101.7		
1983	1.31			112.0		
1984	1.56			119.1		
1985	2.05			131.4		
1986	2.54			123.9		
1987	3.49			137.4		
1988	5.11			146.4		
1989	10.33	0.75	9.58	135.9	90.4	141.5
1990	26.30	3.91	22.39	254.6	521.3	233.7
1991	38.89	4.60	34.29	147.9	117.6	153.1
1992	57.06	5.59	51.47	146.7	121.5	150.1
1993	94.25	7.10	87.15	165.2	127.0	169.3
1994	142.78	8.32	134.46	151.5	117.2	154.3
1995	204.93	9.63	202.60	143.5	115.7	150.7
1996	265.56	10.92	254.64	129.6	113.4	125.7
1997	330.38	11.44	318.94	124.4	104.8	125.3
1998	418.18	15.20	402.98	126.6	132.9	126.3
1999	542.65	19.72	522.93	129.8	129.8	129.8
2000	757.22	50.40	706.82	139.5	255.5	135.2
2001	782.67	42.13	740.54	129.9	105.1	131.7
2002	917.87	48.36	869.51	117.3	114.8	117.4
2003	1202.52	54.33	1148.19	131.0	112.3	132.1
2004	1781.78	55.12	1726.66	148.2	101.5	150.4
2005	2121.94	59.82	2062.12	119.1	108.5	119.4
2006	2540.54	69.48	2471.06	119.7	116.1	119.8
2007	3070.55	77.30	2993.25	120.9	111.3	121.1
2008	3564.85	87.97	3476.88	116.1	113.8	116.2
2009	3938.15	101.16	3837.00	110.5	115.0	110.4
2010	4832.94	118.57	4714.37	122.7	117.2	124.4
2011	1918.01	291.36	1626.65	116.4	129.9	114.3
2012	2174.67	395.18	1779.49	113.4	135.6	109.4
2013	2507.99	592.00	1915.99	115.3	149.8	107.7
2013(调整) (Adjusted)	2820.42	592.00	2228.42	115.3	149.8	107.7
2014	3394.39	859.81	2534.58	120.4	145.2	113.7
2015	4397.09	1228.75	3168.34	129.5	142.9	125.0
2016	6892.41	1886.25	5006.16	156.7	153.5	158.0

注：1. 邮电业务总量1988年及以前按1980年不变价格计算，1989—2000年按1990年不变价格计算，2001—2010年按2000年不变价格计算，2011年起按2010年不变价格计算。2014年起工信部对2010年个别业务不变价作了调整，指数按可比价格计算。

2. 统计范围是辖区内全社会所有从事电信运营企业和国家邮政企业，以及获得快递业务经营许可的快递服务企业。

Notes: a) The business volume of postal and telecommunication services in and before 1988 was calculated at 1980 constant prices, that from 1989 to 2000 was calculated at 1990 constant prices, that from 2001 to 2010 was calculated at 2000 constant prices, and that from 2011 on was calculated at 2010 constant prices.

b) The statistical coverages of business volume of postal and Telecommunication services are all telecom enter prises, the national postal enterprises and express mail enterprises with express license.

15-21 各市邮电业务总量

Business Volume of Postal and Telecommunication Services by City

单位：亿元 (100 million yuan)

市别	City	2000	2010	2011	2012	2013	2013(调整) (Adjusted)	2014	2015	2016
总计	**Total**	**757.22**	**4832.94**	**1918.01**	**2174.67**	**2507.99**	**2820.42**	**3394.39**	**4397.09**	**6892.41**
广州	Guangzhou	168.26	1051.65	525.32	495.88	568.74	656.00	838.40	1092.94	1628.28
深圳	Shenzhen	154.20	1031.26	404.40	463.95	598.10	622.99	798.22	1069.43	1718.69
珠海	Zhuhai	22.31	137.61	43.85	49.11	54.39	61.29	72.14	91.22	139.69
汕头	Shantou	36.61	173.81	60.13	68.82	75.39	86.45	102.98	134.46	222.30
佛山	Foshan	66.29	428.72	134.57	148.78	165.35	190.28	222.89	282.87	450.29
韶关	Shaoguan	11.11	69.58	21.68	25.59	27.49	31.16	36.08	45.17	73.53
河源	Heyuan	6.26	46.33	19.36	23.75	26.36	29.69	33.64	41.85	68.82
梅州	Meizhou	12.87	52.48	35.69	43.17	46.72	49.69	54.58	68.43	103.70
惠州	Huizhou	27.19	201.02	65.92	80.05	86.44	95.58	118.40	146.50	245.43
汕尾	Shanwei	11.10	48.01	17.59	20.73	23.05	26.46	30.74	38.05	64.36
东莞	Dongguan	74.05	674.09	218.36	250.47	254.73	289.37	359.56	475.59	756.06
中山	Zhongshan	30.10	194.98	69.35	80.22	87.33	101.35	123.85	156.64	256.33
江门	Jiangmen	32.02	135.08	50.34	56.64	60.07	70.06	82.96	102.06	167.13
阳江	Yangjiang	8.60	50.67	21.36	25.25	28.09	30.82	36.11	45.30	75.12
湛江	Zhanjiang	19.38	116.85	56.98	68.72	76.45	88.26	99.03	122.72	206.05
茂名	Maoming	13.21	87.27	39.23	48.50	53.53	59.36	68.39	86.71	145.31
肇庆	Zhaoqing	13.22	95.05	32.28	37.48	41.13	47.84	55.66	69.81	115.19
清远	Qingyuan	9.96	56.06	28.14	33.50	36.86	42.10	48.46	61.24	104.62
潮州	Chaozhou	12.78	54.52	21.70	24.70	27.26	30.98	36.50	46.13	77.82
揭阳	Jieyang	20.81	94.01	35.57	41.29	45.36	51.80	66.89	96.30	202.40
云浮	Yunfu	6.89	33.91	16.18	20.34	21.53	24.61	29.34	37.69	60.51
不分地区	Unclassified				67.74	103.62	134.28	79.57	85.99	10.80
按经济区域分	By Region									
珠三角	Pearl River Delta	587.64	3949.45	1544.39	1730.31	2019.89	2269.05	2751.65	3573.05	5487.87
东翼	Eastern Region	81.31	370.35	134.99	155.53	171.07	195.69	237.12	314.94	566.87
西翼	Western Region	41.19	254.79	117.58	142.47	158.07	178.44	203.52	254.72	426.48
山区	Mountainous Region	47.09	258.35	121.05	146.36	158.96	177.25	202.11	254.38	411.19

注：1．2000年的邮电业务总量按1990年不变价格计算，2011年起按2010年不变价格计算，其余年份按2000年不变价格计算。

2．统计范围是辖区内全社会所有从事电信运营企业和国家邮政企业，以及获得快递业务经营许可的快递服务企业。

Note: a) Business volume of postal and telecommunication services of 2000 is calculated at 1990 constant prices, business volumes after 2011 is calculated at 2010 constant prices, business volumes of other years are calculated at 2000 constant prices.

b) Statistics coverage in this table refers to all telecom operation enterprise, the national postal enterprises and express mail enterprises with express license.

15-22 各市邮电业务情况（2016年）

Conditions of Postal and Telecommunication Services by City (2016)

市别	City	业务总量（亿元）Business Volume of Postal and Telecom-munication Services (100million yuan)	#通信 Business Volume of Telecom-munications	函件（万件）Number of Letters (10000 pcs)	报刊累计数（万份）Newspaper and Magazine Issue (10000 copies)	快递（万件）Pieces of Express Mail Services (10000 pcs)	移动电话用户（万户）Subscribers of Mobile Telephones (10000 subscribers)	本地电话用户（万户）Subscribers of Local Fixed Telephones (10000 subscribers)
总　计	**Total**	**6892.41**	**5006.16**	**70410.22**	**83405.44**	**767241.56**	**14348.96**	**2609.71**
广　州	Guangzhou	1628.28	1016.95	18550.64	16997.95	286698.19	2782.68	462.48
深　圳	Shenzhen	1718.69	1052.02	21178.71	9350.93	204503.19	2846.35	514.52
珠　海	Zhuhai	139.69	123.98	6265.19	2375.66	6032.40	337.27	74.08
汕　头	Shantou	222.30	175.27	703.78	2935.02	23085.98	578.26	117.30
佛　山	Foshan	450.29	384.48	4632.00	8649.08	29683.15	1196.47	235.59
韶　关	Shaoguan	73.53	68.85	315.31	2282.06	1183.27	225.46	46.05
河　源	Heyuan	68.82	65.08	107.02	3582.28	1306.16	166.15	40.10
梅　州	Meizhou	103.70	96.39	608.78	3007.59	2117.04	251.48	49.97
惠　州	Huizhou	245.43	212.47	557.27	4256.24	15886.67	537.13	106.48
汕　尾	Shanwei	64.36	58.99	28.61	879.92	2309.54	176.89	35.44
东　莞	Dongguan	756.06	526.85	9201.45	4266.94	106895.62	1867.00	271.37
中　山	Zhongshan	256.33	208.20	1530.30	2780.62	24499.89	598.79	105.80
江　门	Jiangmen	167.13	149.94	3319.75	4507.92	6661.01	461.59	120.95
阳　江	Yangjiang	75.12	66.41	812.44	1552.35	3183.80	195.17	43.76
湛　江	Zhanjiang	206.05	192.21	516.77	3062.06	3361.14	467.62	61.59
茂　名	Maoming	145.31	137.06	532.84	2997.01	2137.48	339.75	60.01
肇　庆	Zhaoqing	115.19	106.69	276.29	2303.32	3248.70	306.47	62.97
清　远	Qingyuan	104.62	98.96	567.96	3112.25	1934.99	285.38	36.73
潮　州	Chaozhou	77.82	65.74	409.02	1581.93	5421.78	228.27	51.41
揭　阳	Jieyang	202.40	131.97	94.52	1564.46	36316.46	353.38	77.36
云　浮	Yunfu	60.51	56.87	201.57	1359.84	775.08	147.39	35.77
不分地区	Unclassified	10.80	10.80					
按经济区域分	By Region							
珠三角	Pearl River Delta	5487.87	3792.38	65511.60	55488.66	684108.82	10933.74	1954.24
东　翼	Eastern Region	566.87	431.96	1235.93	6961.33	67133.77	1336.81	281.50
西　翼	Western Region	426.48	395.68	1862.05	7611.43	8682.43	1002.54	165.36
山　区	Mountainous Region	411.19	386.14	1800.64	13344.02	7316.54	1075.86	208.61

注：1. 邮电业务总量按2010年不变价格计算。
　　2. 统计范围是辖区内全社会所有从事电信运营企业和国家邮政企业，以及获得快递业务经营许可的快递服务企业。

Note: a) The business volume of postal and telecommunication services is calculated at 2010 constant prices.
　　b) The statistics coverage in this table refers to all telecom operation enterprises, national postal enterprises and express mail service enterprises with express license.

15-23 邮政通信业基本情况

Basic Conditions of Postal and Telecommunication Services

项目	Item	2000	2010	2013	2014	2015	2016
邮路长度（公里）	Length of Postal Routes (km)	180724	137740	121579	122537	137945	155466
农村投递路线（公里）	Length of Rural Delivery Routes (km)	185223	214877	222384	224371	231858	234641
长途光缆线路长度（公里）	Length of Long-distance Optical Cable Routes (km)		46289	47357	50650	52662	50545
长途电话交换机容量（万路端）	Capacity of Long-distance Telephone Exchanges (10000 lines)	70.34	269.11	261.81	66.34	63.30	58.11
本地交换设备容量（万门）	Capacity of Local Telephone Exchanges (10000 lines)	1939.45	5383.59	4086.51	3167.62	2810.28	1505.62
移动电话交换机容量(万户)	Capacity of Mobile Telephone Exchanges (10000 subscribers)	1825.40	14766.90	21147.70	21418.10	22025.80	21982.30
本地电话用户（万户）	Number of Subscribers of Local Telephones (10000 subscribers)	1414.94	3169.14	3099.89	2949.46	2807.11	2609.71
移动电话用户（万户）	Number of Mobile Telephones Subscribers (10000 subscribers)	1357.26	9710.09	14706.06	14943.37	15009.75	14348.96
互联网宽带接入用户(万户)	Broadband Subscribers of Internet (10000 subscribers)	216.41	1523.22	2154.28	2243.87	2285.19	2850.60
函件（万件）	Number of Letters (10000 pcs)	106603	76204	70115	69568	64547	70410
快递（万件）	Pieces of Express Mail Services (10000 pcs)	1328	59108	210670	335556	501335	767242
报刊累计数（万份）	Newspaper and Magazine Circulation (10000 copies)	107755	87895	102717	93826	91159	83405
全省平均每人每年发函件数（件）	Annual Number of Per Capita Letter Mailed (pcs)	13.80	8.31	8.73	6.54	5.95	6.49
全省平均每百人每年订报刊数（份）	Annual Average Number of Newspapers and Magazines Subscribed per 100 Persons(copies)	15.10	8.21	10.58	8.94	8.40	6.25
本地电话普及率（户/百人）	Popularization Rate of Local Telephones (subscribers/100 persons)	18.40	30.38	29.12	27.51	25.87	23.73
移动电话普及率（户/百人）	Popularization Rate of Mobile Telephones (subscribers/100 persons)	17.61	93.09	138.16	139.35	138.35	130.46

注：表中互联网宽带接入用户数2015年及以前年份数据口径为(固定)互联网用户数。

Note: Data of Broadband Subscribers of Internet in 2015 and prior years referred to Number of (fixed)Internet Subscribers.

主要统计指标解释

铁路营业里程 又称营业长度(包括正式营业和临时营业里程)，指办理客货运输业务的铁路正线总长度。凡是全线或部分建成双线及以上的线路，以第一线的实际长度计算；复线、站线、段管线、岔线和特殊用途线以及不计算运费的联络线都不计算营业里程。该指标可以反映铁路运输业基础设施的发展水平，也是计算客货周转量、运输密度和机车车辆运用效率等指标的基础资料。

公路通车里程 指在一定时期内实际达到《公路工程技术标准 JTJ01-88》规定的等级公路，并经公路主管部门正式验收交付使用的公路里程数。包括大中城市的郊区公路以及通过小城镇街道部分的公路里程和桥梁、渡口的长度，不包括大中城市的街道、厂矿、林区生产用道和农业生产用道的里程。两条或多条公路共同经由同一路段，只计算一次，不得重复计算里程长度。该指标可以反映公路建设的发展规模，也是计算运输网密度等指标的基础资料。

内河航道里程 也称内河通航里程，指在一定时期内，能通航运输船舶及排筏的天然河流、湖泊水库、运河及通航渠道的长度。包括全年季节性通航累计三个月以上的航道，不包括仅供零散流放竹、木排的河道。该指标可以反映内河水运网的规模、水平和发展情况。

民用航空航线里程 指民航运输定期班机飞行的航线长度的总和。航线长度按机场之间的距离计算，通常有两种计算方法：一是将每条航线长度相加称为重复计算航线里程；一是将两线或两条以上航线经过同一区段里程，只计算一次航线长度称为不重复计算航线里程。一般常用的是后者，该指标可以确切反映民航运输网的规模，是表明民航事业为国民经济服务和方便人民生活程度的主要指标。

输油(气)管道里程 指油品(或天然气)的实际输送距离，一般按输油(气)管道的单线长度计算。若包括复线和备用线长度则称为输油(气)管道延展长度，是指管道铺设的实际长度。我们通常使用的是不包括复线的“输油(气)管道里程”，该指标可以反映管道运输的发展规模和水平。

货(客)运量 指在一定时期内，各种运输工具实际运送的货物(旅客)数量。该指标是反映运输业为国民经济和人民生活服务的数量指标，也是制定和检查运输生产计划、研究运输发展规模和速度的重要指标。货运按吨计算，客运按人计算。货物不论运输距离长短、货物类别，均按实际重量统计。旅客不论行程远近或票价多少，均按一人一次客运量统计；半价票、小孩票也按一人统计。

货物(旅客)周转量 指在一定时期内，由各种运输工具运送的货物(旅客)数量与其相应运输距离的乘积之总和。该指标可以反映运输业生产的总成果，也是编制和检查运输生产计划，计算运输效率、劳动生产率以及核算运输单位成本的主要基础资料。计算货物(旅客)周转量通常按发出站与到达站之间的最短距离，也就是计费距离计算。计算公式为：

货物（旅客）周转量=Σ（货物（旅客）运输量×运输距离）

港口货物吞吐量 指经水运进出港区范围，并经过装卸的货物数量，包括邮件及办理托运手续的行李、包裹以及补给运输船舶的燃料、物料和淡水。货物吞吐量按货物流向分为进口、出口吞吐量，按货物交流性质分为外贸货物吞吐量和国内贸易货物吞吐量。货物吞吐量的货类构成及其流向，是衡量港口生产能力大小的重要指标。

民用汽车 指报告期末，在公安交通管理部门按照《机动车注册登记工作规范》，已注册登记领有民用车辆牌照的全部汽车数量。汽车统计的主要分类：根据汽车结构分为载客汽车、载货汽车及其他汽车；根据汽车所有者不同分为个人(私人)汽车、单位汽车；根据汽车的使用性质分为营运汽车、非营运汽车；根据汽车大小规格不同载客汽车分为大型、中型、小型和微型，载货汽车分为重型、中型、轻型和微型。

机动船 又称自航船，指装有各种发动机推进装置，以机械动力行驶的船舶。

驳船 指本身无动力装置，或只设简易动力装置，依靠拖船或推船带动的平底船。

船舶净载重量 指报告期末所拥有船舶的总载重量减去燃（物）料、淡水、粮食及供应品、人员及其行李等的重量及船舶常数后，能够装载货物的实际重量。

沿海港口 指位于海沿岸，具有一定设施和条件，供船舶停靠、旅客上下、货物装卸、生活物料供应等作业的港口。

内河港口 指位于江、河、湖沿岸，具有一定设施和条件，供船舶停靠、旅客上下、货物装卸、生活物料供应等作业的港口。

民用航空航线条数 民用航空航线指出于商业的目的，运输飞机从地球表面一点(起飞)飞到另一点(终点)的航行线路。应同时具备三个条件：一是有运输飞机定期飞行，二是有足以保证运输飞机飞行和起降所需要的机场及地面设施，三是经过批准并在一个航季中正常执行。计算条数时，来回程计为一条。分为国内航线、国际航线和地区航线。

民航运输飞机 从事公共航空运输的民用飞机。分为大中型飞机和小型飞机，大中型飞机指 100 座及以上的运输飞机，小型飞机指 100 座以下的运输飞机。

城市公共交通 指城市中供公众乘用的、经济方便的各种交通方式的总称。包括公共汽车、电车、轨道交通（地铁、轻轨、有轨电车、磁悬浮、索道、缆车等）、出租汽车、公共轮渡等客运交通设施。

运营线路网长度 指公共交通线路所通过的运营线路净长度。计算公式：运营线路网长度=运营线路总长度－Σ重复的线路长度

运营线路总长度 指全部运营线路长度之和。计算公式：运营线路长度=Σ各条运营线路长度=Σ〔1/2（上行起点至终点里程+下行起点至终点里程+上下行终点掉头里程）。单向行驶的环行线路长度等于起点至终点里程与终点下客站至起点里程之和的一半，不包括折返、试车、联络线等非运营线路。

运营车辆数 指城市中用于公共交通运营业务的全部车辆数。地铁和轻轨在统计时一自然节为一辆。出租汽车指已经领取出租汽车专用牌照的运营车辆，包括技术完好的、在修的、长期行驶的以及拟报废尚未经上级机关批准的车辆。

轮渡运营船舶数 指用于城市客渡运营业务的全部船舶数。不含旅游客轮（长途旅游、市内供游人游览江、河、湖泊的船只）。

城市公共交通客运总量 指报告期内城市公共交通各种运输方式运送乘客的总人次。

邮电业务总量 指以价值量形式表现的邮电通信企业为社会提供各类邮电通信服务的总数量。邮电业务量按专业分类包括函件、包件、汇票、报刊发行、邮政快件、特快专递、邮政储蓄、集邮、公众电报、用户电报、传真、长途电话、出租电路、无线寻呼、移动电话、分组交换数据通信、出租代维等。计算方法为各类产品乘以相应的平均单价(不变价)之和，再加上出租电路和设备、代用户维护电话交换机和线路等的服务收入。该指标综合反映了一定时期邮电业务发展的总成果，是研究邮电业务量构成和发展趋势的重要指标。计算公式为：

邮电业务总量=Σ（各类邮电业务量×不变单价）+出租代维及其他业务收入

=邮政业务总量+通信业务总量

移动电话用户 指通过移动电话交换机进入移动电话网、占用移动电话号码的各类电话用户。包括签约用户和智能网预付费用户。一个移动电话号码统计为一户。

本地电话用户 指接入本地电信运营商固定电话网上的电话用户。包括：住宅用户、单位用户、公用电话用户等。按电话用户位置又分为城市电话用户和乡村电话用户。按通信手段又分为固定电话用户和无线市话用户。1997 年以前，“城市（内）电话用户”是指接入县城及县以上城市的电话网上的电话用户；“乡（农）村电话用户”是指接入县邮电局农话台及县以下农村电话交换点，以县城为中心(除市话用户外)联通县、乡(镇)、行政村、村民小组的用户。从 1997 年起，电话用户数分组调整为以用户所在区域划分为“城市电话用户”和“乡村电话用户”，与过去的按市内电话和农村电话划分方法不同。

城市电话用户 指直辖市、省辖市、地级市、县级市的市区、市郊区及县城(包括县人民政府所在地的县城关区或行政建制相当于县人民政府所在地的镇)范围内接入局用交换机的电话用户数，包括分布在农村地区的独立工矿区、林区、驻军等电话用户数。

乡村电话用户 指按行政区划属于城市范围以外的乡(镇)、村的电话用户数。

国际互联网用户 包括互联网窄带拨号用户和互联网宽带接入用户。互联网窄带拨号用户又分为互联网注册拨号用户、互联网主叫电话记费用户、互联网上网卡用户等几种。互联网注册拨号用户指由基础电信运营商用户提供的，使用固定帐号上网的一种方式，由用户到运营商的营业厅或业务代理商处申请办理，获得拨号上网帐号及密码，用户根据该帐号及密码拨叫上网特服号，通过认证获得动态 IP 地址接入宽带互联网。互联网主叫电话记费用户指用户不需要到运营商的营业厅或业务代理商处申请办理，只需要拨打某一运营商已经开通的主叫特服号码即可上网，上网费用随主叫电话收取。互联网上网卡用户指使用上网卡

上的帐号和密码认证，通过 PSTN、N-ISDN 等方式接入宽带互联网的用户。互联网宽带接入用户指采用分组交换网、DDN 网、帧中继/ATM 网以及模拟专线、数字专线等方式，不经过基础电信运营商的宽带 IP 城域网，直接接入宽带互联网节点的用户，不含 XDSL、专线和 LAN 专线用户。

长途电话交换机容量 指用于接入长途电话网的电话交换机设备的额定容量，包括国际电话交换机容量。

本地交换设备容量 指安装在电信运营企业内用于接续本地固定电话的电话交换机容量，包括现用和备用的人工或自动交换机的全部容量。包括局用交换机容量、接入网设备容量（含无线市话）和用户交换机容量。

移动电话交换机容量 指移动电话交换机根据一定话务模型和交换机处理能力计算出来的最大同时服务用户的数量。

Explanatory Notes on Main Statistical Indicators

Length of Railways in Operation refers to the total length of the trunk line under passenger and freight transportation (including both regular operations and temporary operations). In the case of wholly or partially double- or multi-track railways, calculation is based on the actual length of the first track, regardless of other tracks, station sidings, tracks under the charge of stations, branch lines, special-purpose lines and non-payable connecting lines. The length of railways in operation is an important indicator of the development of infrastructure for railway transport, as well as the foundation for the calculation of passenger-kilometers and freight ton-kilometers, traffic density and utilization efficiency of locomotives and carriages.

Length of Highways refers to the length of highways built in conformity with the grades specified by the Technical Standards JTJ01-88 for Highway Engineering, formally checked and accepted by highway authorities and put into use. The length of highways includes that of suburban highways at large and medium-sized cities and highways passing through streets at small cities and towns, as well as the span of bridges and ferries. However, it does not include the length of streets in large and medium-sized cities and highways built for production purposes at factories, mines, forest areas and agricultural areas. If two or more highways share the same segment, the length of the shared segment is only calculated for once and no duplication is allowed. The length of highways is an important indicator of the scale of development of highway construction, as well as the foundation for the calculation of transport network density and other indicators.

Length of Navigable Inland Waterways refers to the length of natural rivers, lakes, reservoirs, canals, and ditches open to navigation during a given period, which enables the transport by ships and rafts. This includes channels open to seasonal navigation for an accumulative period of over 3 months in a year, but excludes river courses used exclusively for wood or bamboo rafts on an irregular basis. This indicator reflects the scale, level and development situation of the inland waterway network.

Length of Civil Aviation Routes refers to the length of all routes for regular civil aviation flights. Calculation of route lengths is based on the distance between airports, usually in either of the following ways: duplicated calculation of route lengths, which directly sums up the length of every single air route; or singular calculation of route lengths, which calculates the same segments of aviation routes shared by two or more routes only once. In general practice, the latter is used, as it can precisely reflect the size of the civil aviation network and indicate the extent to which civil aviation serves the national economy and the needs of the people.

Length of Petroleum and Gas Pipelines refers to the actual transport distance of oil or gas products, generally calculated as the length of single pipelines. Inclusion of double pipelines and alternate pipeline in the calculation is termed the extension length of petroleum and gas pipelines, which indicates the actual length of the pipelines built. In general practice, the "Length of Petroleum and Gas Pipelines" exclusive of double pipelines is used, which reflects the scale and degree of development in pipeline transport.

Freight (Passenger) Traffic refers to the volume of freight (passengers) transported with various means. This indicator provides a quantitative measure of how the transport industry serves the national economy and the needs of the people, as well as an important reference for drafting and checking production plans in the transport industry and for studying the scale and speed of development in the transport industry. Freight transport is calculated in tons and passenger traffic is calculated in the number of persons. Freight transport is calculated in the actual weight of goods regardless of traveling distances and types of freight; while passenger traffic is calculated as the number of individuals traveling once, regardless of traveling distances, ticket prices, whether the passengers are traveling with half-price tickets or child tickets.

Freight Ton-kilometers (Passenger-kilometers) refer to the sum of the products of the volume of transported cargo (passengers) multiplied by the transport distance. These are important indicators of the total achievements of the transport industry, as well as the major foundation for drafting and checking production plans in the transport industry and for calculating the efficiency, labor productivity and the cost of transport enterprises. Normally, the shortest distance between the departure station and the destination station (i.e. the payable distance) is the basis to calculate the freight ton-kilometers and passenger-kilometers on. These indicators are calculated as follows:

Freight Ton-kilometers (Passenger-kilometers) = Σ (Freight (Passenger) Traffic ×Transport Distance)

Volume of Freight Handled in Ports refers to the volume of cargo passing in and out of the harbor area that undergoes the loading and unloading processes, including mails, checked baggage and bales, as well as fuel, material and fresh water supplies to ships. The volume of freight handled may be classified by direction of flow as import volume and export volume, or by nature of cargo as volume of freight for domestic trade and volume of freight for foreign trade. The classification of volume of freight handled and its direction of flow are important indicators of the production capacity of ports.

Possession of Civil Motor Vehicles refers to the total number of vehicles that are registered at transport management offices under the public security authorities and provided with civil vehicle licenses and tags according to the Work Standard for Motor Vehicles Registration at the end of the reference period. Major categories of vehicle are: passenger vehicles, freight vehicles and other vehicles in terms of structure; private vehicles and organization-owned vehicles in terms of ownership; commercial vehicles and non-commercial vehicles in terms of use; large, medium, small and mini passenger vehicles, and heavy, medium, light and mini trucks in terms of size.

Motor Vessels refer to vessels installed with power units and propelled by mechanical power. It is also known as self-propelled vessels.

Barges refer to flat-bottomed vessels driven by drawers or propellers. It has no power units or has only simple power units.

Dead Weight Tonnage of Vessels refers to the actual tonnage all the vessels within the reference period are capable of carrying. It equals the tonnage of all the vessels minus that of fuel, material and fresh water, foods, supplies, persons and luggages on vessels.

Coastal Seaports refer to seaports located alongside the coasts that have the right facilities and conditions for vessel mooning, passenger boarding and alighting, cargo loading and disloading, and supply of daily life materials.

Inland Ports refer to ports located along rivers and lakes that have the right facilities and conditions for vessel mooning, passenger boarding and alighting, cargo loading and disloading, and supply of daily life materials.

Number of Civil Aviation Routes refers to the number of all routes of commercial civil aviation flights from one point of the earth to another. Civil aviation routes shall meet three conditions. First, there shall be regular flights. Second, there shall be adequate airport and ground facilities to ensure the flight, takeoff and landing. Third, the flights are approved and carried out normally during the flight season. Singular calculation is used in calculating the number of routes. Civil aviation routes are divided into domestic routes, international routes and regional routes.

Civil Aviation Aircraft refer to aircraft used in public civil aero transport. They are divided into large and medium-sized aircraft and small-sized aircraft. The former refer to those with 100 seats and above, and the latter refer to those with less than 100 seats.

Urban Public Transportation refers to all the economical transport taken by the public in cities. It includes buse, trolley bus, rail transport (subway, light rail, streetcar, magnetically levitated trains, cableway, telpher, etc.), taxi, ferry boast, etc.

Length of Public Transportation Network refers to the net length covered by the public transportation routes. The following formula is used:

Length of Public Transportation Network=Length of Public Transportation under Operation - ΣLength of Repeated Routes

Length of Public Transportation under Operation refers to the sum of all public transportation routes under operation. The following formula is used:

Length of Public Transportation under Operation= -Σ(1/2 (length from starting station to terminal of forward trip+length from terminal to beginning station of backward trip+length of take-turning of both trips)

Number of Vehicles under Operation refers to the total number of vehicles under operation in public transportation in cities. For subway and light rail, each compartment is calculated as one unit. Taxi refers to all those with special operation license, including those in good condition, under maintenance, in long-term operation and with pending approval for writing-off.

Number of Ferry Boats refer to the total number of boats for ferry operation., excluding the long-distance or intra-city cruiser.

Total Passenger Traffic in Cities refers to the total number of persons transported by public transportation in cities.

Business Volume of Postal and Telecommunication Services refers to the total amount of postal and telecommunication services, expressed in value terms, provided by postal and telecommunication enterprises for the society. Postal and telecommunication services can be classified as letters, parcels, remittance, delivery of newspapers and magazines, fast mail service, express mail service, savings deposits, stamps for collection, public and individual telegraph service, facsimiles, long-distance telephone service, leasing of telephone lines, urban paging service, mobile telephone service, data communication through packet networks, network elements lease and maintenance, etc. To calculate the volume, the business volume of each product is multiplied by its average unit price (at constant prices), summed, and added to income from other services such as leasing of telephone lines and equipment, maintenance of telephone switchboards and lines on behalf of customers. This indicator reflects the overall achievements of postal and telecommunication services during a given period, and is an important reference for studying the composition of business volume and the development trend of postal and telecommunication services. This volume is calculated as follows:

Business Volume of Postal and Telecommunication Services = Σ(Business Volume of Each Product× Constant Unit Price) + Income from Leasing, Maintenance, and Other Services = Business Volume of Postal Services + Business Volume of Telecommunication Services

Mobile Telephone Subscribers refer to persons who own mobile telephone numbers and are connected with the mobile telephone communication network through mobile telephone switchboards, including contracted subscribers and pre-paid subscribers for intelligent network. One mobile telephone number is calculated as one subscriber.

Local Telephone Subscribers refer to subscribers that are connected to the local telecommunication service provider through fix line network, including household subscribers, institutional subscribers and public telephones. They are also classified as urban subscribers and rural subscribers according to locations, or fixed-line subscribers and wireless subscribers according to the means of telecommunication. Before 1997, urban subscribers referred to those connected to urban telephone networks in county towns and cities, while rural subscribers referred to those connected to rural telephone stations at or below the county level, clustered around the county town (excluding urban subscribers), and further connected to the county, towns and townships, administrative villages and villagers' groups. Since 1997, the classification of telephone subscribers into urban telephone subscribers and rural telephone subscribers was modified on the basis of geographical location of the subscribers, which is different from the previous distinction between urban telephones and rural telephones.

Urban Telephone Subscribers refer to the number of telephone subscribers located at municipalities under the jurisdiction of the central government, cities under the jurisdiction of provinces, cities at prefecture level, downtown and suburb of cities at county level and county towns (including county towns where the county governments are located, and towns where the governments of other administrative regions at county level are located), that are connected to the public line telephone network, including the number of telephone subscribers in independent mining areas, forest areas, and military zones located in rural areas.

Rural Telephone Subscribers refer to telephone subscribers located at townships, towns and villages outside the range of cities according to administrative jurisdiction.

Number of Internet Subscribers include both narrow-band dial-up users and broad-band access users of the internet. Narrow-band dial-up users are further classified into registered dial-up users, pay-per-calling users, and pre-pay card users. Registered dial-up service enables internet access through fixed accounts provided by basic telecommunication operators. Users of this service apply to the operators or their agents for accounts and passwords, with which they dial special numbers for internet connection and acquire dynamic IP addresses through authentification to gain access to the broad-band internet. Pay-per-calling service implies that instead of applying to the operators or their agents, users only need to dial a certain operator's special numbers to gain access to the internet and pay internet fees together with their calling fees. Pre-pay card users refer to those connected to the broad-band internet through PSTN and N-ISDN networks with accounts and passwords provided by the pre-pay cards. Broad-band access users (exclusive of XDSL and LAN users) refer to users directly connected to broad-band internet nodes through packet networks, DDN networks, frame relay/ATM networks, and special analog or digital lines, bypassing the broad-band IP MAN provided by basic telecommunication operators.

Capacity of Long Distance Telephone Exchanges refers to the rated capacity of telephone exchanges connected to long distance telephone networks, including capacity of international telephone exchanges.

Capacity of Local Telephone Exchanges refers to the capacity of telephone exchanges installed in the offices of telecommunication service providers for communication between fixed telephones. It includes the capacity of both manual and automatic exchanges in use and for stand-by purpose. It consists of the capacity of office telephone exchanges, access network equipment(including wireless city call) and subscriber exchanges.

Capacity of Mobile Telephone Exchanges refers to the maximum number of subscribers that can be served simultaneously, calculated according to a certain calling model and the handling capacity of the mobile telephone exchanges.

十六、批发和零售业

WHOLESALE AND RETAIL TRADES

十六　批发零售业

简要说明

一、本篇资料反映包括批发零售业商品流通情况、社会消费品零售总额等。

二、本篇资料主要根据国家统计局《批发和零售业统计报表制度》进行搜集和加工整理。资料中限额以上批发和零售业采用全面调查的方法自下而上逐级综合汇总而得，限额以下企业及个体户资料采用抽样调查方法推算而得。

三、各表的调查范围：

限额以上批发和零售业统计限额标准：批发业年销售额2000万元及以上；零售业年销售额500万元及以上。

商品购、销、存总额表为各种经济类型的限额以上和限额以下批发零售业法人及产业活动单位和个体户。

社会消费品零售总额表为各种经济类型的法人及产业活动单位、个体户对城乡居民和社会集团的零售。

四、本篇资料由广东省统计局贸易外经处整理提供。

16 Wholesale and Retail Trades

Brief Introduction

Ⅰ. The date in this chapter show the development of Guangdong's domestic market，including mainly the circulation of commodities in the wholesale and retail trades and the total retail sales of consumer goods，etc.

Ⅱ. The data are collected and processed in accordance with the Statistical Reporting Scheme on Wholesale and Retail Trades stipulated by the National Bureau of Statistics. Data on basic conditions for all corporate enterprises of wholesale, retail above the designated size are collected through comprehensive reporting systems and data are reported level by level in a bottom-up manner. Data on small-size enterprises and individual enterprises below the designated size are collected through sample surveys.

Ⅲ. The statistical coverage in this chapter comes as follows:

Criteria for wholesale and retail sale trades above designated size is defined as follows：wholesale trade with annual sales of 20 million yuan or above, retail sale trade with annual sales of 5 million yuan or above.

The table of total purchases，sales and inventory include corporate units, establishments and individuals of various types of ownership both above and below designated size by category of commodities.

The table of total retail sales of consumer goods includes the retail sales of corporate units, establishments and individuals of various types of ownership to urban and rural residents and institutions.

Ⅳ. The data in this chapter are prepared and provided by the Division of Trade and External Economic Relations Statistics of　Statistics Bureau of Guangdong Province.

 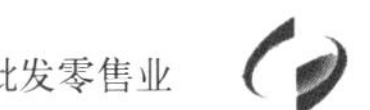

16-1 批发零售业主要指标

Main Indicators on Domestic Trade

指　　标	Item	2000	2010	2013	2014	2015	2016
社会消费品零售总额（亿元）	**Total Retail Sales of Consumer Goods (100 million yuan)**	**4379.81**	**17458.44**	**25453.93**	**28471.15**	**31517.56**	**34739.00**
按消费形态分							
商品零售	Retail Sales			22841.14	25634.59	28278.73	31242.41
餐饮收入	Catering Income			2612.79	2836.56	3238.83	3496.59
按城乡分	By Urban and Rural Area						
城镇	Urban Areas	3290.33	14896.98	22283.47	24939.92	27610.44	30418.16
乡村	Rural Areas	1089.48	2561.46	3170.46	3531.23	3907.12	4320.84
批发零售业商品销售总额（亿元）	**Total Sales in Wholesale and Retail Trades (100 million yuan)**	**10316.88**	**47217.39**	**91735.70**	**106900.75**	**115442.98**	**127092.00**
批发额	Wholesale Value	6691.51	31727.96	69218.27	81430.22	87415.19	95929.77
零售额	Retail Value	3625.37	15489.43	22517.43	25470.53	28027.79	31162.23
按行业分	By Sector						
批发业销售额	Sales in Wholesale Trade	7053.14	30173.58	70613.60	82875.98	89258.24	97952.99
批发额	Wholesale Value	6247.11	28849.48	67179.84	78943.69	84796.41	92989.40
零售额	Retail Value	806.03	1324.10	3433.76	3932.29	4461.83	4963.59
零售业销售额	Sales in Retail Trade	3263.74	17043.81	21122.10	24024.77	26184.74	29139.01
批发额	Wholesale Value	444.40	2878.48	2038.43	2486.53	2618.78	2940.37
零售额	Retail Value	2819.34	14165.33	19083.67	21538.23	23565.96	26198.64
按规模分	By Size						
限额以上销售额	Sales above Designated Size	4922.10	30316.84	66179.50	72282.30	66166.10	74045.02
批发额	Wholesale Value	4036.15	24600.85	55656.30	60351.79	53553.50	60245.99
零售额	Retail Value	885.95	5715.99	10523.20	11930.51	12612.60	13799.03
限额以下销售额	Sales below Designated Size	5394.78	16900.55	25556.20	34618.45	49276.88	53046.98
批发额	Wholesale Value	2655.36	7127.11	13561.97	21078.43	33861.69	35683.78
零售额	Retail Value	2739.42	9773.44	11994.23	13540.02	15415.19	17363.20
限额以上连锁总店数（个）	**Number of General Chain Stores above Designated Size (unit)**		**206**	**308**	**387**	**386**	**385**
限额以上连锁门店数（个）	**Number of Branch Chain Stores above Designated Size (unit)**		**23096**	**24546**	**28305**	**25903**	**31922**
限额以上连锁店销售总额（亿元）	**Total Sales of Chain Stores above Designated Size (100 million yuan)**		**3502.08**	**5244.13**	**5597.23**	**5241.15**	**5356.58**
#零售额	Retail Value		2980.36	3817.63	4563.17	4420.51	4604.38
亿元以上商品交易市场成交额（亿元）	**Transaction Value of Commodity Markets above 100 Million Yuan (100 million yuan)**		**4828.13**	**5418.15**	**5657.02**	**5576.63**	**5512.94**

16-2 按行业及城乡分社会消费品零售总额

Total Retail Sales of Consumer Goods by Sector and by Urban and Rural Area

单位：亿元 (100 million yuan)

年份 Year	社会消费品零售总额 Total Retail Sales of Consumer Goods	按行业分 By Sector		按城乡分 By Urban and Rural Area	
		#批发零售业 Wholesale and Retail Trades	#住宿餐饮业 Hotels and Catering Services	城镇 Urban Areas	乡村 Rural Areas
1978	79.86	66.92	5.39	38.42	41.44
1979	92.69	76.76	6.09	43.25	49.44
1980	117.67	94.52	7.30	66.72	50.95
1981	142.38	114.56	8.85	71.19	71.19
1982	164.23	131.86	10.19	82.77	81.46
1983	183.62	144.88	11.58	97.32	86.30
1984	226.13	170.06	16.04	131.61	94.52
1985	289.23	209.38	26.74	178.45	110.78
1986	327.02	235.59	28.68	172.67	154.35
1987	405.19	294.17	37.83	214.34	190.85
1988	568.07	414.30	50.79	306.19	261.88
1989	636.15	451.24	65.69	345.43	290.72
1990	667.36	463.92	71.11	457.34	210.02
1991	786.64	535.40	87.87	531.57	255.07
1992	1109.55	951.21	128.60	809.96	299.59
1993	1518.31	1309.60	168.75	1137.80	380.51
1994	1991.33	1705.13	234.42	1511.03	480.30
1995	2478.35	2121.16	300.24	1864.90	613.45
1996	2772.83	2358.28	356.23	2093.18	679.65
1997	3139.32	2653.90	409.95	2362.67	776.65
1998	3567.01	2962.27	505.56	2688.64	878.37
1999	3932.44	3268.96	569.18	2960.30	972.14
2000	4379.81	3625.37	655.94	3290.33	1089.48
2001	4856.65	3996.92	751.32	3638.52	1218.13
2002	5392.64	4443.64	843.82	4044.52	1348.12
2003	6029.86	5021.81	897.26	4540.94	1488.92
2004	6852.03	5734.94	953.84	5177.13	1674.90
2005	7915.51	6773.37	1016.63	5967.71	1947.80
2006	9194.29	7944.17	1155.39	6913.19	2281.10
2007	10731.28	9373.42	1298.31	8064.08	2667.20
2008	12986.60	11423.07	1498.91	9754.30	3232.30
2009	14891.78	13228.45	1656.30	11278.66	3613.12
2010	17458.44	15565.04	1893.40	14896.98	2561.46
2011	20297.52	18110.21	2187.31	17399.70	2897.82
2012	22677.11	20231.14	2445.97	19767.95	2909.16
2013	25453.93	22728.10	2725.83	22283.48	3170.46
2014	28471.15	25518.70	2952.45	24939.92	3531.23
2015	31517.56	28285.78	3231.78	27610.44	3907.12
2016	34739.00			30418.16	4320.84

注：本表1992—2004年数据根据广东省第一次全国经济普查资料进行了调整，2005—2008年数据根据广东省第二次全国经济普查资料进行了调整，2009—2013年数据根据广东省第三次全国经济普查资料进行了调整。

Note: Data of 1992 to 2004 in this table have been adjusted in accordance with the figures from the first national economic census of Guangdong Province，Data of 2005 to 2008 in this table have been adjusted in accordance with the figures from the second national economic census of Guangdong Province，Data of 2009 to 2013 in this table have been adjusted in accordance with the figures from the third national economic census of Guangdong Province.

16-3 各市社会消费品零售总额（2016年）

Total Retail Sales of Consumer Goods by City (2016)

单位：亿元 (100 million yuan)

市别	City	社会消费品零售总额 Total Retail Sales of Consumer Goods	按消费形态分 By Sector		按城乡分 By Urban and Rural Area	
			商品零售 Retail Sales	餐饮收入 Catering Income	城镇 Urban Area	乡村 Rural Area
广州	Guangzhou	8706.49	7633.71	1072.78	8472.80	233.69
深圳	Shenzhen	5512.76	4883.4	629.36	5512.76	
珠海	Zhuhai	1016.13	904.9	111.23	989.86	26.27
汕头	Shantou	1515.19	1428.8	86.39	1105.26	409.93
佛山	Foshan	3017.76	2700.36	317.40	2395.38	622.38
#顺德	Shunde	975.45	875.81	99.64	624.29	351.16
韶关	Shaoguan	638.21	583.14	55.07	555.44	82.77
河源	Heyuan	537.44	500.04	37.40	411.65	125.79
梅州	Meizhou	619.77	577.17	42.60	433.90	185.87
惠州	Huizhou	1227.88	1119.6	108.28	993.62	234.26
汕尾	Shanwei	533.11	474.45	58.66	391.52	141.59
东莞	Dongguan	2470.78	2311.47	159.31	2204.93	265.85
中山	Zhongshan	1205.84	1095.28	110.56	1100.02	105.82
江门	Jiangmen	1159.06	1045.58	113.48	879.82	279.24
阳江	Yangjiang	634.83	571.98	62.85	492.31	142.52
湛江	Zhanjiang	1432.96	1271.95	161.01	1165.28	267.68
茂名	Maoming	1339.88	1224.3	115.58	907.95	431.93
肇庆	Zhaoqing	731.98	657.11	74.87	520.73	211.25
清远	Qingyuan	626.8	577.19	49.61	508.56	118.24
潮州	Chaozhou	495.61	454.02	41.59	396.49	99.12
揭阳	Jieyang	978.42	941.45	36.97	706.55	271.87
云浮	Yunfu	345.22	314.58	30.64	268.46	76.76
按经济区域分	By Region					
珠三角	Pearl River Delta	25048.68	22351.41	2697.27	23069.92	1978.76
东翼	Eastern Region	3522.33	3298.72	223.61	2599.82	922.51
西翼	Western Region	3407.67	3068.23	339.44	2565.54	842.13
山区	Mountainous Region	2767.44	2552.12	215.32	2178.01	589.43

16-4 各市社会消费品零售总额

Total Retail Sales of Consumer Goods by City

单位：亿元 (100 million yuan)

市 别	City	2000	2005	2010	2011	2012	2013	2014	2015	2016
广 州	Guangzhou	1121.13	1905.84	4500.28	5243.02	5977.27	6426.91	7144.45	7987.96	8706.49
深 圳	Shenzhen	735.02	1441.61	3000.76	3520.87	4008.78	4500.46	4919.00	5017.84	5512.76
珠 海	Zhuhai	121.17	220.19	486.03	567.86	635.20	720.52	815.71	915.20	1016.13
汕 头	Shantou	218.99	345.23	830.41	972.21	1029.82	1056.81	1186.04	1349.34	1515.19
佛 山	Foshan	337.55	650.18	1687.13	1931.41	2019.50	2122.63	2400.58	2705.22	3017.76
#顺 德	Shunde	93.18	212.27	539.71	617.99	652.01	682.33	775.63	876.82	975.45
韶 关	Shaoguan	85.40	141.67	329.78	383.99	409.59	471.11	522.68	580.79	638.21
河 源	Heyuan	37.12	73.02	163.07	188.04	209.37	381.02	435.01	482.99	537.44
梅 州	Meizhou	67.28	131.85	319.05	372.79	403.5	450.18	499.97	559.50	619.77
惠 州	Huizhou	126.48	252.01	582.53	684.72	754.15	857.91	968.70	1070.72	1227.88
汕 尾	Shanwei	69.84	130.45	352.06	414.59	424.32	398.72	440.11	489.61	533.11
东 莞	Dongguan	235.16	506.29	1108.06	1266.31	1354.58	1786.66	1942.29	2184.70	2470.78
中 山	Zhongshan	141.81	277.08	648.11	756.07	809.33	890.55	981.80	1086.74	1205.84
江 门	Jiangmen	177.03	310.44	655.86	759.15	807.21	831.85	923.35	1034.30	1159.06
阳 江	Yangjiang	86.46	159.22	370.58	440.11	467.01	481.98	531.90	584.46	634.83
湛 江	Zhanjiang	156.59	269.98	679.79	805.59	861.33	1010.70	1162.10	1308.95	1432.96
茂 名	Maoming	158.11	287.96	704.97	842.86	902.20	983.13	1093.90	1214.38	1339.88
肇 庆	Zhaoqing	77.31	142.99	332.89	389.71	433.39	493.12	559.90	648.36	731.98
清 远	Qingyuan	72.27	130.03	370.50	433.69	459.63	466.45	520.28	571.50	626.80
潮 州	Chaozhou	60.57	103.32	245.47	287.73	317.04	354.71	395.86	444.15	495.61
揭 阳	Jieyang	82.38	144.76	446.62	573.45	521.05	657.66	759.02	872.42	978.42
云 浮	Yunfu	31.30	59.71	136.97	167.58	180.31	224.73	268.49	304.71	345.22
按经济区域分	By Region									
珠 三 角	Pearl River Delta	3204.99	5878.70	12613.24	14575.57	16552.69	18630.61	20655.78	22651.04	25048.68
东 翼	Eastern Region	450.38	745.58	1818.56	2167.17	2258.56	2467.90	2781.03	3155.52	3522.33
西 翼	Western Region	418.44	738.78	1702.90	2013.47	2197.78	2475.81	2787.90	3107.79	3407.67
山 区	Mountainous Region	306.00	552.45	1279.96	1490.51	1668.08	1993.49	2246.43	2499.49	2767.44

16-5 批发零售业商品销售总额

Total Sales of Commodities in Wholesale and Retail Trades

单位：亿元 (100 million yuan)

项　目	Item	2000	2010	2014	2015	2016
合　计	**Total**	**10316.88**	**47217.39**	**106900.75**	**115442.98**	**127092.00**
按行业分组	By sector					
批发业	Wholesale Trade	7053.14	30173.58	82875.98	89258.24	97952.99
零售业	Retail Trade	3263.74	17043.81	24024.77	26184.74	29139.01
按规模分组	By Size of Enterprises					
限额以上企业和个体户	**Enterprises above Designated Size and Individuals**	**4922.10**	**30316.84**	**72282.30**	**66166.10**	**74045.02**
食品、饮料、烟酒类	Food, Beverages, Tobacco and Liquor	843.07	2635.17	6351.61	7097.34	7537.89
粮油类	Grain and Edible Oil	17.02	366.51	901.87	1134.22	1457.42
肉禽蛋类	Meat, Poultry and Eggs	110.80	230.13	614.20	703.26	823.50
饮料类	Beverages	24.27	192.76	772.78	1046.10	774.62
烟酒类	Tobacco and Liquor	464.74	1175.56	1796.16	1939.10	2021.58
其它食品类	Other Food	226.24	670.21	2266.60	2274.66	2460.77
服装鞋帽、针纺织品类	Garments,Footwear,Headgear,Knitwear and Textiles	437.67	1869.06	4761.54	5244.01	5120.19
服装类	Garments	277.69	1133.19	3038.33	3451.73	3182.00
鞋帽类	Footwear and Headgear	49.29	206.49	661.30	689.94	696.01
针、纺织品类	Knitwear and Textiles	110.69	529.38	1061.91	1102.34	1242.18
化妆品类	Cosmetics	20.12	138.83	297.17	401.67	409.68
金银珠宝类	Gold, Silver and Jewelry	26.10	221.13	1105.96	1280.64	1462.81
日用品类	Daily-use Articles	206.22	762.55	2106.68	2347.19	2623.51
#洗涤用品类	Detergents	22.54	232.11	502.84		
儿童玩具类	Toys for Children	15.33	32.61	90.92	96.89	91.32
五金、电料类	Hardware and Electrical Appliances	50.65	266.24	682.53	761.81	854.67
体育、娱乐用品类	Sports and Recreational Articles	22.79	153.92	180.43	168.46	208.32
书报杂志类	Newspapers and Magazines	43.41	77.67	140.34	161.28	174.24
电子出版物及音像制品类	E-journals and Video Products	6.67	23.12	26.97	29.96	32.00
家用电器和音像器材类	Household Appliances and Video Appliances	329.32	1221.85	2329.42	2459.14	2204.93
中西药品类	Traditional Chinese and Western Medicines	275.71	1248.10	2576.08	2957.35	3331.35
#西药	Western Medicines	170.09	848.37	1706.07	1939.97	2211.95
中草药及中成药	Traditional Chinese Medicines	70.92	256.71	576.89	659.07	681.13
文化办公用品类	Articles for Cultural and Office Use	55.91	637.27	3792.30	3586.88	3579.56
家具类	Furniture	31.98	189.07	448.86	542.19	596.35
通讯器材类	Communication Appliances	70.47	719.27	2935.62	3176.14	3858.88
煤炭及制品类	Coal and Related Products	82.94	1144.17	1982.29	1293.35	1002.98
木材及制品类	Timber and Related Products	10.08	60.20	149.09	163.68	201.47
石油及制品类	Petroleum and Related Products	1176.36	7779.83	15469.34	7792.01	8739.15
化工材料及制品类	Chemical Materials and Products	172.79	1566.66	4355.75	3952.91	4117.36
金属材料类	Metal Materials	324.60	4380.16	9768.75	8268.17	9240.29
建筑及装潢材料类	Construction and Decoration Materials	36.43	432.07	1458.48	1171.45	1292.86
机电产品及设备类	Mechanical and Electrical Products and Equipment	119.99	1235.24	2436.26	2888.60	3163.79
汽车类	Motor Vehicles	213.08	2773.14	5473.14	6494.43	8648.68
种子饲料类	Seeds and Feedstuff	22.64	53.57	144.15	208.81	279.16
棉麻类	Cotton and Hemp	6.52	20.81	97.83	93.09	51.13
其它类	Others	336.58	707.74	3211.71	3625.54	5313.77
限额以下企业和个体户	**Enterprises below Designated Size and Individuals**	**5394.78**	**16900.55**	**34618.45**	**49276.88**	**53046.98**

16-6 批发零售业商品批发额

Total Wholesale Value of Commodities in Wholesale and Retail Trades

单位：亿元 (100 million yuan)

项　　目	Item	2000	2010	2014	2015	2016
合　计	**Total**	**6691.51**	**31727.96**	**81430.22**	**87415.19**	**95929.77**
按行业分组	By sector					
批发业	Wholesale Trade	6247.11	28849.48	78943.69	84796.41	92989.40
零售业	Retail Trade	444.40	2878.48	2486.53	2618.78	2940.37
按规模分组	By Size of Enterprises					
限额以上企业和个体户	**Enterprises above Designated Size and Individuals**	**4036.15**	**24600.85**	**60351.79**	**53553.50**	**60245.99**
食品、饮料、烟酒类	Food, Beverages, Tobacco and Liquor	677.15	2067.13	5314.86	5863.76	6146.13
粮油类	Grain and Edible Oil	6.87	279.88	719.76	928.33	1218.81
肉禽蛋类	Meat, Poultry and Eggs	94.01	168.66	468.94	536.39	634.51
饮料类	Beverages	13.88	134.29	658.68	907.60	619.26
烟酒类	Tobacco and Liquor	418.34	1065.75	1623.80	1737.72	1788.96
其它食品类	Other Food	144.05	418.55	1843.68	1753.72	1884.59
服装鞋帽、针纺织品类	Garments,Footwear,Headgear,Knitwear and Textiles	344.17	1385.88	3515.21	3993.25	3833.40
服装类	Garments	210.88	786.06	2178.21	2606.88	2311.06
鞋帽类	Footwear and Headgear	35.16	117.36	396.48	415.44	419.86
针、纺织品类	Knitwear and Textiles	98.13	482.46	940.52	970.93	1102.48
化妆品类	Cosmetics	5.45	56.22	171.01	228.49	226.70
金银珠宝类	Gold, Silver and Jewelry	12.37	151.49	866.62	1045.36	1212.58
日用品类	Daily-use Articles	147.50	569.53	1623.41	1760.89	1955.68
#洗涤用品类	Detergents	11.35	166.98	392.51		
儿童玩具类	Toys for Children	12.05	19.52	58.61	61.29	60.42
五金、电料类	Hardware and Electrical Appliances	44.79	241.86	584.11	635.55	706.54
体育、娱乐用品类	Sports and Recreational Articles	15.68	131.35	133.38	97.62	122.45
书报杂志类	Newspapers and Magazines	29.11	50.89	95.36	109.76	122.38
电子出版物及音像制品类	E-journals and Video Products	2.42	16.38	14.91	14.56	17.02
家用电器和音像器材类	Household Appliances and Video Appliances	255.61	790.44	1659.53	1742.73	1432.98
中西药品类	Traditional Chinese and Western Medicines	217.40	957.64	2055.94	2349.21	2638.41
#西药	Western Medicines	136.84	651.83	1335.48	1524.78	1738.34
中草药及中成药	Traditional Chinese Medicines	55.80	216.34	500.41	571.22	596.39
文化办公用品类	Articles for Cultural and Office Use	41.13	570.14	3495.93	3229.34	3177.67
家具类	Furniture	23.41	156.89	325.09	392.91	415.40
通讯器材类	Communication Appliances	65.29	639.96	2605.09	2731.33	3353.94
煤炭及制品类	Coal and Related Products	82.62	1137.75	1955.68	1264.48	973.49
木材及制品类	Timber and Related Products	9.73	60.20	149.07	163.68	201.47
石油及制品类	Petroleum and Related Products	1043.57	6488.12	13278.28	5822.76	6794.15
化工材料及制品类	Chemical Materials and Products	169.88	1566.66	4355.75	3952.91	4117.36
金属材料类	Metal Materials	322.33	4380.16	9768.75	8268.17	9240.29
建筑及装潢材料类	Construction and Decoration Materials	33.07	392.48	1291.55	1021.24	1122.89
机电产品及设备类	Mechanical and Electrical Products and Equipment	102.51	1200.20	2314.42	2741.70	3012.12
汽车类	Motor Vehicles	100.37	920.60	1826.79	2720.82	4338.16
种子饲料类	Seeds and Feedstuff	22.64	53.57	144.15	208.81	279.16
棉麻类	Cotton and Hemp	6.52	20.81	97.57	92.93	51.02
其它类	Others	261.43	594.50	2709.33	3101.24	4754.60
限额以下企业和个体户	**Enterprises below Designated Size and Individuals**	**2655.36**	**7127.11**	**21078.43**	**33861.69**	**35683.78**

16-7 批发零售业商品零售额

Total Retail Value of Commodities in Wholesale and Retail Trades

单位：亿元 (100 million yuan)

项　目	Item	2000	2010	2014	2015	2016
合　计	**Total**	**3625.37**	**15489.43**	**25470.53**	**28027.79**	**31162.23**
按行业分组	By sector					
批发业	Wholesale Trade	806.03	1324.10	3932.29	4461.83	4963.59
零售业	Retail Trade	2819.34	14165.33	21538.24	23565.96	26198.64
按规模分组	By Size of Enterprises					
限额以上企业和个体户	**Enterprises above Designated Size and Individuals**	**885.95**	**5715.99**	**11930.51**	**12612.60**	**13799.03**
食品、饮料、烟酒类	Food, Beverages, Tobacco and Liquor	165.92	568.04	1036.75	1233.58	1391.76
粮油类	Grain and Edible Oil	10.15	86.63	182.11	205.89	238.61
肉禽蛋类	Meat, Poultry and Eggs	16.79	61.47	145.26	166.87	188.99
饮料类	Beverages	10.39	58.47	114.10	138.50	155.36
烟酒类	Tobacco and Liquor	46.40	109.81	172.36	201.38	232.62
其它食品类	Other Food	82.19	251.66	422.92	520.94	576.18
服装鞋帽、针纺织品类	Garments,Footwear,Headgear,Knitwear and Textiles	93.50	483.18	1246.33	1250.76	1286.79
服装类	Garments	66.81	347.13	860.12	844.85	870.94
鞋帽类	Footwear and Headgear	14.13	89.13	264.82	274.50	276.15
针、纺织品类	Knitwear and Textiles	12.56	46.92	121.39	131.41	139.70
化妆品类	Cosmetics	14.67	82.61	126.16	173.18	182.98
金银珠宝类	Gold, Silver and Jewelry	13.73	69.64	239.34	235.28	250.23
日用品类	Daily-use Articles	58.72	193.02	483.27	586.30	667.83
#洗涤用品类	Detergents	11.19	65.13	110.33		
儿童玩具类	Toys for Children	3.28	13.09	32.31	35.60	30.90
五金、电料类	Hardware and Electrical Appliances	5.86	24.38	98.42	126.26	148.13
体育、娱乐用品类	Sports and Recreational Articles	7.11	22.57	47.05	70.84	85.87
书报杂志类	Newspapers and Magazines	14.30	26.78	44.98	51.52	51.86
电子出版物及音像制品类	E-journals and Video Products	4.25	6.74	12.06	15.40	14.98
家用电器和音像器材类	Household Appliances and Video Appliances	73.71	431.41	669.89	716.41	771.95
中西药品类	Traditional Chinese and Western Medicines	58.31	290.46	520.14	608.14	692.94
#西药	Western Medicines	33.25	196.54	370.59	415.19	473.61
中草药及中成药	Traditional Chinese Medicines	15.12	40.37	76.48	87.85	84.74
文化办公用品类	Articles for Cultural and Office Use	14.78	67.13	296.37	357.54	401.89
家具类	Furniture	8.57	32.18	123.77	149.28	180.95
通讯器材类	Communication Appliances	5.18	79.31	330.53	444.81	504.94
煤炭及制品类	Coal and Related Products	0.32	6.42	26.61	28.87	29.49
木材及制品类	Timber and Related Products	0.35		0.02		
石油及制品类	Petroleum and Related Products	132.79	1291.71	2191.06	1969.25	1945.00
化工材料及制品类	Chemical Materials and Products	2.91				
金属材料类	Metal Materials	2.27				
建筑及装潢材料类	Construction and Decoration Materials	3.36	39.59	166.93	150.21	169.97
机电产品及设备类	Mechanical and Electrical Products and Equipment	17.48	35.04	121.84	146.90	151.67
汽车类	Motor Vehicles	112.71	1852.54	3646.35	3773.61	4310.52
种子饲料类	Seeds and Feedstuff					
棉麻类	Cotton and Hemp			0.26	0.16	0.11
其它类	Others	75.15	113.24	502.38	524.30	559.17
限额以下企业和个体户	**Enterprises below Designated Size and Individuals**	**2739.42**	**9773.44**	**13540.02**	**15415.19**	**17363.20**

16-8 各市批发零售业商品销售总额

Total Sales of Enterprises in Wholesale and Retail Trades by City

单位：亿元 (100 million yuan)

市别	City	2015 销售总额 Total Sales	2015 批发额 Wholesale Trade	2015 零售额 Retail Trade	2016 销售总额 Total Sales	2016 批发额 Wholesale Trade	2016 零售额 Retail Trade
广州	Guangzhou	50902.38	43674.66	7227.72	55972.75	48373.07	7599.68
深圳	Shenzhen	23490.77	19477.02	4013.75	24860.15	19988.08	4872.07
珠海	Zhuhai	4180.07	3526.66	653.41	4915.82	4013.92	901.90
汕头	Shantou	2540.27	1280.61	1259.66	2917.30	1488.73	1428.57
佛山	Foshan	8749.90	6799.18	1950.72	10201.78	7503.77	2698.01
#顺德	Shunde	3066.05	2432.35	633.70	2698.63	1823.08	875.55
韶关	Shaoguan	857.21	369.01	488.20	985.57	408.93	576.64
河源	Heyuan	534.35	138.30	396.05	590.88	95.25	495.63
梅州	Meizhou	722.35	241.62	480.73	779.59	204.98	574.61
惠州	Huizhou	1811.82	859.64	952.18	2022.24	906.51	1115.73
汕尾	Shanwei	539.05	99.66	439.39	591.20	115.50	475.70
东莞	Dongguan	5331.17	3332.04	1999.13	6192.34	3883.37	2308.97
中山	Zhongshan	2500.82	1540.27	960.55	2587.73	1492.74	1094.99
江门	Jiangmen	1791.50	903.09	888.41	1901.29	856.21	1045.08
阳江	Yangjiang	693.00	294.25	398.75	759.44	187.62	571.82
湛江	Zhanjiang	2885.13	1992.95	892.18	2987.59	1717.51	1270.08
茂名	Maoming	2639.95	1634.15	1005.80	2810.18	1587.22	1222.96
肇庆	Zhaoqing	1230.51	657.31	573.20	1314.59	656.04	658.55
清远	Qingyuan	783.20	386.10	397.10	878.43	301.49	576.94
潮州	Chaozhou	815.75	438.17	377.58	906.20	452.45	453.75
揭阳	Jieyang	1795.06	1097.02	698.04	2044.58	1106.87	937.71
云浮	Yunfu	582.32	319.74	262.58	644.03	329.63	314.40
按经济区域分	By Region						
珠三角	Pearl River Delta	99988.94	80769.87	19219.07	109968.69	87673.71	22294.98
东翼	Eastern Region	5690.13	2915.46	2774.67	6459.28	3163.55	3295.73
西翼	Western Region	6218.08	3921.35	2296.73	6557.21	3492.35	3064.86
山区	Mountainous Region	3479.43	1454.77	2024.66	3878.50	1340.28	2538.22

16-9 限额以上批发企业商品购、销、存总额（2016年）
Total Purchases, Sales and Inventory of Enterprises above Designated Size in Wholesale Trade (2016)

单位：亿元 (100 million yuan)

项目	Item	企业单位数（个） Number of Enterprises (unit)	购进总额 Total Purchases	#进口 Imports	商品销售总额 Total Sales of Commodities
批发业合计	**Total Wholesale Trade**	**15037**	**55479.66**	**4727.22**	**59167.94**
#国有控股	State-owned and State-controlled Enterprises	852	16259.54	1136.75	16694.05
按登记注册类型分组	By Status of Registration				
内资企业	Domestic-funded Enterprises	13819	48825.04	3554.28	51806.14
国有企业	State-owned Enterprises	259	738.04	29.51	797.66
集体企业	Collective-owned Enterprises	81	58.17	0.01	63.52
股份合作企业	Share-holding Cooperative Enterprises	18	16.12	0.32	19.36
联营企业	Joint-operation Enterprises	7	10.83	1.44	12.22
国有联营企业	State-owned Joint-operation Enterprises	2	3.05		3.92
集体联营企业	Collective Joint-operation Enterprises	2	3.65		3.68
国有与集体联营企业	State-collective Joint-operation Enterprises	1	1.77		1.86
其他联营企业	Other Joint-operation Enterprises	2	2.36	1.44	2.76
有限责任公司	Limited Liability Corporations	5032	27660.50	1851.24	29844.05
国有独资企业	State Sole Investment Enterprises	146	4965.57	62.93	5308.13
其他有限责任公司	Other Limited Liability Companies	4886	22694.93	1788.31	24535.92
股份有限公司	Share-holding Corporations Ltd.	285	4375.33	133.27	3940.88
私营企业	Private Enterprises	8085	15928.84	1538.19	17082.35
私营独资企业	Private Sole Investment Enterprises	42	96.26	0.38	111.35
私营合伙企业	Private Partnership Enterprises	3	1.12		1.45
私营有限责任公司	Private Limited Liability Corporations	7850	15329.13	1517.23	16386.72
私营股份有限公司	Private Share-holding Corporations Ltd.	190	502.33	20.58	582.83
其他企业	Other Enterprises	52	37.21	0.30	46.10
港、澳、台商投资企业	Enterprises with Investment from Hong Kong, Macao and Taiwan	783	2664.16	343.64	3097.64
合资经营企业	Joint Ventures	106	441.96	30.97	492.40
合作经营企业	Cooperative Enterprises	8	17.10		21.34
独资经营企业	Sole Investment Enterprises	641	2161.30	309.72	2524.20
投资股份有限公司	Share-holding Corporations Ltd.	21	41.14	2.56	56.23
其他港、澳、台商投资企业	Others	7	2.66	0.39	3.47
外商投资企业	Enterprises with Foreign Investment	435	3990.46	829.30	4264.16
中外合资经营企业	Sino-foreign Joint Ventures	65	1561.55	474.19	1597.26
中外合作经营企业	Sino-foreign Cooperative Enterprises	4	16.32	6.27	16.90
外资企业	Foreign-funded Enterprises	338	2058.54	236.95	2282.67
外商投资股份有限公司	Share-holding Corporations Ltd.	10	215.35	0.70	226.12
其他外商投资企业	Others	18	138.70	111.19	141.21
按国民经济行业分组	By Economic Sector				
农、林、牧产品批发	Wholesale of Farm and Livestock Products	329	995.64	102.76	1092.59
食品、饮料及烟草制品批发业	Wholesale of Food, Beverages and Tobacco Products	1453	4674.82	168.59	5457.00
#米、面制品及食用油批发业	Wholesale of Rice, Flour Products and Edible Oil	212	598.04	52.06	612.55
烟草制品批发业	Wholesale of Tobacco Products	47	1124.18	4.46	1494.05
纺织、服装及日用品批发业	Wholesale of Textiles, Garments and Daily-use Products	2342	4435.69	185.08	4998.86
#服装批发业	Wholesale of Garments	530	1007.98	25.10	1151.90
家用电器批发	Wholesale of Household Appliance	402	1026.01	14.60	1045.18
文化、体育用品及器材批发业	Wholesale of Cultural and Sports Articles and Appliances	700	1723.72	65.00	2001.16
医药及医疗器材批发业	Wholesale of Medicines and Medical Appliances	1182	2857.78	154.78	3201.86
矿产品、建材及化工产品批发	Wholesale of Mineral Products, Building Materials and Chemical Products	5114	25568.69	1709.16	26001.52
#煤炭及制品批发业	Wholesale of Coal and Related Products	224	988.45	83.80	1006.29
石油及制品批发业	Wholesale of Petroleum and Related Products	717	9089.09	1013.91	8653.49
金属及金属矿批发业	Wholesale of Metal and Related Products	1339	8493.74	122.15	8837.39
建材批发业	Wholesale of Building Materials	663	1884.79	194.70	2083.59
化肥批发业	Wholesale of Chemical Fertilizers	118	147.30	8.69	157.98
机械设备、五金交电及电子产品批发业	Wholesale of Machinery, Hardware, Electric and Electronic Products	2900	10468.33	1263.98	11442.86
#汽车批发	Wholesale of Motor Vehicles	93	3145.79	4.08	3525.76
汽车零配件批发业	Wholesale of Motor Vehicles Parts	210	336.76	41.80	363.59
计算机、软件及辅助设备批发业	Wholesale of Computers, Software and Assistant Equipments	301	780.81	72.22	847.07
贸易经纪与代理	Trade Broker and Agency	475	3196.63	529.42	3303.30
其他批发业	Other Wholesale Trades	542	1558.36	548.45	1668.79

16-9 续表 continued

单位：亿元 (100 million yuan)

项目	Item	批发额 Wholesale Trade	#出口 Exports	零售额 Retail Trade	年末库存总额 Inventory at the Year-end
批发业合计	**Total Wholesale Trade**	**57148.24**	**4906.44**	**2019.70**	**4181.73**
#国有控股	State-owned and State-controlled Enterprises	15943.74	890.80	750.31	704.57
按登记注册类型分组	By Status of Registration				
内资企业	Domestic-funded Enterprises	50079.89	4170.38	1726.24	3087.62
国有企业	State-owned Enterprises	760.22	66.17	37.44	109.18
集体企业	Collective-owned Enterprises	57.02	9.17	6.51	3.04
股份合作企业	Share-holding Cooperative Enterprises	19.28	3.03	0.08	0.34
联营企业	Joint-operation Enterprises	11.04		1.18	1.41
国有联营企业	State-owned Joint-operation Enterprises	3.51		0.41	0.52
集体联营企业	Collective Joint-operation Enterprises	3.68			0.17
国有与集体联营企业	State-collective Joint-operation Enterprises	1.86			0.02
其他联营企业	Other Joint-operation Enterprises	1.99		0.77	0.70
有限责任公司	Limited Liability Corporations	29046.99	1849.74	797.05	1222.56
国有独资企业	State Sole Investment Enterprises	5288.51	188.17	19.61	179.38
其他有限责任公司	Other Limited Liability Companies	23758.48	1661.57	777.44	1043.18
股份有限公司	Share-holding Corporations Ltd.	3483.04	366.35	457.84	154.96
私营企业	Private Enterprises	16662.31	1875.67	420.03	1595.48
私营独资企业	Private Sole Investment Enterprises	108.33		3.02	2.51
私营合伙企业	Private Partnership Enterprises	1.42		0.02	0.21
私营有限责任公司	Private Limited Liability Corporations	15990.79	1832.58	395.92	1556.46
私营股份有限公司	Private Share-holding Corporations Ltd.	561.77	43.09	21.07	36.30
其他企业	Other Enterprises	39.99	0.25	6.11	0.65
港、澳、台商投资企业	Enterprises with Investment from Hong Kong, Macao and Taiwan	2928.90	47.32	168.73	898.12
合资经营企业	Joint Ventures	476.57	4.12	15.83	37.16
合作经营企业	Cooperative Enterprises	19.98	1.30	1.36	0.58
独资经营企业	Sole Investment Enterprises	2375.40	41.54	148.79	851.89
投资股份有限公司	Share-holding Corporations Ltd.	53.74	0.36	2.49	7.98
其他港、澳、台商投资企业	Others	3.21		0.26	0.51
外商投资企业	Enterprises with Foreign Investment	4139.45	688.74	124.73	195.99
中外合资经营企业	Sino-foreign Joint Ventures	1495.60	456.12	101.66	57.79
中外合作经营企业	Sino-foreign Cooperative Enterprises	16.81		0.09	0.53
外资企业	Foreign-funded Enterprises	2262.31	122.11	20.35	127.72
外商投资股份有限公司	Share-holding Corporations Ltd.	226.12			6.81
其他外商投资企业	Others	138.61	110.51	2.63	3.14
按国民经济行业分组	By Economic Sector				
农畜产品批发业	Wholesale of Farm and Livestock Products	1057.27	29.62	35.32	112.48
食品、饮料及烟草制品批发业	Wholesale of Food, Beverages and Tobacco Products	5345.84	126.28	111.16	955.41
#米、面制品及食用油批发业	Wholesale of Rice, Flour Products and Edible Oil	600.17	2.82	12.39	125.96
烟草制品批发业	Wholesale of Tobacco Products	1488.26	1.90	5.80	54.79
纺织、服装及日用品批发业	Wholesale of Textiles, Garments and Daily-use Products	4662.94	1220.62	335.91	469.04
#服装批发业	Wholesale of Garments	1039.48	335.77	112.42	127.53
家用电器批发	Wholesale of Household Appliance	991.51	161.37	53.67	162.64
文化、体育用品及器材批发业	Wholesale of Cultural and Sports Articles and Appliances	1909.41	79.18	91.75	364.64
医药及医疗器材批发业	Wholesale of Medicines and Medical Appliances and Chemical Products	2860.39	34.97	341.47	291.50
矿产品、建材及化工产品批发	Wholesale of Mineral Products, Building Materials	25275.25	768.22	726.28	1331.36
#煤炭及制品批发业	Wholesale of Coal and Related Products	980.34	0.07	25.95	68.94
石油及制品批发业	Wholesale of Petroleum and Related Products	8149.81	428.54	503.68	238.02
金属及金属矿批发业	Wholesale of Metal and Related Products	8788.52	89.62	48.88	703.28
建材批发业	Wholesale of Building Materials	2053.37	143.88	30.22	81.84
化肥批发业	Wholesale of Chemical Fertilizers	145.53	0.26	12.45	14.26
机械设备、五金交电及电子产品批发业	Wholesale of Machinery, Hardware, Electric and Electronic Products	11174.41	1216.07	268.45	521.00
#汽车批发	Wholesale of Motor Vehicles	3436.93		88.83	15.40
汽车零配件批发业	Wholesale of Motor Vehicles Parts	352.77	29.12	10.82	22.22
计算机、软件及辅助设备批发业	Wholesale of Computers, Software and Assistant Equipments	819.82	101.24	27.25	70.44
贸易经纪与代理	Trade Broker and Agency	3246.39	861.83	56.91	86.68
其他批发业	Other Wholesale Trades	1616.34	569.65	52.45	49.62

16-10 限额以上零售企业商品购、销、存总额（2016年）

Total Purchases, Sales and Inventory of Enterprises above Designated Size in Retail Trade (2016)

单位：亿元 (100 million yuan)

项　　目	Item	企业单位数(个) Number of Enterprises (unit)	购进总额 Total Purchases	#进口 Imports	商品销售总额 Total Sales of Commodities
零售业合计	**Total Retail Trade**	**8396**	**10395.32**	**394.83**	**12526.70**
#国有控股	State-owned and State-controlled Enterprises	438	1735.74	41.56	2556.84
按登记注册类型分组	By Status of Registration				
内资企业	Domestic-funded Enterprises	7966	7857.22	310.50	9624.16
国有企业	State-owned Enterprises	110	60.58		96.33
集体企业	Collective-owned Enterprises	180	78.29	0.01	90.11
股份合作企业	Share-holding Cooperative Enterprises	33	5.24		6.73
联营企业	Joint-operation Enterprises	28	28.16		31.77
国有联营企业	State-owned Joint-operation Enterprises	4	1.07		2.98
集体联营企业	Collective Joint-operation Enterprises	11	21.89		22.04
国有与集体联营企业	State-collective Joint-operation Enterprises	4	1.32		1.51
其他联营企业	Other Joint-operation Enterprises	9	3.88		5.24
有限责任公司	Limited Liability Corporations	3544	4157.09	185.23	4921.49
国有独资企业	State Sole Investment Enterprises	46	77.50	25.50	97.05
其他有限责任公司	Other Limited Liability Companies	3498	4079.59	159.73	4824.44
股份有限公司	Share-holding Corporations Ltd.	178	688.78	0.54	1302.07
私营企业	Private Enterprises	3806	2820.51	124.69	3153.73
私营独资企业	Private Sole Investment Enterprises	412	94.84	0.17	108.10
私营合伙企业	Private Partnership Enterprises	33	6.68		7.09
私营有限责任公司	Private Limited Liability Corporations	3283	2636.79	121.06	2933.96
私营股份有限公司	Private Share-holding Corporations Ltd.	78	82.20	3.46	104.58
其他企业	Other Enterprises	87	18.57	0.03	21.93
港、澳、台商投资企业	Enterprises with Investment from Hong Kong, Macao and Taiwan	254	850.89	66.67	1092.24
合资经营企业	Joint Ventures	48	355.52	13.78	482.85
合作经营企业	Cooperative Enterprises	14	9.51		12.00
独资经营企业	Sole Investment Enterprises	187	470.23	52.89	580.23
投资股份有限公司	Share-holding Corporations Ltd.	4	13.91		15.13
其他港澳台投资企业	Others	1	1.72		2.03
外商投资企业	Enterprises with Foreign Investment	176	1687.21	17.66	1810.30
中外合资经营企业	Sino-foreign Joint Ventures	63	670.05	9.15	721.10
中外合作经营企业	Sino-foreign Cooperative Enterprises	7	88.37	0.34	92.94
外资企业	Foreign-funded Enterprises	89	360.73	7.51	416.73
外商投资股份有限公司	Share-holding Corporations Ltd.	9	13.32		18.86
其他外商投资企业	Other Foreign Enterprises	8	554.74	0.66	560.67
按国民经济行业分组	By Economic Sector				
综合零售业	Comprehensive Retail Trade	784	1883.57	11.11	2171.75
#百货零售业	Retail of General Merchandise	365	807.33	10.73	998.29
超级市场零售业	Retail in Supermarkets	315	985.15	0.38	1065.77
食品、饮料及烟草制品专门零售业	Retail of Food, Beverages and Tobacco Products	554	209.37	10.83	276.78
纺织、服装及日用品专门零售业	Retail of Textiles, Garments and Daily-use Products	616	344.19	10.79	547.79
#服装零售业	Retail of Garments	268	187.71	8.11	329.79
文化、体育用品及器材专门零售业	Retail of Cultural and Sports Articles and Appliances	377	194.16	0.31	218.84
#体育用品零售业	Retail of Sports Articles and Appliances	21	13.32	0.02	17.75
图书零售业	Retail of Books	129	66.35	0.08	69.19
医药及医疗器材专门零售业	Retail of Medicines and Medical Appliances	453	416.61	3.79	488.35
#药品零售业	Retail of Medicines	339	368.62	1.33	430.73
汽车、摩托车、燃料及零配件零售业	Retail of Motor Vehicles, Motorcycles and Parts	3388	5123.28	331.67	6354.98
#汽车零售业	Retail of Motor Vehicles	2185	4297.57	329.90	4655.06
机动车燃料零售业	Retail of Motor Vehicle Fuels	896	729.40	0.18	1589.31
家用电器及电子产品专门零售业	Retail of Household Appliances and Electronic Products	969	873.12	1.55	932.13
#家用电器零售业	Retail of Household Appliances	426	468.23	0.37	494.60
计算机、软件及辅助设备零售业	Retail of Computers, Software and Assistant Equipments	287	76.78		91.39
通讯设备零售业	Retail of Communication Equipments	115	261.35		275.37
五金、家具及室内装修材料专门零售业	Retail of Hardware, Furniture and Interior Decoration Materials	652	242.06	1.15	289.28
无店铺及其他零售业	Non-shop and Other Retails	603	1108.96	23.63	1246.80

16-10 续表 continued

单位：亿元 (100 million yuan)

项目	Item	批发额 Wholesale Trade	#出口 Exports	零售额 Retail Trade	年末库存总额 Inventory at the Year-end
零售业合计	**Total Retail Trade**	**1572.60**	**82.76**	**10954.10**	**1168.71**
#国有控股	State-owned and State-controlled Enterprises	481.20	0.12	2075.65	188.16
按登记注册类型分组	By Status of Registration				
内资企业	Domestic-funded Enterprises	1353.37	82.03	8270.81	892.52
国有企业	State-owned Enterprises	18.27		78.06	12.17
集体企业	Collective-owned Enterprises	18.10	0.12	72.02	4.85
股份合作企业	Share-holding Cooperative Enterprises	2.39		4.34	0.47
联营企业	Joint-operation Enterprises	13.34		18.44	1.24
国有联营企业	State-owned Joint-operation Enterprises			2.98	0.04
集体联营企业	Collective Joint-operation Enterprises	13.07		8.97	0.99
国有与集体联营企业	State-collective Joint-operation Enterprises	0.02		1.50	0.07
其他联营企业	Other Joint-operation Enterprises	0.25		4.99	0.14
有限责任公司	Limited Liability Corporations	582.96	74.45	4338.52	422.36
国有独资企业	State Sole Investment Enterprises	6.70		90.35	14.93
其他有限责任公司	Other Limited Liability Companies	576.26	74.45	4248.17	407.43
股份有限公司	Share-holding Corporations Ltd.	307.42	0.08	994.64	114.51
私营企业	Private Enterprises	409.44	7.37	2744.30	336.20
私营独资企业	Private Sole Investment Enterprises	10.51		97.59	5.15
私营合伙企业	Private Partnership Enterprises	0.39		6.70	0.18
私营有限责任公司	Private Limited Liability Corporations	370.48	7.37	2563.48	321.61
私营股份有限公司	Private Share-holding Corporations Ltd.	28.06		76.53	9.26
其他企业	Other Enterprises	1.45	0.01	20.49	0.72
港、澳、台商投资企业	Enterprises with Investment from Hong Kong, Macao and Taiwan	91.20	0.09	1001.06	199.92
合资经营企业	Joint Ventures	36.16		446.69	107.49
合作经营企业	Cooperative Enterprises	0.01		12.00	0.67
独资经营企业	Sole Investment Enterprises	55.03	0.09	525.21	91.30
投资股份有限公司	Share-holding Corporations Ltd.			15.13	0.39
其他港澳台投资企业	Others			2.03	0.07
外商投资企业	Enterprises with Foreign Investment	128.03	0.64	1682.23	76.27
中外合资经营企业	Sino-foreign Joint Ventures	115.21	0.09	605.89	23.45
中外合作经营企业	Sino-foreign Cooperative Enterprises	0.83		92.11	5.62
外资企业	Foreign-funded Enterprises	10.83	0.55	405.87	40.96
外商投资股份有限公司	Share-holding Corporations Ltd.	1.16		17.70	3.63
其他外商投资企业	Other Foreign Enterprises			560.66	2.61
按国民经济行业分组	By Economic Sector				
综合零售业	Comprehensive Retail Trade	173.25	0.32	1998.50	212.29
#百货零售业	Retail of General Merchandise	18.17	0.32	980.11	135.32
超级市场零售业	Retail in Supermarkets	144.06		921.71	67.95
食品、饮料及烟草制品专门零售业	Retail of Food, Beverages and Tobacco Products	61.33	0.15	215.45	36.23
纺织、服装及日用品专门零售业	Retail of Textiles, Garments and Daily-use Products	97.66	3.98	450.14	143.55
#服装零售业	Retail of Garments	56.45	1.63	273.34	81.34
文化、体育用品及器材专门零售业	Retail of Cultural and Sports Articles and Appliances	79.43	0.79	139.41	40.70
#体育用品零售业	Retail of Sports Articles and Appliances	0.51		17.24	1.47
图书零售业	Retail of Books	13.33	0.12	55.87	14.70
医药及医疗器材专门零售业	Retail of Medicines and Medical Appliances	143.56		344.79	63.15
#药品零售业	Retail of Medicines	117.08		313.65	56.25
汽车、摩托车、燃料及零配件零售业	Retail of Motor Vehicles, Motorcycles and Parts	569.52	1.42	5785.47	483.71
#汽车零售业	Retail of Motor Vehicles	344.50	1.06	4310.55	436.09
机动车燃料零售业	Retail of Motor Vehicle Fuels	206.71		1382.60	34.54
家用电器及电子产品专门零售业	Retail of Household Appliances and Electronic Products	234.61	0.77	697.52	137.50
#家用电器零售业	Retail of Household Appliances	54.53	0.33	440.07	104.46
计算机、软件及辅助设备零售业	Retail of Computers, Software and Assistant Equipments	19.57	0.24	71.82	5.05
通讯设备零售业	Retail of Communication Equipments	148.67		126.70	20.90
五金、家具及室内装修材料专门零售业	Retail of Hardware, Furniture and Interior Decoration Materials	56.88	1.43	232.40	23.77
无店铺及其他零售业	Non-shop and Other Retails	156.36	73.90	1090.42	27.81

16-11 各市限额以上批发零售企业商品购、销、存总额（2016年）
Total Purchases, Sales and Inventory of Enterprises above Designated Size in Wholesale and Retail Trades by City (2016)

单位：万元　　　　(10000 yuan)

市别	City	商品购进总额 Total Purchases	#进口 Imports	商品销售总额 Total Sales	批发额 Wholesale Trade	#出口 Exports	零售额 Retail Trade	年末库存总额 Inventory at the Year-end
合　计	**Total**	**658749822**	**51220578**	**716946458**	**587208460**	**49891986**	**129737998**	**53504412**
批发业	**Wholesale Trade**	**554796600**	**47272240**	**591679425**	**571482447**	**49064410**	**20196978**	**41817310**
广　州	Guangzhou	219483797	13463870	228136865	221453524	12541775	6683340	11485876
深　圳	Shenzhen	166848111	23864883	177180116	171784803	19611490	5395313	15256716
珠　海	Zhuhai	20287894	5092707	21526146	21029937	1185279	496209	1076484
汕　头	Shantou	10147592	620717	11594013	10689056	291409	904957	1134721
佛　山	Foshan	52493218	881046	56812500	55285737	5123308	1526763	2348080
#顺　德	Shunde	11935395	323919	12665516	12347805	1984775	317711	1180538
韶　关	Shaoguan	2715568	5577	3768262	3476956	19512	291306	126296
河　源	Heyuan	479952	10652	615868	613945	32345	1923	31900
梅　州	Meizhou	1137489	433	1339609	1250405	28908	89204	46741
惠　州	Huizhou	3712142	78856	4589225	4030549	365292	558677	538218
汕　尾	Shanwei	445905		564772	562472		2300	21783
东　莞	Dongguan	25300513	1528169	27464658	26985504	4397279	479154	1260653
中　山	Zhongshan	9323831	200166	10251044	9860388	2976836	390656	6525764
江　门	Jiangmen	6609122	412479	7207859	6797513	1689076	410346	308718
阳　江	Yangjiang	1131123	7500	1454269	1429848	305782	24421	73212
湛　江	Zhanjiang	6370051	161413	7234028	6690013	116523	544015	417747
茂　名	Maoming	12367613	77575	13160419	12873149	4474	287270	320227
肇　庆	Zhaoqing	3501705	806778	3745798	3519959	144308	225839	163053
清　远	Qingyuan	1781518	1391	2464856	1978003	22950	486853	208586
潮　州	Chaozhou	1642652	11254	1844883	1713059	153533	131824	48952
揭　阳	Jieyang	7462809	7710	8601531	7369867	54331	1231664	251788
云　浮	Yunfu	1553995	39064	2122704	2087760		34944	171795
零售业	**Retail Trade**	**103953222**	**3948338**	**125267033**	**15726013**	**827576**	**109541020**	**11687102**
广　州	Guangzhou	33414290	1211472	39309810	5620017	45703	33689788	2738209
深　圳	Shenzhen	23369597	1519163	27332762	4529412	769436	22803350	4523263
珠　海	Zhuhai	2312211	136676	2940931	377824	1381	2563108	351832
汕　头	Shantou	2672755	36714	2946232	442466	3701	2503766	237070
佛　山	Foshan	8419100	204404	10294206	647565	395	9646642	828374
#顺　德	Shunde	3140277	111287	4397642	376351	395	4021291	416670
韶　关	Shaoguan	680142	2452	771939	26095		745844	75374
河　源	Heyuan	673120	18351	1072469	112423		960047	72535
梅　州	Meizhou	793088	19664	1193725	91089	3006	1102637	106428
惠　州	Huizhou	4086136	104579	4769182	563543		4205639	336039
汕　尾	Shanwei	282642		457538	66363		391175	52449
东　莞	Dongguan	10041386	452888	11644258	825900	876	10818358	852799
中　山	Zhongshan	3835148	133434	4711649	201581	257	4510068	411274
江　门	Jiangmen	2681036	4289	3696547	270154		3426393	266271
阳　江	Yangjiang	517416		789678	93900		695778	49445
湛　江	Zhanjiang	1583319	14385	2294791	367660	146	1927131	186539
茂　名	Maoming	1440567	8349	2204687	358770		1845917	172196
肇　庆	Zhaoqing	1846029	9593	2567153	118212		2448941	106240
清　远	Qingyuan	804315	22086	847248	39160		808088	95837
潮　州	Chaozhou	505153	31771	546613	27424		519189	58698
揭　阳	Jieyang	3361970	11701	3888569	869568	2675	3019002	90644
云　浮	Yunfu	633802	6367	987046	76887		910159	75586

16-12 限额以上批发零售业个体户商品购、销、存总额（2016年）

Total Purchases, Sales and Inventory of Enterprises above Designated Size in Wholesale and Retail Trade Individuals(2016)

单位：万元 (10000 yuan)

项 目	Item	单位数（个）Number of Enterprises (unit)	购进总额 Total Purchases	商品销售总额 Total Sales of Commodities
合计	**Total**	**5884**	**58690355**	**65631458**
批发业	**Wholesale Trade**	**2518**	**49279039**	**54285806**
农、林、牧产品批发业	Wholesale of Farm and Livestock Products	15	91582	101301
食品、饮料及烟草制品批发业	Wholesale of Food, Beverages and Tobacco Products	544	4092110	4549490
纺织、服装及日用品批发业	Wholesale of Textiles, Garments and Daily-use Products	1100	9608849	12010772
纺织品、针织品及原料批发	Wholesale of Textiles,Knitwear and Raw Material	96	1492363	1680221
服装批发	Wholesale of Garments	460	1804659	3179356
灯具、装饰物品批发	Wholesale of Lamps and Lanterns,Decorative Items	180	1246629	1346535
文化、体育用品及器材批发业	Wholesale of Cultural and Sports Articles and Appliances	194	3958254	4596713
首饰、工艺品及收藏品批发	Wholesale of Jewelry,Art Work and Collector	162	3575066	4178285
医药及医疗器材批发业	Wholesale of Medicines and Medical Appliances and Chemical Products	83	774149	844245
中药批发	Wholesale of Traditional Chinese Medicine	83	774149	844245
矿产品、建材及化工产品批发	Wholesale of Mineral Products, Building Materials	61	569678	643711
机械设备、五金交电及电子产品批发业	Wholesale of Machinery, Hardware, Electric and Electronic Products	506	30086240	31426978
电气设备批发	Wholesale of Electric Apparatus	64	8140722	8649186
计算机、软件及辅助设备批发	Wholesale of Computers, Software and Assistant Equipments	147	8141759	8760993
通讯及广播电视设备批发	Wholesale of Communications and Broadcasting Equipment	150	12959237	13014259
其他批发业	Other Wholesale Trades	15	98177	112596
零售业	**Retail Trade**	**3366**	**9411316**	**11345652**
综合零售业	Comprehensive Retail Trade	441	551467	640762
百货零售	Retail of General Merchandise	229	264587	314980
超级市场零售	Retail in Supermarkets	137	209581	236333
食品、饮料及烟草制品专门零售业	Retail of Food, Beverages and Tobacco Products	496	576550	695659
纺织、服装及日用品专门零售业	Retail of Textiles, Garments and Daily-use Products	431	1503161	1822713
纺织品及针织品零售	Retail of Textiles and Knitwear	51	59199	74850
服装零售	Retail of Garments	85	106755	125720
鞋帽零售	Retail of Footwear and Headgear	54	474155	531165
文化、体育用品及器材专门零售业	Retail of Cultural and Sports Articles and	581	2140491	3054051
珠宝首饰零售	Retail of Bijouterie	152	585194	680418
工艺美术品及收藏品零售	Retail of Art Work and Collector	371	1409419	2207368
医药及医疗器材专门零售业	Retail of Medicines and Medical Appliances	59	68641	79592
药品零售	Retail of Medicines	58	68182	79050
汽车、摩托车、燃料及零配件零售业	Retail of Motor Vehicles, Motorcycles and Parts	211	425638	463664
家用电器及电子产品专门零售业	Retail of Household Appliances and and Electronic Products	465	3090668	3285774
计算机、软件及辅助设备零售	Retail of Computers, Software and Assistant Equipments	208	520112	649828
通信设备零售	Retail of Communication Equipments	89	2286565	2304227
五金、家具及室内装修材料专门	Retail of Hardware, Furniture and Interior	625	976334	1211488
无店铺及其他零售业	Non-shop and Other Retails	57	78366	91949

16-12 续表 continued

单位：万元 (10000 yuan)

项 目	Item	批发额 Wholesale Trade	零售额 Retail Trade	年末库存总额 Inventory at the Year-end
合计	**Total**	**53258805**	**12372733**	**967971**
批发业	**Wholesale Trade**	**51191452**	**3094433**	**638194**
农畜产品批发业	Wholesale of Farm and Livestock Products	97996	3305	456
食品、饮料及烟草制品批发业	Wholesale of Food, Beverages and Tobacco Products	4344398	205092	158406
纺织、服装及日用品批发业	Wholesale of Textiles, Garments and Daily-use Products	11372961	637811	269965
纺织品、针织品及原料批发	Wholesale of Textiles,Knitwear and Raw Material	1676621	3600	168985
服装批发	Wholesale of Garments	2869297	310059	61808
灯具、装饰物品批发	Wholesale of Lamps and Lanterns,Decorative Items	1346535		5648
文化、体育用品及器材批发业	Wholesale of Cultural and Sports Articles and Appliances	4402064	194648	71683
首饰、工艺品及收藏品批发	Wholesale of Jewelry,Art Work and Collector	3984557	193728	58211
医药及医疗器材批发业	Wholesale of Medicines and Medical Appliances and Chemical Products	842980	1265	38504
中药批发	Wholesale of Traditional Chinese Medicine	842980	1265	38504
矿产品、建材及化工产品批发	Wholesale of Mineral Products, Building Materials	577291	66420	18044
机械设备、五金交电及电子产品批发业	Wholesale of Machinery, Hardware, Electric and Electronic Products	29449359	1977699	74902
电气设备批发	Wholesale of Electric Apparatus	8004748	644438	9799
计算机、软件及辅助设备批发	Wholesale of Computers, Software and Assistant Equipments	8087611	673382	16008
通讯及广播电视设备批发	Wholesale of Communications and Broadcasting Equipment	12475937	538401	23781
其他批发业	Other Wholesale Trades	104403	8193	6234
零售业	**Retail Trade**	**2067353**	**9278300**	**329777**
综合零售业	Comprehensive Retail Trade	15261	625501	28964
百货零售	Retail of General Merchandise	7228	307752	11480
超级市场零售	Retail in Supermarkets	4275	232058	13639
食品、饮料及烟草制品专门零售业	Retail of Food, Beverages and Tobacco Products	27126	668533	24380
纺织、服装及日用品专门零售业	Retail of Textiles, Garments and Daily-use Products	16652	1806061	32730
纺织品及针织品零售	Retail of Textiles and Knitwear	62	74789	2302
服装零售	Retail of Garments	2075	123645	2730
鞋帽零售	Retail of Footwear and Headgear	298	530867	5165
文化、体育用品及器材专门零售业	Retail of Cultural and Sports Articles and	3065	3050985	61721
珠宝首饰零售	Retail of Bijouterie	3050	677368	12041
工艺美术品及收藏品零售	Retail of Art Work and Collector		2207368	41563
医药及医疗器材专门零售业	Retail of Medicines and Medical Appliances	2955	76637	5117
药品零售	Retail of Medicines	2955	76095	5065
汽车、摩托车、燃料及零配件零售业	Retail of Motor Vehicles, Motorcycles and Parts	1845	461820	18903
家用电器及电子产品专门零售业	Retail of Household Appliances and and Electronic Products	1982262	1303512	77117
计算机、软件及辅助设备零售	Retail of Computers, Software and Assistant Equipments	22365	627463	42140
通信设备零售	Retail of Communication Equipments	1936510	367717	15415
五金、家具及室内装修材料专门	Retail of Hardware, Furniture and Interior	16430	1195059	76920
无店铺及其他零售业	Non-shop and Other Retails	1757	90192	3925

16-13 限额以上连锁批发零售业经营情况（2016年）
Business of Chain Stores above Designated Size in Wholesale and Retail Trade (2016)

项　　目	Item	连锁总店数(个) Number of General Chain Stores (unit)	销售总额(万元) Total Sales Revenue) (10000 yuan)	#零售额(万元) Retail Sales (10000 yuan)	营业面积(平方米) Operational Area (sq.m)
批发零售业合计	**Wholesale and Retail Trade**	**302**	**50763474**	**43446813**	**24678000**
按注册登记类型分	By Status of Registration				
内资企业	Domestic-funded Enterprises	239	37282300	31562909	19045984
国有企业	State-owned Enterprises	13	4201381	2590680	970252
集体企业	Collective-owned Enterprises	3	46608	44654	15741
股份合作企业	Share-holding Cooperative Enterprises	1	33437		7124
联营企业	Joint-operation Enterprises	1	66565	66565	21563
有限责任公司	Limited Liability Corporations	117	7574975	6938359	3460796
股份有限公司	Share-holding Corporations Ltd.	28	22348913	19519435	13192784
私营企业	Private Enterprises	76	3010421	2403216	1377724
其他企业	Other Enterprises				
港、澳、台商投资企业	Enterprises with Investment from Hong Kong, Macao and Taiwan	34	4850720	4449944	2209420
合资经营企业(港或澳、台资)	Joint Ventures	9	3457381	3277219	1293338
合作经营企业(港或澳、台资)	Cooperative Enterprises	2	32057	32057	6213
港、澳、台商独资经营企业	Sole Investment Enterprises	22	1313949	1093335	890106
港、澳、台商投资股份有限公司	Share-holding Corporations Ltd.	1	47333	47333	19763
外商投资企业	Enterprises with Foreign Investment	29	8630454	7433960	3422596
中外合资经营企业	Sino-foreign Joint Ventures	16	1960177	1943375	1391819
中外合作经营企业	Sino-foreign Cooperative Enterprises	4	1378136	1302646	767939
外资企业	Foreign-funded Enterprises	9	5292141	4187939	1262838
其他外商投资	Others				
按零售业态分	By Type of Operation				
便利店	Convenience Store	9	469380	420326	130047
超市	Supermarket	34	1381682	1378440	1285756
大型超市	HyperMarket	18	7426482	6303642	3608942
百货商店	Department Store	15	4947621	4700780	2459796
专业店	Specialty Store	150	34021224	28644994	16257070
专卖店	Franchised Store	51	1466681	1168672	586785
家居建材店	Building Material Store	1	15773	12978	17505
其他	Others	24	1034631	816981	332099

16-13 续表 continued

项　　目	Item	从业人数(人) Number of Employed Persons (person)	连锁门店数(个) Number of Branch Chain Stores (unit)	直营店(个) Under Direct Management (unit)	加盟店(个) Through License Arrangement (unit)
批发零售业合计	**Retail Trade**	**257344**	**27716**	**19075**	**8641**
按注册登记类型分	By Status of Registration				
内资企业	Domestic-funded Enterprises	164973	22511	15252	7259
国有企业	State-owned Enterprises	13827	790	743	47
集体企业	Collective-owned Enterprises	1888	171	49	122
股份合作企业	Share-holding Cooperative Enterprises	152	29	29	
联营企业	Joint-operation Enterprises	751	191	140	51
有限责任公司	Limited Liability Corporations	56554	8574	5223	3351
股份有限公司	Share-holding Corporations Ltd.	54093	6103	6082	21
私营企业	Private Enterprises	37708	6653	2986	3667
其他企业	Other Enterprises				
港、澳、台商投资企业	Enterprises with Investment from Hong Kong, Macao and Taiwan	34569	3117	2539	578
合资经营企业(港或澳、台资)	Joint Ventures	20126	1584	1447	137
合作经营企业(港或澳、台资)	Cooperative Enterprises	468	68	68	
港、澳、台商独资经营企业	Sole Investment Enterprises	13210	1289	848	441
港、澳、台商投资股份有限公司	Share-holding Corporations Ltd.	765	176	176	
外商投资企业	Enterprises with Foreign Investment	57802	2088	1284	804
中外合资经营企业	Sino-foreign Joint Ventures	15104	626	614	12
中外合作经营企业	Sino-foreign Cooperative Enterprises	16869	1057	265	792
外资企业	Foreign-funded Enterprises	25829	405	405	
其他外商投资	Others				
按零售业态分	By Type of Operation				
便利店	Convenience Store	8635	1965	1352	613
超市	Supermarket	21145	774	742	32
大型超市	HyperMarket	51848	542	519	23
百货商店	Department Store	25452	849	846	3
专业店	Specialty Store	101108	11538	10828	710
专卖店	Franchised Store	25704	4831	3066	1765
家居建材店	Building Material Store	483	15	15	
其他	Others	22969	7202	1707	5495

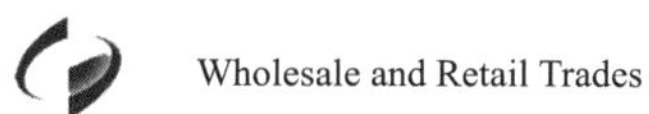

16-14 亿元以上商品交易市场成交额

Turnover of Commodity Exchange Markets with Transaction Value over 100 Million Yuan

单位：亿元　　(100 million yuan)

项　目	Item	2005	2010	2012	2013	2014	2015	2016
合　计	**Total**	**1948.95**	**4828.13**	**5506.48**	**5418.15**	**5657.02**	**5576.63**	**5512.94**
食品、饮料、烟酒类	Food, Beverages, Tobacco and Liquor	853.12	1591.87	1828.69	1844.52	1852.12	1933.27	2115.67
#粮油类	Grain and Edible Oil	136.45	192.61	245.15	172.69	167.86	172.99	185.05
服装鞋帽、针、纺织品类	Garments,Footwear,Headgear,Knitwear and Textiles	457.60	1028.01	1090.39	1086.16	1273.99	1294.61	1248.43
化妆品类	Cosmetics	8.18	15.69	15.33	19.17	15.50	18.67	17.56
金银珠宝类	Gold, Silver and Jewelry	1.14	47.17	36.11	26.92	25.33	21.98	20.73
日用品类	Daily-use Articles	42.93	209.48	275.06	271.20	293.60	197.15	197.96
五金、电料类	Hardware and Electrical Appliances	19.07	121.51	138.41	143.03	125.43	191.98	167.75
体育、娱乐用品类	Sports and Recreational Articles	5.09	7.44	14.21	13.15	10.38	10.09	11.90
书报杂志类	Newspapers and Magazines	2.37	4.75	4.21	3.20	2.70	2.64	2.13
电子出版物及音像制品类	E-journals and Video Products	2.22	5.84	2.23	7.50	11.06	11.52	8.40
家用电器和音像器材类	Household Appliances and Video Appliances	15.20	33.88	33.15	28.59	22.11	19.31	23.03
中西药品类	Traditional Chinese and Western Medicines	13.24	12.49	13.71	13.92	12.31	16.39	18.14
#中草药及中成药类	Chinese Herbal Medicines and Chinese Patent Medicines	12.52	11.76	12.87	13.09	11.49	13.49	14.41
文化办公用品类	Articles for Cultural and Office Use	62.63	66.35	61.32	56.68	48.10	57.66	37.15
家具类	Furniture	3.03	9.05	8.46	8.27	8.50	8.28	8.15
通讯器材类	Communication Appliances	2.24	52.00	55.68	62.99	40.92	38.80	38.27
煤炭及制品类	Coal and Related Products						0.17	
木材及制品类	Timber and Related Products	34.84	45.27	90.56	107.74	102.06	70.78	45.70
化工材料及制品类	Chemical Materials and Products	5.11	388.17	474.40	401.25	442.70	431.15	406.58
金属材料类	Metal Materials	82.11	485.52	604.94	562.23	558.53	418.28	326.51
建筑及装潢材料类	Construction and Decoration Materials	43.93	73.64	83.07	87.02	101.91	110.99	113.19
机电产品及设备类	Mechanical and Electrical Products and Equipments	17.68	28.11	32.12	35.30	46.55	47.40	51.52
汽车类	Motor Vehicles	175.68	531.59	509.39	513.61	520.61	555.89	553.99
种子饲料类	Seeds and Feedstuff		0.07	0.08	0.10	0.09	0.08	0.10
其他类	Others	101.54	70.23	134.96	125.60	142.52	119.54	100.08

16-15 限额以上批发零售企业财务状况（2016年）

Financial Indicators of Enterprises above Designated Size in Wholesale and Retail Trades Services (2016)

单位：万元 (10000 yuan)

项 目	Item	批发零售业合计 Wholesale and Retail Trades	批发业 Wholesale Trade	零售业 Retail Trade
企业数 (个)	Number of Enterprises (unit)	23433	15037	8396
年初存货	Inventory at the Year-beginning	35918767	25570611	10348156
流动资产合计	Circulating Assets	270923378	223304291	47619087
#存货	Inventory	38086977	28455305	9631672
固定资产原价	Original Value of Fixed Assets	23529255	15397500	8131755
累计折旧	Accumulated Depreciation	9383285	5957779	3425506
#本年折旧	Depreciation Drawn in Current Year	1412257	867239	545018
资产合计	Total Assets	327847860	267861450	59986410
负债合计	Total Liabilities	248309790	207684206	40625584
所有者权益合计	Total Creditors' Equity	79541143	60180282	19360861
实收资本	Paid-up Capital	42213970	32384574	9829396
#国家资本	State Capital	6399003	4621521	1777482
集体资本	Collective Capital	708442	524402	184040
法人资本	Legal Person Capital	19814200	15002327	4811873
个人资本	Personal Capital	9047115	7239246	1807869
港澳台资本	Capital from Hong Kong, Macao and Taiwan	3512989	2810621	702368
外商资本	Foreign Capital	2732221	2186457	545764
营业收入	Business Revenue	656363550	542741080	113622470
#主营业务收入	Main Business Revenue	647638372	535919504	111718868
营业成本	Business Costs	604275709	506402473	97873236
#主营业务成本	Main Business Costs	597303977	500003190	97300787
营业税金及附加	Tax and Extra Charges on Business	2802070	2359965	442105
#主营业务税金及附加	Tax and Extra Charges on Main Business	2755636	2324364	431272
其它业务利润	Profits from Other Businesses	1967611	766873	1200738
销售费用	Marketing Expenses	23053401	14621209	8432192
管理费用	Management Expenses	12343996	8957581	3386415
#税 金	Taxes	293124	205576	87548
财务费用	Financial Expenses	2346830	1820454	526376
#利息支出	Interests	1855567	1579741	275826
营业利润	Business Profits	13225996	9951336	3274660
营业外收入	Non-operating Revenue	1583053	1347992	235061
利润总额	Total Profits	14055133	10591975	3463158
应交所得税	Income Taxes Payable	4113338	3401782	711556
本年应付职工薪酬	Total Wages Payable in Current Year	11575044	6827549	4747495
本年应交增值税	Value-added Tax Payable in Current Year	8298821	6289915	2008906

16-16 限额以上批发企业财务状况（2016年）

单位:万元

项　　目	Item	企业数（个） Number of Enterprises	年初库存 Beginning Inventory	流动资产合计 Circulating Assets
批发业合计	**Total Wholesale Trade**	**15037**	**25570611**	**223304291**
#国有及国有控股	State-owned and State-controlled Enterprises	852	6714763	43671270
按登记注册类型分	By Status of Registration			
内资企业	Domestic-funded Enterprises	13825	21132017	188226091
国有企业	State-owned Enterprises	259	758160	3058086
集体企业	Collective-owned Enterprises	81	23971	133588
股份合作企业	Share-holding Cooperative Enterprises	18	3298	45399
联营企业	Joint-operation Enterprises	7	16182	45115
国有联营企业	State-owned Joint-operation Enterprises	2	7042	18806
集体联营企业	Collective Joint-operation Enterprises	2	1973	2483
国有与集体联营企业	State-collective Joint-operation Enterprises	1	318	169
其他联营企业	Other Joint-operation Enterprises	2	6849	23657
有限责任公司	Limited Liability Corporations	5012	9709567	86874757
国有独资企业	State Sole Investment Enterprises	146	1347286	9596031
其他有限责任公司	Other Limited Liability Companies	4866	8362281	77278726
股份有限公司	Share-holding Corporations Ltd.	285	2180005	20499584
私营企业	Private Enterprises	8033	8433064	77513410
私营独资企业	Private Sole Investment Enterprises	42	19314	90151
私营合伙企业	Private Partnership Enterprises	3	2193	4151
私营有限责任公司	Private Limited Liability Corporations	7798	8113684	75636606
私营股份有限公司	Private Share-holding Corporations Ltd.	190	297873	1782502
其他企业	Other Enterprises	130	7770	56152
港、澳、台商投资企业	Enterprises with Investment from Hong Kong, Macao and Taiwan	777	2543518	15972397
合资经营企业	Joint Ventures	104	257108	2023211
合作经营企业	Cooperative Enterprises	8	4873	106745
独资经营企业	Sole Investment Enterprises	637	2239574	13511794
投资股份有限公司	Share-holding Corporations Ltd.	21	38832	310141
其它港澳台商投资企业	Others	7	3131	20506
外商投资企业	Enterprises with Foreign Investment	435	1895076	19105803
中外合资经营企业	Sino-foreign Joint Ventures	65	526113	9364496
中外合作经营企业	Sino-foreign Cooperative Enterprises	4	8166	34877
外资企业	Foreign-funded Enterprises	338	1282290	8803509
外商投资股份有限公司	Share-holding Corporations Ltd.	10	45209	365807
其它外商投资企业	Others	18	33298	537114
按国民经济行业分	By Economic Sector			
农林牧产品批发业	Wholesale of Farm and Livestock Products	328	706751	3107342
食品、饮料及烟草制品批发业	Wholesale of Food, Beverages and Tobacco Products	1448	2870898	19961617
#米、面制品及食用油批发业	Wholesale of Rice, Flour Products and Edible Oil	212	906724	2990076
烟草制品批发业	Wholesale of Tobacco Products	47	399460	3036027
纺织、服装及日用品批发业	Wholesale of Textiles, Garments and Daily-use Products	2327	3329729	19041182
#服装批发业	Wholesale of Garments	523	1044732	5272030
文化、体育用品及器材批发业	Wholesale of Cultural and Sports Articles and Appliances	698	2742861	9097478
医药及医疗器材批发业	Wholesale of Medicines and Medical Appliances	1179	2347625	13383897
矿产品、建材及化工产品批发	Wholesale of Mineral Products, Building Materials and Chemical Products	5091	7774070	75702137
#煤炭及制品批发业	Wholesale of Coal and Related Products	224	588278	4541478
石油及制品批发业	Wholesale of Petroleum and Related Products	715	2234899	21218110
金属及金属矿批发业	Wholesale of Metal and Related Products	1334	2178267	26393188
建材批发业	Wholesale of Building Materials	659	669711	9225145
化肥批发业	Wholesale of Chemical Fertilizers	118	131711	533598
机械设备、五金交电及电子产品批发业	Wholesale of Machinery, Hardware, Electric and Electronic Products	2877	4470422	55434838
#汽车批发业	Wholesale of Motor Vehicles	92	332943	7234902
汽车零配件批发业	Wholesale of Motor Vehicles, Motorcycles and Parts	210	193049	1217127
计算机、软件及辅助设备批发业	Wholesale of Computers, Software and Assistant Equipments	300	699708	5706688
贸易经纪与代理	Trade Broker and Agency	472	812685	17832130
其他批发业	Other Wholesale Trades	617	515570	9743670

Financial Indicators of Enterprises above Designated Size in Wholesale Trade (2016)

固定资产原价 Original Value of Fixed Assets	累计折旧 Accumulated Depreciation	本年折旧 Depreciation Drawn in Current Year	资产合计 Total Assets	负债合计 Total Liabilities	所有者权益合计 Total Creditors' Equity	实收资本 Paid-up Capital	营业收入 Business Revenue	主营业务收入 Main Business Revenue	营业成本 Business Costs
15397500	**5957779**	**867239**	**267861450**	**207684206**	**60180282**	**32384574**	**542741080**	**535919504**	**506402473**
6456485	2582380	293814	59117509	40700188	18417322	8028437	147916904	147501698	138757850
13011571	4997293	718465	224923298	176992098	47932955	26076642	475588918	469385335	445583582
474981	184630	16871	3805756	2819642	986114	457307	7420151	7354785	6694769
50966	25856	1379	187953	114101	73852	21797	632207	628937	563951
6145	2466	263	51343	42282	9061	5818	173839	172805	154176
5388	2839	1610	49433	13674	35759	8249	118445	118302	104868
2750	1575	1566	20027	4127	15900	1960	37577	37434	30610
589	140	7	3492	3191	301	139	36773	36773	34657
2	2		169	4	165	150	16445	16445	16403
2046	1123	37	25745	6351	19394	6000	27649	27649	23199
5494830	2156740	309883	102014273	82379772	19634598	10905382	266703125	265826174	250400437
1890532	723124	85635	12843410	9113364	3730047	1402840	46230386	46185197	43817642
3604298	1433615	224248	89170863	73266408	15904551	9502542	220472739	219640977	206582794
3656378	1426398	168156	31919056	19349569	12569488	4535545	37376371	37197474	34438611
3297865	1190606	218440	86807231	72239689	14569201	9624903	162714013	157637650	152874534
14615	3580	836	117322	80455	36868	15178	980846	980723	818220
473	191	28	4949	4362	587	566	12705	12705	12317
3141584	1134610	208352	84469036	70774035	13695916	9179361	156502861	151471277	147211321
141193	52225	9224	2215924	1380838	835830	429798	5217601	5172946	4832676
25019	7759	1865	88254	33371	54884	517640	450767	449207	352236
1061491	415212	63985	20232102	14163285	6070099	3148646	28329028	28123575	24928192
237945	90514	12914	2526697	1874545	652152	359320	4477415	4457408	3983754
11521	3611	567	127991	61042	66949	14854	227078	227078	191109
791069	314736	48637	17203588	11957534	5247337	2710975	23086755	22905578	20326377
20024	5612	1609	349870	251228	98642	60591	501482	497343	398192
932	739	258	23955	18936	5018	2907	36298	36168	28761
1324438	545274	84789	22706050	16528823	6177227	3159286	38823135	38410594	35890699
533451	221086	28831	10595068	8928129	1666940	862831	14858228	14843715	14216678
2066	1419	106	35568	23959	11609	4362	156472	156472	150969
613925	236304	40005	10835539	6706224	4129315	2074335	20399490	20047822	18270905
149838	75607	14960	663698	344874	318823	192330	1948118	1903759	1843729
25158	10858	887	576177	525637	50540	25428	1460827	1458826	1408419
386607	130612	24360	4568285	2476197	2092087	1300635	10189016	10170193	9603435
2168053	865502	120100	25157657	16173197	8984460	2636164	48784311	48519517	41469483
325523	103007	11343	3949050	2999697	949353	447574	5813633	5774449	5487463
408311	201400	25807	3461495	895363	2566132	51327	12863994	12852232	9640269
1151535	529872	79546	23155236	17595697	5559009	2534990	45753682	45568448	40251107
284383	150406	17354	6485009	4789419	1695590	596595	10599716	10552038	8996954
407568	166663	31004	10349046	7501487	2848446	1746933	18079613	17632771	16326644
572365	256053	49641	15796416	11368106	4428310	2374538	28587393	28498614	25287926
8033167	3127774	393175	96282664	74426732	21858167	13925229	235438761	234837111	227643567
316583	117742	14144	5511166	4414497	1096669	1004897	9621548	9616160	9152335
5958756	2328251	279488	30474061	21599159	8874902	5242209	77455712	77107138	74843957
666102	224856	35955	31262587	27070156	4192432	3061030	79788780	79677675	78502965
337774	146186	19182	12551047	9300659	3250388	1826576	19349627	19303687	18216641
45434	17556	2134	649752	471704	178048	95101	1520986	1518077	1414452
1932442	650620	118402	61662095	50677629	10984912	5883632	110339387	105177994	101915508
123764	29345	4713	7907072	7221680	685392	797340	30619523	30487756	27745603
62516	29991	7811	1750232	939071	811161	470937	3281577	3270789	3045277
278618	68710	16153	6260020	4970372	1289649	596954	8190826	8127965	7352375
344767	92141	19559	20223338	17746597	2476741	1373301	29660078	29637079	28826626
400996	138541	31452	10666713	9718565	948148	609152	15908840	15877777	15078178

16-16 续表

单位:万元

项　目	Item	主营业务成本 Main Business Costs	营业税金及附加 Tax and Extra Charges on Business	主营业务税金及附加 Tax and Extra Charges on Main Business
批发业合计	**Total Wholesale Trade**	**500003190**	**2359965**	**2324364**
#国有及国有控股	State-owned and State-controlled Enterprises	138397986	1657657	1649039
按登记注册类型分	By Status of Registration			
内资企业	Domestic-funded Enterprises	439674421	2231678	2216012
国有企业	State-owned Enterprises	6641607	272863	268985
集体企业	Collective-owned Enterprises	563509	7936	7927
股份合作企业	Share-holding Cooperative Enterprises	153831	168	160
联营企业	Joint-operation Enterprises	103063	465	465
国有联营企业	State-owned Joint-operation Enterprises	29904	219	219
集体联营企业	Collective Joint-operation Enterprises	33557	243	243
国有与集体联营企业	State-collective Joint-operation Enterprises	16403	1	1
其他联营企业	Other Joint-operation Enterprises	23199	2	2
有限责任公司	Limited Liability Corporations	249668812	1539980	1530945
国有独资企业	State Sole Investment Enterprises	43780702	427282	425992
其他有限责任公司	Other Limited Liability Companies	205888110	1112698	1104953
股份有限公司	Share-holding Corporations Ltd.	34308310	113510	112591
私营企业	Private Enterprises	147884053	294930	293113
私营独资企业	Private Sole Investment Enterprises	817869	25235	25235
私营合伙企业	Private Partnership Enterprises	12317	14	14
私营有限责任公司	Private Limited Liability Corporations	142246204	262994	261301
私营股份有限公司	Private Share-holding Corporations Ltd.	4807663	6687	6563
其他企业	Other Enterprises	351236	1826	1826
港、澳、台商投资企业	Enterprises with Investment from Hong Kong, Macao and Taiwan	24608941	64235	63907
合资经营企业	Joint Ventures	3959343	7116	7114
合作经营企业	Cooperative Enterprises	191109	262	262
独资经营企业	Sole Investment Enterprises	20033327	55376	55051
投资股份有限公司	Share-holding Corporations Ltd.	396401	1376	1376
其它港澳台商投资企业	Others	28761	105	104
外商投资企业	Enterprises with Foreign Investment	35719828	64052	44445
中外合资经营企业	Sino-foreign Joint Ventures	14132073	8969	8466
中外合作经营企业	Sino-foreign Cooperative Enterprises	150969	145	145
外资企业	Foreign-funded Enterprises	18229761	52272	33299
外商投资股份有限公司	Share-holding Corporations Ltd.	1798980	1417	1286
其它外商投资企业	Others	1408045	1249	1249
按国民经济行业分	By Economic Sector			
农林牧产品批发业	Wholesale of Farm and Livestock Products	9595501	5075	4950
食品、饮料及烟草制品批发业	Wholesale of Food, Beverages and Tobacco Products	41319916	1564628	1561199
#米、面制品及食用油批发业	Wholesale of Rice, Flour Products and Edible Oil	5465092	7171	7096
烟草制品批发业	Wholesale of Tobacco Products	9597193	1495531	1493969
纺织、服装及日用品批发业	Wholesale of Textiles, Garments and Daily-use Products	40097027	156646	154322
#服装批发业	Wholesale of Garments	8948756	32773	31553
文化、体育用品及器材批发业	Wholesale of Cultural and Sports Articles and Appliances	16193972	43667	42822
医药及医疗器材批发业	Wholesale of Medicines and Medical Appliances	25235331	63282	62199
矿产品、建材及化工产品批发	Wholesale of Mineral Products, Building Materials and Chemical Products	226814367	290375	265643
#煤炭及制品批发业	Wholesale of Coal and Related Products	9129659	18370	18256
石油及制品批发业	Wholesale of Petroleum and Related Products	74529881	83273	63050
金属及金属矿批发业	Wholesale of Metal and Related Products	78321615	47437	44199
建材批发业	Wholesale of Building Materials	17987862	80238	79866
化肥批发业	Wholesale of Chemical Fertilizers	1413205	9223	9164
机械设备、五金交电及电子产品批发业	Wholesale of Machinery, Hardware, Electric and Electronic Products	97023428	172753	171538
#汽车批发业	Wholesale of Motor Vehicles	27634990	69006	68958
汽车零配件批发业	Wholesale of Motor Vehicles, Motorcycles and Parts	3021055	4606	4579
计算机、软件及辅助设备批发业	Wholesale of Computers, Software and Assistant Equipments	7336444	17449	17390
贸易经纪与代理	Trade Broker and Agency	28654567	16434	14640
其他批发业	Other Wholesale Trades	15069081	47105	47051

16-16 continued

(10000 yuan)

其他业务利润 Profits from Other Businesses	销售费用 Marketing Expenses	管理费用 Manag-ement Expenses	财务费用 Financial Expenses	营业利润 Business Profits	营业外收入 Non-operating revenue	利润总额 Total Profits	应交所得税 Income Taxes Payable	本年应付职工薪酬 Staff Salary Payable in Current Year	本年应交增值税 Value-added Tax Payable in Current Year
766873	**14621209**	**8957581**	**1820454**	**9951336**	**1347992**	**10591975**	**3401782**	**6827549**	**6289915**
154436	2699046	1305464	254361	3539402	416894	3773480	881978	1616259	1760236
600919	11471791	7241316	1567690	8653860	1144823	9125505	3114570	5313013	5547801
19274	162099	172735	26007	83987	99262	142306	38297	147788	112405
796	17773	18593	2862	21494	1274	21268	2458	11453	3630
1327	3768	2916	1206	11950	52	11930	344	2147	856
40	2637	2423	26	8730	148	7773	1993	3181	2106
40	623	1558	-26	5313	5	5255	1364	2648	1995
	406	342	114	1013	51	11	3	46	77
	34	6		1		1		27	7
	1574	517	-62	2403	92	2506	626	460	27
241226	6509315	2866817	739374	4914837	462924	5147025	1252249	2533216	2969483
32585	524309	250603	35043	1229148	42130	1266069	281890	283905	409953
208641	5985006	2616214	704331	3685689	420794	3880956	970359	2249311	2559530
115848	854343	853584	227247	1581386	162844	1652335	112659	670115	327799
222407	3906908	3305421	569670	1969842	418017	2081907	1702383	1938124	2126828
495	30363	22291	6994	78162	658	78729	17701	5548	104966
	230	125	7	12		12	7	259	111
323759	3732671	3167162	542319	1794075	407867	1900756	1659956	1856416	1984939
-101847	143644	115843	20350	97593	9492	102410	24719	75901	36812
1	14948	18827	1298	61634	302	60961	4187	6989	4694
141590	1835382	946127	86996	529827	78301	649232	155225	925401	418537
3223	207670	133650	13516	114624	20085	124810	45677	118189	74943
131	11791	5989	-2699	25068	5342	25034	3038	4374	1381
136189	1549801	765965	75145	383685	50432	442673	102478	689286	309629
2048	62625	32702	952	5955	2413	57654	3985	111038	31836
-1	3495	7821	82	495	29	-939	47	2514	748
24364	1314036	770138	165768	767649	124868	817238	131987	589135	323577
2435	270467	122962	83893	163246	50217	177120	45631	130035	66861
-42	-353	1322	-3	4327	47	4370	422	2045	610
21498	933015	613133	80372	597206	68338	635853	82719	431559	243117
25	78917	17539	1405	-966	5535	-3204	1224	10160	8608
448	31990	15182	101	3836	731	3099	1991	15336	4381
36384	160287	131308	50578	255286	89653	298242	25616	219517	34095
135543	2347756	1392359	100798	2190612	288723	2353487	414727	1537712	933191
8301	250986	94179	60449	-55268	98174	33904	6961	84237	25336
2960	208439	383569	-61326	1252988	9552	1257646	313999	396329	525559
71567	2619220	1719113	78853	1044103	204690	1158385	231080	1277823	917942
30990	606847	653170	10865	338356	20202	349049	75579	412234	280615
33405	859278	400602	86214	361677	36660	363355	84053	394651	187030
73097	1451550	786401	130974	1063598	61939	1123730	234586	608501	627301
23296	2971941	1838301	775989	2305082	198860	2409616	1931646	1185262	2110318
7482	213547	60868	57798	126052	4675	132810	22826	37048	75608
32167	912547	460292	229092	1041938	79140	1081190	315163	376924	639295
-74991	432289	395519	273138	102373	67372	151607	170047	246659	817961
16334	451493	316163	68679	415772	24692	461087	1329144	161063	223778
654	40847	27337	12740	20109	4458	20931	3062	20259	6208
370408	3713662	2165761	233909	2446604	380591	2556486	412483	1359285	1140351
5839	1665282	57286	3969	1109149	46372	1151480	204168	68534	481363
13853	88458	79764	6479	95711	12517	83432	26962	76259	34718
12903	218466	418006	18706	375824	23914	387999	24585	216423	92013
15776	259617	298941	260136	59434	76322	96114	30629	120649	262321
7397	237898	224795	103003	224940	10554	232560	36962	124149	77366

16-17 限额以上零售企业财务状况（2016年）

单位：万元

项　目	Item	企业数（个）Number of Enterprises (unit)	年初库存 Beginning Inventory	流动资产合计 Circulating Assets
零售业合计	**Total Retail Trade**	**8396**	**10348156**	**47619087**
#国有及国有控股	State-owned and State-controlled Enterprises	438	1295956	14601984
按登记注册类型分	By Status of Registration			
内资企业	Domestic-funded Enterprises	7967	8694427	39610489
国有企业	State-owned Enterprises	110	89495	399627
集体企业	Collective-owned Enterprises	180	37215	164232
股份合作企业	Share-holding Cooperative Enterprises	33	4601	17683
联营企业	Joint-operation Enterprises	28	8850	132236
国有联营企业	State-owned Joint-operation Enterprises	4	210	6811
集体联营企业	Collective Joint-operation Enterprises	11	1231	93124
国有与集体联营企业	State-collective Joint-operation Enterprises	4	804	7049
其他联营企业	Other Joint-operation Enterprises	9	6605	25252
有限责任公司	Limited Liability Corporations	3533	4260750	18859008
国有独资企业	State Sole Investment Enterprises	46	156224	474893
其他有限责任公司	Other Limited Liability Companies	3487	4104526	18384115
股份有限公司	Share-holding Corporations Ltd.	178	717641	9058096
私营企业	Private Enterprises	3794	3551525	10950541
私营独资企业	Private Sole Investment Enterprises	412	111212	138916
私营合伙企业	Private Partnership Enterprises	33	1872	14450
私营有限责任公司	Private Limited Liability Corporations	3271	3358365	10501279
私营股份有限公司	Private Share-holding Corporations Ltd.	78	80076	295896
其他企业	Other Enterprises	111	24350	29066
港、澳、台商投资企业	Enterprises with Investment from Hong Kong, Macao and Taiwan	253	1000133	4598573
合资经营企业	Joint Ventures	48	325199	2106337
合作经营企业	Cooperative Enterprises	14	4995	46390
独资经营企业	Sole Investment Enterprises	187	659337	2385036
投资股份有限公司	Share-holding Corporations Ltd.	3	9768	41206
其他港澳台商投资企业	Others	1	834	19604
外商投资企业	Enterprises with Foreign Investment	176	653596	3410025
中外合资经营企业	Sino-foreign Joint Ventures	63	240772	974062
中外合作经营企业	Sino-foreign Cooperative Enterprises	7	43667	332542
外资企业	Foreign-funded Enterprises	89	305743	1521991
外商投资股份有限公司	Share-holding Corporations Ltd.	9	37036	97537
其它外商投资企业	Others	8	26378	483893
按国民经济行业分	By Economic Sector			
综合零售业	Comprehensive Retail	781	1373717	7663133
#百货零售业	Retail of General Merchandise	363	462221	4684439
超级市场零售业	Retail in Supermarkets	315	851669	2762431
食品、饮料及烟草制品专门零售业	Retail of Food, Beverages and Tobacco Products	554	312959	1321509
纺织、服装及日用品专门零售业	Retail of Textiles, Garments and Daily-use Products	613	1943803	3399325
#服装零售业	Retail of Garments	267	1201792	2175742
文化、体育用品及器材专门零售业	Retail of Cultural and Sports Articles and Appliances	375	344096	985248
#体育用品零售业	Retail of Sports Articles and Appliances	21	14665	77560
图书零售业	Retail of Books	129	109654	415520
医药及医疗器材专门零售业	Retail of Medicines and Medical Appliances	451	466515	1906534
#药品零售业	Retail of Medicines	338	414490	1548368
汽车、摩托车、燃料及零配件专门零售业	Retail of Motor Vehicles, Motorcycles and Parts	3378	4575693	25040377
#汽车零售业	Retail of Motor Vehicles	2179	4018347	12756515
机动车燃料零售业	Retail of Motor Vehicle Fuels	893	425585	11926811
家用电器及电子产品专门零售业	Retail of Household Appliances and Electronic Products	964	741396	3651891
#家用电器零售业	Retail of Household Appliances	79	51744	377644
计算机、软件及辅助设备零售业	Retail of Computers, Software and Assistant Equipments	285	48891	368204
通讯设备零售业	Retail of Communication Equipments	115	202670	815267
五金、家具及室内装修材料专门零售业	Retail of Hardware, Furniture and Interior Decoration Materials	652	236463	995724
无店铺及其他零售业	Non-shop and Other Retails	628	353514	2655346
#邮购及电子销售业	Mail Order and E-commerce	5	2047	32358

Financial Indicators of Enterprises above Designated Size in Retail Trade (2016)

(10000 yuan)

固定资产原价 Original Value of Fixed Assets	累计折旧 Accumulated Depreciation	本年折旧 Depreciation Drawn in Current Year	资产合计 Total Assets	负债合计 Total Liabilities	所有者权益合计 Total Creditors' Equity	实收资本 Paid-up Capital	营业收入 Business Revenue	主营业务收入 Main Business Revenue	营业成本 Business Costs
8131755	**3425506**	**545018**	**59986410**	**40625584**	**19360861**	**9829396**	**113622470**	**111718868**	**97873236**
2075473	974714	96360	18470369	9933801	8536568	2001966	21515636	21221381	18853321
5986336	2397564	370143	49666573	33633350	16033257	6716263	89108229	87722167	77763794
358431	190831	10088	1313219	580912	732308	445150	1180610	1151966	909340
53470	23978	2765	219269	121478	97791	28035	817493	812737	673988
5363	2670	222	21007	11148	9859	3280	60299	60196	51639
12049	7209	613	140149	90796	49353	13821	301268	301141	267555
4646	3090	353	8367	8272	95	4585	27752	27751	22058
3848	1573	103	96823	61219	35605	6176	214462	214462	203945
1518	1165	49	7913	4775	3138	363	13066	13047	9495
2037	1381	108	27046	16530	10515	2697	45988	45881	32057
2931372	1113011	177629	23510941	17019164	6491777	3310047	46012625	45298701	40245558
88757	38322	4237	867330	246960	620370	264552	1024004	979723	800717
2842615	1074689	173392	22643611	16772204	5871407	3045495	44988621	44318978	39444841
952694	414173	49834	10965868	5322435	5643433	699538	11461137	11291231	10158668
1658941	641169	128184	13448871	10464115	2984791	2206209	29059599	28591038	25293933
81819	23446	3745	229826	114013	115780	64245	1049305	1034438	845470
9255	2515	430	23186	9481	13705	9457	65693	65482	53158
1498871	594265	120284	12802539	10120131	2682475	2052922	27000855	26551645	23645760
68996	20943	3725	393320	220490	172831	79585	943746	939473	749545
14016	4523	808	47249	23302	23945	10183	215198	215157	163113
977220	416120	75305	5749359	3670972	2078387	1989456	9539050	9225428	7289241
362323	163305	18365	2504838	1540764	964074	254789	3949185	3795089	2971125
11538	8391	311	51398	26087	25311	35130	110811	108788	81455
540664	221556	52901	3053300	1964952	1088349	1688142	5323050	5167656	4105548
10894	3305	1299	70156	62048	8108	6395	131632	129522	114979
51801	19563	2429	69667	77121	-7455	5000	24372	24373	16134
1168199	611822	99570	4570478	3321262	1249217	1123677	14975191	14771273	12820201
451479	211460	24834	1541245	711030	830215	497042	5302786	5255419	4621667
87844	59533	3402	395650	337525	58124	70548	872465	832027	726129
512461	283593	33548	1971616	1735782	235834	441211	3726782	3622429	2879778
14628	3290	673	117035	68093	48942	59658	191640	184624	132726
101787	53946	37113	544932	468832	76102	55218	4881518	4876774	4459901
2361744	1140759	132726	10525147	7603523	2921623	1704276	18651102	17955522	15025351
1141045	518099	53906	6348250	4257094	2091156	810591	8371502	7996193	6430729
1141369	586730	71652	3873653	3040729	832924	794452	9289074	8994763	7791529
273552	83040	16010	2023199	914838	1108361	453911	2570598	2522332	2013826
342291	130426	29899	4288314	2719281	1569066	790204	5035286	5011042	3173539
164437	63986	12131	2761030	1566810	1194254	485063	3001507	2985421	1704450
428246	221021	14179	1398523	887059	511463	325643	2382897	2339540	1897086
35029	14960	2519	106126	86348	19778	92528	162408	161713	120882
349278	189014	8996	724942	419657	305286	114235	966745	934295	678967
201557	67390	13348	2261557	1637412	624145	308904	4472272	4415980	3616060
162416	56939	10906	1852487	1394392	458096	253916	3932065	3877557	3224208
3432215	1407782	244087	30585011	20419375	10165387	3822298	58264443	57573679	53322932
2174645	829828	174613	15863509	12403717	3459575	2632433	43224544	42699626	40199091
1209889	557549	65053	14311365	7698946	6612419	1123637	14027163	13870421	12214254
299713	100848	17855	4248835	3320052	928783	562694	8436452	8212434	7334296
21231	9242	1595	436813	287128	149685	65053	1019020	1002506	907685
26279	14886	2859	414665	250531	164134	109656	868735	862656	725005
63384	20039	4117	988668	810628	178040	111739	2561058	2531942	2320708
221317	67638	22442	1333037	887078	446209	1281908	2627545	2623635	2046391
571120	206602	54472	3322787	2236966	1085824	579558	11181875	11064704	9443755
4813	2774	475	37475	19097	18378	14433	75454	71352	51673

16-17 续表

单位:万元

项　　目	Item	主营业务成本 Main Business Costs	营业税金及附加 Tax and Extra Charges on Business	主营业务税金及附加 Tax and Extra Charges on Main Business
零售业合计	**Total Retail Trade**	**97300787**	**442105**	**431272**
#国有及国有控股	State-owned and State-controlled Enterprises	18665245	67763	63193
按登记注册类型分	By Status of Registration			
内资企业	Domestic-funded Enterprises	77260270	363610	355209
国有企业	State-owned Enterprises	884703	8381	8259
集体企业	Collective-owned Enterprises	665503	8299	8262
股份合作企业	Share-holding Cooperative Enterprises	51072	158	158
联营企业	Joint-operation Enterprises	267444	2575	2566
国有联营企业	State-owned Joint-operation Enterprises	22056	321	321
集体联营企业	Collective Joint-operation Enterprises	203945	565	556
国有与集体联营企业	State-collective Joint-operation Enterprises	9477	72	72
其他联营企业	Other Joint-operation Enterprises	31966	1617	1617
有限责任公司	Limited Liability Corporations	40039953	165664	159766
国有独资企业	State Sole Investment Enterprises	783193	3357	1474
其他有限责任公司	Other Limited Liability Companies	39256760	162307	158292
股份有限公司	Share-holding Corporations Ltd.	10033488	33204	32347
私营企业	Private Enterprises	25155146	138451	136988
私营独资企业	Private Sole Investment Enterprises	844276	25919	25774
私营合伙企业	Private Partnership Enterprises	53067	645	638
私营有限责任公司	Private Limited Liability Corporations	23510386	108000	106689
私营股份有限公司	Private Share-holding Corporations Ltd.	747417	3887	3887
其他企业	Other Enterprises	162961	6878	6863
港、澳、台商投资企业	Enterprises with Investment from Hong Kong, Macao and Taiwan	7244321	42751	41062
合资经营企业	Joint Ventures	2955649	18827	18604
合作经营企业	Cooperative Enterprises	81405	651	651
独资经营企业	Sole Investment Enterprises	4076154	22352	20886
投资股份有限公司	Share-holding Corporations Ltd.	114979	594	594
其他港澳台商投资企业	Others	16134	327	327
外商投资企业	Enterprises with Foreign Investment	12796196	35744	35001
中外合资经营企业	Sino-foreign Joint Ventures	4601707	11848	11576
中外合作经营企业	Sino-foreign Cooperative Enterprises	726127	2774	2774
外资企业	Foreign-funded Enterprises	2877974	12915	12445
外商投资股份有限公司	Share-holding Corporations Ltd.	130971	836	835
其它外商投资企业	Others	4459417	7371	7371
按国民经济行业分	By Economic Sector			
综合零售业	Comprehensive Retail	14953199	89596	86168
#百货零售业	Retail of General Merchandise	6366539	54318	51460
超级市场零售业	Retail in Supermarkets	7788364	30239	29721
食品、饮料及烟草制品专门零售业	Retail of Food, Beverages and Tobacco Products	1976612	28788	28175
纺织、服装及日用品专门零售业	Retail of Textiles, Garments and Daily-use Products	3166857	37755	37144
#服装零售业	Retail of Garments	1699258	24790	24335
文化、体育用品及器材专门零售业	Retail of Cultural and Sports Articles and Appliances	1871190	15294	14325
#体育用品零售业	Retail of Sports Articles and Appliances	120857	718	718
图书零售业	Retail of Books	655918	4755	3968
医药及医疗器材专门零售业	Retail of Medicines and Medical Appliances	3603513	16752	16437
#药品零售业	Retail of Medicines	3213152	13699	13415
汽车、摩托车、燃料及零配件专门零售业	Retail of Motor Vehicles, Motorcycles and Parts	52979087	155085	151234
#汽车零售业	Retail of Motor Vehicles	40019740	77220	75688
机动车燃料零售业	Retail of Motor Vehicle Fuels	12058856	71362	69182
家用电器及电子产品专门零售业	Retail of Household Appliances and Electronic Products	7297543	26256	25788
#家用电器零售业	Retail of Household Appliances	903385	2381	2378
计算机、软件及辅助设备零售业	Retail of Computers, Software and Assistant Equipments	721575	3029	2936
通讯设备零售业	Retail of Communication Equipments	2313051	5817	5784
五金、家具及室内装修材料专门零售业	Retail of Hardware, Furniture and Interior Decoration Materials	2037970	32882	32842
无店铺及其他零售业	Non-shop and Other Retails	9414816	39697	39159
邮购及电子销售业	Mail Order and E-commerce	50412	373	373

16-17 continued

(10000 yuan)

其它业务利润 Profits from Other Businesses	销售费用 Marketing Expenses	管理费用 Manag-ement Expenses	财务费用 Financial Expenses	营业利润 Business Profits	营业外收入 Non-operating revenue	利润总额 Total Profits	应交所得税 Income Taxes Payable	本年应付职工薪酬 Staff Salary Payable in Current Year	本年应交增值税 Value-added Tax Payable in Current Year
1200738	**8432192**	**3386415**	**526376**	**3274660**	**235061**	**3463158**	**711556**	**4747495**	**2008906**
171052	1318786	409986	50956	963983	48224	964803	142810	741774	275157
857755	5637678	2683913	447415	2428657	180873	2572843	495212	3590894	1488232
15977	46227	83121	2701	162092	15333	170139	4636	93425	13363
2626	44626	35781	1905	51104	1474	46732	8250	26585	18269
606	3610	2583	60	2859	186	2302	574	2271	1444
83	7797	5703	512	17173	304	17514	3594	14421	3341
	633	1882	24	2835	110	2944	535	10257	497
83	3902	2586	260	3252	191	3484	544	2892	747
	655	270	-2	2576	3	2578	572	485	781
	2607	965	230	8510		8508	1943	787	1316
421735	3014259	1218350	211861	1250405	93873	1372323	319744	2076997	720538
26803	56067	28299	-10822	152385	2465	143270	31635	47973	10642
394932	2958192	1190051	222683	1098020	91408	1229053	288109	2029024	709896
58157	683820	205811	35094	389950	15423	394634	43608	352750	182379
358123	1823772	1121781	193792	535437	54220	551043	112582	1014804	543086
677	43982	40706	6726	87675	562	73555	6794	24525	16835
91	2908	3298	266	5424	15	5026	718	1682	1937
355544	1676368	1040945	180492	396236	51106	424382	94688	937264	492241
1811	100514	36832	6308	46102	2537	48080	10382	51333	32073
448	13567	10783	1490	19637	60	18156	2224	9641	5812
192130	1323952	389389	38809	497905	22344	515734	124942	589257	276556
73436	557718	143118	11445	295691	9594	301419	65039	226601	80393
1929	12851	4340	227	11396	66	11180	3527	5777	4249
113260	742967	233348	24991	186607	12631	198908	55189	352016	189425
2110	8147	3200	-317	5019	29	5041	1188	4088	1826
1395	2269	5383	2463	-808	24	-814	-1	775	663
150853	1470562	313113	40152	348098	31844	374581	91402	567344	244118
57657	428541	102018	20790	163096	17293	166754	33705	191904	72888
40509	94136	21116	1871	27193	1005	27501	6755	32978	12553
46883	555240	137529	16945	130939	6453	142337	45645	208444	95239
4257	31063	17757	247	9135	1127	15249	1223	11363	6211
1547	361582	34693	299	17735	5966	22740	4074	122655	57227
463902	2409072	570271	61339	674492	59869	724211	193254	1647754	271978
217446	1182031	229611	22752	555257	22863	579548	128238	470573	155491
226466	1091392	296520	35289	118918	34305	142991	63076	1112120	102887
23599	197397	123501	-29	233086	18987	236496	44898	178023	34942
11842	1150210	424663	34488	209346	21080	335564	60685	495617	232971
2450	827631	270479	21991	139891	15354	151592	45384	313175	169983
50284	160094	154626	8750	162691	12343	168707	9496	162568	32542
716	31202	9197	710	26	135	162	1464	6855	3265
43159	62170	103117	1960	129829	10155	139343	3128	117818	12185
35625	461124	196720	19393	173480	6388	169805	39823	278564	110976
35860	407800	160143	16716	128593	5389	133006	28741	255002	87370
432165	2137777	1184868	327828	1193617	77130	1202521	248166	1308302	954686
405992	1456735	899757	289446	343959	69237	391010	122119	998979	676900
23913	643152	252134	34065	827632	5881	793711	123909	279381	250129
146544	577827	293144	40667	170930	18241	177958	33391	267907	147446
8171	69761	23341	2428	13838	2634	14649	2588	24525	13195
1373	48484	58169	4991	29469	3395	30251	3790	55564	25448
15219	101679	52619	15134	65152	1884	65080	15605	60643	39812
6952	201048	166075	19874	163583	4199	147949	24812	85497	61974
29825	1137643	272547	14066	293435	16824	299947	57031	323263	161391
2842	9987	2737	-49	10740	257	10969	22	4744	2143

16-18 各市限额以上批发零售企业财务状况（2016年）

单位：万元

市别	City	企业数（个）Number of Enterprises (unit)	年初库存 Beginning Inventory	流动资产合计 Circulating Assets	固定资产原价 Original Value of Fixed Assets	累计折旧 Accumulated Depreciation
批发零售业合计	**Total Wholesale and Retail Trades**	**23330**	**35918767**	**270923378**	**23529255**	**9383285**
批发业	**Wholesale Trade**	**14959**	**25570611**	**223304291**	**15397500**	**5957779**
广州	Guangzhou	4671	9954614	63586948	5880017	2457124
深圳	Shenzhen	3727	8864591	103911681	4253327	1440085
珠海	Zhuhai	581	1016242	10472010	730199	250852
汕头	Shantou	453	404956	2765714	322106	153387
佛山	Foshan	1504	1716972	12836444	779425	334871
#顺德	shunde	567	696543	3643908	203964	90244
韶关	Shaoguan	176	100879	965211	170349	58413
河源	Heyuan	30	22360	173116	16830	7553
梅州	Meizhou	48	49545	355489	62791	20465
惠州	Huizhou	294	243297	1408576	254127	84208
汕尾	Shanwei	29	20467	121537	29373	14087
东莞	Dongguan	869	967359	8989866	883976	331009
中山	Zhongshan	513	517601	3916780	245637	92708
江门	Jiangmen	414	393207	2363075	237553	93953
阳江	Yangjiang	113	35238	364165	112011	57409
湛江	Zhanjiang	353	279738	4075957	409170	173650
茂名	Maoming	501	205431	2137141	137951	48752
肇庆	Zhaoqing	112	213426	1007795	128437	40563
清远	Qingyuan	80	137299	1167125	133298	47723
潮州	Chaozhou	52	21345	271778	114681	46459
揭阳	Jieyang	388	241980	1657016	193796	71401
云浮	Yunfu	51	164064	756867	302446	133107
零售业	**Retail Trade**	**8371**	**10348156**	**47619087**	**8131755**	**3425506**
广州	Guangzhou	1734	2894085	13564054	1839309	867450
深圳	Shenzhen	939	3049856	11813374	1766096	879561
珠海	Zhuhai	277	283923	1848859	274049	118184
汕头	Shantou	318	218991	660065	195635	67134
佛山	Foshan	491	898126	2939076	921833	318639
#顺德	shunde	172	515366	1477102	546740	177907
韶关	Shaoguan	239	74810	250346	70769	25830
河源	Heyuan	190	75678	708636	112969	39681
梅州	Meizhou	111	92609	821246	122895	45629
惠州	Huizhou	337	303864	1814890	284900	100237
汕尾	Shanwei	67	27427	211835	92803	28286
东莞	Dongguan	539	834747	5019454	661214	289749
中山	Zhongshan	531	354326	1488309	257886	112548
江门	Jiangmen	360	222610	1802314	350824	135439
阳江	Yangjiang	106	51538	544900	86751	39337
湛江	Zhanjiang	349	134549	1356590	211447	71606
茂名	Maoming	332	143450	515625	229775	73601
肇庆	Zhaoqing	197	132691	900474	217704	75859
清远	Qingyuan	200	74317	287158	84395	25922
潮州	Chaozhou	101	32692	114054	48895	17851
揭阳	Jieyang	638	394491	533272	194160	62359
云浮	Yunfu	315	53376	424556	107446	30604

Financial Indicators of Enterprises above Designated Size in Wholesale and Retail Trades by City (2016)

(10000 yuan)

#本年折旧 Depreciation Drawn in Current Year	资产合计 Total Assets	负债合计 Total Liabilities	所有者权益合计 Total Creditors' Equity	实收资本 Paid-up Capital	营业收入 Business Revenue	主营业务收入 Main Business Revenue	营业成本 Business Costs
1412257	**327847860**	**248309790**	**79541143**	**42213970**	**656363550**	**647638372**	**604275709**
867239	**267861450**	**207684206**	**60180282**	**32384574**	**542741080**	**535919504**	**506402473**
331080	78156936	57958314	20200857	11647276	200008421	199093228	186436489
230093	123035541	98873437	24162364	12412792	171004741	165652922	161639446
43963	12840369	8588198	4252171	2525501	19609352	19502634	18120949
17390	3358886	2121757	1237129	623864	10477238	10464291	9771063
55272	14641255	12626685	2014570	1311261	52449958	52382144	49887524
10919	4001632	3555249	446383	367995	11458369	11445812	11094173
9574	1291830	889029	402800	100692	3471877	3458573	3060379
1220	213642	136482	77160	28556	557796	557735	441475
3610	449088	289320	159865	42464	1207381	1201977	1010435
11440	1734203	1257051	477152	200491	4310072	4294631	3790857
1579	145103	54363	90740	19577	513536	513087	398178
44144	10606579	8596969	2009610	1111582	25651237	25574823	23922925
11871	4325269	3792976	532293	375547	9229098	9213851	8552671
13536	2778666	2150296	628817	355268	6710958	6704849	6248215
9408	447532	286472	161060	46388	1389818	1388394	1200914
24618	4599283	4165830	433453	496901	6757897	6647460	6366094
8288	2351738	1825375	526363	229233	11396082	11338187	10874608
10514	1164667	1044628	120039	89662	3527775	3525021	3154668
4671	1787388	1167959	619429	152913	2208223	2187254	2004786
7888	519879	395034	124846	100590	1717674	1711580	1525436
15428	2347154	1122928	1224226	362996	8434070	8408640	6425682
11652	1066442	341103	725338	151020	2107876	2098223	1569679
545018	**59986410**	**40625584**	**19360861**	**9829396**	**113622470**	**111718868**	**97873236**
135488	16333153	12104462	4228688	1956926	34497797	34068524	30143627
120868	14599995	9648585	4951661	3555278	24329399	23710380	19649991
19744	2378268	1386867	991401	284424	2710236	2668142	2260835
7426	906265	653381	252885	189286	2724165	2696933	2471746
65102	4129605	3091262	1038343	535276	10307382	10170567	9102700
35861	2152848	1674813	478035	238223	4639219	4550545	4244548
4708	331231	230692	100539	80326	698063	686258	605410
7540	847833	543110	304723	272360	946712	932719	839854
9423	972645	551684	420961	344497	1032174	1019712	926153
17450	2345926	1509193	836516	287606	4207661	4141634	3742128
4745	310758	188818	121940	61321	428946	413518	378277
41813	5827189	3931482	1895707	512814	10927466	10717086	9895058
17088	1874826	1088206	786654	248464	4144425	4072671	3637794
19655	2248912	1498005	750906	264474	3424008	3380782	3039367
4251	650214	386495	263720	57401	767381	750773	693405
14403	1618993	958113	660880	164448	2049073	2028202	1845339
11287	799877	524450	275427	141278	1934245	1893358	1721277
12289	1737033	1140196	596804	490049	2301861	2235089	2008153
4348	396793	297985	98808	63343	831543	807886	724527
2308	167954	115288	52666	48124	542244	536783	481996
17866	838403	365561	472843	191580	3889490	3870619	2924781
7216	670537	411749	258789	80121	928199	917232	780818

16-18 续表

单位:万元

市别	City	主营业务成本 Main Business Costs	营业税金及附加 Tax and Extra Charges on Business	主营业务税金及附加 Tax and Extra Charges on Main Business	其它业务利润 Profits from Other Businesses	销售费用 Marketing Expenses
批发零售业合计	**Total Wholesale and Retail Trades**	**597303977**	**2802070**	**2755636**	**1967611**	**23053401**
批发业	**Wholesale Trade**	**500003190**	**2359965**	**2324364**	**766873**	**14621209**
广 州	Guangzhou	185937981	565147	559361	246538	6324794
深 圳	Shenzhen	156363831	371529	367909	309904	4216604
珠 海	Zhuhai	18050791	81812	62924	11673	521323
汕 头	Shantou	9753773	110173	110002	2962	195515
佛 山	Foshan	49682673	142130	141880	28343	1048318
#顺 德	shunde	11087209	6787	6617	6990	180751
韶 关	Shaoguan	3047179	47440	47327	1462	99146
河 源	Heyuan	441355	45546	45546	149	15270
梅 州	Meizhou	1005909	58893	58893	61	38540
惠 州	Huizhou	3777723	74219	74034	33836	145879
汕 尾	Shanwei	397571	42213	42213	37	15198
东 莞	Dongguan	23897247	140421	139669	92673	732735
中 山	Zhongshan	8542928	57798	57209	8206	264573
江 门	Jiangmen	6225474	74307	74173	5597	203464
阳 江	Yangjiang	1200874	28575	28572	609	37330
湛 江	Zhanjiang	6255062	61162	60662	7402	118342
茂 名	Maoming	10817279	48377	48240	8148	105100
肇 庆	Zhaoqing	3154034	69109	69093	1413	80049
清 远	Qingyuan	1985126	50941	50711	1768	66104
潮 州	Chaozhou	1517627	42535	40852	1574	52701
揭 阳	Jieyang	6388721	217348	214804	3190	318724
云 浮	Yunfu	1560032	30290	30290	1328	21500
零售业	**Retail Trade**	**97300787**	**442105**	**431272**	**1200738**	**8432192**
广 州	Guangzhou	30051574	100489	97153	398779	2735857
深 圳	Shenzhen	19532740	76513	74287	344298	2663358
珠 海	Zhuhai	2223882	10470	10343	55990	194831
汕 头	Shantou	2465069	17934	17804	17511	100873
佛 山	Foshan	9071567	26791	25988	96010	572488
#顺 德	shunde	4225302	11744	11120	48975	198963
韶 关	Shaoguan	604048	2193	2122	4573	43638
河 源	Heyuan	831184	3624	3495	2667	50159
梅 州	Meizhou	913872	2495	2314	1995	53481
惠 州	Huizhou	3721742	11045	10704	41612	264459
汕 尾	Shanwei	368482	2213	2196	4068	40235
东 莞	Dongguan	9831757	21085	20145	105312	534074
中 山	Zhongshan	3614730	9275	9169	32139	269778
江 门	Jiangmen	3006016	8772	8461	38853	194387
阳 江	Yangjiang	684089	1732	1554	3239	44844
湛 江	Zhanjiang	1823837	7686	7391	6652	121723
茂 名	Maoming	1689829	6737	6493	9598	75553
肇 庆	Zhaoqing	1992170	9348	9033	9346	160910
清 远	Qingyuan	717334	2732	2694	5787	50623
潮 州	Chaozhou	473320	2316	1566	6168	21070
揭 阳	Jieyang	2912769	110568	110527	12538	185140
云 浮	Yunfu	770776	8087	7833	3603	54711

16-18 continued

(10000 yuan)

管理费用 Management Expenses	财务费用 Financial Expenses	营业利润 Business Profits	营业外收入 Non-operating revenue	利润总额 Total Profits	应交所得税 Income Taxes Payable	本年应付职工薪酬 Staff Salary Payable in Current Year	本年应交增值税 Value-added Tax Payable in Current Year
12343996	**2346830**	**13225996**	**1583053**	**14055133**	**4113338**	**11575044**	**8298821**
8957581	**1820454**	**9951336**	**1347992**	**10591975**	**3401782**	**6827549**	**6289915**
2979387	482836	3604088	488532	3976818	2144504	2501711	2642488
2886899	831383	1703650	438084	1916852	399235	2574132	2033450
345488	30058	543260	64448	564579	145553	231898	202494
140429	26262	251243	4411	224955	42005	109769	87225
875041	110553	431132	42274	470031	162177	228385	271862
89168	42990	50551	13896	56662	19569	69583	57076
63317	7186	194311	6106	174606	26930	70275	52787
20822	1668	33600	655	32842	8560	16088	18892
36694	4003	58713	5144	61104	15703	38065	36281
94305	10842	199032	3893	173652	18937	86744	61677
18870	69	38994	132	38429	9131	16164	16369
491364	97541	295462	141966	300890	71579	244444	228138
136150	21859	203952	24961	210613	41731	145715	140153
83939	20611	85362	43259	133051	25335	100812	69639
31024	3463	87679	12177	85589	6058	32577	15176
103804	59435	56999	36414	63810	20173	68334	43811
65173	26261	277094	6740	274132	59041	62498	67165
105177	40039	79494	21706	103353	21726	48450	37837
34835	30	220562	4117	219258	9666	56696	35022
27217	14055	55802	499	49347	8345	20260	17847
343461	31008	1098461	453	1089746	159361	76929	199385
74185	1292	432446	2021	428318	6032	97603	12217
3386415	**526376**	**3274660**	**235061**	**3463158**	**711556**	**4747495**	**2008906**
936990	121810	604921	62733	667372	164661	1307736	652444
900638	113062	984312	65681	1143667	230973	1236481	559083
94942	14763	145847	4682	151812	40097	109288	50467
58251	10533	61155	28978	54418	10757	49893	30400
382742	69459	183886	17347	191923	49597	249661	132015
111336	27695	59303	13090	73157	25851	114271	45107
27324	5120	14337	2462	15278	2479	32189	12171
28993	8892	14556	691	13606	1205	33888	17840
30551	6114	12233	1350	14221	1825	31741	27696
93800	18133	113573	6423	114900	19659	112426	43515
11348	1077	-2406	282	-2615	603	19209	6493
193968	58561	237290	11716	245747	44939	272454	133741
103832	24564	102128	10326	102432	17577	174221	83769
79882	11686	99440	3927	100180	10237	93748	54356
13449	5233	9911	445	9717	1757	27600	9747
50054	5711	25311	3703	18491	4269	85235	15235
66996	9652	58816	2398	60941	41535	68050	33719
78015	6038	40228	5001	49392	6441	62190	31393
26671	3811	23785	1928	24590	6008	33653	22682
9725	1486	25427	350	13581	958	635039	3205
174752	25889	460820	1991	422162	52953	73395	76252
23492	4782	59090	2647	51343	3026	39398	12683

主要统计指标解释

社会消费品零售总额 指各种经济类型的批发零售业、住宿餐饮业和其他行业的企业（单位）或个体户，售予城乡居民用于生活消费和社会集团用于公共消费的商品金额的总和。

批发零售业商品购进总额 指从本企业以外的单位和个人购进（包括从国外直接进口）作为转卖或加工后转卖的商品金额。本指标由“从生产者购进额”、“从批发零售业购进额”、“进口额”和“其他购进”组成。 这个指标反映批发零售企业从国内、国外市场上购进商品的总量。

批发零售业商品销售总额 指售予本企业以外的单位和个人的商品金额（包括对国（境）外直接出口及售给本单位消费用的商品）。本指标由“对生产经营单位批发额”、“对批发零售业批发额”、“出口额”和“对居民和社会集团商品零售额”项目组成。这个指标反映批发零售业在国内市场上销售商品以及出口商品的总量。

批发 指除零售以外的一切商品销售活动。包括对生产经营单位批发、对批发零售业批发和出口。

对生产经营单位批发 指售给国民经济和社会各部门作为生产或经营使用的商品。

零售 指出售城乡居民用于生活消费商品和社会集团直接用于公用消费商品的活动。

批发零售业年末库存总额 指批发零售企业已取得所有权的全部商品。这个指标反映批发零售贸易企业的商品库存情况，对市场商品供应的保证程度。

批发零售业住宿餐饮业法人单位 指各种经济类型独立核算法人批发零售企业、住宿餐饮企业的单位个数。法人单位应同时具备以下条件：1. 依法成立，有自己的名称、组织机构和场所，能够独立承担民事责任；2. 独立拥有和使用资产，承担负债，有权与其他单位签订合同；3. 独立核算盈亏，并能够编制资产负债表。

批发业 是指从工农业生产者或从商品流通企业单位和个体户购进商品，转卖给工业、农业、建筑业、运输邮电业、住宿餐饮业、服务业等生产经营单位作为生产经营用，以及将商品转卖给其他批发企业或零售企业的商品流通企业(单位)和个体户。

零售业 是指从工农业生产者、批发业或居民购进商品，转卖给城乡居民作为生活消费和售给社会集团作为公共消费的商品流通企业(单位)和个体户。

Explanatory Notes on Main Statistical Indicators

Total Retail Sales of Consumer Goods refer to the sum of retail sales of consumer goods sold by enterprises (establishments) or individuals in wholesale, retail trade, accommodations, catering services and other industries of various types of ownership to urban and rural households for living consumption and to social institutions for public consumption.

Total Purchases of Commodities by Wholesale and Retail Trades refer to the purchases of commodities from other establishments or individuals (including direct import from abroad) for the purpose of reselling, either with or without further processing of the commodities purchased This indicator includes the purchases from producers, the purchases from wholesale and retail trades, imports and other purchases It is used to show the total value of purchases of commodities by wholesale and retail establishments from domestic and overseas markets.

Total Sales of Commodities by Wholesale and Retail Trades refer to the value of commodities sold to other establishments and individuals (including direct export and commodities sold to the sellers themselves for consumption). This indicator includes the value of wholesale to production and operation units, the value of wholesale to wholesale and retail trades, exports and retail sales to urban and rural households and social institutions It is an indicator of the total value of sales of commodities at domestic markets and export.

Wholesale refers to all selling activities of commodities except retail trade, including wholesale to production and operation units, wholesale to wholesale and retail trades and export.

Wholesale to Production and Operation Units refers to commodities sold to departments of national economy and social departments for their production and operation.

Retail Sale refers to the selling of commodities to urban and rural households for living consumption and to social institutions for direct public consumption.

Total Inventory of Wholesale and Retail Trades at the Year-end refers to the total commodities possessed by wholesale and retail enterprises, which reflects the commodity stock level of various wholesale and retail enterprises and the potential for market supply.

Corporate Units in Wholesale and Retail Trades, Accommodations and Catering Services refer to the number of corporate enterprises of various types of ownership in the wholesale and retail trades, accommodations and catering services with independent accounting systems An enterprise can be called a corporate enterprise only when it simultaneously meets the following requirements:(1)It is established according to law, with its own name, organization and location for business operation, as well as the capability to independently assume civil responsibility (2)It owns and uses its assets independently, assumes liabilities and is entitled to sign contracts with other units (3)It has an independent accounting system and is able to compile balance sheets.

Wholesale Trade refers to the commodity circulation enterprises (establishments) and individuals which purchase commodities from producers in industry and agriculture or from commodity circulation enterprises and individuals for the purpose of reselling them to establishments in industry, agriculture, construction, transportation, postal and telecommunications services, accommodations and catering services and other services for their production and operation as well as reselling them to other wholesale or retail enterprises.

Retail Trade refers to the commodity circulation enterprises (establishments) and individuals which purchase commodities from producers in industry and agriculture, wholesale trade or residents for the purpose of reselling them to urban and rural households for living consumption and to social institutions for public consumption.

十七、住宿餐饮业和旅游

HOTELS，CATERING SERVICES AND TOURISM

十七 住宿餐饮业和旅游

简要说明

一、本篇资料主要反映住宿和餐饮业的基本情况、经营情况和旅游产业的发展情况。主要内容包括：限额以上住宿和餐饮业基本情况、经营情况、财务情况；连锁餐饮业经营情况；经广东口岸入境游客人数（港澳台和外国人）、城市接待国内外旅游人数、旅行社组织接待人数、以及旅游收入等基本情况。

二、本篇资料来源

本篇资料中住宿和餐饮业主要根据国家统计局《住宿和餐饮业统计报表制度》进行搜集和加工整理；旅游资料主要由广东省旅游局提供。入境游客人数由广州、深圳、珠海、汕头出入境边防检查站，武警广东省边防总队所报资料汇总而得。

三、本篇资料的统计范围

限额以上住宿和餐饮业的企业、个体户；餐饮连锁集团；旅行社、星级饭店和旅游者。住宿业年营业额200万元及以上；餐饮业年营业额200万元及以上。

四、本篇的调查方法

限额以上住宿和餐饮业资料采用全面调查的方法自下而上逐级综合汇总而得，限额以下企业及个体户资料采用抽样调查方法推算而得。旅游部门基本情况、住宿设施接待人数、旅行社接待人数由各基层企业上报汇总，城市接待旅游人数、国内外旅游收入根据抽样调查资料测算。

五、本篇资料由广东省统计局贸易外经处整理、编辑。

17 Hotels,Catering Services and Tourism

Brief Introduction

Ⅰ. Data in this chapter reflect the development of hotel and catering services and tourism in China. They mainly include: the basic conditions, operating and financial status of hotel and catering services above the designated size; the operating status of chain catering services; number of international tourists entering China through ports in Guangdong (including foreigners, Chinese compatriots from Hong Kong, Macao and Taiwan), number of domestic and international tourists received by cities, number of tourists received by travel agencies, and earnings from tourism, etc.

Ⅱ. Data sources :

The data are collected and processed in accordance with the Statistical Reporting Scheme on Accommodations and Catering Services stipulated by the National Bureau of Statistics. The data in this chapter are provided by Guangdong Provincial Tourism Administration. Number of international tourists entering China through ports in Guangdong is a summary of data provided by the frontier inspection posts of Guangzhou, Shenzhen, Zhuhai, and Shantou, as well as the Guangdong Provincial Command of the Chinese People's Armed Police Force.

Ⅲ. The statistical coverage in this chapter comes as follows:

Data in this chapter cover the enterprises of hotel and catering services above the designated size, self-employed households of hotel and catering services; chain catering services, travel agencies, star-rated hotels and tourists; hotels with annual turnover of 2 million yuan or above, and catering services with annual turnover of 2 million yuan or above.

Ⅳ. The statistical coverage in this chapter comes as follows:

Data on basic conditions for all corporate enterprises of accommodations and catering services above the designated size are collected through comprehensive reporting systems and data are reported level by level in a bottom-up manner. Data on small-size enterprises and individual enterprises below the designated size are collected through sample surveys. Basic statistics on tourist agencies, the number of tourists received by lodging facilities, and the number of tourists received by travel agencies are summaries of reports from various enterprises, whereas the number of tourists received by cities and earnings from domestic and international tourism are estimates from sample surveys.

V. The data in this chapter are prepared and edited by the Division of Trade and External Economic Relations Statistics of Statistics Bureau of Guangdong Province.

17-1 住宿、餐饮业、旅游主要指标

Main Indicators on Tourism

指　标	Item	2000	2010	2012	2013	2014	2015	2016
限额以上住宿餐饮业营业额（亿元）	**Business Revenue from Hotels and Catering Services above Designated Size (100 million yuan)**		**901.95**	**1278.83**	**1443.67**	**1505.74**	**1600.72**	**1564.69**
#客房收入	Revenue from Accommodations		189.48	231.14	277.16	316.78	326.56	327.15
餐费收入	Revenue from Restaurants		645.66	963.90	1069.14	1078.63	1153.00	1110.15
商品销售收入	Revenue from Sales of Commodities		15.17	18.80	21.30	25.77	30.78	32.26
旅行社数（个）	**Number of Travel Agencies (unit)**	**504**	**1292**	**1624**	**1810**	**1984**	**2150**	**2345**
旅行社从业人员（人）	**Engaged Persons of Travel Agencies(person)**		**37841**	**47260**	**52418**	**55853**	**62779**	**65348**
星级宾馆(酒店)数(个)	**Number of Star-rated Hotels (unit)**	**750**	**1209**	**1092**	**1083**	**1012**	**960**	**861**
入境旅游人数（万人次）	**Number of Overseas Visitor Arrivals (10000 person-times)**	**6729.18**	**10485.82**	**10794.72**	**10110.60**	**9986.27**	**10512.91**	
外国人	Foreigners	283.59	652.72	764.72	746.20	673.30	656.51	
香港同胞	Chinese Compatriots from Hong Kong	5202.98	7328.39	7723.28	7108.70	7066.91	7383.50	
澳门同胞	Chinese Compatriots from Macao	1051.40	2297.81	2109.97	2066.30	2064.29	2285.26	
台湾同胞	Chinese Compatriots from Taiwan	191.21	206.90	196.75	189.40	181.77	187.64	
城市接待旅游人数（万人次）	**Number of Visitors Received by Cities (10000 person-times)**	**7662.95**	**21283.05**	**27412.20**	**30151.01**	**32761.25**	**36225.18**	**39718.47**
入境游客	Overseas Visitor Arrivals	1198.94	3141.09	3500.65	3397.88	3355.45	3445.36	3518.38
外国人	Foreigners	212.85	732.25	774.51	760.49	775.19	781.83	824.93
港澳同胞	Chinese Compatriots from Hong Kong and Macao	813.84	2091.07	2414.91	2352.15	2301.17	2382.48	2418.00
台湾同胞	Chinese Compatriots from Taiwan	172.25	316.74	311.23	285.24	279.09	281.05	275.45
国内游客	Domestic Visitors	6464.01	18141.96	23911.55	26753.13	29405.80	32779.82	36200.09
旅行社组织接待人数（万人）	**Number of Visitors Received by Travel Agencies (10000 persons)**	**653.41**	**2409.36**	**2865.92**	**2604.98**	**2336.49**	**2498.08**	**2701.52**
入境游客	Overseas Visitor Arrivals	264.22	448.74	481.81	406.84	348.46	341.33	371.59
国内游客	Domestic Visitors	389.19	1960.62	2384.11	2198.14	1988.03	2156.75	2329.93
团体出境旅游人数（万人）	**Number of Outbound Visitors in Group Tours (10000 persons)**	**116.20**	**426.52**	**663.20**	**774.18**	**860.54**	**899.53**	**1021.24**
港澳游	Visits to Hong Kong and Macao	86.07	276.74	420.29	462.74	498.48	467.56	456.74
其他	Others	30.13	149.78	242.91	311.44	362.06	431.97	564.50
旅游收入（亿元）	**Earnings from Tourism (100 million yuan)**	**1149.95**	**3809.44**	**5794.74**	**6716.69**	**7850.56**	**9080.76**	**10433.81**
旅游外汇收入	Foreign Exchange Earnings	340.08	844.85	986.88	1008.05	1049.31	1104.16	1233.52
国内旅游收入	Domestic Tourism Earnings	809.87	2964.59	4807.86	5708.64	6801.25	7976.60	9200.29

注：2000年香港同胞包括澳门同胞。

Note: In 2000, data of Chinese compatriots from Hong Kong include those from Macao.

17-2 限额以上住宿业经营情况（2016年）

Business of Hotels above Designated Size (2016)

单位：万元 (10000 yuan)

项目	Item	企业数（个）Number of Enterprises (unit)	营业额合计 Business Revenue	#客房收入 Revenue from Hotels	#餐费收入 Revenue from Restaurants	#商品销售收入 Revenue from Sales of Commodities
住宿业合计	**Total Accommodations**	**2566**	**5762039**	**3003176**	**1805008**	**137346**
#国有及国有控股	State-owned and State-controlled Enterprises	242	975353	483288	316357	9986
按登记注册类型分组	By Status of Registration					
内资企业	Domestic-funded Enterprises	1923	4119386	2033461	1323561	95737
国有企业	State-owned Enterprises	120	379799	181238	133503	3754
集体企业	Collective-owned Enterprises	34	24932	12196	7988	241
股份合作企业	Share-holding Cooperative Enterprises	5	3890	2513	920	40
联营企业	Joint-operation Enterprises	4	4608	3176	130	484
国有联营企业	State-owned Joint-operation Enterprises	2	3604	2503	130	272
集体联营企业	Collective Joint-operation Enterprises	1	193	74		
国有与集体联营企业	State-collective Joint-operation Enterprises	1	811	599		212
其他联营企业	Other Joint-operation Enterprises					
有限责任公司	Limited Liability Corporations	770	2302882	1047924	731307	65396
国有独资企业	State Sole Investment Enterprises	35	172442	80941	61841	1535
其他有限责任公司	Other Limited Liability Companies	735	2130440	966983	669466	63861
股份有限公司	Share-holding Corporations Ltd.	45	107985	48830	37201	1574
私营企业	Private Enterprises	908	1251193	713602	396415	23823
私营独资企业	Private Sole Investment Enterprises	151	118369	74238	31019	2405
私营合伙企业	Private Partnership Enterprises	37	37189	18426	13297	1163
私营有限责任公司	Private Limited Liability Corporations	694	1058241	602992	336424	18869
私营股份有限公司	Private Share-holding Corporations Ltd.	26	37394	17946	15675	1386
其他企业	Other Enterprises	37	44097	23982	16097	425
港、澳、台商投资企业	Enterprises with Investment from Hong Kong,Macao and Taiwan	149	753922	407316	232643	28205
合资经营企业	Joint Ventures	53	199152	93714	70473	8763
合作经营企业	Cooperative Enterprises	30	167230	76453	57508	8453
独资经营企业	Sole Investment Enterprises	59	378066	231216	103397	10811
投资股份有限公司	Share-holding Corporations Ltd.	6	9125	5649	1230	178
其他港澳台投资企业	Others	1	349	284	35	
外商投资企业	Enterprises with Foreign Investment	81	515162	285925	169179	7924
中外合资经营企业	Sino-foreign Joint Ventures	24	165543	93095	53846	576
中外合作经营企业	Sino-foreign Cooperative Enterprises	14	68696	23416	29105	4191
外资企业	Foreign-funded Enterprises	35	219898	140099	58537	2577
外商投资股份有限公司	Share-holding Corporations Ltd.	5	19285	11100	5461	580
其他外商投资企业	Others	3	41740	18215	22230	
个体工商户	Self-employed Individuals	413	373569	276474	79625	5480
按国民经济行业分组	By Economic Sector					
旅游饭店	Tourist Hotels	1450	4721163	2232650	1626052	121380
一般旅馆	General Hotels	1024	935278	705022	149374	14308
其它住宿服务	Others	92	105598	65504	29582	1658

17-3 限额以上餐饮业经营情况（2016年）

Business of Catering Services Enterprises above Designated Size (2016)

单位：万元 (10000 yuan)

项目	Item	企业数（个）Number of Enterprises (unit)	营业额 Business Revenue	#客房收入 Revenue from Hotels	#餐费收入 Revenue from Restaurants	#商品销售收入 Revenue from Sales of Commodities
餐饮业合计	**Total Catering Services**	**6163**	**9884902**	**268307**	**9296493**	**185294**
#国有及国有控股	State-owned and State-controlled Enterprises	45	277286	25156	192514	30905
按登记注册类型分	By Status of Registration					
内资企业	Domestic-funded Enterprises	2647	4404169	233410	3924194	137947
国有企业	State-owned Enterprises	24	63786	14519	42956	426
集体企业	Collective-owned Enterprises	29	53167	12200	34367	1324
股份合作企业	Share-holding Cooperative Enterprises	29	36435		36410	13
联营企业	Joint-operation Enterprises	1	1823	553	1232	38
国有联营企业	State-owned Joint-operation Enterprises					
集体联营企业	Collective Joint-operation Enterprises					
国有与集体联营企业	State-collective Joint-operation Enterprises					
其他联营企业	Other Joint-operation Enterprises	1	1823	553	1232	38
有限责任公司	Limited Liability Corporations	607	1564949	87223	1374017	58088
国有独资企业	State Sole Investment Enterprises	5	41350	576	30967	5847
其他有限责任公司	Other Limited Liability Companies	602	1523599	86647	1343050	52241
股份有限公司	Share-holding Corporations Ltd.	28	109364	4884	79413	21505
私营企业	Private Enterprises	1838	2485533	110055	2272123	55833
私营独资企业	Private Sole Investment Enterprises	541	477491	16116	443955	13355
私营合伙企业	Private Partnership Enterprises	85	85644	1200	81974	1810
私营有限责任公司	Private Limited Liability Corporations	1171	1872479	84827	1706415	40251
私营股份有限公司	Private Share-holding Corporations Ltd.	41	49919	7912	39779	417
其他企业	Other Enterprises	91	89112	3976	83676	720
港、澳、台商投资企业	Enterprises with Investment from Hong Kong, Macao and Taiwan	201	1113582	10689	1068207	25197
合资经营企业	Joint Ventures	33	68147.2	1159	62787.2	3800.9
合作经营企业	Cooperative Enterprises	11	81225.8	4425	73853.8	2280.1
独资经营企业	Sole Investment Enterprises	154	952918	5105	920698	18696
投资股份有限公司	Share-holding Corporations Ltd.	3	11291		10868	420
外商投资企业	Enterprises with Foreign Investment	71	1459531	3399	1443488	3562
中外合资经营企业	Sino-foreign Joint Ventures	15	394439	1452	383559	1563
中外合作经营企业	Sino-foreign Cooperative Enterprises	4	5214	1519	2514	225
外资企业	Foreign-funded Enterprises	45	1042426	61	1040407	1774
外商投资股份有限公司	Share-holding Corporations Ltd.	3	13426		13349	
其他外商投资企业	Others	4	4026	367	3659	
个体工商户	Self-employed Individuals	3244	2907620	20809	2860604	18588
按国民经济行业分	By Economic Sector					
正餐服务业	Restaurant Service	5716	6955328	264777	6453566	116079
快餐服务业	Fast Food Service	232	2263283	38	2243461	13236
饮料及冷饮服务业	Beverage and Cold Drink Service	61	298453	176	290463	7159
其他餐饮服务业	Other Services	154	367838	3316	309003	48820

17-4 各市限额以上住宿餐饮业经营情况（2016年）

Business of Enterprises above Designated Size of Hotels and Catering Services by City (2016)

单位：万元 (10000 yuan)

市别	Item	企业(单位)数(个) Number of Enterprises (unit)	营业额 Business Revenue	客房收入 Revenue from Hotels	餐费收入 Revenue from Restaurants	商品销售收入 Revenue from Sales of Commodities
合计	**Total**	**8729**	**15646941**	**3271483**	**11101501**	**322640**
住宿业	**Accommodation**	**2566**	**5762039**	**3003176**	**1805008**	**137346**
广州	Guangzhou	637	1693545	1008090	453306	13974
深圳	Shenzhen	330	1182561	662130	337694	7033
珠海	Zhuhai	131	601890	240506	140776	32278
汕头	Shantou	89	103589	53916	36387	1652
佛山	Foshan	129	292074	110644	129693	15158
#顺德	Shunde	31	73708	24428	25702	1203
韶关	Shaoguan	82	94067	50308	36047	1779
河源	Heyuan	57	68961	36806	24267	3278
梅州	Meizhou	51	96180	33655	43474	7844
惠州	Huizhou	142	281274	150345	89767	13027
汕尾	Shanwei	23	19184	11026	6660	309
东莞	Dongguan	163	372113	150883	171557	2132
中山	Zhongshan	120	190385	79406	79589	2179
江门	Jiangmen	115	154173	66834	57529	6175
阳江	Yangjiang	43	35111	27106	6754	694
湛江	Zhanjiang	96	105385	54152	42728	3073
茂名	Maoming	68	63724	43941	16396	1426
肇庆	Zhaoqing	77	81400	46832	26630	3572
清远	Qingyuan	59	90962	45360	32268	2524
潮州	Chaozhou	32	22405	12642	7120	743
揭阳	Jieyang	49	158319	82412	53571	16222
云浮	Yunfu	73	54737	36182	12795	2274
餐饮业	**Catering Service**	**6163**	**9884902**	**268307**	**9296493**	**185294**
广州	Guangzhou	1648	3569685	49652	3415249	61617
深圳	Shenzhen	767	2970590	42390	2846399	38626
珠海	Zhuhai	451	352364	3685	345799	2385
汕头	Shantou	125	92645	229	91678	255
佛山	Foshan	248	441052	22011	405581	2905
#顺德	Shunde	70	90142	6731	79614	1928
韶关	Shaoguan	110	56078	8813	45688	521
河源	Heyuan	105	60494	5998	50497	3221
梅州	Meizhou	58	42464	6255	35078	1045
惠州	Huizhou	229	178787	20912	145629	6330
汕尾	Shanwei	60	48450	3545	43531	300
东莞	Dongguan	339	460049	3546	426738	26649
中山	Zhongshan	277	262779	444	260596	416
江门	Jiangmen	295	182479	3572	176834	491
阳江	Yangjiang	197	166396	10316	153105	968
湛江	Zhanjiang	325	257592	18167	228040	7386
茂名	Maoming	233	167135	9010	155793	1755
肇庆	Zhaoqing	203	148908	8584	132449	4254
清远	Qingyuan	84	50570	6060	43043	600
潮州	Chaozhou	140	73889	1850	67454	1801
揭阳	Jieyang	89	210189	38917	142076	21382
云浮	Yunfu	180	92307	4351	85236	2387

17-5 限额以上住宿餐饮企业财务状况（2016年）

Financial Indicators of Enterprises above Designated Size in Hotels and Catering Services (2016)

单位：万元 (10000 yuan)

项 目	Item	住宿和餐饮业合计 Total Hotels and Catering Services	住宿业 Hotels Services	餐饮业 Catering Services
企业数 (个)	Number of Enterprises (unit)	5043	2139	2904
年初存货	Inventory at the Year-beginning	568003	391381	176622
流动资产合计	Circulating Assets	9404244	6670269	2733975
#存货	Inventory	583857	432628	151229
固定资产原价	Original Value of Fixed Assets	12708896	10395240	2313656
累计折旧	Accumulated Depreciation	5756895	4696130	1060765
#本年折旧	Depreciation Drawn in Current Year	601137	446762	154375
资产合计	Total Assets	21992797	16626722	5366075
负债合计	Total Liabilities	17842946	13964807	3878139
所有者权益合计	Total Creditors' Equity	4152144	2661914	1490230
实收资本	Paid-up Capital	5836531	4543093	1293438
#国家资本	State Capital	917860	866183	51677
集体资本	Collective Capital	92256	71233	21023
法人资本	Legal Person Capital	2311117	1822101	489016
个人资本	Personal Capital	1010361	625372	384989
港澳台资本	Capital from Hong Kong, Macao and Taiwan	1046693	812639	234054
外商资本	Foreign Capital	458243	345564	112679
营业收入	Business Revenue	12110886	5289405	6821481
#主营业务收入	Main Business Revenue	11975650	5186070	6789580
营业成本	Business Costs	5410630	2068690	3341940
#主营业务成本	Main Business Costs	5307124	2021725	3285399
营业税金及附加	Tax and Extra Charges on Business	300303	136931	163372
#主营业务税金及附加	Tax and Extra Charges on Main Business	294906	133576	161330
其它业务利润	Profits from Other Businesses	121860	58303	63557
销售费用	Marketing Expenses	3785652	1483239	2302413
管理费用	Management Expenses	2114684	1363335	751349
#税 金	Taxes	48858	36840	12018
财务费用	Financial Expenses	338872	282386	56486
#利息支出	Interests	188556	163248	25308
营业利润	Business Profits	228415	-8916	237331
营业外收入	Non-operating Revenue	113775	82058	31717
利润总额	Total Profits	258581	17116	241465
应交所得税	Income Taxes Payable	131019	52818	78201
本年应付职工薪酬	Total Wages Payable in Current Year	2708619	1346440	1362179

17-6 限额以上连锁住宿餐饮业经营情况（2016年）
Business of Chain Stores above Designated Size in Hotels and Catering Services (2016)

项目	Item	连锁总店数(个) Number of General Chain Stores (unit)	营业收入(万元) Total Business Revenue (10000 yuan)	#零售额(万元) Retail Sales (10000 yuan)	营业面积(平方米) Operational Area (sq.m)
住宿餐饮业合计	**Catering Service**	**83**	**2802298**	**2596956**	**1140222**
按注册登记类型分	By Status of Registration				
内资企业	Domestic-funded Enterprises	49	812186	725989	371543
国有企业	State-owned Enterprises	3	58182	18043	5335
集体企业	Collective-owned Enterprises	2	11551	10807	12589
股份合作企业	Cooperative Enterprises	1	698	698	1040
有限责任公司	Limited Liability Corporations	13	476064	456774	157995
股份有限公司	Share-holding Enterprises	2	70888	64212	67377
私营企业	Private Enterprises	28	194803	175455	127207
其他企业	Other Enterprises				
港、澳、台商投资企业	Enterprises with Investment from Hong Kong, Macao and Taiwan	17	627535	534760	203105
合资经营企业(港或澳、台资)	Joint Ventures	2	15879	15579	7160
合作经营企业(港或澳、台资)	Cooperative Enterprises	1	22214	22214	17000
港、澳、台商独资经营企业	Sole Investment Enterprises	14	589442	496967	178945
港、澳、台商投资股份有限公司	Share-holding Corporations Ltd.				
外商投资企业	Enterprises with Foreign Investment	17	1362577	1336207	565574
中外合资经营企业	Sino-foreign Joint Ventures	3	364142	338503	43060
中外合作经营企业	Sino-foreign Cooperative Enterprises				
外资企业	Foreign-funded Enterprises	14	998435	997704	522514
其他外商投资企业	Others				
按行业分	By Sector				
旅游饭店	Tour Hotel	6	166432	602	3830
一般旅馆	General Hotel	6	31277	592	511
正餐服务	Restaurant	28	295595	294544	227277
快餐服务	Fast Food	35	2067560	2065721	831027
咖啡馆服务	Cafe Service	3	223542	223542	66435
其他餐饮及冷饮服务	Other dining and beverage service	5	17892	11955	11142

17-6 续表 continued

项　　目	Item	就业人数(人) Number of Employed Persons (person)	连锁门店数(个) Number of Branch Chain Stores (unit)	直营店(个) Under Direct Management (unit)	加盟店(个) Through License Arrangement (unit)
住宿餐饮业合计	**Catering Service**	**110217**	**4206**	**4152**	**54**
按注册登记类型分	By Status of Registration				
内资企业	Domestic-funded Enterprises	31852	1470	1463	7
国有企业	State-owned Enterprises	2685	81	81	
集体企业	Collective-owned Enterprises	703	11	8	3
股份合作企业	Share-holding Cooperative Enterprises	48	2	2	
有限责任公司	Limited Liability Corporations	14890	750	750	
股份有限公司	Share-holding Corporations Ltd.	3036	29	27	2
私营企业	Private Enterprises	10490	597	595	2
其他企业	Other Enterprises				
港、澳、台商投资企业	Enterprises with Investment from Hong Kong, Macao and Taiwan	24028	864	817	47
合资经营企业　（港或澳、台资）	Joint Ventures	570	16	16	
合作经营企业　（港或澳、台资）	Cooperative Enterprises	538	4	4	
港、澳、台商独资经营企业	Sole Investment Enterprises	22920	844	797	47
港、澳、台商投资股份有限公司	Share-holding Corporations Ltd.				
外商投资企业	Enterprises with Foreign Investment	54337	1872	1872	
中外合资经营企业	Sino-foreign Joint Ventures	9237	368	368	
中外合作经营企业	Sino-foreign Cooperative Enterprises				
外资企业	Foreign-funded Enterprises	45100	1504	1504	
其他外商投资企业	Others				
按行业分	By Sector				
旅游饭店	Tourist Hotel	3815	116	116	
一般旅馆	General Hotel	897	100	100	
正餐服务	Restaurant	12276	302	298	4
快餐服务	Fast Food	85895	2983	2945	38
咖啡馆服务	Cafe Service	6363	473	473	
其他餐饮及冷饮服务	Other dining and beverage service	971	232	220	12

17-7 限额以上住宿企业财务状况（2016年）

单位:万元

项　目	Item	企业数(个) Number of Enterprises (unit)	年初库存 Beginning Inventory	流动资产合计 Circulating Assets	固定资产原价 Original Value of Fixed Assets
住宿业合计	**Total Hotels**	**2139**	**391381**	**6670269**	**10395240**
#国有及国有控股	State-owned and State-controlled Enterprises	293	33707	940490	2437189
按登记注册类型分	By Status of Registration				
内资企业	Domestic-funded Enterprises	1910	151945	4328050	7098287
国有企业	State-owned Enterprises	118	10556	248715	779401
集体企业	Collective-owned Enterprises	34	912	14443	49086
股份合作企业	Share-holding Cooperative Enterprises	5	147	584	5607
联营企业	Joint-operation Enterprises	4	224	11260	10590
国有联营企业	State-owned Joint-operation Enterprises	2	207	7679	8366
集体联营企业	Collective Joint-operation Enterprises	1	3	69	1736
国有与集体联营企业	State-collective Joint-operation Enterprises	1	14	3512	488
其他联营企业	Other Joint-operation Enterprises				
有限责任公司	Limited Liability Corporations	765	85390	2788190	4271737
国有独资企业	State Sole Investment Enterprises	35	4275	255798	423601
其他有限责任公司	Other Limited Liability Companies	730	81115	2532392	3848136
股份有限公司	Share-holding Corporations Ltd.	45	3768	112458	208224
私营企业	Private Enterprises	902	48926	1131495	1698632
私营独资企业	Private Sole Investment Enterprises	150	2701	52899	140752
私营合伙企业	Private Partnership Enterprises	36	1072	23568	59912
私营有限责任公司	Private Limited Liability Corporations	690	43820	1023101	1434618
私营股份有限公司	Private Share-holding Corporations Ltd.	26	1333	31927	63350
其他企业	Other Enterprises	37	2022	20905	75010
港、澳、台商投资企业	Enterprises with Investment from Hong Kong, Macao and Taiwan	148	226901	1390112	1979851
合资经营企业	Joint Ventures	53	5634	277750	514878
合作经营企业	Cooperative Enterprises	30	52621	359797	524146
独资经营企业	Sole Investment Enterprises	58	167957	720682	936328
投资股份有限公司	Share-holding Corporations Ltd.	6	689	31855	4337
其他港澳台商投资企业	Others	1		28	162
外商投资企业	Enterprises with Foreign Investment	81	12535	952107	1317102
中外合资经营企业	Sino-foreign Joint Ventures	24	2180	330038	235952
中外合作经营企业	Sino-foreign Cooperative Enterprises	14	3634	92812	173807
外资企业	Foreign-funded Enterprises	35	5363	507841	625453
外商投资股份有限公司	Share-holding Corporations Ltd.	5	916	17683	281635
其它外商投资企业	Others	3	442	3733	255
按国民经济行业分	By Economic Sector				
旅游饭店	Tourist Hotels	1363	366621	5715259	9245006
一般旅馆	General Hotels	690	22100	880841	979092
其它住宿服务	Others	86	2660	74169	171142
按控股情况分组	By Holdings				
国有控股	State Holdings	240	32359	901804	2340789
集体控股	Collective Holdings	53	1348	38686	96400
私人控股	Private Holdings	1310	96608	2505015	3871820
港澳台商控股	Hongkong,Macaw and Taiwan Holdings	120	224510	1266322	1665391
外商控股	Foreign Holdings	58	7405	678827	1058783
其他	Others	358	29151	1279615	1362057
按星级分组	By sStar Rating				
五星	Five Star	139	206571	2409006	3463202
四星	Four Star	209	77586	1073247	1354063
三星	Three Star	384	17301	516972	793479
二星	Two Star	63	1620	47343	90297
一星	One Star	12	260	5804	11850
其他	Others	1332	88043	2617897	4682349

Financial Indicators of Hotels above Designated Size (2016)

(10000 yuan)

累计折旧 Accumulated Depreciation	本年折旧 Depreciation Drawn in Current Year	资产合计 Total Assets	负债合计 Total Liabilities	所有者权益合计 Total Creditors' Equity	实收资本 Paid-up Capital	营业收入 Business Revenue	主营业务收入 Main Business Revenue	营业成本 Business Costs
4696130	**446762**	**16626722**	**13964807**	**2661914**	**4543093**	**5289405**	**5186070**	**2068690**
1236337	67831	2848876	1486508	1362368	1129907	996175	982105	330550
2976292	333859	11427277	9753698	1673578	2688386	4035197	3980927	1597881
436539	20772	852461	470975	381486	263224	366211	362664	91718
34246	1057	45916	52836	-6921	13438	24211	23074	10624
3877	286	3967	3701	266	759	3851	3851	1467
6058	391	17571	6067	11504	8660	4526	4526	1412
5602	380	11865	5514	6351	6000	3522	3522	1405
		1994	438	1556	2000	193	193	7
456	11	3712	115	3597	660	811	811	
1592749	195100	7383023	6363296	1019727	1567781	2257514	2223973	901152
230174	11538	602300	283559	318741	259353	167285	164391	64995
1362575	183562	6780723	6079737	700986	1308428	2090229	2059582	836157
115593	8187	301310	213617	87693	90207	105594	105167	34525
754858	104371	2752420	2594169	158251	726351	1229084	1214826	535689
63785	8207	165160	77267	87893	67009	117980	117550	64992
20513	4883	90785	49628	41157	41679	36348	35714	18067
648931	84282	2400435	2398648	1787	589478	1038759	1025649	432936
21629	6999	96040	68626	27414	28185	35997	35913	19694
32372	3695	70609	49037	21572	17966	44206	42846	21294
1097905	66746	3234811	2692083	542728	1224428	744895	706542	280289
318638	18527	697608	642239	55370	251870	197079	193214	69488
280161	16819	678386	620615	57771	274210	164628	164270	67064
496752	31021	1809751	1377724	432028	652255	373823	339693	138067
2324	369	48906	51245	-2340	45993	9026	9026	5664
30	10	160	260	-101	100	339	339	6
621933	46157	1964634	1519026	445608	630279	509313	498601	190520
122576	7863	517431	345273	172157	124055	162996	155626	33780
126136	3499	161841	234718	-72877	112127	66641	65773	19446
321739	25778	996160	603421	392739	375850	220716	218288	111205
51449	8984	285106	388226	-103121	18238	18815	18796	3152
33	33	4096	-52612	56710	9	40145	40118	22937
4215684	390213	14510925	12382135	2128790	3814049	4461879	4371277	1671341
420526	49203	1891287	1453364	437923	667439	726806	714389	356866
59920	7346	224510	129308	95201	61605	100720	100404	40483
1175061	64977	2751114	1396680	1354433	1099289	948606	937623	306360
61276	2855	97763	89828	7935	30618	47569	44482	24190
1386653	212734	6752945	6390298	362647	1280942	2293702	2266692	1046811
962375	57209	2844052	2396502	447550	1080618	642753	606623	234519
466430	41195	1546449	1233863	312586	503579	330780	322165	133145
644335	67792	2634399	2457636	176763	548047	1025995	1008485	323665
1817542	106785	5434401	4414542	1019859	1510914	1374452	1323450	402002
725880	48659	2269546	2074112	195434	586823	719114	708587	269801
444902	26215	1091046	737358	353689	429160	588348	578965	248884
60393	6573	105907	84590	21317	59820	63392	61766	26572
4099	504	14247	10923	3324	3381	6605	6605	3978
1643314	258026	7711575	6643282	1068291	1952995	2537494	2506697	1117453

17-7 续表

单位：万元

项　目	Item	主营业务成本 Main Business Costs	营业税金及附加 Tax and Extra Charges on Business	主营业务税金及附加 Tax and Extra Charges on Main Business
住宿业合计	**Total Hotels**	**2021725**	**136931**	**133576**
#国有及国有控股	State-owned and State-controlled Enterprises	323120	28165	27522
按登记注册类型分	By Status of Registration			
内资企业	Domestic-funded Enterprises	1566410	105834	103715
国有企业	State-owned Enterprises	90068	10570	10409
集体企业	Collective-owned Enterprises	10388	870	867
股份合作企业	Share-holding Cooperative Enterprises	1467	58	58
联营企业	Joint-operation Enterprises	1412	206	206
国有联营企业	State-owned Joint-operation Enterprises	1405	182	182
集体联营企业	Collective Joint-operation Enterprises	7	6	6
国有与集体联营企业	State-collective Joint-operation Enterprises		18	18
其他联营企业	Other Joint-operation Enterprises			
有限责任公司	Limited Liability Corporations	885634	56132	54769
国有独资企业	State Sole Investment Enterprises	63637	4089	3900
其他有限责任公司	Other Limited Liability Companies	821997	52043	50869
股份有限公司	Share-holding Corporations Ltd.	34296	3609	3607
私营企业	Private Enterprises	522940	33289	32748
私营独资企业	Private Sole Investment Enterprises	64431	3459	3427
私营合伙企业	Private Partnership Enterprises	17671	1131	1131
私营有限责任公司	Private Limited Liability Corporations	421282	27892	27383
私营股份有限公司	Private Share-holding Corporations Ltd.	19556	807	807
其他企业	Other Enterprises	20205	1100	1051
港、澳、台商投资企业	Enterprises with Investment from Hong Kong, Macao and Taiwan	268261	18760	17606
合资经营企业	Joint Ventures	67510	4548	4408
合作经营企业	Cooperative Enterprises	66895	4506	4493
独资经营企业	Sole Investment Enterprises	128210	9500	8503
投资股份有限公司	Share-holding Corporations Ltd.	5641	181	176
其他港澳台商投资企业	Others	5	25	26
外商投资企业	Enterprises with Foreign Investment	187054	12337	12255
中外合资经营企业	Sino-foreign Joint Ventures	31998	3970	3970
中外合作经营企业	Sino-foreign Cooperative Enterprises	19442	1507	1507
外资企业	Foreign-funded Enterprises	109582	5670	5588
外商投资股份有限公司	Share-holding Corporations Ltd.	3141	306	306
其它外商投资企业	Others	22891	884	884
按国民经济行业分	By Economic Sector			
旅游饭店	Tourist Hotels	1637262	115626	113152
一般旅馆	Ordinary Hotels	346961	18463	17588
其它住宿服务	Others	37502	2842	2836
按控股情况分组	By Holdings			
国有控股	State Holdings	300601	26683	26106
集体控股	Collective Holdings	22520	1482	1416
私人控股	Private Holdings	1027403	57747	56761
港澳台商控股	Hongkong,Macaw and Taiwan Holdings	224159	16352	15321
外商控股	Foreign Holdings	129712	7925	7843
其他	Others	317330	26742	26129
按星级分组	By Star Rating			
五星	Five Star	389943	34037	33050
四星	Four Star	264756	21046	20655
三星	Three Star	240681	15767	15535
二星	Two Star	26141	1714	1665
一星	One Star	3978	339	339
其他	Others	1096226	64028	62332

17-7 continued

(10000 yuan)

其它业务利润 Profits from Other Businesses	销售费用 Marketing Expenses	管理费用 Management Expenses	财务费用 Financial Expenses	营业利润 Business Profits	营业外收入 Non-operating revenue	利润总额 Total Profits	应交所得税 Income Taxes Payable	本年应付职工薪酬 Staff Salary Payable in Current Year
58303	**1483239**	**1363335**	**282386**	**-8916**	**82058**	**17116**	**52818**	**1346440**
9644	320863	289807	27087	23048	14610	48700	16020	301485
48860	1153907	1028923	218568	-35792	40351	2708	36494	1040546
4369	143850	117743	7300	13676	8716	20431	4833	121630
815	7653	5763	718	-1399	912	-1036	252	7515
	1107	1005	10	205	20	-660	17	1040
	147	2423	32	306		305	76	1155
		1807	29	99		98	21	814
	147	44		-10		-10		96
		572	3	217		217	55	245
24325	587877	585675	149161	-12356	23957	7422	21593	568630
3100	49887	49453	-498	-259	1135	651	2341	56373
21225	537990	536222	149659	-12097	22822	6771	19252	512257
132	33804	33629	4406	-1952	792	-1343	1721	32398
19215	368630	273731	56646	-35990	5925	-24451	7345	296867
250	21473	13948	2188	11914	114	10660	1149	22703
2533	8192	6448	1363	1339	63	1265	162	7978
15004	331471	245679	52264	-48736	5205	-36221	5826	258673
1428	7494	7656	831	-507	543	-155	208	7513
4	10839	8954	295	1718	29	2040	657	11311
7042	190582	213486	44307	-623	5479	-18440	11164	187193
5306	59056	52322	13095	-1514	319	-1243	781	47777
1405	36470	48780	8706	-1591	669	-9183	2646	34961
329	93461	108580	22468	4411	3481	-6920	7736	101255
2	1396	3698	35	-1929	1008	-1096	1	3032
	199	106	3		2	2		168
2401	138750	120926	19511	27499	36228	32848	5160	118701
1410	54622	45592	9159	15785	322	15823	1786	34025
196	25390	19914	945	-597	678	53	715	19498
778	45927	46602	8826	2888	34988	6673	2638	49403
16	10588	5429	216	-923	239	-46	21	8362
1	2223	3389	365	10346	1	10345		7413
40079	1261468	1165354	257221	24067	74751	41153	46636	1146478
17901	193202	160615	22969	-23712	3907	-18366	5634	171366
323	28569	37366	2196	-9271	3400	-5671	548	28596
8741	307339	279632	25915	26052	13423	51016	15630	287730
903	13524	10175	1172	-3004	1187	-2316	390	13755
30262	590871	507521	150701	-53703	20721	-27412	15154	543406
8617	173225	188487	40275	-7155	6032	-23898	10537	165603
905	85706	84191	16167	3983	35375	8660	2688	77071
8875	312574	293329	48156	24911	5320	11066	8419	258875
13376	423365	396857	101003	32172	38900	14927	12913	331372
11702	230019	177553	39816	-11613	5602	-11105	5824	189089
7984	179358	125169	12718	15677	3002	11753	6175	158894
1097	16959	12367	464	5435	187	3658	1027	14930
	1143	1267	16	-118	150	177	225	1767
24144	632395	650122	128369	-50469	34217	-2294	26654	650388

17-8 限额以上餐饮企业财务状况（2016年）

单位：万元

项　目	Item	企业数(个) Number of Enterprises (unit)	年初库存 Beginning Inventory	流动资产合计 Circulating Assets	固定资产原价 Original Value of Fixed Assets
餐饮业合计	**Total Catering Services**	**2904**	**176622**	**2733975**	**2313656**
#国有及国有控股	State-owned and State-controlled Enterprises	90	7252	202400	253533
按登记注册类型分	By Status of Registration				
内资企业	Domestic-funded Enterprises	2635	124445	2027135	1556763
国有企业	State-owned Enterprises	24	1874	26095	89547
集体企业	Collective-owned Enterprises	29	984	27148	9283
股份合作企业	Share-holding Cooperative Enterprises	29	3796	7654	5364
联营企业	Joint-operation Enterprises	1	10	3595	2274
国有联营企业	State-owned Joint-operation Enterprises				
集体联营企业	Collective Joint-operation Enterprises				
国有与集体联营企业	State-collective Joint-operation Enterprises				
其他联营企业	Other Joint-operation Enterprises	1	10	3595	2274
有限责任公司	Limited Liability Corporations	605	52567	1132554	745050
国有独资企业	State Sole Investment Enterprises	5	619	7873	8982
其他有限责任公司	Other Limited Liability Companies	600	51948	1124681	736068
股份有限公司	Share-holding Corporations Ltd.	28	1461	79117	16974
私营企业	Private Enterprises	1828	61730	737929	662871
私营独资企业	Private Sole Investment Enterprises	539	10418	84136	131470
私营合伙企业	Private Partnership Enterprises	86	1826	16172	19275
私营有限责任公司	Private Limited Liability Corporations	1162	48614	623474	490144
私营股份有限公司	Private Share-holding Corporations Ltd.	41	872	14147	21982
其他企业	Other Enterprises	91	2023	13043	25400
港、澳、台商投资企业	Enterprises with Investment from Hong Kong, Macao and Taiwan	198	24117	574021	396428
合资经营企业	Joint Ventures	32	2951	39265	33821
合作经营企业	Cooperative Enterprises	11	4639	25524	29105
独资经营企业	Sole Investment Enterprises	152	16296	504661	325910
投资股份有限公司	Share-holding Corporations Ltd.	3	231	4571	7592
外商投资企业	Enterprises with Foreign Investment	71	28060	132819	360465
中外合资经营企业	Sino-foreign Joint Ventures	15	5344	40560	143716
中外合作经营企业	Sino-foreign Cooperative Enterprises	4		8422	902
外资企业	Foreign-funded Enterprises	45	22464	81289	207883
外商投资股份有限公司	Share-holding Corporations Ltd.	3	195	1874	7779
其它外商投资企业	Others	4	57	674	185
按国民经济行业分	By Economic Sector				
正餐服务业	Dinner Service	2629	127641	1819957	1699397
快餐服务业	Fast Food Service	131	37275	683458	540178
饮料及冷饮服务业	Beverage and Cold Drink Service	39	4211	103740	40840
其他餐饮服务业	Other Services	105	7495	126820	33241
按控股情况分组	By Holdings				
国有控股	State Holdings	46	4757	140633	231625
集体控股	Collective Holdings	44	2496	61767	21908
私人控股	Private Holdings	2296	88837	1515542	1097246
港澳台商控股	Hongkong,Macaw and Taiwan Holdings	197	24175	587780	392047
外商控股	Foreign Holdings	60	27370	115561	355626
其他	Others	261	28987	312692	215204

Financial Indicators of Catering Services Enterprises above Designated Size (2016)

(10000 yuan)

累计折旧 Accumulated Depreciation	本年折旧 Depreciation Drawn in Current Year	资产合计 Total Assets	负债合计 Total Liabilities	所有者权益合计 Total Creditors' Equity	实收资本 Paid-up Capital	营业收入 Business Revenue	主营业务收入 Main Business Revenue	营业成本 Business Costs
1060765	**154375**	**5366075**	**3878139**	**1490230**	**1293438**	**6821481**	**6789580**	**3341940**
124600	11481	385033	274590	110443	97232	350782	340131	217758
642284	99061	3845318	3120841	726771	838519	4310301	4287758	2289367
61683	3422	73893	41142	32752	11380	65432	63194	36093
7072	228	33444	16914	16530	5930	52502	52486	35195
2449	346	12800	11719	1081	869	35845	35837	19540
963	6	9714	8340	1375	138	1823	1823	912
963	6	9714	8340	1375	138	1823	1823	912
268594	43127	2132360	1815656	316955	297709	1525773	1517105	764953
4717	390	12619	5829	6790	749	39981	39887	33040
263877	42737	2119741	1809827	310165	296960	1485792	1477218	731913
9280	863	112076	36991	75085	39140	102244	95990	53303
282471	50042	1436806	1172046	266803	472108	2438531	2433449	1328066
50788	6265	198507	107443	91065	78966	471362	470014	286430
9158	884	28784	14586	14198	14111	85243	85016	49748
213988	41660	1176427	1018791	159679	365757	1832447	1829451	964590
8537	1233	33088	31226	1861	13274	49479	48968	27298
9772	1027	34225	18033	16190	11245	88151	87874	51305
223885	26337	942004	496342	445661	279667	1088725	1086292	402353
17650	1433	62427	36372	26056	38752	67287	67282	32064
22505	817	36566	35992	574	17842	76539	76529	38540
180987	23607	829845	418944	410901	214655	934087	931668	326191
2743	480	13166	5034	8130	8418	10812	10813	5558
194596	28977	578753	260956	317798	175252	1422455	1415530	650220
78404	9523	171113	60177	110936	31576	379914	374995	135263
111	3	11975	4495	7480	8274	5214	5125	3496
112549	18977	384434	194349	190084	129699	1020108	1018267	505323
3399	463	10362	182	10180	3703	13426	13349	4208
133	11	869	1753	-882	2000	3793	3794	1930
751677	107634	3553664	2777607	778350	991402	4053105	4031375	2101504
269917	38992	1467266	954799	512467	237471	2159992	2151539	949422
19351	4152	175066	57680	117385	18422	284136	284089	87793
19820	3597	170079	88053	82028	46143	324248	322577	203221
109082	7220	306077	229744	76333	67016	269091	259056	166116
15519	4260	78956	44846	34110	30216	81691	81074	51642
435230	77846	2831884	2381087	453091	646745	3516300	3503030	1853115
220927	26085	952594	501311	451283	280500	1086363	1083940	403015
192293	28386	551793	248438	303355	162967	1367086	1364986	620260
87714	10578	644771	472713	172058	105994	500950	497494	247792

17-8 续表

单位：万元

项　目	Item	主营业务成本 Main Business Costs	营业税金及附加 Tax and Extra Charges on Business	主营业务税金及附加 Tax and Extra Charges on Main Business
餐饮业合计	**Total Catering Services**	**3285399**	**163372**	**161330**
#国有及国有控股	State-owned and State-controlled Enterprises	211813	8210	7687
按登记注册类型分	By Status of Registration			
内资企业	Domestic-funded Enterprises	2265967	115693	113986
国有企业	State-owned Enterprises	35746	1688	1504
集体企业	Collective-owned Enterprises	35193	1509	1507
股份合作企业	Share-holding Cooperative Enterprises	19535	895	895
联营企业	Joint-operation Enterprises	912	29	8
国有联营企业	State-owned Joint-operation Enterprises			
集体联营企业	Collective Joint-operation Enterprises			
国有与集体联营企业	State-collective Joint-operation Enterprises			
其他联营企业	Other Joint-operation Enterprises	912	29	8
有限责任公司	Limited Liability Corporations	754976	35028	34645
国有独资企业	State Sole Investment Enterprises	32977	741	636
其他有限责任公司	Other Limited Liability Companies	721999	34287	34009
股份有限公司	Share-holding Corporations Ltd.	49869	2002	1979
私营企业	Private Enterprises	1318555	71097	70134
私营独资企业	Private Sole Investment Enterprises	282036	18008	17622
私营合伙企业	Private Partnership Enterprises	49691	2379	2371
私营有限责任公司	Private Limited Liability Corporations	960784	49172	48654
私营股份有限公司	Private Share-holding Corporations Ltd.	26044	1538	1487
其他企业	Other Enterprises	51181	3445	3314
港、澳、台商投资企业	Enterprises with Investment from Hong Kong,Macao and Taiwan	394462	21271	21174
合资经营企业	Joint Ventures	32064	1501	1454
合作经营企业	Cooperative Enterprises	38540	1342	1342
独资经营企业	Sole Investment Enterprises	318300	18193	18143
投资股份有限公司	Share-holding Corporations Ltd.	5558	235	235
外商投资企业	Enterprises with Foreign Investment	624970	26408	26170
中外合资经营企业	Sino-foreign Joint Ventures	130207	6597	6376
中外合作经营企业	Sino-foreign Cooperative Enterprises	3496	78	78
外资企业	Foreign-funded Enterprises	485130	19409	19392
外商投资股份有限公司	Share-holding Corporations Ltd.	4208	218	218
其它外商投资企业	Others	1929	106	106
按国民经济行业分	By Economic Sector			
正餐服务业	Dinner Service	2074402	112346	110806
快餐服务业	Fast Food Service	921131	39937	39491
饮料及冷饮服务业	Beverage and Cold Drink Service	87750	6024	6024
其他餐饮服务业	Other Services	202116	5065	5009
按控股情况分组	By Holdings			
国有控股	State Holdings	160523	6029	5516
集体控股	Collective Holdings	51290	2181	2171
私人控股	Private Holdings	1831374	96427	95339
港澳台商控股	Hongkong,Macaw and Taiwan Holdings	395124	21115	21057
外商控股	Foreign Holdings	600002	25326	25299
其他	Others	247086	12294	11948

17-8 continued

(10000 yuan)

其它业务利润 Profits from Other Businesses	销售费用 Marketing Expenses	管理费用 Management Expenses	财务费用 Financial Expenses	营业利润 Business Profits	营业外收入 Non-operating revenue	利润总额 Total Profits	应交所得税 Income Taxes Payable	本年应付职工薪酬 Staff Salary Payable in Current Year
63557	**2302413**	**751349**	**56486**	**237331**	**31717**	**241465**	**78201**	**1362179**
3432	66420	38497	2790	33694	1756	36279	5098	91193
53063	1231658	542099	48979	117636	10233	108106	39815	865713
243	13930	12117	347	-626	902	1586	887	17237
16	7105	3584	39	5070	8	4723	1377	9559
1	10312	3677	530	887	94	885	354	5479
	210	288	101	284		284		249
	210	288	101	284		284		249
19757	517053	166423	25325	33537	4323	36685	15114	310107
94	2813	1798	89	1501	56	1461	6	15392
19663	514240	164625	25236	32036	4267	35224	15108	294715
2621	27748	11158	-322	26032	395	25681	1908	22388
29143	637995	334679	22057	47464	4460	34609	19275	484299
8930	76338	57274	3787	29126	344	25964	5781	77855
665	18272	10581	412	3140	62	2202	780	14952
17542	533035	259017	17216	13219	4002	4802	11833	380822
2006	10350	7807	642	1979	52	1641	881	10670
1282	17305	10173	902	4988	51	3653	900	16395
3369	489082	99891	2402	80420	13831	74127	21880	214006
16	21726	10231	295	1479	352	1731	519	14587
	19137	15576	122	1900	65	810	1033	16821
3348	444159	72977	1952	77223	13414	71753	20320	179625
5	4060	1107	33	-182		-167	8	2973
7125	581673	109359	5105	39275	7653	59232	16506	282460
60	195579	14401	446	28075	435	25808	7306	61584
	717	1075	49	-200		-231	40	794
5902	377784	92991	4823	8914	7160	31274	8616	217387
1163	6288	694	-234	2251	56	2145	499	1833
	1305	198	21	235	2	236	45	862
42067	1194098	529051	46034	111044	9398	91647	39064	844466
21094	924340	163553	9589	63975	10451	86120	23876	401154
	125468	15985	130	48737	11155	48631	12123	47081
396	58507	42760	733	13575	713	15067	3138	69478
3042	52131	31903	2597	26837	1440	29142	2895	75912
390	14289	6594	193	6857	316	7137	2203	15281
34735	1018056	442292	38571	77823	6776	66957	31423	677770
3355	486912	99004	2519	80486	13551	73858	21775	213085
7125	562460	107705	4946	35550	7602	55622	15852	270588
14910	168565	63851	7660	9778	2032	8749	4053	109543

17-9 各市限额以上住宿和餐饮企业财务状况（2016年）

单位：万元

市 别	City	企业数（个）Number of Enterprises (unit)	年初库存 Beginning Inventory	流动资产合计 Circulating Assets	固定资产原价 Original Value of Fixed Assets	累计折旧 Accumulated Depreciation
住宿餐饮业合计	**Total Hotels and Catering Services**	**5043**	**568003**	**9404244**	**12708896**	**5756895**
住宿业	**Hotels**	**2139**	**391381**	**6670269**	**10395240**	**4696130**
广 州	Guangzhou	569	79220	1819547	2573750	1331194
深 圳	Shenzhen	291	21722	1597864	1822503	937336
珠 海	Zhuhai	117	147234	675954	1720731	530302
汕 头	Shantou	86	4451	132438	308302	148425
佛 山	Foshan	128	36297	318494	530940	250504
#顺 德	shunde	31	29372	92509	112136	54088
韶 关	Shaoguan	79	9685	98144	120418	49513
河 源	Heyuan	43	10989	45898	99720	46627
梅 州	Meizhou	36	9538	98642	185199	44625
惠 州	Huizhou	125	19303	270796	457481	191005
汕 尾	Shanwei	18	882	15023	43900	19984
东 莞	Dongguan	160	24655	486914	973754	534515
中 山	Zhongshan	117	3874	236263	408127	129850
江 门	Jiangmen	65	4283	185758	295239	138927
阳 江	Yangjiang	18	338	25040	26199	12682
湛 江	Zhanjiang	55	5016	134818	177154	55886
茂 名	Maoming	32	3865	116999	39928	14042
肇 庆	Zhaoqing	46	1105	152958	129032	49379
清 远	Qingyuan	52	4773	156925	256257	127660
潮 州	Chaozhou	21	554	14412	38180	18799
揭 阳	Jieyang	46	1136	35116	83038	43661
云 浮	Yunfu	35	2461	52266	105388	21214
餐饮业	**Catering Services**	**2904**	**176622**	**2733975**	**2313656**	**1060765**
广 州	Guangzhou	955	76518	1047383	755075	384911
深 圳	Shenzhen	507	45903	850750	586334	292681
珠 海	Zhuhai	98	4407	53300	22315	12066
汕 头	Shantou	68	1635	11585	17092	7438
佛 山	Foshan	222	6978	115204	164122	81412
#顺 德	shunde	65	2360	40086	45786	23135
韶 关	Shaoguan	97	1789	33258	45252	13158
河 源	Heyuan	33	984	40095	36379	16584
梅 州	Meizhou	15	710	6112	27980	8583
惠 州	Huizhou	97	2966	58345	64335	28724
汕 尾	Shanwei	25	1163	12132	14074	6021
东 莞	Dongguan	156	9185	159181	92236	49696
中 山	Zhongshan	186	6434	71066	39173	20259
江 门	Jiangmen	72	3072	24410	51223	23800
阳 江	Yangjiang	53	2768	27102	42414	9427
湛 江	Zhanjiang	82	4541	46187	163355	39047
茂 名	Maoming	58	979	26422	29920	8846
肇 庆	Zhaoqing	42	1309	46409	47134	17806
清 远	Qingyuan	22	1122	33889	44044	13995
潮 州	Chaozhou	32	809	3098	14282	3292
揭 阳	Jieyang	56	1605	35013	38624	14892
云 浮	Yunfu	28	1745	33034	18293	8127

Financial Indicators of Enterprises above Designated Size of Hotels and Catering Services by City (2016)

(10000 yuan)

#本年折旧 Depreciation Drawn in Current Year	资产合计 Total Assets	负债合计 Total Liabilities	所有者权益合计 Total Creditors' Equity	实收资本 Paid-up Capital	营业收入 Business Revenue	主营业务收入 Main Business Revenue	营业成本 Business Costs
601137	**21992797**	**17842946**	**4152144**	**5836531**	**12110886**	**11975650**	**5410630**
446762	**16626722**	**13964807**	**2661914**	**4543093**	**5289405**	**5186070**	**2068690**
104972	4405622	3293781	1111837	1318953	1500709	1485232	534068
66066	3008777	2101887	906890	910968	1149569	1097867	364068
68661	2594214	2472724	121490	547711	563596	559605	293328
12473	381349	332005	49345	167539	98017	96052	41454
28655	726367	497343	229024	247107	290840	287985	120770
4978	166786	106671	60115	69356	72952	72486	23629
6335	258786	216109	42677	57028	91976	91478	41816
6419	127086	82979	44107	37925	60983	60566	24416
8970	290224	231602	58622	62952	75247	74524	38130
45273	825121	686687	138434	197750	272004	269307	108185
1884	76734	30438	46296	62514	15927	15898	7228
37527	1197022	1453402	-256379	223674	366555	358490	121564
14868	633547	596206	37341	233799	180566	176285	60056
13590	383091	350828	32263	144735	131719	125191	47992
434	41705	23762	17943	7468	18439	18403	11193
5486	408631	403681	4950	49818	84336	83828	40655
2947	183582	168362	15220	20561	35937	34431	16879
5256	266844	263519	3325	60019	58290	57726	29658
8687	363130	440651	-77521	82247	87234	85987	33116
809	42446	25506	16941	23899	17141	17141	8550
2953	155875	92434	63442	58697	153157	153147	107919
4497	256569	200901	55667	27729	37163	36927	17645
154375	**5366075**	**3878139**	**1490230**	**1293438**	**6821481**	**6789580**	**3341940**
51060	1968630	1500655	470267	428838	2799553	2792101	1247535
39485	1469761	1003848	465913	367352	2038430	2026794	973291
1916	85436	69699	15737	24212	129295	129149	68242
529	27315	15292	12024	6371	58975	58687	39529
12403	301604	241223	60381	78063	416137	412775	222153
2341	96810	86375	10434	15233	85230	84712	42709
3000	118860	74961	43900	23172	51859	51706	29449
1315	66449	57465	8983	11689	27777	27777	14061
1710	27057	18297	8760	21696	11775	11672	7013
8574	119798	98315	21483	44560	111906	111584	54675
653	25446	6338	19109	16105	24917	24917	15377
5460	271231	105339	165892	78271	343922	341723	199711
2762	112247	93629	18618	25353	212336	212240	111825
6097	68355	38835	29520	31469	83209	83202	40558
1193	62566	54769	7797	9500	78200	74340	47640
9003	212420	189842	22578	29642	98758	98143	54665
1528	53523	39065	14458	12827	42341	41256	25001
2740	114514	110680	3835	19256	46414	46280	28017
2550	87800	91034	-3234	12575	23575	23527	9595
583	56979	13951	43027	4056	13854	13815	9414
1274	68894	20977	47917	37280	185482	185165	130887
540	47190	33925	13265	11151	22766	22727	13302

17-9 续表

单位：万元

市别	City	主营业务成本 Main Business Costs	营业税金及附加 Tax and Extra Charges on Business	主营业务税金及附加 Tax and Extra Charges on Main Business	其它业务利润 Profits from Other Businesses
住宿餐饮业合计	**Total Hotels and Catering Services**	**5307124**	**300303**	**294906**	**121860**
住宿业	**Hotels**	**2021725**	**136931**	**133576**	**58303**
广　州	Guangzhou	520391	39505	38817	6482
深　圳	Shenzhen	353498	28285	26891	16314
珠　海	Zhuhai	291140	11318	11050	1142
汕　头	Shantou	40738	3565	3511	570
佛　山	Foshan	113836	7263	7204	2180
#顺　德	shunde	23356	1489	1482	13
韶　关	Shaoguan	41517	2803	2795	408
河　源	Heyuan	23668	1898	1835	34
梅　州	Meizhou	38039	2373	2318	175
惠　州	Huizhou	103286	8737	8446	1101
汕　尾	Shanwei	7199	621	620	314
东　莞	Dongguan	119838	10923	10751	11885
中　山	Zhongshan	57968	4299	4274	3121
江　门	Jiangmen	46132	3605	3571	3838
阳　江	Yangjiang	11184	370	365	161
湛　江	Zhanjiang	40441	2909	2847	4590
茂　名	Maoming	16581	1453	1383	1196
肇　庆	Zhaoqing	29467	1562	1561	2769
清　远	Qingyuan	32932	2320	2225	763
潮　州	Chaozhou	8550	596	596	
揭　阳	Jieyang	107746	1627	1618	29
云　浮	Yunfu	17574	899	898	1231
餐饮业	**Catering Services**	**3285399**	**163372**	**161330**	**63557**
广　州	Guangzhou	1237190	62657	62094	19361
深　圳	Shenzhen	941352	45062	44491	14968
珠　海	Zhuhai	67925	3060	2892	134
汕　头	Shantou	35061	2108	2099	227
佛　山	Foshan	221605	12690	12592	382
#顺　德	shunde	42687	2036	2035	-52
韶　关	Shaoguan	29311	1751	1741	139
河　源	Heyuan	13925	906	886	243
梅　州	Meizhou	7013	481	455	17
惠　州	Huizhou	54490	2845	2754	7080
汕　尾	Shanwei	15377	803	803	7
东　莞	Dongguan	199430	6423	6418	15446
中　山	Zhongshan	111749	5474	5444	496
江　门	Jiangmen	37276	2182	2053	1084
阳　江	Yangjiang	44087	2004	1958	2
湛　江	Zhanjiang	53797	2791	2610	851
茂　名	Maoming	24760	1109	1041	750
肇　庆	Zhaoqing	28006	1461	1461	801
清　远	Qingyuan	9595	1015	1013	30
潮　州	Chaozhou	9359	521	521	54
揭　阳	Jieyang	130806	6913	6890	205
云　浮	Yunfu	13285	1116	1114	1280

17-9 continued

(10000 yuan)

销售费用 Marketing Expenses	管理费用 Management Expenses	财务费用 Financial Expenses	营业利润 Business Profits	营业外收入 Non-operating revenue	利润总额 Total Profits	应交所得税 Income Taxes Payable	本年应付职工薪酬 Staff Salary Payable in Current Year
3785652	**2114684**	**338872**	**228415**	**113775**	**258581**	**131019**	**2708619**
1483239	**1363335**	**282386**	**-8916**	**82058**	**17116**	**52818**	**1346440**
441940	398122	52811	49346	42614	55979	21790	415612
305641	346231	57490	56190	6095	44423	13793	287913
106422	116962	60781	-23916	16495	3230	5947	142373
30810	25494	9327	-12622	479	-4394	946	25158
95758	69665	4690	-2299	3421	-4856	3229	65892
30924	16286	974	-756	150	-747	100	14855
25687	20818	3375	-2528	1515	626	489	22229
15707	14974	2732	1569	121	246	105	15641
19312	17445	2188	-4201	85	-8019	107	15241
62610	62215	15393	17199	2169	9432	774	61439
5729	3389	170	-1257	11	-810	290	4417
137804	108203	25556	-36501	5175	-31343	667	105146
77095	47589	8600	-16852	759	-16810	646	52874
48962	39346	10159	-18363	823	-17113	183	32088
4179	2299	682	-125	5	-159	34	4389
23598	17185	7164	-4765	224	-6785	505	21310
10948	6130	2406	-1879	76	-1557	44	11849
13827	14143	7242	-8057	1509	-6689	318	12683
30041	27456	6853	-12499	250	-11708	570	24466
4242	5198	423	-1869	117	-608	157	2805
8544	9403	2719	22971	50	21139	1862	12359
14383	11068	1625	-8458	65	-7108	362	10556
2302413	**751349**	**56486**	**237331**	**31717**	**241465**	**78201**	**1362179**
1073379	298367	18872	114869	18452	116265	38429	562528
750026	212472	11178	60499	7829	81628	20301	434408
39850	15565	823	2714	388	1282	1065	27986
11281	5690	1425	3233	31	1085	708	5479
99227	60721	6624	12010	572	-533	2485	67472
27592	7758	2062	3043	129	1890	731	20594
7865	8572	803	3505	272	3000	811	10403
6738	3747	1335	990	644	874	297	5216
2325	1809	123	21	281	237	72	2963
33860	14992	2680	2785	213	2022	980	23018
5189	2759	154	636	12	458	48	5596
90215	34498	61	11547	1138	10579	2871	69996
72168	20559	1520	831	498	1897	2751	52994
27862	12020	378	196	101	-201	1018	17719
17690	7027	1259	2566	203	4733	562	14800
21926	20337	2365	-2738	231	-2618	796	20694
7374	4769	896	3154	355	2642	570	8958
10184	5608	2388	-1107	401	-2341	338	10004
8273	8710	1573	-5932	56	-5139	209	6364
1205	1001	122	1332	21	1330	296	2356
10483	10025	1414	25829	1	24069	3482	8735
5293	2101	493	391	18	196	112	4490

17-10 各市住宿餐饮业营业收入

Business of Enterprises above Designated Size of Hotels and Catering Services by City

单位：万元 (10000 yuan)

市别	Item	2015 住宿业 Hotels Service	2015 餐饮业 Catering Service	2016 住宿业 Hotels Service	2016 餐饮业 Catering Service
广州	Guangzhou	2326575	10192043	2397397	11129106
深圳	Shenzhen	1299670	5923074	1367863	6436965
珠海	Zhuhai	618485	860937	676946	959254
汕头	Shantou	154845	784291	164545	843513
佛山	Foshan	394293	3122396	417387	3435921
#顺德	Shunde	115936	1028169	128580	1131114
韶关	Shaoguan	115249	547996	127074	601240
河源	Heyuan	172343	223864	186052	246287
梅州	Meizhou	125743	344765	133904	377864
惠州	Huizhou	368387	856046	395346	946948
汕尾	Shanwei	70966	552311	77044	594541
东莞	Dongguan	471438	1312367	490708	1435008
中山	Zhongshan	259131	993781	264104	1065704
江门	Jiangmen	239835	1015522	252917	1092399
阳江	Yangjiang	122279	546812	123992	593472
湛江	Zhanjiang	193226	1470928	193134	1601041
茂名	Maoming	267885	1063055	291520	1176028
肇庆	Zhaoqing	128916	730803	138807	805030
清远	Qingyuan	166283	430379	172849	472967
潮州	Chaozhou	34300	390157	35498	429462
揭阳	Jieyang	167585	402782	207671	449867
云浮	Yunfu	65670	266988	69910	292401
按经济区域分	By Region				
珠三角	Pearl River Delta	6106730	25006969	6401475	27306335
东翼	Eastern Region	427696	2129541	484758	2317383
西翼	Western Region	583390	3080795	608646	3370541
山区	Mountainous Region	645288	1813992	689789	1990759

17-11 旅游部门基本情况

Basic Statistics on Tourism-related Agencies

指　标	Item	2000	2010	2012	2013	2014	2015	2016
宾馆(酒店)　(家)	Number of Hotels　(unit)	2655	9179	10733	15368	15926	16440	16693
按星级分：五星	By Star Rating: Five Star	19	94	107	115	119	117	110
四星	Four Star	61	194	187	187	184	178	162
三星	Three Star	283	661	630	629	589	566	498
二星	Two Star	339	246	160	145	115	107	87
一星	One Star	48	14	8	7	5	4	4
未评星级	Unrated	1905	7970	9641	14170	14914	15468	15832
宾馆(酒店)接待能力	Reception Capability of Hotels							
客房　(间)	Number of Guest Rooms　(unit)	202277	565582	666807	884942	931516	982628	983102
床位　(张)	Number of Beds　(unit)	401718	938389	1106792	1361127	1481397	1535288	1542226
客房出租率　(%)	Room Occupancy　(%)	58.00	59.90	59.63	56.48	58.35	61.49	58.75
旅行社　(家)	Number of Travel Agencies(unit)	504	1292	1624	1810	1984	2150	2345

17-12 城市接待外国游客人数

Number of Foreign Visitors Received by Cities

单位：人次　(person-time)

国　别	Country	1995	2000	2010	2011	2012	2013	2014	2015	2016
总计	**Total**	**1173919**	**2128501**	**7322478**	**7282262**	**7745127**	**7604935**	**7751868**	**7818342**	**8249290**
日本	Japan	288978	413833	1077329	1129635	1156694	1120847	1007828	892362	1015426
韩国	Republic of Korea	25172	71841	418115	393164	419950	454828	481319	474549	577584
菲律宾	Philippines	10312	20793	47184	54109	56831	75391	76742	59613	67626
新加坡	Singapore	60760	93762	284832	302893	304594	338151	308000	285197	313165
泰国	Thailand	51185	48341	134313	130521	139158	167255	169965	147501	185529
印度尼西亚	Indonesia	40583	63159	158879	153201	198305	219302	198852	118720	147674
马来西亚	Malaysia	70639	110384	421556	414101	432150	494279	423202	351926	395384
美国	United States	129238	196362	645783	651946	664836	645703	633574	710768	754468
加拿大	Canada	24908	35968	133138	120147	115997	129464	123185	133020	167033
英国	United Kingdom	41020	59123	138353	140467	146587	169879	171919	146989	164223
法国	France	29728	43578	119850	129307	132017	156752	153625	148791	152930
德国	Germany	32864	44707	118332	130290	127784	139769	136736	142266	156765
意大利	Italy	19187	19792	86454	89220	89949	95340	72853	78488	104559
俄罗斯	Russia	1937	10407	58568	68729	82878	121327	128209	84489	102985
澳大利亚	Australia	28789	34595	149780	151006	137042	162316	156491	138169	165342
新西兰	New Zealand	4133	5835	24119	24415	26866	31130	30341	30740	34613
其他	Others	314486	856021	3305893	3199111	3513489	3083202	3479027	3874754	3743984

17−13 各市旅游宾馆(酒店)住宿设施（2016年）

Lodging Facilities of Tourist Hotels by City (2016)

市 别	City	宾馆(酒店) (个) Number of Hotels (unit)	五星级 Five Star	四星级 Four Star	三星级 Three Star	二星级 Two Star	一星级 One Star	客房 (间) Number of Rooms (unit)	床位 (张) Number of Beds (unit)	客房出租率(%) Room Occupancy (%)
全省合计	**Total**	**16693**	**110**	**162**	**498**	**87**	**4**	**983102**	**1542226**	**58.8**
广 州	Guangzhou	3001	22	37	109	20		207100	308844	65.7
深 圳	Shenzhen	784	25	24	51	14		82114	120654	68.2
珠 海	Zhuhai	559	8	8	47	3		50323	75976	62.5
汕 头	Shantou	564	3	5	18	4	1	35821	49487	47.1
佛 山	Foshan	431	10	15	36	6		28916	43827	57.0
#顺 德	Shunde	176	3	11	4	5		3612	5912	56.9
韶 关	Shaoguan	942	1	4	44	7	1	32296	54532	53.8
河 源	Heyuan	699	1	2	11	5		30192	47078	50.8
梅 州	Meizhou	708	2	5	27	3		27694	48551	63.1
惠 州	Huizhou	752	5	8	32	1		48735	117455	53.9
汕 尾	Shanwei	272	1	2	10			15968	24680	59.9
东 莞	Dongguan	1704	16	12	8	2		107728	156047	54.1
中 山	Zhongshan	580	2	4	13	2	1	39725	57067	58.9
江 门	Jiangmen	892	5	1	9			45487	68280	65.0
阳 江	Yangjiang	660	2	2	16	1		35372	65056	52.6
湛 江	Zhanjiang	885	3	7	16	4		48877	77227	61.0
茂 名	Maoming	539	1	2	6			27530	42376	60.2
肇 庆	Zhaoqing	992	1	1	12	6	1	36510	54355	59.5
清 远	Qingyuan	930	1	5	18	2		39343	65204	55.7
潮 州	Chaozhou	189		6	4	3		7751	11492	46.6
揭 阳	Jieyang	338	1	8	5	1		19450	28258	62.2
云 浮	Yunfu	272		4	6	3		16170	25780	46.9
按经济区域分	By Region									
珠 三 角	Pearl River Delta	9695	94	110	317	54	2	646638	1002505	
东 翼	Eastern Region	1363	5	21	37	8	1	59540	85659	
西 翼	Western Region	2084	6	11	38	5		111779	184659	
山 区	Mountainous Region	3551	5	20	106	20	1	145695	241145	

注：本表星级宾馆(酒店)指2010年底止已得到国家旅游局或广东省旅游局批准的，不包已报未批部分。

Note: Star-rated hotels in this table refer to those approved by the National Tourism Administration or Guangdong Provincial Tourism Administration by the end of 2010, excluding hotels under examination.

17-14 各市接待过夜旅游者人数

Number of Overnight Tourists by City

单位：万人次 (10000 person-times)

市别	City	2015			2016		
		合计 Total	入境游客 Overseas Tourist Arrivals	国内游客 Domestic Tourists	合计 Total	入境游客 Overseas Tourist Arrivals	国内游客 Domestic Tourists
全省合计	**Provincial Total**	**36225.20**	**3445.37**	**32779.82**	**39718.47**	**3518.38**	**36200.09**
广　州	Guangzhou	5657.95	803.58	4854.37	5941.23	862.54	5078.69
深　圳	Shenzhen	5375.21	1218.70	4156.50	5695.72	1171.19	4524.53
珠　海	Zhuhai	2018.52	309.52	1709.00	2226.41	317.23	1909.18
汕　头	Shantou	1447.46	21.15	1426.30	1628.97	24.40	1604.57
佛　山	Foshan	1253.14	137.48	1115.66	1351.05	139.76	1211.29
#顺　德	Shunde	330.68	44.11	286.57	368.02	45.22	322.80
韶　关	Shaoguan	1301.78	5.44	1296.34	1430.19	4.43	1425.76
河　源	Heyuan	1109.59	7.62	1101.96	1258.15	8.04	1250.11
梅　州	Meizhou	1544.02	21.30	1522.71	1750.59	29.28	1721.30
惠　州	Huizhou	1866.78	222.59	1644.19	2032.92	227.52	1805.40
汕　尾	Shanwei	728.58	4.62	723.96	789.57	4.93	784.64
东　莞	Dongguan	1878.76	254.55	1624.21	2007.67	253.44	1754.23
中　山	Zhongshan	986.87	59.81	927.05	1117.81	62.17	1055.64
江　门	Jiangmen	1738.31	195.07	1543.24	2000.56	222.70	1777.86
阳　江	Yangjiang	1030.93	6.88	1024.05	1176.24	6.98	1169.27
湛　江	Zhanjiang	1756.23	26.64	1729.59	1942.33	30.10	1912.23
茂　名	Maoming	711.52	3.67	707.85	843.36	3.85	839.50
肇　庆	Zhaoqing	1127.72	49.57	1078.15	1236.65	51.51	1185.15
清　远	Qingyuan	1040.03	16.26	1023.77	1095.42	16.83	1078.59
潮　州	Chaozhou	919.24	60.24	859.00	1077.23	61.33	1015.90
揭　阳	Jieyang	1406.96	5.23	1401.74	1681.23	3.39	1677.83
云　浮	Yunfu	1325.62	15.45	1310.17	1435.19	16.78	1418.41
按经济区域分	By Region						
珠三角	Pearl River Delta	21903.26	3250.87	18652.39	23610.00	3308.05	20301.96
东　翼	Eastern Region	4502.23	91.23	4411.00	5176.99	94.05	5082.95
西　翼	Western Region	3498.67	37.19	3461.48	3961.93	40.93	3921.00
山　区	Mountainous Region	6321.04	66.08	6254.96	6969.54	75.35	6894.18

17-15 各市旅行社组团出境游人数（2016年）

Number of Outbound Visitors in Group Tours by City (2016)

单位：人 (person)

市别	City	合计 Total	香港 Hong Kong	澳门 Macao	其它 Others
全省合计	**Provincial Total**	**10212311**	**3120459**	**1446863**	**5644989**
广州	Guangzhou	3108039	569950	618216	1919873
深圳	Shenzhen	4690503	1821769	289531	2579203
珠海	Zhuhai	494443	177686	120193	196564
汕头	Shantou	49979	6919	6868	36192
佛山	Foshan	1124314	327801	214355	582158
#顺德	Shunde	365174	190360	66609	108205
韶关	Shaoguan	8416	1121	851	6444
河源	Heyuan	1369	42	60	1267
梅州	Meizhou	2203	204	180	1819
惠州	Huizhou	49033	21955	9244	17834
汕尾	Shanwei	738	197		541
东莞	Dongguan	167245	39568	27843	99834
中山	Zhongshan	266572	109125	27138	130309
江门	Jiangmen	147053	25334	80947	40772
阳江	Yangjiang	636	77		559
湛江	Zhanjiang	11998	1476	342	10180
茂名	Maoming	13494	645	3690	9159
肇庆	Zhaoqing	43898	7023	35602	1273
清远	Qingyuan	17804	7134	10203	467
潮州	Chaozhou	10410	1553	1415	7442
揭阳	Jieyang	2365	566	114	1685
云浮	Yunfu	1799	314	71	1414
按经济区域分	By Region				
珠三角	Pearl River Delta	10091100	3100211	1423069	5567820
东翼	Eastern Region	63492	9235	8397	45860
西翼	Western Region	26128	2198	4032	19898
山区	Mountainous Region	31591	8815	11365	11411

17-16 各市旅游业收入
Tourism Earnings by City

单位：亿元 (100 million yuan)

市 别	City	收入合计 Total Earnings		旅游外汇收入 Foreign Exchange Earnings		国内旅游收入 Domestic Tourism Earnings	
		2015	2016	2015	2016	2015	2016
全省合计	**Provincial Total**	**9080.76**	**10433.81**	**1104.16**	**1233.52**	**7976.60**	**9200.29**
广 州	Guangzhou	2872.18	3217.05	351.66	416.47	2520.52	2800.58
深 圳	Shenzhen	1244.96	1368.66	306.74	313.86	938.23	1054.81
珠 海	Zhuhai	276.76	317.08	59.43	69.37	217.33	247.71
汕 头	Shantou	260.12	353.82	5.51	7.70	254.61	346.12
佛 山	Foshan	546.29	624.73	84.92	95.91	461.37	528.81
#顺 德	Shunde	156.41	143.40	31.25	31.19	125.16	112.21
韶 关	Shaoguan	271.94	324.94	1.76	1.61	270.18	323.32
河 源	Heyuan	211.01	237.76	0.88	1.13	210.13	236.63
梅 州	Meizhou	313.46	376.76	6.37	8.95	307.09	367.81
惠 州	Huizhou	330.23	364.14	54.63	61.51	275.60	302.63
汕 尾	Shanwei	107.88	121.86	1.57	1.79	106.32	120.07
东 莞	Dongguan	395.18	445.40	97.39	103.17	297.79	342.23
中 山	Zhongshan	227.44	247.00	18.42	18.06	209.02	228.94
江 门	Jiangmen	339.62	409.90	59.82	72.59	279.81	337.31
阳 江	Yangjiang	181.30	214.06	2.30	2.79	179.00	211.27
湛 江	Zhanjiang	271.56	349.92	4.51	5.65	267.05	344.26
茂 名	Maoming	185.01	242.31	1.07	0.96	183.94	241.36
肇 庆	Zhaoqing	241.62	285.75	19.90	21.74	221.72	264.01
清 远	Qingyuan	240.99	269.72	9.64	10.73	231.35	258.99
潮 州	Chaozhou	141.62	181.27	13.77	15.31	127.86	165.95
揭 阳	Jieyang	206.97	248.41	1.12	1.01	205.84	247.40
云 浮	Yunfu	214.62	233.29	2.76	3.20	211.86	230.09
按经济区域分	By Region						
珠 三 角	Pearl River Delta	6474.28	7279.71	1052.91	1172.68	5421.39	6107.03
东 翼	Eastern Region	716.59	905.36	21.97	25.81	694.63	879.54
西 翼	Western Region	637.87	806.29	7.88	9.40	629.99	796.89
山 区	Mountainous Region	1252.02	1442.47	21.41	25.62	1230.61	1416.84

17−17 国际旅游外汇收入

Foreign Exchange Earnings from International Tourism

单位：万美元 (USD 10000)

指　标	Item	2000	2010	2011	2012	2013	2014	2015	2016
全省总计	**Provincial Total**	**411221**	**1243154**	**1390619**	**1562257**	**1627808**	**1707588**	**1788466**	**1857713**
商品性收入	**Commodity Earnings**	**87837**	**300843**	**328186**	**373379**	**418347**	**467879**	**491471**	**553601**
商品销售收入	Shopping	40834	203877	230843	226527	284866	326149	346426	388264
饮食销售收入	Food and Beverage	47003	96966	97343	146852	133480	141730	145045	165337
劳务性收入	**Service Earnings**	**323384**	**942311**	**1062433**	**1188877**	**1209461**	**1239709**	**1296996**	**1304112**
景区游览费	Sightseeing	14804	44754	45890	62490	56973	81964	54727	61305
宿费	Accommodation	59216	159124	175218	221840	208359	225402	224810	247077
长途交通费	Long Distance Transportation	173535	493532	603529	640525	579499	628392	708590	626050
民航	Civil Aviation	113086	361758	492279	499922	421602	461049	425834	364112
铁路	Railway	43589	44754	40328	59366	61857	59766	55800	61305
轮船	Waterway	6991	45997	40328	34370	35812	34152	183139	144902
汽车	Highway	9869	41024	30594	46868	60229	73426	43817	55732
市内交通费	Local Transportation	7813	26106	26422	28121	35812	30737	36306	40870
邮政电讯费	Postal and Communication Services	9458	19890	20859	21872	161153	22199	27006	37154
文化娱乐费	Cultural and Recreational Services	37010	94480	87609	112482	29301	136607	85131	102732
其他	Others	21548	104425	102906	101547	138364	114408	160425	188923

17－18 各市国际旅游外汇收入
Foreign Exchange Earnings from International Tourism by City

单位：万美元 (USD 10000)

市 别	City	2000	2005	2009	2010	2011	2012	2013	2014	2015	2016
全 省	**Provincial Total**	**411221**	**639739**	**1002813**	**1243154**	**1390619**	**1562257**	**1627808**	**1707588**	**1788466**	**1857713**
广 州	Guangzhou	150580	229400	362396	468858	485306	514458	516884	547522	569601	627215
深 圳	Shenzhen	141669	200869	276026	318058	374474	432882	453102	456559	496837	472673
珠 海	Zhuhai	39395	70148	102670	122339	106685	95045	83767	92105	96264	104473
汕 头	Shantou	11705	5950	4910	5016	5071	5175	5431	7046	8927	11601
佛 山	Foshan	15973	34485	65194	72896	97283	120984	126984	133448	137548	144446
#顺 德	Shunde	9572	21101	32823	35615	36760	38130	40706	49144	50619	46973
韶 关	Shaoguan	351	2782	2112	10309	6430	3110	3730	4475	2848	2429
河 源	Heyuan	798	850	1267	1389	839	926	1097	1100	1420	1701
梅 州	Meizhou	1487	1975	2624	2962	3455	4086	4204	5509	10321	13484
惠 州	Huizhou	5333	16549	40107	50168	57652	67786	77039	85652	88494	92637
汕 尾	Shanwei	387	455	511	1175	1076	1418	1180	1768	2538	2697
东 莞	Dongguan	7618	28189	51756	67592	90975	126924	144981	157493	157743	155377
中 山	Zhongshan	14692	21027	20434	27591	24717	21979	23891	48135	29843	27197
江 门	Jiangmen	8295	10521	40891	47657	60167	69917	79768	84318	96887	109324
阳 江	Yangjiang	230	852	1412	1876	2110	2226	2008	2550	3729	4203
湛 江	Zhanjiang	1004	1483	2237	2716	3630	4816	5845	6540	7306	8512
茂 名	Maoming	169	676	981	1198	1264	1315	1395	1556	1739	1442
肇 庆	Zhaoqing	6264	4718	8089	12440	32731	48689	55441	28046	32231	32744
清 远	Qingyuan	834	2051	4511	11062	11737	14417	13579	14395	15608	16152
潮 州	Chaozhou	3071	5264	11072	13207	19773	21303	21770	22208	22296	23060
揭 阳	Jieyang	701	587	1481	2150	2679	1768	2109	2990	1820	1522
云 浮	Yunfu	665	907	2132	2499	2563	3033	3602	4173	4468	4824
按经济区域分	By Region										
珠 三 角	Pearl River Delta	389819	615907	967563	1187597	1329991	1498663	1561857	1633278	1705448	1766087
东 翼	Eastern Region	15864	12256	17974	21547	28599	29664	30490	34011	35581	38880
西 翼	Western Region	1403	3012	4629	5790	7004	8357	9248	10647	12774	14157
山 区	Mountainous Region	4135	8564	12647	28220	25025	25573	26212	29653	34664	38590

注：本表数为广东省旅游局抽样调查测算数。
Note: Data in this table are obtained from the sample surveys of Guangdong Provincial Tourism Administration.

主要统计指标解释

住宿业 是指为顾客提供临时住宿服务的企业(单位)和个体户。

餐饮业 是指从事食品的烹饪、调制并直接售给居民和社会集团的企业(单位)和个体户。

入境旅游人数 指来我国参观、访问、旅行、探亲、访友、休养 、考察、参加会议和从事经济、科技、文化、教育、体育、宗教等活动的外国人、华侨、港澳台同胞的人数。不包括外国在我国的常驻机构，如使领馆、通讯社、企业办事处的工作人员；来我国常驻的外国专家、留学生以及在岸逗留不过夜人员。

国际旅游外汇收入 指入境旅游的外国人、华侨、港澳台同胞在中国大陆旅游过程中发生的一切旅游支出，对于国家来说就是国际旅游外汇收入。

Explanatory Notes on Main Statistical Indicators

Hotel Services refers to the enterprises (establishments) and individuals engaged in providing temporary accommodation to customers.

Catering Services refer to the enterprises (establishments) and individuals engaged in food cooking, seasoning and selling food directly to households and social institutions.

Number of Overseas Visitor Arrivals refers to the number of foreigners, overseas Chinese, Chinese compatriots from Hong Kong, Macao and Taiwan coming to China for sight-seeing, visits, tours, family reunions, gatherings of friends, recuperation, inspection, conferences and other activities in the nature of business, science and technology, culture, education, sports, and religion. The statistics excludes representatives and employees of resident institutions of foreign countries in China such as embassies, consulates, news agencies and offices of foreign companies and organizations, as well as long-term foreign experts or students residing in China, and persons in transition without staying overnight in China.

Foreign Exchange Earnings from International Tourism refer to the total expenditures of foreigners, overseas Chinese, Chinese compatriots from Hong Kong, Macao and Taiwan during their stay in the mainland of China, or earnings of foreign exchange from international tourism in terms of national economy.

十八、教育和科技

EDUCATION AND TECHNOLOGY

十八　教育和科技

简要说明

一、本篇资料主要反映广东教育、科学技术活动基本情况。

二、本篇资料主要包括：

1. 高、中、初等教育，幼儿教育和各种类型的各级成人教育，指标主要包括各级各类的学校数、在校生数、招生数、毕业生数、教职工数和专任教师数等。

2. 科技成果奖励和技术市场情况，专利申请受理量和批准量，研究与开发机构基本情况，高校研究与发展人员及经费，科协系统科技活动情况等数据。

三、本篇资料由广东省统计局社会和科技统计处负责整理、编辑。

四、统计资料来源：

教育统计资料根据广东省教育厅、广东省人力资源和社会保障厅提供的统计年报加工整理。科技统计资料根据广东省科技厅、广东省人力资源和社会保障厅、广东省教育厅、广东省科协等部门提供的统计年报加工整理。

18 Education and Technology

Brief Introduction

Ⅰ. The data in this chapter show the basic conditions on the development Guangdong’s education, science and technology.

Ⅱ. The data in this chapter mainly include:

(1) The data on tertiary, secondary, primary, and kindergarten education and various types of adult education at all levels, including the number of schools, the number of students enrolled, the number of new enrollments, the number of graduates, the number of staff and workers, and the number of full-time teachers of various levels and categories.

(2) The data on scientific and technological achievements and prizes, conditions of technological markets, numbers of patent applications accepted and granted, basic conditions of R&D institutions, R&D personnel and funds in universities and colleges, and scientific and technological activities of associations of science and technology, etc.

Ⅲ. The data are prepared and edited by the Division of Social, Scientific and Technological Statistics of Statistics Bureau of Guangdong Province.

Ⅳ. Data sources:

Data on education are processed and prepared in accordance with the annual statistical reports provided by Guangdong Provincial Department of Education and Guangdong Provincial Department of Human Resources and Social Security. Data on science and technology are processed and prepared in accordance with the annual statistical reports provided by Guangdong Provincial Department of Science and Technology, Guangdong Provincial Department of Human Resources and Social Security，Guangdong Provincial Department of Education, Guangdong Provincial Department of Personnel and Guangdong Provincial Association of Science and Technology.

18-1 教育、科技主要指标

Main Indicators on Education, Science and Technology

指　标	Item	2000	2010	2013	2014	2015	2016
在校学生数　(万人)	Number of Total Enrollment (10000 persons)						
普通本专科	Regular Institutions of Higher Education	29.95	142.66	170.99	179.42	185.64	189.29
成人本专科	Institutions of Higher Education for Adults	20.14	46.40	53.44	62.69	66.45	65.20
中等学校	Secondary Schools	541.72	939.23	853.74	781.25	736.79	705.05
#普通中学	Regular Secondary Schools	460.69	709.05	625.24	590.77	560.72	545.22
高等教育毛入学率(%)	Gross Enrollment Rate of High Education (%)	11.4	28.0	30.5	31.9	33.0	35.1
高中毛入学率　(%)	Gross Enrollment Rate of Senior Secondary Schools (%)	38.7	86.2	96.0	95.9	95.7	96.0
小学毕业生升学率(%)	Percentage of Graduates of Primary School Entering Junior Secondary School (%)	96.2	95.5	94.9	96.2	95.9	95.9
学龄儿童入学率　(%)	Percentage of School-age Children Enrolled (%)	99.7	100.0	99.97	99.99	99.98	100.0
每万人口普通高校在校学生数　(人)	Number of Students Enrolled in Regular Institutions of Higher Education per 10000 Population (person)	41.19	148.02	161.40	167.31	171.11	172.10
各级学会及农技协(个)	Number of Learned Societies and Research Societies at Various Levels (unit)	3780	2371	3732	3767	3777	3762
各级学会及农技协会员　(万人)	Number of Members of Learned Societies and Agricultural Technological Associations at Various Levels (10000 persons)	70.41	39.37	56.66	59.23	71.04	72.69
科技研究机构数　(个)	Number of R&D Institutions (unit)		4452	5030	5333	8164	14311
研究与实验发展(R&D)人员　(万人)	Number of R&D Personnel (10000 persons)		44.66	65.24	67.52	68.02	73.52
研究与实验发展(R&D)经费内部支出(亿元)	R&D Expenditure Internal Expernditure (100 million yuan)	107.12	808.75	1443.45	1605.45	1798.17	2035.14
占本省生产总值比例　(%)	Percentage of Research and Development Expenditure in Provincial GDP (%)	1.11	1.76	2.32	2.37	2.47	2.56
研究与实验发展(R&D)课题（项目)数　(个)	Number of R&D Programs/Projects (item)		72747	107453	108109	112680	135652
省级及以上科技奖励成果　(项)	Number of Achievements in Science and Technology Awarded by Provincial-level and Higher Agencies(item)	289	296	290	295	269	272
技术合同成交额(亿元)	Transaction Value of Technological Contracts (100 million yuan)	48.21	242.5	535.86	543.14	663.53	789.68
专利申请受理量　(件)	Number of Patent Applications Examined (item)	21123	152907	264265	278351	355939	505667
专利申请批准量　(件)	Number of Patent Applications Granted (item)	15799	119346	170430	179953	241176	259032

注：1．2000年起报纸出版统计不包校报、院报。

2．全省小学毕业生升学率，按照教育部统一口径，根据教育统计报表，当年本省初中招生数除以小学毕业生数计算，不考虑学生跨省流动。

Note: a) Since 2000, the number of newspaper published does not include that of college or institute newspaper.

b) According to the Ministry of Eduucation,the percentage of graduates of primary schools entering junior secondary schools is calculated as the number of new enrollments of local junior secondary schools divided by the number of graduates from local primary schools and the trans-provincial flow of students are without consideration.

18-2 各级各类学校在校学生数

Number of Total Enrollment by Level and Type of School

单位：万人 (10000 persons)

年份 Year	高等学校 Institutions of Higher Education	中等学校 Secondary Schools			小学 Primary Schools
		中等职业教育学校 Vocational Secondary Schools	技工学校 Technical Schools	普通中学 Regular Secondary Schools	
1978	3.07	3.64		313.32	743.02
1979	3.79	4.51	0.71	268.73	743.81
1980	4.10	6.28	1.61	252.11	748.86
1981	4.47	6.12	1.39	218.71	734.78
1982	4.09	6.51	0.99	200.19	723.03
1983	4.56	9.96	0.92	199.59	705.34
1984	5.47	12.99	1.01	220.69	692.73
1985	6.99	18.01	1.45	236.45	671.25
1986	7.83	28.22	1.45	249.93	670.62
1987	8.63	34.26	2.63	252.60	677.37
1988	9.72	37.63	3.40	244.23	688.72
1989	10.04	42.09	3.93	235.73	715.15
1990	9.59	45.27	5.22	234.03	747.29
1991	9.27	44.74	5.63	238.28	788.93
1992	9.74	46.29	6.58	255.02	808.98
1993	11.70	50.24	7.68	277.19	832.14
1994	13.75	55.89	9.57	307.38	862.21
1995	15.18	66.67	11.10	339.46	883.19
1996	16.40	67.30	12.28	373.19	897.64
1997	17.47	72.70	13.29	400.85	911.34
1998	18.50	70.50	14.50	423.61	918.02
1999	22.08	69.50	23.00	443.91	920.96
2000	29.95	65.57	15.46	460.69	929.93
2001	38.19	62.00	16.67	489.70	952.98
2002	46.78	61.20	17.82	513.40	979.61
2003	58.78	63.08	23.90	545.91	1025.37
2004	72.69	65.54	28.11	580.86	1049.62
2005	87.47	71.02	32.81	611.69	1067.03
2006	100.86	80.84	38.16	639.29	1056.99
2007	111.97	90.76	45.81	655.38	1017.62
2008	121.64	100.08	53.54	679.65	956.47
2009	133.41	120.46	64.11	696.11	887.65
2010	142.66	154.78	75.56	709.05	848.55
2011	152.73	152.05	85.13	699.47	822.06
2012	161.68	149.57	88.52	668.40	808.24
2013	170.99	140.89	87.62	625.24	807.94
2014	179.42	128.22	62.26	590.77	831.91
2015	185.64	117.21	58.86	560.72	868.88
2016	189.29	106.57	53.26	545.22	905.22

注：1．高等学校人数指普通本、专科人数，下同。
2．1986年后中等职业教育学校包括普通中专、成人中专、职业高中，1986年前缺成人中专数据。

Notes: a) Number of students in institutions of higher education refers to the number of students in regular universities with full undergraduate courses and colleges with specialized courses. The same applies to the following tables.

b) Since 1986, vocational secondary schools have included regular specialized secondary schools, specialized secondary schools for adults and vocational senior secondary schools. Prior to 1986, no data of specialized secondary schools for adults are available.

18-3 各级各类学校情况

Statistics on Various Levels and Types of Schools

项目	Item	2000	2010	2013	2014	2015	2016
高等学校	**Institutions of Higher Education**						
学校数 (所)	Number of Schools (unit)	52	131	138	141	143	149
毕业生数 (万人)	Number of Graduates (10000 persons)	5.00	33.42	41.23	44.09	47.69	48.94
本科	Universities with Full Undergraduate Courses	2.40	15.29	20.05	21.14	22.41	23.36
专科	Colleges with Specialized Courses	2.60	18.13	21.18	22.95	25.28	25.58
招生数 (万人)	Number of New Enrollments (10000 persons)	12.08	44.02	52.62	54.51	56.15	54.98
本科	Universities with Full Undergraduate Courses	5.01	21.7	25.81	26.72	27.54	28.04
专科	Colleges with Specialized Courses	7.07	22.31	26.81	27.79	28.61	26.94
在校学生数(万人)	Number of Enrolled Students (10000 persons)	29.95	142.66	170.99	179.42	185.64	189.29
本科	Universities with Full Undergraduate Courses	15.03	77.86	94.96	99.82	104.08	107.68
专科	Colleges with Specialized Courses	14.92	64.8	76.03	79.60	81.56	81.61
教职工数 (万人)	Number of Teachers and Staff (10000 persons)	4.68	11.4	12.82	13.52	13.99	14.29
#专任教师	Full-time Teachers	2.04	7.86	9.11	9.52	9.89	10.12
中等职业教育	**Vocational Secondary Schools**						
学校数 (所)	Number of Schools (unit)	658	566	502	495	481	468
毕业生数 (万人)	Number of Graduates (10000 persons)	21.54	33.17	48.83	45.70	41.73	38.92
招生数 (万人)	Number of New Enrollment (10000 persons)	21.10	74.13	47.49	41.70	39.54	35.19
在校学生数(万人)	Number of Total Enrollment (10000 persons)	65.57	154.78	140.89	128.22	117.21	106.57
教职工数 (万人)	Number of Teachers and Staff (10000 persons)	5.70	5.86	5.89	5.81	5.78	5.75
#专任教师	Full-time Teachers	3.70	4.35	4.54	4.52	4.50	4.48
技工学校	**Technical Schools**						
学校数 (所)	Number of Schools (unit)	186	246	243	243	163	166
毕业生数 (万人)	Number of Graduates (10000 persons)	4.28	12.80	12.71	14.22	14.46	16.14
招生数 (万人)	Number of New Enrollments (10000 persons)	5.84	28.2	27.30	20.25	19.94	18.63
在校学生数(万人)	Number of Total Enrollment (10000 persons)	14.46	75.56	87.62	62.26	58.86	53.26
教职工数 (万人)	Number of Teachers and Staff (10000 persons)	1.07	2.78	2.85	2.87	2.94	2.92
#专任教师	Full-time Teachers	0.68	1.98	1.98	2.08	2.10	2.16
普通中学	**Regular Secondary Schools**						
学校数 (所)	Number of Schools (unit)	3964	4334	4366	4399	4434	4510
毕业生数 (万人)	Number of Graduates (10000 persons)	131.82	210.23	224.02	211.17	201.96	191.65
招生数 (万人)	Number of New Enrollments (10000 persons)	171.16	241.96	203.06	189.24	182.89	186.14
在校学生数(万人)	Number of Total Enrollment (10000 persons)	460.69	709.05	625.24	590.77	560.72	545.22
教职工数 (万人)	Number of Teachers and Staff (10000 persons)	27.57	44.53	47.03	47.36	47.54	47.85
#专任教师	Full-time Teachers	22.86	39.15	42.15	42.69	42.67	42.74

注：普通高等学校数包含独立学院数。

Note: The number of regular schools (institutions) of higher education includes independent colleges.

18-3 续表 continued

项 目	Item	2000	2010	2013	2014	2015	2016
小学	**Primary Schools**						
学校数 (万所)	Number of Schools (10000 units)	2.42	1.68	1.18	1.07	1.01	1.02
毕业生数 (万人)	Number of Graduates (10000 persons)	148.48	174.19	137.04	124.35	121.49	127.04
招生数 (万人)	Number of New Enrollments (10000 persons)	155.73	135.92	150.05	153.67	165.80	171.18
在校学生数 (万人)	Number of Students Enrolled (10000 persons)	929.93	848.55	807.94	831.91	868.88	905.22
教职工数 (万人)	Number of Teachers and Staff (10000 persons)	42.08	48.78	48.61	49.77	51.44	53.60
#专任教师	Full-time Teachers	36.41	43.07	43.75	45.44	46.86	48.66
学龄儿童	**School-age Children**						
学龄儿童总数 (万人)	Total number (10000 persons)	905.39	801.82	768.33	795.74	836.09	874.14
已入学学龄儿童数(万人)	Primary School Enrollment number (10000 persons)	902.65	801.45	768.10	795.63	835.93	874.14
学龄儿童入学率 (%)	Enrollment Rate (%)	99.70	99.95	99.97	99.99	99.98	100.00
小学毕业生	**Primary School Graduates**						
小学毕业生人数 (万人)	Number of Graduates (10000 persons)	148.48	174.19	137.04	124.35	121.49	127.04
已升学人数 (万人)	Number of Students Entering into Junior Secondary Schools (10000 persons)	142.77	166.37	129.99	119.56	116.45	121.81
小学毕业生升学率 (%)	Promotion Rate from Primary Schools to Junior Secondary Schools (%)	96.15	95.51	94.85	96.15	95.85	95.88
幼儿园	**Kindergartens**						
幼儿园数 (所)	Number of Kindergartens (unit)	12027	11161	13793	15416	16368	17288
在园幼儿数 (万人)	Number of Children in Kindergartens(10000 persons)	214.18	227.23	354.58	379.34	402.28	421.67
教职工数 (万人)	Number of Teachers and Staff (10000 persons)	12.91	23.68	33.67	38.80	43.62	46.94
#专任教师	Full-time Teachers	8.36	13.63	18.82	21.38	24.07	25.65
特殊教育学校	**Special Schools**						
特殊教育学校数 (所)	Number of Schools (unit)	61	75	99	104	116	127
招生数 (人)	Number of New Enrollments (persons)	2000	3666	3862	5300	7303	6853
在校学生数 (人)	Number of Total Enrollment (persons)	27507	26064	21799	28285	36048	37756

注：1．2003年起中等职业教育学校包括：普通中等专业学校、成人中等专业学校、职业高中数据。
2．特殊教育学校是指独立设置招收盲哑和智残儿童，以及其他特殊需要的儿童、青少年进行普通或职业初、中等教育的教学机构。

Notes: a) Since 2003 , vocational secondary schools have included regular specialized secondary schools , specialized secondary schools for adults and vocational senior secondary schools.

b) Special schools refer to separate institutions providing regular or vocational primary and secondary education for blinded, dumb or mentally-retarded children, or other children and adolescents in need of special care in education.

18-4 研究生教育情况

Statistics on Postgraduate Education

项 目	Item	2000	2010	2012	2013	2014	2015	2016
培养单位数（个）	**Number of Institutions of Postgraduate Education (unit)**	**26**	**31**	**32**	**27**	**28**	**28**	**28**
高等学校	Institutions of Higher Education	18	23	24	24	25	25	25
科研单位	Research Institutions	8	8	8	3	3	3	3
招生数 （人）	**Number of New Enrollments (person)**	**5672**	**25798**	**28073**	**28798**	**29769**	**30650**	**32393**
攻读博士学位	For Doctor Degree	1053	3307	3459	3375	3559	3540	3742
高等学校	Institutions of Higher Education	1001	3117	3261	3368	3551	3532	3734
科研单位	Research Institutions	52	190	198	7	8	8	8
攻读硕士学位	For Master Degree	4619	22491	24614	25423	26210	27110	28651
高等学校	Institutions of Higher Education	4510	22135	24274	25342	26134	27018	28555
科研单位	Research Institutions	109	356	340	81	76	92	96
在校学生数（人）	**Number of Enrolled Students (person)**	**13023**	**72455**	**81459**	**83788**	**86568**	**89404**	**92875**
攻读博士学位	For Doctor Degree	2558	12341	13438	13691	14169	14474	14990
高等学校	Institutions of Higher Education	2445	11706	12756	13659	14136	14443	14958
科研单位	Research Institutions	113	635	682	32	33	31	32
攻读硕士学位	For Master Degree	10405	60114	68021	70097	72399	74930	77885
高等学校	Institutions of Higher Education	10161	59159	67069	69863	72164	74682	77614
科研单位	Research Institutions	244	955	952	234	235	248	271
毕业生数 （人）	**Number of Graduates (person)**	**2182**	**17862**	**23220**	**23983**	**25538**	**26174**	**27155**
攻读博士学位	For Doctor Degree	417	2436	2803	2739	2837	2947	2947
高等学校	Institutions of Higher Education	387	2288	2620	2732	2830	2937	2940
科研单位	Research Institutions	30	148	183	7	7	10	7
攻读硕士学位	For Master Degree	1765	15426	20417	21244	22701	23227	24208
高等学校	Institutions of Higher Education	1692	15158	20156	21170	22627	23151	24134
科研单位	Research Institutions	73	268	261	74	74	76	74

注：2014年起中国科学院大学下辖广州化学研究所、南海海洋研究所、华南植物研究所、广州能源研究所和广州地球化学研究所的教育事业报表统一归口中国科学院大学管理，并调整2013年起数据，从2013年起研究生数据均不含以上培养研究生单位数据。

Notes: Since 2014, Guangzhou Institute of Chemistry、 South China Sea Institute of Oceanography、South China Institute of Botany、Guangzhou Institute of Energy and the Guangzhou Institute of Geochemistry's education statistics are under the centralized to the University of Chinese Academy of Sciences and since 2013 data has been adjusted and the number of sutdents has excluded the number of students in these institutions.

18-5 各级各类成人教育在校学生数

Number of Total Enrollment by Level and Type of Adult School

单位：人 (person)

项 目	Item	2000	2010	2012	2013	2014	2015	2016
成人高等教育	**Higher Education for Adults**	**201410**	**463987**	**408541**	**534376**	**626927**	**664495**	**651963**
成人高等学校	Institutions of Higher Education for Adults	84057	22025	18437	16803	16055	17556	18905
广播电视大学	Radio and TV Universities	34242	10980	10856	9196	8799	10256	13326
职工高等学校	Schools of Higher Education for Staff and Workers	17147	6344	5961	5498	5166	5411	5579
管理干部学院	Colleges for Management Cadres	20142	4398					
教育学院	Teachers' Colleges	12526	303	1620	2109	2090	1889	
普通高校附设	Departments Run by Institutions of Higher Education	117353	441962	390104	517573	610872	646939	633058
函授部	Correspondence Divisions	51028	173761	174105	185880	235440	281334	319929
夜大学	Evening Universities	43063	265713	215837	331693	375432	365605	312884
成人脱产班	Full-time Courses for Adults	23262	2488	162				245
成人中等教育	**Secondary Education for Adults**		**29105**	**31719**	**20951**	**13774**		
成人中专学校	Specialized Secondary Schools for Adults		27327	27134	19732	11743	7341	4682
成人中学	Secondary Schools for Adults	44006	5358	4585	1219	2031		

18-6 高等学校情况（2016年）

Statistics on Institutions of Higher Education (2016)

项 目	Item	学校数（所）Number of Schools (unit)	毕业生数（人）Number of Graduates (person)	招生数（人）Number of New Enrollments (person)	在校学生数（人）Number of Total Enrollment (person)	教职工数（人）Number of Teachers and Staff (person)	#专任教师 Full-time Teachers
总 计	**Total**	**149**	**489397**	**549822**	**1892878**	**142864**	**101160**
#女性	Female		262402	286440	1001847	48211	48211
按隶属关系分	**Grouped by Relation of Leadership**	**149**	**489397**	**549822**	**1892878**	**142864**	**101160**
中央属	Under Central Government	5	21013	24247	93250	14513	8944
地方属	Under Local Government	144	468384	525575	1799628	128351	92216
按学校类别分	**Grouped by Type of Institution**	**149**	**489397**	**549822**	**1892878**	**142864**	**101160**
综合大学	University	70	236568	264317	891328	66035	46161
理工院校	Science and Engineering College	33	119720	134128	443959	29892	22127
农业院校	Agriculture College	3	19796	21931	88198	6356	4739
医药院校	Medicine College	9	22566	23972	93321	11164	8413
师范院校	Teacher Education College	7	27572	28813	104970	9845	6211
语文院校	Language and Literature College	2	7003	7301	29075	2846	1799
财经院校	Economics and Finance College	13	45240	56638	199485	11504	8806
政法院校	Politics and Law College	3	3185	3084	10017	1317	614
体育院校	Physical Culture College	3	2703	3205	11201	1352	737
艺术院校	Art College	6	5044	6433	21324	2553	1553
其他	Others						
总计中：职业技术学院	Vocational Technological College	85	228679	251761	742899	50173	36263

18-7 中等学校情况（2016年）

Statistics on Secondary Schools (2016)

项 目	Item	学校数（所）Number of Schools (unit)	毕业生数（人）Number of Graduates (person)	招生数（人）Number of New Enrollments (person)	在校学生数（人）Number of Total Enrollment (person)	教职工数（人）Number of Teachers and Staff (person)	#专任教师 Full-time Teachers
中等职业教育	**Vocational Secondary Education**	**468**	**389163**	**351909**	**1065745**	**57472**	**44776**
调整后中等职业学校	Vocational Secondary Schools after Adjustment	301	265759	243053	742675	37606	29003
普通中专	General Secondary Schools	62	53674	48542	141962	7180	5241
成人中等专业学校	Specialized Secondary Schools for Adults	7	2792	1224	4682	316	266
职业高中学校	Vocational Senior Secondary Schools	98	56903	52111	153512	11095	9300
其他机构	Other Institutions	43	8419	5405	18576	1275	966
附设中职班	Affiliated Vocational Class	19	1616	1574	4338		
技工学校	**Technical Schools**	**166**	**161419**	**186303**	**532587**	**29249**	**21624**
普通中学	**Regular Secondary Schools**	**4510**	**1916488**	**1861368**	**5452167**	**478451**	**427448**
#高中	Senior Schools	1031	703300	643293	1973727		151612

注：2011年起增加附设中职班。其他机构和附设中职班不计学校数。普通中专包括中等技术学校和中等师范学校。

Note: Since 2011, the item of Affiliated Vocational Class is added. The number of schools of other institutions and affiliated secondary vocational classes is not included in the total number schools of vocational secondary education. The general secondary schools include the secondary technical schools and secondary normal schools.

18-8 各市普通中学情况（2016年）

Statistics on Regular Secondary Schools by City (2016)

市 别	City	学校数（所）Number of Schools (unit)	毕业生数（人）Number of Graduates (person)	高中 Senior Secondary Schools	初中 Junior Secondary Schools	招生数（人）Number of New Enrollments (person)
广 州	Guangzhou	514	173238	59133	114105	759585
深 圳	Shenzhen	352	121304	38236	83068	159326
珠 海	Zhuhai	73	29388	9652	19736	63262
汕 头	Shantou	303	135104	54292	80812	85185
佛 山	Foshan	198	99696	37377	62319	119177
#顺 德	Shunde	62	35833	13018	22815	39053
韶 关	Shaoguan	152	52103	21173	30930	74371
河 源	Heyuan	188	60751	23013	37738	57155
梅 州	Meizhou	228	86152	37927	48225	68492
惠 州	Huizhou	252	89100	31589	57511	99505
汕 尾	Shanwei	168	70301	25999	44302	70322
东 莞	Dongguan	231	85524	25673	59851	105154
中 山	Zhongshan	102	46270	15038	31232	64196
江 门	Jiangmen	188	71885	26727	45158	61750
阳 江	Yangjiang	108	45416	18094	27322	54496
湛 江	Zhanjiang	309	177640	64015	113625	101416
茂 名	Maoming	257	175639	69436	106203	143887
肇 庆	Zhaoqing	179	88783	28412	60371	111958
清 远	Qingyuan	179	66128	24641	41487	70460
潮 州	Chaozhou	139	51025	22066	28959	50481
揭 阳	Jieyang	289	142510	52369	90141	94171
云 浮	Yunfu	101	48531	18438	30093	74603
按经济区域分	By Region					
珠 三 角	Pearl River Delta	2089	805188	271837	533351	1543913
东 翼	Eastern Region	899	398940	154726	244214	300159
西 翼	Western Region	674	398695	151545	247150	299799
山 区	Mountainous Region	848	313665	125192	188473	345081

18-8 续表 continued

市　别	City	在校学生数（人）Number of Total Enrollment (person)	高中 Senior Secondary Schools	初中 Junior Secondary Schools	教职工数（人）Number of Teachers and Staff (person)	#专任教师 Full-time Teachers
广　州	Guangzhou	505685	176275	329410	106319	93969
深　圳	Shenzhen	396455	124216	272239	92006	77649
珠　海	Zhuhai	86928	29285	57643	16343	14721
汕　头	Shantou	367576	146265	221311	60112	53502
佛　山	Foshan	313354	116350	197004	52891	47514
#顺　德	Shunde	111587	40511	71076	18093	17624
韶　关	Shaoguan	153462	56167	97295	27766	26091
河　源	Heyuan	175113	62652	112461	37110	34061
梅　州	Meizhou	236503	98209	138294	45225	42233
惠　州	Huizhou	275031	90261	184770	51472	46329
汕　尾	Shanwei	186396	68964	117432	34159	30512
东　莞	Dongguan	295753	79851	215902	61486	51187
中　山	Zhongshan	148682	47851	100831	29239	25609
江　门	Jiangmen	208611	76293	132318	34490	31780
阳　江	Yangjiang	126247	47250	78997	26927	24559
湛　江	Zhanjiang	433567	167483	266084	75447	70145
茂　名	Maoming	470649	186683	283966	72859	69196
肇　庆	Zhaoqing	235651	81513	154138	39789	37141
清　远	Qingyuan	192863	69236	123627	36357	33264
潮　州	Chaozhou	135958	56528	79430	24262	22076
揭　阳	Jieyang	375802	144808	230994	65132	58827
云　浮	Yunfu	131881	47587	84294	25027	23661
按经济区域分	By Region					
珠三角	Pearl River Delta	2466150	821895	1644255	484035	425899
东　翼	Eastern Region	1065732	416565	649167	183665	164917
西　翼	Western Region	1030463	401416	629047	175233	163900
山　区	Mountainous Region	889822	333851	555971	171485	159310

注：本表2016年普通中学教职工、专任教师数包含初级中学、九年、十二年一贯制学校、职业初中、完全中学、高级中学。

Note: The data of teachers and staff and of full-time teachers of regular secondary schools include junior middle and high schools,the nine-year primary-secondary schools, technical secondary school, combined junior and senior high school and senior high school.

18-9 各市中等职业教育基本情况（2016年）

Basic Statistics on Vocational Secondary Education by City (2016)

市 别	City	学校数（所）Number of Schools (unit)	毕业生数（人）Number of Graduates (person)	招生数（人）Number of New Enrollments (person)	在校学生数（人）Number of Total Enrollment (person)	教职工数（人）Number of Teachers and Staff (person)	#专任教师 Full-time Teachers
广 州	Guangzhou	83	72497	67560	216974	11339	7812
深 圳	Shenzhen	15	11449	13964	39665	3296	2511
珠 海	Zhuhai	9	6262	7795	21597	1110	906
汕 头	Shantou	22	18302	19004	64729	2254	1730
佛 山	Foshan	36	22637	23903	71963	4850	3954
#顺 德	Shunde	13	9004	8464	25980	2043	1888
韶 关	Shaoguan	18	8387	9103	24888	1933	1533
河 源	Heyuan	13	8825	8098	22354	1515	1199
梅 州	Meizhou	27	17913	10345	32523	1960	1522
惠 州	Huizhou	24	18432	19833	55446	3145	2348
汕 尾	Shanwei	12	9909	4701	12211	870	754
东 莞	Dongguan	22	15315	21697	57243	3210	2557
中 山	Zhongshan	11	8521	7856	23139	1791	1496
江 门	Jiangmen	21	14413	14776	43523	2468	2231
阳 江	Yangjiang	5	4435	5539	14607	730	587
湛 江	Zhanjiang	55	29185	24564	71251	4237	3143
茂 名	Maoming	21	20570	18514	48905	2749	2261
肇 庆	Zhaoqing	18	19737	20451	58290	3049	2417
清 远	Qingyuan	14	15892	11933	32763	1893	1576
潮 州	Chaozhou	10	5913	3460	11030	959	796
揭 阳	Jieyang	18	47062	30692	117899	2866	2401
云 浮	Yunfu	14	13507	8121	24745	1248	1039
按经济区域分	By Region						
珠 三 角	Pearl River Delta	239	189263	197835	587840	34258	26232
东 翼	Eastern Region	62	81186	57857	205869	6949	5681
西 翼	Western Region	81	54190	48617	134763	7716	5994
山 区	Mountainous Region	86	64524	47600	137273	8549	6869

18-10 各市小学情况（2016年）

Statistics on Primary Schools by City (2016)

市别	City	学校数（所）Number of Schools (unit)	毕业生数（人）Number of Graduates (person)	升学率（%）Percentage of Graduates of Primary Schools Entering Junior Secondary Schools (%)	招生数（人）Number of New Enrollments (person)	在校学生数（人）Number of Total Enrollment (person)	教职工数（人）Number of Teachers and Staff (person)	#专任教师 Full-time Teachers
广州	Guangzhou	953	133032	98.39	180334	968531	65499	57396
深圳	Shenzhen	337	111008	99.76	173804	910974	72353	61476
珠海	Zhuhai	118	21275	90.32	27872	155269	9884	8694
汕头	Shantou	747	77053	99.86	96016	516195	34913	30387
佛山	Foshan	408	73205	99.77	95733	512455	30059	26685
#顺德	Shunde	150	26931	100.00	29887	175197	9822	9681
韶关	Shaoguan	191	34920	99.85	44216	227248	15642	15116
河源	Heyuan	340	38331	100.00	53177	291572	22339	20505
梅州	Meizhou	452	46371	99.90	63905	330179	22244	21190
惠州	Huizhou	456	70260	99.73	100177	530498	34305	30536
汕尾	Shanwei	467	39325	99.19	45429	250227	20534	18166
东莞	Dongguan	328	98789	99.81	138184	738686	47235	38639
中山	Zhongshan	206	39895	99.30	53432	285941	19651	16902
江门	Jiangmen	316	46961	99.52	57310	313894	18582	17103
阳江	Yangjiang	146	28723	99.94	44202	221471	17752	16231
湛江	Zhanjiang	780	86076	98.88	119341	602486	40771	37802
茂名	Maoming	1381	93672	97.92	115143	598560	39968	37931
肇庆	Zhaoqing	222	52034	100.00	67228	356373	22715	21128
清远	Qingyuan	318	43539	99.93	64161	320395	21974	20156
潮州	Chaozhou	615	28461	94.99	36377	198443	12112	10994
揭阳	Jieyang	1232	77735	97.24	91788	502299	36311	32705
云浮	Yunfu	165	29716	99.98	44016	220518	13628	12981
按经济区域分	By Region							
珠三角	Pearl River Delta	3344	646459	99.15	894074	4772621	320283	278559
东翼	Eastern Region	3061	222574	98.20	269610	1467164	103870	92252
西翼	Western Region	2307	208471	98.59	278686	1422517	98491	91964
山区	Mountainous Region	1466	192877	99.93	269475	1389912	95827	89948

注：1. 各地市小学毕业生升学率，由于跨地市流动学生较多，如按教育部口径计算将与实际差异较大，因此采用各地填报的小学升上本地及外地高一级学校(包括普通初中、职业初中等)就读的学生数除以小学毕业生进行计算。

2. 2011年起小学教职工、专任教师数包含小学、教学点，不含九年一贯制和十二年一贯制学校小学部的教职工和专任教师数。

Note: a) Due to the large number of mobile students,the percentage of graduates of primary schools entering junior secondary schools by city would be greatly different from the real situation if calculated as the method by the Ministry of Education. Thus the percentage of graduates of primary schools entering junior secondary schools by city in this table is calculated as the number of new enrollments of local junior and outside secondary Schools(ordinary secondary schools and professional secondary schools are incluede) from local primary school divided by the umber of graduates from local primary schools

b) Since 2011,the data of of the number of teachers and staff and of full-time teachers include primary schools and sub-campuses, but exclude the primary education section of the nine-year and twelve-year primary-secondary schools.

18-11 各市学龄儿童入学情况

Statistics on School-age Children Enrolled in Schools by City

市别	City	2015			2016		
		学龄儿童人数(人) Number of School-age Children (person)	已入学人数(人) Number of School-age Children Enrolled in Schools (person)	入学率(%) Enrollment Rate (%)	学龄儿童人数(人) Number of School-age Children (person)	已入学人数(人) Number of School-age Children Enrolled in Schools (person)	入学率(%) Enrollment Rate (%)
广州	Guangzhou	921996	921996	100.0	951820	951820	100.0
深圳	Shenzhen	850722	850722	100.0	895907	895907	100.0
珠海	Zhuhai	143002	142823	99.9	149204	149204	100.0
汕头	Shantou	469751	469104	99.9	491608	491608	100.0
佛山	Foshan	480765	480765	100.0	503181	503181	100.0
#顺德	Shunde	101075	101075	100.0	174448	174448	100.0
韶关	Shaoguan	210775	210774	100.0	218660	218660	100.0
河源	Heyuan	243539	243539	100.0	256122	256122	100.0
梅州	Meizhou	304069	304069	100.0	319463	319463	100.0
惠州	Huizhou	502921	502921	100.0	528535	528535	100.0
汕尾	Shanwei	238913	238182	99.7	247000	247000	100.0
东莞	Dongguan	697780	697780	100.0	717244	717244	100.0
中山	Zhongshan	267026	267026	100.0	278020	278020	100.0
江门	Jiangmen	288426	288426	100.0	297149	297149	100.0
阳江	Yangjiang	201392	201392	100.0	217579	217579	100.0
湛江	Zhanjiang	551597	551597	100.0	583505	583505	100.0
茂名	Maoming	577021	577021	100.0	598560	598560	100.0
肇庆	Zhaoqing	319132	319132	100.0	329586	329586	100.0
清远	Qingyuan	281355	281355	100.0	302394	302394	100.0
潮州	Chaozhou	175722	175706	100.0	182471	182471	100.0
揭阳	Jieyang	439922	439922	100.0	465989	465989	100.0
云浮	Yunfu	195062	195062	100.0	207432	207432	100.0
按经济区域分	By Region						
珠三角	Pearl River Delta	4471770	4471591	100.0	4650646	4650646	100.0
东翼	Eastern Region	1324308	1322914	99.9	1387068	1387068	100.0
西翼	Western Region	1330010	1330010	100.0	1399644	1399644	100.0
山区	Mountainous Region	1234800	1234799	100.0	1304071	1304071	100.0

18-12 研究与试验发展(R&D)基本情况
Basic Statistics on Research and Development (R&D)

指　标	Item	2010	2012	2013	2014	2015	2016
研究机构数　(个)	**Number of R&D Institutions　(units)**	**4452**	**4756**	**5030**	**5333**	**8164**	**14311**
科学研究与技术开发机构	Scientific Research and Technological Development Institutions	186	184	186	189	189	202
全日制普通高等学校	Full-time Regular Institutions of Higher Education	450	600	652	704	850	1123
工业企业	Industiral Enterprises	3309	3455	3700	3930	6553	11834
其他	Others	507	517	492	510	572	1152
研究与试验发展(R&D)活动人员　(人)	**Number of R&D Personnel　(persons)**	**446579**	**629055**	**652405**	**675206**	**680237**	**735188**
科学研究与技术开发机构	Scientific Research and Technological Development Institutions	9488	14595	14868	15897	15739	17452
全日制普通高等学校	Full-time Regular Institutions of Higher Education	33865	40557	44051	47540	57346	57048
工业企业	Industrial Enterprises	359476	519212	530551	544906	534293	585089
其他	Others	43750	54691	62935	66863	72859	75599
研究与试验发展(R&D)经费内部支出　(亿元)	**Internal Expenditure on R&D (100 million yuan)**	**808.75**	**1236.15**	**1443.45**	**1605.45**	**1798.17**	**2035.14**
科学研究与技术开发机构	Scientific Research and Technological Development Institutions	21.35	39.12	44.80	53.64	63.98	73.74
全日制普通高等学校	Full-time Regular Institutions of Higher Education	28.58	44.01	45.83	49.82	62.97	108.08
工业企业	Industrial Enterprises	703.68	1077.86	1237.48	1375.29	1520.55	1676.27
其他	Others	55.14	75.16	115.35	126.70	150.67	177.05
研究与试验发展(R&D)活动课题(项目)数　(个)	**Number of R&D Programs/Projects　(item)**	**72747**	**93179**	**107639**	**108109**	**112680**	**135652**
科学研究与技术开发机构	Scientific Research and Technological Development Institutions	3499	4884	5047	5412	6712	7163
全日制普通高等学校	Full-time Regular Institutions of Higher Education	35749	44800	50119	53138	61677	70697
工业企业	Industrial Enterprises	28423	37460	46948	42941	37375	50740
其他	Others	5076	6035	5525	6618	6916	7052

18-13 国有企业、事业单位专业技术人员年末人数

Number of Professional and Technical Personnel in State-owned Enterprises and Institutions at the Year-end

单位：人 (person)

年 份 Year	专业技术人员 Professional and Technical Personnel	#工程技术人员 Engineering	#农业技术人员 Agriculture	#科学技术人员 Scientific Research	#卫生技术人员 Health Care	#教学人员 Teaching
1978	211149	48836	16017	7852	53068	80287
1979	211117	48641	16975	7277	53155	79748
1980	291939	56144	18176	7356	61445	86192
1981	303892	60071	19017	6763	63536	97109
1982	328455	70699	19431	7822	69056	102178
1983	547038	85327	21636	5744	74183	109210
1984	579740	89348	22505	5573	79806	120016
1985	642542	102506	23030	6431	86174	133013
1986	656380	108210	23854	6368	89545	313009
1987	664085	118601	23553	6231	93553	333245
1988	674085	119167	19478	4904	85092	313419
1989	810130	137803	20644	5986	90751	364965
1990	838403	145535	21194	5731	92912	379894
1991	814651	140906	13050	4810	93141	398276
1992	883821	149916	13749	4566	104334	412681
1993	957725	163440	14246	4388	117959	434036
1994	1017804	174960	14670	4118	128079	460702
1995	1077848	180530	15219	4425	134586	511418
1996	1167583	186156	15449	4610	147155	573934
1997	1223897	191954	15779	4443	156889	613121
1998	1262343	190486	15703	4413	165721	649873
1999	1291078	184304	15660	4585	171461	677110
2000	1297804	180223	15083	4705	175521	696005
2001	1285708	168354	14151	4467	181703	710967
2002	1274140	160458	13386	4425	184192	721719
2003	1261983	135621	12575	4918	202548	734721
2004	1374679	149214	17321	5253	238886	774022
2005	1399042	146411	17407	5434	248547	791255
2006	1375416	137802	16999	5163	246679	805397
2007	1391934	140828	17311	5711	246480	824462
2008	1419852	144941	16701	5745	260940	837059
2009	1462861	153563	15805	5984	268796	856665
2010	1458044	149724	14084	4551	259131	885446
2011	1448011	151700	13475	5260	253992	879621
2012	1459018	151998	12256	5021	264976	861104
2013	1455605	139807	12538	3813	269147	888962
2014	1493095	155964	12772	5850	283499	888862
2015	1449255	139817	16076	6139	288384	928348
2016	1486082	151883	16681	7340	308402	893189

注：本表未包中央单位专业技术人员数。

Note:Data in this table do not include professional and technical personnel from the central units stationed in Guangdong.

18-14 高层次人才情况

Statistics on High-level Talents

单位：人 (person)

项 目	Item	2000	2010	2012	2013	2014	2015	2016
享受国家津贴新增人数	Number of Persons Granted State Allowances	164	137	151		161		172
高级职称批准人数	Number of Persons with Senior Professional Titles	6111	19031	23000	22000	13997	16581	21532
博士后招收人数	Number of Persons in Working Stations for Post-doctoral Research	163	560	679	746	893	1297	1596
博士生情况	Status of Doctorate Students							
招生数	Number of New Enrollments	1053	3307	3459	3375	3559	3540	3742
在校生	Number of Enrolled Students	2558	12341	13438	14691	14169	14474	14990
毕业生	Number of Graduates	417	2436	2803	2739	2837	2947	2947

注：享受国家津贴的人数从2003年起逢双年评比一次。
Note: The number of persons granted state allowances has been appraised every double-digital year since 2003.

18-15 科技成果项数

Number of Achievements for Scientific and Technological Research

单位：项 (item)

项 目	Item	2000	2010	2011	2012	2013	2014	2015	2016
国家级科技奖励成果	**National Prizes for Scientific and Technological Research Achievements**	**24**	**36**	**34**	**26**	**28**	**46**	**32**	**33**
国际合作奖	National Coperation Prize						1		
国家发明奖	National Invention Prize		2	5	5	10	12	5	6
国家自然科学奖	National Prize for Natural Sciences		1	1	3	4	2	5	4
国家科技进步奖	National Prize for Progress in Science and Technology	24	33	23	18	14	31	22	23
省级重大科技成果	**Major Provincial Scientific and Technological Achievements**			**1540**	**1799**	**1809**	**1748**	**2133**	**1963**
基础理论成果	Achievements in Fundamental Theory			53	72	67	55	126	140
应用技术成果	Achievements in Applied Technology			1437	1691	1713	1656	1990	1805
软科学成果	Achievements in Soft Sciences			50	36	29	37	17	18
省级科技奖励成果	**Provincial Prizes for Scientific and Technological Achievements**	**265**	**260**	**272**	**280**	**262**	**249**	**237**	**239**
省科技进步奖	Provincial Prize for Progress in Science and Technology	265	260	272	280	262	249	237	239
农业方面	Agriculture	46	31	33	45	43	33	31	27
工业方面	Industry	113	145	154	138	132	129	148	138
医药卫生方面	Medicine and Health Care	72	65	65	53	58	42	42	35
其他	Others	34	19	20	44	29	45	16	39

注：省级重大科技成果为全社会口径。
Note: Data of major provincial scientific and technological achievements are the whole society caliber.

18-16 县级政府部门属研究与开发机构基本情况

Basic Statistics on Research and Development Institutions under Government Departments at County Level

项　目	Item	2000	2010	2011	2012	2013	2014	2015	2016
机构数　(个)	Number of Institutions (unit)	183	143	142	133	131	128	124	118
职工总数　(人)	Number of Staff and Workers(person)	4379	2798	2789	2433	2362	2241	2054	1895
科技活动人员(人)	Scientists and Engineers (person)		1390	1457	1250	1270	1259	1119	1077
经费收入　(万元)	Funds (10000 yuan)	13409	16592	24740	24435	23708	24550	27162	24053
#来自政府的经费	Government Funds	5426	9605	12572	12543	11937	15024	17467	18732

18-17 县级以上政府部门属研究与开发机构基本情况

Basic Statistics on Research and Development Institutions under Government Departments at and above County Level

项　目	Item	2000	2010	2013	2014	2015	2016
总　计	**Total**						
机构数　(个)	Number of Institutions (unit)	296	181	181	184	184	197
职工总数　(人)	Number of Staff and Workers (person)	24926	16922	21181	22233	22582	22848
科技活动人员　(人)	Scientists and Engineers		12819	16886	17873	17929	20697
经费收入　(万元)	Funds (10000 yuan)	358844	665228	1162736	1225429	1450489	1496107
#政府拨款	Government Appropriations	98386	332815	605676	653052	781376	865137
经费支出　(万元)	Expenditures (10000 yuan)	330098	674994	1151356	1168470	1363744	1418833.9
科技经费支出(万元)	Expenditures on Purchase of Assets(10000 yuan)		408216	711572	790769	962263	1039841
自然科学及技术领域	**Natural Sciences and Technology**						
机构数　(个)	Number of Institutions (unit)	263	156	156	158	158	169
职工总数　(人)	Number of Staff and Workers (person)	23623	15601	19671	20616	21011	21143
科技活动人员　(人)	Scientists and Engineers		11738	15647	16557	16675	19247
经费收入　(万元)	Funds (10000 yuan)	345582	626119	1102749	1165667	1375436	1415095
#政府拨款	Government Appropriations	89595	306735	564875	614819	728278	806310
经费支出　(万元)	Expenditures (10000 yuan)	317219	634843	1098374	1110131	1297806	1346255
科技经费支出(万元)	Expenditures on Purchase of Assets(10000 yuan)		378555	670022	749993	919010	986612
社会及人文科学领域	**Social Sciences and Humanities**						
机构数　(个)	Number of Institutions (unit)	16	10	9	10	10	12
职工总数　(人)	Number of Staff and Workers (person)	780	645	620	631	675	779
科技活动人员　(人)	Scientists and Engineers		567	555	560	616	719
经费收入　(万元)	Funds (10000 yuan)	6906	18906	25773	25406	32129	42192
#政府拨款	Government Appropriations	5908	14003	20238	22518	26643	36846
经费支出　(万元)	Expenditures (10000 yuan)	6897	17585	24404	25973	30830	35818
科技经费支出(万元)	Expenditures on Purchase of Assets(10000 yuan)		14334	18250	19933	23636	28517
科技情报和文献机构	**Scientific-Technological Information and Literature Institutions**						
机构数　(个)	Number of Institutions (unit)	17	15	16	16	16	16
职工总数　(人)	Number of Staff and Workers (person)	523	676	890	986	896	926
科技活动人员　(人)	Scientists and Engineers		514	684	756	638	731
经费收入　(万元)	Funds (10000 yuan)	6356	20203	34215	34356	42923	38820
#政府拨款	Government Appropriations	2883	12078	20563	15715	26455	21981
经费支出　(万元)	Expenditures (10000 yuan)	5982	22566	28578	32367	35108	36760
科技经费支出(万元)	Expenditures on Purchase of Assets(10000 yuan)		15327	23300	20843	19618	24713

18-18 各市县级及以上政府部门属研究与开发机构基本情况
Basic Statistics on Research and Development Institutions under Government Departments at and above County Level by City

市别	City	2015						
		机构数(个) Number of Institutions (unit)	就业人员(人) Number of Employed Persons (person)	#科技活动人员(人) R&D Personnel (person)	经费收入(万元) Funds (10000 yuan)	#政府拨款 Government Appropr-iations	经费支出(万元) Expenditures (10000 yuan)	科技经费支出(万元) R&D Expenditure (100 million yuan)
全省合计	**Provincial Total**	**308**	**24636**	**19048**	**1477651**	**798843**	**1389586**	**975458**
广州	Guangzhou	94	16923	13260	1294362	662633	1201924	837262
深圳	Shenzhen	5	2115	1915	60072	43409	56306	46746
珠海	Zhuhai	3	159	100	6158	2527	5925	2075
汕头	Shantou	11	450	310	7213	4760	7170	4591
佛山	Foshan	5	183	145	7618	4119	6563	1825
韶关	Shaoguan	20	369	280	8095	4854	7516	4978
河源	Heyuan	16	264	126	2218	1776	2112	1009
梅州	Meizhou	15	350	262	4936	4399	4069	2365
惠州	Huizhou	24	552	346	8114	6339	8023	5713
汕尾	Shanwei	6	104	46	902	888	898	454
东莞	Dongguan	9	676	550	27555	24267	41702	36146
中山	Zhongshan	3	104	76	4015	2623	3962	1815
江门	Jiangmen	9	181	127	5168	4077	5065	3332
阳江	Yangjiang	4	115	77	2265	2158	1862	1108
湛江	Zhanjiang	21	995	677	21745	16866	21547	15359
茂名	Maoming	17	316	213	4923	3900	4796	3746
肇庆	Zhaoqing	15	187	148	3672	2676	3284	1840
清远	Qingyuan	12	85	49	910	727	830	514
潮州	Chaozhou	4	122	93	1481	1376	1400	957
揭阳	Jieyang	10	324	207	5095	3768	3470	2971
云浮	Yunfu	5	62	41	1135	703	1161	652

18-18 续表 continued

市别	City	2016 机构数(个) Number of Institutions (unit)	就业人员(人) Number of Employed Persons (person)	#科技活动人员(人) R&D Personnel (person)	经费收入(万元) Funds (10000 yuan)	#政府拨款 Government Appropriations	经费支出(万元) Expenditures (10000 yuan)	科技经费支出(万元) R&D Expenditure (100 million yuan)
全省合计	**Provincial Total**	**315**	**24743**	**18960**	**1520160**	**883869**	**1442949**	**1053247**
广　州	Guangzhou	105	17635	13801	1312438	723199	1259190	913830
深　圳	Shenzhen	6	1946	1435	70301	47623	68050	56489
珠　海	Zhuhai	7	291	220	17018	15146	7665	6010
汕　头	Shantou	11	456	342	8048	6262	6892	3919
佛　山	Foshan	4	138	104	7250	5390	7095	5353
韶　关	Shaoguan	17	316	253	7780	5759	7582	5806
河　源	Heyuan	16	264	135	2188	1996	2465	1870
梅　州	Meizhou	15	340	270	7527	7074	6378	5166
惠　州	Huizhou	22	381	296	10520	9394	9549	7882
汕　尾	Shanwei	6	99	47	893	874	891	549
东　莞	Dongguan	8	460	339	16966	12871	15335	9769
中　山	Zhongshan	3	105	80	4560	2987	4545	2183
江　门	Jiangmen	9	184	135	4782	3694	4412	3146
阳　江	Yangjiang	3	85	71	1246	1099	1628	854
湛　江	Zhanjiang	22	980	694	32204	26696	25168	18702
茂　名	Maoming	16	311	209	4728	3989	4952	3467
肇　庆	Zhaoqing	15	179	146	3600	3380	2981	2292
清　远	Qingyuan	11	71	46	1245	1119	1047	620
潮　州	Chaozhou	4	119	94	1787	1651	1676	1205
揭　阳	Jieyang	10	320	206	4010	2979	4246	3488
云　浮	Yunfu	5	63	37	1071	689	1204	645

注：本表统计范围不含已转制的科研机构。
Note: The statistical coverage of this table excludes scientific research institutions which have undergone changes in ownership and/or mode of operation.

18-19 三种专利申请受理量与批准量
Three Types of Patent Application Accepted and Granted

单位：件 (item)

项　目	Item	2000	2010	2012	2013	2014	2015	2016
受理量	**Number of Patent Application Accepted**	**21123**	**152907**	**229514**	**264265**	**278351**	**355939**	**505667**
发明	Inventions	1760	40866	60448	68990	75148	103941	155581
实用新型	Utility Models	6033	47706	78731	93592	96136	135717	203609
外观设计	Designs	13330	64335	90335	101683	107067	116281	146477
批准量	**Number of Patent Application Granted**	**15799**	**119346**	**153598**	**170430**	**179953**	**241176**	**259032**
发明	Inventions	261	13691	22153	20084	22276	33477	38626
实用新型	Utility Models	4797	43901	65946	77503	83202	105254	118157
外观设计	Designs	10741	61754	65499	72843	74475	102445	102249

18-20 各类技术合同签订情况
Statistics on Technical Contracts Signed by Type

项　目	Item	2000	2005	2010	2013	2014	2015	2016
技术合同项目数（项）	**Number of Technical Contracts (item)**	**5464**	**14432**	**17558**	**20267**	**19150**	**17344**	**17480**
技术开发合同	Technical Development Contracts	921	5983	11629	15282	14662	13786	13484
技术咨询合同	Technical Consultation Contracts	572	1279	1649	1219	980	430	476
技术转让合同	Technical Transfer Contracts	297	639	868	1125	1028	1242	1277
技术服务合同	Technical Service Contracts	3674	6531	3412	2641	2480	1886	2243
技术合同金额（万元）	**Value of Technical Contracts (10000 yuan)**	**482104**	**1124740**	**2425045**	**5356814**	**5431388**	**6635253**	**7896802**
技术开发合同	Technical Development Contracts	142107	571458	1961788	2643184	2567383	2359626	2773111
技术咨询合同	Technical Consultation Contracts	12530	31696	48539	39690	28058	17050	13005
技术转让合同	Technical Transfer Contracts	110279	288881	344264	1789164	1626221	2923722	3453327
技术服务合同	Technical Service Contracts	217188	232705	70454	884776	1209726	1334855	1657360

18-21 分市全社会R&D经费

R&D Expenditure by City

单位：万元 (10000yuan)

市　别	City	总计 Total	科研机构 R&D Institutions	高校 Institutions of Higher Education	企业 Enterprises	其他 others
全　省	**Provincial Total**	**20351439.9**	**737432.6**	**1080796.7**	**18259322.5**	**273888.1**
广　州	Guangzhou	4574578.2	629438.4	848017.7	2961435.6	135686.5
深　圳	Shenzhen	8429692.8	45676.7	105573.0	8200634.9	77808.2
珠　海	Zhuhai	552277.5	1824.9	5597.7	544231.0	623.9
汕　头	Shantou	148333.9	319.6	9738.7	136368.3	1907.3
佛　山	Foshan	2003890.4	23555.3	17058.6	1960351.9	2924.6
韶　关	Shaoguan	132080.7	174.3	2392.9	125159.9	4353.6
河　源	Heyuan	25233.8		168.2	24841.9	223.7
梅　州	Meizhou	29133.3	411.0	3156.0	25016.8	549.5
惠　州	Huizhou	698804.1	4090.5	3161.4	690068.6	1483.6
汕　尾	Shanwei	60153.3		60.2	59707.6	385.5
东　莞	Dongguan	1648344.3	4736.2	44465.4	1568824.1	30318.6
中　山	Zhongshan	759672.4	232.7	1863.0	754798.8	2777.9
江　门	Jiangmen	430255.3	4648.2	9351.6	410140.6	6114.9
阳　江	Yangjiang	93750.6	386.0	58.6	92230.7	1075.3
湛　江	Zhanjiang	98237.4	12550.4	14885.0	67643.3	3158.7
茂　名	Maoming	161523.3	354.8	6034.2	153722.0	1412.3
肇　庆	Zhaoqing	220150.2	190.8	4103.4	215478.1	377.9
清　远	Qingyuan	62348.2	7500.0	127.5	54529.6	191.1
潮　州	Chaozhou	63965.4	200.0	4646.3	58642.3	476.8
揭　阳	Jieyang	119566.8	517.0	290.5	118228.3	531.0
云　浮	Yunfu	39448.0	625.8	46.8	37268.2	1507.2

18-22 工业企业研究与试验发展情况

Conditions of Research and Development of Industrial Enterprises

项　目	Item	2010	2013	2014	2015	2016
有研究机构的企业数(个)	Number of Enterprises with Research Instituties (unit)	2557	2690	2908	5002	9695
占工业企业的比重 (%)	Percentage of all Industrial Enterprises (%)	4.79	6.53	7.07	11.88	22.71
研究机构数 (个)	Number of Research Institutes (unit)	3309	3698	3930	6553	11834
企业R&D人员 (人)	R&D Personnel (persons)	359476	530551	544906	534293	585089
R&D经费 (万元)	R&D Investment (10000 yuan)	7036808	12374791	13752869	15205497	16762749
R&D项目 (项)	R&D Projects (items)	28423	46948	42941	37375	50740
新产品开发经费 (万元)	Investment in Developing New Products(10000 yuan)	6896433	13979517	16231377	18310390	23097270

注：个别指标计量单位调整为与国家反馈的科技综合年报单位一致。
Notes: Measure of some indictors are adjusted in order to be consistent with national science and technology comprehensive annual report.

18-23 分市工业企业R&D活动人员和经费

R&D Personnel and Expenditure of Industrial Enterprises by City

市别	City	R&D活动人员(人) Number of R&D Personnel (person)			R&D经费内部支出(万元) Internal Expenditure on R&D(10000 yuan)		
		2014	2015	2016	2014	2015	2016
全　省	**Provincial Total**	**544906**	**534293**	**585089**	**13752869**	**15205497**	**16762749**
广　州	Guangzhou	80623	82594	80509	1929674	2122613	2317659
深　圳	Shenzhen	176345	174953	202684	5883496	6726494	7600311
珠　海	Zhuhai	18408	16229	16737	386468	434013	490503
汕　头	Shantou	7339	7698	7697	100657	111951	127063
佛　山	Foshan	78933	68198	74427	1829277	1929893	1948807
韶　关	Shaoguan	4822	5280	6146	118628	114858	125160
河　源	Heyuan	1829	1285	1473	22594	24141	24842
梅　州	Meizhou	2065	1369	1962	32334	22510	25017
惠　州	Huizhou	20010	24376	34929	547473	597225	676932
汕　尾	Shanwei	2509	2958	2314	46075	50323	59708
东　莞	Dongguan	58752	59469	64963	1150506	1267890	1434048
中　山	Zhongshan	38551	38488	38970	663898	692376	747859
江　门	Jiangmen	18098	17584	17120	350441	387361	402769
阳　江	Yangjiang	2414	1898	1692	76973	84012	92231
湛　江	Zhanjiang	2766	2611	3053	68951	71764	65886
茂　名	Maoming	5049	5011	5004	118664	133088	153055
肇　庆	Zhaoqing	11200	11513	12100	170701	192157	214433
清　远	Qingyuan	4274	3823	3684	57990	57931	53330
潮　州	Chaozhou	4105	3281	3634	60579	51109	58642
揭　阳	Jieyang	4985	4166	4018	107773	108194	118228
云　浮	Yunfu	1829	1509	1973	29719	25596	26268
按经济区域分	By Region						
珠三角	Pearl River Delta	500920	493404	542439	12911934	14350020	15833319
东　翼	Eastern Region	18938	18103	17663	315083	321577	363641
西　翼	Western Region	10229	9520	9749	264588	288864	311172
山　区	Mountainous Region	14819	13266	15238	261265	245035	254616

注：本表统计范围是规模以上工业企业。
Note: Data in this table refer to industrial enterprises above designated size.

18-24 分市工业企业新产品产出情况

Production of New Products by Industrial Enterprises by City

单位：万元 (10000 yuan)

市别	City	2015 新产品产值 Output Value of New Products	2015 新产品销售收入 Sales Revenue of New Products	2015 #出口 Exports	2016 新产品产值 Output Value of New Products	2016 新产品销售收入 Sales Revenue of New Products	2016 #出口 Exports
全　省	**Provincial Total**	**230562117**	**226425002**	**74841360**	**292303980**	**286714109**	**92315817**
广　州	Guangzhou	33191838	33524272	2844457	39893409	39041841	4652496
深　圳	Shenzhen	88719507	87134304	44740272	104986925	101883636	45264597
珠　海	Zhuhai	11035182	10292624	2153180	14411329	13436491	3090715
汕　头	Shantou	1655227	1708504	278528	2278937	2277269	507538
佛　山	Foshan	25330515	24782405	6344438	30277451	29610947	7628060
韶　关	Shaoguan	649437	629975	80379	1032645	977769	123876
河　源	Heyuan	645023	620923	381576	827974	856880	183342
梅　州	Meizhou	373429	260614	18769	579548	472972	60101
惠　州	Huizhou	18426563	18390244	4338694	21032772	20968536	7828346
汕　尾	Shanwei	1519438	1519343	777361	2199452	2205393	855234
东　莞	Dongguan	24746366	24215567	7917504	45756078	46427486	16506231
中　山	Zhongshan	9132007	8719675	2511742	8753863	8304444	2552042
江　门	Jiangmen	5137711	4852213	1726722	7510552	7324623	1820957
阳　江	Yangjiang	999985	994127	20364	142536	141441	34106
湛　江	Zhanjiang	872689	816611	25433	849170	857233	130625
茂　名	Maoming	1116429	1100510	20701	878466	880226	84129
肇　庆	Zhaoqing	3058897	2970007	193661	6103902	6318725	266280
清　远	Qingyuan	1679666	1636273	227576	1978686	1949502	303479
潮　州	Chaozhou	477728	475596	145073	775506	771247	265381
揭　阳	Jieyang	1595900	1591584	64725	1837100	1807952	91139
云　浮	Yunfu	198581	189633	30204	197681	199495	67144
按经济区域分	By Region						
珠三角	Pearl River Delta	218778586	214881310	72770671	278726280	273316730	89609725
东　翼	Eastern Region	5248293	5295026	1265687	7090995	7061861	1719292
西　翼	Western Region	2989102	2911248	66498	1870171	1878901	248860
山　区	Mountainous Region	3546136	3337417	738505	4616534	4456618	737941

注：本表统计范围是规模以上工业企业。
Note: Data in this table refer to industrial enterprises above designated size.

18-25 科协机构及活动情况

Statistics on Associations for Science and Technology and Their Activities

项　目	Item	2000	2010	2013	2014	2015	2016
科协机构　（个）	**Number of Associations for Science and Technology (unit)**	**357**	**1026**	**143**	**143**	**142**	**142**
省科协	Provincial Associations	1	1	1	1	1	1
市科协	City Associations	21	21	21	21	21	21
县(市、区)科协	County (County-level City, District) Associations	123	121	121	121	120	120
厂矿科协	Factory and Mine Associations	212	883				
各级学会及农技协　（个）	**Number of Learned Societies and Research Societies at Various Levels (unit)**	**3780**	**2371**	**3732**	**3767**	**3777**	**3762**
省级学会	Provincial Learned Societies	146	151	154	150	151	151
市级学会	City Learned Societies	734	780	795	796	838	938
县级学会	County Learned Societies			1409	1431	1428	1308
农村专业技术协会	Rural Specialized Technological Societies	2900	1440	1374	1390	1360	1365
各级学会及农技协会员（人）	**Number of Members of Learned Societies and Rural Specialized Technological Societies at Various Levels (person)**	**704094**	**393734**	**566641**	**592276**	**710402**	**726938**
省级学会会员	Members of Provincial Learned Societies	203861	265046	448331	469411	581796	590870
#学会从业人员	Personnel in Learned Societies		574	870	908	909	1054
农村专业技术协会会员	Members of Rural Specialized Technological Societies	223687	128688	118610	122865	128606	135014
科协活动开展情况	**Activities of Associations for Science and Technology**						
举办各类学术交流会(次)	Number of Academic Meetings Held	4769	677	1282	1419	1466	1630
举办科技科普展览　(次)	Number of Scientific and Technological Popularization Exhibitions Lectures (time)	2258	3582	1236	1298	1561	2031
青少年科技竞赛　(次)	Number of Scientific and Technological Competitions for Adolescents (time)	1286	407	271	307	327	388
参加科协各类活动人次（人次）	**Number of Participants in Activities Organized by Associations for Science and Technology (person-time)**	**8367629**	**11164480**	**8311742**	**7467949**	**8641510**	**15867372**
参加各类学术交流会	Number of Participants in Academic Meetings	505235	295009	235619	251609	335713	341086
参加各类科技培训	Number of Participants in Training Programs	654742	251993	780265	349654	325922	318969
参加各类科普活动	Number of Participants in Scientific and Technological Popularization Activities	7207652	10617478	7295858	6866686	7979875	15207317
主办科技期刊　（种）	**Publications of Academic Journals and Scientific and Technological Popularization Readings (kind)**	**582**	**611**	**74**	**72**	**110**	**41**
科技期刊总印数（万册、万份）	Number of Academic Journals and Scientific and Technological Popularization Readings Issued (10000 copies)	562	513	367	340	303	54

注：1．2013年，科协机构数不包括厂矿科协。
2．2013年起，主办科技期刊只统计在新闻出版机构注册登记，有正式刊号或内部准印证并由本单位直接主办、负责编辑的期刊。
3．各类科技培训统计口径变更为实用技术培训。

Note: a) In 2013, factory and mice associations are not included in number of associations for science and technology.
b) From 2013,publications of academic journals and scientific and technological popularization readings refer only to those with official numbrs registered by press and publicaton or those with internal permit directly edited by the unit
c) The scope of participants in training programs has been changed to operative technology training.

主要统计指标解释

普通高等学校 指按照国家规定的设置标准和审批程序批准举办，通过国家统一招生考试，收高中毕业生为主要培养对象，实施高等教育的全日制大学、独立设置的学院和高等专科学校，高等职业学校和其他机构。

成人高等学校 指按照国家有关规定审批、招收通过全国成人高教统一招生考试的具有高中毕业或同等学历的在职从业人员利用脱产、半脱产、业余或函授等多种形式对其实施高等学历教育，培养高等教育专科或本科毕业水平的专门人才，修业年限、课程设置和总学时的数按高等学历教育要求付诸实施的学校。包括广播电视大学、职工高等学校、农民高等学校、管理干部学院、教育学院、独立设置的函授学院等。

小学学龄儿童入学率 指调查范围内已入小学学习的学龄儿童占校内外学龄儿童总数（包括弱智儿童在内，但不包括盲聋哑儿童）的比重。

科技活动 是指在所有科学技术领域内，即自然科学、农业科学、医学科学、工程与技术科学、人文科学与社会科学中，与科技知识的产生、发展、传播和应用密切相关的全部的、有组织的、系统的科技活动。所谓有组织的、系统的科技活动，是指在一个机构的范围之内，并列入这一机构的工作计算，由这一机构的人员有计划地进行的科技活动。目前，我们统计的科技活动，是指调查范围内有组织有系统开展的科技活动。它包括三类活动(1)研究与试验发展活动；(2)研究与试验发展成果应用活动；(3)科技服务活动。

研究与发展活动 指为增进知识，及利用这些知识去开创新的用途而进行的系统的创造性工作。它具备四种基本因素：(1)创造性的因素；(2)新颖性或创新的因素；(3)科学方法的运用；(4)新知识的产生。它包括三种类：(1)基础研究；(2)应用研究；(3)实验发展。

科技活动统计单位 指制度调查范围内的调查单位个数，对于自然科学领域、社会与人文科学领域的科学研究与技术开发机构（含县属研究与开发机构）、科学技术情报与文献机构是以一个机构为一个调查单位；对于高等学校，是以一个学校为一个调查单位；对于企业是以一个企业为一个调查单位。

科技活动机构 是指调查范围内有建制的从事科技活动科研机构。包括国有独立核算的科学研究与技术开发机构自然科学领域、社会与人文科学领域）（含机构、大中型工业企业附属的技术开发机构。全日制附属科技活动机构，是指经学校及上级主管部门正式批准的以科技活动为主，相对稳定的开展科技活动机构；大中型工业企业附属的技术开发机构是指企业自办、或与外单位合办、管理上同生产系统相对独立的，或单独核算的专门技术开发机构（如企业办研究所或开发中心开发部等专门技术开发机构）。

从事科技活动人员 指报告期内调查单位中从事科技活动的人员。调查单位中从事科技活动人员为直接从事科技活动和科技活动提供直接服务，累计时间占全年工作时间10%以上的人员。

科学家和工程师 具有大学本科以及以上学历的和不具备上述学历但有高、中级职称的人员。

技术员 指具有大、中专学历和不具备大、中专学历，但有初级职称的人员。

研究与发展人员 指报告期内从事研究与发展活动的人员。调查单位直接从事研究与发展课题活动以及院、所等从事科技行政管理、科技服务等工作为研究与发展课题活动服务，累计时间占全年工作时间10%以上的人员。人员数为全时人员数加非全时人员数之和。

科技活动经费筹集总额 指报告期内调查单位从各种渠道筹集到的科技活动经费（含科研基建费）。包括政府资金、自筹资金、银行贷款、其他经费。

科技活动经费使用总额(内部支出) 指报告期内调查单位用于科技活动的实际支出。包括劳务费、科研业务费、科研管理费、非基建投资购建的固定资产、科研、基建支出以及其他用于科技活动的支出。但不包括生产性活动支出、归还贷款支出及转拨外单位支出。

研究与发展经费支出 指报告期内用于研究与发展课题活动（基础研究、应用研究、试验发展）的全部实际支出。包括用于研究与发展课题活动的直接支出，还包括间接用于研究与发展活动的一切支出（院、所管理费，维持院、所正常运转的必需费用和与研究发展有关的基本建设支出）。

省级以上获奖成果 指科技活动单位在本年度内从省以上政府科技管理部门获得的各种科技成果奖。

由于几个单位合作获得的科技成果奖，为防止重复，仅由第一完成单位填报，多次获奖的成果只填一个。获奖成果包括：国家级奖、省部级奖和地市级奖。国家级奖：指国家自然科学奖、国家发明奖、国家科技进步奖、国家星火奖等。省、部级奖：指以国务院各部门和省、自治区、直辖市名义颁发的重大科技成果奖和科技进步奖。

科技机构内课题(项目)个数 指调查单位列入科研计划或已为本单位科研管理部门认可，可作为本单位科研工作任务，并在当年开展活动的研究与发展、研究与发展成果应用、科技服务课题（项目）数。包括当年新开课题和上年尚未完成，在统计年度内继续进行的课题。

Explanatory Notes on Main Statistical Indicators

Regular Institutions of Higher Education refer to educational establishments set up according to government standards and evaluation and approval procedures, mainly enrolling graduates from senior secondary schools through uniform national matriculation examinations and providing higher education. Such institutions include full-time universities, independent colleges, technical colleges, professional colleges, and other institutions.

Institutions of Higher Learning for Adults refer to educational establishments approved according to relevant government rules, enrolling staff and workers with senior secondary or equivalent education through uniform national matriculation examinations, and providing them with regular higher education in various forms such as full-time, part-time, spare-time and correspondence courses in accordance with requirements of regular higher education in years of education, curricula, and total learning hours, so that they meet the standards for graduation of universities or junior colleges Institutions of higher learning for adults include radio and TV universities, colleges for staff and workers, colleges for farmers, colleges for management cadres, teachers' colleges, and independent correspondence colleges.

Enrollment Rate of Primary School-age Children refers to the proportion of school-age children enrolled at primary schools in the total number of school-age children both in and outside schools (including retarded children, but excluding blind, deaf and dumb children).

Scientific and Technological Activities refer to all those organized and systematic activities of science and technology which are closely connected with the emergence, development, diffusion and application of scientific and technological knowledge in all scientific and technological fields, such as natural sciences, agricultural science, medical science, engineering and technical science, humanities and social sciences. Organized and systematic activities refer to activities within the range of an institution, regarded as regular work of the institution and organized in a planned way by the personnel of the institution. At present, scientific and technological activities include activities in an organized and systematic way within the survey coverage, classified into three categories: (1) activities of research and development; (2) applied activities of research and development; (3) service activities of science and technology.

Activities of Research and Development refer to the systematic and creative work with the aim of widening knowledge and creating new uses for knowledge They entail four basic factors: (1) creative factor; (2) novel or innovative factor; (3) application of scientific methods; (4) emergence of new knowledge. They include three types: (1) basic research; (2) applied research; (3) experiments and development.

Surveyed Units of Scientific and Technological Activities refer to the number of survey units within the survey coverage. As for research and development institutions (including those under county administration) and scientific and technological information and literature institutions in natural sciences, social sciences and humanities, one institution constitutes a survey unit; as for institutions of higher education, one university or college accounts for a survey unit; as for enterprises, one enterprise is a survey unit.

Institutions of Scientific and Technological Activities refer to organic institutions engaged in scientific and technological activities within the survey coverage, including state-owned research and development institutions with independent accounting system (in the field of natural sciences, social sciences and humanities), including technological development institutions affiliated to institutions and large and medium-sized industrial enterprises. Full-time affiliated institutions of scientific and technological activities refer to those mainly and relatively stably engaged in technological activities with formal ratification of educational institutions and higher authorities. Technological development institutions affiliated to large and medium-sized industrial enterprises refer to special development institutions solely run by enterprises or jointly run with other units but keeping relatively independent administration from production system, or having their independent accounting system (such as research institutions or development departments of development centers run by enterprises).

Personnel Engaged in Scientific and Technological Activities refer to all the persons in the survey units engaged in scientific and technological activities during the reference period, i.e. those who are directly engaged in such activities or provide direct services to such activities with over 10% of their annual working hours devoted to scientific and technological activities.

Scientists and Engineers refer to persons who have completed regular undergraduate or higher level education and persons with senior or medium professional titles but without the aforesaid educational background.

Other Technical Personnel refer to persons involved in science and technology with secondary specialized education or junior college education and persons with junior professional titles but without the aforesaid educational background.

Personnel of Research and Development refer to persons who are engaged in research and development activities during the reference period, i.e. those in the survey units who are directly engaged in R & D activities or provide services to R & D activities in such forms as administration and technical services with over 10% of their annual working hours devoted to such activities It is the sum of full-time personnel and non-full-time personnel.

Total Funds for Scientific and Technological Activities refer to the funds for scientific and technological activities (including capital construction funds for scientific research) raised by the survey units from various channels during the reference period, including government funds, self-raised funds, bank loans and other funds.

Total Expenditure for Scientific and Technological Activities (Internal Expenditure) refers to the actual expenditure made for scientific and technological activities by the survey units during the reference period, including service expenses, operating expenses for scientific research, management expenses for scientific research, purchases of fixed assets with investment in non-capital construction, capital construction expenditure for scientific research and others, but excluding expenditure for productive activities, expenditure for return of loans and expenditure transferred to other units.

Total Expenditure on Research and Development refers to all actual expenditure made for R & D (basic research, applied research and experimental development) in the reference period, including direct expenditure on R & D activities and indirect expenditure on R & D activities such as management expenses, administrative expenses and investment in capital construction related to R & D.

Number of Prizes Won at and above Provincial Level refers to the number of various prizes in scientific and technological research won by the units engaged in scientific and technological activities from administrative departments for science and technology in provincial or central governments in the current year. If a prize is won in a cooperative way, it is reported only by the first listed unit so as to avoid duplication. As for achievements that have won several prizes, only one prize is reported Prizes won by achievements include all those at state level, provincial level and city (prefecture) level. State-level prizes are National Prize for Natural Sciences, National Invention Prize, National Prize for Progress in Science and Technology and National Spark Prize Prizes at provincial and ministerial level refer to major achievements and progress in science and technology awarded by the departments of the state council, provinces, autonomous regions and municipalities directly under the central government.

Number of Research Tasks (Projects) of Scientific and Technological Institutions refers to the number of research tasks (projects) on R & D, application of R & D and scientific and technological services, which are listed in the plans of scientific research or approved by administrative departments of the survey units and launched in the current year. It includes those newly started and those uncompleted in the preceding year but continued into the current statistical year.

十九、文化与体育

CULTURE AND SPORTS

十九　文化与体育

简要说明

一、本篇资料主要反映文化事业和体育的基本情况。

二、本篇资料主要包括：

1. 文化艺术、文物、图书馆、新闻出版、广播、电影、电视等文化事业的机构、人员及业务活动开展情况等。

2. 体育系统职工人数、群众体育活动开展情况及运动竞技成绩等。

三、本篇资料由广东省统计局社会和科技统计处负责整理、编辑。

四、统计资料来源：

文化、体育统计资料根据广东省文化厅、广东省新闻出版广电局、广东省体育局及广东省档案局等有关部门提供的统计年报加工整理。

19 Culture and Sports

Brief Introduction

Ⅰ. The data in this chapter show the basic conditions on the development Guangdong's cultural undertakings. as well as Sports.

Ⅱ. The data in this chapter mainly include:

(1) The data on institutions, personnel and business activities of culture and arts, cultural relics, libraries, news and publication, radio, film and television, etc.

(2) the number of staff and workers in sports departments， mass sports and athletics sports， etc.

Ⅲ. The data are prepared and edited by the Division of Social, Scientific and Technological Statistics of Statistics Bureau of Guangdong Province.

Ⅳ. Data sources:

The data on culture and sport are processed and prepared in accordance with the annual statistical reports provided by Guangdong Provincial Department of Culture, Guangdong Provincial Administration of Press, Publication, Radio, Film and Television, Guangdong Provincial Bureau of Sports, Guangdong Provincial Bureau of Archives and the related departments.

19-1 文化、体育主要指标

Main Indicators on Culture and Education

指 标	Item	2000	2010	2014	2015	2016
电影放映单位 （个）	Number of Film Projection Units (unit)	1626	1392	1673	1793	1974
艺术表演团体 （个）	Number of Art Performance Troupes (unit)	138	133	72	72	72
文化馆 （个）	Number of Cultural Centers (unit)	118	129	147	146	146
公共图书馆 （个）	Number of Public Libraries (unit)	125	133	138	140	142
公共图书馆藏量 （万册、件）	Holdings of Public Libraries (10000 volumes)	2330	4615	6367	7008	7900
博物馆（含美术馆） （个）	Number of Museums (including arts museum) (unit)	131	169	192	193	192
博物馆藏品数(含美术馆)(万件)	Holdings of Museums (including arts museum) (10000 pieces)	49.09	84.46	113.97	101.83	101.27
档案馆 （个）	Number of Archives (unit)	161	205	218	217	192
利用档案 （万卷次）	Archives Utilized (10000 volume-times)	36.32	301.00	380.00	495.00	560.00
图书出版量 （万册）	Number of Books Published (10000 copies)	26978	23134	29867	31287	31195
杂志出版量 （万册）	Number of Magazines Published (10000 copies)	26299	21201	15520	14458	12270
报纸出版量 （亿份）	Number of Newspapers Published(100 million copies)	34.63	45.59	38.99	32.77	29.88
广播电台 （座）	Number of Radio Stations (unit)	106	22	22	22	22
电视台 （座）	Number of TV Stations (unit)	67	24	24	24	24
广播综合人口覆盖率 （%）	Overall Population Coverage Rate of Radio (%)	96.0	98.0	99.9	99.9	99.9
电视综合人口覆盖率 （%）	Overall Population Coverage Rate of Television (%)	96.4	98.0	99.9	99.9	99.9
举办全民健身活动次数 （次）	Number of National Body-building Activities Held (time)		9477	4886	5000	5350

注：1. 由于统计口径出现变化，已对2012年全省公共图书馆藏量数进行了调整。
2. 由于文化部门改制，2012年起只统计事业单位和省直企业中的文化部门艺术表演团体。自2013年起，艺术表演团体口径进行调整分为公有制艺术表演团体(事业)和公有制艺术表演团体(企业)。

Note: a)Data of 2012 of holdings of public libraries have been adjusted due to the change of coverage.
b)Due to institutional restructuring of cultural departments, the data of art performance troupes since 2012 only covers those of institutional organizations and directly under provincial jurisdiction.The coverage of art performance troupes has been adjusted to include public ownership art performance troupes(Institution) and public ownershipart performance troupes(Enterprises).

19-2 文化艺术、文物事业机构数

Number of Institutions of Culture, Arts and Cultural Relics

单位：个 (unit)

年份 Year	电影放映单位 Film Projection Units	艺术表演团体 Arts Performance Troupes	文化馆 Cultural Centers	公共图书馆 Public Libraries	博物馆 Museums	档案馆 Archives
1978	6346	172	124	76	30	
1980	7375	195	113	97	26	
1985	6037	171	123	117	106	
1990	4024	130	113	103	106	138
1991	4041	122	110	104	107	147
1992	3917	125	113	108	108	150
1993	3974	126	115	110	108	148
1994	3750	132	116	111	111	156
1995	3668	134	115	114	113	155
1996	3670	136	115	115	114	157
1997	3463	138	117	119	117	157
1998	3621	139	117	120	122	157
1999	2938	140	117	121	128	162
2000	1626	138	118	125	131	161
2001	1794	139	118	129	140	175
2002	904	141	120	131	140	185
2003	840	144	117	129	144	185
2004	684	140	119	128	143	185
2005	720	139	117	129	146	185
2006	1542	138	120	129	147	186
2007	1844	128	122	130	153	186
2008	1450	130	121	132	152	188
2009	1265	127	128	133	160	197
2010	1306	133	129	133	169	205
2011	1357	100	134	134	161	209
2012	1419	61	137	137	168	209
2013	1506	75	147	137	191	214
2014	1673	72	147	138	192	218
2015	1793	72	146	140	193	217
2016	1974	72	146	142	192	192

注：由于全国文化文物统计制度统计口径的改变，2009年以后博物馆包含美术馆，其他年份博物馆不含美术馆。

Note: Due to the change in statistical coverage in national culture and cultural relics survey, the number of museums after 2009 includes arts museum, and that of other years does not include arts museum.

19-3 文化部门艺术表演团体演出基本情况（2016年）

Basic Statistics on Performances of Art Troupes under(of) Cultural Departments (2016)

项　　目	Item	剧团数（个）Number of Troupes (unit)	国内演出场次（万场）Number of Domestic Performances (10000 shows)	#到农村演出 Shows in Rural Areas	国内演出观众人次(万人次) Number of Domestic Spectators (10000 person-times)
合　计	**Total**	**68**	**0.86**	**0.53**	**947.14**
公有制艺术表演团体(事业)	Public Ownership Arts Performance Troupes (Institution)	41	0.51	0.38	655.33
国有	State-owned	41	0.51	0.38	655.33
集体	Collective-owned				
其他	Others				
公有制艺术表演团体(企业)	Public Ownership Arts Performance Troupes (Enterprises)	27	0.35	0.15	291.81
国有	State-owned	25	0.34	0.15	285.98
集体	Collective-owned				
其他	Others	2	0.01	0.01	5.83
按剧种分	**By Type of Art Performance Troupe**				
#话剧、儿童剧、滑稽剧类	Modern Drama, Children Drama, Farce Drama	3	0.02	0.01	19.18
歌舞、音乐类	Dance, Music	18	0.13	0.03	178.70
京剧、昆曲类	Beijing Opera, Kunqu Opera				
地方戏曲类	Local Opera	36	0.54	0.46	648.74
杂技、魔术、马戏类	Magic, Acrobatics, Circus	2	0.01	…	6.50
曲艺类	Chinese Folk Art	5	0.09	0.01	35.16
乌兰牧骑	Nei Monggol Cultural Troupe Mounted on Horseback				
综合性艺术表演团体	Comprehensive Art Troupes	3	0.05	0.03	56.76

19-4 文化、文物机构及人员数（2016年）

Number of Institutions and Personnel in Culture and Cultural Relics (2016)

项　目	Item	合计 Total		文化部门 Cultural Departments		其他部门 Others	
		机构数（个）Number of Institutions (unit)	人数（人）Number of Personnel (person)	机构数（个）Number of Institutions (unit)	人数（人）Number of Personnel (person)	机构数（个）Number of Institutions (unit)	人数（人）Number of Personnel (person)
总　计	**Total**	**22757**	**248946**	**2541**	**34414**	**20216**	**214532**
文化合计	**Culture**	**22488**	**244400**	**2283**	**30014**	**20205**	**214386**
艺术事业	Arts	432	14288	111	5596	321	8692
图书馆事业	Libraries	142	4360	142	4360		
群众文化事业	Mass Culture	1748	11723	1748	11723		
艺术教育业	Art Education	5	773	5	773		
文化市场经营机构(不含非公有制艺术表演团体)	Cultural Market Operating Units	19816	199185			19816	199185
文艺科研	Scientific Research on Arts	7	101	7	101		
艺术展览创作机构	Art Exhibition Creative Agency	17	402	17	402		
文化行政主管部门	Administrative Department	151	4914	151	4914		
其他文化机构	Other Agencies	170	8654	102	2145	68	6509
文物合计	**Cultural Relics**	**269**	**4546**	**258**	**4400**	**11**	**146**
文物科研机构	Institutions for Cultural Relics	4	163	4	163		
文物保护管理机构	Agencies of Cultural Relics Preservation	33	321	31	306	2	15
博物馆	Museums	177	3615	168	3484	9	131
文物商店	Cultural Relics Stores	3	71	3	71		
其他文物机构	Other Agencies	52	376	52	376		

19-5 公共图书馆、群众文化事业机构及人员数（2016年）

Number of Institutions and Personnel in Public Libraries and Mass Culture (2016)

项　目	Item	合计 Total		文化部门 Cultural Departments		其他部门 Others	
		机构数（个）Number of Institutions (unit)	人数（人）Number of Personnel (person)	机构数（个）Number of Institutions (unit)	人数（人）Number of Personnel (person)	机构数（个）Number of Institutions (unit)	人数（人）Number of Personnel (person)
图书馆事业	**Libraries**	**142**	**4360**	**142**	**4360**		
#少儿图书馆	Children's Libraries	5	220	5	220		
群众文化事业	**Mass Culture**	**1748**	**11723**	**1748**	**11723**		
群众艺术馆、文化馆	Mass Art Centers	146	2422	146	2422		
文化站	Cultural Stations	1602	9301	1602	9301		

19-6 各市文化、文物事业机构数（2016年）
Number of Institutions in Culture and Cultural Relics by City (2016)

单位：个 (unit)

市 别	City	艺术表演团体 Art Troupes	文化馆 Cultural Centers	公共图书馆 Public Libraries	博物馆(含美术馆) Museums (including art museums)	档案馆 Archives
广 州	Guangzhou	7	12	13	29	14
深 圳	Shenzhen	2	8	11	24	8
珠 海	Zhuhai	3	4	3	3	5
汕 头	Shantou	6	8	9	6	9
佛 山	Foshan	2	7	6	17	17
#顺 德	Shunde		1	1	3	1
韶 关	Shaoguan	2	11	10	9	12
河 源	Heyuan	4	7	7	6	7
梅 州	Meizhou	5	9	10	10	11
惠 州	Huizhou	1	6	5	6	7
汕 尾	Shanwei	4	6	4	5	6
东 莞	Dongguan		1	1	7	4
中 山	Zhongshan		1	1	6	4
江 门	Jiangmen	2	8	7	10	11
阳 江	Yangjiang	1	5	5	4	6
湛 江	Zhanjiang	8	11	9	7	11
茂 名	Maoming	4	6	5	6	8
肇 庆	Zhaoqing	2	9	9	8	10
清 远	Qingyuan	2	10	10	11	10
潮 州	Chaozhou	2	4	4	4	5
揭 阳	Jieyang	5	6	6	6	6
云 浮	Yunfu		6	6	5	7
省直属单位	Units Directly under Provincial Government	10	1	1	3	14
按经济区域分	By Region					
珠 三 角	Pearl River Delta	19	56	56	110	80
东 翼	Eastern Region	17	24	23	21	26
西 翼	Western Region	13	22	19	17	25
山 区	Mountainous Region	13	43	43	41	47

注：1.自2013年起，艺术表演团体分为公有制艺术表演团体(事业)和公有制艺术表演团体(企业)。
2.各区域不包省直单位部分。

Note: a) The coverage of art performance troupes has been adjusted to include public ownership art performance troupes(Institution) and public ownershipart performance troupes(Enterprises) since 2013.
b) By Region does not include agenies directly under provincial jurisdiction.

19-7 各市文化、文物事业机构的人员数（2016年）

Number of Personnel in Culture and Cultural Relics by City (2016)

单位：人 (person)

市 别	City	艺术表演团体 Art Troupes	文化馆 Cultural Centers	公共图书馆 Public Libraries	博物馆(含美术馆) Museums (including art museums)	档案馆 Archives
广 州	Guangzhou	913	230	661	718	216
深 圳	Shenzhen	211	247	1189	554	82
珠 海	Zhuhai	50	86	108	61	44
汕 头	Shantou	191	121	117	79	63
佛 山	Foshan	88	155	333	467	110
#顺 德	Shunde		61	102	129	22
韶 关	Shaoguan	70	196	111	102	100
河 源	Heyuan	143	92	77	95	52
梅 州	Meizhou	128	141	136	121	85
惠 州	Huizhou	90	113	141	156	76
汕 尾	Shanwei	215	59	47	58	23
东 莞	Dongguan		77	180	328	25
中 山	Zhongshan		23	58	134	30
江 门	Jiangmen	69	97	113	108	110
阳 江	Yangjiang	46	58	77	88	70
湛 江	Zhanjiang	326	111	91	120	100
茂 名	Maoming	84	74	142	62	78
肇 庆	Zhaoqing	102	115	134	170	89
清 远	Qingyuan	65	108	99	97	55
潮 州	Chaozhou	110	63	45	61	30
揭 阳	Jieyang	257	119	125	73	41
云 浮	Yunfu		87	74	54	51
省直属单位	Units Directly under Provincial Government	1221	50	302	277	79
按经济区域分	By Region					
珠 三 角	Pearl River Delta	1523	1143	2917	2696	782
东 翼	Eastern Region	773	362	334	271	157
西 翼	Western Region	456	243	310	270	248
山 区	Mountainous Region	406	624	497	469	343

注：1.2012年起，分市数只统计事业单位的文化部门艺术表演团体。
　　2.各区域不包省直单位部分。

Note: a)Since 2012, number of art troupes by city only covers data of art troupes of institutional organizations.
　　b)"By Region" does not include agencies directly under provincial jurisdiction.

19-8 图书、杂志、报纸出版数量
Number of Books, Magazines and Newspapers Published

项　目	Item	2000	2010	2013	2014	2015	2016
图书出版	**Books Published**						
种数 (种)	Number of Publications (kind)	4374	6354	10355	9495	10089	10840
总印数 (万册)	Total Printed Copies(10000 copies)	26978	23134	33022	29867	31287	31195
总印张数(千印张)	Total Printed Sheets (1000 sheets)	1482942	1597301	2524984	2326580	2434970	2419143
杂志出版	**Magazines Published**						
种数 (种)	Number of Publications (kind)	337	380	381	381	382	381
总印数 (万册)	Total Printed Copies(10000 copies)	26299	21201	17460	15520	14458	12270
总印张数(千印张)	Total Printed Sheets (1000 sheets)	919514	1251752	1080031	917005	844427	663517
报纸出版	**Newspapers Published**						
种数 (种)	Number of Publications (kind)	101	100	101	101	100	99
总印数 (万份)	Total Printed Copies(10000 copies)	346268	455912	436021	389869	327660	298845
总印张数(千印张)	Total Printed Sheets (1000 sheets)	17669099	43788152	38654745	31458182	20081573	16595386

注：2000年开始报纸出版统计不包含校报、院报。
Note: Since 2000, the number of newspaper published does not include that of college or institute newspaper.

19-9 图书出版情况（2016年）
Statistics on Books Published (2016)

门　类	Category	本版图书种数(种) Number of Publications (kind)	#新出 New Public-ations	总印数(万册) Total Printed Copies (10000 copies)	总印张数(千印张) Total Printed Sheets (1000 sheets)
合　计	**Total**	**10840**	**6367**	**31195**	**2419143**
马克思主义、列宁主义、毛泽东思想	Marxism, Leninism and Mao Zedong Thought	35	16	14	816
哲学	Philosophy	214	180	114	18242
社会科学总论	General Social Sciences	112	76	33	5621
政治、法律	Politics and Law	352	275	330	32638
经济	Economy	710	522	266	36357
军事	Military Affairs	31	25	17	2763
文化、科学、教育、体育	Culture, Science, Education and Sports	5111	1978	27363	2036287
语言、文字	Language, Philology	329	219	151	18718
文学	Literature	1463	1211	1353	129389
艺术	Arts	658	518	763	46615
历史、地理	History and Geography	673	585	275	37450
自然科学总论	General Natural Sciences	19	16	7	473
数理科学、化学	Mathematics, Physics and Chemistry	59	26	16	2547
天文学、地理科学	Astronomy and Geology	45	42	17	1525
生物科学	Biological Science	71	59	64	4766
医药、卫生	Medicine and Health Care	230	149	125	14112
农业科学	Agricultural Science	42	28	32	2032
工业技术	Industrial Technology	366	218	130	17701
交通运输	Transportation	39	21	9	998
环境科学	Environmental Science	46	41	17	1280
航空、航天	Aeronautics and Aerospace	2	2	1	23
综合性图书	General Books	233	160	98	8792

注：本表图书种数、总印数和总印张不包含非“中国标准书号”部分。
Notes: Total Printed Copies and Total Printed Sheets does not include publications without “China International Standard Book Number”.

19－10 杂志出版情况（2016年）
Statistics on Magazines Published (2016)

项目	Item	种数(种) Number of Publications (kind)	平均期印数(万册) Average Printed Copies per Issue (10000 copies)	总印数(万册) Total Printed Copies (10000 copies)	总印张数(千印张) Total Printed Sheets (1000 sheets)
合　计	**Total**	**381**	**622**	**12270**	**663517**
综　合	General	27	26	353	21883
哲学、社会科学	Philosophy, Social Sciences	96	284	5791	320640
自然科学、技术	Natural Sciences, Technology	181	218	4351	213860
文化、教育	Culture, Education	46	70	1349	78092
文学、艺术	Literature, Arts	31	24	427	29042

19－11 报纸出版情况（2016年）
Statistics on Newspapers Published (2016)

项　目	Item	种数(种) Number of Publications (kind)	平均期印数(万册) Average Printed Copies per Issue (10000 copies)	总印数(万册) Total Printed Copies (10000 copies)	总印张数(千印张) Total Printed Sheets (1000 sheets)
合　计	**Total**	**99**	**1152**	**298845**	**16595386**
按类型分	**By Type**				
综合报	General Newspapers	66	989	270914	15347236
专业报	Specialized Newspapers	33	163	27931	1248151
按范围分	**By Region**				
省　级	Provincial-level Newspapers	32	523	138361	8015687
市　级	City-level Newspapers	67	629	160484	8579699

注：报纸出版情况统计表中，不含校报、院报数据。
Note: The number of newspaper does not include that of college or institute newspaper.

19—12 广播、电视事业发展情况

Statistics on Radio and Television Stations

项　目	Item	2000	2010	2012	2013	2014	2015	2016
广播电台 (座)	Number of Radio Stations	106	22	22	22	22	22	22
中波广播发射台和转播台 (座)	Number of Medium Wave Radio Transmission Stations and Relaying Stations	10	21	21	27	27	27	27
电视台 (座)	Number of Television Stations	67	24	24	24	24	24	24
1000瓦及以上电视发射台和转播台 (座)	Number of Television Transmission and Relaying Stations at 1000 W and above	49	83	83	83	83	83	83
县、市广播电视台(座)	Number of Radio and Television Stations in Counties and Cities	83	79	79	79	79	79	79
有线广播电视用户 (万户)	Number of Subscribers to Cable Radio and Television (10000 subscribers)		1701.53	1913.01	1980.27	2161.86	2089.00	2017.00
数字电视用户 (万户)	Number of Subscribers to Digital Television (10000 subscribers)		950.45	1432.87	1571.11	1971.21	1622.10	1755.90

注：1000瓦及以上电视发射台和转播台，从2006年起改为100瓦以上(含100瓦)电视发射台和转播台。

Note: Television transmission and relaying stations at 1000 W and above since 2006 have been replaced by television transmission and relaying stations at 100W and above.

19—13 广播电台宣传基本情况（2016年）

Basic Statistics on Radio Stations (2016)

项　目	Item	广播电台(座) Number of Radio Stations (unit)	节目套数(套) Number of Programs (unit)	平均每日播音时间(小时) Average Daily Broadcasting Hours (hour)	#自办节目时间 Self-produced Programs	#新闻节目 News Programs	#专题节目 Special Subject Programs	#文艺节目 Programs of Entertainment
合　计	**Total**	**22**	**132**	**2235**	**1561**	**466**	**407**	**449**
省　级	Provincial Level	1	9	180	178	34	50	16
市　级	City Level	21	52	1001	750	193	209	171
县　级	County Level		71	1054	633	239	148	262

19-14 电视台宣传基本情况（2016年）
Basic Statistics on Television Stations (2016)

项 目	Item	电视台（座）Television Stations (unit)	节目套数（套）Number of Programs (unit)	平均每日播出音时间(小时) Average Daily Broadcasting Hours (hour)	#自办节目时间 Self-produced Programs	#新闻节目 News Programs	#专题节目 Special Subject Programs	#文艺节目 Entertainment Programs
合 计	**Total**	**24**	**142**	**2028**	**632**	**352**	**272**	**95**
省 级	Provincial Level	2	10	244	90	70	30	7
市 级	City Level	22	60	1009	326	131	151	40
县 级	County Level		72	775	216	151	91	48

19-15 各市广播、电视事业机构数（2016年）
Number of Institutions of Radio and Television by City (2016)

单位：座　　(unit)

市 别	City	广播电台 Number of Radio Stations	中波广播发射台和转播台 Number of Medium Wave Radio Transmission Stations and Relaying Stations	电视台 Number of Television Stations	100瓦及以上电视发射台和转播台 Number of Television Transmission and Relaying Stations at 100 W and above	县、市广播电视台 Number of Radio and Television Stations in Counties and Cities
广 州	Guangzhou	1	2	1	3	7
深 圳	Shenzhen	1	2	2	2	3
珠 海	Zhuhai	1		1	1	2
汕 头	Shantou	1	1	1	6	
韶 关	Shaoguan	1	1	1	8	8
河 源	Heyuan	1		1	2	5
梅 州	Meizhou	1	1	1	8	7
惠 州	Huizhou	1	1	1	6	4
汕 尾	Shanwei	1		1	2	3
东 莞	Dongguan	1		1	1	
中 山	Zhongshan	1		1	1	
江 门	Jiangmen	1		1	6	5
佛 山	Foshan	1		1		
阳 江	Yangjiang	1		1	3	3
湛 江	Zhanjiang	1	1	1	5	5
茂 名	Maoming	1	1	1	4	4
肇 庆	Zhaoqing	1		1	3	6
清 远	Qingyuan	1		1	5	7
潮 州	Chaozhou	1		1	1	2
揭 阳	Jieyang	1		1	5	4
云 浮	Yunfu	1		1	5	4
省直属单位	Units Directly under Provincial Government	1	17	2	6	

19-16 体育事业情况

Statistics on Sports

指　　标	Item	2000	2010	2013	2014	2015	2016
体育系统年末职工人数(人)	**Number of Staff and Workers in Sports Departments at the Year-end (person)**	**9635**	**9405**	**11795**	**7377**	**10620**	**10226**
运动员	Athletes	1462	1036	3160	1152	1649	1429
专职教练员	Full-time Coaches	1469	1094	1628	1455	1485	1430
专职文化教师	Full-time Teachers for Literacy Classes	785	918	900	751	907	942
科技人员	Scientific and Technological Personnel	90	113	109	84	114	89
宣传出版人员	Publicity and Publishing Personnel	5					
医务人员	Medical Personnel	196	97	80	59	60	112
管理人员	Administrative Personnel	3131	3328	3793	2499	4401	4243
其他人员	Others	2497	2819	2125	1377	2004	1981
体育比赛成绩	**Achievements in Sports Tournament**						
破世界纪录　(项)	Number of World Records Chalked Up (item)	5	1	2	3	1	2
获世界冠军　(人次)	Number of World Championships Won (unit)	36	27	27	17	27	19
破亚洲纪录　(项)	Number of Asian Records Chalked Up (item)	4	2		2	4	1
破全国纪录　(项次)	Number of National Records Chalked Up (item-time)	6	5	5	5	5	4
获得全国冠军　(项次)	Number of National Championships Won (item-time)	156	132	144	138	124	111
体育活动开展情况	**Sports Meets and Activities**						
举办全民健身活动次数（次）	Number of National Body-building Activities Held (time)		9477	4231	4886	5000	5350

注：2009-2012年口径为正式运动员，2013年口径除正式运动员外，还包含集训、实训、职业过渡期运动员。

Note: The number of athletes from 2009 to 2012 refers to formal athletes only.Since 2013, the number of athletes includes trainer athletes and occupation transition athletes besides formal athletes.

主要统计指标解释

文化事业机构 指从事专业文化工作和为专业文化工作服务的独立建制的单独核算的单位。不包括这些单位另外举办独立核算的其他机构和各部门的业余文化组织。

艺术表演团体 指由文化部门主办或者实行行业管理（经文化行政部门审批并领取营业性演出许可证），专门从事表演艺术等活动的各类专业艺术表演团体，含民间职业剧团（不包括群众业余文艺表演团体）。

电影放映单位 指具有放映机器设备、固定或不固定的放映场所与专职或兼职的放映技术人员，经有关部门登记批准，经常为一定的观众对象放映电影的机构。包括经批准对外开放进行营业，并与电影发行放映管理机构分帐的专用放映单位和军委系统租片单位。

艺术表演观众人数(人次) 指售票、包场等有演出收入的场次和政府采纳的公益性演出场次及参加汇演、 等无演出收入的公开演出场次，不包括彩排审查和内部观摩演出的观看人次数。

Explanatory Notes on Main Statistical Indicators

Cultural Institutions refer to units which have their own organizational system and independent accounting system and specialize in or serve cultural development. They exclude other establishments with independent accounting system run by these cultural institutions and amateur cultural groups established by various departments.

Arts Performance Troupes refer to the various professional performing arts groups, which sponsored by the cultural sectors or guided by the cultural society (approved by the cultural administration authority, or registered and permitted with the relative certificate), including non-governmental troupes. The mass amateur arts performance troupes are not included.

Film Projection Units refer to units with film projection equipment, full or part-time projectionists, permanent or non-permanent cinemas, approved by and registered with related administrative departments to show films regularly for certain groups of audience, including film projection units which have been approved to give commercial shows and share profits with administrative agencies of film circulation and projection, as well as film renting units of the military system.

Number of Spectators at Art Performance (person-time) refers to the number of attendants at commercial shows, completely booked shows or free shows given in minority national areas, excluding the number of spectators at rehearsals for examination and internal shows for study.

二十、卫生、社会福利、社会保障和其他

PUBLIC HEALTH, SOCIAL WELFARE, SOCIAL INSURANCE AND OTHERS

二十　卫生、社会福利、社会保障和其他

简要说明

一、本篇资料主要反映广东卫生、社会福利、社会保险、安全生产及其他事业的发展情况。

二、本篇资料由广东省统计局社会科技统计处负责整理、编辑。

三、卫生部分主要包括卫生事业机构、床位及人员数等，资料由广东省卫计委提供。

四、社会福利部分主要包括各种社会福利事业情况、城乡基层社会保障情况、婚姻登记状况等，资料由广东省民政厅提供。

五、社会保险部分主要包括城乡基本养老保险、失业保险、城乡基本医疗保险等基金征缴收入和参保人数，资料由广东省人力资源和社会保障厅提供。

六、亿元生产总值安全生产事故死亡率数据由广东省安全生产监督管理局提供。

七、其他部分主要包括司法工作开展情况和交通、火灾事故发生情况等，资料由广东省司法厅 、广东省公安厅提供。

20 Public Health,Social Welfare,Social Insurance and Others

Brief Introduction

Ⅰ. The data in this chapter mainly show the development of Guangdong's public health，social welfare，social security, safe production and other undertakings.

Ⅱ. The data are prepared by the Division of Social，Scientific and Technological Statistics of Statistics Bureau of Guangdong Province.

Ⅲ. The data on public health mainly include the number of health institutions， hospital beds and personnel，etc. The data are provided by Health Department of Guangdong Province.

Ⅳ. The data on social welfare mainly include the social welfare services，grassroots social security in urban and rural areas and marriage registration status，etc. The data are provided by Guangdong Provincial Department of Civil Affairs.

Ⅴ.The data on social security mainly include the statistics on basic pension insurance for urban and rural residents, the unemployment insurance, the amount collected and percentage of collection and the number of persons participating in urban and rural basic medical care insurance.The data is provided by Guangdong Provincial Department of Human Resources and Social Security.

VI. The rate of death from work safety accidents per 100 million yuan of GDP is provided by Guangdong Provincial Bureau of Work Safety.

Ⅶ. Other data mainly include judicial conditions and basic statistics on traffic and fire accidents，etc. The data are provided by Guangdong Provincial Department of Justice and Guangdong Provincial Department of Public Security.

20-1 卫生、社会福利和其他主要指标

Main Indicators of Sports, Public Health, Social Welfare, Environmental Protection and Others

指　　标	Item	2000	2010	2014	2015	2016
医疗卫生机构数 （个）	Number of Health Care Institutions (unit)	8984	44880	48087	48367	49124
#医院、卫生院	Hospitals	2426	2444	2482	2539	2581
医疗卫生机构床位数 （万张）	Number of Beds in Health Care Institutions (10000 units)	16.81	30.01	40.57	43.57	46.52
#医院、卫生院床位	Hospital Beds	15.72	27.71	37.26	40.07	42.84
卫生技术人员数 （万人）	Number of Medical Technical Personnel (10000 persons)	26.49	45.55	58.44	62.00	66.75
#执业（助理）医生	Doctors	11.12	17.51	21.74	22.94	24.41
平均每千人口有卫生机构床位数 （张）	Number of Beds in health Institutions per 1000 Population (bed)	1.94	2.87	3.78	4.02	4.23
平均每千人口有卫生技术人员数 （人）	Number of Medical Technical Personnel per 1000 Population (person)	3.07	4.36	5.45	5.71	6.07
#执业（助理）医生	Doctors	1.29	1.68	2.03	2.11	2.22
优抚收养性单位收养人数(人次)	Number of Persons Adopted by Special Care Units (person)	1785	3179	3734	3389	3410
社会救济总人数 （万人）	Number of Persons Receiving Relief Funds (10000 persons)	154.70	288.00	231.20	227.20	209.75
登记结婚件数 （对）	Registered Marriages (couple)	562118	857146	891457	840411	786123
离婚总数 （对）	Registered Divorces (couple)	47521	127048	177945	193360	211858
执业律师人数 （人）	Number of Full-time Lawyers (person)	7292	20228	27208	29633	32380
公证人员数 （人）	Number of Notarial Personnel (person)	1380	1694	2198	2190	2208
人民调解委员会调解人员数(人)	Number of Mediators of People's Mediation Committees (person)	250117	190775	176764	181205	178052
亿元生产总值生产安全事故死亡率	Rate of Death from Work Safety Accidents per 100 Million Yuan of Gross Regional Product	1.08	0.15	0.09	0.09	0.05
交通事故发生数 （起）	Number of Traffic Accidents (unit)	66072	30480	26875	24672	24876
交通事故损失折款 （万元）	Losses from Traffic Accidents Converted into Cash (10000 yuan)	27526	8051	7389	6784	7414
火灾事故发生数 （起）	Number of Fire Accidents (unit)	8622	6065	22113	17992	16923
火灾事故损失折款 （万元）	Losses from Fire Accidents Converted into Cash (10000 yuan)	10065	17500	41318	37857	40838

注：2010年起医疗卫生机构、人员数总数含村卫生室数，千人口数据分母为常住人口。

Note: Since 2010,Data of village clinics was included in the total number of health care institutons and their personnel. The population of per 1000 persons used in this table are resident population.

20-2 医疗卫生机构、床位及人员数

Number of Health Care Institutions, Beds and Personnel

年份 Year	机构 (个) Health Institutions (unit)	#医院及卫生院 Hospitals	床位 (张) Beds (bed)	#医院及卫生院床位 Hospital Beds	卫生工作人员 (人) Medical Personnel (person)	#卫生技术人员 Medical Technical Personnel
1978	6949	1968	90645	84120	159583	126606
1979	7304	1974	91955	85144	171703	136568
1980	7649	1988	92506	84999	181480	144537
1981	8045	2002	94794	87010	191370	151971
1982	8331	2014	97441	88688	202162	160710
1983	8443	2037	100042	90851	208506	166543
1984	8525	2042	103231	93770	213193	170495
1985	8479	1853	107702	98231	220593	175337
1986	8713	1860	110022	99632	225526	180045
1987	8705	1880	114773	104932	230444	184126
1988	8820	1906	119328	109280	234807	187307
1989	8948	1886	122055	111816	240581	192147
1990	8989	1885	124015	114056	244039	194771
1991	9032	1906	129774	119079	249717	199051
1992	8989	1943	135527	124835	257043	205110
1993	8572	1968	139812	129317	267432	211874
1994	8720	2231	144865	134334	277398	220153
1995	8848	2267	148825	137756	288715	229894
1996	8921	2319	151553	141221	196108	237623
1997	8942	2348	155313	144496	305562	245862
1998	8805	2373	158351	147604	313737	252213
1999	8699	2415	162398	151367	320432	258591
2000	8984	2426	168143	157164	327065	264990
2001	8638	2444	172735	162197	330418	268347
2002	15500	2415	180791	165498	323294	262633
2003	15409	2410	188543	172981	336175	273620
2004	15744	2391	200056	183107	348203	283351
2005	16318	2428	209741	192551	364520	297334
2006	16953	2433	221886	204071	408972	332829
2007	16490	2435	234179	216951	452080	360674
2008	15821	2428	250497	231583	479462	383876
2009	16238	2442	271972	250364	513997	413444
2010	44880	2444	300083	277126	593503	455524
2011	45935	2411	325038	298070	627347	486356
2012	46556	2437	355274	324744	664825	520243
2013	47855	2447	378367	346478	710288	555498
2014	48087	2482	405707	372637	734345	584356
2015	48367	2539	435666	400745	771034	620004
2016	49124	2581	465228	428423	821880	667525

注：从2002年开始，机构数中包含个体诊所机构数；从2010年开始机构、人员总计中含村卫生室数。

Note: Since 2002, the number of institutions has included the number of individual clinics;since 2010,number of village clinics was included in health care institutions.

20-3 医疗卫生机构、床位和人员数（2016年）

Number of Health Care Institutions, Beds and Personnel (2016)

机构类别	Type of Institution	机构(个) Number of Institutions (unit)	床位数(张) Beds (bed)	人员数(人) Personnel (person)	#卫生技术人员 Medical Technical Personnel	#执业(助理)医师 Certified (Assistant) Doctors
合　计	**Total**	**49124**	**465228**	**821880**	**667525**	**244139**
医　院	Hospitals	1380	371602	496634	412908	132757
卫生院	Health Centers	1201	56821	89671	76274	31171
疗养院	Sanatoriums	17	1036	1164	716	291
社区卫生服务中心	Community Health Service Centers	1082	8480	43687	37719	16533
社区卫生服务站	Community Health Service Stations	1484	24	7380	6853	3017
门诊部、诊所、卫生所等	Outpatient Departments and Clinics	15380	291	66485	60951	32761
#诊所	Outpatient Departments	9842	19	27854	26836	16013
卫生所(医务室)	Clinics (Medical Stations)	2938	8	8738	8465	4542
急救中心(站)	Emergency Centers (Stations)	21		522	279	58
采供血机构	Blood Taking and Supply Agencies	42		2475	1833	260
妇幼保健院(所、站)	Maternity and Child Care Centers	129	21152	42926	36087	11027
专科疾病防治院(所、站)	Specialized Prevention and Treatment Stations	135	5822	8769	6761	2742
疾病预防控制中心(防疫站)	Disease Prevention and Control Centers (Antiepidemic Stations)	137		11353	8427	4388
卫生监督所	Sanitation Supervision Stations	195		4877	3603	
卫生监督检验(监测、检测)所(站)	Sanitation Supervision Quarantine Stations	1		3		
医学科学研究机构	Research Institutions of Medical Science	17		99	45	21
医学在职培训机构	On-the-job Medical Training Institutions	12		855	304	102
健康教育所(站、中心)	Health Education Stations (Centers)	33		300	150	71
其他卫生机构	Other Health Agencies	972		11068	5994	2076
村卫生室	**Rural Medical Stations**	**26886**		**33612**	**8621**	**6864**

注：总数中含村卫生室数。
Note:Number of village clinics was included in health care institutions

20-4 各市医疗卫生机构、床位和人员数（2016年）

Number of Health Care Institutions, Beds and Personnel by City (2016)

市别	City	机构（个）Number of Institutions (unit)	#医院 Hospitals	床位数（张）Beds (bed)	#医院床位 Hospital Beds	卫生工作人员（人）Medical Personnel (person)	#卫生技术人员 Medical Technical Personnel	执业(助理)医师（人）Certified Doctors (person)
全省总计	**Provincial Total**	**49124**	**1380**	**465228**	**371602**	**821880**	**667525**	**244139**
广　州	Guangzhou	3806	243	87959	79037	166537	137953	46791
深　圳	Shenzhen	3957	134	37106	34936	97644	79307	30757
珠　海	Zhuhai	721	41	8806	7864	18673	15741	5806
汕　头	Shantou	1377	39	17143	14398	27092	22210	9341
佛　山	Foshan	1469	105	34798	32187	56230	47618	16534
#顺　德	Shunde	547	34	10581	10131	16881	14151	5128
韶　关	Shaoguan	2130	57	16856	12547	24663	19700	7303
河　源	Heyuan	2131	44	13363	6956	19932	15708	5679
梅　州	Meizhou	3290	36	16654	10900	28855	22954	9562
惠　州	Huizhou	2668	70	22460	15737	36879	30124	11283
汕　尾	Shanwei	1678	29	8565	5690	14499	10628	4783
东　莞	Dongguan	2344	89	28138	27450	57167	47668	16680
中　山	Zhongshan	727	53	13754	13656	25171	21412	7425
江　门	Jiangmen	1590	41	21329	15487	32990	27353	9298
阳　江	Yangjiang	1793	44	11346	8648	18420	14371	4787
湛　江	Zhanjiang	3487	92	32216	22730	45970	36071	12377
茂　名	Maoming	4025	64	30774	18952	39732	31448	12635
肇　庆	Zhaoqing	3096	54	16039	12172	29802	22708	7151
清　远	Qingyuan	2389	54	15806	10435	25189	20651	7484
潮　州	Chaozhou	2332	23	6354	4195	13421	9798	4397
揭　阳	Jieyang	2798	48	16870	11878	27432	21853	9746
云　浮	Yunfu	1316	20	8892	5747	15582	12249	4320
按经济区域分	By Region							
珠三角	Pearl River Delta	20378	830	270389	238526	521093	429884	151725
东　翼	Eastern Region	8185	139	48932	36161	82444	64489	28267
西　翼	Western Region	9305	200	74336	50330	104122	81890	29799
山　区	Mountainous Region	11256	211	71571	46585	114221	91262	34348

注：机构、人员数含村卫生室数。

Note:Number of village clinics was included in health care institutions

20–5　各类医疗卫生机构、床位和人员数

Number of Health Institutions, Beds and Personnel by Type

指　　标	Item	2000	2010	2012	2013	2014	2015	2016
机构数　　（个）	**Number of Institutions　　(unit)**	**8984**	**44880**	**46556**	**47855**	**48087**	**48367**	**49124**
医院	Hospitals	746	1088	1185	1222	1260	1323	1380
卫生院	Health Centers	1680	1356	1252	1225	1222	1216	1201
门诊部、诊所、卫生所　（所）	Clinics, Health Stations and Community Health	5710	11056	11903	11989	12766	14068	15380
专科防治机构	Specialized Prevention and Treatment Stations	158	147	147	141	136	131	135
疾病预防控制机构	Sanitation and Anti-epidemic Institutions	171	134	138	137	137	137	137
妇幼保健机构	Maternity and Child Care Centers	31	126	127	128	130	130	129
医学科学研究机构	Research Institutions of Medical Science	20	18	18	17	17	17	17
村卫生室	Rural Medical Stations		28339	29086	28767	28162	27178	26886
其他卫生机构	Other Health Care Institutions	468	2616	2700	4229	4257	4167	3859
床位数　　（张）	**Number of Beds　　(unit)**	**168143**	**300083**	**355274**	**378367**	**405707**	**435666**	**465228**
人员数　　（人）	**Number of Personnel　　(person)**	**327065**	**593503**	**664825**	**710288**	**734345**	**771034**	**821880**
卫生技术人员	Medical Technical Personnel	264990	455524	520243	555498	584356	620004	667525
#执业(助理)医生	Doctors	111172	175100	199599	211061	217376	229389	244139
注册护士	Nurses	83198	168043	199719	217874	233570	254430	284223
其他技术人员	Other Technical Personnel	8910	54491	55917	56529	51959	50033	51403
管理人员	Administrative Personnel	24320	29541	27619	30250	29156	30638	31386
工勤人员	Logistics Personnel	28845	53947	61046	68011	68874	70359	71566

注：从2002年开始，机构数中包含个体诊所机构数；门诊部(所)含门诊部、诊所、卫生所、医务室、护理站等；妇幼保健院归入妇幼保健机构统计；医生指执业(助理)医师。2008年起，门诊部(所)含护理站，不含社区卫生服务站(纳入其他卫生机构)。2010年起机构、人员数含村卫生室数。

Note: Since 2002, the number of institutions has included the number of individual clinics, covered in the category of outpatient departments (clinics); maternity and child care centers have been included in the number of maternity and child care institutions; doctors have referred to certified (assistant) doctors; and Since 2008, clinics include nurse stations, but exclude community health stations, which is listed as Other Healthcare Institutions. Since 2010,Number of village clinics was included in health care institutions

20-6 各市社会保险基金征缴收入(2016年)

Amount Collected of Security Insurance (2016)

单位：万元 (10000 yuan)

市别	City	城镇职工基本养老保险基金征缴收入 Amount Collected of Basic Retirement Security Program	城乡居民基本养老保险基金征缴收入 Amount Collected of Basic Retirement Security Program	城镇职工基本医疗保险基金征缴收入 Amount Collected of Basic Health Care Program	城乡居民基本医疗保险基金征缴收入 Amount Collected of Basic Health Care Program	失业保险基金征缴收入 Amount Collected of Unemployment Insurance	工伤保险基金征缴收入 Amount Collected of Industrial Accident Insurance	生育保险基金征缴收入 Amount Collected of Child-bearing Insurance
合计	**Total**	**26222045**	**388669**	**9946839**	**3928235**	**936274**	**532386**	**713109**
广州	Guangzhou	4526504	95050	3358719	287695	212584	89067	246043
深圳	Shenzhen	6940615	408	2287044	195235	323525	108826	194146
珠海	Zhuhai	936862	6885	344798	34310	33648	13492	18466
汕头	Shantou	409173	21356	125877	265912	19795	7469	17595
佛山	Foshan	2136346	18626	851458	211843	50527	59755	54415
韶关	Shaoguan	273791	19382	168601	129758	10055	9662	4896
河源	Heyuan	198577	10605	85434	158804	6856	3260	4678
梅州	Meizhou	542788	53132	114671	253431	8061	5872	4982
惠州	Huizhou	866162	16341	358882	160201	27786	23968	27
汕尾	Shanwei	118483	5155	40534	158147	3849	3632	2334
东莞	Dongguan	3273690		740531		109696	102110	74586
中山	Zhongshan	1185614	6	344027		43068	32525	35572
江门	Jiangmen	686677	15685	325193	160502	20215	12851	9978
阳江	Yangjiang	163200	13905	69228	139063	3833	3764	7022
湛江	Zhanjiang	402622	23376	186061	377008	14336	6119	10714
茂名	Maoming	317761	23166	137942	369559	12227	8004	6152
肇庆	Zhaoqing	324950	17128	134204	209532	10780	8076	6308
清远	Qingyuan	307316	13029	130959	217794	11823	8005	5875
潮州	Chaozhou	172521	6403	53262	128574	4727	2864	2545
揭阳	Jieyang	288382	14995	32018	319041	4750	1939	826
云浮	Yunfu	146123	14037	57396	151827	4135	4090	5940
省直	Directly under Provincial Government	2003886					17038	8
按经济区域分	By Region							
珠三角	Pearl River Delta	20877420	170129	8744856	1259318	831829	450670	639541
东翼	Eastern Region	988559	47909	251691	871674	33121	15904	23300
西翼	Western Region	883583	60447	393231	885630	30396	17887	23888
山区	Mountainous Region	1468595	110185	557061	911614	40930	30889	26371

注：各区域不包省直单位部分。
Note: "By Region" does not include agencies directly under provincial jurisdiction.

20-7 各市社会保险参保人数（2016年）

Number of Persons Participating in Social Insurance by City (2016)

单位：万人 (10000 persons)

市别	City	城乡基本养老保险参保人数 Number of Persons Participating in Basic Retirement Security Program	失业保险参保人数 Number of Persons Participating in Unemployment Insurance	城乡基本医疗保险参保人数 Number of Persons Participating in Basic Health Care Program	工伤保险参保人数 Number of Persons Participating in Industrial Accident Insurance	生育保险参保人数 Number of Persons Participating in Child-bearing Insurance
合计	**Total**	**7935.65**	**3020.10**	**10150.16**	**3246.17**	**3161.89**
广州	Guangzhou	1227.59	502.14	1096.38	495.48	476.61
深圳	Shenzhen	1029.63	1026.13	1291.80	1083.37	1090.65
珠海	Zhuhai	124.22	92.19	164.16	94.35	93.91
汕头	Shantou	361.35	72.32	501.30	70.01	70.24
佛山	Foshan	542.08	229.81	500.09	231.43	230.72
韶关	Shaoguan	163.61	29.26	284.25	38.52	25.61
河源	Heyuan	204.95	28.91	334.26	30.42	23.54
梅州	Meizhou	268.93	27.01	472.72	35.82	28.93
惠州	Huizhou	334.72	124.64	428.82	148.30	156.20
汕尾	Shanwei	199.63	20.02	305.57	20.55	20.15
东莞	Dongguan	685.83	409.11	574.57	445.07	478.38
中山	Zhongshan	242.12	140.23	255.40	145.32	142.06
江门	Jiangmen	349.58	76.87	382.64	84.06	80.67
阳江	Yangjiang	176.45	21.24	264.13	24.01	20.14
湛江	Zhanjiang	369.92	39.62	720.75	41.45	45.14
茂名	Maoming	346.88	26.16	629.12	34.37	28.06
肇庆	Zhaoqing	234.67	43.64	409.15	45.67	41.73
清远	Qingyuan	261.00	36.41	403.57	42.49	37.47
潮州	Chaozhou	153.58	32.56	265.87	32.43	31.38
揭阳	Jieyang	318.06	24.00	590.01	21.07	22.49
云浮	Yunfu	161.60	17.82	275.60	18.64	17.81
省直	Directly under Provincial Government	179.26			63.35	
按经济区域分	By Region					
珠三角	Pearl River Delta	4770.44	2644.75	5103.00	2773.04	2790.93
东翼	Eastern Region	1032.62	148.90	1662.75	144.06	144.26
西翼	Western Region	893.25	87.02	1614.01	99.83	93.34
山区	Mountainous Region	1060.08	139.42	1770.40	165.89	133.35

注：1)各区域不包省直单位部分。
2)2012年8月起，新型社会农村养老保险和城镇居民社会养老保险制度全覆盖工作全面启动，合并为城乡居民社会养老保险。

Note: a) “By Region” does not include agencies directly under provincial jurisdiction.
b) Since August 2012,system of new old-age insurance and urban basice pension insurance have started completely, and called basic pension insurance for urban and rural residents as total.

20-8 优抚、社会救济和福利事业情况

Statistics on Preferential Treatment and Resettlement, Social Relief and Welfare

项 目	Item	2010	2012	2013	2014	2015	2016
优抚事业	**Preferential Treatment and Resettlement**						
优抚收养性事业单位数（个）	Number of Institutions for Preferential Treatment and Resettlement (unit)	81	81	79	71	57	55
编制登记	Registered with State Office for Public Sector Reform	57	57	50	48	46	43
工商登记	Registered with Industry and Commerce Administration						
民政登记	Registered with Civil Affairs Administration	21	19	6	5		
未登记	Unregistered	3	5	23	18	11	12
优抚收养性单位收养人数（人次）	Number of Persons Adopted byPreferential Treatment and Resettlement Institutions (person-time)	3179	3836	3647	3734	3389	3410
编制登记	Registered with State Office for Public Sector Reform	2896	3552	3271	3392	3296	3353
工商登记	Registered with Industry and Commerce Administration						
民政登记	Registered with Civil Affairs Administration	177	167	22	10		
未登记	Unregistered	106	117	354	332	93	57
优抚事业费用（万元）	Expenses onPreferential Treatment and Resettlement (10000 yuan)	181099	261777	314419	340071	378681	445492
民政部门支出	Expenses by Civil Administration Departments	181099	261777	314419	340071	378681	445492
社会救济	**Social Relief**						
社会救济总人数（万人）	Total Number under Social Relief (10000 persons)	288.00	293.32	249.04	231.15	227.25	209.75
#农村传统救济对象人数	Number of People Receiving Traditional Social Relief in Rural Areas	31.40	31.21	17.51	9.47	12.95	
城乡居民最低生活保障人数（万人）	Number of Urban and Rural Residents Receiving Minimum Income Relief (10000 persons)	224.70	215.00	197.21	190.36	183.30	170.60
城镇	Urban Areas	40.70	37.16	33.99	31.60	29.69	25.46
农村	Rural Areas	184.00	177.84	163.22	158.76	153.60	145.14
城乡居民最低生活保障家庭户数（万户）	Number of Urban and Rural Households Receiving Minimum Income Relief (10000 households)	91.80	94.99	88.29	87.43	86.39	73.92
城镇	Urban Areas	17.30	16.51	16.14	15.68	15.19	13.25
农村	Rural Areas	74.50	78.48	72.15	71.75	71.20	60.67
城乡居民最低生活保障金支出（万元）	Expenditures on Minimum Income Relief for Urban and Rural Residents (10000 yuan)	244490	399793	470565	532682	553022	617139
城镇	Urban Areas	79665	105925	130450	154579	159530	177732
农村	Rural Areas	164825	293868	340114	378103	393493	439407

20-8 续表 continued

项目	Item	2000	2010	2012	2013	2014	2015	2016
社会福利 (亿元)	Expenses on Social Welfare (100 million yuan)			27.65	30.84	34.92	40.89	55.33
社会救助(不含优抚对象医疗补助) (亿元)	Expenses on Social Relief(Medical Aid for Special-care Recipient not included (100 million yuan)			59.74	72.15	86.07	94.79	109.61
自然灾害救济费 (万元)	Relief Funds for Natural Calamities (10000 yuan)	8456	45995	30013	68784	51646	51051	37414
社会福利	**Social Welfare**							
提供住宿的社会服务机构 (个)	Number of Social Welfare Institutions with Accomodations (unit)	2086	2514	2488	1913	1637	1588	1643
编制登记	Registered with State Office for Scopsr		256	291	429	1045	1282	1339
工商登记	Registered with Industry and Commerce Administration		27	30	30	30	48	56
民政登记	Registered with Civil Affairs Administration		1791	1786	566	262	220	222
未登记	Unregistered		440	381	888	300	38	26
提供住宿的社会服务机构年末在院人数 (人)	Number of People Taken in by Social Welfare Institutions with Accomodations at the year-end (person)		92224	91606	89894	91941	92043	89567
编制登记	Registered with State Office for Scopsr		26402	28336	32786	55991	61360	63264
工商登记	Registered with Industry and Commerce Administration		3188	3566	3780	4058	8481	10696
民政登记	Registered with Civil Affairs Administration		51516	52221	35088	24649	20525	21904
未登记	Unregistered		11118	7483	18240	7243	1677	444
社会福利企业单位 (个)	Number of Social Welfare Enterprises (unit)	517	172	157	154	147	134	103
安排"四残"人员就业数 (人)	Number of "Four Kinds of Disabled Persons" Arranged for Employment (person)	8165	4818	5618	5987	5689	5310	3650
编制登记	Registered with State Office for Scopsr		75	148	139	129	125	121
工商登记	Registered with Industry and Commerce Administration		4743	5470	5848	5560	5185	3529
城乡基层社会保障	**Urban and Rural Social Security**							
城镇社区服务设施数(个)	Number of Urban Community Service Facilities (unit)	4983	15960	34284	45233	55374	57108	66677
社区服务指导中心	Community Service Guidance Centers				31	35	29	28
社区服务中心	Community Service Centers		1366	1707	2492	2741	2893	1843
社区服务站	Community Service Stations		1632	8194	12381	12992	13284	20097
社区养老机构和设施	Communtiry Nursing Facilities and Insitution					363	621	1768
社区互助型养老设施	Communtiry Mutual Aid Nursing Facilities							74
其他社区服务设施	Other Communtiry Service Facilities		12962	24383	30329	39243	40281	42867

注：1.2013年起，社会福利收养性事业单位数和社会福利收养性事业单位收养人数指标分别修改为提供住宿的社会服务机构数和提供住宿的社会服务机构年末在院人数。

2.未登记注册机构包含一个机构多块牌子的机构。

Note: a)Since 2013, the indicator of number of social welfare institutions and number of people taken in by social welfare institutions are amended as the indicator of social welfare institutions with accomodations and number of people taken in by social welfare institutions with accomodations at year-end respectively.

b) Unregistered Institutions include one organization with a few brands.

20-9 婚姻登记情况

Statistics on Marriage Registration

项　　目	Item	2000	2010	2013	2014	2015	2016
登记结婚件数 （对）	**Marriage Registration number (couple)**	**562118**	**857146**	**874723**	**891457**	**840411**	**786123**
登记结婚人数 （人）	**Nmber of Persons Registered (person)**	**1124236**	**1714292**	**1749446**	**1782914**	**1680822**	**1572246**
按居住地分类	By Place of Residence						
内地居民登记结婚件数 (对)	Mainland Residents Marriage Registration Number (couple)	550388	850448	866498	883056	832694	777990
内地居民登记结婚人数 (人)	Number of mainland residents registered (person)	1100776	1700896	1732996	1764438	1665442	1556826
涉外及华侨、港澳台居民登记结婚件数(对)	Marriage Registration Number with Foreigners, Overseas Chinese and Citizens of HongKong, Macao and Taiwan (couple)	11730	6698	8225	8401	7717	8133
内地居民 (人)	Mainland Residents (person)	11608	6676	8163	8329	7676	8077
#女性 (人)	Female (person)	9676	5241	5925	5977	5324	5368
香港居民 (人)	Hongkong Residents (person)	5247	1552	2491	2630	2436	2802
澳门居民 (人)	Macao Residents (person)		765	943	948	827	809
台湾居民 (人)	Taiwan Residents (person)	1409	770	947	887	840	780
华侨 (人)	Overseas Chinese (person)	1848	1069	1781	1825	1526	1272
外国人 (人)	Foreigners (person)	3348	2564	2125	2183	2129	2526
按婚前状况分类	By pre marital status						
初婚人数 (人)	Number of First Marriages (person)		1583025	1594855	1620113	1501835	1365312
再婚人数 (人)	Number of Remarriages (person)		131267	154591	162801	178987	206934
#女性 (人)	Female (person)		57536	70431	76146	85208	99589
恢复结婚件数 (对)	Resumption of Marriages (couple)		12764	16918	19607	27356	33170
按年龄分类	By age						
#20~24 (人)	20~24 (person)		549611	558642	550911	490868	431319
25~29 (人)	25~29 (person)		703191	716686	758750	718631	655385
30~34 (人)	30~34 (person)		237064	244865	241158	230655	228708
35~39 (人)	35~39 (person)		105735	88738	91820	90905	99803
40以上 (人)	above 40 (person)		118691	140515	140275	149763	157031
离婚总数 （对）	**Total Number of Divorce (couple)**	**47521**	**127048**	**176976**	**177945**	**193360**	**211858**
民政离婚登记 (对)	Registered Divorce (couple)	19786	100759	150631	151645	167544	186406
内地居民登记离婚(对)	Nmber of Mainland Residents Registered Divorces (couple)	19537	99536	149257	150151	166142	185025
涉外及华侨、港澳台居民登记离婚 (对)	Divorce from Foreigners,Overseas Chinese and Citizens of Hong Kong, Macao and Taiwan (couple)	249	1223	1374	1494	1402	1381
#外国人 (人)	Foreigners (person)		397	292	264	290	403
法院调解离婚 (对)	Divorces through Law Court Mediation(couple)	15973	17644	17331	16183	15268	14492
法院判决离婚 (对)	Divorces through Law Court Judgment (couple)	11762	8645	9014	10117	10548	10960

20-10 律师、公证、基层司法基本情况

Basic Statistics on Lawyers, Notarization, Grassroots Judicial Work

项目	Item	2000	2013	2014	2015	2016
律师工作	**Lawyers**					
律师事务所 (个)	Number of Law Offices (unit)	822	2065	2346	2550	2768
执业律师 (人)	Number of Full-time Lawyers (person)	7292	25093	27208	29633	32380
担任常年法律顾问 (家)	Number of Units as Permanent Legal Advisors (unit)	15759	40672	48868	59664	64339
民事代理 (件)	Agent of Civil Cases (case)	29769	156992	185879	225385	237622
非诉讼法律事务 (件)	Agent of Non-litigious Legal Affairs (case)	50795	187310	126852	174951	204550
刑事辩护 (件)	Defender of Criminal Cases (case)	13364	21657	28467	30739	41003
解答法律询问 (件)	Agent of Legal Advisory Services (case)	101104	346325	362947	385600	406954
公证工作	**Notarization**					
公证处 (个)	Number of Notary Offices (unit)	146	143	145	146	147
公证人员 (人)	Number of Notarial Personnel (person)	1380	2116	2198	2190	2208
办结公证总数 (件)	Number of Notarized Documents (case)	1189475	1411234	1343775	1525912	1603887
国内公证	Domestic Notary		943587	865093	1044876	1163173
涉外及港澳台民事经济公证	Foreign-related and Hong Kong, Macao and Taiwan Related Civil Economic Notarization	489049	467647	478676	481036	440714
基层司法工作	**Grassroots Judicial Work**					
法律服务所 (个)	Number of Law Service Offices (unit)	1916	1244	1191	1078	1019
法律服务所人员 (人)	Number of Personnel Working in Law Service Offices (person)	5992	2256	2353	2086	1966
担任法律顾问 (家)	Number of Units with Legal Advisors	28723	10291	8362	6474	5132
民事诉讼代理 (件)	Agent of Civil Cases (case)	16668	4895	5385	5078	5904
非诉讼代理 (件)	Agent of Non-litigious Legal Affairs (case)	66132	15209	13681	8122	9616
避免、挽回经济损失 (万元)	Avoiding and Retrieving Economic Losses (10000 yuan)	139935	47011	46963	39372	44275
人民调解委员会 (个)	Number of People's Mediation Committees (unit)	29548	33436	33541	33592	33274
调解人员 (人)	Number of Mediators (person)	250117	183188	176764	181205	178052
调解纠纷总数 (件)	Number of Disputes Mediated (case)	136598	350477	331104	326174	323552

注：司法部2012年对公证统计表格进行了修改，不再区分国内民事公证和国内经济公证，统称为国内公证。

Note: Because the Justice Department modified the form of notarization tables in 2012,the items of "domestic civil case notarization" and "domestic economic notary" are both referred to as "the domestic notary".

20−11 交通事故发生情况（2016年）

Statistics on Traffic Accidents (2016)

项 目	Item	合计 Total	按道路横断面位置分 By Cross-section Location of Roads				按事故发生道路类型分 By Type of Roads Where Accidents Occurs			
			机动车道 Roads for Motored Vehicles	非机动车道 Roads for Non-motored Vehicles	混合道 Mixed Roads	其他道 Others	高速公路 Express Highways	等级公路 Classified Highways	城市道路 Urban Roads	其他路 Others
发生 (起)	Number of Traffic Accidents (case)	24876	18762	661	4704	822	921	9797	10042	4187
死亡 (人)	Number of Deaths (person)	5556	4351	103	894	208	563	2378	1754	860
受伤 (人)	Number of Injuries (person)	26883	20140	779	5375	755	1201	11019	10335	4493
损失折款 (万元)	Losses Converted into Cash (10000 yuan)	7414	6342	70	801	225	2305	1932	2474	727
平均每起事故损失 (元)	Average Loss per Traffic Accident (yuan)	2980	3380	1057	1702	2739	25023	1972	2464	1737

注：1．等级公路分为一至四级公路和等外公路；
2．城市道路包括城市快速路和一般城市道路；
3．其他路包括单位小区自建路、公共停车场、公共广场、乡道、村道、田间地头、农垦区等区域。

Notes: a) Classified highways refer to highways of Class I to IV and Unclassified Highway.
b) Urban roads include express roads and normal roads in urban areas.
c) Other roads include roads within residential neighborhoods, public parking lots, squares, country roads, village roads, farm roads and reclaimed areas.

20−12 火灾事故发生情况（2016年）

Statistics on Fire Accidents (2016)

项 目	Item	合计 Total	特大 Extraordinarily Serious Accidents	重大 Serious Accidents	较大 Relatively Serious Accidents	一般 Ordinary Accidents
发生 (起)	Number of Traffic Accidents (case)	16923			8	16915
死亡 (人)	Number of Deaths (person)	132			34	98
受伤 (人)	Number of Injuries (person)	150			9	141
损失折款 (万元)	Losses Converted into Cash(10000 yuan)	40838			180	40658
平均每起事故损失(元)	Average Loss per Traffic Accident(yuan)	24131			225000	24037

20-13 各市亿元生产总值生产安全事故死亡率

Rate of Death from Work Safety Accidents per 100 Million Yuan of Gross Domestic Product by City

单位：% (%)

市别	City	2000	2005	2009	2010	2011	2012	2013	2014	2015	2016
全省	**Provincial Rate**	**1.08**	**0.51**	**0.19**	**0.15**	**0.13**	**0.11**	**0.10**	**0.09**	**0.09**	**0.05**
广州	Guangzhou	0.77	0.37	0.13	0.10	0.08	0.07	0.06	0.06	0.05	0.03
深圳	Shenzhen	0.32	0.23	0.09	0.07	0.05	0.04	0.04	0.03	0.03	0.02
珠海	Zhuhai	0.56	0.33	0.13	0.11	0.09	0.09	0.08	0.07	0.06	0.04
汕头	Shantou		0.53	0.22	0.18	0.15	0.15	0.13	0.11	0.11	0.04
佛山	Foshan	1.15	0.42	0.15	0.13	0.11	0.10	0.07	0.06	0.06	0.03
#顺德	Shunde					0.09	0.08	0.07	0.07	0.07	0.03
韶关	Shaoguan		1.18	0.43	0.36	0.28	0.26	0.22	0.20	0.17	0.12
河源	Heyuan		0.90	0.30	0.26	0.22	0.20	0.18	0.17	0.14	0.09
梅州	Meizhou		1.58	0.39	0.29	0.23	0.22	0.21	0.18	0.18	0.06
惠州	Huizhou	1.51	0.91	0.26	0.20	0.16	0.13	0.11	0.10	0.10	0.07
汕尾	Shanwei	2.01	1.15	0.40	0.30	0.25	0.19	0.23	0.20	0.19	0.14
东莞	Dongguan	1.21	0.44	0.15	0.14	0.11	0.10	0.10	0.09	0.08	0.05
中山	Zhongshan	1.64	0.60	0.22	0.19	0.15	0.13	0.12	0.11	0.11	0.07
江门	Jiangmen	1.46	0.74	0.29	0.26	0.22	0.20	0.20	0.17	0.16	0.08
阳江	Yangjiang	1.82	0.87	0.36	0.28	0.21	0.18	0.16	0.14	0.14	0.12
湛江	Zhanjiang	0.86	0.43	0.21	0.17	0.14	0.11	0.11	0.09	0.09	0.07
茂名	Maoming		0.48	0.24	0.19	0.15	0.12	0.12	0.11	0.10	0.04
肇庆	Zhaoqing	1.91	0.80	0.30	0.24	0.18	0.16	0.15	0.13	0.13	0.09
清远	Qingyuan		1.19	0.26	0.20	0.17	0.22	0.18	0.15	0.16	0.20
潮州	Chaozhou	0.98	0.56	0.20	0.17	0.13	0.13	0.11	0.16	0.16	0.07
揭阳	Jieyang	1.27	0.79	0.25	0.21	0.16	0.13	0.11	0.11	0.10	0.04
云浮	Yunfu	1.38	2.14	0.42	0.38	0.24	0.22	0.20	0.20	0.17	0.16

注：1. 2005—2016年全省生产安全事故包括工矿商贸、道路交通、火灾、铁路路外、水上交通及渔业船舶 死亡人数；各市生产安全事故包括工矿商贸、道路交通、火灾事故死亡人数。
2. 2016年国家安全监管总局开展生产安全事故统计改革，调整了生产安全事故统计范围。

Note: 1.Work safery accidents from 2005 to 2016 of the Province include the number of deaths related to industry, mining, traffic、fire,railway, water traffic and fishing boats accidents, and work safety accidents of each city include the number of deaths related to mining, traffic and fire accidents.
2. Due to the statistics reform of production safety accident conducted byState Administration of Work Safety in 2016, the statistical coverage of production safety acciden has been adjusted.

主要统计指标解释

卫生技术人员 指卫生事业机构支付工资的全部固定职工和合同制职工，现任职务为卫生技术工作的专业人员。包括中医师、西医师、中西医结合高级医师、护师、中药师、西药师、检验师、其他技师、中医士、西医士、护士、助产士、中药剂士、西药剂士、检验士、其他技士、其他中医、护理员、中药剂员、西药剂员、检验员，其他初级卫生技术人员。

医生 指经卫生部门审查合格，具有执业资格的医疗专业人员。

提供住宿的社会服务活动机构 根据《2014年社会服务业统计制度》，提供住宿的社会服务活动机构包括：为老年人与残疾人提供收留抚养服务的机构、为智障与精神病人提供收留抚养服务的机构、为儿童提供收留抚养和救助服务机构以及其他提供住宿的服务机构。

律师 指受聘参加法律顾问处工作，提任法律顾问、刑（民）事代理人、刑事辩护人，办理非诉讼事件、解答法律询问，代写法律事务文书等主要从事律师事务的司法人员。

公证人员 指在国家公证机关依法办理公证事务的司法人员。包括公证员、助理公证员和在公证处工作的其他人员。

调解人员 在人民调解委员会担负调解民间一般民事纠纷和轻微违法行为所引起的纠纷的工作人员。包括调解委员会的委员和调解小组的调解员。

亿元生产总值生产安全事故死亡率 指一定时期内，每生产亿元生产总值，因各类生产安全事故造成的死亡人数。

Explanatory Notes on Main Statistical Indicators

Medical Technical Personnel refer to all permanent and contract medical staff and workers employed by medical institutions, including doctors of Chinese and Western medicine, senior doctors who integrate traditional Chinese therapeutics with Western therapeutics in practice, senior nurses, pharmacists of Chinese and Western medicine, laboratory specialists, other specialists, paramedics of Chinese and Western medicine, nurses, midwives, druggists in Chinese and Western medicine, laboratory technicians, other technicians, other practitioners of Chinese medicine, nursing attendants, pharmacological workers of Chinese and Western medicine, laboratory workers, and other primary medical personnel.

Doctors refer to qualified medical professionals approved to practice by public health departments.

Social Welfare Institutions with Accomodations In accordance with Statistical System of Social Service in 2014, Social Welfare Institutions with Accomodations includes: Institutions taking care of old people and handicapped people, institutions taking care of retarded people and mental patients, institutions adopting and salving children and other social welfare institutions with accomodations. That is, from 1995 to 2012 the caliber is Number of Social Welfare Institutions (unit); since 2013, due to the change of system in Ministry of Civil Affairs, the caliber changes to Social Welfare Institutions with Accomodations .

Lawyers refer to legal workers who are employed by legal counseling firms to act as legal advisers, agents in criminal or civil lawsuits, or defenders in criminal lawsuits, or to handle non litigious legal affairs, to advise on matters of law or to write legal papers for others.

Notary Personnel refer to judicial workers of the state notary offices handling notarization work according to law They include notaries, assistant notaries, and other people working for notary offices.

Mediators refer to workers on people's mediation committees responsible for mediating in civil disputes and cases of slight infraction of the law They include members of the mediation committees and mediators of mediation groups.

Rate of Death from Work Safety Accidents per 100 Million Yuan of Gross Domestic Product refers to the number of deaths due to various work safety accidents in the production process of every 100 million yuan of gross domestic product within a certain period.

二十一、区域经济主要指标

MAJOR ECONOMIC REGIONS

二十一　区域主要经济指标

简要说明

一、本篇主要反映广东境内主要区域社会经济发展的基本情况，内容主要包括：珠江三角洲、广州和深圳、东西两翼、山区县以及少数民族县等经济区域的主要统计指标数据。

二、本篇资料分别由广东省统计局各有关专业处整理提供，综合处负责编辑。

三、本篇资料根据国家统计局制定的各有关专业统计报表制度填报汇总而成。

四、本篇各项指标数据为各经济区域汇总数，由于各市生产总值等指标汇总数不等于全省数，因此仅适合反映该地区发展变化情况。

21　Major Economic Regions

Brief Introduction

Ⅰ. The data in this chapter mainly reflect the basic conditions of social and economic development of main economic regions in Guangdong, including the main indicators on the cities of the Pearl River Delta, Guangzhou and Shenzhen, the East and West Wings, counties in mountainous areas and minority counties.

Ⅱ. The data in this chapter are prepared and provided by the related specialized divisions and compiled by the Division of Comprehensive Statistics of Statistics Bureau of Guangdong Province.

Ⅲ. The data in this chapter are tabulated and reported in accordance with the various statistical reporting schemes stipulated by the National Bureau of Statistics.

Ⅳ. The indicators in this chapter are overall figures of various economic regions that only reflect the status of development of the corresponding regions, as the provincial total is not equal to the sum of indicators of various cities, such as gross domestic product.

21−1 区域主要经济指标

Main Indicators on Regional Economies

指标	Item	2015 珠江三角洲 Pearl River Delta	东翼 East Wing	西翼 West Wing	山区 Mountainous Areas
土地面积 (平方公里)	Land Area (sq.km.)	54763	15475	32646	76751
年末常住人口 (万人)	Permanent Population at the Year-end (10000 persons)	5874.27	1727.31	1583.35	1664.07
#城镇人口 (万人)	Urban Population (10000 persons)	4969.10	1035.16	665.13	784.96
年末就业人员 (万人)	Employed Persons at the Year-end (10000 persons)	3871.26	758.37	751.42	838.26
地区生产总值 (亿元)	Gross Domestic Product (100 million yuan)	62267.78	5430.21	6075.66	4910.84
第一产业	Primary Industry	1116.89	446.70	1047.41	775.82
第二产业	Secondary Industry	27136.63	2921.19	2472.30	1941.51
第三产业	Tertiary Industry	34014.26	2062.32	2555.96	2193.50
人均生产总值 (元)	Per Capita GDP (yuan)	107011	31426	38461	29583
地区生产总值指数(上年=100)	Index of Gross Domestic Product (preceding year=100)	108.6	108.2	108.3	107.9
第一产业	Primary Industry	102.7	103.6	103.6	103.8
第二产业	Secondary Industry	107.5	107.2	109.5	106.7
第三产业	Tertiary Industry	109.8	110.9	108.7	110.6
人均生产总值指数(上年=100)	Index of Per Capita Gross Domestic Product (preceding year=100)	107.1	107.9	107.7	107.3
规模以上工业增加值 (亿元)	Value-added of Industry above Designated Size (100 million yuan)	23680.10	2346.69	1930.57	1488.84
固定资产投资总额 (亿元)	Investment in Fixed Assets (100 million yuan)	20048.69	3613.56	3120.31	3248.64
#房地产开发投资	Investment in Real Estate Development	7075.57	371.09	386.58	705.23
社会消费品零售总额 (亿元)	Total Retail Sales of Consumer Goods(100 million yuan)	22651.04	3155.52	3107.79	2499.49
出口总额 (亿美元)	Total Exports (USD 100 million)				
进口总额 (亿美元)	Total Imports (USD 100 million)	6087.57	178.02	63.10	106.00
实际外商直接投资 (亿美元)	Foreign Direct Investment Actually Utilized (USD 100 million)	3664.49	48.70	33.26	46.83
地方一般公共预算收入(亿元)	Local Public Budgetary Revenue (100 million yuan)	256.24	3.77	4.14	4.60
地方一般公共预算支出(亿元)	Local Public Budgetary Expenditure (100 million yuan)	6391.70	284.69	303.71	423.38
金融机构本外币存款 (亿元)	Deposits in Renminbi and Foreign Currencies in	8421.36	918.47	930.04	1381.84
	All Financial Institutions (100 million yuan)	141609.04	6402.29	5674.10	6702.78
#本外币住户存款	Savings Deposits by Resident				
金融机构本外币贷款 (亿元)	Loans in Renminbi and Foreign Currencies in All	42737.49	4307.37	3763.19	4200.64
	Financial Institutions (100 million yuan)	85741.78	2805.90	3184.82	3928.63
常住居民可支配收入 (元)	Annual Disposable Income of Permanent Residents	36662.0	17274.7	16895.9	16344.8
城镇居民人均可支配收入(元)	Per Capita Annual Disposable Income of Permanent Urban Residents (yuan)	40284.5	21798.1	22489.3	21920.5
农村常住居民人均可支配收入 (元)	Per Capita Annual Net Income of Permanent Rural Residents (yuan)	17296.4	11607.6	12749.0	11577.2

21-1 续表 continued

指标	Item	2016 珠江三角洲 Pearl River Delta	东翼 East Wing	西翼 West Wing	山区 Mountainous Areas
土地面积 (平方公里)	Land Area (sq.km.)	54764	15475	32646	76751
年末常住人口 (万人)	Permanent Population at the Year-end (10000 persons)	5998.49	1735.58	1592.46	1672.47
#城镇人口 (万人)	Urban Population (10000 persons)	5089.64	1041.61	679.69	800.35
年末就业人员 (万人)	Employed Persons at the Year-end (10000 persons)	3926.93	759.87	755.29	837.13
地区生产总值 (亿元)	Gross Domestic Product (100 million yuan)	67841.85	5893.19	6491.93	5328.69
第一产业	Primary Industry	1205.45	495.90	1152.55	845.98
第二产业	Secondary Industry	28596.17	3040.88	2565.40	2037.32
第三产业	Tertiary Industry	38040.23	2356.41	2773.99	2445.39
人均生产总值 (元)	Per Capita GDP (yuan)	114281	34036	40884	31941
地区生产总值指数(上年=100)	Index of Gross Domestic Product (preceding year=100)	108.3	107.3	107.3	107.5
第一产业	Primary Industry	102.2	103.2	102.9	103.4
第二产业	Secondary Industry	107.2	105.6	107.1	106.6
第三产业	Tertiary Industry	109.4	110.7	109.3	109.8
人均生产总值指数(上年=100)	Index of Per Capita Gross Domestic Product (preceding year=100)	106.1	107.1	106.8	107.0
规模以上工业增加值 (亿元)	Value-added of Industry above Designated Size (100 million yuan)	25229.60	2471.32	2047.02	1582.30
固定资产投资总额 (亿元)	Investment in Fixed Assets (100 million yuan)	22321.24	4172.14	3298.27	3217.21
#房地产开发投资	Investment in Real Estate Development	8601.16	478.40	434.43	793.80
社会消费品零售总额 (亿元)	Total Amount of Retail Sales of Consumer Goods (100 million yuan)	25048.68	3522.33	3407.67	2767.44
出口总额 (亿美元)	Total Exports (USD 100 million)	5650.87	172.28	58.29	104.20
进口总额 (亿美元)	Total Imports (USD 100 million)	3450.88	46.26	24.52	45.56
实际外商直接投资 (亿美元)	Foreign Direct Investment Actually Utilized (USD 100 million)	225.90	2.00	2.07	3.53
地方一般公共预算收入(亿元)	Local Public Budgetary Revenue (100 million yuan)	6923.98	285.92	292.35	412.47
地方一般公共预算支出(亿元)	Local Public Budgetary Expenditure (100 million yuan)	9285.10	916.24	929.99	1417.18
金融机构本外币存款 (亿元)	Deposits in Renminbi and Foreign Currencies in All Financial Institutions (100 million yuan)	158966.41	7090.31	6191.67	7580.80
#本外币住户存款	Savings Deposits by Resident	46321.96	4731.72	4091.16	4623.91
金融机构本外币贷款 (亿元)	Loans in Renminbi and Foreign Currencies in All Financial Institutions (100 million yuan)	100149.59	3017.55	3467.09	4294.17
常住居民可支配收入 (元)	Annual Disposable Income of Permanent Residents	40109.1	18744.6	18364.5	17967.6
城镇居民人均可支配收入(元)	Per Capita Annual Disposable Income of Permanent Residents Urban (yuan)	43967.4	23478.3	24390.2	23963.1
农村常住居民人均可支配收入 (元)	Per Capita Annual Net Income of Permanent Rural Residents (yuan)	19063.7	12667.1	13890.8	12747.4

注：1．珠江三角洲包括：广州、深圳、珠海、佛山、江门、东莞、中山、惠州和肇庆。东翼指汕头、汕尾、潮州和揭阳。西翼指湛江、茂名和阳江。山区指韶关、河源、梅州、清远和云浮。

2．本表地区生产总值、工业增加值绝对数按当年价格计算，增长速度按可比价格计算，下表同。

Notes: a) The pearl river delta include Guangzhou, Shenzhen, Zhuhai, Foshan, Jiangmen, Dongguan, Zhongshan, Huizhou and Zhaoqing. The East Wing includes Shantou, Shanwei, Chaozhou and Jieyang. The West Wing includes Zhanjiang, Maoming and Yangjiang.The mountainous areas include Shaoguan, Heyuan, Meizhou, Qingyuan and Yunfu.

b) The figures in value terms on GDP and value-added of industry are calculated at current prices, whereas the growth rates are calculated at comparable prices.The same applies to the following tables.

21-2 区域主要经济指标占全省比重

Percentage of Main Regional Economic Indicators to the Provincial Total

单位：%　　(%)

指标	Item	2015 珠江三角洲占全省比重 Percentage of Pearl River Delta to the Whole Province	东翼占全省比重 Percentage of East Wing to the Whole Province	西翼占全省比重 Percentage of West Wing to the Whole Province	山区占全省比重 Percentage of Mountainous Areas to the Whole Province
土地面积	Land Area	30.5	8.6	18.2	42.7
年末常住人口	Permanent Population at the Year-end	54.1	15.9	14.6	15.3
#城镇人口	Urban Population	66.7	13.9	8.9	10.5
年末就业人员	Employed Persons at the Year-end	62.2	12.2	12.1	13.5
地区生产总值	Gross Domestic Product	79.1	6.9	7.7	6.3
第一产业	Primary Industry	33.0	13.2	30.9	22.9
第二产业	Secondary Industry	78.7	8.5	7.2	5.6
第三产业	Tertiary Industry	83.3	5.1	6.3	5.4
规模以上工业增加值	Value-added of Industry above Designated Size	80.4	8.0	6.6	5.1
固定资产投资总额	Investment in Fixed Assets	66.8	12.0	10.4	10.8
#房地产开发投资	Investment in Real Estate Development	82.9	4.3	4.5	8.3
社会消费品零售总额	Total Retail Sales of Consumer Goods	72.1	10.0	9.9	8.0
出口总额	Total Exports	94.6	2.8	1.0	1.6
进口总额	Total Imports	96.6	1.3	0.9	1.2
实际外商直接投资	Foreign Direct Investment Actually Utilized	95.3	1.4	1.5	1.7
地方一般公共预算收入	Local Public Budgetary Revenue	86.3	3.8	4.1	5.7
地方一般公共预算支出	Local Public Budgetary Expenditure	72.3	7.9	8.0	11.9
金融机构本外币存款	Deposits in Renminbi and Foreign Currencies in All Financial Institutions	88.3	4.0	3.5	4.2
#本外币住户存款	Savings Deposits by Resident	77.7	7.8	6.8	7.6
金融机构本外币贷款	Loans in Renminbi and Foreign Currencies in All Financial Institutions	89.6	2.9	3.3	4.1

21-2 续表 continued

单位：% (%)

指 标	Item	2016 珠江三角洲占全省比重 Percentage of Pearl River Delta to the Whole Province	东翼占全省比重 Percentage of East Wing to the Whole Province	西翼占全省比重 Percentage of West Wing to the Whole Province	山区占全省比重 Percentage of Mountainous Areas to the Whole Province
土地面积	Land Area	30.5	8.6	18.2	42.7
年末常住人口	Permanent Population at the Year-end	54.5	15.8	14.5	15.2
#城镇人口	Urban Population	66.9	13.7	8.9	10.5
年末就业人员	Employed Persons at the Year-end	62.5	12.1	12.0	13.3
地区生产总值	Gross Domestic Product	79.3	6.9	7.6	6.2
第一产业	Primary Industry	32.6	13.4	31.1	22.9
第二产业	Secondary Industry	78.9	8.4	7.1	5.6
第三产业	Tertiary Industry	83.4	5.2	6.1	5.3
规模以上工业增加值	Value-added of Industry above Designated Size	80.5	7.9	6.5	5.1
固定资产投资总额	Investment in Fixed Assets	67.6	12.6	10.0	9.7
#房地产开发投资	Investment in Real Estate Development	83.4	4.6	4.2	7.7
社会消费品零售总额	Total Retail Sales of Consumer Goods	72.1	10.1	9.8	8.0
出口总额	Total Exports	94.4	2.9	1.0	1.7
进口总额	Total Imports	96.7	1.3	0.7	1.3
实际外商直接投资	Foreign Direct Investment Actually Utilized	96.7	0.9	0.9	1.5
地方一般公共预算收入	Local Public Budgetary Revenue	87.5	3.6	3.7	5.2
地方一般公共预算支出	Local Public Budgetary Expenditure	74.0	7.3	7.4	11.3
金融机构本外币存款	Deposits in Renminbi and Foreign Currencies in All Financial Institutions	88.4	4.0	3.4	4.2
#本外币住户存款	Savings Deposits by Resident	77.5	7.9	6.8	7.7
金融机构本外币贷款	Loans in Renminbi and Foreign Currencies in All Financial Institutions	90.3	2.7	3.1	3.9

注：各指标在计算分区域占全省比重时，分母为21个市相加的合计数。

Notes: While calaulating the percentage of each indicator of Pearl River Delta, East Wing, West Wing and Mountainous Areas to the whole province, the denominator is the sum of 21 cities.

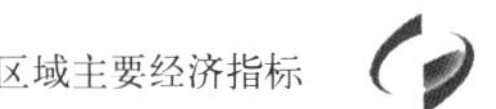

21–3 珠江三角洲主要经济指标

Main Economic Indicators of the Pearl River Delta Economic Zone

年份 Year	年末常住人口 (万人) Permanent Population at the Year-end (10000 persons)	#城镇人口 Urban Population	年末户籍总人口(万人) Total Population with Residence Registration at the Year-end (10000 persons)	年末就业人员 (万人) Employed Persons at the Year-end (10000 persons)	#城镇单位就业人员 Employed Persons in Urban Areas
1990	2369.93	1696.63	2371.57		
1995	3292.03		2372.76		
2000	4289.78	2981.23	2563.60	1902.93	495.46
2001	4376.10		2595.24	1947.10	480.97
2002	4414.68		2595.24	2034.09	498.78
2003	4463.55		2660.46	2250.43	523.34
2004	4516.50		2714.08	2492.27	570.64
2005	4547.14	3516.06	2763.32	2822.60	636.10
2006	4735.47	3771.33	2821.27	2963.93	675.38
2007	4930.68	3919.89	2872.47	3107.38	718.88
2008	5138.48	4119.52	2920.82	3232.88	724.38
2009	5361.72	4375.17	2967.02	3412.10	767.05
2010	5616.39	4645.88	3024.57	3572.01	823.67
2011	5646.51	4687.17	3073.87	3630.21	927.40
2012	5689.64	4770.19	3105.01	3638.83	969.59
2013	5715.19	4802.55	3156.02	3784.09	1552.80
2014	5763.38	4848.41	3207.94	3845.25	1555.45
2015	5874.27	4969.10	3265.69	3871.26	1532.73
2016	5998.49	5089.64	3350.52	3926.93	1547.13

注：2006–2009年年末常住人口根据2010年第六次全国人口普查快速汇总数进行平滑调整，城镇人口也作了相应的调整。

Note: The year-end populations from 2006 to 2009 have been adjusted in accordance with the fast sum figure obtained from the 6th National Population Census and the same applied to urban population.

21–3 续表 1 continued

年份 Year	地区生产总值 (亿元) Gross Domestic Product (100 million yuan)	第一产业 Primary Industry	第二产业 Secondary Industry	第三产业 Tertiary Industry	#工业 Industry	人均生产总值 (元) Per Capita Gross Domestic Product(yuan)
1990	1006.88	153.78	441.65	411.45	388.89	4295
1995	4076.16	346.42	1983.39	1746.35	1710.30	12676
2000	8422.24	458.30	4009.14	3954.80	3618.01	20280
2001	9560.64	475.94	4500.11	4584.59	4094.73	22065
2002	10956.75	496.63	5133.78	5326.34	4705.82	24928
2003	12960.09	511.32	6263.90	6184.87	5758.61	29195
2004	15488.13	556.37	7650.42	7281.34	7080.88	34495
2005	18279.63	557.96	9266.58	8455.09	8664.74	40336
2006	21686.34	561.77	11137.08	9987.49	10481.75	46725
2007	25759.83	624.99	13015.56	12119.28	12301.40	53299
2008	29945.66	722.86	14932.71	14290.09	14123.72	59480
2009	32247.20	723.62	15430.49	16093.09	14521.55	61422
2010	37875.45	809.78	18317.30	18748.36	17227.01	69002
2011	43750.39	924.09	20959.80	21866.51	19681.61	77689
2012	47824.18	983.24	22083.64	24757.29	20730.73	84434
2013	53307.67	1017.02	24098.90	28191.76	22566.47	93548
2014	57650.02	1068.60	25941.28	30640.14	24360.22	100448
2015	62267.78	1116.89	27136.63	34014.26	25482.89	107011
2016	67841.85	1205.45	28596.17	38040.23	26870.03	114281

21-3 续表 2 continued

年份 Year	地区生产总值指数(上年=100) Index of Gross Domestic Product (preceding year=100)	第一产业 Primary Industry	第二产业 Secondary Industry	第三产业 Tertiary Industry	#工业 Industry	人均生产总值指数(上年=100) Index of Per Capita Gross Domestic Product(preceding year=100)
1990	117.5	107.2	119.9	119.0	121.5	115.2
1995	120.4	108.2	122.4	120.0	124.6	112.9
2000	113.7	104.3	114.4	113.9	115.1	107.2
2001	113.3	104.9	113.6	114.0	114.5	108.6
2002	114.4	105.9	115.5	114.1	116.5	112.7
2003	116.9	101.7	122.0	113.3	122.7	115.8
2004	116.8	102.6	120.1	114.4	121.4	115.5
2005	115.7	103.5	118.2	113.7	119.0	114.6
2006	116.8	98.8	118.8	115.7	119.6	114.0
2007	116.3	101.6	116.0	117.5	116.7	111.7
2008	112.8	103.8	111.8	114.3	112.4	108.3
2009	109.4	103.9	108.7	110.4	108.4	104.9
2010	112.2	104.2	114.2	110.4	114.2	107.3
2011	109.9	103.5	110.3	109.7	110.5	107.1
2012	108.1	103.2	106.6	109.7	106.8	107.4
2013	109.3	101.8	107.5	111.2	107.7	108.6
2014	107.8	102.8	107.5	108.2	107.8	107.0
2015	108.6	102.7	107.5	109.8	107.6	107.1
2016	108.3	102.2	107.2	109.4	107.3	106.1

21-3 续表 3 continued

年份 Year	公路通车里程(公里) Total Length of Highways in Operation (km)	货运量(万吨) Freight Traffic (10000 tons)	邮电业务总量(亿元) Total Business Volume of Postal and Telecommunication Services (100 million yuan)	本地电话年末用户(万户) Number of Subscribers of Local Telephones at the Year-end (10000 subscribers)	移动电话年末用户 (万户) Number of Subscribers of Mobile Telephones at the Year-end (10000 subscribers)	固定资产投资额(亿元) Investment in Fixed Assets (100 million yuan)	#房地产开发投资 Investment in Real Estate Development
1990						264.34	
1995	20323		152.60			1515.82	
2000	29029		587.64			2364.71	
2001	29792		614.33	1069.79	1867.67	2612.88	
2002	30354		728.24	1253.95	2508.32	2945.74	
2003	30919		967.45	1663.32	3118.25	3749.51	
2004	31582		1446.30	1915.25	4502.45	4515.27	
2005	32312	103365	1738.94	2355.10	5317.71	5328.37	
2006	52139	113275	2068.19	2559.62	5497.75	5964.60	
2007	53106	122408	2348.22	2651.33	6075.36	6909.74	
2008	53418	120916	2754.77	2529.77	6463.22	7829.03	
2009	54261	142733	2983.47	2400.25	6867.61	9603.55	2583.17
2010	55848	161348	3949.45	2269.84	7457.64	11355.80	3118.66
2011	56380	182281	1544.39	2284.31	8285.85	12366.76	4022.87
2012	58590	203570	1730.31	2295.29	9573.16	13974.24	4483.67
2013	59555	243500	2019.89	2288.94	11228.38	16030.78	5362.75
2014	61548	254491	2751.65	2195.47	11318.90	17542.28	6293.55
2015	63054	266078	3573.05	2086.68	11437.39	20048.69	7075.57
2016	63631	271565	5487.87	1954.24	10933.74	22321.24	8601.16

21-3 续表 4 continued

年份 Year	社会消费品零售总额(亿元) Total Retail Sales of Consumer Goods (100 million yuan)	出口总额(亿美元) Total Exports (USD 100 million)	进口总额(亿美元) Total Imports (USD 100 million)	实际外商直接投资额(亿美元) Foreign Direct Investment Actually Utilized (USD 100 million)	地方一般公共预算收入(亿元) Local Public General Budgetary Revenue (100 million yuan)	地方一般公共预算支出(亿元) Local Public Genera lBudgetary Expenditure (100 million yuan)
1990	424.35	222.21	196.77	12.36	97.98	80.03
1995	1694.60	513.31	429.29	79.47	275.26	322.81
2000	3204.99	847.77	743.15	103.87	599.06	690.64
2001	3581.35	908.29	776.32	114.96	749.65	832.94
2002	3996.23	1126.08	992.57	116.17	772.97	976.78
2003	4497.21	1450.56	1262.47	137.41	867.88	1113.18
2004	5106.86	1824.44	1596.44	90.16	930.99	1234.13
2005	5878.70	2273.18	1837.58	113.34	1218.48	1567.23
2006	6810.19	2887.45	2181.97	130.86	1460.77	1714.73
2007	7919.89	3540.85	2560.28	151.88	1882.01	2145.82
2008	9539.76	3872.08	2697.61	169.21	2248.16	2550.77
2009	10834.73	3417.77	2430.46	175.08	2522.29	2882.33
2010	12613.24	4318.02	3195.01	183.47	3139.58	3654.91
2011	14575.57	5064.89	3678.00	195.29	3674.70	4444.97
2012	16552.69	5477.09	3956.56	215.53	4129.09	4798.40
2013	18630.61	6070.93	4403.38	230.62	4669.16	5240.59
2014	20655.78	6137.68	4153.86	248.61	5375.37	5973.23
2015	22651.04	6087.57	3664.49	256.24	6391.70	8421.36
2016	25048.68	5650.87	3450.88	225.90	6923.98	9285.10

21-3 续表 5 continued

年份 Year	金融机构本外币存款(亿元) Deposits in Renminbi and Foreign Currencies in All Financial Institutions (100 million yuan)	#本外币住户存款(亿元) Savings Deposits by Urban and Rural Residents (100 million yuan)	金融机构本外币贷款(亿元) Loans in Renminbi and Foreign Currencies in All Financial Institutions (100 million yuan)	常住居民可支配收入(元) Annual Disposable Income of Permanent Residents (yuan)	城镇居民人均可支配收入(元) Per Capita Annual Disposable Income of Permanent Urban Residents (yuan)	农村常住居民人均可支配收入(元) Per Capita Annual Net Income of Permanent Rural Residents (yuan)
1990						
1995						
2000	16118.10		11061.27			
2001	18562.11		12117.65			
2002	21881.50		14689.30			
2003	25574.00		17772.73			
2004	28704.24		19642.60			
2005	32962.25		21073.93			
2006	37367.68		23613.32			
2007	42555.31		27982.87			
2008	48512.14		31044.80			
2009	60618.78		40608.44			
2010	71294.51	29770.92	47159.74			
2011	79575.13	33015.57	53133.57			
2012	91585.24	37059.20	60568.45			
2013	104255.28	40218.90	67988.65			
2014	110800.56	41899.85	76017.12	33642.1	37063.7	15754.0
2015	141609.04	42737.49	85741.78	36662.0	40284.5	17296.4
2016	158966.41	46321.96	100149.59	40109.1	43967.4	19063.7

注：珠江三角洲包括广州、深圳、珠海、佛山、江门、东莞、中山、惠州、肇庆九市。

Notes: The Pearl River Delta Economic Zone covers the areas of 13 cities and counties (districts), including Guangzhou, Shenzhen, Zhuhai, Foshan, Jiangmen, Dongguan, Zhongshan, urban districts of Huizhou, Huidong County, Boluo County, urban districts of Zhaoqing, Gaoyao County-level City and Sihui County-level City. The data on banking refer to the sum of the nine cities in the Pearl River Delta, including Guangzhou, Shenzhen, Zhuhai, Foshan, Jiangmen, Dongguan, Zhongshan, Huizhou and Zhaoqing.

21-4 珠江三角洲工业企业主要指标（2016年）

单位：亿元

项　目	Item	企业单位数(个) Number of Enterprises (unit)	#亏损企业 Loss-making Enterprises
总　计	**Total**	**32202**	**4314**
按经济类型分	Grouped by Ownership		
在总计中：国有控股经济	Of the Total: State-controlled Economy	726	130
国有经济	State-owned Economy	71	15
集体经济	Collective-owned Economy	104	19
股份合作经济	Share-holding Cooperative Economy	29	3
股份制经济	Share-holding Economy	19746	2254
外商投资经济	Economy with Foreign Investment	3760	656
港澳台投资经济	Economy with Investment from Hong Kong, Macao and Taiwan	7501	1316
按轻重工业分	Grouped by Light and Heavy Industry		
轻工业	Light Industry	15470	2114
重工业	Heavy Industry	16732	2200
按企业规模分	Grouped by Size of Enterprise		
大型企业	Large	1347	82
中型企业	Medium	6833	788
小微型企业	Small and Micro	24022	3444
按行业分	Grouped by Sector		
煤炭开采和洗选业	Mining and Washing of Coal		
石油和天然气开采业	Extraction of Petroleum and Natural Gas	3	
黑色金属矿采选业	Mining and Dressing of Ferrous Metal Ores	13	
有色金属矿采选业	Mining and Dressing of Nonferrous Metal Ores	3	
非金属矿采选业	Mining and Dressing of Nonmetal Ores	72	5
开采辅助活动	Auxiliary Minning Operations	3	1
其他采矿业	Mining and Dressing of Other Ores		
农副食品加工业	Processing of Farm and Sideline Food	438	58
食品制造业	Manufacture of Food	364	53
酒、饮料和精制茶制造业	Manufacture of Beverage	126	26
烟草制品业	Tobacco Products	2	
纺织业	Textile Industry	993	117
纺织服装、服饰业	Manufacture of Textile Garments, Footwear and Headgear	1795	244
皮革、毛皮、羽毛及其制品和制鞋业	Leather, Fur, Feather, Down and Related Products	1332	169
木材加工和木、竹、藤、棕、草制品业	Timber Processing, Bamboo, Cane, Palm Fiber & Straw Products	275	35
家具制造业	Manufacture of Furniture	1118	127
造纸和纸制品业	Papermaking and Paper Products	801	91
印刷和记录媒介复制业	Printing and Record Medium Reproduction	596	86
文教、工美、体育和娱乐用品制造业	Manufacture of Cultural, Educational and Sports Articles	1069	188
石油加工、炼焦和核燃料加工业	Petroleum Refining, Coking and Nuclear Fuel Processing	49	6
化学原料和化学制品制造业	Manufacture of Raw Chemical Materials and Chemical Products	1668	183
医药制造业	Manufacture of Medicines	261	28
化学纤维制造业	Manufacture of Chemical Fibers	45	4
橡胶和塑料制品业	Plastic Products	2626	323
非金属矿物制品业	Nonmetal Mineral Products	1324	156
黑色金属冶炼和压延加工业	Smelting and Pressing of Ferrous Metals	265	37
有色金属冶炼和压延加工业	Smelting and Pressing of Nonferrous Metals	509	56
金属制品业	Metal Products	2655	307
通用设备制造业	Manufacture of General-purpose Machinery	1508	186
专用设备制造业	Manufacture of Special-purpose Machinery	1396	166
汽车制造业	Manufacture of Automobile	700	84
铁路、船舶、航空航天和其他运输设备制造业	Manufacture of Railway ,Ship,Aeronautics and Other Transport equipment	360	86
电气机械和器材制造业	Manufacture of Electrical Machinery and Equipment	3856	509
计算机、通信和其他电子设备制造业	Manufacture of Communication Equipment, Computers and Other Electronic Equipment	4724	817
仪器仪表制造业	Manufacture of Instruments and Meters	498	78
其他制造业	Other Manufactures	206	23
废弃资源综合利用业	Comprehensive Utilization of Waste	123	17
金属制品、机械和设备修理业	Manufacture of Metal Products,Machinery and Equipment Maintenance	38	4
电力、热力生产和供应业	Production and Supply of Electric Power and Heat Power	140	19
燃气生产和供应业	Production and Supply of Gas	50	3
水的生产和供应业	Production and Supply of Water	198	22

注：本表统计范围为年主营业务收入2000万元及以上的工业法人企业。

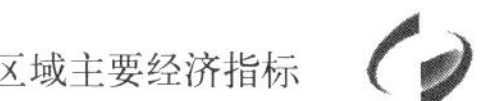

Main Indicators of Industrial Enterprises of the Pearl River Delta (2016)

(100 million yuan)

工业总产值 (当年价) Gross Industrial Output Value (at current prices)	工业增加值 (收入法) Value-added of Industry (by production approach)	年末资产总计 Total Assets at the Year-end	#产成品 Finished Products	流动资产合计 Total Current Asserts	固定资产合计 Net Value of Fixed Assets	年末负债合计 Total Liabilities at the Year-end
108960.64	**25229.60**	**88573.55**	**3776.32**	**54438.54**	**20211.80**	**50172.86**
13175.98	3826.31	17694.49	385.43	7270.93	6477.90	9490.71
228.79	74.92	389.59	8.61	167.79	170.72	181.77
227.69	64.09	90.51	1.32	45.74	32.61	53.94
56.58	10.54	19.94	0.95	14.81	2.66	12.90
57743.66	13790.45	50717.04	2049.24	30024.10	11337.58	29693.11
24600.80	5268.02	17185.52	748.94	11072.76	4185.86	9117.78
24888.84	5748.54	19805.91	956.91	12920.88	4368.68	10913.23
37588.16	8960.28	29453.50	1541.80	19639.64	5436.00	16445.25
71372.47	16269.32	59120.05	2234.52	34798.90	14775.80	33727.61
54207.43	13151.52	44009.58	1690.55	28069.79	9608.24	25935.23
26677.48	6228.18	21427.74	1012.11	12696.48	5369.79	11186.65
28075.73	5849.90	23136.23	1073.66	13672.26	5233.78	13050.98
286.55	221.86	638.58	2.06	57.52	516.49	358.20
60.75	19.37	30.96	0.56	9.49	20.55	12.24
8.97	1.74	4.30	0.66	1.91	0.68	1.64
131.04	36.02	52.47	3.15	22.85	18.54	22.95
16.88	10.05	49.41	0.11	16.67	30.70	6.70
1856.69	205.92	1021.57	47.16	649.05	187.15	575.92
1386.58	486.95	1148.11	39.74	723.43	280.96	465.20
964.60	284.41	699.19	16.10	391.40	226.67	393.39
262.34	202.13	319.93	8.17	248.75	34.89	82.62
1720.98	382.64	1029.71	53.49	604.12	301.08	545.17
2338.49	607.79	1298.22	97.97	939.91	215.72	716.92
1649.54	472.06	834.38	61.78	596.87	145.96	455.94
476.99	106.24	318.30	13.72	172.63	84.71	164.40
1679.21	414.11	1025.56	56.96	658.88	221.39	566.77
1636.62	353.87	1569.66	55.70	824.39	524.96	816.59
913.92	251.83	764.12	25.07	472.98	191.19	365.22
2772.78	550.50	1941.27	302.70	1561.47	215.10	1260.78
1169.93	404.76	906.81	17.13	428.11	393.64	731.66
5338.02	1204.82	4068.34	136.58	2340.80	973.18	1993.53
1128.21	357.29	1727.16	70.08	1054.27	239.30	701.56
99.30	25.78	145.69	5.63	53.59	34.04	53.17
4010.19	952.68	2784.13	134.82	1736.24	653.58	1510.12
3055.98	772.92	2419.31	122.90	1302.91	774.27	1386.40
1344.28	184.69	732.04	38.99	323.38	311.04	486.39
2712.98	378.81	1492.18	191.35	909.46	463.99	1053.03
4676.33	1097.59	2962.40	118.79	1763.31	804.06	1566.15
3706.60	814.15	3202.53	180.37	2228.04	513.19	1723.51
2591.70	712.14	2587.37	118.58	1641.12	455.18	1288.19
6727.89	1575.26	4560.89	122.39	2957.60	1098.34	2813.34
1358.05	275.79	1268.69	27.28	865.99	253.84	812.95
12626.60	2798.97	11083.94	506.93	7814.50	1501.96	6601.41
32383.23	6924.15	24802.66	1088.51	18084.38	3311.05	15325.83
934.71	269.33	967.43	56.88	658.83	127.05	442.12
239.69	61.33	148.83	7.64	103.77	31.43	75.56
751.02	152.82	273.63	12.60	145.26	101.67	152.90
129.54	44.24	161.65	2.65	107.54	43.09	92.02
4695.31	1315.74	7360.48	27.03	1380.24	3963.47	3264.24
730.25	135.51	531.65	3.34	158.16	280.52	309.19
387.91	163.35	1640.02	0.75	428.73	667.20	978.96

Notes: The statistical coverage of industry refers to the legal person industrial enterprises with annual main business revenue over 20 million yuan.

21-4 续表

单位：亿元

项　　目	Item	年末所有者权益合计 Total Creditors' Equity at the Year-end
总　计	**Total**	**37929.65**
按经济类型分	Grouped by Ownership	
在总计中：国有控股经济	Of the Total: State-controlled Economy	8177.53
国有经济	State-owned Economy	208.00
集体经济	Collective-owned Economy	35.92
股份合作经济	Share-holding Cooperative Economy	6.58
股份制经济	Share-holding Economy	20825.88
外商投资经济	Economy with Foreign Investment	7891.04
港澳台投资经济	Economy with Investment from Hong Kong, Macao and Taiwan	8803.46
按轻重工业分	Grouped by Light and Heavy Industry	
轻工业	Light Industry	12824.11
重工业	Heavy Industry	25105.54
按企业规模分	Grouped by Size of Enterprise	
大型企业	Large	18090.05
中型企业	Medium	10242.81
小微型企业	Small and Micro	9596.79
按行业分	Grouped by Sector	
煤炭开采和洗选业	Mining and Washing of Coal	
石油和天然气开采业	Extraction of Petroleum and Natural Gas	280.38
黑色金属矿采选业	Mining and Dressing of Ferrous Metal Ores	17.94
有色金属矿采选业	Mining and Dressing of Nonferrous Metal Ores	2.66
非金属矿采选业	Mining and Dressing of Nonmetal Ores	28.18
开采辅助活动	Auxiliary Minning Operations	42.72
其他采矿业	Mining and Dressing of Other Ores	
农副食品加工业	Processing of Farm and Sideline Food	412.96
食品制造业	Manufacture of Food	681.58
酒、饮料和精制茶制造业	Manufacture of Beverage	305.69
烟草制品业	Tobacco Products	237.31
纺织业	Textile Industry	475.96
纺织服装、服饰业	Manufacture of Textile Garments, Footwear and Headgear	578.56
皮革、毛皮、羽毛及其制品和制鞋业	Leather, Fur, Feather, Down and Related Products	371.39
木材加工和木、竹、藤、棕、草制品业	Timber Processing, Bamboo, Cane, Palm Fiber & Straw Products	141.49
家具制造业	Manufacture of Furniture	448.46
造纸和纸制品业	Papermaking and Paper Products	749.90
印刷和记录媒介复制业	Printing and Record Medium Reproduction	397.64
文教、工美、体育和娱乐用品制造业	Manufacture of Cultural, Educational and Sports Articles	671.28
石油加工、炼焦和核燃料加工业	Petroleum Refining, Coking and Nuclear Fuel Processing	175.14
化学原料和化学制品制造业	Manufacture of Raw Chemical Materials and Chemical Products	1999.70
医药制造业	Manufacture of Medicines	1024.54
化学纤维制造业	Manufacture of Chemical Fibers	92.49
橡胶和塑料制品业	Plastic Products	1264.95
非金属矿物制品业	Nonmetal Mineral Products	1023.76
黑色金属冶炼和压延加工业	Smelting and Pressing of Ferrous Metals	244.85
有色金属冶炼和压延加工业	Smelting and Pressing of Nonferrous Metals	435.94
金属制品业	Metal Products	1367.14
通用设备制造业	Manufacture of General-purpose Machinery	1469.36
专用设备制造业	Manufacture of Special-purpose Machinery	1270.58
汽车制造业	Manufacture of Automobile	1710.89
铁路、船舶、航空航天和其他运输设备制造业	Manufacture of Railway ,Ship,Aeronautics and Other Transport equipment	454.66
电气机械和器材制造业	Manufacture of Electrical Machinery and Equipment	4347.92
计算机、通信和其他电子设备制造业	Manufacture of Communication Equipment, Computers and Other Electronic Equipment	9428.53
仪器仪表制造业	Manufacture of Instruments and Meters	523.30
其他制造业	Other Manufactures	72.61
废弃资源综合利用业	Comprehensive Utilization of Waste	131.44
金属制品、机械和设备修理业	Manufacture of Metal Products,Machinery and Equipment Maintenance	68.03
电力、热力生产和供应业	Production and Supply of Electric Power and Heat Power	4096.63
燃气生产和供应业	Production and Supply of Gas	222.45
水的生产和供应业	Production and Supply of Water	660.62

21-4 continued

(100 million yuan)

主营业务收入 Principal Business Revenue	主营业务税金及附加 Tax and Extra Charges on Principal Business	利润总额 Total Profits	#亏损总额 Total Losses	利税总额 Total Pretax Profits	本年应交增值税 Value-added Tax Payable in Current Year	全部从业人员年平均人数(万人) Annual Average Number of Employed Persons (10000 persons)
105131.51	**863.37**	**6787.99**	**359.06**	**10413.45**	**2752.16**	**1159.49**
12470.39	369.32	1154.67	50.77	2064.37	536.10	63.54
239.26	1.46	15.33	1.77	25.21	8.36	2.55
219.27	0.62	11.46	0.61	15.91	3.81	4.83
50.59	0.33	1.04	0.19	2.54	1.16	0.29
56114.61	549.23	3755.71	132.74	5970.07	1660.55	519.62
23651.53	183.23	1579.59	118.03	2340.59	574.90	224.27
23678.02	122.35	1363.06	104.66	1966.99	479.36	396.33
35949.93	309.38	2506.48	116.26	3818.82	999.39	521.93
69181.58	553.99	4281.52	242.80	6594.64	1752.77	637.55
52365.53	571.55	3763.66	59.78	5866.66	1527.27	467.56
25353.76	171.18	1661.16	127.09	2439.03	605.04	399.83
27412.22	120.64	1363.17	172.19	2107.77	619.86	292.10
271.31	17.11	85.67		128.99	26.21	0.34
59.86	1.04	4.13		8.64	3.47	0.17
12.12	0.04	0.70		0.83	0.08	0.07
121.04	2.03	6.77	0.38	12.14	3.33	0.58
16.69	-0.10	0.96	0.33	1.40	0.54	0.12
1885.26	2.20	81.37	5.40	101.67	18.05	6.75
1379.33	11.52	225.34	4.00	322.52	85.63	13.36
855.41	18.57	68.34	6.58	127.52	40.53	6.29
251.65	129.77	28.27		187.29	29.26	0.36
1630.59	6.54	89.86	3.98	128.93	32.34	22.57
2213.31	10.93	75.12	9.23	140.12	53.92	59.32
1604.46	7.88	56.68	8.63	97.42	32.79	50.17
457.70	2.96	30.01	0.70	45.37	12.38	4.63
1639.16	7.42	96.57	4.82	145.99	41.88	30.37
1581.41	5.97	93.65	4.08	151.14	51.48	18.16
877.96	4.26	49.96	4.91	76.43	22.17	18.18
2753.11	7.24	83.47	12.12	129.98	39.02	49.93
1107.22	169.36	95.56	5.95	334.68	69.55	1.47
5023.96	30.83	412.02	21.12	603.24	160.06	26.27
1057.76	8.16	149.00	5.50	211.02	53.59	9.84
98.15	0.40	9.15	1.02	11.80	2.23	1.03
3882.08	16.46	206.32	16.71	307.89	84.86	67.22
2917.10	14.25	170.88	10.59	256.17	70.81	35.36
1233.94	3.22	59.28	2.52	78.98	16.47	4.89
2578.05	6.22	104.72	7.28	142.65	31.69	12.28
4432.01	21.70	249.78	14.05	375.68	103.85	65.31
3501.48	15.19	238.93	14.22	337.02	82.75	44.81
2432.60	13.42	225.36	12.42	303.84	64.67	38.04
6548.83	124.67	533.12	20.35	848.82	190.20	37.44
1203.85	5.23	59.97	11.49	76.98	11.49	12.59
11971.64	58.79	1005.43	27.67	1388.58	323.49	158.82
31822.55	100.85	1515.77	104.16	2308.94	689.71	316.44
913.51	4.84	67.48	5.90	93.88	21.53	20.90
228.25	0.91	9.46	0.87	16.06	5.68	5.03
740.21	3.14	58.78	0.59	77.30	15.37	2.23
126.70	0.92	7.01	2.05	13.27	5.33	1.78
4621.94	25.01	418.82	4.73	667.20	221.59	11.30
700.54	1.61	52.86	3.74	71.54	17.03	1.07
378.77	2.79	61.43	0.97	81.51	17.13	4.00

21-5 广州、深圳主要经济指标（2016年）
Main Economic Indicators of Guangzhou and Shenzhen (2016)

指　　标	Item	合计 Total	广州市 Guangzhou	深圳市 Shenzhen
土地面积 (平方公里)	Land Area (sq.km)	9246.50	7249.23	1997.27
年末常住人口 (万人)	Permanent Population at the Year-end (10000 persons)	2595.19	1404.35	1190.84
#城镇人口	Urban Population	2399.42	1208.58	1190.84
年末户籍总人口 (万人)	Total Population with Residence Registration at the Year-end (10000 persons)	1270.96	870.49	400.47
年末就业人员 (万人)	Employed Persons at the Year-end (10000 persons)	1761.64	835.26	926.38
#城镇单位就业人员	Employed Persons in Urban Areas	781.47	325.23	456.23
地区生产总值 (亿元)	Gross Domestic Product (100 million yuan)	39040.04	19547.44	19492.60
第一产业	Primary Industry	246.45	239.28	7.17
第二产业	Secondary Industry	13532.05	5751.59	7780.45
第三产业	Tertiary Industry	25261.54	13556.57	11704.97
人均生产总值 (元)	Per Capita Gross Domestic Product (yuan)	153605	141933	167411
地区生产总值指数(上年=100)	Index of Gross Domestic Product (preceding year=100)	108.6	108.2	109.0
第一产业	Primary Industry	100.4	100.4	99.4
第二产业	Secondary Industry	106.9	105.5	108.0
第三产业	Tertiary Industry	109.7	109.6	109.8
人均生产总值指数(上年=100)	Index of Per Capita Gross Domestic Product (preceding year=100)	104.1	104.4	103.7
公路通车里程 (公里)	Total Length of Highways in Operation (km)	10973	9335	1638
民用汽车拥有量 (万辆)	Number of Civil Vehicles Owned (100 million unit)	547.92	230.04	317.88
#私人汽车拥有量	Number of Private Vehicles Owned	449.96	184.90	265.06
邮电业务总量 (亿元) (按2010年不变价计算)	Total Business Volume of Postal and Telecommunication Services (calculated at 2010 constant Prices) (100 million yuan)	3346.97	1628.28	1718.69
本地电话年末用户 (万户)	Number of Subscribers of Local Telephones at the Year-end (10000 subscribers)	977.00	462.48	514.52
#城市	Subscribers in Urban Areas			
移动电话年末用户 (万户)	Number of Subscribers of Mobile Telephones at the Year-end (10000 subscribers)	5629.03	2782.68	2846.35
固定资产投资额 (亿元)	Investment in Fixed Assets (100 million yuan)	9781.75	5703.59	4078.16
#项目投资 (亿元)	Urban (100 million yuan)	5484.37	3162.73	2321.64
房地产开发投资 (亿元)	Investment in Real Estate Development (100 million yuan)	4297.38	2540.85	1756.52
社会消费品零售总额 (亿元)	Total Retail Sales of Consumer Good (100 million yuan)	14219.25	8706.49	5512.76
出口总额 (亿美元)	Total Exports (USD 100 million)	3155.15	781.77	2373.39
进口总额 (亿美元)	Total Imports (USD 100 million)	2122.30	511.32	1610.97
实际外商直接投资额(亿美元)	Foreign Direct Investment Actually Utilized (USD 100 million)	124.33	57.01	67.32
地方一般公共预算收入(亿元)	Local Public Budgetary Revenue (100 million yuan)	4530.14	1393.64	3136.49
地方一般公共预算支出(亿元)	Local Public Budgetary Expenditure (100 million yuan)	6154.79	1943.75	4211.04
金融机构本外币存款 (亿元)	Deposits in Renminbi and Foreign Currencies in All Financial Institutions (100 million yuan)	111938.01	47530.20	64407.81
#本外币住户存款	Savings Deposits by Residents	25185.77	14430.11	10755.66
金融机构本外币贷款 (亿元)	Loans in Renminbi and Foreign Currencies in All Financial Institutions (100 million yuan)	70196.72	29669.82	40526.90
常住居民可支配收入 (元)	Annual Disposable Income of Permanent Residents		46667.0	48695.0
城镇居民人均可支配收入(元)	Per Capita Annual Disposable Income of Permanent Urban Residents (yuan)		50940.7	48695.0
农村常住居民人均可支配收入 (元)	Per Capita Annual Net Income of Permanent Rural Residents(yuan)		21448.6	

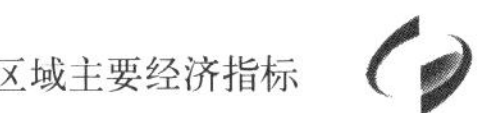

21-6 粤东西北主要经济指标

Main Economic Indicators of the East and West Wings and Mountainous Areas

指 标	Item	2015	2016	2016比2015增长(%) Growth Rate in 2016 over 2015
土地面积 (平方公里)	Land Area (sq.km)	124872	124872	
年末常住人口 (万人)	Permanent Population at the Year-end (10000 persons)	4974.73	5000.51	0.5
#城镇人口	Urban Population	2485.25	2521.65	1.5
年末户籍总人口 (万人)	Total Population with Residence Registration at the Year-end (10000 persons)	5742.67	5814.38	1.2
年末就业人员 (万人)	Employed Persons at the Year-end (10000 persons)	2348.04	2352.29	0.2
#城镇单位就业人员	Employed Persons in Urban Areas	404.70	410.44	1.4
地区生产总值 (亿元)	Gross Domestic Product (100 million yuan)	16416.71	17713.81	7.4
第一产业	Primary Industry	2269.93	2494.42	3.1
第二产业	Secondary Industry	7335.00	7643.60	6.4
第三产业	Tertiary Industry	6811.78	7575.79	9.9
人均地区生产总值 (元)	Per Capita Gross Domestic Product (yuan)	33047	35516	7.0
地区生产总值指数(上年=100)	Index of Gross Domestic Product (preceding year=100)	108.1	107.4	7.4
第一产业	Primary Industry	103.7	103.1	3.1
第二产业	Secondary Industry	107.8	106.4	6.4
第三产业	Tertiary Industry	110.0	109.9	9.9
人均生产总值指数(上年=100)	Index of Per Capita Gross Domestic Product (preceding year=100)	107.6	107.0	7.0
公路通车里程 (公里)	Total Length of Highways in Operation (km)	152969	154454	1.0
邮电业务总量 (亿元) (按2010年不变价计算)	Total Business Volume of Postal and Telecommunication Services (clculated at 2010 constant Prices) (100 million yuan)	824.04	1404.54	70.4
本地电话年末用户 (万户)	Number of Subscribers of Local Telephones at the Year-end (10000 subscribers)	720.40	655.47	-9.0
移动电话年末用户 (万户)	Number of Subscribers of Mobile Telephones at the Year-end (10000 subscribers)	3572.35	3415.21	-4.4
固定资产投资额 (亿元)	Investment in Fixed Assets (100 million yuan)	9982.51	10687.62	7.1
#房地产开发投资 (亿元)	Investment in Real Estate Development (100 million yuan)	1462.90	1706.63	16.7
社会消费品零售总额 (亿元)	Total Retail Sales of Consumer Goods (100 million yuan)	8762.80	9697.44	10.7
出口总额 (亿美元)	Total Exports (USD 100 million)	347.12	334.77	-3.6
进口总额 (亿美元)	Total Imports (USD 100 million)	128.79	116.33	-9.7
实际外商直接投资额(亿美元)	Foreign Direct Investment Actually Utilized (USD 100 million)	12.51	7.60	-39.3
地方一般公共预算收入(亿元)	Local Public Budgetary Revenue (100 million yuan)	1011.79	990.73	0.4
地方一般公共预算支出(亿元)	Local Public Budgetary Expenditure (100 million yuan)	3230.36	3263.41	1.0
金融机构本外币存款 (亿元)	Deposits in Renminbi and Foreign Currencies in All Financial Institutions (100 million yuan)	18779.17	20862.78	11.1
#本外币住户存款	Savings Deposits by Residents	12271.21	13446.79	9.6
金融机构本外币贷款 (亿元)	Loans in Renminbi and Foreign Currencies in All Financial Institutions (100 million yuan)	9919.34	10778.81	8.7
常住居民可支配收入 (元)	Annual Disposable Income of Permanent Residents (yuan)	16843.9	18364.5	9.0
城镇居民人均可支配收入(元)	Per Capita Annual Disposable Income of Permanent Urban Residents (yuan)	22018.2	23871.9	8.4
农村常住居民人均可支配收入 (元)	Per Capita Annual Net Income of Permanent Rural Residents(yuan)	12019.1	13147.1	9.4

21-7 东翼主要经济指标

Main Economic Indicators of the East Wing

指 标	Item	2015	2016	2016比2015增长% Growth Rate in 2016 over 2015
土地面积 (平方公里)	Land Area (sq.km)	15475	15475	
年末常住人口 (万人)	Permanent Population at the Year-end (10000 persons)	1727.31	1735.58	0.5
#城镇人口	Urban Population	1035.16	1041.61	0.6
年末户籍总人口 (万人)	Total Population with Residence Registration at the Year-end (10000 persons)	1883.90	1892.23	0.4
年末就业人员 (万人)	Employed Persons at the Year-end (10000 persons)	758.37	759.87	0.2
#城镇单位就业人员	Employed Persons in Urban Areas	140.33	142.72	1.7
地区生产总值 (亿元)	Gross Domestic Product (100 million yuan)	5430.21	5893.19	7.3
第一产业	Primary Industry	446.70	495.90	3.2
第二产业	Secondary Industry	2921.19	3040.88	5.6
第三产业	Tertiary Industry	2062.32	2356.41	10.7
人均生产总值 (元)	Per Capita Gross Domestic Product (yuan)	31426	34036	7.1
地区生产总值指数(上年=100)	Index of Gross Domestic Product (preceding year=100)	108.2	107.3	7.3
第一产业	Primary Industry	103.6	103.2	3.2
第二产业	Secondary Industry	107.2	105.6	5.6
第三产业	Tertiary Industry	110.9	110.7	10.7
人均生产总值指数(上年=100)	Index of Per Capita Gross Domestic Product (preceding year=100)	107.9	107.1	7.1
公路通车里程 (公里)	Total Length of Highways in Operation (km)	21621	21919	1.4
邮电业务总量 (亿元) (按2010年不变价计算)	Total Business Volume of Postal and Telecommunication Services (calculated at 2010 constant Prices) (100 million yuan)	314.94	566.87	80.0
本地电话年末用户 (万户)	Number of Subscribers of Local Telephones at the Year-end (10000 subscribers)	311.46	281.50	-9.6
移动电话年末用户 (万户)	Number of Subscribers of Mobile Telephones at the Year-end (10000 subscribers)	1414.27	1336.81	-5.5
固定资产投资额 (亿元)	Investment in Fixed Assets (100 million yuan)	3613.56	4172.14	15.5
#房地产开发投资 (亿元)	Investment in Real Estate Development (100 million yuan)	371.09	478.40	28.9
社会消费品零售总额 (亿元)	Total Retail Sales of Consumer Goods (100 million yuan)	3155.52	3522.33	11.6
出口总额 (亿美元)	Total Exports (USD 100 million)	178.02	172.28	-3.2
进口总额 (亿美元)	Total Imports (USD 100 million)	48.70	46.26	-5.0
实际外商直接投资额(亿美元)	Foreign Direct Investment Actually Utilized (USD 100 million)	3.77	2.00	-46.9
地方一般公共预算收入(亿元)	Local Public Budgetary Revenue (100 million yuan)	284.69	285.92	2.6
地方一般公共预算支出(亿元)	Local Public Budgetary Expenditure (100 million yuan)	918.47	916.24	-0.2
金融机构本外币存款 (亿元)	Deposits in Renminbi and Foreign Currencies in All Financial Institutions (100 million yuan)	6402.29	7090.31	10.7
#住户存款	Savings Deposits by Residents	4307.37	4731.72	9.9
金融机构本外币贷款 (亿元)	Loans in Renminbi and Foreign Currencies in All Financial Institutions (100 million yuan)	2805.90	3017.55	7.5
常住居民可支配收入 (元)	Annual Disposable Income of Permanent Residents	17274.7	18744.6	8.5
城镇居民人均可支配收入(元)	Per Capita Annual Disposable Income of Permanent Urban Residents (yuan)	21798.1	23478.3	7.7
农村常住居民人均可支配收入 (元)	Per Capita Annual Net Income of Permanent Rural Residents(yuan)	11607.6	12667.1	9.1

21-8 西翼主要经济指标
Main Economic Indicators of the West Wing

指标	Item	2015	2016	2016比2015增长% Growth Rate in 2016 over 2015
土地面积 (平方公里)	Land Area (sq.km)	32646	32646	
年末常住人口 (万人)	Permanent Population at the Year-end (10000 persons)	1583.35	1592.46	0.6
#城镇人口	Urban Population	665.13	679.69	2.2
年末户籍总人口 (万人)	Total Population with Residence Registration at the Year-end (10000 persons)	1900.92	1929.72	1.5
年末就业人员 (万人)	Employed Persons at the Year-end (10000 persons)	751.42	755.29	0.5
#城镇单位就业人员	Employed Persons in Urban Areas	120.32	123.03	2.3
地区生产总值 (亿元)	Gross Domestic Product (100 million yuan)	6075.66	6491.93	7.3
第一产业	Primary Industry	1047.41	1152.55	2.9
第二产业	Secondary Industry	2472.30	2565.40	7.1
第三产业	Tertiary Industry	2555.96	2773.99	9.3
人均生产总值 (元)	Per Capita Gross Domestic Product (yuan)	38461	40884	6.8
地区生产总值指数(上年=100)	Index of Gross Domestic Product (preceding year=100)	108.3	107.3	7.3
第一产业	Primary Industry	103.6	102.9	2.9
第二产业	Secondary Industry	109.5	107.1	7.1
第三产业	Tertiary Industry	108.7	109.3	9.3
人均生产总值指数(上年=100)	Index of Per Capita Gross Domestic Product (preceding year=100)	107.7	106.8	6.8
公路通车里程 (公里)	Total Length of Highways in Operation (km)	49314	50081	1.6
邮电业务总量 (亿元) (按2010年不变价计算)	Total Business Volume of Postal and Telecommunication Services (calculated at 2010 constant Prices) (100 million yuan)	254.72	426.48	67.4
本地电话年末用户 (万户)	Number of Subscribers of Local Telephones at the Year-end (10000 subscribers)	176.33	165.36	-6.2
移动电话年末用户 (万户)	Number of Subscribers of Mobile Telephones at the Year-end (10000 subscribers)	1044.07	1002.54	-4.0
固定资产投资额 (亿元)	Investment in Fixed Assets (100 million yuan)	3120.31	3298.27	5.7
#房地产开发投资 (亿元)	Investment in Real Estate Development (100 million yuan)	386.58	434.43	12.4
社会消费品零售总额 (亿元)	Total Retail Sales of Consumer Goods (100 million yuan)	3107.79	3407.67	9.6
出口总额 (亿美元)	Total Exports (USD 100 million)	63.10	58.29	-7.6
进口总额 (亿美元)	Total Imports (USD 100 million)	33.26	24.52	-26.3
实际外商直接投资额(亿美元)	Foreign Direct Investment Actually Utilized (USD 100 million)	4.14	2.07	-50.1
地方一般公共预算收入(亿元)	Local Public Budgetary Revenue (100 million yuan)	303.71	292.35	-2.0
地方一般公共预算支出(亿元)	Local Public Budgetary Expenditure (100 million yuan)	930.04	929.99	0.0
金融机构本外币存款 (亿元)	Deposits in Renminbi and Foreign Currencies in All Financial Institutions (100 million yuan)	5674.10	6191.67	9.1
#本外币住户存款	Savings Deposits by Residents	3763.19	4091.16	8.7
金融机构本外币贷款 (亿元)	Loans in Renminbi and Foreign Currencies in All Financial Institutions (100 million yuan)	3184.82	3467.09	8.9
常住居民可支配收入 (元)	Annual Disposable Income of Permanent Residents (yuan)	16895.9	18364.5	8.7
城镇居民人均可支配收入(元)	Per Capita Annual Disposable Income of Permanent Urban Residents (yuan)	22489.3	24390.2	8.5
农村常住居民人均可支配收入 (元)	Per Capita Annual Net Income of Permanent Rural Residents(yuan)	12749.0	13890.8	9.0

21-9 山区主要经济指标
Main Economic Indicators of Mountainous Areas

指标	Item	2015	2016	2016比2015增长% Growth Rate in 2016 over 2015
土地面积 (平方公里)	Land Area (sq.km)	76751	76751	
年末常住人口 (万人)	Permanent Population at the Year-end (10000 persons)	1664.07	1672.47	0.5
#城镇人口	Urban Population	784.96	800.35	2.0
年末户籍总人口 (万人)	Total Population with Residence Registration at the Year-end (10000 persons)	1957.85	1992.43	1.8
年末就业人员 (万人)	Employed Persons at the Year-end (10000 persons)	838.26	837.13	-0.1
#城镇单位就业人员	Employed Persons in Urban Areas	144.05	144.70	0.4
地区生产总值 (亿元)	Gross Domestic Product (100 million yuan)	4910.84	5328.69	7.5
第一产业	Primary Industry	775.82	845.98	3.4
第二产业	Secondary Industry	1941.51	2037.32	6.6
第三产业	Tertiary Industry	2193.50	2445.39	9.8
人均生产总值 (元)	Per Capita Gross Domestic Product (yuan)	29583	31941	7.0
地区生产总值指数(上年=100)	Index of Gross Domestic Product (preceding year=100)	107.9	107.5	7.5
第一产业	Primary Industry	103.8	103.4	3.4
第二产业	Secondary Industry	106.7	106.6	6.6
第三产业	Tertiary Industry	110.6	109.8	9.8
人均生产总值指数(上年=100)	Index of Per Capita Gross Domestic Product (preceding year=100)	107.3	107.0	7.0
公路通车里程 (公里)	Total Length of Highways in Operation (km)	82034	82454	0.5
邮电业务总量 (亿元) (按2010年不变价计算)	Total Business Volume of Postal and Telecommunication Services (calculated at 2010 constant Prices) (100 million yuan)	254.38	411.19	61.6
本地电话年末用户 (万户)	Number of Subscribers of Local Telephones at the Year-end (10000 subscribers)	232.61	208.61	-10.3
移动电话年末用户 (万户)	Number of Subscribers of Mobile Telephones at the Year-end (10000 subscribers)	1114.01	1075.86	-3.4
固定资产投资额 (亿元)	Investment in Fixed Assets (100 million yuan)	3248.64	3217.21	0.1
#房地产开发投资 (亿元)	Investment in Real Estate Development (100 million yuan)	705.23	793.80	12.6
社会消费品零售总额 (亿元)	Total Retail Sales of Consumer Goods (100 million yuan)	2499.49	2767.44	10.7
出口总额 (亿美元)	Total Exports (USD 100 million)	106.00	104.20	-1.7
进口总额 (亿美元)	Total Imports (USD 100 million)	46.83	45.56	-2.7
实际外商直接投资额(亿美元)	Foreign Direct Investment Actually Utilized (USD 100 million)	4.60	3.53	-23.4
地方一般公共预算收入(亿元)	Local Public Budgetary Revenue (100 million yuan)	423.38	412.47	0.6
地方一般公共预算支出(亿元)	Local Public Budgetary Expenditure (100 million yuan)	1381.84	1417.18	2.6
金融机构本外币存款 (亿元)	Deposits in Renminbi and Foreign Currencies in All Financial Institutions (100 million yuan)	6702.78	7580.80	13.1
#本外币住户存款	Savings Deposits by Residents	4200.64	4623.91	10.1
金融机构本外币贷款 (亿元)	Loans in Renminbi and Foreign Currencies in All Financial	3928.63	4294.17	9.3
常住居民可支配收入 (元)	Annual Disposable Income of Permanent Residents	16344.8	17967.6	9.9
城镇居民人均可支配收入(元)	Per Capita Annual Disposable Income of Permanent Urban Residents (yuan)	21920.5	23963.1	9.3
农村常住居民人均可支配收入 (元)	Per Capita Annual Net Income of Permanent Rural Residents(yuan)	11577.2	12747.4	10.1

21-10 山区县(市、区)主要经济指标

Main Economic Indicators of Counties (County-level Cities and Districts) in Mountainous Areas

指 标	Item	2015	2016	2016比2015增长% Growth Rate in 2016 over 2015
年末户籍总人口 (万人)	Total Population with Residence Registration at the Year-end (10000 persons)	3424.98	3466.13	1.2
年末就业人员 (万人)	Employed Persons at the Year-end (10000 persons)	1535.72	1537.05	0.1
地区生产总值 (亿元)	Gross Domestic Product (100 million yuan)	8760.73	9501.84	7.2
第一产业	Primary Industry	1454.44	1599.47	3.9
第二产业	Secondary Industry	3752.05	3943.42	6.8
第三产业	Tertiary Industry	3554.25	3958.95	9.0
人均生产总值 (元)	Per Capita Gross Domestic Product (yuan)	30951	33466	6.9
地区生产总值指数(上年=100)	Index of Gross Domestic Product (preceding year=100)	108.7	107.2	7.2
第一产业	Primary Industry	104.2	103.9	3.9
第二产业	Secondary Industry	109.2	106.8	6.8
第三产业	Tertiary Industry	109.9	109.0	9.0
人均生产总值指数(上年=100)	Index of Per Capita Gross Domestic Product(preceding year=100)	108.4	106.9	6.9
固定资产投资额 (亿元)	Investment in Fixed Assets (100 million yuan)	5145.00	5461.26	6.1
#房地产开发投资 (亿元)	Investment in Real Estate Development (100 million yuan)	761.45	919.93	20.8
社会消费品零售总额 (亿元)	Total Retail Sales of Consumer Goods (100 million yuan)	3880.98	4297.54	10.7
出口总额 (亿美元)	Total Exports (USD 100 million)	147.95	125.20	-15.4
地方一般公共预算收入(亿元)	Local Public Budgetary Revenue (100 million yuan)	470.52	437.75	-7.0
地方一般公共预算支出(亿元)	Local Public Budgetary Expenditure (100 million yuan)	1701.98	1753.91	3.1

注：50个山区县(市、区)包括:从化区、南澳县、曲江区、乐昌市、南雄市、仁化县、始兴县、翁源县、新丰县、乳源县、东源县、和平县、龙川县、紫金县、连平县、梅江区、兴宁市、梅县区、平远县、蕉岭县、大埔县、丰顺县、五华县、惠东县、龙门县、海丰县、陆河县、阳春市、信宜市、高州市、高要区、广宁县、德庆县、封开县、怀集县、英德市、连州市、佛冈县、清新区、连山县、连南县、阳山县、饶平县、潮安区、普宁市、揭西县、罗定市、新兴县、郁南县、云安区。

Notes: Counties(county-level cities and districts)in mountainous areas total 50, including Conghua District, Nan'ao County,Qujiang District,Nanxiong City, Lechang City,Renhua County, Shixing County, Wengyuan County, Xinfeng County, Ruyuan County, Dongyuan County, Heping County, Longchuan County, Zijin County, Lianping County, Meijiang District, Xingning City,Meixian County, Pingyuan County,Jiaoling County,Dabu County,Fengshun County,Wuhua County,Huidong County,Longmen County,Haifeng County,Luhe County,Yangchun City,Xinyi City,Gaozhou City, Gaoyao City, Guangning County,Deqing County, Fengkai County, Huaiji County,Yingde City, Lianzhou City, Fogang County, Qingxin County,Lianshan County, Liannan County,Yangshan County, Raoping County, Chao'an District, Puning City, Jiexi County, Luoding City, Xinxing County, Yunan County, and Yun'an District.

21-11 少数民族县主要经济指标（2016年）

Main Economic Indicators of Minority Counties (2016)

指标	Item	合计 Total	乳源县 Ruyuan County	连山县 Lianshan County	连南县 Liannan County
土地面积 (平方公里)	Land Area (sq.km)	4758	2299	1218	1241
年末户籍总人口 (万人)	Total Population with Residence Registration at the Year-end (10000 persons)	51.99	22.32	12.30	17.37
少数民族人口 (万人)	Population of Minority Nationalities (10000 persons)	19.99	2.62	7.74	9.63
年末就业人员 (万人)	Employed Persons at the Year-end (10000 persons)	22.15	9.62	4.83	7.70
地区生产总值 (亿元)	Gross Domestic Product (100 million yuan)	144.77	73.76	30.97	40.04
第一产业	Primary Industry	21.84	8.06	7.40	6.37
第二产业	Secondary Industry	54.82	34.55	9.21	11.07
第三产业	Tertiary Industry	68.11	31.15	14.37	22.60
人均生产总值 (元)	Per Capita Gross Domestic Product (yuan)	35068	39893	32969	29882
地区生产总值指数 (上年=100)	Index of Gross Domestic Product (preceding year=100)	107.9	109.7	103.4	108.0
第一产业	Primary Industry	105.3	104.4	105.2	106.5
第二产业	Secondary Industry	105.9	110.8	103.1	95.2
第三产业	Tertiary Industry	110.4	110.0	102.9	116.5
人均生产总值指数 (上年=100)	Index of Per Capita Gross Domestic Product (preceding year=100)	107.3	108.8	103.1	107.7
公路通车里程 (公里)	Total Length of Highways in Operation (km)	4831	2027	1071	1733
本地电话年末用户 (户)	Number of Subscribers of Local Telephones at the Year-end (subscriber)	43941	27300	6648	9993
#乡村	Subscribers in Rural Areas	21618	15124	2745	3749
移动电话年末用户 (户)	Number of Subscribers of Mobile Telephones at the Year-end (subscriber)	340839	154400	81344	105095
固定资产投资额 (亿元)	Investment in Fixed Assets (100 million yuan)	82.21	66.97	5.14	10.10
#房地产开发投资 (亿元)	Investment in Real Estate Development (100 million yuan)	7.66	6.00	0.11	1.55
社会消费品零售总额 (亿元)	Total Retail Sales of Consumer Goods (100 million yuan)	37.12	22.47	6.24	8.41
地方一般公共预算收入 (亿元)	Local Public Budgetary Revenue (100 million yuan)	7.92	5.21	1.23	1.48
地方一般公共预算支出 (亿元)	Local Public Budgetary Expenditure (100 million yuan)	55.76	22.35	17.81	15.60
城镇单位在岗职工年平均工资(元)	Annual Average Wage of Staff and Workers (yuan)		59496	64009	68836
农村常住居民人均可支配收入(元)	Per Capita Net Income of Rural Permanent Households (yuan)		11734	11051	11007
普通中学 (所)	Number of Regular Secondary Schools (unit)	28	8	9	11
在校学生数 (人)	Number of Students Enrolled in Regular Secondary Schools (person)	20827	9029	4234	7564
小学 (所)	Number of Primary Schools (unit)	53	13	9	31
在校学生数 (人)	Number of Students Enrolled in Primary Schools (person)	36546	15837	7957	12752

二十二、县（市、区）主要经济指标

COUNTIES AND DISTRICTS UNDER CITY ADMINISTRATION

二十二 县（市、区）主要经济指标

简要说明

一、本篇资料反映广东县(市、区)经济发展基本情况，主要包括：各县(市)区的地区生产总值、工农业总产值、主要农产品产量、固定资产投资、消费品零售总额、就业人员和工资水平、财政收支等内容。

二、本篇资料由广东省统计局各有关专业处整理提供，综合处负责编辑。

三、本篇资料依据国家统计局制定的各有关专业年度报表制度填报汇总而成。

四、本篇各县(市、区)生产总值、产值、财政类指标数据汇总数不等于全省数。

22 Counties and Districts Under City Administration

Brief Introduction

Ⅰ. The data in this chapter show the basic conditions of the economic development of counties and districts under city administration in Guangdong Province, mainly including gross domestic product, gross output value of industry and agriculture, output of major farm products, investment in fixed assets, total retail sales of consumer goods, number and wages of fully employed staff and workers, local government budgetary revenue and expenditure etc.

Ⅱ. The data in this chapter are prepared and provided by the related specialized divisions and compiled by the Division of Comprehensive Statistics of Statistics Bureau of Guangdong Province.

Ⅲ. The data in this chapter are compiled on the basis of data in accordance with related specialized annual report schemes formulated by the National Bureau of Statistics.

Ⅳ. The tabulated data on gross domestic product, output value and government finance of the counties and districts in this chapter do not sum up to the provincial total.

22-1 各县(市、区)地区生产总值

Gross Domestic Product by County (County-level City and District)

县(市、区)	County (County-level City and District)	地区生产总值(万元) Gross Domestic Product(10000 yuan)		指数(上年=100) Index (preceding year=100)	
		2015	2016	2015	2016
广州市	Guangzhou				
越秀区	Yuexiu District	26996261	29094805	107.3	107.5
海珠区	Haizhu District	14229675	15498479	108.5	108.2
荔湾区	Liwan District	10157960	10810189	107.2	106.3
天河区	Tianhe District	34386497	38008205	108.8	109.0
白云区	Baiyun District	15349652	16407452	107.7	107.6
黄埔区	Huangpu District	28740745	29419493	108.1	105.6
花都区	Panyu District	10802099	11687566	108.3	108.1
番禺区	Huadu District	16042156	17536797	108.5	108.3
南沙区	Nansha District	11391882	12791465	113.3	113.8
从化区	Conghua District	3491247	3751501	108.2	107.5
增城区	Zengcheng District	9415961	10468468	107.5	108.5
深圳市	Shenzhen				
福田区	Futian District	32561471	35572870	109.0	108.6
罗湖区	Luohu District	17275004	19724939	108.0	109.0
盐田区	Yantian District	4864379	5375327	108.9	108.8
南山区	Nanshan District	37155228	38452711	109.3	109.3
宝安区	Baoan District	49480569	55873822	108.6	108.5
龙岗区	Longgang District	33691983	39926343	109.6	110.0
珠海市	Zhuhai				
香洲区	Xiangzhou District	13196221	14606661	109.5	108.9
金湾区	Jinwan District	4184002	4573813	109.9	108.5
斗门区	Doumen District	2873888	3083234	113.3	107.0
汕头市	Shantou				
金平区	Jinping District	3812328	4264261	108.5	109.1
龙湖区	Longhu District	2762556	3096322	108.6	109.1
澄海区	Chenghai District	3802319	4258542	108.5	109.6
濠江区	Haojiang District	793780	895232	106.9	108.3
潮阳区	Chaoyang District	3347303	3714994	107.9	106.2
潮南区	Chaonan District	3121078	3467073	110.1	109.7
南澳县	Nanao County	157690	171208	107.8	106.0
佛山市	Foshan				
禅城区	Chancheng District	14686726	15852622	108.2	108.1
南海区	Nanhai District	22289912	24109954	108.5	108.3
顺德区	Shunde District	25866862	27932306	108.5	108.4
高明区	Gaoming District	7105400	7573161	108.6	107.9
三水区	Sanshui District	10090933	10832101	109.0	108.4
韶关市	Shaoguan				
浈江区	Zhengjiang District	2008200	2101271	107.0	105.5
武江区	Wujiang District	2174537	2297155	106.7	105.2
曲江区	Qujiang District	1282231	1395026	94.4	108.1
乐昌市	Lechang City	1070896	1146719	106.6	105.6
南雄市	Nanxiong City	1262695	1385230	110.9	108.2
仁化县	Renhua County	933991	1022128	106.9	107.8
始兴县	Shixing County	750661	829120	108.8	108.2
翁源县	Wengyuan County	890104	965655	108.3	106.8
新丰县	Xinfeng County	740313	802940	108.5	107.1
乳源县	Ruyuan County	666490	737620	110.4	109.7

22-1 续表 1 continued

县(市、区)	County (County-level City and District)	地区生产总值(万元) Gross Domestic Product(10000 yuan) 2015	2016	指数(上年=100) Index(preceding year=100) 2015	2016
河源市	Heyuan				
源城区	Urban District	3024181	3370986	111.9	110.1
东源县	Dongyuan County	934040	1043831	103.2	109.2
和平县	Heping County	918633	1020217	109.8	108.4
龙川县	Longchuan County	1224473	1364738	106.1	107.9
紫金县	Zijin County	1166522	1285090	108.1	107.1
连平县	Lianping County	832945	902300	102.3	106.6
梅州市	Meizhou				
梅江区	Meijiang District	2066596	2173206	108.7	104.8
梅县区	Meixian District	1703287	1876364	107.8	108.1
兴宁市	Xingning City	1533660	1663732	108.7	106.0
平远县	Pingyuan County	685676	762255	110.2	108.6
蕉岭县	Jiaoling County	671065	730624	110.1	106.1
大埔县	Dabu County	720922	811909	109.7	109.3
丰顺县	Fengshun County	947271	1032093	110.5	106.9
五华县	Wuhua County	1269305	1405486	109.7	109.0
惠州市	Huizhou				
惠城区	Huicheng District	11675216	12298434	106.1	106.3
惠阳区	Huiyang District	7952164	8543621	107.1	107.2
惠东县	Huidong County	5202897	6081128	114.5	112.5
博罗县	Boluo County	5471179	6136203	114.1	111.9
龙门县	Longmen County	1586316	1800036	115.0	112.0
汕尾市	Shanwei				
市城区	Urban District	1738118	1850326	101.6	107.5
陆丰市	Lufeng City	2317165	2490346	109.0	106.3
海丰县	Haifeng County	2637640	2857591	112.1	106.9
陆河县	Luhe County	483081	523675	108.2	111.0
东莞市	Dongguan	62750737	68276868	108.0	108.1
中山市	Zhongshan	30100326	32027780	108.4	107.8
江门市	Jiangmen				
蓬江区	Pengjiang District	5478122	6049179	111.2	108.5
江海区	Jianghai District	1461229	1585078	109.0	107.8
新会区	Xinhui District	5199364	5399793	108.2	106.5
台山市	Taishan City	3287153	3567209	106.5	107.6
开平市	Kaiping City	2879164	3100371	108.2	107.1
鹤山市	Heshan City	2607187	2870406	109.0	108.2
恩平市	Enping City	1505308	1651775	104.8	107.1
阳江市	Yangjiang				
江城区	Jiangcheng District	2893104	2841938	108.0	106.5
阳东区	Yangdong District	2702194	2767834	108.0	106.5
阳春市	Yangchun City	3697417	3801860	107.9	106.5
阳西县	Yangxi County	2053946	2194659	108.6	106.8

22-1 续表 2 continued

县(市、区)	County (County-level City and District)	地区生产总值(万元) Gross Domestic Product(10000 yuan) 2015	2016	指数(上年=100) Index(preceding year=100) 2015	2016
湛江市	Zhanjiang				
赤坎区	Chikan District	2611384	2880882	110.0	107.4
霞山区	Xiashan District	3658855	3895094	107.0	107.2
麻章区	Mazhang District	1171592	1305240	110.1	110.2
坡头区	Potou District	2308921	2436742	108.2	107.2
雷州市	Leizhou City	2543950	2762062	107.7	107.0
廉江市	Lianjiang County	4163578	4727725	113.1	110.8
吴川市	Wuchuan City	2209300	2477249	108.4	109.3
遂溪县	Suixi County	2630748	2836786	107.1	106.7
徐闻县	Xuwen County	1447310	1584303	106.5	106.1
茂名市	Maoming				
茂南区	Maonan District	2201752	2410225	112.0	109.0
电白区	Dianbai District	5388429	5809720	110.8	108.1
信宜市	Xinyi City	3668601	4032925	110.3	108.0
高州市	Gaozhou City	4568117	5017770	110.7	109.0
化州市	Huazhou City	4025663	4365130	110.3	106.9
肇庆市	Zhaoqing				
端州区	Tuanzhou District	1940302	2066638	109.0	105.5
鼎湖区	Dinghu District	961526	1041318	108.2	106.1
高要区	Gaoyao District	3914145	3895508	107.5	98.8
四会市	Sihui City	5437299	5742785	109.0	105.9
广宁县	Guangning County	1307415	1400019	107.2	106.0
德庆县	Deqing County	1207508	1308173	107.2	105.6
封开县	Fengkai County	1344777	1423465	107.9	104.1
怀集县	Huaiji County	2185627	2300827	106.8	104.5
清远市	Qingyuan				
清城区	Qingcheng District	4553003	4890380	108.2	107.3
清新区	Qingxin District	2323539	2533502	108.8	108.0
英德市	Yingde City	2374232	2550014	108.6	107.9
连州市	Lianzhou City	1256292	1366657	108.2	106.1
佛冈县	Fogang County	1045999	1149222	108.8	108.8
阳山县	Yangshan County	872555	931826	106.9	104.0
连山县	Lianshan County	293948	309710	105.4	103.4
连南县	Liannan County	365691	400416	107.3	108.0
潮州市	Chaozhou				
湘桥区	Xiangqiao District	1965295	2124527	108.3	107.2
潮安区	Chaoan District	5246617	5618330	108.3	107.3
饶平县	Raoping County	2261296	2421012	108.6	106.8
揭阳市	Jieyang				
榕城区	Rongcheng District	4661802	4956202	108.1	106.4
揭东区	Jiedong District	3991588	4287235	109.1	107.0
普宁市	Puning City	5964849	6402775	108.6	106.5
揭西县	Jiexi County	2149976	2319859	108.1	106.4
惠来县	Huilai County	2450996	2646314	107.1	105.6
云浮市	Yunfu				
云城区	Yuncheng District	970543	1075072	108.7	108.6
云安区	Yuanan District	754683	826551	108.5	108.1
罗定市	Luoding City	1777821	1954599	108.7	108.3
新兴县	Xinxing County	2215145	2431510	108.7	108.1
郁南县	Yunan County	980432	1080469	108.5	107.6

22-2 各县(市、区)三次产业地区生产总值

Gross Domestic Product by County (County-level City and District)

单位：万元 (10000 yuan)

县(市、区)	County (County-level City and District)	第一产业 Primary Industry		第二产业 Secondary Industry		第三产业 Tertiary Industry	
		2015	2016	2015	2016	2015	2016
广州市	Guangzhou						
越秀区	Yuexiu District			542920	539800	26453341	28555005
海珠区	Haizhu District	23242	7795	1988923	2011227	12217510	13479457
荔湾区	Liwan District	48678	51026	2162258	2264752	7947024	8494411
天河区	Tianhe District	14238	5823	4171170	3784797	30201089	34217585
白云区	Baiyun District	328371	357836	3310277	3166785	11711004	12882831
黄埔区	Huangpu District	68087	68463	19159585	18404698	9513073	10946332
花都区	Panyu District	301616	323730	5966923	6264089	4533560	5099747
番禺区	Huadu District	261069	305766	5596849	6277450	10184238	10953581
南沙区	Nansha District	512796	518586	7953422	8216783	2925664	4056096
从化区	Conghua District	237236	253119	1547933	1644114	1706078	1854268
增城区	Zengcheng District	473076	500665	4860523	4941451	4082362	5026352
深圳市	Shenzhen						
福田区	Futian District	20272	5967	2146621	2239206	30394578	33327697
罗湖区	Luohu District	4218	5892	821273	757652	16449513	18961395
盐田区	Yantian District	349	472	788122	834421	4075908	4540434
南山区	Nanshan District	8423	18376	19876056	17780968	17270749	20653367
宝安区	Baoan District	19783	24413	27046231	30252450	22414555	25596959
龙岗区	Longgang District	13441	16605	21401056	25939850	12277486	13969888
珠海市	Zhuhai						
香洲区	Xiangzhou District	31291	25274	5477670	5802448	7687260	8778939
金湾区	Jinwan District	62519	66356	3075986	3389406	1045497	1118051
斗门区	Doumen District	357270	343650	1519336	1607023	997282	1132561
汕头市	Shantou						
金平区	Jinping District	32546	36612	1369479	1503327	2410303	2724322
龙湖区	Longhu District	66239	74094	1142444	1235441	1553873	1786787
澄海区	Chenghai District	329135	364696	2147401	2356948	1325783	1536898
濠江区	Haojiang District	84651	92107	503275	565195	205854	237930
潮阳区	Chaoyang District	228403	252750	2140406	2393131	978494	1069113
潮南区	Chaonan District	152012	168614	1879884	2098649	1089182	1199810
南澳县	Nanao County	39440	43199	52718	54292	65532	73717
佛山市	Foshan						
禅城区	Chancheng District	4991	6246	6743155	7329817	7938580	8516559
南海区	Nanhai District	458495	481313	13282486	14022410	8548931	9606231
顺德区	Shunde District	414678	433442	15101167	16057700	10351017	11441164
高明区	Gaoming District	175940	191522	5611315	5932951	1318145	1448687
三水区	Sanshui District	311032	340685	7656565	8117276	2123336	2374140
韶关市	Shaoguan						
浈江区	Zhengjiang District	63577	68766	345823	309717	1598799	1722789
武江区	Wujiang District	61152	66035	1039310	1056188	1074075	1174932
曲江区	Qujiang District	161784	178991	612032	658810	508416	557225
乐昌市	Lechang City	215510	233849	276529	264738	578856	648132
南雄市	Nanxiong City	258583	285799	506909	546102	497204	553329
仁化县	Renhua County	185411	201421	358413	356752	390167	463955
始兴县	Shixing County	169148	190661	301334	326109	280179	312350
翁源县	Wengyuan County	216156	236163	286771	288582	387177	440910
新丰县	Xinfeng County	114291	127285	343727	356344	282295	319311
乳源县	Ruyuan County	73206	80611	313355	345527	279929	311482

22-2 续表 1 continued

单位：万元 (10000 yuan)

县(市、区)	County (County-level City and District)	第一产业 Primary Industry 2015	2016	第二产业 Secondary Industry 2015	2016	第三产业 Tertiary Industry 2015	2016
河源市	Heyuan						
源城区	Urban District	27337	29120	1686796	1841484	1310048	1500382
东源县	Dongyuan County	153812	163499	396533	432018	383695	448315
和平县	Heping County	146933	162875	417067	432001	354633	425341
龙川县	Longchuan County	248433	260733	369225	375295	606814	728710
紫金县	Zijin County	260875	279663	421798	416478	483849	588949
连平县	Lianping County	102752	112217	411736	416898	318457	373185
梅州市	Meizhou						
梅江区	Meijiang District	91123	101566	1060061	1088559	915412	983081
梅县区	Meixian District	430144	483638	636148	687446	636995	705280
兴宁市	Xingning City	414624	457488	386273	393836	732763	812408
平远县	Pingyuan County	114207	121386	259619	271032	311850	369837
蕉岭县	Jiaoling County	113933	124550	202459	217074	354673	389000
大埔县	Dabu County	189334	217059	210887	240903	320701	353947
丰顺县	Fengshun County	219606	236277	414829	423891	312836	371925
五华县	Wuhua County	291642	322007	348064	368526	629599	714953
惠州市	Huizhou						
惠城区	Huicheng District	255473	284472	6152056	6275906	5267687	5738057
惠阳区	Huiyang District	152447	172435	5329251	5619517	2470466	2751669
惠东县	Huidong County	426805	499145	2435857	2835346	2340235	2746637
博罗县	Boluo County	459038	518916	2961702	3344905	2050439	2272382
龙门县	Longmen County	198048	241650	745382	817305	642886	741081
汕尾市	Shanwei						
市城区	Urban District	170803	178481	916342	920407	650973	751438
陆丰市	Lufeng City	491262	553234	1048885	1054848	777018	882264
海丰县	Haifeng County	357142	388917	1214114	1278740	1066384	1189934
陆河县	Luhe County	104239	116289	89217	83228	289625	324158
东莞市	Dongguan	210250	241986	29220473	31732421	33320014	36302461
中山市	Zhongshan	664811	682565	16327001	16772574	13108514	14572641
江门市	Jiangmen						
蓬江区	Pengjiang District	73827	77085	2555672	2788704	2848623	3183390
江海区	Jianghai District	47770	58015	895603	954189	517856	572874
新会区	Xinhui District	383738	385901	3097162	3065333	1718464	1948559
台山市	Taishan City	560966	624940	1736301	1859286	989886	1082983
开平市	Kaiping City	281200	312184	1432838	1516622	1165126	1271565
鹤山市	Heshan City	197177	231044	1406000	1496054	1004010	1143308
恩平市	Enping City	200362	200511	515142	534840	789804	916424
阳江市	Yangjiang						
江城区	Jiangcheng District	214070	235118	1423371	1222019	1255663	1384801
阳东区	Yangdong District	436987	488108	1577958	1457204	687249	822521
阳春市	Yangchun City	656028	741967	1403850	1177555	1637539	1882338
阳西县	Yangxi County	536414	584053	750337	764330	767196	846276

22-2 续表 2 continued

单位：万元 (10000 yuan)

县(市、区)	County (County-level City and District)	第一产业 Primary Industry 2015	2016	第二产业 Secondary Industry 2015	2016	第三产业 Tertiary Industry 2015	2016
湛江市	Zhanjiang						
赤坎区	Chikan District	20104	19884	497931	476883	2093349	2384115
霞山区	Xiashan District	18830	20267	1699456	1791715	1940568	2083112
麻章区	Mazhang District	187912	206390	718857	816201	264823	282649
坡头区	Potou District	154189	171383	1723610	1797017	431123	468341
雷州市	Leizhou City	953191	1059786	380690	329429	1210069	1372847
廉江市	Lianjiang County	947463	1048554	1800219	2094157	1415897	1585015
吴川市	Wuchuan City	280913	298139	953563	1083099	974824	1096011
遂溪县	Suixi County	985833	1058535	772958	788193	871957	990058
徐闻县	Xuwen County	677421	770679	139438	109195	630451	704430
茂名市	Maoming						
茂南区	Maonan District	193643	210743	872042	944995	1136067	1254487
电白区	Dianbai District	1052795	1199070	2200606	2343229	2135028	2267421
信宜市	Xinyi City	801808	897747	1181217	1281186	1685576	1853992
高州市	Gaozhou City	1009944	1128717	1411572	1592793	2146601	2296261
化州市	Huazhou City	812787	916733	1264733	1360182	1948143	2088215
肇庆市	Zhaoqing						
端州区	Tuanzhou District	4456	3015	802814	843698	1133032	1219925
鼎湖区	Dinghu District	137055	148876	542250	564589	282222	327854
高要区	Gaoyao District	657915	702946	2271353	2179279	984877	1013283
四会市	Sihui City	459926	501907	3460130	3541607	1517243	1699271
广宁县	Guangning County	308309	331541	466058	533161	533048	535317
德庆县	Deqing County	271762	280143	456960	510032	478786	517998
封开县	Fengkai County	379691	403938	456138	483400	508947	536127
怀集县	Huaiji County	666109	735655	639107	585974	880411	979198
清远市	Qingyuan						
清城区	Qingcheng District	258858	281017	2107236	2193859	2186909	2415504
清新区	Qingxin District	329705	364144	926374	1010586	1067460	1158771
英德市	Yingde City	511654	544877	767620	838745	1094958	1166392
连州市	Lianzhou City	308296	358530	280473	303648	667523	704479
佛冈县	Fogang County	104686	113450	493356	536837	447957	498934
阳山县	Yangshan County	276834	311356	197093	192491	398628	427979
连山县	Lianshan County	65226	74004	92696	92056	136026	143650
连南县	Liannan County	57444	63736	118409	110666	189838	226014
潮州市	Chaozhou						
湘桥区	Xiangqiao District	64870	64970	897043	957474	1003382	1102083
潮安区	Chaoan District	179924	190028	3318502	3517595	1748191	1910707
饶平县	Raoping County	397902	450060	980189	1024019	883205	946933
揭阳市	Jieyang						
榕城区	Rongcheng District	148058	162169	2784614	2918411	1729130	1875622
揭东区	Jiedong District	320644	360829	2695076	2787719	975868	1138687
普宁市	Puning City	368998	416470	3902476	4125984	1693375	1860321
揭西县	Jiexi County	321646	364815	1180426	1252311	647904	702733
惠来县	Huilai County	513259	585762	1379829	1448814	557908	611738
云浮市	Yunfu						
云城区	Yuncheng District	155047	168178	445441	483596	370055	423299
云安区	Yuanan District	145831	154466	423121	457642	185731	214443
罗定市	Luoding City	392366	415475	706142	765565	679313	773559
新兴县	Xinxing County	523019	547713	897416	946403	794710	937395
郁南县	Yunan County	274871	282887	330830	296329	374731	501253

22-3 各县(市、区)三次产业地区生产总值指数

Gross Domestic Product by County (County-level City and District)

上年=100 (preceding year=100)

县(市、区)	County (County-level City and District)	第一产业 Primary Industry 2015	第一产业 Primary Industry 2016	第二产业 Secondary Industry 2015	第二产业 Secondary Industry 2016	第三产业 Tertiary Industry 2015	第三产业 Tertiary Industry 2016
广州市	Guangzhou						
越秀区	Yuexiu District			97.0	97.5	107.6	107.7
海珠区	Haizhu District	102.6	98.6	103.8	106.8	109.5	108.4
荔湾区	Liwan District	101.0	101.9	99.7	100.2	109.8	108.0
天河区	Tianhe District	96.8	92.0	107.9	104.7	109.0	109.7
白云区	Baiyun District	102.0	101.6	106.0	104.5	108.4	108.6
黄埔区	Huangpu District	98.7	94.0	107.1	102.3	111.0	112.4
花都区	Panyu District	101.8	100.5	107.8	110.5	109.7	105.4
番禺区	Huadu District	102.5	99.0	108.8	111.9	108.5	106.6
南沙区	Nansha District	104.8	102.1	111.0	109.1	123.5	128.6
从化区	Conghua District	104.4	101.0	108.2	106.8	108.7	108.9
增城区	Zengcheng District	101.3	101.7	107.1	104.4	108.7	114.3
深圳市	Shenzhen						
福田区	Futian District	142.7	35.8	106.9	105.7	109.1	108.8
罗湖区	Luohu District	253.4	125.0	97.3	104.1	109.0	109.2
盐田区	Yantian District	41.8	57.3	101.5	105.1	110.8	109.5
南山区	Nanshan District	98.5	114.5	108.5	105.8	110.4	113.4
宝安区	Baoan District	117.1	65.8	106.8	107.1	111.5	110.2
龙岗区	Longgang District	87.7	119.0	110.7	111.6	107.3	107.4
珠海市	Zhuhai						
香洲区	Xiangzhou District	96.3	85.0	110.4	106.2	108.8	110.9
金湾区	Jinwan District	89.2	94.9	109.5	110.8	113.4	102.5
斗门区	Doumen District	103.6	93.8	111.8	107.5	117.9	111.0
汕头市	Shantou						
金平区	Jinping District	102.0	102.1	107.2	110.4	109.3	108.4
龙湖区	Longhu District	102.7	102.8	106.6	107.6	110.7	110.4
澄海区	Chenghai District	102.8	103.0	108.5	109.6	109.6	111.2
濠江区	Haojiang District	102.8	101.3	107.5	108.9	106.8	109.7
潮阳区	Chaoyang District	103.9	105.3	106.9	105.7	111.4	107.6
潮南区	Chaonan District	103.4	102.3	110.6	111.4	109.9	107.7
南澳县	Nanao County	103.5	102.0	109.1	104.0	109.6	109.9
佛山市	Foshan						
禅城区	Chancheng District	82.8	116.0	106.6	106.8	109.8	109.3
南海区	Nanhai District	100.8	101.4	105.9	107.5	113.6	110.0
顺德区	Shunde District	101.9	102.8	107.5	107.8	110.6	109.6
高明区	Gaoming District	102.4	101.8	107.7	107.6	115.1	110.0
三水区	Sanshui District	103.6	104.1	108.1	108.0	114.3	110.5
韶关市	Shaoguan						
浈江区	Zhengjiang District	104.8	105.0	99.5	91.1	109.1	108.6
武江区	Wujiang District	104.1	103.2	102.3	102.4	111.6	108.1
曲江区	Qujiang District	104.2	103.8	88.2	108.9	102.9	108.5
乐昌市	Lechang City	104.3	103.1	107.5	96.3	106.8	110.9
南雄市	Nanxiong City	104.1	103.6	115.8	108.7	109.1	110.2
仁化县	Renhua County	105.0	103.1	103.2	99.8	112.6	117.3
始兴县	Shixing County	105.1	104.6	111.1	108.5	108.6	109.9
翁源县	Wengyuan County	104.3	104.7	105.3	100.5	113.0	112.7
新丰县	Xinfeng County	105.8	103.8	106.9	104.1	111.7	112.0
乳源县	Ruyuan County	104.5	104.4	106.2	110.8	117.3	110.0

22-3 续表 1 continued

上年=100 (preceding year=100)

县(市、区)	County (County-level City and District)	第一产业 Primary Industry 2015	2016	第二产业 Secondary Industry 2015	2016	第三产业 Tertiary Industry 2015	2016
河源市	Heyuan						
源城区	Urban District	101.1	98.4	114.5	112.1	108.0	107.8
东源县	Dongyuan County	103.7	101.6	98.5	111.7	111.0	109.7
和平县	Heping County	104.8	105.3	113.2	105.9	107.2	112.5
龙川县	Longchuan County	103.6	101.4	100.9	104.0	111.6	113.0
紫金县	Zijin County	104.0	104.0	109.6	101.3	108.5	113.7
连平县	Lianping County	103.5	104.1	98.2	104.1	110.9	110.6
梅州市	Meizhou						
梅江区	Meijiang District	102.5	101.9	106.8	103.6	112.0	106.4
梅县区	Meixian District	104.1	103.1	107.6	108.6	110.4	110.9
兴宁市	Xingning City	104.2	102.4	108.3	106.1	111.3	107.9
平远县	Pingyuan County	104.3	103.0	111.4	110.4	111.2	109.1
蕉岭县	Jiaoling County	102.8	102.4	113.0	108.8	109.1	105.7
大埔县	Dabu County	104.4	104.1	112.2	114.7	109.6	108.7
丰顺县	Fengshun County	103.4	101.0	114.2	105.6	107.9	112.7
五华县	Wuhua County	103.0	103.3	112.1	111.2	111.0	110.3
惠州市	Huizhou						
惠城区	Huicheng District	101.8	103.3	104.1	104.5	108.9	108.6
惠阳区	Huiyang District	104.7	102.7	105.7	107.1	111.8	107.8
惠东县	Huidong County	105.5	106.1	118.6	115.9	110.7	110.1
博罗县	Boluo County	103.1	103.4	120.7	116.0	105.7	107.8
龙门县	Longmen County	105.0	105.8	123.0	115.7	108.7	109.6
汕尾市	Shanwei						
市城区	Urban District	104.4	99.4	96.9	106.2	110.6	111.4
陆丰市	Lufeng City	104.4	103.5	111.6	105.9	107.3	108.7
海丰县	Haifeng County	104.4	102.7	116.2	107.7	108.3	107.4
陆河县	Luhe County	104.3	103.8	112.8	126.7	106.6	108.7
东莞市	Dongguan	101.9	105.6	106.1	108.7	110.2	107.6
中山市	Zhongshan	99.6	98.7	107.6	106.4	110.2	109.9
江门市	Jiangmen						
蓬江区	Pengjiang District	92.1	93.0	105.9	108.2	118.4	109.1
江海区	Jianghai District	111.2	103.3	108.5	108.0	109.9	107.8
新会区	Xinhui District	103.3	103.1	107.9	104.9	110.2	110.1
台山市	Taishan City	104.8	105.0	106.0	108.3	108.6	107.8
开平市	Kaiping City	103.3	104.3	108.5	107.1	108.8	107.7
鹤山市	Heshan City	109.6	105.0	108.8	106.5	109.2	111.3
恩平市	Enping City	105.3	103.3	100.7	104.5	107.3	109.7
阳江市	Yangjiang						
江城区	Jiangcheng District	105.0	104.0	107.1	102.2	109.5	111.8
阳东区	Yangdong District	103.5	103.3	109.8	103.8	106.5	114.6
阳春市	Yangchun City	104.0	104.5	106.8	102.0	111.3	111.1
阳西县	Yangxi County	104.6	103.7	112.3	107.4	106.7	108.4

22-3 续表 2 continued

上年=100 (preceding year=100)

县(市、区)	County (County-level City and District)	第一产业 Primary Industry 2015	2016	第二产业 Secondary Industry 2015	2016	第三产业 Tertiary Industry 2015	2016
湛江市	Zhanjiang						
赤坎区	Chikan District	101.6	100.1	97.7	94.7	114.6	110.5
霞山区	Xiashan District	101.7	101.4	103.1	110.4	111.4	104.5
麻章区	Mazhang District	102.6	104.5	112.3	113.6	108.0	105.1
坡头区	Potou District	102.7	104.8	108.9	105.9	106.5	113.4
雷州市	Leizhou City	103.5	104.8	105.1	100.0	111.9	110.9
廉江市	Lianjiang County	103.7	103.0	120.9	115.0	108.2	110.7
吴川市	Wuchuan City	103.4	104.3	107.9	114.1	110.5	105.9
遂溪县	Suixi County	103.2	104.1	105.5	104.7	111.8	111.5
徐闻县	Xuwen County	104.8	103.9	104.0	93.6	108.8	111.3
茂名市	Maoming						
茂南区	Maonan District	102.6	100.3	111.5	109.5	114.2	110.1
电白区	Dianbai District	104.0	104.2	115.1	109.0	108.7	109.1
信宜市	Xinyi City	103.5	103.1	114.2	109.1	109.4	109.6
高州市	Gaozhou City	104.5	103.8	122.2	110.7	105.7	110.3
化州市	Huazhou City	104.6	104.2	111.1	106.8	111.5	108.1
肇庆市	Zhaoqing						
端州区	Tuanzhou District	85.9	61.2	108.5	104.8	109.5	106.2
鼎湖区	Dinghu District	103.6	100.1	107.7	104.8	111.7	111.6
高要区	Gaoyao District	102.3	101.4	107.4	94.9	111.3	106.0
四会市	Sihui City	103.1	100.9	108.2	104.1	113.2	111.5
广宁县	Guangning County	104.7	104.3	110.7	111.1	105.3	102.4
德庆县	Deqing County	104.1	103.1	107.7	105.9	108.2	106.6
封开县	Fengkai County	104.0	103.9	110.8	106.6	107.9	102.1
怀集县	Huaiji County	105.5	105.4	107.7	104.5	106.9	103.9
清远市	Qingyuan						
清城区	Qingcheng District	102.1	103.4	107.3	106.4	110.1	108.6
清新区	Qingxin District	104.6	105.0	110.5	111.4	108.0	105.9
英德市	Yingde City	104.5	102.4	107.0	114.7	111.8	105.7
连州市	Lianzhou City	105.5	106.8	106.1	110.4	110.2	104.0
佛冈县	Fogang County	106.5	109.9	110.1	111.1	107.5	106.1
阳山县	Yangshan County	105.0	104.2	107.3	104.9	107.9	103.5
连山县	Lianshan County	104.4	105.2	98.7	103.1	112.2	102.9
连南县	Liannan County	106.6	106.5	101.8	95.2	113.1	116.5
潮州市	Chaozhou						
湘桥区	Xiangqiao District	102.6	101.8	107.3	107.1	109.6	107.6
潮安区	Chaoan District	104.6	104.0	107.4	106.6	110.4	109.0
饶平县	Raoping County	105.5	112.9	106.5	103.1	112.2	108.2
揭阳市	Jieyang						
榕城区	Rongcheng District	102.3	103.1	108.4	104.9	108.2	109.1
揭东区	Jiedong District	103.0	104.4	108.6	105.8	112.5	111.0
普宁市	Puning City	104.8	104.4	107.3	105.5	112.5	109.3
揭西县	Jiexi County	103.5	104.4	107.6	105.9	111.1	108.2
惠来县	Huilai County	102.7	103.4	107.5	104.9	110.0	109.2
云浮市	Yunfu						
云城区	Yuncheng District	101.0	102.2	106.2	109.3	114.9	110.3
云安区	Yuanan District	102.9	102.4	114.0	108.9	98.1	110.9
罗定市	Luoding City	103.9	104.2	107.5	109.9	112.8	109.1
新兴县	Xinxing County	103.1	102.1	105.0	109.2	118.5	110.8
郁南县	Yunan County	103.6	100.4	102.5	88.8	120.3	129.6

22-4 各县(市、区)人均地区生产总值及指数

Per Capita Gross Domestic Product and Growth Rates by County (County-level City and District)

县(市、区)	County (County-level City and District)	绝对数（元） Absolute Figure (yuan) 2015	2016	指数(上年=100) Index(Preceding year=100) 2015	2016
广州市	Guangzhou				
越秀区	Yuexiu District	234414	251045	106.1	106.8
海珠区	Haizhu District	88562	95328	107.1	106.9
荔湾区	Liwan District	112051	117076	103.5	104.3
天河区	Tianhe District	225352	239294	105.3	104.8
白云区	Baiyun District	65425	67725	102.0	104.2
黄埔区	Huangpu District	323184	297002	104.9	94.8
花都区	Panyu District	108515	112885	103.4	103.9
番禺区	Huadu District	106536	110114	102.4	102.4
南沙区	Nansha District	176468	190463	108.8	109.4
从化区	Conghua District	56066	59519	106.4	106.2
增城区	Zengcheng District	85991	92412	101.8	104.9
深圳市	Shenzhen				
福田区	Futian District	232773	241803	105.0	103.3
罗湖区	Luohu District	179081	199282	106.1	106.2
盐田区	Yantian District	222270	240131	107.0	106.4
南山区	Nanshan District	306170	290483	101.5	100.2
宝安区	Baoan District	103286	111378	105.3	103.6
龙岗区	Longgang District	135184	152484	106.4	104.7
珠海市	Zhuhai				
香洲区	Xiangzhou District	140406	152391	107.7	106.8
金湾区	Jinwan District	161945	174174	109.0	106.8
斗门区	Doumen District	67472	71108	112.0	105.1
汕头市	Shantou				
金平区	Jinping District	45816	51014	107.7	108.6
龙湖区	Longhu District	50133	55895	107.8	108.5
澄海区	Chenghai District	46344	51672	107.8	109.1
濠江区	Haojiang District	28865	32395	106.2	107.8
潮阳区	Chaoyang District	20031	22116	107.2	105.7
潮南区	Chaonan District	23530	26002	109.3	109.1
南澳县	Nanao County	25496	27570	107.2	105.5
佛山市	Foshan				
禅城区	Chancheng District	131808	140600	107.6	106.9
南海区	Nanhai District	82961	89018	107.2	107.5
顺德区	Shunde District	102538	109972	107.6	107.7
高明区	Gaoming District	165434	175711	108.0	107.6
三水区	Sanshui District	158314	169331	108.4	108.0
韶关市	Shaoguan				
浈江区	Zhengjiang District	49794	51679	106.4	104.6
武江区	Wujiang District	70671	73923	105.7	104.2
曲江区	Qujiang District	40946	44202	93.7	107.3
乐昌市	Lechang City	26116	27766	106.0	104.8
南雄市	Nanxiong City	38380	41780	110.2	107.4
仁化县	Renhua County	45197	49082	106.4	106.9
始兴县	Shixing County	35425	38844	108.1	107.4
翁源县	Wengyuan County	26004	27982	107.5	106.0
新丰县	Xinfeng County	34789	37416	107.8	106.2
乳源县	Ruyuan County	36351	39893	109.6	108.8

22-4 续表 1 continued

县(市、区)	County (County-level City and District)	绝对数（元） Absolute Figure (yuan) 2015	2016	指数(上年=100) Index(Preceding year=100) 2015	2016
河源市	Heyuan				
源城区	Urban District	62535	69426	111.2	109.7
东源县	Dongyuan County	20412	22746	102.6	108.9
和平县	Heping County	23600	26136	109.1	108.1
龙川县	Longchuan County	16938	18829	105.5	107.6
紫金县	Zijin County	17552	19286	107.5	106.8
连平县	Lianping County	23771	25685	101.7	106.3
梅州市	Meizhou				
梅江区	Meijiang District	49346	51675	108.3	104.3
梅县区	Meixian District	31633	34712	107.4	107.6
兴宁市	Xingning City	15591	16845	108.3	105.5
平远县	Pingyuan County	29365	32540	109.8	108.2
蕉岭县	Jiaoling County	32032	34734	109.7	105.6
大埔县	Dabu County	18927	21232	109.3	108.8
丰顺县	Fengshun County	19385	21010	110.0	106.3
五华县	Wuhua County	11769	12968	109.2	108.4
惠州市	Huizhou				
惠城区	Huicheng District	71539	74967	105.3	105.8
惠阳区	Huiyang District	99682	106234	106.1	106.4
惠东县	Huidong County	55957	65137	114.1	112.0
博罗县	Boluo County	51365	57364	113.5	111.4
龙门县	Longmen County	50144	56748	114.7	111.7
汕尾市	Shanwei				
市城区	Urban District	41898	44383	101.0	107.0
陆丰市	Lufeng City	16684	17842	108.3	105.8
海丰县	Haifeng County	32334	34857	111.5	106.4
陆河县	Luhe County	16803	18123	107.6	110.5
东莞市	Dongguan	75616	82682	108.4	108.6
中山市	Zhongshan	94030	99471	107.8	107.1
江门市	Jiangmen				
蓬江区	Pengjiang District	74608	81862	110.9	107.8
江海区	Jianghai District	56104	60349	108.5	106.8
新会区	Xinhui District	60258	62389	107.9	106.1
台山市	Taishan City	34603	37520	106.3	107.5
开平市	Kaiping City	40750	43757	107.9	106.8
鹤山市	Heshan City	51941	56969	108.8	107.8
恩平市	Enping City	30139	32937	104.5	106.6
阳江市	Yangjiang				
江城区	Jiangcheng District	53442	52198	107.3	105.9
阳东区	Yangdong District	59168	60255	107.3	105.9
阳春市	Yangchun City	42292	43237	107.2	105.9
阳西县	Yangxi County	44166	46925	107.9	106.2

22-4 续表 2 continued

县(市、区)	County (County-level City and District)	绝对数（元） Absolute Figure (yuan) 2015	2016	指数(上年=100) Index(Preceding year=100) 2015	2016
湛江市	Zhanjiang				
赤坎区	Chikan District	83165	91268	109.3	106.9
霞山区	Xiashan District	72654	76967	106.4	106.7
麻章区	Mazhang District	43232	47959	109.4	109.8
坡头区	Potou District	66674	70045	107.5	106.8
雷州市	Leizhou City	17260	18664	107.2	106.5
廉江市	Lianjiang County	27976	31640	112.6	110.4
吴川市	Wuchuan City	23042	25733	107.8	108.8
遂溪县	Suixi County	28714	30838	106.6	106.3
徐闻县	Xuwen County	20104	21923	106.1	105.7
茂名市	Maoming				
茂南区	Maonan District	46762	51039	111.7	108.7
电白区	Dianbai District	32427	34865	110.4	107.8
信宜市	Xinyi City	38141	41512	109.5	107.0
高州市	Gaozhou City	33761	36852	110.0	108.3
化州市	Huazhou City	32398	34864	109.5	106.1
肇庆市	Zhaoqing				
端州区	Tuanzhou District	98482	104270	108.4	104.9
鼎湖区	Dinghu District	56197	60507	107.6	105.5
高要区	Gaoyao District	50317	49773	107.1	98.2
四会市	Sihui City	94917	99658	108.3	105.3
广宁县	Guangning County	30014	31946	106.7	105.3
德庆县	Deqing County	34412	37059	106.7	105.0
封开县	Fengkai County	32904	34622	107.5	103.5
怀集县	Huaiji County	26077	27287	106.4	103.9
清远市	Qingyuan				
清城区	Qingcheng District	54206	58001	107.5	106.9
清新区	Qingxin District	32133	34916	108.1	107.6
英德市	Yingde City	24357	26072	108.0	107.5
连州市	Lianzhou City	33030	35807	107.6	105.7
佛冈县	Fogang County	33376	36545	108.2	108.5
阳山县	Yangshan County	23708	25229	106.3	103.7
连山县	Lianshan County	31405	32969	104.9	103.1
连南县	Liannan County	27382	29882	106.7	107.7
潮州市	Chaozhou				
湘桥区	Xiangqiao District	33158	36385	109.9	108.8
潮安区	Chaoan District	43656	47316	109.5	108.6
饶平县	Raoping County	25525	27765	110.2	108.5
揭阳市	Jieyang				
榕城区	Rongcheng District	47762	50473	107.6	105.8
揭东区	Jiedong District	40916	43625	108.5	106.2
普宁市	Puning City	28226	30214	108.0	106.2
揭西县	Jiexi County	25301	27103	107.4	105.6
惠来县	Huilai County	21641	23282	106.6	105.2
云浮市	Yunfu				
云城区	Yuncheng District	27933	28978	101.5	101.7
云安区	Yuanan District	26924	29274	107.8	107.3
罗定市	Luoding City	18216	20315	110.3	109.9
新兴县	Xinxing County	49784	54245	108.0	107.3
郁南县	Yunan County	24274	26557	107.7	106.9

注：本表中，绝对数按当年价格计算，指数按可比价格计算。
Note: In this table, the absolute figure are calculated at current prices,and the index are calculated at comparable prices.

22-5 各县(市、区)工、农业总产值

Gross Output Value of Industry and Agriculture by County (County-level City and District)

单位：万元 (10000 yuan)

县(市、区)	County (County-level City and District)	工业总产值 Gross Output Value of Industry		农业总产值 Gross Output Value of Agriculture	
		2015	2016	2015	2016
广州市	Guangzhou				
越秀区	Yuexiu District	378316	372823		
海珠区	Haizhu District	2019016	1789708	40876	14494
荔湾区	Liwan District	3245153	3535698	75893	79339
天河区	Tianhe District	15274445	7989646	58899	53071
白云区	Baiyun District	8248966	8651867	617294	664729
黄埔区	Huangpu District	67341280	72820203	142678	146124
番禺区	Panyu District	17501184	19693349	455062	530261
花都区	Huadu District	19815155	21361538	559687	605185
南沙区	Nansha District	28703035	30666985	840211	844309
从化区	Conghua District	7396271	6935329	427108	461957
增城区	Zengcheng District	14324446	15248333	916854	967061
深圳市	Shenzhen				
福田区	Futian District	10159492	9922858	50981	41295
罗湖区	Luohu District	10028748	9397116	11344	14460
盐田区	Yantian District	6675410	6625540	1602	1472
南山区	Nanshan District	44729251	49622037	10617	25831
宝安区	Baoan District	108824984	112051185	47260	51590
龙岗区	Longgang District	75006560	85304208	38253	38086
珠海市	Zhuhai				
香洲区	Xiangzhou District	18881890	19887186	58414	47042
金湾区	Jinwan District	12764693	15347825	131180	121104
斗门区	Doumen District	8013650	8298761	666640	673128
汕头市	Shantou				
金平区	Jinping District	5217693	5370723	58247	65460
龙湖区	Longhu District	4161563	4314435	127527	141686
澄海区	Chenghai District	6217074	6983350	590687	670014
濠江区	Haojiang District	1094363	1387874	118097	128656
潮阳区	Chaoyang District	7566650	8619231	414024	455511
潮南区	Chaonan District	5403978	6336118	280263	310708
南澳县	Nanao County	26688	26305	163259	179490
佛山市	Foshan				
禅城区	Chancheng District	25209014	26717265	10921	13806
南海区	Nanhai District	53571318	57008330	851951	887288
顺德区	Shunde District	60271574	67458467	860189	892276
高明区	Gaoming District	26727229	28807088	364812	401778
三水区	Sanshui District	29670351	31882094	669525	735347
韶关市	Shaoguan				
浈江区	Zhengjiang District	753954	753177	105045	113606
武江区	Wujiang District	2224471	2113575	100762	110563
曲江区	Qujiang District	2987779	2918779	262220	291747
乐昌市	Lechang City	605742	551024	342653	372168
南雄市	Nanxiong City	1459200	1616281	423794	468864
仁化县	Renhua County	798586	803330	297563	327392
始兴县	Shixing County	784594	891885	273405	308040
翁源县	Wengyuan County	817335	872629	340031	371974
新丰县	Xinfeng County	867558	920906	180295	200859
乳源县	Ruyuan County	918543	933792	117805	129747

22-5 续表 1 continued

单位：万元 (10000 yuan)

县(市、区)	County (County-level City and District)	工业总产值 Gross Output Value of Industry		农业总产值 Gross Output Value of Agriculture	
		2015	2016	2015	2016
河源市	Heyuan				
源城区	Urban District	7562256	8448470	48835	51781
东源县	Dongyuan County	1426266	1688911	253582	271492
和平县	Heping County	1692666	1839111	238966	265337
龙川县	Longchuan County	1091452	1164270	399168	421591
紫金县	Zijin County	1337161	1484442	411973	441111
连平县	Lianping County	1320402	1366637	164585	179569
梅州市	Meizhou				
梅江区	Meijiang District	1898416	1842982	154160	171160
梅县区	Meixian District	1608229	1808780	688254	774124
兴宁市	Xingning City	605991	632604	666759	736393
平远县	Pingyuan County	508611	560440	190209	202642
蕉岭县	Jiaoling County	461010	454821	190592	209261
大埔县	Dabu County	402356	454062	303104	346564
丰顺县	Fengshun County	964781	1019192	372968	400996
五华县	Wuhua County	598226	683407	506520	560148
惠州市	Huizhou				
惠城区	Huicheng District	30650022	30678564	417307	516343
惠阳区	Huiyang District	20030563	21128282	240295	270811
惠东县	Huidong County	6186262	7946085	698547	813014
博罗县	Boluo County	11645983	14112431	759624	856356
龙门县	Longmen County	1934462	2308062	337208	371587
汕尾市	Shanwei				
市城区	Urban District	4027076	4330899	354296	369813
陆丰市	Lufeng City	3238431	3477972	832772	935879
海丰县	Haifeng County	4230363	4003765	608963	663283
陆河县	Luhe County	164955	522016	176568	196840
东莞市	Dongguan	127444179	146924605	343471	384373
中山市	Zhongshan	63452777	66147981	1128400	1160768
江门市	Jiangmen				
蓬江区	Pengjiang District	10493868	11781788	151334	155492
江海区	Jianghai District	3719310	3900461	89962	107615
新会区	Xinhui District	9430003	9398000	692079	693980
台山市	Taishan City	5627684	5998782	1028976	1138776
开平市	Kaiping City	4622144	5310360	509206	566141
鹤山市	Heshan City	4678543	4916019	366451	425308
恩平市	Enping City	1416035	1438370	360750	368772
阳江市	Yangjiang				
江城区	Jiangcheng District	8322817	8574845	714185	763913
阳东区	Yangdong District	5317610	5647687	715016	797897
阳春市	Yangchun City	4439018	4223082	1182704	1216250
阳西县	Yangxi County	1820998	2060231	839380	914564

22-5 续表 2 continued

单位：万元 (10000 yuan)

县(市、区)	County (County-level City and District)	工业总产值 Gross Output Value of Industry		农业总产值 Gross Output Value of Agriculture	
		2015	2016	2015	2016
湛江市	Zhanjiang				
赤坎区	Chikan District	1121352	966141	31890	30154
霞山区	Xiashan District	5568548	5796543	33062	32966
麻章区	Mazhang District	2490334	4255512	295161	840327
坡头区	Potou District	2526595	2334742	250066	278650
雷州市	Leizhou City	935333	846467	1508380	1672017
廉江市	Lianjiang County	6028987	7047198	1550525	1713933
吴川市	Wuchuan City	1834174	2246992	461899	497168
遂溪县	Suixi County	1988581	1994078	1567334	1685370
徐闻县	Xuwen County	230054	157897	1045806	1172432
茂名市	Maoming				
茂南区	Maonan District	11058873	10657334	332672	360246
电白区	Dianbai District	4807808	5603652	1728174	1958701
信宜市	Xinyi City	2331816	2754790	1251051	1400560
高州市	Gaozhou City	2646009	3085293	1569041	1760551
化州市	Huazhou City	2436003	2733080	1290626	1466605
肇庆市	Zhaoqing				
端州区	Tuanzhou District	4699201	4772241	7110	4923
鼎湖区	Dinghu District	2497932	2560930	265811	288687
高要区	Gaoyao District	10751968	9552401	1009292	1092628
四会市	Sihui City	15074743	15697994	729710	795144
广宁县	Guangning County	1822459	2040834	423569	458182
德庆县	Deqing County	2480175	2623176	419095	437183
封开县	Fengkai County	1468632	1467402	588251	631874
怀集县	Huaiji County	1548584	1506175	916524	1019105
清远市	Qingyuan				
清城区	Qingcheng District	8524893	8783507	415959	449477
清新区	Qingxin District	3032490	3373143	515459	568482
英德市	Yingde City	2621515	3068088	776696	830079
连州市	Lianzhou City	507838	535214	466783	539123
佛冈县	Fogang County	1740790	1977932	154289	176787
阳山县	Yangshan County	166781	189786	426004	479109
连山县	Lianshan County	91620	82667	107593	121595
连南县	Liannan County	115325	124787	86057	95593
潮州市	Chaozhou				
湘桥区	Xiangqiao District	2693012	3014330	105482	106645
潮安区	Chaoan District	7858669	8498688	288636	307629
饶平县	Raoping County	2706332	2716576	722257	807907
揭阳市	Jieyang				
榕城区	Rongcheng District	11530939	12426265	236158	262703
揭东区	Jiedong District	11154726	12234080	517334	573946
普宁市	Puning City	16564061	17512603	582332	653478
揭西县	Jiexi County	2218596	2359797	511443	580980
惠来县	Huilai County	6562852	6778699	740344	820621
云浮市	Yunfu				
云城区	Yuncheng District	2493657	2722079	245031	265407
云安区	Yuanan District	1856543	2018966	220192	233763
罗定市	Luoding City	1416482	1676262	616731	654196
新兴县	Xinxing County	3965102	4437614	890291	933094
郁南县	Yunan County	1263101	1361173	415905	435689

注：本表按当年价格计算。
Note: The data in this table are calculated at current prices.

22-6 各县(市、区)粮食产量

Output of Grain by County (County-level City and District)

单位：吨 (ton)

县(市、区)	County (County-level City and District)	粮食 Grain 2015	粮食 Grain 2016	#稻谷 Rice 2015	#稻谷 Rice 2016
广州市	Guangzhou				
越秀区	Yuexiu District				
海珠区	Haizhu District				
荔湾区	Liwan District				
天河区	Tianhe District				
白云区	Baiyun District	31862	31399	19252	18607
黄埔区	Huangpu District	13555	13103	8862	8579
番禺区	Panyu District	14036	13871	1905	603
花都区	Huadu District	73014	72928	33901	31578
南沙区	Nansha District	34100	34169	6976	6473
从化区	Conghua District	118350	115802	108352	103769
增城区	Zengcheng District	155981	155229	130890	130591
深圳市	Shenzhen				
福田区	Futian District				
罗湖区	Luohu District				
盐田区	Yantian District				
南山区	Nanshan District				
宝安区	Baoan District				
龙岗区	Longgang District	63	60		
珠海市	Zhuhai				
香洲区	Xiangzhou District	463	404	133	123
金湾区	Jinwan District	2815	4475	112	132
斗门区	Doumen District	38274	37965	28656	26245
汕头市	Shantou				
金平区	Jinping District	8966	9850	8678	9498
龙湖区	Longhu District	18502	18940	13771	14182
澄海区	Chenghai District	93443	94211	73477	72447
濠江区	Haojiang District	14674	14972	7624	7919
潮阳区	Chaoyang District	177437	175157	120774	120320
潮南区	Chaonan District	153309	155071	99072	100121
南澳县	Nanao County	4019	4199	2274	2313
佛山市	Foshan				
禅城区	Chancheng District				
南海区	Nanhai District	7001	7080	1101	1116
顺德区	Shunde District	304	395		
高明区	Gaoming District	55679	55434	46584	46156
三水区	Sanshui District	35224	35391	3933	3028
韶关市	Shaoguan				
浈江区	Zhengjiang District	25423	25621	21775	21570
武江区	Wujiang District	27200	27351	25096	25138
曲江区	Qujiang District	87236	87357	80589	80404
乐昌市	Lechang City	124342	123960	93839	93403
南雄市	Nanxiong City	213809	216850	193048	195090
仁化县	Renhua County	103554	102853	84808	83513
始兴县	Shixing County	89558	88673	79782	79099
翁源县	Wengyuan County	104731	104151	95193	94374
新丰县	Xinfeng County	56492	56425	44490	44388
乳源县	Ruyuan County	60181	59459	47931	47821

22-6 续表 1 continued

单位：吨 (ton)

县(市、区)	County (County-level City and District)	粮食 Grain			
				#稻谷 Rice	
		2015	2016	2015	2016
河源市	Heyuan				
源城区	Urban District	12590	12648	11228	10931
东源县	Dongyuan County	172352	170716	155544	153505
和平县	Heping County	132598	134689	111479	115770
龙川县	Longchuan County	275258	273110	252908	250830
紫金县	Zijin County	221700	220949	198950	198318
连平县	Lianping County	97731	101087	87699	89346
梅州市	Meizhou				
梅江区	Meijiang District	24604	24873	19818	19986
梅县区	Meixian District	194396	191775	164127	162649
兴宁市	Xingning City	341588	336069	286742	283014
平远县	Pingyuan County	88607	89724	75360	76263
蕉岭县	Jiaoling County	64496	65423	58898	60017
大埔县	Dabu County	98350	99650	84612	85848
丰顺县	Fengshun County	123688	125188	94218	95229
五华县	Wuhua County	302701	306998	280607	283744
惠州市	Huizhou				
惠城区	Huicheng District	103266	104878	58175	59505
惠阳区	Huiyang District	42839	43056	28305	28835
惠东县	Huidong County	191078	193730	135098	140011
博罗县	Boluo County	162101	160936	110526	106510
龙门县	Longmen County	97951	97280	87995	86439
汕尾市	Shanwei				
市城区	Urban District	26215	24713	18943	18639
陆丰市	Lufeng City	198268	195384	133565	132481
海丰县	Haifeng County	169103	158939	149385	139633
陆河县	Luhe County	59278	55373	41704	39447
东莞市	Dongguan	12675	12577	4106	3430
中山市	Zhongshan	77882	76890	29890	28700
江门市	Jiangmen				
蓬江区	Pengjiang District	4776	4636	3369	3347
江海区	Jianghai District	1866	1313	1665	1155
新会区	Xinhui District	146054	151926	130388	135247
台山市	Taishan City	362652	362816	346533	346572
开平市	Kaiping City	225565	223400	207917	204463
鹤山市	Heshan City	81221	81519	74598	74515
恩平市	Enping City	133594	132690	121597	121151
阳江市	Yangjiang				
江城区	Jiangcheng District	97807	90193	82110	78427
阳东区	Yangdong District	155200	158619	119424	122173
阳春市	Yangchun City	308287	310765	239117	240202
阳西县	Yangxi County	148332	150623	116327	118398

22-6 续表 2 continued

单位：吨 (ton)

县(市、区)	County (County-level City and District)	粮食 Grain 2015	粮食 Grain 2016	#稻谷 Rice 2015	#稻谷 Rice 2016
湛江市	Zhanjiang				
赤坎区	Chikan District	3080	3132	2335	2442
霞山区	Xiashan District	7342	7834	6277	6780
麻章区	Mazhang District	85338	86467	66418	66373
坡头区	Potou District	69289	70181	50396	50190
雷州市	Leizhou City	332123	336928	293240	296962
廉江市	Lianjiang County	418028	421378	320261	321286
吴川市	Wuchuan City	159410	159798	133321	132068
遂溪县	Suixi County	241153	241012	169618	166136
徐闻县	Xuwen County	125554	129170	66544	67463
茂名市	Maoming				
茂南区	Maonan District	97631	100912	80502	84110
电白区	Dianbai District	323641	325514	268904	259336
信宜市	Xinyi City	321271	322680	235477	237679
高州市	Gaozhou City	379669	382050	354358	362995
化州市	Huazhou City	326505	329844	282764	279800
肇庆市	Zhaoqing				
端州区	Tuanzhou District	514	497	510	496
鼎湖区	Dinghu District	41360	41390	35738	34286
高要区	Gaoyao District	235653	235800	204719	205072
四会市	Sihui City	121677	122266	94709	90061
广宁县	Guangning County	159100	156931	139622	138388
德庆县	Deqing County	122786	125797	113214	115581
封开县	Fengkai County	204297	204600	175313	180964
怀集县	Huaiji County	273868	273218	247236	248452
清远市	Qingyuan				
清城区	Qingcheng District	69803	73100	66525	69532
清新区	Qingxin District	137855	134565	126906	123846
英德市	Yingde City	223404	216586	182418	178406
连州市	Lianzhou City	131202	130463	100277	100991
佛冈县	Fogang County	60283	60118	55271	54448
阳山县	Yangshan County	105105	109067	64453	67532
连山县	Lianshan County	40828	41628	35564	35873
连南县	Liannan County	30301	34871	19375	20972
潮州市	Chaozhou				
湘桥区	Xiangqiao District	27253	27495	21398	22085
潮安区	Chaoan District	106845	107287	82958	82613
饶平县	Raoping County	140358	141158	108740	108252
揭阳市	Jieyang				
榕城区	Rongcheng District	73701	74425	52062	52723
揭东区	Jiedong District	190132	190977	104939	105911
普宁市	Puning City	215518	214136	122659	123338
揭西县	Jiexi County	176497	175161	106691	105411
惠来县	Huilai County	202807	203701	92633	93017
云浮市	Yunfu				
云城区	Yuncheng District	60712	60940	51418	51505
云安区	Yuanan District	89454	89950	64231	64364
罗定市	Luoding City	258579	259750	228395	228825
新兴县	Xinxing County	146611	147260	133198	133594
郁南县	Yunan County	144534	144200	116808	117112

注：本表按当年价格计算。
Note: The data in this table are calculated at current prices.

22-7 各县(市、区)糖蔗、水果和蔬菜产量

Output of Sugarcane,Fruits and Vegetable by County (County-level City and District)

单位：吨 (ton)

县(市、区)	County (County-level City and District)	糖蔗 Sugarcane		水果 Fruits		蔬菜 Vegetable	
		2015	2016	2015	2016	2015	2016
广州市	Guangzhou						
越秀区	Yuexiu District						
海珠区	Haizhu District			9987	5470	17971	15294
荔湾区	Liwan District					4452	4319
天河区	Tianhe District			177	212	28536	12906
白云区	Baiyun District			7195	6804	834931	858345
黄埔区	Huangpu District	275	220	11553	11504	89629	74754
番禺区	Panyu District	138		15923	14247	190106	182391
花都区	Huadu District	4957	4665	21090	20772	333808	334378
南沙区	Nansha District			155183	167708	595781	620728
从化区	Conghua District			107168	103328	367902	369902
增城区	Zengcheng District			157541	164723	1227853	1267144
深圳市	Shenzhen						
福田区	Futian District						483
罗湖区	Luohu District			32	3		2266
盐田区	Yantian District				7		
南山区	Nanshan District			535	9970		184
宝安区	Baoan District			400	463	37744	52895
龙岗区	Longgang District			3047	1861	25286	26595
珠海市	Zhuhai						
香洲区	Xiangzhou District	1200	1200	2961	1843	8442	7980
金湾区	Jinwan District			37223	40467	52243	44447
斗门区	Doumen District	602	693	38237	24094	97268	92871
汕头市	Shantou						
金平区	Jinping District			1400	1370	53628	54668
龙湖区	Longhu District					222318	232493
澄海区	Chenghai District			92807	96769	786862	808502
濠江区	Haojiang District			443	480	60267	60847
潮阳区	Chaoyang District			88656	98317	313464	312139
潮南区	Chaonan District			21025	21289	322886	336721
南澳县	Nanao County			4623	4779	17353	17640
佛山市	Foshan						
禅城区	Chancheng District					5525	4986
南海区	Nanhai District	78		648	96	509761	385983
顺德区	Shunde District			8340	8272	100724	98668
高明区	Gaoming District			11266	17240	240713	215825
三水区	Sanshui District			21416	23979	410321	416455
韶关市	Shaoguan						
浈江区	Zhengjiang District			13010	13604	109809	116399
武江区	Wujiang District			10715	11598	121685	128052
曲江区	Qujiang District			40668	41999	264996	279107
乐昌市	Lechang City	2792	2792	171471	191168	329545	339136
南雄市	Nanxiong City			31569	33046	274024	307003
仁化县	Renhua County			57698	63260	221984	233580
始兴县	Shixing County			67701	71260	245240	259070
翁源县	Wengyuan County	213680	223791	58537	60152	329547	347575
新丰县	Xinfeng County	1086	1109	38844	40951	225493	236268
乳源县	Ruyuan County			9774	10861	82456	85988

22-7 续表 1 continued

单位：吨 (ton)

县(市、区)	County (County-level City and District)	糖蔗 Sugarcane 2015	糖蔗 Sugarcane 2016	水果 Fruits 2015	水果 Fruits 2016	蔬菜 Vegetable 2015	蔬菜 Vegetable 2016
河源市	Heyuan						
源城区	Urban District	2610	2619	3818	4001	38013	38802
东源县	Dongyuan County	9530	9869	34640	36580	88292	92243
和平县	Heping County			41113	46237	151400	162005
龙川县	Longchuan County			81756	84992	132613	138277
紫金县	Zijin County	13219	14858	142148	153167	224969	236500
连平县	Lianping County			93197	100372	87595	93672
梅州市	Meizhou						
梅江区	Meijiang District			39473	40652	122277	124993
梅县区	Meixian District			739159	785086	490521	510297
兴宁市	Xingning City			169212	174623	717323	759223
平远县	Pingyuan County			90608	93104	72745	73562
蕉岭县	Jiaoling County			42498	44615	108896	115687
大埔县	Dabu County			181254	209698	188399	198448
丰顺县	Fengshun County			73331	73434	234635	236116
五华县	Wuhua County			81063	87374	363385	384488
惠州市	Huizhou						
惠城区	Huicheng District	1273	1362	37475	40384	516825	531038
惠阳区	Huiyang District		1279	37973	34851	395903	434289
惠东县	Huidong County	1072	1129	86507	94857	800149	879454
博罗县	Boluo County	59584	55712	162292	175156	805542	851335
龙门县	Longmen County	1875	1957	404900	428484	255374	287021
汕尾市	Shanwei						
市城区	Urban District			11349	11891	75388	80291
陆丰市	Lufeng City			100754	107498	566177	621330
海丰县	Haifeng County	5000	5000	90481	96152	481677	503449
陆河县	Luhe County			96804	101988	77143	85833
东莞市	Dongguan			62981	59410	411247	425741
中山市	Zhongshan	1667	1603	182141	182570	545101	505117
江门市	Jiangmen						
蓬江区	Pengjiang District			1463	1529	58580	64392
江海区	Jianghai District			3981	5412	44545	46528
新会区	Xinhui District	4827	2811	86660	91615	155134	178147
台山市	Taishan City	73356	65097	42701	48232	308034	318928
开平市	Kaiping City	5106	3365	40681	49825	294525	320380
鹤山市	Heshan City			7994	8555	295499	286190
恩平市	Enping City	105608	105661	73837	78838	145839	165352
阳江市	Yangjiang						
江城区	Jiangcheng District			13720	15151	120166	123554
阳东区	Yangdong District	41280	36343	74066	74884	226431	228842
阳春市	Yangchun City	23719	23042	489416	298436	406301	423406
阳西县	Yangxi County			61695	60304	258924	273196

22-7 续表 2 continued

单位：吨 (ton)

县(市、区)	County (County-level City and District)	糖蔗 Sugarcane		水果 Fruits		蔬菜 Vegetable	
		2015	2016	2015	2016	2015	2016
湛江市	Zhanjiang						
赤坎区	Chikan District	897	860	395	406	24368	24749
霞山区	Xiashan District	3329	4200	518	518	16525	17286
麻章区	Mazhang District	324242	356275	145058	145866	116747	123533
坡头区	Potou District	18203	20533	37516	41052	85548	93913
雷州市	Leizhou City	4448252	4493151	739882	811374	743933	802154
廉江市	Lianjiang County	452270	390535	443935	462709	1040159	1077076
吴川市	Wuchuan City	36038	38957	101739	103011	135845	145807
遂溪县	Suixi County	4756401	5055645	218133	224637	726606	780671
徐闻县	Xuwen County	1232963	1122404	1145189	1193486	755850	787127
茂名市	Maoming						
茂南区	Maonan District	10730	11123	19355	20354	229254	243384
电白区	Dianbai District	3215	3305	378839	372331	855610	889646
信宜市	Xinyi City			820240	864681	401661	424522
高州市	Gaozhou City	7202	7796	1313171	1418626	728407	768013
化州市	Huazhou City	312023	326179	556023	588618	566918	590779
肇庆市	Zhaoqing						
端州区	Tuanzhou District			263	171	11740	7336
鼎湖区	Dinghu District			30277	26376	113937	118477
高要区	Gaoyao District			185016	191703	876623	905407
四会市	Sihui City			127214	118152	239119	246575
广宁县	Guangning County			152016	154805	189300	193860
德庆县	Deqing County			412261	424217	186742	199996
封开县	Fengkai County	36668	34861	337373	364014	267842	276063
怀集县	Huaiji County	3909	1805	242479	276802	524275	540568
清远市	Qingyuan						
清城区	Qingcheng District	3456	6705	146481	153832	344708	366412
清新区	Qingxin District	5061	5070	192344	225534	414535	446247
英德市	Yingde City	260500	259681	192890	198899	714696	756289
连州市	Lianzhou City			111795	115213	691700	728885
佛冈县	Fogang County			93698	93778	117933	147983
阳山县	Yangshan County	270	270	57638	61932	498844	521289
连山县	Lianshan County			26792	29198	84586	91524
连南县	Liannan County			6389	6575	52711	55279
潮州市	Chaozhou						
湘桥区	Xiangqiao District			86324	85975	70345	65363
潮安区	Chaoan District			44779	45805	167727	161734
饶平县	Raoping County	8789	8453	107436	119763	243451	252070
揭阳市	Jieyang						
榕城区	Rongcheng District			72173	74179	242786	249426
揭东区	Jiedong District	6704	2878	40737	43264	617246	628534
普宁市	Puning City			237619	256414	533076	557770
揭西县	Jiexi County	2840		105245	112612	294898	295896
惠来县	Huilai County			158022	170144	516181	523989
云浮市	Yunfu						
云城区	Yuncheng District			133900	134700	46676	55600
云安区	Yuanan District	834		125735	132257	58591	61575
罗定市	Luoding City			84853	86328	110095	111615
新兴县	Xinxing County			110560	112285	246307	255981
郁南县	Yunan County			354591	363104	57600	57659

22-8 各县(市、区)猪肉产量、禽肉产量和水产品产量

Output of Pork ,Output of Meat of Poultry and Output of Aquatic Products by County (County-level City and District)

单位：万吨 (10000 tons)

县(市、区)	County (County-level City and District)	猪肉产量 Output of Pork 2015	猪肉产量 Output of Pork 2016	禽肉产量 Output of Meat of Poultry 2015	禽肉产量 Output of Meat of Poultry 2016	水产品产量 Output of Aquatic Products 2015	水产品产量 Output of Aquatic Products 2016
广州市	Guangzhou						
越秀区	Yuexiu District						
海珠区	Haizhu District					0.31	0.07
荔湾区	Liwan District					0.16	0.08
天河区	Tianhe District					0.72	0.04
白云区	Baiyun District	0.67	0.65	3.67	3.66	3.96	4.06
黄埔区	Huangpu District	1.42	1.23	0.43	0.44	0.78	0.83
番禺区	Panyu District	0.26	0.03	1.80	1.62	15.28	15.10
花都区	Huadu District	2.29	2.36	3.84	4.08	6.73	6.86
南沙区	Nansha District	1.45	1.04	1.51	1.41	13.64	13.79
从化区	Conghua District	1.95	1.81	0.91	0.97	1.16	1.05
增城区	Zengcheng District	0.29	0.15	2.15	2.16	5.40	5.81
深圳市	Shenzhen						
福田区	Futian District						
罗湖区	Luohu District					0.33	0.58
盐田区	Yantian District						
南山区	Nanshan District					0.33	0.32
宝安区	Baoan District	0.13	0.02	0.07	0.05	0.03	0.03
龙岗区	Longgang District	0.23	0.24	0.03	0.02	0.52	0.52
珠海市	Zhuhai						
香洲区	Xiangzhou District	0.21	0.01	0.14	0.09	2.70	2.73
金湾区	Jinwan District	0.81	0.41	0.09	0.03	4.17	4.00
斗门区	Doumen District	2.95	3.32	0.49	0.73	22.28	23.19
汕头市	Shantou						
金平区	Jinping District	0.50	0.52	0.25	0.26	1.59	1.61
龙湖区	Longhu District	0.84	0.86	0.71	0.70	0.98	1.08
澄海区	Chenghai District	1.60	1.57	2.90	2.94	7.91	8.11
濠江区	Haojiang District	0.25	0.23	0.07	0.07	4.52	4.54
潮阳区	Chaoyang District	1.62	1.56	0.74	0.71	9.27	9.48
潮南区	Chaonan District	1.54	1.45	0.32	0.33	2.54	2.59
南澳县	Nanao County	0.34	0.32	0.03	0.03	17.79	18.23
佛山市	Foshan						
禅城区	Chancheng District	0.14	0.13	0.00	0.00	0.44	0.46
南海区	Nanhai District	1.27	1.39	0.92	0.95	18.93	19.16
顺德区	Shunde District	1.36	0.66	0.62	0.44	23.80	24.93
高明区	Gaoming District	3.54	3.64	2.31	2.33	6.62	6.28
三水区	Sanshui District	4.98	5.07	7.08	7.24	11.80	12.30
韶关市	Shaoguan						
浈江区	Zhengjiang District	0.69	0.66	0.13	0.14	0.96	0.99
武江区	Wujiang District	0.65	0.63	0.09	0.09	0.39	0.37
曲江区	Qujiang District	1.82	1.76	0.26	0.26	1.67	1.73
乐昌市	Lechang City	2.04	1.98	0.19	0.19	0.49	0.50
南雄市	Nanxiong City	2.75	2.68	0.70	0.71	1.72	1.79
仁化县	Renhua County	1.25	1.22	0.33	0.34	0.94	0.97
始兴县	Shixing County	0.96	0.93	0.29	0.29	0.67	0.69
翁源县	Wengyuan County	0.84	0.81	0.30	0.31	0.26	0.73
新丰县	Xinfeng County	0.62	0.60	0.16	0.16	0.44	0.45
乳源县	Ruyuan County	0.54	0.53	0.04	0.04	0.70	0.27

22−8 续表 1 continued

单位：万吨 (10000 tons)

县(市、区)	County (County-level City and District)	猪肉产量 Output of Pork 2015	2016	禽肉产量 Output of Meat of Poultry 2015	2016	水产品产量 Output of Aquatic Products 2015	2016
河源市	Heyuan						
源城区	Urban District	0.48	0.44	0.38	0.38	0.15	0.13
东源县	Dongyuan County	1.32	1.31	0.69	0.72	0.94	0.96
和平县	Heping County	1.29	1.32	0.72	0.75	0.36	0.40
龙川县	Longchuan County	2.04	1.96	0.53	0.52	1.42	1.45
紫金县	Zijin County	1.38	1.33	0.94	0.91	1.05	0.64
连平县	Lianping County	0.91	0.86	0.38	0.38	0.58	0.59
梅州市	Meizhou						
梅江区	Meijiang District	1.60	1.54	0.51	0.45	0.73	0.82
梅县区	Meixian District	2.90	2.83	0.97	0.97	2.91	3.03
兴宁市	Xingning City	4.43	4.30	1.14	1.17	1.72	1.80
平远县	Pingyuan County	1.18	1.15	0.16	0.16	0.96	1.00
蕉岭县	Jiaoling County	1.86	1.81	0.28	0.28	0.62	0.64
大埔县	Dabu County	1.58	1.53	0.46	0.46	0.74	0.76
丰顺县	Fengshun County	1.92	1.87	2.24	2.26	1.60	1.57
五华县	Wuhua County	4.30	4.16	0.67	0.68	1.83	1.89
惠州市	Huizhou						
惠城区	Huicheng District	3.23	3.12	0.74	0.74	3.37	3.49
惠阳区	Huiyang District	3.22	0.59	0.73	0.49	2.88	3.36
惠东县	Huidong County	0.60	3.19	0.49	0.74	6.41	6.62
博罗县	Boluo County	6.59	6.36	2.11	2.11	2.88	3.00
龙门县	Longmen County	0.71	0.68	0.34	0.34	0.67	0.69
汕尾市	Shanwei						
市城区	Urban District	0.61	0.59	0.30	0.30	23.35	24.13
陆丰市	Lufeng City	3.17	3.08	1.87	1.88	23.82	24.51
海丰县	Haifeng County	1.15	1.12	0.94	0.94	15.59	16.11
陆河县	Luhe County	1.20	1.16	0.40	0.40	0.45	0.48
东莞市	Dongguan	0.99	0.83	0.52	0.45	6.89	5.66
中山市	Zhongshan	2.11	2.02	1.00	1.04	33.95	33.79
江门市	Jiangmen						
蓬江区	Pengjiang District	3.80	3.06	0.43	0.22	1.87	1.76
江海区	Jianghai District	0.76	0.75	0.02	0.02	2.67	2.84
新会区	Xinhui District	3.40	3.32	2.21	2.21	18.04	18.15
台山市	Taishan City	2.55	2.25	1.26	1.26	39.07	39.73
开平市	Kaiping City	4.39	4.77	3.00	3.19	5.18	5.22
鹤山市	Heshan City	5.06	5.21	0.81	0.82	5.68	6.17
恩平市	Enping City	2.08	2.16	0.74	0.76	4.59	4.80
阳江市	Yangjiang						
江城区	Jiangcheng District	1.27	1.22	0.35	0.33	37.59	38.59
阳东区	Yangdong District	2.90	2.73	0.74	0.74	29.59	30.64
阳春市	Yangchun City	8.18	8.03	1.12	1.15	4.13	4.23
阳西县	Yangxi County	2.18	2.09	0.74	0.74	50.27	51.28

22−8 续表 2 continued

单位：万吨 (10000 tons)

县(市、区)	County (County-level City and District)	猪肉产量 Output of Pork 2015	2016	禽肉产量 Output of Meat of Poultry 2015	2016	水产品产量 Output of Aquatic Products 2015	2016
湛江市	Zhanjiang						
赤坎区	Chikan District	0.19	0.04	0.06	0.06	0.62	0.62
霞山区	Xiashan District	0.09		0.05	0.01	4.28	4.33
麻章区	Mazhang District	1.34	1.28	0.61	0.63	20.08	19.64
坡头区	Potou District	1.68	1.67	0.51	0.55	8.61	8.61
雷州市	Leizhou City	2.41	2.31	1.31	1.30	17.99	18.65
廉江市	Lianjiang County	10.04	9.66	1.89	1.92	18.96	19.43
吴川市	Wuchuan City	2.12	2.07	2.47	2.49	9.23	9.67
遂溪县	Suixi County	6.62	6.54	3.18	3.13	38.92	39.53
徐闻县	Xuwen County	1.21	1.14	0.29	0.25	7.52	7.79
茂名市	Maoming						
茂南区	Maonan District	3.69	3.58	2.41	2.45	2.96	3.08
电白区	Dianbai District	10.98	10.71	2.68	2.76	61.77	63.75
信宜市	Xinyi City	7.29	7.07	6.68	6.57	2.87	2.95
高州市	Gaozhou City	10.93	10.47	3.74	3.79	6.78	7.10
化州市	Huazhou City	10.96	10.33	2.17	2.12	10.51	10.97
肇庆市	Zhaoqing						
端州区	Tuanzhou District	0.03	0.02	0.00	0.00	0.07	0.06
鼎湖区	Dinghu District	4.32	4.20	0.66	0.65	3.99	4.30
高要区	Gaoyao District	6.24	6.03	2.31	2.35	17.32	17.37
四会市	Sihui City	10.13	9.85	2.10	2.14	12.39	13.52
广宁县	Guangning County	1.62	1.58	1.16	0.97	0.71	0.71
德庆县	Deqing County	0.97	0.94	0.86	0.90	1.74	1.81
封开县	Fengkai County	1.59	1.55	1.13	1.14	3.47	3.64
怀集县	Huaiji County	6.71	6.49	2.01	2.07	2.80	2.97
清远市	Qingyuan						
清城区	Qingcheng District	1.40	1.32	2.95	2.94	3.96	4.13
清新区	Qingxin District	2.85	2.74	1.87	1.87	3.25	3.43
英德市	Yingde City	2.69	2.56	0.57	0.57	2.89	3.02
连州市	Lianzhou City	3.57	3.36	0.29	0.29	0.73	0.74
佛冈县	Fogang County	0.57	0.70	0.19	0.22	0.75	0.75
阳山县	Yangshan County	3.61	3.57	0.61	0.61	0.50	0.51
连山县	Lianshan County	0.53	0.53	0.13	0.13	0.19	0.20
连南县	Liannan County	0.32	0.32	0.17	0.17	0.16	0.17
潮州市	Chaozhou						
湘桥区	Xiangqiao District	0.27	0.26	0.28	0.28	0.63	0.62
潮安区	Chaoan District	1.20	1.17	0.78	0.78	2.12	2.15
饶平县	Raoping County	3.13	3.03	1.73	1.73	17.55	17.49
揭阳市	Jieyang						
榕城区	Rongcheng District	1.00	0.98	0.40	0.42	1.74	1.74
揭东区	Jiedong District	1.60	1.57	0.82	0.87	2.00	1.99
普宁市	Puning City	3.36	3.21	0.88	0.79	1.04	1.05
揭西县	Jiexi County	3.29	3.21	1.46	1.46	2.28	2.35
惠来县	Huilai County	2.25	2.15	1.43	1.47	8.29	8.41
云浮市	Yunfu						
云城区	Yuncheng District	1.62	1.57	1.49	1.49	0.92	0.96
云安区	Yuanan District	0.85	0.82	0.34	0.34	1.12	1.09
罗定市	Luoding City	1.81	1.76	1.95	1.95	4.02	4.08
新兴县	Xinxing County	6.22	6.05	11.81	11.83	3.33	3.38
郁南县	Yunan County	0.78	0.75	1.87	1.87	1.22	1.27

注：本表按当年价格计算。
Note: The data in this table are calculated at current prices.

22-9 各县(市、区)固定资产投资

Investment in Fixed Assets by County (County-level City and District)

单位：万元 (10000 yuan)

县(市、区)	County (County-level City and District)	投资完成额 Completed Investment		#房地产开发投资 Investment in Real Estate Development	
		2015	2016	2015	2016
广州市	Guangzhou				
越秀区	Yuexiu District	3973744	3376473	935623	736265
海珠区	Haizhu District	6644280	6412438	1388358	1564319
荔湾区	Liwan District	3348544	3401508	2390224	2723826
天河区	Tianhe District	6898753	5466613	2665540	2999505
白云区	Baiyun District	4489664	4895715	935250	1055184
黄埔区	Huangpu District	7903962	8565504	3306417	3997123
番禺区	Panyu District	5797173	6043599	2453342	2738869
花都区	Huadu District	2762096	3181520	1843601	2476236
南沙区	Nansha District	6205467	8131492	2444979	2883217
从化区	Conghua District	2080062	2300773	1032050	1218527
增城区	Zengcheng District	3955777	5260225	1980507	3015478
深圳市	Shenzhen				
福田区	Futian District	2353842	3000289	1560857	1805677
罗湖区	Luohu District	1259008	1843702	355748	929097
盐田区	Yantian District	995926	1225743	423890	416716
南山区	Nanshan District	6339870	8879664	2288646	3503488
宝安区	Baoan District	12263409	14477957	4605639	6183224
龙岗区	Longgang District	9771021	11354283	4075553	4727007
珠海市	Zhuhai				
香洲区	Xiangzhou District	7460304	8304911	3916965	4434895
金湾区	Jinwan District	3409565	3791525	572581	998781
斗门区	Doumen District	2114118	1801109	751639	976639
汕头市	Shantou				
金平区	Jinping District	2272456	2858108	396747	384444
龙湖区	Longhu District	1812165	2232870	1147116	1336816
澄海区	Chenghai District	1275455	1547365	333631	357561
濠江区	Haojiang District	1068540	1350191	194896	431100
潮阳区	Chaoyang District	3008243	3695795	226541	286414
潮南区	Chaonan District	2520897	3229341	34722	147372
南澳县	Nanao County	142636	155016	121468	120139
佛山市	Foshan				
禅城区	Chancheng District	5349597	6000010	2329940	3296561
南海区	Nanhai District	9231459	10782942	3608797	4829718
顺德区	Shunde District	6430940	7648520	2614413	3115488
高明区	Gaoming District	3521822	4015222	278643	346998
三水区	Sanshui District	5821399	6673699	621895	710904
韶关市	Shaoguan				
浈江区	Zhengjiang District	657771	772472	256772	229583
武江区	Wujiang District	1017235	1112935	524536	654721
曲江区	Qujiang District	922334	561713	56669	98790
乐昌市	Lechang City	322537	371640	66426	105172
南雄市	Nanxiong City	1069036	1155318	84202	109149
仁化县	Renhua County	605658	637496	35755	51008
始兴县	Shixing County	607664	667118	87120	56911
翁源县	Wengyuan County	636776	694675	102905	62930
新丰县	Xinfeng County	525563	377827	58765	40062
乳源县	Ruyuan County	652118	669742	45789	60030

22-9 续表 1 continued

单位：万元 (10000 yuan)

县(市、区)	County (County-level City and District)	投资完成额 Completed Investment 2015	2016	#房地产开发投资 Investment in Real Estate Development 2015	2016
河源市	Heyuan				
源城区	Urban District	1950952	2425983	720745	1048306
东源县	Dongyuan County	752427	917610	205587	158018
和平县	Heping County	606097	720087	54679	84379
龙川县	Longchuan County	753183	977989	199520	326616
紫金县	Zijin County	918550	819096	72337	114918
连平县	Lianping County	660141	662143	33060	25003
梅州市	Meizhou				
梅江区	Meijiang District	1484421	1912604	468627	582961
梅县区	Meixian District	1296397	1397562	484802	478561
兴宁市	Xingning City	679420	544096	244339	210992
平远县	Pingyuan County	277645	395660	49607	72748
蕉岭县	Jiaoling County	280161	388164	99927	50693
大埔县	Dabu County	660171	587974	109064	131432
丰顺县	Fengshun County	557333	531668	133067	148769
五华县	Wuhua County	445072	745876	94517	49173
惠州市	Huizhou				
惠城区	Huicheng District	3553500	2664879	1714171	1688798
惠阳区	Huiyang District	2082825	2482783	751612	1062475
惠东县	Huidong County	2923755	3825399	880223	1423089
博罗县	Boluo County	2852872	3426605	514764	617119
龙门县	Longmen County	1692693	2018876	577660	657677
汕尾市	Shanwei				
市城区	Urban District	667396	768379	111938	214082
陆丰市	Lufeng City	1891325	2095005	32582	61419
海丰县	Haifeng County	3006071	3262116	102462	248748
陆河县	Luhe County	287189	398987	14034	43407
东莞市	Dongguan	14465180	15574580	5752145	6427591
中山市	Zhongshan	10554086	11490146	4810127	5435851
江门市	Jiangmen				
蓬江区	Pengjiang District	2666809	3170486	953680	1162912
江海区	Jianghai District	919382	1104125	321636	477759
新会区	Xinhui District	2469194	2878280	550006	529351
台山市	Taishan City	2072775	2220515	257939	479992
开平市	Kaiping City	2091117	2550744	278648	313103
鹤山市	Heshan City	1538207	1821502	536651	385609
恩平市	Enping City	1073509	1263189	211562	187441
阳江市	Yangjiang				
江城区	Jiangcheng District	2122860	1515675	610055	673248
阳东区	Yangdong District	2602570	1604009	94901	55711
阳春市	Yangchun City	1462597	1077066	103996	132097
阳西县	Yangxi County	723241	842405	239690	152756

22－9 续表 2 continued

单位：万元 (10000 yuan)

县(市、区)	County (County-level City and District)	投资完成额 Completed Investment 2015	2016	#房地产开发投资 Investment in Real Estate Development 2015	2016
湛江市	Zhanjiang				
赤坎区	Chikan District	872786	888396	636229	590362
霞山区	Xiashan District	1138772	1031376	131953	348008
麻章区	Mazhang District	528313	669510	23008	48464
坡头区	Potou District	1000642	924949	263923	203439
雷州市	Leizhou City	626325	758501	23154	32260
廉江市	Lianjiang County	4161866	4705143	193997	288269
吴川市	Wuchuan City	1690449	1929419	132033	186651
遂溪县	Suixi County	1409671	1794564	19219	39244
徐闻县	Xuwen County	333468	370050	34108	60475
茂名市	Maoming				
茂南区	Maonan District	2348114	2671278	239772	297035
电白区	Dianbai District	3174912	3858306	450700	397161
信宜市	Xinyi City	1938500	2285827	126278	143957
高州市	Gaozhou City	1885033	2268857	94883	122608
化州市	Huazhou City	1808417	1543328	115037	137663
肇庆市	Zhaoqing				
端州区	Tuanzhou District	1669021	1858812	662320	533296
鼎湖区	Dinghu District	945549	1025921	102314	124005
高要区	Gaoyao District	2856729	2667275	119315	103385
四会市	Sihui City	4411958	4642430	441667	358768
广宁县	Guangning County	625674	653700	92203	104669
德庆县	Deqing County	1017268	1064063	37287	19509
封开县	Fengkai County	862571	898402	50457	55272
怀集县	Huaiji County	911571	926836	92123	153063
清远市	Qingyuan				
清城区	Qingcheng District	3035065	2900823	1513892	1415431
清新区	Qingxin District	731079	733019	178817	201401
英德市	Yingde City	1179673	1383342	166000	277745
连州市	Lianzhou City	347263	399612	93380	118710
佛冈县	Fogang County	389157	352275	129209	189909
阳山县	Yangshan County	183820	209699	29016	55423
连山县	Lianshan County	52577	51362	2780	1100
连南县	Liannan County	91587	101043	22704	15489
潮州市	Chaozhou				
湘桥区	Xiangqiao District	1264132	1408822	342741	441978
潮安区	Chaoan District	1744633	1878068	105719	95915
饶平县	Raoping County	689641	758731	59572	79568
揭阳市	Jieyang				
榕城区	Rongcheng District	3680334	4175318	207000	234255
揭东区	Jiedong District	2468661	2922440	42597	86343
普宁市	Puning City	3828364	4226814	60230	104222
揭西县	Jiexi County	984885	1114585	106797	80068
惠来县	Huilai County	2280633	2281319	70094	30170
云浮市	Yunfu				
云城区	Yuncheng District	1947266	1537860	197670	296504
云安区	Yuanan District	1826269	631149	139096	55898
罗定市	Luoding City	1461935	1171453	125766	143911
新兴县	Xinxing County	1600858	1402016	122325	160713
郁南县	Yunan County	637922	660144	40848	54791

注：部分地市由于不分区项目、开发区项目，各区相加小于合计。
Note: Due to the projects that can't be classified by region and the development zone projects, the sum of the counties are less than the city.

22-10 各县(市、区)社会消费品零售总额

Total Retail Sales of Consumer Goods by County (County-level City and District)

单位：万元 (10000 yuan)

县(市、区)	County (County-level City and District)	社会消费品零售总额 Total Retail Sales of Consumer Goods 2015	2016	#商品零售 Retail Sales 2015	2016
广州市	Guangzhou				
越秀区	Yuexiu District	11450474	12452920	10217245	11184836
海珠区	Haizhu District	7972787	8661482	6668226	7188646
荔湾区	Liwan District	7204963	7897560	6488186	7128219
天河区	Tianhe District	17446723	18183526	16121067	16749634
白云区	Baiyun District	10076106	11136775	8936520	9903455
黄埔区	Huangpu District	5382453	6119839	5105041	5820060
番禺区	Panyu District	10377939	11430371	8520523	9434030
花都区	Huadu District	3938851	4417397	3331453	3764399
南沙区	Nansha District	1717564	1971566	1149318	1368393
从化区	Conghua District	1283798	1423508	1038420	1146868
增城区	Zengcheng District	3027937	3369932	2362109	2648540
深圳市	Shenzhen				
福田区	Futian District	15333829	16651168	13601450	14750200
罗湖区	Luohu District	10337461	11524697	9169561	10208988
盐田区	Yantian District	619004	710891	549071	629733
南山区	Nanshan District	6709019	7371059	5951051	6529547
宝安区	Baoan District	10569847	10895135	9375693	9651299
龙岗区	Longgang District	6609215	7974606	5862523	7064190
珠海市	Zhuhai				
香洲区	Xiangzhou District	7641637	8456938	6841655	7568260
金湾区	Jinwan District	445037	489572	367081	405600
斗门区	Doumen District	1065335	1214771	939194	1075178
汕头市	Shantou				
金平区	Jinping District	4607544	5183706	4395712	4953106
龙湖区	Longhu District	2574386	2901818	2435847	2756144
澄海区	Chenghai District	1453925	1629432	1382756	1552073
濠江区	Haojiang District	375019	412705	354585	390347
潮阳区	Chaoyang District	2182128	2450317	2009309	2260409
潮南区	Chaonan District	2100197	2353557	1947754	2185916
南澳县	Nanao County	200206	220411	172725	189968
佛山市	Foshan				
禅城区	Chancheng District	6593510	7472943	6164807	6996301
南海区	Nanhai District	8744679	9678825	7714705	8479105
顺德区	Shunde District	8768245	9754522	7848439	8758133
高明区	Gaoming District	1060598	1176486	913595	1016201
三水区	Sanshui District	1885141	2094869	1567548	1753876
韶关市	Shaoguan				
浈江区	Zhengjiang District	2031281	2214588	1853912	2003539
武江区	Wujiang District	1009470	1114499	919045	1016097
曲江区	Qujiang District	570574	627234	519849	572663
乐昌市	Lechang City	562187	612726	523112	570255
南雄市	Nanxiong City	456260	507258	411527	461477
仁化县	Renhua County	276351	304816	245752	273770
始兴县	Shixing County	169788	189685	155871	173854
翁源县	Wengyuan County	312800	343568	297030	326538
新丰县	Xinfeng County	215068	242986	202927	229742
乳源县	Ruyuan County	204090	224741	184889	203511

22-10 续表 1 continued

单位：万元 (10000 yuan)

县(市、区)	County (County-level City and District)	社会消费品零售总额 Total Retail Sales of Consumer Goods		#商品零售 Retail Sales	
		2015	2016	2015	2016
河源市	Heyuan				
源城区	Urban District	1485193	1555024	1408587	1443933
东源县	Dongyuan County	628410	698164	580622	648897
和平县	Heping County	506810	591627	468873	546389
龙川县	Longchuan County	925311	1033572	855178	968511
紫金县	Zijin County	828051	927417	769711	861181
连平县	Lianping County	456094	568610	420020	531526
梅州市	Meizhou				
梅江区	Meijiang District	1207142	1309541	1140787	1244066
梅县区	Meixian District	1244581	1420073	1087573	1252866
兴宁市	Xingning City	858551	490979	825828	450905
平远县	Pingyuan County	226964	492697	208708	458746
蕉岭县	Jiaoling County	337727	904661	316132	864379
大埔县	Dabu County	446092	251612	409838	231417
丰顺县	Fengshun County	456555	371887	431457	348125
五华县	Wuhua County	817424	956230	782339	921236
惠州市	Huizhou				
惠城区	Huicheng District	4990494	5756123	4546681	5283715
惠阳区	Huiyang District	1566462	1772389	1425490	1607083
惠东县	Huidong County	2143306	2474784	1934288	2243240
博罗县	Boluo County	1493080	1688550	1397628	1582884
龙门县	Longmen County	513901	586959	420567	479047
汕尾市	Shanwei				
市城区	Urban District	1031647	1124308	908151	988276
陆丰市	Lufeng City	1621512	1758508	1490653	1608530
海丰县	Haifeng County	1921153	2102587	1667469	1824199
陆河县	Luhe County	321823	345651	301746	323485
东莞市	Dongguan	21546996	24707782	20053923	23114703
中山市	Zhongshan	10867357	12058435	9835707	10952834
江门市	Jiangmen				
蓬江区	Pengjiang District	2173679	2461272	2051164	2337891
江海区	Jianghai District	384481	430621	347225	394338
新会区	Xinhui District	2095627	2371641	1908497	2170078
台山市	Taishan City	1849314	2078858	1649704	1857299
开平市	Kaiping City	1572115	1740949	1395911	1548378
鹤山市	Heshan City	1461902	1617662	1228091	1358032
恩平市	Enping City	805972	889636	716099	789841
阳江市	Yangjiang				
江城区	Jiangcheng District	2638695	2835869	2390020	2567053
阳东区	Yangdong District	636753	699612	554841	610490
阳春市	Yangchun City	2029147	2218254	1880479	2061083
阳西县	Yangxi County	540001	594613	436205	481212

22-10 续表 2 continued

单位：万元 (10000 yuan)

县(市、区)	County (County-level City and District)	社会消费品零售总额 Total Retail Sales of Consumer Goods		#商品零售 Retail Sales	
		2015	2016	2015	2016
湛江市	Zhanjiang				
赤坎区	Chikan District	3224074	3564348	2918437	3232425
霞山区	Xiashan District	3379684	3605678	3060783	3271819
麻章区	Mazhang District	546331	612734	483371	545263
坡头区	Potou District	339642	385327	285944	330274
雷州市	Leizhou City	1318521	1438751	1131469	1243159
廉江市	Lianjiang County	1547921	1746148	1331845	1502031
吴川市	Wuchuan City	1007056	1125699	880084	986560
遂溪县	Suixi County	945082	1033932	822252	904571
徐闻县	Xuwen County	781153	816953	675095	703394
茂名市	Maoming				
茂南区	Maonan District	4471818	4916278	4098363	4491134
电白区	Dianbai District	2295635	2510586	2124044	2323253
信宜市	Xinyi City	1850506	2045086	1698601	1881137
高州市	Gaozhou City	1820905	2042284	1644467	1843792
化州市	Huazhou City	1704901	1884537	1546052	1703637
肇庆市	Zhaoqing				
端州区	Tuanzhou District	2203419	3114560	2125891	2813458
鼎湖区	Dinghu District	263808	293390	217130	241623
高要区	Gaoyao District	961168	835882	745133	716515
四会市	Sihui City	1286915	1220845	1149074	1155603
广宁县	Guangning County	426928	459561	383263	419600
德庆县	Deqing County	401195	434764	351622	384130
封开县	Fengkai County	326781	345291	283658	298049
怀集县	Huaiji County	613422	615531	549403	542152
清远市	Qingyuan				
清城区	Qingcheng District	2752003	3000858	2640907	2884321
清新区	Qingxin District	582304	645192	519238	575539
英德市	Yingde City	1107444	1214886	1023774	1122352
连州市	Lianzhou City	434913	484046	362120	404279
佛冈县	Fogang County	371935	406893	313929	343535
阳山县	Yangshan County	336019	369623	283322	312133
连山县	Lianshan County	56603	62356	48240	53216
连南县	Liannan County	73675	84136	66923	76534
潮州市	Chaozhou				
湘桥区	Xiangqiao District	1272626	1420413	1204430	1344996
潮安区	Chaoan District	2211756	2478647	1988899	2232206
饶平县	Raoping County	957097	1057081	872399	963039
揭阳市	Jieyang				
榕城区	Rongcheng District	1907950	2140347	1845570	2070341
揭东区	Jiedong District	1699696	1907107	1635490	1835300
普宁市	Puning City	2933514	3290268	2866042	3216635
揭西县	Jiexi County	1121940	1257518	1059716	1181170
惠来县	Huilai County	1061108	1188964	994010	1111040
云浮市	Yunfu				
云城区	Yuncheng District	945508	1048061	880535	978140
云安区	Yuanan District	159863	180166	142848	161370
罗定市	Luoding City	851384	985614	789066	919354
新兴县	Xinxing County	581623	652220	506370	566526
郁南县	Yunan County	508688	586118	448694	520352

注：本表按当年价格计算。
Note: The data in this table are calculated at current prices.

22-11 各县(市、区)年末就业人员和城镇单位就业人员

Number of Fully Employed Staff and Workers by County (County-Level City and District)

单位：人 (person)

县(市、区)	County (County-level City and District)	就业人员 Employed Persons		#城镇单位就业人员 Number of Fully Employed Staff and Workers	
		2015	2016	2015	2016
广州市	Guangzhou				
越秀区	Yuexiu District	895711	897516	509189	544120
海珠区	Haizhu District	623996	646670	326193	289123
荔湾区	Liwan District	330285	343169	141055	148488
天河区	Tianhe District	1025277	1057315	610782	645934
白云区	Baiyun District	1130245	1167551	306603	332341
黄埔区	Huangpu District	763569	786420	518573	505809
番禺区	Panyu District	1101750	1134721	255999	249267
花都区	Huadu District	733520	752003	165436	163122
南沙区	Nansha District	422840	459126	154922	163655
从化区	Conghua District	396942	408821	80042	78092
增城区	Zengcheng District	685746	699268	134340	132389
深圳市	Shenzhen				
福田区	Futian District			996208	1033582
罗湖区	Luohu District			410458	426728
盐田区	Yantian District			64369	67076
南山区	Nanshan District			675473	727431
宝安区	Baoan District			1593486	1466506
龙岗区	Longgang District			859655	841002
珠海市	Zhuhai				
香洲区	Xiangzhou District			482110	480614
金湾区	Jinwan District			135144	133972
斗门区	Doumen District			125492	116645
汕头市	Shantou				
金平区	Jinping District	370532	370820	137696	140544
龙湖区	Longhu District	219071	221713	135072	139612
澄海区	Chenghai District	466698	467552	73552	76336
濠江区	Haojiang District	110525	111143	37495	40144
潮阳区	Chaoyang District	619676	619492	98959	97853
潮南区	Chaonan District	507825	508234	49231	48964
南澳县	Nanao County	28056	29179	4953	5096
佛山市	Foshan				
禅城区	Chancheng District	626444	627275	250168	249717
南海区	Nanhai District	1592591	1592749	458998	466657
顺德区	Shunde District	1516416	1517236	725552	730735
高明区	Gaoming District	272278	272885	159597	154973
三水区	Sanshui District	376415	377996	106076	115146
韶关市	Shaoguan				
浈江区	Zhengjiang District	181630	181540	69579	66114
武江区	Wujiang District	164354	165156	78544	81053
曲江区	Qujiang District	145669	145697	40724	37402
乐昌市	Lechang City	194305	194173	22184	21307
南雄市	Nanxiong City	182460	182637	30597	30648
仁化县	Renhua County	108839	108948	18862	18188
始兴县	Shixing County	109092	109104	23995	23937
翁源县	Wengyuan County	162800	164629	20711	22063
新丰县	Xinfeng County	96379	96634	16359	16695
乳源县	Ruyuan County	96211	96243	17976	17752

22-11 续表 1 continued

单位：人 (person)

县(市、区)	County (County-level City and District)	就业人员 Employed Persons 2015	2016	#城镇单位就业人员 Number of Fully Employed Staff and Workers 2015	2016
河源市	Heyuan				
源城区	Urban District	262803	275098	135660	142418
东源县	Dongyuan County	190458	193074	23227	23838
和平县	Heping County	175283	175747	27518	26202
龙川县	Longchuan County	296595	299118	37774	40729
紫金县	Zijin County	288740	291225	29386	30035
连平县	Lianping County	151370	149892	17166	15763
梅州市	Meizhou				
梅江区	Meijiang District	197087	194854	73970	74542
梅县区	Meixian District	267631	263255	36897	37811
兴宁市	Xingning City	523573	520086	56961	54772
平远县	Pingyuan County	123142	121016	15021	15549
蕉岭县	Jiaoling County	114682	116189	14957	15357
大埔县	Dabu County	203860	204441	17944	18845
丰顺县	Fengshun County	246748	246777	33856	28909
五华县	Wuhua County	458500	476789	43570	43420
惠州市	Huizhou				
惠城区	Huicheng District	578116	588242	190894	201552
惠阳区	Huiyang District	359635	367971	161061	166400
惠东县	Huidong County	571841	572654	63487	65455
博罗县	Boluo County	636289	635442	158619	157673
龙门县	Longmen County	169225	171816	25156	25542
汕尾市	Shanwei				
市城区	Urban District	232780	236606	91592	91536
陆丰市	Lufeng City	513207	518298	75029	71693
海丰县	Haifeng County	354140	356320	61495	62397
陆河县	Luhe County	98438	99771	11975	11938
东莞市	Dongguan	6534121	6539724	2322753	2312387
中山市	Zhongshan	2105103	2130132	829382	809462
江门市	Jiangmen				
蓬江区	Pengjiang District	390077	403160	169028	177004
江海区	Jianghai District	143200	145061	55553	57124
新会区	Xinhui District	465478	464130	98480	98411
台山市	Taishan City	530131	530840	70632	71039
开平市	Kaiping City	407716	408744	84693	81403
鹤山市	Heshan City	275683	275512	71366	70087
恩平市	Enping City	216963	213220	33102	40287
阳江市	Yangjiang				
江城区	Jiangcheng District	231355	226191	77417	81085
阳东区	Yangdong District	255029	255491	52167	50520
阳春市	Yangchun City	439649	446204	59278	60745
阳西县	Yangxi County	257251	258138	39646	43561

22-11 续表 2 continued

单位：人 (person)

县(市、区)	County (County-level City and District)	就业人员 Employed Persons 2015	就业人员 Employed Persons 2016	#城镇单位就业人员 Number of Fully Employed Staff and Workers 2015	#城镇单位就业人员 Number of Fully Employed Staff and Workers 2016
湛江市	Zhanjiang				
赤坎区	Chikan District	148776	143680	59745	57824
霞山区	Xiashan District	239046	238365	102856	98181
麻章区	Mazhang District	157397	158276	26923	28021
坡头区	Potou District	176359	184732	23362	22829
雷州市	Leizhou City	690790	700300	54652	54451
廉江市	Lianjiang County	591862	592016	81797	82418
吴川市	Wuchuan City	470064	466599	64432	74970
遂溪县	Suixi County	467635	466050	39796	38177
徐闻县	Xuwen County	368025	367185	36683	35134
茂名市	Maoming				
茂南区	Maonan District	401412	402616	131596	133876
电白区	Dianbai District	760050	761622	99530	104429
信宜市	Xinyi City	444888	446701	62620	64775
高州市	Gaozhou City	637083	638715	78488	76671
化州市	Huazhou City	574410	575558	84386	84889
肇庆市	Zhaoqing				
端州区	Tuanzhou District	224240	232446	123418	129513
鼎湖区	Dinghu District	100346	100757	23019	21107
高要区	Gaoyao District	478762	479904	66755	63933
四会市	Sihui City	354005	356747	115870	110909
广宁县	Guangning County	245235	245735	20735	19796
德庆县	Deqing County	191795	192740	23260	23217
封开县	Fengkai County	203552	205008	23281	23191
怀集县	Huaiji County	386491	389791	31475	31804
清远市	Qingyuan				
清城区	Qingcheng District	494274	421107	127693	133203
清新区	Qingxin District	346742	347033	59969	61885
英德市	Yingde City	550491	566231	46240	45194
连州市	Lianzhou City	228735	231614	20369	21641
佛冈县	Fogang County	162885	165405	28094	30590
阳山县	Yangshan County	198312	198735	18380	18049
连山县	Lianshan County	48262	48420	6112	6107
连南县	Liannan County	76953	78915	8132	8875
潮州市	Chaozhou				
湘桥区	Xiangqiao District	239346	234396	82272	80661
潮安区	Chaoan District	547379	548506	82580	88695
饶平县	Raoping County	462716	462646	33038	32349
揭阳市	Jieyang				
榕城区	Rongcheng District	438600	439093	91698	89290
揭东区	Jiedong District	517823	515616	77327	73333
普宁市	Puning City	910912	910941	162575	165587
揭西县	Jiexi County	472579	473526	35576	35832
惠来县	Huilai County	410777	410540	51032	49320
云浮市	Yunfu				
云城区	Yuncheng District	157097	157109	30110	28901
云安区	Yuanan District	144513	144537	15631	15588
罗定市	Luoding City	535372	536898	63164	59975
新兴县	Xinxing County	246383	246743	65679	65562
郁南县	Yunan County	229203	234440	26172	26955

注：本表按当年价格计算。
Note: The data in this table are calculated at current prices.

22-12 各县(市、区)城镇单位就业人员工资总额及平均工资

Total Wages and Average Wage of Fully Employed Staff and Workers by County (County-level City and District)

县(市、区)	County (County-level City and District)	工资总额（万元） Total Wages (10000yuan)		平均工资（元） AverageWage (yuan)	
		2015	2016	2015	2016
广州市	Guangzhou				
越秀区	Yuexiu District	4117612	4510073	80526	84338
海珠区	Haizhu District	2615773	2551392	79738	89429
荔湾区	Liwan District	1149906	1331154	80770	89245
天河区	Tianhe District	5769165	6788189	95353	106579
白云区	Baiyun District	2501007	3126473	81581	94281
黄埔区	Huangpu District	4317079	4618265	81181	90137
番禺区	Panyu District	1710484	1836191	65514	72167
花都区	Huadu District	1069081	1140064	63558	70477
南沙区	Nansha District	1084306	1217973	67888	75110
从化区	Conghua District	442908	469149	55750	60809
增城区	Zengcheng District	897607	949057	66710	71721
深圳市	Shenzhen				
福田区	Futian District	9160579	9855035	92000	96493
罗湖区	Luohu District	3686188	4296534	91584	101620
盐田区	Yantian District	539811	603024	79896	86117
南山区	Nanshan District	7257952	8618965	108109	119774
宝安区	Baoan District	10040025	10060637	61579	66896
龙岗区	Longgang District	6829545	7611092	78231	89609
珠海市	Zhuhai				
香洲区	Xiangzhou District	3502335	3786022	72018	79762
金湾区	Jinwan District	796616	917236	63180	68086
斗门区	Doumen District	718653	715488	57607	60352
汕头市	Shantou				
金平区	Jinping District	669544	728945	49019	52442
龙湖区	Longhu District	711026	799150	53488	58739
澄海区	Chenghai District	405341	441415	54179	58342
濠江区	Haojiang District	237889	265878	63916	66948
潮阳区	Chaoyang District	462182	482291	47403	49118
潮南区	Chaonan District	264806	283430	54346	57630
南澳县	Nanao County	26968	31044	54317	61121
佛山市	Foshan				
禅城区	Chancheng District	1714493	1872809	68351	74902
南海区	Nanhai District	2798856	3091592	60349	65823
顺德区	Shunde District	4642635	5067584	63045	69033
高明区	Gaoming District	820949	848615	51815	55341
三水区	Sanshui District	583215	670548	55217	58135
韶关市	Shaoguan				
浈江区	Zhengjiang District	404429	458723	60371	68864
武江区	Wujiang District	457203	516221	58355	64295
曲江区	Qujiang District	241473	253495	59782	67390
乐昌市	Lechang City	105920	107625	47839	51119
南雄市	Nanxiong City	142351	158939	47224	52781
仁化县	Renhua County	86581	98643	46793	53751
始兴县	Shixing County	107811	121102	45615	50457
翁源县	Wengyuan County	94721	109476	49375	54199
新丰县	Xinfeng County	73233	81046	45250	49000
乳源县	Ruyuan County	89476	100616	50612	58569

22-12 续表 1 continued

县(市、区)	County (County-level City and District)	工资总额（万元） Total Wages (10000yuan)		平均工资（元） AverageWage (yuan)	
		2015	2016	2015	2016
河源市	Heyuan				
源城区	Urban District	740605	830769	54793	57668
东源县	Dongyuan County	101645	122307	43240	52110
和平县	Heping County	122394	143405	46298	53245
龙川县	Longchuan County	185564	224096	49915	56032
紫金县	Zijin County	143176	159387	49478	53854
连平县	Lianping County	79426	81249	46581	51939
梅州市	Meizhou				
梅江区	Meijiang District	506726	533890	68161	72057
梅县区	Meixian District	215100	246942	59507	66218
兴宁市	Xingning City	219372	246422	38330	45915
平远县	Pingyuan County	72646	81412	49439	52425
蕉岭县	Jiaoling County	78747	89604	53201	59593
大埔县	Dabu County	94407	117737	52797	62549
丰顺县	Fengshun County	194726	174731	58245	61484
五华县	Wuhua County	185536	206162	42578	47547
惠州市	Huizhou				
惠城区	Huicheng District	1305952	1460922	67925	72059
惠阳区	Huiyang District	890590	989723	52906	60346
惠东县	Huidong County	328395	371925	51873	57209
博罗县	Boluo County	853133	974616	54153	60738
龙门县	Longmen County	117019	135534	46286	54011
汕尾市	Shanwei				
市城区	Urban District	529922	539117	54823	57766
陆丰市	Lufeng City	315605	345731	43569	50985
海丰县	Haifeng County	268219	328130	44201	53805
陆河县	Luhe County	43221	50315	36452	42492
东莞市	Dongguan	12595554	13405375	53130	57537
中山市	Zhongshan	4996703	5310662	58649	64697
江门市	Jiangmen				
蓬江区	Pengjiang District	1060622	1262760	62472	71669
江海区	Jianghai District	307242	336512	55871	58585
新会区	Xinhui District	540146	590465	54409	59875
台山市	Taishan City	299555	352582	41413	50209
开平市	Kaiping City	408788	447659	48817	56088
鹤山市	Heshan City	356216	379059	49124	53454
恩平市	Enping City	155274	173475	46366	49562
阳江市	Yangjiang				
江城区	Jiangcheng District	419519	448128	54032	58159
阳东区	Yangdong District	258619	261752	50258	52610
阳春市	Yangchun City	262920	305818	45445	51397
阳西县	Yangxi County	195195	210100	47135	49641

22−12 续表 2 continued

县(市、区)	County (County-level City and District)	工资总额（万元） Total Wages (10000yuan) 2015	2016	平均工资（元） AverageWage (yuan) 2015	2016
湛江市	Zhanjiang				
赤坎区	Chikan District	377671	394945	63433	68470
霞山区	Xiashan District	591773	607066	57076	62795
麻章区	Mazhang District	117918	136389	42224	49123
坡头区	Potou District	187125	203079	79039	86727
雷州市	Leizhou City	188931	207511	32855	36722
廉江市	Lianjiang County	376004	416893	45978	50974
吴川市	Wuchuan City	258565	340056	40437	45952
遂溪县	Suixi County	168655	182407	43406	48596
徐闻县	Xuwen County	146576	160193	40030	45551
茂名市	Maoming				
茂南区	Maonan District	774338	838719	59394	63767
电白区	Dianbai District	442539	489878	45920	48588
信宜市	Xinyi City	297228	340497	49609	53458
高州市	Gaozhou City	407623	436773	52281	57056
化州市	Huazhou City	412317	433748	48972	52794
肇庆市	Zhaoqing				
端州区	Tuanzhou District	728987	823545	58475	64009
鼎湖区	Dinghu District	114529	121880	50056	55205
高要区	Gaoyao District	414170	428198	61724	67129
四会市	Sihui City	597306	623537	51236	56453
广宁县	Guangning County	97831	102675	45876	50915
德庆县	Deqing County	96702	103106	40139	43387
封开县	Fengkai County	107135	112131	46336	48655
怀集县	Huaiji County	162204	177440	50471	56026
清远市	Qingyuan				
清城区	Qingcheng District	8040925	8879386	63401	68551
清新区	Qingxin District	3348002	3772435	54834	60456
英德市	Yingde City	2845715	3198744	59229	70205
连州市	Lianzhou City	1218516	1369746	59813	63224
佛冈县	Fogang County	1534286	1827936	52605	62185
阳山县	Yangshan County	1055377	1217857	57507	66148
连山县	Lianshan County	317341	379034	52194	62321
连南县	Liannan County	466550	603397	58108	68288
潮州市	Chaozhou				
湘桥区	Xiangqiao District	451765	502534	52573	58446
潮安区	Chaoan District	388796	445517	46507	49979
饶平县	Raoping County	129100	145590	39170	44931
揭阳市	Jieyang				
榕城区	Rongcheng District	455610	486475	49696	54722
揭东区	Jiedong District	321954	343638	42346	46227
普宁市	Puning City	765867	817028	46750	49170
揭西县	Jiexi County	144533	151918	40716	42480
惠来县	Huilai County	188638	198298	36836	40348
云浮市	Yunfu				
云城区	Yuncheng District	148306	149865	49809	52455
云安区	Yuanan District	63539	66279	41240	42741
罗定市	Luoding City	298760	305919	47484	51010
新兴县	Xinxing County	298352	336172	46197	52122
郁南县	Yunan County	115524	136201	43766	50779

注：本表按当年价格计算。
Note: The data in this table are calculated at current prices.

22-13 各县(市、区)财政收支

Local Government Budgetary Revenue and Expenditure by County (County-level City and District)

单位：万元 (10000yuan)

县(市、区)	County (County-level City and District)	地方一般公共预算收入 Local Government Gernal Public Budget Revenue		地方一般公共预算支出 Local Government Gernal Public Budget Expenditure	
		2015	2016	2015	2016
广州市	Guangzhou				
越秀区	Yuexiu District	508055	519197	818920	994319
海珠区	Haizhu District	525149	499941	857982	934978
荔湾区	Liwan District	421565	457448	653329	814835
天河区	Tianhe District	618478	659556	872260	1102089
白云区	Baiyun District	582141	554143	941510	1056562
黄埔区	Huangpu District	1492917	1412121	1471860	1706816
番禺区	Panyu District	844749	818151	1248504	1230819
花都区	Huadu District	721513	714556	924728	1027977
南沙区	Nansha District	712497	691834	1157562	1395151
从化区	Conghua District	250912	245383	452657	580468
增城区	Zengcheng District	721136	730006	1057125	1123429
深圳市	Shenzhen				
福田区	Futian District	1424709	1471267	1554492	2291063
罗湖区	Luohu District	850233	938218	1034456	1695761
盐田区	Yantian District	364911	323957	454892	678758
南山区	Nanshan District	1447647	1863735	2147951	2739555
宝安区	Baoan District	3220950	3814192	5036850	6836632
龙岗区	Longgang District	2514909	2994090	2647709	5102788
珠海市	Zhuhai				
香洲区	Xiangzhou District	345989	359138	418600	496921
金湾区	Jinwan District	192087	213890	244348	296961
斗门区	Doumen District	239181	249638	348502	364233
汕头市	Shantou				
金平区	Jinping District	94050	100213	230158	267134
龙湖区	Longhu District	138511	150079	209216	243193
澄海区	Chenghai District	188894	199566	324002	375073
濠江区	Haojiang District	52932	57333	139725	144401
潮阳区	Chaoyang District	211462	195321	587599	642838
潮南区	Chaonan District	124726	124871	455794	518324
南澳县	Nanao County	21408	21858	89637	86657
佛山市	Foshan				
禅城区	Chancheng District	606686	768579	978204	870151
南海区	Nanhai District	1855034	2033426	2239706	2126311
顺德区	Shunde District	1874732	2018964	2038715	1918286
高明区	Gaoming District	308418	320917	353282	346823
三水区	Sanshui District	454864	483266	583883	520344
韶关市	Shaoguan				
浈江区	Zhengjiang District	40072	32889	92098	109281
武江区	Wujiang District	42197	37776	99508	96290
曲江区	Qujiang District	79080	80715	199813	165410
乐昌市	Lechang City	59728	53010	235501	271326
南雄市	Nanxiong City	59963	58157	277014	264567
仁化县	Renhua County	60988	62767	219540	226293
始兴县	Shixing County	38481	38721	165359	159555
翁源县	Wengyuan County	41223	39774	213379	220422
新丰县	Xinfeng County	37746	30985	182452	160959
乳源县	Ruyuan County	52363	52071	248432	223451

22-13 续表 1 continued

单位：万元 (10000yuan)

县(市、区)	County (County-level City and District)	地方一般公共预算收入 Local Government Gernal Public Budget Revenue		地方一般公共预算支出 Local Government Gernal Public Budget Expenditure	
		2015	2016	2015	2016
河源市	Heyuan				
源城区	Urban District	105291	103918	211229	245869
东源县	Dongyuan County	79807	83063	354590	393239
和平县	Heping County	49185	52214	332499	345901
龙川县	Longchuan County	60859	63279	472821	514986
紫金县	Zijin County	63266	65277	414656	435347
连平县	Lianping County	66644	66760	291120	322544
梅州市	Meizhou				
梅江区	Meijiang District	90028	70293	180705	181448
梅县区	Meixian District	214982	218830	469943	511097
兴宁市	Xingning City	100053	110386	592005	608741
平远县	Pingyuan County	65595	73804	233213	230951
蕉岭县	Jiaoling County	70600	79950	199828	220543
大埔县	Dabu County	81857	96011	324701	355377
丰顺县	Fengshun County	73637	84372	379687	440441
五华县	Wuhua County	55543	69018	570663	587550
惠州市	Huizhou				
惠城区	Huicheng District	352428	389151	521309	563026
惠阳区	Huiyang District	400715	448427	515991	575852
惠东县	Huidong County	347173	367751	654386	704916
博罗县	Boluo County	373570	406323	739819	769806
龙门县	Longmen County	109766	80908	303459	291877
汕尾市	Shanwei				
市城区	Urban District	27133	33024	188468	155179
陆丰市	Lufeng City	58865	60685	613238	626181
海丰县	Haifeng County	79003	73359	578491	568965
陆河县	Luhe County	26443	26550	225978	215865
东莞市	Dongguan	5179682	5447543	5812410	5992899
中山市	Zhongshan	2875055	2950382	3553673	3675692
江门市	Jiangmen				
蓬江区	Pengjiang District	230800	240889	298214	305910
江海区	Jianghai District	103201	102545	142394	158817
新会区	Xinhui District	439511	469201	629145	640185
台山市	Taishan City	247639	243258	436185	452823
开平市	Kaiping City	215356	219510	338261	341451
鹤山市	Heshan City	242489	249661	300023	299092
恩平市	Enping City	98898	100338	248023	243958
阳江市	Yangjiang				
江城区	Jiangcheng District	59654	40149	159429	186983
阳东区	Yangdong District	121618	107081	267700	342019
阳春市	Yangchun City	125994	103842	446923	470303
阳西县	Yangxi County	73496	66173	335012	242451

22-13 续表 2 continued

单位：万元 (10000yuan)

县(市、区)	County (County-level City and District)	地方一般公共预算收入 Local Government Gernal Public Budget Revenue		地方一般公共预算支出 Local Government Gernal Public Budget Expenditure	
		2015	2016	2015	2016
湛江市	Zhanjiang				
赤坎区	Chikan District	49308	40248	126282	99840
霞山区	Xiashan District	71274	73699	169097	147455
麻章区	Mazhang District	41932	40791	107304	111070
坡头区	Potou District	55742	51937	153053	134833
雷州市	Leizhou City	58675	50255	553702	606067
廉江市	Lianjiang County	110682	113048	568829	613928
吴川市	Wuchuan City	68972	66889	316117	366065
遂溪县	Suixi County	69476	67277	362115	388142
徐闻县	Xuwen County	44664	45338	317853	309373
茂名市	Maoming				
茂南区	Maonan District	58941	61543	199336	231371
电白区	Dianbai District	234399	232899	821271	826593
信宜市	Xinyi City	95355	93196	511057	548070
高州市	Gaozhou City	150225	172115	621545	718854
化州市	Huazhou City	113734	112757	547973	530772
肇庆市	Zhaoqing				
端州区	Tuanzhou District	156265	97796	208266	181598
鼎湖区	Dinghu District	72438	62964	102612	129139
高要区	Gaoyao District	284321	148248	438717	281382
四会市	Sihui City	228744	125024	322336	268361
广宁县	Guangning County	77555	42528	231542	242959
德庆县	Deqing County	87611	53903	230394	189080
封开县	Fengkai County	69908	35913	207116	216371
怀集县	Huaiji County	74418	49439	313268	328439
清远市	Qingyuan				
清城区	Qingcheng District	152903	132991	310225	393693
清新区	Qingxin District	146854	126318	372289	355956
英德市	Yingde City	169939	156791	535398	586231
连州市	Lianzhou City	72038	62275	279532	234245
佛冈县	Fogang County	97968	84413	195413	221038
阳山县	Yangshan County	51628	41065	281244	234157
连山县	Lianshan County	13896	12259	171205	178100
连南县	Liannan County	16211	14807	174300	156006
潮州市	Chaozhou				
湘桥区	Xiangqiao District	44133	44295	136284	137402
潮安区	Chaoan District	131657	113771	410500	431285
饶平县	Raoping County	76162	80194	445962	427537
揭阳市	Jieyang				
榕城区	Rongcheng District	74859	72930	169537	155279
揭东区	Jiedong District	120448	112951	419962	414447
普宁市	Puning City	203171	201701	750697	804684
揭西县	Jiexi County	51459	43048	381979	386988
惠来县	Huilai County	64074	57671	399859	390558
云浮市	Yunfu				
云城区	Yuncheng District	59836	52287	142760	151221
云安区	Yuanan District	41200	35297	149697	133931
罗定市	Luoding City	114895	115684	428492	472007
新兴县	Xinxing County	159406	168285	343176	397352
郁南县	Yunan County	56979	57125	236845	235229

附录

APPENDIX

附 录

简要说明

一、本篇资料包括部分省市社会经济主要指标、中国香港特别行政区、中国澳门特别行政区、中国台湾省主要统计指标及国际主要统计指标。

二、附录 A、附录 B、附录 C 资料来源于国家统计局编辑、中国统计出版社出版的《中国统计年鉴》和《中国统计摘要》。附录 D 资料来源于国家统计局编辑、中国统计出版社出版的《国际统计年鉴——2016》。

三、一些国际组织及其组成成员：

西方七国（G7）：包括美国、日本、英国、德国、法国、意大利和加拿大。

经济合作与发展组织（经合组织，OECD）：成员国有 34 个：澳大利亚、 奥地利、比利时、冰岛、丹麦、德国、法国、芬兰、加拿大、荷兰、卢森堡、美国、葡萄牙、日本、挪威、瑞典、瑞士、爱尔兰、西班牙、希腊、意大利、新西兰、土耳其、英国、墨西哥、捷克、匈牙利、波兰、韩国、斯洛伐克、以色列（2010)、斯洛文尼亚、智利（2010)、爱沙尼亚（2010)。

欧洲联盟（简称欧盟，EU）：成员国共 28 个：法国、德国、意大利、荷兰、比利时、卢森堡、丹麦、爱尔兰、英国、希腊、西班牙、葡萄牙、奥地利、芬兰、瑞典、塞浦路斯、捷克、爱沙尼亚、匈牙利、拉脱维亚、立陶宛、马耳他、波兰、斯洛伐克、斯洛文尼亚、保加利亚、罗马尼亚和克罗地亚

欧洲货币联盟（欧元区，Euro Area）:成员国共 18 个：德国、比利时、奥地利、荷兰、法国、意大利、西班牙、葡萄牙、卢森堡、爱尔兰、芬兰、希腊、斯洛文尼亚、塞浦路斯、马耳他、斯洛伐克、爱沙尼亚和拉脱维亚。

北美自由贸易区（NAFTA）：成立于 1994 年 1 月 1 日，至今始终有三个成员国，即加拿大、墨西哥和美国。

东南亚国家联盟（东盟，ASEAN）：成员国共有 10 个：菲律宾、马来西亚、泰国、新加坡、印度尼西亚、文莱（1984 年）、越南（1995 年）、缅甸（1997 年）、老挝（1997 年）和柬埔寨（1999 年）。

四、一些国家(含地区)分类含义：

按收入分组国家：按照世界银行 2013 年分组标准，高收入国家指按图表集法计算的人均国民总收入 12746 美元及以上的国家，中等偏上收入国家指人均国民总收入 4126 美元至 12745 美元的国家，中等偏下收入国家指人均国民总收入 1046 美元至 4125 美元的国家，低收入国家指人均国民总收入 1045 美元及以下国家。

发达国家与发展中国家：联合国统计司对“发达国家”及“发展中国家”没有一个明确的划分标准。通常是把亚洲的日本、北美的加拿大和美国、大洋洲的澳大利亚和新西兰、欧洲（除前南斯拉夫、东欧、独联体外）都列入发达国家。在国际贸易统计中，南部非洲关税联盟和以色列被认为是发达地区和国家；前南斯拉夫为发展中国家，东欧国家和在欧洲的独联体国家既不是发达国家，也不是发展中国家。

国际货币基金组织指出“发达经济体”包括 35 个国家或地区：澳大利亚、奥地利、比利时、加拿大、塞浦路斯、捷克、丹麦、爱沙尼亚、芬兰、法国、德国、希腊、中国香港、冰岛、爱尔兰、以色列、意大利、日本、韩国、卢森堡、马耳他、荷兰、新西兰、挪威、葡萄牙、圣马力诺、新加坡、斯洛伐克、斯洛文尼亚、西班牙、瑞典、瑞士、中国台湾、英国及美国。其他为新兴市场及发展中经济体。

五、2016 年各省市资料中，除广东为正式年报数外，其余各省市资料均为快速年报数。

六、本篇资料由广东省统计局综合处负责整理、编辑。

Appendix

Brief Introduction

I. The data in this chapter include main social and economic indicators of some provinces and municipalities,main statistical indicators of Hong Kong and Macao Special Administrative Regions and Taiwan Province of the People’s Republic of China, as well as main international statistical indicators.

II. Data in Appendices A, B, C come from China Statistical Yearbook and China Statistical Abstract compiled by National Bureau of Statistics and published by China Statistics Press. Data in Appendix D come from International Statistical Yearbook compiled by National Bureau of Statistics and published by China Statistics Press.

III. International organizations and their members included are as follows:

G7 includes the United States, Japan, the United Kingdom, Germany, France, Italy and Canada.

Organization for Economic Co-operation and Development (OECD), has 34 members, i.e., Australia, Austria, Belgium, Iceland, Denmark, Germany, France, Finland, Canada, Netherlands, Luxembourg, United States, Portugal, Japan, Norway, Sweden, Switzerland, Ireland, Spain, Greece, Italy, New Zealand, Turkey, United Kingdom, Mexico, Czech Republic, Hungary, Poland, Korea, Slovakia, Israel (2010), Slovenia, Chile (2010), Estonia (2010).

European Union (EU), it expanded to28 members, i.e., France, Germany, Italy, Netherlands, Belgium, Luxembourg, Denmark, Ireland, United Kingdom, Greece, Spain，Portugal, Austria, Finland, Sweden, Cyprus, the Czech Republic, Estonia, Hungary, Latvia, Lithuania, Malta, Poland, Slovakia and Slovenia, Bulgaria, Romania and Croatia.

European Monetary Union (Euro Area), it has 18 members and member countries are Germany, Belgium, Austria, Netherlands, France, Italy, Spain, Portugal, Luxembourg, Ireland, Finland, Greece, Slovenia, Cyprus, Malta, Slovak, Estonia and Latvia.

North American Free Trade Area (NAFTA) was founded on January 1, 1994, with members unchanged hitherto, i.e. Canada, Mexico and the United States.

Association of Southeast Asian Countries (ASEAN) has 10 members, i.e. the Philippines, Malaysia, Thailand, Singapore, Indonesia, Brunei Darussalam (1984), Viet Nam (1995), Myanmar (1997), Lao People's Democratic Republic (1997) and Cambodia (1999).

IV. Countries (territories) are classified as follows:

Countries by Income Group According to the criteria by the World Bank, countries and territories (referred to as economies) are classified into high income (higher than $12746), higher middle income (between $4126 and $12745), lower middle income (between $1046 and $4125) and low income ($1045 and below) groups by their per capita GNI (calculated by Atlas method)in the year 2013.

Developed and Developing Countries There is no established convention for the designation of "developed" and "developing" countries or areas in the United Nations system. In common practice, Japan in Asia, Canada and the United States in northern America, Australia and New Zealand in Oceania, and Europe are considered "developed" regions or areas. In international trade statistics, the Southern African Customs Union is also treated as a developed region and Israelas a developed country; countries emerging from the former Yugoslavia are treated as developing countries; and countries of eastern Europe and of the Commonwealth of Independent States in Europe are not included under either developed or developing regions.

Advanced economies in International Monetary Fund (IMF) are composed of 35 countries: Australia, Austria, Belgium, Canada, Cyprus, Czech Republic, Denmark, Estonia, Finland, France, Germany, Greece, Hong Kong SAR, Iceland,Ireland, Israel, Italy, Japan, Korea, Luxembourg, Malta, Netherlands, New Zealand, Norway, Portugal, San Marino, Singapore, Slovak Republic, Slovenia, Spain, Sweden, Switzerland, Taiwan Province of China, United Kingdom, and United States. Others are emerging market and developing economies.

V. Among the data of various provinces and municipalities in 2016， all come from flash annual reports except the data of Guangdong, which come from formal annual reports.

VI. The data in this chapter are prepared and compiled by the Division of Comprehensive Statistics of Guangdong Provincial Bureau of Statistics.

附录A-1 人口及地区生产总值（2016年）

Population and Gross Domestic Product (2016)

地区	Province or Municipality	年末常住人口(万人) Year-end Permanent Population (10000 persons)	年末城镇人口比重(%) Proportion of Urban Population (%)	地区生产总值(亿元) Gross Domestic Product (100 million yuan)	第一产业 Primary Industry	第二产业 Secondary Industry	第三产业 Tertiary Industry	地区生产总值比上年增长(%) Increase by (%)	人均地区生产总值(元) Per Capita GDP (yuan)	人均地区生产总值比上年增长(%) Increase by(%)
全国	**National Total**	**138271**	**57.4**	**744127.2**	**63670.7**	**296236.0**	**384220.5**	**6.7**	**53980**	**6.1**
北京	Beijing	2173	86.5	24899.3	129.6	4774.4	19995.3	6.7	114653	6.2
天津	Tianjing	1562	82.9	17885.4	220.2	8003.9	9661.3	9.0	115053	7.4
河北	Hebei	7470	53.3	31827.9	3492.8	15058.5	13276.5	6.8	42736	6.1
山西	Shanxi	3682	56.2	12928.3	784.6	4926.4	7217.4	4.5	35198	4.0
内蒙古	Nei Monggol	2520	61.2	18632.6	1628.7	9078.9	7925.1	7.2	74069	6.8
辽宁	Liaoning	4378	67.4	22037.9	2173.0	8504.8	11360.0	-2.5	50314	-2.4
吉林	Jilin	2733	56.0	14886.2	1498.5	7147.2	6240.5	6.9	54266	7.3
黑龙江	Heilongjiang	3799	59.2	15386.1	2670.5	4441.4	8274.3	6.1	40432	6.5
上海	ShangHai	2420	87.9	27466.2	109.5	7994.3	19362.3	6.8	113615	6.9
江苏	Jiangsu	7999	67.7	76086.2	4078.5	33855.7	38152.0	7.8	95257	7.5
浙江	Zhejiang	5590	67.0	46485.0	1966.5	20517.8	24000.6	7.5	83538	6.7
安徽	Anhui	6196	52.0	24117.9	2567.7	11666.6	9883.6	8.7	39092	7.7
福建	Fujian	3874	63.6	28519.2	2364.1	13912.7	12242.3	8.4	73951	7.5
江西	Jiangxi	4592	53.1	18364.4	1904.5	9032.1	7427.8	9.0	40106	8.4
山东	Shandong	9947	59.0	67008.2	4929.1	30410.0	31669.0	7.6	67706	6.7
河南	Henan	9532	48.5	40160.0	4286.3	19055.4	16818.3	8.1	42247	7.5
湖北	Hubei	5885	58.1	32297.9	3499.3	14375.1	14423.5	8.1	55038	7.5
湖南	Hunan	6822	52.8	31244.7	3578.4	13181.0	14485.3	7.9	45931	7.3
广东	Guangdong	10999	69.2	79512.1	3694.4	34001.3	41816.4	7.5	72787	6.2
广西	Guangxi	4838	48.1	18245.1	2798.6	8219.9	7226.6	7.3	37876	6.3
海南	Hainan	917	56.8	4044.5	970.9	901.7	2171.9	7.5	44252	6.7
重庆	Chongqing	3048	62.6	17558.8	1303.2	7755.2	8500.4	10.7	57902	9.6
四川	Sichuan	8262	49.2	32680.5	3924.1	13924.7	14831.7	7.7	39695	7.0
贵州	Guizhou	3555	44.2	11734.4	1846.5	4636.7	5251.2	10.5	33127	9.8
云南	Yunnan	4771	45.0	14870.0	2195.0	5799.3	6875.6	8.7	31265	8.0
西藏	Tibet	331	29.6	1150.1	105.0	429.9	615.2	10.0	35143	7.8
陕西	Shanxi	3813	55.3	19165.4	1693.8	9390.9	8080.7	7.6	50398	7.0
甘肃	Gansu	2610	44.7	7152.0	973.5	2491.5	3687.0	7.6	27458	7.2
青海	Qinghai	593	51.6	2572.5	221.2	1250.0	1101.3	8.0	43531	7.1
宁夏	Ningxia	675	56.3	3150.1	240.0	1475.5	1434.6	8.1	46918	7.0
新疆	Xinjiang	2398	48.4	9617.2	1649.0	3585.2	4383.0	7.6	40427	5.3

注：地区生产总值为初步核算数。

Note: GDP is the preliminary calculated number.

附录A-2 固定资产投资完成额（2016年）

Investment in Fixed Assets (2016年)

地 区	Province or Municipality	固定资产投资（含农户）（亿元） Investment in Fixed Assets (including farmers) (100 million yuan)	固定资产投资（不含农户）（亿元） Investment in Fixed Assets (excluding farmers) (100 million yuan)	#房地产开发 Real Estate Development	商品房销售额（亿元） Total Sales of Commercial Housing (100 million yuan)	#住宅 Residential Builidings	房屋竣工面积（万平方米） Completion of Commercial Housing Area (10000 sq.m)	商品房销售面积（万平方米） Floor Sapce of Commercial Buildings Sold (10000 sq.m)
全 国	**National Total**	**606465.7**	**596500.75**	**102580.6**	**117627.0**	**99064.2**	**106128**	**157349**
北 京	Beijing	7943.9	7888.69	4000.6	4561.6	2795.8	2370	1659
天 津	Tianjing	12779.4	12756.36	2300.0	3478.2	3245.6	2914	2711
河 北	Hebei	31750.0	31340.07	4695.6	4301.8	3710.9	4288	6682
山 西	Shanxi	14198.0	13859.35	1597.4	1027.1	900.8	2684	2061
内蒙古	Nei Monggol	15080.0	14893.96	1133.5	1149.1	838.1	1664	2528
辽 宁	Liaoning	6692.2	6436.33	2094.8	2256.9	1988.0	2709	3712
吉 林	Jilin	13923.2	13773.17	1016.8	1029.6	806.5	1352	1919
黑龙江	Heilongjiang	10648.3	10432.55	864.8	1121.0	903.7	2376	2117
上 海	ShangHai	6755.9	6751.68	3709.0	6695.8	5233.3	2551	2706
江 苏	**Jiangsu**	49663.2	49370.85	8956.4	12293.0	11055.4	10074	13962
浙 江	Zhejiang	30276.1	29571.00	7469.4	9605.1	8280.8	7925	8637
安 徽	Anhui	27033.4	26577.37	4603.6	5035.5	4231.6	5383	8500
福 建	Fujian	23237.4	22927.99	4588.8	4530.8	3793.4	3665	4915
江 西	Jiangxi	19694.2	19378.69	1770.9	2678.4	2207.2	1636	4692
山 东	Shandong	53322.9	52364.49	6323.4	6902.9	6070.5	8253	11790
河 南	Henan	40415.1	39753.93	6179.1	5612.9	4839.0	6299	11306
湖 北	Hubei	30011.7	29503.88	4296.4	4994.1	4383.8	3127	7427
湖 南	Hunan	28353.3	27688.45	2957.0	3751.9	3113.6	4534	8085
广 东	Guangdong	33303.6	32947.30	10307.8	16214.6	14240.3	6594	14612
广 西	Guangxi	18236.8	17652.95	2398.0	2207.5	1948.2	1735	4215
海 南	Hainan	3890.4	3747.03	1787.6	1490.2	1385.3	1675	1509
重 庆	Chongqing	16048.1	15931.78	3725.9	3432.0	2635.6	4421	6257
四 川	Sichuan	28812.0	28229.79	5282.6	5358.9	4296.3	7050	9300
贵 州	Guizhou	13204.0	12929.17	2149.0	1790.5	1269.4	1901	4157
云 南	Yunnan	16119.4	15662.49	2688.3	1917.8	1411.4	2115	3640
西 藏	Tibet	1596.0	1596.05	48.5	38.1	34.7	32	75
陕 西	Shanxi	20825.3	20474.85	2736.8	1785.2	1585.7	2432	3263
甘 肃	Gansu	9664.0	9534.10	850.0	873.5	712.3	992	1679
青 海	Qinghai	3528.1	3455.51	396.9	236.4	172.1	387	438
宁 夏	Ningxia	3794.2	3709.04	728.2	409.7	325.9	1295	966
新 疆	Xinjiang	10287.5	9983.86	923.4	846.8	648.9	1696	1828

注：各地固定资产投资不含跨省投资。
Note: Trans-provincial investments are not included in the investment in

附录A-3 居民人均收入与支出(2016年)

Per Capita Income and Expenditure (2016)

单位：元 (yuan)

地区	Province or Municipality	全体居民 All residents		城镇常住居民 Urban resident		农村常住居民 Rural resident	
		人均可支配收入 Per Capita Disposable	人均消费支出 Per Capita Consumption Expenditure	人均可支配收入 Per Capita Disposable Income	人均消费支出 Per Capita Consumption Expenditure	人均可支配收入 Per Capita Disposable Income	人均消费支出 Per Capita Consumption Expenditure
全国	**National Total**	**23821**	**17111**	**33616**	**23079**	**12363**	**10130**
北京	Beijing	52530	35416	57275	38256	22310	17329
天津	Tianjing	34074	26129	37110	28345	20076	15912
河北	Hebei	19725	14247	28249	19106	11919	9798
山西	Shanxi	19049	12683	27352	16993	10082	8029
内蒙古	Nei Monggol	24127	18072	32975	22744	11609	11463
辽宁	Liaoning	26040	19853	32876	24996	12881	9953
吉林	Jilin	19967	14773	26530	19166	12123	9521
黑龙江	Heilongjiang	19838	14446	25736	18145	11832	9424
上海	ShangHai	54032	37265	57692	39857	25520	17071
江苏	Jiangsu	32070	22130	40152	26433	17606	14428
浙江	Zhejiang	38529	25527	47237	30068	22866	17359
安徽	Anhui	19998	14712	29156	19606	11720	10287
福建	Fujian	27608	20167	36014	25006	14999	12911
江西	Jiangxi	20110	13259	28673	17696	12138	9128
山东	Shandong	24685	15926	34012	21495	13954	9519
河南	Henan	18443	12712	27233	18088	11697	8587
湖北	Hubei	21787	15889	29386	20040	12725	10938
湖南	Hunan	21115	15750	31284	21420	11930	10630
广东	Guangdong	30296	23448	37684	28613	14512	12415
广西	Guangxi	18305	12295	28324	17268	10359	8351
海南	Hainan	20653	14275	28453	19015	11843	8921
重庆	Chongqing	22034	16385	29610	21031	11549	9954
四川	Sichuan	18808	14839	28335	20660	11203	10192
贵州	Guizhou	15121	11932	26743	19202	8090	7533
云南	Yunnan	16720	11769	28611	18622	9020	7331
西藏	Tibet	13639	9319	27802	19440	9094	6070
陕西	Shanxi	18874	13943	28440	19369	9396	8568
甘肃	Gansu	14670	12254	25693	19539	7457	7487
青海	Qinghai	17302	14775	26757	20853	8664	9222
宁夏	Ningxia	18832	14965	27153	20364	9852	9138
新疆	Xinjiang	18355	14066	28463	21229	10183	8277

附录A-4 居民消费价格指数(2016年)

Consumer Price Indices (2016)

上年=100 (Preceding Year=100)

地 区	Province or Municipality	居民消费价格指数 Consumer Price Index	食品烟酒 Foods, Tobacco and Liquor	衣 着 Clothing	居 住 Residence	生活用品及服务 Daily Necessities and Services	交通和通信 Transpo-rtation and Communi-cation	教育文化和娱乐 Education, Culture and Recreation	医疗保健 Health Care	其他用品和服务 Ather Articles and Services
全 国	**National Total**	**102.0**	**103.8**	**101.4**	**101.6**	**100.5**	**98.7**	**101.6**	**103.8**	**102.8**
北 京	Beijing	101.4	103.0	100.2	103.7	99.2	96.6	98.3	102.6	104.3
天 津	Tianjing	102.1	102.1	100.1	103.6	99.4	98.3	100.6	108.8	103.8
河 北	Hebei	101.5	102.6	101.8	100.7	100.5	98.3	101.3	104.4	103.3
山 西	Shanxi	101.1	102.8	101.0	99.9	100.0	98.3	101.3	102.4	101.2
内蒙古	Nei Monggol	101.2	102.2	101.4	100.0	100.1	98.9	100.7	104.4	101.8
辽 宁	Liaoning	101.6	102.5	101.4	100.5	100.7	99.8	102.8	102.5	101.6
吉 林	Jilin	101.6	103.2	101.8	99.7	100.5	98.7	100.6	106.1	102.2
黑龙江	Heilongjiang	101.5	102.6	101.0	100.0	100.4	100.0	101.7	103.7	102.1
上 海	ShangHai	103.2	103.7	100.8	105.1	101.2	97.0	102.7	109.0	103.3
江 苏	Jiangsu	102.3	103.8	101.8	101.2	101.6	98.8	100.9	109.1	102.7
浙 江	Zhejiang	101.9	104.4	101.5	101.0	100.2	98.7	102.7	101.3	102.5
安 徽	Anhui	101.8	103.7	100.8	101.1	100.2	97.6	102.3	103.6	102.3
福 建	Fujian	101.7	103.9	100.3	100.7	99.8	99.4	101.2	102.9	102.5
江 西	Jiangxi	102.0	104.4	100.9	101.0	100.1	98.8	101.5	102.7	102.6
山 东	Shandong	102.1	103.6	101.7	100.9	100.8	99.6	101.9	104.9	102.9
河 南	Henan	101.9	103.2	100.7	102.2	100.2	98.3	102.4	102.8	103.9
湖 北	Hubei	102.2	104.0	102.3	102.8	100.4	97.2	102.2	101.9	102.8
湖 南	Hunan	101.9	104.3	101.5	101.2	100.0	98.4	100.8	103.1	101.6
广 东	Guangdong	102.3	104.8	102.7	101.7	100.2	98.5	101.4	102.8	102.8
广 西	Guangxi	101.6	103.4	101.3	100.3	99.9	98.8	101.6	103.7	101.9
海 南	Hainan	102.8	105.1	97.9	102.6	100.8	98.5	103.0	104.4	103.6
重 庆	Chongqing	101.8	103.6	102.4	101.1	100.6	100.6	99.5	101.8	102.6
四 川	Sichuan	101.9	104.1	100.6	101.2	100.3	98.6	102.5	101.6	102.9
贵 州	Guizhou	101.4	103.6	99.6	100.8	99.9	98.7	101.3	101.5	101.0
云 南	Yunnan	101.5	103.5	100.2	101.2	100.0	99.3	100.7	102.4	101.3
西 藏	Tibet	102.5	104.9	103.2	100.8	101.5	99.5	101.1	102.1	103.1
陕 西	Shanxi	101.3	103.1	101.1	100.9	99.5	98.3	100.0	102.4	102.2
甘 肃	Gansu	101.3	103.2	101.4	100.8	100.4	99.0	100.0	100.8	101.5
青 海	Qinghai	101.8	102.3	101.2	105.2	100.4	97.3	100.6	102.6	102.4
宁 夏	Ningxia	101.5	102.4	101.7	100.4	100.3	98.6	102.2	102.9	103.2
新 疆	Xinjiang	101.4	101.9	101.3	101.2	100.6	99.3	101.6	102.7	103.1

附录A-5 农林牧渔业总产值和增速（2016年）

Gross Output Value of Farming,Forestry,Animal Husbandry and Fishery and Growth Rate (2016)

地区	Province or Municipality	农林牧渔业总产值(亿元) Gross Output Value of Farming, Forestry, Animal Husbandry and Fishery (100 million yuan)	#农业 Farming	#林业 Forestry	#畜牧业 Animal Husbandry	#渔业 Fishery	农林牧渔业总产值比上年增长(%) Growth Rate in Gross Output Value of Farming, Forestry ,Animal Husbandry and Fishery (%)
全国	**National Total**	**112091.3**	**59287.8**	**4631.6**	**31703.2**	**11602.9**	**3.5**
北京	Beijing	338.1	145.2	52.2	122.7	9.2	-9.9
天津	Tianjing	494.4	244.3	8.4	140.9	89.0	3.3
河北	Hebei	6083.9	3459.4	132.3	1939.2	211.0	3.5
山西	Shanxi	1534.0	958.1	100.3	376.2	9.9	3.2
内蒙古	Nei Monggol	2794.2	1415.1	98.6	1202.9	33.0	3.1
辽宁	Liaoning	4421.8	1859.5	143.7	1575.7	639.6	-2.6
吉林	Jilin	2724.9	1232.0	107.2	1252.8	43.0	3.2
黑龙江	Heilongjiang	5197.8	2873.9	219.9	1854.8	129.2	5.5
上海	ShangHai	285.1	148.5	13.2	62.6	50.2	-9.2
江苏	Jiangsu	7235.1	3714.6	129.3	1331.5	1621.9	0.8
浙江	Zhejiang	3146.1	1521.2	158.1	434.3	962.0	2.5
安徽	Anhui	4655.5	2234.1	291.1	1375.7	513.2	3.4
福建	Fujian	4155.7	1782.0	315.1	681.7	1235.5	3.7
江西	Jiangxi	3130.3	1446.9	324.6	788.6	458.9	4.1
山东	Shandong	9325.9	4641.3	147.5	2540.8	1485.6	4.4
河南	Henan	7799.7	4577.2	121.3	2611.3	128.3	4.5
湖北	Hubei	6278.4	2921.3	203.4	1715.2	1030.0	4.9
湖南	Hunan	6081.9	3255.1	321.6	1762.7	396.7	3.6
广东	Guangdong	6078.4	3134.4	314.7	1221.8	1195.6	2.9
广西	Guangxi	4591.4	2347.9	323.5	1266.4	464.2	3.3
海南	Hainan	1470.4	695.6	100.0	267.1	353.8	4.3
重庆	Chongqing	1968.3	1151.8	73.4	627.4	85.3	4.5
四川	Sichuan	6831.1	3711.0	219.1	2551.7	223.9	4.0
贵州	Guizhou	3097.2	1888.6	195.0	797.2	68.7	6.2
云南	Yunnan	3633.1	1943.6	330.4	1141.8	94.2	5.8
西藏	Tibet	173.0	52.2	2.4	113.8	0.2	12.6
陕西	Shanxi	2985.8	2027.6	85.5	695.9	26.2	4.1
甘肃	Gansu	1778.0	1274.7	30.8	299.7	2.2	4.2
青海	Qinghai	338.8	155.5	8.3	165.7	3.3	5.4
宁夏	Ningxia	493.6	311.9	10.1	131.7	17.0	4.4
新疆	Xinjiang	2969.7	2163.1	50.3	653.2	22.2	6.0

注：本表绝对数按当年价格计算，增速按可比价格计算。

Note: the figures in this table are calculated at current prices, the growth rate is calculated at comparable prices.

附录A-6　主要农产品产量（2016年）

Output of Major Agricultural Products (2016)

单位：万吨　　(10000 tons)

地　区	Province or Municipality	粮食 Grain	油料 Oil-bearing	糖料 Sugarcane	肉类 Meat	蔬菜 Vegetable	水果 Fruits
全　国	**National Total**	**61625.0**	**3629.5**	**12340.7**	**8537.8**	**79779.7**	**28351.1**
北　京	Beijing	53.7	0.6		30.4	183.6	79.0
天　津	Tianjing	196.4	1.6		45.5	450.4	61.5
河　北	Hebei	3460.2	156.5	93.1	457.7	8193.4	2138.5
山　西	Shanxi	1318.5	15.4	3.3	84.4	1294.5	840.8
内蒙古	Nei Monggol	2780.3	220.0	267.4	258.9	1502.3	316.3
辽　宁	Liàoning	2100.6	81.3	9.4	430.9	2257.5	802.3
吉　林	Jilin	3717.2	82.5	1.4	260.4	852.4	241.1
黑龙江	Heilongjiang	6058.5	21.7	11.4	231.2	936.8	259.9
上　海	ShangHai	99.2	0.9	0.6	17.4	334.2	50.6
江　苏	Jiangsu	3466.0	131.9	9.0	355.6	5593.9	893.0
浙　江	Zhejiang	752.2	29.1	62.1	118.1	1865.1	724.3
安　徽	Anhui	3417.4	214.8	20.4	411.4	2774.7	1043.5
福　建	Fujian	650.9	31.0	37.0	225.6	1951.6	853.8
江　西	Jiangxi	2138.1	122.0	65.8	330.9	1420.2	617.4
山　东	Shandong	4700.7	326.8	0.02	777.5	10327.0	3255.4
河　南	Henan	5946.6	619.1	23.5	697.0	7807.6	2871.3
湖　北	Hubei	2554.1	329.8	37.5	425.2	4001.7	1010.4
湖　南	Hunan	2953.2	242.9	66.2	529.8	4196.4	1048.2
广　东	Guangdong	1360.2	113.3	1479.3	415.5	3569.1	1717.0
广　西	Guangxi	1521.3	68.9	7461.3	411.2	2928.8	1882.5
海　南	Hainan	177.9	11.2	204.6	76.3	579.8	395.4
重　庆	Chongqing	1166.0	62.7	9.7	210.8	1875.1	408.7
四　川	Sichuan	3483.5	311.3	49.6	696.3	4388.6	979.3
贵　州	Guizhou	1192.4	103.4	117.8	199.3	1878.5	243.9
云　南	Yunnan	1902.9	68.5	1738.4	375.6	1968.6	759.1
西　藏	Tibet	101.9	6.2		27.7	70.7	1.5
陕　西	Shanxi	1228.3	63.8	0.2	111.7	1896.2	2017.8
甘　肃	Gansu	1140.6	76.0	16.6	97.3	1951.5	738.0
青　海	Qinghai	103.5	30.0	0.1	36.0	170.0	4.0
宁　夏	Ningxia	370.6	14.7		30.9	593.1	305.8
新　疆	Xinjiang	1512.3	71.4	555.0	161.0	1966.5	1790.9

注：水果产量含瓜果产量。
Note:The output of fruits includes melons in this table.

附录A-7 规模以上工业企业主要经济指标（2016年）

Main Economic Indicators of Industrial Enterprises above Designated Size (2016)

单位：亿元 (100 million yuan)

地 区	Province or Municipality	主营业务收入 Main Business Revenue	主营业务成本 Main Business Cost	利润总额 Total Profit	应收账款 Accounts Receivable	产成品 Finished Goods	资产总计 Total Asstes
全 国	**National Total**	**1151617.5**	**984902.9**	**68803.2**	**125800.2**	**39752.1**	**1068296.7**
北 京	Beijing	19413.6	16167.3	1549.3	4298.3	802.4	42848.6
天 津	Tianjing	27835.8	23812.4	1984.9	3785.2	1020.8	24646.8
河 北	Hebei	46729.4	40926.6	2610.0	3553.9	1496.4	43754.2
山 西	Shanxi	13957.0	11813.2	208.7	2320.6	743.6	33194.1
内蒙古	Nei Monggol	19797.9	16537.6	1242.1	1840.8	585.4	29677.6
辽 宁	Liaoning	23802.0	20203.8	657.6	3646.9	1333.2	35829.1
吉 林	Jilin	23268.3	19524.1	1241.8	1470.6	736.3	18785.4
黑龙江	Heilongjiang	11166.5	9595.0	244.0	1325.1	449.5	14744.8
上 海	ShangHai	33844.3	27001.5	2906.2	6977.9	1492.0	39258.2
江 苏	Jiangsu	157789.5	135424.7	10525.8	19018.8	4755.5	114307.6
浙 江	Zhejiang	65307.6	54908.2	4322.7	11173.7	3312.2	69755.3
安 徽	Anhui	41645.9	36471.0	2078.9	4476.3	1338.4	32845.4
福 建	Fujian	42124.1	36310.5	2643.3	4200.2	1443.7	31317.5
江 西	Jiangxi	35518.7	31181.8	2399.4	2094.6	863.4	21432.7
山 东	Shandong	150034.9	131911.3	8643.1	8957.0	4547.2	104715.5
河 南	Henan	79195.7	69430.1	5174.1	5745.3	1678.4	59165.5
湖 北	Hubei	45169.9	38784.3	2441.4	4234.6	1594.3	36640.1
湖 南	Hunan	37686.5	31823.1	1620.5	3172.7	900.7	24743.2
广 东	Guangdong	129151.3	108582.4	8383.0	18722.4	4982.4	105604.2
广 西	Guangxi	21978.4	18819.2	1287.7	1495.9	786.5	15838.8
海 南	Hainan	1660.3	1296.5	103.5	190.7	79.5	2740.5
重 庆	Chongqing	22947.6	19510.5	1584.2	2485.2	716.0	19313.4
四 川	Sichuan	40639.3	34491.7	2176.1	3968.0	1322.3	40163.6
贵 州	Guizhou	10654.9	8668.3	658.7	921.1	333.4	13468.9
云 南	Yunnan	10342.0	8166.6	309.1	1100.9	527.2	19427.4
西 藏	Tibet	170.7	129.4	16.5	21.1	10.2	1076.4
陕 西	Shanxi	19776.8	16118.6	1472.4	2060.4	829.2	28153.3
甘 肃	Gansu	7711.5	6733.9	116.1	830.8	513.9	11883.1
青 海	Qinghai	2227.1	1871.4	76.9	309.5	116.8	6107.0
宁 夏	Ningxia	3636.1	3066.9	137.7	581.6	275.1	8477.1
新 疆	Xinjiang	8222.3	6634.4	345.1	1041.9	447.1	19265.6

附录A-8 主要工业产品产量(2016年)
Output of Major Industrial Products (2016)

地 区	Province or Municipality	发电量(亿千瓦小时) Generating Capacity (billion kilowatt hours)	生 铁(万吨) Pig Iron (ten thousand tons)	钢 材(万吨) Steels (ten thousand tons)	水 泥(万吨) Cement (ten thousand tons)	农用化肥(万吨) Agricultural Chemical Fertilizer (ten thousand tons)	汽 车(万辆) Car (10000 vehicles)	家 用 电冰箱(万台) Household Refrigerators (10000 sets)	微型计算机设备(万台) Micro-computers Equipment (10000 units)
全 国	**National Total**	**61424.9**	**70073.6**	**113801.2**	**241352.6**	**7128.6**	**2811.9**	**8481.6**	**29008.5**
北 京	Beijing	434.4		162.8	510.3		238.0		684.1
天 津	Tianjing	617.5	1660.8	8667.1	788.6	13.4	52.9	64.3	
河 北	Hebei	2630.6	18398.4	26150.4	9898.6	226.2	128.6		
山 西	Shanxi	2535.1	3641.1	4279.0	3851.5	438.7	0.7		
内蒙古	Nei Monggol	3949.8	1469.4	2016.8	6298.4	250.2	2.1		
辽 宁	Liaoning	1778.8	6033.9	5906.3	4011.0	58.8	107.9	145.7	0.1
吉 林	Jilin	760.3	847.6	961.4	3086.8	15.9	254.0		
黑龙江	Heilongjiang	900.4	354.0	332.8	3381.0	63.5	7.6		1.1
上 海	ShangHai	807.3	1587.2	2080.1	418.4	1.8	260.8	56.4	3084.0
江 苏	Jiangsu	4709.4	7174.1	13469.7	18038.1	210.1	138.6	869.0	5285.2
浙 江	Zhejiang	3197.7	848.0	3760.9	10848.0	32.3	58.1	797.7	182.8
安 徽	Anhui	2252.7	2242.7	3225.8	13584.1	291.7	139.1	3058.8	1659.8
福 建	Fujian	2007.4	980.4	2859.6	8106.0	52.0	21.8		847.4
江 西	Jiangxi	1085.4	2082.0	2585.0	9553.3	149.4	53.6	98.2	
山 东	Shandong	5329.3	6769.2	9788.2	16156.1	531.4	86.9	883.4	23.7
河 南	Henan	2652.7	2862.9	4667.9	15672.1	542.1	58.5	186.2	
湖 北	Hubei	2479.0	2323.3	3563.8	11600.5	1164.9	243.5	392.1	840.3
湖 南	Hunan	1385.1	1791.4	1998.7	12239.7	109.5	47.7		36.1
广 东	Guangdong	4082.0	1670.2	4113.3	15078.7	68.6	280.3	2135.5	3344.9
广 西	Guangxi	1346.5	1216.4	3644.7	12034.9	94.3	245.3		0.6
海 南	Hainan	287.7		36.3	2227.9	51.7	6.7		
重 庆	Chongqing	701.2	287.8	1234.2	6790.2	182.0	266.3	144.2	6764.7
四 川	Sichuan	3273.9	1733.2	2837.2	14615.5	531.0	53.0	85.6	5936.5
贵 州	Guizhou	1904.0	371.4	526.2	10798.5	639.7	1.6	147.0	317.4
云 南	Yunnan	2692.5	1277.2	1654.7	11104.4	279.5	13.3		
西 藏	Tibet	54.5		1.8	623.3				
陕 西	Shanxi	1757.4	856.0	1233.8	7264.0	153.4	42.0		
甘 肃	Gansu	1214.3	494.3	665.9	4640.4	32.1	1.2		
青 海	Qinghai	553.0	96.6	125.1	1895.4	552.4			
宁 夏	Ningxia	1144.4	154.3	164.1	1984.7	55.0			
新 疆	Xinjiang	2719.1	849.9	1087.6	4250.2	336.3	2.1		

附录A-9 建筑业主要指标（2016年）

Indicators of Construction Industry (2016)

地 区	Province or Municipality	企业个数（个）Number of Enterprises (unit)	从事建筑业活动的从业人员平均人数（万人）Number of Employed Persons of Construciton Enterprises (10000 persons)	建筑业总产值（亿元）Gross Output Value of Construction Enterprises (100 million yuan)	房屋建筑面积施工面积（万平方米）Housing Construction Area of Construction (10000 square meters)	房屋建筑面积竣工面积（万平方米）Completion of Housing Construction Area (10000 square meters)	按建筑业总产值计算的劳动生产率（元/人）Labor Productivity Calculated by Gross Output Value of Construction Industry (yuan/person)
全 国	**National Total**	**83017**	**5757**	**193566.8**	**1264219.9**	**422375.7**	**336227**
北 京	Beijing	2858	166	8841.2	61097.5	10703.5	533880
天 津	Tianjing	1500	99	4891.8	17036.2	3428.7	492879
河 北	Hebei	2467	145	5517.7	34616.1	11145.1	379815
山 西	Shanxi	2532	112	3318.5	14620.6	3353.3	295590
内蒙古	Nei Monggol	870	41	1220.8	6296.0	2538.6	295574
辽 宁	Liaoning	5238	130	3926.7	20390.7	6852.5	300927
吉 林	Jilin	2191	80	2283.6	10634.4	5211.4	285207
黑龙江	Heilongjiang	1566	67	1716.6	5404.1	2747.0	256076
上 海	ShangHai	2662	126	6046.2	36019.7	7481.2	477994
江 苏	Jiangsu	8770	846	25791.8	221493.6	74990.3	304925
浙 江	Zhejiang	6174	777	24989.4	198401.2	68818.5	321476
安 徽	Anhui	2929	170	6047.3	40130.0	14588.4	356129
福 建	Fujian	3608	322	8531.5	62920.7	18121.2	265043
江 西	Jiangxi	1873	168	5179.0	28446.2	14835.8	307509
山 东	Shandong	6013	323	10087.4	72090.6	23721.3	312707
河 南	Henan	5123	273	8808.0	55784.0	19425.8	323100
湖 北	Hubei	3368	271	11862.4	72835.1	28613.5	438438
湖 南	Hunan	2067	229	7304.2	50329.0	18629.2	318730
广 东	Guangdong	4437	230	9652.3	54358.3	15661.7	418829
广 西	Guangxi	1139	114	3449.2	26531.9	7998.0	302337
海 南	Hainan	155	8	307.8	2085.4	652.4	379671
重 庆	Chongqing	2577	217	7035.8	32077.1	13751.6	323617
四 川	Sichuan	3809	324	9959.7	54048.3	21084.9	307129
贵 州	Guizhou	891	71	2363.0	19354.6	4112.1	330753
云 南	Yunnan	2544	132	3867.2	17052.9	7102.0	292428
西 藏	Tibet	173	3	111.3	244.2	144.0	335094
陕 西	Shanxi	2114	137	5329.2	24528.3	6758.9	389771
甘 肃	Gansu	1323	63	1947.2	10422.4	3915.2	309498
青 海	Qinghai	371	14	410.6	886.8	301.9	283457
宁 夏	Ningxia	531	19	511.3	2771.3	1017.8	267566
新 疆	Xinjiang	1144	76	2258.2	11312.6	4669.9	295359

注：本表为具有资质等级的施工总承包、专业承包建筑业企业(不含劳务分包建筑业企业)数据。

Note: Data in this table refer to construction enterprises with qualification grade of main contractor and professional contractors(not including labor subcontracting construction enterprises)

附录A-10 客运量和旅客周转量（2016年）

Passenger Traffic and Passenger-kilometers (2016)

地 区	Province or Municipality	客运量（万人）Passenger Traffic (10000 Persons)	铁路 Railways	公路 Highways	水运 Waterways	旅客周转量（亿人公里）Passenger-kilometers (100 million kilometers)	铁路 Railways	公路 Highways	水运 Waterways
全 国	**National Total**	**1900194.3**	**281405.2**	**1542758.7**	**27234.4**	**31258.5**	**12579.3**	**10228.7**	**72.3**
北 京	Beijing	61519.2	13478.8	48040.4		268.5	150.8	117.7	
天 津	Tianjing	18377.2	4543.5	13741.0	92.7	262.0	183.5	78.4	0.1
河 北	Hebei	50701.3	10771.1	39925.1	5.1	1238.1	993.6	244.2	0.4
山 西	Shanxi	26373.8	7529.7	18701.9	142.2	360.6	219.3	141.1	0.1
内蒙古	Nei Monggol	15735.2	5388.2	10347.0		375.0	222.2	152.7	
辽 宁	Liaoning	73632.1	14040.3	59054.0	537.8	936.1	623.4	306.7	6.0
吉 林	Jilin	34909.6	7567.2	27186.0	156.3	431.3	262.3	168.7	0.2
黑龙江	Heilongjiang	39385.8	10480.3	28550.0	355.4	471.1	270.6	200.1	0.4
上 海	ShangHai	14415.6	10609.4	3402.0	404.2	214.4	98.7	115.0	0.7
江 苏	Jiangsu	133580.2	17814.2	113493.9	2272.1	1468.5	686.1	780.0	2.4
浙 江	Zhejiang	105018.0	18035.2	83033.0	3949.9	1075.0	604.0	465.1	5.8
安 徽	Anhui	81105.6	10369.6	70523.0	213.0	1187.4	695.7	491.3	0.4
福 建	Fujian	51649.3	10495.7	39137.2	2016.4	593.3	338.6	251.9	2.7
江 西	Jiangxi	62876.0	9248.7	53366.0	261.3	970.7	688.0	282.3	0.3
山 东	Shandong	63462.6	12639.5	48823.0	2000.1	1188.9	704.5	472.4	12.0
河 南	Henan	120528.2	13824.6	106415.0	288.6	1684.3	923.1	760.6	0.6
湖 北	Hubei	102989.6	14196.5	88220.9	572.2	1232.3	741.6	487.3	3.4
湖 南	Hunan	121760.4	11518.2	108627.4	1614.8	1500.8	920.6	577.0	3.2
广 东	Guangdong	130345.4	25603.0	102094.2	2648.2	1887.4	797.3	1079.8	10.3
广 西	Guangxi	48698.6	8387.6	39750.0	561.0	743.8	351.1	390.1	2.7
海 南	Hainan	13911.5	2292.2	9920.0	1699.3	120.4	41.5	75.4	3.5
重 庆	Chongqing	61254.9	4911.0	55594.0	750.0	506.3	164.4	336.7	5.1
四 川	Sichuan	123745.8	11456.3	109716.0	2573.5	941.6	341.3	597.8	2.4
贵 州	Guizhou	89464.1	5169.1	82199.0	2096.0	674.9	226.0	443.1	5.8
云 南	Yunnan	46519.1	4056.1	41208.0	1255.0	446.1	123.4	320.0	2.7
西 藏	Tibet	1154.8	265.3	889.5		39.8	16.0	23.7	
陕 西	Shanxi	69820.0	8302.0	61093.0	425.0	755.7	464.2	290.8	0.7
甘 肃	Gansu	41626.3	3604.3	37932.0	90.0	613.4	360.0	253.3	0.2
青 海	Qinghai	5933.5	994.1	4873.3	66.1	125.1	77.5	47.5	0.1
宁 夏	Ningxia	8756.6	658.6	7910.0	188.0	109.7	45.2	64.4	0.1
新 疆	Xinjiang	32148.0	3155.0	28993.0		458.1	244.6	213.5	
不分地区	Not Classified by Region	48796.0				8378.1			

注：不分地区合计为民航完成数。
Notes: The total passenger-kilometers not classified by rigion refers to that completed by civil aviation.

附录A-11 货运量和货物周转量(2016年)

Freight Traffic and Freight Ton_Kilometers (2016)

地区	Province or Municipality	货运量(万吨) Freight volume (10000 tons)	铁路 Railways	公路 Highways	水运 Waterways	货物周转量(亿吨公里) Turnover of goods (100 million tons)	铁路 Railways	公路 Highways	水运 Waterways
全国	**National Total**	**4386761.8**	**333186.2**	**3341259.3**	**638237.8**	**186629.5**	**23792.3**	**61080.1**	**97338.8**
北京	Beijing	20734.0	762.0	19972.0		825.4	664.1	161.3	
天津	Tianjing	50505.6	8150.1	32841.0	9514.5	2302.3	399.8	372.5	1530.0
河北	Hebei	210585.9	16313.2	189822.1	4450.7	12332.7	3704.5	7294.6	1333.6
山西	Shanxi	167076.2	64861.0	102199.6	15.5	3565.5	2113.3	1452.1	0.1
内蒙古	Nei Monggol	186726.1	56113.1	130613.0		4341.7	1918.1	2423.6	
辽宁	Liaoning	207064.1	16229.6	177371.0	13463.5	12113.5	900.9	2936.8	8275.8
吉林	Jilin	45059.5	3943.6	40777.0	338.9	1478.5	393.1	1084.8	0.6
黑龙江	Heilongjiang	53569.2	9541.9	42897.0	1130.3	1532.5	620.5	904.8	7.3
上海	ShangHai	88324.0	482.2	39055.0	48786.7	19317.8	10.2	282.0	19025.6
江苏	Jiangsu	202070.5	5590.5	117166.0	79314.0	7653.8	288.9	2140.3	5224.6
浙江	Zhejiang	215557.9	3912.5	133999.0	77646.3	9789.3	212.0	1626.8	7950.6
安徽	Anhui	364566.9	9264.9	244526.0	110776.0	10896.4	719.7	4915.7	5261.0
福建	Fujian	120351.7	2918.0	85769.6	31664.0	6070.6	129.4	1094.7	4846.4
江西	Jiangxi	138117.7	4356.9	122872.0	10888.8	3897.8	515.0	3147.5	235.3
山东	Shandong	285385.9	20573.6	249752.0	15060.3	8884.3	1225.5	6071.4	1587.4
河南	Henan	206086.6	10287.3	184255.0	11544.3	7383.5	1736.4	4838.5	808.6
湖北	Hubei	162459.9	4088.4	122655.7	35715.8	5922.9	735.7	2506.9	2680.3
湖南	Hunan	206526.7	4114.4	178967.7	23444.6	4056.9	750.8	2686.6	619.5
广东	Guangdong	366838.9	8380.3	272826.1	85632.6	21801.6	259.4	3381.9	18160.3
广西	Guangxi	160760.6	5898.2	128247.0	26615.4	4260.4	679.0	2248.5	1332.9
海南	Hainan	21785.6	793.1	10879.0	10113.5	1060.8	12.1	76.1	972.5
重庆	Chongqing	107966.1	1927.6	89390.0	16648.5	2968.3	156.7	935.4	1876.1
四川	Sichuan	160970.3	6793.7	146046.0	8130.6	2504.1	716.1	1565.3	222.7
贵州	Guizhou	89525.8	5634.8	82237.0	1654.0	1482.3	566.7	873.2	42.4
云南	Yunnan	115504.5	5371.5	109487.0	646.0	1600.1	411.8	1173.1	15.2
西藏	Tibet	1970.6	64.9	1905.7		124.6	30.1	94.5	
陕西	Shanxi	149045.5	35458.5	113363.0	224.0	3444.9	1518.3	1925.8	0.8
甘肃	Gansu	60660.7	5865.8	54760.5	34.3	2170.0	1220.3	949.6	0.1
青海	Qinghai	16880.9	2833.7	14047.2		475.8	239.8	236.0	
宁夏	Ningxia	43259.7	5838.7	37421.0		819.9	242.4	577.6	
新疆	Xinjiang	71961.3	6822.3	65139.0		1803.9	701.7	1102.2	
不分地区	Not Classified by Region	88863.2			14784.6	19747.3			15329.0

注：不分地区合计中包括管道运输企业、民航运输企业、中国远洋海运集团有限公司下属海外公司完成量。货运量和货物周转量的全国总计等于分省数与不分地区数据之和。

Notes: The Freight Traffic and freight ton-kilometers not clssifed by region refer to pipelins ,civil aviation and that completed by companies aboroad under the China Ocean Shipping(Group)Company.The Freight Traffic and freight ton-kilometers is equal to the sum of the provinces and the not classified by region .

附录A-12 国内外贸易(2016年)

Retail Trades and Foreign Trades (2016)

地 区	Province or Municipality	社会消费品零售总额(亿元) Total Retail Sales of Social Consumer Goods (100 million yuan)	进出口总额(亿美元) Total Import and Export Volume (100 million dollars)	出口 Export	进口 Import
全 国	**National Total**	**332316.3**	**36855.7**	**20981.5**	**15874.2**
北 京	Beijing	11005.1	2820.3	518.4	2301.9
天 津	Tianjing	5635.8	1026.5	442.9	583.7
河 北	Hebei	14364.7	466.2	305.8	160.5
山 西	Shanxi	6480.5	166.4	99.3	67.1
内蒙古	Nei Monggol	6700.8	116.2	43.7	72.4
辽 宁	Liaoning	13414.1	865.2	430.7	434.6
吉 林	Jilin	7310.4	184.4	42.1	142.4
黑龙江	Heilongjiang	8402.5	165.4	50.4	114.9
上 海	ShangHai	10946.6	4338.4	1834.7	2503.7
江 苏	Jiangsu	28707.1	5095.3	3192.7	1902.6
浙 江	Zhejiang	21970.8	3365.0	2678.6	686.4
安 徽	Anhui	10000.2	443.3	284.4	158.9
福 建	Fujian	11674.5	1568.5	1036.8	531.7
江 西	Jiangxi	6634.6	400.8	298.1	102.6
山 东	Shandong	30645.8	2342.1	1371.6	970.5
河 南	Henan	17618.4	711.9	427.9	284.0
湖 北	Hubei	15649.2	393.5	260.2	133.2
湖 南	Hunan	13436.5	262.5	176.7	85.8
广 东	Guangdong	34739.1	9552.9	5985.6	3567.2
广 西	Guangxi	7027.3	478.3	229.6	248.7
海 南	Hainan	1453.7	113.3	21.2	92.1
重 庆	Chongqing	7271.4	627.7	406.9	220.8
四 川	Sichuan	15601.9	493.2	279.3	213.9
贵 州	Guizhou	3709.0	56.9	47.4	9.6
云 南	Yunnan	5722.9	198.9	114.8	84.1
西 藏	Tibet	459.4	7.8	4.7	3.1
陕 西	Shanxi	7367.6	299.2	158.3	140.9
甘 肃	Gansu	3184.4	68.8	40.9	27.9
青 海	Qinghai	767.3	15.2	13.7	1.6
宁 夏	Ningxia	850.1	32.7	25.0	7.8
新 疆	Xinjiang	2825.9	176.6	156.1	20.5

附录B-1 中国香港特别行政区主要社会经济指标
Main Statistical Indicators of Hong Kong Special Administrative Region

指标	Item	2000	2010	2015	2016
本地生产总值	**Gross Domestic Product (GDP)**				
按2014年环比物量计算①	At 2014 Link Ratios①				
本地生产总值年增长率 (%)	Annual Growth Rate (%)	7.7	6.8	2.4	1.9
本地生产总值 (亿港元)	GDP (HKD 100 million)	13426	20011	23136	23586
人均本地生产总值 (港元)	Per Capita GDP (HKD)	201441	284885	317305	321487
按当年价格计算	At Current Prices				
本地生产总值年增长率 (%)	Annual Growth Rate (%)	4.0	7.1	6.1	3.8
本地生产总值 (亿港元)	GDP (HKD 100 million)	13375	17763	23984	24891
人均本地生产总值 (港元)	Per Capita GDP (HKD)	200675	252887	328941	339273
人口及生命统计	**Population and Vital Events**				
年中人口 (万人)	Mid-year Population (10000 persons)	666.5	702.4	729.1	733.7
粗出生率 (‰)	Crude Birth Rate (‰)	8.1	12.6	8.2	8.3
粗死亡率 (‰)	Crude Death Rate (‰)	5.1	6.0	6.3	6.4
劳动、就业⑥	**Labor and Employment⑥**				
劳动人口 (万人)	Labor Force (10000 persons)	337.4	363.1	390.3	392.0
劳动人口参与率 (%)		61.4	59.6	61.1	61.1
失业率 (%)	Unemployment Rate (%)	4.9	4.3	3.3	3.4
政府收支、货币、金融（亿港元）	**Public Accounts, Money and Finance (HKD 100 million)**				
政府收入总额②	Total Government Revenue ②	2251	3765	4500	5595
政府支出总额②	Total Government Expenditure ②	2329	3014	4356	4667
货币供应量M3	Money Supply M3	36928	71563	116550	125512
居民消费物价指数	**Consumer Price Index**				
(2014年10月至2015年9月=100)	(Oct. 2014 to Sep. 2015 = 100)				
综合消费物价指数	Composite Consumer Price Index	78.4	81.8	100.6	103.0
工业生产	**Industrial Production**				
工业生产指数③ (2008年=100)	Index of Industrial Production③ (2008=100)		95.0	93.2	92.7
工业电力消费量 (万亿焦耳)	Industrial Electricity Consumption (terajoules)	17769	11080	11436	11252
工业煤气消费量 (万亿焦耳)	Industrial Gas Consumption (terajoules)	982	917	1649	1477
运输、旅游	**Transport and Tourism**				
进出香港的货物					
总卸下 (万吨)		13035	17282	16887	16641
总装上 (万吨)		8692	12882	11491	11673
集装箱吞吐量④ (万标准集装箱单位)	Volume of Containers Handled④ (10000 TEUs)	1810	2370	2007	1981
访港旅客⑤ (万人次)	Visitor Arrivals ⑤ (10000 person-times)	1306	3603	5931	5665
酒店入住率 (%)	Hotel Room Occupancy Rate (%)	83	87	86	87
对外商品贸易	**External Merchandise Trade**				
港产品出口 (亿港元)	Domestic Exports (HKD 100 million)	1810	695	469	429
转口 (亿港元)	Re-exports (HKD 100 million)	13917	29615	35584	35454
进口 (亿港元)	Imports (HKD 100 million)	16580	33648	40464	40084
教育	**Education**				
小学学生人数 (人)	Student Enrolment in Primary Schools (person)	493979	331112	337558	349008
中学学生人数 (人)	Student Enrolment in Secondary Schools (person)	466710	452581	354135	339437

注：本表数据由香港特别行政区政府统计处提供，国家统计局整理编辑。1996年及以前年份数据均指原香港地区。
①以环比物量计算的本地生产总值及其组成部分的参照年为2014年。
②财政年度数字。指当年4月1日至第二年3月31日。
③自2005年统计年度开始，所有工业生产指数均按《香港标准行业分类2.0版》编制。
④1998年起，采用一系列新的集装箱吞吐量数字，与1998年以前的数字不可比。
⑤1996年及以后的数字包括澳门访港的非澳门居民旅客人数。
⑥统计数字在编制过程中涉及应用人口数字。数字已就2016年中期人口统计的结果而作出了修订。2016年中期人口统计的结果提供了一个基准，用作修订自2011年人口普查以来编制的人口数字。

Notes: Data in this table are provided by the Census and Statistics Department of the Government of Hong Kong Special Administrative Region, and further prepared and edited by the National Bureau of Statistics. Data of 1996 and prior to it refer to the original Hong Kong.
①The chain volume measures of GDP and its components have been re-referenced by 2013.
②Figures are as at end of the financial year. Financial year is from 1 April to 31 March of the next year,unless otherwise specified.
③Since 2005, all indices of industrial production are compiled based on the Hong Kong Standard Industrial Classification (HSIC) Version 2.0.
④Since 1998,new figures of container throughput are adopted,and therefore not comparable with the previous years.
⑤Figures of 1996 and after include arrival of non-Macao residents via Macao.
⑥Figures of popultaion are involved in the process of compiling data. The data of mid-year population since 2011 has been adjusted on the bas of the mid-year population in 2016.

附录B-2　中国澳门特别行政区主要社会经济指标

Main Statistical Indicators of Macao Special Administrative Region

指　　标	Item	2000	2010	2015	2016
本地生产总值①	**Gross Domestic Product① (GDP)**				
以2014年环比物量计算	At 2014 Link Ratios				
本地生产总值实际增长率（支出法） (%)	Real Growth Rate of GDP by Expenditure	5.7	25.3	-21.5	-2.1
本地生产总值 （亿澳门元）	GDP (100 million MOP)	1037.7	3027.4	3468.6	3394.5
人均本地生产总值(万澳门元)	Per Capita GDP (10000 MOP)	24.1	56.4	54.1	52.6
按当年价格计算	At Current Prices				
本地生产总值名义增长率（支出法） (%)	Nominal Growth Rate of GDP by Expenditure	4.0	31.3	-18.0	-1.2
本地生产总值 （亿澳门元）	GDP (100 million MOP)	539.4	2250.5	3626.4	3582.0
人均本地生产总值(万澳门元)	Per Capita GDP (10000 MOP)	12.5	41.9	56.5	55.5
人口及生命统计	**Population and Vital Events**				
年中人口 （万人）	Mid-year Estimates of Population (10000 persons)	43.1	53.7	64.3	65.3
出生率 (‰)	Crude Birth Rate (‰)	8.9	9.5	11.0	11.0
死亡率 (‰)	Crude Death Rate (‰)	3.1	3.3	3.1	3.4
劳动、就业②	**Labor②**				
劳动人口 （万人）	Labor Force (10000 persons)	20.9	32.4	40.4	39.7
失业率 (%)	Unemployment Rate (%)	6.8	2.8	1.8	1.9
对外商品贸易	**External Trade**				
出口 （亿澳门元）	Exports (100 million MOP)	203.8	69.6	106.9	100.5
本地产品出口 （亿澳门元）	Domestic Exports (100 million MOP)	170.8	23.9	18.2	19.6
转口 （亿澳门元）	Re-exports (100 million MOP)	33.0	45.7	88.7	80.8
进口 （亿澳门元）	Imports (100 million MOP)	181.0	441.2	846.6	713.5
工业生产	**Industrial Production**				
工业电力消耗量 （亿千瓦小时）	Industrial Electricity Consumption (100 million kwh)	1.5	1.5	1.7	1.8
运输、旅游	**Transport and Tourism**				
进出澳门货运车辆数目②(万辆)	Lorries Entering and Departing Macao②(10000 times)	45.4	35.8	38.5	36.3
访澳旅客③ （万人次）	Visitor Arrivals③ (10000 person-times)	916.2	2496.5	3071.5	3095.0
酒店入住率 (%)	Hotel Room Occupancy Rate (%)	58	80	82	83
政府收支、货币、金融	**Government Accounts, Money and Finance**				
政府总收入① （亿澳门元）	Total Government Revenue① (100 million MOP)	153.4	884.9	1161.1	1024.1
政府总开支① （亿澳门元）	Total Government Expenditure① (100 million MOP)	150.2	383.9	807.5	807.3
货币供应（广义货币供应量M2）（亿澳门元）	Money Supply (M2) (100 million MOP)	849.2	2430.5	4728.3	5324.5
消费价格指数	**Consumer Price Index**				
(2013年10月至2014年9月=100)	(Oct.2013 to Sep.2014= 100)				
综合消费价格指数	Composite Consumer Price Index	64.82	80.50	105.72	108.23
教育	**Education**				
小学生 （人）	Students in Primary Education (person)	45474	23785	26436	28438
中学生 （人）	Students in Secondary Education (person)	38156	37224	28745	27473
高等教育学生 （人）	Students in Higher Education (person)	8358	25539	31970	32750

注：本表数据由澳门特别行政区政府统计暨普查局提供，国家统计局整理编辑。1998年及以前数据均指原澳门地区。

①数字在日后得到更多资料时会作出修订。

②自2000年开始包括进出关闸及路(氹)城边检站的数字。而自2007年开始亦包括进出跨境工业区边检站的数字。

③自2008年开始，访澳旅客不包括外地雇员及学生等。

Notes: Data in this table are provided by the Statistics and Census Services of the Government of Macao Special Administrative Region, and further prepared and edited by the National Bureau of Statistics. Data of 1998 and prior to it refer to the original Macao."r" indicates rectified figures.

① Figures of are subject to revision as more data become available.

②Starting from 2000,data include the figures via inspection stations.Starting from 2007,data include those via inspection stations of the cross-border industrial zone.are also included.

③Starting from 2008,foreign employees and students are not included in Macao Visitor arrivals.

附录C　中国台湾省主要社会经济指标
Main Statistical Indicators of Taiwan Province

指　标	Item	2000	2010	2015	2016
国民经济核算	**National Accounts**				
本地居民生产总值(新台币亿元)	Gross National Product (NT$ 100 million)	104908	145489	173179	177166
本地生产总值 (新台币亿元)	Gross Domestic Product (NT$ 100 million)	103513	141192	167590	171113
经济增长率 (%)	Economic Growth Rate (%)	6.4	10.6	0.7	1.5
受雇者劳动生产力指数 (2011年＝100)	Productivity Index (%) (2011=100)		97.1		
农业	Agriculture, Forestry, Hunting and Fishery	1.2	2.2		
工业	Industry	5.8	20.3		
服务业	Services	5.9	5.8		
产业结构 (%)	Industrial Structure (%)				
农业	Agriculture, Forestry, Hunting and Fishery	2.0	1.6		
工业	Industry	29.1	34.0		
服务业	Services	68.9	64.4		
人均本地居民生产总值	Per Capita Gross National Product				
新台币元	NT$	472889	628706	738097	753565
美元	USD	15142	19864	23131	23325
人口	**Population**				
户籍登记人口数① (万人)	Year-end Population① (10000 persons)	2228	2316	2349	2354
人口自然增加率 (‰)	Natural Population Growth Rate (‰)	8.08	0.91	2.12	1.53
人口密度 (人/平方公里)	Population Density (persons/sq.km)	616	640	649	650
劳动、就业	**Labor and Employment**				
劳动力人口 (万人)	Labor Force (10000 persons)	978	1107	1164	1173
失业率 (%)	Unemployment Rate (%)	3.0	5.2	3.8	3.9
工业	**Industry**				
工业生产指数 (2011年＝100)	Index of Industrial Production (2011=100)	61.9	95.8	104.9	106.5
制造业生产指数 (2011年=100)	Index of Industrial Production (2011=100)	59.2	95.5	105.3	107.4
对外贸易	**Foreign Trade**				
贸易额 (亿美元)	Total Value of Imports and Exports (USD 100 million)				
出口	Exports	1520	2780	2853	2803
进口	Imports	1407	2563	2372	2306
运输、旅游	**Transportation and Tourism**				
航空 (万人)	Airway (10000 persons)	2633	2543	3393	3664
省内	Domestic	1312	482	489	541
国际	Non-domestic	1322	2060	2904	3123
高速公路通行车辆数③(万辆次)	Vehicles for Motorway Transportation(10000 unit-times)	45381	55506	548998	579103
每百人机动车辆数① (辆)	Vehicles per 100 Persons① (unit)	76.4	93.8	91.1	91.4
港埠货物装卸量 (万收费吨)	Inward and Outward Movements Cargo (10000 tons)	56695	65540	72139	73356
观光 (万人次)	Tourism (10000 person-times)				
出岛旅客	Outbound Tourists	733	942	1318	1459
来台湾旅客	Inbound Tourists	262	557	1044	1069
财政、金融	**Public Accounts and Finance**				
赋税实征净额② (新台币亿元)	Revenue② (NT$ 100 million)	19298	16222	21349	22241
货币供应量M2① (新台币亿元)	Money Supply M2① (NT$ 100 million)	188978	309544	398840	413018
年增长率 (%)	Average Annual Growth Rate (%)	6.5	5.5	5.8	3.6
存款① (新台币亿元)	Deposits① (NT$ 100 million)	193087	310063	393558	407174
物价年涨跌率 (%)	**Price Indices Annual Growth Rate (%)**				
批发	Wholesale Trade Price	1.82	5.46	-8.84	-2.99
消费者	Consumer Price	1.25	0.96	-0.31	1.40

注：①年底数。
②为年度资料。
③从2013年12月30日起，国道高速公路由计次收费改为计程电子收费。

Notes: ① Year-end data.
② Annual data, of which year of 2000 refers to the second half year of 1999 and year of 2000.
③Since 30th December 2013, toll for national highway has been charged for mileage instead of charged by the number of times.

附录D-1 部分国家和地区主要经济指标（2015年）

Main Economic Indicators of Some Countries and Territories (2015)

国家和地区	Country or Territory	国内生产总值（亿美元） Gross Domestic Product (USD 100 million)	人均国民总收入（美元） Per Capita Gross National Income (USD)	国内生产总值增长率（%） Growth Rate of GDP (%)	对GDP增长贡献率(%) Contribution Share in GDP Growth (%)		
					第一产业 Primary Industry	第二产业 Secondary Industry	第三产业 Tertiary Industry
世　界	World	734336	10437	2.5			
高收入国家	High Income Countries	469852	41366	1.9			
经合组织高收入国家	OECD High Income Countries						
中等收入国家	Middle Income Countries	261521	4866	3.6			
中等偏下收入国家	Lower Middle Income Countries	58204	2035	5.5			
中等偏上收入国家	Upper Middle Income Countries	203192	8113	3.0			
中低收入国家	Low and Middle Income Countries	265451	4423	3.6			
低收入国家	Low Income Countries	3929	620	4.7			
最不发达地区	Most Underdeveloped Countries	9112	964	4.4			
中　国	China	108664	7820	6.9	4.7	41.2	54.1
巴　西	Brazil	17747	9850	-3.8	-3.4	45.9	57.5
加拿大	Canada	15505	47500	1.1	5.5	-62.2	156.7
法　国	France	24217	40580	1.2	-7.1	15.4	91.7
德　国	Germany	33558	45790	1.7	-1.7	33.8	67.9
印　度	India	20735	1590	7.6	-0.6①	26.2①	74.4①
印度尼西亚	Indonesia	8619	3440	4.8	13.3	27.7	59.0
意大利	Italy	18148	32790	0.8	12.8	34.8	52.5
日　本	Japan	41233	36680	0.5	-29.3①	420.4①	-291.1①
韩　国	Korea, Rep.	13779	27440	2.6	-1.4	28.1	73.3
马来西亚	Malaysia	2962	10570	5.0	1.6	35.6	62.8
墨西哥	Mexico	11443	9710	2.5	3.9	13.3	82.8
俄罗斯	Russia	13260	11400	-3.7	-3.3	34.2	69.1
新加坡	Singapore	2927	52090	2.0	…①	18.1①	81.9①
泰　国	Thailand	3953	5620	2.8	2.0①	-24.7①	122.7①
英　国	United Kingdom	28488	43340	2.3	0.2	12.7	87.2
美　国	United States of America	179470	54960	2.4	1.4①	16.2①	82.3①

附录D-1 续表 continued

国家和地区	Country or Territory	GDP产业构成（%）Structure of GDP by Production Approach (%)			能源生产量（2013年，万吨标准油）Energy Production (2013, 10000 tons of SOE)	能源最终消费量(2013年，万吨标准油) Total Energy Consumption (2013, 10000 tons of SOE)	货物进出口贸易总额(亿美元) Total Merchandise Imports and Exports (USD 100 million)	货物出口总额(亿美元) Merchandise Exports (USD 100 million)	货物进口总额(亿美元) Merchandise Imports (USD 100 million)
		农业增加值占GDP比重 Agriculture	工业增加值占GDP比重 Industry	服务业增加值占GDP比重 Service Industry					
世　界	World	3.9①	27.6①	68.5①	1359411	930106	332480	164820	167660
高收入国家	High Income Countries	1.5①	24.7①	73.9①					
经合组织高收入国家	OECD High Income Countries	1.5②	23.6②	74.8②					
中等收入国家	Middle Income Countries	8.4	33.6	57.6					
中等偏下收入国家	Lower Middle Income Countries	16.3①	31.2①	51.8①					
中等偏上收入国家	Upper Middle Income Countries	7.1	34.1	58.6					
中低收入国家	Low and Middle Income Countries	8.8	33.4	57.5					
低收入国家	Low Income Countries	30.5	21.3	47.9					
最不发达地区	Most Underdeveloped Countries	26.7①	23.2①	50.0①					
中　国	China	9.0	40.5	50.5	256567	194349	39569	22750	16820
巴　西	Brazil	5.2	22.7	72.0	25292	22843	3699	1911	1788
加拿大	Canada	1.8③	28.9③	69.4③	43507	19909	8448	4085	4364
法　国	France	1.7	19.5	78.8	13625	15756	10786	5059	5727
德　国	Germany	0.5	30.4	69.0	12038	22490	23795	13295	10500
印　度	India	17.4①	30.0①	52.6①	52334	52834	6591	2671	3920
印度尼西亚	Indonesia	13.5	40.0	43.3	45999	16199	2930	1503	1427
意大利	Italy	2.3	23.7	74.0	3676	12117	8680	4591	4089
日　本	Japan	1.2①	26.9①	72.0①	2796	31141	12734	6249	6485
韩　国	Korea, Rep.	2.3	38.0	59.7	4360	16784	9633	5268	4365
马来西亚	Malaysia	8.4	39.1	44.3	9463	5407	3758	1999	1760
墨西哥	Mexico	3.7	32.7	63.6	21651	11818	7861	3808	4053
俄罗斯	Russia	4.6	32.6	62.8	134021	43449	5344	3403	1941
新加坡	Singapore	0.0①	24.9①	75.0①	64	1970	6473	3505	2967
泰　国	Thailand	10.5①	36.9①	52.7①	7807	9580	4170	2144	2027
英　国	United Kingdom	0.7	20.2	79.2	11008	12903	10863	4604	6258
美　国	United States of America	1.3①	20.7①	78.0①	188103	149507	38129	15049	23080

注：①2014年数据。②2013年数据。③2012年数据。
Notes: ① Data of 2014. ②Data of 2013.③Data of 2012.

附录D-2 部分国家和地区国内生产总值

Gross Domestic Product of Some Countries and Territories

单位：亿美元 (USD 100 million)

国家和地区	Country or Territory	1990	2000	2005	2010	2014	2015
世界总计	**World**	**225631**	**333213**	**471426**	**656478**	**781063**	**734336**
低收入国家	Low Income Countries	963	1133	1599	2892	4065	3929
中等收入国家	Middle Income Countries	34403	58388	96165	203246	277353	261521
中下等收入国家	Lower Middle Income Countries	9185	13373	21793	46015	58643	58204
中上等收入国家	Upper Middle Income Countries	25217	45026	74384	157262	218619	203192
中、低收入国家	Low and Middle Income Countries	35310	59489	97745	206141	281420	265451
高收入国家	High Income Countries	188761	273524	373259	450046	499742	469852
经合组织成员国	OECD Countries	182625	261511	356089	424986	466738	
非经合组织高收入国家	Non-OECD High Income Countries	13277	18586	28356	49061	62598	
中　国	China	3590	12053	22686	60397	103511	108664
中国香港	Hong Kong, China	769	1717	1816	2286	2912	3099
中国澳门	Macao, China	30	61	121	281	555	462
阿根廷	Argentina	1414	2842	1995	4259	5297	5832
澳大利亚	Australia	3110	4150	6931	11423	14547	13395
孟加拉国	Bangladesh	316	534	694	1153	1729	1951
白俄罗斯	Belarus	174	127	302	552	761	546
巴　西	Brazil	4620	6554	8916	22089	24170	17747
保加利亚	Bulgaria	207	131	298	499	567	490
加拿大	Canada	5939	7423	11694	16134	17838	15505
捷　克	Czech Republic	403	615	1360	2070	2053	1818
埃　及	Egypt	431	998	897	2189	3015	3308
法　国	France	12753	13684	22037	26470	28292	24217
德　国	Germany	17650	19500	28614	34173	38683	33558
印　度	India	3266	4766	8342	17085	20424	20735
印度尼西亚	Indonesia	1144	1650	2859	7551	8905	8619
伊　朗	Iran	1248	1096	2198	4678	4253	
以色列	Israel	525	1324	1428	2343	3057	2961
意大利	Italy	11773	11418	18527	21252	21385	18148
日　本	Japan	31037	47312	45719	54987	45962	41233
哈萨克斯坦	Kazakhstan	269	183	571	1480	2274	1844
韩　国	Korea, Rep.	2848	5616	8981	10945	14113	13779
马来西亚	Malaysia	440	938	1435	2550	3381	2962
墨西哥	Mexico	2627	6836	8663	10511	12978	11443
蒙　古	Mongolia	26	11	25	72	122	118
荷　兰	Netherlands	3143	4128	6785	8364	8793	7525
新西兰	New Zealand	455	526	1147	1466	2001	1738
尼日利亚	Nigeria	308	464	1122	3691	5685	4811
巴基斯坦	Pakistan	400	740	1095	1774	2434	2700
菲律宾	Philippines	443	810	1031	1996	2848	2920
波　兰	Poland	647	1719	3044	4792	5450	4748
罗马尼亚	Romania	383	374	997	1680	1993	1780
俄罗斯	Russia	5168	2597	7640	15249	20310	13260
新加坡	Singapore	362	958	1274	2364	3063	2927
南　非	South Africa	1120	1364	2578	3753	3499	3128
西班牙	Spain	5351	5954	11573	14317	13813	11991
斯里兰卡	Sri Lanka	80	163	244	567	800	823
泰　国	Thailand	853	1264	1893	3409	4043	3953
土耳其	Turkey	1507	2666	4830	7312	7988	7182
乌克兰	Ukraine	815	313	861	1364	1318	906
英　国	United Kingdom	10932	15548	24189	24035	29902	28488
美　国	United States of America	59796	102848	130937	149644	173481	179470
委内瑞拉	Venezuela	470	1171	1455	3938	5100	
越　南	Viet Nam	65	336	576	1159	1862	1936

附录D-3 部分国家和地区国内生产总值增长率

Growth Rates of GDP of Some Countries and Territories

单位：%

(%)

国家和地区	Country or Territory	1990	2000	2005	2010	2014	2015
世　界	**World**	**2.9**	**4.3**	**3.8**	**4.3**	**2.6**	**2.5**
高收入国家	High Income Countries	3.2	4.0	2.7	3.0	1.8	1.9
经合组织高收入国家	OECD High Income Countries	3.0	3.9	2.6	2.8	1.7	
非经合组织高收入国家	Non-OECD High Income Countries	1.4	6.3	6.6	5.7	1.9	
中等收入国家	Middle Income Countries	2.3	5.8	7.1	7.5	4.3	3.6
中等偏下收入国家	Lower Middle Income Countries	4.2	4.4	6.6	7.4	5.6	5.5
中等偏上收入国家	Upper Middle Income Countries	1.7	6.2	7.2	7.5	4.0	3.0
中低收入国家	Low and Middle Income Countries	2.3	5.8	7.0	7.5	4.3	3.6
低收入国家	Low Income Countries	0.4	1.8	6.2	6.7	6.0	4.7
最不发达地区	Most Underdeveloped Countries	0.4	4.0	8.3	5.4	5.5	4.4
中　国	China	3.9	8.4	11.4	10.6	7.3	6.9
中国香港	Hong Kong, China	3.8	7.7	7.4	6.8	2.6	2.4
阿根廷	Argentina	-2.4	-0.8	9.2	9.5	0.5	
澳大利亚	Australia	3.5	3.9	3.2	2.0	2.5	2.3
孟加拉国	Bangladesh	5.6	5.3	6.5	5.6	6.1	6.6
白俄罗斯	Belarus		5.8	9.4	7.7	1.7	-3.9
巴　西	Brazil	-3.1	4.1	3.2	7.5	0.1	-3.8
保加利亚	Bulgaria	-9.1	5.0	7.2	0.1	1.6	3.0
加拿大	Canada	0.2	5.2	3.2	3.1	2.5	1.1
捷　克	Czech Republi		4.3	6.4	2.3	2.0	4.2
埃　及	Egypt	5.7	5.4	4.5	5.1	2.2	4.2
法　国	France	2.9	3.9	1.6	2.0	0.3	1.2
德　国	Germany	5.3	3.0	0.7	4.1	1.6	1.7
印　度	India	5.5	3.8	9.3	10.3	7.2	7.6
印度尼西亚	Indonesia	9.0	4.9	5.7	6.2	5.0	4.8
伊　朗	Iran	13.6	5.8	4.2	6.6	4.3	
以色列	Israel	6.8	8.9	4.4	5.5	2.6	2.5
意大利	Italy	2.0	3.7	1.0	1.7	-0.3	0.8
日　本	Japan	5.6	2.3	1.3	4.7		0.5
哈萨克斯坦	Kazakhstan		9.8	9.7	7.3	4.1	1.2
韩　国	Korea，Rep.	9.3	8.8	3.9	6.5	3.3	2.6
马来西亚	Malaysia	9.0	8.9	5.3	7.4	6.0	5.0
墨西哥	Mexico	5.1	5.3	3.0	5.1	2.3	2.5
蒙　古	Mongolia	-3.2	1.1	7.3	6.4	7.9	2.3
缅　甸	Myanmar	2.8	13.7	13.5	10.4	8.5	7.0
荷　兰	Netherlands	4.2	4.2	2.2	1.4	1.0	2.0
新西兰	New Zealand	0.1	2.8	3.4	1.4	3.2	3.4
尼日利亚	Nigeria	12.8	5.3	3.4	7.8	6.3	2.7
巴基斯坦	Pakistan	4.5	4.3	7.7	1.6	4.7	5.5
菲律宾	Philippines	3.0	4.4	4.8	7.6	6.1	5.8
波　兰	Poland		4.3	3.5	3.7	3.3	3.7
罗马尼亚	Romania	-5.6	2.4	4.2	-0.8	3.0	3.7
俄罗斯	Russia	-3.0	10.0	6.4	4.5	0.7	-3.7
新加坡	Singapore	10.0	8.9	7.5	15.2	3.3	2.0
南　非	South Africa	-0.3	4.2	5.3	3.0	1.5	1.3
西班牙	Spain	3.8	5.3	3.7		1.4	3.2
斯里兰卡	Sri Lanka	6.4	6.0	6.2	8.0	4.9	4.8
泰　国	Thailand	11.2	4.5	4.2	7.5	0.8	2.8
土耳其	Turkey	9.3	6.8	8.4	9.2	3.0	4.0
乌克兰	Ukraine	-6.3	5.9	2.7	4.2	-6.6	-9.9
英　国	United Kingdom	0.6	3.8	3.0	1.5	2.9	2.3
美　国	United States of America	1.9	4.1	3.3	2.5	2.4	2.4
委内瑞拉	Venezuela	6.5	3.7	10.3	-1.5	-3.9	-5.7
越　南	Viet Nam	5.1	6.8	7.5	6.4	6.0	6.7

附录D-4 部分国家和地区人均国民总收入

Per Capita Gross National Income of Some Countries and Territories

单位：美元 (USD)

国家和地区	Country or Territory	1990	2000	2005	2010	2014	2015
世界总计	**World**	**4192**	**5441**	**7308**	**9363**	**10799**	**10437**
低收入国家	Low Income Countries	293	230	306	502	629	620
中等收入国家	Middle Income Countries	834	1166	1824	3571	4997	4866
下中等收入国家	Lower Middle Income Countries	490	554	858	1531	2042	2035
上中等收入国家	Upper Middle Income Countries	1146	1789	2853	5833	8363	8113
中、低收入国家	Low and Middle Income Countries	792	1086	1686	3273	4547	4423
高收入国家	High Income Countries	18619	25619	34473	39538	42705	41366
非经合组织成员国	Non-OECD Countries	8502	6073	8650	14835	19236	
经合组织成员国	OECD Countries	19434	26658	35970	41073	44290	
中　国	China	330	930	1750	4300	7400	7820
中国香港	Hong Kong, China	12660	26930	28890	33620	40320	41000
阿 根 廷	Argentina	3170	7440	4940	10490	13640	
澳大利亚	Australia	17220	21110	30310	46530	64620	60070
孟加拉国	Bangladesh	310	420	540	780	1080	1190
白俄罗斯	Belarus		1380	2820	5990	7340	6460
巴　西	Brazil	2710	3840	3910	9650	11790	9850
保加利亚	Bulgaria	2260	1660	3760	6840	7610	7220
加拿大	Canada	20420	22520	33960	44400	51770	47500
捷　克	Czech Republic		6320	12380	19210	18690	18050
埃　及	Egypt	750	1420	1240	2390	3210	3340
法　国	France	20660	25150	36000	43790	42820	40580
德　国	Germany	21340	26210	35880	44790	47500	45790
印　度	India	390	450	730	1260	1560	1590
印度尼西亚	Indonesia	610	560	1220	2530	3630	3440
伊　朗	Iran	2560	1760	2910	6020	6550	
以 色 列	Israel	10860	18800	21220	29640	35340	35440
意 大 利	Italy	18610	21820	32390	37700	34540	32790
日　本	Japan	27560	34980	39140	41980	41900	36680
哈萨克斯坦	Kazakhstan		1260	2950	7440	12490	11580
韩　国	Korea, Rep.	6480	10750	17800	21320	26970	27440
马来西亚	Malaysia	2370	3420	5250	8280	11120	10570
墨 西 哥	Mexico	2750	5750	7720	8840	10080	9710
蒙　古	Mongolia	1430	470	900	2000	4260	3830
荷　兰	Netherlands	20060	28560	42390	53530	51250	48940
新 西 兰	New Zealand	13640	14070	25520	29340	41370	40080
尼日利亚	Nigeria	290	270	660	1460	2970	2820
巴基斯坦	Pakistan	420	490	740	1080	1400	1440
菲 律 宾	Philippines	720	1220	1520	2750	3500	3540
波　兰	Poland		4690	7320	12710	13690	13370
罗马尼亚	Romania	1710	1720	3930	8590	9590	9500
俄罗斯	Russia		1710	4450	9980	14330	11400
新 加 坡	Singapore	11450	23670	28370	44790	55330	52090
南　非	South Africa	3390	3140	5050	6250	6790	6050
西 班 牙	Spain	12220	15900	25930	32130	29380	28520
斯里兰卡	Sri Lanka	470	880	1220	2430	3650	3800
泰　国	Thailand	1490	1990	2770	4610	5780	5620
土 耳 其	Turkey	2300	4200	6510	9960	10630	9950
乌 克 兰	Ukraine	1610	700	1540	2990	3530	2620
英　国	United Kingdom	17270	27400	41150	40480	43350	43340
美　国	United States of America	24150	36070	46340	48950	54400	54960
委内瑞拉	Venezuela	2560	4070	4920	11530	12820	
越　南	Viet Nam	130	400	680	1270	1900	1980

附录D-5　部分国家和地区人均国内生产总值增长率

Growth Rates of Per Capita GDP of Some Countries and Territories

单位：%　　(%)

国家和地区	Country or Territory	1990	2000	2005	2010	2014	2015
世　界	**World**	**1.2**	**3.0**	**2.5**	**3.1**	**1.4**	**1.3**
低收入国家	Low Income Countries	-2.3	-0.9	3.3	3.9	3.2	1.9
中等收入国家	Middle Income Countries	0.4	4.4	5.8	6.3	3.1	2.4
下中等收入国家	Lower Middle Income Countries	1.9	2.5	4.9	5.8	4.0	4.0
上中等收入国家	Upper Middle Income Countries	0.2	5.2	6.4	6.7	3.1	2.2
中、低收入国家	Low and Middle Income Countries	0.3	4.2	5.6	6.1	3.0	2.2
高收入国家	High Income Countries	2.4	3.3	2.0	2.3	1.3	1.3
非经合组织成员国	Non-OECD Countries	0.4	5.8	5.9	4.8	1.2	
经合组织成员国	OECD Countries	2.3	3.3	2.0	2.3	1.2	
中　国	China	2.4	7.6	10.7	10.1	6.7	6.4
中国香港	Hong Kong, China	3.5	6.7	6.9	6.0	1.8	1.5
中国澳门	Macao, China	4.6	4.1	5.9	22.2	-2.5	-21.7
阿根廷	Argentina	-3.8	-1.9	8.0	8.3	-0.6	
澳大利亚	Australia	2.0	2.6	1.9	0.4	1.0	0.9
孟加拉国	Bangladesh	3.0	3.3	5.0	4.4	4.8	5.3
白俄罗斯	Belarus		6.1	10.2	7.9	1.5	-4.2
巴　西	Brazil	-4.8	2.6	1.9	6.5	-0.8	-4.7
保加利亚	Bulgaria	-7.5	5.5	7.8	0.7	2.1	3.6
加拿大	Canada	-1.3	4.3	2.2	1.9	1.4	0.2
捷　克	Czech Republic		4.6	6.3	2.0	1.9	3.9
埃　及	Egypt	3.2	3.5	2.6	3.1		2.0
法　国	France	2.3	3.2	0.8	1.5	-0.5	0.7
德　国	Germany	4.4	2.8	0.8	4.2	3.0	1.2
印　度	India	3.4	2.0	7.6	8.8	5.9	6.3
印度尼西亚	Indonesia	7.1	3.5	4.3	4.8	3.7	3.5
伊　朗	Iran	10.7	4.1	3.0	5.3	3.0	
以色列	Israel	3.6	6.1	2.6	3.6	0.6	0.5
意大利	Italy	1.9	3.7	0.5	1.4	-1.3	0.7
日　本	Japan	5.2	2.1	1.3	4.7	0.1	0.6
哈萨克斯坦	Kazakhstan		10.1	8.7	5.8	2.6	-0.3
韩　国	Korea, Rep.	8.2	7.9	3.7	6.0	2.9	2.2
马来西亚	Malaysia	6.0	6.4	3.4	5.7	4.4	3.5
墨西哥	Mexico	3.0	3.7	1.6	3.5	0.9	1.2
蒙　古	Mongolia	-5.1	0.2	6.0	4.7	6.0	0.6
缅　甸	Myanmar	1.3	12.4	12.9	9.6	7.6	6.1
新西兰	New Zealand	-0.8	2.2	2.2	0.3	1.6	1.5
尼日利亚	Nigeria	9.9	2.7	0.8	5.0	3.5	
巴基斯坦	Pakistan	1.5	1.9	5.5	-0.5	2.6	3.4
菲律宾	Philippines	0.4	2.2	2.9	6.0	4.5	4.2
波　兰	Poland		5.4	3.6	4.0	3.4	3.7
罗马尼亚	Romania	-5.8	2.5	4.8	-0.2	3.3	4.1
俄罗斯	Russia	-3.4	10.5	6.8	4.5	-1.1	-3.9
新加坡	Singapore	5.8	7.0	5.0	13.2	1.9	0.8
南　非	South Africa	-2.3	1.7	3.9	1.5	-0.1	-0.4
西班牙	Spain	3.6	4.4	2.0	-0.4	1.7	3.4
斯里兰卡	Sri Lanka	4.9	5.3	5.4	7.2	3.9	3.8
泰　国	Thailand	9.7	3.3	3.5	7.3	0.4	2.5
土耳其	Turkey	7.4	5.2	7.0	7.6	1.3	2.5
乌克兰	Ukraine	-6.6	7.0	3.5	4.6	-1.2	-9.6
英　国	United Kingdom	0.3	3.4	2.3	0.7	2.1	1.5
美　国	United States of America	0.8	2.9	2.4	1.7	1.6	1.6
委内瑞拉	Venezuela	3.9	1.7	8.4	-3.0	-5.2	-7.0
越　南	Viet Nam	3.1	5.4	6.3	5.3	4.9	5.5

主要统计指标解释

国民总收入 国内生产总值减去生产税和进口税净额，减去支付给国外的雇员报酬和财产收入，加来自国外的雇员报酬和财产收入（即国内生产总值减去支付给非常住单位的初次收入，加上收到的非常住单位的初次收入）。按市场价格计算国民总收入的另一种方法是各部门所有初次收入的总和。国民总收入即国民生产总值，国民生产总值是以往国民核算中使用的概念。

按购买力平价计算的人均国民总收入 根据购买力平价计算的人均国民总收入。购买力平价国民总收入是用购买力平价比率、以国际元计算的国民总收入。国民总收入中一国际元的购买力等于美国一美元购买力。

香港居民消费价格指数 《香港统计年刊》中称为“消费物价指数”。香港特别行政区政府统计处编制不同的居民消费价格指数数列，以反映消费价格变动对不同开支范围的住户的影响。甲类、乙类及丙类消费价格指数分别根据较低、中等及较高开支范围的住户消费模式编制而成。而综合消费价格指数是根据上述住户的整体开支模式而编制，反映消费价格转变对全体住户的影响。

Explanatory Notes on Main Statistical Indicators

Gross National Income is gross domestic product (GDP) minus net taxes on production and imports, minus remuneration and property income for employees abroad, plus the corresponding items from employees abroad (in other words, GDP minus primary incomes payable to non- resident units plus primary incomes receivable from non-resident units). An alternative approach to measuring GNI at market prices is the sum of gross primary incomes from all sectors. Gross national income is identical to gross national product (GNP), as previously used in national accounts.

Per Capita GNI in PPP is per capita GNI based on purchasing power parity (PPP). PPP GNI is gross national income (GNI) converted to international dollars using purchasing power parity rates. An international dollar has the same purchasing power over GNI as a U.S. dollar has in the United States of America.

Consumer Price Index by Residents in Hong Kong refers to a series of consumer price indices reflected in Hong Kong Annual Digest of Statistics. The series of consumer price indices (CPIs) are compiled by the Census and Statistics Department of Hong Kong Special Administrative Region to reflect the impact of consumer price changes on households in different expenditure ranges. The CPI(A), CPI(B) and CPI(C) are compiled based on the expenditure patterns of households in the relatively low, medium and relatively high expenditure ranges. By aggregating the expenditure patterns of all households covered by the above three indices, a composite CPI is also compiled to reflect the impact of consumer price changes on the household sector as a whole.

中国统计出版社最新图书简目

(仅供参考，以实际出版为准)

统计资料

中国统计年鉴 中国统计摘要 中国发展报告
中国经济普查年鉴 国际统计年鉴 金砖国家联合统计手册
中国-东盟国家统计手册 中国农村统计年鉴 中国县域统计年鉴
中国城市统计年鉴 中国对外直接投资统计公报 中国地区经济监测报告
中国贸易外经统计年鉴 中国零售和餐饮连锁企业统计年鉴 中国商品交易市场统计年鉴
大中型批发零售和住宿餐饮企业统计年鉴 中国农产品价格调查年鉴 中国住户调查年鉴
中国价格统计年鉴 中国能源统计年鉴 全国农产品成本收益资料汇编
中国环境统计年鉴 中国建筑业统计年鉴 国外资源、能源和环境统计资料汇编
中国工业统计年鉴 中国城乡建设统计年鉴 中国县城建设统计年鉴
中国城市建设统计年鉴 中国科技统计年鉴 中国房地产统计年鉴
中国证券期货统计年鉴 中国劳动统计年鉴 中国第三产业统计年鉴
工业企业科技活动资料 中国社会统计年鉴 中国高技术产业统计年鉴
中国人才资源统计报告 中国教育统计年鉴 中国人口和就业统计年鉴
文化及相关产业统计概览 中国文化及相关产业统计年鉴 中国教育经费统计年鉴
中国民族统计年鉴 中国残疾人事业统计年鉴 中国民政统计年鉴
中国乡镇街道行政区域简册 中国基本单位统计年鉴 中国妇女儿童状况统计资料（英）

省级综合统计年鉴系列

北京 天津 河北 山西 内蒙古 辽宁 吉林 黑龙江 上海 江苏 浙江 安徽 福建 江西 山东 河南 湖北 湖南 广东 广西 海南 重庆 四川 贵州 云南 西藏 陕西 甘肃 青海 宁夏 新疆 新疆生产建设兵团

市(县)级综合统计年鉴系列

滨海新区 石家庄 唐山 邯郸 保定 沧州 邢台 廊坊 承德 衡水 秦皇岛 张家口 太原 大同 阳泉 长治 晋城 朔州 晋中 运城 忻州 临汾 吕梁 呼和浩特 呼和浩特新城区 鄂尔多斯 包头 沈阳 大连 长春 吉林 延吉 四平 通化 松原 哈尔滨 齐齐哈尔 黑龙江垦区 上海浦东新区 南京 无锡 徐州 常州 苏州 南通 连云港 淮安 盐城 扬州 镇江 泰州 宿迁 江阴 丹阳 海门 杭州 宁波 温州 嘉兴 湖州 绍兴 金华 衢州 舟山 台州 丽水 合肥 安庆 马鞍山 福州 厦门 宁德 漳州 龙岩 南昌 九江 上饶 新余 抚州 萍乡 赣州 吉安 景德镇 济南 青岛 潍坊 枣庄 日照 滕州 郑州 洛阳 平顶山 三门峡 商丘 信阳 济源 汝州 武汉 十堰 荆州 宜昌 荆门 咸宁 长沙 广州 深圳 惠州 东莞 汕尾 南宁 柳州 桂林 来宾 河池 防城港 海口 三亚 成都 贵阳 黔南 毕节 昆明 西安 咸阳 延安 宝鸡 安康 铜川 汉中 榆林 兰州 庆阳 银川 乌鲁木齐 兵团一师 兵团十师

调查年鉴系列

天津 山西 内蒙古 辽宁 吉林 上海 福建 江西 河南 湖北 湖南 广西 重庆 四川 云南 甘肃 宁夏 新疆

统计方法应用/实用手册

实用SAS统计分析教程 马克威统计分析与数据挖掘应用案例 统计公文知识问答
乡镇统计人员岗位知识培训系列教材：辅助调查员岗位基础知识 乡镇统计人员岗位基础知识
县级统计人员岗位知识培训系列教材：Excel在统计工作中的应用 简明统计分析
地市级统计人员岗位知识培训系列教材：统计报告与演示 Excel在统计工作中的应用

统计通俗读物/统计科普图书

国家统计局核心统计指标变迁 货架上的统计 账本里的统计

重点图书

砥砺奋进的五年——从十八大到十九大 新编英汉汉英统计大词典 中华医学统计百科全书
新常态下的中国服务业：理论与实践 新动能新产业发展报告-2017
挑大学选专业2018—考研择校指南 挑大学选专业2018—高考志愿填报指南